"十一五"国家重点规划图书

"985工程"哲学社会科学创新基地
教育部人文社会科学重点研究基地
中国海洋大学海洋发展研究院
资 助

山东省高校人文社科优秀成果奖一等奖

教育部高校人文社科优秀成果奖二等奖

中国海洋文化史长编

（典藏版）

主编　曲金良

下　卷

中国海洋大学出版社

·青岛·

图书在版编目(CIP)数据

中国海洋文化史长编:典藏版/曲金良主编. —
青岛:中国海洋大学出版社,2017.1
ISBN 978-7-5670-1077-2

Ⅰ.①中… Ⅱ.①曲… Ⅲ.①海洋－文化史－中国
Ⅳ.①K203②P7-05

中国版本图书馆 CIP 数据核字(2016)第 005529 号

出版发行	中国海洋大学出版社			
社　　址	青岛市香港东路 23 号		邮政编码	266071
出 版 人	杨立敏			
网　　址	http://www.ouc-press.com			
电子信箱	huazhang_china@gmail.com			
订购电话	0532—82032573(传真)			
责任编辑	张　华　纪丽真		电　话	0532—85902342
印　　制	青岛国彩印刷有限公司			
版　　次	2017 年 1 月第 1 版			
印　　次	2017 年 1 月第 1 次印刷			
成品尺寸	185 mm×260 mm			
印　　张	140			
字　　数	3100 千			
印　　数	1—1000 册			
定　　价	698.00 元			

总 目 次

1

总
目
次

中　卷

下 卷

近代分卷

下卷目次

1

近代分卷

本卷主编　闵锐武

3

第三十六章

明清时期的海洋社会

　　海洋社会是海洋活动的实践主体,包括各种介入海洋活动的群体。海洋社会具有自己独特的社会结构形式,其海洋活动呈现出强烈的社会组织特性。这里仅以几大海洋社会群体为例,来描述其独特风貌和鲜活特征。明清时代,随着沿海渔村的社会变迁,渔民开发海洋的角色,已从单纯的捕捞朝着多元化方向发展,除作为渔民外,还充当着商人、海盗、海外移民和水师等;此时海商的构成及相互关系已发展得相当成熟,出现了海上商帮、商会、商人家族集团、兼武兼商的海上集团、兼盗兼商的海上集团以及特权官商、买办牙行等新群体,其经营方式以采用共船出海经营为主兼及其他,运作十分灵活。海商的精神文化特征表现为压抑下的冒险心态;疍民是明清海洋社会各群体中受国家海洋政策及海洋社会经济影响、冲击最大的,在向多元经济发展的过程中,他们与海洋社会其他群体逐渐融合,角色呈现多元化特征,除保持渔民本色外,还经常充任佣工、海盗、商贩等角色。明清两代是中国海盗活动由鼎盛走向衰落的时期,这时海盗与海商加强联合,掀起亦商亦盗活动高潮,涌现出众多海盗海商集团,武装活动比过去次数更多、规模更大,同时,海盗在海洋开发与海战军事学中具有不可忽视的地位。海外移民与华侨社会的逐步形成是这一时期海洋社会的又一重要特征,海外移民对中国海洋社会经济的形成和发展、对中国文化的海外影响、对中国沿海社会的变迁以及近现代海外华人社会的世界性发展,影响深远。

第一节　明清沿海渔村社会的变迁①

　　明清时代,沿海渔民开发海洋的角色,从单纯的捕捞朝着多元化方向发展。促使沿海渔村社会变迁的因素固然很多,但其时的渔禁应为主要的一种。必须承认,渔禁对其时中国海洋渔业及沿海渔村的生计有重大打击,但同时也必须看到,渔禁客观上推动了海洋渔业朝着远洋渔业和海水养殖业这两个新的具有现代渔业性质的方向发展;渔禁一方面造成了中国沿海渔村人口的大量剩余,另一方面却又为开发海洋其他领域提供了大量的生力军。渔民角色的多元化过程及其开发海洋的深入化过程,实际

---

① 此部分内容参见欧阳宗书:《海上人家 ——海洋渔业经济与渔民社会》,江西高校出版社 1998 年版,第 65—96 页。

上就是沿海渔村社会变迁和海洋社会及海洋经济多样化、多元化形成并发展的过程。

一　海禁对海洋渔业和渔民的打击

明太祖登基后，基于政权新立、国基尚未稳固，东南海上势力未靖，兼之倭寇又在山东、江苏、福建沿海时常出没，便从维护沿海地区的安全考虑，实行了影响深远的海禁政策。① 海禁政策虽不是针对海洋渔业制定的，但海洋渔业自始至终都是海禁政策的一项重要内容；由于"以海为田"的特定生产环境的制约，海洋渔业一开始便成了海禁政策直接的牺牲品。

严格来讲，自朱元璋下达海禁令开始，直至崇祯皇帝上吊身亡止，并未专门制定出一套有法可依的渔禁政策，然而，各朝针对性较强的临时性渔禁措施却不断出台。例如，洪武五年（1372 年）九月，朱元璋下令说："石陇、定海旧设宣课司，以有渔舟出海故也，今既有禁，宜罢之，无为民患。"②又如，洪武十七年（1384 年）正月，朱元璋"命信国公汤和巡视浙江、福建沿海城池，禁民入海捕鱼，以防倭故也"③。再如，宣德六年（1431 年）九月，"宁波知府郑珞请弛出海捕鱼禁，以利民。上不允"④。还有，正统十年（1445 年）七月，英宗皇帝"严私下海捕鱼禁。时有奏豪顽之徒私造船下海捕鱼者，恐引倭寇登岸。行在户部言：'今海道正欲隄备，宣敕浙江三司谕沿海卫所严为禁约，敢有私捕及故容者悉治其罪'。从之"⑤，等等。尽管这些海禁的具体细节因时因地而异，但禁民下海捕鱼则始终是所有渔禁恪遵无违的中心原则；尽管这些渔禁有轻重缓急之分，各地执行程度也不一，但在皇权极盛的明代，我们绝不能将这些圣旨视作一纸空文。时断时续的渔禁令犹如零星炮弹投放于中国沿海渔村，自然对其时的海洋渔业的发展造成了重大的打击和巨大的阻碍，而对于广大的以海为田的渔民来说，每一发炮弹都是一次灾难。

不过，明代的渔禁并未严厉到真正"寸板不许下海"的地步。基于怕广大的沿海渔民失去生计后"转而为寇"以及担心失去国家一笔不小的经济来源——渔课收入，朝廷还是给了渔民一定限度的海洋生产空间的，那就是令其近海采捕鱼虾。渔禁所禁的重点有两端：一是禁远洋采捕，二是禁私造船及私自下海采捕。正如《皇明世法录》所说："祖宗之意止严双桅船只私通番货以启边衅。所谓'寸板不许下海'者，乃下大洋入倭境也，非绝民采捕于内海，贩粜于邻省也。"⑥也就是说，渔民近海采捕，不在禁令之列。明人胡宗宪也说："盖国朝明禁，寸板不许下海，法固严矣。然滨海之民以海为生，采捕鱼虾，有不得禁者。"⑦而明人章氏焕说得就更加明确了："防倭者无不议禁渔船，而不知渔船之不能尽禁也。渔有船税、渔税、盐税、旗税，官取给于渔，渔能不取给于海乎？海者，渔之田也。非渔而沙，民无以聊生矣。然则渔不禁，船益多，而召倭起衅不胜诘。

① 　参见傅衣凌：《明史新编》，人民出版社 1993 年版，第 102—105 页。
② 　《明太祖实录》卷七六。
③ 　《明太祖实录》卷一五九。
④ 　《明宣宗宣德实录》卷八三。
⑤ 　《明英宗正统实录》卷七。
⑥ 　(明)陈仁锡：《海防·闽海》卷七五，台北，台湾学生书局根据国立"中央"图书馆珍藏善本影印，1965 年。
⑦ 　胡宗宪：《广福人通番当禁论》，明代陈子龙等选辑《明经世文编》卷二六七。

惟即平时所禁谕者,再一申明之;曰远洋当戢也。……曰印旗当给也,给印旗以示悬系之法,官兵庶可指明色号;曰越钓当禁也,禁越钓以遏闽人之入浙则闽人不得为倭引导。每年三四五月出汛之期通行严禁,敢有系扈于要冲应禁之地,操舠于广洋远澳之间,不遵旗号自立名色,并福建渔船入浙区地面者,许官兵擒拿解处以违禁论,当不至藉寇兵而滋为患矣。"[1]章氏的意思有三:一是禁渔有损于国家税收;二是禁渔则沿海居民无法生存;三是只要加强海洋管理,渔业生产不会给国家海洋安全造成危害。比起"片板不许下海"的商禁来,明代的渔禁当然要宽松得多。然而强制性地将渔民的生产空间大面积缩小,则无论是对渔民的生计还是对其时的渔业发展而言,都是直接的打击,此其一。其二,由上可知,明代沿海的渔民虽拥有近海这一狭小的生产空间,但渔业生产并不自由,举凡生产之空间、时间、生产工具、生产方式等,皆在官府严厉监控下。

明代将渔船由外海拉回近海而实行渔禁的目的,倒不是有意与渔民过不去,而是以此作为防倭寇、防海盗和防通番的一种手段。实际上,这不仅是渔禁的出发点,而且也是整个明代海禁的出发点。据此,既然渔船作业都必须退回近海,那么将地处倭寇、海盗经常出没的海岛居民迁至内地就更"合情合理"了。这当然不是一种简单的推论,而是历史事实。明代就实施过将澎湖、舟山、南澳等岛的岛民迁入内地的举措。

虽然明代所迁徙的岛民并非全为渔民,但渔民为其中一重要构成成分当无疑问;而且这些岛屿诸如澎湖、舟山、南澳等在明代都是重要的渔场,渔民更是岛民之主体。因此,将岛上的渔民连同岛上的其他居民一并迁入内地,无论从何种角度讲都是对其时海洋渔业的严重打击。

清代,尤其是清中前期,因海禁政策仍是国家海洋管理的根本大法,所以渔禁令仍时有出台。虽然从渔禁持续的时间上来讲,清代要较明代为短,但就渔禁对海洋渔业的打击而言,清代并不亚于明代。清代,不仅承袭了明代的渔禁原则,更有甚者是在清初海盗屡禁不止,尤其是在郑成功控制的东南沿海势力不断膨胀的情况下,清政府为了迅速肃清东南沿海的反清势力,于顺治十八年(1661年)至康熙二十二年(1683年)在山东、江苏、浙江、福建、广东等5省沿海实行了长达23年的"迁界"政策。这种极端残酷的政策,使沿海人民遭受了一场空前的大劫难,使其时的海洋渔业遭到了毁灭性的打击。如在福建渔产区霞浦县,"至十八年(顺治)督抚苏尚书、李部院疏请移民以绝济之根,编篱立界海滨,人民悉迁界内,越界者斩,田庐荒废,鱼盐失利,百姓流离,惨不可言"[2]。又如康熙十一年(1671年)山东渔业大县日照县的情形是:"民多流漓,用供朝夕者,咸藉黄秤","所恃者区区鱼盐之利,而十年海禁森严,小民不敢问津,所以干门悬磬,徒歌化离文章"[3]。在"海人谋鱼盐以养身家"的广东电白县同样如此:"康熙元年(1662年)壬寅,诏迁沿海居民赈之。命内大臣巡视滨海居民令徙内地五十里","二年癸卯夏五月,内大臣巡海界再迁民,秋八月复内大臣巡界以绝海患"[4]。"至康熙二十二年(1683年)总督姚启圣、巡抚吴兴祥、将军施琅平定台湾郑克归顺,海氛始靖,下

---

① 民国《太仓州志》卷一五《兵防下·海防议》。
② 民国《霞浦县志》卷三《大事志·清》。
③ 陈懋修:光绪《日照县志》卷首《续县志》(康熙十一年)。
④ 叶廷芳撰:道光《电白县志》卷一三《前事纪》。

召开界民归故土"①,海洋渔业才渐渐复苏。可是迁界令的解除并不意味着渔禁令从此就销声匿迹。由于海禁政策依然存在,所以在整个清中前期,像明代那样禁民下远洋采捕及私造船、私下海采捕的渔禁方针也依然存在,只是相比之下,迁界令解除以后,清代的渔禁要较明代为宽松,海岛的渔禁令至乾隆年间就基本解除。尽管如此,它仍对海洋渔业的发展起着严重的桎梏作用。学术界据此认为清代的渔业是倒退的,也有一定道理。从上述材料和分析中可以看出,渔禁对明清统治阶级来说,纯粹是一种为达到政治目的而采取的强制性行为,而它的社会效果却远远超出政治的范畴而影响到渔业经济和渔民社会。我们认为,动机与社会效果虽是历史事件的两端,但绝不能将二者简单地连成一条直线。从统治阶级的立场来看,既然海防战略是一味保守的防御,禁海、渔禁似乎是一种合乎逻辑的合理行为,但渔禁对其时的渔业经济与渔民社会来说,其打击之大、残酷之极,却是罪恶深重的。

二 沿海渔村的社会变化

美国学者邓肯(Duncan)曾提出过一个影响颇大的理论,名曰 POET 理论。其基本内容是:假设构成生态复合体的 Population(P:人口)、Organization(O:组织)、Environment(E:环境)、Technology(T:技术)等四要素有机结合,当其中的某要素变化时,其他要素也直接、间接地变化,其结果将使生态系的全体产生变动或维持均衡状态。② 邓肯的模式常被引用为研究村落或社区(community)变动过程的理论。他的这种理论为我们研究明清海洋渔业和渔民社会提供了思考的方法。但从社会经济学的角度来看,对海洋渔业和渔民社会作综合研究时,除了人口、组织、环境和技术外,还可加入时间、空间结构和海洋(渔场)陆地(渔村)机能连接的特性。此外,渔民作为渔业开发的主角,也应考虑渔民对环境的认识价值、意识活动和生活行为之系统对渔业开发的统御作用。这样的渔村区域(空间)生态在外部环境要素的投入(input)和冲击(impact)情况下,经历区域内部的自律性或自我调整(throughput, self-regulation)而产生区域变动(output),这种变动会进而形成正面或负面的区域对应(feedback)等机能连锁过程。③

基于上述理论,我们可对明清渔村社会的变化做出分析。由于受渔禁这一强大的外部环境的巨大冲击,明清海洋渔场的空间范围便急剧缩小,具体地说,就是由远洋退至近海,由海岛退至海滨,迁界时则完全丧失生产空间。退缩的区域、距离及持续的时间与其时其地渔禁的实际冲击力成正比,众所周知,渔业之于渔场犹如农业之于田地,"盖渔业性质与工商业迥异,为独立之产业,必先有一定之渔场,始可采捕。故渔场又

① 民国《霞浦县志》卷三《大事志·清》。

② O. D. Duncan, 1959, Human Ecology and Population Studies, in P. M. Hauser and O. D. Duncaneds, The Study Of population-An Inventory and Appraisal, The Univ. of Chicago Press, pp. 687-716.

③ 参见 B. J. Mccay 1978, Systems Ecology, People Ecology, and the Anthropology, Of Fishing Communities, Human Ecology, Vol, 6, No. 4, pp. 379-422. K. H. Craik 1972, An Ecological Perspective On Environmental Decision-Making, Human Ecology, Vol. 1, No. 1, pp. 69-79. Hsien-ming Chen 1992, An Ecological Approach to the Fishing Community of a caral island, study Of Niaoyu, the PengHu Islands, Geographical Research No. 18, Taipei.

可称为渔业生产之基本"①。渔场空间范围的缩小,便意味着水产品资源的直线减少,因而也就意味着渔获量的直线降低,而渔获物处理、运销等也跟着起相应的变化。渔场的缩小和减少,势必冲击着渔村的生态系。在渔禁的冲击下,原先的渔捞组织便不再适用,渔村内部的组织、分工自然也要跟着起变化。由于渔禁逼得渔民只能在近海作业,故渔捞工具及技术也相应地退缩发展。这一连锁反应的必然结果便是带来明清海洋渔业人口的大量剩余。可以这么认为,在整个渔禁时代,中国海洋渔业人口的本职(渔业)就业率从未达到饱和状态,即便是在所谓的弛禁期,渔业人口也有剩余。因此,明清海洋渔业人口过剩与海洋渔场面积不足的矛盾较之前代就极为突出了。其矛盾斗争的尖锐化程度也与渔禁的实际冲击力成正比例关系。那么,当时迁出的大量渔业人口是如何分化的呢? 渔村生态系在此外部环境要素的投入、冲击下,又是如何经历内部的自律性或自我调整而产生变动的呢?

(一)渔民角色的转化

明清沿海渔村迁徙出的渔业人口在当时的社会经济背景下,大的分化方向只有两条,即一为内陆化发展方向,一为海洋化发展方向。

所谓内陆化发展方向,简言之就是由海洋向内陆发展。在这条道上主要分作两道岔口:一道是由海洋捕捞向海水养殖业方向进军,走的仍是渔业之路,充当的仍是渔民的角色;另一道是由渔业向农业进军,走农耕之路,充当农民角色。就前一道而言,渔禁对其时的海洋捕捞业是巨大的桎梏和重大的打击,在被迫无奈之下,渔民只好走上了人工海水养殖业的道路。中国的海水养殖业起步较晚,就现有的考察结果来看,宋代似为源头②,而真正的发展兴盛期则是明清时代,其根本原因即应归为渔禁。道理很简单,明以前国家对海洋渔场的空间范围未作强制性限制,渔民的海洋捕捞物能基本上满足渔民生存的需要和市场需求,故渔民无需借养殖以弥补捕捞之不足。而自明代实施渔禁后,渔民在向海洋捕捞业发展的道路上遇到巨大障碍的情况下,便不得不向养殖业方向发展。明清海水养殖种类之多、规模之大、商品化程度之高均是前代无法比拟的。

就渔民内陆化发展方向而言,向农业进军,走农耕之路,则适应了中国作为传统主流文化的农耕文化的规范。渔禁之后,政府对剩余渔业人口最积极倡导的安置方法便是令其归农。这又可分作两类:一是全部归农,成为全职农民。如《明世宗嘉靖实录》卷九八载:"嘉靖八年(1529 年)二月癸未,山东巡按御史马津言:'济、兖迤东并青、莱、登三府负山濒海,其民以沙矿鱼盐为例,情窳不耕,蒿莱满野,宜特设垦田……'疏入,上称善……令设法召民开垦。"显而易见,在这批归农大军中即有部分渔业人口。而在清初迁界 20 余年间,渔民的农民转化率之高就更是可想而知了。另一种情况是身兼渔农两职,即在渔汛期打鱼,汛期结束后即归农。这种情况符合明清的渔禁政策,政府是支持和鼓励的。例如在浙江镇海,每至黄鱼汛期和乌贼鱼汛期,农民便纷纷加入捕

①　王刚:《渔业经济与合作》,中华书局 1937 年版,第 4 页。
②　参见张震东、杨金林:《中国海洋渔业简史》,海洋出版社 1983 年版,第 227—228 页。

捞阵营。汛期结束后,"除渔户终年捕鱼外,农民仍归垄亩"①。这种兼职情况,用顾炎武的话说就是"半年生计在田,半年生计在海"②。这类双重身份的人口,一方面随着耕种面积的扩大、耕种技术的提高及经济效益的增长,又会从中逐步分化出一批全职农民,而另一方面,随着海禁的松弛、解禁,则又会从中转化出全职的渔民。其具体情况因时因地而异。一般说来,北方由于耕地好于南方、渔业经济又弱于南方,故沿海渔民成为农民的条件就相对好一些;而在东南沿海地区,本来就存在着人口压力与耕地紧张的矛盾,大批渔民在这里转化为农民就受到了客观条件的限制,而且,在东南沿海地区,由于渔业经济的发达刺激了渔民的渔业生产积极性,所以即便有土地开发,渔民也不愿离开渔业本行。如浙江定海就属典型之例。明代该县"利近东海,民资渔罟出没,衣食之源过于农耕,遂多重彼轻此,野有芜土而人习风涛"③。因此,清代弛禁以后,不但全职渔民生产积极性大增,就连半职渔民的经济重心也发生了偏移,即所谓"自海禁既弛,鱼盐蜃蛤之利遍被他郡,其入过于力田"④,自然,要他们成为农民就更是难上加难。从职业特点来讲,由于渔民大多是"男不善耕,女不善织"⑤,他们的经验、技术、兴趣及生产工具皆在海洋,所以即便是在土地和人口矛盾不紧张的地区,若不是万不得已,渔民也是不愿离开海洋的。如此一来,向海洋发展便成了明清中国沿海渔村剩余渔业人口的主要出路了。不过,重新下海的渔民已经不像以前那么角色单一,而是朝着多元化方向发展了,渔村的社会经济便因之发生了巨大的变化。

就渔民向海洋发展的多元化方向而言,主要有如下几个方面:

1. 远洋渔业发展之路,仍充当渔民角色

从根本上讲,明清时代的海禁政策是失败的,它并未起到统治阶级所预期的作用。就渔业而言,渔禁的主旨是禁民私造船、私下海采捕及到深海远海采捕,但"私"和"远近"均有很大的主观随意性,更重要的是渔禁并不是斩草除根式的做法(当然,清初迁界时除外),即并不禁渔民售鱼和居民食鱼,也就是说,在渔禁时代,海产品的商业利润依然存在且呈"物以稀为贵"之势态,故渔民在近海渔场水产品资源不足的情况下,自然甘冒风险向远洋发展、进行远洋捕捞。换言之,在渔业人口过剩的巨大推力和海洋渔业经济利润的强大拉力的共同作用下,海洋渔业向远洋发展便成了一种历史的必然;兼之其时的造船技术、航海技术、捕捞技术等较之前代有长足的进步,从而为远洋渔业提供了可靠的物质技术上的保证,故明清远洋渔业便有了空前的大发展。明乎此,我们便不难理解为什么在海禁森严时仍"时有豪顽之徒私造船下海捕鱼"⑥之事发生了。这里所指的"下海"即是下远洋,而其中的"时"字更表明此类现象在其时是屡见不鲜的。在清雍正年间,广东沿海更涌现出一大批专门从事远洋作业的拖风渔船。

2. 加入纷纷扬扬的私人渔业贸易阵营,充当商人角色

水产品与农产品属性区别之一即是水产品不能充当人类的主食而是一种菜,它更

---

① 乾隆《镇海县志》,载《光绪县志》卷三《风俗》。

② 《天下郡国利病书·浙江下》。

③ 嘉靖《定海县志》,载光绪《镇海县志》卷三《风俗》。

④ 参见张震东、杨金林:《中国海洋渔业简史》,海洋出版社1983年版,第227—228页。

⑤ 叶廷芳撰:道光《电白县志》卷一三《前事纪》,第3—4页。

⑥ 《明英宗正统实录》卷七。

多地带有商品的属性。这种商品的属性决定了渔民的生产目的与农民有根本性的区别。渔民因必须将渔获物出售方能换回生活资料而维持生计,故经济利益是渔民的首要追求,而农民的生产目的在古代主要是自给自足,故其商品经济的头脑便远逊于渔民。因此,只要有其他比渔业更好的经济产业的刺激,渔民便较容易改变其经营角色。

我们知道,明末清初是私人海上贸易在中国海洋迅速崛起并兴盛的时期。高额的利润有时甚至是暴利,极大地刺激了沿海居民,其中当然就包括渔民。部分渔民经不住诱惑,便甘冒风险地抛弃本业加入了这场纷纷扬扬的海洋贸易经济的开发经营中。月港(海澄县)渔民转为商民即是典型之例。《崇祯海澄县志》卷一一《风土志·风俗考》载:

> 澄在昔为斗龙之渊,浴鸥之渚,结茅而居者不过捕鱼纬萧沿作生活。迨宋谢唏圣筑海引泉而农务兴。……田尽盐卤……岁无再熟获少满,篝戴笠负犁个中良苦。于是饶心计与健有力者往往就海波为阡陌,倚帆樯为耒耜。凡捕鱼纬萧之徒咸奔走焉。盖富家以赀,贫人以庸,输中华之产,骋彼远国,易其方物以归,博利可十倍,故民乐之。虽有司密网间成竭泽之,渔贼奴煽狭每奋当车之臂,然鼓柂相续,吃苦仍甘,亦即习惯谓生涯无逾此耳。方夫艅舶风转,宝货塞途,家家歌舞赛神,钟鼓管弦连飚响答,十万巨贾竞鹜争弛,真是繁华地界。①

从这则史料来看,在私人海上贸易未兴起之前,月港只不过是个穷困的渔村。人们住的是茅屋,过的是捕鱼的生活。私人海上贸易兴起后,海澄的渔民在巨额利润的刺激下,基本上都抛弃了本业而转为商民或者说参加了私人海上商贸活动,使月港成为繁盛一时的商贸港口。又如,明清时代台湾地区与大陆之间的商贸活动,在某种程度上说是渔民架起的桥梁。自明代中后期大陆渔民到台湾地区进行采捕的远洋渔业兴盛后,一部分渔民便在往返中变成了商人。据黄福才先生研究,明中叶以后,特别是嘉靖、隆庆、万历年间,大陆沿海渔民在渔汛期纷纷来到台湾沿海从事捕捞。渔民看到台湾土著居民丰富的猎物,便以他们的米、盐和日常生活用品进行交换,渔民兼行了早期商人的职责。② 实际上非但在明代中后期,就是在荷兰占领时期、郑氏治台时期乃至清政府治台时期,大陆渔民及渔船都是两岸商贸往来的重要使者和运载工具。③ 往台湾的渔船兼有商船的功能,往海外的商船同样需要由渔船来兼任。如在清初迁界令解除伊始,沿海各地先是允许渔船自由出海,而此间的往日本的商船大多是靠渔船伪装才得以完成商贸活动任务的(当然,往其他国家也同样如此)。如康熙二十四年(1685 年)二月十八日南京八号船,因其时"不准商船自由出海,但是渔船可以,本船即是伪装渔船出航"。同期的其他商船也大多采取此种手段。④ 我们知道,清代的渔船

---

① 梁兆阳修,蔡国祯、张燮等纂,载《日本藏中国罕见地方志丛刊》第 435—436 页,书目文献出版社据日本东京图书馆藏明崇祯六年刻本影印,1992 年,北京。

② 黄福才:《台湾商业史》,江西人民出版社 1990 年版,第 10 页。

③ 其详情可参看黄福才先生《台湾商业史》有关章节、曹永和先生《台湾早期历史研究》及江树生先生《清领以前台湾之汉族移民》(载中国台湾《史学汇刊》1970 年第 3 期)。

④ 参见朱德兰:《清初迁界令时中国航海上贸易之研究》,载张彬村《中国海洋发展史论文集》第 2 辑,台北,台湾"中研院"三民主义研究所 1990 年版。

管理制度的根本性原则之一,就是严格制定渔船的领照制度,只有真正下海捕鱼的渔民才有资格申请建造渔船并领取渔船执照。也就是说,南京八号船等出洋商船本来即是渔船,至少,舵工水手有不少是由渔民兼任的。

如上的例子不一而足。在渔禁时代,亦渔亦商是其时海洋社会的一项重要特征,渔民转化为商人是其时剩余渔业人口向海洋发展的一个重要方向。

3. 亦渔亦工,充当工人角色

明清时代,渔民除了亦渔亦商之外,还带有明显的亦渔亦工的色彩。例如,在福建沿海,渔民的制糖、织布工业已达到相当的规模。下面两则史料就充分地反映了这点。

泉州渔民制糖:

> 泉州枕山而负海,田再易,园有荔枝龙眼之利,而干之行天下。沿海之民,鱼翅蠃蛤多于稻粱,悬岛绝屿,以网罟为耕耘。附山之民,垦辟硗确。植蔗煮糖,黑白之糖行天下。①

惠安渔村织布卖布:

> 滨海业渔,亦不废田事。自青山以往,又出细白布,通商贾,辇货之境外,几遍天下。②

可见,渔工合一,或曰渔民兼工人角色,也是其时沿海渔村一个鲜明的社会经济特征。

4. 在被逼无奈的情况下而成为海盗

一般说来,在海洋社会中渔与盗之间的角色转化似较渔转为其他角色要更为容易和普遍,这似乎可以看成渔民性格丑陋的一面。不少渔民除了具备渔业生产技能外,也具备了相当程度的海盗技能。所谓"滨海而居者,多业鱼盐而习剽劫。……缓则鬻贩鱼盐以自业,急则剽寇商贾,劫掠村聚以为利"③。"每年春冬二汛,闽省渔船往浙江采捕,各计千余艘,从中奸良不一。出洋之后,若逢鱼汛旺盛,则依期返棹,倘遇鱼汛失利,奸梢匪船,游移海面,大则行强抢劫,小或偷窃割网,靡所不为。"④"沿澳居民,悉以捕鱼为业,其平日谙习水性,稳涉风涛,间有顽梗匪徒,抛弃本业,行劫重洋。始不过三五为群,继则连艨日众"⑤,"海边人所谓有鱼则汉洋,无鱼则海洋"⑥等说的就是这个意思。由于成为海盗无需资本而只需冒险便可在短期内获巨额不义之财,故对渔民来说是很大的刺激。明人宗臣说得好:"不渔不商,不劳不费,持大刀走数十里,便可得黄金数斤,狎美妇数十,扬扬而去。……岂不愉快得意哉?"⑦如清嘉庆年间大海盗蔡牵即为渔民出身,其同党亦多为渔人。他"少时流落邑(按:指福建同安)南乡水澳,为人补网。水澳渔户多本同安籍,以牵奸猾能用其众,既得夷艇夷炮,凡水澳、风尾余党皆

---

① 何乔远:《闽书》卷三八《风俗》。
② 《惠安县志》卷三七《风俗》。
③ 袁永之:《诘盗议》,《明经世文编》卷二七一。
④ 《福建省例》二三《船政例》"渔船饬令照式书写分别刊刻船户姓名字号",第 625 页,《台湾文献史料丛刊》第 7 辑,《台湾文献丛刊》第 199 种,台湾大通书局印行。
⑤ 《福建省例》二三《船政例》,"会议设立澳甲条款",第 668 页。
⑥ 《福建省例》二三《船政例》,"洋政条款",第 703 页。
⑦ 宗臣:《报子舆》,《明经世文编》卷三三〇。

附之,势甚众"①。但在海洋渔业风顺的年代,绝大多数渔民还是安于本业的,偶发性的海上抢劫行为只是少数不法渔民所为。不过,话又说回来,只要环境逼得渔民无法维持生计,部分渔民便很容易铤而走险。康熙皇帝曾将此种缘由归为贪官污吏所逼:"福建海外没有什么大岛屿可以藏贼,不比尽山花鸟,朕知俱是渔船上的人。且守口的兵渔船出入俱要钱,譬如打有鱼的有钱给他,打不出鱼的哪里的钱给他? 没钱不得进口,又回不得去。没奈何抢人东西食,一个船抢食,两个船抢食,就成贼了。"②殊不知,罪魁祸首即是包括康熙皇帝在内的明清两代实施渔禁令的最高统治者。这一点,当时的人有过很好的总结。所谓"闽人滨海而居,非往来海中则不得食。自通番禁严,而附近海洋渔贩,一切不通,故民贫而盗愈起"③;"即本处鱼虾之利与广东贩米之商、漳州白糖诸货,皆一切禁罢。则有无何所于通,衣食何所从出? 始之何不相率勾引为盗也?"④"操之急则谓断绝生路,有铤而走险耳"⑤;"虽有船不敢出海,即出海亦止可在浅水采捕,不能得鱼,嗷嗷待哺,势必铤而走险"⑥;"沿海小民约有数十万人皆藉采捕谋生(按:指广东沿海),今既禁其远出,必得除其困苦庶可使之各安生业"⑦;等等,讲的都是只要政府断绝渔民的生路,渔民就会铤而走险,成为统治者所谓的"海盗"这个道理。此外,其时海洋黑社会的需要也是一个诱因。因渔民航海技术高超,对海上航路、商路、礁岛港汊等精熟,兼之可持照在近海公开采捕,故其时的渔民便成了倭寇最好的内应和海盗求之不得的生力军。在倭寇和海盗的诱引下,相当一部分剩余渔业人口便上了贼船,干起了"其船出海,得鱼而还则已;否则遇有鱼之船,势可夺则尽杀其人而得之"⑧,"一行严禁,辄便勾倭内讧"⑨,"海盗窃发,其始也,必藉渔船而出,其弊也,必藉渔船以登岸"⑩的海盗营生。这就是为什么会产生"洋匪停泊,接水销赃,全仗附澳小船游奕接应"⑪,"海寇多为华人"⑫,"倭居十三,而中国叛逆居十七"⑬,以及为什么明清统治阶级使尽全身力气进行海禁而"海禁愈严,贼伙愈盛"⑭,"始不过三五成群,继则连艅日众"⑮的一个重要原因。

---

① 民国《霞浦县志》卷三《大事志》。

② 此话是康熙五十五年(1716年)正月十九日所说,见《海坛总兵程汉鹏奏报钦遵圣谕严禁兵丁勒索渔船折》,《康熙朝汉文朱批奏折汇编》第7册,中国第一历史档案馆编,档案出版社1985年版,第100—103页。

③ 谭纶:《善后六事疏》,《明经世文编》卷三二二。

④ 谭纶:《谭襄敏公奏议》卷二《海寇已宁,比例陈情,乞恳天恩,俯容补制,以广圣孝疏》。

⑤ 《明熹宗天启实录》卷五三。

⑥ 《广东总督杨琳奏陈整饬粤省渔船管见折》(雍正二年二月十五日),《雍正朝汉文朱批奏折汇编》第2册,江苏古籍出版社1999年版,第605页。

⑦ 《原广东巡抚杨文乾奏报遵谕访查粤东缉盗渔船等事情形折》(雍正三年八月十四日),《雍正朝汉文朱批奏折汇编》第2册,江苏古籍出版社1999年版,第829页。

⑧ 陆容:《菽园杂记》卷一三。

⑨ 徐学聚:《报取回吕宋囚商疏》,《明经世文编》卷四三二。

⑩ 《广东碣石总兵陈良弼奏陈海疆事宜折》(雍正四年三月二十二日),江苏古籍出版社1999年版,《雍正朝汉文朱批奏折汇编》第7册,江苏古籍出版社1999年版,第26—27页。

⑪ 《福建省例》二三《船政例》"会议设立澳甲条款",第669页。

⑫ 宗臣:《报子舆》,《明经世文编》卷三三〇。

⑬ 《嘉靖东南平倭通录》。

⑭ 唐枢:《复胡梅林论王直》,《明经世文编》卷二七〇。

⑮ 《福建省例》二三《船政例》"洋政条款",第703页。

5. 离开故土祖根成为海外移民

日本学者桑田幸三曾说过这么两段话：

> 在元代以前，虽已可见"华侨"的先驱形态，但真正向海外发展，却是从明代开始的。……明太祖民族意识很强，一反元朝厚待外国人的政策，采取国粹主义、锁国主义。但实际上，濒海居民仍有偷渡海外的。……太祖的锁国主义，事实上已崩溃。偷渡出国者是集体偷渡风潮的萌芽。
>
> 尽管具备外部刺激及造船技术发达这两个主要条件，但是中国人也并非是一定要到海外去的。我认为在中国本土如果不存在有社会及经济上的压迫和巨大压力，华侨到海外去也不会真正风行起来的。①

以此解释渔民出国而成为海外移民也是恰当的。现在我们很难得到明清海外移民职业构成的统计资料，但我们有理由相信，一定有不少是沿海的渔民。道理很简单，明清海外移民主要是东南沿海居民，而其时东南沿海居民的主体之一即是渔民。而且，在渔禁森严时代，远洋商船片板寸帆不许下海，领有执照自由地在近海作业的即是渔船。换言之，在其时，只有渔民和渔船才最有偷渡海外的便利条件。这也是明清中国沿海剩余渔业人口向海洋发展的一个方向。

6. 充当国家的海防力量，由渔民变为民兵和水师

明朝不完全禁止渔民下海捕鱼的原因，除了怕断绝渔民生计而引起他们造反和怕断绝渔课外，还有一个重要原因，那就是想利用渔民作为一道重要的海防屏障以起到备倭防盗的目的。正如明人郑若曾在谈到苏松地区海防时所说："苏松海防断以御寇，洋山为上策，而淡水门捕黄鱼一节乃天设，此以为苏松屏捍也。……每岁孟夏渔船出洋，宁、台、温大小以万计，苏州沙船以数百计，小满前后放船。……海中常防劫夺，每船必自募惯出海之人，格斗则勇敢，器械则犀利，风涛则便习。其时适当春汛之时，其处则倭犯苏松必经之处。贼至洋山见遍海皆船，其来乃星散而行以渐而至，势孤气夺远而他之矣，复敢近岸乎？此其利有三：不募兵而兵强，不费粮而粮足，不事查督而无躲闪之弊。"②意思是说，渔民格斗勇敢，器械犀利，熟悉水性，是防范倭寇入侵的可以依靠的力量。渔汛期成千上万艘渔船，是一道道坚固的海防屏障，可以起到一石三鸟的多重功效，即一是不必专门招募海军，渔民即是可靠的水师；二是不必花费养兵的钱粮；三是在渔业生产时期，这个队伍很好管理。这种内容几乎相同的话在顾炎武的《天下郡国利病书》卷三二《江南》中也说过。此法不限于苏松，福建亦通行。黄承玄就说："臣惟各省海防，独闽省为最急，而各省武备，则闽省为最弛。……至于濒海之民以渔为业，其采捕于澎湖北港之间者，岁无虑数十百艘。……我若好而抚之，则喙息可闻。……宜并令该总，会同有司，连以什伍，结以恩义，约以号帜，无警听其合艚佃渔，有警令其举号飞报，则不惟耳目有寄，抑且声势愈张。兹险之设，永为海上干城矣。"③这里更把渔民看作海上长城，足见渔民在海防中的重要地位！显而易见，渔民在这种情况下是兼有民兵角色的。而在清代，渔民的此种角色特征则不甚明显。虽然如此，国家在征

---

① 〔日〕桑田幸三：《中国经济思想史论》，沈佩林、叶坦、孙新译，北京大学出版社1991年版，第219—220页，第223页。

② 民国《太仓州志》卷一五《海防议》。

③ 黄承玄：《条议海防事宜疏》，《明经世文编》卷四七九。

募海上防卫正规军队——水师时,将渔民纳入重要兵源之一,则是两代共有的一项特征。如"洪武中倭数掠海上,高皇……命南雍候赵庸招疍户、岛人、渔丁、贾竖,盖自浙至闽广几万人尽籍为兵,分十千户所。于是海上恶少皆得衣食于县官"①。又如"永乐四年(1406年)命丰城李彬等沿海捕倭,招岛人、疍户、贾竖、渔丁为兵"②。再如康熙五十六年(1717年)二月天津镇总兵马见伯"称大沽营汛并无海船,兵丁不习水性,倘有紧急重务不能远行必致迟务",所以奏请"招补沿海渔户、海洋贸易水手立为水师,令大沽营将备管辖"。此奏议通过直隶总督赵弘燮上奏皇帝而得到批准。③

明清时代,渔民不仅是水师的重要兵源,而且在海防建设中发挥着不可替代的重要作用。

可以毫不夸张地说,明清渔业剩余人口向海洋发展遍及其时海洋社会的各个层面,以上所举只是择其要者,其他就不一一分类举例了。

(二)渔村生态系的变动

明清时代中国沿海尤其是东南沿海人口稠密是为诸多学者所考证的事实。而在居住生活空间与生计活动空间几乎是分离状态的广大渔村,其人口密度之高更是可想而知的事。如福建霞浦县是个渔业县,沿海乡村居民几乎皆业渔且人烟十分稠密。例如"港村,人烟稠密,鱼市喧阗,颇称繁盛","松山,全乡业渔,鱼利颇丰","水澳,在四十三都罗浮村……居民数百家以渔为活","三沙乡,背山面海,无田可耕,人烟可三四千家,皆业渔……三澳者,可八十余家亦业渔"④,例子不一而足。在这种几乎没有农作物生产、居民无法过自给自足生活的渔村,当受到渔禁等外部环境要素的冲击后,村民是如何开发渔业经济来维持高人口密度的渔村生态系,以及这种生态系又是如何驱动渔村社会经济向前发展的呢?

毫无疑问,渔村居民的生活重心在渔业,其生计资源主要取自海洋。那么,在明清时代,广大的渔民是如何围绕这个重心来发展渔村经济、维持渔村生态的均衡发展的呢? 我们先来看看广东澄海县渔村的情况。

"澄跬步海隅,畊三渔七"⑤,亦可谓典型的渔业县。然而,只要我们深入渔村内部就会发现,该县渔村内部实际上普遍实行了多种生产形式及多种经济形式的生产经济组合,单一的作业方式及单一的经济模式在清代中期的澄海渔村已不复存在了。据嘉庆《澄海县志》卷之六《风俗·生业》记载,该县渔村的生产组合包括扣圈、桁罾、牵罾、放湖、挨缉、涂跳等共12种。在这12种生业中,渔村经济生活的重心还是渔业,晒盐等是渔村经济的补充形式。就渔业而言,其作业方式多达10种,实际上是以远洋拖风渔业为主、沿岸捕捞和水产养殖为辅的多层次的渔业生产方式的组合。尤其是远洋渔业和水产养殖的出现更具明清渔村生产之特色。男人、女人、老人和儿童分别专门从

---

① 《皇明世法录》卷七五《海防·日本》。

② (清)周凯修、凌翰纂:道光《厦门志》卷四《海防略》。

③ 《直隶总督赵弘燮奏请动用盐库银两打造海船折》(康熙五十六年二月二十五日),《康熙朝汉文朱批奏折汇编》第7册,第740—743页。

④ 民国《霞浦县志》卷四《山川志》。

⑤ 嘉庆广东《澄海县志》卷二四《赋役》。

事某种渔业,一户乃至全村居民分别从事着多种渔业,显示着澄海渔村及渔场环境多彩多姿,其渔业劳力既专业化又多样化,辅之以其他生业作为渔村经济的补充,这也就是该县渔村维持高人口密度的根本原因。渔业劳力既专业化又多样化,并非澄海一县独有,可以说,它是明清中国沿海渔村共同的生态特征。如明代广州边海诸县渔村仅渔具就有罛、罾、箔、笼、涂跳、跳白、钩等 7 大类,每一类又细分为几小类,每一类都形成了一种专门化的渔业生产方式。此外,该沿海渔村还在沿海滩涂广泛发展养殖业。因此,从这些渔村内部,我们同样可以发现其渔业劳力既专业化又多样化的鲜明特征。

如果说上两例失之宽泛而不够具体和典型的话,那么下面一例则是实实在在地反映了渔村的生态系。这个渔村就是始建于明洪武二十年(1387 年)的千户所松江府的青村镇。明末清初的曾羽王是个地地道道的青村人,在他的《乙酉笔记》中,真实地记载了该村镇的生态系的变迁过程。

该村既是军事重镇,也是典型的渔村,村镇的经济重心或经济支柱即是渔业。清初迁界前,该村的经济支柱共有三个,其中有两个即属渔业:

> 一为开海之利。青村海船约共五六十艘。一日两潮,大鱼则数十斤计,小鱼亦以两计。无船者则肩挑贩卖。亦有沿途捕鱼,不用舟楫,辗转获利,以赡一城之命。一为结网之利。内河则有缯网、打网,为例尚微。外洋则有希网、长网、拖网。男女无田可种者,皆习此业,且为利数倍于田。每见家有四壁,则数十人聚焉。自朝至暮,拮据不休,彼此谈笑,以消永日。勤俭者铢积寸累,以结网而至千金数百金者,比比然也。[1]

另一个是沾军事重镇之光,有"军储之利,军有月粮,选锋有口、月粮,又有五风汛银米,共万余石"[2]。实际上,所谓军储之利,只是提供了粮食的商品供应,并不能算是青村的经济支柱。该镇的经济来源主要是渔业。

同前两例相比,青村的渔业捕捞方式及规模皆只能视作小巫见大巫,但在渔村内部实行专业化分工却甚于前两例,这就是在渔村内形成了专业化的织网业。正是由于有多种形式的渔业捕捞、鱼产品贩卖及专业化的织网业,才使得该村镇在海禁松弛时村民富足,有不少人"拥资巨万",在海禁森严时"而青村犹不至大困"[3]。

明清沿海渔村既以渔业为经济重心又辅之以其他经济形式,其渔业劳力既专业化又多样化,使得这种渔村生态系内部机制有着较强的自律性或自我调整能力,这也就是海禁时代中国沿海渔村得以均衡发展、维持渔村高密度人口的根本原因。同时我们也可以看出,这种渔村生态机制非但对渔村社会经济发展有利,而且对整个海洋渔业社会经济乃至整个海洋社会经济的发展也都极为有利。渔业劳力既专业化又多样化,既为渔村剩余劳动力广开了就业之路,更为海洋渔业的全方位发展及海洋其他产业的发展提供了充足的人力资本。事实上,明清渔村由过去单纯的近海捕捞发展为以近海捕捞为中心、以向远洋和海水养殖为两极延伸的多种渔业作业方式的生产组合及由单纯的"以渔为生"发展为以渔业为经济重心又辅之以其他经济形式的多种生产经营组

---

① 载《清代日记汇抄》,上海人民出版社 1982 年版,第 10 页。
② 载《清代日记汇抄》,上海人民出版社 1982 年版,第 10 页。
③ 载《清代日记汇抄》,上海人民出版社 1982 年版,第 10 页。

合,就足以表明其时的海洋渔业社会经济乃至整个海洋社会经济有着前所未有的发展。

第二节　明清时期的海商社会

商人社会,可以从两个层面去作界定:一个是从它的行业范畴,可以把凡是从事流通行业活动的人员相互构成的群体及其社区作为商人社会,诸如商业及其附属行业人口占绝大比重的城市、港埠,如山东之临清、江苏之扬州、浙江之宁波、福建之厦门、广东之广州、江西之河口、安徽之芜湖等,已有学者以其空间依托为角度,把它们作为商业城镇予以研究。另一个是与整个大社会相对的关系范畴,可以把与"众"不同的商人经济行为和社会行为及其组织形式、观念心态、风俗习惯作为一种特殊的社会构成进行分析研究。相对外部大社会而言,商人当然有具有自己活动特征和习俗的内部社会。我们这里考察明清时期的海商社会,是后一种范畴的商人社会。[①]

一　海商的构成及相互关系

明代海外贸易商结构在前文中已有论述,这里仅以清代海商为典型作一介绍。清时期海商的构成及相互关系已发展得相当成熟。清代海商主要由财东、出洋人和行商构成。财东投资于造船、置货,往往不出洋。船长、客商和水手自然是追波逐浪的芸芸众生。洋行商人通常留在港口,充当坐贾和征税人。

投资于海外贸易的财东,事实上在各地的称呼都不同。在福建厦门,造船、置货称为"财东",以示有别于那些领船运货的船长,称"出海"。广东则称财东为"板主",江苏一带称"船商"或"东翁"。各地名称虽有不同,但他们的共同之处就是身份显贵、家财殷富,素称"有力之户"。江苏的海商,有的一人就拥有四五十艘商船。他们不出洋,而是委托亲属或其他人担任船长,出船营运。据说清代上海的富商有一种趋势,即不以囤积粮食作为衡量财富的标准,而是广置船舶,往返于海内外。最为典型的当推上海县巨贾张元隆,他"广置洋船,立意造洋船百只,今已有数十只","往来东、西洋及关东等处"[②]。如此财力的船商一般多见于江苏。福建"虽系依山滨海,土田瘠薄,不能如江、浙财赋之区,多富商大贾"[③]。这种说法符合当时的实际情况。

出洋商船的一船之首,分别有"船主""船户""船头""船商""出海"和"老大"的称呼。出于方便的原因,这里用"船长"这一现代术语来表示。在清代,船长是具有两重性的。一方面,他经常受"雇"于财东。实际上,就是接受委托,驾船出洋营运,回棹后与财东分红。从这个意义说,船长只是财东的一位大伙计。在另一方面,出洋时,船长统管全船事务,权力很大,尤其在商务方面更为如此。

船上技术问题属于舵水人的责任范围。在这股人中,伙长和舵工最为关键,任重

---

① 陈东有:《走向海洋贸易带——近代世界市场互动中的中国东南商人行为》,江西高校出版社 1998 年版,第171 页。

② 张伯行:《正谊堂文集》卷一。

③ 《宫中档乾隆朝奏折》25 辑,第 467 页。

责大。船只行驶的安全,在很大程度上取决于他们的技术和经验。船上的大缭、二缭以及众水手都要听从他们的指挥。因此,"向来各省商船,俱不惜重价雇募能致得力舵工"①。伙长和舵工对于船长,不仅是被"雇募"的关系,而且也是商船货物的投资者。他们享有的担位数量仅取决于船长,有的与船长合伙贸易,有的则自带货物。一旦他们经营失利而较少出洋时,船长们在招揽这种技术人员时就颇感困难。② 所以,舵工、水手等技术人员,其身份首先是商人,其次才是海员。

船上水手的人数众多。清代较大型商船的水手在 50 人以上,中船 40 人以上,小船 30 人左右。清代广东和福建沿海的港口,水手数以万计。船上水手的来源有两种。一种是客商自带上船的。客商附搭赴吕宋的商船,如所带货物有 2000 元,可自带驾船水手 1 名,船长必须给 8 个担位,客商的货物有 4000 元,则可带 2 名水手,依此类推。③ 由客商自带的水手,地位比较低,且与船长没有发生雇佣关系。此类水手人数的多寡,视客商投资额而定。清代商船的贸易额不多,客商所占的比例不大,因此,商人自带的水手不会太多。另一种水手是船长雇募的。按照清朝有关规定,商船出洋之际,如舵水人遇事不能成行,船长可就近招募水手,取具保结,赴海关办理执照,便可上船当水手。

水手和伙长、舵工一样,具有两重身份。他们既是技工,又是中小商人,商船上允许水手拥有一定担位以载货物。办铜商船的水手,在日本购买"零星什物,自伙长至众水手俱得自消"④。日本铜比较便宜,水手买回转售,"亦可得利"。有的舵工、水手附搭条桂、冰糖和桂圆等货销往日本。⑤ 可见,船长与水手之间的雇佣关系并不发达。水手仍然是小商人,通过贸易赚取利润才是他们的目标。

一般认为,船长与舵水人之间不受十分严格的等级制度所支配。舵水人之间更是以"兄弟"相称。中国商船上的气氛较和谐。实际情况是,船上舵水人之间的经济待遇差别很大,水手经常被描写为"下愚粗鲁之人"⑥。中国船上水手的地位较高,人事关系和谐,这仅仅是相对于欧洲商船而言的,这种情况正是中国商船上雇佣关系不够发达的反映。

船上的客商来自四面八方。据统计,客商来自除了西藏以外的全国各地。⑦ 内陆商人携带货物,从沿海港口搭船出洋。在厦门港,"货客多有别州越府之人临时搭船"者。⑧ 当然,出洋商人主要还是来自东南沿海四省,"其中闽省最多,广省次之"⑨。1780 年一艘南京船赴日本,在 78 名可以查到籍贯的船员中,67 位是福建人,占全部人

① 《清仁宗实录》卷一六二。

② 林春胜等:《华夷变态》下册,东京文库昭和三十三年(1958 年),第 2644 页。

③ 叶羌镛:《吕宋纪略》。

④ 《乍浦备志》卷一四。

⑤ 《宫中档乾隆朝奏折》4 辑,第 89 页;55 辑,第 490 页。

⑥ 林炜:《通航一览》卷二三。

⑦ 〔日〕西川求林斋:《增补华夷通商考》卷一至二。又见陈希育:《中国帆船与海外贸易》,厦门大学出版社 1991 年版,第 285—287 页。

⑧ 《朱批谕旨》46 册,第 34 页。

⑨ 《宫中档乾隆朝奏折》7 辑,第 863 页。

数的 85%。1807 年一艘宁波船去日本,福建人 59 名,占全船 88 人的 62%。[1] 导致出洋的福建商人如此众多的因素有:福建山多地少,人口压力大。自五代和宋朝以来,福建商人就出没于波涛之中,活跃于国内外市场。清代这种传统丝毫未减。

应该说,清代客商只要稍有本钱,携带货物,出洋贸易并不困难。众客商是商船上货物的投资者,因此,不管是自船自营型还是委托经营型的船长,都重视招揽客商出洋。船长与客商有一定的权利和义务关系,每次出洋,船长要替客商作担保,代为交税;商人出售货物后,必须向船长交纳"水脚银"作为运费,甚至利润要分红。

商船上还有一些地位极为低下的仆人,他们被称为"奴仆""跟役""随使"或"随厮"。这种人不仅船长身边时有,商人也时常带上船。仆人对于船长和商人的人身依附程度很严重。在福建沿海,还有一种养子风俗。"殷富之家,大都以贩洋为业,而又不肯以亲生之子令彼涉险。因择契弟之才能者,螟蛉为子,给以厚资,令其贩洋贸易。获有厚利,与己子均分。在富者则以他人之子,驱之危地,利则归我,害则归人。在贫者则藉此希图致富。是以贫者之父母兄弟不以契弟之称为可耻,而反以此夸荣里党。若此有关风俗人心者甚大。"[2]

清代行商在港口开设"洋行"或"牙行",业务范围非常之广:在买卖双方中检验商品,评估价格,代征货税,包销商人的进口商品以及代购商人所需的出口商品等。此外,行商对于海外贸易具有更大的影响力,例如,出洋商人必须经由他们作担保。清代不少行商还直接投资或参与海外贸易。清代行商具有双重性的特点:一方面,他们与出洋商人有某些共同的利益,都在一定程度上受到封建政府的剥削和限制;另一方面,行商也盘剥出洋商人,经常充当清朝实行政策的工具。[3]

二 海商的性质及特点

清代是中国远洋帆船贸易的最后发展阶段,但是其规模却超过前代。清代海商更是具有某些新的特性和形态,主要表现在帮会的存在、商人家族小集团以及特权官商等方面。

(一)海商帮会及其会馆

清代出洋商人的数量十分可观。据统计,康熙二十五年(1696 年)仅赴日本的中国商人就达 9128 人之多。[4] 这还不包括前往东南亚的商人和移民。出洋者如此众多,他们又来自国内不同地方,彼此划分为不同的帮。帮派现象甚至出现于同一艘船上。道光初年,赴日金得泰号共有 90 名船员,分为三个派别,当船员发生意见分歧时,"他们目侣(水手)不从我令,我们目侣不从他令",甚至船上总管还挨打。[5] 地域不同的帮派,不仅出现在同一艘商船上,而且存在于众多商船之间。在江苏,"沙船每一州

---

[1] 《通航一览》卷二三三,卷二二六。

[2] 《闽政领要》卷中。

[3] 参考陈育宁:《清代前期的厦门海关与海外贸易》,载《厦门大学学报》1991 年第 3 期。

[4] 〔日〕大庭修:《唐船进港回棹录》,关西大学东西学术研究所昭和四十九年(1974 年)版,第 1 页。

[5] 《得泰船笔语》转引自松浦章:"江户时代有关漂流唐船的资料"。见《关西大学东西学术研究所纪要》13 辑。

县之船为一帮,共十一帮。而通州,海门,崇明三帮为大,具有船五、七百号"①。

既然出洋商人和水手按其地域分为不同帮派,他们必然借助某种媒介发生联系。庙宇就是其中的一种。在出洋者中,所崇拜偶像不太相同,不但在同一艘船上船员信仰的偶像不同,而且即使是同一帮内,信仰也不一致。雍正初年浙江巡抚李卫到任后,"即经留心察访,浙帮水手皆佛神各像不一"②。这是由于中国存在多神崇拜,因而船员信奉的神灵也不同。但是,一个平时在家敬奉观音的人,出海时未必就不祈求妈祖的保佑。作为航海之神的妈祖,被认为事关出洋的安全和成败,每当"天后圣母寿辰"之日,船上必设五色旗,以表敬神之意。有信仰偶像自然就有庙宇,它们分布于沿海各地。浙江原先有庙宇 72 处,到了雍正初年仍有 30 余处。庙宇的职能除了宗教实践外,在生活上也方便了船员。"各水手每年出银钱,供给养赡。冬月回空时,即在此内安歇,不算房钱,饭食供给。"船员奉献的银钱,除了用于神庙的基本费用和膳食外,一部分还作为水手发生纠纷时的讼费。③ 由于神庙的基本职能是宗教实践,不能满足不断发展起来的商业需要,因此,有的神庙就为职能更广泛的会馆所取代,但有些神庙继续保留了下来。

会馆是由地域不同的帮派建立的,并且普遍存在于沿海各地和海外诸国。在浙江乍浦的南门外,闽人建有"三山会馆"。康熙四十五年(1706 年),福州商人在乍浦南门外建立了"蒲阳会馆"。乾隆十三年(1674 年),兴化商人在乍浦兴建了"鄞县会馆"。在海外,据说康熙年间越南就有"闽会馆"。越南柴棍铺一地,就有福州、广东、潮州、漳州 4 个会馆。④ 广南会安铺,"清人居住有广东、福建、漳州、海南、嘉庆五帮,贩卖北货。中有市亭、会馆,商旅凑集"⑤。一般来说,国内的会馆是按县建立的,在海外则按府或省份建立。嘉庆年间,福建商人在日本建立的"八闽会馆"就属于这种情况。

会馆的主要职能是什么?"会馆者,集邑人而立公所也。"⑥日本"八闽会馆"就是"我帮商旅议公之区"。这种由同帮商人共同建立的会馆,调整彼此关系,排忧解难,在商务上对于语言和习惯都相同或相通的商人,也有着彼此交流信息的方便之处。所以,地域性的会馆仍存在至今。只是后来海外华侨大量增加,会馆逐渐面向华侨。会馆还有宗教上的作用,那里有天后圣神宝像,供商旅进香。清代国内的会馆,还成为清朝管理沿海贸易的又一工具。海外会馆则不然。

(二)海商中的家族集团

海商中的家族集团是一个常见的突出问题。清代远洋商船上,船长通常带有亲属。中国赴吕宋的商船,船长所带的"子弟、亲戚,谓之亲丁"。他们被安插在船上管理伙食或财务。个别船长在中途去世,他的亲戚马上继任船长。1831 年德国人郭士立(Giitzlaff)乘坐中国帆船自暹罗赴天津,船长是潮州人,其妹夫就在船上当职员。该船

---

① 《安吴四种》卷四。

② 《朱批谕旨》41 册,李卫奏折,雍正五年十一月八日。

③ 《朱批谕旨》41 册,李卫奏折,雍正五年十一月八日。

④ 郑怀德:《嘉定通志》卷六。

⑤ 《大南一统志》卷五。

⑥ 《上海碑刻资料选辑》,第 236 页。

途经潮州时,原船长的叔叔继任船长。① 血缘关系的浓厚色彩,在赴日商船的众多船长身上得到最充分的体现。日本实行正德新例后,每一艘赴日商船必须凭日本颁发的信牌方能进港贸易。拥有一张信牌就意味着取得赚钱的许可证。于是,普遍出现了这样的现象:有些船长不出洋时,把信牌转让给亲属。通常是父亲让牌给儿子,舅舅给外甥,以及兄弟之间的转让。②

　　之所以有这种做法,可能是在复杂的商业投机和冒险中,船长对亲属的信赖超过对其他人,以及希望自己的亲属可以取得经济上的好处。这也是资本主义社会以前经营方式的一个特征。然而,不少中国商人的家庭,同时分散在国内港口和海外,他们互相之间保持密切的关系。例如,侨居巴达维亚20余载的郑孔典船长,其叔父郑大山曾担任赴日商人的总商。郑孔典的弟弟、堂兄弟十几人都从事海外贸易,并在南京、宁波和广南地区设有商业经营点。19世纪20年代,英国人克劳佛也指出,在东南亚的中国商人与国内家族保持着商业联系。这种家族式的经营,使得他们掌握更多的国内外市场信息,拥有更多的资本,因而更具有竞争性。因此,家族式经营在一定程度上可以促进贸易的发展。

（三）特权官商

　　中国海外贸易中官商的存在并非始于清代。但是清代官商主要是控制和垄断对日贸易。早在康熙二十三年(1685年)开放海禁后,在职的地方官员(主要是福建)就直接参与对日贸易。该年身为福建水师提督的施琅首先派船出洋,如赴日第8号的厦门船和第12号的广南船。③ 这两艘船的使命,名义上是为了向郑氏残余势力招降。次年,福建共派13艘船去日本,由"福州武官:奉令督理兴贩洋船左都督江君开"和"厦门文官:奉令台湾府督捕海防厅梁尔寿"总押运。④ 据称他们的目的是把东宁(台湾)的鹿皮和砂糖运出口,收入则用作台湾的军饷。参与派船的有施琅及其部下,福建陆路提督万正色等。受福建地方官员的影响,浙江宁波总兵也派船到日本贸易。虽然当时13艘名为"商卖官船",但它们实为各地官员直接派出。此外,不少地方官员自己派出船只,从事贸易。⑤ 可是,组织官船贸易,到了康熙二十五年(1686年)便骤然而止。究其原因,与清廷和地方官态度的不同有关。施琅在康熙二十四年(1685年)提出建议:"将通省之内凡可兴贩外国各港门,议定洋船只数,听官民之有根脚身家不至生奸者",从事贸易。⑥ 次年三月,福建巡抚金鋐奏请,台湾所产白糖、鹿皮,"仍令照常贩卖,至民间贸易应行禁止"⑦。不难看出,两位地方官员旨在限制甚至禁止民间海外贸易,以官员们染指的贸易取而代之。可是,施琅的建议在康熙二十四年四月被否决。对于金鋐的建议,康熙帝严厉指出,"福建督、抚所行不善","督、抚若不图利己,则百

① C. Gützlaff. Journal of Three Voyages along the Coast of China in 1831,1832 and 1833. p. 80.
② 〔日〕大庭修:《唐船进港回棹录》,关西大学东西学术研究所昭和四十九年(1974年)版,第30页。
③ 林春胜等:《华夷变态》上册,东京文库昭和三十三年(1958年)版,第425页,第431页。
④ 林春胜等:《华夷变态》上册,东京文库昭和三十三年(1958年)版,第495—496页。
⑤ 林春胜等:《华夷变态》上册,东京文库昭和三十三年(1958年)版,第475页。
⑥ 施琅:《论开海禁疏》,《皇朝经世文编》卷三三。
⑦ 《唐熙起居注》二册,第1454页。

姓何至受害？将伊等解任可乎"①。显然，康熙帝与地方官员的态度截然不同，制止了在职官员正在进行的贸易。

清代另一批官商是乾隆年间以后的办铜官商。不过他们不是在福建，而是在江浙地区。他们也不是在职官员，而是一些与封建政权有很深关系的官商。官商范毓及其儿子范清注、侄儿范清济一族，与清朝内务府有过良好的关系。接替范氏的是王世荣，他是长芦的盐商，乾隆三十八年（1689 年）当过捐织郎中。王世荣之后，由他的亲戚钱鸣萃出台办铜。② 钱氏原任山东平度州知州。纵观办铜官商，大多是自身作为两淮盐商，财力充足，再加上做过封建官僚，或与封建政权的密切关系，以攫取贸易上的特权。他们所获得的特权主要有四方面：其一，垄断日本铜斤贸易，不容民间商人参加。由于日本对于铜的出口数量有一定配额，江苏办铜商人包揽了全部额数。乾隆三十六年（1771 年），闽商林承和的商船从日本运回铜斤，于是被指责为"闽省采办洋铜有碍苏商"③。其二，办铜商人可以向政府预支财本，出洋贸易。其三，拥有出口丝绸的优势。乾隆二十四年（1759 年），清廷下令禁止丝斤绸缎出口，理由是丝价昂贵，有碍民生。但是，清廷很快又在次年批准办铜商人可以出口丝斤绸缎。海船 33 卷，合计 3960 斤。"其非办铜船，仍不得援例夹带。"④至于赴南洋的中国商船，直到乾隆二十九年（1764 年）才被允许可以出口丝斤，而且数量只有上丝和二蚕粗丝各 1000 斤，合计 2000 斤。其四，办铜商人进口货物，可减免税收。乾隆九年（1744 年）就规定，"其铜斤办回经过各关，免其纳税"⑤。铜办官商攫取特权后，反过来排斥一般民间商人的公平竞争，因而阻碍了海外贸易的健康发展。

在洋行商人中，也不乏浓厚的封建官方色彩。充当行商，必须是身家殷实，取得政府发给的行帖方能开业。不少行商是凭借官员的支持营业的。雍正年间，祖秉圭担任粤海关监督期间，"以关务为地方官不得过问，任用省城一、二有力行商，垄断专利，胥役人等苛派作奸，罔恤彝情"⑥。在福建厦门，情况亦如此。雍正年间，"行保多系有身家之人"。乾隆年间，福建武职官员马龙图的侄儿在厦门开洋行数家，马氏的儿子又与福建水师提督黄仕简的女儿联姻。可见，行商具有一定的官场背景。又如江苏大行商张元隆，与"督臣"关系甚密，他的商船出海时，甚至有水师船护送。许多大行商就是这样居身于官僚的保护。

要之，清代海商可分为财东、出洋人和行商三个类别。尽管他们各自在经济和社会地位上存在差别，但是，他们自上而下依次存在着一种合伙人的关系，这是清代海商构成及相互关系的特点。它具有普遍性。然而，海商按其地域又分为不同的帮派，并且以庙宇和会馆作为交流媒介。帮派存在，是自然形成的历史产物，不能完全否定其作用。一方面帮派之间存在矛盾和竞争，另一方面帮派内部可以交流信息，互相帮助，有利于开展贸易。透视整个地域性帮派，人们进而又发现了更小范围的家族商业小集

---

① 《康熙起居注》二册，第 1455 页。
② 〔日〕山胁悌二郎：《长崎的唐人贸易》，吉川弘文馆 1945 年版，第 184 页。
③ 《清高宗实录》卷八九五。
④ 《皇朝文献通考》卷三三。
⑤ 《皇朝文献通考》卷一六。
⑥ 《宫中档乾隆朝奏折》20 辑，中国台北故宫博物院 1982 年，第 134 页。

团的存在。由于共同的经济利益,他们内部在资金周转、权益转移和信息沟通方面,都有更密切的合作。国外学者甚至把清代海外贸易的扩展归功于家族集团的作用。至于特权商人向海外贸易各个领域的渗透、控制,排斥民间商人,则又是海外贸易健康发展的阻扰和滞碍。[1]

三 海商的经营方式[2]

出海经商的第一物质条件是船只,制造海船需要的资金比制造内河船只要大得多,除少数巨商大贾可独资建造外,大多数商人既不可能独造船只,也没有必要独造。合资租船或造(买)船是海商出洋经商的主要办法。这种合作行为又直接决定了他们出海经营的方式。明人王在晋的《越镌》叙述了三个海商案件[3],从这三个案例中我们可以分析海商的出海经营方式。

(一)三个案例

其一,"严翠梧与方子定"案:

> 奸民严翠梧与脱逃方子定,以闽人久居定海,纠合浙人薛三阳、李茂亭结伙通番,造船下海。先是子定于三十七年同唐天鲸雇陈助我船,由海澄月港通倭,被夷人抢夺货物。遂以船户出名具状,称倭为真主大王,告追货价,所得不赀。严翠梧、李茂亭闻之,有艳心焉。有朱明阳者,买哨船增修,转卖茂亭,先期到杭收货,同伙林义报关出洋而去。翠梧、三阳乃唤船匠胡山打劫船一只,结通关霸,透关下海等候。随买杭城异货,密雇船户马应龙、洪大卿、陆叶膛船三只,诈称进香,乘夜偷关。驾至普陀,适逢潮阻,哨官陈勋等驾船围守,应龙等辄乘船而遁。哨兵追之,乃索得段绢布匹等物,纵之使行。而前船货物,已卸入三阳大船,洋洋赴大窑矣。于是子定先往福建收买杉木,至定海交卸。意欲紧随三阳等,同船贩卖。遂将杉船向大嵩港潜泊,而豫构杨二往苏杭置买湖丝。又诱引郑桥林禄买得毡毯,同来定海。见三阳船已先发,乃顿货于子定家,寻船下货。

这段史实不仅说明了海商是多人共用一船,而且说明了所用之船,有造的,有买的,有劫的,所买之船还曾是哨船,这有可能是破旧退役的军用船只。海商乘船出发也不是万事俱备、同日同时上船下海,而是一边办船、一边办货,前后陆续,你等我赶。当时虽然处于海禁期间,但只要借口得当,加之贿赂,还是可以出洋贸易的。在所办商货中丝棉品是主要的,还有毛织品和杉木。这杉木却是从福建采办,且需运至定海交卸,其采办转运比起丝棉毛货,更多几分艰难,可见当时商人赴海外经商行为之积极活跃。

其二,"林清与王厚"案:

> 福清人林清,与长乐船户王厚商造钓槽大船,倩郑松、王一为把舵,郑七、林成等为水手,金士山、黄承灿为银匠;李明习海道者也,为之向导;陈华谙倭

---

[1] 陈希育:《清代的海外贸易商人》,《海交史研究》1991年第2期,总第20期,第99—104页。

[2] 此部分内容参见陈东有:《走向海洋贸易带——近代世界市场互动中的中国东南商人行为》,江西高校出版社1998年版,第148—162页。

[3] 《越镌》卷二一。

语者也，为之通事。于是招来各贩，满载登舟，有买纱罗绸绢布匹者，有买白糖瓷器果品者，有买香扇梳篦毡袜针纸等货者。所得倭银，在船熔化，有炉冶焉，有风箱器具焉。六月初二日开洋，至五岛而投倭牙五官六官，听其发卖。陈华贵送土仪，李明搬运货物，同舟甚众，此由长乐开船发行者也。又有闽人揭才甫者，久寓于杭，与杭人张玉宇善。出本贩买绸绢等货，同义男张明觅船户施春凡，与商伙陈振松等三十令人，于七月初一日开洋，亦到五岛，投牙一官六官零卖。施春凡、陈振松等尚留在彼，而玉宇同林清等搭船先归，此由宁波开船发行者也。林清、王厚抽取商银，除舵工水手分用外，清与厚共得银二百七十九两有奇。所得倭银，即令银匠在船倾销。计各商觅利，多至数倍，得意汛舟而归。由十月初五日五岛开洋，十二日飘至普陀相近，被官兵哨见追赶。商船忙驾入小月岙，船被礁阁，各负银两登山奔窜，逃入柴厂。将未倾倭银，抛弃山崖溪涧间，哨官杨元吉督同捕兵缉拿，邻哨徐尚元者，亦统兵至协擒伙犯六十九人。搜获倭戒指、金耳环、倭刺刀、炉底器械等件；又搜获银共三千九百两七钱。

这里的合用船出洋的情况又有不同：不仅有张玉宇等人"觅（雇）船"出洋，还有商人与船户合资造船、用船、卖船。先是船造好后，请来驾船出洋和出洋经商所需的工作人员，包括银匠和翻译，然后招商出洋。那么林清和王厚就是商主兼船主了，他俩有没有贸易不得而知，但"抽取"了众商的"商银"，而不是"租金"或"船钱"。把舵和水手都是他俩的雇工，有"分用"。这批商人回程时没有带货回来，也许是中国没有日本货的市场（除了国家需要的铜），但更主要的原因恐怕是中国的海禁。日本银锭与中国的不同，出于应付海禁，所以就在船上重新熔铸，这便是他们在雇用水手和翻译时也不得不雇请银匠的原因。林清应是把船卖了，所以他是"搭船先归"。王在晋在叙述了上述事件后有一番议论，其中作了如此说明："以数十金之货，得数百金而归；以百余金之船，卖千金而返。"可见船被卖了，因为以造船方式出洋经商并在外面把船卖了，既是当时出洋商人的另一项大生意，也是应对海禁的省事办法。这种情况从明一直延续到清。《清实录》载康熙五十五年（1716年）十月圣祖谕大学士九卿等："朕南巡过苏州时，见船厂问及，咸云每年造船出海贸易者，多至千余，回来者不过十之五六，其余悉卖在海外，赍银而归，官造海船十只，尚须数十万金，民间造船，何如许之多？且有人条奏，海船龙骨必用铁梨上竹下力木，此种不产于外国，惟广东有之，故商人射利偷卖。即加查讯，俱捏称遭风打坏。此中情弊，速宜禁绝。海外有吕宋、噶剌吧等处，常有汉人，自明代以来有之，此即海贼之薮也。"[1]连苏州也出现了不仅出洋贸易，而且造船卖船的现象，更不用说沿海一带。据《华夷变态》所记，元禄四年（1691年）从温州出发的85号船是在温州造的，元禄九年（1696年）62号船是在舟山造的，元禄十年（1697年）的41号船、贞享四年（1687年）9号船则分别是在苏州和厦门造的。不过，买什么地方造的船也有讲究，元禄十一年（1698年）6号温州船向长崎方面陈述道："温州为一小港，商船往来无多。唯此地颇产木材，甚利于造。故宁波商船大多于此地建造。自不待言，我船亦在温州修复，而作此番航行。"也有去长崎买船的，如贞享四年（1687年）83号南

---

① 《清实录》《圣祖实录》卷二七〇。

京船向长崎方面的风说书所述："拜启:我等搭乘之船为去年自二十八号船分出,而在贵地制造之船。船头伍子贤为去年二十号船之唐人客商。去年原来之船头吴子昭者,为制造上述船需各方大量银子,遂自贵地搭船出航。不得已由我伍子贤掌管银子周转,并称在南京将此船交会于我。不得已申请领船,今番申请外送,实是失礼。"

其三,"赵子明等"案:

> 省城通番人赵子明、沈云凤、王仰桥、王仰泉、何龙洲五名,向织造蛤蜊旺段匹等货,有周学诗者转贩往海澄贸易。遂搭船开洋,往暹罗、吕宋等处发卖,获利颇厚,归偿子明赊欠段价。因在洋遭风许愿,在三茅观延请道士周如南设醮演戏酬神,观者甚众,而学诗之通番遂露。子明虽不与学诗同往,而转买得利,应与学诗并徒。生员沈云凤者,将资本托仆沈乘祚、来祥往海澄生理,来祥等径往吕宋等处贩卖货物,包利以偿其主。

这里有两种经营形式,一种是海商(周学诗)向织造段匹经营者(赵子明)赊借商货来从事经营,另一种是投资者(沈云凤)自己并不经营,以商货为本,交给仆人(沈乘祚、来祥)去经营,即委托代理经营。商业经营者"搭船"——与其他商民合租海船出海。在出海过程中,经营者可以根据实际情况改变自己的行为,变(往海澄)沿海贸易为(往暹罗、吕宋等处)海外贸易。

委托代理经营在清代得到继续发展。材料来自清乾隆年间中国有关方面安排海商船只送日本海难漂流人员回国的文件。"财东信公兴,系泉州人,从幼徙居宁波,平生慷慨高风,宁省闻名,向登州府船贸易。""商人信公兴倩行商郑青云,雇本县船户彭世彩船只,置货往洋贸易。"[1]信公兴有两个称呼,一是财东,一是商人;郑青云则是行商。这一趟置货往日本贸易,由信公兴出资雇船和做置货资本,但他本人不随船出洋,而是请别人,即雇用并委托行商代为经营,与所雇商船的所有者即船主出洋。这种行商与广州十三行行商在委托代理商务的行为上是相同的;不同的是十三行行商是官府所派定,而郑青云是私人所委托。据当时日本漂流民报告,信公兴"每日有三四十人络绎其宅,极为兴旺,看上去皆为有身份之人;其家中从事内外劳务的下人竟有五六十人之多"[2]。信公兴是一个商务纷繁、家财颇富的大海商,而且在内外事务上较多地使用了雇佣劳动和委托代理。

前文第二个案例还为我们提供了有关海商行为的另一个内容:林清船上的商人与后去的张玉宇等人都是到五岛,即今天日本长崎西部海外的五岛列岛,把商货交与"倭牙五官六官,听其发卖"和"投牙一官六官零卖",前者还"赍送土仪"。可见他们不是直接带商货进入市场亲自发卖,而是由当地牙行负责出卖之事,这样,贩运商人即行商会

---

① 分别见《宝历元年(1751)十二月郑青云等为陈明救助并送还日本难民情形事上日本国王申呈》和《乾隆十六年(1751)署宁波府知府黄发给行商郑青云之护照》,日本京都大学附属图书馆所藏"猪饲氏旧藏书"第201册,《唐国漂流记》。见〔日〕松浦章文:《乾隆年间海上贸易商人的几件史料》附文,冯佐哲译,《历史档案》1989年第2期,第136页,第135页。值得说明的是,这是一次送到日本海上难民之举,事关"圣朝柔远深仁"之事,因此是特发护照,所以多有规定:"为此牌仰行商郑青云,即便遵照照务,将又五郎等在途小心照看,加意供给。定限三个月回棹,取领日本王回照,以凭转请题复。事关圣朝柔远深仁,毋得在途逗留越贩,有误期限干咎。"

② 《通航一览》卷二一七。见〔日〕松浦章文:《乾隆年间海上贸易商人的几件史料》附文,冯佐哲译,《历史档案》1989年第2期,第134页。

少赚一些利润,但省却了许多麻烦,因为自己卖货并非简单之事,何况异国他乡,语言不通,现场行情不知。再说,"各商觅利,多至数倍",行商也已满足。与牙商即坐贾共享其利,利多于弊。这里所说的"倭牙"是谁? 是日本人,但不全是,也有大量的中国人。有明一代,中日之间既出现了倭乱,也存在着朝贡关系,日本官方欢迎中国商人前去日本贸易,变化发生在明清之际,即日本江户时代的开端。因此,明代中叶始,中国东南诸省,尤其是浙江、福建两地的商民为经商或为别的原因而前往日本,后来又留居日本(长崎一带)者很多,并与故乡保持密切的亲属关系和商业往来。明天启五年(1625年)四月戊寅,福建巡抚南居益题奏中有:"闻闽、越、三吴之人,住于倭岛者不知几千百家,与倭婚媾长子孙,名曰唐市。此数千百家之宗族姻识潜与之通者,实繁有徒。其往来之船名曰唐船,大都载汉物以市于倭,而结连崔苻,出没泽中,官兵不得过而问焉。即两汛戒严,间有缉获,而穷海鲸窟,焉能尽歼?"①当然,从事倭牙经纪,无论是中国侨民还是日本坐贾,都可以作为中国海商在操作中外商务关系时的行为方式。叶权在分析倭乱起因时,认为"海寇之变,始于浙东,而终于浙西。方嘉靖丙午、丁未(1546、1547年)间,海禁宽弛。浙东海边势家以丝缎之类与番船交易,久而相习。来则以番货托之,后遂不偿其值,海商无所诉。一旦突至,放火杀数十人,势家缘宦力,官为达于朝,朱纨巡抚之出以此"②。明人何乔远《名山藏》也载,嘉靖年间"夏言为兵科给事中,言夷人仇杀之祸皆起市舶。礼部请罢之,而日本贡使绝矣。十八年(1539年),复以修贡请。许之,期以十年,人无过百,船无过三。然诸夷嗜中国货物,至者率迁延不去。贡若人数,又恒不如约。是时,市舶既罢,货主商家相率为奸利,虚值转鬻,负其责不啻千万,索急则投贵官家。夷人候久不得,颇构难,有所杀伤。贵官家则出危言撼当事者兵之使去,而先阴泄之以为德。如是者久,夷人大恨,言挟国王赀而来,不得直,曷归报? 因盘踞岛中,并海不逞之民,若生计困迫者,纠引而归之,时时寇沿海诸郡矣"③。上述事例说明,在中、外市场之间双方贸易达到一定的信任度之后,一方有可能把商货留在对方手中,托其保管或是听其发卖,这对加快商人的运作很有好处。这种托付贸易的商务方式当然不止于中日之间的贸易,只要海外有中国人侨居,甚至只要是中国商人与对方的贸易关系保持良好,就有可能出现这种托付贸易方式。

(二)海商经营方式分析

综上所述,海上商人经营方式在明清时期的发展主要有如下几种:

其一,大多商人采用共船出海经营方式,合资租(雇)船、造船、买船;造船、买船者常在海外把船卖掉,既可获利,也可应付国内的禁海政策。

其二,商人与船主的关系,有兼而为之者,也有分而为之者。分而为之的商人与船主两者间处以雇佣关系。

其三,商人向生产者赊进商品,外销后再归还赊欠。

其四,海商投资者有自己亲自经营的,也有不亲自经营而交由他人委托代理经

---

① 《明实录》,《熹宗实录》卷五三。

② 《贤博编》,不分卷。

③ 《名山藏》,《王亨记》卷一。

营的。

其五,有的商人自己只完成经营中的长途贩运部分,而交易则采取托付经营。

其六,存在雇佣劳动。

采用上述经营方式的海商在海外贸易上的运作又是十分灵活的,不论是在各贸易地之间环状运作,还是改变原定目的地转向新的目标,都是灵活运作的表现。对于商人来说,要有利可图,就必须赶市场。海商赶市场的运作既给各国各地的当地人和西方商人送去他们需要的中国商品,也与西方商人形成竞争之势,使传统的贸易出现浓厚的近代世界市场竞争关系色彩。

南洋万丹各地原与中国有着帆船贸易传统,双方交易常以中国帆船带去的铅钱为媒介。这种市场交易形式在 17 世纪荷兰、英国殖民者和商人初来之时依然照旧,当中国帆船到时,当地商人将货物向中国帆船商人兑换银钱、铅钱,等别的国家商船到时,又以这种银钱、铅钱买货物。中国商人也往往等到别的国家商船来交易之后才启程返航。[1] 银、铅钱之间的兑换率是根据当地市场的行情决定的,当中国帆船来到并带来大量铅钱时,铅钱对银钱的兑换率很低;中国帆船离去之后,铅钱因流通而扩散,兑率渐次增高。荷、英商人因此利用其间差额牟取厚利,“当中国帆船要离开时,可以用一个西班牙古银币买进三十四到三十五贯铅钱,而不到一年的时间,等当地人民再以银币来兑换铅钱时,则每元银币仅换得铅钱二十到二十四贯”[2]。但如果中国商船不能按期到来,也就引起市场变化,令荷、英商人头疼。不仅是中国的商品,而且中国的合法与不合法的货币也直接主导市场,显示出在海外某些地区,中国商人在世界市场中的主角地位。

(三)郑氏集团的海上经营及其独特意义

论及海商的经营方式,我们很有必要说到郑氏集团。郑氏集团在商业运作上分山、海两路,有五商、十行,在中外贸易中做环状运动,形成了贸易网络。海内外贸易是维系郑氏集团的经济命脉,郑氏集团的领袖们在委派宗亲和亲信担任经营要职的同时,采取了重商政策,多次为在海外经商的商人事件与有关国家交涉。当时郑氏集团对外贸易不仅频繁,而且范围广、货量大,各商领袖动辄数万、数十万银两地贩货运销。“一,顺治拾壹年正月拾陆、柒等日,曾定老等就伪国姓兄郑祚手内领出银二十五万两,前往苏、杭二州置买绫绸湖丝洋货,将货尽交伪国姓讫。一,顺治拾贰年伍月初叁、肆等日,曾定老就伪国姓管库伍宇舍手内领出银伍万两商贩日本,随经算还讫;又拾壹月拾壹、贰等日又就伍宇舍处领出银拾万两。”[3]为了便于经营,他们对沿海正在实施的海禁政策多采用贿赂清朝官吏的办法解决问题。“成功以海外岛屿,养兵十余万,甲胄

---

[1] 参见田汝康:《十七世纪至十九世纪中叶中国帆船在东南亚洲航运和商业上的地位》,上海人民出版社 1957 年版。又见《东西洋考》卷三《下港》。

[2] 《1605—1609 东印度万丹等地见闻录》(Occurrences at Bantans and other Parts of the East Indians from Oct. 1605 till Oct. 1609 with an account of the Martsand Commodities of those Parts),载查顿(E. Charton)《航程总汇》(New General Collection of Voyages and Travels),1744 年,第 1 卷,第 503 页。引自田汝康:《十七世纪至十九世纪中叶中国帆船在东南亚洲航运和商业上的地位》。

[3] 《福建巡抚许世昌残题本》,《明清史料》已编,第 6 本,第 576 页。

戈矢,罔不坚利,战舰以数千计。又交通内地,遍买人心,而财用不匮者,以有通洋之利也。本朝严禁通洋,片板不得入海;而商贾垄断,厚赂守口官兵,潜通郑氏,以达厦门,然后通贩各国。凡中国各货,海外皆仰资郑氏。于是通洋之利,惟郑氏独操之,财用益饶。"①对外则以国家政权的形式予以交涉应对。1655年,在厦门的郑成功斥责荷兰人提出的中国商人不要去马六甲和巴林邦贸易以竞争市场的要求,并要求荷兰人不许再为难在马、巴贸易中已经受到巨大损失的中国商人。次年,又对不听警告的荷兰人实行贸易制裁。② 这令荷兰人也看到中国还是有一个保护商人的政权,会对他们不听警告的行为采取贸易制裁。"因先年我洋船到彼,红夷每多留难,本藩遂刻示传令:各港澳并东西夷国州府,不准到台湾通商。由是禁绝两年,船只不通,货物涌贵,夷多病疫。"③荷兰人不得不妥协,郑成功方才解除制裁。

由此可见,郑氏集团的经营方式一是海内外跨层次的网络性经营;二是宗亲性管理;三是具有比较突出的海洋经济观念和以政权形式实行重商政策。最后一种方式与当时的世界海洋经济的潮流是一致的,也是同步发展的,而当时乃至以后200年中的清朝政府都没有去尝试过。

四　海商的精神特征④

具有海洋冒险经历和经商经验的中国海商在参与海外市场的行为中虽然也以经济利益为动机和富于竞争性,但在精神上却是受压抑的,他们的冒险往往是在压抑心态下的冒险。

(一)来源于社会的精神压抑与心理重负

与西方商人不同的是,参与近代世界市场互动的中国商人除了官准行商之外,难以得到国家的支持,他们不像西方商人那样,手里拿着自己政府、国会、君主颁发的特许证,到处去寻觅市场,闯荡海洋,开拓者为英雄,掠夺者是好汉;他们更多的时候像是逃犯,因为在以内陆文明为中心,以王权稳定、宗法伦理为制度核心的国度里,《大明律》和《大清律例》规定开拓者是罪犯,闯荡者被认为不安分。⑤ 他们总有一种负罪感,特别是在政府的禁令时期,其行为虽然是为了经济利益,有时只不过是为了生存,也总是不那么理直气壮。所以,他们与西方商人的商业接触也就常常是神出鬼没,再加上茫茫大海的遮掩和零散岛屿的帮助,更显得如同官吏奏疏报告上所说的那般"贼"气。即使是官办行商,由于始终有"官"在上,在享受贸易特权和政府庇护的同时也多受限制与管制,他们拥有大量的金钱,所以能换来特权;又正因为他们有大量的金钱,他们也就受到更严重的盘剥,他们心中的压抑感也就更重,他们不得不用大量的精力来应

---

① (清)郁永河:《伪郑逸事》,不分卷。

② 参见聂德宁、柯兆利:《郑成功与郑氏集团的海外贸易》,《郑成功研究》,厦门大学出版社1994年版,第312—324页。

③ 《从征实录》"永历十一年六月"条。

④ 此部分内容参见陈东有:《走向海洋贸易带——近代世界市场互动中的中国东南商人行为》,江西高校出版社1998年版,第208—219页。

⑤ 《大明律》,《皇明制书》卷一三、卷一四,中国台北成文出版社有限公司据万历刻本影印本。《大清律例》卷二〇,天津古籍出版社1993年重排本。

酬各种关系,而缺乏西方商人的那种开拓的潇洒和闯荡的气魄。

集团海商主要活动于明代晚期,多随倭乱而起,除了郑氏集团延续到清康熙年间外,其余都随倭乱平定而被消灭。所以在与西方各国的贸易接触中,集团海商也就只是在 16 世纪中期到 17 世纪前期与侵扰中国沿海的倭寇有关系,与在中国沿海活动的葡、西、荷三国商人有关系。也正是集团海商活动的这种特征,使他们被明廷作为"贼"和"寇"对待。

"贼""寇"之论从明到清,也一直是出海商民头上的紧箍咒。从政府的角度来看,沿海渔、商违禁下海,便已是当诛之"不法",是最贱的商贾中又"共所不齿"之人。这对海商的活动内容定了性,把海上商人推向了政府的反面。又正因如此,明代政府从中央到地方,很少愿意在对胡作非为的西方商人采取行动时,区别对待同时与西方商人进行贸易的中国商人。嘉靖二十七年(1548 年),官兵围剿双屿葡萄牙商人,二十八年围剿漳州葡萄牙人,其中被杀人数是一笔糊涂账,有多少夷人,有多少中国人,中国人中又有多少是"贼"是"寇"是商是民,也是一笔糊涂账。史家同情朱纨者认为朱纨被劾自杀,是那些利益受到侵犯的地方士绅所致。但是这些士绅们所执朱纨求功心切、滥杀无辜的把柄也并非全是虚诬。

如果说顺治和康熙初年的迁界、禁海是为了剿郑还可以说是一种理由的话,那么雍正、乾隆两朝对出海商民的管制则毫无理由可言,而且其管制的残酷程度有时真令商民不寒而栗。

雍正十一年(1733 年),福建漳州商人陈巍、杨营先后从噶喇吧携眷私渡回国,均为地方侦获,最后分别捐谷八千石和五千石免罪。①

福建龙溪人陈怡老于乾隆元年(1736 年)往广东搭船去噶喇吧,娶了一个当地女子为妾,生二子一女。十四年五月,他带着妾及子女等搭船回国,打算奉养老母。他还携有大量的银货,所以行动格外慎密,船至厦门大担门外,改雇渔船,于六月二十二日秘密回到家中。不料,刚到家,即为地方官侦知,他和妾、子女一并被捕,并由福建巡抚潘思榘迅速向上奏报。② 乾隆对此案非常重视,屡催严审,最后于十五年五月准刑部所议:"陈怡老应照交结外国互相买卖借贷、诓骗财物、引惹边衅例,发边远充军,番妾子女金遣,银货追入官。"③

这种惩罚会给参与海外市场的商民造成多大的压抑,可想而知。

经商可以致富,但不能致贵。富不过是有钱,贵才是伦理社会所重的地位。富者须向贵者发展,才有保障。所以一旦有官可买,富者常以钱捐官,以富求贵,扬州盐商如此,广州行商也如此。捐官之后可出入官场,结交权贵,虽然受某些权贵的盘剥还会增加,但安全感强多了。有的商人没有捐官的机会,或没有去捐官,但是他们大多也会鼓励自己的子孙好好读书,以谋仕途。这种"富贵"观念实在是经商者心中受压抑的表现。

有时,以钱捐官谋贵之后,也不一定就能卸下心理压抑的重负。《蜃楼志》中的主

---

① 郝玉麟等奏折,雍正十一年十二月二十六日,中国台湾故宫博物院:《雍正朝宫中朱批奏折》第 23 册。引自韩永福:《清代前期的华侨政策与红溪惨案》,《历史档案》1992 年第 4 期,第 103 页。

② 中国历史博物馆藏潘思榘奏折,乾隆十四年七月十四日。引自韩永福:《清代前期的华侨政策与红溪惨案》,《历史档案》1992 年第 4 期,第 103 页。

③ 《清实录》,《高宗实录》卷三四六。

人公苏万魁是广州行商商总,在对外经商中发了一笔大洋财,"家中花边番钱整屋堆砌,取用时都以箩装袋捆",大凡对他家奢靡生活的描写都可以看作广州行商的真实写照。他也捐了一个五品职衔,所以也是一个体面人物,"向来见督抚司道,不过打手请安,垂手侍立"。但是仍然受到新来的海关关差(监督)的勒索,受到拘留班房和毒打的凌辱,结果还是交纳30万两银子才了事。苏万魁对此事的体会是"若不早求自全,正恐身命不保",于是急流勇退,弃商归田。他的儿子苏笑官由此而悟出的道理是父亲"到底是看银子太重,外边作对的很多",于是干脆焚券济民,施财近色。这两代人的心理的确揭示了当时社会对商人,特别是对海商的沉重压抑。①

(二)重压之下不顾一切的冒险

海洋生活造就了海商比内陆商人更浓厚的冒险个性,这种个性丝毫不亚于西方商人。而悠久的区域性海上交易活动又形成了其与内陆经济活动向内用力不同的向外用力的思维定势,其开拓意识与闯荡意识也不亚于西方商人。明清时期大凡论及沿海商民的奏疏文章,不论其用词色彩如何,都不同程度地承认沿海商民的这种冒险特性和思维定势。

当西方商船接踵而来,中国海商远比政府更为迅速地予以反应,原因无他,因为西方商船运来的是利润,是白银或银元,所以"趋之若鹜"。当海市开放,中外通商自由之时,我们就会看到梅岭山路上挑夫的繁忙和广州市场上商人的和气以及闽浙海道上船主的从容。一旦禁令公布,管制实施,便是别一种晦色了。禁令毕竟禁不了人的生存本能,管制也管不了人的发展欲望,只是在禁令和管制中如何去寻找生存与发展的夹缝而已。在生存问题上的禁令,往往制造出禁者与被禁者的敌对关系,这种敌对关系在可以进行封闭性统治的内陆地区往往是下达禁令的统治者处支配地位,但是在无法进行封闭的海洋水域,禁令难以实施,敌对关系的双方往往发生冲突。当禁令过严,造成求生存违禁是死、不违禁无法生存也是死的死路时,人们就只能选择违禁了。又由于与政府形成了敌对意识,原本就很淡薄的国家观念不可能促成他们的爱国行为,所以当葡萄牙人、西班牙人、荷兰人、英国人先后试探着想在闽浙沿海建立自己的贸易据点时,东南商人立即在南澳、浯屿、宁波、双屿等处同他们展开了交易,有的人还成为诱使西方人占据海岛的"内奸"。葡萄牙等国商人初时占用澳门,广东官吏见多次驱之不去,只得采用"姑从其便,而严通澳之令"的办法,"俾中国不得输之米谷种种,盖欲坐而困之,令自不能久居耳。然夷人金钱甚夥,一往而利数十倍,法虽严,不能禁也"②。此举不妨看作政府施禁与商民违禁的一个缩影。米谷不能禁,何言其他。近在咫尺不能禁,何言远岛。澎湖属漳州管辖,若有快船,来回也不过三天航程③,所以荷兰人从澳

① 《蜃楼志》,第一回《拥资财讪生关部 通线索计释洋商》,第二回《李国栋排难解纷 苏万魁急流勇退》,第九回《焚凤券儿能干蛊 假神咒僧忽宣淫》。

② 《粤剑编》卷三《志外夷》。

③ 康熙二十一年七月,太子少保、提督福建水师总兵官、右都督施琅为证明乘南风进剿澎台"无不摧枯拉朽之势",于六月初组织快船试探澎湖。初四日午刻,从漳浦东南的古雷洲开船,次日未时到达澎湖列岛中处西南方向的猫屿。初六日未时各船返回,初七日到大境,初八日厦门港归汛。可见快船去澎湖只需13个时辰,即26个小时。见施琅:《决计进剿疏》,《靖海纪事》上卷,王铎全校注,福建人民出版社1983年版,第63—64页。

门败下阵来,受中国商人的导引来到澎湖,"海滨人又有潜装华货往市者",即有漳、泉商人前来贸易。荷兰人去了台湾,"海滨之民,惟利是视,走死地如鹜",前去贸易。按理,中国的海商也可以凭依当时已有的先进航海技术去外海外洋开拓新的天地,至少可以在自己的领土上自由地与前来贸易的各国商人交易,提高中国市场在世界市场上的地位,既富己,又强国。然而事情并非如此。明清历朝坚持内陆王权中心之论,大多以朝贡原则裁判贸易,对沿海商民向外用力多以管制,少以放任,决无鼓励;以之为贱民,处之以苛敛,更无保护。所以沿海商民的开拓精神基本上只是以非法方式发挥。地方势力往往以本地为活动中心,利用地利和人和关系采取冒险行为,即使是最有闯荡本事的几个海商兼海盗集团,也并没有冲向太平洋外洋的气魄和游弋印度洋的动机。从行为到思维都受到历史和现实的限制,所以他们的冒险行为只不过是为短浅私利而不顾一切地拼死一搏。因搏而死,死得其所;搏而未死,下次再来;赚一笔是一笔,得一次算一次。

在关于明代倭乱研究的成果中,明代中晚期的所谓倭乱多数是闽浙沿海商民所致,所谓倭寇也大多是中国人而非日本人,集团海商便在其中扮演了重要角色。所谓"诸先民有言:市通则寇转而为商,市禁则商转而为寇",已道破集团海商为寇或海上商人集聚成团而为寇之"天机"。而朝廷却并不去具体分析,也做不成具体分析,因为官府已把海商置于自己的对立面。于是海商也就只好站在对立面行事,置之死地,那就只有在死地谋求生存。海商,不仅是集团海商,也包括并未形成集团的海商,其趋利动机中不可能包含除了个人私利、宗族乡族利益之外还会有什么国家的利益在内,许多人连国家的概念、国家的区域大小都不知道;甚者破罐子破摔,既然已是罪犯、盗贼,那么再加上导引番夷占自己的国土、掠自己家园也就不是什么惊人之举了。他们的冒险,是极端的图谋私利而不顾一切;他们的竞争,是不论手段的拼死一搏。而那些武装起来的海上集团商盗,则凭依自己组织的力量,为了自己的利益,无所不为。

压抑心态下的冒险,不仅实现了"市禁则商转而为寇",而且使商人往往丢掉关系商业生命的商业信誉。

以诚取信的传统一直支配着大多数中国商人,并被看作一种美德和职业伦理,明清时期也是如此。但是传统的原则只有在传统的价值观和商利观中才能坚持,只有在双方都一致首肯传统的环境中才能实施。16世纪始,这种环境发生了变化:一是西方商人带来了他们的价值观和商利观;二是明清政府更多的是对海外贸易采取管制和限制。从事海外贸易的中国海商由于在经济上可以给当地官府和官吏带来一些好处而受到地方政府和一些官吏某种程度的重视的同时,在伦理上总是感受到压抑与扭曲。[①] 中国海商已不再是处于传统的贸易环境中,而是处于极为复杂的海上贸易环境之中。由于心理压抑而产生的冒险是不顾一切的,包括诚信和契约,压抑心态下的行为不可能时时处处规范。

1548年和1549年,中国军队两次分别在浙江双屿和福建漳州围剿葡萄牙人,起因虽是葡人抢、杀中国商民,但葡人的暴行又是由于中国商人借贷不还引起。[②] 中国

---

① 陈东有:《明清"抑商"二分说》,《南昌大学学报》1996年第2期。

② 这两次事件的起因有多种说法,这里采取周景濂的分析,见《中葡外交史》第5章和第6章,商务印书馆1991年版。

商人与西方商人之间发生借贷关系,已经表明商务关系的密切,而且当时葡人在浙闽经营的时间并不长,足见其商务关系发展之迅速。其实商务关系中的借贷并非简单之事,既有纯然的借贷,也有可能是外商采用托付经营的办法与中国商人发生商务关系时转化成的借贷,或曰欠债。有胆量冒险冲破重洋来中国交易的欧洲商人绝不是傻瓜,中国商人借贷只有在充垫资本的时候,欧洲商人才会慷慨解囊,预付若干商款也是正常的资金托付。中国商人在得到这种资金后,不能按期交付商货,又不能按期归还贷款,于是构成商务冲突。清乾隆年间,广东十三行大部分行商发生欠英商巨笔债款,并因此受到朝廷惩处和出现破产。"乾隆二十四年十二月军机大臣议准原任两广总督李侍尧条奏:内地商人等有向外夷违禁借贷者,照例问拟所借之银查追入官等因在案。"①欠债不还,失去信誉,原因固然是多方面的,但放弃诚信的心理因素是长期受到压抑所致,是一种不正常的冒险。

第三节　明清时期的疍民社会②

在明清海洋社会各群体中,受国家海洋政策及海洋社会经济影响,冲击最大的,恐怕还是一支数量庞大、终年浮荡海洋、以舟为家、居无定踪、以渔为生的少数民族群体,这就是名副其实的海上人家——疍民。一方面,渔禁政策强制性地逼他们上岸,而陆上居民又视他们为卑贱之流,不容他们登岸居住,使他们进退维谷,生活茫然;另一方面,历史形成的生活技能和生活习性决定了他们的生活空间仍在海洋,在当时特定的历史条件下,向海洋发展仍是他们主要的选择;再一方面,海禁政策虽使他们的生产空间减少,但蓬勃发展的海洋社会经济却为他们向海洋发展提供了新的历史机遇,弥补了他们单一的以渔为生的经济模式,拓宽了他们的发展空间和活动舞台。疍民在海洋社会中向多元经济进发的过程,也正是他们与海洋其他社会群体融合发展的过程。

一　疍民社会的传统生活模式

提起疍民,我们的眼前就会浮现出宋人乐史在《太平寰宇记》中所描绘的"生在海上,居于舟船,随潮往来,捕鱼为活"的画面。的确,在海洋社会经济的大潮和国家海禁政策未干扰他们平静的生活以前,疍民所传承的就是这种"耕海"的生活模式,甚至是在受到冲击后直至新中国成立前,相当一部分疍民也还保持着这种古老的"以舟楫为宅,捕鱼为业"③的传统模式。具体地说,这种模式有以下几个特点:

其一,以渔为业。中国古代沿海的渔民大体可分为两类:一类是以渔为生的专业渔民,一类是以渔为副业的兼业渔民。疍民就属第一类。他们自祖先走向海洋开始,干的就是捕鱼的活。捕鱼之外,几乎无其他经济行为。所以疍民的生产形式极为单一,捕获的鱼除一部分食用外,其余则换取其他生活资料,维持简单的再生产。屈大均

① 《粤海关志》卷二五。
② 此部分内容参见欧阳宗书:《海上人家——海洋渔业经济与渔民社会》,江西高校出版社1998年版,第97—119页。
③ 顾炎武:《天下郡国利病书》卷一四〇《广东·八》。

在《广东新语》卷二《地语》中对疍民的这种生活方式作了描述:"各以其所捕海鲜连筐而至。疍家之所有,则以钱易之,疍人之所有,则以米易。……尝为渔者歌云:船公上樯望鱼,船姥下水牵纲,荡篮白饭黄花(皆鱼名),换酒洲边相饷。"又云:"鳝多乌耳,蟹尽黄膏。备粳换取,下尔春醪。"

其二,以舟为宅。屈大均说:"诸疍以艇为家,是曰疍家。"①广东《高要县志》说:"疍户其种不可考,以舟楫为家,捕鱼为业。"清雍正皇帝说,疍户"以船为家,以捕鱼为业"。因此,疍民与居住陆地的专业渔民有一显著区别,就是疍民是名副其实的水上居民。"疍家艇"既是疍民生产劳动的工具,又是他们栖身生息之所。"艇"既是一个生产经营单位,又是一个家庭单位。哪里有鱼,他们就泛舟到哪里去;打完鱼后,就迁往他处。因此,他们是居无定踪,终年浮荡在海上;也可以说,广袤的大海就是他们的家。

其三,组织松散。从整体数量上来说,疍民是个不小的海洋社会群体。根据叶显恩先生研究,仅广东一省,在明代就有疍民 50 万,清代增达百万之众。②但是,由于在生产劳动上他们采取的是分散作业的经营形式,具体地说,是一家一艇独立生产,操舟打鱼,各行其是,各去各方,自食其力,自给自足;子女长大成亲后,又分艇成家,所以很难扩大亲属群组织,难以形成如陆上汉人宗族般具有内聚力的共同体。

其四,妇女勤劳。疍民除了男子勇敢外,妇女也十分勤劳。在海上,她们既要承担生产劳动的任务,又要承担做母亲的职责,乘风破浪,毫无畏惧。关于这点,屈大均也有过生动的描述:"舟人妇子,一手把舵筒,一手煮鱼。囊中儿女在背上,日垂垂扣负瓜瓠。板曹摇橹,批竹纵绳,儿女苦襁褓,索乳哭啼,恒不遑哺。"③

其五,地位低下。在中国古代,疍民的生活普遍比较贫苦,衣食难以自给。不管冬寒夏炎,男人一般只穿一件短袄,妇女则只围一条布裙,而且都是三年一换,光着脚板出没于波涛之中,无论男女,同样穿木屐。④造成这种状况的原因很多,主要有这么几点:第一,千百年一成不变的一家一艇的小生产经营模式决定了他们的渔业生产只能维持在一个较低的水平,决定了他们难以向大规模的渔业生产方向发展,因而只能维系一种低产的简单再生产发展水平。第二,产业单一,缺乏其他经济来源。第三,承担着繁重的鱼课,疍民虽生活在海上,但同样必须接受沿岸官府的管束,生活虽然艰苦,但鱼课却不免征,如清康熙年间,广东崖州对疍民征收鱼课繁重,"各里疍户,无力包赔"⑤。疍民本来就是被迫无奈而下海的,兼之经济地位低下,所以社会政治地位也极低。例如,明代官方就从法律上把疍民与乐户、佃仆、惰民、娼妓、优伶等同属一类,都属贱民阶层,备受剥削与欺压、凌辱。法律还规定其不准上岸定居,不准与陆上人通婚,不准入学读书,不准参加科举考试,不准与凡人通婚等。不仅官方如此,在民间,疍民也是长期受陆上居民的民族歧视和阶级压迫的,正如清雍正皇帝所说:"粤民视疍户为卑贱之流,不容登岸居住,疍户亦不敢与平民抗衡,畏威隐忍。踽踽舟中,终身不获

---

① 《广东新语》卷一八《舟语》。
② 叶显恩:《明清广东疍民的生活习俗与地缘关系》,《中国社会经济史研究》1991 年第 1 期。
③ 《广东新语》卷一四《食语》。
④ 《广东新语》卷一四《食语》。
⑤ (清)张口、邢定纶、赵以谦纂修:《崖州志》卷一三《海防志三》,郭沫若点校,广东人民出版社 1983 年版,第 443 页。

安居之乐。"①珠江三角洲沙田区的疍民还有一首哀怜自己备受歧视的歌谣："水大鱼吃蚊,水干蚊吃鱼,大欺小,小欺矮,无可欺,就欺疍家仔。"②

二 海禁政策下疍民社会生活模式的转型

应该说,明清海禁政策对整个海洋渔业乃至整个海洋产业都产生了巨大的冲击,但冲击最大的还是世代生在大海、长在大海、以舟为宅、以渔为业、与大海相依为命的广大疍民。面对着消极、保守、反动、残暴、强制的海禁政策,广大疍民可说是进退维谷、水深火热。一方面,政府对于他们只是采取简单的安置性移民的做法而非建设性移民,具体地说,就是只以完成从海洋到陆地迁徙为目的而不管他们在陆地上如何安家立业、重建家园。另一方面,长期形成的世俗偏见和产生的民族歧视又使得陆上居民本能地拒绝疍民上岸、走入他们的生活圈,不给他们提供生存的空间。再一方面,对于长期生活在海上、一登上陆地就"晕陆"而极不适应陆居环境的疍民来说,突然性地、强制性地把他们赶上陆地,无疑是把他们推向绝境。这样,在陆上居民的排斥和疍民本身的求生欲望的共同作用下,政府的海禁政策在执行过程中就要大打折扣了。为了做到既贯彻海禁政策,又不致使疍民失其生存的希望转而为盗,朝廷和地方也制定了不少管理疍民的办法。如明人花茂就提出把疍民编入民兵以便管束:"疍户附居海岛,遇官军则诡称捕鱼,遇禹贼则统统为盗寇。飘忽不定,难于奸诸,不若藉以为兵,庶便约束。"③但是,这种办法在实践中是失败的。如在广东兴宁县,明洪武初年有疍艇400余只,崇祯年间仅存40余只,而到清康熙十八年(1679年),"查点船只,仅十余只",究其原因,就是因为"兵役以来各徙别地逃窜躲差"④。最有名的且在广东沿海实施的,还是明人周希耀提出的"编疍甲以塞盗源"。他说:"看得海洋聚劫多出疍家,故欲为海上靖盗薮,必先于疍家穷盗源。何也? 疍艇杂出,鼓棹大洋,朝东夕西,栖泊无定。或十余艇,或八九艇,联合一艇同罟捕鱼,称为罟朋。每朋则有料船一只随之醃鱼,彼船带米以济此疍。各得鱼归之料船,西相贸易,事诚善也。但料船素行鲜良,每伺海面商渔随伴船少,辄纠诸疍乘间行劫,则是捕鱼而反捕货矣。弥道之方总不外于总甲。今议十船为一甲,立一甲长,三甲为一保,立一保长,无论地僻船稀、零星独钓、有无罟朋、大小料船,俱零附搭成甲编成一保,互结报名,自相觉察,按以一犯九坐之条并绳以朋罟同縰之罪,甲保一严,奸船难闪,则盗薮清而盗源塞矣。"⑤这种办法虽然便于统一管理,但是一则缩小了疍民的生产空间,二则限制了疍民的生产自由,三是在温饱不能自给的情况下仍要受河泊所征收渔课的管束,所以必然是要遭到疍民的反抗的,因而也是注定要失败的。那么,在进退两难的情况下,疍民是如何求生存与发展的呢?

事实上,明清海洋社会经济发展的本能驱动力,对朝廷海禁政策的贯彻推行不能

---

① 见瞿宣颖纂辑:《中国社会史丛钞》甲集七《民族·疍户》,上海书店1985年版,第389—391页,根据商务印书馆1937年版复印。

② 转引自叶显恩:《明清广东疍民的生活习俗与地缘关系》,中国社会经济史研究1991年第1期。

③ 道光《琼州府志》卷一九下《海黎志四》,《防海条议》。

④ 见瞿宣颖纂辑:《中国社会史丛钞》甲集七《民族·疍户》,上海书店1985年版,第389—391页,根据商务印书馆1937年版复印。

⑤ 道光《琼州府志》卷一九下《海黎志四》,《防海条议》。又见《广东新语》卷一八《舟语》。

不构成冲击,因而随着禁海时间的推移,中央的海洋政策在具体的实施过程中会不断弱化,越来越大打折扣;另一方面,在这种海禁政策的高压下,中国海洋发展的传统模式既已遭受到巨大的冲击,那就必然产生转型,这种转型恰恰为中国这一古老的东方海洋大国的海洋发展注入了强大的生机和活力,驱动着中国海洋社会朝着近代化、现代化迈进。明清海洋社会经济的显著特点是:传统的海洋产业正是在这一时期朝着近代化和现代化发展方向迈开步伐的,一些新的海洋产业在这一时期开始茁壮成长;多方位的海洋开发既广泛吸纳了过剩的沿海劳动人口,缓解了沿海地区的就业压力,又有力地辐射并拉动着内陆经济的发展;辽阔的中国海洋不仅是中国内陆经济和海洋经济的接轨点,也是中国经济与世界经济的接轨处。可以说,明清海洋社会经济对其时海洋社会的各个层面都有着巨大的冲击,疍民社会自然不例外。海洋社会经济的转型及其新的发展方向,既冲击着疍民一家一艇的生活、生产的传统模式,又促进了疍民与汉民族的融合,一起实现了海洋经济在这一时期的转型和发展。具体说来,主要表现在以下几个方面:

(一)渔业生产朝专业化、多样化发展

明清海洋渔业的全方位发展也有力地推动着疍民渔业生产的发展。传统的一家一艇的妻子摇橹、丈夫撒网、哪里有鱼就在哪里捕捞的作业方式,在明清时代已受到有力冲击。疍民也同陆地渔村的渔民一样,生产是朝着专业化、多样化方向发展的,单一的捕捞形式在明清时代已不复存在了。如据屈大均统计,明末广东疍民的捕捞形式就有大罾小罾、手罾、罾门、竹箔、篓箔、摊箔、大箔小箔、大河箔、小河箔、背风箔、方网、罺网、旋网、竹笠、布笠、鱼篮、蟹篮、大簏、竹簏等 19 种。① 这是明以前所未有的。实际上,明清疍民的渔业作业方式远不止这些,我们从《广东新语》的记载中就可清楚地看到这点。除了捕鱼以外,采珠也是明清疍民经常从事的一种生业。例如,明末清初,广东疍民经常前往交趾(越南)附近采珠。其时,"海中有珠子树,其状似柳,蚌生于树。树上得蚌,蚌上得珠"。屈大均曾为此写了一首诗:"家家养得采珠儿,兼採珊瑚石上枝。珠母多生珠子树,海中攀折少人知。"②尤有进步意义的是,明清时代的疍民已由古老的采捕型渔业向现代生产型渔业迈进,具体地说,就是由海洋捕捞向水产养殖方向发展。这里以疍民主要集中地——广东省为例。明清时代,该地的疍民不仅发展了海水养殖业,如养蚝、养蠔、养白蚬、养虾,而且还发展了大规模的淡水养鱼业。例如,广东南海九江村就是当时名震全国的淡水鱼苗养殖基地,许多疍民都是以养鱼花(鱼苗)为业,称为"鱼花户"。该地的鱼苗不仅销往两粤,而且远销江西、福建、湖南、湖北,"无不之也",养殖的鱼苗有草鱼、鲢鱼、鲤鱼、鲫鱼、鲸鱼、鲩鱼等。这不但促进了当地渔业经济的发展,而且也为地方财政带来了一笔不小的收入来源,同时也不危及海洋安全,所以官方支持,疍民也拥护。③

总之,海洋社会经济的发展驱动着疍民渔业经济朝着专业化、多元化方向发展。

---

① 《广东新语》卷一五《舟语》。

② 《广东新语》卷一五《货语·珠》。

③ 参见《广东新语》卷二〇《鳞语》"鱼花""养鱼种""鱼饷"条。

（二）由个体、分散经营向集体、合作制经营发展

疍民虽是一个人口不少的中国海洋少数民族，但千百年来始终传承的是个体的、一家一艇的经营形式，各艇之间在生产上基本保持了各自的独立性。明清以后，这种个体的经营机制难以适应蓬勃兴起的以社会化、组织化为特征的海洋社会经济的发展。于是乎，一种新的集体化、合作化的生产组织形式在疍民社会中蔚然兴起。例如，南海海域有一种巨鱼，称为海蝤鱼，它是"海鱼之最伟者，大者不可限量，有长数百里，望之如连山者，小者亦千余尺，背常负子以游"①。这种大鱼在明清时代只有勇敢无比、水性极强的疍民敢于捕杀。而对如此庞然大物，个体的小艇是无能为力的，疍民便采取了集体的合作形式。如在广东高州府，疍民捕杀这种鱼的过程是这样的："疍户聚船数十，用长绳系铁棒掷击之，谓之下标，三标后，蝤负痛行船尾之，俟其毙，连船曳绳至水浅处屠之。无鳞皮黑色，身有三节痕，一鱼之肉载十余船，货钱数十万。"②而在广州府，方法虽异，但集体合作形式则是相同的："疍人善没水，每持刀桨水中与巨鱼斗，见大鱼在宕穴中，或与之嬉戏，抚摸鳞鬣，俟大鱼张口，以长绳系钩，钩两腮，牵之而出。或数十人张罛，则数人下水，诱引大鱼入罛。罛举，人随之而上，亦尝有被大鱼吞啖者。或大鱼还穴，横塞穴口，已在穴中不能出而死者。海蝤长者互为里，背常负子，疍人辄以长绳系锭飞刺之。侯海蝤子毙，拽出沙滩，取其脂，贷至万钱。"③疍民的集体化、组织化生产不仅仅表现在捕杀大鱼上，也表现在一般的渔业生产上，罟朋制就极具典型性。所谓罟朋，就是"或十余艇，或八九艇联合一罟，同罟捕鱼，称为罟朋，每朋则有料船一只随之醃鱼，彼船带米以济此疍，各疍得鱼归之料船，两相贸易，事诚善也"④。这实际上是一种生产、加工、销售相配套的经济组织。这种组织形式的出现深刻表明，传统的、个体的、分散的经营机制难以适应规模化、社会化海洋社会经济发展的需要，疍民已从自给自足式的自然经济走向较为开放的海洋社会的商品经济，就必然会走向合作化、集体化之路。

（三）疍民角色的多元化发展

多方位、多层次的海洋社会经济的开发浪潮有力地冲击着疍民千百年不变的以渔为生的单一的经济结构。伴随着疍民经济向多元化发展，疍民的角色也随之呈现出多元化特征。除保持自己的本色——渔民外，明清时代的疍民还经常充任以下一些角色：

1. 佣工，亦即廉价的劳动力

蓬勃兴起的海洋社会经济在有力地冲击疍民单一的经济模式的同时，也为广大的疍民提供了许多新的就业机会。虽然疍民的海洋生存能力和海洋劳动技能决定了他们必然会成为各产业受青睐的劳动力，但是，长期形成的寄人篱下、受人歧视的社会地位也决定了他们一时间是很难改变身份面貌的，换言之，他们仍然只能成为佣工，通俗

---

① 道光《琼州府志》卷五《舆地》"物产·鳞类"。
② （清）杨霁修、陈兰彬等纂：光绪《高州府志》卷五《舆地》七"物产"。
③ 《广东新语》卷一八《舟语》。
④ （明）周希耀：《海防条议》，载道光《琼州府志》卷一九下《海黎志四》"海防条议"。

地说,即廉价的劳动力。据现有的史料来看,疍民成为佣工的领域很广,先以渔业领域为例。明清大规模的海洋渔业的兴起,使得一时间渔业劳动力紧缺,受到大生产冲击而濒于破产的疍民劳动力就蜂拥而入。在当时的渔场,由地方豪绅做老板,驱使疍民集体劳作的场面随时可见。例如清代广东澄海有一种大型的渔业作业方式,名为"扣圈",其主要劳动力就是疍民。又如在广东高要县,"每岁春末夏初为鱼花节,县境自羚羊峡以上鱼步八十七,峡以下九十四。有疍步,有民步。民步则疍往佣为捞鱼,疍步则疍户自输官租,佃于民,还为之佣"①。再以采珠为例。明清两代的珠池采珠一般都是官府行为,而充当采珠劳动力的又主要是疍民。其生产过程在明人时盛的《水东日记》、明人朱国桢的《涌幢小品》及屈大均的《广东新语》中均有记载。② 兹以《水东日记》卷五所载为例:"珠池居海中,疍人没而得珠,割珠。盖疍丁皆居海艇中采珠,以大舶环池,以石悬大绠,别以小绳系诸疍腰,没水取珠。气迫则撼绳,绳动,舶人觉,乃绞取,人缘大绠上……闻永乐初,尚没水取,人多葬鲨鱼腹,或只绳系手足存耳。因议以铁为耙取之,所得尚少。最后得今法……珍珠初采一万四千五百余两,大约三石五斗。次年,采九千六百余两,每百两余四五两,大约一升重四十六七两。……"可见疍民充当佣工所干的都是一些粗放的、艰苦的甚至是一些危险的且受剥削的工作。

2. 海盗

长期受歧视、受剥削的地位也使得疍民具有较强的反抗性,兼之他们文化素质低,官方又难于管理,所以走上海盗抢劫之路也就势在必然。明清海洋社会经济的兴起,在相当大的程度上是一种群众行为,而非政府组织行为,这也就决定了当时海洋社会经济是一种自发的、非有序的无政府状态下的经济活动。既然政府的控制力难以作用于当时的海洋社会经济,那么抢劫就必然会成为一种不光彩的职业。在这方面,疍民以其高超的海洋生存能力和凶猛的性格特征显示出了明显的"职业优势"。关于他们危害海洋安全而成为令人生畏的海盗的记载是不绝于书的。如屈大均的《广东新语》有如此记载,疍民"以其性凶善盗,多为水乡祸患。曩有徐、郑、石、马四姓者,常拥战船数百艘,流劫东西二江,杀戮惨甚,招抚后,复有红旗白旗等贼,皆疍之枭雄。其妇女亦能跳荡力斗,把舵司橹,追本逐利。……粤故多盗,而海洋聚劫,多起疍家。其船杂出江上,多寡无定。或十余艇为一綜,或一二舠至十余舠为一朋,每朋则有数乡船随之醃鱼,势便辄行改攻劫,为商旅害,秋成时,或即抢割田禾,农人有获稻者,各以钱米与之,乃得出沙,其为暴若此"③。再如明王怡享《粤剑篇》卷之三《风土志》载:"疍民以船为家,以渔为业,沿海一带皆有之。聚而为盗,则横劫海面,亦多为大盗行劫。"例子不一而足。疍民的这种或以战船数百艘,或以十艇为一綜的形式,行劫海岸、危害商旅、抢劫农民的行为,实在是极不光彩的。它不仅败坏了疍民的形象,更影响了海洋社会经济健康、有序地发展。

3. 水军

从明初开始,鉴于疍民在海洋聚众为盗、惹是生非,同时也鉴于水军力量的薄弱,

---

① 载《高要志》,转引自瞿宣颖纂辑:《中国社会史料丛钞》,上海书店 1985 年版,第 389—391 页,根据商务印书馆 1937 年版复印。

② (明)叶盛:《水东日记》卷五;(明)朱国桢:《涌幢小品》卷二六;(明)屈大均:《广东新语》卷一五《货语·珠》。

③ 《广东新语》卷一八《舟语》。

政府就推行了一项两全齐美的政策,这就是让疍民充当水军。此项建议最初是在洪武十七年(1374年)由指挥花茂向皇帝提出的:"广东南边大海奸宄出没捕逃,疍户附居海岛,遇官军则诡称捕鱼,遇番贼则同为盗寇。飘忽不常,难于奸诘,不若藉以为兵,庶便约束。又请设沿海依山二十四卫所,筑城浚池,收集海岛隐料无籍等军,仍于山海要害地方立堡屯军以备不虞。皆报可。"①具体实施办法是:"疍人为水军之制:择其二三智勇者,为之大长,授以一官,俾得以军律治其族,与哨船诸总,相为羽翼。……则上无养兵之劳,而水师自足。一旦有事,旦暮可集矣。"②明清时代,疍民充当水军的数量不在少数,如仅在洪武初年,明朝曾将属于广州管理的疍民一万余人充当水军。③又如,在明永乐四年(1406年),皇帝命丰城侯李彬等沿海捕倭,"招岛人、疍户、贾竖、渔丁为兵"④。再如,明代福建滨海区有所谓"渔兵"之役,这也是由当地疍民充当的。⑤

4. 商贩

长期养成的以鱼换取生活必需品的经济传统,使得疍民虽然处于类似自给自足的小生产的状态,但商品交换和商品买卖的意识却极为浓厚。以商品走私、商品贸易和商品买卖为重要特征的明清海洋经济的蓬勃兴起,更促进了疍民社会商品经济的发展。于是乎,一部分疍民就走上了商贩的道路。例如,在明清广东沿海城镇的一些集市上,疍民商贩比比皆是。所谓"茭塘之地濒海,凡朝虚夕市,贩夫贩妇,各以其所捕海鲜连筐而至。疍家之所有,则以钱易之;疍人之所有,则以米易"⑥。"顺德之容奇、桂州、黄连村,吹角卖鱼"⑦,"中妇卖鱼,荡桨至客舟前,倏忽以十数"⑧,"男贩鱼花,妇女偎爱蚕"⑨等,讲的就是疍民贩卖鱼虾的情况。实际上,疍民商贩除卖鱼外,还贩卖花果。例如,清代广东番禺,每年端午节时,"士女乘艇,观竞渡于海珠,买花果于疍家女艇中"⑩。据张寿祺先生研究,19世纪中期以后随着广州经济的不断发展,珠江河面上更增添了一种经营饮食业的流动性疍家艇,在广州市珠江东堤水面、荔枝湾、东海、大坦尾水面,出售"艇白粥""炒沙河粉"等特色小吃。当时,在广州市东堤或大坦尾运输谷米商品或其他商品的民船,或在荔枝湾头的游人,一招手,这种出售饮食的小艇便倏忽而至,售出他们的粥品和粉类。又据张先生研究,由清末至20世纪二三十年代,广州市东堤泊有一种巨大的画舫,专供当时达官贵人、巨商、大贾饮宴之用。这种画舫,就是由极少数富有的疍民与陆上的豪绅合伙经营的。⑪

---

① 《明史·花茂传》。

② 《广东新语》卷七《人语》。

③ 参见(清)阮元:《广东通志》卷一八七《前事略》。

④ 见(清)周学曾等纂修、晋江地方志编纂委员会整理:《晋江县志》卷五《海防志》,福建人民出版社1990年版,第97页。

⑤ 参见(明)王家彦:《闽省海防议》,收入《古今图书集成》之《方舆篇·职方典》卷一〇三二《福建·总部·艺文一》。

⑥ 《广东新语》卷二《地语》。

⑦ 《广东新语》卷九《事语》。

⑧ 《广东新语》卷一四《食沿》。

⑨ 《广东新语》卷二二《鳞语》。

⑩ (清)同治《番禺县志》卷六《舆地四·风俗》。

⑪ 参见张寿祺:《疍家人》,中华书局(香港)有限公司1991年版,第107页。

5.渡船船工

随着疍民由海洋向内陆江河发展(下文将详加阐述),疍民又增加了一个新的角色,这就是渡船船工。如在广东珠江三角洲,由于该地为水网之区,村与村之间常有小河,人们往还,必须借助渡船。这种渡船的船工便是由疍民充当。[1]

可以说,在明清时代,疍民与其他渔民一样,在海洋社会经济的大潮中是充当了多种角色的,这里就不一一列举了。

(四)内陆化与汉化:疍民社会由海洋向内陆的发展

尽管陆上居民对水上居民长期存在歧视、排斥的态度,但在强有力的国家海洋政策及其他政策的作用下,部分疍民也逐渐由海洋向内陆发展。这种发展进程,从海禁令实施就已开始,到清初迁界令实施期间更达到高峰,其后在雍正七年(1729年),雍正皇帝特别下达圣旨,"以广东疍民以船捕鱼,粤民不容登岸,特谕禁止。准于近水村庄居住,与齐民一体编入保甲"[2],更促进了疍民陆地化进程的发展。[3] 严格说来,疍民的内陆化发展方向有两条:一是由海洋向内陆江河发展,仍是水上居民;二是由海洋向陆地村镇发展,走农耕之路。

先说第一条路。由海洋向内陆江河发展因为没有从本质上改变"水上居民"的身份,所以相对农耕之路来说,疍民是易于接受的。因此,明清时代直至20世纪三四十年代,疍民不仅卷入了海洋经济开发的热潮,也积极投身于沿海一带江河经济的开发。从福建福州附近的闽江中下游一带[4]、湄洲湾惠安东部的辋川[5]、泉州市晋江下游"筍江"水段以及出海之处[6]、西溪下游漳州一带水面[7],到广东的韩江水系、珠江口水系上的新会县、南海县、番禺县的各条江河、东莞市的东江干流及其支流[8]、广州市区的珠

---

① 参见张寿祺:《疍家人》,中华书局(香港)有限公司1991年版,第103页。

② 《清史稿·食货志》。雍正皇帝的圣旨原文如下:雍正七年上谕,闽粤东地方回民之外另有一种名为疍户,即徭蛮之类。以船为家,以捕鱼为业,通省河路俱有疍船,生齿繁多不可数计。粤民视疍户为卑贱之流,不容登岸居住,疍户亦不敢与平民抗衡,畏威隐忍,**跼蹐**舟中,终身不获安居之乐,深可悯恻。疍户本属齐民,无可轻贱摈弃之处,且彼输纳渔课与齐民一体,安得因地方积习强为区别而使之飘荡靡守乎? 著该督抚转饬有司通行晓谕:凡无力之疍户听在船上自便,不必强令登岸,如有力建造房屋及搭棚栖身者,准其于近水村庄居住与齐民一同编列甲户,以便稽查,势豪土棍不得借端欺凌驱逐,并令有司劝令疍户开垦荒地播种力田,为务本之人,以副朕一视同仁之至意。

③ 关于雍正皇帝圣旨所起的作用是否显著,叶显恩先生是不以为然的。他说:"诚然,雍正七年世宗下谕旨,宣布'疍户本属良民'允许疍户登岸建屋居住,力田务本,与齐民一同编列甲户,势豪土棍不得借端欺凌驱逐(史澄,1879:卷二)。这只不过表示雍正皇帝对疍民的悯恻之心和良好愿望罢了。……由于生活习俗以及观念文化、价值观念、思维方式、审美情趣、道德情操、宗教信仰、民族心理等所形成的疍民与陆上居民间之区别,不是一纸谕旨所能清除的。"《明清广东疍民的生活习俗与地缘关系》,《中国社会经济史研究》1991年第1期。

④ 参见翁同梁:《福建几种特异的民族》,《民俗》第80期,1929年12月。又见吴永詹:《闽江流域的疍户》,南京《新亚细亚》第13卷第2期,1937年2月。

⑤ 蔡清:《惠安县辋川桥记》,《古今图书集成》卷一〇五二《泉州府部·艺文二》。

⑥ 蔡清:《惠安县辋川桥记》,《古今图书集成》卷一〇五二《泉州府部·艺文二》。

⑦ 谢云声:《福建漳渗州之花艇——疍民生活之一》,《民俗》第76期,1929年2月4日。

⑧ 参见顾炎武:《天下郡国利病书·广东八》。

江水段①、韶关一带的北江水系②、两江水系的三水县河口和肇庆等地的水面③,再到广西地段两江水系的梧州、南宁、柳州水面及北部湾、海南的一些江河支流④,处处可以发现疍家艇的踪迹,看到疍民劳动和生活的情景。例如,清嘉庆、道光年间,广东佛山镇从汾江新涌口至太平沙数千米河面上,"疍民搭寮水面以居,几占其半"⑤。又如,鸦片战争前夕,广州河面上聚集的疍家艇约有84000艘。⑥ 进入江河后,疍民的经济结构也发生了变化。由于内河的渔业资源大大减少,所以他们就从比较单纯的"以渔为业"转为多元化的职业结构。具体地说,即除捕捞鱼虾外,还从事水上运输、削竹、编竹、织网、织布等手工业,以及充当水上流动小贩等。疍民由海洋走向内陆江河虽是政府高压政策威逼的结果,但是作为海洋社会主要力量之一的疍民进入江河、发展江河经济则完全可以看成海洋经济驱动着内陆江河经济的发展,江河经济在某种程度上可以看成海洋经济的辐射和延伸。

再谈疍民的陆地村镇发展之路。尽管陆上居民对于疍民的排斥力很强,但相对于国家强大的政策推动力而言,则是微弱的。因此,自海禁令实施始,就有部分疍民离开海洋走向了陆地,而且,这种人口转移的规模和速度是与时间的推移成正比的。例如,在浙江象山,清同治年间修县志时还发现,在该县石浦盐仓前有不少从福建来的"网捕为生,以船为家"的疍女,而到了民国十五年修县志时,这些疍女"则错居岸上矣",成为陆上居民。⑦ 又如,在明末清初,广东珠江三角洲一带,"诸疍亦渐知书,有居陆成村者"⑧。当然,明清疍民虽然被逼走上了陆地,但进程并非想象的那么快,大部分疍民还是滞留在海上未改变以渔为生、以船为家的疍民传统,真正上岸的,在当时只是一小部分。虽然如此,疍民对于沿海地区的农业发展还是做出了杰出贡献的。以岭南三角洲的农业开发为例,据张寿祺先生研究,在岭南的珠江三角洲、韩江三角洲、阳江县漠阳小型三角洲以及吴川县鉴江小型三角洲的河滩和海滩围垦造田,疍民是开路先锋和战斗主力。⑨ 然而,在开发农业的过程中,疍民的身份地位并未因他们的历史贡献而提高。如据叶显恩先生研究,原栖身于中山北部和新会东南部的是禹沙湾以南浅海地带的疍民,因这两片浅海先后浮露成陆,并围垦成所谓的西海十八沙和东海十六沙,宽阔的水域变成了沙田和纵横其间的沟渠,而这些沟渠又为陆上的地主,亦即沙田的主人所占据,这就等于切断了他们的生路。鉴于此,疍民就被迫受雇于陆上的地主,用船艇运着农具、种子到沙田耕作。有的后来还成为耕作沙田的佃户。⑩ 疍民开发岭南各

---

① (清)王士正:《广州竹枝词》写道:"潮来濠畔接江水,鱼藻门边净倚罗;两岸画栏红照水,疍船争唱木鱼歌。"载同治《番禺县志》卷六。
② 屈大均:《自肯江上峡至韶阳作》,共32首诗,其中有两首描写了这一带江河中疍民的生产、生活情况,如第五首写道:"江中蕉叶似,小艇卖鱼家。蚝疍虽无女,钗口亦有花。荡桡杨柳浦,晒网鹭鹚沙。白发多公姥,萧萧水一涯。"(原注:疍人有三种,一曰蚝收疍,载《翁山诗外》卷九。)
③ 屈大均:《翁山诗外》有多首诗对这一带疍民的生产、生活、民俗有描述。
④ 参见张寿祺:《疍家人》,中华书局(香港)有限公司1991年版,第22—24页。
⑤ 吴荣光修纂:道光《佛山中义乡志》卷一四。
⑥ 姚家贤:《中国近代对外贸易史料》第1册,中华书局1962年版。
⑦ 民国《象山县志》,李洙修、陈汉章纂,民国十五年(1926年)铅印,台湾成文出版社有限公司1974年版。
⑧ 《广东新语》卷一八《舟语》。
⑨ 张寿祺:《疍家人》,中华书局(香港)有限公司1991年版,第112页。
⑩ 叶显恩:《明清广东疍民的生活习俗与地缘关系》,《中国社会经济史研究》1991年第1期。

三角洲,总的说来属于农业经济开发性质,细分起来,则主要有种稻谷、种莎草、筑堤围垦造田、种甘蔗、种藕、养鸭、养鱼苗、灌溉施肥及打零工等门类。①

明清以前,虽然在生产经营上疍民保持单一的家庭生产责任制,相互之间的联系不如陆上渔村渔民之间的联系那么密切,没有形成如陆上渔村汉人宗族般具有内聚力的共同体②,但是,由于文化传承的最高稳定性和最小的进化程度,千百年来他们虽面临种种自然的和社会的生态条件的变迁,却始终只作了适应性的调整和某些边际性的变迁,而没有发生任何实质性的变革,更没有被消融于汉族大传统文化之中。但是,明清以后,情况就发生了变化。如前节所述,随着明清海洋社会经济大潮的冲击,随着中国海洋社会近代化和现代化进程的加速,疍民也卷入了整个海洋社会经济大潮。单一的以渔为生的经济模式开始朝着多元化的经济领域发展,单一的以海为家的船艇生活模式也朝着海洋、内陆江河、陆地三个方向发展,疍民与汉民族之间的交流愈加频繁和密切,这些本身就是民族融合的具体表现。随着民族融合的加强,疍民的鲜明文化特征便开始淡化,汉民族文化传统的影响愈加深入,民族之间的关系得到改善和加强,保持传统文化风俗的疍民的人口数量在融合过程中便不断减少。当然,海洋社会经济促进了疍民与汉族的融合,而民族融合也反过来促进了海洋社会经济的发展,二者在海洋这一大舞台中有机地连为了一体。

当然,由于生活习俗以及观念文化、价值观念、思想方式、审美情趣、道德情操、家族信仰、民族心理等不同所形成的疍民与陆上居民之间的巨大差异,要把疍民完全融入汉民族之中也不是轻而易举的事,时至今日,仍有部分疍民没有离开水面就深刻地反映了这一点。

第四节 明清时期的海盗社会③

明清时期是中国海盗活动极为鼎盛并由鼎盛走向衰落的时期。

明代中后期,社会经济长足发展,东南沿海地区工商业繁荣,在某些手工业工场中滋生了资本主义生产方式的萌芽,市民阶层经济实力壮大,民间海上商业贸易尤其是走私贸易发展,海盗与海商加强联合,掀起亦商亦盗活动的高潮。这一时期,主要在东南沿海一带涌现出了众多海盗海商集团,主要首领为徽州许二(栋)等许氏四兄弟和王直、徐海、林碧川;南直隶萧显,福建金纸老、李光头、沈南山、邓文俊、谢和、严老山、洪迪珍、张维、吴平、李旦、颜思齐与郑芝龙;广东何亚八、郑宗兴、许栋与许朝光、林国显、林道乾、林凤等。他们或"通番"海外,同日本、葡萄牙、西班牙和荷兰商人互市;或驾船载货兴贩日本、暹罗、占城、交趾、柬埔寨、旧港、渤泥、彭亨、吕宋等国;有的人则侨寓海外经营事业。可见,这时期海盗的亦商活动已跨越国家界线,在海外活动颇为活跃。

海盗的亦盗活动,是随着其亦商活动的开展而更加活跃起来的。这时期海盗的武

---

① 参见张寿祺:《疍家人》,中华书局(香港)有限公司1991年版,第112—122页。

② 参见叶显恩:《明清广东疍民的生活习俗与地缘关系》,《中国社会经济史研究》1991年第1期。

③ 本节主要引见郑广南:《中国海盗史》,华东理工大学出版社1998年版,第23—24页,第349—363页,第376—435页。

装活动比过去次数更多、规模更大,出现了数十个海上武装集团,以及一大群以强悍著称的海盗魁首。明代著名的海盗魁首除上述一帮人外,还有钟福全、李夫人、黄萧养、黄三、温观彩、施和、黄秀山、黎国玺、许折桂、李大用、林国显、张琏、曾一本、刘香、李忠、杨六、杨七、李魁奇、褚彩老等,清代有郑、石、马、徐四姓海盗以及杨彦迪、冼彪、周玉、李荣、郑一嫂石氏、郭婆带、吴知青、李尚青、乌石二与蔡牵、朱濆等。这群海盗魁首在不同时期与海域,统领武装船队与部众,用武力在海上及沿海进行抢劫财货,同时也进行反官府与抗官兵的武装活动。这时期海盗武装活动的内容更广泛,明末清初,有众多海盗参加抗清的武装斗争;也有海盗进行抗击葡萄牙、西班牙、荷兰与英国等西方侵略者的武装斗争。

进入清代之后,海盗活动逐渐走向衰落。嘉庆年间,浙、闽、粤虽然爆发规模较大的海盗武装活动,但在清王朝的军事攻剿与招抚利诱下,福建海盗蔡牵、朱濆及粤洋旗帮海盗集团先后败亡。至 1840 年英国发动鸦片战争,西方资本主义国家加紧侵略中国,军舰横行,海上形势遽变,从此,中国古典式的海盗社会及其海上活动基本消歇,而开始了向近代海盗社会性质的活动转变。

一 明清海盗活动的性质和特点

(一)海盗社会的构成及其活动性质

海盗活动的性质,是由其成员的社会阶级成分构成与他们活动的目的及影响而定的。海盗的成分构成随着时代的变更而变化。

明清时期,随着封建社会发展,阶级矛盾激化,出海参加海盗活动的人数大增,海盗人员成分更加复杂。这时期海盗的主要成员是东南沿海地区破产农民、流民、渔民、沙民、疍民、手工业者、小商贩、船户与海商,以及奴仆、"亡命""无赖""凶徒"、罢吏、僧道和儒士。儒士系"书生不得志"者。儒士参加海盗活动起自宋代,当时有些科场失意的儒士弃笔从商,出海加入海盗队伍。明清时期,出海参加海盗活动的儒士增多。明嘉靖期间,不少海盗首领注重招贤纳士,因此有儒士出海"从贼"。有的海盗首领也为知书之士:嘉靖时,海盗王直是个儒生;隆庆时,海盗曾一本能诗文,曾在广州海珠寺题壁诗诮广西总督俞大猷;明末,郑芝龙也是一位"颇有文才"的海盗,他不但能文善诗,而且礼贤儒士。清嘉庆年间,广东黑旗帮海盗郭婆带颇具儒士风度,多年在海上漂泊与作战而手不释卷,勤奋读书。这些事例说明海盗亦有斯文风流之辈。

在这里必须着重说明的是,海盗成员虽然来自各阶层,但其中的绝大多数是东南沿海地区的穷苦贫民与流民。东南沿海地区地瘠民贫,田少人众,民靠海为生,由于天灾人祸肆虐,经常发生"生存危机"。穷人为谋生活和求生存,而成群结队出海当海盗,其中有众多的人以当海盗"为业"。出现这种现象并不奇怪,因为在海盗史上,当海盗的人认为"做海盗是一种职业,是过好生活,至少是谋生的一种手段"。因此,在穷人心目中,干海盗这种"职业"是"无本生意",只凭胆量与气力去抢夺他人财物为己有,以此谋生,甚为简便,故乐而为之。不仅如此,海盗的抢劫活动还关系到海滨地区为其接济、销赃及与之交易的数十百万人众的生计问题。这大群人(主要是贫民)倚靠海盗谋生,因此他们视海盗为"衣食父母"。就此而言,海盗的抢劫活动是一种"掠食"性质的行动。他们为争取"过可以忍受的生活"与追求"过美好生活",铤而走险去当海盗。有的海盗首领看到贫民对改善生活的要求和追求,因而打出"劫富济贫"的旗号,借以号召、扩大部伍,壮大势力。

但是,穷苦贫民用当海盗抢劫财物的办法并不能摆脱生活困境和解决"生存危机",然而也正因为如此,又不断有人继续出海为盗,从事抢劫活动,因而使历代官兵剿不胜剿,"时薙时生",海盗活动连绵不绝。

就实质而言,在海上与沿海抢劫财物是典型的"海盗行为",使遭受抢劫者损财失物,甚至丧命,破坏城乡经济和海上交通贸易;而海盗在从事抢劫活动的同时,又经常集中力量开展反官府、抗官兵的武装斗争。因此,海盗为历代王朝和官府所憎恨和不容,同时也由于其作为"黑社会"的"非法性"和被历代上层及传统伦理所赋予的"图财害命"形象,也为传统社会所厌恶和恐惧。但是,也应该看到,他们出动部众攻城略地,杀将官,烧衙署,惩治贪官污吏与地方豪绅,但对普通穷苦百姓,即使是平时无恶行的官绅,一般也不会侵犯。例如,明熹宗天启时,儒士黄道周在漳浦县铜山故里乡居,"诸暴客(海盗)亦相戒无扰"[1]。由此可见,海盗有自己的伦理和爱憎,他们在反抗封建王朝和打击官府恶霸的恶行方面,在历史上也发挥了一定的积极作用。

海盗在反抗封建王朝与抗击官兵的战争中,啸聚海岛,"不奉正朔"[2],"称王称国"[3],自任将官,企图建立自己的权力机构。海盗首领的这种举措,触及政治上最敏感的问题,使封建统治阶级感到威胁而惊慌,因而加强出兵攻剿力度;海盗首领亦集中力量抗击官兵,从而把武装活动推向高潮。不过,这些海盗首领虽然称王称帝,也不乏一些相关设施,但他们在政治上并无作为。

(二)海盗活动与"山海之盟"

在封建社会,穷苦民众造反称乱、啸聚山林为"寇"者,人称其为"陆寇""山贼";出海为"盗"者,人视其为"海盗"。陆寇、山贼与海盗的大多数成员为社会底层的穷苦民众,他们有着共同的遭遇与命运,有着共同的要求和追求目标,即反抗封建统治阶级,争取改变自己的生活与处境。因此,他们是天然的盟友。陆寇与海盗在反乱活动中,经常海陆声势相倚,互相支援,配合战斗,形成了"山海之盟"。山海联合活动成为中国历史上海盗活动的一大特色。

至明代,海盗与农民起义军的"山海之盟"关系进一步加强。粤洋海盗"内结山寇,以为心腹之援;山寇之为巢穴,累数千百计而不可穷"[4]。福建的情况也是如此,海盗联结山寇为援,参加人数"无虑数十万"[5]。在江、浙,"内地贼"常借海盗的势力反抗官府,"凡海贼一起,内地贼假名纵暴,地方不能御"[6]。明英宗正统景泰间,广州海盗黄萧养与新会海盗黄三、温观彩等率领武装船队联合农民起义军,围攻广州郡城,攻略州

---

① 庄起俦:《漳浦黄先生年谱》。

② 董应举:《崇相集》第 2 册《漫言》。

③ 《明熹宗实录》卷七八,天启六年十一月戊戌。

④ 章潢:《图书编》卷四一《岭南总论》。

⑤ 何乔远在《闽书》中云,明世宗嘉靖年间,闽地"山海寇"迸发,人数"无虑数十万"。

⑥ 毛希秉:《海防议》,见民国《太仓州志》卷一五《兵防》。

属各县,屡败官兵。与此同时,福建邓茂七在闽北山区起义,他的部众与海盗有联系,向闽南海滨挺进,攻占同安县城,过海攻浯州(金门)海岛。天顺年间,广东潮州海盗许万七、黄宇一、林乌铁等人率众攻海阳县,与程乡县罗刘宁等"山寇""相为犄角",攻击官兵。嘉靖末年,潮州饶平县张琏、大埔县萧雪锋、程乡县林朝曦据山寨反乱,为"山贼"。官兵围剿,张琏率众出海,"山寇"变成海盗,张琏既是山寇首领,又为海盗魁首。在福建,诏安"海贼吴平通诸山寇亦起"①,组织一支海上武装,攻略闽、粤沿海各地。

明末清初,海盗与李自成、张献忠农民军余部不约而合,一致支持南明政权,与军民共同抗清。当时,海盗踊跃参加郑成功、郑经父子所领导的抗清斗争,在抗清与收复台湾的战斗中,发挥了积极作用。

清代,海盗与陆地天地会建立联盟,进行反清活动。嘉庆年间,广东廉州天地会首陈公道"煽乱",引海盗武装船队攻南康墟。福建海盗蔡牵率领武装船队几次航海到台湾,同岛上"山贼"首领洪四老、吴淮泗等人的起义军联合反抗官府,杀将官,烧衙署,屡败官兵与乡勇,震动全岛。蔡牵与广东旗帮海盗与天地会及陆地民众始终保持"山海之盟"关系,通过"阴济"船械、粮食等货物,彼此建立了密切的经济联系,支持海上活动。

(三)海盗活动与海商贸易

中国海盗与海商结合,从事亦商活动,兴于宋代,盛于明代。他们的亦商活动具有民间自由贸易性质,不同于封建王朝的贡市贸易,也有别于官僚商人的海上贸易。这两种不同性质的海上贸易,代表不同阶级的经济利益,势必引起彼此之间的矛盾与对抗,爆发海上官私贸易战。官私海上贸易战经过两个阶段:在宋代,海盗与海商为反对官府垄断海上贸易而斗争;明清时期,他们为反抗闭关锁国政策,为冲破海禁而战。

明清时期,由于历行海禁,民间海外贸易遭到限制与阻挡,引起海商的不满与反抗。他们为冲破官府樊笼与海禁,同海盗联合,进行海上武装兴贩活动,掀起民间海上自由贸易热潮。明清王朝"海禁愈严,贼伙愈盛",沿海之民"嗜利忘禁","走死如鹜",使官府"不可胜防,不可胜杀"②。海盗与海商拥有武装船队,占据与开辟港口为基地,明嘉靖时,福建海盗金纸老据浙江双屿港为"番舶主"。继后,许一(松)四兄弟、许栋、李光头、林剪和王直等,先后也据双屿港"为巢"。徐碧溪在浙江自任"澳主";在广东潮州,许朝光也自号"澳长",占据几个港澳,对商船榷税、抽分;清嘉庆间,广东旗帮海盗与福建海盗蔡牵、朱濆在广东、福建与台湾一些港口征收商船税、港规费。海盗、海商这些做法与行动等于否定市舶司提举、太监提督与关权监督的权力,反映了他们主宰海洋和自行管理海上贸易商务的要求。

尤其值得重视的是,海盗与海商在从事海上及海外自由贸易过程中,形成了"商民交相赖"的经济关系。这种经济关系有两种类型:第一种类型为船主役使义男、后生的关系。福建漳州海澄等地的"族大之家",集资造船,"入海贸易"。他们多养窭人弃儿

---

① 何乔远:《闽书》卷六九《武军》。
② 章潢:《图书编》卷五六《福建事宜》。

"使长通夷"，互易运回犀角、象牙，加工为杯、栉，沈檀雕作佛身、玩具，出售得值。① 广东东莞、新会等县的富户"在海营生"，厚养"后生"(亦称"恭仔")为舵工、水手，或充当武装人员。② 虽然这种关系具有财主与长工的封建关系性质，但它与商业经济也有一定联系。第二种类型为船主与船工的雇佣关系。《崇祯长编》记叙："闽之土不足养民，民之富者怀资贩洋……如吕宋、占城、大小西洋等处，岁取数分之息；贫者为其篙师、长年，岁可得二、三十金。春夏东南风作，民之入海求衣食者，以十余万计。"③ 至清代，情况也是如此，"沿海居民富者为船主，贫者为舵工、水手"，富人与贫民在海外贸易中"颇资利赖"④。这种雇佣关系常遭官府破坏，使船主破产，船工失业。失业舵工、水手多投奔海盗，"为贼驾船"，挣工金以养家口。⑤

历史事实表明，海盗与海商从事民间海外自由贸易，确实给东南沿海人民带来了经济利益。有人进行过估算：闽海一艘大海船可养舵工、水手百余人，全省有船数百艘，舵工、水手数万人，数十万眷属家口。如果将江苏、浙江与广东等省的舵工、水手及其眷属家口算在一起，总人数多达一百数十万人，他们倚赖民间海外自由贸易以"资生计"。此外，民间海外自由贸易还推动了东南沿海地区经济及工商业的发展。清初，蓝鼎元在《论南洋事宜书》中云："闽、广人稠地狭，田园不足耕，望海谋生，十居五、六。内地贱菲无足重轻之物，载至番地皆珍贝。是以沿海居民造作小巧技艺，以及女红针黹，皆于洋船行销，岁入诸岛银钱、货物百十万入我中土，所关为之不细矣。"但是由于"禁南洋"，以致"百货不通"，"居者苦艺能之罔用，行者叹致远之无方"。洋路不通，使海滨富者贫、贫者困，工商业者沦为游手，"游手为盗贼"⑥，投靠海盗。

由此可见，官府与海盗、海商在对外贸易问题上始终是矛盾和对抗的。从他们对抗的性质与对社会的影响来看，明清王朝推行闭关锁国政策，抑制工商业发展，是阻碍社会进步，违反历史潮流的；而海盗与海商要求开放海外自由贸易，同各国通商，开拓境外市场，这种要求和行动符合社会经济发展趋势，是有进步意义的。

海盗与海商的海外贸易活动不断遭到封建王朝的禁阻与破坏，其进步意义受到压制。如将这种情况同西方国家作一番比较和考察，就可以发现：在西方，海盗商人得到本国政府的鼓励和支持，到海外其他国家进行殖民掠夺，作为资本原始积累的手段与途径，将所掠夺的财富转化为资本，兴办和发展本国产业。中国的情况则相反，海盗与海商兴贩海外，被官府视为盗匪、"叛民"⑦。他们在海外贸易中所获得的资财无法转化为资本，而被白白消耗掉：张琏、吴平与林道乾等人海上活动所积集的资财，不能用于生产事业，而埋藏于地下；徐海与蔡牵所得白银、"番银"，用以塞烦口，"作炮子点

---

① 何乔远：《闽书》卷三八《风俗志》。
② 俞大猷：《正气堂集》卷一六《后会剿议》。
③ 《崇祯长编》残本卷六六。
④ 汪志伊：《议海口情形疏》，《皇朝经世文编》卷八五《兵政》一六《海防》下。
⑤ 汪志伊：《议海口情形疏》，《皇朝经世文编》卷八五《兵政》一六《海防》下。
⑥ 蓝鼎元：《鹿洲初集》卷三《论南洋事宜书》。
⑦ 明清王朝厉行海禁，视往海外谋生与经营者为"叛民"，不许归国返乡。官府横征勒索，破坏民间海外贸易。谢彬《海澄县》诗云：海商"平生活计在风涛，官府何为苦闹嘈？不使利源通似水，从教法网密如毛。"因此兴贩海外的"富室迟翔未肯还"。在这样状况下，海商经营海外贸易所累积的资财无法带回故乡创办产业，银钱不能转化为资本。

放",轰击官兵,银钱化为乌有①;有的海盗、海商拥有巨额资财,但他们不投资于产业,而是将银钱花在官场与购买田地方面,走封建官僚地主的道路。走这条道路的典型代表人物是郑芝龙。郑芝龙早先当海盗,兼营海外贸易,成为著名的大海商。后来,郑芝龙接受明朝廷招抚,出仕为官,将经营海外贸易所获的巨额资财用于贿送朝廷显贵,购置闽、广大量田地,供养部属官兵。这样一来,他所拥有的商业资本变成造就自己成为大官僚地主的本钱。最后,在清王朝的官场上招致杀身之祸。

二 海盗活动与海洋开发

(一)海盗与造船业发展

舟船是海盗在海上活动的工具,是他们的"战马"与生活的"家",人员及财物"尽系于舟,行以舟为舆马,止以舟为室庐,流寓以舟为丘邑,死生以舟为命"②。不仅如此,舟船还是海盗武装实力的主要标志,海盗集团是以拥有舰船及人众多寡来衡量其武装势力的。正因为舟船对海盗如此重要,故海盗首领们非常重视增加船只,扩大船队。海盗的舰队有三方面来源:一抢夺;二购买;三自行打造。随着海盗造船工匠人数的增多,形成了一支实力雄厚的造船大军,对推动造船业的发展与造船技术的提高发挥了作用。

明清时期的海盗集团拥有庞大的武装船队,小者有海船几十至数百艘,大者有一两千艘。明正统至南明期间,海盗黄萧养有"楼橹二千艘",黄三、徐海、刘香、郑芝龙、李九成和广州郑、石、马、徐四姓海盗,各有千艘以上大海船。在这些海盗集团中,郑芝龙拥有与控制的海船为数最多,他有舰船千余艘,还能号集大海船 3000 艘,控制各种海船近万艘,等于当时西方各国船舶总数的一半。③ 清嘉庆时,粤洋蓝旗帮海盗乌石二有海船千艘,连同红、黑、黄、青、白五旗帮海盗的海船计算,多达 2000 多艘。海盗拥有如此大量海船,除从民间购买部分船只外,其余是海盗自行打制的。

明清时期海盗活动空前活跃,出现了众多海盗武装集团,在海盗活动与商民"通番"贸易的推动下,东南沿海地区掀起一股造船热,海盗与商民、船户不顾朝廷不准打造"通番海船"的禁令,不理睬造船"梁头以一丈八尺为准"的限制,竞相打造大型海船。浙直灶丁"私造大船",下海"通番"④;福建海滨居民"私造双桅大船",兴贩海外⑤;广东商民私造商舶出洋通贸。这些民间私造的海船,因出洋航海遭官府的限制与阻挡,大多数船只加入海盗武装船队,参加亦商亦盗活动。⑥ 当时,海盗为了活动而扩大船队,

---

① 据采九德《倭变事略》云,明嘉靖三十五年八月二十四日,徐海在浙江平湖沈庄指挥部众抗击官兵时,"以银塞烦口,火发银星飞,中人、中土、中水如雷声,众(官兵)不能进"。另据《清仁宗睿皇帝实录》记,清嘉庆十四年九月十七日,蔡牵率船队在浙洋与官兵交战,炮弹打光,用"番银"作炮子点放,轰击官兵。

② 涂泽民:《涂中丞军事集录》卷一《行监军道》,《明经世文编》卷三五三。

③ 根据日本学者大盐龟雄《近代世界殖民史略》书中提供的当时西方各国海洋船舶的数字:荷兰东印度公司的船舶约 3000 艘。据 Colbert 统计,西方海洋船舶约有 2 万艘,其中一万五六千艘悬挂荷兰国旗。

④ 胡宗宪:《筹海图编》卷一一《经略》一。

⑤ 《明世宗实录》卷一五四,嘉靖十二年九月辛亥。

⑥ 据章潢《图书编》卷五七《海防总论》云:"有一种奸徒见本处禁严,勾引外省,在福建者则于广东之高、潮等处造船,浙江宁、绍等处置货,纠党入番,在浙江、广东者则在于福之漳、泉等处造船、置货,纠党入番。"

不惜花巨额银钱购买船只。明人董应举说，福建海滨之人"造一船送贼，得银三四百两者，制一篷与贼，得银三十两者"①。清乾隆时，海船造价更高，"每船大者造作近万金，小者四五千金"②。海船造价虽昂贵，但海盗还是乐于出重金购买；而造船业主与船户因有厚利可图，积极为海盗和海商造船，"沿海乡村，为其造船"③。在海盗方面，他们的造船能力也大为增强，可以随时随地打造海船。例如，黄萧养攻据广州顺德县潘村，在海口造船；王直与叶宗满等人在广东造巨舰，徐碧溪在广东造一艘载万人的超级大海船④，王直所"造巨舰，联舫一百二十步，容二千人，木为城、为楼橹，四门其上，可驰马往来"⑤；吴平在漳州诏安县梅岭造战舰数百艘；林道乾渡海至东番（台湾）打鼓山下，就地取材造船；林凤率舰队讨伐西班牙殖民者，在吕宋玳瑁港"修（造）战船"三十艘；李魁奇在广东打造乌尾大船；郑芝龙的舰船大部分是自行打造的，他还"造巨舰于五羊城南"⑥，所造舰船"艨艟高大、坚致，入水不没，遇礁不破"，航行迅速⑦，可敌荷兰夹板船。其他海盗也多拥有"楼橹巍若城山堞"的大型舰船，同官船比较，"官兵皆小艇"⑧，"不及贼船三分之一"⑨。官军兵船破旧，不堪驶用，海盗嘲笑其为"草棚"⑩（意为不坚铠）。清代，海盗拥有舰船数量之多与船体型之大，也是官军水师所望尘不及的。

上述史实表明，海盗打造舰船和购买海船的举动，对造船业的发展起了推动作用。

（二）海盗活动与海岛开发

在中国广袤的海洋上，大小岛屿星罗棋布。海中岛屿有山、沙、峙、岙、垞、塘、矶等几种名称。在古代，由于科学技术不发达，生产力低下，未能开发海岛。而且历代封建王朝统治者不重视海岛的管辖与经营，反而视海中岛屿为"恶地"，把一些海岛作为牧马场或流放、囚禁犯人的场所。⑪ 不仅如此，官府还大肆破坏岛屿。明代，朝廷屡下诏令，强行迁徙岛屿居民，把舟山（仅留城内居民五百户）、澎湖、海坛、圭屿、浯屿、南澳、大奚山、大北山、大横琴、三灶山等一大批岛屿尽"墟其地"。清初，清王朝大规模"迁界"，将海中岛屿当作"化外"地，有的大臣竟然提出放弃舟山与台湾的荒谬主张。⑫ 乾隆五十五年（1790年），朝廷下令禁止岛屿居民增建房屋，烧毁寮棚，驱逐住口。⑬ 官府

---

① 董应举：《崇相集》第2册《闽海事宜》。
② 光绪《漳浦县志》卷二二《人物志·蔡新》。
③ 彭孙贻：《靖海志》卷三。
④ 徐碧溪所造大船下海时折坏，未能航行。
⑤ 万表：《海寇议后》。
⑥ 〔日〕川口长孺：《台湾郑氏纪事》卷上，台湾省文献委员会1995年版。
⑦ 《兵部题行抄两广总督李题》，《明清史料》乙编第七本。
⑧ 道光《重纂福建通志》卷二六七《明外纪》。
⑨ 董应举：《崇相集》第3册《答金游击书》。
⑩ 光绪《漳州府志》卷二六《后纪》。
⑪ 五代十国时，闽国王氏政权将海坛岛作为谪戍者之所。金门岛曾经为牧马场。北宋初年，犯死罪获贷者多配隶登州沙门岛及通州海门岛，并派兵驻屯"领护"，故《水浒》等说部书每言犯人发配沙门岛之事。明代，广东西沙群岛曾为流放犯人的场所。
⑫ 清顺治时，议政大臣奏言："舟山乃本朝弃地，守之无益"（见魏源《海国图志》卷一《筹海篇》）。清王朝统一台湾时，有大臣主张"弃台"，康熙皇帝不理睬这种荒唐主张，加强台湾府县政权，派兵驻防。
⑬ 严如煜：《洋防辑要》卷二《洋防经制》七。

迫害岛屿居民,以致岛屿乡镇、港澳墟废,房舍毁坏,田园荒芜,渔盐之利尽失,商贩不行,人民流离失所,家破人亡。岛屿居民为求生存,联合海盗,反抗官府,为保卫家园而斗争。

官弃岛屿,岛屿居民与海盗据而有之;官毁岛屿,岛屿居民与海盗在岛屿上生聚,繁殖如故。① 他们重新住屯,再修寮棚,造居舍,建城寨,辟港澳,武装占耕,垦岛荒,经营渔盐,发展海上交通贸易,繁荣海岛经济。就这样,岛屿被毁与重建,在历史上反复多次。最后,岛屿居民与海盗冲破官府的阻挡,逃避官兵的攻剿,占据岛屿如故。

海盗之所以与岛屿结下不解之缘,这与他们的活动环境与方式有关。海盗活动于汪洋大海中,不能长期待在船上,船须定期泊岸进行修葺与燂烧,武器、器械、水、粮及其他生活品需要从陆地得到补充。由于海盗船在大陆港澳停泊易遭官兵攻袭,而孤悬海中的岛屿才是海盗泊船与歇息最理想的基地。有的岛屿是海盗寄泊、樵汲和购物之所,有的岛屿则成为海盗活动的根据地。

浙江舟山"悬峙海中,周围约四百余里,岛屿不下百余"②,明代"倭寇贡道之所必由,寇至浙洋,莫有不念于此可巢者"③。东霍山、韭山、佛头、桃渚、崧门、楚门、茶盘、牛头、积谷、鲎壳、石圹、枝山、大鹿、小鹿等岛屿,"在在皆贼舟出没之区",三盘、凤凰、北美和南美等岛屿,为海盗"寄泊、樵汲之区"④。海盗不但在舟山岛屿泊船、樵汲,而且还在一些岛屿进行开发、经营经济事业。舟山有"五谷之饶,鱼盐之利,可食数万人,不待取给于外"⑤。翁山、秀岱、兰剑、金塘等岛屿,"岁垦之,可得数十万石"⑥。玉环山,地处台州太平县至温州乐清县之间海中,"此山周围约计七百余里……可垦田十万余亩","海舟无籍游民多潜其中,私垦田亩,刮土煎盐及网渔,渔人搭寮居住"⑦。海盗在开发这些岛屿的过程中也发挥了作用。明嘉靖年间,海盗毛烈率众据舟山岑港,三十七年(1558年)三月,"风雨交作,山水骤发,溪涧涌溢,贼于山之高堑处,相其可隐者隐之"⑧。由此可见,浙洋海盗与岛屿居民一起开垦田亩、兴修水利工程和从事鱼盐生产,共同发展岛屿经济,其业绩是应予以肯定的。

广东粤洋岛屿也都是海盗活动的据点。南澳岛,周围三百里,山高而奥,形势险,位于闽粤之间海中,地处南北海上交通要冲,"潮则通柏林,漳则通玄钟",为"外洋番舶必经之途"。岛上深水澳、云盖寺、龙眼沙三处,有田四五万亩。此岛地足耕种坐食,海可出鱼盐,为"内洋海盗必争之地"⑨。明代海盗许栋、许朝光、林凤、林道乾、曾一本和杨老等,"先后据为窟宅"⑩,泊船屯聚部众。许朝光在岛上筑城堡,吴平造居室、起敌

---

① 严如熤:《洋防辑要》卷六《浙江沿海舆地考》。
② 天启《舟山志》卷一,张时徹《防海议》。今之舟山,岛屿1300多个。
③ 胡宗宪:《舟山论》。
④ 陈伦炯:《天下沿海形势录》,《皇朝经世文编》卷八三《兵政》十四《海防》上。
⑤ 严如熤:《洋防辑要》卷六《浙江舆地考》。
⑥ 严如熤:《洋防辑要》卷六《浙江舆地考》。
⑦ 浙江巡抚李卫:《请设浙洋玉环山官兵疏》,《皇朝经世文编》卷八三《兵政》十四《海防》上。
⑧ 采九德:《倭变事略》。
⑨ 蓝鼎元:《潮州海防图说》。
⑩ 杜臻:《闽粤巡视纪略》卷三。

楼①。在他们经营建设的基础上,该岛后来成为郑成功海上抗清的一个重要据点。粤洋东、中两路的北澎、中澎、南澎等岛屿,是潮州"贼艘经由暂寄之所",黄冈、大澳、放鸡、广澳、钱澳、赤澳,乃"潮郡贼艘出没之区"。小星、笠管、沱汀、伶仃山、旗纛山、九洲山、老万山等为海盗樵汲、寄泊的岛屿。②粤洋西路龙门岛是海盗活动的一重要据点,"龙门者,海岐也。地枕交广之间,当钦州正面,为门户。自钦州发舟,不一日至。重峰叠岫七十有二,错落大海中,大小各不相续。海疆多事,则往往海贼盘踞其中为窟穴"③。明末清初,龙门海盗支持郑成功、郑经父子抗清,该岛成为抗清与郑氏海外通商贸易的基地。海南岛是南中国海一大岛,位处中国通往南洋各国和西方国家的要冲,岛上的重要港澳多是海盗从事亦商亦盗活动的据点。

福建兴化"府属各岛,海盗充斥"④,吉口、湄洲,"贼多泊于此"⑤,漳、泉的浯屿向"为盗薮",圭屿"居民凭海为非",东澳"海口蔽风之处,寇船往来尝(常)泊于此,俗呼贼澳"⑥。澎湖列岛形势险要,号称"一人守,千人不能过"⑦,位居海上交通要冲,为闽、粤通往台湾的门户,南来北往的中外船只"停泊、取水亦必经此"⑧。澳内可容船千艘,海盗屡据为"巢穴"。关于海盗占据岛屿进行海上活动的情况,蒋菜在《明史纪事》中有具体记述:"海上亡赖奸民多相聚为盗,自擅不讨之日久矣。盖以鱼盐蜃蛤,商舶往来,剽掠其间者,累千金则乘潮上下,不利啸聚岛中,俨然以夜郎扶余自大。"海岛最适宜海盗据以"夜郎扶余自大"者是台湾。"其窟维何?台湾是也。"台湾是中国最大的海岛,面积约36000平方千米,为中国东南门户,南海北洋与海外航运交通必经于此,地理位置颇为重要。从历史上看,台湾自古就与大陆有密切联系。元朝在澎湖设巡检司,管辖台湾,明嘉靖万历间,朝廷增派游兵汛守。当时,东南沿海"贫民时至其地(台湾)规鱼盐之利。后见兵威不及,往往聚而为盗"⑨。与此同时,海盗也经常驾船到台湾。

在闽海,海盗据岛屿,同居民一起垦荒种田、规鱼盐之利、发展海上交通贸易,业绩显著。澎湖居民以渔盐为业,在海盗亦商活动的推动下,"工商兴贩,以广其利",漳、泉"贸易至者,岁常数十艘"⑩。商贾驾船运货到澎湖,再转往台湾贸易。明嘉靖时,大陆与台湾之间"往来通贩以为常"⑪。天启初年,海盗颜思齐、杨天生、陈衷纪和郑芝龙等人从日本驾船返国,陈衷纪建议到台湾建"扶余之业"。众纳其议,航海到台湾,从笨港登陆,在岛上构筑寨堡以居。随后,颜思齐率领部众"剽掠海上,往来台澎诸岛",其他海盗归附他,杨六(禄)、杨七(策)与刘香,"皆其所部"⑫。为了立足台湾,颜思齐"分汛所部耕猎"。"耕",即兴汉人"农桑之业",购置犁、锄,开荒种田;"猎",效法高山族人民

① 章潢:《图书编》卷五七《沿海御寇要地》。
② 陈伦炯:《天下沿海形势录》,《皇朝经世文编》卷八三《兵政》十四《海防》上。
③ 潘鼎珪:《安南纪游》。
④ 朱正元:《福建沿海图说》。
⑤ 道光《惠安县续志》卷一《舆地志·海路》。
⑥ 严如煜:《洋防辑要》卷七《福建沿海舆地考》。
⑦ 章潢:《图书编》卷四十《福建海寇》。
⑧ 光绪《澎湖厅志》卷二《规制·建置沿革》。
⑨ 《明史》卷三二二《鸡笼山传》。
⑩ 顾祖禹:《读史方舆纪要》卷九九《澎湖屿》,引《元志》。
⑪ 《明史》卷三二二《鸡笼山传》。
⑫ 乾隆《重修台湾县志》卷一五《杂纪·兵燹》。

以"射猎为事"①。同时,他们还从漳、泉招募无业贫民到台湾屯垦,先后至者凡三千余人。这是首次从大陆组织移民到台湾的行动。这数千人到台湾定居,筑屋建村,开荒务农,为台湾农业生产和经济发展奠定了基础。

郑芝龙继承颜思齐未竟的事业,率领部众开发台湾,组织武装商船队,往来山东、江苏、浙江、福建与广东沿海各地,进行亦商亦盗活动,从事海外贸易。崇祯元年(1628年)九月,郑芝龙接受福建巡抚熊文灿招抚,明朝授于其防海游击官职。时值福建大旱,洊饥,芝龙"倾家资,市耕牛、粟麦,分给之"②;又"以舶徙饥民数万至台湾,人给三金一牛,使垦岛荒"③。他们在岛上艰苦创业,"手耒耜,腰刀枪",在旷野荒山莽林"与野兽争逐,筚路蓝缕,以启山林",开垦万顷田园,"用能宏大其族"④。此时,台湾"广立村市"⑤,百业渐兴,景象日新。用郑成功的话说,"此乃吾民(鳞)集者也"⑥。从此,台湾社会跨入繁荣发展时期。

郑芝龙迁徙数万漳、泉贫民渡海到台湾屯垦,把大陆封建生产方式也带到岛上,垦田农民要交纳地租。郑芝龙每年征收大量粮谷,故郑成功在《复台》诗中注文云:"太师会师积粮于此。"⑦正因为有此基础,故郑芝龙对儿子成功说:"倘不可为,台湾有如虮虱之安。"此话意义重大,郑成功由此增强了台湾为"吾故土"之意念。他铭记父亲这句话,抗清北伐失败后,决定进行战略转移,兴师东征,驱逐荷兰殖民者,收复台湾。当东征大军登陆台湾时,郑成功立即通牒荷兰总督揆一(Frederick Coyere),严正谕之曰"台湾系我先王所有",今欲收回。⑧ 他的谍文由揆一译为荷兰文:"台湾岛一向是中国的……现在中国人需要这块土地,来自远方的荷兰客人,自应把它归还原主,这是理所当然的事。"为此,郑成功勒令荷兰殖民者"立即离开全岛"⑨,随即收复台湾故土。台湾收复后,郑成功继承父业,领导军民,团结高山族人民,共同开发台湾。清王朝实行迁界后,郑成功招集沿海"数十万人东渡,以实台湾"⑩,安顿定居,"开辟草莱,相助而耕",发展农业⑪。继郑成功之后,郑经领导军民奋力经营台湾,发展农、工、商业。台湾经过郑氏祖孙三代的开拓和经营,岛上呈现田庐辟、畎浍治、树畜饶、村落相望的繁荣景象。"从此,台湾日盛,田畴市肆,不让内地。"⑫昔日"海上荒岛","今喜为乐土"⑬。

在此,必须予以说明的是,郑成功收复与建设台湾,已改变了父亲郑芝龙据台湾以求"虮虱之安"的初衷,这是一次驱逐西方侵略者、捍卫国家领土完整的正义行动。

———————————

① 江日升:《台湾外纪》卷一。
② 吴伟业:《鹿樵纪闻》卷中。
③ 魏源:《圣武记》卷八《康熙戡定台湾记》。
④ 连横:《台湾通史》卷八《田赋志》。
⑤ 倪在田:《续明纪事本末》卷八《闽海遗兵》。
⑥ 杨英:《从征实录》。
⑦ 《延平二王遗集》。
⑧ 陈伦炯:《海国闻见录》。
⑨ 〔荷兰〕揆一(C. E. S):《被忽视的福摩萨》卷下,见《郑成功收复台湾史料选编》(增订本),人民出版社 1982 年版,第 69 页。
⑩ 沈云:《台湾郑氏始末》卷四。
⑪ 江日升:《台湾外纪》卷一二。
⑫ 江日升:《台湾外纪》卷一三。
⑬ 鹭岛遗衲梦庵《海上见闻录》卷下。

颜思齐与郑芝龙开拓台湾的事业,贡献之大,为后人称颂。《台湾通史》作者连横评论颜思齐与郑芝龙开发台湾的历史功绩云:"台湾因海上荒岛,我先民入而拓之,以长育子孙,至今是赖……田夫故老往往道颜思齐之事。"他赞誉颜思齐为"手拓台湾之壮士";同时也肯定郑芝龙开台有功。① 台湾人民称颜思齐是"开台第一人",尊奉为"开台王",在台南县笨(北)港,即当年颜思齐入台登陆地方,竖立"开台先驱""海瓯著绩"等碑刻,在嘉义县新港,即当年颜思齐率众屯垦之区,建立"思齐阁""怀笨楼",以纪念他开台的功业。

海盗同沿海人民与海岛居民共同开发岛屿,开垦数百万亩"岛屿膏腴"农田,兴办鱼盐之利,发展海上交通贸易。至明清时期,海岛经济成为东南大地经济的构成部分,它对本地区工商业的发展与资本主义的萌芽、滋长,起到一定的促进作用。开发与经营海岛在国防方面也有其特殊意义。明清时期是国际风云大变化,国家多危难之秋,倭寇侵扰东南沿海,沙皇俄国南侵,葡萄牙、西班牙、荷兰和英国等西方侵略者国门跳梁,觊觎中国东南海上岛屿,占据以作为侵略中国大陆的跳板。葡萄牙殖民者侵占澳门,荷兰殖民者占据澎湖、台湾,西班牙殖民者也曾经一度占领台湾鸡笼和淡水等地。在这种情况下,明代海盗曾一本、林道乾、林凤与清代海盗蔡牵、朱渍等人先后率领船队到台澎活动,以及颜思齐、郑芝龙率众开发台湾,就具有特别重要的意义。

(三)开辟民间贸易港口与拓展海上交通航线

从历史上看,宋元明清时期,海盗活动是与社会经济发展密切相连的。随着工商业的发展,海盗活动日益活跃,而海盗"渊薮",往往也是工商业发达、商业经济繁荣的海滨地区和港市。

海盗与海商为了从事海外贸易,在江、浙、闽、粤沿海岛屿开辟与营建了一批基地和港口。这些基地与港口很快成为新兴港市,呈现出中外商舶辐辏、商贾云集、货物山积的繁荣景象。

浙江宁波双屿是明嘉靖年间海盗与海商开辟的一个典型的民间海外自由贸易港口。双屿港原为双屿岛荒澳。双屿港澳位处南洋北海与海外交通要冲,它面积阔20余里,东西两山对峙,南北两小山立峙如门,有水口通往外海,是泊船的良港。从海上用兵方面看,双屿港为"海洋天险",形势险要,易守难攻,适宜武装船队泊屯。因此,海盗与海商视双屿港为海上活动的理想基地。嘉靖初年,市舶既罢,贡舟不通,民间海外自由贸易兴起。为适应海外贸易发展的需要,海盗与海商据双屿,经略港口,作为海外贸易基地。他们航海兴贩东西洋,招引日本海商与佛郎机(葡萄牙)、暹罗、彭亨等国商人前来双屿港互市,使双屿港成为繁荣的海外贸易港口。

在福建,海盗与海商也开辟了几个民间海外自由贸易港口。福建自然地理条件为"三山六海"。山地瘠田少,不足食,海滨之民多"以海上为家,以夷岛为商贩之地"②。随着海盗与海商贩洋活动发展,漳州梅岭、月港与泉州安平等民间海外自由贸易港市先后兴起。

---

① 连横:《台湾通史》卷二九《颜郑列传》,九州出版社 2008 年版。

② 康熙《诏安县志》卷三《风俗》。

　　在广东，明清期间，海盗与海商先后开辟南澳、南洋、辟望村、牛田洋、河门渡、鲍浦、甲子所和铺前港等民间海外自由贸易港口。还有吴川县的芷蒻也是明代新兴的港市。"芷蒻原属荒郊，万历间闽、广商船大集，创铺户百千间。舟岁数百艘，贩谷米，通洋货"①，贸易颇盛。

　　此外，海盗与海商还在东南海上的柘林、烈港、岑港、大员和澎湖，以及南海的龙门等岛屿开辟港口，经营海外贸易。

　　海盗开发海洋的另一业绩是参加开辟与发展海上交通航线。海上航线是中国"交通各民族"，同世界各国进行通商贸易、文化交流、使节交往的海洋通途，是促进友好往来，推动世界进步与发展的交通纽带。就此来说，开辟与发展海上交通航线是意义重大的事业。

　　到明代中后期，世界进入了大航海时代，中国海盗敏感地意识到这个时代的降临，积极投入大航海活动。明嘉靖至启祯期间，航海往日本及南洋各国的海盗首领就有几十人之多。他们在海外活动，开辟两条海外航线：一条从山东、江、浙、闽、粤沿海港口通往日本和朝鲜等国；一条从江、浙、闽、粤通往交趾、占城、柬埔寨、暹罗、彭亨、爪哇、旧港、马六甲等国家和地区。

　　海盗与舟师在长期航海过程中，摸索而周知大洋航道，并将东西洋航道情况详作记录，注明两洋针路，为船舶航行导航。海洋多险境，航海往西洋海上多"畏途"，有"不类人世"的万里石塘、船冲沙即"胶不可脱"的万里长沙和"船触即坏"的铁板沙，以及航海者最惧怕的七洲洋与昆仑洋。② 在东洋航线上有号称航船"难过"的五岛洋。上述海洋的危险海域、复杂海道、凶恶的风涛，一一为海盗与舟师所征服，海洋"畏途"变通途。国际海洋航线畅通，船舶穿梭往来，各国各民族交往频繁，关系日益密切，促进世界发展加快。就此情况来说，开辟与拓展上述两条国际海洋航线，是一大历史功绩。

　　海盗活动还涉及华侨史问题。早期华侨中包括在国内不为官府所容的所谓"海盗"，驾船漂洋过海到日本和南洋各国，为发展繁荣当地经济做出了贡献，促进了中国与海外各国的经济文化交流。如从明嘉靖至明末期间，王直、颜思齐与郑芝龙等多位中国海盗首领航海到日本，与其国官民关系密切，在发展东洋海上交通贸易事业方面做出了贡献，并因此而起家发迹。航海到南洋的海盗首领，有的前往经商贸易，有的到那里开拓创业。由于中国同南洋各国有着国际关系史上最友好的历史传统③，因此他们到处受到执政者和吏民的欢迎；而流寓南洋的海盗都能遵守侨居国的法制，尊重当地人民的风俗习惯，和平相处，共同创办经济事业；开发地方、建设村落和城镇、发展农业、兴办手工业、开矿山、修道路、建港口、经营商业，繁荣经济，用自己的劳动和血汗，做出举世公认的业绩与贡献。比较有名的如梁道明、陈祖义、许折桂、盗何亚八、郑宗

---

① 陈舜系：《乱离见闻录》。

② 黄惠：《海语》。

③ 清人蓝鼎元在《论南洋事宜书》中说过，南洋各国对中国自"开辟以来"未尝有过侵扰之事，双方友好交往，关系亲密。《宋史·渤泥传》云，渤泥人每见中国海商船进港，"国人皆大喜"，热情款待；在阇婆，"中国人至者，待以宾馆，食丰洁"。赵汝适《诸番志》亦云，爪哇苏吉丹人喜爱唐货，中国商贾至其地，"无宿泊、饮食之费"。元人周达观在《真腊风土记》中说，真腊人见唐人，称之为"佛"。这些史实生动说明了中国与南洋各国的友好关系。

兴、张琏、林道乾及其妹妹、杨彦迪等。

　　流寓南洋的中国海盗在协助侨居国人民发展经济、富裕生活的同时,还在抗击西方殖民者的斗争中发挥作用,不少人为侨居国的民族利益和国家主权而献出生命。明万历初年,广东海盗林凤率领船队远征菲律宾,讨伐西班牙殖民者的战斗就是典型的例子。林凤船队离开菲律宾返回闽、粤后,部分部众留居吕宋岛,他们及其后裔同当地人民共同生活和斗争,融合为一体,成为一家人。正因为有这种基础,此后华人航海往菲律宾经商及谋生者络绎不绝。

　　中国海盗航海到南洋各国活动的另一积极后果是促进了早期侨汇行业的形成。随着航海往南洋的华人日益众多,他们流寓各国,开拓创业,拥有资产,被明清王朝官府视为"通番奸民",返国难;而海盗经常驾船往来中国与南洋各国之间,流寓华人委托他们带银钱回故乡,供养父母妻儿。海盗从南洋带银钱回国给故乡家属,时长日久而经常化,于是便逐渐形成了早期的民间侨汇业。

三　海盗武装活动与海战军事学的丰富和发展

　　中国海盗长期在海上进行武装活动,积累了丰富的海战经验。历史上著名的海盗首领,都是天生的海战军事家,善于组织和指挥海上作战。他们大多是来自沿海的穷苦贫民,有崇明、上海与太仓沙民,宝山、南汇、象山与鄞县亭民、渔户,淮阳盐贩,福建渔民、船户,潮州乡夫,广东疍民,"其气劲悍","习于风波"[1],"操舟善斗"[2],海战"用而捷"[3]。官、盗海上交战,海盗首领指挥作战的才能胜将帅一筹。明清时期的海盗首领王直、徐海、施和、张琏、吴平、林凤、郑芝龙和郑一嫂石氏、蔡牵等人,擅长指挥海战,他们统领数万至十余万武装部众,数百艘至上千艘舰船,屡败官兵水师,多次战胜西方侵略者,称雄海上。海盗的海战实践和经验,丰富与发展了中国军事学。海盗在长期的海上武装活动与海战中,不用笔杆子,而是用舰船与枪炮,谱写了一部"中国海战兵法"[4]。

　　明清时期的海盗在海上进行武装活动,在同官兵与西方侵略者战斗的过程中,摸索和形成了一套海上战法。这套海上战法可以归纳为如下几方面内容。

　　第一,海盗在海战中善于驾驶舰船和使用铳炮等火器。

　　船,是海盗从事海上活动与海战不可缺少的工具。因此,海盗重视打造舰船,特别是打造以大为优势的巨舰,以武装船队。实力强大的海盗集团都拥有大型舰船。明清时期的海盗舰船皆装备精良的炮铳等远射程的火器,在海战中发挥作用。

　　炮,明清时期也称为熕。[5] 海盗对火炮特别感兴趣,不但善于使用炮,而且还能铸炮[6],他们自行铸炮,用铅为弹,以硝制火药,武装舰船,用于海上作战。明正统年间,广州海盗黄萧养船队装备五百斤"神机大炮",攻广州城"炮声震地"。嘉靖时,王直部

---

[1]　严如熤:《沿海团练说》,《皇朝经世文编》卷八三《兵政》一四《海防》上。

[2]　茅元仪:《武备志》卷二一四《福建事宜》。

[3]　何良臣:《陈纪》卷二《技用》。

[4]　郑广南:《中国海盗史》,华南理工大学出版社1998年版,第427—428页。

[5]　闽南人至今仍称炮为熕。

[6]　明嘉靖万历间,广东潮州海盗林道乾是铸炮专家,他流寓南洋大泥国,为女王铸黄铜大炮三门。

属毛海峰"有勇力,善使佛郎机,又善弹射"①。明末,福建海盗郑芝龙船队配备大量火炮,其中装备 16 门至 36 门大炮的大型舰船就有几十艘之多。② 他的火炮具有雷轰电击般的威力,能使远处山崩地塌,"铳炮一发,数十里当之立碎"③,船只无存。郑氏用火炮武装起来的船队,在海上屡败官兵与荷兰侵略者。清嘉庆时期,海盗舰船普遍装备火炮,广东旗帮海盗与福建海盗的船队,每艘船装备数门炮,配置数百斤火药。由此可见,火炮是明清时期海盗的主要武器。在海战时,他们的炮声使官兵落魄丧胆。

海盗舰船除装备火炮外,还在船体上护以牛皮、渔网与毡絮等物,以固舰体船身,防御敌船强弩与铳炮的攻击。这样加护舰船的措施,在军事学上是有典可征的。唐代李荃《太白阴经》与宋曾公亮《武经总要》等兵书,称这种加以防护的大船为"蒙冲"。蒙冲船身覆牛皮,左右开掣櫂孔,前后左右开弩窗、矛穴,敌近则施放、刺杀。④ 这种蒙冲船在五代十国的内河水战中曾经使用过,罕见官兵水师用于海战。对蒙冲船,海盗情有独钟,他们因海上实战的需要,重视加护舰船。明天启时,福建海盗李魁奇在广东打造一批乌尾船,装备颇为特殊:"船有外护四层,一破网,一生牛皮,一湿絮被,一周迥悬挂水瓮,铳不能入,火不能烧,且比(郑)芝龙船高丈余,自上击下,更易为力。"这种乌尾船为海战"利器",优势大,"直有无如之何者"⑤。清嘉庆时,福建海盗蔡牵,按蒙冲船式打造和装备舰船,在同官兵水师海上作战时发挥重大作用。李巽占在《论剿贼事宜》中说蔡牵的船队装备特殊,"其船巨、炮巨,船外蔽以牛皮、钢索,使我(官兵水师)炮弹不能入"⑥。道光年间,闽人桂超万称赞蔡牵这种舰船,"炮不能为害","殊难抵御",可用于海上抗击英国军舰。⑦ 由此可见,海盗舰船优于官兵水师兵船,海战战斗力也超过官兵水师,可敌英国舰船。

第二,海盗在海上活动中使用旗号和灯号。

旗号,海上舰船用旗帜打信号,传达命令,指挥行动或作战。古兵法有用旌旗指挥行军、布阵与作战的规则。戚继光在《纪效新书》及《练兵实纪》书中订水师海上行军红、蓝、白、黑、黄五色旌旗的法规。他说:"东南之人不知兵旗,无法制。"⑧事实并非如此,海盗的海上活动是遵循兵法的,他们用旌旗指挥船队和部众行动、作战。严如熤《沿海团练说》云,海盗与陆地人民的联络与接济,以旗号,"奸民杂商贩、渔户出没无时,贼与小旗为号,嘹见即为接应其导贼登岸"⑨。清嘉庆年间,广东红旗帮海盗郑一嫂石氏与张保据香港,筑瞭望哨台,遇有船舶入港,便扯旗为号。因此,香港亦名扯旗山。总之,旗号是海盗首领指挥部众活动与战斗的手段。

灯号,夜间行动的信号。戚继光《纪效新书》定一规则:水师兵船夜间航行,以灯火

---

① 万表:《海寇议前》。

② 〔英〕C·R·博克塞:《郑芝龙(尼古拉·一官)兴衰记》,译文见《中国史研究动态》1984 年第 3 期。

③ 《兵部题行抄出两广总督李题》,《明清史料》乙编第七本。

④ 李荃:《太白阴经》卷四《水战具篇》,曾公亮:《武经总要后集》卷一四《制度》一四《水战》。

⑤ 曹履泰:《靖海纪略》卷三《上熊抚台》。

⑥ 光绪《定海厅志》卷三〇《遗文》。

⑦ 桂超万:《桂超万集》卷一《平夷议》。

⑧ 戚继光:《纪效新书》卷一六《旌旗金鼓图说篇》与《练兵实纪》卷一《练伍法》。

⑨ 严如熤:《沿海团练说》,《皇朝经世文编》卷八三《兵政》一四《海防》上。

为号，船上高树灯。① 其实，真正能以灯为号的是海盗舰船。明隆庆时，广东海盗曾一本在潮州海上"浮船数百艘"，"灯号从空中起，烨烨若贯珠"，海洋为之通亮②；而官兵水师夜间不航海，泊岸因怕海盗袭击，很少上灯号。这表明海盗更能贯彻舰船夜间以灯为号这个军事规则。

第三，海盗在海上的火攻战法。

火攻，是中国战争史上常见的一种战法，兵书中亦有论述。

海盗长期在海上活动，熟悉海洋，掌握潮汐与风浪的规律，摸索出海上火攻战法。例如，天启七年（1627年），郑芝龙船队在福建铜山洋面用"火船"攻击荷兰军舰，烧毁其快艇。崇祯三年（1630年），郑芝龙又在金门料罗湾海上以火攻焚毁荷兰军舰十余艘；十二年（1639年）六月，在兴化湄洲洋及枫亭港火攻荷兰舰队，他"令芝豹招来善泅水军，要瓠箭，乘小艇，实茅薪、神烟、炮石、神沙、毒火，而艇之首腋锭狼牙锐钉，相风执驶抵彼船，不可拔，燃火，浮水去。因是焚其五舰，余遁去"③。芝龙用这种奇特的海上火攻战法，大败荷兰侵略者。

郑芝龙火攻荷兰军舰的战法在海战方面意义重大。此后，海战"未有不用火攻"④。后来，郑成功在收复台湾的战斗中，效法父亲的火攻战法，在海上烧毁荷兰军舰斯·格拉弗兰（S. Gravelande）号。由此可见，火攻是海盗在海战中一项具有军事意义的创举。

第四，海盗海上善出奇兵。

孙武在《孙子兵法》中讲用兵"奇正之变"，即军队作战，"以正合，以奇胜"⑤。所谓"奇"，就是"乘敌之不意以击之"，为"奇兵"⑥。历代统兵将帅在陆地或江湖演"奇正之变"，而海盗则在海上演"用奇之术"，利用"航海间道"进击，以奇制胜。

明代的海盗尤善于海战，他们熟悉海洋"风涛顺逆之势，港汊大小之宜，海洋深浅之间，审时相机，因时变用"，抗击官兵。⑦ 对此，嘉靖时兵部尚书聂豹分析官兵难与海盗在海上作战的原因时说，"海贼与山贼异，山贼有巢穴可以力攻，海贼乘风飘忽，瞬息千里，难以力取"，非兵力可胜。⑧ 至清代，海盗保持着海上活动的传统优势，在"巨浸稽天"大海中"驾舟重渺如浮沤之著水"⑨，"往来如飞"，"朝粤暮闽，半月之间可周历七省"⑩。面对海盗这种"焱忽千里"的长技，官府将帅只好望洋兴叹，对海盗感到"驱除万难"。由此可见，海盗在海上活动与海战中，掌握着主动权。

从军事学的角度来说，著名的海盗首领在海上活动与作战的过程中领悟到《孙子兵法》中讲的用兵如"神"之道。如上所述，海盗首领在海上作战时，率领部众，驾驶舰

① 戚继光：《纪效新书》卷一八《治水兵篇》。
② 林大春：《井丹先生集》卷一五附《乡大夫书》。
③ 沈云：《台湾郑氏始末记》卷一。
④ 俞昌会：《海防辑要自序》。
⑤ 孙武：《孙子兵法》"兵势篇"与"虚实篇"。
⑥ 曾公亮：《武经总要》卷四《制度》四《奇兵》。
⑦ 何良臣：《阵纪》卷二《技用》。
⑧ 佚名：《嘉靖东南平倭通录》。
⑨ 李光坡：《防海》，《皇朝经世文编》卷八三《兵政》一四《海防》上。
⑩ 蓝鼎元：《鹿洲初集》卷一《论海洋弭捕海贼书》。

船,扬其"乘潮驾风,焱忽千里"的长技,使官兵水师难于对付,被动挨打,这颇符合行军作战"兵贵神速"的军事准则和要求。为了取得海战的胜利,有的海盗首领注意战前准备,侦察敌情以"知彼";船队出动时避实就虚,"不虞以击"。他们善于海上"奇伏",及时捕捉战机,出奇制胜,打败官兵水师及西方殖民者舰队。

海盗骁勇,善海战,为某些将帅与筹海者所注意,他们主张借海盗之勇及海战的本领,用于靖海与巩固海防,加强官兵海上作战的战斗力。

明嘉靖年间,郑若曾鉴于官军、民兵"只能陆战,而不能海战",因而倡议以沙民为兵,理由是,"沙船素熟海涛,沙民素习海战……以攻则克,不俟训练而见成可用"①。所谓"沙民"实际上是海盗。万历时,李贽认为海盗是股强大的军事力量,主张招抚海盗首领林道乾,任以"郡守令尹","足可当胜兵三十万"②。董应举目睹荷兰人肆虐海上,侵扰沿海,为御外患,特地去找旧时当海盗者,征询"破红夷之法",并向福建巡抚南居益荐言,借以抗击"红夷"③。清兵入关后,大举向东南进军之际,陈子龙主张依靠"沿海之民"抗清,他们"出入瀚渤,轻风涛,狎蛟龙",拥有船只,应募其人,征其船。用于守江与海战,以获奋击之功。④ 陈子龙所说"沿海之民",其中也包括拥有船只的海盗。最善于招募海盗者是郑成功、郑经父子。郑成功海上树旗抗清,郑芝龙旧部众率先响应,江、浙、闽、粤海盗纷纷驾船投奔郑氏父子麾下,参加抗清,并立下战功。

清末,筹海论者倡说借用海盗之勇及其势力抗御英国侵略者。清道光初年,英国加紧侵略中国,"兹英咭唎之来,其处心积虑已久,其船甚坚,其帆樯甚捷,其火器甚烈,其计谋深远而难测"⑤。道光二十年(1840年),英国发动鸦片战争,清政府战败,丧权辱国。有识之士目睹腐败的清王朝无力抗御船坚炮利的英国侵略者,将目光转向沿海义民及海盗身上。魏源在《海国图志》中说,沿海民风强悍,海盗、渔民、疍户皆擅长海战,"出没风涛如履平地"。对这类人,"官吏切齿为乱民",殊不知他们的首领"皆偏裨将才,其属皆精兵",乃不可低估的抗御外敌的力量。⑥ 桂超万在《平夷议》中也提出同样主张,认为招募闽、粤善潜水之人为兵,"较之陆军奚啻百万"。他说:"闻唤夷甚畏洋盗,入夷船窃物,至一舱先灭其灯,夷人一步不敢动,听其窃取而去。"因此,桂超万向朝廷陈议,招降海盗,"授以美官",借其智勇以"制夷"⑦。这种主张,由湖广总督林则徐实施,"林则徐使人探夷事,翻夷书。知洋人藐视中国水师,而畏沿海枭徒及渔船、疍户,于是招募丁壮五千人",充当士卒,以增强抗英兵力。⑧ 这"五千人"有相当一部分是海盗。虽然招募海盗的目的是要他们"消骁自效",但林则徐让他们在抗英战争中发挥作用,为国立功,这是应当肯定的做法。

由此可见,海盗之勇及其在海上作战的实践经验,是有军事价值的。毛泽东在《抗日游击战争的战略问题》著作中曾谈到这个问题,他说:"历史上所谓'海盗'和'水寇',

① 民国《太仓州志》卷一五《兵防》下。
② 李贽:《焚书》卷四《因忆往事》。
③ 董应举:《崇相集》第2册《与南二太公书》。
④ 陈子龙:《陈忠裕公兵坦奏议·募练水师》。
⑤ 宋翔凤:《防海辑要序》。
⑥ 魏源:《海国图志》卷一《筹海篇》一。
⑦ 桂超万:《桂超万集》卷一《平夷议》。
⑧ 宣统《东莞县志》卷三四《前事略》六。

曾演过无数次的武剧……都是河湖港汊地带能够发展游击战争并建立根据地的证据。"①这段精彩的论述,为历史上海盗在海上所演武剧(海上战斗)作了科学的总结。

第五节　明清时期的海外移民②

明清时代,中国海外移民的异域开拓和乡土回归,既是世界历史的一个组成部分,也是中国历史的一个组成部分。海外移民——华侨的历史作用,需要进行多角度、多样性的研究。从中国海洋社会经济史的角度来观察,明清海外移民对中国海洋社会经济的形成和发展、中国沿海社会的变迁,都曾起过重要的辅助作用,具有特殊的社会意义。

一　沿海社会动荡与海外移民潮

明清时代中国的海外移民以东南沿海地区尤其是闽粤地区为主,沿海内部的政争、战乱、灾荒、海禁和外部的东西方海洋势力骚扰等引发的社会动荡,是造成海外移民潮的基本动因。

明清时代中国的海外移民潮,大致可分为三个阶段来考察,即明前期、明末清初、清前中期和清后期。清后期的内容将在本书第五卷中加以叙述。

(一)明前期的海外移民(14世纪末—15世纪)

明朝建立之初,沿海地区与朱元璋争雄失败的诸豪如方国珍残部等亡命海上,朱元璋为消除海上反明势力的威胁,"禁濒海民不得私出海"③,致使其中一部分人转为海外移民。洪武十四年(1381年)以后,因倭寇骚扰日剧,朱元璋宣布"禁濒海民私通海外诸国"④,"无得擅出海与外国互市"⑤,并订有详细的法律条文:"凡沿海去处,下海船只,除有号票文引许令出洋外,若奸豪势要及军民人等,擅造三桅以上违式大船,将带货物下海,前往番国买卖,潜通海贼,同谋结聚及为向导劫掠良民者,正犯比照谋叛已行律处斩,仍枭首示众,全家发边卫充军。其打造前项海船卖与夷人图利者,比照将应禁军器下洋者,因而走泄军情律,为首者斩,为从者发边卫充军。若止将大船雇与下海之人,分取番货,及虽不曾造有大船,但纠通下海之人;接买番货与探听下海之人;贩货物来,私买贩苏木、胡椒至一千斤以上者,俱发边卫充军,番货并没入官。"⑥断绝海洋生计的沿海居民,一部分向农业人口转化,一部分"往往私下诸番贸易香货,因诱蛮

---

①　毛泽东:《毛泽东选集》第二卷,人民出版社1991年版,第421页。

②　杨国桢、郑甫弘、孙谦对明清中国沿海社会海外移民进行了全面系统的权威研究。本节主要引见杨国桢、郑甫弘、孙谦:《明清中国沿海社会与海外移民》,高等教育出版社1997年版,第27—45页,第202—212页。

③　《明太祖实录》卷七〇。

④　《明太祖实录》卷一三九。

⑤　《明太祖实录》卷二五二。

⑥　《皇明世法录》卷二〇。

夷为盗"①,"或困于衣食,或苦于吏虐,不得已逃逸聚海岛,劫掠苟活"②,停留不归而成海外移民。广东南海人梁道明据三佛齐,"闽广流移从者数千人"③,就是一个突出的例子。

洪武年间,海外移民主要是海禁挤压而流离出来的沿海人口。爪哇的杜板(Tuban)、新村、苏鲁巴益(Sarabaya),苏门答腊的旧港(Palembang),多有广东、福建漳、泉等处人流居于此。唯一的例外,是所谓明太祖赐琉球闽人36姓,可能是官方组织的(至少是后来官方承认的)合法海外移民。从现存琉球唐荣家谱来看,自称洪武二十五年(1392年)或洪武末,洪武、永乐间由闽迁来者,有蔡崇(泉州府南安县人)、郑义才(福州府长乐县人)、林喜(福州府闽县林浦人)、梁添(长乐县人)、金瑛(原系浙江人,元末游闽山,居于闽省)、红某(闽人)。④ 这是因为琉球是明初最密切的朝贡国,移民目的是提供朝贡、航海和翻译人才。

明成祖朱棣即位之后,多次遣使东西洋,诏谕海外诸国,招徕朝贡;同时,也敕谕遁留海外流落诸番的民人可"咸赦前过,俾复本业,永为良民"⑤。镇压和招抚海外流民,便成为郑和出使西洋的重要使命之一。尽管郑和在初航时曾取得800多名海外流民返国,第二次下西洋又在旧港"生擒陈祖义等回朝伏诛"⑥,而沿海地区的海外移民却未曾断绝。如"明永乐时,福州商人赴麻逸国(马六甲)者,有姓阮、芮、朴、樊、郝等,住麻逸国多年,娶番妇生子"⑦;"洪熙时,黄岩民周来保、龙岩民钟普福困于徭役,叛入倭"⑧,天顺时充暹罗贡使来朝的"汀州人谢文彬,以贩盐下海,飘入其国,仕至坤岳,犹天朝学士也"⑨。

(二)明中叶至清初的海外移民(16—17世纪)

16—17世纪,中国沿海地区面临西方殖民者的外部冲击和国内王朝鼎革双重挤激的局势,社会出现空前的动荡,内外力作用促成海外移民活动走向高潮。

这一时期,东西方国际格局发生了巨大变化。代表早期资本主义利益的葡萄牙、西班牙、荷兰等国为扩大资本原始积累,拓展商品交换市场,都竭力热衷于推行海外殖民政策。东西方直通航线开辟后,它们的航海贸易势力相继从大西洋、印度洋海域延伸到西太平洋海域,在东南亚一带争夺海上霸权,展开殖民奴役。正德六年(1511年),葡萄牙殖民者侵入马六甲,不久又占据摩鹿加群岛(主要是香料贸易)和中国的澳门,并以上述三地为据点垄断大部分的亚欧贸易;西班牙人于正德十六年(1521年)进占菲律宾,16世纪70年代确立了对菲律宾的统治,建立以马尼拉和美洲阿卡普尔科

---

① 《明太祖实录》卷二三一。

② 谭希思:《明大政纂要》卷一三。

③ 张燮:《东西洋考》卷三《旧港》。

④ 杨国桢:《唐荣诸姓宗族的整合与中华文化在琉球的流播》,《亚太地方文献研究论文集》,香港大学亚洲研究中心1991年版,第119页。

⑤ 《明太祖实录》卷一二。

⑥ 马欢:《瀛涯胜览·旧港》。

⑦ 《闽都记》。

⑧ 《明史》卷三二二《外国传三·日本》。

⑨ 《明史》卷三二四《外国传五·暹罗》。

为据点的亚、美贸易垄断权;荷兰则于17世纪前半期逐步确立对爪哇的统治,构筑巴达维亚城并以此为中心,经营远东贸易。

西方殖民者在东南亚建立侵略据点,进行殖民开发,首先碰到的是劳动力问题。东南亚一带有大片的热带丛林和丰富的热带资源,但历来地多人少。西方殖民者在侵占东南亚的过程中,一再与当地的民族发生战争,利用武力劫夺他们的财富与权益;同时,由于屡次的战争,造成各王国或部落混乱,引起内部分裂,各王国或部落之间互相争战,使人口普遍减少。这种情况在菲律宾和印尼尤其突出。荷兰人在进攻爪哇的巴达维亚(1619年)时,焚烧了货栈和清真寺,整个巴城被夷为平地,爪哇居民也从巴城及其邻近地区被驱逐一空。[①] 爪哇以外的其他岛屿如"班达岛上的居民大部分被屠杀或饿死,幸存的被运往巴达维亚(包括妇孺),作为奴隶。过了半年所剩无几,大都死去。这样,班达岛上的一万居民几乎全部被消灭"[②]。在菲律宾,当地原住民要效忠西班牙人,替他们"压服国内叛乱和向国外婆罗洲、摩鹿加、印度支那等地方去扩充势力,与荷兰人起冲突,作那些毫无价值和结果的冒险。于是成千上万的菲律宾射手、划手,被一批批载运出去,至于他们的回家,确从来没提起过……"如班乃岛上的都门甲斯(Dumangas)镇,其居民都是极优秀的划手,原有50000人口,由于西班牙人的征役,后来只剩下14000人,减少了一半以上。[③] 菲律宾南方摩洛民族势力的攻击也使许多人民被屠杀或俘虏。如宿务岛附近的班达亚岛(Bantagan)在遭受苏禄海盗的大肆劫掠之后(1608年),该岛几乎成为一个无人的荒岛。西班牙人的滥用势力和摩洛民族势力的不断侵扰,使得菲律宾人口在西班牙人占据的不到30年的时间里减少了1/3。

就殖民者的心态而言,他们对于使用东南亚当地的劳动力是有所顾忌的。因为残暴的殖民侵略导致当地原住民对殖民者都十分敌视,殖民者由此也十分惧怕当地人民的报复。印尼的马打兰王国就曾长期对抗占领巴城的荷属东印度公司。马打兰是爪哇的主要产米区,札巴拉等地往往以数百艘艅艎载米往爪哇以外各地去,如马六甲、安汶、班达等地均主要仰仗马打兰大米。[④] 因此,大米成为马打兰王国用来对抗荷印公司侵略的经济武器,苏丹·阿贡下令禁止荷兰人从札巴拉输入大米,并宣布大米为王国的专卖品,以防止大米流入荷兰人手中。在这种情况下,荷印公司除了设法通过其他渠道输入大米而外,就是"利用中国人和奴隶的劳动力在巴达维亚地区开辟水田",种植大米,以摆脱公司在粮食上对马打兰的依赖。[⑤] 爪哇的另一个王国万丹与巴达维亚的关系也一直相当紧张,万丹居民反对荷兰的各种苛刻法令,时常起而反抗,直到17世纪后半期,巴达维亚地区同样并不安静,种蔗者也不安全[⑥],主要是由于万丹"派遣它的部下经常到巴达维亚进行骚扰,红溪以西的甘蔗园经常遭到万丹居民的破坏"[⑦]。可见,殖民者在利用当地人民作为劳动力的时候存在着相当的困难。

---

① Batavia:As a Commercial,Industrial and Residential Center. G. Kolff and Co. Batavia-C.-Amsterdam,1937,pp. 37-38.

② 〔印尼〕萨努西·巴尼:《印度尼西亚史》(中译本),商务印书馆1959年版,第147页。

③ 何晓东:《菲律宾古近代史》,中国台湾三民书局1976年版,第45—46页。

④ 王任叔:《印度尼西亚古代史》(下),中国社会科学出版社1987年版,第824—825页。

⑤ 〔印尼〕萨努西·巴尼:《印度尼西亚史》(中译本),商务印书馆1959年版,第151页,第146页,第200页。

⑥ 韩振华:《荷兰东印度公司时代巴达维亚蔗糖业的中国雇工》,《华侨历史论丛》第2辑,1985年版,第71页。

⑦ 〔印尼〕萨努西·巴尼:《前揭书》,商务印书馆1959年版,第162页。

正是在这种情况下,西班牙、荷兰等殖民者一方面为殖民开发、殖民生存亟待中国人移民东南亚,以满足劳动力缺乏的需要;另一方面为推动贸易,亦竭力鼓励华商前往马尼拉、巴城等东南亚诸地,因为在商业贸易层面上,华商对于西方殖民者来说还有着特殊的作用。

首先,中国商人前往殖民地据点可为殖民者提供欧洲及远东贸易市场所需的中国传统商品,如丝绸、瓷器、茶以及其他日用百货等。中国丝绸、瓷器在欧洲历来都是受欢迎的,17世纪更兴起了一种热潮,欧人争相穿着中国丝绸,饮中国茶,收藏中国瓷器,建筑中国式庭院,甚至模仿中国人生活[1],特别是生丝尤为畅销。[2] 在这种情况下,从事丝瓷茶等贸易可获得惊人的利润。据载,崇祯四年(1631年)七月,荷印公司在宋卡购得一批中国生丝,每磅价格为3.81荷盾,运至欧洲后却以每磅15.90荷盾的高价出售,利润率高达317%强。次年(1632年)三月销售的另一批生丝每磅售价为16.88荷盾,而在台湾的买价每磅仅4荷盾,运出价每磅亦仅4.83荷盾,公司纯利润更高达325%。[3] 无怪乎荷印公司的阿姆斯特丹总部曾训令,要不惜使用武力打开与中国直接通商的渠道。[4] 西方商人不仅把中国商品直接运回欧洲,而且还把中国商品作为远东转手贸易的资本。例如,葡萄牙占据澳门取得直接对华贸易特权后,把印度洋、东南亚的商品运往澳门换取中国商品,然后把中国商品转运到日本等地销售,据称可以赚取高达200%的利润,以此高额利润购买畅销欧洲市场的中国丝、茶、南洋香料等运往欧洲,这样就完成了以东方商品的销售利润支付运回欧洲的货物的贸易过程。[5] 明后期至清初,中国封建王朝的海禁政策弛紧不定,加之沿海社会气氛动荡不安,西方商人在中国沿海地区的直接贸易往往不得其便,因此,千方百计鼓励华商至东南亚贸易。

其次,华商可为各殖民据点提供维持与发展的粮食和其他日用必需品。万历三年(1575年),菲律宾总督在致西班牙国王的信中写道,每年有12至15艘华民商船到来,载有各色丝织品、面粉、糖、水果、铁、钢、锡、黄铜、铅等其他金属以及在西班牙和印度诸岛可见的各类物品,还包括许多精制的青铜炮和各种军事用品,其价甚廉。[6] 在巴达维亚建立后,中国人即在城外定居下来,并安心从事稻米、甘蔗及蔬菜的种植。[7] 天启元年(1621年)开始到东印度游历的赫伯特爵士(Sir Thomas Herbert)曾详实描述当时万丹的情形:"万丹城本地出产,除了稻米、胡椒和棉花外,殊少其他产品,虽然绝大部分的胡椒还是由辛勤耐劳的华人运到此地的,他们每年正月成群结伙地乘船来到这个港口,把从苏门答腊的占碑、婆罗洲、马六甲等地运来的东西卸下来,以万丹为货仓;除了供应当地外,他们还拿这些货物供应英荷等国家,换取金钱或其他的商

---

①   Leonard Blusse and R. Falkenburg:John Nieuhofs Beelden Van Een Chinareis(1655-1657),Middleburg,1987, p. 10.

②   D. W. Davies:A Primer of Dutch Seventeeth Century Overseas Trade. The Hague,1961,p. 59.

③   K. Clamann:Dutch-Asiatic Trade(1620-1740),Copenhagen,1958,pp. 113-114.

④   W. P. Groenveldt:De Nederlanders in China,S. Gravenhage,1898,pp. 313-326.

⑤   Leonard Blusse & Jaap de Moor:Nederlanders Overzee Franeker,1983,p. 186.

⑥   Emma Helen Blair and James Alexander Robertson:The Philipine Island(1493-1898),Vol. Ⅲ,p. 299.

⑦   E. s. De Klerck:History of the Netherlands lndies,Amsterdam,Bruss,1938,pp. 260-268.

品。"①此外,中国移民还作为渔夫、园丁、猎人、织工、砖瓦匠、木匠、铁匠等从事社会发展所需之手工技艺。② 可以看出,欧洲殖民者在东南亚据点的生活在一定程度上仰赖华民的各种技艺和日用物品的供应。

再者,移居东南亚的华民在欧洲殖民者与殖民地原住民之间起着特殊的不可替代的作用。如在荷兰人来爪哇之前,华商已成为中介商;在荷兰联合东印度公司统治时期,爪哇最重要的中介商还是华商。"他们由作为中国杂货商与爪哇人民之间的中介商变成主要是东印度公司与爪哇人民之间的中介商。"③东印度公司实际上是唯一的胡椒及其他土产的大收购商和大批发商,"向欧洲直接采购货物全归东印度公司办理,而中国商人主要的只是将中国出口的货物运入印度尼西亚。此外,关于日本商品和印度棉织物的贩卖,主要亦操在荷兰东印度公司之手"④。华商往往成为"大收购商"与"大批发商"下面的承包商(中介商)。东印度公司在剥削和掠夺东南亚资源财富时,因远离本土,公司人员有限,往往人手不足,而经营"从西方殖民当局手中租得的或受益的专利事业,……需要对本地情况很内行,或者不断地和本地环境相接触,这是西方殖民者所不能做也不愿做的"⑤。因此便实施所谓承包制。⑥ 17 世纪主要是税收承包,即华民承包政府对原住民或中国移民实行的一些税收。华民不仅在收购土特产、征收赋税、推销欧洲货物方面起着重要作用,而且殖民据点与乡村之间贩卖日用食品物资也是华民充当中介商。万历十八年(1590 年)马尼拉主教萨拉扎尔(Domingo de Salazar)在一封信中写道:"华人也贩运此地出产之猪、鹿、牛、鸡、鸭等肉类和蛋类,如果没有他们贩来这些东西,我们就会出现食品匮缺,他们擅长经商,连柴薪都运到涧内(Parian)市场贩卖。"⑦华民对于当地的风俗习惯、语言文化等较为熟悉,并能深入穷乡僻壤,与当地居民关系密切,对于处理殖民者与当地居民之间的关系也大有裨益。

正因为中国移民有上述重要作用,殖民者起初都采取各种手段、措施诱拐、招揽。如隆庆四年(1570 年)五月八日,在明多罗岛有两艘中国商船遭到西班牙船队的袭击,两船 80 多名中国人中有 20 人被击杀,船上装载的生丝、丝织物、金丝、麝香、描金瓷碗、棉布、描金茶壶等贵重物品尽为西班牙人劫夺。指挥官戈第闻讯之后,认为乘机可以接触中国人,便火急赶往向华商致歉,并释放生存的中国人,安排修理损坏的中国商船。在与当地原住民的战争中还把被监禁的华商释放了。西班牙人还不惜以白银交换中国瓷器和其他商品。⑧ 荷印殖民当局出于同样的目的,也"对华侨采取了宽大政策,同时也赋予各种权利,以笼络他们"⑨,并在华商中委任甲必丹,负责华民事务的管

第三十六章

明清时期的海洋社会

---

① 〔英〕巴素:《东南亚华侨》,中国台北国立编译馆 1966 年版,第 680—681 页,引约翰·克劳福:《印度群岛史》(爱登堡,Constable,1820),第 136 页。
② E. H. Blair and J. A. Robertson:Op. Cit. ,Vol. Ⅲ,pp. 34-35.
③ De Distribueerende Tusschenhandel Der Chineezen OP Java,1952 年,海牙。
④ 《荷印大百科全书》(Encyclopedia Van Nederland lndie)第 2 版,第 24 页。
⑤ 〔法〕C·罗伯铿:《中国人和马来世界》,译载《南洋问题资料译丛》1957 年第 3 期,第 12 页。
⑥ 参阅蔡仁龙:《荷属东印度时期的承包制与华侨》,载《华侨历史论丛》第 1 辑,福建华侨历史学会 1984 年版,第 162 页。
⑦ E. H. Blair and J. A. Robertson:Op. Cit. ,Vol. Ⅶ,pp. 227-228.
⑧ 黄滋生、何恩兵:《菲律宾华侨史》,广东高教出版社 1987 年版,第 24—25 页,第 28 页。
⑨ 〔日〕福田省三:《荷属东印度的华侨》,译载《南洋问题资料译丛》1956 年第 2 期。

理,"以加强及维持法律与秩序"①,有时甚至采取强制手段逼迫华民移居殖民据点。万历四十五年(1617年),荷印公司封锁万丹迫使华民移至巴达维亚,开发巴城商业。也有直接到中国沿海招募的,如万历十三年和十八年(1585年和1590年),菲律宾总督圣地亚哥·贝拉(Santiago de Vera)和戈麦斯·佩雷斯·达斯马里纳斯(Gomez Perez Dansmarinas)就曾先后遣人来闽粤各地,招募华工。可见,西方殖民者东来对中国海外移民形成一股外部的拉力。

明中叶以后海洋社会经济的兴起和嘉靖倭患造成的沿海社会动荡,对海外移民形成一股内部的推力。成、弘之际,私人海上贸易以武装走私形式在闽、浙、粤沿海悄然兴起,嘉靖时期与倭寇、葡萄牙殖民者勾连,酿成动乱。明隆庆元年(1567年)开放月港为出洋港口后,随着沿海社会商品经济的繁荣和东西洋贸易对中国商品的需求,我国私人海外贸易获得迅速发展。据统计,明末清初,我国商船每年在东南亚的进出口货物总额为24800万斤,年贸易总额计1430万两白银,年利润为787万两左右,货物的贸易利润率高达100%—200%。②可见当时私人海外贸易的规模之大。私人海外贸易的发展,一方面使为数众多的贸易商人到海外经商,成为短期或长期的移民;另一方面还有大量因政治腐败、土地兼并或天灾人祸而破产的手工业者和农民,他们为谋生路,搭附商船流入海外各地。如万历元年(1573年)来到马尼拉的8艘华船,每艘至少搭载华民100名。③万历十一年(1584年)来菲华船数为25—30艘,附船而来的华商及其他华民达4000人。④万历三十四年(1606年)竟有一条华船载有500名华民之多。⑤

政治性集团海外移民,是这一时期出现的新现象。早在16世纪中后期,中国沿海居民为逃避明政府的苛税暴政,即已开始大量移民到南洋群岛及印支半岛中。这阶段的集团式移民主要有两起。一是林道乾至北大年开港。李长傅在《中国殖民史》中说:"林道乾,潮州惠来人,少为邑吏,狡诈逾恒,后流为盗,残虐嗜杀。时倭寇虽败于戚继光,但仍剽掠于闽粤。嘉靖四十五年(1566年)道乾为俞大猷败于诏安,倭寇鼠窜北港(台湾),道乾从之,嗣道乾俱为所并,又惧官军追之,乃自安平镇二鲲身扬帆南航,至昆仑岛(Pulo Condore)遂留居焉。但其地狭小,且有飓风为患,又南航至大泥(Patani),略其地以居,号曰道乾港,聚众至二千余人。"⑥另一著名的集团移民即所谓"林凤征菲"。林凤系广东饶平人,16世纪70年代初年活跃于粤、闽、台沿海,常聚众劫掠潮州、饶平、惠来等地。后因明军集力剿攻,自知不敌,遂决定前往菲律宾。据载,万历二年(1574年)十一月,林凤亲自率船舰62艘,士兵2000名,水手2000名,妇女1500名,以及许多农人和手工业工匠赴菲律宾。⑦"船中不但载有武器,还装有大量农具、

---

① 许云樵校本:《开吧历代史纪》,载《南洋学报》第9卷第1辑,第25页。
② 林仁川:《明末清初私人海上贸易》,华东师范大学出版社1987年版,第261—272页;又韩振华:《1650—1662年郑成功时代海外贸易和海外贸易商的性质》,载《郑成功研究论文选》,福建人民出版社1982年版。
③ Blair and Robertson:Op. Cit. ,Vol. Ⅵ,p. 302.
④ Ibid. ,Vol. Ⅵ,p. 61.
⑤ Ibid. ,Vol. ⅩⅣ,p151.
⑥ 李长傅:《中国殖民史》,商务印书馆1937年版,第142页。
⑦ John Foreman:The Philippine Islands. London,1899,p. 46.

种子和牲畜。"可见,林凤来菲意欲寻求安居的乐土,主要是属于移民性质的。① 虽然万历五年(1577 年)林凤在西班牙殖民者的攻击下被迫回国,但大多妇幼、工匠及士兵都留下转入吕宋北部山区,与伊戈律(Igorrote)族人杂居通婚,传播中华文化,后来这些人的后裔形成伊戈律—华族(Igorrote-Chinese),他们淡蓝色的皮肤,优美修长的身躯,细斜的眼睛,很容易从当地其他民族中区别出来。②

明朝灭亡后,许多明室遗臣和东南沿海的抗清势力,在清军的进逼下,不甘为清朝臣仆而逃亡海外,也形成了几次政治性集团移民。

最早是南明桂王朱由榔(永历帝)在清军追击下,于顺治十六年(1659 年)率随从逃入缅甸避难。据有关史籍记载,当时入缅人数达 1478 人,其中 640 人乘船,其余900 多人及马 940 匹皆陆行至缅甸都城阿瓦对河屯驻,被缅王分散至各村以防其作乱。永历帝与从臣则由水路至者梗(今实皆),在陆行者旧营地建房十间定居。③ 这批人到达缅甸后不少被杀或自杀。顺治十八年(1661 年),缅王将永历帝引渡给清吴三桂以退清兵的进攻。桂王从者则留在阿瓦东部一百里间专事农耕,并建望乡台。"闻当时成聚者有数千人之多,遗裔渐成一族,不忘桂王,自称曰桂家。"④《缅考》云:"百余年生聚日盛,称桂家,兵力强,群蛮畏之。"⑤后来桂家还出了如宫里雁这样的著名人物,为缅甸采矿业做出了重要贡献。⑥

康熙十年(1671 年),广东雷州府人郑玖因"不服大清初政"⑦,"不堪胡虏侵扰之乱"⑧而率亲眷、好友、随从等 400 余人,战船 10 艘,自雷州港出发渡海抵达柬埔寨的蛮荒地区,在此聚众垦荒建设。《嘉定通志》载:"郑玖……留发南投于高蛮国南荣(即金边)府。见其国柴末府华民、唐人、高蛮、阇巴诸国凑集,开赌场征课,谓之花枝,遂征买其税,又得坑银,骤以致富。招越南流民于富国、陇棋、芹渤、溙贡、沥架、哥毛等处,立七村社。以所居相传有仙人出没于河上,因名河仙焉。"⑨后河仙地区的繁荣与发达与郑玖及其子郑天赐的业绩是分不开的。

康熙十八年(1679 年),另一支数以千计的集团移民亦南渡至南圻,即杨彦迪、陈上川率众向东浦地区的移居。据《大南实录》记载:"巳末三十一年(公元 1679 年)春正月,明将龙门总兵杨彦迪,副将黄进,交雷廉总兵陈上川,副将陈安平,率兵三千余(原五千,中途沉没约死其半),战船五十艘(原百艘,遇雨沉没其半),投思容、沱㶞海口,派员入富春,自陈以明遗臣,义不事清故来,愿臣仆。时议;以彼异族殊音,猝难往使,而穷途来归,不忍拒绝。真腊国东浦地方,沃野千里,朝廷未暇经理,不如因彼之力,使辟地以居,一举而三得也。上从之,乃命宴劳嘉奖,仍授以官职,令往东浦居之。又告谕

① 陈台民:《中菲关系与菲律宾华侨》,中国香港朝阳出版社 1985 年版,第 94—97 页。
② John Foreman:OP. Cit. ,p. 49.
③ 参阅邓凯:《球野录》《也是录》《永历纪年》《行在阳秋》等书。
④ 温雄飞:《南洋华侨通史》,上海商务印书馆 1929 年版,第 86—87 页。
⑤ 《腾越州志》(乾隆朝)卷一〇。
⑥ 〔日〕铃木中正、荻原弘明:《贵家宫里雁与缅甸华侨》,载《中外关系史译丛》第 3 辑,上海译文出版社 1986 年版。
⑦ 郑怀德:《嘉定通志·疆域志》"河仙镇"条。
⑧ 武世营:《河仙镇叶镇氏家谱》(1818 年撰成)。
⑨ 《嘉定通志·疆域志》"河仙镇"条。

真腊,以无外之意。彦迪等诸将谢恩而行。彦迪、黄进兵船驶往雷腊(今嘉定地方),驻扎美湫(今定祥)。上川、安平兵船驶往芹苴海口,驻扎于盘辚(今属边和)。"①这支移民当属郑成功的旧部,其后与当地人民开发湄公河三角洲,建明乡社,后裔为明乡人。

康熙二十二年(1683年)郑克爽降清后,亦有一些郑氏残部流寓东南亚各地。陈春生云:"一群达三千多人的反满志士,携同眷属,即于台湾沦陷清手之后分搭九船前赴东南亚各地,其中三船开抵吕宋,一船到暹罗,三船到爪哇,另两船则到马六甲。"②这一记载据许多学者的考证是可信的。③

上述一批批政治性集团移民是16、17世纪中国海外移民潮的重要组成部分,他们为促进东南亚的经济开发、文化繁荣做出了显著的功绩,特别是一些原始荒芜之地,通过集团移民集体力量的开垦经营,后来成为东南亚的富庶地带,如越南南部的河仙、边和等地的繁荣就是突出的例证。

(三)清前中期的海外移民(18世纪至19世纪上半叶)

康熙二十二年(1683年),清朝统一台湾,次年颁谕开放海禁,但仍严格限制船只商船出洋贸易、捕鱼、携带移民出海。康熙四十四年(1703年)准商船出洋许用双桅,但又规定发给商船的"照内将在船之人详开年貌、履历、籍贯,以备讯口查验,其有梁头过限并多带人数,诡名顶替以及讯口盘查不实卖放者,罪名处分,俱照渔船各加一等"④。尽管有多方面的限令制约,但出洋商船的频繁活动使沿海民人搭船出洋的机会增多,却在客观上造成明末清初以来的又一次海外移民潮流。"闽广人稠地狭,田园不足于耕,望海谋生十居五六","游手无赖,亦为欲富所动,尽入番岛"⑤。

清廷面对民人出洋潮流,不免忧虑,恐生盗薮,于朝廷不利。康熙五十六年(1717年),颁布南洋禁航令,明谕"南洋吕宋、噶喇吧等处不准商船前往贸易","于南澳等地方截住,令广东、福建沿海一带水师各营巡查,违禁者严拿治罪"⑥。同时也谕令入洋贸易人民三年之内返国,禁止在外聚留,从国内、国外两方面切断移民的机会。南洋禁航令仅行10年,至雍正五年(1727年)以后,陆续在沿海各省解除,但禁止移民海外的政策,到鸦片战争前,都不曾松动,反而更趋完备和稳定。尽管禁令繁多而日臻严密与系统化,仍然无法阻止濒海民众贩洋贸易、移民海外的潮流。清代前期,福建沿海移民主要流向台湾,海外移民有所减弱,而广东沿海移民成了海外移民的主角。由于东南亚经济开发向纵深发展,急需劳力和贸易人手,各地均致力招徕中国移民。特别是暹罗,因广东澄海籍移民郑昭于乾隆三十三年(1768年)称王,成为吸纳广东海外移民的主要地区。据今人估算,到鸦片战争前夕,散居东南亚的中国海外移民及其后裔达100—150万,在绝对数量上已大大超过前代。

---

① 《大南实录·前编》卷六。

② 陈春生:《丁未黄冈起义记》第1辑第13册,第488—489页,引自颜清煌:《星马华人与辛亥革命》台北联经出版事业有限公司1982年版,第16页。

③ 参见温雄飞:《前揭书》,第90—91页;韩振华:《台湾郑氏余众与印尼华侨》,载《厦门日报》1982年7月27日;吴凤斌:《郑成功父子时代与东南亚华侨》,见《华侨历史论丛》第1辑。

④ 《古今图书集成》,祥刑典、律令部汇考五七。

⑤ 蓝鼎元:《论南洋事宜书》,《鹿州初集》卷三。

⑥ 《清圣祖实录》卷二七一。

二 海外移民社会的形成

(一)海外移民分布区域的变化

　　唐宋时代,尽管海外贸易的发展远渐东洋、南洋直至阿拉伯世界,也有许多华商定居的贸易地,但其时海外移民的人数十分有限。入明以后,海外移民才成为初具规模的社会现象,移民地域亦已广布于南洋各地。明前期的海外移民分布区域主要集中在南洋群岛和印支半岛地区。爪哇岛的杜板、新村、苏鲁巴益和满都伯夷①,苏门答腊岛的旧港、三佛齐②都有不少闽粤沿海的商民在此聚居,许多地方如万丹、泗水、锦石、杜并同是华商集结的贸易中心。加里曼丹(婆罗洲)在明初即有华番杂居现象,郑和下西洋经此地区,随之移民者日众;南婆罗洲的文郎马神与明朝贸易关系甚密,华夷通婚,华商不思归唐,不少定居于彼。③ 菲律宾群岛与闽粤相距甚近,商民与渔民均常往来,加上贸易及郑和的访问,往往久居者数以万计。④ 印支的真腊、暹罗、越南及马来半岛也已有许多中国移民长期定居。

　　明中叶至清初,移居到东南亚的华民,主要分布在菲律宾的马尼拉,印度尼西亚的巴达维亚、万丹,马来西亚的北大年,暹罗的大城等地。到日本的移民,主要居住在长崎、平户。

　　菲律宾是这时期中国移民最多的地方。16 世纪 70 年代以前,菲律宾的生产事业和商业还较落后,尚未具备吸引大量中国移民的条件,在菲华民不多,鲜有记载。如 15 世纪随郑和宝船到达苏禄的白㲹显(当地人谥称为"本头公")就死于苏禄和乐岛,因他在当地起过不小的作用,至今仍受人景仰。⑤ 据菲西首任总督列加斯比(M. L de Legaspi)的报告,隆庆四年(1570 年)五月,马尼拉"城中居住着 40 名已婚中国人和 20 名日本人"。一年后(1571 年 5 月)马尼拉华民增至 150 人。⑥ 此后,华民急剧增长。至万历十六年(1588 年),来菲定居华民已超 16000 人。⑦ 万历三十一年(1603 年)在菲华民总数达 30000 人⑧,就在这年华民遭菲西殖民地当局屠杀 2.4 万—2.5 万人。⑨ 但到崇祯八年(1635 年),马尼拉及其他海岛的华民又达 30000 余人⑩,崇祯十二年

---

① 马欢:《瀛涯胜览·爪哇条》;张燮:《东西洋考》卷三。

② 《明史》卷三二五《外国传六》。

③ 张燮:《东西洋考》卷四。

④ 《明史》卷三二三《外国传四·吕宋》。

⑤ Cesor Adib Majul:Chinese Relations With the Sultanate of Sulu, From Alfonso Felix,Jr. (ed.):The Chinese in the Philippines(1570-1770),Manila,1966,Vol. Ⅰ,p. 149;Filipino Heritage:The Making of a Nation,Vol. Ⅲ,p. 591,Laking Publishing Inc. ,1977.

⑥ Blair and Robertson:Op. Cit,Vol. Ⅲ,pp. 101-167.

⑦ Eufronio M. Alip:Ten Centuries of Philippine-Chinese Relations (Historical,Political,Social,Economic),Manila,1959,p. 36.

⑧ E. M. Alip:Ibid;Blair and Robertson,Op. Cit,Vol. ⅩⅣ,p. 45.

⑨ Gen. J. P. Sanger:Census of the Philippine Islands(Taken Under the Direction of the Philippine Commission in the Year 1903),Vol. Ⅰ,p. 319,Washington,1905.

⑩ Blair and Robertson:Vol. ⅩⅩ,p. 96;Vol. ⅩⅩⅤ,p. 49.

（1639年）大屠杀前夕，更高达40000人。① 清初华民又复增加，虽又被杀戮，总数仍达数万人。

印尼的巴城是另一华民重要移居地。万历四十七年（1619年），荷人开埠时只有300—400人，翌年增至800人，占巴城居民总人口的40％。② 顺治十五年（1658年），巴城已有5000多名华民，到17世纪末期，巴城城区和乡区华民总数合计共约万人。③ 万丹在17世纪初也有数千华民移住，据万历三十七年（1609年）三月二十日亲到下港的德国人约翰·威尔铿（Johan Verken）记载，"中国人在万丹也有几千人住居，其中大部分是富裕的"④。

此外，马来亚的北大年、吉兰丹也有数以千计的华民聚居。⑤ 17世纪的暹罗中国移民则在3000人以上，法国观察家则认为不超过4000—5000人。⑥ 一般估计认为，在17世纪移居东南亚地区的华民总数为9万—10万人。

明末清初中国人移民日本的数量也颇可观，主要集中在平户、长崎等地。万历四十六年（1618年）仅在长崎的华人就达2.3万之众，在彼居者"不知几千家"并已"婚媾长子孙"矣。

清前期海外移民的分布基本上承袭了明中叶以来的区域格局，但又有许多具体的变化。东南亚各商埠和内陆地区的中国移民数量都有很大的增长。华商和潮州人种植业的发展使暹罗成为中国移民最多聚集的地区，人数达70万—100万；爪哇地区除了巴达维亚中国移民持续发展而外，该岛其他地方也出现不少华人集居地，到鸦片战争时爪哇全境华民为11万—12万；婆罗洲矿业的繁荣使中国移民迅速趋集，鸦片战争前夕也已达15万之多；马来半岛的种植园区、矿区以及英属海峡殖民地的新埠槟城、马六甲、新加坡等地中国移民亦大大增加；越南、缅甸的中国移民到鸦片战争前夕也发展到各有10多万的数量。⑦ 唯有菲律宾群岛与其他地方相反，中国移民较之明末减少很多。道光二十年（1840年）菲岛注册华民不到6000人。⑧ 日本中国移民的增长速度则不及东南亚地区。总之，到鸦片战争时，海外中国移民的总数为100万—150万，遍布东南亚、东北亚各地。

（二）海外移民社会和华侨社会的形成

海外移民社会形成的基本前提是相当数量的中国移民在海外某一地区（城市或乡村）聚居，并从事相对稳定的职业如住地商、手工业或农业等，形成一定规模的（城市

① Cren. J. P. Saner: Census of the Philippine Islands(Taken Under the Direction of the Philippine Commission in the Year 1903), Vol. Ⅰ, p. 319, Washington, 1905.
② H. T. Colenbrande:《燕·彼得逊·昆东印度商务文件集》。(Jan Pieterszoon Coen: "Bescheiden Omtrent Zijin Bedriff in Indie".)dl. Ⅵ, bl 178, 200. 转见黄文鹰等:《荷属东印度公司统治时期吧城华侨人口分析》, 厦大南洋所1981年, 第38页。
③ 黄文鹰等:《上揭书》, 第38页, 第87页。
④ 〔日〕岩生成一:《下港(万丹)唐人街盛衰变迁考》,《东洋学报》第31卷第4期, 译载《南洋问题资料译丛》1957年第2期, 第108—119页。
⑤ 参阅《马来亚华侨志》, 1958年台湾版, 第76页; 张燮:《东西洋考》卷三"吉兰丹"条。
⑥ Viginia Thompson: Thailand: The New Siam, New York, 1941, p. 104.
⑦ 吴凤斌:《东南亚华侨通史》, 福建人民出版社1994年版, 第256页。
⑧ Edgar Wickbery: The Chinese Philippine Life: 1850-1898. Yale University, 1965, p. 53.

中)社区或(乡村中)村社。海外移民社会的基本标志应有两点:一是聚居在一起的移民群体很大程度上继续保持中国的生活方式,使用中国的语言(包括各种中国方言)和文字,崇尚中国传统文化和民间习俗。二是移民聚居群体内部的个人之间并不是单纯的空间集结,而是相互之间建立一定的社会关系,从事某些社会性的活动。其最主要的表现是移民社区基层组织的建立,如各种乡族宗亲组织或同业公会等等,并由此产生必要的社区领袖。

移民基层组织是移民社会最重要的机制性组成部分,移民基层组织的形式从中国沿海民间社会移植而来,并根据海外所处的特殊环境加以适应改造,通常有以方言、地缘、血缘、业缘结合的帮会、同乡会、宗亲会、同业公会等等。

帮会在海外中国移民社会中具有特殊的意义。海外移民所操方言及移出地区的显著文化差异,使得中国移民到海外各地之后几乎都形成了基本上以方言、地域为背景的"帮",诸如福建帮、潮州帮、广府帮、客家帮、琼州帮和三江帮等,福建帮甚至又有福州帮、闽南帮、兴化帮等等,这种帮会成为各地中国移民社会的最基本的社区组织。在帮会的基础上发展成为各种其他社团组织,如跨帮的交叉组织或跨地区的同帮总会等。这种发展与海外移民社会同步演进,成为中国移民社会发展的最重要标志。

海外移民以谋生为出发点离家出洋,海外移民社会也就以生存为最主要目的。由此,经济的发展成为移民社会发展的第一优先目标,注重经济的联络以扩大华人社区经济实力的增长成为各种移民组织追求的方向。因而移民经济事业的变化与发展也是海外移民社会发展的重要标志之一。在经济发展的基础上,才有时间和空间来创造文化的氛围,重视自身的精神享受和后裔的教育事业,这是移民社会逐步走向成熟的标志。

明初是海外移民社会的肇端与准备阶段。

从聚居规模看,明初只在东南亚少数地区有中国海外移民的集中地。有明确史料记载的有两处:爪哇的新村及苏门答腊的旧港。新村居民"约千余家",该地"原系沙滩之地,盖因中国人来此创居"而得名新村[1],可以推知新村千余家当以华民为主;苏门答腊旧港亦有闽粤移民"数千人"[2]。另一方面,新村已成为当时的商贸中心,"各地番人多到此买卖,其金及诸般宝石一应番货,多有卖者,民甚殷富",可见新村的经济联系已较密切,主要从事商业活动。[3]

从村社的社会组织而言,没有确凿可证实,当时已有移民自己的基层组织机构;但记载表明,新村村主为广东人,旧港酋长为南海豪民梁道民。他们都是华民头目,至少可以说已建立自己的村社管理机制。从聚居规模、经济活动和管理机制看,明初个别海外移民点已孕育着移民社会的各种因素。

明中叶海外移民社会初步形成,到清中叶,数以万计的华民聚居区已遍布东南亚和日本等地;而清廷不准海外移民归国的禁令,促进了海外移民定居的趋势,成为海外移民社会发展的重要契机。

① 马欢:《瀛涯胜览·爪哇条》。
② 马欢:《瀛涯胜览·爪哇条》。
③ 张燮:《东西洋考》卷三《旧港条》。

　　早期的中国海外移民社会具有流动性和不确定的特点。随着定居和几代人的繁衍,有一部分融入当地土著社会而消失,一部分保持中国海外移民社会的特征,并成为吸纳新移民的载体。同时,随着中国海外移民潮的持续,又在新的地区不断出现新的中国海外移民社会。这时期,已明显形成了海外移民的职业特色和职业体系。从事最多的是商贩和各类手工匠业,而且城乡华民商贩(包括住商、小店及行商)已构成一种特殊的商业行销网络,不仅连接各个华民社区,也向土著社会延伸;同时商贩和各种手工行业如木匠、鞋匠、织匠、衣匠、油漆匠、银匠、蜡烛匠等结成跨职业的亦工亦商的华民制销模式,这种模式成为海外移民社会长期普遍存在的传统职业模式。18世纪以后,中国移民的职业有所变化,行业结构向种植业、采矿业等横向延展。从事种植业和采矿业的华民实际上一直都存在,只是到了18世纪以后种植业和采矿业的中国移民数量大增,并出现了行业社会的发展趋势。有的地区如爪哇巴达维亚的中国移民社会种植业已占据最主要的地位,其次才是商贩和手工工业。[①] 尽管如此,种植业社会的发展与华民其他行业依然密切相关,如爪哇种植业系于爪哇华民蔗糖业的发展,婆罗洲华民种植业则因为华民采矿业的发展,因此,海外移民社会中各种职业之间有一定的依存关系。

　　15—18世纪,中国移民社团的早期形态开始出现。鉴于社会环境的制约,最早的移民社会组织主要依托于寺庙和义山的形式。如在日本长崎,有天启三年(1623年)建立的兴福寺(南京寺)、崇祯元年(1628年)建立的福济寺(漳州寺)、崇祯二年(1629年)建立的崇福寺(福州寺)、康熙十六年(1677年)建立的圣福寺。在东南亚,有顺治七年(1650年)建于巴城的观音亭(1775年改名金德院)[②],康熙十二年(1673年)建于马六甲的青云亭等。至18世纪末,仅三宝垅一地就先后建立了大觉寺、东街、振兴街、慢帕街和郭六宫等六处寺庙。[③] 义山以郭氏兄弟顺治七年(1650年)在巴城募资创设"唐山义冢"为嚆矢,随后各地华人亦纷纷设建义山或义冢。华人寺庙亭院和义山义冢的建立,拥有共同的社会阵地,是海外移民社会向华民定居社会转变的一个标志。18世纪加里曼丹大大小小的"公司",则是早期中国海外移民社会经济组织的典型表现。

　　随着社会基层组织以及中国移民经济在移居地的发展,到18世纪,各地海外移民社区都已普遍产生了各种形式的华民富商和行政领袖。如爪哇万丹的陆美(Lakmai)、沈树安(Simsuan)、林哥(Limco)[④]等都是有名的富商。各地的玛腰、甲必丹、雷珍兰等尽管是为殖民统治者而设立的华民领导阶层,但他们也是中国移民实际上的社会首领。许多甲必丹都出身于华民巨富,如爪哇甲必丹连富光在乾隆五年(1740年)红溪惨案中遭劫时资产竟达10万之巨。[⑤] 西方殖民者东来之后,在各自的殖民区域和殖民据点里都设立了华民甲必丹,这不仅成为殖民者实行间接控制中国移民社会的一个重要手段,也反映了中国海外移民已形成自己独特的社会实体,并引起殖民者的充分关注,需要设立甲必丹制度来控制这股不可低估及可资利用的社会力量。

---

① 黄文鹰:《东印度公司时代吧城华侨人口分析》,厦门大学南洋研究所1981年版,第52页。

② 徐云樵校注:《开吧历代史记》,载《南洋学报》第9卷第1辑。

③ 林天佑:《三宝垄历史》(中译本),第77页,第84页,第87页,第115页,第137页。

④ J. C. Van Leur:Indonesian Trade and Society,The Hague,1955,p. 383.

⑤ 费谬伦:《华人暴乱简述》,第8页。

三　明清海外移民对中国和世界的作用

(一)中国文化海外传播与中西文化交流的载介

海外移民活动是中国历史上持续不断的社会现象。

远在人类黎明时期,产生于现今中国大陆沿海地区的古文明就由海外移民传播到环太平洋岛屿。[1] 自先秦到隋唐,从中国直接到日本和间接从朝鲜半岛转徙到日本的移民,具有相当的规模。[2] 在海洋交通航线上,不少地方也留有中国海外移民的踪迹。唐末中外交流孔道从中亚草原转移到海洋,中国经济重心南移东倾,南方沿海地区才成为海外移民的主要输出地。

早期海外移民作为文化传播的载体,把中国先进的农耕和手工业技术散播到海外岛国异邦,也就成了以中国为中心的东亚政治、经济、文化圈的重要社会基础。他们中的大多数,是去而不归,融入移居地的民族;极少数的回归者,未能形成群体力量,对中国社会的影响很小。中国"天下共主"的形象,主要是由强盛中央王朝的政治影响力造成的。历代中央王朝没有把海外移民当作"侨民"对待,因而海外移民的活动总体上局限于海外,和中国历史发展进程相脱节。

晚唐以降,由于国内外环境和局势的变动,中国海外移民的作用开始悄悄地、渐进地发生变化。

最根本性的变动,是中国在传统亚洲文化圈内"天下共主"地位的实质性动摇。自从安史之乱以后,中国帝王以"德""威"在周边和海外国家中树立政治权威,主导东亚政治格局的做法已难以为继。宋朝面对北方民族崛起的严重挑战,对于海外国家,不得不从政治层面下移到经济层面,靠招徕朝贡贸易、怀柔四夷来维持体面。元朝虽曾尝试以武力恢复在海外的政治权威,但讨伐日本、爪哇均告失败。明太祖朱元璋,"德""威"并用,也没有取得预期的效果。日本公开以"水泽之地,山海之州,自有其备,岂肯跪途而奉之乎?顺之未必其生,逆之未必其死。相逢贺兰山前,聊以搏戏,臣何惧哉"[3]相对抗,爪哇"设为奸计,诱(明朝赴三佛齐国)使者而杀害之"[4]。明成祖朱棣积极"通四夷",不得不主要依靠郑和下西洋招徕朝贡贸易来维持。明中叶以后,中国不仅面对传统亚洲文化圈内日本倭寇的挑战,还要面对传统亚洲文化圈外西方殖民者东来的挑战,加上经济上不胜负担,朝贡贸易体制也难以为继了。清朝把西方国家来华通商,名之为"入贡",更是一种虚拟的假象。明清两代帝王,都怀抱"天下共主"的政治理想,但和现实的差距却愈来愈远了。这就迫使他们在处理与海外国家的关系上,从主动转为被动。两次鸦片战争以后,更不得不屈从于西方列强,建立不平等的外交关系。

在这种情势下,中国在传统亚洲经济圈内的经济优势逐渐滑落,被东进的西方国家迎头赶上,拉大差距,以致取而代之。宋代以降传统经济制度的变革,土地私有制度

---

① 凌纯声:《中国边疆民族与环太平洋文化》,中国台北经联出版事业公司 1979 年版。
② 韩昇:《日本古代的大陆移民研究》,中国台湾文津出版社 1995 年版。
③ 《明史》卷三二二《外国传·日本》。
④ 《明太祖实录》卷一三四。

和租佃制度占主导地位,传统市场经济的区域性成长,促进了社会生产力的发展和南中国经济地位的提升,海洋贸易的兴盛。明清时代,传统农业经济渐进增长,到"康雍乾盛世"达到顶峰,但同时使中国人口节节攀升,给经济与社会协调发展带来沉重的包袱。传统市场经济曲折成长,明中叶开始形成全国性市场①,但发育很不充分,很不平衡。停止下西洋活动,海洋朝贡贸易下移为东南沿海地区民间性的私人海洋贸易,海洋社会经济的兴起,代表着传统市场经济向海外延伸的需求,但因明清之际社会动乱的影响,丧失了历史机遇。中国社会经济从传统向近代转型的渐进式过程,和以海洋贸易、殖民掠夺和工业化为动力的西方经济的突飞猛进形成强烈的反差。西方海洋经济势力东进,使传统亚洲经济圈纳入西方世界资本主义体系,中国沦为落后、挨打的地位。

在这一大背景下,中国海外移民活动呈现了新的特点。一方面,海外移民虽然长期在官方心目中仍是一种海外流亡的"弃民",但由于官方从海洋退缩,中国与海外国家的经济联系下移到沿海地区的民间层次,使海外与沿海传统市场经济的海外延伸有可能直接联系起来,和中国海洋经济产生互动。而这种互动的积累,最终导致海外移民"侨民"地位的确定,使海外移民从单向的外流发展为双向的循环。另一方面,海外移民虽然在很大程度上依然来自中国国内的推力,但西方资本主义国家掠夺开发殖民地劳力需求的拉力越来越大,最终导致中国海外移民从传统亚洲经济圈走向世界,成为资本主义世界国际人口大迁移的组成部分。海外移民与中国本土的联系,有可能成为中西异质物质文明、精神文明交流的中介,在中国沿海社会变迁中发挥作用。

(二)对中国海洋社会经济产生、发展及演变模式的影响

在中国丧失传统亚洲经济圈内的主导地位和相对优势之前,即在19世纪中叶以前,明清海外移民对中国所产生的历史作用,主要表现在对海洋社会经济的产生、发展及演变模式的影响上。

中国海洋社会经济在明中叶产生局部质的突破,源于沿海社会经济变迁趋势和历史传统。在一定意义上,海外移民潮是被海洋经济特别是私人海洋贸易牵动的,这就使得海外移民区域和传统亚洲经济圈重叠在一起,海外移民社区一般也是中国海商的落脚点和中转站。中国海商也因压冬住番成为暂时的商业移民,甚至有数十年长期寄居者,因而使海外移民社区和中国海洋经济活动存在稳定的联系,成为中国海洋商贸网络的有机组成部分。海外移民在当地开辟的商贸网络,是中国海洋贸易的主要海外市场。在这个意义上,海外移民的商贸网络对中国海洋贸易的走向和发展规模起了相当重要的作用。

中国海外移民的商贸网络,大致有三个层次:

一是中国移民社区之间的短途或长途贩运。这是商业移民利用原有的地缘、血缘关系建立的地区性或跨国性的商业联系,由移民群体的分衍迁徙逐步、自然地形成的。新的移民社区的建立,往往是原有移民社区的辐射,也是旧有商贸网络的扩张。移民家族或地缘性群体的扩散,带动了商业信息和中国商业习惯的传播。

---

① 吴承明:《中国资本主义与国内市场》,中国社会科学出版社1985年版,第217—256页。

二是中国移民社区与移居地内地市场的商贸网络。这个网络不仅有城市的中心市场,也包括农村的初级市场。构筑这一网络的,主要是中国海外移民中的小商贩。

　　三是中国移民社区与海外市场的商贸网络。这包括两个部分,一是中国海外移民往来异域他邦(包括中国),从事跨国性的经营活动,二是就地经营的国际贸易。它直接或间接把传统亚洲经济圈和欧美经济圈连接起来。

　　中国海商利用这三个层次的商贸网络在亚洲市场建立传统贸易的优势,并借助欧洲商人的转贩,使中国商品进入欧美市场。

　　中国海外移民商贸网络的存在,给予中国海商海利的刺激,是明代后期海上私人贸易兴盛的重要原因之一。入清以后,虽经禁海、迁界和南洋禁航令的一系列打击,海上私人贸易趋退,但因中国海外移民商贸网络的存在,仍能保持相对的优势。

　　以福建月港为例。月港是明中叶兴起的走私港口,后期成为唯一合法的出国贸易港口。据张燮《东西洋考》记载,月港鼎盛时期往外通商达40多个国家和地区。明清之际月港被捣毁,从此一蹶不振。但这并不意味着月港海外贸易的消失,而只是规模的缩小而已。伦敦大英图书馆印度和东方图书阅览室保存的一份清代乾隆至道光间抄本道教科仪书《安船酌钱科》,是海澄县即月港地区道士的遗物,其中列出海洋航路分"往西洋""往东洋""下南""上北"四个部分,前两部分主要属海外航路,后两部分属国内沿海航路。"往西洋"航路经过和到达的岛屿和港口中有:

　　泊口、浊猪山、交趾(越南北圻);外罗、交杯屿、羊屿、灵山大仙(即华列拉岬,Cape Verela)、钓鱼台、伽偏貌、占城(Champa);罗鞍头、烟同赤墩、复鼎山、毛蟹州、柬埔寨、罗鞍头、玳瑁州、失力、马鞍屿(今印尼 Karimata 岛)、双屿(今吉达港 Kedah 南)、炼个笠、进峡门、头屿、二屿、五屿、罗山牙、瑚坑墩、复镯、口屿、双屿、下港(西爪洼的万丹,Bamtam);罗鞍头、玳瑁州、失力、马鞍屿、十五屿、浯岐屿、吉凌马、吉里洞(Billiton)、招山、三卯屿、侥洞(今印尼爪哇岛东部);白屿(Pedro Blanca)、小急水、郎目屿(三巴哇岛 Sumbawa 上的 Tambora 山)、麻离(峇厘岛,Bali)、哩嘛;火山、大螺、小螺、大急水、池汶(即帝汶,Timor);罗鞍头、昆仑山(Pulo Condore)、地盘(今马来西亚的 Tiuman 岛)、长腰屿、猪州山、馒头屿、龙牙门(新加坡或林加群岛 Lingga Strait)、七屿、彭家山(Banka 岛)、蚊甲山、牛腿琴、凉伞屿(Pulau Labon)、旧港(今印尼苏门答腊岛南部的巨港,Palembang);罗鞍头、玳瑁州、昆仑山、吉兰丹(今马来西亚的 Kelan-tan)、昆辛、大泥(即北大年,Patani,今属泰国);罗鞍头、玳瑁州、三角屿、绵花屿、斗屿、横山、彭亨(Pahang,今属马来西亚);罗鞍头、玳瑁州、昆仑山、地盘山、东竹、西竹(新加坡海峡的竹岛 Pulau Aur)、将军帽(马六甲海峡中的 Pulau Tinggi)、昆辛、罗汉屿(Rhio 群岛之一)、乌町(即柔佛 Johore,今属马来西亚);罗鞍头、玳瑁州、大昆仑、小昆仑、真滋、假滋、大横、小横、笔架山、龟山竹屿、暹罗;罗鞍头、玳瑁州、昆仑山、地盘、东竹、长腰屿、猪州山、馒头屿、龙牙门、凉伞屿、占陂(Jambi,今属印尼)。

　　"往东洋"航路所经和到达的海外国家和地区有:

　　交雁、红豆屿、谢昆美(吕宋岛北部)、吉其烟、南圚、文莱(Brunei);密雁(Vigan)、美洛阁、布投(即布楼屿)、雁同、松岩、玳瑁珮、磨里老、里银、中卯、吕宋(Luzon);吕房(即今马尼拉 Manila)、磨老英、闷闷、磨里你、内阁、以宁、恶同、苏落(即苏禄 Sulu)、斗仔兰、蓬家裂、文莱。①

这些航路所经之地,显然比明代《东西洋考》所记为少,但可以看出清代前期海澄县的海商和船主仍沿袭月港的传统,从厦门出口前往传统亚洲经济圈中的东南亚地区,与海外移民建立的商贸网络相衔接。

海外移民的商贸网络具有多向沟通的性质,在传播传统中国商业文明和生产技术的同时,也帮助了海外产品和生产技术向中国的传播,丰富了中国海洋商贸的内容。

但是,我们必须看到,中国海外移民的商贸网络是以小资本、分散经营的民间经济组织为基础的,它适合中国海商个体式走私性的经营方式,具有传统的惰性,不能刺激甚至延缓大规模企业经营的产生,而对中国海洋贸易的发展有一定的负面影响。当海外商业环境变化,欧洲商人不再主要依靠中国海外移民的商贸网络取得中国商品,而采取直接经营的手段时,中国海商的落后经营方式便不是竞争对手了。

同时,我们还要看到,中国海外移民的商贸网络是出于自愿和生活与生产的需要,在和平交往中无意识和不自觉地自然形成的,它并非中国官方鼓励和支持的行为,因而不像西方殖民主义商业扩张和海外移民,具有夺取海外贸易垄断权并取得军事强权和政治统治权的目的,使"直接在欧洲以外各地用劫掠、奴役和谋财害命方法劫取得到的财宝,源源流回母国,在那里转化为资本"②。这样,它对中国海洋社会经济发展的助力也是很有限的。

因此,我们在评估明清海外移民对中国海洋社会经济影响的历史作用时,要避免两种倾向。一是完全忽视,不承认两者存在互动;一是过分夸大,把它等同于西方的殖民,甚至危言耸听,把中国海外移民说成是中国海外扩张的"第五纵队",这些都是经不起历史事实的检验的。

(三)对中国沿海本土社会变迁的影响

明清海外移民对中国所起的另一重要历史作用,表现在对祖籍地——以闽粤为主的沿海社会变迁的影响上。这在 19 世纪中叶以后的晚清时期,表现尤为明显。

海外移民作为人口流动和移动的一支队伍,本来就和人口迁出地的社会状况息息相关。明清中国沿海的几次海外移民潮,和本地人口压力、社会动乱、西方殖民主义者、帝国主义列强的经济掠夺联系在一起,因而不能不对中国沿海社会产生影响。

人口外流,必然减轻人口的压力。从近时段看,可能造成当地劳动力的紧缺、生产的萎缩、移民家庭生活的困难等,但从长时段看,则有利于人口结构、生产结构、社会结构的调整。但是,中国东南沿海地区原来人口基数很高,局部性的调整对减轻人口压力的影响并不大,如就全国而言,则可以说是微不足道了。因此,明清海外移民对减轻中国人口压力虽起过作用,不过这种作用是极其次要的方面,我们暂且不把它列为重点来考察。

有必要进一步强调的是,明清海外移民移植中国传统文化建立起来的海外移民社会,经过和当地文化、西方文化的调适,比较顺利地实现了中国传统向近代的转型,并

---

① 《安船酌钱科》(抄本),伦敦大英图书馆藏,编号 12693/18。

② 马克思:《资本论》第 1 卷,人民出版社 1975 年版,第 831 页。

充当了中国近代化的辅助力量的重要作用。

首先,海外移民社会的形成和发展,刺激和提升了中国沿海地区人们的海洋意识,影响了人们的行为取向。

尽管明清政府的海外移民禁令和华民归国禁令长期限制了海外移民与国内眷属的联系,很大程度上切断了海外移民社会与家乡社会的正常联络渠道,但这并没有也不可能根本上阻绝这一社会经济纽带。一方面,不可阻挡的海外移民潮,不断地把家乡的信息带到海外,海外移民社会不可避免地成为家乡的海外社会基地;另一方面,海外移民社会经济实力的增长,使海外移民在生存之余有了新的需要,不断冒死"非法"回国探亲,从而牵引更多的眷属亲友和乡邻移民海外。

有海外关系的家庭和人口大量存在,是明清东南沿海社会的突出现象。海外移民一般都是家庭中的壮丁,每个家庭通常只有一两个人出洋,这样按五口之家估算,家庭直系亲属的数量就应当是海外移民数量的3—4倍,如果加上旁系亲属或家族,数量更大。如明末清初以10万海外移民估算,则相关的直系家庭人口有30万—40万;鸦片战争前夕以100万海外移民估算,则相关的直系家庭人口有300万—400万。

海外移民的冒险精神、事业成功和积累的财富,通过本人的回归或国内亲属的示范,传播了海外发展意识,从而促进了沿海社会的海外移民。晚清时期的海外移民潮,除了西方列强掠夺劳力的强制性移民之外,自由移民都是在这种影响下付诸行动的。他们当中的许多人,不再只是把漂洋过海作为求生存的途径,而是当作改变经济和生活状况、谋求事业成功、发财致富的一种选择、一种机会。这种区域性面向海洋发展的社会文化氛围,在官方行政禁令压制下,长期扭曲地表现在非法的偷渡上,解禁之后,便是合法的社会行为,潜在的海外发展力量于是得到了正常的释放。这种转变,理所当然地反映了中国沿海社会价值取向的提升。

其次,海外移民的乡土回归,直接或间接地卷入中国沿海社会近代化的进程。

侨乡社会,是在沿海社会结构的大框架下,以仰赖侨汇接济的侨眷家庭为基础,当地海洋性传统文化和华侨社会文化相结合的"亚社会"。侨乡和传统农村的最大差别,在于活跃的商品经济氛围,传统农业已不占绝对优势地位,而带有"近代"的特色。侨乡的形成是渐进的,而不是外力强加的,从传统向近代转型虽然也遭遇不少阻力,但相对而言没有出现殖民地化那种传统与近代的激烈对抗,而较容易为社会民众所普遍接受。正因为这样,侨乡社会往往成为社会经济变革的先行地区,新式企业和经济组织比较发达,文化教育比较普及。这些都对附近城镇乡村起了带动和启示作用。

海外移民资金和技术的反馈,对沿海新型社会经济关系的成长也起了不少的助力。虽然直到晚清,海外移民资金的反馈,主要用于消费性投入,但数量的增加在促进商品化方面仍有其作用。沿海农村社会与内地农村社会虽都没有完全脱离传统农业社会的阶段,但两者存在社会发展的时间差,前者商品经济的色彩浓重得多,生产和生活的质量比较高,有的地方还成为为国际市场生产的出口农业区。

海外移民的回归,本身就是一种人才的内流。由于海外移民的文化层次较低,他们引进的通常只是在海外移民社会中实际运用的技术和经验,并非海外先进的科学技术,因此往往被忽视。实际上,海外移民社会中的实用技术和生产、管理经验,是中西文明结合的过渡性成果,既有中国传统的承继,又具近代的特征,更符合东南沿海社会经济转型过程的需求,比直接从西方引进技术容易取得成功。这种人才回流虽然很少见诸官方和学者的记载,但可以从散佚民间的私人或家庭的文献、口述历史去探求,有待学者进一步进行田野调查。

海外移民中的知识人士的回归,在传播西方知识和文化上的作用,学界已从不同侧面做过专题或个案的分析。鸦片战争前夕,林则徐在广州探求西方知识,回归的海外移民起了突出的作用。钦差行辕的最初的翻译班子,三人中有两人是回归的海外移民:亚孟,在道光九年至十一年(1829—1831 年)间从印度塞兰普尔回国定居;袁德辉,道光七年(1827 年)秋从马六甲回国定居。林则徐调查外情的访问对象中,也包括归国定居的海外移民,如从英国回归的香山南屏村人容林,从孟加拉回归的温文伯。①他们翻译的英文书报和提供的海外见闻,是林则徐睁眼看世界的主要信息来源之一。

(四)考察海外移民历史作用的独特意义

从中国海洋社会经济史的角度去观察海外移民的历史作用,实质上就是把海外移民置于中国传统的海洋经济圈内,观察他们在中国沿海地区与海外国家或地区文化传播互动中扮演的角色。它的出发点和归宿点是在中国,而眼光却盯在中国之外,可以说是吸收了比较世界史的方法。

中国传统文化被说成孤立于世界历史发展之外的古文化,早被历史事实证明是一种虚构的"神话"。若中国史研究的视野只是局限于中国而不顾与外部世界的互动,必然随着史学的现代化而被抛弃。当我们随着海外移民的双向流动去体验它的历史内涵时,不由地感受到中国人文血脉的另一处跳动,人们没有理由让它永远沉寂。

中国通过海洋与海外世界的互动,给中国带来过发展活力和进步,也给中国带来过深重灾难和痛苦。海外移民的异域开拓与乡土回归,只是其中的一个部分。深入发掘和重新诠释中国面向海洋发展的历史资源,揭开中国海洋社会经济史的尘封,对于构筑中国大历史的新框架,是一项不可或缺的工作。

---

① 杨国桢:《林则徐传》(增订本),人民出版社 1995 年版,第 217 页,第 248 页,第 314 页。

第三十七章
明清时期的海路文化交流与传播

　　明清时期中外海路文化交流最显著的特征体现在交流媒介的变化上,乘商船而来的大批传教士、商人和中国的海外移民是这一时期文化交流与传播的最主要载体。通过贸易航道,漂洋过海的传教士与外国商人带来了西方的天文历算、地理学、物理学等科学技术以及艺术和思想,同时,又将中国的经籍、语言文字、中医学、绘画和建筑艺术等传播到欧洲各国,开欧洲人研究汉学之风气;中国大批海外移民将农作物种植及加工技术、手工制造技艺、航海与造船技术、民俗与宗教等传播到东亚文化圈以外更广的世界,并带回了独特的华侨社会文化,促进了沿海区域文化的变迁。

第一节　明清时期西方文化的海路输入

　　15 世纪的欧洲,经过文艺复兴和航海技术的发展,西方殖民者为寻找新的殖民地,使东西方在海上的交通逐渐地发达起来。欧洲耶稣会士于 16、17 世纪之交,远涉重洋,联翩来华,一股异质文化通过海路被导入中国文化系统,从而揭开了近代中西文化交融与冲突的序幕。

一　科学技术①

(一)天文历法

　　在传教士输入的 90 种西学(不包括神学著作)图籍中,天文历法方面的著作达 43 种,其中有 21 种收入《崇祯历书》,因此,《崇祯历书》基本上代表了传教士输入的西方天文历法的水平,而与中国传统历法相比,《崇祯历书》进步之处甚多,如明确指出七曜与地球距离不等,并且提供了七曜距地的具体数值。中国古代虽然也曾有人提出过七曜距地远近不等的思想,但更多的人则认为七曜附着在距地相等的天球上;提供了蒙气差的改正数值。中国古代虽有蒙气差的认识,但从未做过具体计算;在推步技术上引进了几何学、三角学的方法,对于中国来说,这完全是一种新的数学理论,它既简化

---

① 此部分内容参见冯天瑜等:《中华文化史》,上海人民出版社 1990 年版,第 796—798 页;张维华:《明清之际中西关系简史》,齐鲁书社 1987 年版,第 272—275 页。

了计算手续,提高了计算精度,又扩充了解题范围;以定气注历,虽然隋朝的刘焯已提出定气概念,但民用节气仍用平气;提出日月有高卑行度,即日月的近地点和远地点的位置并非一成不变。中国古时却将太阳的近地点固定在冬至;采用了一套与中国古代天文学度量制度完全不同的制度,包括分圆周为 360°,一日 96 刻,60 进位制,改变了我国的圆周 365.25°,一象限 91.3°的古度。至今,我国的天文历法,仍遵循新度量制度。

(二)数学、地理学

西洋数学对中国影响最大的是《几何原本》(前六卷)。该书介绍了古希腊数学家欧几里得的平面几何学。它所涉及的平面几何图形比中国传统几何学要丰富得多,更为重要的是,它的具有严密逻辑结构的公理体系是只具有理论片断的中国传统几何学所不可比拟的。

此外,《同文算指》介绍了西方算术笔算法。这种方法比中国传统的筹算和珠算更为简捷,《比例规解》介绍了伽利略发明的比例规;清人薛凤祚根据穆尼阁传授的知识,编成《历学会通》,其中数学部分介绍了西方近代数学的一些重要成果。对于中国传统数学来说,这些都是新鲜的知识。

耶稣会士向中国学术界介绍的地理学,使中国士人耳目一新。《坤舆万国全图》引进了明确的地圆概念,并以经纬度划分球面。这不但对于破除中国旧有的天圆地方或地平观念有着重要的意义,而且比传统的"浑天说"以"鸡中黄"来比附地球的形状更为科学;介绍了五大洲、三大洋的地理位置,这些知识是地理大发现的产物,而在当时中国人自己绘制的"世界地图"上,世界仅限于中国本土,本土周围全是海水,其间散有几座小岛,"所有这些岛屿都加在一起,还不如一个最小的中国省大"①。

《职方外纪》《西方问答》亦是当时在中国士人中流行的地理书。前者介绍了各国山川形势,风土民情;后者介绍了西洋海陆通路,物产风俗。这些知识有助于中国人形成比较开阔的世界观念。

(三)物理学、机械工程学与火炮制造术

明代杰出的科学家宋应星的《天工开物》,是世界上第一部有关农业和手工业生产的百科全书,其中也记载了若干机械工程技术(如舟车制造)。《天工开物》是中国古典科技的高水平总结,但是,它仍囿于重经验、重实用的中国科技传统,因而无法在科学总结上导出数理科学。宋应星对自己的缺陷颇为知晓。《天工开物》一书原有《观象》《乐律》两卷,后经作者删去,其原因据其自序说是:"其道太精,自揣非吾事,故临梓删去。"与之形成鲜明对比,传教士邓玉涵在《奇器图说》的"导言"中就提出,治机械学必须先修"重学、借资、穷理格物之学、度数之学、视学、吕律学"。该书第一卷讲解物理学的基本原理,如重、重心、重容、比例等问题;第二卷讲机械学基本知识,如天平、杠杆、滑轮、斜面等;第三卷才是各种"奇器"的具体制造方法,显示出近代科学理论思维的严密逻辑过程。

---

① 〔意〕利玛窦、金尼阁:《利玛窦中国札记》,何高济、王遵仲、李申译,中华书局 1983 年版,第 179 页。

此外,熊三拔所介绍的《泰西水法》,汤若望《远镜说》所介绍的望远镜的制作技术及其使用方法,均引起士人们的浓厚兴趣。

中国发明的火药及火器制造术经阿拉伯传至欧洲,引起了欧洲的兵器革命。至14世纪中叶,欧洲的火器制造术已比中国先进。明人所获火器,均是在平交趾、败佛郎机的战争中夺得。万历时,西洋火炮制造术再次由传教士传入,所制大炮"长二丈余,重者至三千斤","二三十里内折巨木,透坚城,攻无不摧,其余铅铁之力,可及五六十里"①。清初汤若望分别作《火攻揭要》《神威图说》,详细介绍西洋制炮技术和炮战技术。然而,直至鸦片战争爆发,中国军队的主战兵器仍然是冷兵器。

(四)医药学

西方医药学于明朝末年传入中国,而首先传入的,是西方解剖学。俞正燮《癸巳类稿》卷十四《书人身图说后》称:"西洋罗雅谷、龙华民、邓玉函所译其国《人身图说》二卷。"这里所说的《人身图说》,即现在的解剖学。欧洲解剖学,虽经邓玉函、罗雅谷介绍传入中国,但对中国医学尚未产生影响。因为此时的中国医学,自成体系,还不能接受这种学理。俞正燮生当乾、嘉之世,博览群籍,对于西方传教士的著述,也很留意,但从《癸巳类稿·书人身图说后》中可知,他对西洋解剖学还不能真正了解,误认为西洋人的身体构造,与中国人不同,因身体构造不同,所以信仰宗教也异其趣。中国与西方接触之初,事事多有误解,这是最显著的一例。

康熙年间,西洋医术继续传入中国。康熙皇帝尊重、信任传教士,西方科学多被采用,医学属其中之一。西方典籍称康熙爱好西洋医学与解剖学,应属事实。这可以当时宫中任用西洋御医一事来证明。1941年4月15日桂林《扫荡报·文史地周刊》第八期《嘉乐来朝补志》一文,载有阎宗临辑存梵蒂冈图书馆所存康熙六十年(1721年)正月初五日文书,称:

> 标下千总陈东志抚标千总袁良栋同谨禀大老爷台前。禀者:二十九日旨意,叫嘉乐进朝内见,皇上问嘉乐许多话,赏衣食。皇上望西洋内科乌尔达说玩话:"你治死了多少人,想是尔治死的人,比我杀的人还多了。"皇上大笑甚欢。……

据此可知,嘉乐来朝时,康熙已用西洋乌尔达为内科医生。《周刊》第四期又有阎氏《从西方典籍所见康熙与耶稣会之关系》一文,称:

> 允祁废立后,康熙沉入"深痛中,心脏弱,跳得很快,卧病几死"。罗德先进药痊愈,遂荣任内廷御医。

可见充任内廷御医的西洋人,还有罗德先(Rhodes)。康熙如此信任西洋医生,其对于西洋医学的提倡,便可想而知了。

康熙时既然有西洋医生在内廷供职,那么西洋药物想必于此时传入中国。《周刊》第五期阎氏《从西方典籍所见康熙与耶稣会之关系附录》中说:

> (康熙)四十八年正月二十五日奉上谕:西洋人自从南怀仁、安文思、利类思、徐日升等在内廷效力,俱勉力公事,未尝有错。……前者朕体违和,尔等

---

① 李之藻:《为制胜务须西铳乞敕速取疏》。

跪奏,西洋上好葡萄酒,乃高年人大补之物,即如童子饮乳之力,谆谆泣奏,求皇上进葡萄酒,或者有益。朕即准其所奏,每日进葡萄酒几次,甚觉有益,饮膳亦好。今每日竟进数次,朕体已经大安。念尔为朕之诚心,不可不晓谕,今将众西洋人传在养心殿,都叫知道。钦此。

这里所说的葡萄酒,虽属日常用品,但因病使用,等于一种药剂。有种说法称康熙曾患疟疾,服用西洋金鸡纳霜而治愈,此说也较可信。西方传教士传教,往往利用医术,所以当时传入中国的西洋药物应该不少。可惜中西书籍记载极少,不能详考。

二 艺术①

(一)绘画艺术

明清之际,传入中国的西方艺术中,绘画最为重要,其传入时间,始自耶稣会士东来。就如佛教东来,佛像雕造绘制艺术也随之而来一样。万历年间罗明坚教士初至澳门传教时,即携有天主耶稣及圣母玛利亚像,这是传入中国最早的西洋艺术品。其后,利玛窦宣教于肇庆、南雄、韶州、南昌等地,无论教堂的构造形式,还是教堂内装饰点缀的物品,均是西洋宗教艺术风格,但尚未被中国艺林注意。万历二十七年(1599年),利玛窦因入京朝贡被阻,居住在南京,在洪武岗建教堂,聚众传教。他携来的西洋艺术品,渐渐为中国人所注意。万历二十八年(1601年),利玛窦入京朝觐,他为神宗带来的圣像令士人大感惊奇。此后,随着教会日渐发展,传入的西洋艺术品日渐增多。

写真是最早受到西洋艺术影响的绘画艺术,代表画家有丁瑜父女和莽鹄立等。除写真外,一般绘画也略受到西洋画风的影响,如吴历渔山氏的画作等。清康乾年间,中西绘画彼此产生影响的,以画院派最为显著。清制仿明代画院,在启祥宫南设如意馆,凡绘工文史及雕琢玉器装潢帖轴均召入内。开始类似工匠,没有官秩,后来渐渐引用士流,由大臣引荐或献画称旨召入,与词臣供奉体制不同。康乾间,在这里从事绘画的,除中国人外,还有传教士,如郎世宁、王致诚、安德义、艾启蒙、潘廷章等,所以中西画法容易互相产生影响。嘉庆中,编修胡敬撰《国朝院画录》,记载了80余人。其作品精美可存的,编入《石渠宝笈》《秘殿珠林》二书,清初各派画风,以及中西艺术彼此间的影响,由此可以窥其大概。清朝初年,传教士中精于绘画的,未必都供职于画院,而供职于画院的,也未必仅此数人。这些传教士将西洋画法介绍到中国,使中国绘画风格产生了些微的变化,而他们自身也深受中国绘画技法的影响,逐渐改变了固有的画风。

明清之际在中国的传教士很多,他们或长期直接从事传教事业,或供职于朝廷的钦天监、画院等。由于人数众多,其对中国艺术各方面的影响就不仅仅局限于绘画,其他如在建筑、器物制作等方面,都有大小不等的影响。此时最集中、最典型的西洋建筑当属澳门的各式教堂和公共建筑(前文已有详论),其他如广州十三行的居所、扬州一带的民居以及北京规模宏丽的圆明园等,均受到了西方建筑艺术的影响。器物制作受西方的影响,以瓷器最为显著。瓷器制作的原料,因出自中国,不可假借。然而瓷器的花纹,则可依各人所好而绘制。西方人多依各人所爱,在瓷器坯胎上绘以西洋花彩,而

---

① 此部分内容参见张维华:《明清之际中西关系简史》,齐鲁书社1987年版,第238—256页。

后烧造。明万历年间，西方传教士来华者日众，常有不少传教士以宗教绘画制作瓷器。当时商人投其所好，大量制作。这种风气到康熙时大盛，著名的"广窑"，便是这种制作形式。通常西商来中国，先到澳门，然后趋集广州。至清代中叶，广州海舶云集，商务繁荣。为投西方人所好，我国商人在景德镇烧造白器，运到广东，再雇工匠仿照西洋画法，加以彩绘，开炉烘染，制成彩陶售给西方商人。乾隆时有名的唐英，曾一度在景德镇监督窑务，也曾依此法制作瓷器，其所著《陶冶图说》称：

> ……圆琢白器，白彩绘画仿西洋曰洋彩，选画作高手，调合各种颜色，先画白器片烧试，以验色性火候，然后由粗入细，熟中取巧，以眼明心细手准为佳。

这是唐英在景德镇直接制造西洋彩色瓷器。总之，明清之际的瓷器制作，也先后受到了西方艺术不同的影响。

(二)音乐[①]

西洋音乐传入中国，始自葡萄牙人定居澳门。屈大均《广东新语》记述澳门事迹，称有西洋乐器一种：

> 男女日夕赴寺礼拜，听僧演说。寺有风乐藏革柜中，不可见。内排牙管百余，外按以囊，嘘吸微风，入之，有声呜呜自柜出。音繁节促，若八音然，宜以合经呗，甚可听。

这里所说的风乐，近似现在的风琴，常在教堂中配以歌诗颂神。此种乐器传入中国，当比屈氏所记为时更早。在西方海商聚集的地方，往往有传教士活动其间，并建立教堂。明嘉靖末年，葡萄牙人已定居澳门，并建立起教堂，风乐成为教堂中的常用乐器，所以说西乐传入中国，始自葡萄牙人定居澳门。

此后，随着传教士传教活动的开展，西洋音乐传入中国内部。艾儒略在《大西利先生行迹》中称利玛窦于万历二十九年(1601年)入京朝觐时献有铁弦琴一张，神宗十分喜爱，命内臣学习，并问"西曲之意"，利玛窦译出了八章进献皇帝。冯承均译赖费之《入华耶稣会士列传·利玛窦传》称：《畸人十篇》后附有《西琴八曲》一卷，利玛窦的献品中有小瑟，由于庞迪我神甫擅长音乐，便命其教授中官曲意八章。由是知利玛窦所献铁弦琴，即西洋之 epintte，而教授中官者，为庞迪我神甫。

康熙时，对西洋乐理的研究更加心切。陈垣先生辑《康熙与罗马使节关系文书影印本》第六件《德理格马国贤启》有此数语：

> ……至于律吕一学，大皇帝犹彻其根源，命臣德理格在皇三子、皇十五子、皇十六子殿下前，每日讲究其精微，修造新书，此书不日告成。此律吕新书内，凡中国外国钟磬丝竹之乐器，分别其比例，查算其根源，改正其错讹，无一不备美。

这里有两件事值得注意，一是西洋乐理已在宫廷讲授；一是律吕新书的编订。关于德理格教授皇子乐理的事，1941年5月18日桂林《扫荡报·文史地周刊》第十三期《康熙与德理格》所录罗马传信部东方档案也有记载：

---

① 此部分内容参见张维华：《明清之际中西关系简史》，齐鲁书社1987年版，第277—280页。

六月二十二日（指康熙五十三年即公元一七一四年事言）首领张起麟传旨：西洋人德理格教的徒弟，不是为他们光学弹琴，为的是要教律吕根源，若是要会弹琴的人，朕什么样会弹的人没有呢？如今这几个孩子，连乌、勒、明、法、朔、拉六七个字的音都不清楚，教的是什么？你们可以明明白白说与德理格，着他用心好生教，必然教他们懂得音律要紧的根源。再亦着六十一管教道他们。

此档案所言与《文书》第六件所载相符合。德理格在康熙五十年（1711 年）奉召入都，供职宫廷五年，对于西洋乐理的传授，贡献很大。档案中所记载的，是康熙五十三年（1714 年）六月间的事，《文书》第六件，据陈垣先生所考，是康熙五十四年（1715 年）的事，以时间而论，德理格供职宫廷教授乐理的时间，当不为短。所谓"乌、勒、明、法、朔、拉"六字，是当时所用的六音。此时半音只用"法"，而无"t"音，故仅言六音。今乐中的七音"d、r、m、f、s、l、t"即沿此六音而来。

自西洋乐理传入中国，国人便开始思考如何对旧乐加以整理，在礼乐上考订斟酌成一代大典以淑天下。康熙五十二年（1713 年），康熙诏令纂辑律吕等书。《文书》第六件称修造律吕新书，即指此事。《律吕正义》是御定"律历渊源"中的第三部著作，全书分上篇、下篇及续篇（乾隆十一年又撰有后篇）。上篇和下篇是谈中国乐律古今尺制及其自定的律制，续篇总名"协均度曲"，是由徐日升和德理格合编的，属纯粹的西洋乐理，着重于五线谱的编制及用法，《续编总说》云：

……我朝定鼎以来，四海尽入版图，远人慕化而来者渐多。有西洋波尔都哈儿国人徐日升者，精于音乐，其法专以舷音清浊二均递转和声为本。其书之大要有二：一则论管律舷度生声之由，声字相合不相合之故；一则定审音合度之规，用刚柔二记以辨阴阳二调之异，用长短迟速等号，以节声字之分。从此法入门，实为简径。后相继又有壹大里呀国人德礼格者，亦精律学，与徐日升所传源流无二。以其所讲声律节奏，核之经史所载律吕宫调，实相表里。故取其条例形号，分配于阴阳二均高低字谱，编集成图，使谈理者有实据，而入用者亦有所持循云。

可知当时所论，一为乐音谐和之理；一为曲调编排之用。《律吕正义》续篇大概是中国近代历史上最早介绍过来的一本较系统的西方乐学。上面每一页都绘有五线谱的谱例，来配合汉文的讲解说明。我们知道现在所使用的五线谱，在欧洲是经过很长时期（约 10—15 世纪）才逐步形成的。可是就在 16 世纪到 17 世纪初，它的写谱方法和今天通行的写法，还有许多不同，五线谱还没有普及到音乐领域的各个方面。如在某些器乐中还流行着手法谱（Tablature）①，这表示直到这时候的五线谱还没有完善到取代手法谱的地位。在《律吕正义》续篇中，徐日升和德理格等所讲绘的西方乐理及五线谱就反映了这个时代的迹象。从康熙学习西方音乐的年代来看，正是西方音乐从1600 年以后开始进入现代记谱方法的重要时期。

西洋乐理，简易明了，今天稍习音乐的人，即能按谱歌唱弹奏。然而在当时，则属

---

① 手法谱 Tablature 是 15—17 世纪流行于欧洲的一种器乐记谱法。应用于某些特点的乐器，如管风琴、鲁特（lute）、小提琴等。

新奇可异,所以令西士讲授宫廷。明清时期,在传入中国的西方学术中,音乐一项当居重要地位。

三 哲学与宗教思想

西方哲学传入中国,始于明末天启、崇祯年间。冯承钧译赖费之《入华耶稣会士列传·高一志传》,称高一志著有《斐录汇答》二卷。“斐录”是西文哲学的音译。还有《空际格致》一书,《四库提要》曾为其著录说:“明西洋人高一志撰。西法以火、气、水、土为四大元行,而以中国五行兼用金木为非。一志因作此书,以畅其说。”在高一志的介绍下,这种希腊哲学思想得以流传中国。高一志之后,介绍西方哲学的是傅汎际,他与李之藻共译了《名理探》一书,将西方逻辑学传入中国。希腊哲学传入中国后,并未产生深远影响。实际上,传教士介绍希腊哲学,有矫正当时理学冥想之弊的目的。希腊哲学,重在求知;理学所谈,重自觉、顿悟。两者相去甚远,不易调和。李之藻等虽想利用希腊哲学以矫时弊,但积习已深,不能遽变,所以希腊哲学随即消灭无闻,影响不深。

西方思想传入中国后,曾一度在中国发生争辩,使中国沉寂的思想界产生波澜的,是基督教的宗教哲学思想。自利玛窦传教于中国,皈依者固然不少,而反对者更多。当时反对天主教的,或出于爱国观念,或出于卫道观念,起而辩论。晚明之际,代表中国思想界的,唯有理学一派,其所论心性之学,体系严密,与基督教思想迥异。理学与基督教思想虽然相差很大,但在探索宇宙本体、辨明真理至善以及教人类如何修行已达至善方面,其目的是一致的,都有一种宗教意味的理想。正因为如此,理学家对基督教思想从各个方面掀起了辩证与反诘。由于利玛窦在传教之初即采取“迎儒排释”的态度,所以当即便引起了佛教徒的反诘,加上两教思想大前提不同,所以佛教教徒也加入了这次辩证,争论的焦点集中在宇宙本体问题上。

颇让人深思的是,上述理佛与西方宗教神学的争辩在偃旗息鼓之后,便沉寂无声了,未尝互相发生影响,这与中国以往的历史不同。儒道两家,在春秋战国时,已形成两派最大势力,彼此攻击诋毁,较之明清间理佛耶之争,实有过之而无不及;佛教东来之后,也曾激起一大波澜,凡是儒生,无不辟佛自重。这些笔墨官司,载在史册,班班可考。但积久之后,儒道佛竟能相得益彰、兼容并包,汇成三教合一的新学说。[①] 基督教传入中国也经过了这种激烈的论争,却为何不能与理佛思想彼此影响互容呢?“尝谓中国人之根性,重视理论之探讨,不重宗教形式之成立。……因其不重视宗教形式,故无确定之教条。既无确定之宗教信条,自无深固门户之见。既无深固门户之见,固凡理相通说相合者,均可兼容并收。儒道佛三家,其在中国能互生影响者,此其最大原因。基督教传入中国时,宗教之形式已成立,教条已确定,不易容纳外来意见,固不易受其他理论之影响。因其为超然的教派,固始终走不到中国社会里层去。中国固有之文化,在此方面亦始终不能受其影响。”[②]

科学发展既是世界近代文化的特征,也是国家富强的必备条件。明清时代,传入我国的西方科学知识已具大体,然而尽管有徐光启、李之藻、康熙等奋发倡导于前,却

---

① 张维华:《明清之际中西关系简史》,齐鲁书社 1987 年版,第 257—271 页。
② 张维华:《明清之际中西关系简史》,齐鲁书社 1987 年版,第 271 页。

终未能畅达其学,以致乾隆之后渐渐衰没无闻,犹如涓涓之泉,不出百里而涸竭中途。"自来中国一般人之思想,多偏重于'人'的方面,而不注意于'物'的方面,换言之,即专在社会科学上用功夫,而不在自然科学上用功夫也。晚明之际,学人喜谈心性;乾嘉之际,学人喜谈经术。学问正宗,自中国人视之,大抵不外乎此。至若天文、历算、物理之学,均属末技,不为学人所重视也。在此种空气中,自西方传入之所谓西学,其不能发扬广大,乃为自然之趋势。西方学术,原对科学颇为重视,在其传入中国之后,尚不足见重当时,则与科学俱来之其他学问,自又不在中国人眼目中矣。凡一国民,俱有其传统之思想习惯,合于此种思想习惯之学术,易于滋育生长,不合于此种思想习惯之学术,必至中途夭折。西来之学乃中国所不欲讲说者也。鸦片战争而后,西人以巨舰利炮打进中国之边疆,而侵及内部,国家生命,危如累卵,国人始知空言经术,不足以救国,而注意于西方各国所以致富致强之原因,于是有维新之运动。自清末同光以迄于今,忧国之士,未尝一日不念及此。……由是知徐、李等辈之提倡西学,乃具有超时代之目光,而国人之不知理会,实乃有所蔽也。"[①]

第二节　明清时期中国文化对西方的海路输出和影响

以悠久、丰富和灿烂见称于世的中国文化在欧洲国家的传播和影响源远流长。但大规模和初具近代意义的传播和影响,则在明清时期。明中叶(16世纪中叶)以后,虽然明清封建政府实行过海禁政策,但仍然开放广州口岸,准许中外商人在广州进出口贸易。贸易航道同时也是文化传播的通道。明中叶以后,随着葡萄牙、西班牙、荷兰、英国等欧洲国家的商人来中国广州通商和中国商人出海贸易,大批的耶稣会士也纷纷随商船来中国进行传教活动。耶稣会士为了达到传教的目的,注意学习中国语言文字和古典经籍,努力了解中国的传统文化;又因发生"礼仪之争",使他们重视研究中国儒家哲理思想,对中国的经籍进行翻译和诠释,并向他们自己的祖国传播。他们在欧洲掀起研究汉学(Sinology)的热潮,使中国传统文化在欧洲各国广为传播,产生了强烈而深远的影响。

一　儒家哲学思想对德国古典哲学的影响

著名的耶稣会士罗明坚(Michel Ruggieri)、利玛窦(Matteo Ricci)等经澳门进入广州,到肇庆、韶关、南京、北京等地传教时,为传教需要,十分注意研究儒教、道教和佛教,崇拜儒家哲学的自然神观。他们研究孔子的思想,翻译儒家的经籍,撰写解释儒家思想的专著,向欧洲国家介绍儒家的哲学思想。如比利时会士柏应理(Phillppus Couplet)于1681年著《中国之哲学家孔子》(*Confucius Sinarum Philosophus*)一书,共分四大部:第一,柏应理上法王路易十四书;第二,论原书之历史及要旨;第三,孔子传;第四,《大学》《中庸》《论语》译文。本书既向西欧国家介绍了儒家的经籍,又略举其重要注疏,便于欧洲人民接受。接着比利时会士卫方济(Franciscus Noel)著《中国哲学》

---

① 张维华:《明清之际中西关系简史》,齐鲁书社1987年版,第286—287页。

（*Philosophus Sinica*）和翻译《四书》《孝经》《幼学》，向法国介绍了他研究儒家哲学的心得。德国古典哲学家莱勃尼兹（Gofuried Wilhelm Leibniz），于1687—1690年，在罗马邂逅结识意大利闵明我（Philippus Maria Grimaldi）等一批从中国传教回去的耶稣会士，并从他们手中得到中国儒家经籍资料，从此发奋研究中国哲学，于1697年写成《中国近事》（*Novissima Sinica*）一书，全面地向欧洲国家介绍中国的哲学思想和文化，高度称赞中国文化之伟大，说："我们从前谁也不相信在这世界上还有比我们的伦理更完善，立身处世之道更进步的民族存在，现在从东方的中国，竟使我们觉醒了。"他在书中又指出，中国儒家哲学是超过欧洲哲学的，说："欧洲文化的特长在于数学的、思辨的科学，就是在军事方面，中国也不如欧洲；但在实践哲学方面，欧洲人就大不如中国人了。"于是，他向欧洲国家的有识之士呼吁："我甚至认为，必须请中国派出人员，前来教导我们关于自然神学的目的与实践。"①莱勃尼兹汲取了中国儒家的哲学思想，开创了德国古典思辨哲学，后来又传授给他的学生沃尔夫（Christian Wolff）。沃尔夫把思辨哲学进一步系统化、理论化，首次将哲学分为本体论、宇宙论、心理学、自然神学、伦理学、经济学、政治学七部分，认为哲学的一切原理皆可用数学或演绎的方法建立起来。沃尔夫的思辨哲学为他的学生康德（Immanuel Kant）所接受，从而创立了德国古典哲学。以后的菲希特（Fichte）、谢林（Schelling）和黑格尔（Hegel）等人在莱勃尼兹辩证法思想的影响下，创立了德国古典哲学的辩证法思想。这就说明，德国古典哲学的创立是受到中国儒家哲学思想的影响的。法国"百科全书派"（Malebranche）的部分思想家如荷尔巴旭（d'Holbach）、波勿尔（Poivre）、魁斯奈（Francois Quesnay）等人，经常在耶稣会士的报告、书札中探讨中国儒家哲学的实质，从而受到中国无神论、唯物论和自然主义等思想的影响，而成为法国大革命哲学思想的基础。

二 中国的重农主义对法、英古典政治经济学的影响

中国以农立国，历代君主提倡以农为本，实行重视农业的政策。这种经济思想传至欧洲后，为18世纪法国资产阶级重农学派（Physiocartis）学说的形成提供了条件。重农学派的创始人魁斯奈被誉为"欧洲的孔子"。他从传至欧洲的中国古籍中，研究伏羲氏、尧、舜和孔子的思想，于1767年出版了《中国的专制制度》一书，以七章的篇幅系统介绍了中国文化。在第八章列举了24条道理呼吁欧洲国家向中国学习，说："中国的法律是以自然律为依据的，无论从物质或道德方面看来，都是十分有益于人类的"，中国"在自然法上达到了最高的成就"。他高度赞扬中国的重农思想和重农政策，要求法国政府改变轻视农业和束缚农业发展的现状，倡导"中国化"。他利用充任御医的方便，极力鼓动法王路易十五仿效中国皇帝举行春耕"藉田"的仪式。他深受《周礼》一书均田贡赋法的启示，主张法国应像中国一样向土地所有者征收田赋，以提供国家所必需的赋税。② 可见中国重农思想和政策对法国重农学派的形成影响之深。重农学派的改革家、法国财政大臣安·罗伯特·雅克·杜尔哥（Anne Robert Jacques Turgot）继承和发展了魁斯奈的思想，认为农业劳动是一切财富的唯一源泉，是其他各种劳动

---

① 转引自沈福伟：《中西文化交流史》，上海人民出版社1985年版，第449页。
② 《魁斯奈经济著作选集》，商务印书馆1979年版，第412—414页。

所以能够独立经营的自然基础和前提。为了更充分了解中国的重农思想,他委托在法国留学的两名中国籍学生(也是耶稣会士)杨德望、高类思回中国后,为他收集中国的土地、劳动、资本、地租、赋税等农业经济的资料 30 条;造纸、印刷、纺织等工艺资料 15 条;自然地理、物产资料 7 条,以便为法国进行财政改革做参考。杨、高回国后,汇编了《北京教士报告》出版,为杜氏改革法国财政提供了重要的参考。杜氏最后写成《关于财富形成和分配的考察》专著,系统地阐明重农主义的学说,第一次在农业劳动领域内正确回答了剩余价值问题。耶稣会士还根据重农学派的要求,在中国收集有关中国的水稻、桑树、茶叶等农作物栽培技术等资料寄回法国。钱德明(Joan Joseph-Maria Amiot)还写了《中国乾隆帝和鞑靼权贵的农业观》一书,于 1770 年在巴黎出版,给重农学派极深的影响。而此时,英国古典经济学家亚当·斯密(Adam Smith)到法国旅游,认识了魁奈斯和杜尔哥,从他们那里了解到中国重农主义的经济思想和有关资料,吸收了中国的重农思想并运用了颇多的中国资料,于 1776 年写成和发表了其代表作《国民财富的性质和原因的研究》(简称《国富论》),抨击欧洲流行的重商主义理论和政策,对英国的经济政策起过重大的作用。

三 中国古典经籍的西传和影响

耶稣会士在中国传教过程中,攻读中国古典经籍,并把中国经籍翻译成西文出版发行,使之在欧洲各国得以传播。1593 年,利玛窦率先将"四书"译为拉丁文寄回意大利出版,书名为 *Fetrabiblion Sinense de Moribu*,这是中国经籍最早的西文译本。1626 年,比利时会士金尼阁(Nicolaus Trigault)译"五经"为拉丁文,在杭州印行。意大利会士殷铎泽(Prosper Intercetta)和葡萄牙会士郭纳爵(Ignatius da Sinica)两人合译《四书》,把《大学》译名为《中国之智慧》(*Sapientia Sinica*),于 1662 年在建昌出版。后殷铎泽又译《中庸》,名为《中国之政治道德学》(*Sinarum Scientia Politicomoralis*)于 1667 和 1669 年分别在广州及印度果阿出版。1711 年,卫方济以拉丁文翻译《四书》《孝经》和《幼学》,由布拉格(Prague)大学图书馆印行。康熙末年,法国会士马若瑟(Jos-Maria de premare)节译《书经》《诗经》出版。1752 年左右,法国会士孙璋(Alexander de La Charme)翻译《礼记》出版。1770 年,法国会士宋君荣(Antonius Goubil)翻译《书经》在巴黎出版。1834 年,法国会士雷孝思(Joan-Bapt Regis)翻译《易经》,由莫尔(Mohl)出版第 1 册,1839 年出版第 2 册,名曰《中国最古之书〈易经〉》(*l-King, antiquissimus Sinarum Liber*),全书分三卷,第一卷用 11 章的篇幅讨论《易经》的作者、《易经》之价值及其内容、伏羲所创之卦、与五经之价值;第二卷为《易经》原名及注疏之翻译,第三卷为《易经》之批评。此外,还有雷氏拉丁文《易经》注疏第一卷《评论》(*Dissertrationes et notae Griticae in primam partem Commentarii*),现在梵蒂冈图书馆还藏有关于耶稣会士研究《易经》的中文稿本 14 种,名曰:《易考》《易稿》《易引原稿》《易经一》《易学外篇》《总论布列类洛书等方图法》《据古经考天象齐》《天象不均齐考古经籍解》《大易原义内篇》《易钥》《释先天未变》《易经总说稿》《易考》(重)、《太极略说》等。

在 16—18 世纪,中国传统文化在欧洲国家传播广泛、影响深远,其最重要的体现为耶稣会士所译、编、著的中国书籍传至欧洲各国。据不完全统计,在明中叶以后的

200 年间,耶稣会士译著中国书籍不下七八十种。这些著作至今仍然保存在欧洲国家各大图书馆中,继续发挥着中国文化传播和影响的作用。

四 中国语言文字与古典文学的西传和影响

耶稣会士为了研读中国的古典经籍和学习掌握中国的语言文字,以拉丁文编写了中国的文法书籍和字典,寄回欧洲国家出版,为欧洲国家的学者学习中国文化提供方便。例如,意大利会士卫匡国(Martinus Martini)编写的《中国文法》(*Grammatica Sinica*),开了中国文法西传的先河,现仍保存于格里斯哥大学亨得尔(Hunter)博物馆。1681 年,比利时会士柏应理(philippus Couplet)回国时,曾以此书指导德国医生闵采尔(*Christian Mentzel*)研读中国语文。闵氏又据此编写一本《汉文入门》(*Clavis Sinica*)在德国印行,为德国人学习中文提供方便。1728 年,法国会士马若瑟在广州编著成《中文概说》(*Notitia Lignuae Sinica*)一书,对于汉字之构造和性质进行详细的论列,举例达 13000 余条,成为西欧国家研究中国文字学的鼻祖。马氏以其书寄给法国学者傅尔孟(E. Fourmont)校阅,傅氏又据此自编《中国文典》一书,于麻六甲英华书院印行,1894 年香港纳匝肋书局重印发行。其书博大缜密,后有各国译本,至今仍流行于欧洲各国。1685 年,闵采尔还在德国出版《拉丁汉字小字汇》(*Sylloge Minutiarum Lexici Lation-Sinico Characteristici*)和《中国字汇式例与文法之建立》(*Specimen Lexici et Grammatica Institution*),至今仍藏柏林国家图书馆。1813 年,法国驻广州领事德经(Christian L Joseph de Guignes),奉拿破仑之命编成《中法拉丁字典》,由巴黎王家印刷所出版,1853 年重印于香港。1762 年,罗马教廷传信部出版奥斯定会士 P. Horatius della perma 和 Cassia us Beligatti di Macerata 两人合著的《藏文字母》,以拉丁字母注藏音。1773 年,Beligatti 又以拉丁文著西藏文法研究,编著《唐古文及西藏之初学》(*Alphabetum Tangutanum Sive Tibetanum*)一书,为欧洲国家学者学习中国藏族文化开辟了道路。乾隆时,法国会士钱德明(Joan Joseph-Maria Amiot)编著《满洲语文法》,孙璋(Alexander de La Charme)编著《汉蒙对照字典》,为欧洲国家的学者学习和研究中国满、蒙文化提供了工具。

中国文学也随着外国商人来中国贸易而向欧洲传播。1719 年,在广州经商和居住多年的英国商人魏金森(James Wilkinson),将中国小说《好逑传》翻译成英文(其中有 1/4 译成葡萄牙文,后经英国文人汤姆士·潘塞改译成英文),于 1761 年在英国出版发行,书末附录《中国戏提要》《中文谚语集》和《中国诗选》共四册,向英国介绍了中国文学的发展和成就。1766 年由署名 M 的一位法国人译成法文,慕尔(Marr)译成德文,使《好逑传》传播更为广泛,并被评为"十才子书"中的第二才子书。1732 年,马若瑟将元初纪君祥著的元北曲《赵氏孤儿大报仇》一书译成法文,取名《中国悲剧赵氏孤儿》(*Tchao-Chi-Cou-euih, ou L'Orphel in de La Maison de Tchao, Tragedie Chinoise*),于 1734 年在巴黎《法兰西时报》(*Mercure de France*)杂志刊登了一部分,第二年,译本收入杜赫德(Jean Baptiste du Halde)著《中华帝国全志》(*Description Geographique, Historique, Chronogique, politique et physlque de L'Encpire de La Chine et de La Tratarie*)的第三卷,《赵氏孤儿》由于《中华帝国全志》的英译本(1736 年)、德译本(1747 年)和俄译本(1744 年)相继出版而流行欧洲并风行一时。1753 年,法国著名启蒙思想家、作家、哲学家伏尔泰(F. de Voltaire)将《赵氏孤儿》改编成新剧本《中国孤儿》(L'orphelin de La Chine),于 1755 年 8 月 20 日在巴黎上演。德国著名文学家歌德(Goethe)亦将《赵氏孤儿》和《今古奇观》改译编成剧本《埃尔彭罗》(Elpenor)在德国上演,轰动一时,备受各界人士的赞扬。歌德还十分喜欢《好逑传》,高度评价中国像《好逑传》这样好的小说还不少,说:"中国人有千万部这样的小说,他们开始创作的时候,我们的祖先还在树林里生活呢!"①歌德还于 1827 年开始将中国抒情诗移植到德国,根据中国的一些诗意写成《中德季日即景》,诗中沉浸着他对孔子、老子哲理思想的仰慕,产生了中西文学在 19 世纪初的共鸣。

五 中国医学的西传和影响

耶稣会士对中医学和中草药感到神奇而纷纷加以研究,并把中医学书翻译或编译传回欧洲(1671 年),在广州居住的一名法国人将晋朝名医王叔和的著作《脉经》翻译成法文,名为《中国脉诀》寄回格莱诺布尔出版。1658 年,波兰医生卜弥格(Miehael Boym)写成《中医津要》(Clavis medica ad Chinarum doctrinam de pulsibus)一书,内容包括翻译《脉经》和介绍中医以舌苔、气色诊病法,并列有中药 289 味。这本书于 1688 年出版后,译成欧洲各国文字相继出版,流传极广。从此,中医学成了欧洲人的一种新知识,风靡一时。上述杜赫德的《中华帝国全志》第三卷便是中医专辑,共译出《脉经》《脉诀》《本草纲目》《神农本草经》《名医必录》《医药汇录》等著作和许多中医处方,介绍了中国医学的独特医术。从此,欧洲人掀起学习中医知识的热潮,给西欧近代医学、动物、植物学和进化论以深刻的影响。19 世纪英国伟大的科学家达尔文(Darwin)著《人类的由来》(The Descent of Man)一书时,就引用了清初翻译成德、法、英、拉丁、俄文译本的《本草纲目》一书中关于金鱼颜色形成的资料来说明动物有人工选择问题。他在另一本著作《动物和植物在家养下的变异》一书的第二章"人工选择"中,也一再提到"上一世纪耶稣会士出版的那部主要是辑自中国古代百科全书的伟大著作"(指《本草纲目》)②。据统计,在达尔文的著作中,提到中国中医学和植物学的达 104 处之多③,说明中国医学和植物学对达尔文的进化论影响甚大。法国耶稣会士钱德明来广东和北京后,很留意中国的实用植物学,他潜心研究靛青和用槐花做黄色染料,并于 1747 年把资料寄回法国。韩国英(Martialus Cibot)在中国曾注意研究中国的动物、植物,积极采集中国植物标本,其中在澳门采集 144 种,在内地采集 149 种,于 1780 年寄回法国,现在仍保存在巴黎自然历史博物馆。约瑟夫最早把广东的荔枝引进到法国去种植。中国的柑橘树亦由葡萄牙耶稣会士移植到里斯本圣洛伦(St·Laurent)公爵邸宅种植。中国的植物嫁接技术资料也在这个时期传到欧洲,使 18 世纪欧洲园圃面貌焕然一新。

六 中国工艺美术的西传和影响

16 世纪至 18 世纪,经广州起航点至印度果亚(Goa)到里斯本航线贸易运往欧洲

---

① 转引自沈福伟:《中西文化交流史》,上海人民出版社 1985 年版,第 469 页。

② 参阅《北方论丛》1981 年第 4 期。

③ 潘吉星:《中国文化的西渐及其对达尔文的影响》,载《科学》1959 年第 10 号。

的中国丝织品、瓷器、漆器等货物,既是精湛的高级消费品,又是优美绝伦的工艺品,深受欧洲各国的欢迎和称赞。特别是各国君主均酷爱中国的瓷器,法王路易十四命令其首相马扎兰创办中国公司,派人到广州订造标有法国甲胄纹章的瓷器,在凡尔赛宫设专室陈列展览。德国一些洛可可(Rococo)式的宫殿也以收藏华瓷炫耀一时。英国女王玛丽二世更醉心于中国瓷器,在宫内专设玻璃橱陈列各式华瓷。有鉴于此,欧洲各国纷纷掀起仿造中国瓷器的热潮,并有专家对瓷器进行分析研究,撰著专书加以阐释和宣扬,使中国的工艺美术得以在欧洲广为传播,深有影响。1677 年法国人查尔定(Chardin)在希撒诺(Pierre Chicaneau)开设瓷厂,仿照中国瓷器工艺,制造出青花软质瓷。1717 年,在江西传教的耶稣会神父殷宏绪(Pierre d'Entrecolles),将景德镇的高岭土标本寄回法国,1750 年,杜尔列昂公爵下令在法国勘察和开发瓷土,1768 年发现了类似景德镇高岭土的瓷土层,即设塞夫勒瓷厂制造出硬质瓷器。英国于 1750 年在斯特拉福设立鲍瓷厂,生产出第一批软瓷。1768 年又在博屋(Bow)设立"新广州瓷厂",招收工匠 300 人,利用从广州运去的制瓷设备,仿制出中国硬质瓷器。这批瓷器把崇尚超脱、纯朴的中国彩色花纹工艺和洛可可工艺风格结合起来,浑然一体。此后,广州还特制了具有中西工艺风格的瓷盘外销,周缘按等分绘四种不同的五彩图案,供欧洲国家主顾挑选确定加工样式。所绘题材有纹章瓷、神话、宗教和风俗画中的人物画、船舶图和花卉等。1974 年英国出版的《中国纹章瓷》一书,便收集了 2000 多件纹章瓷图片,供英国以至欧洲国家的军团、贵族受勋、喜庆典礼之用。

与此同时,欧洲国家也不断仿制中国漆器。例如 1730 年,法国人罗伯特·马丁(Robert Martin)独家仿制中国漆器,以蓝、红、绿和金色为底色,以中国妇女、中式栏杆、房舍和牡丹花为图案,深受法国人酷爱。路易十五的情妇蓬巴杜尔夫人邸宅的漆制家具全用此种有中国工艺特征的作品。耶稣会士汤执中十分注意研究中国漆器工艺美术,于 1760 年发表了《中国漆考》论文(载《法国考古文献学院集刊》第 15 集),附有中国精美漆器图片。中国漆器(特别是福建的漆器)在英国也十分流行而时麾。商人在广州将大块漆板贩运至英国后,改制成屏风,甚受欢迎,甚至有将家具从英国运到广州上漆的。18 世纪的英国上层妇女以学绘工艺美术为时尚,绘漆竟成为女子学校的一门美工课程。1680 年后,英国家具制造商开始仿造中国漆器家具的色彩和图案,制造出一批中国式的家具。著名家具设计师汤姆·齐本达尔(Tom Chippendale)和海普尔·华特(Heppel White)设计和制造的橱、台、椅等家具,全部模仿中国式样,采用上等的福建漆,绘刻龙、塔、佛像和花草等图案。齐本达尔于 1700 年引进福建漆檀木椅,后又模仿中国竹节家具,设计和制造出雅致的屏风。[①] 18 世纪英国的家具被称为齐本达尔时代,直至今天,还可以看到英国家具保存着中国风格的痕迹。英国建筑师威廉·查布斯(William Chambers)到中国考察后,于 1757 年写成和出版了《中国建筑·家具·衣饰·器物图集》(Designs' of Chinese Building, Furniture, Dresses, Machins and Utensils)一书,向西欧国家系统地介绍和宣传中国建筑、家具、衣饰等的工艺美术。中国的壁纸(墙纸)亦于 16 世纪中叶由西班牙、荷兰的商人从广州贩运到欧洲。这种每幅通高 12 尺、阔 4 尺的墙纸上有花鸟、山水和人物图案,甚受英、法等国

---

① Tom Chippendale: The Centleman and Cabinetmaker's Directory, London, 1751.

家顾客的欢迎。不久欧洲也仿制各种中国墙纸,生产大批中英、中法混合式的墙纸。1688 年,法国仿制中国墙纸成功。1734 年,英国出版了一本新法制造墙纸的专著,系统介绍中国墙纸的工艺美术水平。英国虽然能生产墙纸,但工艺仍逊色于中国。所以直至 1766 年,英国还从广州、厦门等地贩运大批中国墙纸供应英国需要。今天伦敦古斯银行客厅内还保存着英使马卡特尼觐见乾隆皇帝后带回去的花墙纸,上面绘有 302 个各不相同的栩栩如生的人物,表现了中国极高的传统工艺美术。中国丝绸的工艺美术更为欧洲国家的妇女所艳羡。特别是刺绣工艺在洛可可风行时期,竟取著名的科布林花毡而代之。直到 18 世纪,里昂生产的丝绸仍保持着强烈的中国工艺美术风格。

七 中国绘画和建筑艺术的西传

中国绘画和建筑艺术对西欧国家的影响远远超过工艺美术。明清时期中国的山水、人物画成为欧洲著名画家的摹本。例如法国最杰出的画家华托(Jean Antoine Watteau)的作品,常常仿照中国画那种黯淡的流云和纯朴的山景构成画面中烟雾迷蒙的韵致,被人誉为深得中国作画六法之佳作。他所作《孤岛帆阴》,陈列在卢浮美术馆,更是一派中国绘画风格。其他具有中国画情调的画家还有倍伦(Berain)、基洛(Gillo)、彼里门(Pillement)等。英国著名画家柯仁(John Robert Cozen)的水彩画亦深受中国画风的影响,他的设色山水,与中国画毫无二致,常常用棕灰为底色,再涂上红、蓝二色烘托。他作画时还仿中国画家好用毛刷蘸色和墨,以墨草图,使水彩画在欧洲初期发展时,显出了特色。其学生特涅(Turner)等人的人物水彩画,亦继承了他的笔法。另一位著名画家康斯保罗的作品也深受中国画之影响。其杰作《绿野长桥》,洒脱而出,一如中国江南风光。直到 19 世纪,法国的印象派画家仍然受到中国画风的感染,常用中国的泼墨法作画。其中莫里斯(Malisse)尤其以模仿中国瓷器工艺美术画见长。

中国的建筑艺术和风格在西欧国家的影响也是广泛而深远的。特别是中国的庭园艺术匠心独运、迎合自然的风格,更使欧洲的布置呆板、单调的园囿建筑大为逊色,因而欧洲国家仿照中国建筑艺术和风格建设房屋和园囿,蔚然成风。德国华肯巴特河旁边的费尔尼茨宫(pillnitz),开了按照中国式屋顶建筑的先河,以后德国波茨坦和荷兰、法国、瑞士等国家也多竞相修筑中国式的钟楼、假山、石桥和亭榭。上述英国建筑师威廉·查布斯在他所著《东方园艺》(*A Disertation of Oriental Gardening*,1772)一书中,高度赞美"中国人设计园林的艺术确实是无与伦比的。欧洲人在艺术方面无法和东方灿烂的成就相提并论,只能像对太阳一样尽量吸收它的光辉而已"。1750 年,他为丘城(Kew)设计一座中国式庭园——丘园,园内有湖,湖中有亭,湖旁有耸高 163 尺的十层四角形塔,角端悬以口含银铃的龙。塔旁建有孔子楼,图绘孔子事迹,一派中国建筑风格。1763 年,他把丘园的建筑撰写成专书《丘园设计图》(*Plans,Elevation, Section and Perspective Views of the Garden and Building at Kew in Survey*)出版。另一建筑师哈夫佩尼(W. Halfpenny)也出版了《中国庙宇、穹门、庭园设施图》(*New Designs for Chinese Temples,Triumphal Arches,Gardenseats,Palings*,1750),系统地介绍中国的庭园建筑艺术,使中国庭园建筑在英国日臻完善,被誉为"中英式花园"①。1773 年,德国派出园林设计家西克尔(F. L. Sekell)亲到英国研究中国庭园后,于同年出版了温塞(Ludaig A. Unzer)所著《中国庭园论》(Uber die Ghinesischen Gartten),以示德国对英国新兴的中国式建筑应迎头赶上之意。此后,卡赛尔(Kassel)伯爵即在威廉索痕(Wilhelm-Shohe)建筑木兰村(Moulang),村旁小溪起用中国名字吴江(Hu-Kiang)。村中一切建筑风格和艺术均模仿中国,俨然江南苏州园林。中国庭园建筑艺术对德国的影响跃然可见。

八　中国风俗的西传和影响

随着中国茶叶从广州出口贩运至欧洲国家后,中国饮茶的风气也传至欧洲。1610 年,荷兰首先兴起饮茶的风气,1636 年普及至法国巴黎,1650 年在英国伦敦成为社会习惯,1659 年传到莫斯科。1685 年,海牙有一位医生编写了一本《奇妙草药——茶叶》专书,向欧洲国家介绍喝茶的方法和好处。到了 17、18 世纪,饮茶成为英国人的生活习惯,每年从广州运去茶叶达 2 万磅,19 世纪初增至 2000 万磅。茶已成为英国人不可缺少的日常饮料,而取代了巧克力。

由于中国轿子贩运至欧洲,乘轿也成为欧洲人的习惯。在法国路易十四时代,贵族官吏出行均兴乘轿。轿顶围帔的质料和色泽,按等级严格规定,以示身份、官职的高低;轿身均以漆绘,流行图案为中国牡丹、芍药等中国花卉。乘轿者多是贵妇人。与中国不同的是,抬轿夫不用肩荷,而以手举,法语说是"抬椅"(Chaise a porter)。"抬椅"习惯还搬上舞台,1659 年出版的莫里哀(Mollere)的喜剧《风流妇女》(Les precieuses ridienles)即为例子。抬椅一直在德国、奥地利流行,直至 1861 年,德国还保存有禁止仆役乘轿的法令,可见中国乘轿之风影响至深。②

第三节　海外移民对中国文化的输出与传播

一　农业手工业移民与生产技术的输出与传播③

明清时代,大量的农业、手工业、服务业等行业的移民在移居地进行着以生产和技术传播为主的经济活动。因此,生产技术的海外传播成为沿海地区与海外移居地社会经济交流的重要内容。

（一）农作物种植及其加工技术的输出与传播

明清以降,中国沿海地区较先进的农业技术和农作物加工技术,随着海外移民传

① 1770—1787 年,法国出版《中英式花园》(Le Jardin Anglo-Chinois)一书,其中有法国宫廷收藏的中国园林宫室铜版图和瑞典使者切弗尔(Cheffer)收藏的 100 多帧铜版图,从此这一专名流行法国。

② 引见黄启臣:《16—18 世纪中国文化对欧洲国家的传播和影响》,《中山大学学报》(社会科学版)1992 年第 4 期。

③ 此部分内容参见杨国桢、郑甫弘、孙谦:《明清中国沿海社会与海外移民》,高等教育出版社 1997 年版,第 73—85 页。

到海外移居地,尤其在东南亚一带最显突出。

1. 生产工具如犁、水车、水磨等的南传

在菲律宾,有着与中国相同的刀耕火种等文化特质,梯田文化即由中国南方传入。[①]

16 世纪中国移民向菲律宾人民介绍使用了中国犁具。[②] 一位英国人对菲律宾的评论中说,他们用的犁具是中国式的,有一个手柄,设有犁头或犁头后的定形铁(犁刀),犁头的上部是扁平的,在耕地时转向一边而发挥功用。[③] 中国移民还把水车、水磨和水牛、黄牛、马、粪肥或其他有机肥料的使用方法带到菲律宾并传给了菲律宾农民。[④] 据载,万历二年(1575 年)菲律宾人开始使用马车做交通工具,"当时菲督派人到中国购买大宗马匹回菲"[⑤]。万历十六年(1588 年),萨拉扎尔主教也提到,中国人运来很多马匹和水牛。[⑥] 从中国输入的水牛,据说比墨西哥引进的牛更能适应菲律宾的自然条件,而且从中国输入途短而价廉,可较大批量地运进,因而成为菲律宾农业的主要畜力。[⑦] 历史学家的研究成果指出,可以断定,在西班牙人到来前夕,菲律宾人已经懂得使用以驯服的水牛牵引的犁。当然,这种水牛来自中国,并且很可能训练它们深而整齐地犁地的技术也是由早期华人首先引进到菲律宾的。[⑧]

在印度尼西亚,爪哇的文登(Tanggerang)地区,当地农民耕田时广泛使用最早由蔡焕玉(Tjo Huan Giok)大力推广的"中国犁"。[⑨] 蔡焕玉于顺治十二年至康熙三十八年(1655—1699 年)在巴城任甲必丹[⑩],可见迟至 17 世纪中后叶,中国犁耕技术已在印尼的一些地区得到广泛推广和使用,而且至今仍采用这种犁。《荷印百科全书》说:"印尼农民在旱田和农园中使用一种入土较浅的犁,叫作中国犁,显然是模仿中国犁制造的。"[⑪]19 世纪初叶,英人斯宾塞·圣约翰爵士在考察上加里曼丹犁耕技术后亦说:"我认为这种高级耕作显然是中国文化的遗迹。"[⑫]可见 19 世纪加里曼丹农民所用的犁还是中国传播的式样。

2. 稻米耕作法

据考证,东南亚原始的稻米种植法,系利用雨季把种子插于田中;在秧苗生长期内既不施肥,亦不除草,稻田里杂草丛生。当地居民以为这些杂草可以支撑稻秆,不致因

---

① 刘芝田:《菲律宾民族的渊源》,东南亚研究所 1970 年版,第 30—57 页。

② 刘芝田:《菲律宾华侨史话》,海外文库出版社 1958 年版,第 47—48 页。

③ Blair and Robertson:Op. Cit. Vol. Ⅵ,p. 128;或巴素:《东南亚之华侨》,中国台北国立编译馆 1966 年版,第 909 页。

④ E. M. Alip:The Chinese in Manila,Manila,1974,p. 50;Nicholas D. Cushner:Landed Estates in the Colonial Philippines,New Haven,1976,pp. 24-26,38,40;赵松乔等:《菲律宾地理》,科学出版社 1964 年版,第 62 页,第 95 页。

⑤ 刘芝田:《菲律宾华侨史话》,海外文库出版社 1958 年版,第 24 页。

⑥ Blair and Robertson:Op. Cit. Vol. Ⅵ,p. 35.

⑦ 黄滋生:《16—18 世纪华侨在菲律宾经济生活中的重要作用》,载《华侨论文集》(广东侨史学会编)第 1 辑,第 351 页。

⑧ Fr. Horacio De La Costa:Chinese Values in Philippine Culture Development,in Charles J. Mccarthy,S. J. (ed.),Philippine-Chinese Profile Essays and Studies. Manila,1974,p. 52.

⑨ Pramudya Ananta Toer:Hoa Kiou di Indonesia,Hal. 120,Bintang Press,Djakarta,1960.

⑩ 许云樵:《历代开吧史记》,《南洋学报》第 9 卷第 1 辑,第 31 页。

⑪ Pramudya Ananta Toer:Hoa Kiou di Indonesia,Hal. 120,Bintang Press,Djakarta,1960.

⑫ 〔英〕巴素:《东南亚之华侨》,中国台北国立编译馆 1966 年版,第 723 页。

结穗而倒坠。收割时只将稻穗摘下,并将晒干后的稻秆与杂草烧成灰以为肥,如此轮作保养。这样的原始种稻法,稻米产量自然不高。[①] 中国移民则把较进步的耕作制和先播种苗、插身成行与除草、施肥、收割及稻草的利用等经验带到东南亚并传授给当地人民。16 世纪下半期中国移民在印尼万丹建立"新村",已从事水稻种植。康熙四年(1665 年),尼霍夫(John Nieuhoff)在巴城看到,那里的中国人"大部分从事打鱼和耕作,尤其是种稻、种蔗和种玉米"[②]。在菲律宾,17 世纪 20 年代后,大批中国移民在中、南吕宋地区种植水稻;崇祯十二年(1639 年)在内湖水畔的卡兰巴一地种稻的中国移民即达 6000 人。一些菲律宾学者对当时华人的农业技术评价甚高,称他们是菲律宾的农学家[③];他们中的许多人成为杰出的园艺匠,甚至在完全荒芜的土地上生产出各种优良的植物。[④] 中国工匠制造石磨,还把用石磨除稻壳法传授给菲律宾人民,"他们用两块石头把糙米的糠皮磨掉,比棉兰姥(Mindanao)人民用木臼捣米的办法便利得多"[⑤]。在越南、柬埔寨,明末移居嘉定、定祥、边和等地的中国移民和当地各族人民一道胼手胝足,开荒辟地,消除森林,浚干沼泽[⑥],使荒山僻壤变为田园耕植之地,进而发展成发达的农业区域,以后又成为世界著名的稻米之仓。[⑦]

3. 甘蔗种植及其加工技术

中国移民把种植甘蔗以及从甘蔗中取糖[⑧]的技术介绍到菲律宾,并传授给当地人民榨糖、制糖的方法。他们把用垂直的石碾和铁熬锅的榨糖煎糖技术引进菲律宾,在菲律宾建立了第一家使用这种技术的制糖厂。[⑨] 在印尼,中国移民对甘蔗种植与加工的贡献更为突出,印尼的土壤与气候均极适宜甘蔗的种植,不过在 17 世纪以前,印尼的食用糖多是从桄榔(aren)花梗中的甜液制成的棕榈树糖(gula aren)[⑩],虽然那时当地人能以土法制糖,但生产技术落后,产量很低。印尼制糖业主要是在大量中国人移民爪哇,并把种蔗经验和制糖技术传入当地以后,才逐渐发展起来的。巴素在其著作《东南亚之华侨》中写道:"虽然当地人也用土法制造蔗糖,但将真正的制糖之工业介绍到爪哇来的却是中国人。因此,巴达维亚开埠后不久,谙于其道的中国人便开始在该地设立了制糖作坊。他们利用牛拖或水力推转石磨来压榨甘蔗。"[⑪]杜尔(P. A. Toer)

—

① 陈烈甫:《东南亚华侨、华人与华裔》,中国台湾正中书局 1983 年修订版,第 126 页。

② John Nieuhoff: Remarkable Voyage and Travels to the East-Indies (translate from dutch original),from A. Churchill: A Collection of Voyage and Travels, etc. Vol. Ⅱ, p. 258, London, 1744-1746.

③ E. Rodriguez: Pioneers of Our Agriculture, from Alma, R. Huang (ed.): China and the Philippines, Manila, 1936. (Alip: ten Centuries of Philippines-Chinese Relations p. 26)

④ Rafael Comenge: Los Chinos en Filippines. (from Alip: Op. Cit • p. 26)

⑤ 〔英〕巴素:《东南亚之华侨》,中国台北国立编译馆 1966 年版,第 905 页。

⑥ 〔法〕克洛迪娜·苏尔梦(Claudine Sulmon):《华人对东南亚发展的贡献——新的评价》,载暨南大学华侨研究所:《华侨史论文集》,暨南大学华侨研究所 1983 年版,第 343 页。

⑦ 陈湿泗:《柬埔寨两千年史》,中州古籍出版社 1990 年版,第 542 页。

⑧ Fr. Horacio De La Costa: Chinese Values in Philippine Culture Development, from Charles J. Mccarthy(ed.): Philippine-Chinese Profile Essays and Studies. Manila, 1974, p. 52.

⑨ John Foreman: The Philippine Islands(A Political, Geographical, Ethnographical, Social and Commercial History of the Philippine Archipelago), London, 1899, p. 118.

⑩ 周一良:《中外文化交流史》,河南人民出版社 1987 年版,第 220 页。

⑪ 〔英〕巴素:《东南亚之华侨》,中国台北国立编译馆 1966 年版,第 683 页。

—

也指出:"虽然以往印尼也能以土法产糖,但只有采用了华人先进的制糖工具后,产量才大大地增加,从而促进了当地人民的经济繁荣。这种新的工具就是在中国所普遍采用的水力榨糖机(Kilang air),在没有水力时也可以用畜力来代替……到现在它仍是西爪哇和西苏门答腊制糖加工业的主要工具。"[1]崇祯十年(1637年),荷印公司决定在巴城及其郊区一带建立制糖磨坊,中国移民容观(Jan Kong)创办了巴城首家制糖磨坊,利用水力和畜力推动石磨榨糖。此后,巴城蔗糖产量大增:

> 1637 年(崇祯十年): 　　　　　190 余担(12 公吨)[2]
> 1648—1649 年(顺治五至六年): 　2000 担(245000 磅)[3]
> 1649—1650 年(顺治六至七年): 　近 5000 担(598221 磅)[4]
> 1652 年(顺治九年): 　　　　　　12000 担(1500000 磅)[5]
> 1659 年(顺治十六年): 　　　　　13200 担—13800 担[6]

17 世纪,三宝垄地区也已有中国移民开设的甘蔗榨糖厂,并租用当地居民的旱地来种植甘蔗,同时也从当地乡村居民中采购甘蔗。[7] 爪哇甘蔗制糖业不仅始自中国移民,而且在长达两个多世纪中一直由中国移民大规模经营[8],并直接或间接地影响着爪哇中国移民的入境数量和荷兰殖民政府各项限制移民禁令的效果。[9]

4. 引进胡椒栽培法

16 世纪万丹中国移民即从事胡椒种植,并采用先进的种植方法,使万丹成为胡椒的盛产地。杜尔(P. A. Toer)指出,"对于胡椒的生产,由于华侨采取了一套完善的先进种植技艺,极大地提高了产量",比用旧法种植增产率达 100%。他接着强调:"正是因为 16 世纪采取了这种先进、优越的种植技艺,简直是魔术般地使万丹成为世界上最大的胡椒生产地,并且提高了它的国际贸易地位,从而成为世界贸易中心。"[10]17 世纪末和 18 世纪最初 10 年,中国移民把胡椒种植传入加里曼丹时,结合中国园艺管理中的除草、施肥、剪枝、去叶等方法,又改良了南洋地区以往一般的胡椒种植法,以提高胡椒的产量。佛瑞斯特(Thomas Forrest)在其航海记中对中国移民种植胡椒的方法有一番详细的描述:

> 他们和苏门答腊的习惯不同,不让胡椒蔓茎盘绕在榛栗树上;而是在地上插一根竿子,或是短而坚硬的柱子,俾使蔓茎的滋养不致受到剥夺。华侨对蔓茎行列间的空地能保持得十分清洁;我曾看见他们把蔓茎上的叶子摘掉;据说他们这样做是为了让

---

① P. A. Toer: Hoe Kiau di Indonesia, Hal. 121-122. Bintang Press, Djakarta, 1960.
② Vlekke: Nusantara, p. 289, 转引自韩振华:《荷兰东印度公司时代吧达维亚蔗糖业的中国雇工》, 载《华侨历史论丛》(福建华侨历史学会编)第 2 辑, 1985 年 6 月版。
③ Kristof Glamann: Dutch-Asiatic Trade. Copenhagen, 1958, pp. 156-158.
④ Kristof Glamann: Dutch-Asiatic Trade. Copenhagen, 1958, pp. 156-158.
⑤ Kristof Glamann: Dutch-Asiatic Trade. Copenhagen, 1958, pp. 156-158.
⑥ 温广益、蔡仁龙等:《印度尼西亚华侨史》, 海洋出版社 1985 年版, 第 100 页。
⑦ 〔印尼〕林天佑(Lien Thiam Joe):《三宝垄历史——自三保时代至华人公馆的撤销(1416—1931)》, 李学民、陈巽华译, 暨南大学华侨所 1984 年。
⑧ G. C. Allen and A. G. Donnithorne: Western Enterprise in Indonesia and Malaya: A Study in Economic Development. New York, 1957, p. 78.
⑨ P. J. Veth: Jave, Vol. I, p. 134.
⑩ P. A. Toer: Hoa Kiau di Indonesia, Hal. 120-121.

胡椒粒子得到更多的阳光。我曾数过每一个根茎上面的胡椒粒,多达 70 到 75 个——比苏门答腊者为多。[1]

利用改良的种植法,既可增加每株胡椒树的产量,还可利于合理密植,"根据殖民地时期的统计,在邦加(Bangka)的胡椒园,那些采用先进生产技术的,每公顷可栽种 2500 株;但那些采用旧法的地方,如苏门答腊的楠榜(Lampung),只有 1200 株"[2]。很显然,中国移民带来的先进的园艺管理方法,与胡椒栽培法的改进和印尼胡椒产量的提高密切相关。

此外,中国移民还在整个东南亚经营果园,种植蔬菜供出售,他们供应各种新鲜的蔬菜,并把大豆、卷心菜、小青豆、芹菜、白菜、韭菜、萝卜、芥菜以及荔枝、龙眼、柑橘、中国柚等蔬菜、水果的新品种及其种植和加工技艺传进东南亚各地。[3] 总之,中国某些农作物品种以及种植和加工技术的传入有助于东南亚的土地开发和农业生产。

(二)手工制造技艺的输出与传播

中国人移民海外后,不少人从事各种手工行业,如裁缝、织染、刺绣、制皮、制造家具、打铁、打银、制锁、修锁、打铜、打锡、制马具、钉书、制砖瓦、打石、烧石灰、做泥水、制蜡烛、油漆、制鞋修鞋、制帽、制灯笼、编篾、酿酒、榨油、制糖等。[4] 正如著名的海盗和探险家丹庇尔(William Dampir)在亚齐所看到的情形:"……他们并带来一些工匠,即木匠、细木匠、漆匠等等。这些工匠到后,立即开始工作,制造柜、屉、橱以及各种中国式的玩具;不久就在他们的作坊中都做好了,于是他们立刻开始营业,把那些东西摆在门口兜售。"[5]因此,到东南亚从事手工制造业的中国移民一般都具有既是工匠又是商贩的双重职业,他们不仅出售自制的手工产品,也把当时某些较先进的中国手工技艺和科学生产技术传授给当地人民。有记载明初洪武十二年(1379 年)一位名叫辛榜(Simpang)的中国移民教菲律宾人制造"土巴酒"的方法,用曲刀割裂树花,把它的汁放到竹筒中酿成,这种酒直到今天还为菲律宾农民所乐饮。[6]

荷兰入侵爪哇以前,中国的糖浆炼酒法已传入万丹。《荷印百科全书》记载,中国人把甘蔗酿酒法传入印度尼西亚,用酒曲和酵母使糖浆发酵,可以提炼出含酒精 66% 的烈性美酒。[7] 费慕伦(Vermeulen)博士在其《红溪惨案本末》一书中亦说,荷兰人到达万丹时,"万丹的华侨不但忙于经营商业,而且勤于经营农业(种植胡椒)和酿酒业"[8]。荷人初抵西爪哇时,荷兰船员还常到雅加达购买中国移民酿制的酒。巴达维

① Thomas Forrest:《新几内亚和摩鹿加等地游记》,伦敦,Scott,1780 年,第 382 页。转引自〔英〕巴素:《东南亚之华侨》,中国台北国立编译馆 1966 年版,第 724 页。
② P. A. Toer:Hoa Kiau di Indonesia,Hal. 120-121.
③ Alip:Ten Centuries of Philippine-Chinese Relations,pp. 96-97;Alip:The Chinese in Manila,pp. 64-68,Manila,1974;以及克洛迪娜·苏尔梦前引文。
④ Blair and Robertson:Op. Cit. Vol. Ⅶ,pp. 33-34,"Relation by Salazar"(Manila,June 25,1588);pp. 212-238,"The Chinese and the Parian"(Manila,June 24,1590);费慕伦:《红溪惨案本末》,翡翠文化基金会 1961 年版,第 119—120 页。
⑤ Willoam Dampier:Voyages and Discoveries,London,Argorant Press,1931,p. 195.
⑥ 刘芝田:《中菲关系史》,中国台湾台中书局 1967 年版,第 347 页。
⑦ 《荷印百科全书》第 1 卷,第 56 页,译文参阅温广益等:《印尼华侨史》,海洋出版社 1985 年版,第 63 页。
⑧ 费慕伦:《红溪惨案本末》(中译本),第 3 页。

亚建立以后,由于对酒的需求量的增加和制糖业的发展,中国的酿酒技术得到进一步的推广,当地酿酒业尤其是中国移民的酿酒业也开始发展起来。因为"亚力酒的酿制与制糖业密切相关,糖浆是这种烈性酒的主要配制原料"①。不过由于种种原因,"制糖酿酒工业⋯⋯这两个几乎全由华人经营的行业,虽然早在 1614 年已经存在,但到1680 年以后才得以显著发展",在那里,酒成了荷兰东印度公司贸易中重要的专利商品。康熙五十一年(1712 年)巴达维亚周围有 12 家亚力酒厂,且均为中国移民所经营。② 中国人制酒术显得相当重要,以致在红溪惨案后,为恢复市场酒的供应,荷印政府不得不立即招引中国移民重建制酒厂。

中国移民除了在亚力酒酿造业上取得专利并得到很大成功外,还引进了中国人制盐的工艺,在顺治五年(1648 年)荷属东印度政府统治时期,巴达维亚有个叫作"郭玉哥"(Conjok,译音)的中国移民,被给予制造和销售盐的特许权,并且在制盐工业中使用了中国的传统工艺。③

在其他食品手工业方面,花生油制作法和面包制作也都使用中国的工艺。据林天佑的记载,大约在 17 世纪末或稍后的时期,制花生油是三宝垄中国移民的重要工业。他还指出,他们所制的花生油大多提供给当地居民作为烹调之用;另外,乡民也盛行用这种油来照明,因为当时还没有煤油和煤油灯,普通人大多用油盏——一种用陶器做的有脚的油灯。④ 这种油盏与中国旧时称作"灯盏"的点灯器皿十分相似。有趣的是盛油的器具的变化大概也与中国移民的手工艺有关。最初人们用牛胃来装油,后来可能是中国篾箩的编织技艺,而改用了编织很密的箩以及大小不一的竹筒。⑤

菲律宾面包制作工艺的传入源于中国面粉的输入。萨拉扎尔(Salazar)主教十分详细而生动地记述了万历十八年(1590 年)马尼拉市场上制作面包的情形:"中国移民的许多面包师用从中国运来的小麦和精细面粉制作面包,并且在市场上销售或沿街叫卖。这对这个城市大有裨益,因为他们制作优质面包且以低价出售;因而,虽然本地大量生产稻米,但现在许多人改吃面包,这在以前是没有的。他们乐于给人方便;当一个人没钱买面包时,他们就以记账的方式赊给面包。因此,许多士兵整年以这种方式获得面包,面包师们亦按需提供面包。"⑥面包制作和其他面制食品改变了当地人民一向只吃大米及大米制品的状况,丰富了他们的食品结构。

在菲律宾的马尼拉,许多中国移民从事制烛业⑦;在三宝垄,制蜡烛也是中国移民

① Archief der Suiker Industrie Van Ned. Indie,(1923),Vol. Ⅰ,p. 402,from W. J. Cator:The Economic Position of the Chinese in the Netherlands Indies,1936,p. 13.

② W. J. Cator:The Economic Position of the Chinese in the Neterlands Indies,1936,pp. 12-13.

③ Nederlandsch-Indisch Plakaatboed,dl. Ⅱ (1642-1677),bl. 112-123,130-131;见克洛迪娜·萝尔梦(Claudine Salmon):《华人对东南亚发展的贡献——新的评价》。

④ 〔印尼〕林天佑:《三宝垄历史——自三保时代至华人公馆的撤消(1416—1931)》,李学民、陈巽华译,暨南大学华侨研究所 1984 年,第 48 页。

⑤ 〔印尼〕林天佑:《三宝垄历史——自三保时代至华人公馆的撤消(1416—1931)》,李学民、陈巽华译,暨南大学华侨研究所 1984 年,第 48 页。

⑥ Blair and Robertson:Op. cit,Vol. Ⅶ,p. 227.

⑦ Father Juan Cobo's Account,from Alfonso Felix,Jr(ed):The Chinese in the Philippines(1570-1770),Manila,1966,Vol. Ⅰ,p. 135.

的重要手工业。住在该市北华人区和东华人区的中国移民差不多家家都制造蜡烛。①制烛手工业之所以如此普遍,大概是由于当时人们除了油灯外,工作时更喜欢用蜡烛照明,因为蜡烛用起来比较方便。另外,中国移民大多带着迷信的习俗,每到初一或十五都要烧香拜神,据说每家至少要为此消耗两对蜡烛,因此蜡烛的销售量很大。关于蜡烛的制作,林天佑写道:"蜡烛确实是中国发明的,其制作非常简单,所用的原料是水牛或黄牛的脂肪,这些原料来自三宝垄附近的札巴拉、淡目、沙拉笛卡等地,中国商人把当地居民拿到市场出售的动物脂肪买回来,制成蜡烛后又拿到各地去出售。"②在没有电灯的年代,蜡烛制法的传入无疑给当地人民的生活带来许多方便。

中国家具及其制作技艺的传入也给东南亚地区的日常生活带来了诸多变化。威廉·丹庇尔(William Dampier)非常生动地描述了17世纪亚齐的中国木工现场制作细小精巧家具的情形。③ 巴素在谈到中国对缅甸手工业的影响时写道:"为砍凿硬木之用,本地木匠的工具是小手斧、凿子、圆凿、锥子,一把粗锯及一把斧头。缅甸人并采用了中国式的刨子和跨长凳。"④

中国的油漆和颜料使用技艺也传入东南亚。印尼语中的"漆"(tjat、tjet)即从福建语"tjhat"的语音变过来的。⑤ 在缅甸,据成书于16世纪80年代的《西南夷风土记》记载:"……普坎(蒲甘)城中有武侯南征碑,缅人称为汉人地方。……器用陶、瓦、铜、铁、尤善采漆画金。其工匠皆广人,与中国侔。"⑥中国移民把中国式的火钳、大平底锅、小煎锅、碗、水壶、壶等器皿及其制作方法介绍到东南亚⑦,也大大方便了东南亚人民的日常生活,丰富了当地的经济行业。

(三)航海与造船技术的输出与传播

明清时期西太平洋和南太平洋地区的航运业与中国人的关系十分密切。欧洲殖民者东来时发现,中国同东南亚地区间的航运业几乎都掌握在中国人手里。崇祯五年(1632年)暹罗以巴铜王(Prasat Thong)大肆屠杀住在大城(Ayuthaya)的日本人并把大部分日本人驱逐出境之后,暹日之间的贸易也几乎全部转入中国人手中。崇祯九年(1636年)以后,由于日本禁止泰国舵工登陆,国王的货物就不得不通过中国的帆船来运输了。⑧

17世纪中国商人是万丹贵族阶层(Patriciate)的重要组成部分。他们居住在固定的房子里,拥有货仓、船只和奴隶,并让这些奴隶"义男"(Peculium)一起从事海上贸

① 〔印尼〕林天佑:《三宝垄历史——自三保时代至华人公馆的撤消(1416—1931)》,李学民、陈巽华译,暨南大学华侨研究所1984年,第48页。

② 〔印尼〕林天佑:《三宝垄历史——自三保时代至华人公馆的撤消(1416—1931)》,李学民、陈巽华译,暨南大学华侨研究所1984年,第48—49页。

③ William Dampier:Voyages and Discoveries,p. 195.

④ 〔英〕巴素:《东南亚之华侨》,中国台北国立编译馆1966年版,第124页。

⑤ 〔印尼〕林天佑:《三宝垄历史——自三保时代至华人公馆的撤消(1416—1931)》,李学民、陈巽华译,暨南大学华侨研究所1984年,第39页。

⑥ 朱孟震:《西南夷风土记》,第7页。

⑦ E. M. Alip:Ten Centuries of Philippine-Chinese Relations,p. 97.

⑧ G. William Skinner:Chinese Society in Thailand:An Analytical History. New York 1957,p. 9.

易。① 实际上,在 17 世纪期间,南洋群岛的华民船商不仅维持着中国南方和台湾到巴达维亚和万丹间的正常运输,而且在各岛之间也进行贸易。泰国的情况则似乎有些特殊,其皇家船队完全由中国人创建,而从 15 世纪起,船队的最重要位置均被中国人占据,甚至其头衔和职位也用中国人的专用术语。②

因为中国人都是最有经验的航海家,而且只有他们才能与大部分中国口岸接触,因此深受泰国王的重视,有的被聘为皇家船队的代理商,有的还被"授予高官显职"③。

Mandelslo 特别强调,崇祯十二年(1639 年)"国王往海外的代办官员、仓库员和会计员都是华人"④帕那莱大帝(1656—1688 年)期间,为皇室所垄断的商船继续由中国人管理业务。⑤ 康熙十七年(1678 年)的一个暹罗商务报告证实:"国王不论在暹罗或海外的一切航务和商务,均交由华人经理。"⑥半岛的其他国家如柬埔寨,中国商人也掌握了主要的海上贸易。

正是由于中国人参与了东南亚的航运业,他们的驾驶技术完全按照中国方式,因此在航海运输的过程中,东南亚地区充分采用中国人精湛的航海技术显然是可以肯定的。⑦ 而当时的中国船员已积累了相当丰富的航海经验,具有充足的技术力量。《东西洋考》卷九"舟师考"就详细地阐述了中国船员在东南亚的航海经验,其中的东、西洋针路、占验、水醒水忌、是日恶风、潮汐等条目都是实践经验的总结。如"西洋针路"和"东洋针路"对所经国家或地区的针位、更数、水深、所经岛屿、暗礁或浅滩等等都有较明确的记载;"占验"更包括占天、占云、占风、占月、占雾、占电、占海、占潮八大类,这是船员们对与航海有关的天文气象的实际应用。

据康熙十七年(1678 年)版的达厦德神父(Pere Guy Tachand)出游暹罗日记记载,暹罗国王的中国制商船由中国人驾驶,航驶方面也使用罗盘、测钟和探针等仪器。他们也推算航程,有时按照风向针、气流以及在陆地上发现的山脉、沙土的颜色、光泽和混合成分等来推算,乃至其他种种经验都是他们所遵依的法则。⑧ 测锤是当时中国船员普遍使用的一种"以绳结铁"的测深器,即"沉绳水底,打量某处水深浅几托(方言谓长如两手分开者为一托),赖此暗中摸索,可周知某洋岛所在与某处礁险宜防"⑨。

总之,中国的航海技术对于东南亚航海事业的作用十分重要。东南亚人民也不同程度地学习了中国人的航海技术,如印尼武吉斯族人的航海活动中结构精巧的中国罗盘得到了广泛使用⑩;菲律宾苏禄人的船只也几乎全部使用这种中国罗盘。⑪

定居东南亚的中国船员、水手和造船工匠,也带去了中国的造船技术,并在东南亚

---

① J. C. Van Leur:Indonesia Trade and Society,The Hague. 1955. p. 138.

② Charnvit kasetiri:the Rise of Ayudhya:A History of Siam in The Fourteenth and Fifteenth Centuries,Oxford University Press,1976, p. 32.

③ G. William skinner:Op. Cit. ,pp. 9-10.

④ John Anderson:English Intercourse with Siam in the Seventeenth Century:London,1890,pp. 42,426.

⑤ Sarasin Viraphol:Tribute and Profit:Sino-Siamese Trade,1652-1853,London,1977,p. 190.

⑥ J. Anderson:Op. Cit. ,p. 426.

⑦ J. White:History of a Voyage to China,p. 54.

⑧ 〔英〕巴素:《东南亚之华侨》,中国台北国立编译馆 1966 年版,第 162 页。

⑨ 张燮:《东西洋考》卷九"舟师考"。

⑩ H. de la Casta:Asia and the Philippines. Manila,1967,p. 96.

⑪ H. de la Casta:Asia and the Philippines. Manila,1967,p. 83.

与当地人一起从事造船活动。因为造船耗资巨大,海外中国移民大规模的造船活动主要始自清代。① 在东南亚进行造船,一个十分重要的有利条件就是热带森林中有丰富的优质木材。如婆罗洲北岸有不少松木堪作大桅②;吕宋群岛"树木约 4200 种,高约 50 丈,便于建船屋"③,苏禄岛中可作为桅木和厚板的铁力木特别丰富④,暹罗的林木用以造船亦甚坚美等等。此外,中国人还从国内带来了铁钉、桐油、蛎灰、棕和麻等造船材料,这是在东南亚制造中国船所需要的材料。

大约在 17 世纪 70 年代,暹罗的中国移民开始集资筹建或替暹罗封建王公建造远航船只,此时到过暹罗的欧洲人怀特(J. White)指出:"暹罗的船只设计和制造均模仿中国。"⑤另据有关 17 世纪暹罗外文档案,英国东印度公司驻暹罗代表报告说,康熙十八年(1679 年)暹罗航运船只几乎都是中国人建造与经营的。⑥ 18 世纪婆罗洲的中国移民已经开始有效地利用当地的造船资源,佛瑞斯特(Thomas Forrest)写道:"从开辟靠近河口的土地起,他们渐渐向内地进展,并着手砍伐木材,使其顺流而下,飘流到他们所建造的简陋的船坞中去。他们用这些木材建造大而坚固的帆船,用这种船装载货物驶回中国。当他们把这些货物卖掉换得大额款项后,就把帆船卖掉,觅致小型的船只作回程之用,然后再重新开始同样的程序。"⑦于乾隆三十九至四十年(1774—1775年)在婆罗洲观光的杰西先生(Mr. Jesse),曾亲眼看到一艘 580 吨重的帆船,在三月初停置在文莱的一个华人船坞中,到五月底便下水了。杰西还提到华人技师用了 4250元建成这艘船,大约每吨仅用 30 先令,造船之廉价可谓史无前例。⑧ 且不管船价如何便宜,但其时已有中国式船坞(显然是造船厂)的存在,而且造船速度极快。

中国移民在东南亚的造船活动,自然也对当地的造船技术产生了深远的影响,如善于航海的印尼人民学习了中国的造船术,仿制了多种中国类型的帆船。⑨ 这与中国移民在当时传播造船经验是分不开的。中国移民的航海活动与造船技术推动了东南亚各国之间的贸易往来以及移居地与中国沿海地区的商业活动和技术交流。

(四)建筑技术的输出与传播

明清时代,海外移民所携带的中国建筑技术和建筑风格对海外居住地的影响,以菲律宾和印度尼西亚的爪哇最为典型。

16 世纪西班牙占领菲律宾并大规模兴建其殖民据点马尼拉时,大多利用大批涌入菲律宾的中国石匠、泥瓦匠、木匠及其他各种建筑工匠的智慧、勤劳和他们高超的技

① 参阅陈希育:《清代中国的远洋帆船业》(1989 年),厦门大学南洋所油印本,第 11—20 页。
② J. Moor: Notices of the Indian Archipelago and Adjacent Countries. Singapore, 1837, p. 29.
③ 魏源:《海国图志》卷一六〇。
④ J. Moor: Op. Cit., p. 44.
⑤ J. White: Op. Cit., p. 54.
⑥ 《十七世纪暹罗外文档案》卷二,第 209 页,引见田汝康《17—19 世纪中叶中国帆船在东南亚洲》,1957 年上海版。
⑦ 佛瑞斯特(Thomas Forrest):《新几内亚和摩鹿加等地游记》,伦敦,Scott,1780,转引自〔英〕巴素:《东南亚之华侨》,中国台北国立编译馆 1966 年版,第 723 页。
⑧ 〔英〕巴素:《东南亚之华侨》,中国台北国立编译馆 1966 年版,第 723—724 页。
⑨ 《荷印百科全书》第 5 卷,第 422—443、445 页;《印度尼西亚百科全书》(新版)第 1418、3837 页,引自周一良:《中外文化交流史》,河南人民出版社 1987 年版,第 221 页。

艺。菲律宾学者 E. M. Alip 之所以说"我们国家早期的艺术家、雕塑家和建筑师都是中国人"①是有史可考的。

中国人首先介绍了各种建筑材料的制造技术以及建筑房屋的方法。他们制造物美价廉的砖瓦，通常一千块砖只需 8 里尔（reale），虽然他们也懂得利用机会提高砖瓦的价格，但从不会变得过高。② 中国移民还利用牡蛎壳烧制石灰，萨拉扎尔（Salazar）主教写道：

> 起初，如同在西班牙一样，石灰是用石块制成的，但现在中国人利用在海边发现的白珊瑚和牡蛎壳烧制石灰，开始我们不相信这种石灰的质量，但它生产出来后与我们先前制造的一样好，并使本市不再使用他种石灰。这种石灰非常便宜，我们用 4 Realas 购买 12 bushels 的石灰。③

Alip 也写道："许多教堂、修道院、医院和石砌的房屋都是华人劳工建造且由华人设计师设计的。……在古老的教堂和碎裂的石砌大建筑（过去的遗址）里，可以看到中国建筑的痕迹。黎萨尔（Rizai）省的 Morong 和 Tanay 的多层教堂的塔形钟楼；南伊洛科斯（Ilocos Sur）圣玛丽亚的巨石楼梯和教堂；内湖纳卡兰（Nagcarlang）天主教公墓饰以瓦片的铁花格围墙和怡廊（Iloilo）；卡巴端（Cabatuan）教堂的伞形圆屋顶，都是菲律宾受中国建筑影响的不朽表证。"④

在菲律宾各地还可以找到许多具有中国独特风格的建筑物，如内湖 Pagsanjan 旅游胜地入口处有一雄伟的牌楼（这里是 1668 年以前中国人居住的风景如画的小城），以及牌楼顶上的一对摆着作战姿态的中国狮子（似乎随时准备保护这座小城和城里中国人的祖先），以及其他许多中国式庙宇、街道等都明显烙有中国传统建筑的印记。

与建筑有关的雕刻技艺也从中国传到菲律宾。菲律宾家庭中的许多家具如橱、箱、柜等，富于中国式雕刻特征，还有各种木制雕像和家庭神像。⑤ "祈祷用的道具（雕刻过的橱、桌、椅等）绘有龙的图案并镶有象牙，现在被那些显贵家庭视为珍宝，而石狮和石龙则用于菲律宾富裕家庭花园院子的护门神。"⑥ 在 17、18 世纪的建筑物中还可以看到作为尖前饰（post-finial）的砖瓦上的雕刻，也显示出纯粹的中国风格。⑦

明清之际的印尼也建造中国式砖瓦房屋。据载，1530 年（嘉靖九年）在巴城已有很多中国移民盖了美观的楼房，大约一个世纪以后，在三宝垄也建造起用砖作墙、用瓦盖顶的中国住房。⑧ 荷兰人到达万丹时，发现中国移民居住区，四周有坚固的栅栏和堑壕，拥有城中最漂亮的也是唯一的石头建筑物。房子多用砖砌成，每一所都是平式

① E. M. Alip：Ten Centuries of Philippine-Chinese Relations，p. 103.
② Bishop Salazar's Report to the King，from Alfonso Felix，Jr，(ed)：Op. Cit. ，p. 127.
③ Bishop Salazar's Report to the King，from Alfonso Felix，Jx. (ed.)，Op. Cit. p. 127.
④ E. M. Alip：The Chinese in Manila，Manila，1974，p. 60；and his Ten Centuries of Philippine-Chinese Relations，pp. 103-104.
⑤ Alip：The Chinese in Manila，pp. 61-62.
⑥ Alip：Ten Centuries of Philippine-Chinese Relations，p. 103.
⑦ Alip：Ten Centuries of Philippine-Chinese Relations，p. 105.
⑧ J. H. Tops，De Verzicht Van de Javaan Geshiedenis（《爪哇简史》），见《三宝垄历史》，暨南大学华侨研究所 1984 年版，第 37 页。

房屋。① 在印尼各地都有中国寺庙和中国式建筑物。一些清真寺的建筑风格也是中国式的,同时,中国建筑术与印尼建筑术渐渐地混合起来,如梭罗、日惹、万丹等地的清真寺上端(mustaka)为宝塔尖,但与中国南方寺庙一样都是重檐的。② 李炯才(Lee Khoon Choy)也认为:"华南清真寺的建筑和设计与那些相传为三宝太监所建的清真寺,确有相似之处,但却与苏门答腊和马来西亚的圆顶清真寺迥然不同。"③稍后建造的巴城红溪清真寺(Mjid Angke)则已形成中、荷、印尼三位一体的建筑风格了,两角攒尖为中国式,正门口的五级台阶、柱子及屋顶顶石为荷兰式;屋顶和带目格窗则为爪哇式。④

缅甸的"德由格"(即中国传入的百叶窗),张可通风透光,闭可遮雨蔽日,深受当地人民的欢迎。暹罗真河出口处的重要口岸龙仔厝,是中国移民最初定居的城镇,阿瑜陀耶王朝时建造了一所越艾宗古刹,作为一种中暹建筑艺术合璧的寺庙,以门窗雕刻精美,手艺高超闻名于泰国。⑤ 17世纪,居住在暹罗阿瑜陀耶城的中国移民有自己的"中国街"(China Row),而且是全城最好的街道,沿街有100余座用石头或砖块砌墙,以瓦片盖顶的二层房屋,属于中国移民以及一些"摩尔人"(主要指印度、阿拉伯和波斯商人),而城市的其他寓所则多是由竹子和木板条构建的简陋小屋。⑥

明清时期,中国建筑技术或建筑风格有的通过中国移民直接带到东南亚,有的则与当地的建筑技术或风格合璧,有的更掺进了西方殖民者所拥有的建筑技术或风格(特别是在建筑风格和宗教绘画方面),融合成为"三位一体"的建筑风格。中国移民也不只是纯粹的技艺载体,他们在某些方面吸收当时较先进的西方技艺,进而对发展东南亚的建筑业做出贡献。

总之,农业、手工业生产技术相对于商业贸易更直接、更深入地促进了中国人海外移居地社会经济的内在变迁。尽管生产技术的传播是由当地社会经济条件及社会需求性与适应性所决定,但事实已经说明:由中国移民所带来并由他们直接参与的农业、手工业技术的转移行为一定程度上促进了海外移居地经济环境乃至社会、文化生活环境的变迁与提升。

二 海外移民社会中的中华文化⑦

明清时代走向世界的海外移民,其构成基本以下层劳动人民为主,亦有少数知识分子。与移民的构成相适应,传向海外的中华文化实际包括"大传统"与"小传统"两个部分。所谓"大传统",系指传统中国由上层士绅、知识分子所代表的精英文化,"小传统"则是指沿海社会乡民或庶民所代表的大众文化。大、小传统虽然在海外传播的时间有先有后,但两个传统本质上是互动互补的,华侨社会即以中华民族血缘和文化传统在海外获得繁衍与生存。

① 〔英〕巴素:《东南亚之华侨》,中国台北国立编译馆1966年版,第679页。
② Stamat Muljana:Kuntala,Sriwijaga dan Suwarnabhumi,Jakarta,1981,Hal. 300-301.
③ Lee khoon Chcy:Indonesia between Myth and Reality. London,1976,p. 71.
④ A. Heuken:Historical Sites of Jakarta. Jakarta,1982,p. 106.
⑤ 周一良:《中外文化交流史》,河南人民出版社1987年版,第509页。
⑥ E. W. Hutchinson:Advententure in Siam in the Seventeeth Century. London,1940,p. 14. ect. from G. Willion Skineer:Chinese Society in Thailand:An Analytical History. New York,1957,p. 13.
⑦ 杨国桢、郑甫弘、孙谦:《明清中国沿海社会与海外移民》,高等教育出版社1997年版,第170—180页。

（一）文学艺术

中国的文学作品很早就在周边国家传播。传播途径主要是汉字、移民的直接移植和华裔的翻译作品。在日本，用古汉语写成的传奇《剪灯新话》等在 17 世纪已广泛流行于民间，通俗历史小说的翻译开始于 17 世纪后期，18 世纪后半叶则达到顶峰。在泰国，嘉庆七年（1802 年）第一次出现《三国演义》的译本，稍后，继续译出 29 部汉文小说。在朝鲜，19 世纪刊印了许多《三国演义》的手抄本和刻印本。在印度尼西亚，咸丰九年（1859 年）出现爪哇文手抄本《薛仁贵征西》。① 在马来半岛，华裔文学产生于 19 世纪前，有马来文诗歌、故事集出版，其中成绩最突出的是峇峇（华侨与马来妇女结婚生下的孩子）马来文翻译的中国古典文学著作和通俗小说。如闽南籍华侨陈明德所译的《杏元小姐》《凤娇》《雷峰塔》《今古奇观》《聊斋志异》和曾锦文译的《三国演义》《水浒传》《西游记》等作品，在 20 世纪初的海峡殖民地很流行。② 在越南，根据中国文学作品写成的字喃韵文作品在 18—19 世纪已经出现。一些华侨华裔对弘扬中华文化、特别是诗词创作的成绩非常突出，莫天赐即是其中的佼佼者。乾隆元年（1736 年），莫天赐从广东和福建招聘 36 位文人学士到越南，开招英阁，购书籍，日与诸儒讲论，唱诗和韵，成《河仙十咏》诗集，影响很大。③ 其他著名诗人如吴仁静（1769—1816）、郑怀德（1765—1825），都是明末南渡越南为仕，分别有《汝山诗集》《艮斋诗集》行世。④

中国文学作品移植、翻译或创作后，以手抄、印刷、说唱、戏剧甚至壁画形式广泛传播，对当地的文学发展影响很大。在朝鲜、日本，出现了用汉文仿《剪灯新话》而写的《金鳌新话》《传奇漫录》《传奇新谱》等书。在朝鲜，还出现了用汉文或朝鲜文改写中国通俗小说的热潮。在越南，中国历史小说的传入促使当地学者用汉文写出了许多以越南社会为背景的散文历史小说。除艺术形式的魅力以外，中国文学作品的思想内容也具有很大吸引力。以《三国演义》为例，这部作品不仅受到广大知识阶层的青睐，同样也受到文化程度较低的人的喜爱。在朝鲜，它被视为一部"展现历史命运的大悲剧的精神胜利文学"。在泰国，读者对书中所述军事领袖间的会谈以及征服叛徒的精心谋略都非常欣赏，还有些人则将从书中学到的谋略用来追踪和了解统治者当时的政治思想。在马来西亚，一些思想开明的学者也承认《三国演义》包含许多有价值的东西，书中的暗示和寓言，连为王室效忠的那些官员也应该洗耳恭听。总之，中国文学作品在海外的传播随着中国移民的迁移而有悠久的历史，在当地国的接受程度也随传播媒介的多样而变得深入，这是中外文化交流的一个重要侧面，对于华侨社会的中国文化认同和丰富当地民族文化生活都有积极意义。

文学以外，中国的音乐戏曲也随沿海人民的海外迁移获得传播。在越南，明清时代几乎每一个中国移民集中居住的城镇，都有固定的戏院，移民艺人演出中国的传统

---

① 〔法〕沙蒙：《中国传统文学在亚洲》，《中外关系史译丛》第 3 辑，上海译文出版社 1986 年，第 105—107 页。

② 陈志明：《海峡殖民地的华侨——峇峇华侨的社会与文化》，林水、骆静山合：《马来西亚华人史》，台湾，马来西亚留台校友会联合总会 1984 年，第 183 页。

③ 陈荆和：《河仙总镇莫天赐的文学著作》，《史学》第 40 卷第 2—3 期，东京，1967 年，第 149—221 页。

④ 徐善福：《17—19 世纪的越南南方华侨》，梁初鸿、郑民：《华侨华人史研究集》，海洋出版社 1982 年版，第 202—203 页。

剧目,如《三国演义》《水浒传》等的片断。音乐则以广府、潮州的民间音乐为主。每逢酬神赛会,还聘请中国剧团前去表演。[1] 在泰国,福建艺人在明末清初就前往北大年、大城表演木偶戏。有的受当地中国移民之邀,在街头搭台表演。有的则在宫廷演出,排场华丽而庄严。[2] 在荷属东印度,17 世纪初即有中国戏剧的演出,演出时间主要在帆船起航驶往中国或从中国回来之时。至 18 世纪末,中国戏剧已在中国移民社区中扎根。这种戏剧最初用汉语演出,内容大多取材于中国历史故事。后来,爪哇的华人后裔也有用马来语演中国戏文的,并且在这个岛屿的中心地区还创造了一种皮影戏,剧目也是中国的历史剧。在柬埔寨,还创造出一种"伯萨戏",戏目取材于中国与柬埔寨的传统故事,特点是女角穿柬埔寨服装,男角穿中国服装并按中国戏的舞台程式表演。在马来亚及新加坡,晋江的木偶戏曾于清朝末年在那里长期演出。[3] 在菲律宾,大约于明末清初,南音开始传入。南音,亦称南曲、南乐,是中国闽南和台湾地区最具代表性的民间音乐体系,曲调清悠澹远。南音随华侨而传唱他乡,在东南亚各地闽南华侨密集的城镇,很快都有了南曲会社的组织和活动。[4]

传向海外的中国音乐戏剧在丰富华侨社会生活的同时,对所在国民间文化的发展产生了深刻影响。以印尼为例,从 17 世纪开始,受中国影响的印尼民间音乐有"十八摸"(Sipatmo)、"甘邦·格罗蒙"(Gambang Keromong),戏曲则有"莱依戏(Lenong)。"甘邦·格罗蒙"音乐演奏几十首属于"唐山阿叔调"的器乐曲,并演唱中文抒情诗。"莱依戏"则属于"关汉卿传统的中国戏剧的模拟"。当年剧团的老板、演员甚至主要观众,大多数是中国侨民和华裔,使用的乐器中有中国胡琴,演奏的是"唐山阿叔调",后来这个剧种在印尼居民中普及,成了雅加达实力最雄厚、演技水平最高、观众最多的传统剧种。[5] 有些音乐戏曲,中外已融合为一,听(观)众也不分中外,人们已不愿意去考究它的来龙去脉了。

（二）民俗与宗教

中国海外移民社会与其他民族社会的基本差异是民俗。海外移民的风俗传统虽然形成于出国前的原籍地,但因海外移民聚居的移民社会具有相对的封闭性或半封闭性,而得以长期无意识地保留了下来。最明显的是生活方式,海外移民与国内基本一样。在服饰上,男子一般穿布纽对襟衫和宽头裤或衬衫西裤,少数有社会地位的,在正式社交场合着长衣马褂或西装。妇女多穿布纽斜襟的"唐装",部分人欧式或当地民族服饰打扮。在发式上,辛亥革命前,男子往往都留辫子,女子则青少年剪短发,中老年梳发髻。饮食上,仍保留吃大米饭,配以中国式的酱菜、青菜和猪肉的习惯,喜现煮现吃。所用炊具和餐具也是中国式的铁鼎、砂锅、陶钵和瓷碗、瓷碟、汤匙、竹筷等。礼俗

① 朱永镇:《中越音乐文化之今昔观》,《中越文化论集》(二),中华文化出版事业委员会 1956 年版,第 278—285 页。
② 《南洋资料译丛》1958 年第 1 期,第 27 页。
③ 吴凤斌:《东南亚华侨通史》,福建人民出版社 1993 年版,第 481 页。
④ 陈烈甫:《东南亚洲的华侨华人与华裔》,中国台湾正中书局 1979 年版,第 387 页。
⑤ 杨启光:《试论中华文化对印尼社会的影响》,见暨南大学华侨研究所:《华侨史论文集》第 4 辑,暨南大学华侨研究所 1984 年,第 225—226 页。

上,重视养生送死,在生日、满月、周岁、婚嫁、丧葬、祭祖、酬神、忌讳和区分辈分等方面,都与中国礼俗相同。①

在节日庆典方面,"中国化"倾向尤其值得一提。在印尼,早在荷兰殖民统治时期甚至更早的时候,雅加达等地就把中国的民族传统节日——春节和元宵节当作狂欢节来过。这期间到处摆卖年货,到处是鞭炮锣鼓声。人们互相拜年,互送红包,耍龙舞狮,热闹异常。每逢端午节,雅加达及其他城市的中国移民甚至印尼人,都要在江河中举行龙舟竞渡,吃粽子以纪念中国古代爱国诗人屈原。在日本长崎,每年农历二月的土神祭祀、跳舞、搭台演戏,五月的端午赛龙舟、七月的盂兰盆会、九月的重阳敬老、冬至吃小豆粥等风俗习惯,都是清代华侨传入的。② 在新加坡,每年的中国传统节日活动更为多样、热闹。大年除夕,大多数中国移民家庭都是合家大小围聚在一起吃团圆饭;大年头几天,人们打扮一新,相互拜年,祭祖拜神;除夕夜和元宵节都要燃放鞭炮。清明节是祭扫坟墓的节日,人们要在墓前焚香点烛,飨以酒食。七姐妹节是年轻姑娘祈求丈夫的节日,端午节不赛龙舟但吃米粽,中秋节吃月饼纪念月宫的嫦娥和月兔,其他如中元节、重阳节、冬至都有特别的纪念内容。

总之,几乎所有海外移民社会在纪念中国的传统节日方面都有着相同的活动内容。这种活动使人们从单调和一成不变的生活中得到某种解脱,解除疲劳,重现活力;同时,也加强了群体精神、乐观与和谐的价值观。另外,所有节日为不同方言集团的中国移民提供了一个共同的基础,因而具有促使各个群体团结一致的更为重要的社会效果。

在中国海外移民的精神生活中,宗教信仰也占有极为重要的地位。中国沿海社会流行道教、佛教、伊斯兰教等宗教,以及各种不同的区域性民间信仰。这些宗教、信仰随着移民的漂洋过海,也成了他们在异国他乡的精神寄托。据载,伊斯兰教在印尼爪哇岛的大量传播,早在15世纪初郑和下西洋时即已开始。郑和可能是首位访问爪哇的有地位的伊斯兰教徒,自他第一次下西洋后,永乐五年(1407年)在苏门答腊的旧港,中国移民伊斯兰教徒社区就产生了。接着,在郑和第三次下西洋回航时的永乐九年(1411年),东爪哇的杜板、锦石、惹班,西爪哇的雅加达、井里汶等地也都纷纷建立起伊斯兰教堂。至郑和第七次下西洋的前一年,即宣德五年(1430年),在杜板、井石、井里汶,中国移民伊斯兰教徒社区都已产生了。③ 马欢的《瀛涯胜览》也记载了满者伯夷王国境内的中国移民"多有从回回教门、受戒持斋者"④。

比伊斯兰教传播更为持久、更有影响的是佛教。在日本长崎,统称唐三寺的兴福寺(南京寺)、福济寺(漳州寺)、崇福寺(福州寺)修建后,主要聘请中国僧侣担任住持,由此许多僧侣及其一大批弟子长住日本。其中隐元高僧顺治十一年(1654年)从福建渡日弘法,影响最大,他在京都宇治创建的黄檗山万福寺,开日本禅宗史一代新风。⑤在东南亚,佛教庙宇的建立也较早。17世纪中叶,马六甲的青云亭由甲必丹李为经建

① 陈碧笙:《南洋华侨史》,江西人民出版社1989年版,第455—456页。
② 罗晃潮:《日本华侨史》,广东高等教育出版社1994年版,第102页。
③ 李炯才:《印尼——神话与现实》,中国香港明报出版部1982年版,第133—134页。
④ 马欢著、冯承钧校注:《瀛涯胜览》"爪哇国"条,商务印书馆1935年版。
⑤ 沈殿忠等:《中日交流史中的华侨》,辽宁人民出版社1991年版,第199页。

立,该庙即供奉大慈大悲、救苦救难的观音菩萨。① 嘉庆四年(1799 年),槟榔屿中国移民建立广福宫,同样供奉观音菩萨。② 新加坡中国移民按佛教习俗在寺庙中烧香焚纸,在 19 世纪 20 年代后期已从中国进口大量神器、神香、钱纸。③ 在菲律宾,有不少中国移民捐资的佛庙,规模宏伟。在越南中国移民村寨的寺庙,以供奉观音菩萨为主,每逢初一、十五都要烧香祭拜。在泰国许多寺庙中仍可看到明清时期传去的中国佛像。在古代缅甸,所用佛学名词很多是从中国输入的。④

中国海外移民宗教、信仰的特色,是承继沿海传统的民间信仰和多神崇拜。

为海外移民社会普遍尊奉的关帝,本是北方的民间信仰、大忠大义的象征。宋以后,佛教将关羽列为十八伽蓝神之后供奉,道教则追封为"忠惠公""义勇武安王";万历三十二年(1605 年),加封为"三界伏魔大帝神威远震天尊关圣帝君";顺治九年(1652年),敕封为"忠义神武关圣大帝"。但传入南方特别是沿海地区以后,进一步和当地的人文社会环境相结合,适应商业和海上贸易的繁荣,被视为财神和海上保护神,成为沿海商人和航海者的民间信仰。明代后期,关帝信仰流传于日本中国移民社区,入清以后,在琉球和东南亚各国普遍传播。19 世纪中叶以后,美洲的美国、加拿大,非洲的毛里求斯、马达加斯加、留尼汪,澳洲的悉尼等地,关帝信仰也遍及中国移民社区。

另一为海外移民社会普遍尊奉的妈祖(天妃、天后、天上圣母),本是宋代产生于福建沿海的地方神,因渔民、海商、水手的信奉而成海神。明代以后,随着海洋贸易的拓展,传播于日本、朝鲜、琉球和东西洋各国,并经葡萄牙人、西班牙人的中介,传到美洲和欧洲。清代,在各大洲的中国海外移民社会中,大都有妈祖庙。

此外,从不同沿海地区迁往海外的移民,还崇拜不同的地方神。如新、马地区福建人的地方神有保生大帝、清水祖师、广泽尊王、圣侯恩主、开漳圣王、大使爷等;广东客家人的地方神是三山国王,潮州人的地方神是玄天上帝,海南人的地方神是水尾圣娘,等等。

在南方沿海社会,民间信仰有显明的功能性与实用功利性、多元性与融合性、区域性与家族性的特点。按照不同的精神需要祭拜不同的神祇,一庙多神以至佛、道、释合一,地方神与祖先牌位共设等传统,也被移民带到海外,成为移民寺庙的特色。马六甲的青云亭,正殿祀观音大士,左为关圣帝君,右为天上圣母。所祀神祇,还有大使爷、大伯公(福德正神)、三宝公(郑和)、孔夫子,以及中国移民的祖先牌位。槟榔屿的广福宫,主祀观音大士,左为天上圣母,右为协天大帝。新加坡的天福宫,正殿崇祀妈祖,东堂祀关圣帝君,西堂祀保生大帝;广福古庙,主神齐天大圣,其他神祇有关帝、观音、张天师等。苏门答腊棉兰的关帝庙,奉祀关圣帝君和福德正神。加拿大维多利亚中华会馆里的列圣宫,奉祀关帝、天后、孔子、华佗。澳大利亚墨尔本和悉尼的四邑庙,供奉关帝、财神及历代祖先牌位。在家家户户的神龛中,也往往供满佛祖、观音、大伯公、天上圣母、注生娘娘、保生大帝、关公、齐天大圣等神像。

宗教信仰是适应人的心灵需要而发展起来的。移民海外,有风涛之险,有谋生之

---

① 陈祯禄:《青云亭庙》,马六甲,1965 年,第 14 页。

② 邝国祥:《槟城散记》,香港世界书局 1958 年版,第 37—38 页。

③ 《新加坡大事记》1830 年 10 月 7 日。

④ 吴文华:《东南亚华人和宗教》,《华侨华人历史研究》1988 年第 4 期。

难,除依赖血缘、地缘关系的宗亲与同乡组织的帮助外,也寄望于神明庇佑。这些神明,都从故乡分香或移植而来;而且由于实际生活的需要,诸如祈求消灾弥盗,祈求避祸降福,祈求子嗣、发财、平安而求神拜佛,使宗教、信仰活动都带有现实而功利的特点。它不像大传统的宗教文化,常要分辨儒、道、佛的源流派别,它也不关怀什么教义经典、教别与教统,人们所在乎的只是哪一些神祇最能保佑平安、降赐福祉,因而在同一庙堂或不同地方可以儒、释、道三教合一。

海外移民社会中的中华文化,是中华文化的"域外"部分。它的存在和发展,和明清时代中国海外移民社会的相对封闭性和半封闭性相适应。但因为中国海外移民是自然而渐进的,中华文化的移植也没有任何侵略性、奴役性和强制性,因而与域外其他民族的文化相对容易地实现了融合。其中一部分为当地民族所吸收,如关帝、妈祖等也成为日本、朝鲜、琉球、东南亚当地人信奉的神祇。那些没有扩展到当地社会中去的部分,由于某些中国移民社会转化为当地的少数民族社会,而成为所在国文化的有机组成部分。

第四节　海外移民对中国沿海社会文化的回馈与影响[①]

明清时代,海外移民使中华文化的海外传播从传统的东亚文化圈走向世界。而在海外生根、经过中外文化调适而成的华侨社会文化,随着海外移民的回归本土、与本土社会的往来和文化联系,又反转来注入了中国本土沿海社会,促进了区域文化的变迁。

一　新物种的引进

海外移民把中国物质文明传播到海外,又因海洋经济的互动,把海外物质文明回馈给了中国沿海社会。这一时期引进的农业新物种,在沿海经济变迁中起了重要的辅助作用。

（一）新物种的引进与传播

早期大帆船贸易过程中,许多美洲植物如烟草、玉蜀黍、可可、棉花、菠萝、龙舌兰、落花生、靛青、木薯、番木瓜、人心果、番茄、南瓜以及秘鲁菜豆、沙葛、杨桃、美洲酸枣、腰果等传入菲律宾和南洋其他地区。[②] 到了明清之际,上述农作物的大多数以及海外其他一些作物相继传到了中国,丰富了中国农作物的品种。它们大抵可分为经济作物和粮食作物两大类。

经济作物主要有烟草、大落花生及其他瓜果类。烟草大约在 16 世纪末自拉美传入吕宋,于万历年间由漳泉移民传入中国。方以智《物理小识》云:"万历末,有携至漳泉者,马氏造之,曰淡肉果,渐传至九边,皆衔长管而火点吞吐之,有醉仆者。崇祯时严

① 引见杨国桢、郑甫弘、孙谦:《明清中国沿海社会与海外移民》,高等教育出版社 1997 年版,第 86—89 页,第 186—197 页。

② John L. Phelan:The Hispanization of the Philippines, Madison, 1959, pp. 110-111;E. D. Mcrill:Flora of Monila, The Philippine Journal of Science, Vol. 7, p. 198, from Comrade Beniteaz:History of the Philippines, pp. 58-59;李永锡:《菲律宾与墨西哥之间早期的大帆船贸易》,《中山大学学报》1964 年第 3 期。

禁之不止，其本似春不老，而叶大于菜，暴干以火酒炒之，曰金丝烟，北人呼为淡把姑，或曰担不归，可以祛湿发散。”[①]明人谈迁也记载：“金丝烟，出海外番国，曰淡巴菰，流入闽粤，名金丝烟。”[②]姚旅《露书》称：“能令人醉，且可避瘴气。”“淡巴菰，今莆中亦有之，俗曰金丝醺。叶如荔枝，捣汁可毒头虱，根作醺。”[③]可见明人除知吸烟可醉外，尚知其有“祛湿发散”“避瘴气”“毒头虱”等功效。

吕宋烟传入我国福建等沿海地区后，迅速得到培植和传播。姚旅云“有人携漳州种之，今反多于吕宋，载入其国售之”[④]，说明漳州烟草种植规模已经不小。天启二年(1622年)，烟草已传播到西南地区和大江南北。谈迁云：“天启二年(1622年)，贵州道梗，借径广西，始移其种。叶似薤，长茎，采而干之，刃批如丝。今艺及江南北。”[⑤]崇祯时更传至北方各省，“烟酒，古不经见，辽左有事，调用广兵，乃渐有之，自天启年中始也。二十年来，北土亦多种之”[⑥]。到清初烟草种植日广，嗜烟者也日益增多。叶梦珠《阅世编》说：“烟草其初亦出闽中，予幼闻诸先大父云：福建有烟，吸之，可以醉，号曰干酒，然而此地绝无也。崇祯之季，邑城有彭姓者，不知其从何所得种，种之于本地，采其叶干之。遂有工其事者，细切为丝，为远客贩去，土人犹未敢尝也。后奉上台颁示严禁，谓流寇食之以避寒湿。民间不许种植，商贾不得贩卖，违者与通番等罪。彭遂为首告，几致不测，种烟遂绝。顺治初，军中莫不用烟，一时贩者辐辏，种者复广，获利亦倍初价，每斤一两二三钱。”[⑦]明末清初，烟草已成为受商贾重视并获厚利的重要经济作物，明末时，种烟“一亩之收，可以敌田十亩，乃至无人不用”[⑧]。入清后，“今世公卿士大夫下逮舆隶妇女，无不嗜烟草者。田家种之连畛，颇获厚利”[⑨]。关于烟草的种植，清人包世臣指出：“种烟必需厚粪。计一亩烟叶之粪，可以粪水田六亩。又烟叶除耕锄之外，摘头、捉虫、采叶、晒帘，每烟一亩需人工五十而后成。其水田种稻，……每亩不过八九工。旱田种棉花、豆、粟、高粱，每亩不过二三十工。是烟叶一亩之人工，可抵水田六亩，旱田四亩也。”[⑩]

值得注意的是，可能由于“性燥有毒，能杀人”[⑪]，“久服则肺焦，诸药多不效，其症忽吐黄水而死”[⑫]等危害，统治者屡屡严禁烟草种植和贩卖，如“己卯(崇祯十二年，1639年)，上传谕禁之，犯者论死。庚辰(崇祯十三年，1640年)有会试举人，未知其禁也，有仆人带以入京，潜出鬻之，遂为逻者所获，越日而仆人死于市矣。”[⑬]“崇祯十六年

① 方以智：《物理小识》卷九。
② 谈迁：《枣林杂俎》中集。
③ 姚旅：《露书》卷一〇。
④ 姚旅：《露书》卷一〇。
⑤ 谈迁：《枣林杂俎》中集。
⑥ 杨士聪：《玉堂荟记》卷四。
⑦ 叶梦珠：《阅世编》卷七。
⑧ 杨士聪：《玉堂荟记》卷四。
⑨ 王士祯：《香祖笔记》卷四。
⑩ 包世臣：《安吴四种》卷四。
⑪ 谈迁：《枣林杂俎》中集。
⑫ 方以智：《物理小识》卷九。
⑬ 杨士聪：《玉堂荟记》卷四。

（1643 年），敕禁私贩，至论死，而不能革也"①。但无论如何，烟草的引进和推广促进了种烟业与制烟手工业的兴起和发展，使我国的经济贸易又增添了一种可获厚利的商品作物。

落花生分为小落花生和大落花生。其中小落叶花生是宋元间与棉花、番瓜之类"从海上诸国得其种归"而繁殖的。② 而大落花生则是明中叶以后从南洋引进的，其时呼为番豆，在南洋暹罗等处产生。③ 大落花生可用以榨油，《海澄县志》云："花生，种出外国，昔年无之，今以压油。"④嘉靖时（1522—1560 年）已入咏，徐渭《渔樵词》说："堆盘如菽不知名，咏物成林未著声；只有青藤词一语，茨蔬香芋落花生。"⑤万历时传到浙江，万历《仙居县志》载"落花生原出福建，近得其种植之"⑥。清初长洲张璐《本经逢原》"长生果条"也说："长生果一名落花生，产闽地。落花生土中即生，从古无之，近始有之。"清初王纶《炮园集·闽游记物》载："有落花生者，花堕地而生荚，似豆而实大，今江南亦植之。"⑦可知明末清初落花生已由福建传至江南一带并渐渐繁殖起来。其他传自南洋的瓜类作物当有不少，如《海澄县志》说释迦果"种自荷兰，味甘微酢"⑧，应也是先传到南洋，而后再从南洋移植的。彼时南瓜亦自南洋传入了中国。据明李时珍说："南瓜种出南番，转入浙，今燕京诸处亦有之矣。二月下种，宜沙沃地；四月生苗，引蔓甚繁，一蔓可延十余丈，节节有根，近地即着，其茎中空，其叶状如西瓜花；结瓜正圆，大如西瓜，皮上有棱如甜瓜。一本可结数十颗，其色或绿或黄或红；经霜收置暖处，可留至春。其子如冬瓜子，其肉厚色黄，不可生食，惟去皮瓤论食，味如山药；同猪肉煮食更良；亦可蜜煎。"入药可"补中益气"⑨。显然，南瓜先由南洋传入闽浙，后才蔓延到北方的。另有苦瓜，别称锦荔枝、癞葡萄者，李时珍亦说："原出南番，今闽广皆种之"，入药可"益气壮阳"⑩。又据费信所载，苏门答腊国一等瓜即为苦瓜⑪，足证苦瓜为南洋瓜种无疑。南瓜与苦瓜数百年来，都是我国重要的蔬菜品种和家禽饲料。

粮食作物方面主要有番薯和玉米等新品种的引进。番薯亦名甘薯、朱薯、金薯、番茹、地瓜等，有原产中国、日本、琉球、吕宋、交趾诸说⑫，一般认为番薯是由陆路和海路从南洋传入中国，而以从吕宋传入福建的说法最为重要。何乔远《闽书》云："闽人多贾吕宋焉……截取其蔓咫许，挟小盒中以来，于是入吾闽十余年矣。""万历十二、十三年（1584、1585 年），泉州洋舶曾携薯种归晋江五都种植。"⑬万历二十一年（1593 年），"久在东夷吕宋"的长乐人陈振珑，"捐资买种，并得夷岛传授法则，由舟而归"，在福州南台

① 谈迁：《枣林杂组》中集。
② 檀萃：《滇海虞衡志》卷一〇。
③ 陈竺同：《南洋输入生产品的史考》，载《南洋研究》第 5 卷第 6 期，第 78 页，第 80 页。
④ 乾隆《海澄县志》卷一五，物产条。
⑤ 谢国桢：《明代社会经济史料选编》（上册），福建人民出版社 1980 年版，第 35 页。
⑥ 赵学敏：《本草纲目拾遗》，落花生条所引。
⑦ 谢国桢：《明代社会经济史料选编》（上册），福建人民出版社 1980 年版，第 35 页。
⑧ 乾隆《海澄县志》卷一五，物产条。
⑨ 李时珍：《本草纲目》卷二八，菜部：南瓜条、苦瓜条。
⑩ 李时珍：《本草纲目》卷二八，菜部：南瓜条、苦瓜条。
⑪ 费信：《星槎胜览》，苏门答腊国条。
⑫ 吴增：《番薯杂咏》，1937 年版，第 1—2 页。
⑬ 龚显曾：《亦园脞牍》第六卷，引苏琰《朱薯疏》。

自家后门纱帽池隙地试栽[1]，并由其子陈经纶呈献福建巡抚加以推广，闽东南沿海地区普遍种植，在灾荒中发挥了救饥的作用。[2] 于是，很快从沿海向内地推广。据记载，万历年间传播到浙江、江苏等省；清初台湾、四川已有种植；至乾隆年间，更广播至广西、江西、湖北、山东、河南、湖南、陕西、河北、贵州、山西、安徽等全国各地[3]，并成为重要的粮食作物。

玉米原产中南美洲，后传播至吕宋及南洋各地，16世纪传入我国。最初只在闽粤沿海栽培，从正德六年（1511年）到康熙五十七年（1718年），玉米已遍种20个行省。到乾隆后期玉米已在我国普遍种植。

番薯和玉米的引进与广泛种植，使我国增加了两种高产粮食新品种，因它们耐旱抗灾，可在丘陵山地、沿海沙丘种植，不仅扩大了土地的利用率，解决了部分民食问题，还促使我国农作物结构发生变化，腾出更多的水稻田来，扩大如棉花、甘蔗等经济作物的种植面积，从而推动了明清农业生产的分工以及经济作物专业种植区域的形成。

在清中叶以前，物种的引进基本上以可食性农作物为主，到了清代后期，随着中国近代工业的兴起与成长，尤其是清末中国社会的急剧转型，海外华侨的民族意识开始觉醒，并投入实业救国的浪潮，不仅将在海外多年积累的资金带回投资家乡，同时还积极地将许多热带、亚热带工业性经济植物良种引入中国，进行投资性栽培，最典型的当数清末引进的巴西橡胶。

（二）海外作物的传入对我国农业生产的影响

海外作物的传入，不仅增加了我国农作物的种类，而且对我国的农业生产发生了深远的巨大影响。

1. 为我国植物油生产提供了重要的原料

汉代以前，我国只会利用动物的脂，不会生产植物油，其中一个重要的原因就是没有找到一个含油量高的植物，芝麻的传入为我国利用植物油找到了一条新途径，所以芝麻传入不久，便出现了植物油生产。《魏志》："孙权至合肥新城满宠驻地往赴募壮士数十人，折松为炬，灌以麻油，从上风放火烧贼攻具。"

文中所说的麻，指的不是大麻，因为大麻籽一般只当粮食不用来榨油，而是指芝麻。另外在《博物志·物理》中亦有记载："积油满万石，则自燃生火。武帝泰始中，武库火，积油所致。"说明芝麻当时已大量利用来榨油，可以说芝麻的传入开拓了我国植物油生产的新纪元。经过千余年，直到宋代由于油菜和大豆被利用为油料才打破了芝麻独霸油坛的局面。

后来，花生和向日葵的传入，又为我国的油料生产增添了新的力量。我国主要的油料作物有四种，芝麻、油菜、大豆和花生，其中海外传入的作物就占了一半，由此可见海外作物在我国油料生产中的地位。

---

① 陈世元：《金薯传习录》（上卷），厦门大学南洋研究院藏本。
② 陈世元：《金薯传习录》（上卷），厦门大学南洋研究院藏本。
③ 陈树平：《玉米与番薯在中国传播的情况研究》，载《中国社会科学》1980年第3期。

2.使我国的衣着原料发生了全新的变化

我国原有的衣着原料主要是丝、麻(大麻、苎麻)、葛、毛四种,当时虽然也有布,但不是棉布,而是麻布。汉代棉花开始传入我国,但主要是在边疆,对中原地区的衣着没有发生多少影响,到宋元时期,棉花开始从边疆分南北二路传入中原,明代丘浚在《大学衍义补》中说:"自古中国所以为衣者,丝、麻、葛、褐四者而已。汉唐之世,远夷虽以木棉入贡,中国未有其种,民未以为服,官未以为调。宋元之间,始传其种入中国,关、陕、闽、广首得其利。"由于棉花在生产和加工方面有许多优点,因而使中原地区以丝麻为衣的局面开始被打破并很快被棉所取代,元代王祯在《农书》中说,种棉和养蚕相比,它"无采养之劳,有必收之效",和种麻相比,它"无绩缉之功,得御寒之益",发展到明代,便成了"遍布于天下,地无南北皆宜之,人无贫富皆赖之"的主要衣着原料了。① 直到今天,化纤原料发明以后,棉花在衣着原料中仍保持着这种重要地位。

3.使我国形成了吸烟的社会风气

在明代以前,我国的兴奋作物只有茶一项,明代末年,传入了烟草,使我国又多了一样兴奋作物,烟草传入之初,只是作为"御霜露风雨之寒,避山岚鬼邪之气"的药物利用的。② 到清初,烟草便渐渐变成了"坐雨闲窗,饭余散步,可以遣寂除烦,挥尘闲吟,篝灯夜读,可以远辟睡魔;醉筵醒客,夜语篷窗,可以佐欢解渴"的兴奋剂和消遣品。③吸烟的人也渐渐多起来,出现了"虽三尺童子,莫不食烟"的现象④,在我国的社会生活中形成了一种吸烟的社会风气。开始烟叶的价格是很贵的,在北方达到"以马一匹,易烟一斤"的程度。⑤ 由于种烟获利多于种粮食,因而促使了农民弃粮种烟。清初,福建"农民争土(种烟)而分物者已十之五"⑥,到中期进一步发展到"耕地十之六、七"⑦。有的地方如陕南更达到了"沃土瘦田尽植烟草"的地步⑧,道光时刘彬华曾写过一首诗:"村前几棱膏腴田,往时种稻今种烟,种烟市利可三倍,种稻或负催租钱。"深刻地道出了商品经济对种烟的刺激和因此引起的烟粮争地的严重矛盾。清代中叶以后我国人多地少,粮食不足的矛盾已相当严重,烟粮争地矛盾,使我国耕地不足、粮食缺乏的矛盾进一步加深了。

4.对明清时期我国粮食供应紧张情况起了缓解作用

(1)占城稻对我国粮食生产的影响

宋代引入占城稻之初,目的是为了抗旱救灾的。当时也确实起了这方面的作用。由于占城稻具有生长期短、成熟期早的特点,可被利用来做早稻,这样,到明清时期,双季稻在我国南方发展时,占城稻又被利用来做双季前作稻,从而为我国稻田耕作制的发展和土地利用率的提高又做出了重要贡献。据何刚德在《抚郡农产考略》中说:"粘有早粘、晚粘、再熟粘之分,……临川早粘七分,晚粘、再熟粘共三分,金谷、早粘三分,

---

① (明)邱浚:《大学衍义补》。

② 《本草汇言》。

③ 陈琮:《烟草谱》。

④ (清)王逭:《蚓庵琐语》。

⑤ 陈琮:《烟草谱》。

⑥ 康熙《龙岩县志·土产》。

⑦ 《皇朝经世文编》卷三六,郭起元:《论闽省务本节用书》。

⑧ 《赐葛堂文集》。

晚粘七分,无再熟粘;崇仁早粘较迟,晚粘为多,宜黄早粘三分,迟粘六分,再熟之粘一分;乐安上乡多种迟粘,下乡多种早粘,亦有再熟粘,大约早粘十分之三,晚粘再熟粘十六七。"充分显示了占城稻在南方发展水稻生产中的作用。

(2)番薯、玉米对我国粮食生产的影响

番薯、玉米是两种耐旱耐瘠又高产的作物,适宜于比较贫瘠的丘陵山区种植。引入时正值我国人多地少、耕地不足、粮食缺乏这个矛盾日益严重之时,引入后,在开发丘陵山区,缓解我国粮食不足的矛盾方面,起了重要的作用。例如同治《建始县志》说:"居民培增,稻谷不给,则于山上种苞谷、洋芋或蕨薯之类,深林幽谷,开辟无遗。"《植物名实图考》说:"川陕两湖凡山田皆种之,俗呼包谷,山农之粮,视其丰歉。"番薯的情况亦是如此,雍正时闽浙总督高其倬说:"福建自来人稠地狭,福、兴、泉、漳四府,本地所出之米,俱不敷民食……再各府乡僻之处,民人多食薯蓣,竟以之充数月之粮。"[1]《畿辅闻见录》也说:"今则浙之宁波、温台皆是(番薯),盖人多米贵,以宜于沙地而耐旱,不用浇灌,一亩地可收千斤,故高山海泊无不种之。闽浙贫民以此为粮之半。"可见番薯、玉米传入后在缓解我国粮食紧张问题上所起的重要作用。

5.对蔬菜夏缺起了缓解作用

在我国的蔬菜品种中,夏季的蔬菜一直不多,所以每当夏季,常出现夏缺的现象。我国在同海外交通所引进的作物中,有不少是夏季的主要蔬菜。如黄瓜、西瓜、番茄、辣椒、甘蓝、菜豆、花菜等,这样便弥补了我国夏季蔬菜品种单一的矛盾,从而奠定了我国夏季蔬菜以瓜、茄、菜、豆为主的格局。[2]

二 语言采借与民间歌谣

(一)语言采借

明清海外移民在向世界各地的发展中,虽然自成社区,并有较强的"族系"意识以保持原有的文化传统,但因各种交往的需要,还是不可避免地受到了其他国家和地区的民族和人群的文化影响。语言作为文化的载体,在这种文化间的交流和影响方面也有明显体现。在从对方输入新的事物和新的概念时,由于原籍方言中找不到表达这些新事物新概念的适当词语,便只能将对方的词语直接借用过来或略加改造,这种现象构成了联结海外华侨社会与原籍中国沿海本土社会所共有的方言圈,从而导致了沿海本土方言与海外移民社会这种共有方言的变异与发展,其中闽粤方言尤为突出。

闽粤海外移民因为与东南亚各国的经济、文化往来最为密切,因而在闽粤方言的外来词中也是以东南亚诸国的语言传入较早、数量较多。生活用品与食品方面的词汇有:"杜果"(印尼语 duku,又译榴茄),"榴莲"(印尼语 durian),"沙窝"(印尼语 sawo,又译甜蜜果),"郎极"(印尼语 Langsep,Langsat,即椰色果),"亚铅"(马来语 ayan 洋

---

① 中国台湾故宫博物院《宫中档雍正朝奏折》第六辑浙闽总督高其倬《奏报地方情形折》,1978 年,第 173—174 页。

② 闵宗殿:《海上丝绸之路和海外农作物的传入》,联合国教科文组织海上丝绸之路综合考察泉州国际学术讨论会组织委员会:《中国与海上丝绸之路》,福建人民出版社 1991 年版,第 112—117 页。

铁或锌），"加布棉"（马来语 kapak，木棉），"雪文"（马来语 sabun，肥皂），"洞葛"（马来语 tongkat，手杖），"考泥"（goni，麻袋或麻布），"匕首"（pisau），"淡巴菰"（或淡巴姑、淡果肉，源自西班牙语的吕宋语借词 tobacco）。店铺、住宅方面的词汇有："吉兰"（印尼语 kedai，小杂货店、小商店），"瓦弄"或"亚弄"（印尼语 warung，小店铺、小吃店），"土库"（印尼语 toko，商店），"五骸忌"（马来语 gokhaki，街廊）。职业、职务、机构方面的词汇有："都耕"（印尼语 tukang，工匠），"洛昆"（印尼语 loekoen，土医生）。还有源自荷兰语的印尼语借词："甲必丹"（kapitan 或 kaptein），"雷珍兰"（1etnan），"玛腰"（mayor），都是各级华人长官之意，"公班衙"（compagnie 或 kompemi）指荷兰东印度公司，"奥巴"（opas 或 oppasser）意为警察、差役、杂役，"关都"（kantor）即办公室、办事处等。经济方面的词汇有："盾"（印尼语 ton，印尼货币单位），"镭"（马来语 lui，钱），"巴刹"（马来语 pasar，市场）。社会生活方面的词汇有："道郎"（马来语 tolong，帮助），"的基米"（印尼语 tjioem，吻），"交寅"（印尼语 kawin，结婚）。另外，由于历史上常称东南亚各国为"番国"，称东南亚华侨也就为"番客"。推而广之，凡外来的人或东西又大多冠以"番"字，如番仔、番婆（海外当地人）、"番仔楼"（洋楼）、"番仔灰"（水泥）、"番仔火"（火柴）、"番仔饼"（饼干）、"番薯"（马铃薯）、"番仔麦穗"（玉米）[①]。

　　除东南亚以外，海外移民足迹最多的国家是美国，其中又以台山籍居多。他们长期在国外生活，慢慢学到一些简单的英语，回乡后有意无意地讲述，好奇的人也跟着学，久而久之，形成了具有台山特色的"台山英语"，即半是英语半是台山话。这种现象在侨乡端芬更为普遍。如"夜市"（yes，是），"努"（no，不），"脱至白肋"（blank，赤身），"老缅"（oldman，老人），"菲士"（face，脸蛋），"骨"（good，好），"伟里骨"（very good，很好），"士胆"（stamp，邮票），"是的"（stick，拐杖），"骨波"（good ball，好球）等等。[②] 在广州，这种半土半洋的英语也有不少，如 dat（that，那）、distaim（this time，现在）、mo（more，更多）、tupisi（two piece，两个）、maisaid（my side，我这儿）等。[③]

　　除以上外来词是从口语吸收过来的以外，还有些外来词是通过书面文献接受过来的。其中有些是由原语言直接输送过来，有些则是以另一种语言为媒介间接地吸收进来，尤其是清末，从日语转译过来的英语词汇日渐增多，而且内容大多是经济、政治、法律等事关社会制度的内容。如"改革"（reform），"革命"（revolution），"共和"（republic），"经济"（economy）等。这些内容多由留日学生译介，而传播中则有大量华侨参与。容闳的《西学东渐记》介绍西学颇勤；孙中山身为资产阶级革命领袖，身体力行；黄乃裳亲自回闽粤散发邹容的《革命军》。[④] 上述这些词是晚清中国引进的重要概念群，也是较长时期内中国社会发展的主题。

---

① 黄素封：《科学的南洋》，上海商务印书馆 1934 年版，第 256 页；许云樵：《文心雕虫续集》"闽语中的巫语"条，新加坡东南亚研究所印，1980 年，第 65 页；厦门大学中国语言文学研究所：《普通话闽南方言词典》有关条目，福建人民出版社 1986 年版；周振鹤、游汝杰：《方言与中国文化》，上海人民出版社 1986 年版，第 237 页；郑甫弘：《明末清初输入中国的南洋物质文化及对中国社会与经济的影响》，《南洋问题研究》1995 年第 1 期；欧阳国泰：《闽南方言的文化特色》，厦门大学海外汉语言文化教育研究所：《海外华文教育》1995 年第 1 期；曾少聪：《闽南话的若干特点》，铃木满男：《福建民俗研究》，浙江人民出版社 1990 年版，第 133 页。

② 梅伟强：《台山第一侨乡端芬镇的调查》，广东华侨历史学会：《侨史学报》1995 年第 1 期。

③ 周振鹤、游汝杰：《方言与中国文化》，上海人民出版社 1986 年版，第 258 页。

④ 李元瑾：《林文庆的思想》，新加坡东南亚研究会 1991 年版，第 153 页。

由于许多外来词是由海外移民引进的,而他们大部分又没有受过语言训练,只是因交往的需要迫使他们用发音相近的汉字来指称和记忆外语单词,因此最初的外来词大多是音译,后来因为学者的加盟,意译词才多了起来,或者一半音译、一半意译,或者在音译之外再加上汉字做注释。这种现象反映了中外文化接触的迅速以及中国方言对接受大量新概念的准备不足。尽管如此,这总是民族语言接受外来语从无序到有序的必经阶段,许多词汇经过一段时期的消化还是融化到日常生活中,并且成了俗语,丰富了人民的文化生活。

引进借词也可以看作海外移民了解外国并建立新概念的过程,借词方式和层次的变化实际反映了人们心态的变化。虽然早期海外移民采借语言的历史层次还不清楚,但从包涵面来看,则涉及物质、生活、制度、观念等多方面的内容,而且越到晚期,政治色彩越明显。这表明华侨对国外尤其是西方的了解有所深入,对国内社会改革的期望更加迫切。相关语词的借入,推动了沿海乃至全国从社会经济到制度文化的变革。

在谈到外来词采借的时候,顺带一提的还有"语音"采借问题,这就是卢戆章创造的"切音"字。卢戆章是福建同安人,早年曾到新加坡专习英文,后回厦门与基督教传教士一起工作,协助马约翰翻译《英华字典》。当时在漳州、泉州一带传教的教士,为刊行《圣经》,使当地人易晓,利用罗马字母创行了一种"话音字",标出 15 个声母,与土音土语拼。卢戆章对这种"话音字"潜心研究,历时十余年,最后选出 55 个记号,创造出一套类似罗马字的横写字母,定名为《中国第一快切音新字》。光绪十八年(1892 年),出版《一目了然初阶》,在"切音新字序"中,自述其研究"切音"之目的云:"国之富强,基于格致;格致之兴,基于男妇老幼皆好学识理。其所以能好学识理者,基于切音为字,则字母与切法习完,凡字无师能自读。"[1]梁启超对卢戆章研究的切音字大加赞赏,在光绪二十二年(1896 年)9 月 7 日《时务报》上撰文云:"窃自喜,此后吾中土文字,于文质两统,可不偏废,文与言合,而读书识字的智民可以日多矣。"[2]由于这些鼓动,"言文一致""国语统一"问题开始引起社会重视。光绪二十四年(1898 年)七月,上谕调取卢戆章所著有关切音的书,详加考验,于是在全国展开了统一国语的运动。后经直隶宁河王照和浙江桐乡劳乃宣,将切音运动推进为"简字运动",使国语运动获得了进一步发展。

(二)民间歌谣

歌谣是群众口头创作的短篇韵文作品,所表现的多是民族或群众常见的东西。歌谣的这一现实主义特点,决定了它的题材总是十分贴近生活。明清时代海外移民的出国与回国,规模庞大,效应广泛,在民间歌谣上也有着强烈反映。

唐朝以后,沿海许多地方即以"蕃"(番)统称外国。鸦片战争前后,海商去海外经商,农民、手工业者被迫出外谋生,都称为"过番"或"卖猪仔"。有关他们漂洋过海、生存竞争以及由此带来的思与怨的歌谣,也就称之为"过番歌"。

关于过番歌谣的搜集与编纂,国内外许多学者已做了很多工作。就广东而言,广

---

① 黎锦熙:《三十五年来之国语运动》,《最近三十五年之中国教育》,商务印书馆,第 64 页。

② 梁启超:《饮冰室合集·文集》第 2 册,中华书局 1941 年版,第 1 页。

东民族学院的姜永兴曾多方采风,并从中精选近 200 首编了一部《过番歌谣选注》,其中大部分作品均创作和流传于清末。按内容划分,大致可分为以下九类。一是过番——无奈何,卖咕哩。反映的是农村凋敝、城镇破产、只能背井离乡、被迫卖苦力的情形。二是劝阻——劝郎莫过番。过番有生死之险及家庭支离破碎之苦,非不得已,不要远走天涯。三是送别——去时容易转回难。劝阻不成,只有含泪相送。四是嘱咐——盼望亲人早回来。夫嘱妻咛,互为宽勉和期望。五是思念——望夫无回心欲碎。牵肠挂肚,无穷烦恼。六是怨叹——青春守活寡。"思念"的最高境界是怨叹。生活压力与精神折磨必然会产生现实生活中的痛楚与怨叹。七是苦劳——过到番邦更加难。过番闯天下的华侨常常过着非人的生活。八是乡恋——人在外洋心在家。漂泊在异乡,根却在家乡。九是婚嫁——有福姿娘嫁华侨。少数华侨经过奋斗获得成功,引起家乡妹羡叹。①

在福建,类似的"过番歌"也广为流传,有些大段的歌谣,常常包括了以上多项内容。兹举一首《过番歌》为例加以说明。② 歌谣唱道:

人间世事说不尽,且说当时过番平。在咱唐山真无空,即着相招过番邦。想到侵欠人钱项,失志无面可见人。……想来想去算无字,还是过番恰适宜。分别双亲且暂时,全望娘子奉侍伊。拜别家中心头酸,一家大小送出门。……烦恼番平水路远,回头再看咱乡村。……点心未吃喉就哽,目水流落到碗干。……在船瞑日莫烦恼,八日行到新加坡。……一时心内思想起,行去店前问因伊,头家有卜雇伙记,有谁卜雇做"苦力"。薪金随你多少送,加减不敢要讨添,店主说等辞伙记,别日如有卜通知。卜夯米包扛不起,卜做财富不识字。瞑日烦恼无经纪,身边又无半分钱。……背着米包十分重,瞑时睡去如死人,一日只有二角银,算来十分难得"趁"。……一年过了又一年,年久月深无"趁钱"。外乡虽是好景致,不及在家当初时……番平也是坏住起,返回唐山恰合宜。……想着番平的世景,咱去出外真不明,在厝那卜勤耕作,也免外出做贱人。一路行来莫延迟,二日就到咱庄市。家中大小得相见,好似月缺又团圆。今日相见真欢喜,自恨无银真伤悲,出外如无好运气,无采受苦四五年。……番平景致说不尽,不比唐山的世情。恁今若是不相信,你去看看就实心。……番平好趁是无影,劝你此路不通行。

这段歌谣一开始描述了家境贫困、生活艰难、不得不告别父母妻子出洋谋生的情况;接着描写了离别家乡的痛苦心情以及到了国外以后寻找职业的困难,最后又不得不返回家乡的情形。通篇典型地折射出一个历史事实:清代大部分移民出国的原因都是为了生计,但由于文化水平低,在异国他乡只能从事出卖体力的职业,所得有限,最终还是叶落归根。这种情况与华侨的职业构成、阶级构成是吻合的,资产阶级只是少数。

上述歌谣是出洋华侨的内心写照。其实,华侨出洋所造成的家庭离散也给侨乡的妇女留下了无限的辛酸和苦楚。请看下边几首"情歌"③:

---

① 姜永兴:《过番歌谣论》,广东华侨华人研究会:《华侨与华人》1995 年第 1 期。

② 厦门市思明区文艺联谊会:《闽台民俗风情》,鹭江出版社 1989 年版,第 51—54 页。

③ 《福建风物志·侨乡情歌》,引见白晓东:《浅谈移民传统对闽南文化习俗的影响》,《八桂侨史》1994 年第 2 期。

其一：

> 一条手巾兜手后，送到我君落船头。
>
> 娘你梅免目滓流，三年五年返咱兜。

其二：

> 郎出外，郎出外，庭前花儿懒得开。
>
> 隔山隔水十五年，风里雨里盼郎来。

其三：

> 相思花开点点金，花枝点头鸟歌吟。
>
> 阿嫂为啥忧戚戚，阿哥过番无音信。

爱情歌谣的基调本应有男女感情纠葛的悠扬与欢愉，但侨乡情歌却带有强烈的悲欢离合色彩。这不能不说是侨眷家庭特殊环境的投影。当然，对国外向往、对华侨羡慕的人依然很多，反映这种向往的歌谣也不是没有，如流传于晋江地区的《卖布谣》《厦门水路通番邦》《我的祖家在唐山》等歌谣，即多褒扬商人、移民之辞。[①] 另外，由于许多闽南移民去菲律宾的宿务、怡朗发了财，故有民间"要富去宿务""想爽住怡朗""吕宋客，没有一千，也有八百"等等谚语，表达去海外发财的愿望。[②]

由于过番歌谣是华侨与侨眷内心世界的质朴流露，直观上给人以很强的"糊口""博钱"或消极遁世的印象，以至于对造成被迫出洋的社会根源则没有深刻的揭示。尽管如此，歌谣所反映的时代特征与地方色彩依然十分明显，其间所洋溢的乡土气息、真情实感以及所体现的忍耐、勤奋、忠贞、叶落归根等中华民族的美德，还是很激励人心的。就此而言，过番歌谣可以说是一份具有学术价值与艺术价值的珍贵民间文化财富。

三　社会风俗

社会风俗，主要是指一定地域的人们在物质生活、文化生活方面长期形成的共同习惯，包括衣着、饮食、居住、生产、婚姻、节庆、礼仪等方面的规则、偏好、信仰和禁忌。虽然社会风俗兼有物质文化与精神文化的双重特点，但因精神活动的因素更突出，所以，通常将社会风俗归于以意识形态为主体的精神文化范畴。

海外移民对本土沿海社会风俗的影响，一是强化了传统的海洋性民间信仰，二是形成了侨乡社会的习俗。

海外移民很早就把沿海传统的海洋性民间信仰传播到海外。当他们回国省亲之际，总忘不了到祖宫、祖庙顶礼膜拜。为了感谢这些神明的庇佑，还经常不惜花费巨资发起重修或新建，成为他们首先或重点考虑的家乡慈善事业。这就使沿海社会传统的海洋性民间信仰得到了新的活力而更加强固。例如，清初巴达维亚（今雅加达）甲必丹郭天榜等回国资助重建厦门海沧青礁慈济宫，《吧国缘主碑记》云："辛丑（1661年）播迁，庙成荒墟，公之子姓复捐募重建。营立殿阙，架构粗备，未获壮观。吧国甲必丹郭天榜、应章诸君捐资助之。"[③]乾隆五十一年（1786年），旅居爪哇的福建云霄人陈登魁

---

① 晋江县归国华侨联合会编印：《晋江侨乡·侨乡歌谣选》。

② 白晓东：《浅谈移民传统对闽南文化习俗的影响》，《八桂侨史》1994年第2期。

③ 原碑藏厦门市海沧青礁慈济宫。

回国捐献铜陵（今东山县）关帝庙香灯田，《香灯田碑记》云：陈登魁"恭念关帝圣君威灵显赫"，"乃自买过梅安乡水田七丘，……交寺僧收入掌管，逐年收税纳粮，永远在庙敬祀香灯之资用"①。莆田涵江后郭的仙宫堂（崇奉慈济真君、文武诸神），也是由海外移民募缘倡建重修的，《仙宫堂题捐禁约碑》云："但念众等食谋外国，利涉重洋，常（蒙）呵护之恩，每荷帆樯之德。窃思宫宇建于先朝，元汉迄今，于兹有年矣，历经风雨，漂坏崩颓，是以同心鸠集乐捐，乃率乡人协力，兴工重葺。"②

海外移民强化沿海社会传统海洋性民间信仰，其消极方面是助长了迷信之风，但它背后传播的海洋冒险精神和商业意识，与向外开拓意识的提升是相呼应的，由此构成了与本土原生社会民间信仰不同的特色。

侨乡社会习俗的形成，更多地反映出海外文化通过华侨回归对沿海社会文化的影响。迄清末，侨乡习俗虽未构成自身的独立体系，但与非侨乡社会相比较，多了许多"侨"的特性。华侨的出洋、归里、婚配、事业、地位无不在侨乡的社会习俗上刻下深深的烙印。下面以著名侨乡晋江的民俗来说明这一情况。③

（一）"送顺风""拜公妈""三回头"

早期华侨的漂洋过海是侨乡最常见的事情，由此引发的一系列风俗均与祈祷平安、饮水思源有关。"送顺风""拜公妈""三回头"就是典型例子。华侨出国之前，要登门向亲友告别，亲友则赠以鸡蛋、面线及土特产品为其送行，俗称"送顺风"，祝愿出国亲友或乘槎浮海、或到侨居地都能"一帆风顺"。同时家中亲人的送行仪式更是繁多而寓意深远。临行前，须往公妈厅（祖厅）焚香拜祖，俗称"拜公妈"，表示告别祖宗并祈求祖宗神灵保佑旅途平安。家人为其准备行装时，必须备一小瓶井水和一小包泥土，让出洋者随身带走，寓有出洋者饮水思源、莫忘故土，同时在外能适应"水土"，身体健康。临行时，有些家人还煮4个鸡蛋，为出洋者饯行，预祝来日甜蜜圆满。还有些家人则为出洋人准备一碗豆腐，寄寓着到海外发家致富之意。对一些出洋投靠亲友的，家人还要让他带一包竹心和铅钱片（闽南方言"竹"与"得""铅"与"缘"谐音），希望出国亲友能和被投靠者有缘分并诚心栽培。当出洋者辞别家人，走出大门后，还须"三回头"，频望家门，其意是"不要一去不回头"，要牢记家园和亲人，早作归计。

（二）"脱草鞋""送针线"

出国华侨回到家乡，也是侨乡常见的社会现象。围绕这一现象而出现的某些行为方式经传承下来又形成了"脱草鞋"一类的习俗。如华侨回到故里，亲友们要以鸡、猪脚、面线、酒，甚至摆宴席为其接风洗尘，俗称"脱草鞋"。之所以如此名之，是因为早期华侨家庭贫困，只能布衫草鞋，跋涉异域；回国时，因交通不便，有些路程仍然只能脚着草脚步行。因此回家第一件事便是脱掉草鞋好好休息。而人们为其洗尘，也就称之为"脱草鞋"。以后虽然交通条件慢慢改善，但习俗还是相传下来了。归国的华侨往往要

① 《东山文史资料》第10辑，第65页。
② 郑振满、丁荷生编纂：《福建宗教碑铭汇编（兴化府分册）》，福建人民出版社1995年版，第368页。
③ 参见陈苗、陈育伦、刘浩然等有关侨乡民俗的文章，载陈国强：《福建侨乡民俗》，厦门大学出版社1994年版。

回赠以香皂、针线、衣服、布料等洋货,尤以送针、线为常品,寓有"穿针引线",情谊绵长之意。华侨社会前后牵引的许多移民链就是靠牵针引线形成的。

（三）"公鸡娶妇""姑嫂望归"

公鸡娶妇是晋江侨乡风俗中最独特、最具侨乡特色的一种民间风俗。其背景是,侨乡青年男子远在南洋谋生,已到婚嫁之期,家乡长辈即为他在附近乡里订下亲事。待姑娘长成,到了应该出嫁的年龄,男方家长便去信海外,催促海外男儿定期回国完婚。如果华侨不能按择订婚期回家行婚礼,只好借"公鸡"代新郎踢轿门、拜天地、入洞房。过了若干时间,新郎回到家门,才同新娘过上真正的夫妇生活。这种婚礼形式,粗看是种陋俗,但却是联系海内外家庭的一条有力纽带。一方面加强了远在海外的华侨对家庭的责任感;另一方面用公鸡娶过来的媳妇得安心料理家务、侍奉长辈。尽管这种联系一开始比较脆弱,但随着时间的推移,感情纽带与经济纽带还是日益加强了。

华侨出国奋斗短者三五载,长者七八年,无法经常还乡,于是引发了有关姑嫂登高以望兄夫之归的民间传说。建造于宋代的晋江宝盖山上的姑嫂塔,即蕴涵着这样动人的故事。故事云:丈夫婚后贸易海外,姑嫂二人日日登此山巅以望海舶回归,后人即于此处兴建石塔,并雕姑嫂石像于塔中。其实,姑嫂塔之建,主要目的是作为航海标志兼了望远舶之用。民间故事所反映的则是晋江沿海一带青年男子附舶久贾海外,以致许多少妇、姑娘登高望远,久而成习的特殊情况,而这与"公鸡娶妇"所反映的都是男子在外、妇女在乡的一个问题的两个侧面。

（四）"螟蛉子""引水魂"

由于丈夫、妻子海外海内的长期分离,也由于华侨在外娶番婆还有社会压力,所以年轻华侨婚后的生育率并不高,或者即有生育,却是女的。在这种情况下,为了传宗接代,为了家乡媳妇有个伴,晋江侨乡多数有抱养螟蛉子的习俗。一种形式是按血缘关系过继男子,或者外甥承母舅,或者亲堂之间过继。另一种形式是直接抱养螟蛉子。被抱养者多为附近农村的男孩,一般在 6 岁以下。不管是哪一种形式抱养的小孩进入华侨家庭后,多数会给以一定的栽培,等到十五六岁时,则被带到南洋经商。

出国华侨多有终老故园、埋骨桑梓的叶落归根的愿望,但事实上因各种原因客死他乡的华侨时有出现,能运灵柩归国者毕竟少数,多数只能埋骨异域。为让亲人能魂归故里,在国内的家属往往要请道士或和尚做法,以一纸船置一海边江畔,船上置死者衣服一套。道士选择时辰做道法,拉上衣服,扮为"魂身",祭敬"木主"后置入魂轿,按殡葬归虞仪式,引其魂入祖厅宗祠,俗称"引水魂"。这种仪式虽属迷信,但却是生者对于客死异邦的亲人所寄托的一种深切哀思,寓有慎终追远之意。"引水魂"一事有时会被记入族谱,如"武箴公,……外出旅于吕宋,卒葬莫详,尚未招魂归里,失系"①,字里行间无不流露出未能为死者"招魂"的遗憾,可见这一习俗非常深入人心。

这些仅仅是华侨往返及其职业、地位给予习俗的缓慢影响,至于华侨汇款及举办

---

① 《银江李氏长房家乘》,引见李天锡:《晋江华侨有关习俗浅析》,陈国强:《福建侨乡民俗》,厦门大学出版社1994年版,第 92 页。

公益事业对侨乡风俗的影响,还有许多方面。譬如女校的开办改变了女子不上学的习俗,育婴堂的设立部分减弱了溺女婴的习俗,因侨汇充裕引起的铺张浪费习俗,因移民引起的生活方式的崇洋习俗等等,这一切都说明侨乡社会风俗的变化是广泛的。

沿海其他侨乡与晋江侨乡相比,风俗的演变有类似之处,但毕竟背景有异,变化的侧重点也有区别。一般而言,移居西方国家(如美国)与殖民地(如东南亚等地)的华侨,所带来的文化存在社会发展的时间差,因而对侨乡社会风俗的影响也不尽相同。比如广东移居美国的很多,广东的崇洋风气会比福建强烈一些,不仅在上层社会流行,而且普及到了社会各阶层。[①] 另外,新技术传播对风水迷信的冲击也更大些。在继昌隆缫丝厂、潮汕铁路、新宁铁路开工的过程中,均遇到当地居民风水迷信的阻力,及至成功,"颇极一时之盛,社会心理为之一变"[②],"卒之风气日开……群相仿效"[③]。

沿海侨乡的社会风俗从属于沿海省份的风俗体系,但因为大量华侨的存在及社会经济关系的变迁,使其风俗又具有自身特点。这些习俗既有封建迷信的因子,也有资本主义的成分;既有中华传统的美德,也有西方近代的文明;既有农业宗法社会的守成痕迹,也有商业海洋社会的开拓意识。一句话,侨乡的社会风俗兼具了新旧中西的特点,在传承中出现了变异,在吸收中丰富了自身。这种风俗的演变,其作用十分明显。首先,有利于增强海外华侨对家乡的向心力。"拜公妈""三回头""引水魂""公鸡娶妇""姑嫂望归",无一不是提醒华侨饮水思源,叶落归根。其次,有利于经济的发展。妇女独立意识的增强、崇商精神的宣扬、消费观念的变化、风水迷信的淡化,都有利于工厂劳动力的吸收、商品生产与商品交换的发展及铁路与矿山的建设,概言之,有利于生产力的提高。第三,有利于文化层次的丰富与提升。对外来习俗的接纳,不仅丰富了民众的生活方式,而且使本具民族性与地域性的社会风俗开始向综合化、多元化的习俗过渡。另外,因着外来文化的借鉴,加之内在社会经济的推力,也使传统习俗加快了向近代文明习俗的转变。

总之,沿海社会文化在思想、语言、文学、民俗等领域都程度不同地受到海外移民的影响,发生了两个方向的变化:一是传统回归意识的深化,一是向外开拓意识的强化。移民思想的外求与内求、外来语言的中学体系、民间歌谣的聚散两依依、社会风俗的中西合璧,无不带有上述两个特征。两种特征粗看似乎矛盾,细看则是一个问题的两个方面和一个过程的两个阶段。回归不是安土重迁,回归只是开拓以后的叶落归根;开拓不是脱缰野马,而是为了更好地兼收并蓄。正是开拓与回归的有机统一,才形成了沿海各地的侨乡,才构成了侨乡的精神品格,才汇成了资金、技术、组织的信息流,才促使了人的素质提高与变迁的持久、快速,才凸显了侨乡与非侨乡的不同色彩。

---

① 郑德华、吴行赐:《一批有价值的华侨史料——台山解放前出版的杂志、族刊评介》,《华侨论文集》第 1 辑,广东华侨历史学会 1982 年。
② 《潮汕铁路沿革史略》,1933 年 9 月,《潮汕铁路季刊》第 1 期。
③ 宣统二年《续修南海县志》卷二一,第 4—6 页。

第三十八章

明清时期的海洋学探索^①

　　随着海洋活动的拓展,明清时期人们的海洋学知识更趋丰富和完备。由于航海知识的相应增长,海洋地貌探索、导航手册等古代最具导航意义的地文导航系统逐步完善,完整的海图得以保存,并出现了多种类型。海洋气象学取得的成就主要集中在海洋占候和对海洋风暴的认识上,当时其他海洋气象知识,如对海市蜃楼的解释等也都达到了更高水平。这一时期沿海人民在长期的海洋活动中,进一步认识到海潮之益,对潮流、潮汐、洋流、海洋盐分等海洋水文知识有了更深刻的把握,并将其熟练应用于各种海洋领域。明清两代人们对于我国海洋生物资源的特点和变化,有了更全面的记述与评价。由于海洋环境的变化,海水养殖业迅速兴起,并在养殖规模、养殖技术和产品的商品化程度上,取得了空前的发展,这是中国海洋社会的一场"蓝色革命",在中国海洋渔业发展史上具有划时代的转变意义。

第一节　海洋地貌探索

　　中国古代航海,主要采用地文导航,海上及大陆边缘海区的一切地貌形态,其导航意义最为重大,这首先被渔民、水手所重视,因而调查清楚,铭记在心或记录在案。而海底地貌亦因关系到海舶的安全,并也有一定导航意义,亦要通过一切可能的手段,如丈量或通过水文辨认,来获得足够的认识,使驾驶的海舶避险就安。总之,认识地貌是为了航行的需要,关系到生命财产的现实安全。

一　海洋地貌探索

（一）海上地貌

　　海上地貌的探索与航海是密不可分的。岛屿、港湾本身就是航线经过或到达的地方。因此,渔民、水手需要了解这些地物的名称和正确位置。^②

---

① 宋正海、郭永芳、陈瑞平对中国古代海洋学史有专深系统的研究。本章主要引见宋正海、郭永芳、陈瑞平:《中国古代海洋学史》,海洋出版社 1989 年版。

② 宋正海、郭永芳、陈瑞平:《中国古代海洋学史》,海洋出版社 1989 年版。第 97 页。

明巩珍:"海中之山屿形状非一,但见于前,或在左右,视为准则,转向而往。要在更数起止,记算无差,必达其所。"①清《舟师绳墨》:"倘到薄暮行舟,必认一山为重,尖而高者耸立易识。……小而平者,急却难辨,须记得此山的山嘴系何形象,左右有无小山屿,如看见小山屿则知应山,始可认定。"②岛屿在航行中有着重要的地位,所以指导航海的海图与书籍无不一一为之详细描述。如《郑和航海图》中载有我国岛屿多达532个,外国岛屿314个。其地貌类型,分出岛、屿、沙、线、石塘、港、礁、硖、石、门、洲等12种。③这比《新唐书·地理志》所载航道上的山、门、州、石、海峡等要丰富得多。

我国有广袤的海区,有众多的岛屿,"辽海东吴若咫尺,朝洋暮海如内地"④,"(登莱),其外岛屿环抱,迤逦以及辽阳"⑤,"闽、浙、南洋(指广东)水深多岛"⑥,"浙海岛屿林立"⑦,"(福建)海中岛屿,东南错列,以百十计"⑧。岛屿不仅是陆标,也是躲风候潮的"安乐窝","海翁堀线在府治西北海洋中,浮有沙线一条,线南有一港,港口有大澳,甚深,名为海翁堀。凡过洋之船,多泊此候潮汛,或避台焉"⑨!此外,也有作为汲淡水、采柴火的中间站,"文昌县七星山在县北一百五十里大海中,峰连有七,一名七洲洋,山下出淡泉,航海者必于此汲水、采薪,其东七星泉,昼夜混混不涸"⑩。甚至海舶视为畏途的我国南海诸岛,也曾是救生渡死的地方。清初福建龙溪人余士前带二弟从望加锡回国,船遇飓风沉没,有17人"扳缘匍匐上海屿","有人插一斧留于腰间者,拾泊崖断竹削之,磨戛得火,龟屿上巨鸟成群,张口欲吞人,共搏击之,水浅处多巨蚶,可数人昇。乃煽竹,火炮二物之肉以充腹,……忽大雨如注,异巨蚶壳承雨水以救渴。在屿中历九日夜,计不得活,合力杀藤,捞坏板作槎,裹鸟肉,贮水于筒,乘槎纵所之"⑪,在海上漂泊了九日夜,遇海舶得救。⑫

我国沿海某些地段海蚀现象严重。为了保护农田,防止海蚀现象发展,更为了抵御强大的海啸,保护生命财产安全,我国很早就开始建造海塘,直至清代,我国海塘蜿蜒屹立于海滨,长达数千千米。明清时我国出现的海塘志或地方志中有着不少海塘图。这些海塘图是能充分反映河口海岸地貌的,如1751年方观承《敕修两浙海塘通志》和清翟均廉《海塘录》中的图。李约瑟(J. Needham)称《两浙海塘通志》等海塘志的书为"一类专门论述中国海岸的地理著作"⑬。从这类海塘图中,我们可以清楚地看出海塘的建筑是因地制宜的,海塘是不连续的,时断时续,这由海岸地貌而定。在平坦的滩涂之处,则筑之;在海边山地则不需建筑。从海塘图上,可以明显地看出河口地貌和

① 《西洋番国志·自序》。
② 《舟师绳墨·舵工事宜》(天一阁藏)。
③ 中国科学院自然科学研究所地学史组:《中国古代地理史学》,科学出版社1984年版,第66页。
④ (清)魏源:《复魏制府询海运书》,《魏源集》,中华书局1984年版,第419页。
⑤ (清)姜宸英:《海防总论》。
⑥ (清)魏源:《复魏制府询海运书》,《魏源集》。
⑦ (清)魏源:《筹海篇》,《魏源集》。
⑧ (清)顾祖禹:《读史方舆纪要》卷九五。
⑨ 《古今图书集成·方舆编·山川典》卷三〇九,引《福建通志·台湾府》。
⑩ 《古今图书集成·方舆编·山川典》卷三〇九,引《琼州府志》。
⑪ 乾隆《漳州府志》卷四四《余士前传》。
⑫ 宋正海、郭永芳、陈瑞平:《中国古代海洋学史》,海洋出版社1989年版,第98—99页。
⑬ 李约瑟:《中国科学技术史》第5卷,海洋出版社1989年版,第42页。

海岸地貌的形态。这样的图其山形又是立体画法，不用图例，更显逼真。①

海岸地貌，在我国沿海省份的地方志中，记载极为丰富，不备述。而明清时期关于岛屿沙洲的地貌记载，除见于地方志之外，更多地见之于"针经"和海上交通的文献。

成书于 16 世纪的《两种海道针经》所记海上地貌的资料很多，如《顺风相送》所记国内地貌达 19 处，国外 74 处，书中提到的地貌类型有：石牌（排）——礁石；古老浅——岸礁；坤身——沙堤；泥尾——水下泥滩；拖尾一水下沙滩等。② 而《指南正法》所记的"山形水势"34 条，如《东洋山形水势》一节中，说"澎湖，暗澳有妈祖宫，山无尖峰，屿多"，"下打狗仔，西北有湾，看石佛不可抛船，东南边亦湾，东去有淡水，亦名放索番子。远看沙湾样，近有港坤身，有树木"③。而《大明唐山並东西二洋山屿水势》一节，内容极其精彩，"外罗山——东高西低，内有椰子塘，近山有老古，打水四十五托，贪东恐见万里石塘，丙午七更取交杯，内打水十八托，外打水念五托，俱可过舡，南边有礁出水。若是马陵桥神洲港口，打水八九托，鼻头二三托打水进港，有塔，可抛舡"，"羊角屿——内打水十七八托，外打水二十托，内外俱可过舡。南有羊角出水中，尖有门，门中有礁。丙午五更取灵山大佛"④。

海上交通的书籍，如清雍正八年（1730 年）成书的陈伦炯的《海国闻见录》在描述我国南海诸岛的地貌形势时说："南澳气居南澳之东南，屿小而平，四面挂脚，皆磘古石。底生水草（即珊瑚），长丈余。湾有沙洲，吸四面之流，船不可到，入溜则吸阁（搁）不能返。隔南水程七更，古为落漈。北浮、沉皆沙垠，约长二百里，计水程三更余。尽北处有两山，名曰东狮象，与台湾沙马崎头对峙，隔洋阔四更，洋名沙马崎头门。气悬海中，南续沙垠至粤海，为万里长沙头南隔断一洋，名曰长沙门。又从南首复生沙垠，至琼海万州，曰万里长沙。沙之南，又生磘古石至七洲洋，名曰千里石塘。长沙一门，西北与南澳，西南与平海之大星，鼎足三崎。长沙门，南北约阔五更。"⑤在陈伦炯的书里还有一些海上地貌学的专有名词：沙栏——沙堤；沙仑——水下沙堤；沙坛——沙滩。这说明，对海洋地貌的认识至陈伦炯时代又有了一定程度的深化。陈伦炯对全国海岸地貌有一段总的论述，我们认为他在海下地貌的描述上更为精彩。⑥

（二）海底地貌

海底地貌，包括浅海的大陆架与深海的大陆坡、大洋盆地等类型。古代对海下地貌的了解，一般局限于大陆架地貌即浅海地貌上，而对深海地貌不可能进行探索，即便有星星点点的知识，亦属猜测与想象。⑦

关于黄海的暗沙等海底地貌的论述，明崔旦伯说："登莱故道，风涛万里，洋礁蝐集，势之险易殆悬绝矣。"⑧明胡宗宪说："登莱之海，危礁暗沙不可胜测，非谙练之至，

---

① 宋正海、郭永芳、陈瑞平：《中国古代海洋学史》，海洋出版社 1989 年版，第 100 页。
② 参见自然科学史研究所地学史组：《中国古代地理学史》，科学出版社 1984 年版，第 66—67 页。
③ 《两种海道针经》，中华书局 1961 年版，第 137—138 页。
④ 《两种海道针经》，中华书局 1961 年版，第 117 页。
⑤ （清）陈伦炯：《海国闻见录》卷上。
⑥ 宋正海、郭永芳、陈瑞平：《中国古代海洋学史》，海洋出版社 1989 年版，第 104—107 页。
⑦ 宋正海、郭永芳、陈瑞平：《中国古代海洋学史》，海洋出版社 1989 年版，第 107 页。
⑧ （明）崔旦伯：《海运编》。

则舟且不保,何以迎敌。"他还指出浅滩之具体所在"若白蓬头、槐子口、桥鸡、鸣屿、夫人屿、金嘴石、仓庙,浅滩乱矶,乃贼所必避,而我之所当远焉者也"①。海军军官出身的陈伦炯说:"登莱淮海稍宽海防者,职由五条沙为保障也","庙岛南,自如皋、通州而至洋(扬)子江口,内狼山,外崇明,锁钥长江,沙坂急潮",而苏北海域,"庙湾而上,则黄河出海之口,河浊海清,沙泥入海则沉实,支条缕结,东向纤长,潮满则没,潮后或浅或沉,名曰五条沙,中间深处,呼曰沙行"②。清顾祖禹说:"吴淞而南,虽有港汊,每多砂碛","海州之东北,有大北海,不惟道里迂远,且沙碛甚多,掘港、新插港之东,亦有北海,沙碛亦多,不堪重载"③。而登州的"成山以东白蓬头诸处,危礁乱矶,伏沙险湍,不可胜纪"④。对黄渤海海底地貌的论述,还有一批文人官吏,除杜臻曾以侍郎身份考察过沿海地区,写下了《海防述略》外,其他如姜宸英的《海防总论》、韩奕的《海防集要》都是没有什么实践的经历下写成的。这说明至清初,该海区的地貌知识已经较为普及了。

今天,东海钱塘江口的两侧海区潜伏着暗沙,明宣昭正确地认识到钱塘江怒潮是由海下地貌和喇叭形河口地形所造成的,"下有沙潬跨江西三百余里"⑤,"考海中山沙,南起舟山,北至崇明,或断或续,暗沙连伏,易于搁浅"⑥。此外的浙江海区则是"苏洋以南,海道通快"⑦,"浙洋宽深无沙"⑧,"自浙洋而北,海滨淤沙多而岛屿少,其海岸径直","自浙洋而南,岛屿多而淤沙少,其海岸纡曲"⑨。东海从总体上看,是航海的理想海区,但是在小区域里,海下地貌还是很复杂的,如在呼应山有"沉礁打浪",福州五虎门"打水一丈八尺,过浅"⑩等。对各个小海区的海底地貌,各个沿海地方的地方志里一般均有详尽记载,甚至如《武备志》这样的文献里也有记载,如其卷二一〇的《福建沿海山沙图》等。

台湾海峡的海洋地貌,主要是澎湖与台湾周围海区的地貌情形。陈伦炯说:"(澎湖)岛二十有六,而要在妈宫、两屿头、北港、八罩、四澳,北风可以泊舟","北之吉屿,沉礁一线,直生东北,一目未了,内皆暗礁布满,仅存一港蜿蜒,非熟习深谙者,不敢棹至"⑪。"八罩流水湍急,岛下有老古石,刚利胜铁"⑫。澎湖"为西渡之标准",其中的东吉屿和西吉屿系要路,"渡海者必由二吉以入,盖入台之指南"⑬。从台湾海峡的水色来了解其海下地貌则是航海者长期经验的总结,"鹿耳门外,初出洋时,水色皆白。东顾台山,烟云竹树,缀翠浮蓝,自南抵北,罗列一片,绝似屏障画图。已而渐远,水色变

① (明)胡宗宪:《海防图论·山东预备论》。

② (清)陈伦炯:《海国闻见录·天下沿海形势》。

③ (清)顾祖禹:《读史方舆纪要》卷一九。

④ (清)顾祖禹:《读史方舆纪要》卷三〇。

⑤ (明)宣昭:《浙江潮候说》,《海塘录》卷二〇。

⑥ (明)胡宗宪:《海防图论·浙直福兵船会哨论》。

⑦ (清)顾祖禹:《读史方舆纪要》卷八九。

⑧ 《清高宗(乾隆)实录》卷一五六。

⑨ 《清史稿》卷一三八。

⑩ 《指南正法》《两种海道图经》,中华书局1961年版,第115页。

⑪ (清)陈伦炯:《海国闻见录·天下沿海形势》。

⑫ (清)《海纪辑要》。

⑬ 《福建通志》卷一五《山川》。

为淡蓝。台山犹隐现于海面。旋见水色皆黑,则小洋之黑水沟也。过沟,黑水转淡,继而深碧,澎湖诸岛,在指顾间矣。自澎湖放洋,近处水皆碧色,渐远则或苍或赤,苍者若靛绿,赤者若臙红。再过,深黑如墨,即大洋之黑水沟,横流迅驶,乃渡台极险处。既过,水色依然苍赤,有纯赤处,是名红水沟,不甚险。比见水皆碧色,则青水洋也。顷刻上白水,而内地两太武山,屹然挺出于鹢首矣"①。从水色来辨认海上地貌(当然包括海下地貌),虽无潜海测量之力,却有由表及里之功,不能简单地以粗疏谓之。为了理解上面一段话,引文前面还有介绍台湾海峡小海区的划分:"台厦往来,横流而渡,号曰横洋。自台抵澎为小洋,自澎抵厦为大洋,故亦称重洋。"另还解释了航海学的专业名词"放洋",意思是"舟人转舵扬帆而出海曰'放洋'"。

"环台皆海也"②,海岸地形总的来看"沿路内山外海,多巨石巉岩"③。其海下地貌决定着作为港口的海岸只有鹿耳门(今台南安平港北,今已淤)、鸡笼(今基隆)、淡水(台湾西北,淡水河口北岸,今亦淤塞),"台湾北自鸡笼山对峙福州之白犬洋,南自沙马崎对峙琼之铜山,延绵二千八百里。……而港之可以入巨艘,惟鹿耳门与鸡笼、淡水港,其余港汊虽多,大船不能入"④。台湾的海岸地貌,东北至西北多岩岸,南嵌以下至中部为沙岸,"巨石多生于鸡笼、淡水之间,突怒偃塞,奇不可状","南嵌以下,渐无石质,亦不坚"⑤。海岸地貌影响着海下地貌,当时的良港都位于岩岸线上。但地貌在不断运动中变迁无常,良港鹿耳门,百余年之后,"海边一片尽变为埔,通连嘉邑地界,横宽不啻数里","有出示招垦,虽未成业,亦可谓沧海桑田之望也"⑥。鸡笼港的岩岸无刻不在海水的冲击浸蚀中,"海流日砑訇,海巘长岈嵝"⑦,而台湾府(今台南市)的"海翁堀线"则是海中的一条"浮线",线南的港口是"候潮避风"的地方。⑧ 台湾海上、海下地貌都较复杂,变化大,所以对台湾海岸地貌不甚了然的英国侵略者在道光二十年(1841年)八月与道光二十二年(1842年)二月遭到了失败,"洋船两窥台湾。一在淡水港,遭风触礁;一在大安港,为渔舟诱引搁浅"⑨。

台湾的南端沙马崎头,是往返吕宋的陆标,其海岸特征如同严光垂钓的钓鱼台,"邑之南曰沙马崎头山,西南临海若严陵钓(鱼)台状,凡往来吕宋之船,以此山为定向"⑩。沙马崎头又是东海与南海的分界线。

南海是我国海上活动频繁的海区,也是中外海上交通的必经之路。⑪

陈伦炯说:"自廉之冠头岭而东,白龙、调埠、川江、永安山口、乌兔,处处沉沙,难以名载;自冠头岭而西,至于城防,有龙门七十二径,径径相通。径者,岛门也。通者,水

① 乾隆《台湾县志》卷二。
② 乾隆《台湾县志》卷二。
③ 康熙《台湾府志》卷一二。
④ (清)陈伦炯:《海国闻见录·天下沿海形势》。
⑤ 康熙《台湾府志》卷一二。
⑥ (清)陈国瑛等:《台湾采访册》第27—28页。
⑦ (清)朱仕玠:《小流球漫志》卷二。
⑧ 雍正《台湾府志》卷四。
⑨ (清)魏源:《道光洋舰征抚记》,《魏源集》。
⑩ 乾隆《台湾志略·山川景物》。
⑪ 宋正海、郭永芳、陈瑞平:《中国古代海洋学史》,海洋出版社1989年版,第109—112页。

道也。以其岛屿悬杂,而水道皆通。廉多沙,钦多岛。"①不仅记载了海下地貌,也描述了海上地貌,尤其对分割台地下沉后形成溺谷的"龙门七十二径",今天看来仍是正确的描述。廉钦的东面海区,"高郡之电白,外有大小放鸡,吴川外有涠(硇)州,下邻雷州白鸽、锦囊,南至海安。自放鸡而南,至于海安,中悬硇州,暗礁暗沙,难以悉载,非深谙者莫敢内行"②。《清史稿》总结为:"广州境,其海湾深广,自新安折而北,又折而南,至香山,走为内海,群岛环罗","又西为高州海,多暗礁暗沙","廉州多沙,钦州多岛,襟山带海"③。对海南岛,东路除文昌的潭门港、乐会的新潭那乐港、万州的东澳港、陵水的黎庵港、崖州的大疍港之外,西路除澄迈的乌衮港、儋州的新英港、昌化的新潮港、感化的北黎港之外,"其余港汊虽多,不能寄泊,而沿海沉沙,行舟实为艰险"④。海南岛"沿海多沉沙,行舟至险"⑤。

　　航行的谚语"上怕七洲,下怕昆仑"⑥所指的地方,都在今南海海域。七洲,即七洲洋,指今我国的西沙群岛周围海面;昆仑,即昆仑洋,指今越南南端昆仑岛周围海面,都位于中国往返南洋(东南以远)和印度洋的航线上。⑦

　　先人们对珊瑚岛屿的不断成长亦有所认识,"千里石塘,在崖州海面之七百里外,相传此石比海水特下八九尺,海舶必远避而行,一堕即不能出矣"⑧。明清两代,援引顾玠此说者颇众,如明黄佐《广东通志》卷七〇,清邓淳《岭南丛述》卷七,顾祖禹《读史方舆纪要》卷一〇五,温汝能《方舆类纂》卷二五,严如煜《洋防辑要》卷八。而清人的地方志援引此说者更超过上举各书的数量,可谓影响深远。因为是珊瑚礁岛,海拔很低,故亦有"潮至则没,潮退方现"⑨的现象。正因为时现时没,给人一种"善溢"的假象,故名南海为"涨海","万州城,外洋有千里长沙、万里石塘,盖天地所以堤防炎海之溢者,炎海善溢,故曰涨海","或曰涨海多瘴,饮其水者腹胀,故入涨海者必慎其所养"⑩。

　　关于"东洋"与"西洋"的地貌,其认识范围只限于航道沿线,《顺风相送》与《指南正法》及其他"针经"都有较详的记录。⑪

　　我国古代测量海下地貌的方法是重锤测深法。《顺风相送》称作"掏","《指南正法》称作"锏";陈伦炯《海国闻见录》则称作"绳驼"。它系绳用以测量水的深浅,名为打水,单位称为"托"。"托"是俗语,"谓长如两手分开者为一托"⑫,合今天的1.5米左右。铅锤系在绳的尾端,不致使绳漂斜,用此测量,故有"以托避礁浅"⑬的说法。郑和船队也经常用这种方法来测量海的深浅,从而了解海底地貌。这种重锤测深法不仅我

①　(清)陈伦炯:《海国闻见录·天下沿海形势》。
②　(清)陈伦炯:《海国闻见录·天下沿海形势》。
③　《清史稿》卷一三八。
④　(清)陈伦炯:《海国闻见录·天下沿海形势》。
⑤　《清史稿》卷一三八。
⑥　(宋)吴自牧:《梦粱录》卷一二。
⑦　宋正海、郭永芳、陈瑞平:《中国古代海洋学史》,海洋出版社1989年版,第113页。
⑧　(清)顾玠:《海槎余录》。
⑨　(明)章潢:《古今图书编》卷五九;明罗曰褧《咸宾录》卷六。
⑩　(清)屈太均:《广东新语》卷四。
⑪　宋正海、郭永芳、陈瑞平:《中国古代海洋学史》,海洋出版社1989年版,第116页。
⑫　(明)张燮:《东西洋考》卷九。
⑬　(明)张燮:《东西洋考》卷九。

国使用它,也长期为世界各国所使用,直到 20 世纪声呐(超声波回声测深仪)的发明和推广使用,才结束了它的历史使命。

中国古代的重锤测深法还有另外的重要用途。铅锤(或称掉,**锤**,绳驼)底涂以腊油或牛油,可以粘起沙泥,探知海底土色。因海洋各处的底质是不同的,可以因不同的底质区别来确定船舶所在的海区,从而指导航线和航向。同时,了解底质还可以知道能否放碇停泊。"铅锤之法,涂以牛油,沾起沙泥,舵师辄能辨至某处"①,"所至地方,……如无岛屿可望,则用绵沙为绳,长六七十丈,系铅锤,涂以牛油,坠入海底,粘起泥沙,辨其土色,可知舟至某处;其洋中寄碇候风,亦依此法。倘铅锤粘不起泥沙,非甚深,即石底,不可寄泊矣"②。这些文献的记载证明了重锤测深法在探索海底地貌的重要地位,所以张燮形容它是"走花落矴,神鬼惊散。要知矴地,大洪泥硬"③。

把海上地貌与海底地貌当作一个整体来认识,是我国古代探索海洋地貌时的优良传统。陆上山脉的伸展,形成了海下的礁带;岛屿附近多暗礁,珊瑚生长的附近多浅滩,河口附近有大面积的暗沙等,就是在这一整体认识的基础上抽象提高出来的。这种陆海地貌共生的地貌现象,古代名之曰"崩洪"。"崩洪峡者,穿江过河之石脉也。石脉从水中过,是山与水为朋,水与山为共,故曰崩洪","石骨过处,水分两份,但水面不能见耳"④。

为了达到最大的安全度,水手们往往不是单一地依赖于了解海下地貌或海上地貌,而是两者互相补充。因为需要综合判断,所以我国一直要求"舟师"是有丰富经验知识的人,"行路难者有径可寻,有人可问。若行船难者海水连接于天,虽有山屿,莫能识认。其路全凭周公之法,《罗经针簿》为准。倘遇风波,或逢礁浅,其可忌之皆在地罗经中取之。其主掌人观看针路,行船高低,风汛急缓,流水顺急,机变增减,或更数针位,或山屿远近,水色浅深,的实无差。又以牵星为准,保得宝舟安稳"⑤。只有具备航海知识与经验的"舟师",自然胸有成竹,临危不惊,遇险不乱,"约行几更,可到某处,又沈绳水底,打量某处水深浅几托,赖此暗中摸索,可周知某洋岛所在,或某处礁险宜防,或风涛所遭,容多易位;至风净涛落,驾转犹故,循习既久,如走平原,盖目中有成算也"。此书(其实各本"针经"都如此)就逐条航线上的海上、海底地貌做了经验性的记录,如由小昆仑到真屿的航线识别,是"(小昆仑)两边有礁出水,用庚酉及单酉,八更取真屿",而真屿的地貌识别,"看成三山,内过,打水四十托,泥地,外过,打水十八托,沙地。远过只七八托便是假屿,水浅,不可行。只从真屿东北边出水,礁南边过船,用庚戌针,五更取大横山"⑥。总之,充分利用世代相传的经验,加上自己的不断实践,采用综合分析、判断方法,乃是我国舟师水手的优良传统。⑦

---

① (清)黄叔璥:《台海使槎录》卷一。
② (清)李元春:《台湾志略》卷一。
③ (明)张燮:《东西洋考》卷九《占验》。
④ (明)周景一:《山洋指迷》卷三《过峡》。
⑤ 《顺风相送·序》。
⑥ (明)张燮:《东西洋考》卷九。
⑦ 宋正海、郭永芳、陈瑞平:《中国古代海洋学史》,海洋出版社 1989 年版,第 117—118 页。

二　导航手册和海图

现代海图是记载舰船航行或停泊时都需要了解的海洋深度、海底性质、暗礁、沉船、海岸形状、山和岛顶的海拔高度、灯塔和浮标的位置以及水质、海流、潮流的流向和速度等内容的图面资料。十分明显,海洋地貌是海图的主要地理要素。海图上记载的资料是根据航海的需要摄取的,也是长期航海和从事海洋活动不断累积的成果。

我国沿海人民用他们特有的方式,世代相传,不断补充,笔之于簿册,成为航海秘本,这就是更路簿,而针经、海图则是在它的基础上提高而成的。

(一)更路簿

海图的产生和发展与更路簿(或称水路簿)密切相关。古代海图既与更路簿有继承关系,但又共生并存,互相促进。所以要研究海图的历史,必须从简陋的更路簿谈起。海图如果是流,那么其源则是更路簿。原因很简单,这些被我们称为更路簿的"作品",大都是"祖传秘方",只有口头相传,即便有文字记录,也要靠记忆来帮助丰富它,况且这些出自渔民、水手之手的更路簿都是音同字讹,纸粗簿陋,难入经传之林,不登大雅之堂。因此,被刊刻成书的更路簿在我国几乎根本没有。我们的论断只是从现在发现的手抄本的分析中得出的。

现在能见到的更路簿实物是清末的传抄本。这些抄本,根据代代相传,只能追溯到明初郑和下西洋的时代。这比文献上的记载海图的时间要晚得多。即便如此,仍可以说更路簿是源而不是流。因为人类对海洋的认识和实践也同样遵循由近及远、由浅入深的规律。

我们认为,从"山顶洞人"有成串贝壳的"项链"、徐市采长生不老药至汉使航行印度洋,从市舶司的建立至郑和下西洋,无不在航海实践的继承上开始,再把新的实践添加到整个航海经验中去,并把累积起来的知识传给下一代。代代相传,叠加积累,才建立起今天对海洋的了解。

这种世代传递对海洋认识的载体是什么呢? 除口头传授外,我们认为其载体乃"更路簿"一类"著作",其名称可能不叫"更路簿"或"水路簿"。叫什么名称并不重要,重要的是从"更路簿"一类"作品"中,我们找到了代代传递海洋知识的最原始的载体。这当然不排除初始的口头相传,口头相传和简单的文字相结合,然后形成文字记载,这正是我们祖先传递"信息"的方法。

为了认识更路簿,不妨举几份南海"更路簿"为例。

几份南海《更路簿》都没有始初作者或迭次增补者的姓名,只有抄写者或保存者姓名。像《更路簿》这种用于导航的航海针经一类书,在每条南海地区的出海渔船上都存有一本。但是,在海南岛文昌、琼海等县渔民中间流传着的各种抄本,都是大同小异且各具特色,只不过详简不同,这是因为最初有人写成稿本,后来在互相传抄过程中,渔民们又根据各自的航海实践不断进行补充修改,而最终形成现在看到的这类大同小异、繁简不同的抄本。这些"更路簿"最初的形成时间,可以追溯到五六百年前。如1977年已年过93岁的老渔民蒙全洲说,他家的"更路簿"是从他的曾祖父蒙宾文那里传下来的,至今已近200年,据他了解,海南渔民的"更路簿"是郑和下西洋后传下来的。所以,考究这些"更路簿"形成的时间上限,一般都可以追溯到清初年、明中叶甚至明初。从这里可以看到,"更路簿"都是积累了许多代人航海实践经验,由集体创作而成的。譬如现存广东省博物馆的苏德柳父亲于 1921 年抄的《更路簿》,用棉纸抄写,长22 厘米,宽 14 厘米,对折双面,共 47 页,有 8000 余字。书分 8 篇,第一篇《立东海更路》,共 29 条,讲渔船从大潭(今琼海县潭门港)开航到东海(即今西沙群岛),以及在西沙群岛各地之间的航行更路;第二篇《立北海各线更路相对》共 116 条,讲渔船从三圹(今西沙群岛的蓬勃礁)开航到北海(即今南沙群岛)的双峙(即双子礁),以及在南沙群岛各地之间的航行更路;第三篇《驶船更路定例》,记载了自外罗(今越南广东群岛主岛)至广东东莞县内的南亭门的线路;第四篇,无篇名,从内容上看,主要是叙述从潭门港往广东沿岸、海南岛沿岸、西沙群岛、中南半岛和南洋群岛等地的更路。第五、六两篇,系正在积累的素材,看不出连续的航向;第七篇《自星洲去吧里更路》,星洲即今新加坡,吧里即今印尼的峇厘。

各《更路簿》的更路条文写法基本一致,都有起点、终点、针位(方向)和距离(用航行时间"更"来表示)四个要点。第一篇《立东海更路》如下:

自大潭过东海,用乾巽使到十二时(更),使(驶)半转回乾巽己亥。
自三峙下干豆,南风甲庚(北风乙辛),三庚(更)收。对西使(驶)。
自三峙下石塘,用艮坤寅申,三更半收。对西南。
自三峙下二圈,用癸丁丑未平,二更半收。……
自三峙上三圈,用壬丙己亥平,四更收。对……
自猫注去干豆,乙辛兼辰戌,四更半收。对西北、北风。
自猫注去下峙曲手,用坤申,四更收。对西南。
自猫注去二圈,用丁未,三更半收.。对南。
自二圈下下峙,用辰戌,一更收。对西北。
自石塘上二圈,用乙辛辰戌。二更。对东南。
自石塘四江门出,上猫注,用甲庚,六更收。对东。
自四江去大圈,用乾巽过头,约半更。对东南。
自银峙去干豆,用壬丙,三更半收。对北。
自猫兴上三圈,用癸丁丁未平,三更半收。对南。
自猫注上三圈,用壬丙平,四更。对南。
自大圈下去半路,用艮坤加二线丑未,三更。对南。
自二圈去干豆,用乾巽,四更半收。对西北。
自尾峙去半路,用癸丁,三更半收。对西南。
自三圈去半路,用甲庚,六更半收。对西南。
自二圹去白峙仔,用丑未,更半收。对南。
自大圈头下白峙仔,用子午,一更收。对南。
自红草门上双帆,用乾巽,二更收。对东南。
自红草门上猫兴,用乙辛,二更收。对东南。
自白峙仔去半路,用寅申,三更收。对西南。
自半路去外罗,用甲庚寅申,十五更收。对西南。

自二圈下大圈，用寅申，一更收。对西。

自三圈下白峙仔，用甲庚卯酉，五更收。对西。

自白峙仔上三圈，用卯酉，五更收。对东。

自船岩尾往干豆，用乙卯，四更收。①

上面提的乾巽(135°)、甲庚(255°)、乙辛(285°)，都是罗盘针位，也就是船的航向。罗盘一周分为24分，以天干、地支和八卦的24字表示，每一字占15°。"更"是时间单位，用以计算航程距离。每天(昼夜)十更，"海道不可以里计，舟人分一昼夜为十更，故以'更'计道里"②，"海洋无道里可稽，惟计以'更'——分昼夜为十更。向谓厦门至台湾，水程十一更半；自大旦门七更至澎湖，自澎湖四更半至鹿耳门。风顺则然；否则，十日行一更，未易期也"③。"旧志，舟人渡洋，不辨里程，一日夜以十更为准。"④顾炎武(1613—1682)《天下郡国利病书》里收录两篇"针路"，在《太仓使往日本针路(原注：见渡海方程及海道针经)》里说："更者，每一昼夜分为十更，以焚香枝数为度，以木片投海中，人从船面行，验风之迅缓，定更数多寡，可知航至某山洋界。"⑤古代一昼夜分为十更，众说一词，没有什么值得怀疑的，但是也有人认为一更就等于六十里，"海行之法，六十里为一更"⑥，然而，船舶的航速受到风向、风速、潮流、洋流等的影响，既然一昼夜分为十更，又把每更固定出里数，显然不科学。陈伦炯说："以风大小顺逆较更，每更约水程六十里。风大而顺则倍累之，朝顶风逆则减退。"⑦如何校正"更"的里数，清黄叔璥："水程难辨，以木片于船首投海中，人从船首速行至尾，木片与人行齐至，则更数方准，若人行至船尾，而木片未至，则为不上更；或木片反先人至船尾，则为过更，皆不合更也。"⑧只有"准"，一更才是"六十里"，所谓"准一昼夜风利所至为十更"⑨。至于清释大汕说"去大越七更路。七更，约七百里"⑩，一更等于100里，就太离谱了。近人有认为一更为40里⑪或者更少一些，都是值得注意的说法。"中国古代航海上计里程的单位是更"，"大致为一昼夜分成十更，一更又合六十里"。这里的一更合60里可能不大正确。如澎湖至台南市，旧作五更，今为52海里，1海里合旧3里，即澎湖与台南之间的距离为156里，一更不过31里左右。厦门至澎湖旧作七更，合220里左右，行程一天。如一更为60里，则厦门澎湖之间当为420里，澎湖台南之间为300里，帆船一天航行，就有点问题了。这些问题，都待进一步的调查研究去解决。⑫

关于"更"的起源问题。元朝周达观的《真腊风土记》，明初的《瀛涯胜览》《星槎胜

---

① 厦门大学南洋研究所：《南洋问题》，1978年第3期。

② (清)王鸿绪：《明史稿·外国传·鸡笼山》。

③ (清)郁永河：《裨海纪游》卷上。

④ (清)陈寿祺：道光《福建通志·海防》。

⑤ (清)顾炎武：《天下郡国利病书》卷一一九，其另一篇为《福建使往日本针路》。

⑥ (明)黄省曾：《西洋朝贡典录》卷上"占城国"。

⑦ (清)陈伦炯：《海国闻见录·南洋记》。

⑧ (清)黄叔璥：《台海使槎录》卷一。

⑨ (明)张燮：《东西洋考》卷九。

⑩ (清)释大汕：《海外纪事》卷三。

⑪ 朱鉴秋：《我国古代海上计程单位"更"的长度考证》，《中华文史论丛》1980年第5辑。

⑫ 向达：《两种海道针经序言》，《两种海道针经》。

览》①及《西洋番国志》里都是用"日"来计程的,只有到了《西洋朝贡典录》(约成书于1520年间)和《东西洋考》(1618年刻印出版)才用"更"计里程。我们以为它先由直接参加驾驶者所"发明",后才被大家所接受。目前记载"更"计程的"民间"文献,最早的则是《顺风相送》和《指南正法》。研究一下它们可以提供一些"更"起源于民间的蛛丝马迹。②

(二)针经

《更路簿》,即属于我国文献中称为"洋更"的著作,"舟子各洋皆有秘本,名曰洋更"③。这一类"洋更"经过排比,条理化,集众家之长,使其成为一部整体性的"导航手册",这就是现在我们能看到的所谓"针经"。

"针经"这类书,见于各家称引的有《渡海方程》《海道经书》《四海指南》《海航秘诀》《航海全书》《针谱》(见《日本一鉴》及《桴海图经》)、《航海针经》(见《东西洋考》)、《针位篇》(见《西洋朝贡典录》)、《罗经针簿》(见《指南正法》)。《筹海图编》《日本一鉴》曾根据《渡海方程》一书外,还参考过《海道针经》。在《郑开阳杂著》《筹海图编》《日本一鉴》中关于江苏"太仓使往日本针路"及"福建使往日本针路"各节就是根据《渡海方程》《海道针经》及《四海指南》这类针经撰写的,可见这类针经提供的素材是多么重要。明南海总兵官邓钟的《安南图志》中著录了"福建往安南图针路"。乾隆《福州府志》卷一三"海防"中著录了一篇无名氏的《针经》,记载的是往返福宁与湄洲之间的一段针路。可见明清间的一些著者在编纂海上交通的图书时并没有轻视它们,也并不罕见,否则就不可能成为他们的参考书了。但现在我们除了通过上面一些文献的转述外,提及的"针经"本身却再也找不到了。

不过,在清嘉庆(1796—1820年)年间张海鹏编刻的《借月山房汇钞》中有一种叫《海道经》的书应该算作"针经"。《海道经》,明初无名氏撰,是记载元代粮食海运的黄渤海航道"针经"。我们说它是专供漕船使用的"针经",不仅从"海道"上一目了然,就是与针路没什么关系的"占潮"里,还特别提醒船长水手们:"漕船之患,最怕船密。"

分析这部"针经",并与上面提到的"更路簿"作一番比较,立见"更路簿"的粗糙。同时比较之后,还可以窥见持"更路簿"的渔民,除"更路"外,其记忆里还装着怎样的经验知识。

《海道经》分类:准备缓急、海道、海道指南图、占天门、占云门、占日月门、占虹门、占雾门、占电门、占海门、占潮门、北海地方。

从文字上看,它是由"更路簿"与经验韵语编集修改而成的,两种痕迹都很明显。譬如"占天门"的"朝看东南,有黑云堆起,东风势急,午前必有雨;暮看西北有黑云,半夜必有风雨。……""占云门"的"秋冬东南风,雨不相逢;春夏西北风,下来雨不从……""占海门"的"蝼蛄放洋,大飓难当;……海泛沙尘,大飓难禁;……鸟鲘弄波,风雨必起;……""占潮门"的"北海(指黄渤海)之潮,终日滔滔;高丽涨来,一日一遭,莱州洋

① 《郑和航海图》虽已以"更"计程,因尚难确定出自郑和同时代人的手笔,在这里暂不作为论据。

② 宋正海、郭永芳、陈瑞平:《中国古代海洋学史》,海洋出版社1989年版,第120—127页。

③ (清)黄叔璥:《台海使槎录》。

水，南北长落，……"等等，都给人一些明快的谚语感觉。

继《海道经》之后，现在传世的"针经"，是《顺风相送》和《指南正法》两书。① 《顺风相送》据向达推测，它成书于 16 世纪。我们从《顺风相送序》分析，作者的名字应该叫"山"。我国古人写文章，自称名，他人称字（或号），姓省略。向达的标点是"永乐元年奉差前往西洋等国开诏，累次较正针路，牵星图样，海屿水势山形图画一本山为微簿"。这里"山为"与上面的文字连读，极难理解，假如"山"乃作者自称其名，"为"字作编写讲，"微簿"是对《顺风相送》的自谦语，全文就豁然贯通了。重新标点为"……海屿水势、山形图画一本，山为微簿"。这位名叫"山"的作者，在永乐元年（1403 年）就"奉差前往西洋"，这比郑和第一次下西洋的永乐三年（1405 年）还要早两年。以后郑和下西洋，他也是随从人员，否则不能有"累次较正针路"的机会。序言中下面一段话，表明这位名"山"的人，参考遴选航海技术人员的工作，"务要取选能谙针深浅更筹，能观牵星、山屿，探打水色浅深之人在船。深要宜用心，反复仔细推详，莫作泛常，必不误也"②。在挑选技术人员中，标准是很高的，只要技高艺精，航行时才不会出差错，假如本事"泛常"，难保不误事。

假如我们的理解不错，这部《顺风相送》正是郑和七次下西洋时使用的"针经"之一。这是否系原本，抑或经过了后人的转抄、润色或重新编排，还要作进一步的研究。不过，我们初步估计，"山"撰的原书落入走洋下番人手里，他们根据航海的需要，增加了一些新内容，也删去了一些旧文字。所以看到的这部《顺风相送》已是新旧杂陈的混合体了。但无论如何，它包含了"山"这位曾追随郑和下西洋的技术人员的经验真髓则是毋庸置疑的。③

《指南正法》，向达认为成书于康熙末年即 18 世纪初期。我们认为它系明末的作品。其序文中说，此书"指定手法乃漳郡波吴氏，氏寓澳，择日闲暇，稽考校正。自天朝南直隶至大仓……"。"南直隶"乃明朝对南京所在地省份的称谓，清顺治二年（1645 年）改为江南省，康熙六年（1667 年）分设江苏，安徽省。④ 在清代文字狱的阴影笼罩下，即使不要求出版的书，也不会公然在"南直隶"之前还堂而皇之冠上"天朝"的恭敬称谓，此其一；其二，在《两种海道针经》第 114 页，有一"大明唐山并东南二洋山屿水势"的大标题。"唐山"，指中国、"大明"乃是明朝的国号无疑，所以，我们认为这部《指南正法》最基本的内容编成于明朝。然而在"定罗经中针祝文"中有"伏念大清国某省某……"又当如何解释呢？ 我们认为《指南正法》是下蕃舶主的行船指南，而每一次行船都是要念一次"祝文"的，都要进天妃庙烧香叩头，所以此书如传家宝一样传到清代的某舶主手里时，他要念"祝文"，在大庭广众面前自然不能照最初的本子念"大明"二字。这二字是后来改的。这部书最初的整理编纂者是谁？ 我们认为是"漳郡"的"吴波"。序文作者称作者一般称字或号，如直呼其名，名后再加姓氏，所以"漳郡波吴氏"，即漳郡吴波，他是最初的整理编纂者，且是明代人。"寓澳"，估计是葡萄牙向明廷租借

① 这两书原藏英国牛津大学的鲍德林图书馆（Bodleian Library），都是旧抄本，是传教士从中国带到英国去的。1961 年向达先生以《两种海道针经》为名刊布于世。

② 《顺风相送序》，《两种海道图经》。

③ 参见郭永芳：《〈顺风相送〉最初的成书年代及其作者质疑》，《中国东南亚研究会通讯》1986 年第 3—4 期。

④ 参考赵泉澄：《清代地理沿革表》，中华书局 1955 年版。

澳门之后。如在前,应称作"壕镜澳",大概是万历(1573—1620年)之后人。至于因它"附在清初卢承恩和吕磻辑的《兵钤》一书后面","钤有'曾存定府行有耻堂'的图书"[1],因而认定它是康熙八年(1635年)何良栋为《兵钤》作序之后,不甚恰当,因为线装书的装订有时是由收藏者自己决定(断线再订更如此)的,所以不足为据。也有可能是借抄之后,合二为一。至于"日清"(类似航海日记)提到的"乙丑年""己丑年""辛卯年",所记月建大小与康熙廿四、四十八、五十年合,又如何解释? 因为"针经"一类书,它在成书时是搜集前人经验而成的;成书后,传抄者在实践的过程中又可以补充、修改。因此,"日清"有可能是后人补充的。但向达先生"合"月建是在"康熙八年以后"这一前提下去"合"的,其实乙丑年的月建也与嘉靖四十四年(1709年)合,己丑年的月建也与万历十七年(1589年)合,辛卯年的月建又与顺治八年(1651年)合。顺治八年也就是永历五年,这个时间正是郑成功积极开展海外贸易的时候,证以该书第170页"用丑艮七更取太武,收入思明"一句。"思明"是郑成功改厦门为思明的,康熙二十五年清廷改为"厦门厅",所以"思明"一名仅在郑成功政权范围内使用。再联系说朝鲜的"人物衣冠似大明一样"一句话,我们设想一下,假如是明朝(清未入关)人,一般会说"似天朝""似吾大明";假如在清政权下的作者见此,一般会说"似故明""似胜国"。"似大明"一语,只有中原已非大明衣冠,自己又奉明朝正朔者才用这种语气,这正符合郑成功政权下作者的身份。所以,此书下限可以断为康熙统一台湾之后,吴波流落在澳门之时,大概是康熙二十二年(1683年)之后的几年里。吴波曾为郑成功政权效过劳。[2]

《顺风相送》与《指南正法》两书的内容大致相似,总括起来有以下三部分:

一是气象方面,如太阳月亮出入时刻、逐月恶风、潮水消长、雷电、观看星辰,以及罗经下针、定船更数和禁忌迷信。

二是航道沿线的山形水势。

三是各处往返针路(包括"日清"),对往返各地的罗经方向、路程远近(更数)、礁石隐显(地貌)、打水深浅(若干"托")、能否抛船(停泊)等都有详细记载,比起"更路簿"来,确有长足的进步。

总之,"针经"是在"更路簿"的基础上发展起来的。"更路簿"是渔民水手的产物,航海时仍更多地依赖经验,"针经"则集诸家"更路簿"之长,经民间航海家的"稽考校正"而成,属于高一层次,它更像今天的《航海通书》。但两则都不失为我国古代航海知识的珍贵史料。又因流传下来的成品不多,就更值得我们珍惜。[3]

(三)海图

古代的正规海图也是在"更路簿"和古代渔民水手自绘自用的"海图"的基础上绘制的。海图和"更路簿""针经"相辅而用,前者直观,后者记录详尽,并行不悖,相互补充,均是航海不可缺少的工具。

海图是航海中必备的,尤其远航不能没有它。因此,我们可以说,它的产生和历史

---

① 向达:《两种海道针经序言》,《两种海道针经》。

② 参见郭永芳:《〈顺风相送〉最初的成书年代及其作者质疑》,《文献》1987年。

③ 宋正海、郭永芳、陈瑞平:《中国古代海洋学史》,海洋出版社1989年版,第128—132页。

同航海史一样悠久。进行航海活动,积累实践的经验并记录下来,是同步的。但是,明清之前的"更路簿"和"针经"已经遗失殆尽,而海图更甚于此。①

明代海图保留至今的较多,如胡宗宪《筹海图编》中的《沿海山沙图》《沿海郡县图》《登莱辽海图》,郑若曾《郑开阳杂著》中的《万里海防图》《海运全图》,茅元仪《武备志》中的《海防图》《郑和航海图》(原名《自宝船厂开船从龙江关出水直抵外国诸番图》)等。《郑和航海图》是现存最早最珍贵的"针路图"。②

1.《郑和航海图》的特点

《郑和航海图》原名《自宝船厂开船从龙江关出水直抵外国诸番图》,最早载于明代茅元仪1621年所辑的《武备志》。③ 因为它是郑和下西洋所使用的地图,所以一般简称为《郑和航海图》。

《郑和航海图》原来是手卷式的,收入《武备志》时改成了书本式,按现在的计页方法,图共44页,其中航行图40页,过洋牵星图4页。

据明代《顺风相送》记载:"永乐元年奉差前往西洋等国开诏,累次较正航路,牵星图样,海屿水势山形……"④可知郑和下西洋前已有航海图。这些图可能不系统、不完整,但它们是《郑和航海图》的前身,郑和船队在远航过程中,对原先的航海图进行修订、补充,后来又经过加工整理,成为我们现在所见到的《郑和航海图》。其成图时间约为15世纪初期。

《郑和航海图》是我国最早不依附于航路说明,而能独立指导航海的地图。从航海学和地图学的观点来分析,它具有以下五个基本特点。⑤

首先,《郑和航海图》突出表明了与航海有关的要素。航行图所表示的内容主要有:大陆和岛屿岸线,浅滩,礁石,港口,江河口;沿海的城镇、山峰;陆地上可作航行目标的宝塔、寺庙、桥梁、旗杆等地物;各种名称注记;航线及其方位、距离等说明注记。这些内容都是与航行关系十分密切的。

其次,不同区域的图幅表示内容有差异,体现出区域的不同航行特点。例如,南京至长江口是沿江航行,船只需顺着江岸不断改变航向,故图上不注航路说明;同时在这区域航行时,主要是根据两岸的山形、地物来确定航行的位置,因而图上对这些要素表示得特别详细。自长江口至马六甲海峡的航段,基本上是沿海岸航行,当时主要用罗经导航,故图上对方位、航程的注记比较详细。横渡印度洋的航行是罗经导航与天文导航相结合,故其图幅内容除一般的航线说明外,还注有天体高度。

第三,图幅的排列配置以航线为中心,各图幅的方位是不统一的。《郑和航海图》所表示的航行范围是从中国南京至今霍尔木兹海峡北部。总的航线在图上自右至左连贯绘出,且大致居图幅中部,因而造成了图幅方位的不统一。例如,南京至长江口的图幅方位是上方为南;长江口至马六甲海峡的图幅方位是上方为北或西北。

第四,航线注记详细而相当精确。《郑和航海图》的航线注记包括航向、航程以及

① 宋正海、郭永芳、陈瑞平:《中国古代海洋学史》,海洋出版社1989年版,第132—134页。

② 宋正海、郭永芳、陈瑞平:《中国古代海洋学史》,海洋出版社1989年版,第137页。

③ (明)茅元仪辑《武备志》卷二四〇。

④ 向达校注:《两种海道针经》,中华书局1961年版,第22页。

⑤ 朱鉴秋:《郑和航海图之基本特点》,《中国航海》1984年1期,第85—97页。

有关航道深度、礁石分布等说明。航向以 24 个方位表示，与现代罗经相比较，一个方位相当于 15°，且可以精确表示到 7.5°。航程以"更"表示，一更合今 12.5—18 千米。深度以"托"表示，一托约合今 1.7 米。《郑和航海图》共表示了 100 余条航线的注记，经过推算，这些航线注记是相当精确的。

第五，配置有天文导航专用的"过洋牵星图"。各种图共 4 幅，每幅中央是帆船的图，其四周绘有天文导航用的星座，并注记星座的名称、方位及高度。天体的高度以"指"为单位，一指约合今 1.9°。

2.《郑和航海图》地名的考释

《郑和航海图》共标有地名 540 多个，涉及中国、东南亚、印度洋沿岸（包括非洲东岸）等地。其中既有地理名称，如山名、水域名、港湾名、城镇名等；又有地物名称，如宫殿名、寺庙名、桥梁名等。近百年来，国内外不少学者对《郑和航海图》的地名进行考证、研究，取得了不少成果，但仍有一些地名未曾考定今名，已考证的也还有疏漏和失误。近几年我们在前人考证的基础上，对《郑和航海图》的地名进行了全面考释。既利用传统的方法，根据各种历史文献进行查对，又应用大量现代地图集、航海图及航路指南等资料，根据地理位置及航行特点仔细校核；既考虑地名的译音，又根据航行针路推算位置来验证，对 540 多个地名一一作了说明，使《郑和航海图》地名的研究迈进了一大步。下面几种考证方法分别举例作一说明。

（1）利用历史文献考证地名

《郑和航海图》的地名中虽然好多古名现已不用，但从古代史书、图志和历史遗迹中仍可找到根据，只要史料运用得当，可以得出正确结论。如原图长江航段在仪真（今仪征市）以西有斩龙庙，向达注为："据图，斩龙庙在长江北岸，仪征附近，今地无考。"[1]台湾学者周钰森列举了数个龙王庙，而认为该庙是岩山的龙王庙。[2] 我们查阅各种历史文献，在明代《地图综要·江防图》中找到了斩龙庙，其位置与原图相符，而斩龙庙具体位置绘在青山墩上，并注记："青山至仪真二十里"[3]。今虽然斩龙庙已无存，但青山仍在，从而确切地定出了斩龙庙的今地。又如"大灵胡山"，向达注为："据图，大灵胡山在交趾境，与钦州隔北仑河相望，今地无考。"[4]英人米尔斯则认为是越南北部之 Hui Amyap（21°07′N，107°08′E）。[5] 均误。因为《海图广记·暹罗往交趾针路》记载，自外罗山（今李山岛）"用单亥针五更取占毕罗山，用单亥针五更取大琅瑚山"[6]。大琅瑚山为大灵胡山的异译。根据这项记载进行航程推算，可以确定大灵胡山即今越南岘港东侧的山茶半岛上之山峰，高 693 米，晴朗天气时从远处即可见到，半岛东端岬角今名岘港角（Mui Da Nang，16°07′N，108°17′E）。

---

① 向达整理：《郑和航海图》，中华书局 1961 年版，附录第 33 页。

② 周钰森：《郑和航路考》，中国台北海运出版社 1959 年版，第 161 页。

③ （明）吴学俨等：《地图综要》外卷。

④ 向达整理：《郑和航海图》，中华书局 1961 年版，附录第 10 页。

⑤ J. V. G. Mills：Ying YaiSheng Lan(The Overall Study of the Ocean's Shores) by Ma Huan. London，1970，p. 219.

⑥ （明）慎樊赏辑：《海国广记》，《玄览堂丛书续集》第 101 册，1947 年影印。

（2）根据地理特征考证地名

《郑和航海图》中有些地名是按地理特征命名的，这些地名不仅当时可作为舰船海上航行的显著目标，即使现在沿岸航行时也仍有意义，故在现代航海图书资料中也详加描述，可据其考定今名。如原图在暹罗国笔架山附近河口的犀角山，呈犄角形式，右角无名，左角注犀角山。查核现代航海图，在泰国湾今勃兰河河口有一对各高30.5米的小岛，其岛形与原图所绘相似，名赛岛、基诺岛，可考定犀角山即今基诺角。又如原图苏门答腊岛上有赤角山，据现代航路指南记载，苏门答腊岛西岸明古鲁以北，岸势陡高，为红色崖岸，距岸较近的显著高山为帕利克山，高2493米，可考定赤角山即此山。

（3）根据针路和牵星数据推算位置来考证地名

前述例子中大灵胡山的考证，既利用了历史文献，也采用了根据针路推算位置的方法。根据牵星数据推算位置的例子如关于吴实记落的考证。《郑和航海图》印度西部的针路注记："觜头也有十指，在十指山势去到十二指吴实记落。"在前人著述中未见有关吴实记落的考证。我们认为，按原图"十指山势"，当在西部卡提阿瓦半岛南端第乌角（Diu Point），循此沿岸北去，据航路指南记载，在印度河口东南10海里处有皮蒂亚罗河（Bhitiaro Creek）。该地为北辰十二指。故吴实记落即皮蒂亚罗河口。

（4）根据译音考证外国地名

对外国地名的考证，考虑译音是必须的。《郑和航海图》中的外国地名有300多个，大多是按当时的读音译写的，前人对此已有较多的研究，我们在考释地名时，略作补充，归纳为三种情况。一是古今译音大致相同或文异音近，这种地名结合地理位置较易判明，如满剌加即今马六甲，答那思里即今丹那沙林等。二是有的古地名省略了音节，这在印度地区较多。如古里即今卡里卡特。三是地理专名与地理通名或冠词合译，如古里由不洞即今马来西亚半岛西岸海中的布坦群岛（Butang Group），"古里由"为马来语Culao的译音，其义即"岛"；又如那里寅上，即今里扬（Ar Riyan），"那里"为Ar的译音，实为阿语冠词。

以上几种考证地名的方法虽分别举例说明，实际考证过程中往往是几种联合运用。这样得出的结论比较准确、可靠。①

郑和的"航海图"赖《武备志》的转载得以保存下来（虽然不一定是原图），但根据航行实践不断修订而成的《针位篇》一书②却亡佚了。大概这与明季倭寇肆虐沿海地区因而导致实行海禁政策有关，而且郑和七次下西洋所费甚巨，下西洋的目的并非扩大贸易，朝野上下颇有得不偿失的舆论，怕旧事重提，竟把郑和航海的科学成果付之一炬。"旧传册在兵部职方（司），成化（1465—1487年）中，中旨咨访下西洋故事，刘忠宣公大夏为郎中，取而焚之。"③不管刘大夏是否烧毁了案牍，而《针路篇》等科学的结晶遗失掉却是事实。

在清初，属于针路图系统的海图，要特别提到《西南洋各藩针路方向图》与《东洋南

---

① 李万权、朱鉴秋：《〈郑和航海图〉的综合研究》，联合国教科文组织海上丝绸之路综合考察泉州国际学术讨论会组织委员会：《中国与海上丝绸之路》，福建人民出版社1991年版，第260—263页。

② 《西洋朝贡典录》曾以《针位篇》与《星槎胜览》《瀛涯胜览》并举。

③ （明）顾起元：《客座赘语》卷一《宝船厂》。但《明史·刘大夏传》："汪直好边功，以安南黎灏败于老挝，欲乘间取之。言于帝，索永乐间讨安南故牒，大夏匿弗予。"

洋海道图》。这两幅图都是统一台湾之后彩绘呈进给康熙帝的。

《西南洋各藩针路方向图》,签题觉罗满保绘进。满保,正黄旗人,字九如,又字凫山,康熙进士,累官浙闽总督,因镇压台湾农民起义领袖朱一贵有功,加兵部尚书衔。曾奉旨巡海,故能熟悉海国形势。这幅图大概即其官闽浙时所绘,时间在康熙五十年(1711年)前后。全图为一立方幅,设色彩绘。图绘了我国南部诸海,自上海海口起,经浙江、福建、广东诸省重要海埠,凡与暹罗(今泰国)、缅甸、越南及"南洋"各岛航海往返线路、方向、转折,且注记道里远近、土产贸易情况。有意思的是,此图不仅有通常海图体现出的海上的地貌,且凡渐近海处,设色都逐渐加深,这正表明出海水的深浅,是我国海图绘制上的进步。缺点是地名标注过分简略,有些只绘出岛屿而未标注出地名。

《东洋南洋海道图》,施世骠进呈。施世骠(1669—1721),字文秉,福建晋江人,施琅子。这幅图大概是他官福建提督时绘进的,即在康熙五十一年至六十年(1712—1721年)之间。图中绘琉球、安南、暹罗、南掌、港口、柬埔寨、缅甸、广南、柔佛、亚齐、大呢、吉兰丹、丁佳奴、麻六甲、澎亨、旧港、过西文来、蚊阁、马辰、单绒系腊、甘马力、陈宋大港、红豆屿、邦仔、系兰、猫羌、文武楼、班爱、淑务、屋党、芒加风、土山、万丹、井里阁、三把龙、二泊涝、灰蛙等地的航海针路及海上地貌,并各注明其方向、道里远近的数字,以及各地物产种类贸易情况。施世骠一直在沿海带领海军,对海道形势比较熟悉,且要经常巡海,所以此图颇能反映出当时海军将领对海洋知识了解的程度。

上面两幅海图代表了清康熙时代的海洋知识与制图技术的水平,也是了解周围海区与海外交通的参考书。[①]

在鸦片战争前的明清之间,除上述海图外,还应提到下面一些海图:

明嘉靖三十三年至三十六年(1554—1557年)罗洪先《广舆图》中的《东南海夷总图》;

明嘉靖三十六年(1557年)张天复《皇舆考》中的《东南海夷图》;

明万历四十一年(1613年)王在晋《海防纂要》卷首附图《东南海夷图》;

明万历元年至四十八年(1573—1620年)章潢《古今图书编》卷五九的《东南海图》;

明崇祯十六年(1643年)吴学俨《地图综要》卷四的《东南海夷图》,其绘法沿袭《广舆图》;

明末(1644年前)朱约淳《阅史津逮》中的《东南海国图》,其绘法亦沿袭《广舆图》;

清初(1680年前)顾祖禹《读史方舆纪要》中的《东南海夷图》;

乾隆五十五年(1790年)《七省沿海图》中的《环海全图》;

嘉庆十三年(1808年)温汝能《方舆类纂》中的《东南海夷图》;

道光十八年(1838年)严如熤《海防辑要》中的《东南海夷图》与《广东海图》。

上举各图都是鸦片战争前绘制的海图,虽不属于针路图,但它能反映出我国古代人民对海洋的了解程度。[②]

---

① 宋正海、郭永芳、陈瑞平:《中国古代海洋学史》,海洋出版社1989年版,第139—140页。

② 宋正海、郭永芳、陈瑞平:《中国古代海洋学史》,海洋出版社1989年版,第142页。

第二节　海洋气象探索

海洋天气状况与人们各种海洋活动均是密切相关的。明清时期海洋气象学取得的成就主要集中在海洋占候和对海洋风暴的认识上。当时海洋占候已十分发达，对风暴的认识和预报，均达到了较高的水平，并成为古代海洋气象学一个重要组成部分。这一时期的其他海洋气象知识，如对海市蜃楼的解释等也都达到了更高的水平。

一　海洋气象预报

要进行任何海洋活动，均需要掌握未来天气状况。这不仅决定了海洋活动能否正常进行，而且直接影响生命、财产的安全。正因为如此，古代水手、渔民都是勤奋的海洋气象观测员，他们千方百计探索天气变化规律，预测预报天气，海洋占候事业在古代很早就发展了起来，到明代已形成一个独立的部门。

郑和领导的庞大船队七下西洋，保证郑和巨大船队多次平安远航的"先进的传统科学技术水平"之一就有传统的海洋占候技术。《西洋番国志》："始则予行福建广浙，选取驾船民梢中有经惯下海者称为火长，用作船师。"[1]这说明郑和航海的占候技术是在广大渔民、水手中长期广为流传的天气谚语。这些谚语源远流长，极大部分来源于郑和航海前宋吴自牧《梦梁录》卷一二"江海船舰"和元朱思本《广舆图》卷二"占验篇"中，也极大部分反映在郑和航海后的明清航海占验书中。

明初娄元礼《田家五行》收集了大量占候谚语，其中包括不少可用于海洋占候的谚语。《田家五行》卷上"天文类"汇编的谚语分成论日、论月、论星，论风、论云、论霞、论虹、论雷、论霜、论雪、论电、论气候、论山、论地。《田家五行》卷下的谚语分成论飞禽、论走兽。《田家五行》"拾遗"中的谚语可分成论夏季雷阵雨、论梅雨、论天气酷热则生风、以琴瑟弦索之松弛及炉灰带湿作块占天将雨等。

明代，海洋占候谚语已被好几种书汇编起来，明初无名氏撰《海道经》将收集的谚语，分成占天门、占云门、占日月门、占虹门、占雾门、占电门等。郑和航海可能使用过，以后流传中又可能有所补充的《顺风相送》[2]，其收集的谚语分编于"逐月恶风法""论四季电歌""四方电候歌""定风用针法"等条中。明万历戊午（1618年）成书的张燮《东西洋考》所收集的谚语分编于"占验"和"逐月定日恶风"两部分中。成书于明，流传至清并可能有所补充的《指南正法》[3]，其收集的谚语分编于"观电法""逐月恶风""定针风云法""许真君传授神龙行水时候""定逐月风汛"等条中。[4]

明末张尔岐《风角书》收集了历代占风候雨术，此书卷八"海运风"篇所收集的谚语对海洋气象长期预报是有价值的。

---

[1]　明《西洋番国志》自序。
[2]　向达校注：《两种海道针经》，中华书局，1961年。
[3]　向达校注：《两种海道针经》，中华书局，1961年。
[4]　向达校注：《两种海道针经》，中华书局，1961年。

清代海洋占候也有成果。清初有《三光图》(手抄本)。"书的主要内容都是描述云与天气的关系,共附有云图 132 幅,……每一幅云图上面,都有说明,解释当日、当月或北斗附近有类似图中所绘云象时,将知未来有何种天气出现。"[1]此书对于航海很有用。《三光图》作者自序:"按此图预知风雨之期,敌人无备,因而击之,大获全胜,亦不缪矣。又如商人游于江湖,不审风势,冒昧行舟,不丧者鲜。若得此书,全身远害,万不失一。"[2]

清代《舟师绳墨》是一本水师训练教科书,其中气象预报为一重要内容。《舟师绳墨》:"仰观之法如何,风云不测,变化无穷。虽古今推算之书甚多,有曰《乾坤秘录》,有曰《雷霆都司》,有曰《测天赋》,有曰《泄天机》。细究其法,都不过占风云气象而已。其说亦有渺茫处。今取其简而明,明而易者。如雾后须防飓。夏秋更有雷风。秋天夜间有露,决无飓。立冬北风虽大不为台,夏至以后北风一起即有风台。又要晓得六月雷响止九台,七月雷响九台来。但风、台、雷、飓,各有云象可观。总之四季有不应时之风,就知不宜。每天再看日、月出没,若有黑云横蔽,非风即雨。兼以天神未动。海神先动,或水有臭味,或水起黑沫,或无风偶发移浪,礁头浪响,皆是做风的预兆。"[3]

由此可见,中国传统的海洋占候方法在清代有了广泛的传布。[4]

二 对海洋风暴的认识

海洋风暴是我国近海主要灾害性天气,古代尤甚。古代海船抗风浪能力很差,"大海之中,台飓一至,扶樯覆舟,而人牲命随之"[5]。风暴特别是台风又在中国沿岸造成巨大的海啸。中国的海啸主要是风暴海啸。海啸给中国古代沿海地区带来一次次严重的灾害。所以,海洋风暴的预报在中国古代海洋气象中是十分重要。[6]

(一)大风

海洋风暴一年四季均有,对航海威胁很大,但也相对集中于某些时间,通过长期摸索,人们逐步得出风期概念。"海上飓风时作,然岁有常期,或逾期或不及期,所爽不过三日,别有风期可考。"[7]

明《顺风相送》专门有"逐月恶风法"。明张燮《东西洋考》专门有"逐月定日恶风"。两者均定出一年 12 个月的东西洋航线上的风期(见表 38-1)。清代又明确把风期称为"飓日"或"暴日"。《香祖笔记》、乾隆《福建通志》记载了台湾海峡的风期及其名称(见表 38-2)。清《台海使槎录》《岭南杂记》等也有这类记载。

---

① 洪世年、陈文言:《中国气象史》,农业出版社 1983 年版,第 81 页。
② 《白猿献三光图·序》,洪世年、陈文言:《中国气象史》,农业出版社 1983 年版,第 82 页引。
③ 《舟师绳墨·舵工事宜》(天一阁藏书)。
④ 宋正海、郭永芳、陈瑞平:《中国古代海洋学史》,海洋出版社 1989 年版,第 154—156 页。
⑤ (清)吴震方:《岭南杂记》。
⑥ 宋正海、郭永芳、陈瑞平:《中国古代海洋学史》,海洋出版社 1989 年版,第 157 页。
⑦ (清)郁永河:《采硫日记》卷上。

表 38-1　明代东西洋航海风期表

	《顺风相送·逐月恶风法》 （15、16 世纪）	《东西洋考》卷九"逐月定日恶风" （1618 年）
正月	初十、二十一（大将军降，日逢大杀）	初十、二十一（大将军降，日逢大杀）
二月	初九、十二、二十四	初三、十七、二十七
三月	初三、十七、二十七	初九、十二、二十四
四月	初八、十九、二十三	初八、十九、二十三
五月	初五、十一、十九	初十、十一、十九
六月	十九、二十	十九、二十七
七月	初七、初九（神杀交会）、十五、十七	初七、初九、十五、二十七
八月	初三、初八（童神大会）、十七、二十七	初三、初八、十七、二十七
九月	十一、十五、十七、十九	十一、十五、十七、十九
十月	十五、十八、十九、二十七（府君朝上界）	十五、十八、十九、二十七（府君朝上帝）
十一月	初一、初二	初一、初三、十九
十二月	初二、初五、初六、初八、二十八	初二、初三、初五、初六、十二、二十八

表 38-2　清代台湾海峡飓日表

	《香祖笔记》卷二 （1705 年）	乾隆《台湾府志》卷一三"风俗·风信" （1736—1795 年）
正月	初四（接神飓）、初九（玉皇飓）、十三（关帝飓）、二十九（乌狗飓）	初三（真人飓）、初四（接神飓）、初九（玉皇飓）、十三（刘将军飓）、十五（上元飓）、二十四（小妾飓）、二十八（洗炊笼飓）
二月	初二（白须飓）	初十（张大帝飓）、十九（观音飓）、二十五（泷神朝天飓）
三月	初三（上帝飓）、十五（真人飓）、二十三（马祖飓）	初七（关王飓）、十八（后土飓）、二十八（东岳飓）
四月	初八（佛子飓）	初一（白龙飓）、十三（太保飓）、十四（纯阳飓）、二十五（龙神太白飓）
五月	初五（屈原飓）、十三（关帝飓）	初一（南极飓）、初七（朱太尉飓）、十六（天池飓）、二十九（威显飓）
六月	十二日（彭祖飓）、十八（彭婆飓）、二十四（洗炊笼飓）	初六（崔将军飓）、十九（观音飓）、二十三（小姨飓）、二十四（雷公飓）、二十六（二郎神飓）、二十八（大姨飓）
七月	十五（鬼飓）	初七（乞巧俱）、十八（王母飓）、二十一（普庵飓）
八月	初一（灶君飓）、十五（魁星飓）	初五（九皇飓）、二十一（龙神大会飓）
九月	十六（张良飓）、十九（观音飓）	初九（重阳飓）、十七（金龙飓）、二十七（冷风飓）
十月	初十（水仙王飓）、二十六（翁爹飓）	初五（风信飓）、初六（天曹飓）、十五（下元飓）、二十（东岳朝天飓）
十一月	二十七（普庵飓）	十四（水仙飓）、二十九（西岳朝天飓）
十二月	二十四（送神飓）、二十九（火盆飓）	

从上述两表可以看出,风期的具体日期不一定准确,但这并不能说明中国古代水手们长期广泛使用的风期预报法不科学,无实用价值。用风期预报风暴,关键在于风期的频率。暴日或飓日在不同季节或月份相对集中或分散,可以反映不同时期航海的危险性。频率大的季节或月份,不利于航海,反之,利于航海。①

我国近海,六级以上大风四季都可能出现。暴日或飓日逐月均有,是反映了实际情况的。显然,古代暴日或飓日不仅包括寒潮大风,也包括台风。但台风毕竟与寒潮大风有区别,二者在航海上造成的危险性也不同。台风由海洋吹向大陆的,可以形成相当大的风浪。因此,古代有"船在洋中遇飓犹可,遇台难当"的说法。②

为了更好地为航海服务,有必要对一年中的风暴进行具体的研究,了解不同季节风暴的特点及其与航海的关系。清徐宗干《测海录》有"十二辰风雨记(表)",其中不仅有台湾海峡全年 12 个月风期表,还总结了不同时期风的特点和航运关系。"春夏风不胜帆,船小者速。秋冬帆不胜风,船大者稳。春暴畏始,冬暴畏终。南风多间,北风少断。以四、五、八、十等月为稳。最忌六、七、十二月。"同治《福建通志》也有这类分析:"三春飓期最多,舟行宜戒。自清明后,南风司令。四、五月风飓皆轻,往来甚稳。……六、七月北风一起,飓风立至。……八月白露节后,北风应候,船行迅速。九月风每经旬是名九降,……舟不可行。十月小春,天气晴暖,风波恬和,最为利涉。十一、十二两月朔风凛烈;无日不风,乘风隙以往来,若冬春之交,风信难定,尤须戒心。春飓畏始,冬飓怕终。"③④

(二)台风

台风是威胁我国近海和沿海地区的主要风暴。它发生在热带洋面上,平均每月均可出现强台风和台风,但夏秋之交最盛。

关于台风的名称,直到唐代台风仍被称为"飓风"。明杨慎(1488—1559)《升庵全集》解释:"飓音贝……每一二岁或三四岁一作,必在秋初,过白露,虽作不甚猛矣。"⑤他又解释此风前有风虹,纹理色彩如贝壳状,所以将此风称为飓风。他还认为《岭表录异》、柳宗元(773—819)的诗等唐代文献中所说的'飓风',都是这音贝的飓字。明谢肇淛《五杂俎》指出,福建人称台风为"飓风"。飓音贝,颠簸的意思。明娄元礼《田家五行》:"夏秋之交,大风先,有海沙云起,俗呼谓之风潮,古人名之曰飓风。"⑥由此可见,明代仍称台风为飓风,并对飓的词义进行了多种解释。

清代,台风已不再称"飓风",而开始称"颱"(台风)这一名称了。原用的"飓"一词并未消失,但词义有了变化,而用来改称寒潮大风或非台风性大风。清代还进一步明确了台风存在的季节。《舟师绳墨》:"立冬北风虽大不为台风,夏至以后北风一起即有

---

① 康熙《台湾府志》卷七《风信》:"过洋以四月……为稳,盖四月少飓日……"

② (清)周煌:《琉球国志略》卷五《风信》。

③ 同治《福建通志》卷八七《风信潮汐》。

④ 宋正海、郭永芳、陈瑞平:《中国古代海洋学史》,海洋出版社 1989 年版,第 160—164 页。

⑤ 《升庵全集》卷七四。

⑥ 《田家五行·论风》。

台风。"①《香祖笔记》《岭南杂记》《台海杂记》、同治《福建通志》等书均有同样说法。康熙《台湾府志》全面地总结了台与飓的区别，从而详细地描述了台风的特点。康熙《台湾府志》记载："风大而烈者为飓，又甚者为台。飓常骤发，台则有渐。飓或瞬发倏止，台则常连日夜，或数日而止。大约正、二、三、四月发者为飓，五、六、七、八月发者为台。九月则北风初烈，或至连月，俗称九降风，间或有台，则骤至如春飓。船在洋中遇飓犹可为，遇台不可当矣。过洋以四月、七月、十月为稳。盖四月少飓日，七月寒暑初交，十月小阳春候，天气多晴顺也。最忌六月、九月，以六月多飓，九月多九降也。十月以后，北风常作，然台飓无定期，舟人视风隙以来往。五、六、七、八月应属南风，台将发则北风先至，转而东南，又转而南，又转而西南始至。台飓多带雨。九降则无雨而风。五、六、七月间风雨具至，即俗所谓西北雨，风时雨也。舟人视天色有点黑，则收帆、严舵以待之。瞬息之间风雨骤至，随刻即止。若预待稍迟，则收帆不及而或至覆舟焉。……清明以后，地气自南而北，则以南风为常。霜降以后，地气自北而南，则以北风为常风。若反其常，则台飓将作，不可行舟。"②

关于台风名称在明末清初由"飓"改为"颱"的原因，目前可归纳有四种可能：

(1)明万历(1611—1619年)时，今台湾岛始称"台湾"③。由于台湾岛正处于太平洋台风的要道，很多台风都是穿过台湾进入大陆。"台湾风信，与他海殊异，风大而烈者为飓，又甚者为台。……五、六、七、八月起者为台。"④

(2)广东口音"大"与"台"相近，广东人称大风，而别处人可能听作台风。时间一久，也就将这种特殊的大风算作台风了。

(3)"泰丰"(Typhon)是古希腊史诗《神权史》(Theogony)中冥王在地上生出的一个怪物，它是海上风暴之父。明末荷兰殖民者侵占台湾后，经常在这里遇到此热带风暴，因此就用现成的海上风暴之父"泰丰"之名称之。后来"Typhon"演变为"Typhoon"，而"泰丰"也就转为汉语台风了。

(4)台风是阿拉伯语 Tufan 的音译。

台风是风速很大(8级以上)的热带气旋。黄海、东海、南海均是台风活动频繁地区。台风对于我国古代航海是严重的威胁。台湾和大陆自古联系密切，横渡台湾海峡的航海活动十分频繁。南海是我国和东西洋各国交通繁忙的海区。古代水手对台湾海峡和南海北部的台风预报有较多的记载，经常用断虹、断霓或赤云来预报台风的到来。⑤

明陈继儒《珍珠船》："南海有飓母风，四面而至，裂屋拔木，……将作则虹见，谓之飓母。"⑥清徐怀祖《台湾随笔》："若天边云气如破帆，即台飓将至，断霓者，断虹也，亦风至之征。苏党⑦飓风赋所谓断霓饮海者指此。"《香祖笔记》又把断虹、断霓比喻为屈

① 《舟师绳墨·舵工事宜》。
② 康熙《台湾府志》卷七《风信》。
③ (清)黄叔璥:《台海使槎录·赤嵌笔谈·原始》:"明万历间，海寇颜思齐踞其地，始称台湾"。
④ 《台海使槎录》卷一《潮》。
⑤ 宋正海、郭永芳、陈瑞平:《中国古代海洋学史》，海洋出版社 1989 年版，第 165—167 页。
⑥ 《珍珠船》卷二。
⑦ 此指苏过，苏过字叔党。

鲎。"凡台将至,则天边有断虹,先见一片如船帆者,曰破帆梢,及半天如鲎尾者,曰屈鲎。"①然而,断虹并非都是台风的先兆。断虹在早晨出现就不是台风先兆,而是无台风的标志。这些情况,古代也已记述。明《东西洋考》:"断虹晚见,不明天变。断虹早挂,有风不怕。"②明《海道经》也有相同记载。

古代东南沿海渔民、水手常用雷来预兆台风。郁永河《采硫日记》有,台风,"海上人甚畏之,惟得雷声即止"③。《舟师绳墨》:"六月雷响止九台,七月雷响九台来。"④《台海使槎录》《测海录》《台湾外记》等书也有这样的说法。可见清时这一谚语在东南沿海是十分流行的。这种打雷和台风有关系的说法,是符合实际情况的。我国大陆和近海,盛夏受暖高压控制,冬季受冷高压控制。而实际上台风是一种低气压,所以无论冬季还是夏季是无法接近我国大陆的。盛夏雷暴最多,但这只是在高压天气内部,由地方性的强烈热对流形成,而与台风无关。所以六月打雷根本不是台风的预兆,相反却证明这里正被热高压牢牢地控制着,台风(低气压)过不来。但秋季情况正相反。这时,冷暖两个高压开始交替。高压之间的锋面或低压有可能控制这些地区。于是台风(低气压)有可能被吸引过来。秋季往往是冷锋。锋面坡度陡。暖空气被迅速抬升,形成雷暴天气,所以七月打雷往往预示着台风的到来。

台风是气流辐合造成的,是四方之风。台风过境,风向不断依此变化一周。因此,风向的变化也可以预报台风。《采硫日记》:"占台风者,每视风向反常为戒,如夏月应南而反北,秋冬与春应北而反南,旋必成台,幸其至也渐,人得早避之,又曰风四面皆至曰台,不知台虽暴,无四方齐至理。比如北风,台必转而东,东而南,南又转西,或一二日,或三五七日。不四面传遍不止。是四面递至,非四面并至也。"⑤这里说的台风"是四面递至,非四面并至",对于一个地方台风过境来说的确是这样的。《测海录》有更详细的说明:"占台者每视风反常则知之。清明以后,地气自南而北,以南风为常,应南风而反北。霜降以后,地气自北而南,以北风为常,应北而反南,则台将作。六七月北风,则必为台矣。六月初六前后七日,尤宜谨防之,俗云六月防初,七月防半。"

海洋中有一种涌(长浪),波长很大。涌的波速与水深的平方根成正比,所以有较大的速度。如台风移动速度每天 500 千米,则台风引起的长浪的速度每天近 1000 千米。所以在台风袭来前,近海会先产生涌浪。这种无风的涌浪,古代称"移浪"⑥,移浪会使潮水异常(潮候潮高反常),长海翻腾,浅海淤泥搅起,海水发臭,海生动物习性异常。所有这类现象古代水手称为"天神未动,海神先动"⑦。渔民、水手对涌十分重视,并用于预报风暴。这方面记载较多。明周履靖《天文占验》:"满海荒浪,雨骤风狂","海泛沙尘,大飓难禁"⑧。《东西洋考》《海道经》均有"海泛沙尘,大飓难禁"的记载。《舟师绳墨》:"天神未动,海神先动,或水有臭味,或水起黑沫,或无风偶发移浪,礁头作

---

① 《香祖笔记》卷二。
② 《东西洋考》卷九《占验》。
③ 《采硫日记》卷上。
④ 《舟师绳墨·舵工事宜》。
⑤ 《采硫日记》卷上。
⑥ 《舟师绳墨·舵工事宜》。
⑦ 《舟师绳墨·舵工事宜》。
⑧ 《天文占验·占海》。

响,皆是做风的预兆。"①清林谦光《台海纪略》:"凡遇风雨将作,海必先吼如雷,昼夜不息,旬日乃平。"②上述这类记载均是用涌来预报风暴。

由于涌作用引起海洋动物习性异常,古代亦用此来预报风暴,明李时珍(1518—1593)《本草纲目》:"文鳐鱼……有翅与尾齐,群飞海上,海人候之,当有大风。"③明戚继光(1528—1587)《风涛歌》:"海猪乱戏,风不可也","虾笼得鲔,必主风水④。《东西洋考》《海道经》均有"蝼蛄放洋,大飓难当","乌蟀弄波,大飓难当","白虾弄波,风起便知"等记载。清《测海录》记载:"飓风将起,海水忽变为腥秽气,或浮泡沫,或水族戏于波面,是为海沸,行舟宜慎,泊舟尤宜防。"清《采硫日记》:"海中鳞介诸物,游翔水面,亦风兆也。"⑤除了水族,古代还认为海鸟乱飞也是台风征兆。戚继光《风涛歌》:"海燕成群,风雨便临。白肚风作,鸟肚雨淋","逍遥(鸟)夜叫,风雨即至"。《顺风相送》记载:"禽鸟翻飞,鸢飞冲天,具主大风。"⑥清毛祥麟《墨余录》有详细记载。《墨余录》:"岁辛酉(1861年)八月十九日夜间,满城闻啼鸟声,其音甚细,似近向远,闻者毛发涳然皆竖,在乡间亦然。……余以频海之鸟,恒宿沙际,值海风骤起,水涨拍岸,鸟翔空无所栖止,故哀鸣如是。此疾风暴之征也。当于日内见之。翌日,频海果大风雨,二日始止。"⑦总之,利用海象来预报风暴在古代已受到重视。《东西洋考》《海道经》中均有占海篇,对此有全面介绍。甚至非海洋动物对海洋风暴亦有预报作用。《唐国史补》:"舟人言鼠亦有灵,舟中群鼠散走,旬日必有覆溺之患。"⑧

预测到风暴,特别是台风即将来临,水手们总是千方百计在风暴袭来之前,及时把船驶到附近的避风港中。针经、更路簿等古代导航书中大多记载有航线附近的避风澳(避风港)。明《海运篇》记载:"夫风涛漂溺之虞,以其天道常变不一也。欲免漂溺之患,如沈氏笔谈⑨,每日五鼓初,起视星月明洁,四际至地,皆无云气,便可行船。至于巳时即止,则不遇暴风矣。中道云起,即便易柁回舟,仍泊旧处,可保万全。"⑩清《海岛礁屿沿海水途》一书详细记载了从福建泉州港到浙闽交界处的沿海各地的"逃台稳澳",有泉州港、兴化港、福州港、福宁港内等43处。强台风时,有时舟虽泊澳亦常至齑粉。《测海录》:"避澳而风忽转。如以此澳受南飓,则舟立碎。"乾隆《台湾府志》:"澎湖湾船之澳,有南风、北风之别。时当南风,误湾北风澳、时当北风,误湾南风澳,则舟必坏。"⑪《舟师绳墨·碇手事宜》:"常见厦门作飓上风,一船断碇,一撞二、二撞四,如转

① 《舟师绳墨·舵工事宜》。
② 《台湾记略·天时》。
③ 《本草纲目》卷四四《鳞部》。
④ 同治《福建通志》卷八七《风信潮汐》引。
⑤ 《采硫日记》卷上。
⑥ 《顺风相送·逐月恶风法》,向达校注:《两种海道针经》,中华书局1961年版。
⑦ (清)毛祥麟《墨余录》卷三《海鸟占风》。
⑧ 《唐国史外》卷下。
⑨ 沈括:《梦溪笔谈》卷二五《杂志二》:"江湖间唯畏大风。冬月风作冬渐,船行可以为备。唯盛夏风起于顾盼间,往往罹难。曾闻江国贾人有一术,可免此患。大凡夏月风景须作于后。欲行船者,五鼓初起,视星月明洁,四际至地,皆无云气,便可行,至于巳时即止。为此,无复与暴风遇矣,国子博士李元规平生游江湖,未尝遇风,用此术。"
⑩ 《海运篇》卷上。
⑪ 乾隆《台湾府志》卷一三《风信》。

圆石于千仞之山，一时数十号大船顷刻尽成齑粉。"由此可见，船舶进入避风澳也不一定很安全。船舶不仅要预测风暴，还需要尽快了解风向，然后选择合适的避风澳。进澳还切忌船舶在风的方向上雁行排列，以避不测。[1]

（三）龙卷风

龙卷风是一种强烈的小范围旋风，是一种严重的灾害性天气现象，船舶在海洋中遇到龙卷风，是会立即船毁人亡的。

明郎瑛《七修类稿》："世人见龙，或挂或斗，或经过或取水，则必风雨交至，雷电晦暝，甚至败屋拔木。不过闪闪于云烟中，见其盘旋之势耳！"[2]这里不仅列出了人们见到的各种龙卷风状况，而且强调龙卷风与雷、电、风、雨等雷雨情况是相伴随的，指出了它产生的天气条件。

清时在《台湾采访册》中详细生动地描绘了龙卷风。《台湾采访册》：晴天"忽黑云四布，从远岫起。人见之，有尾在云际蜿蜒，不知何物，咸称之曰鼠尾。尝上此路，至湾里溪，渡中流，见一物，在云脚间，或伸，或缩，初见如丝，如鼠尾，再觇则如绳，如牛尾矣。少顷间，小者大者数十条，更有广至数围，渐渐逼近，风遂暴起，舟子惊曰：'鼠尾起矣！不速至岸，必被淹没'。舟人大恐，甚有哭者。幸到岸，急风大至，与舆夫俱蹲竹下，有顷风止，乃得行"[3]。这里描绘了龙卷风的发展形成过程。开始很细如丝如鼠尾，并且时往下伸，时又往上缩，以后不断发展，变大如绳，如牛尾，或更粗大，并且大小可达数十条。这种形成过程的描述是很有科学价值的。[4]

（四）海市蜃楼

在烟波浩渺的海面上，往往会出现远处有物体影像的一种奇幻景象，这就是海市蜃楼。这在中国古代早就引起人们的极大兴趣，并有生动的描述和合理的说明。到明清时期，对其成因有了更科学的解释。

嘉靖九年（1530年）郎瑛对海市蜃楼进行了科学解释。他的《七修类稿》记载："登州海市，世以为怪，不知有可格之理。第人碍于闻见之不广，故于理有难穷。"但"观其所见之地有常，而所见之物亦有常。又独见于春夏之时，是可知也。……春夏之时，地气发生，则于水下积久之物而不散者，熏蒸以呈其像也，故秋冬寂然，无烟无雾之时，又不然矣！观今所图海市之形，不过城郭山林而已，岂有怪异也耶"[5]。《七修类稿》介绍了陕西、淞江、广西象州也有海市蜃楼后，反驳海市蜃楼的神秘解释，反问："岂三方所见，亦鬼怪也邪？"接着指出，"新结气空中，遇天地细缊，则随气以见……何足为怪"[6]。这里郎瑛不仅从海市蜃楼产生的季节、地点、蜃景内容固定来说明海市蜃楼并非鬼怪，不足为怪，海市成因并非不可知，而是有其规律性，可以探索的。于是《七修类稿》提出

① 宋正海、郭永芳、陈瑞平：《中国古代海洋学史》，海洋出版社1989年版，第168—172页。
② 《七修类稿》卷四四《见龙》。
③ 《台湾采访册》，刘昭民《中华气象学史》，台湾商务印书馆1980年版，第229页。
④ 宋正海、郭永芳、陈瑞平：《中国古代海洋学史》，海洋出版社1989年版，第173—174页。
⑤ 《七修类稿》卷四一《海市》。
⑥ 《七修类稿》卷四一《海市》。

自己的科学解释:"春夏之时,地气发生,则于水下积久之物而不散者,熏蒸以呈其像也。"或"新结气空中,遇天地絪缊,则随气以见"。郎瑛提出天地间,由于地气不散,上下不同的气絪缊交密形成蜃象,这是正确的。现在一般也认为由于有下冷上热的空气逆温层存在,下层空气较密较稳定,使光线折射,造成海市蜃楼。

9年以后,嘉靖十八年(1539年),陈霆对海市蜃楼又有了进一步的科学解释。陈霆,字水南,吴兴人,著有《两山墨谈》。他介绍了安丰塘的海市蜃楼后,指出:"然城郭人马之状疑塘水浩漫时为阳焰与地气蒸郁偶而变幻而见者,寡知识遂妄云已耳!"①陈霆的解释与郎瑛差不多,但更强调了上下是不同的空气层,上层是热的日光中浮动的尘埃,下层是潮湿的地气,彼此作用变幻,才形成蜃景。郎瑛和陈霆均提出大气层铅直方向上的不均匀性。陈霆更进一步提出太阳光的作用。这是两个新的概念。尽管二人均没有谈及更具体的形成机制,但这两个新概念是一个大的进步。

1664年方以智《物理小识》又进而强调:"海市或以为蜃气,非也。"接着他转引张瑶星的论述:"登州镇城署后太平楼,其下即海也。楼前对数岛,海市之起,必由于此。"②这里的数岛即庙岛群岛。由此可见张瑶星、方以智,明确认为海市蜃楼既非仙山琼阁,又非蜃气所致,而是现实的岛屿城镇景色,在大气不均匀层中的反映。《物理小识》还谈到阳炎、水影、旱浪,这也实为海市蜃楼。《物理小识》记载:

> 燕、赵、齐、鲁之郊,春夏间,野望旷远处,如江河白水荡漾,近之则复不见,土人称为阳炎。盖真火之气,望日上腾而为湿润之水土所郁留,摇飔,重蒸,故远见其动。莽苍之色得气而凝厚,故又见其一片浩然如江河之流也,……晋符坚载记日,建元十七年,长安有水影,远观若水,视地则见,人至则止,亦谓之地镜。陆友仁曰,宋宝佑六年四月,常州晋陵之黄泥岸亦有此异相,传呼为旱浪。愚者曰,日中野马飞星烨然者,阳炎之端也,奇者为水影、旱浪,实则凡光生炎,炎自属阳。凡光似镜,镜能吸影,光与光吸,常他处之影于此处。云分衢路日射回薄,其气平者为阳炎、旱浪,其气厚者为山市海市矣。③

由此可见,方以智不仅进一步发展了郎瑛、陈霆的上下气层不同和太阳光的作用原理,而且又进一步指出海市蜃楼和较常见的阳炎、水影、旱浪有着相同的成因,只是大气层厚薄有所不同而已。

清初揭暄、游艺进一步阐明了方以智的观点。揭暄注《物理小识》时,阐述了自己观点,指出:"气映而物见。雾气自涌,即水气上升者,水能照物。故其气清明上升者,亦能照物。气变幻则所照之形亦变幻……地上人物,空中无时不有,特气聚则显耳,故不论山海都地悉得见之。"④揭暄、游艺在《天经或问后集》中,还专门画了个"山城海市蜃气楼台图"。图中的海市蜃楼正是实际城市景物在大气中的反映。⑤ 图中有段注记,可以认为是中国古代对苏东坡、沈括、郎瑛、陈霆、张瑶星、方以智等人对海市蜃楼

---

① 《两山墨谈》卷一一。
② 《物理小识》卷二《海市山市》。
③ 《物理小识》卷二《阳炎水影旱浪》。
④ 《物理小识》卷二《海市山市》,揭暄注。
⑤ 道光《蓬莱县志》卷一中的"神山现市"图也明确表示海市蜃楼是远处景物反映。

成因的科学认识路线的总结,观点也与现代解释相近似。这段"山城海市蜃气楼台图"注记是宝贵的科学遗产,全文如下:

> 水在涯埃,倒照人物如镜,水气上升,悬焰人物亦如镜。或以为山市海市蜃气,而不知为湿气遥映也。山东有学师任新城者问及此。余曰:"所映者,乃近界城土,非真有人物也"。曰:"信然。"昔曾见海市中城楼。外植一竿乃本府东关所植者。因语以湿气为阳蒸出水上。竖则对映,横则反映。气盛则明,气微则隐。气移则物形渐改耳。在山为山城。在海为海市,言蜃气,非也!

> 揭子游子同记

> 或见登州海市。岛下先涌白气,状如奔潮。岛下涌气,阳升温也。气成白者'湿为阴抑。如冬月呵气,乃成白也。聚不得散,故成光见象。

1853 年(咸丰癸丑)英国传教士艾约瑟(J. Edikins,1823—1905)和张福禧(? —1862)合译《光论》一书,系统地向中国介绍了近代西方光学知识。该书在介绍了折射后,详细地描述了海市蜃楼,并画了蜃景图。《天经或问后集》对海市蜃楼成因的认识已接近于近代世界光学水平。[1]

第三节　海洋水文探索

海洋有着极其复杂的水文现象:潮汐、潮流、洋流、波浪、盐度等。它们不仅与航海和开发海洋资源关系密切,而且有的本身就是重要的海洋资源。明清时期人们对海洋水文的认识已有较高水平,其中,对潮汐现象的认识尤为深刻。潮汐学是中国古代海洋水文学乃至整个海洋学中最为成熟的学科。认识和开发利用海洋盐分问题,也很突出,所开辟的盐场至今仍被利用。

一　验潮和潮汐表

海岸地带,海水周期性涨落现象称为潮汐。[2] 航海、渔业、制盐、潮灌、海战、海岸工程等海洋活动离不开潮汐,必须掌握潮汐、潮流时刻及其变化规律。[3] 潮汐来去是有规律的。古人认为,"天下至信者莫如潮,生、落、盛、衰,各有时刻,故潮得以信言也"[4]。古代潮汐学家大多进行过验潮工作,潮汐论著大多数有潮候内容,沿海地方志中常记载有潮汐表和潮候谚语。其中,不少潮汐表被刻成石碑立于港口,供人使用。[5]

---

① 宋正海、郭永芳、陈瑞平:《中国古代海洋学史》,海洋出版社 1989 年版,第 210—213 页。

② 潮汐词义在中国古代一直有三种解说:(1)海水涨为潮,落为汐。持此说的有五代丘光庭《海潮论》、北宋徐兢《宣和奉使高丽图经》,明张燮《东西洋考》、清陈良弼《乾隆台澎水师辑要》、嘉庆《三水县志》等。(2)海水上涨。朝至曰潮,夕至曰汐。持此说的有汉许慎《说文解字》、晋麋氏(麋豹?)的潮论,南宋马子严《潮汐说》、朱中有《潮碛》。(3)潮汐通指日潮、夜潮。持此说者不多,有清毛先舒《答潮问》。

③ 古人认为靠海生活的人不了解潮候是奇怪的事。清周春《悔潮说》下篇:"客问于余曰:'山人习于山,海人习于海。今我辈生于海国而不明潮候,如之何?'"

④ (元)吴亨泰:《答高起岩论潮书》,《海塘录》卷一九。

⑤ 光绪《平湖县志》卷二《地理下·山水》:"宋元时,凡东南泽国潮汐之候,官榜于亭以便民。"(明)郎瑛:《七修类稿》卷五《潮候歌》:"浙江潮候四季不同,今官府榜于亭。"

到明清时期,实测潮汐表已发展得相当成熟。

明清时,沿海地区经济得到迅速发展,海洋活动也广泛地发展起来。但是不同海区,潮汐情况有着明显的差异。由于各地山川有广狭,道路有修远,港湾有迂回,地势不一,故潮之迟速,一郡一邑或异或同,情况复杂,并非划一。所以,广泛的海洋活动,急需有适合本区的潮汐表,也不能用划一的理论潮汐表。于是,实测潮汐表在不同海区全面迅速地发展起来。这些表在明、清沿海地方志中有较多的记载。

中国近海的潮汐,主要是由太平洋传入的潮波形成的,而由日、月引潮力直接在本海区引起的潮汐所占成分很小。太平洋潮波进入本海区后在复杂的海底形态和海岸轮廓影响下形成的潮汐现象显著而复杂,地区差异很大。大体来说,渤海、黄海、东海潮汐性质相近,以半日潮为主,潮差较大,潮流强盛。南海潮汐以全日潮为主,潮差和潮流均不及前述海区。另外,还有介于二者之间的不规则全日潮、不规则半日潮类型。

江浙沿海是典型半日潮,钦州、廉州在北部湾是典型全日潮,琼州海峡是混合潮。所以,不同潮汐类型海区需要完全不同的潮汐表。同一海区的不同港口、不同地段,也需要有不同潮汐表。

(一)半日潮区潮汐表

由于我国半日潮区范围很广,又是海洋活动频繁地区,所以实测潮汐表数量大、类型复杂,但大致可以归纳为谚语、表、图三种。

1. 谚语

广义的实测潮汐表是包括潮候谚语的,它们是广大水手、渔民在世代实践中创造的,由于顺口、易记,使用方便,所以流传很广,但也只是在民间流传,很少被记载下来。目前流传的谚语,有的可能源远流长,可惜已无法考证清楚。但不管怎样,潮谚是实测潮汐表的一种原始形式。

潮候谚语在我国不同海区均有流传,目前已得到系统的收集整理。[①] 其中半日潮潮谚占主要比例。潮谚有简、繁之分,但一般比较简单。例如:

浙江省宁波一带有"月上山,潮涨滩"谚语,指月亮出来以后,潮水才开始上涨,逐渐把海滩淹没。[②]

上海一带有"初一、月半午时潮"[③]。

明代台湾海峡的福建漳州一带有"初一、十五,潮满正午。初八、廿三,满在早晚。初十、廿五,日暮潮平"谚语。[④] 今日在台湾海峡沿海仍有相似潮谚:"初一、十五,潮至日中满。初八、二十三,潮平在早暮。初十、二十五,暮则潮平。"[⑤]

潮谚中较复杂的形式为潮候歌。例如:

浙江一带有《潮涨歌》:"寅寅卯卯辰,初一轮初五;辰辰巳巳子,初六初十数;子子

① 中国古潮汐资料整研组:《中国古潮汐资料汇编》(潮谚)油印本,中国古潮汐整研组1978年版。

② 陈宗镛、甘子钧、金庆祥:《海洋潮汐》,科学出版社1979年版,第167页。

③ 陈宗镛、甘子钧、金庆祥:《海节潮汐》,科学出版社1979年版,第167页。

④ (明)张燮:《东西洋考》卷九《潮汐》。

⑤ 中国古潮汐资料整研组:《中国古潮汐资料汇编》(潮谚)(油印本),中国古潮汐整研组1978年版。

丑丑寅,十一挨十五。"①此歌形式类似于赞宁的潮候口诀。

上海一带有一种《潮候歌》:"十三并廿七,潮长日光出。廿九、三十日,潮来吃昼食。十一、十二,吃饭不及。廿五、廿六,潮来晚粥。……"②这首歌把一月中一些不易记忆的潮候和最易记的吃饭时间配合起来,便于记忆。

2. 表

以表的形式来表示潮汐时间,在沿海地方志中很普遍。"浙江四时潮候图"是个典型。弘治《常熟县志》卷一"地理·潮候"、康熙《重修镇江府志》卷二"山川"中的潮汐表与此大同小异。

弘治《长乐县志》卷七"词翰"中的潮汐表直接为长乐至福州间交通服务,所以并不注明潮时,而只注明与潮汐密切相关的开船、回船时间。

一些至今流传的潮候歌,按顺序叙述了一朔望月各日的潮候时辰,如吴淞潮歌、澳门、九龙一带的潮候歌。这样的潮候歌实与"浙江四时潮候图"相似,只是以口头形式流传而已,当然也可能以手抄形式记载于更路簿中。由此可见,正规的实测潮汐表与潮候歌乃至与潮谚,在内容上有着密切的关系。

3. 图

为了使用方便,古代常有直观的潮候图。在半日潮区这样的图常有 12 格,分别表示一天中的 12 个时辰。古代认为潮汐"差二日半行一时辰,一月一周辰位"③。既然两天半差一时辰,而图中又不能把一天分成两部分,分别放入两个辰位内,因此,编这种图的一个基本技术处理是相近两个辰位,一个放二天,一个放三天。这样潮汐差五日行两时辰,等于"差二日半行一时辰"。一般规定阳时管三日,阴时管二日,即子、寅、辰、午、申、戌安排三日,丑、卯、巳、未、酉、亥安排二日。清代在台湾海峡使用三张潮汐图,即"潮长图""潮满图"和"潮汐图",三者间有内在联系,它实际上代表了潮候图发展的三个阶段。

推算一朔望月中各日开始涨潮时辰用"潮长图"。其推潮长法以初一、初二日,加于卯位,左旋顺数至寅而止。由此可知,初八潮长在午时,二十二日在亥时,二十八日在寅时。

推算一朔望月中各日高潮时辰用"潮满图"。推潮满法以初一、初二日,加巳位,左旋顺数至辰而止。由此可见,初五高潮在午时,十四日在戌时,二十六日在卯时。

"潮长图"和"潮满图"形式一样,只是差两个辰位而已。由此可见,二图可综合成一个"潮汐图"。古代把一个潮汐过程,即潮汐周期等分成长、长半、满、退、退半、洇 6 个阶段,每个阶段约历时一个时辰。初一、初二的潮汐过程:卯长、辰长半、巳满、午退、未退半、申洇。至于其他日期的用法,是先确定该日在图中的位置,此位置即此日的潮长时辰,然后依长、长半、满、退、退半、洇 6 段顺时针方向旋转,就可了解各段的时辰了。例如阴历二十四日,子长、丑长半、寅满、卯退、辰退半、巳洇。

"潮长图""潮满图""潮汐图"只标明一天两次潮汐中的一次的潮汐过程时间。因

① 中国古潮汐资料整研组:《中国古潮汐资料汇编》(潮谚)(油印本),中国古潮汐整研组 1978 年版。
② 中国古潮汐资料整研组:《中国古潮汐资料汇编》(潮谚)(油印本),中国古潮汐整研组 1978 年版。
③ 张君房:《潮说》中篇。

此要了解另一次潮时,就得采用六时对冲方法来推算。如初四一次潮从辰开始推算,那另一次潮就从图中戌开始推算。十七日从酉开始推算,则另一次潮从卯开始推算。

清代这类潮候图,两天或三天位于同一辰位,因此必定有一两天的潮候有较大误差。但从比较图中可以看出,这类误差也不到半个时辰,并且误差不会积累,而是过两三天自动消除一次。一个月初一开始重新使用此表,误差又从零开始。不仅如此,古人也开始注意解决误差问题。乾隆《凤山县志》在介绍"潮汐图"时,在描述一些高潮时,已补充用了更小的分划。现在有人认为古代这种潮汐图用起来方便,只要略作改进可以在民间推广,以作为现代潮汐表的一个补充。① 这个想法是正确可行的。

在清代台湾海峡潮候图中,有一种更简便的"潮候掌图"。此图只是用手掌代替画在纸上的"潮汐图"而已。

(二)全日潮区潮汐表——北部湾

北部湾是典型的全日潮海区。中国古代对此海区的钦州(今广西钦县)、廉州(今广西合浦)的潮候早有研究。北宋燕肃专门研究过合浦的全日潮。南宋周去非《岭外代答》指出:"钦廉则朔望大潮,谓之'先水',日止一潮,二弦小潮,谓之'子水',顷刻竟落,未尝再长。"②

(三)混合潮区潮汐表——琼州海峡

琼州海峡的潮汐、潮流十分复杂。"全日潮波在琼州海峡是自东向西传播,因此涨潮流向西流,落潮流向东流。至于海峡中的半日分潮,它的传播方向和全日分潮相反,即自西向东传播。由于除海峡东口外,整个海峡的全日分潮的振幅远大于半日分潮的振幅,因此海峡中部、西部为全日分潮区,半日分潮影响甚小"③,而"琼州海峡东口为不规则半日潮"④。古代横渡琼州海峡的路线,为雷州半岛的海安至海南岛的海口。此路线接近全日潮区和半日潮区的分界线,因此为十分复杂的混合潮区。所以,必须有特殊的潮汐表。这里的潮汐表产生很早。咸丰《琼山县志》转载《旧志》:"伏波将军马援,定为某日潮长则西流,潮退则东流,皆有时刻,勒石二岸,示人渡海。但今验之,每过一二时,毋亦年久渐差乎。"⑤可见,此琼州海峡两边的潮信碑为我国最早的潮汐表。此表曾长期存在,但今已不知所记具体潮候。

明王佐撰《潮候论》⑥专门记述了琼州海峡之潮候。王佐,琼州府临高县(今海南临高)人,字汝学,号桐乡。正统中期中举于乡。历任高州、邵武、临江三府同知,著有《鸡肋集》《经籍目略》《原教篇》《庚申录》《琼台外纪》《珠崖表录》等,卒年85岁。《潮候论》云:"今《方舆胜览》据琼俗说,而无所发明。琼旧志袭余襄公说而殊无意见,皆不能曲尽琼海潮候之详,故叙所见如此云。"由此可见,自北宋余靖《海潮图序》直到明代王

---

① 李文渭:《我国古代一种推算潮时的方法——指掌定位算潮法》,《海洋科学》1979年第1期。

② 《岭外代答》卷一《潮》。

③ 陈宗镛、甘子钧、金庆祥:《海洋潮汐》,科学出版社1979年版,第147页。

④ 陈宗镛、甘子钧、金庆祥:《海洋潮汐》,科学出版社1979年版,第148页。

⑤ 咸丰《琼山县志》卷一一《海黎》。

⑥ 王佐:《潮候论》,《中国古代潮汐论著选译》,科学出版社1980年版。

佐《潮候论》,琼州海峡用的潮汐表一直是余靖在武山(今广东东莞西南)验潮后制定的。《海潮图序》:"尝候于武山(广州望舡之处),月加午而潮平者,日、月合朔则午而潮平,上弦则日入而平,望则夜半而平,上弦巳前为昼潮,上弦巳后为夜潮。月加子午而潮平者,日、月合朔则夜半而潮平,上弦则日出而平,望则而平,上弦巳前为夜潮,下弦巳后为昼潮,此南海之潮候也。"由此可见,这只是半日潮潮候。琼州海峡虽属南海,但与余靖所描述的武山潮候并不同。所以,王佐《潮候论》评述"襄公之说,固善矣,然海南潮候实则不同"。所以,余靖的潮汐表,尽管在琼山一直被沿用,但并不合适,人们已感到它"不能曲尽琼海潮候之详"①了。至于王佐所说的"琼俗"即指渔民、水手所流传的琼海潮汐表,虽然可能比余靖的表较接近实际些,故人们也感到"不能曲尽琼海潮候之详"了。因此,王佐介绍了新的琼海潮汐表。

王佐《潮候论》指出,琼海潮候十分复杂,"但准《授时历》长、短星日期为定候,而二星实与潮候暗契暗合,未尝差爽毫末者"。其实长短星之说不仅可追溯到元代由王恂(1235—1281)、郭守敬等人创制的《授时历》,而且可上溯到南宋。周去非《岭外代答》已指出:"琼海之潮,半月东流,半月西流,潮之大小,随长短星,初不系月之盛衰。"②《潮候论》又指出:"二星每月内推移无定日,而潮水消长从之。自合朔历上弦前后为长星潮;自望历下弦前后为短星潮。逼星前后则潮长,至极渐过,远则潮渐小至尽而将尽。老潮亦常与方来稚潮③相接。逐日轮转,如环无端。若春、夏二季,则星未至前三日新稚潮初生,逐日长大,至星日而极。过后二三日则渐退,虽日有消长,而水痕递减一分,减极,以至后星将近,则潮水不消不长,……此是新稚潮初来,与旧老潮相逼而然。及乎前星老潮退尽,而后星新潮复来,长消同前。秋冬二季又与春夏不同,星过后三日,新潮方生,又逐日长大,以至太极而止,以复消长亦同前。但春、夏潮长在长短星前;秋、冬潮长在长短星后。二星所临前后,即为潮大之期,不拘朔望与上下弦也。长则西流,消则东流。日有消长,又不拘于半月也。"

王佐《潮候论》又说,长短星之说"与先儒之说不同","本出于后世方术家阴阳拘忌之书"。其实长短星是方术家虚构的值日星宿,过去历书中采集编入以定南海潮候。至于南海潮候十分复杂,究竟是随长短星还是系月之盛衰,后代是有争议的:有认为"琼州潮……大抵视月之盈虚为候。以为随长短星者妄也"④。也有仍认为"琼州潮……其大小之候,随长短星,不系月之盛衰"⑤。

清李调元《南越笔记》中记载有"倪邦良流水指掌图"。倪邦良,福建晋江县举人,乾隆二十八年(1763年)曾任琼州府安定县知县。倪邦良翻阅当时水手们使用的流水簿,发现其中所载的琼州海峡潮候表比原有海口《天后庙碑》所载潮候表正确。《天后庙碑》言:"十六、七、八、九四日,伏流,可渡,至中流始有怒涛,乃东西合流处所,所谓中洋合窠浪也。过此可勿戒心。如风大则半日可渡。又岁三月二十三日,天妃渡海南,

① 王佐:《潮候论》,《中国古代潮汐论著选译》,科学出版社1980年版。
② 《岭外代答》卷一《潮》。
③ 稚潮为初生的小潮。
④ (清)屈大均:《广东新语》卷四,《中国古代潮汐论著选译》,科学出版社1980年版。
⑤ 《南越笔记》卷三《琼州潮》。

必有北风,舟楫宜候之。以是日须臾可渡。……"①倪邦良决定采用流水簿中的潮候表,以"便于渡海者",但又因"舟师流水簿,繁不胜纪,因撮其要略"绘成"倪邦良流水指掌图"②。

琼州海峡潮流不仅天天有,而且还有一个近半个月的起流(涨水)周期。图中所示一年各次起流时间,具体情况是,"每月两次起新流,相距十四日。如十一月十三日起流,二十七日又起流是也。惟四月、十月则新流三次,其逐月争差,各缩二日退一时,俱逆算。如十一月十三、二十七起子,十二月十一、二十五起亥是也。三、九月之初四,十八,四、十月之初一、十五,则缩三日。而流在上半月者,则起时末;在下半月者则起时初。惟四月、十月之十五,流时起中,其起新流之前三日,俱伏流,每日一次,流东四个时辰,便退西。其逐日争差各半个时,历两日差一时,俱顺算;如十一月十三起子末,十四起丑初,十五起丑末是也,若遇闰月,则以上半月照前月下半月,以下半月照后月上半月。又海口比海安流早半个时辰"。③

二 潮流、潮汐知识的应用

明清时期沿海人民在长期的海洋活动中,进一步认识到"海潮之益不浅矣"④,对潮流、潮汐知识及其规律有了更深刻的把握,并将其熟练应用于各种海洋领域。

(一)航海中的应用

最广泛的潮流、潮汐利用莫过于航海。古代航海常按潮候进港停泊,如驿铺。海路驿铺好似陆路驿站,古代水手都能掌握潮候。在海洋水手、渔民中,自古至今流传着大量潮流、潮汐的谚语。导航用的更路簿、针经、海图中常载有航线的潮汐情况。沿海许多地方志常载有潮汐表。这些潮汐表主要用于航行。其中有的潮汐表,为了航行方便,并不记载潮汐涨落时间而直接记载与潮汐涨落时间有关的开船、回船时间。古代一些港口还专门将潮汐表刻成石碑立于港口,供航海者参考。这类表被称为潮信碑。古代著名的潮信碑有钱塘江畔浙江亭的吕昌明《四时潮候图》、琼州海峡两岸的伏波将军马援潮信碑、海安天后庙潮信碑等。

明代海船航行,特别是楼船和巨大的郑和宝船的航行的动力主要是风,但潮流和洋流也是十分重要的。《东西洋考》:"驾舟洋海,虽凭风力,亦视潮信以定向往。"⑤《台海使槎录》:"大海洪波,止分顺送。凡往异域,顺势而行。"⑥民间还流传着"老大勿识潮,吃亏伙计摇"的谚语。在涨潮时,潮流由海向岸,船舶进港容易。反之,退潮时,潮流向海,船舶出海容易。明毕拱辰《潮汐辩》指出:"辅舟漂渡之事,潮长则从海易就岸,潮退则从岸易入海。"船舶进港出港,全根据涨潮落潮了解难和易、快和慢。潮汐涨落十分有规则。浙江、福建、广东等地的商船没有不是随潮进港的。大海中潮流方向不

---

① 《南越笔记》卷三《琼州潮》。屈大均:《广东新语》卷四。
② 《南越笔记》卷三《琼州潮》。
③ 《南越笔记》卷三《琼州潮》。
④ 《古今图书集成·山川典》卷三〇七《海部》。
⑤ (明)张燮:《东西洋考》卷九"潮汐"。
⑥ (清)黄叔璥:《台海使槎录》卷一《洋》。

断旋转变化,河口地区潮流则变成往复流。不管是旋转流还是往复流,船舶只要掌握潮信,视潮次停泊或开航,就可以利用潮流进行往返,取得很大经济效益。

船舶在岛屿或近岸海区航行以及出入海港,必须防止海水退潮造成搁浅或触礁。明陈侃《使琉球录》曰:"大舟畏浅,必潮平而后行。"在航行繁忙地区更要掌握潮候。凡水手、渔民,防礁避浅,进出港湾多重视潮候,以保平安。特别是战船或商船常经的海域,潮候更要清楚。元代海运发展,但黄海近海黄水洋暗沙分布很广,更需要按潮汐涨水行船。明代徐贞明《海道经》云:"至元二十一年起运粮……自刘家港开船出扬子,盘转黄沙连嘴,望西北沿沙行使,潮涨行船,潮落抛泊。"[①]

(二)海战中的应用

海战与潮汐、潮流关系也很密切。《舟师绳墨》载:"潮候随四时之节令,长退有一定之去来……各按时候,即如春天初一日,此处不浅可过。转至夏来初一日,此处却过不去,由此类推,行船无失。"[②]《舟师绳墨》是清代训练水师的一本教科书。由此可知潮汐的观测和利用已成为古代水师训练的一个必要的科目。古代军事家善于利用天时地利出奇制胜。古人水上用兵,因潮汐分成败者,是很多的。

水军乘潮进攻,克敌制胜的事例很多。1661年郑成功(1624—1661)收复台湾是利用潮汐取胜的典型例子。1661年4月28日(阴历三月三十日)郑成功从澎湖开船,准备从鹿耳门进入台湾。鹿耳门航道很窄,阔仅里许。《台海使槎录》载,台湾"四围皆海,水底铁板沙线,横空布列,无异金汤。鹿耳门港路纡回,舟触沙线立碎"[③]。荷兰侵略者曾将损坏甲板船沉塞在鹿耳门航道,所以荷兰侵略者并没有设防。郑成功部下大多为沿海居民,对台湾沿海涨潮了如指掌,加上何廷斌的献图向导,所以尽管此航道港路险阻淤浅,也阻碍不了船队的通过。4月30日(四月初二)正值大潮,水涨数尺,全部大小船只均顺利通过鹿耳门航道,靠岸登陆。郑成功顺利地收复了台湾。[④]

无独有偶,清政府后来统一台湾,也不止一次采用涨潮攻入鹿耳门的办法。《清朝文献通考》载,康熙"二十二年六月帅征台湾,……鹿耳门险隘难入,兵至潮涌,舟随潮进,遂平之"[⑤]。乾隆《敕封天后志》:"康熙六十年……六月兴师,十六日攻鹿耳门。克复安平镇。乃潮退之际。海水加涨六尺。又有风伯效顺。各舟群挤直入。……台地悉平。"[⑥]

古代利用潮汐进行海防的措施也有多种。明胡宗宪《筹海图编》是记述明代抵御倭寇的重要书籍。书中不少是论述海防和潮汐的具体关系的。如读到某处布防时指出:"大衢在北,长涂在南,相离不过半潮之远,潮从东西行,两山束缚,其势甚疾,哨船、战船遇潮来与落时皆难横渡,俟潮平然后可行,策应亦有不便者。"[⑦]海防经常用木桩

---

① 宋正海、郭永芳、陈瑞平:《中国古代海洋学史》,海洋出版社1989年版,第285—286页。

② (清)《舟师绳墨·舵工事宜》。

③ (清)黄叔璥:《台海使槎录》卷一《形势》。

④ 陈国强:《郑成功驱逐荷兰侵略者收复台湾的伟大斗争》,厦门大学历史系:《郑成功研究论文集》,上海人民出版社1965年版,第67—71页,第78页。

⑤ 《清朝文献通考》卷二六八。

⑥ 乾隆《敕封天后志》(莆田县文化馆藏)。

⑦ 《筹海图编》卷一二。

打入航道海底,起到阻拦敌船或损坏敌船的目的。《浙东筹防录》:"缘测量梅墟江中水势,潮涨时水深不过二丈以内。四丈长之桩,以二丈入土,二丈在水。潮退时水面可露数尺,潮涨时桩与水平,足拒敌舰矣。"①《海潮辑说》记载五代后晋天福三年(938年)一次海战时,"海口多植大杙,冒之以铁,遣轻舟,乘潮挑战而伪循"。敌船追之。"须臾潮落,舰碍铁杙,不得退"②。

(三)海岸工程中的应用

海岸地带的工程建筑,无论在修筑中还是在修筑后,常受到海洋潮汐的作用,因而不能不考虑采取科学的措施,避害趋利。在这方面明清时期也做出了不少成绩。

今山东蓬莱县旧县城外西北的蓬莱古水城是宋元明清海防要地,为我国沿海仅存的古水城。它的设计反映着古代海洋水文知识的娴熟应用。港口码头高程必须根据多年的潮高观测数据来确定,以保证最低潮时有一定水深,最高潮时码头又不被淹没。水城内码头高程为3.2米,这是符合当地潮汐涨落情况的。新中国成立后,水城西不远处建的新码头高程为3.2—3.4米,这也进一步证实古码头高程的确定是有多年潮高观测数据为根据的。古水城有防浪堤和平浪台。水城出口——水门的东、北两面,海面宽阔,潮流、风浪多从这里涌来。因此位于水门外东边的防浪堤,有效地阻挡了这个方向来的巨大潮波和风浪。其他方向来的潮波和风浪进入水门到达内部港湾——小海后,首先碰到突出小海中的平浪台。平浪台的作用在于遏止涌入水门的潮浪,使其接触平浪台之后向西折射减弱。由于防浪堤和平浪台的作用,小海内风平浪静,成为避风良港。防浪堤的石块大小不等。大的直径可达1.5米,重2吨左右,估计当时还要大些。这些石块运自西边丹崖山珠玑岩下。据传搬运这些石块也利用了潮汐。③人们先将巨石用铁链缚在木排上。涨潮时木排浮起,然后将巨石运到施工地点,待潮退后解链,石块堆积,逐步形成防浪堤。④

三 海啸

与周期性的潮汐现象不同,海啸是海面的异常升高现象。海啸可以对海上船舶和沿海地区造成极大的危害。明清时期对海啸的记载比较详细,认识水平也有所提高。中国古代修筑起雄伟的滨海长城——海塘,它在与海啸的持续斗争中起着巨大作用。

(一)海啸灾害

中国古代海啸灾害十分严重,沿海地方志中屡有记载。重大海啸,正史中大都有记载。古代一些笔记、小说中往往有某些海啸的详细记载。《中国历代灾害性海潮史料》收集了自最早到清末的海啸共213次。其中属于1840年以前的古代时期海啸共154次。

海啸在中国古代有过多种名称。最常用名称为"海溢"。"海溢"名称不仅用得最

---

① (清)薛福成:《浙东筹防录》卷一下《禀抚院刘遵伤勘办梅墟钉事宜》。

② 《海潮辑说》卷下。

③ 李文渭、徐瑜:《蓬莱水城与潮汐利用》,《海洋战线》1978年第6期。

④ 宋正海、郭永芳、陈瑞平:《中国古代海洋学史》,海洋出版社1989年版,第289—290页。

早,而且历代一直沿用。"海啸"一名的出现至迟在元代。1344 年的海啸,虽然《元史》记为"海水溢"①,但地方志,如嘉靖《宁波府志》②、康熙《台州府志》③等已用"海啸"一词。其后,元、明、清时,海啸一词就用得较多了。看来海啸一词使用更多的是在民间,因为直到清代,如康熙《苏州府志》云"俗曰海啸"④、乾隆《诸城县志》曰"俗名海啸"⑤,是进一步解释"海溢"一词的。所以称"海啸",是因为在海溢时,常可听到海中发出啸声。光绪《慈溪县志》载,雍正"二年(1724 年)七月十八日,海啸有声,滨海居民,同时共闻"⑥。嘉庆《东台县志》:"明万历二十四年(1596 年)八月初九日酉时,河、海水齐啸,行舟遭冲激。"⑦中国古代又称海啸为"海沸"⑧、"海涨"⑨、"潮变"⑩、"海立"⑪、"海决"⑫等。

明清历史文献中所记载的海啸灾害是多方面的。可初步归纳为以下几个方面。

1. 溺人

溺杀人是海啸危害最大的方面。历史上,死亡万人以上的海啸并不少见。明成化八年(1472 年)七月十七日的海啸,死万余人。⑬明洪武二十三年(1390 年)七月的海啸,"松江、海盐溺死灶丁各二万余人"⑭。咸丰四年(1854 年)的海啸死五六万人。⑮康熙三十五年(1696 年)的海啸死亡高达十万余人。⑯据粗略统计,我国自公元前 48 年至公元 1948 年,因海啸死亡人数共达 90.7 万人⑰。

2. 毁房

毁房和溺人是共生灾害,但也并不等同。古代海啸毁房十分严重。

崇祯元年(1628 年)"七月,杭、嘉、绍三府海啸,坏民居数万间,溺数万人。海宁、肖山尤甚"⑱。乾隆四十六年(1781 年)六月海啸损坏民房 18122 间。

3. 决海塘

在重大海啸面前,海塘也常被冲毁。海塘和筑塘技术,正是在这一次次冲击和考验中不断发展、完善起来的。天启《海盐县图经》载:"明万历三年(1575 年)五月三十

① 《元史》卷五一《志第三下·五行二》。
② 嘉靖《宁波府志》卷四四,《中国历代灾害性海潮史料》,海洋出版社 1984 年版,第 71 页。
③ 康熙《台州府志》卷一四,《中国历代灾害性海潮史料》,海洋出版社 1984 年版,第 71 页。
④ 康熙《苏州府志》卷二《祥异志》,《中国历代灾害性海潮史料》,海洋出版社 1984 年版,第 191 页。
⑤ 乾隆《诸城县志》卷三《总记下》,《中国历代灾害性海潮史料》,海洋出版社 1984 年版,第 199 页。
⑥ 光绪《慈溪县志》卷五五,《中国历代灾害性海潮史料》,海洋出版社 1984 年版,第 214 页。
⑦ 嘉庆《东台县志》卷七《祥异》,《中国历代灾害性海潮史料》,海洋出版社 1984 年版,第 163 页。
⑧ 清稿本《海昌续载》丙卷四,《中国历代灾害性海灾史料》,海洋出版社 1984 年版,第 159 页。
⑨ 《明史》卷二八《五行一·水·水潦》。
⑩ 乾隆《如皋县志》卷四《河渠》,《中国历代灾害性海灾史料》,海洋出版社 1984 年版,第 121 页。
⑪ 嘉庆《方太志》卷三,《中国历代灾害性海潮史料》,海洋出版社 1984 年版,第 144 页。
⑫ 崇祯《海昌外志》册八《丛谈志·祥异》,《中国历代灾害性海灾史料》,海洋出版社 1984 年版,第 55 页。
⑬ 天启《海盐县图经》卷一六,《中国历代灾害性海潮史料》,海洋出版社 1984 年版,第 108 页。
⑭ 嘉庆《嘉兴府志》卷三五《祥异》,《中国历代灾害性海潮史料》,海洋出版社 1984 年版,第 81 页。
⑮ 光绪《台州府志》卷三一《大事略五》,《中国历代灾害性海潮史料》,海洋出版社 1984 年版,第 237 页。
⑯ 清董含《三冈识略续》。
⑰ 高建国:《略论地震震级分级 b 值规律的普遍意义》,《地震地磁观测与研究》第 3 卷(1982 年)第 3 期。
⑱ 《明史》卷三八《五行一·水·水潦》。

日夜,大风驾潮来,……塘则尽崩。"①乾隆《杭州府志》云:"雍正十三年(1735年)六月初二、三日,风潮大作。仁和、海宁等县石草各塘共坍一万二千二百九十七丈。"②

4. 没盐场

盐场均分布在海涂附近,海啸时首当其冲,常一扫而光。明成化八年(1472年)七月,大雨海涨,"浸没盐仓及民灶田产"③。康熙三十五年(1696年)海啸,"盐场尽没"④。

5. 淹农田

海啸时,大量海水淹没农田,使农田盐渍化,使庄稼卤死,对农业带来巨大损失。明成化八年(1472年)七月海啸,"咸潮所经,禾稼并槁"⑤。明正德元年(1506年)海溢,"禾稼淹没,地变为咸卤"⑥。康熙丙子(1696年)"六月初一日,大风,海水泛滥,江南崇明县共淹四十沙"⑦。海啸后,田地几年不能长庄稼,直到土壤盐分有较大淋溶后才能使用。《甲寅海溢记》:"潮水苦咸,淹没之后不宜黍稻,固需养淡数年"。"旧传养淡定须三年"⑧。海啸带来的大量泥沙还冲压田地。清康熙十年(1671年)六月海啸"冲压田地二百五十余顷"⑨。

6. 大疫等次生灾害

海啸还可以产生一系列次生灾害。海啸之后大批人畜死亡,又来不及掩埋、消毒,再加上幸存者饥寒交加,所以传染病随即流行起来,往往无法控制,继续造成巨大死亡。《甲寅海溢记》:海啸"灾后未几,遽为大疫,即所谓吊脚沙者,朝发夕亡,不可救药,甚有阖门递染,后先骈死,人为尸秽感触,抑由中湿所致"。光绪《阜宁县志》载,同治六年(1867年)四月海啸,"卤潮内灌大疫"⑩。海啸后,自然界原有的生态平衡被破坏,因而还可引起各种严重的虫灾。在严重的自然灾害中,也常有少数社会败类,财迷心窍,趁火打劫,干起伤天害理的勾当,至于贪小便宜者,打捞财物的人也常有。《甲寅海溢记》云:"洪潮即退,衣服器用什物,散布盈野,贪忍者固以为利,或掉小舟,编竹筏,潮流捞取,满载而归,名曰'捉小熟'。""捉小熟之人,此辈幸灾乐祸,全无心肝。"

每次海啸的危害通常是多方面的、严重的。不少地方志对海啸也有生动详细的描述。永乐十九年(1421年)海啸,嘉庆《东台县志》有如下描述:"辛丑七月十六夜,夜半飓风声怒号。天地震动万物乱,大海吹起三丈潮,茅屋飞翻风卷土,男女哭泣无栖处。潮头驰到似山摧,牵儿负女惊寻路。四野沸腾那有路?雨洒月黑蛟龙怒。避潮墩作波底泥,范公堤上游鱼渡。悲哉东海煮盐人,尔辈家家足苦辛。濒海多雨盐难煮,寒宿草中饥食土。壮者流离弃故乡,灰场畜满地无卤。招徕初荣官长恩,稍有遗民归旧樊。

---

① 天启《海盐县图经》卷八,《中国历代灾害性海潮史料》,海洋出版社1984年版,第149页。
② 乾隆《杭州府志》卷三八《海塘》,《中国历代灾害性海潮史料》,海洋出版社1984年版,第224页。
③ 嘉庆《东台县志》卷七《祥异》,《中国历代灾害性海潮史料》,海洋出版社1984年版,第107页。
④ 嘉庆《松江府志》卷八〇《祥异》,《中国历代灾害性海潮史料》,海洋出版社1984年版,第203页。
⑤ 《古今图书集成·山川典》卷三一九《海部》。
⑥ 1960年编《威海新志》卷一《自然灾害》,《中国历代灾害性海潮史料》,海洋出版社1984年版,第119页。
⑦ 东轩主人:《述异记》卷中。
⑧ (清)丁虞:《甲寅海溢记》,民国喻长霖纂《台州府志》卷一三六。
⑨ 康熙《胶州志》卷二,《中国历代灾害性潮灾史料》,海洋出版社1984年版,第106页。
⑩ 光绪《阜宁县志》卷二一《祥祲》。

海波忽促余生去,几千万人归九泉,极目黯然烟火绝,啾啾鸣鸟叫黄昏。"①

在中国历史上最大一次海啸是康熙三十五年(1696年),很多地方志中都有记载。海啸主要发生在长江三角洲地区。康熙《三冈识略》:"康熙三十五年丙子六月初一日,大风暴雨如注,时方状亢旱,顷刻沟渠皆溢,欢呼载道。二更余,忽海啸,飓风复大作,潮挟风威,声势汹涌,冲入沿海一带地方几数百里。宝山纵亘六里,横亘十八里,水面高于城丈许;嘉定、崇明及吴淞、川沙、柘林八、九团等处,漂没海塘千丈,灶户一万八千户,淹死者共十万余人。黑夜惊涛猝至,居人不复相顾,奔窜无路,至天明水退,而积尸如山,惨不忍言。"②

(二)风暴海啸(风暴潮)

海啸的成因有海底地震、海底火山和海洋风暴等原因。但在中国古代,海底火山引起的海啸似乎没有,海底地震引起的海啸也很少。中国海啸极大部分是风暴海啸,即风暴潮,其中大部分又是台风引起的。

在中国古代丰富的海啸记载中,海啸与风暴的关系是十分清楚的。一般提法是"大风,海溢""大风,海涌""风灾,海啸"等。其中明确提到因果关系的也不少,如"海风驾潮""大风驾海潮"等。明崇祯九年(1636年),"潮乘飓威,吼决叶家棣塘"③。其他不常用的反映海啸与风暴关系的描述就更多了,如"大风海立"④、"大风卷海水南溢"⑤、"飓涛溢作"⑥等。

明代杨慎(1488—1559)还明确指出,风暴海啸主要是台风引起的。《升庵全集》云:"飓音贝,凡海潮溢,皆此风为之。"⑦

中国古代记载中,最能反映海啸与风暴因果关系的认识是"风潮"概念。"风潮"成为中国古代风暴潮的专有名词。到了明代,"风潮"已广泛作为"风暴潮"的一个名称。崇祯《太仓州志》:明正统元年(1436年)"海潮伤禾"⑧。康熙《靖江县志》卷五"祲祥"和光绪《靖江县志》卷八"祲祥"共记载明代约40次海啸,其中极大部分用"风潮"一词。如"风潮,湮没民居","大雨,风潮淹没田庐","大风潮,人民淹死"等。元末明初娄元礼《田家五行》:"夏秋之交,大风及有海沙云起,俗呼谓之'风潮',古人名曰'飓风'。"⑨这里说的风潮,并非只指大风,而是还有大风引起的海扰动,即海沙云起。还可以看出,这里的"风潮"也不是指一般的风暴潮,而是指在夏秋之交盛行的台风引起的风暴潮。清代,风潮的名称用得更多。康熙《历年记》:康熙"三十五年(1696年)六月初一日,大风潮,……淹死万人,牛羊鸡犬倍之,房屋树木俱倒,狂风浪大,村宅林木什物家伙,顷

---

① 嘉庆《东台县志》卷三八《艺文》,《中国历代灾害性海潮史料》,海洋出版社1984年版,第90页。

② (清)董含:《三冈识略·续》。

③ 康熙《绍兴府志》卷三一,《中国历代灾害性海潮史料》,海洋出版社1984年版,第178页。

④ 《古今图书集成·职方典》卷六八七。

⑤ 道光重刻·顺治《招远县志》卷一《灾祥》,《中国历代灾害性海潮史料》,海洋出版社1984年版,第138页。

⑥ 嘉靖《海门县志》卷三《建置》,《中国历代灾害性海潮史料》,海洋出版社1984年版,第121页。

⑦ 《升庵全集》卷七四。

⑧ 崇祯《太仓州志》卷一五《灾详》,《中国历代灾害性海潮史料》,海洋出版社1984年版,第93页。

⑨ 《田家五行·论风》。

刻湮没"①。光绪《阜宁县志》载:"乾隆四十六年(1781年)六月,风潮浸溢,淹没田庐。"②

　　风暴潮在南海地区又称为"沓潮"。这也是一种风暴潮,与东海、黄海中的风潮所不同。只是沓潮时,原来有定时的潮未退尽,风暴潮是在原来潮的水位基础上进一步涨水。"沓潮"意即老潮、新潮汇合在一起。清代广东沿海有理想化的沓潮曲,强调了两潮会合,以此比喻爱情。屈大均《广东新语》云:"粤人以为期约之节,予以沓潮曲云:'与郎如沓潮,朝暮不曾暇,欢如早潮上,侬似暮潮下',又云:'两潮相合时,不知早与暮,与郎今往来,但以潮为度'。"③《广东新语》又全面介绍了沓潮的风暴海啸性质及其与正常潮信的关系。《广东新语》曰:"广人以潮汐为水节,或曰一潮而一汐,或曰两潮而两汐,皆谓之节。其在番禺之都,朝潮未落,暮潮乘之。驾以终风,前后相蹙,海水为之沸溢,是曰沓潮,一岁有之,或再岁有之,此则潮之变,水之不能其节者也。"④

　　关于风和潮的关系,《广东新语》还有着较系统的总结。"风之起,潮辄乘之,谚曰:'潮长风起,潮平风上,风与潮生,潮与风死'。"⑤

　　海啸危害很大,人们迫切需要了解海啸的规律。中国历代已有的海啸记载,也为中国海啸规律探讨创造了条件。

　　在中国漫长的沿海地区,海啸虽然到处都有,但毕竟在频度上有明显的差异。明代已对海啸的地理分布作了总结。明徐贞明(?—1590)《潞水客谈》云:"东南濒海,岁多潮患,盖海之势趋于东南,辽海以及青、徐,则有海之饶,而鲜潮之患,是地势然矣。"这里提到的原因不一定对,但所说的海啸地理分布是正确的。由于台风的作用,东南沿海风暴潮确实比北方沿海的风暴潮多得多。

　　我国海啸主要是风暴海啸,所以海啸预报实为风暴预报。但海啸预报除了风暴预报,也有其他预报法。《甲寅海溢记》⑥总结了4种预报方法:

　　(1)"潮之消长,随月之阴虚,故洪潮之灾多在秋月之生明与生魄后数日。如嘉庆丙辰为七月十八日,咸丰甲寅则七月初五日。"

　　(2)"海溢之变,前一年必有大风水示其兆,如癸丑闰六月望后,疾风暴雨,平地水高丈余,西北乡山居之民多漂没者。次年七月遂有洪潮之厄。征之父老曰:'先淡水,后咸潮,与前乙卯、丙辰事同'。"

　　(3)"考郡志灾变门,康熙戊子二月初十日,白巨鱼至中□桥,占者谓有小灾。是年七月初七日海溢,今甲寅当前三、四月间,乌巨鱼至澄江,十百为群,大者如牛,迎潮掀舞,月余乃去,识者忧之,至秋果验。"

　　(4)"闻父老言,洪潮之灾若六十年一大劫,三十年一小劫。自嘉庆丙辰(1796年)灾后迄今甲寅(1854年),相距五十八年,又自嘉庆丙辰上溯乾隆丙戌(1766年)之灾,正三十年。又上溯康熙戊子(1708年)相距五十八年……潮水有信,灾故不爽也。"

① 康熙《历年记》续第133页,《中国历代灾害性海潮史料》,海洋出版社1984年版,第203页。

② 光绪《阜宁县志》卷二一《祥祲》。《中国历代灾害性海潮史料》,海洋出版社1984年版,第245页。

③ 《广东新语》卷四。

④ 《广东新语》卷一。

⑤ 《广东新语》卷一。

⑥ (清)丁虞:《甲寅海溢记》,民国《台州府志》卷一三六。

《甲寅海溢记》的总结以及前人有关占验海啸的种种记载,证明中国古代对海啸的预报工作是十分重视的。

当然这些只是经验性总结,有的经验也不一定有普遍意义,但有的肯定是可用的。如(1)中,关于夏秋时节海啸易发生是对的,这正是台风季节。又如(4)中提到海啸有着60年准周期,这是有启发意义的。目前中国的历史自然学工作者注意到天象、地象、气象、海象中不少自然现象包含有一个明显的60年准周期,因而人们猜测中国古老的60年—甲子的干支纪年,可能不只是一种单纯纪年法,而还可能是中国古代人民在对历代农业歉收、气候变迁、灾异现象等的重现中,已认识到这种客观准周期的存在。60年准周期的探索有巨大的现实意义,可以深入探讨自然灾害的中、长期预报。①

(三)海塘的建造

与海啸斗争,是中国古代人民与自然灾害斗争的一个重要方面。这种斗争是旷日持久的、曲折的。有时人们在严重的海啸面前一时束手无策,因而也产生了一些迷信活动,如造子胥祠、海神庙、潮神庙、镇海塔、镇海楼,设海神坛、封四海为王、祭海神、潮神、置镇海铁牛、投铁符,强弩射潮等。沿海一些地方还取了一些象征海安洪宁的吉祥名称,如海宁、宁波、镇海、镇江、海安等。但海啸也时有圮庙宇,倾镇海楼、冲走镇海铁牛等事件。在种种残酷事实面前,古代人民并不气馁,而是顽强地与海啸开展了旷日持久的艰苦斗争。这种斗争最杰出的成果是建筑起雄伟的海塘②,捍卫了沿海广大地区的生命财产,有力地推动了沿海地区的农业生产和经济开发。

海塘和万里长城、大运河一起为我国古代三项伟大工程,其规模之大、工程之艰、动员人数之多是十分惊人的。今天,万里长城早已失去它本来的军事防御意义,大运河正在大力整治,而只有海塘工程,虽历经千年来无数次的冲垮、修筑、扩建,至今仍在发挥巨大作用,并一直成为中国劳动人民与海啸灾害斗争的生动的历史记录。我国的海塘工程遍及沿海的平原海岸,但以江浙海塘最为著名,这里海岸线平直,地势平坦,日夜受太平洋传入的东海潮波的冲击,夏秋台风频频活动,是我国海啸最严重地区,钱塘江潮更是汹涌,所以筑塘技术不断受到严重考验,为了保卫肥沃的滨海平原和三角洲,就得不断总结经验,有所创造,技术水平不断提高,工程规模不断扩大。江浙海塘已成为中国古代人民与海啸斗争,取得胜利的象征,它的发展历程集中体现为艰巨而胜利的斗争历程。③

海塘始于何时目前尚无定论,但肯定是十分早的。原始海塘大概十分简陋,抗潮性能差,在功能和结构发展上看,它甚至与清代普遍修建的避潮墩有着继承关系。避潮墩,亦称救命墩,由于泥沙堆积,海水东退,滩涂逐渐扩大,成为灶丁盐户刈割芦苇等杂草的地方。然而,每当风潮骤起,海浪排山倒海而来,卷上海滨时,在这里从事生产的人们就很危险,无法躲避灾难,因而筑墩自救。谢弘宗《筑墩防潮议》云:"滨海之地,

① 宋正海、郭永芳、陈瑞平:《中国古代海洋学史》,海洋出版社1989年版,第297—302页。

② 另一个杰出成果是在许多出海河口建筑了潮闸。

③ 陈吉余:《我国围海工程的经验与今后意见》:"在全国海塘工程中,以浙江海塘自然条件最复杂,工程措施最艰巨,工程建筑最宏伟,它能代表我国各个时期海塘工程水平。"《高等学校自然科学学报》(地质、地理、气象),试刊第1期(1964年)。

最苦海潮。史册所载,不可胜纪,近者康熙三、四年,雍正二年飓风飚发,潮汛暴起,倏忽水高丈余,庐舍人民,立时淹没。浮尸积骸伤心惨目,从来灾害未有如此之甚者。则防潮之道,不可不亟讲也。防潮之道奈何?惟筑墩则可以防之。"①然而,避潮墩只能救命于一时,并不能阻挡海水浸淹农田和居住地。因此,必然要产生比避潮墩更高一级的沿海岸长条分布的挡水建筑,这就出现了原始的海塘。②

明代筑塘采用黄光升的纵横交错法。黄光升,福建晋江人,官至刑部尚书。他任过水利佥事,嘉靖二十一年(1816年)在浙江海盐筑过海塘。黄光升筑塘,善于吸收前人的先进方法,因此方法较完备。黄光升写有《筑塘说》,详细介绍了筑大塘的纵横交错法。清代,海塘条石交接处,凿成槽榫,用铁锔、铁锭嵌合连贯,合缝处用油灰、糯米浆抿灌,以防渗漏。

一些重要的辅助工程也不断发展完善。南宋时,在大塘内再修一道土塘,以捍咸潮。现在大部分海塘之内有一道土塘,两塘之间还有一条备塘河。再如清代十分注重建造"护沙拦"(现称"担水")和"挑水盘头"("丁字坝"),使潮水逼逼离岸。自此海塘工程从消极防塌进入到积极挑水,改变水流形势,充分发挥了海塘的作用。

清朝政府为确保东南财赋收入,维护封建统治,康熙、雍正、乾隆三朝动员较大的人力、财力筑塘。在历代工程基础上,修筑了从金山卫到杭州的300多里的石塘。清代修筑的海宁大石塘已有十分复杂的结构。③

四 洋流

太平洋的北赤道洋流,由东向西推进,在菲律宾以东12°—13°N附近海面分成南、北两支。其中较大的北支沿吕宋岛的东岸北流,形成黑潮(洋流)。黑潮是沿着太平洋西部边缘向东北流动的一支强大洋流,也是世界上最强大的洋流之一。此外,中国近海又发育着沿岸流。所有这些洋流,对航海均是重要的,顺流顺水利于航行,要利用;逆流逆水则要避开。

(一)黄海的洋流

宋、元以来,我国航海者对于今黄海分别称为黄水洋、青水洋、黑水洋。大致在长江口以北一带海水含沙量大,水呈黄色,称为黄水洋;34°N、122°E附近一带海水较浅,水呈绿色,称为青水洋。32°—36°N、123°E以东一带海水较深,水呈蓝色,称为黑水洋。这种以颜色来划分海区,主要与海水混浊度和深度有关。南宋吴自牧说:"大洋之水,碧黑如淀;有山之水,碧而绿;傍山之水,浑而白矣。"④黄水洋海区,由于有淮河输入泥沙,还有长江的部分泥沙北运,特别是历史上含沙量高的黄河曾流入此海区,再加上这里以上升海岸为主,所以这里暗沙浅滩很多。宋徐兢记:"黄水洋即沙尾也,其水浑浊且浅。舟人云其沙自西南而来,横于洋中千余里,即黄河入海之处。"⑤清陆陇其

---

① 乾隆《盐城县志》卷一五。

② 宋正海、郭永芳、陈瑞平:《中国古代海洋学史》,海洋出版社1989年版,第302—304页。

③ 宋正海、郭永芳、陈瑞平:《中国古代海洋学史》,海洋出版社1989年版,第306—307页。

④ 《梦粱录》卷一二《江海船舰》。

⑤ 《宣和奉使高丽图经》卷三四《黄水洋》。

说："若海中大势必至黑洋方为大海,其色深黑而味苦,若其出海千余里。虽则茫然无际,实则非可横行之地。至通泰兴盐而尽,其未尽者,分沙五支,直入大海之中,凡千余里,所谓五条沙也。潮涨则洋洋汤汤,茫无畔岸,潮落则沙壅土涨,深不容尺,其沙土坚硬,更甚铁石,海船可载数千者,必远而避之。"①

黄海的洋流系统是由两支基本洋流组成的。一支是黄海暖流,它是黑潮在黄海分出的支流。黄海暖流由南向北位于 123°E 以东海区,并流入渤海。另一支是黄海沿岸流,此洋流位于西部近岸区。黄海沿岸流起自渤海,沿着鲁北沿岸东流,经渤海海峡南部直达成山角,进入黄海。在苏北沿岸时,此沿岸流得到加强,并继续南下直达长江以北 32°—33°N 附近。明《海道经》详细地记述了这条航线及航行的艰难情况。漕运"自刘家港开船,出扬子江,盘转黄连沙嘴,望西北沿沙行使,潮长行船,潮落抛泊,约半月或一月余,始至淮口,经胶州、海门、浮山、牢山、福岛等处,沿山一路,东至延真岛,望北行使,转过成山,望西行使,到九臬岛、刘公岛、诸高山、刘家洼、登州沙门岛。开放莱州大洋,收进界河,两个月余,才抵直沽,委实水路难,深为繁重"②。

(二)东海和南海的洋流

黄海中有黑水洋,台湾海峡有黑水沟。它们都是黑潮经过之处。

在古代有关台湾海峡航海的书中,黑水沟的记载和描述是十分突出的,清郁永河记："台湾海道,唯黑水沟最险,自北流南,不知源出何所。海水正碧,沟水独黑如墨,势又稍窳,故谓之沟。"③《台海使槎录》记："台与厦,藏岸七百里,号曰'横洋',中有黑水沟,色如黑,曰'墨洋',惊涛鼎沸,险冠诸海。"④

乾隆《台湾府志》卷一"山川"也有相同记载。由此可见黑水沟水流急,颜色如墨,宽度不大。

乾隆《台湾县志》记载,台湾海峡黑水沟有两条:一条在大陆和澎湖之间的"大洋"中;一条在澎湖和台湾之间的"小洋"中。海峡中由于有澎湖列岛的存在,所以海峡最深处有两处,分别位于澎湖的东、西两边。这里是洋流流经的地方。但只有东西"小洋"中的黑水沟才是黑潮的支流。而西边"大洋"中的不是黑潮,其中冬半年是由北往南的东海沿岸流,而夏半年则是由南向北的南海海流。

在黄海黑水洋,航行方向与黑潮流向相同,所以可用来做动力,是利用问题。在台湾海峡是为了渡海,来往于大陆和台湾,因此海峡称为"横洋",那么湍急的洋流(黑潮或东海沿岸流)本身均成为航运一大障碍。此外,由于黑潮和东海沿岸流流速很大,而流向相反,所以在彼此相邻处会造成波涛和大大小小漩涡,成为渡海危险区。至于有的古代文献说黑水沟自北向南流,这大概是冬季至初春情形。例如,郁永河《采硫日记》记载是阴历二月。这段时间,在台湾海峡的"大洋"中主要是东海沿岸流,自然自北向南。在小洋中近台湾西海岸发育黑潮支流,则是自南往北的。但是在表层由于冬季偏北季风发育也可能形成由北往南的表面流。至于夏季台湾海峡洋流全是由南往北

第三十八章

明清时期的海洋学探索

---

① 《三鱼堂日记》卷六。
② 宋正海、郭永芳、陈瑞平:《中国古代海洋学史》,海洋出版社 1989 年版,第 310—312 页。
③ (清)郁永河:《采硫日记》卷上。
④ (清)黄叔璥:《台海使槎录》卷一《洋》。

的，不存在由北往南的流向。但是，在古籍中却记载有所谓"万水朝东处"。《台海使槎录》："自鹭门、金门，迤逦东南，以达彭湖，可数千里，风涛喷薄，悍怒激斗，瞬息万状。子午稍错，北则坠于南风氛，南则入于万水朝东，皆有不返之忧。"①同治《重纂福建通志》记："台海相传有万水朝东处，《续文献通考》等书皆云在澎湖南，因云澎湖较低，黑水沟自北流南，为万水朝东，勿生还理。"②《台海使槎录》记载，黑水沟，"或言顺流而东，则为弱水，昔有闽船飘至弱水之东，阅十二年始得还中土"③。乾隆《台湾府志》卷一"山川"也有相同记载。弱水一般指水弱不能胜舟。在这里实为船舶被洋流或潮流冲得无法控制，容易漂流失踪之意。同治《重纂福建通志》又解释所谓位于澎湖南的万水朝东处，不是洋流，实为潮流。"考台海潮流止分南北，潮时北流较缓，汐时南流较驶，澎岛在厦门之东南乃渡台标准，过沟时针路指定东南，船稍近北，虽不见澎湖犹可见台北诸山，苟为南流所牵，则经出南路沙马矶头之下，岛屿可望，不知台湾在何方矣，故黑水沟中值风静，潮涨可随流，潮退必悬椗，惧其南流之驶，非畏万水朝东也。"④这里清楚地说明所谓"万水朝东"，只是台湾海峡南部由北往南退潮时潮流，将船漂向南方到南海。原来中国近海的潮汐，主要是太平洋传入潮波形成的。太平洋潮波经琉球群岛之间诸水道进入东海后，有小部分自北往南进入台湾海峡。在南边，太平洋潮波经巴士海峡进入南海后，有小部分自南往北也进入台湾海峡。因此，台湾海峡潮流南北不同。古书中所说的"万水朝东""弱水"，可能与潮流及冬季的东海沿岸流造成的船舶向南海漂流失踪有关。

中国明清时与琉球有着广泛的友好关系。明洪武五年（1372年）至永乐三年（1403年），中国与琉球使节往来频繁，航海次数至少有52次。古代由中国去琉球大都以闽江口出发先到台湾基隆，然后向东北航行经花瓶屿、彭家山、钓鱼岛、黄尾岛、赤尾岛，穿过黑潮主流到达琉球的姑米，再经马齿山入那霸港。明代航海针经《顺风相送·福建往琉球》，清楚地记述了这条航线。明代的陈侃《使琉球录》、萧崇业《使琉球录》、夏子阳《使琉球录》，清代的周煌《琉球国志略》、李鼎元《使琉球记》，所记述的去琉球路线也是这条航线。

中国人所以最早开辟这条由西南向东北顺流穿越黑潮主流到琉球去的航线，其中地理方面的原因是除利用季风外，主要是利用黑潮洋流。东海大陆坡位于东海大陆架的东南侧外缘，大陆架外边是冲绳海槽，故东海大陆坡即为冲绳海槽的西坡。海槽东坡则为琉球群岛岛缘陆架的西坡。所以冲绳海槽是东海大陆架与琉球群岛岛缘陆架的天然分界。由于这一地理条件，冲绳海槽成为黑潮主流的通路。黑潮流速很大，在东海，可达2—3节。因此自中国去琉球要横越黑潮主流，这是十分危险的，容易发生漂流，甚至可能沿着太平洋环流系统顺时针，漂到东太平洋去，但这是很难生还的事。要穿越黑潮主流，安全抵达彼岸，正与横渡大江一样，不得不考虑流速。既要防止漂流失事，又要考虑流速对航线的影响。因此，横越宽阔的、速度较高的洋流，必然要在上游某处横渡，才有可能到达下游某处。钓鱼岛、黄尾岛、赤尾岛相对于姑米山是位于黑

① （清）黄叔璥:《台海使槎录》卷一《形势》。
② 同治《重纂福建通志》卷一五《山水·台湾》。
③ （清）黄叔璥:《台海使槎录》卷一《洋》。
④ 同治《重纂福建通志》卷一五《山水·台湾》。

潮洋流上游,所以这条航线是十分理想的。这条航线的较早开辟也反映了中国古代认识和利用黑潮洋流航行的又一个成就。

关于洋流漂流,中国古代有"落漈"的说法。明陈侃《使琉球录》转引《大明一统志》记:"落漈水至澎湖渐渐低,近琉球谓之落漈,漈者水羞下不回也。凡西岸渔舟至澎湖,遇飓风作,漂流落漈,回百无一二。"[1]陈侃《使琉球录》又载:"落漈不知所在殆远,去琉球而非经过之处也。昨至姑米山所,见古米山所急殂,多闻舟有至此而败者,亦不亚于落漈之际矣。"[2]清黄叔璥《台海使槎录》云:"水至澎湖渐低,近琉球谓之'落漈'。漈者,水趋下而不回也,凡西岸渔舟,到澎湖已下,遇飓风发,漂流落漈,回者百无一。"[3]"漈"或"落漈"为海水最低处,海水向此方向流动,"趋下而不回也"。显然古代"落漈"概念的提出反映着对洋流的认识。水往低处流,这是中国古人早已有的常识。由于陆地上百川归海的现象,中国古代早已认识到海是世界最低处,故古代又称海为大壑、百谷王、无底等。然而,后来古代航海者又发现海水也在流动着。这种流动有两种。一种是方向不断地呈周期性变动,他们知道这是与潮汐有密切关系的潮流;另一种则是水流定向"不回也",这就是洋流。根据水往低处流的常识,古代自然认为这种海水定向流动是流向海水最低处,因此存在着"落漈"。根据海水流动方向,就可以知道落漈位置。由此可见,所谓"万水朝东处",即是指落漈。[4]

五 海水盐度动态规律及其应用

海水是高盐度的,自古海盐生产是沿海地区的一项重要经济活动。海水盐分对农田又是很大威胁。海啸时,海水涌入可以造成大面积的土地盐渍化。但是沿海少雨地区自古又发展潮田,利用河口地区低盐度潮水进行灌溉,发展农业。如何获得高浓度的海水以使盐业高产,又如何获得低浓度潮水以使潮田丰产,这就必须掌握海水的盐度动态规律,并充分利用这一规律。在这方面,中国古代在潮灌和纳潮中已有较高的发展。

(一)潮灌

海水平均盐度高达35,而庄稼对盐度为1的水已不能适应。所以,入海河口大部分河段的水不能灌溉,土地盐渍化严重。为此,古代就在不少入海河口建立了潮闸。徐光启(1562—1633)《农政全书》指出:"新导之河,必设堵闸;常时扃之,御其潮来,沙不能塞也",旱时可"救犹涸之灾",涝时可"流积水之患"[5]。清钱泳《履园丛话》载:"沿海通潮港浦,历代设官置闸,使江无淤淀,湖无泛溢,前人咸谓便利。……闸者,押也,视水之盈缩所以押之以节宣也。潮来则闭闸以澄江,潮去则开闸以泄水。其潮汐不及之水,又筑隄阻岸而穿为斗门,蓄泄启闭法亦如之。"[6]

① 陈侃:《使琉球录》(《丛书集成》),第53页。
② 陈侃:《使琉球录》(《丛书集成》),第50页。
③ (清)黄叔璥:《台海使槎录》卷一《形势》。
④ 宋正海、郭永芳、陈瑞平:《中国古代海洋学史》,海洋出版社1989年版,第313—316页。
⑤ 《农政全书》卷一三。
⑥ 《履园丛话》四《水学·建闸》。

潮闸的作用很大,好处不少,故时有人总结道:"设闸之道有数善焉,如平时潮来则扃之,以御其泥沙;潮去则开之,以刷其淤积。若岁旱则闭而不启,以蓄其流,以资灌溉。岁涝则启而不闭,以导其水,以免停泓。"①古代还总结潮闸有五利:"置闸而又近外,则有五利焉。……潮上则闭,潮退即启,外水无自以入,里水日得以出,一利也;……泥沙不淤闸内……二利也;……水有泄而无入,闸内之地尽获稼穑之利,三利也;置闸必近外;……闸外之浦澄沙淤积,岁事浚治,地里不远,易为工力,四利也;港浦既已深阔,……则泛海浮江货船、木筏,或遇风作,得以入口住泊,或欲住卖得以归市出卸,官司可以闸为限,拘收税课,五利也。"②

河流下游地区,涨潮时咸重的海水上溯,并对河水发生顶托现象,造成河流水位提高,这时灌溉农田非常方便。这类农田称为潮田。潮田在古代沿海地区分布很广。"凡濒海之区概为潮田。盖潮水性温,发苗最沃,一日再至,不失晷刻,虽少雨之岁,灌溉自饶。其法临河开渠,下与潮通,潮来渠满,则闸而留之,以供车戽,中沟塍地梗,宛转交通,四面筑围,以防水涝。凡属废坏皆成膏田。"③潮田出现很早,汉唐时已有。光绪《常昭合志稿》云:"吾邑于梁大同六年(540年)更名常熟,初未著其所由名,或曰高乡,濒江有二十四浦,通潮汐,资灌溉,而旱无忧,低乡田皆筑圩,是以御水,而涝亦不为患。从故岁常熟而县以名焉。"④《裴渊广州记》载:"骆田仰潮水上下,人食其田,名为骆候。"⑤《福建通志》:"有一等洲田,潮至则没禾,退仍无害。于禾不假人牛而收获自若。有力之家随便占据。"⑥古代潮田分布很广,"凡濒海之区概为潮田"⑦,南方北方均有。南方如南海海岸,"百粤有骆田,澍案,骆音架,即架田,亦即葑田也……骆田仰潮水上下,人食其田"⑧。北方如渤海,"闻昔明世袁中郎曾为宝坻令,尝行其法于壶卢窝等村,至今赖之"⑨。潮汐可以抬高水位,利于灌溉较高处土地,这是事实,但海水苦咸会危害庄稼。那么为什么沿海各地又发展潮田,用潮水来灌溉庄稼?对此,古代也早有研究。人们发现,在河口地区,由于淡水流入,海水盐度有着明显的空间和时间分布规律,只要掌握潮汐涨落规律以及海水盐度变化规律,就可以利用潮汐运动得到淡水。古人明确潮田用的水虽名为海水,实为淡水。"海潮之淡可灌者,迎而东升之。"⑩嘉靖《直隶太仓州志》则明确指出,滨海之地,潮有江、海之分,古人引水灌田,皆江淮河汉之利,而非可施之以咸潮。所以名为海水,实为淡水。其原因古人也已清楚。一是由于淡水入海,河口及河口以外地区淡水分布有很长很宽范围,形成淡水舌深入海洋。《松江府志》记:"凡内水出海,其水力所及,或至千里,或至几百里,犹淡水也,潮至还吸以

① 《履园丛话》四《水学·建闸》。
② 光绪《常昭合志稿》卷九《水利志》。
③ 《濒海潮田议》,乾隆《乐亭县志》卷一三。
④ 光绪《常昭合志稿》卷九《水利志》。
⑤ 《汉唐地理书钞》。
⑥ 《古今图书集成·山川典》卷三〇九《海部三》引。
⑦ 《濒海潮田议》,乾隆《乐亭县志》卷一三。
⑧ 清代张澍辑《十三州志》。
⑨ 《濒海潮田议》,乾隆《乐亭县志》卷一三。
⑩ 《农政全书》卷一六。

入,故咸水不至内地。"①二是海水咸重在淡水下,形成楔形层。淡水浮于上层,因而便于灌溉。明郭璇《宁邑海潮论》云:"江涛轻淡而剽疾,海潮咸重而沉悍。"②明《崔鸣吾纪事》记载有一老农的话:"咸水非能稔苗也,人稔之也。……夫水之性咸者,每重浊而下沉,淡者每轻清而上浮。得雨则咸者凝而下。荡舟则咸者溷而上。吾每乘微雨之后辄车水以助天泽不足。……水与雨相济而濡,故尝淡而不咸,而苗亦尝润而独稔。"③

(二)纳潮

海盐生产在我国历史悠久,传说炎帝时宿沙氏已煮海为盐。④《禹贡》记载青州有盐贡,春秋战国时,北方的齐国和南方的吴越均有鱼盐之利,为富国之本。西汉桓宽《盐铁论》记载,汉代盐铁已成为"佐百姓之急,足军旅之费","有益于国"⑤的重要财赋收入。汉初吴王刘濞"煮海为盐"⑥,拥有了起兵谋反的重要经济实力。从此盐业不断发展,煎晒盐活动遍布沿海地区,并始终是封建国家重要的财政收入之一。

海盐生产开始只用煮盐法(煮海为盐)。元代《元典章》曾记载福建盐场已用晒盐法。明章潢(1527—1608)《古今图书编》介绍在明嘉靖元年(1522年),晒盐法由福建传入河北长芦盐场,开始在我国北方盐场推广。⑦

"办盐全赖海潮"⑧。制盐的卤水取自海水,这些海水主要是靠潮汐直送到盐田的,或涨潮时抽到盐田。故盐场主要分布于潮间带。无论煮盐或晒盐总希望直接纳入高浓度潮水。但潮水浓度是随季节、昼夜、晴雨等条件不断变化的。所以,纳潮是个复杂问题。纳入的海水先要晒盐。在此阶段,不能再纳新的潮水,这又要防止潮汐侵入盐田。所以盐业生产,不仅要了解潮汐涨落时间和幅度变化规律,而且要了解潮水盐度的空间分布和时间变化规律。为了纳得高浓度海水,盐民十分了解潮水盐分变化规律。"闽浙百一俗号穷海,独盐利为饶。自清水湾以南较川沙以北水咸宜盐,近有沙堤壅隔其外,水味浸淡而煮海之利亦微。"⑨盐民中长期流传着"雨后纳潮尾,长晴纳潮头","秋天纳夜潮,夏天纳日潮"等谚语。古代海盐生产有专著介绍。其中包括着不少潮汐和海水盐分规律的运用。

盐场分布和潮汐涨落幅度密切相关,为此盐场分上、中、下三场。姚士粦《见只二编》云:"凡煮盐俗曰趁海。一则谓趁潮可漉,一则谓趁天晴可晒也。趁海先佃海场。……分场为上中下三节。近海为下场,以潮水时浸,不易乘日晒也。其中为中场,以潮至即退。夏秋皆恒受日,易成盐也。远于海为上场。潮小至所不及,必担水洒灌,方可晒也。凡潮汛上半月,以十三日为起水,至十八日止。下半月二十七日为起

---

① 《古今图书集成·山川典》卷三〇八《海口》引。
② 《海塘录》卷一九。
③ 崔嘉祥:《崔鸣吾纪事》(《丛书集成》)。
④ (汉)宋衷注:《世本》(《丛书集成》)。
⑤ 《盐铁论·非鞅》。
⑥ 《史记·吴王濞列传》:"濞则招致天下亡命者,益铸钱,煎海水为盐,以故无赋,国用富饶。"
⑦ 邢润川:《长芦晒法制盐起源考》,《海盐与化工》1981年第1期。
⑧ (元)陈椿:《熬波图泳·坝堰蓄水》。
⑨ 《古今图书集成·山川典》卷二〇八《海部》。

水,初二日止。……潮各以此六日大满,故当潮大,三场皆没,自初二、十八日以后,潮势日减,先晒上场,次晒中场,最后下场。故上中每月得晒二场,下场或仅得其一也。凡晒盐俗曰晒灰,谋土之细如灰也。"①

(三)盐度测量

古代生产海盐不仅需要纳取浓度(盐度)高一些的海水,并且要使海水在盐池内不断蒸发浓缩,形成高盐度的卤水。当卤水盐度达到一定标准后才能煮盐,这样才能省柴、省工,经济合算。为了得到较高浓度的卤水,这又必须了解卤水的盐度。在长期的盐业生产中,古代盐民创造了多种测定盐度的有效而方便的方法,其原理类似于今天我们常用的测定溶液浓度的比重计法。

盐业生产必定要测定卤水盐度,因此可以肯定我国古代测定卤水盐度工作一定是很早就有的。宋仁宗时就已创立用莲子为比重计测定盐度法,用于盐厂确定并管理卤水质量的标准。

明代对莲子测盐度法又有改进。明陆容《菽园杂记》载:"以海水倾渍池中,咸泥。使卤水流入井口,然后以重三分莲子试之。先将小竹筒装卤入莲子于中,若浮而横倒者,则卤极咸,乃可煎烧;若立浮于面者,稍淡;若沉而不起者,全淡,俱弃不用。此盖海新泥及遇雨水之故也。"②由此可见,明代有如下改进:①莲子重量标准化,规定重三分,不能多也不能少。这大概是广大盐工们在长期测试中得到的经验。莲子比重计重量标准化,无疑可以使测试结果更加准确。②这里还考虑到卤水盐度变化的情况。海水引入池中后,要咸泥,即盐分要被池中新泥所吸收些,从而使卤水盐度减少。此外,卤水遇雨水后,盐度也会减少。这种结合盐度动态变化的盐度测定,不仅可确定此池卤水是否已可用,并且可进一步指导此池以后的卤水生产。清代仍用莲子测盐度法。清屈大均《广东新语》卷一四有记载。

浙江盐场用莲子作为比重计,这大概是当地盛产莲子的缘故,其他盐场还有用其他物品作为比重计的。

明末清初广东盐场除用莲子,还用鸡蛋、饭、小鱼为比重计。屈大均《广东新语》记载:"投以鸡子或饭,或截小鱼为两以试之,咸皆浮矣。……于是煮之则熟盐,晒之则为生盐也。生盐浮游于面,不杂泥沙,其白如雪,则为盐花也。"③

明、清时有用火来测定盐度的。《广东新语》:"卤既流,至三四丈为一槽载之,以火照卤,卤气冲火,火灭则良卤也。"④总之,方法多样,说明这些方法都是因地制宜从实践的基础上提炼而成的。⑤

---

① 姚士粦:《见只二编》,光绪《海盐县志》卷八《舆地考·风土》。
② 《菽园杂记》卷一二。
③ 《广东新语》卷一四。
④ 《广东新语》卷一四。
⑤ 宋正海、郭永芳、陈瑞平:《中国古代海洋学史》,海洋出版社1989年版,第324—326页。

第四节　海洋生物资源评价与开发

明清时期人们对于我国海洋生物资源的特点和变化,有了更全面的记述与评价,并在人工养殖业上取得了迅速的发展。[①]

一　海洋生物资源评价

海洋生物资源的评价,是为适应和促进开发这种资源而产生的。评价的内容和水平是不断发展的。

至明朝,珍珠资源的保护问题,已出现了理论上的评述。

明宋应星(1587—?)评论:“凡珠生止有此数,采取太频,则其生不继。经数十年不采,则蚌乃安其身,繁其子孙而广孕宝质。”[②]他正确地指出了人为过度采取,就会造成资源枯竭,提出了有利于珠母贝繁殖的措施。清初屈大均也有论述:“今天下人,……皆尚珠……有‘金子不如珠子之语’”,“买珠之人千百,产珠之池一隅,而用珠之国,极于东西南朔”,由此造成过度捕捞;“往总制林富有疏,请罢采珠,谓‘珠一采之后,数年始生,又数年始长,又数年始老,故禁私采,禁数采,所以生长之。今经数采,即以人命易珠,有不能多得者’。言甚恺切”。此外,他还认为由于捕捞过度,导致历史上“多产珠”的珠池变成“无”产;“雷州之对乐池、高州石城之麻水池”是如此,“东莞之大步海媚珠池”,“又县之后海龙岐、青赢角、荔支庄一十三处”也是这样。[③]林富之疏和屈氏之论,对于注意保护珍珠资源是值得借鉴的。

明清时海洋生物资源的利用有了较大发展。一个明显的例子是捕杀大型海兽——鲸有新的发展。这不仅说明了资源利用技术的进步,也说明对古代鲸资源的评价思想会有较大影响。明顾岕《海槎余录》载:“(海鳅)俟风日晴暖,则有小海鳅浮水面。眼未启,身赤色,随波荡漾而来。土人用舴艋装载绳缳,举枪中其身,纵缳任其去向。稍定时,复以前法施射一二次,毕则掉船并岸,创置沙滩,徐徐收缳。此物初生,眼合无所见,且忽枪痛,轻样(漾)随波而至,渐登浅处,潮落,阁置沙滩,不能动,举家脔其肉,作煎油用,大矣哉。”康熙《雷州府志》也有捕鲸记载:“疍户聚船十,用长绳系标枪掷击之,谓之下标,三下标乃得之。次标最险,盖首未知痛也,末标后犹负痛行。数日船而尾之,俟其困毙,连船曳绳至水浅处,始屠。”[④]这两种记载指出,由于鲸属大型动物,有大量的油和肉可资利用。此外还说明,即使捕捞幼鲸也非易事,而要靠集体力量,且要有必要的渔船和特制工具。

在前人认识的基础上,明清时期对于捕捞黄鱼和采捞鲍鱼之类的难易性,都有较详细的记载。关于深水捞采珍珠的工具和艰难,也有生动的描述。除了这些评价的进展之外,关于河鲀有毒部分,明黄省曾《鱼经》和李时珍《本草纲目》所记,都比以前记载

① 宋正海、郭永芳、陈瑞平:《中国古代海洋学史》,海洋出版社 1989 年版,第 330 页。
② 宋应星:《天工开物·珍玉》。
③ 《广东新语》卷一五。
④ 康熙《雷州府志》卷二。

为详。综合而论,增记了鱼卵、眼及血液有毒。这些与王充所记鱼肝有毒,都已为现代研究所肯定。从唐至明清,还对烹调加料和解毒药物做了研究,提出了多种用料和药物。这对于有效地利用味质极佳的河鲀肉,具有重要作用。关于海洋生物本身的药用价值问题,从汉朝记载始,及至明清,经历着不断发展的过程。南北朝陶弘景(456—536)的《名医别录》和《神农本草经注》所载,已经利用了鱼类、软体动物、爬行类、节肢动物和藻类等,唐朝又增记了兽类和鸟类。至明朝,李时珍总结了历史上的成就,并有发明。以石决明为例,《名医别录》记它主治"目障、翳痛、青盲,久服益精轻身"①。唐李珣说它主治"肝肺风热、青盲内障、骨蒸劳极"②。而李时珍指出它还可"通五淋"③,扩大了主治范围。

屈大均对海南岛的海藻资源做了新的评价。他写道,海南岛有"菜厂",加工琼枝和草珊瑚,"味甚脆美,一名石花,以作海藻酒,治瘿气,以作琥珀糖,去上焦浮热。大抵琼之利,槟榔、椰为上,海菜次之。海菜岁售万金"④。此外,还评述了当地人利用其他海藻为菜食的情况。评论表明,海藻被制成新产品,开辟了海藻的新用途,从而成为当地的一项重要商品。

随着海洋生物类别和分布知识的积累,概括地评述这种资源的组成和海区异同性,已经成为可能和必要。明屠本畯就已做了这种评述。

屠本畯,生卒年月不明,字田叔,浙江明州(宁波)人,明朝海洋生物学家。自述"本畯生长明州。盖波臣之国,而海客与居,海物惟错,类能谈之"⑤。担任鹾丞期间,应余君房要他介绍闽中海错的请求,很注意研究当地海洋生物。万历二十四年(1596年)写成专著《闽中海错疏》。全书共分三卷,较简要地记述了259种生物的名称、形态和习性,还有一些食用质量的评价。所记绝大多数为海产,且以无脊椎动物和鱼类为多。虽然是记述闽中海产,但还附带地记载了某些外省"海错"。此外,他还在书序中写道,海洋鱼类,"多而不可算数,穷推大则难以寻常量度。是惟海客谈之,波臣辨之,习之甘(即嗛)之,否则疑而骇骇而弃矣……海镜江珧,虎头龟脚,冯虾寄蟹,变蛤化凫,奇形异质,总总林林。闽故神仙奥区,天府之国也;並海而东,与浙通波;遵海而南,与广接壤。其间,彼有此无,十而二三耳"。他既指出了海洋生物的多样性,又指出了闽、浙、粤海区生物资源的同异性。⑥

二 海洋生物的人工养殖

在相当长的历史时期内,由于渔业生产力水平不高、海洋捕捞能力有限,面对着取之不尽的海洋渔业资源,我国古代渔民似乎难以切身地感觉到藉海水养殖以增加渔业资源的重要性和必要性。因此,直至宋代,海水养殖的萌芽才稀疏地出现。⑦ 然而,当

---

① 《本草纲目·介部》卷四六。
② 《本草纲目·介部》卷四六。
③ 《本草纲目·介部》卷四六。
④ 《广东新语》卷二七。
⑤ 屠本畯:《闽中海错疏》序。
⑥ 宋正海、郭永芳、陈瑞平:《中国古代海洋学史》,海洋出版社1989年版,第335—338页。
⑦ 参见张震东、杨金森:《中国海洋渔业简史》,海洋出版社1983年版,第228页。

历史的车轮驶进明代时,海洋环境便发生了根本性的变化,虽然海还是那样的海,渔业资源还依然是那样丰富,但由于森严的渔禁令强制性地缩小了渔业的生产空间,故对于渔民来说,便等于直接减少了渔业的生产资源。与此同时,随着渔业生产力的进步,海洋捕捞能力有了很大的提高,因而近海的渔业生产资源就更显得不足。在此海洋社会背景下,既能增加渔业的生产资源又不致触犯海禁令的两全之策就非发展海水养殖业莫属了,这也就是海水养殖业兴起和发展于明清的根本原因。①

(一)人工养殖的海洋生物种类

据明朝《蛎蛎考》记载,福建福宁县人于 15 世纪创造了插竹养殖法。明福宁沿海地区,"田少海多,往往藉海为活"。尤其是"竹屿孤岛无田可耕,无山可垦,宣顺(1426—1464 年)以前,渔箔为生。成弘(1465—1505 年)而后,箔废而蛎业兴。肇自先民取深水牡蛎之壳,布之沙泥,天时和暖,水花孕结,而蛎生壳中,次年取所生残壳而遍布之,利稍蕃。然蛎产多鲜,巨鱼逐群馋食无厌,众心胥戚,取石块团围,稍无害。但石块不过三五,波浪风倾,害复如前。乃聚议:扈以竹枝水中摇动,鱼惊不入。哀我人斯百计经营……竹枝生蛎。乡人郑姓者遂斫竹三尺许,植之泥中。其年丛生,蛎比前更蕃。因名曰竺。以竹三只故名也。乡人转相慕效,竺蛎遂传……竺竹生蛎,仅百余年"②。这"百余年"是嘉靖年间(1522—1566 年)写《蛎蛎考》时上推的时间。当时竹屿人之所以也能独立地创造插竹养殖法,是由于注意总结实践经验而加以改革的结果。当地人民"慕效"先进生产技术的精神是很宝贵的,也是出现"蛎业兴"的重要原因之一。据考证,从明成化间(1465—1487 年)始,除竹屿有养殖外,邻近涵江、沙江和武岐一带居民,也有养蛎为业。③

古代浙江和广东也有养蚝业。屈大均较早地记述了广东的养蚝。屈大均是清初学者。他不仅擅长文学,而且对海洋生物有较多研究。对南海海生兽类、鱼类、禽类、介类及藻类等,都有探讨;既注意天然海产,也关注人工养殖。他写道:"东莞新安有蚝田……种蚝。又以生于水者为天蚝,生于火者为人蚝……其地妇女皆能打蚝,有打蚝歌。予尝效为之,有曰:一岁蚝田两种蚝,蚝田片片在波涛。蚝生每每因阳火,相叠成山十丈高。"又曰:在"冬月真珠蚝更多,渔姑争唱打蚝歌。纷纷龙穴洲边去,半湿云鬟白波"④。这里"蚝生于火者",是指烧石投水,蚝生长其上。这是一种不同于插竹养殖的投石养殖法。清李调元(1734—?)对这种方法有较详细的记述:"以石烧红散投之,蚝生其上;取石得蚝,仍烧红石投海中。岁凡两投两取,谓之种蚝。"⑤嘉庆《东莞县志》中亦有类似记载。

养蚶业在明朝见诸著作的就更多了,清朝也不乏记载。李时珍较早记载了浙东的养蚶业:"今浙东以近海田种之,谓之蚶田。"⑥李时珍是明代杰出的医药学家,所著《本

---

① 欧阳宗书:《海上人家——海洋渔业经济与渔民社会》,江西高校出版社 1998 年版,第 159 页。
② 郑鸿图:《蛎蛎考》。
③ 民国《霞浦县志》卷一八。
④ 《广东新语》卷二三。
⑤ 李调元:《南越笔记》卷一三。
⑥ 《本草纲目·介部》卷四六。

草纲目》52卷,全书收录历代诸家医药之书所载药物1518种,新增药物374种,纠正了古籍中药名、品种、产地的某些错误,其中包括许多海洋生物的研究成果,是我国古代医药学和动植物学的重要文献。此书记载养殖蚶的前面,尚有这样一段记载:"《临海异物志》云:蚶之大者,径四寸⋯⋯肉味极佳。"这被清朝成书的《格物镜原》和《渊鉴类函》所引。此两书且将此与浙东养蚶历史联系,认为三国时《临海异物志》记载了浙东养蚶。这是对《本草纲目》所记的一种误解。唐朝才有浙东和浙西之分,故认为三国时浙东已有养蚶,当误。

明王世懋的《闽部疏》记载,闽中海错,"蚶不四明";"蚶大而不种,故不佳"。这是说宁波种蚶,这蚶质量比闽中天然所产的大蚶还好。这种评论可能合乎实际,因为宁波可能选择了较好的蚶种和环境进行养殖。稍后的《闽中海错疏》也引述了以上的记载,并明确"四明蚶有二种:一种人家水田中种而生者,一种海涂中不种而生者,曰野蚶"[1]。从以上两书的记载看,闽中养蚶较宁波为晚,可能在万历二十四年(1596年)尚未出现。至于广东的养蚶业,清康熙时已有记载:"惠,潮多蚶田"[2]。粤东近现代养蚶业,当从古代发展而来。

人工养殖蛏类,明朝已广及闽、粤。当时的《本草纲目》《正字通》及《异鱼图赞补》等书均有记载。"时珍曰:蛏乃海中小蚌也,其形长短大小不一⋯⋯其类甚多。闽粤人以田种之,候潮泥壅沃,谓之蛏田。"[3]此后,养殖方法已有较详记载。以养竹蛏为例,明何乔远《闽书》记道:"耘海泥若田亩然,浃杂咸淡水乃湿生如苗,移种之他处乃大。"据此书记载,在福建的蛏田,以"福州、连江、福宁州最大"[4]。

我国古代人工养殖的海生软体动物,其种类不局限于牡蛎、蚶、江珧及蛏类,据清初著作所记,广东沿海还养殖"白蚬、蛳"等类。[5]应提到的是还有人工养殖珍珠贝,通过人工措施,促使它产珠。从宋庞元英《文昌杂录》卷一记载可知,这种方法最迟在宋朝就已经出现了,到清朝屈大均又作了较详细的记载,他写道:"凡珠有生珠、有养珠。生珠者以蚌晒之日中,其响开则珠光莹,谓之生珠⋯⋯养珠者以大蚌浸水盆中,而以蚌质车作圆珠,俟大蚌口开而投之,频易清水,乘夜置月中,大蚌采玩月华,数月即成真珠,是为养珠。养成与生珠如一蚌,不知其出于人也。"[6]虽未言明属海产珠母贝,但可能包括此类。这种养殖方法,还不属大面积水域生产,而是在盆缸中,且催产珍珠方法,与现代用珠媒殖入它的内套膜珍珠层中有别。虽然如此,但毕竟是人工养殖珠母贝,且催产珍珠方法也是一种创造。

海洋鱼类是海洋生物资源中的主要组成部分。其中的个别种类,在我国古代已有人工养殖。黄省曾较早地记述了这种养殖:"鲻鱼,松之人于潮泥地凿池,仲春潮水中捕盈寸者养之,秋而盈尺,腹背皆腴,为池鱼之最,是食泥,与百药无忌。"[7]这里的

---

① 《闽中海错疏》卷三《介部》。
② 《广东新语》卷二七。
③ 《本草纲目·介部》卷四六。
④ 《古今图书集成·博物汇编·禽虫典》卷一五八。
⑤ 《广东新语》卷二七《介部》。
⑥ 《广东新语》卷一五《货语》。
⑦ 黄省曾:《养鱼经·一之种》。

"松",指松江地区,即今上海地区。"与百药无忌",是对鲻的食用质量的评价,意为食鲻鱼对服百药无副作用。黄省曾是明朝前期吴郡(今苏州市)人,对动物及其人工养殖有一定的研究,著有《兽经》和《养鱼经》。① 其中,后者对前人的《养鱼经》②有较大发展,分鱼种(种苗)、养殖方法及江海鱼类三部分,对鱼池规格、养殖鱼类的选择、鱼饲料、防他鱼及水兽为害及其他注意事项作了总结,还描述和评价了多种海鱼。所载养殖鲻鱼为后人著作所引用。明胡世安的《异鱼图赞补》也有援引。此书所附的《异鱼赞闰集》又较详细地记述了鱼苗的选择问题。他写道:"流鱼如水中花,喘喘而至,视之几不辨,乃鱼苗也。谚云:'正乌二鲈',正月收而放之池,皆为鲻鱼,过二月则鲈半之。鲈食鱼,畜鱼者呼为鱼虎,故多于正月收种。其细似海虾,如谷苗,植之而大。流鱼正苗时也。"胡世安写出如此宝贵的补充,说明他也很重视海洋生物资源的养殖。他是明后期四川安县人,万历四十六年(1618年)写成《异鱼图赞补》一书。全书3卷,另附"闰集"。此书主要是对明杨慎(1488—1559)的《异鱼图赞》作补充,征引文献甚多,共作赞110首。所赞230多种动物中,多数为海产,除鱼类外,还有海兽、软体动物、节肢动物及棘皮动物等,着重描述它们形态和习性的奇异性,还有分类与命名及资源评价等内容。它是我国古代较集中记述海洋动物的一部重要文献。

乾隆《香山县志》记载:"乌头鲅……可畜于池";"鲻鱼,产于池中。头颇黑者乌头鲻,尤美,及冬益肥"。据近人研究,其鱼苗是由南海县九江乡人贩卖供应。此乡在明末清初已有发达的鱼苗业,贩卖各地③。据此可以推论,养殖乌头鲅和鲻鱼,当不局限于香山县;广东沿海养殖海鱼也在乾隆以前已经出现。我国古代养殖海鱼的地方,除上海和广东以外,据研究还有福建、浙江和河北沿海一些地区。④

(二)人工养殖海洋生物的规模

明清时代因是将海水养殖业看作弥补因渔禁造成的渔场面积过小和渔业生产资源不足而加以发展的,所以在发展规模上较之前代取得了突飞猛进的成就。这里所指的"规模"包括三方面的内容:其一是指地域分布规模。宋元时代的海水养殖业就目前所见的史料来看,只出现在极少数沿海地区的少数渔村,而明清时代则几乎覆盖了中国沿海的所有省区,尤其是闽、粤、浙等东南沿海地区,发展规模更大。必须指出的是,之所以会出现这种区域间的发展不平衡,主要是因为东南沿海受渔禁的实际冲击力要大于其他沿海省份,兼之这一沿海区域是中国海洋渔业的重要生产区,人口与耕地紧张的矛盾又甚于其他省份,剩余渔业人口在难以向农耕之路大规模分流时,便自然而然地要在海水养殖上努力寻找出路。"规模"的第二个内容是指生产规模。兴盛发展起来的明清海水养殖业已不是处于做试验田的阶段,而是大面积推广。⑤ "规模"的第

---

① 黄省曾的《养鱼经》书名,见明隆庆、万历初王文禄辑刊《百陵学山》"岁号"。万历间周履靖辑刊的《夷门广牍》卷七二中,将它记为《鱼经》。
② 黄省曾的《养鱼经》引有春秋末陶朱公范蠡养鱼论。有的古籍记载为陶朱公《养鱼经》。
③ 佛山地区《珠江三角洲农业志》编写组:《珠江三角洲农业志》(初稿)第3册,1976年铅印本,第21页,第39页。
④ 张震乐、杨全森:《中国海洋渔业简史》,海洋出版社1983年版,第228—229页。
⑤ 欧阳宗书:《海上人家——海洋渔业经济与渔民社会》,江西高校出版社1998年版,第163页。

三个内容是指养殖品种的数量规模。宋元以前海水养殖的品种只有牡蛎等为数极少的几种,而到了明清时代,海水养殖品种数量激增,有牡蛎、泥蚶、缢蛏、蚬、蟟、海蛤、虾、蟹、紫菜、海兔、鲻鱼等几十个品种,涉及贝类、鱼类和海藻类三大门类,其中以贝类养殖品种最多,鱼类次之。①

在渔禁政策高压下兴起的明清海水养殖业无论是在养殖规模还是在养殖技术上,抑或是在产品的商品化程度上,均取得了空前的发展。这一产业的兴起不仅为其时沿海的部分剩余渔业人口找到了一条"衣食之源",更积极地驱动了中国传统的"采捕型"海洋渔业缓慢地朝着现代"生产型"海洋渔业方向发展。我们认为,就像从采集转向农业,从狩猎转向饲养家畜一样,明清中国海洋渔业由天然捕捞向人工养殖发展也应该可以看作中华文明的一次重大转折和中国海洋社会的一场"蓝色革命"。虽然在明清时代海水养殖业还没有实力与海洋捕捞抗衡,虽然与现代海水养殖业相比,明清海水养殖还显得幼小、原始和落后,虽然它的发展速度还较缓慢,发展步伐也不大,但是这一切的一切都无法抹杀它在中国海洋渔业发展史上所具有的划时代的转变意义。它缓慢前进的方向不仅代表了现代海洋渔业的重要发展方向,而且也代表了未来海洋渔业的发展方向,因为"水产养殖业将成为世界未来十大热门行业之一","渔业的未来是养殖业"。②

---

① 欧阳宗书:《海上人家——海洋渔业经济与渔民社会》,江西高校出版社1998年版,第165页。
② 中国水产科学研究院科技情报研究所:《国外渔业概况》,北京科技出版社1991年版,第7页。

第三十九章
明清时期的海洋信仰[①]

　　海洋信仰是人类在向海洋发展以及开拓、利用过程中对异己力量的崇拜,亦即对超自然与超社会力量的崇拜,从根本上说就是海洋性信仰。它主要产生和传承于民间,但有些又往往受到上至朝廷帝王的敕封和祭祀,因而越发强化了它的"神"格品位和传承播布的"功力"。我国的海洋信仰传统深远,其中海神家族成员众多而庞杂,而又有自身的构成规律可循,其海洋神灵的结构体系,是由海洋水体本位神与水族神,海上航行的保护神与海洋渔业、商业的行业神,镇海神与引航神三个系统的神灵构成的,它是古代的海客舟子在精神世界中构筑的一个生命安全与获取海洋经济利益的保障系统。在陆域与海岛各类海洋社会中的神灵祭祀活动,都极大地增强了海洋社会内部的凝聚力,强化了海上活动的群体精神。这种海洋神灵体系伴随着人们走向海洋、追求海洋经济利益而出现、发展和充实,它的发展、充实又大大增强了人们去追求海洋经济利益的信心与勇气,间接促进了海洋经济的发展。这种神灵信仰的出发点与归宿在功利方面的一致性,从"虚幻世界"折射出中国海洋传统文化乃至中国传统文化的实用理性之光。

　　明清时期是我国海洋信仰极为泛滥、极为兴盛的时期。这一时期的海洋信仰上承前代,下延近世,有不少至今仍在传承,因而对这一时期海洋信仰的考察,为其完整、系统起见,对不少内容向前代作了追溯,对不少内容也向后世作了延伸,同时尽可能地作了一些总体的系统分析。

第一节　明清时期的海洋传奇

　　明清时期,随着海洋经济的发展,人们开发海洋的广度和深度比前代大大加强了,对海洋也有了更多的认识。但面对潮起潮落、广阔无垠的大海,对许多海洋自然现象仍然无法做出科学合理的解释。海洋在人们心中依然充满危险、神怪与传奇,人们在走向海洋的同时,也在试图营造一个海上的心灵庇护所。

---

① 厦门大学王荣国教授对明清时代的海神信仰与经济社会作了全面系统的研究。本章引见王荣国:《明清时代的海神信仰与经济社会》,博士论文,厦门大学 2001 年。其专著《海洋神灵——明清时代的海神信仰与经济社会》由江西高校出版社 2003 年出版。

一　海洋自然现象传奇

大海航行充满危险与惊悸。长时间海上航行并经历了九死一生的海客舟子到达目的地之后难免绘声绘色地谈起自己在海上的遭遇,其谈论好像"天方夜谭"。"落漈"之说就属此类。如清袁枚《子不语》所记:"海水至澎湖渐低,近琉球则谓之'落漈'。落者,水落下而不回也。有闽人过台湾,被风吹落漈中,以为万无生理。忽闻大震一声,人人跌倒,船遂不动。徐视之,方知抵一荒岛,岸上砂石,尽是赤金。有怪鸟,见人不飞,人饥则捕食之。夜闻鬼声啾啾不一。居半年,渐通鬼语。鬼言:'我辈皆中国人,当年落漈流尸到此,不知去中国几万里矣。久栖于此,颇知海性。大抵阅三十年,落漈一平,生人未死者可望归。今正当漈水将平时,君等修补船只,可望生还。'如其言,群鬼哭而送之,竟取岸上金沙为赠,嘱曰:'幸致声乡里,好作佛事,替我等超度。'众感鬼之情,还家后各出资建大醮,以祝谢焉。"[1]在科学未昌明的古代,有关"落漈"的"海外奇谈"完全会使人信以为真而增加对泛舟海洋的恐惧。

海上航行经常要受暗礁、巨鱼等的威胁,有效地避免其危害成了航海者共同的心愿。据说"宜兴西北乡新芳桥邸,农耕地得一物,圆如罗盘,二尺余团圆,外圈绀色,似玉非玉,中镶白色石一块,透底明空,似晶非晶,突立若盖。卖于镇东药店,得价八百文。塘栖客某过之,赠以十千,至崇明卖之,得银一千七百两。海贾曰:'此照海镜也。海水沈黑,照之可见怪鱼及一切礁石,百里外可豫避也'"[2]。能够窥视大海深处的所谓"照海镜"在中国科技落后的古代是不可能有的,那只是海客舟子们编造出来的"神话",反映了他们美好的愿望。[3]

"海市蜃楼"奇观是由空气中的温度不同而导致空气层垂直密度的差异,从而产生的光折射,把远处的景物显示在空中或地面,形成各种奇异景象,给人如梦如幻的感觉。在我国沿海一带大都能见到这种现象。[4]

《史记·天官书》中就有关于"海旁蜄(蜃)气象楼台"的记载。[5] 晋伏琛《三齐略记》亦有"海上蜃气,时结楼台,名海市"的记载。显然,晋朝以前的人已经把这种奇观称为"蜃气""海市"。无论称"蜃气",还是称"海市"都与海有关。古代有人认为,海市蜃楼是由海中的蛟龙、蛤蜊吐出的气形成的,即"蛟蜃之气所为"[6]。宋代的沈括算是很有科学头脑,他所著的《梦溪笔谈》被誉为"科学史上的坐标"。虽然他对"蛟蜃之气所为"之说表示怀疑,即"疑不然也",却没有提出新的科学的解释。明代的谢肇淛则提出"海市"是"海气"即"海水之精"聚结而成。他说:"登州海上有蜃气,时结为楼台,谓之海市。余谓此海气,非蜃气也。大凡海水之精,多结而成形,散而成光。凡海中之物,得其气久者,皆能变幻,不独蜃也。余家海滨,每岁秋月极明,水天一色,万顷无波,海中蚌蛤,车螯之属,大者如半珠,与月光相射,倏忽吐成城市楼阁,截流而渡,杳杳至

① (清)袁枚:《子不语》,上海古籍出版社1998年版,第479页。
② (清)袁枚:《子不语》,上海古籍出版社1998年版,第668页。
③ 王荣国:《明清时代的海神信仰与经济社会》,博士论文,厦门大学2001年,第20页。
④ 王荣国:《明清时代的海神信仰与经济社会》,博士论文,厦门大学2001年,第21页。
⑤ 《史记》卷二七《天官书第五》,《二十四史》《缩印本》第1册,第341页。中华书局1997年版。
⑥ (宋)沈括:《梦溪笔谈》卷二一《异事·海市》。

不可见方没。海滨之人亦习以为常,不知异也。至于蚌、蛴、蚶、蛎之属,厨下,暗中皆生光尺许,就视之,荧荧然,其为海水之气无疑矣。"①在谢肇淛看来,大凡海中之物,得"海气"久者,"皆能变幻",不仅限于"蜃",蚌、蛴、蚶、蛎等都能"吐成城市楼阁"。谢氏认为对于"海市",其家乡(福建)"海滨之人亦习以为常,不知异也",其实自不必然,见到海市蜃楼奇景,毕竟难以不有惊奇之状。这里还要指出的是,谢氏关于海市成因的见解并没有真正否定"蛟蜃之气"成因说。明清时期,海市是"蛟蜃之气所为"的解释仍普遍流行。明代的李时珍在《本草纲目》中说:"蛟之属有蜃,状似蛇而大,有角,能呼气成楼台城郭之状,将雨即现名蜃楼,亦曰海市。"②清代人的《粤中见闻》说,广东"龙穴洲常有龙出没,蛟蜃之尝蒸为城阙、楼台、人物、车骑,错出于层峦迭巘间。舟行海中弗见也,自外望见,变幻斯见。即之辄远,离之复近,虽大风雨不能灭"③。如梦如幻的"海市蜃楼"已经给大海以神秘的感觉,古人不知道这种幻景现象是由于光折射造成的而做出具有神秘性的解释。有关海市蜃楼的成因无论是"蛟蜃之气所为"之说,抑或"海水之精"说,都给海市蜃楼、给茫茫大海增添了几许神奇,几多莫测。④

二 海船神灵信仰

在沿海和海上社会民间看来,作为从事海洋渔业捕捞、海洋商业贸易、海洋航运工具的海船同样也具有神灵性。海船船体的重要部位,被渔夫舟子们视为海船的灵性之所在。

尖首尖底船是明清时期比较流行的船型。这类船的底部有根贯通首尾的大梁,被视为灵物。《广东新语》载,广东的海船"船底从一木以梁"⑤,福建、浙江的海船亦然。浙、闽、粤沿海渔夫舟子通常称船底的大木梁为"龙骨"。如清嘉庆五年(1800年)李鼎元任册封琉球副使时,其所使用的使船大多有龙骨。⑥ 又如《福建省民俗志》载,福建沿海渔家把渔船船底一根木头称为"龙骨"。⑦

为了使海船的"龙骨"具有灵性,造船时在安装龙骨的过程中,船主要举行仪式。如福建"平潭人在龙骨各承接处,夹放有棕、布等物品,据说用以避邪去晦。闽南沿海习惯在'龙骨'缝隙中塞进古钱数枚,大多用铜钱。当地渔民认为,铜钱能驱邪,装若干铜钱意味着航行有保障,不怕水妖风邪的侵扰。……龙海县船民喜欢塞些金银纸于'龙骨'缝中,据说以钱开道能逢凶化吉"⑧。厦门渔船的龙骨被视为灵魂所在。新船钉龙骨时不仅要选定吉时良辰还要由船主与造船的大师傅将一条数尺长的红布钉在

---

① (明)谢肇淛:《五杂俎》卷三《地部一》。
② (明)李时珍:《本草纲目》卷四三《鳞之一·蛟龙附蜃》。文渊阁四库全书本。
③ (清)范瑞昂:《粤中见闻》卷一二《地部九》"广海"条。
④ 王荣国:《明清时代的海神信仰与经济社会》,博士论文,厦门大学2001年,第22—23页。
⑤ (清)屈大均:《广东新语》卷一八《舟语·操舟》下册,第477页。
⑥ (清)李鼎元:《使琉球记》卷二,陕西师范大学出版社1992年版,第56页。此书卷二记载李鼎元本人与琉球耳目官"淡次间,亦以二号船无龙骨为虑",据此可知使船中大多有龙骨。
⑦ 林国平:《福建省志·民俗志》,方志出版社1987年版,第25页。
⑧ 林国平:《福建省志·民俗志》,方志出版社1987年版,第26页。

龙骨上,象征渔船捕获红红火火。① 浙江舟山群岛渔家在造船时,"根据渔民古老风俗,在新船的骨架搭成后,用一块小木头,挖个小孔,里面放进铜板、铜钱或银元等物,放进水舱的梁头里,表示这是船的灵魂。……据说铜或银等金属能镇邪驱灾,若是有金的东西放进去那就更好。……有的小岛还用妇女身上的东西或生活用品,诸如头发、手帕之类,缚在铜钱上,一起放进小孔里。他们认为女人身上的东西,有避邪的作用"②。在安装船灵魂的仪式时,要唱相应的仪式歌。③ 在舟山,这种安装"船灵魂"的习俗至今流传。

海船船头有一对船眼睛,渔夫舟子通常称之为"龙目"或"龙眼"。据记载,福建沿海渔船船头常装置一对龙目。渔民对龙目的安装特别讲究,"通常要在船眼的周边各钉上 3 枚钉子。钉子上挂有红布条"④。厦门渔民在打造新船、安装船头两侧的"龙目"时,要选属龙的渔民为渔船安装。而"龙目"垂下的三条红绫,中间代表妈祖,左右分别代表千里眼与顺风耳。⑤ 广东沿海的海船(包括渔船)船头画有"龙目",通常人们俗称之为"大眼鸡"⑥。江苏海州湾一带渔船船头有块横木叫"金头","金头上要雕一对龙眼。龙眼两侧上方要钉两根铁钉,叫元宝钉。元宝钉上各挂一束红绿布条,叫彩子"⑦。有的论者认为,东南沿海的帆船普遍有龙目,但江苏的沙船是个例外。⑧ 事实上,无论是尖首尖底的"福船"与"广船",还是平首平底的江苏沙船,其船首都有船眼亦即"龙目"。龙目的描绘各地大同小异,但福建惠安县海船的龙目则因船只的用途不同而有所区别,"出海打鱼的船,船眼是朝下,寓意靠海吃饭;若是贩运的货船,船眼朝(上),说明是靠天吃饭"⑨。

"龙目"的神灵性是通过"开光点眼"仪式赋予的。福建惠安崇武半岛的渔民新船造好后,"下水前夕对'龙目'还有一番特别的'点睛'仪式,需要在眼球周围镶上许多红布条,烧香焚冥钱后方涂上油彩。……渔船使用数年后还得举行换目仪式,使它重新明亮"⑩。江苏海州湾的渔船船头之金头上雕有一对龙眼。装金头时,船主烧香磕头,在锣鼓鞭炮声中,木匠大师傅一边执笔开光一边说彩话。所谓"开光",即先在两只龙眼上涂颜色,使之呈白眸黑睛,然后进行点眼(或叫点睛),即以公鸡冠上新取的鲜血点在两只龙眼的正中心。所有的海上渔船,每年出海前都要重新进行开光。⑪

海船的桅杆也具有神灵性。古代海上航行全靠扬起船帆利用风力,没有船桅就不

---

① 陈复授:《海洋文化的一朵奇葩——厦门渔民旧时习俗考略》,厦门市社会科学界联合会:《迈向 21 世纪海洋新时代——厦门海洋社会经济文化发展国际学术研讨会论文选》,厦门大学出版社 2000 年版,第 245 页。

② 金涛:《独特的海上渔民生产习俗——舟山渔民风俗调查》,《民间文艺季刊》1987 年第 4 期。

③ 姜彬:《吴越民间信仰民俗——吴越地区民间信仰与民间文艺关系考察和研究》,上海文艺出版社 1992 年版,第 287 页。

④ 林国平:《福建省志·民俗志》,北京方志出版社 1987 年版,第 26 页。

⑤ 陈复授:《海洋文化的一朵奇葩——厦门渔民旧时习俗考略》,厦门市社会科学界联合会:《迈向 21 世纪海洋新时代——厦门海洋社会经济文化发展国际学术研讨会论文选》,厦门大学出版社 2000 年版,第 245 页。

⑥ (清)张心泰:《粤游小志》卷一一,《小方壶舆地丛钞本》。

⑦ 刘兆元:《海州湾渔风录·一》,《民俗研究》1991 年第 1 期。

⑧ 陈希育:《中国帆船与海外贸易》,厦门大学出版社 1991 年版,第 398 页。

⑨ 林国平:《福建省志·民俗志》,北京方志出版社 1987 年版,第 26 页。

⑩ 潘宏立:《一个闽南渔村的信仰世界——福建惠安港村信仰民俗的田野调查》,《民俗研究》1991 年第 2 期。

⑪ 刘兆元:《海州湾渔风录·一》,《民俗研究》1991 年第 1 期。

能扬帆,足见船桅是海船中的重要构件。船桅数量依海船的体量大小而定。一般海船的体量小,船桅数就少,海船的体量大,船桅数就多。由于桅杆在海船中的重要性而被渔夫舟子称为"将军"。江苏海州湾的渔民称大桅为大将军,二桅、三桅、四桅、五桅分别为二将军、三将军、四将军、五将军。[①] 福建亦然。福建沿海渔民除了称大桅为大将军,亦有称"掌兵元帅"[②]。

航海者通常要举行祭桅。据清李鼎元的《使琉球记》记载,册封琉球的使船在行船之前,"命道士举醮祭桅,行一跪三叩首礼"[③]。官方出使琉球使船的祭桅仪式是向民间的渔夫舟子学来的,反映了当时民间普遍存在祭桅的习俗,说明沿海渔夫舟子将船桅视为"神将",而且要对其举行祭祀仪式。

以上所述的是沿海的渔夫舟子极尽想象之能事,从各局部赋予海船以神灵性。若就整个形体而言,最常见的则是以海船象征龙,海船在海上行驶宛如龙在游动。明代的《地罗经下针神文》载:"伏以奉献仙师酒一樽,乞求保护船只财物,今日良辰下针,青龙下海永无灾。"[④]可见明代的商船就被视为"青龙"。浙江舟山渔民认为,船头即龙头,"船是木龙"[⑤]。宁波、台州等地的渔民亦作如是观。[⑥] 清人郁永河的《海上纪略》载,闽海"凡海船中,必有一蛇,名曰'木龙',自船成日,即有之,平时曾不可见,亦不知所处。若见木龙去,则舟必败"。福建还有的地方认为老鼠与人相伴,房子刚奠基时老鼠就会"登门",同样海船的桅杆一树立,老鼠也就"登船"[⑦]。

还有的将渔船形体做成龙与鱼混合型。明清时期,福建、广东沿海一带还使用艚船。因颜色不同而有"乌艚船"与"白艚船"之分。乌艚船主要用于运粮与海盐,而白艚船则主要用于捕鱼。这种艚船的形状像一条"海鳅"。白艚船舷侧涂两只大黑眼睛,乌艚船舷侧涂两只大白眼睛,"海鳅远见,以为同类不吞噬"[⑧]。"海鳅"就是"鲸鱼",属于海洋鱼类中的庞然大物,会伤害海上海船及船上渔民或商人的生命安全。渔夫舟子将海船的形体做成"海鳅"状是为了使鲸鱼见了以为是同类而不去伤害。必须指出的是,这种海船的形体肖形并非单一。如艚船形似鲸,船眼则称"龙目",事实上,是"龙"与"鲸"的混合体。又如,浙江舟山渔民认为,"我们的祖先历来相信船有灵魂,是活的,不信你看船在水里的影子;翘起板斧似的两只角,头搁三叉铁锚,两边鼓着一对黑白分明的眼睛,船肋突起红绿相间,三道褐蓬鼓满风像翅膀,桅顶红旗加镶边三角蓬,分明是一只似龙非龙,似鲨非鲨的怪异生灵"[⑨]。

此外,渔夫舟子还对海船船体施以彩绘图案。油漆彩绘不仅为了使渔船船体牢固耐用,而且还有宗教信仰方面的作用。如浙江舟山群岛新船打造好后,船屁股上总要画一条大泥鳅。据传海泥鳅是海龙王的外孙,在东海上封为鱼皇帝,东海水族都由它

① 刘兆元:《海州湾渔风录·二》,《民俗研究》1991年第2期。
② 林国平:《福建省志·民俗志》,北京方志出版社1987年版,第26页。
③ (清)李鼎元:《使琉球记》卷二,第56页。
④ 向达校注:《两种海道针经》《顺风相送》,中华书局点校本2000年版,第23—24页。
⑤ 金涛:《独特的海上渔民生产习俗——舟山渔民风俗调查》,《民间文艺季刊》1987年第4期。
⑥ 王水:《吴越渔民的信仰与习俗调查》,《民间文艺季刊》1989年第2期。
⑦ 邱桓兴:《中国民俗采英录》,湖南文艺出版社1987年版,第296页。
⑧ (清)屈大均:《广东新语》卷一八《舟语·操舟》下册,第479页。
⑨ 王水:《吴越渔民的信仰与习俗调查》,《民间文艺季刊》1989年第2期。

管束。① 福建惠安崇武半岛旧式木帆船整个船舷装饰着红、黑、绿、白等颜色绘成的"鲛鱼"的抽象图案,它张大口,瞪着凸眼令人生畏。这种鲛鱼是传说中的神鱼。②

从以上所述可知,在渔夫舟子看来,海船从其整体造型到各个局部如龙骨、船眼、桅杆乃至图案皆有神性,其神性与海上航海者的海上生活乃至海洋渔业、海洋商业贸易等都发生着联系。如在浙江舟山,认为渔船在水中的投影为"似龙非龙,似鲨非鲨的怪异生灵",能"叫海里一切妖魔鬼怪开路让道"③;在福建惠安渔民眼里,"海洋为龙王所主宰,鱼虾龟蟹都得听它的调遣。渔民出海,怕的是遇见大鲨鱼,大鲨鱼一来,把别的鱼吓跑了,捕不着鱼不说,还会使渔船遭害。把渔船画成龙状,便可吓跑大鲨鱼"④。就是说,把船处理成龙的形状,既是为了渔船与渔民的安全,也是为了保证能捕到鱼,对于运输船、商船来说,也可以免受侵害。这是就海船形体的神性功能而言的。彩绘图案的神性功能亦与此相近。如浙江舟山群岛渔船船尾绘着海泥鳅,人们认为大鱼见了会躲避,渔船也就安全了。⑤ 福建惠安崇武渔船所绘的鲛鱼,据说能"驱鲨避鲸,逢凶化吉"⑥。就龙骨的神性功能而言,主要是"镇邪驱灾"⑦,"逢凶化吉","劈风斩浪,讨宝招财"⑧。就船桅而言,江苏海州湾的渔船所贴的春联,大桅为"大将军八面威风",三桅为"三将军日行千里",四桅为"四将军一路福星",五桅为"五将军保驾复兴"或"五将军五路财神"⑨。说明其被赋予的神性功能主要在于保佑海船在海上航行平安,"顺风吉利"⑩。

海船最具神灵性的是船头的"龙目",这与海船从开始建造到完工,特别是开光点眼如神明一样享受了许多香火有一定的关系。广东沿海的渔夫舟子认为,"海船刻巨目两,骇鱼龙,禁其作祟"⑪。在渔夫舟子看来,"龙目"不仅具有"识途"功能,而且具有多种功能。如江苏海州湾渔民认为,"船头上所雕之龙眼,经过鸡血点睛,又享受若干香火,已有灵性,确能使船在海上不迷失方向,又避邪照财"⑫。又如福建沿海渔民相信,"如果船无眼睛辨不清方向,容易迷航或触礁搁浅"。有了船眼睛,"能避沙驱雾,明视远方"⑬。在惠安崇武渔民看来,点睛后的"龙目"能使渔船不迷失方向,能捕到鱼。他们"相信'龙目'不明亮打不到鱼,还会迷失航向"⑭。可见,沿海不同地方的民众赋予"龙目"以不同的功能。但总的说来,龙目的神性功能可归结为:其一,在海船航行时能辨清方向,驱雾使渔船不致触礁,避沙使海船不致搁浅;其二,避邪骇鱼龙,禁其作

---

① 金涛:《独特的海上渔民生产习俗——舟山渔民风俗调查》,《民间文艺季刊》1987 年第 4 期。

② 潘宏立:《一个闽南渔村的信仰世界——福建惠安港村信仰民俗的田野调查》,《民俗研究》1991 年第 2 期。

③ 王水:《吴越渔民的信仰与习俗调查》,《民间文艺季刊》1989 年第 2 期。

④ 邱桓兴:《中国民俗采英录》,湖南文艺出版社 1987 年版,第 296 页。

⑤ 金涛:《独特的海上渔民生产习俗——舟山渔民风俗调查》,《民间文艺季刊》1987 年第 4 期。

⑥ 潘宏立:《一个闽南渔村的信仰世界——福建惠安港村信仰民俗的田野调查》,《民俗研究》1991 年第 2 期。

⑦ 金涛:《独特的海上渔民生产习俗——舟山渔民风俗调查》,《民间文艺季刊》1987 年第 4 期。

⑧ 林国平:《福建省志·民俗志》,北京方志出版社 1987 年版,第 25 页。

⑨ 刘兆元:《海州湾渔风录·二》,《民俗研究》1991 年第 2 期。

⑩ (清)李鼎元:《使琉球记》卷二,版本比较多,第 56 页。

⑪ (清)张心泰:《粤游小志》卷一一。

⑫ 刘兆元:《海州湾渔风录·二》,《民俗研究》1991 年第 2 期。

⑬ 林国平:《福建省志·民俗志》,北京方志出版社 1987 年版,第 26 页。

⑭ 潘宏立:《一个闽南渔村的信仰世界——福建惠安港村信仰民俗的田野调查》,《民俗研究》1991 年第 2 期。

崇,保证海船上的人的生活安全,以便能顺利完成运输、捕鱼任务。要而言之,海船充满神性,其神性主要体现在保佑渔夫舟子在海上的生命与生活安全乃至海上讨生计的安全。

海船的神灵性是渔夫舟子在海上同海洋险恶的自然环境搏斗的"工具"、心灵安宁的保障。明代的航海者就有这种观念,而这种观念是由前代承继下来的,海船的神灵性从根本上说属于原始宗教信仰。在海洋民间社会看来,不但海船的桅杆具有神灵性,海船上的有些用具亦具有神灵性。明代人就将锚视为"龙爪",锚索视为"龙根"。如《顺风相送·歌》载:"新做宝舟新又新,新打艇缆如龙根,新铸艇齿如龙爪。"[1]又如江苏海州湾一带的渔民认为,渔船上的"太平锚""太平篮""太平斧"也同样都有神灵性,不准任何人从其上跨过去,更不准在它面前做犯忌的事,说犯忌的话。要是"有人不注意在太平锚面前做错事说错话,除了遭耳光之后,船老大要到太平锚前烧香磕头,口念'老锚老锚不见怪,小人做事要担待'"[2]。显然,这里所体现的是原始的万物有灵意识。在渔夫舟子看来,大海是由龙王主宰的,海洋的波浪是龙王震怒所致。在海上讨生计难免触犯龙王,把船的形体做成"龙"的形状是为了与龙王结亲缘,免得龙王发怒危及海船上人员的生命;把船的形体做成"鲸"的形状也是为了与鲸结亲缘,避免鲸对海船的侵害。在渔夫舟子眼里,大海充满灵性,为了对付各种灵怪的侵扰作祟,保证海上捕鱼生产与生活的平安,而把渔船做成"似龙非龙,似鲨非鲨的怪异生灵"。在船体上绘"海泥鳅""鲛鱼",其用意亦然。众所周知,东南与南部沿海生活的古越族人习惯断发文身"以像鳞虫"。掘汉高诱解释:"文身,刻画其体为蛟龙之状,以入水蛟龙不害也,故曰以像鳞虫。"[3]又据《说苑》载:"翦发文身,烂然成章,以象龙子者,将避水神也。"[4]事实上,上述有关海船的种种象征与彩绘图案都属于图腾崇拜,其目的也是为了避免蛟龙巨鱼的伤害与海上神灵的作祟。[5]

第二节　明清时期的海神家族

明清时期,由于民间海洋贸易的发展,海商们不仅信奉妈祖,也信奉关帝、三官大帝、土地公等,由于海外移民潮流的涌现与海洋渔业的发展,许多陆域的护境神信仰以及海岛渔村的护境神信仰也出现了"海洋化"。特别是我国沿海民众向近海海域的岛屿带移民从而导致了一批岛神、礁神等的出现,尤以浙江舟山群岛为突出。地方性的海神开始增多。由于基督教、伊斯兰教在沿海民间特别是渔村的传播,基督教的上帝、耶稣,伊斯兰教的安拉也被渔夫舟子视为海神,中国民众观念中的海神家族增添了"洋

---

① 向达校注:《两种海道针经》《顺风相送》,中华书局点校本 2000 年版,第 47 页。

② 刘兆元:《海州湾渔风录·二》,《民俗研究》1991 年第 2 期。太平锚即出海的渔船船头上放的一个最大的铁锚,不到万分危急不动用它;太平篮即后梢挂的大竹篮,专供船遭风暴交了锚时放在海里阻水用的,起到稳住船体随风慢慢游动的作用,太平斧即后舱放着的一把大斧头,专供遭风暴危急时砍桅杆和剁锚缆用的。

③ (汉)刘安著、高诱注:《淮南鸿烈解》卷一《原道训》。文渊阁四库全书本。

④ (汉)刘向:《说苑》卷一二《奉使》。文渊阁四库全书本。

⑤ 王荣国:《明清时代的海神信仰与经济社会》,博士论文,厦门大学 2001 年,第 31—37 页。

兄弟"。由于郑和下西洋、施琅进军台湾等官方的海洋活动都被传说是得到了海神妈祖庇佑,朝廷屡屡册封妈祖,使之由"天妃"而升格为"天后",乃至"天上圣母"。由于女海神妈祖被"捧上天",使得东海海神、南海海神的地位继续跌落。海神妈祖信仰在全国进一步传播,成了全国普遍信奉的海神。①

一 海洋神灵的结构体系

我国古代人们信仰的海洋神灵多而杂。神灵世界不过是人类的异化,人类观念的对象化罢了。经过认真观察与思考,我们不难发现,海洋神灵虽然阵容庞大,但也有其结构层次。

(一)海洋本位神灵

所谓"海洋本位神灵"是指对海洋水体的崇拜产生的海洋神灵,对栖息在海洋中的水族的崇拜而产生的鱼神、龟神等。正如古人所说的"自有天地以来,即有此海;有此海即有神以司之"②。由于远古时代人类认识水平的局限,先民们在"万物有灵意识"的观照下把自身周围的一切都看成有灵性的,同样大海的水体也被视为充满灵性的世界,也生活着"神灵"。每一个海洋都有海神,如四海之神。夏商时期就有祭祀"四海"之举,表明当时已有了"四海"神灵。隋唐时期出现的"四海龙王"崇拜也属于"海洋本位神灵"崇拜。

潮神、港神也是海洋水体崇拜的构成部分,因为海洋波涛和海港本身与海洋水体密不可分。波涛之神即潮神、涛神,是推波助澜之神。波涛之神原先属于自然崇拜。远古先民们看到大海波涛时起时落,以为其中有着超自然的力量在支配,从而产生了对波涛的崇拜。这种崇拜最初属自然崇拜,自然神后来演化为"人神"。伍子胥则是影响最大的"人神化"后的潮神。伍子胥是吴王夫差的臣下,因屡谏遭谗,被夫差赐剑自杀。临终时,戒其子:"悬吾头于南门以观越兵之伐吴;以鱼皮裹吾尸,投于江中,吾当朝暮乘潮以观吴之败亡。"从此海门山潮头汹涌,高数百尺。朝暮再来,其声震怒,雷奔电击,闻百余里。当时有人看到伍子胥乘素车白马立于潮头,认为伍子胥已经成为潮神,于是立庙奉祀。③从此,潮神伍子胥为浙江民间的民众所信奉。其信仰后来又逐渐扩展到福建沿海民间。不过,在浙江沿海有些地方民众所供奉的潮神不是伍子胥而是"安知县"。相传很久很久以前,宁波镇海海中有一条海蛇在兴风作浪,危害海上往来的渔夫舟子的生命安全。有一个姓安的知县斩了那条海蛇,使东海风平浪静。后来安知县被封为东海潮神。不仅宁波的渔民信奉他,舟山、温州等地的渔民也信奉他。④潮汕的潮神是俗称水父、水母的神灵。在古代先民的眼中,天上飘浮着的每一朵云朵都有一个精灵、一个鬼魂在推动着,同样浩瀚的大海上涌起万千层波浪,每一朵浪花也都有一个鬼魂在推动着,那就是推潮鬼。而那些推潮的鬼都集中在潮部。据《夷坚志》记载:"宋代明州人沈富,溺于钱塘江,为江神录为潮部鬼,每日职推潮,劳苦备至。年

① 王荣国:《明清时代的海神信仰与经济社会》,博士论文,厦门大学 2001 年,第 44—45 页。
② (清)全祖望:《天妃庙记》,《清朝续文献通考》卷一五八《群祀考二》。清刘锦藻撰原本。
③ (五代)杜光庭:《录异记》卷七二。
④ 金涛:《独特的海上渔民生产习俗——舟山渔民风俗调查》,《民间文艺季刊》1987 年第 4 期。

满方求代脱去。"①

　　港神也就是海港之神，职司港道。港神的产生要晚于潮神，应是海港形成以后的中古时期。据《八闽通志》载，福建的"甘棠港"旧名"黄崎港"，"先有巨石为舟楫之患，唐观察使王审知祷于海灵，一夕震雷，暴雨达旦，则移其艰险，别注平流。闽人以审知德政所致，表请赐今名，封其港之神为显应侯"②。据《闽书》记载："有巨石梗舟。王审知就祷海灵，夜梦金甲神，自称吴安王，许助开凿；因命判官刘山甫往祭。中祭，海中灵怪毕出。山甫凭高视之，风雷暴兴，见一物，非鱼非龙，鳞黄鬣赤。凡三日夜，风雷始息，已别开一港，甚便舟楫。闽人以审知德政所致，表请赐今名，封港神为显应侯。"③从以上所引记载可知，海港有港神。甘棠港之神的形象"非鱼非龙，鳞黄鬣赤"，可谓怪物！"港神"属于"海灵"一类。不仅福建有港神，其他地方也有港神。据清代《废铎呓》一书记载，今荣成上庄镇的黄华山上古有黄华庙，庙内祀奉的黄华大王是护佑千步港一带海域的海神。④ 事实上黄华大王就是港神。

　　风神是一种对自然现象的崇拜。风的流动性极大，不仅能够自由地超越崇山峻岭、平原河谷，而且能够自由超越江河大海，因此风神具有陆神与海神的双重品格。渔夫舟子崇拜风神并将其视为海神。古代的海船是帆船。"海船利在风。风起灭顺逆，一军安危系焉。"⑤说明帆船在海上行驶，其快慢与风力的大小有关，渔夫舟子的生命安危也与风力的大小有关。在万物有灵意识支配下，古代人们认为风力的大小也是由神主宰。据《山海经》记载："帝女游于江，出入必风雨自随；以其帝女，故称孟婆。"孟婆因此而被奉为司风的风神。《南越志》载："飓母即孟婆，春夏向有晕如虹者是也。"风神孟婆亦即飓母。由于飓是风大而烈者，常使渔船遇难，因此渔民虔诚地供奉并信仰风神。各地都有风神庙，其塑像多为老媪。渔船始发或归来，均往拜祀。海舶在海上航行如果遇上狂风巨浪，常常会遭到船翻人亡的灭顶之灾。同样，如果遇到大雾迷天也有相当大的危险性。福建沿海有些地方的渔民中流行"神仙难撑雾天船"的口头语，足见其危险。风神即风师爷，为渔民们所普遍奉祀。在他们看来，奉祀风师爷可以驱散迷雾、避免台风。⑥ 此外，古代的航海者们也把"飓"冠以神名，如"关帝飓""观音飓"等。从中我们不难想象在古代人们的眼里某种"飓"的风是与某一神灵有密切关系的，作为自然现象的"飓"也被古代的渔夫舟子打上了"神灵信仰"的文化烙印。

　　海洋水族崇拜是"海洋水体本位神灵"的又一重要构成部分，因为海洋鱼虾龟蟹由海洋水体中产生，而其生长、生活又须臾离不开海水。鱼神是对海洋鱼类的崇拜，确切地说，主要是对巨鱼的崇拜。山东沿海及其岛屿的渔民崇奉鲸鱼为海神，俗称其为"老人家"。由于尾随鲸鱼后面能够捕到大量的鱼，渔民认为是鲸鱼追逐鱼群入网，又称其为"赶鱼郎"；捕鱼丰收就是发财，故又将鲸鱼视为"财神赵公元帅"，俗称"老赵"。山东

① （宋）洪迈：《夷坚志》上册，中州古籍出版社 1994 年版，第 268 页。

② （明）黄仲昭：《八闽通志》卷一二《地理·山川》福安县"甘棠港"条，点校本，福建人民出版社 1990 年版上册，第 232 页。

③ （明）何乔远：《闽书》卷三一《方域志》福安县"甘棠港"条，第 1 册，第 755 页。

④ 张政利、吴高军：《荣成渔民的谷雨节仪式及其演变》，见曲金良：《中国海洋文化研究》第 1 卷，文化艺术出版社 1999 年版，第 153 页。

⑤ （清）周学曾等：《晋江县志》上册，点校本，福建人民出版社 1990 年版，第 109 页。

⑥ 〔日〕窪德忠：《道教诸神》，四川人民出版社 1989 年版，第 26 页。

桑岛的渔民称鲸鱼为"老爷子",无论在岸上还是在海里,见到就烧香纸。据说,渔船跟着鲸鱼能网到大批的黄花鱼。因此,渤海湾里打鱼的船只,在渔汛期如果见到鲸鱼追食鱼群,便称之为"过龙兵",一般船只不敢靠前,只有烧纸钱祷告,等鲸鱼过后,尾随其后捕捞,可获得丰收。① 舟山渔民将鲸鱼称为"乌耕将军",看到"乌耕"露面意味着鱼群将至。② 浙南的玉环、洞头一带的渔民于三月开春时,看见第一条浮出海面的大鱼即为海神,要举行祭祀。③

鲨鱼崇拜在我国沿海也普遍存在。山东龙口市屺岇岛的渔民如果出海遇大鲨鱼即"龙兵",要叫鲨鱼为"老人家",并且要多说些好话:"老人家,您别发脾气,俺这有老有小的,不容易。"④在浙江舟山群岛,如果渔船在海上遇到恶鲨,渔民往往口中念念有词,并"向海中撒米,抛小旗,祀祷大鱼速速回避"。传说,鲨鱼露面是因为它到龙宫赶考迷了路,要找人指点而出海问讯。舍米是给鲨鱼充饥,施旗是给它指点迷津,否则鲨鱼要掀翻船的。⑤ 厦门渔民崇奉中华白海豚,相传白海豚曾经救援过落水的渔民,且能阻止凶恶的鲨鱼进入港口。因此,称之为"镇港鱼",亦称"妈祖鱼"。渔民还能通过它洄游的方位推测某些鱼群洄游的规律,因而受到渔民的崇拜。旧时渔家在海上遇到"妈祖鱼"要烧香祝愿,以祈求平安和丰收。⑥

海龟、海鳖崇拜在我国沿海也普遍流行。辽东半岛的先民视海龟为海神,亦即"元神",至今民间每年农历五月十三日要祭祀元神,捉到海龟要放回大海。⑦ 山东长岛渔民也崇拜海龟,海里作业不准捕捞它,一旦网上,也要立即虔诚地放回海里去。⑧ 福建沿海渔民"捕鱼中若发现海龟,要恭敬地送回大海里。渔民习惯把海龟看作海中的吉祥物,是渔家保护神的化身"⑨。海中的大鳖被视为神灵。山东沿海地区与岛屿的渔民认为,"大鳖不能捕,是仙物"。如果捕捞上来了,必须放回海中,还要说:"哎呀,老人家,对不起,对不起。"⑩此外,在我国海洋渔村社会中还有鲛鱼崇拜、海泥鳅崇拜等。必须指出,水族崇拜属于原始自然神崇拜。海龙王信仰产生以后,水族崇拜就被纳入海龙王崇拜系统中,变成为海龙王的鱼兵蟹将。

(二)航海保护神与渔商专业神

在古代,渔夫舟子要在浩瀚无垠、充斥神怪而又风涛莫测的大海上讨生计,必须依

---

① 郭泮溪:《山东海乡民俗拾零》,《民间文学论坛》1989 年第 5 期。

② 金涛:《东亚海神考述》,见上海社会科学院东亚文化研究中心:《东亚文化论谭》,上海社会科学院东亚文化研究中心,第 126—127 页。

③ 金涛:《东亚海神考述》,见上海社会科学院东亚文化研究中心:《东亚文化论谭》,上海社会科学院东亚文化研究中心,第 126—127 页。

④ 彭文新:《屺岇岛村民俗文化调查》《民间文化论坛》1989 年第 5 期。

⑤ 金涛:《舟山渔民生产习俗调查》,《民间文艺季刊》1987 年第 4 期。

⑥ 陈复授:《海洋文化的一朵奇葩——厦门渔民旧时习俗考略》,《迈向 21 世纪海洋新时代——厦门海洋社会经济文化发展国际学术研讨会论文选》,厦门大学出版社 2000 年版,第 243 页。

⑦ 刘长青:《从元神岗的名称说到元神崇拜》,见曲金良:《中国海洋文化研究》第 1 卷,文化艺术出版社 1999 年版,第 138—142 页。

⑧ 山曼:《山东内陆文化与海洋文化之比较》,《民间文学论坛》1989 年第 5 期。

⑨ 林国平:《福建省志·民俗志》,北京方志出版社 1987 年版,第 28 页。

⑩ 彭文新:《屺岇岛村民俗文化调查》,《民间文学论坛》1989 年第 5 期。

靠强有力的保障系统。而这种保障系统在航海技术相当落后的古代只能建立在虚幻的世界之中,即构筑"神灵保障系统"。这种"神灵保障系统"主要由海上航行保护神与从事海洋渔、商经济活动的专业神组成。

1. 海上航行的保护神

无论是从事海洋运输,还是从事海洋渔业、海洋商业,都要在海上航行相当长的时间,其航程也随着时间的增长而增长。航程长,海况相应也复杂。在海上航行的时间长,不可避免地要遇到多变的气候。在航海交通工具与技术相当落后的情况下,渔夫舟子只能仰仗神灵保护。因此而产生了众多的海上保护神,大致可分为全国沿海海域及其岛屿民间普遍奉祀的保护神和某一区域性海域及其岛屿民间奉祀的保护神。

隋唐以前是否存在全国性民间普遍奉祀的航海保护神尚不清楚。唐宋时期则有观音、妈祖等。观音要算是我国历史上第一尊女性海上保护神。妈祖则是继观音之后出现的又一尊具有全国影响的女性海上保护神。水仙尊王也是我国沿海一带比较普遍奉祀的海神。水仙尊王即水仙王,是"大禹、伍子胥、屈原、李白、王勃"或作"大禹、伍子胥、屈原、项羽、鲁公输子"成神的历史人物的共同称号。水仙信仰流行于江、浙、闽、粤、台诸省,其信仰覆盖面比较大。土地公是土地的守护神,因其神阶最低而具有普遍性。不仅陆地有土地公,就是在海域及其岛屿上也有土地公。土地公的信仰具有普遍性,我国沿海各地从事海洋渔业、海洋商业的人普遍供奉。

区域性的海洋保护神是指为某一区域民众所奉祀,不见于其他区域的海上保护神。因区域的大小不同,可分为以下几种:

其一,跨省区的海上保护神,如晏公、临水夫人等。晏公,原名戍仔,临江府清江镇人。据记载,毗陵为张士诚所据,徐达屡战不利,明太祖亲率冯胜等扮为商贾,顺流而下前往援助。因江风大作,舟船将覆,太祖乞神保佑,有穿红袍者前来相救。太祖问:"是谁救我?""默闻曰:晏公也。"洪武年间,"江岸当崩,有猪婆龙在其下,迄不可筑"。因受老渔的指教钓得猪婆龙,"岸乃可成,众问老渔姓,曰姓晏……明祖闻之",于是封为"神霄玉府晏公都督大元帅"①。晏公初为内陆的水神,江河湖泊多有奉祀,大概于明代演变为海神。据《定海县志》卷九记载:"晏公庙,县南半里,祀海神。取海晏之义。别庙一在县西旧水关内。"又《闽都记》载:"晏公海神,取义海晏。闽滨海多祀之。"②显然,晏公之所以从内陆的水神转为海神,除了水缘关系外,很可能还与其神号"晏"字有关,人们望文生义,将其释为"海晏"。晏公信仰流行于浙江沿海,苏南沿海与福建闽东沿海亦有流行。晏公除了单独奉祀外,也有作为妈祖的配祀神。

临水夫人也是跨省区的海上保护神。临水夫人原名陈靖姑,福建福州下渡人,父陈昌,母葛氏。陈靖姑自幼就很有灵性,妙龄时与刘杞结婚。婚后怀孕数月,时值附近一带干旱,她毅然堕胎,专一为民祈雨。由于她的赤诚之心感动了上天,终于求来了雨,解除了旱情。但她自己却因为劳累过度而死去,年仅 24 岁。相传陈靖姑死后有人目睹她在福建古田临水洞挥剑斩大蛇为民除害,于是在临水洞上建庙奉祀,并尊其为

① (清)赵翼:《陔余丛考》卷三五,商务印书馆 1957 年版,第 774—775 页。
② (明)王应山:《闽都记》卷九《郡城西北隅》侯官县"晏公坊"条,道光十年重刊本,台湾成文出版社 1967 年影印。

"临水夫人"。临水夫人主要是救助妇女难产与保护未成年的儿童,同时还具有祈雨、斩杀水妖、掌管江河的功能。初为闽江流域的船民所尊奉,后来演化为妈祖下属的海神,具有保护海船、救助海难的职能。陈靖姑作为海神,其信仰主要流行于闽东与浙东南。渤海湾沿岸则奉祀金龙大王等。

其二,一个省区的海上保护神。这类保护神管辖范围通常跨越了府的界限。在广东,伏波将军、达奚司空等是其地方性海洋保护神。福建是海神妈祖的故乡,在海神妈祖产生前已出现了一批海神,如泉州南安九日山的通远王。唐代的柳冕也被莆田沿海民众奉为海神。福州演屿神姓陈,生前是福建观察使富沙陈岩之长子,死后成为海神。宋宣和中,给事中路允迪出使朝鲜,海舟于途中遇难,赖"演屿神"庇佑而获济。[①] 上述福建诸神产生于晚唐至宋代,并大多至明清时期仍有影响。此外,尚有拿公、尚书陈文龙等。

浙江沿海一带也有地方性的海神,如隋炀帝、陈相公等。在山东,成山头沿海民间信奉始皇帝为海神。秦始皇被渔民奉为海神是清朝嘉庆朝的事。一艘江南货船北上,在成山头附近海域沉没,仅账房先生徐复昌幸免于难。据徐复昌说,他是被始皇庙里发出的一丝白光指引上岸的。从此,"秦始皇"在民众中名声大振。后来,徐复昌回江南化缘重修始皇庙,并出家于庙中,终其一生到处宣传始皇的神力,使一代帝王演变成一方海神。刘公岛的刘公刘母原是历史上真实的人,死后成神,"舟人经其地者,必致祈祷焉"[②]。荣成渔民信奉的赤山明神,是今石岛一带的保护神。[③]

其三,一个府或县的海上保护神。南天水尾圣娘是海南岛民众奉祀的海神。据说,很久以前有一位渔民在海上下网捕鱼,每次下网都捞起一块木头。渔民许愿说:"如果给我捕到鱼,就把这块木头当神来膜拜。"话说完,果然灵验,他一下网就捞起一大网的鱼。于是他把那块木头雕成神像进行崇拜。从此以后,附近海滨的渔民也都信奉南天水尾圣娘。[④] 实际上这种神属于漂流神。莱芜神女是广东澄海县沿海的一尊地方性海神。传说她是凤凰仙姑的弟子,看到此地渔民受到海怪鱼精的危害,私自下凡除害,不料反被惩罚,曝尸海边。后来化成莱芜岛,东屿是她的头颅,海边的两座山是她的乳房,东屿附近有一片褐色的石堆是她流的鲜血,南屿和北屿是女神的履桃。她世世代代保护着渔民的安全。当地民众管这里叫向美人。[⑤] 羊山神是嵊泗列岛的海神。据清代人的《郑伪纪事》记载,顺治年间郑成功率兵北伐,途经羊山。羊山有山神,"独嗜畜羊,海船过者必置一生羊去,久之蕃息遍山至不可计数"。郑成功的战舰泊于山下,将士竞相捕杀羊为食,引起山神大怒,刮起大风使战舰相撞,"船人损十之七八"。说明羊山神是管辖羊山附近海域的海神,大凡路过的渔夫舟子都要奉献活羊以求海上航行平安。狐仙太爷也是地方性海上保护神。狐仙太爷的形象是白胡子、红光

① 曹刚等:《连江县志》卷二一《祠祀》"昭利庙"。1933 年刊本。
② (清)毕懋第、郭文大:《威海卫志》卷一《疆域》。1929 年铅印本,台湾成文出版社影印。
③ 张政利、吴高军:《荣成渔民的谷雨节仪式及其演变》,见曲金良:《中国海洋文化研究》第 1 卷,北京文化艺术出版社 1999 年版,第 153 页。
④ 童家洲:《日本华侨的妈祖信仰及其与新、马的比较研究》,《华侨华人历史研究》1990 年第 4 期。
⑤ 隗芾:《潮汕诸神崇拜》,汕头大学出版社 1997 年版,第 17—18 页。

满面的老头子,保护着山东屺嵎岛附近的海域。① 海难中遇难者的冤魂也能保佑渔夫海客在海上往来的安全。渔民在海上捕鱼时凡是渔网打捞到骨头(人骨、鱼骨、兽骨等)都要带回集中收藏。在福建惠安崇武、大岞等地可以看到"聚圣宫""头目宫"集中收藏前述各种骨头。厦门的渔民也有这种风俗,大凡在海上发现漂流着的人尸,在渔网中或大鱼腹中发现人体的残骸都要带回妥善处理。厦门港的"田头妈"就是专门安葬这类尸骨的小庙。②

此外,海洋渔民、海外移民等往往将本地的保护神或本村的护境神如王爷等当作海上保护神。不仅如此,渔民海商大凡信奉基督教、伊斯兰教者,通常把上帝、真主视为海神而祈求其保佑海上安全。海船本身在古代海洋的渔民舟子眼里具有神灵性,同样具有保佑海上航行安全的功能。

2.海洋产业的专业神

在海洋产业中,海洋渔业有专业神,这种专业神主要是保佑捕鱼丰收。渔师爷、楚太等就属于这类专业神。"渔师爷",亦称"渔师菩萨"。相传渔师菩萨原来是一位船老大。他在冬钓结束后的次年春季,率先发现了黄鲫发季节已到,并且能够根据水色、潮流、风候、气温等准确判别鱼发地点。渔船随其出海,都能获得丰收,因此被渔民们奉为"渔师"。渔师去世后,渔民们尊之为"渔师菩萨",并为其立庙。③ 渔师菩萨信仰主要流行于浙江台州地区沿海渔民中。"楚太"也是一位渔业神。楚太信仰流行于江苏海州湾一带渔民中。相传楚太是佛山地区的一位船老大。他为人善良,能舍己为人,并且能呼风唤雨,有"半仙"之称。在一次航行中,为保护全船的人能够安全与家人团聚,自己牺牲了性命。死后归真,专门保护渔民在海上安全捕鱼。至今海州湾一带的渔船在海上航行时,船老大都要经常向四处远眺,称作"望楚太"。渔民认为,凡是望见远处云雾之中隐隐约约有船只,就是楚太出坛显灵,必然太平无事,还能多取鱼。如果在某一海区捕鱼,开始望见有隐约的船在移动,后来船影逐渐消失,表明楚太移动了地方,意在告诉渔民本渔区鱼少或有风险,应立即起锚到别的海区捕捞。④ "长年公"则是广东潮汕沿海渔民信仰的渔业神。

无论是"楚太",还是"长年",原来都是渔业生产中的行家里手。所以,渔师崇拜、长年公崇拜等实际上是一回事,都是渔民的行业神崇拜。中国沿海许多地方的渔民以妈祖为渔业的行业神(或专业神),事实上,那只是海神妈祖的一方面的职能,而不是她的唯一职能。

打鱼用具诸如网具等也都具有神性。网神是将率先发明渔网者尊奉为神,也属于海神族类。舟山群岛的渔民中信仰的网神,一说是海青天海瑞发明一捕墨鱼的轮子网,从而被尊为网神;一说伏羲从蜘蛛结网捕飞虫的启发发明了渔网,从而被尊为网神。⑤ 浙江、山东等沿海及其岛屿的渔民大都信奉网神。此外,关公、圣堂菩萨是海客

① 彭文新:《屺嵎岛村民俗文化调查》,《民间文学论坛》1989年第5期。
② 陈复授:《海洋文化的一朵奇葩——厦门渔民旧时习俗考略》,《迈向21世纪海洋新时代——厦门海洋社会经济文化发展国际学术研讨会论文选》,厦门大学出版社2000年版,第246页。
③ 童家洲:《日本华侨的妈祖信仰及其与新、马的比较研究》,《华侨华人历史研究》1990年第4期。
④ 刘兆元:《海州湾渔风录·二》,《民俗研究》1991年第3期。
⑤ 金涛:《东亚海神考述》,上海社会科学院东亚文化研究中心:《东亚文化论谭》,第126页。

舟子尊奉的财神。

(三)镇海神与引航神

镇海神灵通常是在沿海的海岸地带,个别则在海岛上。在古代的人们看来,大海被一种超自然与超社会的力量控制着,大海的狂风怒潮被视为"海神"的意志支配的结果,"海龙王"产生以后又被认为是其威力所致。而洪灾则被视为"海龙王"对人类的惩罚,因而希望有一种神能镇住"海龙王",以免给人们带来灾难。石头是自然生成之物,坚硬而耐久,海边的巨石虽任狂风海潮的冲击但巍然屹立,所以先民们认为石头是有灵性的,并对其怀有敬畏的心理,从而产生了石头崇拜。江苏海州湾的大村海清寺塔附近曾有"二石屹然",俗称"石剑"。据吴铁秋《苍梧片景·云台山的异闻》记载:"形象厌龙脉,半插地下半地上",是为镇海之物。据谢元淮《云台新志·恩莱》记载,云台山"遥镇洪流"四字为康熙皇帝所书。花果山照海亭的"云台遥镇,海不扬波"八大字摩崖题刻都具有"镇海"之意。在海州,此类石镇海的例子甚多,如秦山岛东侧的"二大将军"石,捍海堰"万金坝"边的"石人",海州山南"石人"等等,都是古海州人们祭海、镇海习俗所遗留下来的遗物。南海圣王是广东潮汕一带所产生的海神。现在人们见到的"南海圣王"亦即"南海王",是一块稍微雕出鼻眼残损的石虎,并在其上命名为"敕封南海王"[1]。海门莲花峰旁有三块顶天立地的巨石,远看似并列的船帆,被封为"镇海将军石""宁海将军石""静海将军石",被称为"镇海三将军石"。这三块石头是作为海神供奉的。[2] 从根本上说,"三将军石"与"南海王"都属于镇海灵石。

引航神是指为渔夫舟子指引航道、航向乃至港道,不至于发生海难而能平安抵达目的地的神灵。引航神大多是在夜间以灯火专门为夜航船只引航。海船在茫茫的大海上夜航最容易出事,有的因迷失方向而失踪,有的触礁而船破。夜海引航对于渔夫海客来说,因关系到身家性命的安危而显得十分重要与迫切,夜间引航神就是渔夫海客这种愿望的产物。引航神大都位于海岛的岛岸。"笼裤菩萨"就是浙江舟山中山街列岛的渔民信奉的一尊"引航神"。据说很久以前,有一位福建前往浙江海域的渔民在黑夜航行中遇上风暴,渔船触礁沉没,一家人不幸葬身鱼腹,仅一年老的渔民幸免于难而上岛。他想因为岛上没有灯塔自己家人才被大海吞没。从此,他每逢黑夜就擎着火炬为夜海中的渔船引航,使不少渔船免遭灭顶之灾。老人去世后,渔民们感戴其恩德,造庙塑像供奉,尊之为"菩萨",俗称"笼裤菩萨"。菩萨是渔民死后成神的,其塑像的装束完全是穿着"笼裤"的渔民打扮。至今舟山中山街列岛仍流行"青浜苗子湖,菩萨穿笼裤"的谚语。福建的苏碧云与圣公爷也是引航神。苏碧云,同安人,生于明天启年间,读书乐道,淡薄功名,不求仕进。晚年移居海岛生活。由于熟悉海道,凡经他指点的海船都平安无事。死后在海面上屡屡显现灵异,所以许多海船"均祀香火"[3]。据《台湾县志·外编》载,圣公爷原来姓倪,生长于海滨,"熟悉港道"。生前为海舶总管,死后成神。"舟人咸敬祀之。"福建的闽南与台湾流行其信仰。在台湾的"泉漳舟人多

① 隗蒂:《潮汕诸神崇拜》,汕头大学出版社 1997 年版,第 17 页。
② 隗蒂:《潮汕诸神崇拜》,汕头大学出版社 1997 年版,第 17 页。
③ 萧崇业:《使琉球录》,转引自徐晓望《福建民间信仰源流》,福建教育出版社 1993 年版,第 320 页。

祀其神,以其熟识港道"①。说明圣公爷属于引航神,主要是港道引航。

沿海海岸也有引航之神。"胜山娘娘"则是浙江慈溪县胜山一带的引航神。慈溪县胜山面临大海。相传很久以前山上有座茅草房,住着一位老婆婆,她夜夜点灯纺纱,茅屋里的油灯放出的微弱的光使在茫茫夜海迷航的船只辨明了方向,好多渔船因此而得救。老婆婆死后,渔民们尊之为神,称之为"胜山娘娘",并在胜山上建庙供奉②,祈望能够继续为渔民引航、指点迷津,保护渔民身家性命的安全。③

二 明清时期妈祖与海龙王影响力的消长

到了明清时期,海神妈祖被封建王朝捧为"天后""天上圣母",妈祖在海洋社会中的影响力跃居龙王之上,龙王的神格继续跌落。这表现在:

一方面,龙王在海洋社会中原来拥有的地盘丢失。在山东"南北主要航线上,在重要码头地区,龙王作为海神的地位丧失殆尽"④,表现在龙王庙被拆毁或改为其他庙宇。如山东黄县的龙口原先信仰龙王,后来改信仰海神天后。据尹继美《龙口重修天后庙记》记载可知,龙口天后庙始于道光十九年(1839 年),同治八年(1869 年)重修。"先是龙口有龙神庙,不知创自何时,敝陋甚,至是改建于后。"⑤就是说山东黄县龙口的龙王庙后来改建为天后宫。在浙江嵊泗列岛,专供龙王的庙宇仅 2 座,其数量根本不能与供观音的灵音寺、菜园的羊府宫、小洋岛的羊山大帝庙以及其他岛屿的天后宫、关帝庙相比,而且其建筑质量较差。⑥ 黄龙岛的护龙宫即龙王庙,其原址在黄龙南港。光绪二年(1876 年)建,其庙为茅庐 3 间,奉祀东海龙王。光绪十三年(1887 年)拆除,改建越国公庙。又移地另建一座规模小的石宫,供奉原来的龙王神像。⑦ 以上所述的将龙王庙废去或改为别的神庙的现象在其他地方同样存在。此外,现存的龙王庙大多比妈祖庙简陋寒酸。

另一方面,龙王跌落为妈祖或其他神灵的配祀神。在福建许多地方的妈祖庙中龙王已经成为妈祖的配祀神。如泉州天后宫东廊十二司,奉祀妈祖的辅神以及其他从祀神祇依次为:顺济司,奉祀北斗星君;镇北司,奉祀玄天上帝;风雨司,奉祀雷声普化天尊;天君司,奉雷部毕元帅;天门司,奉王灵官大帝;水德司,奉水德星君;通远司,奉福祐帝君;海宁司,奉四海龙王;文昌司,奉五文昌夫子;仙灵司,奉吕仙公、清水祖师、裴仙公、九仙祖(大仙公)、李仙公;天英司,奉中坛元帅(太子爷);忠烈司,奉文武尊王。⑧由此可见,四海龙王成了妈祖的下属神而且其位置居较后。这在清代的文献资料中也有所反映:"东海多神怪,后乃命棹中流,风日澄霁,中见水族骈集,龙子鞠躬于前。后

第三十九章

明清时期的海洋信仰

---

① (清)范咸:《重修台湾府志》卷一九《杂记·寺庙》台湾县"圣公庙"条,《台湾府志·三种》下册,中华书局影印本 1985 年版,第 2351 页。

② 姜彬:《吴越民间信仰民俗——吴越地区民间信仰与民间文艺关系的考察和研究》,上海文艺出版社 1992 年版,第 148 页。

③ 王荣国:《明清时代的海神信仰与经济社会》,博士论文,厦门大学 2001 年,第 45—63 页。

④ 马咏梅:《山东沿海的海神崇拜》,《民俗研究》1993 年第 4 期。

⑤ 《黄县志》卷一三,转引自彭文新:《屺㟂岛村民俗文化调查》,《民间文学论坛》1989 年第 5 期。

⑥ 金涛:《嵊泗列岛的古庙宇及岛神信仰》,《民间文艺季刊》1989 年第 4 期。

⑦ 金涛:《嵊泗列岛的古庙宇及岛神信仰》,《民间文艺季刊》1989 年第 4 期。

⑧ 黄炳元:《泉州天后宫》,泉州闽台关系史博物馆 1990 年铅印本,第 14—15 页。

敕免朝,即退。"①这里所描绘的是东海龙子率水族朝拜海神妈祖的情景,说明由于妈祖在海神中神格上升,东海龙子都率水族来朝拜妈祖。元宵节是我国传统的节日,沿海各地普遍流行舞龙灯的习俗。在福建莆田于农历廿九日还要举行妈祖元宵节。莆田的元宵节按惯例自农历正月初十至十五,名为"元宵心",各村大都在这一期间举行庆祝活动,到了农历廿二以后庆祝活动就比较稀少,而妈祖元宵节则定于农历正月廿九日。这是因为:其一,原来莆田民间元宵节必演戏,但戏班没有那么多,因此将时间延长至农历廿九举行;其二,元宵节按惯例要道士念经,然而道士的人数也有限,必须安排时间轮流念经;其三,元宵节按惯例要舞狮耍龙,也须轮流表演。特别是耍龙,耍后的龙灯必须火化,民众认为龙灯不火化会变成"孽龙"。但由于龙在古代又代表帝王,其他神祇因地位低,没有资格监督"化龙",唯有妈祖可以担任。等到各乡都耍了龙灯,由妈祖元宵节这一夜,附带有"火化龙"的仪式一并举行,就不得不安排在正月廿九。显然莆田妈祖元宵节的"火化龙"仪式反映了妈祖神格的上升与龙王神格的跌落。

龙王信仰在海洋社会中神格的跌落,反映在不仅下降为妈祖的配祀神,而且也下降为关帝等神灵的配祀神。如在浙江嵊泗列岛中,大洋岛上的妈祖宫的侧室,马关岛的关圣殿的后殿,则为供奉龙王神像之处。② 可见,曾经在大海上神威赫赫的龙王已屈居于侧室或后殿。不过在有些地方,即使到了民国时期龙王庙仍然存在,如位于浙江中部的象山半岛。据不完全统计,该地民国时期尚有 35 所龙王庙。此前龙王庙林立,数量相当可观。③ 在山东的岿嶙岛周围流行海神妈祖信仰,而岿嶙岛则保持龙王信仰。④ 山东荣成县的镆铘岛,旧时有龙王庙,渔民每年春天都必须在谷雨节这天,于庙前杀猪祭神,渔船出海前先祭龙王庙。山东海阳县麻姑岛上有三个村庄,旧时多近海捕鱼的渔民,岛南端有龙王庙,今遗址尚存。⑤ 从这里可以看出,虽然由于海神妈祖神格的上升而使龙王地位跌落,但是在我国广大海洋区域的陆域及其岛屿中特别是海洋渔村社会中还存在龙王庙与龙神信仰,其影响力并不亚于妈祖。⑥

第三节　明清时期的海神信仰与海洋渔业

海洋渔民是人类历史上最先走向海洋的人群。海洋捕捞是人类最早的经济活动与产业。由于大海浩瀚、风涛莫测与渔业生产的丰歉所具有的偶然性,从而决定了海洋生产与生活中更多地和海神信仰发生联系。⑦

① 蒋维锬编校:《妈祖文献资料》,福建人民出版社 1990 年版,第 298 页。
② 金涛:《嵊泗列岛的古庙宇及岛神信仰》,《民间文艺季刊》1989 年第 4 期。
③ 朱永林:《龙是什么——象山半岛龙信仰调查》,见上海文艺家协会:《中国民间文化——稻作文化与民间信仰调查》,学术出版社 1992 年版,第 55—56 页。
④ 彭文新:《岿嶙岛村民俗文化调查》,《民间文学论坛》1989 年第 5 期。
⑤ 马咏梅:《山东沿海的海神崇拜》,《民俗研究》1993 年第 4 期。
⑥ 王荣国:《明清时代的海神信仰与经济社会》,博士论文,厦门大学 2001 年,第 174—176 页。
⑦ 王荣国:《明清时代的海神信仰与经济社会》,博士论文,厦门大学 2001 年,第 71 页。

一 海神信仰与渔业生产过程

明清时期海洋渔民的海洋神灵信仰与海上渔业生产捕捞紧密地联系着,几乎贯穿着海洋渔业生产的整个过程。现分述如下。

渔汛期的首航日子多由海神确定。海洋渔民往海上捕鱼要受渔汛支配,这就决定了海洋渔业生产具有季节性,亦即周期性。在渔民眼里,每个捕鱼周期何时出海,对于捕鱼生产的丰歉至关重要。因此,古代渔民重视出海日子的选择,特别是每年第一个渔汛期的首航日子。为此,渔民往往要到海神庙焚香祭拜并以占卜确定。据《福建省民俗志》记载,福建沿海古代渔民于"每年春节过后,第一次出海要占卜择日,一般是到妈祖庙(又叫天后宫)进香,求问时机良辰,由神意定夺出海佳期"[1]。此俗至今犹存。这种习俗在我国沿海其他地方也存在。如澳门渔民每年首次出海的日期也是通过占卜由神明决定的。[2] 事实上,通过占卜决定出航时间的习俗可以追溯到明代以前。据唐朝段公路的《北户录·鸡骨卜》记载:"南方逐除夜,及将发船,皆杀鸡择其骨为卜,传古法也。"[3]又据《汉书·郊祀志》记载,汉武帝时,"既灭两粤,粤人勇之乃言'粤人俗鬼,而其祠皆见鬼,数有效。昔东瓯王敬鬼,寿百六十岁。后世怠嫚;故衰耗。'乃命粤巫立粤祝祠,安台无坛,亦祠天神帝百鬼,而以鸡卜。上信之,粤祠鸡卜自此始用"[4]。这则引文中的"粤"同"越",亦即指"古越族",说明"鸡卜"这种习俗原先流行于生活在我国东南以及南部沿海的古越族中。明清以来我国东南以及南部沿海渔民出海以占卜择定日子的习俗与上古生活在这一带的古越族的"鸡卜"习俗存在某种承继关系。

出海捕鱼前要祭祀海神,祈求海神保佑平安。早在先秦,我国沿海渔民已远航深海捕鱼。前引《管子》一书记载揭示,最迟在春秋战国时期我国沿海渔民已远航深海进行捕鱼作业,为了谋取海洋经济利益而"宿夜不出"。到了明代我国远海渔业得到进一步发展,以福建为例,明代福建沿海一带的渔民已多往浙江海域捕鱼。明代万历年间,闽人董应举在其《护渔末议》一文中说:"鱼自北而南,冬则先至浙江凤尾。凤尾在浙直外洋,故福、兴、泉三郡之渔船,无虑数千艘,悉从外洋趋势而北。至春,渔乃渐南,闽船亦渐归钓。"[5]据此可知,当时福建的福州、兴化、泉州三个府的沿海渔民大都往浙江凤尾洋面捕鱼。《明季北略》载,明崇祯朝浙江巡抚张延登的《请申海禁疏》一文说:"闽船之为害于浙者……一曰钓带船,台之大陈山,昌之韭山,宁之普陀山等处出产带鱼。闽之莆田、福清县人善钓。每至八九月,联船入钓,动经数百,蚁结蜂聚,正月方归。"由此文可知,浙江台州府的大陈山、宁波府的普陀山、昌国卫的韭山等附近洋面出产带鱼。每年八九月间,福建的莆田、福清等县出动数以百计的渔船前往钓带鱼。从福建沿海到浙江海域需要多日时间,而且一路风涛莫测,捕鱼作业的安危与产量的丰歉亦难以预料。所以,沿海渔民很重视渔汛期出航前对海神的祭祀。据《福建省民俗志》记载,

① 林国平:《福建省志·民俗志》,方志出版社 1987 年版,第 27 页。

② 转见陈衍德:《澳门的渔业经济与妈祖信仰》,《中国社会经济史研究》1997 年第 1 期。

③ (唐)段公路:《北户录》《笔记小说大观》第六编第 1 册,(台湾)新兴书局有限公司影印本 1983 年版,第 190 页。

④ 《汉书》卷二五下《郊祀志·下》《二十四史》《缩印本》第 2 册,第 321 页。

⑤ (明)董应举:《崇相集》第 2 册《护渔末议》,1924 年重刻本。

福建沿海渔民在择定出海日期后,"要到神庙(即妈祖庙)中将香火带到船上"的神龛中,而且"渔家要备三牲、带香烛、金箔、鞭炮等到海滩上设位祭神,由船主点香跪拜,祷告神灵恩泽广被,顺风顺水,满载而归。接着焚烧纸钱,鸣炮喧天……渔船缓缓驶向大海"①。不过,这种风俗在不同的地方有所差别。晋江渔民在祭典之后,"还要驾船只到土地庙或妈祖庙前的海面上绕道一圈,才正式扬帆出海"②。惠安沙格渔村的渔船出海远航前,则必须到供奉妈祖的灵慈宫祭祀。③ 厦门港口原先建有"金王爷宫",一般称为"海口宫"。渔民出海前必须先向"金王爷"抽签,求得获准并在一张神符盖上大印后,才能扬帆举棹。④ 除了春汛外,福建沿海渔村的渔民于夏、秋、冬汛出海前也要举行祭典活动,其"祭礼仪式与第一次基本相同"⑤。

浙江沿海及其岛屿的渔民将一年分为四个渔汛期,即"四水"。每水首次出海前都要祭祀海神,其做法亦因地而异。宁波沿海渔船出海前,渔民先要上香拜菩萨,再以水酒供请菩萨。船老大向娘娘菩萨参拜许愿,祈求捕鱼丰收,并许以演戏之愿。鄞县"大对船"出海前,先要在"龙王堂"演戏敬龙王,然后请菩萨上船。经过事先更衣沐浴的渔民边走边敲锣,手捧佛袋上船并将之钉在船舱中,出海时鞭炮齐鸣。⑥ 舟山群岛每一渔汛期首次出航都要举行隆重的祭海仪式。祭海时渔民备三牲礼品,"或在船头供祭龙王,或在船尾的圣堂舱供祭菩萨,点起香烛、三敬酒,跪拜祈祷……望龙王和菩萨保佑,一汛中平安无事,获得丰收"⑦。广东沿海渔民中亦有此俗。据清代屈大钧的《广东新语》记载:"天妃神灵尤异……其祠在新安赤湾,背南山,面大洋……凡济者必祷,谓之辞沙。以祠在沙上故云。"⑧引文中的"济者必祷,谓之辞沙",当然包括渔民在内。明清时期汕头渔民离岸出海打鱼前要先拜妈祖,当渔船行驶至外海口妈屿时,还要到岛上的天后宫祭拜,同时放生一只鸡。⑨

祭海仪式若进展顺利,则被渔民视为好兆头。相反,一旦出现不顺,就必须采取补救措施。如舟山群岛"旧时,渔船离港出海先要点烛、焚香祷告,若烛火被风吹熄,即为风大不能开船,若三次点火被风吹熄,认为开船不利,不仅不能按期开船,还要再次举行祭海活动,误以为得罪海神,请龙王宽恕"⑩。

下海捕鱼前有很多事务,其处理妥当与否,关系到捕鱼生产作业能否顺利进行。

首先,海上渔业生产相关的人事安排,渔民们多请海神决定。船老大人选的确定通常要到海神庙"卜筊",由神明决定。船老大是船上的掌舵人,是关系到船上渔民生命财产的安危与海上渔业捕捞丰歉的关键性人物。渔船出海前必须选定船老大,出远

① 林国平:《福建省志·民俗志》,方志出版社 1987 年版,第 27 页。
② 林国平:《福建省志·民俗志》,方志出版社 1987 年版,第 27 页。
③ 丁毓玲:《妈祖文化的社区分析》,林文豪:《海内外学人论妈祖》,中国社会科学出版社 1992 年版,第 88 页。
④ 陈复授:《海洋文化的一朵奇葩——厦门渔民旧时习俗考略》,厦门市社会科学界联合会:《迈向 21 世纪海洋新时代——厦门海洋社会经济文化发展国际学术研讨会论文选》,厦门大学出版社 2000 年版,第 243 页。
⑤ 林国平:《福建省志·民俗志》,方志出版社 1987 年版,第 27 页。
⑥ 姜彬:《吴越民间信仰民俗——吴越地区民间信仰与民间文艺关系考察和研究》,上海文艺出版社 1992 年版,第 123 页。
⑦ 金涛:《独特的海上渔民生产习俗——舟山渔民风俗调查》,《民间文艺季刊》1987 年第 4 期。
⑧ (清)屈大均:《广东新语》卷六《海神》上册,第 205 页。
⑨ 隗芾:《潮汕诸神崇拜》,汕头大学出版社 1997 年版,第 24 页。
⑩ 金涛:《独特的海上渔民生产习俗——舟山渔民风俗调查》,《民间文艺季刊》1987 年第 4 期。

海尤其如此。船老大的选择除了渔民自家独资造船自家人充任船老大外,一般还有两种情况:一是几家合资造船,船老大由大家推举产生;二是船主备船,船老大雇人充当。无论是前者还是后者,都要求充任者必须有丰富的海上生活与渔业生产经验以及临时应变的能力。具备这些条件后,进行"卜筊",请海神决定。人类学田野调查表明,福建惠安崇武小岞村渔船的船老大一般要选有丰富的海上渔业生产经验、有一定威信者,如遇数人条件相当,就要到妈祖庙"卜杯"求神明决定,以连续两次卜得"信杯"者当选。如果渔业产量长期不高,渔民们也会去妈祖庙"卜杯",重新改选船老大。[1] 小岞渔村的渔民出海前还有举行"消度"的习俗。在举行"消度"前,不仅举行仪式的时辰要由海神妈祖确定,而且仪式中一些事务的参与人选,如持油锅者、撒盐米者、倒用油者以及油中的黄表纸球的数目等,都得到妈祖庙通过占卜请海神妈祖决定。[2]

其次,遇到难以通过协商解决的事,渔民们也请海神决定。如福建惠安大岞渔村的渔民在祭海之后将要出航,但由哪一艘船"开头只",则必须请海神妈祖决定。[3] 又如福建九龙江口的"疍民"信仰"水仙王",每年农历十月初十日为"水仙王"的诞辰日,这一天渔民们要汇合庆祝,并抽签分配网位,免得为争夺网位而发生冲突。谁抽到哪一处网位的签枝,就必须绝对遵从神意的安排。[4] 这一信仰民俗一直保留到民国时期。上述海神信仰的诸种祭祀仪式都是在渔民出海之前举行的,这是由于前程充满危险并存在着无数的不可知,渔民们希望通过祭海仪式祈求海神保佑,并请海神择定出海日子,确定船老大人选以及处理其他相关的人事安排,从而消除心理上的紧张与不安,坚定走向海洋的信心与勇气。

二 下网捕鱼与祭神

海上捕鱼具有偶然性,时而满舱而返,时而空载而归,给人一种在冥冥之中有神灵支配的感觉。明代以前,我国沿海渔民中就流行以祭祀祈求神灵保佑获鱼的习俗。据《吴地记》载:"阖庐十年(公元前505年),东夷侵,吴王入海逐之,据沙洲上,相守有余。届时风涛,粮不得渡,王焚香祷之,言讫,东风大震,水上见金色逼海而来,绕吴王沙洲百匝,所司捞漉,得鱼,食之美。……鱼作金色,为知其名,见脑中有骨如白石,号为石首鱼。"[5]引文中的"石首鱼",今名"黄花鱼"。这则记载表明最迟在春秋战国时期我国东南沿海的渔民中流行此俗:捕鱼前要焚香祷祝以祈求神明保佑,不仅能获鱼而且能获取更多的鱼。吴王只是袭用了当时沿海渔民中普遍采用的为获鱼而举行的祀神仪式以捕"石首鱼",即"焚香祷之,言讫,东风大震,水上见金色逼海而来"。所谓"金色逼海而来"就是指金黄的石首鱼(黄花鱼)群逼海而来,似乎暗中有海神应吴王的祈求驱赶黄花鱼群前来。又据宋朝人的《稽神录》载:"东州静海军姚氏率其徒捕海鱼,以充

① 陈国强、石奕龙:《崇武小岞村调查》,福建教育出版社1990年版,第63页。
② 石奕龙:《惠安县大岞村的妈祖信仰》,林文豪:《海内外学人论妈祖》,中国社会科学出版社1992年版,第387页。
③ 石奕龙:《惠安县大岞村的妈祖信仰》,林文豪:《海内外学人论妈祖》,中国社会科学出版社1992年版,第387页。
④ 林国平:《福建省志·民俗志》,方志出版社1987年版,第30页。
⑤ 转引自张震东、杨金森:《中国海洋渔业史》,海洋出版社1983年版,第238页。

岁贡。时已将晚,而得鱼殊少。方忧之,忽网中获一人,黑色,举身长毛,拱手而立。问之不应。……姚曰:'此神物也……'乃释而祝之曰:'尔能为我致群鱼,以免阙职之罪,信为神矣。'毛人却行水上数步而没。明日,鱼乃大获,倍于常岁矣。"[1]引文中的"静海军"建置于五代末的后周显德五年(958年),治在今江苏南通市一带,而"东州"则是古人对东方的泛称。可见唐宋时期东南沿海以捕鱼为生的人们也认为,鱼群是由神灵主宰的,想要获鱼可通过祷祝,祈求神灵以"致群鱼"。到了明清时期,举行祭祀海神仪式,希冀通过焚香祷祝以祈求捕到更多鱼的做法是渔业生产中不可少的"功课"。浙江宁波沿海渔民于下网捕鱼前要烧金箔,用黄糖水遍洒全船,也往自己身上洒以示干净,并用盐掺米洒在网上和海面上。[2] 这种仪式既是驱邪,也是向神灵祈求。浙江舟山渔民在采集淡菜、海螺前也祭祀海神,特别是每年八九月采集旺季,要举行"开金秋"仪式,在礁盘上摆上香烛供品,祈祷海神保佑,同时口中还轻声唱念相应的仪式歌。[3] 在辽东湾,渔民崇拜海龟即元鱼,称之为"元神"。渔民们在海上捕鱼时,追踪鱼群主要是靠"元神领航"。为此渔船的桅杆上要吊一个大筐,人坐其中以瞭望元神的行踪。当海面上有元鱼挥动双鳍,拍打出水花来,表明元鱼混入鱼群中。渔船下网时,先要避开元鱼并往海里投些猪头、寿桃、米糕等,同时口唱颂歌。等元鱼过后,开始撒网,边撒边喊讨彩和吉祥的号子。[4] 福建沿海渔民在捕鱼作业前也要祭祀海神。清朝张曲楼的《官井捕鱼说》载:"吾乡渔利,以马鲛为最……每小满前数日,群鱼相率由外洋卵育,以水暖浪小,鱼苗可保也。吾乡人于是早预绬缯,傍晚开艚。先于本洋放缯,每潮收放二三次,夜出晨归,洋头四五日,俟潮大则驶往官井捕取,名曰'下洋'。先以香烛往天后宫延接香火,祀于艚之中仓,后备薪米及一切用物。黄昏炊烟横斜,各艚驶至天后宫前,焚烧楮帛,鸣金放爆,庙祝亦鸣鼓以送之。然后转舵张帆,直驶而下,五十余艚同时并发……及到官井,先寄碇仙人瓦待潮,早后放缯……月轮满天,鱼帜飘扬……收网停泊,得鱼盈舱……"[5]张曲楼是霞浦竹江人,其《官井捕鱼说》描写的是当时其家乡渔民往官井洋捕鱼的情景。通常渔民往远海即下洋捕鱼前要祭祀海神,但官井洋在霞浦,属近海,从竹江到官井洋仅40里水程,当地渔民却称之为"下洋"。"下洋"前先往天后宫祭祀妈祖,并从天后宫"延接香火,祀于艚之中仓",其目的在于在海上能够随时向海神妈祖祈求保佑下网多捕鱼,平安捕鱼。

明清时期,沿海渔民不但通过祭祀仪式祈求海神保佑获鱼,而且还以焚香占卜了解鱼群的信息,并请求神灵明示可否捕捉。据清朝人的《咫闻录》记载:"渤海有鱼,厥名曰鳅。鳅之大,不知其几千丈也。逆而来水击数十里,怒而去潮吸数十丈……其来也无形,其去也无踪者,从何以窥,客曰:子不见沿滨海若,灵于内地神祇乎。当春夏之

① (宋)徐铉:《稽神录》卷四《姚氏》,点校本,中华书局1996年版。
② 姜彬:《吴越民间信仰民俗——吴越地区民间信仰与民间文艺关系考察和研究》,上海文艺出版社1992年版,第124页。
③ 姜彬:《吴越民间信仰民俗——吴越地区民间信仰与民间文艺关系考察和研究》,上海文艺出版社1992年版,第289页。
④ 刘长青:《从元神岗的名称说元神崇拜》,见曲金良:《中国海洋文化研究》第一卷,北京文化艺术出版社1999年版,第138页。
⑤ 徐友梧:《霞浦县志》卷一八《实业志》"官井捕鱼"条,民国十八年(1929年)铅印本。

交,渔民猬集于庙,焚香祷祝,掷筊而知其来,又必筊卜可捕,以为神之许也,则捕之。"[1]可见,由于鳅(即鲸鱼)"其来也无形,其去也无踪",捕捉难度大,捕鳅前渔民往往要在海神庙"焚香祷祝",祈求神明启示,通过卜筊了解鳅是否会来。鳅来后,又通过卜筊请示神明是否可捕,神许以"可捕",则捕之。

上述祭祀所涉及的海神主要有天后娘娘、龙王、船菩萨等。明清以来我国沿海渔民还有将鲸鱼视为海神而加以祭祀的。到了明清时期鲸鱼已成了渔民捕捉的对象。但由于鲸庞大凶猛,往往会危害渔船的安全,因此,古代有些地方的渔民以为鱼群是由鲸鱼主管的,从而对鲸鱼产生崇拜心理并进行祭祀。如山东沿海渔民称鲸鱼为"赶鱼郎",就是因为尾随其后必获丰收的缘故。渔民见鲸鱼游行于海中,视为吉兆,往往焚香烧纸,遥望祝拜。长岛渔民中至今流行这样的歌谣:"赶鱼郎,黑又光,帮助我们找渔场。""赶鱼郎,四面窜,当央撒网鱼满船。"[2]因此,渔民又将鲸鱼视同"财神"、赵公元帅。[3] 山东桑岛的渔民称鲸鱼为"老爷子",无论是在岸上还是在海里,见鲸鱼就烧香纸。据说,渔船跟随鲸鱼之后能网到大量的黄花鱼。因此,渤海湾里打鱼的船只在渔汛期若见到鲸鱼追食鱼群,称之为"过龙兵",船只不敢靠前,只在其后烧纸钱祷告,等鲸鱼过后尾随其后捕鱼,可获得丰收。

出海前要祭海,下网捕鱼作业前要祭祀海神等,所有这些仪式,仅仅是表达渔民们的愿望而已,但捕鱼作业过程中不顺利的事还是在所难免。在捕鱼中一旦出现不如意的事,渔民们立即举行仪式进行补救。如吴越渔民洒盐米于海上,并点燃稻草把,待冒出青烟,举之于船的四周挥舞,以驱赶邪气。[4]

显然,在古代,由于渔民们的科学知识贫乏,无法解释渔业生产中出现丰歉的原因。他们无法准确地把握鱼群的行踪,而把希望寄托于冥冥之中的海神,相信海神是神通广大的,它能够主宰海洋鱼类,能为自己驱赶来鱼群。[5]

三 渔船神龛及诸神合祀

渔船神龛中的诸神合祀是指在船上某一部位设置神龛以供奉几尊神偶。这种现象至宋代尚未成形,北宋宣和四年(1122年)给事中路允迪奉命出使高丽,使船在途中遇大风,8舟7溺,只有路允迪所乘的海船得神灵保佑而幸免于难。因随船人员以及水手多来自浙闽等沿海一带,他们各自带去家乡供奉的神灵偶像以便随时保佑。回国后,路允迪将所了解的有关神灵保佑的事上奏,并请求赐额、加封。南宋开禧二年(1206年),金兵进攻淮甸,福建兴化军"遣戍兵,载神(即妈祖神像)香火以行:一战花靥镇,再战紫金山,三战解合肥之围。神以身现云中,着旗帜,军士勇张,凯奏以还"[6],表明在两宋时期海船上还未专设神龛以供奉神灵偶像。到了明清时期,我国海船已大

---

① (清)慵讷居士:《咫闻录》,《历代小说笔记选》第1册,上海书店1983年版。

② 马咏梅:《山东沿海的海神崇拜》,《民俗研究》1993年第4期。

③ 马咏梅:《山东沿海的海神崇拜》,《民俗研究》1993年第4期。

④ 姜彬:《吴越民间信仰民俗——吴越地区民间信仰与民间文艺关系考察和研究》,上海文艺出版社1992年版,第124页。

⑤ 王荣国:《明清时代的海神信仰与经济社会》,博士论文,厦门大学2001年,第76—82页。

⑥ (宋)丁伯桂:《顺济圣妃庙记》,(宋)潜说友:《咸淳临安志》卷七三《外部行祠》,文渊阁四库全书。

都在船中设置神龛以供奉海神,渔船亦然。渔民在渔船上设神龛,其用意在于方便处于流动状态的海上渔业生产中的诸多祭祀活动。

海洋渔业生产特别是远海渔业生产充满危险,渔民出海前往往要将香火请入渔船的神龛中供奉着。如浙江舟山群岛渔船的神龛亦即"圣堂舱内香烟缭绕,火烟不断"①。福建惠安大岞渔村的渔民"在海上捕鱼时,每条船上都供有妈祖,日日有人烧香供奉"②。这显然是为了保证整个航程香火不绝,希冀海神保佑海上航行与捕鱼作业的安全。

远海捕鱼生产过程的时间相当长,或半月或数月,其间必然要遇到所信仰的神灵的诞辰日、成道日以及牙祭日等。浙江舟山群岛渔船上的渔民在海上同样要按岸上的习惯举行各种祭祀。福建沿海渔船上设有神龛,渔民出海时"带些香烛、纸钱上船,以备途中祭日使用"。"下海捕鱼期间,每逢初二、十六的日子,在船上还要'做牙'祭神。而东山县等地是初一、十五祭祀。"③渔船上的渔民在海上每逢这些日子都要"祭祀妈祖、关帝、海龙王"。④

海洋气候变化无常。在突遇大风时,渔民们即在船上的神龛前祭拜神明,烧香化纸钱,以祈求神明保佑平安。江苏海州湾一带的渔船在海上遇风险时,全船的人都跪倒在海神娘娘的神龛前烧香磕头,齐声祷告:"天后圣母娘娘显灵,保佑弟子平安。"⑤福建惠安沙格渔村的渔民在海上遇险情时,人们总是虔诚地跪拜在妈祖龛前祈求庇护。⑥

前已述及,渔民下网捕鱼作业前要祭祀海神,希冀海神送来更多的鱼,其祭祀大都在神龛前举行。神龛前也是渔民进行酬神祭祀的场所。浙江宁波沿海的渔民凡捕到第一条大黄花鱼,首先用于供祭船菩萨。⑦舟山群岛的渔民捕到第一网鲜鱼,也要先取去供奉船菩萨。⑧江苏海州湾一带的渔民出海捕到的第一网鱼要取去孝敬龙王与天后娘娘。⑨福建沿海渔民在海上捕到的第一网鱼,先要挑选一条大鱼献祭于船上的神龛前。把捕到的第一条大黄鱼或从第一网中挑选最大的鱼献祭于海神,不仅仅以此表达渔民的"酬神"敬意,更重要的是以此祈求海神能够为他们送来更大的鱼群,捕获更多的鱼,获取更大的海洋经济利益。渔民在海上的祭祀活动大都在神龛前进行,那么,渔船神龛中供奉的主要有哪些神,这些神与渔村信仰的神以及海上渔业生产究竟有什么关系呢?据《福建民俗志》载,福建沿海渔船普遍供奉妈祖。⑩惠安沙格渔村规模较大的渔船大都设有神龛,较小的渔船至少也要供奉一个香炉,将一条写着"天上圣

---

① 金涛:《独特的海上渔民生产习俗——舟山渔民风俗调查》,《民间文艺季刊》1987年第4期。

② 石奕龙:《惠安县大岞村的妈祖信仰》,林文豪:《海内外学人论妈祖》,中国社会科学出版社1992年版,第387页。

③ 林国平:《福建省志·民俗志》,方志出版社1987年版,第27页。

④ 林国平:《福建省志·民俗志》,方志出版社1987年版,第29页。

⑤ 刘兆元:《海州湾渔风录·三》,《民俗研究》1991年第3期。

⑥ 丁毓玲:《妈祖文化的社区分析》,林文豪:《海内外学人论妈祖》,中国社会科学出版社1992年版,第88页。

⑦ 姜彬:《吴越民间信仰民俗——吴越地区民间信仰与民间文艺关系考察和研究》,上海文艺出版社1992年版,第124页。

⑧ 金涛:《独特的海上渔民生产习俗——舟山渔民风俗调查》,《民间文艺季刊》1987年第4期。

⑨ 刘兆元:《海州湾渔风录·一》,《民俗研究》1991年第1期。

⑩ 林国平:《福建省志·民俗志》,方志出版社1987年版,第27页。

母"的红布条贴在香炉存放处,表示妈祖与船同在。① 惠安大岞渔村每条渔船上都供有妈祖。② 不过,惠安其他渔村的渔船也有供龙王或王爷的。漳州"疍民"的连家船供"水仙王"。③ 浙江沿海及其岛屿的渔民将渔船神龛中供奉的海神称为"船菩萨""船关老爷",其情况较复杂,有男女之分。男性船菩萨,有的供关公,有的供鲁班,有的供杨甫老大等④;女性船菩萨,有的供观音,有的供寇承御,有的供妈祖。⑤ 广东、香港、澳门的渔船大都供妈祖,江苏海州湾一带的渔船亦多供奉妈祖。⑥ 事实上,前述渔船上神龛供奉的海神大都是渔村中信仰的神明。渔民们相信本村的神明能够保佑自己远航捕鱼顺风顺水,吉利发财。因此,每当出海捕鱼时就将本村信仰的神明请到船上去,安置于神龛中。一般说来,沿海渔村的渔船上供奉的都是本村的护境神,如福建惠安沙格渔村,其妈祖信仰在明代以前就已经存在。此外,还有观音妈、土地公、盘古爷等⑦,但以妈祖为最高神,渔民出海捕鱼时于渔船上供奉妈祖。对于海岛渔村来说,渔船上所供奉的为其护岛神。以浙江舟山群岛为例,在有人居住的岛屿中,"岛岛有岛神,有的一岛一庙,有的一岛数庙,所供祭的岛神有各岛相同的,也有某个小岛所独有的"⑧。如其中的嵊泗列岛,天后既是护岛神,也是护船神。"渔民不仅在岛上建天后宫供祀天后娘娘,而且在船上也供奉天后,尊为船菩萨。"关帝与天后一样既是护岛神,也是护船神。渔民在岛岸上建"关圣殿""关帝庙"供祀关公,在船上供奉则称为"船菩萨",俗称"船关老爷"。⑨

神明偶像是人们信仰心理的外化与象征,渔船上供奉的海神偶像反映了渔民在海上渔业生产过程中信仰心理的需求。

其一,渔民在海上讨生计,希望海神能够保佑他们航行与捕鱼作业的安全。妈祖是航海守护神,能保佑渔民航海与捕鱼平安;观音菩萨大慈大悲,能救渔民的苦难;关公生前是位刚烈勇猛的武将,在渔民眼里能威镇海域;鲁班是木工的祖师爷,也是造船的祖师爷,渔民供奉他不仅出于感激,而且希望他能够保佑渔船不受风浪的损害。在渔民眼里,海上捕鱼实际上是在龙王的疆域里讨生计,捕捉龙王的鱼兵虾将,因而担心龙王震怒,因此供奉龙王实际上是为了讨好龙王,免得其兴风作浪,危及捕鱼生产与渔民生命安全。

其二,渔民在海上捕鱼作业条件极为艰难,需要群体的团结协作。"一人难以背船过海",这是渔民中代代流行的一句俗话,它反映了海上捕鱼生产受自然环境的限制,从而需要群体性与协调性。渔民群体的团结协作需要彼此讲义气,因而重义气的关公

① 丁毓玲:《妈祖文化的社区分析》,林文豪:《海内外学人论妈祖》,中国社会科学出版社 1992 年版,第 88 页。
② 石奕龙:《惠安县大岞村的妈祖信仰》,林文豪:《海内外学人论妈祖》,中国社会科学出版社 1992 年版,第 387 页。
③ 林国平:《福建省志·民俗志》,方志出版社 1987 年版,第 30 页。
④ 金涛:《独特的海上渔民生产习俗——舟山渔民风俗调查》,《民间文艺季刊》1987 年第 4 期。
⑤ 金涛:《独特的海上渔民生产习俗——舟山渔民风俗调查》,《民间文艺季刊》1987 年第 4 期。
⑥ 刘兆元:《海州湾渔风录·三》,《民俗研究》1991 年第 3 期。
⑦ 丁毓玲:《妈祖文化的社区分析》,林文豪:《海内外学人论妈祖》,中国社会科学出版社 1992 年版,第 87—88 页。
⑧ 金涛:《嵊泗列岛古庙宇及岛神信仰》,《民间文学季刊》1989 年第 4 期。
⑨ 金涛:《嵊泗列岛的天后和关帝信仰》,《民间文学论坛》1990 年第 2 期。

则为渔民所敬重;而寇承御狸猫换太子救了宋仁宗皇帝,至死不吐真情,被视为烈女,其"义气"同样为渔民所敬重。因此渔民供奉关公、寇承御等,是希望这些神灵能保佑同一渔船上的人能团结协作、齐心协力地投入渔业生产。

其三,海洋中的鱼群具有极大的流动性,捕鱼是否能获得丰收也具有很大的偶然性。富有经验的渔师或船老大能通过观察水色、听水下声音,辨别鱼的种类、鱼群的去向以及鱼的数量。明代王士性的《广志绎》记载,浙江"每岁一大渔汛,在五月石首发时,即今之所称鲞者。宁、台、温人相率以巨舰捕之,其鱼发于苏州之洋山,以下子故浮水面,每岁三水,每水有期,每期鱼如山排列而至,皆有声。渔师则以篙筒下水听之,鱼声向上则下网,下则不,是鱼命司之也"①。"海鱼以四五月间散子,群拥而来,谓之黄鱼,因其色也。渔人以筒侧之,其声如雷,初至者为头一水,声凶且猛,不可捕。须让过一水,方下网。簏起泼以淡水,即定,举之如山,不能尽,水族之利,无大于此。"②这二则记载从一个侧面反映了渔师经验之丰富。这类渔师或船老大死后往往为渔民所崇拜并加以神化。船菩萨中的杨甫老大生前就属于捕鱼技术高超与经验丰富者。相传他为福建一位寡妇捕鱼,捕来一船梅童鱼,进港"过鲜"时却变成一船大黄鱼,使寡妇发了财。寡妇前往舟山致谢时发现杨甫老大生前竟是定海岑港老白龙化身。此后,渔民便尊他为船菩萨。③ 广东潮汕的"长年公"④生前因为有丰富的捕鱼经验与技术,死后受渔民的崇拜与信仰。江苏海州湾的"楚太"生前亦富有捕鱼经验,死后专门保佑渔民多捕鱼与安全捕鱼。⑤ 应该说,对杨甫老大、长年公、楚太等渔业的专业神,渔民供奉的目的在于祈求保佑捕鱼丰收。

必须指出,渔船神龛中供奉的海神并不定于一尊,许多远海捕鱼的大船往往供奉多尊神灵偶像。如浙江舟山群岛的渔船神龛中的船菩萨偶像两旁还供奉顺风耳、千里眼两个小神偶。⑥ 福建沿海的渔船除了供奉妈祖或龙王、王爷外,也同时供奉关帝⑦等。渔船神龛中的这种诸神合祀现象值得进一步探讨。一般说,合祀数量越多,亦即海神偶像的种类越多,在海上渔业生产过程中的保佑功能也就越多,越齐全。这种合祀现象是漂泊于大海之上讨生计的渔民复杂的信仰心理需求的表征。显然,渔船设置神龛供奉海神是渔民出海远航前海神信仰活动的延续。渔船供奉海神偶像使海神信仰活动能最直接地贴近海上渔业生产,方便了渔民在海上的祭祀活动,使所供奉的海神能伴随、保佑整个航程和渔业生产过程,随呼随到,保佑周到。

四 船老大:海上祭祀的司祭者

渔民们在海上的整个捕鱼作业过程既是经济活动过程,也是生活过程,这实际上是人与海洋之间、人与人之间种种关系的互动过程。同时为了和谐地完成其互动,必

① (明)王士性:《广志绎》卷四《江南诸省》,点校本,中华书局1981年版。
② 朱国桢:《涌幢小品》卷三一,中华书局上海编辑所1959年版。
③ 金涛:《独特的海上渔民生产习俗——舟山渔民风俗调查》,《民间文艺季刊》1987年第4期。
④ 隗芾:《潮汕诸神崇拜》,汕头大学出版社1997年版,第56—57页。
⑤ 刘兆元:《海州湾渔风录·三》,《民俗研究》1991年第3期。
⑥ 金涛:《独特的海上渔民生产习俗——舟山渔民风俗调查》,《民间文艺季刊》1987年第4期。
⑦ 林国平:《福建省志·民俗志》,方志出版社1987年版,第27页。

须构成一定数量规模的人员组合。这种组合亦即"人与海洋、人与人之间形成的各邦关系的组合"①,是一种"船上社会"②,亦即"特殊的海上社会",是海洋社会中最小的社会群体和最基层的组织。这种"船上社会"在某种情况下会发生解体与重组。据民俗学田野调查,浙江舟山一带的渔民在渔汛结束后要举行大规模的祭海,俗称"谢洋",又称"谢龙王"。"不论丰收歉收都得谢龙王,渔民们也趁机最后欢聚一餐,饱饮一顿,第二天走散,另行搭班捕鱼,投入新的渔汛。"③虽然如此,但大部分"船上社会"还是具有相对的稳定性。它是渔村社会不可或缺的特殊的构成细胞。船老大在这种"船上社会"中有着特殊的身份与重要的地位。海神信仰的祭祀活动几乎贯穿着海洋渔业生产的终始,而船老大在其祭祀中充当了重要的角色。渔船在出海前要举行祭祀,通常船老大要组织与主持祭祀。江苏海州湾一带每年春季第一次出海(无论近海或远海)前要举行隆重而又严肃的"照财神路"或称"照船""照网"的仪式。"在出海之前,不随便上船或往船上装东西,先把要装船的网具食物等全部物资准备好,整齐地排在靠近船的海滩上,由船老大点燃用花皮(桦树皮)和芦苇捆成的火把,俗叫财神把子,把所有船上的人、网具、食物等一应物资,以及船头船尾、舱里舱外,通通照一遍,在照太平舱时,还要特意放鞭炮驱'恶气'。认为一切晦气恶气经过财神把子一照,都被赶跑了,又能添上喜气财气。"④"全年第一次出海这一天,全庄老少都敲锣打鼓放鞭炮到海边送行,在一片锣鼓鞭炮声中,船老大捧着猪头带着全体出海人祭船敬龙王……先到龙王庙神坛前摆供祭品,点烛烧香烧纸马放鞭炮磕头,祈祷龙王垂恩保佑,海上平安,取彩满载。这是祭龙王,是祖祖辈辈出海前必行的一次大型的祭祀活动。然后将祭龙王的供品,摆在出海的船头前烧香放鞭炮祭船。"⑤浙江宁波沿海渔船出海前,要先上香参拜菩萨并供祭酒菜,船老大向娘娘菩萨即海神参拜许愿,祈求"给我打第一对(意即产量最高)",并许以演戏酬谢之意。⑥ 可见,在江苏海州湾一带,渔民出海打鱼之前,无论是举行"照财神路"的仪式,还是这一仪式后出海当天举行"祭龙王""祭船"仪式,都是由船老大主持祭祀的。浙江宁波沿海渔船出海前的祭神祈愿仪式也是由船老大主持的。

有的渔船的船老大是船主雇的,渔船出海前的祭祀仪式是由船主或船老大主持。如浙江舟山群岛渔汛期渔船出海前要举行祭海(或在船头祭龙王,或在船尾圣堂舱祭船菩萨),"祀祷者一般是船主或船老大,祷词均是吉利之语,大意是望龙王和船菩萨保佑,一汛中平安无事,获得丰收。祭毕,船老大把供祭中的一杯酒和少量碎肉、糖、盐、鱼等抛入海中,以谢龙王和船菩萨,俗称'行文书',或叫'酬游魂';然后,全船人围坐一起,举杯痛饮。船主和渔民家属在岸上鸣放爆仗,渔民在船上鸣锣,船上挂起大红彩旗,渔船乘风破浪出海了……这是渔汛开始第一次出海的大规模的海祭,舟山各小岛均很盛行。解放后曾一度绝迹……最近,此风又有抬头……"⑦可见,在舟山群岛,即

① 杨国桢:《论海洋人文社会科学的概念磨合》,《厦门大学学报》2000年第1期。
② 杨国桢:《论海洋人文社会科学的概念磨合》,《厦门大学学报》2000年第1期。
③ 金涛:《独特的海上渔民生产习俗——舟山渔民风俗调查》,《民间文艺季刊》1987年第4期。
④ 刘兆元:《海州湾渔风录·二》,《民俗研究》1991年第2期。
⑤ 刘兆元:《海州湾渔风录·三》,《民俗研究》1991年第3期。
⑥ 姜彬:《吴越民间信仰民俗——吴越地区民间信仰与民间文艺关系考察和研究》,上海文艺出版社1992年版,第288页。
⑦ 金涛:《独特的海上渔民生产习俗——舟山渔民风俗调查》,《民间文艺季刊》1987年第4期。

使船老大不主持祭海仪式而由船主主持,船老大在祭祀中也扮演主要角色。

渔船在海上也要经常举行各种祭祀、祈祷仪式。如江苏海州湾一带的渔船船头放一根最大的铁锚叫"太平锚",不到万分危急时不动用它。平时不准对它有丝毫触动,不准从它上面跨过去,更不准在它面前做犯忌的事,说犯忌的话。如有人不注意在太平锚面前做错事说错话,除了遭耳光之外,船老大要到太平锚前烧香磕头,口念"老锚老锚不见怪,小人做事要担待",或者说"老锚老锚没生气,刚才小狗放个屁"①。这些仪式大都由船老大主持。

渔汛结束后还要举行一些相关的仪式。如江苏海州湾"农历腊月三十中午,船老大要带领全体船上人员捧着猪头到船前,面向大海,烧香磕头,祭船敬龙王敬天后娘娘。猪头要煮熟放在椭圆形的元宝桶内……祭祀之后,船老大用石刀在猪头上横竖各剁一刀,成十字形口。十谐音实,表示祭船敬龙王天后都是实心实意……祭船之后,船老大要亲手杀一只公鸡,把鸡血淋在船头两侧,驱邪赶恶气壮喜,这叫'挂红'……这些项目完成之后,全体船上人员在船老大的带领下吃猪头,喝团圆酒互相道喜说彩祝愿明年'大发财源','开门大吉','财神到家','合家团圆',等等②。必须指出的是,船老大是海洋渔业生产中的关键性人物,除了要有丰富的海上渔业生产经验与技术,还要懂得海神祭祀仪式的一整套规矩与祭祀所应掌握的技艺。如前所述,江苏海州湾的渔船出海前要举行"照财神路"仪式。"船老大在照之前,先照自己尤其是两只手要轮换多照几下,先把自己身上的晦气赶走再添财气,边照边说彩话:'花皮(桦树皮)燎燎手,银钱动笆斗'。然后开始照船,边照边说彩话:'吉星高照,招财进宝。太平无事,一本万利。大发财源,事事如意。'一切照完之后,火把必须剩下一尺多长,把它扔到海里,边扔边说:'所有晦气都送给大老爷(鲨鱼)'。扔火把要有技术,必须使燃火的一头向上,火把在海面上边烧边随风浪飘向远方,把晦气送到很远的地方,这是最吉利的。如果火把扔在自己的船边就被海水漫熄,预示不吉利,船老大也丢了脸,可能下次人们就不请他当老大了。"同样,农历腊月三十的"挂红"仪式,"能干的船老大能把鸡血淋成一条一直线,从船帮一直淋到船底,这叫'挂满红',是吉兆。凡挂满红的,围观群众齐声叫好,还要连说几遍'生意抱了'的彩话。蹩脚的船老大,鸡血淋不成直线又淋不到底,预示不吉利,众人虽然也叫好,内心总是不满意,第二年出海时心里总是有疑虑。凡不能挂满红的船老大,人们都不要他下次再挂红了"③。就族群而言,以上是汉族。同样疍民族群也颇信海神的。疍民一家一船俗称"连家船",男人则是船上的掌舵人亦即"船老大"。其海神祭祀活动也是由"船老大"安排的。如澳门的疍家"一条渔船上的妈祖崇拜活动中,男主人也居主导地位,仪式从起始到终结的整个过程都是按他发出的指令进行。但是男主人必须掌舵,所以仪式的操作乃交给主妇。从街上购买祭品到船上仪式的具体进行,均由主妇负责。不过,某些重要的程序则必须由男性亲自动手,如燃放鞭炮。④ 可见,"连家船"男主人是实质上祭神仪式的主持者。显然,渔船上的船老大不仅是渔业生产的指挥者,而且也是为了渔业生产而举行的各种祭祀海神仪式

---

① 刘兆元:《海州湾渔风录·二》,《民俗研究》1991 年第 2 期。
② 刘兆元:《海州湾渔风录·二》,《民俗研究》1991 年第 2 期。
③ 刘兆元:《海州湾渔风录·二》,《民俗研究》1991 年第 2 期。
④ 转引自陈衍德:《澳门的渔业经济与妈祖信仰》,《中国社会经济史研究》1997 年第 1 期。

的重要参与者乃至组织者、主持者。因为渔民的海神信仰是与渔业生产紧密联系在一起的,祭神的目的乃在于渔业生产的丰收。

五 渔村的神灵信仰与祭祀

海洋区域的渔村可称之为海洋性渔村。[①] 海洋性渔村是海洋渔民最小的固定性的聚居群落,分布于海岸带陆域及其岛屿,亦即包括沿海渔村与海岛渔村。由于海洋渔业经济活动存在,从而使渔村的诸神信仰及其祭祀活动浸染上海洋性色彩。在海洋区域,直接或间接的海洋活动形成人与人之间的种种联系,从而构成海洋社会。[②]

在海洋区域中,渔村属于基层的海洋社会。在从事海洋捕鱼生产的渔村中,由于海上捕鱼生产作业的缘故而形成作业组,每个作业组就是一个“特殊的海上社会”。作业组有大有小,其大小视捕鱼航程的远近与所捕鱼种对象而定。由此而组成的特殊的海上社会亦有大小之分。渔村亦有大小之分,一个小的渔村就是一个作业组,有的渔村往往有几个作业组,因此而出现渔村中不同的祭祀类型。

(一)整个渔村的祭祀

这种祭祀基本上是制度化的。它源于渔村中民间约定俗成的相对固定的祭祀日期与祭祀仪式。例如广东南澳后宅靠海有座关帝庙,过去从庙前到海边是一片沙滩地。关帝圣诞(农历五月十三日)和中元节(农历七月十五日)要举行祭海。家家用供桌摆出满满的祭品,上面插着彩旗。远看旌旗招展,香烟缭绕,加上鞭炮的响声,十分热烈。其祭祀除了祭拜关帝和海神外,还祭奠客死海中的亲人。[③] 又如,据《福建民俗志》载,闽南地区“渔民们相约在七月二十九日,带上供品到海边祭祀神灵。这天渔家各户挑着满满的祭品从四面八方汇集在海滩上,各家都摆出祭品,主要有猪头、鸡、鸭三牲,还有清酒 12 杯,以及五花八门的山珍海味,满满一桌。祭祀时间定在申时,时辰一到,由主持人焚香祷告,期望海神保佑风顺、满载,然后男女老少一齐跪拜大海,八拜九叩,拜毕焚烧纸箔,最后大家围坐在一起分享供品”[④]。山东亦然,据《威海卫志》载:“海神庙,俗名龙王庙,有二:一在庙前,一在祭台。清明,渔人祭以豕酒。”[⑤]清明节是传统的节日,参加这种节日祭祀活动的大都是举家而出,“渔人”自然也不例外,这从民俗学田野调查的民俗事项中得到反映。山东蓬莱县大季家镇沿海每年农历正月十三日或十四日举行“渔灯节”。在流行这一习俗的 6 个渔村中,初旺、孙家、季家在农历正月十三日,陈家、顾家、芦洋在正月十四日。节日当天,家家往船上送灯并在船头设祭拜船、放鞭炮、办游乐,日以继夜,夜间又往海边送灯,且向海上放“船灯”。[⑥] 前述祭祀活动或与传统的节日联系在一起,或有固定的日子,它有着约定俗成、自然而然形成的

---

① 其经济生活有单纯从事渔业的,有渔农兼营的,有渔农商兼营的,但共同的特点就是从事海洋渔业。这也是它区别于内陆农业村落之处。

② 从事海产品经营的行业与小贩就不属于直接的海洋活动。

③ 隗芾:《潮汕诸神崇拜》,汕头大学出版社 1997 年版,第 20—21 页。

④ 林国平:《福建省志·民俗志》,方志出版社 1987 年版,第 29 页。

⑤ (清)毕懋第、郭文大:《威海卫志》卷五《典礼》。

⑥ 山曼:《山东内陆文化与海洋文化之比较》,《民间文学论坛》1989 年第 5 期。

一套规矩,具有无形的导向性与规范性,渔民家家户户很自然地要参与祭祀。不仅如此,还揭示了其祭祀日期与仪式同被祭祀的特定的神灵有密切联系。渤海辽东湾二界沟渔村是清乾隆年间形成的。这个渔村过去要举行"五月十三樯"与"状告海蜇"的祭祀。毛虾在每年农历五月十三日前后性腺成熟,普遍背上挂梃,个体肥大,是动风樯张网捕捞的黄金时节,村里要举行祭祀海神的活动,故名"五月十三樯";每年农历七月十五左右,海蜇出得太多,混迹到渔网兜中污染鱼虾,撑破网具,所以要举行祭祀状告海蜇,祈求海神绝此恶种①,故名。每逢举行"五月十三樯"与"状告海蜇"的祭祀日,全村男女老少都集中在村内的广场,由渔会出面主持,敬请九沟八叉的神灵到场,请上、中、下三路八仙光临,然后上猪头、寿桃、面糕、米糕等贡品,向海神上香祈求多出毛虾、让海蜇绝种,同时向海神许愿演戏酬报等。② 显然,无论是"五月十三樯"还是"状告海蜇"都是全村举家参与的。当然,其还愿祭神也是如此。

(二)渔业作业组的祭祀

尽管渔业的作业组亦即"特殊的海上社会"只是一个相对稳定的人群集合体,它会由于种种原因产生解体并重新组合。但由于这种"特殊的海上社会"是针对海上的捕鱼生产作业而形成的,因此在这个特定的海上社会中,所有成员有着相同的命运与一致的利益,这就决定了他们有着共同的祀神活动,前述出海捕鱼前的祭海活动、渔船在海上的祭祀活动,大都是在这个特定的海上社会内举行的。某个特定的海上社会也会出于身家性命的安全或希冀渔业丰收的考虑向神灵进行祈求、许愿方面的祭祀。而当愿望实现、平安返航归来后,往往要举行还愿祭祀。如福建惠安崇武渔村的渔民平安返航的当天,要备上供品到邻村大岞的妈祖宫去酬谢,顶礼膜拜。又如,惠安大岞渔村,"当渔船丰收归航后,到天妃宫向妈祖还愿是获得好收成的渔船必需的礼节"③。嵊泗列岛的渔民普遍信仰观音,如果在海上遇险时,通常"口念观音",并许愿只要菩萨保佑逢凶化吉,就到灵音寺烧香做佛事。平安无事返航归来后,就必须还愿兑现,否则要遭到惩罚。因此,无论有多大困难,渔民们都要兑现自己的诺言。在"观音香期",渔民或者其家族要三步一拜前往还愿。④ 显然这类祭神大多是兑现渔民"特殊的海上社会"出海前或在海上捕鱼中许下的愿,因而基本上也是以"特殊的社会"名义进行的。福建沿海流行"牙祭"习俗。每逢农历初二、十六日(或初一、十五日),渔民要举行做"牙祭",祭祀妈祖、关帝、海龙王。漳州地方渔民还有的供奉开漳圣王陈元光等。"'牙祭'礼仪比较简单,三四盘肉菜,点上香烛祈祷几句就行了。莆田县沿海'牙祭'只用斋菜、果品祭拜。"⑤这种牙祭在渔村大多是以海上作业组为单位进行的。

此外,在渔村中,各渔民家庭也会因某种原因而独自进行许愿与还愿祭祀。

---

① 不过现在相反,而是祈祷多出海蜇。
② 刘长青:《从元神岗的名称说元神崇拜》,曲金良:《中国海洋文化研究》第 1 卷,北京文化艺术出版社 1999 年版,第 141—142 页。
③ 石奕龙:《惠安县大岞村的妈祖信仰》,林文豪:《海内外学人论妈祖》,中国社会科学出版社 1992 年版,第 387 页。
④ 金涛:《嵊泗列岛古庙宇及岛神信仰》,《民间文学季刊》1989 年第 4 期,第 37 页。
⑤ 林国平:《福建省志·民俗志》,方志出版社 1987 年版,第 29 页。

海洋渔业生产是一种充满风险的重体力劳动,由于男女性别的不同,导致体力与身体素质的不同,因此捕鱼通常是男人们的事。不过有些地方也有妇女出海参加捕鱼作业。渔妇参加捕鱼的有两类:其一是疍妇,水上疍民因世世代代生活在"连家船"中,其妇女自然要参加海上捕鱼。据《广东新语》载:"广为水国,人多以舟楫为食。益都孙氏云:南海素封之家,水陆两登,贫者浮家泛海……舟人妇子,一手把舵筒,一手煮鱼。橐中儿女在背上,日垂垂如负瓜瓠,扳罾摇橹,批竹纵绳。"①这种情况在福建的福州、厦门沿海一带都有。在福州的疍民称为"伙题"。厦门的渔港是明末清初形成的,其渔民绝大部分是从九龙江流域转移而来的"夫妻船",或称"连家船",实际上就是疍民。由于受到歧视,渔家女很少上岸,只能生活在渔船上,因而渔家女参加渔业生产就成为祖辈相传的风俗。② 其二是疍家之外的汉族妇女。据民国《莆田县志》卷一记载:"惟莆则男妇并重。田野妇女皆能躬耕,深山妇女皆能樵采,沿海妇女皆能捕鱼,家喻户晓,不烦督促,此全国所未有也。"可见,除了疍妇外,沿海汉族妇女下海捕鱼是很少见的。因此可以说在渔村的经济生活中男人居主导地位。

那么,在渔村的祭祀活动中,渔家男女各自又充当什么样的角色呢?明末史璇《蚕沙口天妃诗》:"年年三月赛天妃,晒网新从海上归。阿妇拈香郎酹酒,风波无恙水田肥。"诗中描写的是渔农兼营的沿海渔村祭祀海神妈祖的情景。"风波无恙水田肥",正是阳春三月溶田插秧时节,男人们从海上打鱼归来亦即"晒网新从海上归","年年三月赛天妃,……阿妇拈香郎酹酒",说的是举家参加渔村每年农历三月海神妈祖神祀的信仰活动,妻子"拈香",丈夫"酹酒",说明在这个渔村中家庭主妇是主持祭祀者,丈夫则作为参与者。事实上,在沿海绝大多数汉族渔村中,出海捕鱼是男人的事,在家中的女人所能做的事就是拜神以祈求在海上的男人平安与捕鱼丰收。福建惠安沿海诸多渔村的妇女在祭神中扮演主角最为典型。据当代民俗学田野调查表明:"惠安崇武渔民,平安到家当天,船老大的妻子依俗要挑上猪头、黄花鱼、鸭蛋和糖果、糕点、柑橘等,到邻村大岞的妈祖宫去顶礼膜拜。祀神之后,这些供品便成了船老大聚会船员、共庆丰收的菜肴。"③惠安沙格是一个以捕鱼为生的渔业村。村里的祭祀活动大都围绕着"海"展开。沙格渔村几乎家家都供奉妈祖神位,当男人出海时,在家的妇女天天烧香拜妈祖,祈望出海的家人一帆风顺,平安归家。④ 惠安崇武海边靖海庵有一通石碑,碑文称,过去崇武渔民出海打鱼,遇狂风大作时,在家的渔妇们自发聚集到海边,面对大海祈求神佛保佑出海的家人平安无事,后来在该处建了一座靖海庵以供渔民祈拜之用。在大岞渔村的天妃宫,不是节会的时间,庙内仍是香烟缭绕,不少人在烧香卜筊,而烧香的绝大多数是妇女亦即渔妇。在港璈,平时到土地庙里烧香的也是渔妇。渔汛期出海,渔船在海上行至何处应烧香祭拜神明,都是按照家中女人所交代的去办。舟山渔场一年有四个渔汛期,每个汛期首航是否吉利关系到整个渔汛是否顺利。因此,出海前一天要举行十分严肃而隆重的祭祀仪式。在这一祭祀活动中,渔家主妇主

---

① (清)屈大均:《广东新语》卷一四《舟楫为食》下册,第395页。
② 陈复授:《厦门的渔家女》,见龚洁:《厦门风物》,厦门市文物管理委员会办公室、厦门博物馆铅印本,第177—179页。
③ 邱桓兴:《中国民俗采英录》,湖南文艺出版社1987年版,第297页。
④ 丁毓玲:《妈祖文化的社区分析》,《海内外学人论妈祖》,中国社会科学出版社1992年版。

要充任洗涤祭祀用器与用品的角色。为此必须事前沐浴身子,然后先洗净放供品的礼盘,再把三牲礼品放入盘内,端到船上,或在船头供祭龙王,或在船尾的圣堂舱供祭船菩萨。① 显然,妇女在祭神活动中所充当的角色,与她们在渔村中乃至渔家中的性别角色分工相关。

从以上所述可知,在渔村中渔妇是祭祀活动的积极参与者。不过,当男人在海上捕鱼作业时,渔妇们在拜神与祭神活动中居于主导地位;当男人捕鱼归来后,渔村中举行具有全民性的祭神活动中,渔妇们则居于辅助地位。这是由于渔妇们在家庭中充当基本类似的角色以及处于相同的地位决定的。渔村的祭神活动基本上是举家参与的。渔家是参与渔民村落祭祀的最小单位。这种以家为单位参与渔民村落的祭神仪式,不仅增强了渔村中渔家与渔家之间的凝聚力,而且也增强了渔民个体之间的凝聚力,从而增加彼此之间征服海洋的信心与力量。海上渔业生产需要协作精神。渔村群体性祭祀的举行,在某种意义上说,本身就是海上渔业生产群体协作精神的体现。这种群体性的祭祀活动的举行反过来加强了群体合作精神进一步的培养。②

第四节　明清时期的海神信仰与海洋贸易

海洋商人是继海洋渔民之后走向海洋,追求海洋商业利益的人群。海洋商人从事海洋商业贸易活动充满风险,不仅有商业风险,而且还有人身安全风险。海商把消除心理上对风险的担忧寄托在对神灵的种种祈祷之中。因此,海洋商人的整个商业活动过程也与海神信仰密切联系。③

一　海洋商船的海上航行与海神祭祀

明清时期,从事海洋贸易的海商在出海前要举行祭海。据《漳州府志》记载:"海澄县天妃宫在港口,凡海上发舶者皆祷于此。"④琼州(即今海南岛)为海上南北交通要冲,其海口是往来舟楫必经之处。元代即于此处创建天后庙,"沿袭于明,而香火极盛于清"。凡"灵爽迭着,舟行者必请命于神,而后济者事也如之"⑤。事实上,明清两代闽粤一带的海商下海出航前祭祀海神妈祖已成惯例。我国海商出海前举行祭祀的现象源于何时有待探讨。据记载,在唐宋时,福建南安延福寺的通远王"其灵之著为泉第一。每岁之春、之冬,商贾市于南海暨蕃者,必祈谢于此"⑥。福清海口的林夫人庙"贾客入海,必祷求阴护"⑦。莆田的罗隐庙"海商祈风,分帆南北"⑧。宋代路允迪奉旨出使高丽国前也举行祭海,说明祭海在当时已是普遍的现象,其他地方的海商也不例外。

① 金涛:《独特的海上渔民生产习俗——舟山渔民风俗调查》,《民间文艺季刊》1987 年第 4 期。
② 王荣国:《明清时代的海神信仰与经济社会》,博士论文,厦门大学 2001 年,第 83—95 页。
③ 王荣国:《明清时代的海神信仰与经济社会》,博士论文,厦门大学 2001 年,第 101 页。
④ 万历《漳州府志》卷三一《古迹·坛庙》。
⑤ (清)李向桐:《重修海口天后庙记》,见蒋维锬编校:《妈祖文献资料》,福建人民出版社 1990 年版,第 330 页。
⑥ (宋)李邴:《水陆堂记》,陈仕国辑录《丰州辑稿》下册,第 363 页。
⑦ (明)何乔远:《闽书》卷六《方域志》第 1 册,第 148—149 页。
⑧ (明)何乔远:《闽书》卷之二三《方域志》第 1 册,第 567 页。

出海前如果没有祭祀神灵可能要遭遇不幸。福建莆田"显应侯"在五代时就灵验。据说，"游商海贾，冒风涛，历险阻，以谋利于他郡外番者，未尝至祠下，往往不幸，有覆舟于风波，遇贼于蒲韦者"。而出海前祭祀神灵则可平安无事。泉州海商朱纺往三佛齐国从事海洋贸易，因临行前祭祀"显应侯"并请得香火，"舟行迅速，无有艰阻，往返曾不期年，获利百倍。前后之贾于外番者未尝有是"。"显应侯"甚至可化险为夷。兴化军海商"周尾商于两浙，告神以行。舟次鬼子门，风涛作恶，顷刻万变，舟人失色，泣涕相视。尾曰：'吾仗神之灵，不应有此。'遂呼号以求助。虚空之中，若有应声。俄顷风恬浪息，舟卒无虞。"① 唐宋的海商已是如此信仰海神，流风所及，到了明清时代成为更普遍的风气。

此外，明清时期有的地方的海洋商人出海前还请道士做"安船科仪"，以祈福禳灾，求得诸神保佑商船以及船上人员平安。②

海商对于神灵的祭祀是十分重视的，特别是从事远洋贸易的海商在海船航行时也要举行祭祀。

从事海洋贸易的最大危险是在航行过程中。与远海捕鱼的渔船相比，不仅时间长，航程长，而且海况也更复杂，而从事远洋贸易就更不要说了。因此，海洋商人特别是从事远洋贸易的商人在整个航程中也要举行焚香祭祀。其焚香祭祀表现为，在出海前祭神时从神庙中请去香火并在船上继续焚香祭祀。如前述福建莆田的"显应侯"，宋时"泉州纲首朱纺，舟往三佛齐国，亦请神之香火而虔奉之"③。明清时期，此俗继续流行，并对商船上供奉的神灵偶像进行焚香祭祀，详见后述；而且还表现为商船航行至某地要祭祀当地管辖一方海域的神灵。据记载，大蚶光济王庙，在莆田府城东奉谷里大蚶山。据《泉南录》载："昔尝海溢，有物如屋瓦乘潮而来，郡人异之，为立庙，凡商舟往来必祷焉。"④ 又如广州城南五里有崇福无极夫人庙，商船往来，无不乞灵于此，"凡过庙祈祷者，无不各生敬心"⑤。这种状况延续到明清时期。山东庙岛即沙门岛，"岛间水深丈余，可泊数十艘，避北风，上有田地五顷六十亩及神妃显应宫，居民十余家，洋船往来于直沽者必于此湾泊，盖海道咽喉之地也"⑥。庙岛在山东长岛县，它的周围有一列群岛困成一个塘湾，世称庙岛塘。过去是登州外港，所谓岛上有"神妃显应宫"就是"天后宫"，供奉海神娘娘。⑦ 这里是南北海上交通咽喉，过往的船只大都要在这里停靠汇集，同时祭祀海神妈祖。

内洋航路途中要举行焚香祭祀，外洋航路就更不要说了。七洲山附近的七洲洋，即今西沙群岛一带海域，为我国古代去南洋群岛乃至西洋各国的必经之险地。宋人吴自牧的《梦梁录》中就有"去怕七州，回怕昆嵛"之说。明代的航海者中更是相传"上怕

① （宋）方略：《有宋兴化军祥应庙记》（绍兴八年），郑振满、丁荷生：《福建宗教碑铭汇编》（兴化府分册），第13页。
② 杨国桢：《闽在海中——追寻福建海洋发展史》，江西高校出版社1998年版，第81页。
③ （宋）方略：《有宋兴化军祥应庙记》（绍兴八年），郑振满、丁荷生：《福建宗教碑铭汇编》（兴化府分册），第13页。
④ （明）黄仲昭：《外闽通志》下册，第410页。
⑤ （元）无名氏：《湖海新闻夷坚续志》后集卷二《神明门》，中华书局1986年版，第213页。
⑥ 《即墨县志》卷一二《杂稽·海程》。
⑦ 郭泮溪：《山东海乡民众拾零》，《民间文学论坛》1989年第5期。

七洲,下怕昆崙,针迷舵失,人船莫存"①。在航海者看来,七洲洋之所以险象环生是由于海中的鬼神为祟。因此凡商"舶过,用牲粥祭海厉,不则为祟"②。只有祭祀过"海厉",海商才敢放心往来七洲洋。

从事远洋贸易的商船因航程长,途中往往要停靠一些地方补充薪米淡水之属,同时逢庙祭祀。事实上,凡是过往船舶中途停靠之处同时也是其汇集之处,必然要设庙宇以供海客焚香祭拜。如靠近占城附近的灵山不仅是往中南半岛船舶途中的停靠处,也是西洋航路上船舶中途的停靠处。据《星槎胜览》曰:"……山顶有一石块似佛头,故名灵山,往来贩舶于此樵汲,崇佛诵经,燃放水灯彩船,以禳人船之灾。"③"灵山石佛,头舟过者,必放彩船和歌,以祈神贶。"④可见,灵山是海上往来商舶中途"樵汲"之处,更是海商祭拜神佛之处,供其"崇佛诵经,燃放水灯彩船,以禳人船之灾"。

在途中停靠后重新起航同样要举行祭祀仪式。明代凌濛初在《拍案惊奇》中写道,明成化年间,苏州府长洲县海商40余人合伙乘船往海外经商,船至那国里停靠,"随同众人一齐上去,到了店家,交货明白,彼此兑换。约有半月光景,……众人事体完了,一齐上船。烧了神福,吃了酒,开洋"⑤。《拍案惊奇》中所写的虽是小说,但反映的是当时的事实。远洋航船在途中遇到神庙也并非都要停靠祭拜,有的则采取在船上遥望祭拜的形式。据记载,西洋针路中的乌猪山"上有都公庙,舶过海中,具仪遥拜,请其神祀之"⑥。又载,过"乌猪山……请都公上船"⑦。就是说,乌猪山上有"都公庙",船舶途中经过其处采取遥望祭拜的形式,同时还"请其神祀之"于船上。那么,都公是何人呢?据记载,"都公者,相传为华人,从郑中贵抵海外归,卒于南亭门。后为水神,庙食其地。舟过南亭必遥请其神,祀之舟中"⑧。显然都公原是华人,因往海外归来卒于途中,而成为管辖"南亭"亦即"乌猪山"附近海域的"水神"(即海神)。往来航船的海商船主都要"请都公上船",以便一路保佑他们一帆风顺。⑨

海洋商人在海上航行中对神灵的祭祀并非单向,而是往返都要祭祀。如据《海道针经(乙)指南正法》载,"独猪山……往回献祭"⑩。又《海道针经〈甲〉顺风相送》亦载,独猪山,系海南万州山地方。"往来祭海宁伯庙。"⑪福州五虎门是海商船只出入的门户,所以海商"往回献祭"。⑫不仅如此,对于那些途中曾被请上船供奉的神灵,返程时则要举行仪式送神回去。如"都公"为南亭门的"水神",海商南下经过该处时"遥请其

---

① 《海道针经〈甲〉顺风相送》,《两种海道针经》,中华书局点校本2000年版,第83页。
② (明)张燮:《东西洋考》卷九《舟师考》,点校本,中华书局2000年版,第172页。
③ (明)张燮:《东西洋考》卷九《舟师考》,点校本,中华书局2000年版,第174页。
④ (明)张燮:《东西洋考》卷九《舟师考》,点校本,中华书局2000年版,第186页。
⑤ (明)凌濛初:《拍案惊奇》,上海古籍出版社1992年版,第8页。
⑥ (明)张燮:《东西洋考》卷九《舟师考》,第172页。
⑦ 《海道针经〈甲〉顺风相送》《两种海道针经》,中华书局点校本2000年版,第33页。
⑧ (明)张燮:《东西洋考》卷九《舟师考》,第186页。
⑨ 王荣国:《明清时代的海神信仰与经济社会》,博士论文,厦门大学2001年,第105—109页。
⑩ 《海道针经〈乙〉指南正法》,《两种海道针经》,中华书局点校本2000年版,第117页。
⑪ 《海道针经〈甲〉顺风相送》,《两种海道针经》,中华书局点校本2000年版,第33页。
⑫ 《海道针经〈乙〉指南正法》,《两种海道针经》,中华书局点校本2000年版,第115页。

神,祀之舟中","至舶归,遥送之去。"①"回用彩船送神。"②

此外,海商返航后要举行还愿祭祀仪式。据记载,宋代"泉州杨客在海外经商十几年,积累多金,每遇风暴袭击,必大叫神求,大许愿,及回全忘光,后得报应"③。这只是极个别的例子,不过对后来的其他海商具有警戒作用。当然绝大多数的海商在酬神这方面表现出十分虔诚。例如广州城南的崇福夫人庙,据元代无名氏的《湖海新闻夷坚续志》记载:"庙之后宫绘画夫人梳妆之像,如鸾镜、凤钗、龙巾、象栉、床帐、衣服、金银器皿、珠玉异宝、堆积满前、皆海商所献。"到了明清时期还愿酬神几成制度,而且十分奢侈。如《瀛壖杂志》载,"海舶抵沪,例必斩牲演剧。香火之盛。甲于一方"④。

从上述可知,海洋商人由于海上航行具有极大的风险性而对神灵的祭拜显得十分虔诚,祭祀海神的活动伴随着整个航程。他们不仅祭祀妈祖等海神,凡是他们认为能够保佑其海上航行安全的神灵都予以祭祀,真是多多益善!⑤

二 海洋商船神龛所供奉的海神偶像

海洋商人不仅出海从事海洋贸易之前要举行祭祀仪式,而且在商船上设置神龛供奉神灵,以便在整个航程都能拈香祭祀,保证与神明随时沟通。据说最初在商船上供奉神灵的是宋代福建人。宋咸淳以前,其他地方从事海运者即模仿福建人做法供奉"天后",到了明清时期形成了这一行业的普遍习俗。那么,当时商船上供奉神灵的情况又是如何呢? 在此,我们以琉球国《历代宝案》所记载的有关中国遇难船只资料为主并结合其他资料,专门探讨明清时期海洋商船上所供奉的神灵及其信仰行为,以期进一步对海商的信仰活动有更全面的了解。

(一)神灵偶像类型

从《历代宝案》记载中,可查找到有供奉神灵偶像的中国遇难船只 26 艘。其供奉神灵的类型分类如下:

供奉一尊"天后"。乾隆三十年(1765 年),福建漳州府龙溪县船户蔡永盛等 23 名海商驾坐地字 50 号商船,装载货物往江南贸易,又在当地装茶叶往西锦州发卖,再"装买豆子、瓜子要回本县,驶至山东洋面陡遭西北大风,失舵弃桅,任风漂荡,漂至琉球国德岛",随带物件有"天后娘娘一位"⑥。嘉庆六年(1801 年)四月初四日,福建泉州府商人徐三贯率舵工水手 23 名去广东买双枪乌船并收买赤白糖等项,往天津发卖,又在当地"收买红枣、乌枣、核桃、梨子等物要回家为生理"。返程时,于山东外洋"不意飓风陡起,砍断大桅,随风漂流"。漂至琉球国八重山,随带物件中有"圣母像全座"⑦。"圣母像全座",全称应是"天上圣母像全座"。嘉庆十三年(1808 年)八月十七日,江南省苏

---

① (明)张燮:《东西洋考》卷九《舟师考》,第 186 页。
② (明)张燮:《东西洋考》卷九《舟师考》,第 172 页。
③ (宋)洪迈:《夷坚志》《夷坚丁志》卷六《泉州杨客》下册,第 1270 页。
④ (清)《瀛壖杂志》,岳麓书社 1988 年版,第 54 页。
⑤ 王荣国:《明清时代的海神信仰与经济社会》,博士论文,厦门大学 2001 年,第 112—113 页。
⑥ 蔡铎等:《历代宝案》第二集卷五〇第 6 册,中国台湾大学 1972 年影印版,第 3195—3196 页。
⑦ 蔡铎等:《历代宝案》第二集卷九四第 8 册,中国台湾大学 1972 年影印版,第 4632 页。

州府镇洋县海商俞富南等 17 人乘船往关东做生意,遇大风,漂到硫球国德之岛,随带物品有"所奉天上圣母"①。嘉庆十九年(1814 年),广东潮州府澄海县船主吴利德率舵工水手 36 人,搭客 22 名,坐驾澄字 149 号船"装载赤白糖等项前到天津府发卖","转到西锦州置买黄姜、木耳、牛油、甘草、防风等件要回本籍"。在江南大洋陡遇风暴,漂至琉球国八重山,商船搁礁打破,"所有货物尽漂弃,惟剩所奉圣母神像全座"②,"圣母神像全座"其全称应是"天上圣母神像全座"③。道光二年(1822 年),广东潮州府澄海县郑仁记等柁梢搭客共 90 名乘坐县字 27 号商船,"装载黄糖、苏木等货到江南上海县贸易,又在当地装载棉花、豆饼、布匹等货返回,因遇大风漂到琉球国八重山","通船人数共见船不坚固,将及沉覆坐驾杉板二只上岸活命"。随带物件中有"所奉天上圣母神像全座"④。道光四年(1824 年)四月十五日,福建泉州同安县船户洪振利与通船柁梢 29 名、搭客 9 名,共 38 名,坐顺字 96 号关部照地字 2 号商船奉宪令启程到台湾府装载粮米往天津府交纳后转盛京奉天府南金州置买豆子,放洋要回本籍,途中遇大风,砍桅坏舵,货物丢弃,任风漂荡。后"船底破漏,将次沉没",乃带衣包等物跳上舢板,随风漂流至琉球国山南府地方。⑤ 随身携带有"所奉天上圣母神像全座"⑥。道光四年(1824 年)五月二十二日,福建省泉州府同安县商民吕正等共 32 名,坐驾盛字 338 号商船去台湾装载大米往天津府贸易,在当地装载乌枣,又转到山东收买豆饼,要回本籍,不意在洋中沉船,吕正等 6 名(后饿死 5 名,仅存吕正)"坐落水柜",随波漂荡,漂至琉球国北山府地方。随身携带物件有"所奉天上圣母神像全座"。道光四年(1824 年)七月二十四日,广东省潮州府澄海县商人蔡高泰与舵梢 15 名、搭客 7 名,共 22 名,"驾坐澄字 64 号商船装载糖货到天津府发卖,在当地装载高粮(当为"粱"字)酒、乌枣等货转审(当为"沈"字)阳省宁远州装载姜货,于放洋回本籍途中遇风涛大作,漂至琉球国叶壁山",船上随带物件中有"所奉天上圣母神像全座"⑦。

以上供奉"天后娘娘"1 艘,属漳州府龙溪县;供奉"天上圣母"1 艘,属苏州府镇洋县;供奉"天上圣母神像全座"6 艘,其中属泉州府 3 艘(属同安县 2 艘,1 艘未标明何县),属潮州府澄海县 3 艘。无论供奉 1 尊"天后娘娘"或"天上圣母",还是"天上圣母神像全座",事实上,这些海洋商船所供奉的都只是一尊"妈祖神像"。其总数 8 艘,占 30.08%。

供奉"妈祖陪祀顺风耳千里眼"。乾隆十七年(1752 年)十月初一日,江南省通州船户崔长顺与海商共 23 人,乘坐一艘海船从通州吕四场出港,往胶州装载客货物等。后出胶州港往苏州交卸客货物。十一月二十三日忽遇飓风,"坏舵不能收拢,随风逐浪在大洋飘荡",十二月八日又遇西北飓风,"砍断大桅,松去货物",漂至琉球国八重山地方,"船被风浪打碎",为当地民众救起,捞起物件中有"天后娘娘一件、千里眼将一位、

---

① 蔡铎等:《历代宝案》第二集卷一〇七第 9 册,中国台湾大学 1972 年影印版,第 5014—5015 页。
② 蔡铎等:《历代宝案》第二集卷一一八第 9 册,中国台湾大学 1972 年影印版,第 5372 页。
③ 蔡铎等:《历代宝案》第二集卷一三五第 10 册,中国台湾大学 1972 年影印版,第 5745—5746 页。
④ 蔡铎等:《历代宝案》第二集卷一四〇第 10 册,中国台湾大学 1972 年影印版,第 5862—5864 页。
⑤ 蔡铎等:《历代宝案》第二集卷一四二第 10 册,中国台湾大学 1972 年影印版,第 5840—5850 页。
⑥ 蔡铎等:《历代宝案》第二集卷一四二第 10 册,中国台湾大学 1972 年影印版,第 5851 页。
⑦ 蔡铎等:《历代宝案》第二集卷一四〇第 10 册,中国台湾大学 1972 年影印版,第 5850—5852 页。

顺风耳将一位"①。乾隆四十三年(1769年)十月二十四日,江南省通州商人、船户姚恒顺与海商共14人,乘坐"通字五甲四十四号商船"从太仓州镇洋县装载南货往山东胶州贸易,又在当地"揽装腌猪等货",返回镇洋,不意于"洋中遇着飓风将舵子损折,任风飘行"至琉球国八重山,冲礁船破。随带物件中有"一、天后娘一位,一、千里眼将一位,一、顺风耳将一位"②。引文中的"天后娘",应是"天后娘娘"。乾隆四十四年(1779年)六月九日,福建省闽县船户林攀荣与海商共33人,乘坐顺字34号商船,"装载纸货,由福州出口",于八月二十四日到关东锦州府停泊,又在当地装载瓜子等物后"开洋回南贸易,仍回本省",不意一月初十日五条沙洋面风波大起,船"失舵弃桅,任风飘流"至琉球国马齿山,乘舢板上岸。随带物件有"一、天后娘娘一位,一、千里眼将一位,一、顺风耳将一位"③。乾隆五十年(1785年)三月二十九日,福建省漳州府龙溪县船户林长泰与商人共26人,驾驶海船一只,"装载红糖,本县开船到上海地方发卖,转到锦州府收买黄豆、瓜子、芝麻等项回到山东大西岛山放洋,要回本县",十二月初三日"忽遇飓风打断桅舵,丢弃货物",漂至琉球国大岛④,随带物件中有"一、天后娘娘一位,一、千里眼将一位,一、顺风耳将一位"⑤。乾隆五十年六月二十八日,广东省潮州府澄海县船户陈万金等38名海商乘坐澄字523号船"装载槟榔,本县开船前到天津府天津县兑换贸易",后转到盛京省奉天府宁海县"置买黄豆",放洋要回本县,不意西风大作,波浪猛起,砍弃桅蓬,任风漂流至琉球国叶壁山。随带对象中有"一、天后娘娘一位,一、千里眼将一位,一、顺风耳将一位"。道光十六年(1836年)六月十六日,广东潮州府澄海县船户陈进利等50名商人、搭客坐驾海船一只,于本县出口到天津贸易,又到山东福山县"采买黄豆、小麦、豆饼等项"。十一月初五日放洋回籍,不意"初八日陡遇西北大风,失舵砍桅,任风飘流四十余日",至琉球国山北府。随带对象中有"一、奉敬天上圣母一座,一、顺风爷二座"⑥。引文中的"天上圣母",即"天后娘娘";"顺风爷二座"应是"顺风爷一座,千里眼爷一座",可能是记录的人未加细察所致。

供奉"天后陪祀顺风耳千里眼总管爷"。道光二十年(1840年)十二月二十日,江苏苏州府长洲县嘉会铜局坐商杨嗣亨奉旨遣发东洋采办红铜,共101名坐金得泰商船"在本县装载药材、糖货以及呢羽缎哔吱等件"从乍浦出口放洋要往东洋,一路遭风,漂到琉球国奇界岛,船撞礁击碎。随带物件中有"一、敬奉天上圣母一座,一、顺风耳一座,一、千里眼一座,一、总管爷一座"⑦。乾隆十四年(1749年)四月二十二日,福建省福州府闽县船户蒋长兴等27名海商驾乌船"往厦门装糖",五月初十日至上海县发卖,后在当地装茶叶运往锦州发卖。又在彼地装瓜子、黄豆等项。十月十五日出锦州港到江南外洋陡遭西北大风,漂至琉球国麻姑山,冲礁船破,随带物品中有"天后娘娘并将军三位"⑧。这里的"将军三位"其中二位似应是"顺风耳将与千里眼将",另一位应是

① 蔡铎等:《历代宝案》第二集卷三四第3册,中国台湾大学1972年影印版,第2710—2712页。
② 蔡铎等:《历代宝案》第二集卷五四第6册,中国台湾大学1972年影印版,第3265—3266页。
③ 蔡铎等:《历代宝案》第二集卷六五第6册,中国台湾大学1972年影印版,第3492—3493页。
④ 蔡铎等:《历代宝案》第二集卷七二第6册,中国台湾大学1972年影印版,第3661—3662页。
⑤ 蔡铎等:《历代宝案》第二集卷七二第6册,中国台湾大学1972年影印版,第3666页。
⑥ 蔡铎等:《历代宝案》第二集卷一六四第12册,中国台湾大学1972年影印版,第6825—6826页。
⑦ 蔡铎等:《历代宝案》第二集卷一七三第12册,中国台湾大学1972年影印版,第7253—7255页。
⑧ 蔡铎等:《历代宝案》第二集卷三一第5册,中国台湾大学1972年影印版,第2623—2624页。

"总管爷",因清代湄洲祖庙中神像有此组合。

以上供奉"天后陪祀顺风耳千里眼"6 艘,其中属苏州通州 2 艘,属福州府闽县 1 艘,属漳州府龙溪县 1 艘,属潮州府澄海县 2 艘。供奉"天后陪祀顺风耳千里眼总管爷"2 艘,其中属苏州府长洲县 1 艘,属福州府闽县 1 艘。二者共 8 艘,占 30.77%,前者占 7.69%,后者占 23.08%。供奉"天后陪祀顺风耳千里眼"与供奉"天后陪祀顺风耳千里眼总管爷"相比较,后者只多了"总管爷",事实上,在神灵偶像组合方面基本相近。

在商船上,还有将妈祖与其他神灵合祀。供奉"天后、观音合祀,陪祀顺风耳千里眼"。乾隆五十年(1785 年)四月二十八日,福建漳州府龙溪县船户金乾泰与商人共 26 人驾坐海船"往福州买纸货到天津府贸易,转西锦州购买黄豆回,到山东大石岛放洋要回本县",陡遇西北大风,打断桅舵,漂到琉球国德岛。随带有"一、天后娘娘一座,一、观音菩萨一位,一、千里眼将一位,一、顺风耳将一位"①。供奉"天后陪祀顺风耳千里眼宫娥彩女"与"关帝、水官大帝合祀"。乾隆四十九年(1784 年)闰三月二十二日,江南省苏州府元和县船户蒋隆顺等为本省镇江府黄姓客人所催,装载生姜往直隶天津府交卸。后又屡次为人运载粮米。乾隆五十年(1785 年)十月二十三日,因福建莆田商人游华利之雇往山东定武府海丰县装载枣子,要到浙江宁波府交卸,不意在洋中忽遇狂风,失舵砍桅,任风漂荡至琉球国太平山。随带有"一、关圣帝君一位,一、三官大帝一位,一、千里眼将一位,一、顺风耳将一位,一、宫娥一位,一、彩女一位"②。顺风耳千里眼为妈祖的属将,未见关帝陪祀此二神,宫娥彩女当为天后亦即妈祖的陪祀神。"关圣帝君"与"三官大帝"陪祀宫娥彩女则不合情理。所以,引文中应少了"天上圣母",很可能是该船在海中遇难时失落。引文中的"三官大帝一位"也有误。"三官大帝"是指天官、地官、水官三位神灵,应为"水官大帝一位"。因为在明清时期即有独立的"天官赐福"画像,说明民间会根据需要分开供奉。(此组"天后陪祀顺风耳千里眼宫娥彩女"神像应是莆田商人所供奉。"关帝、水官大帝"神像则为苏州府元和县船户所供奉。)供奉"天后陪祀顺风耳千里眼"与"关帝陪祀关平周仓"。道光六年八月三十日,江南省松江府上海县舵工王群芳等海商 14 人驾坐海船装载货物要到山东交卸,不意在洋中连遭大风,船几沉覆幸漂至琉球国,随带物品中有"一、所奉关圣帝君一位,周仓一位;一、顺风耳一位,千里眼一位"③。这种格局似乎不合情理,引文中有关海洋商船上所供奉的神灵中似乎少了一位"关平"、一位"天上圣母",很可能是商船遇难时遗失于海中。供奉"天后陪祀顺风耳千里眼总管爷"与"关帝陪祀关平周仓"。道光六年(1826 年)十一月初六日,江南省苏州府昆山县船工陈志贵等共 20 人在上海县装载货物要到山东胶州口交卸,十六日在崇明放洋,不意在洋中屡次遭风,砍桅失舵,任风漂至琉球国④,随带物品中有"一、奉敬关圣帝君一座,关平一位,周仓一位;一、奉敬天上圣母一位,千里眼一位,总管公一位,顺风耳一位"⑤。

---

① 蔡铎等:《历代宝案》第二集卷七二第 6 册,中国台湾大学 1972 年影印版,第 3661—3662 页。
② 蔡铎等:《历代宝案》第二集卷七三第 6 册,中国台湾大学 1972 年影印版,第 3709—3710 页。
③ 蔡铎等:《历代宝案》第二集卷一四四第 10 册,中国台湾大学 1972 年影印版,第 5991—5993 页。
④ 蔡铎等:《历代宝案》第二集卷一四四第 10 册,中国台湾大学 1972 年影印版,第 5994 页。
⑤ 蔡铎等:《历代宝案》第二集卷一四四第 10 册,中国台湾大学 1972 年影印版,第 5997 页。

以上供奉"天后、观音合祀，陪祀顺风耳千里眼"1艘，属漳州府龙溪县；供奉"天后陪祀顺风耳千里眼宫娥彩女"与"关帝、水官大帝合祀"、供奉"天后陪祀顺风耳千里眼"与"关帝陪祀关平周仓"、供奉"天后陪祀顺风耳千里眼总管爷"与"关帝陪祀关平周仓"各1艘，分别为苏州府长洲县与元和县、松江府上海县占。这里共计4艘，每种组合占3.85％。后三种比较接近，占11.54％。

　　天后与地方上的守护神合祀。其情况比较复杂。有的供奉"天后、圣公爷合祀"。乾隆十四年（1749年）十一月间，福建省漳州府龙溪县商人船户林顺泰等23名坐驾乌船一艘装糖往天津发卖，转到山东胶州买绿豆、粉干、紫草欲回厦门，行至半洋，陡遭暴风，失舵弃桅，随风飘至琉球国大岛地方，冲礁破坏。[1] 随带物件中有"一、天后娘娘一座，一、圣公爷一尊"[2]。有的供奉"天后、天恩公公合祀"。道光十年（1830年）五月十五日，广东省潮州府澄海商人杨传顺等23人，坐驾澄字159号商船在琼州府陵水县装载黄、白糖等货往天津发卖。又转奉天府宁远州收买黄豆，开船要回本籍，不意在洋遭风，砍桅失舵，任风漂流到琉球国大岛地方，随带物品中有"一、所奉天恩公公，一、所奉天后娘娘一座"[3]。可见，上述供奉"天后、圣公爷合祀"1艘，属龙溪县；供奉"天后、天恩公公"合祀1艘，属澄海县。前者以妈祖与圣公爷合祀，后者则以妈祖与天恩公公合祀，这一类共计2艘，占7.69％。"圣恩公公"与"圣公爷"应为漳州与潮州的地方神灵。

　　有的商船不供奉妈祖，而是供奉"菩萨"。在供奉菩萨的商船中，有的供奉"观音菩萨"。嘉庆二十一年八月二十三日，直隶省天津府天津县海商陈百顺与舵梢17人、搭客3人，共20人驾坐商字43号商船，到辽东买黄豆、苏油、豆饼等项，转江南省上海发卖，途中遇飓风，伤舵断桅，随风漂流至琉球国，随带物件中有"所奉观音菩萨"[4]。有的供奉其他菩萨。乾隆八年（1743年），江南苏州府吴县海商游仲谋等83人，驾坐本县贸字第3号商船往日本长崎贸易，兑换条铜、海参、鲍鱼、海带等件。返程行至洋中，陡遭暴风，漂至琉球国大岛。随带物件中有"菩萨七尊"[5]。乾隆十四年（1749年），直隶顺天府天津卫船户田圣思等20名海商，驾坐商船在锦州府置买元豆、瓜子等物要往山东胶州贸易，不意半洋陡遭西北大风，桅篷锚舵舢板俱失，任风漂至琉球国大岛。[6]随带物件只有"九圣菩萨一幅"[7]。乾隆十四年（1749年）十二月间，琉球国大岛地方救起一艘中国遇难商船，船户王源利系福建省泉州府晋江县人。王一行26人在山东胜州装载青白绿豆、核桃、柿饼等物要往浙江乍浦，行至洋忽遇飓风，失去桅舵，漂至琉球国。随带对象中有"菩萨四位"[8]。上述供奉菩萨4艘，其中属于天津2艘，属于苏州吴县1艘，属于晋江县1艘。这一类占15.38％。明清时期，"菩萨"这个称呼在民间不再单纯指佛教中的"能自觉觉他觉行圆满"的"菩提萨埵"。天津的"九圣菩萨"很可能

① 蔡铎等：《历代宝案》第二集卷三一第5册，中国台湾大学1972年影印版，第2598页。
② 蔡铎等：《历代宝案》第二集卷三一第5册，中国台湾大学1972年影印版，第2603页。
③ 蔡铎等：《历代宝案》第二集卷一五四第10册，中国台湾大学1972年影印版，第6388—6389页。
④ 蔡铎等：《历代宝案》第二集卷一二二第9册，中国台湾大学1972年影印版，第5510—5511页。
⑤ 蔡铎等：《历代宝案》第二集卷二七第4册，中国台湾大学1972年影印版，第2445－2447页。
⑥ 蔡铎等：《历代宝案》第一集卷三〇第5册，中国台湾大学1972年影印版，第2598页。
⑦ 蔡铎等：《历代宝案》第一集卷三〇第5册，中国台湾大学1972年影印版，第2602页。
⑧ 蔡铎等：《历代宝案》第二集卷三〇第5册，中国台湾大学1972年影印版，第2597—2599页。

就是民间诸神。"观音"也是佛教民间化、世俗化的产物,即民间诸神。福建民众通常称"观音"为"观音妈",属于民间民众亲昵的称呼。

从以上所述可知,在 26 艘遇难商船中,只有 4 艘没有供奉妈祖,占15.38%。供奉妈祖的有 22 艘,占 84.62%。这说明"海神妈祖"在海洋商船上所供奉的神灵中占绝对优势。海商们以妈祖为主神再加其他神灵供奉。其一,加陪祀神。如"顺风耳千里眼","顺风耳千里眼总管爷","顺风耳千里眼宫娥彩女"。其二,加"菩萨"构成合祀。如与"观音"合祀。其三,以妈祖为主,以其属下为陪祀神的组合与其他神灵组合构成并祀。如"天后陪祀顺风耳千里眼总管爷"与"关帝陪祀关平周仓","天后陪祀顺风耳千里眼"与"关帝陪祀关平周仓"等。其四,与地方神灵构成合祀。如分别与"圣公爷""天恩公公"等构成合祀。①

(二)神灵偶像的年代、区域分布分析

根据遇难船只所供奉神灵偶像类型的年代顺序进行考察可知:

乾隆朝海洋商船上所供奉的神灵偶像有"天后(一尊)""天后陪祀顺风耳千里眼""天后陪祀顺风耳千里眼总管爷""天后、观音陪祀顺风耳千里眼""天后陪祀顺风耳千里眼宫娥彩女"与"关圣、水官合祀""天后、圣公爷合祀"几种类型。

嘉庆朝海洋商船上所供奉的神灵偶像有"天后(一尊)""观音菩萨"两种类型。

道光朝海洋商船上供奉的神灵偶像有"天后(一尊)""天后陪祀顺风耳千里眼""天后陪祀顺风耳千里眼总管爷""天后陪祀顺风耳千里眼"与"关帝陪祀关平周仓""天后陪祀顺风耳千里眼总管爷"与"关帝陪祀关平周仓""天后、天恩公公合祀"类型。

纵观清乾隆年间至道光年间琉球国救起的 26 艘中国遇难商船可知,这些海洋商船上所供奉的神灵偶像的组合未见有明显的变化趋势。需要说明的是:其一,道光朝泉州府同安县、潮州府澄海县商船出现供奉"天上圣母(神)像全座",但这并不意味着所供奉神灵偶像的变化或神灵偶像组合的变化。事实上,这只是神像的雕造形式发生变化,实际供奉的只是一尊"天后"神像。其二,上述统计,嘉庆朝海洋商船上所供奉的神灵偶像只有"天后(一尊)"与"观音菩萨"两种类型,并不意味着当时海洋商船上只供奉这两种类型,或者海洋商船上所供奉的神灵偶像类型出现变化。从《历代宝案》中有关遇难船只的记载看,乾隆朝 13 起,道光朝 9 起,嘉庆朝只有 4 起。嘉庆、道光两朝的年数都比乾隆朝短,把这两朝的年数相加,正好与乾隆朝的年数相近,同样把琉球国救起的清朝嘉庆、道光两朝的遇难船只数量相加,正好与乾隆朝相当,都是 13 起,其神灵偶像类型数也基本接近。这表明,当时我国沿海海商所信仰的诸神结构具有比较大的稳定性。②

根据遇难船只上所供奉的神灵偶像的区域分布进行考察发现:

江苏、福建、广东海洋商船都普遍供奉"妈祖",天津、浙江未见这方面的记载,不过天津在元代就建有天后宫,其海洋商船理应有供奉"妈祖"的。而清咸丰年间往返于日本长崎与浙江乍浦之间进行海洋贸易的"丰利船"上就供奉"妈祖"(详见后述),这是清

① 王荣国:《明清时代的海神信仰与经济社会》,博士论文,厦门大学 2001 年,第 113—120 页。
② 王荣国:《明清时代的海神信仰与经济社会》,博士论文,厦门大学 2001 年,第 120—122 页。

代浙江海洋商船上供奉"妈祖"的实例。可以说,妈祖是我国沿海海洋商船上普遍供奉的神灵。但必须指出,并非所有的商船都供奉"妈祖"。单纯供奉妈祖或妈祖及其陪祀神"顺风耳千里眼"或"顺风耳千里眼总管爷"等的,共有 16 艘,占 61.54%。有一部分则是妈祖或妈祖及其陪祀神与其他神灵并祀,如"天后、观音合祀,陪祀顺风耳千里眼","天后陪祀顺风耳千里眼宫娥彩女"与"关帝、水官大帝合祀"并祀,"天后陪祀顺风耳千里眼总管爷"与"关帝陪祀关平周仓"并祀,"天后陪祀顺风耳千里眼"与"关帝陪祀关平周仓"并祀,还有妈祖分别与地方神"圣公爷""天恩公公"合祀,共有 6 艘,占 23.08%。在天津、江苏有少数海洋商船单一供奉"菩萨",即便在福建也同样如此,共有 4 艘,占 15.38%。

众所周知,妈祖原是福建沿海民间信仰的神灵。后来,一方面随着闽粤特别是闽中渔民与海商的足迹而传向沿海各地;另一方面由于朝廷的认可而纳入祀典和历代王朝的加封神号,使得妈祖信仰在全国迅速传播并成了全国航海者普遍信仰的神灵。但以上所述显示,各地尚有少数单纯供奉"菩萨"以及"妈祖"或"妈祖及其陪祀神"与其他神灵并祀的信仰文化现象。这种信仰文化现象透露出一个历史事实:我国沿海各地的航海者原来都有自己的保护神,随着妈祖成为全国性的海神,有的地方性保护神的神格失落了。当地的人们有的供奉"妈祖"外,还供奉自己本地的保护神,即便"妈祖"故乡的福建沿海也概莫能外,有的供奉"菩萨",有的"妈祖"与"观音菩萨"或"圣公爷"合祀。此外,据清姚元之《竹叶亭杂记》记载:"海船敬奉天妃外,有尚书、拿公二神。按尚书姓陈名文龙,福建兴化人,宋咸淳五年廷试第一,官参知政事,宋史有传。明永乐中以救护海舟封水部尚书。拿公,闽之拿口村人,姓卜名偃,唐末书生,因晨起恍惚,见二竖投蛇蝎于井,因阻止汲者,自饮井水以救一乡,因而成神,五代时即着灵异。二神亦海舟所最敬者。"[①]就是说,海船除了供奉"妈祖"外,还合祀"尚书""拿公"。一般说来,供奉"尚书""拿公"的商船是福建的海商。

这些商船大都是往来于国内航线,只有一艘开往日本。道光二十年(1840 年)十二月,苏州府长洲县嘉会铜局坐商杨嗣亨等 101 人奉旨乘坐金得泰商船往东洋采办红铜,装载药材、糖货等从乍浦出口放洋,一路遭风,漂到琉球国奇界岛,撞礁船碎。[②] 船上携带有"天上圣母""顺风耳""千里眼""总管爷"各一尊。至于远洋航线的情况,据明代张燮《东西洋考》载可知,当时的往西洋航线的海洋商船大都供奉"协天大帝(关帝)""天妃""舟神('不知创自何年,然舶人皆祀之')"。[③]

那么,海洋商船上所设置的"神龛"又是怎样的呢?《李朝实录》保存有一则相关的记载。嘉庆三年(1798 年),海澄县船户陈嘉瑞驾金宝发号商舶出海从事海洋贸易,遇风暴漂至朝鲜,被救起。据《李朝实录》记载,其船上"设窗棂,以金涂之,施锦帐,帐幅金书'天后圣母'字,中供金佛三躯"[④]。引文中的"窗棂"指神龛,而所谓"设窗棂,金涂之,施锦帐,帐幅金书'天后圣母'字",意思是设置涂饰金碧辉煌并施设锦帐的神龛,神龛横帐上书"天后圣母"金字。依神龛帐幅上金书"天后圣母"字样来判断,"金佛三躯"

① (清)姚元之:《竹叶亭杂记》卷三《海舟敬奉天妃》,第 87 页。
② 蔡铎等:《历代宝案》第二集卷一七三第 12 册,中国台湾大学 1972 年影印版,第 7253 页。
③ (明)张燮:《东西洋考》卷九《舟师考》,第 185—186 页。
④ 《李朝实录》正宗卷四八,二十二年正月庚辰。

当指"天后及其配祀之神"。因为到了明清时期所谓"佛"与"菩萨"一样都被民众用于泛指"民间信仰的诸神"。可见海洋商船上所设置的"神龛"装饰之豪华铺张。神龛终日香烟缭绕。正如有首竹枝词描述道:"天后娘娘小像传,中堂虔供一炉烟。扬风旗出高檐外,知是伊家放海船。"①据张燮《东西洋考》记载,关帝、妈祖、船神,"以上三神,凡舶中来往,俱昼夜香火不绝。特命一人为司香,不事他事。舶主每晓起,率众顶礼"②。

在神龛供奉神灵偶像组合方面,渔船似乎更侧重于地方性的保护神,特别是本村的护境神,这是海洋商船所少有的。此外,对妈祖的信仰不如商人普遍。神灵偶像是一种象征符号,不同的神灵有着不同的象征意义。"妈祖"是海上保护神,"顺风耳千里眼总管爷"都是妈祖手下的属将,眼观千里,耳听八方,能够及时有效地获得渔商船遇难的信息,以便迅速救护,保护海上航行安全。"观音"在民间是一位"救苦救难"的"大慈大悲"之神。"水官"解厄,供奉水官可消灾免祸。关帝既是守护神又是武财神,供奉关帝既可保平安又可保佑生意发财。"圣公爷"是熟识港道的引航神,泉漳舟人大多奉祀,这种信仰也传到我国台湾,在台湾其庙宇称"圣公庙"③。"天恩公公"可能是潮州一带民众供奉的守护神。在海洋商船神龛中所供奉的神灵,有的为一尊,有的则数尊组合在一起。不同的神灵组合构成不同的象征符号系统,其象征意义不尽相同。而妈祖与"顺风耳千里眼"或"顺风耳千里眼总管爷"的组合则最常见,这表明身家性命的平安是第一位的。妈祖与"观音"或"圣公爷"组合也与前者具有同样的意义。总的看来,保佑平安仍是海商的最大心愿,这正体现出普遍的社会心理与中国文化关注现世的人文精神。④

第五节　明清时期的海神信仰与海外移民

海外移民通过海洋航路向我国近海海域的沿海及其岛屿乃至海外移居,寻求新的谋生空间。移民不仅携带着海洋神灵以保护其在海上迁徙的人身安全,而且在移居地建庙供奉,成为移民社会的精神支柱与象征。⑤

一　海外移民与移神

海外移民是一项风险与希望相伴的冒险性活动。在海洋交通工具不先进而采用木帆船的古代,正常情况下通过海路移民都充满风险,如果是采取偷渡其危险就更大了。明清时代,除了颜思齐、郑芝龙、郑成功等招募闽人前往台湾垦殖属于有组织的活动外,在明代实行海禁的时期以及清初统一台湾后相当长的一段时间内禁止沿海民众渡台,但迫于生计,人们还是顶着禁令偷渡。偷渡乘坐的是"湿漏船只",即便不刮大风

① 同治《沪城竹枝诗》,转引自《中国社会经济史研究》1995年第3期。
② (明)张燮:《东西洋考》卷九《舟师考》,第185—186页。
③ (清)范咸:《重修台湾府志》卷一九《杂记·寺庙》台湾县"圣公庙"条,《台湾府志·三种》〈影印本〉下册,中华书局1985年版,第2351页。
④ 王荣国:《明清时代的海神信仰与经济社会》,博士论文,厦门大学2001年,第125—127页。
⑤ 王荣国:《明清时代的海神信仰与经济社会》,博士论文,厦门大学2001年,第137页。

也难保不出事，遇上风涛，就更不要说。而专营偷渡的"客头"船户则串通习水积匪，将偷渡之人，"用湿漏船只收载数百人入舱，将舱盖封钉，不使上下，乘夜出洋，偶值风涛，尽入鱼腹"①。有的"客头奸艄"甚至故意制造危险，将船驶到外洋，遇上荒岛，就诡称到达台湾，催促乘客登岸。乘客登上沙洲不久海水涨潮而来，"群命尽归鱼腹"，而荒岛上人烟断绝，有幸不被潮水淹死，最终也只能坐以待毙。当然，偷渡移民台湾也不乏成功者。清朝福建巡抚吴士功在其一份给朝廷的奏疏中指出："自乾隆二十三年十二月至二十四年十月，一载之中，共盘获偷渡民人二十五案，老幼男妇九百九十九名口，内溺毙男妇三十名口。其已经发觉者如此，其私自过台在洋中被害者，恐不知凡几。"②可见，这种移民有的是男子单身前往，有的则是举家老幼男妇前往。在前述 25 起偷渡到台湾的 999 人中，有 30 人途中不慎溺毙。而那些未抵台湾途中被害死的就无从计数了。向本国近海海域岛屿带移民要冒生命危险，甚至付出惨重的生命代价，海外移民要冒的危险就更大了。对于海外移民来说，海上的一帆风顺以及平安到达目的地是最大的心愿！

正因为海上移民具有极大的风险性，所以无论是向海岸带、近海岛屿带还是海外移民，在出海前大都要到神庙向神灵祷告、辞行，以祈求神灵保佑其平安到达目的地。不仅如此，"早期移民者之惯例，当彼等远离乡土时，多数均将原供养在家或寺庙中之小型神像携去台湾"③。闽粤沿海是我国海外移民重要的移出地，而这一区域的沿海民众普遍信奉海上航行的保护神妈祖。在历史上，每当这一带向海外移民者要离开家乡之时，大都要先到当地妈祖庙进香膜拜。④ 据研究，福建泉州的船主、水手、海商等凡通过海路出外谋生者都要到天后宫膜拜。⑤ 渡海移民去台湾者在出海起航前，也大都到祖居地妈祖庙上香，并请其香火袋或分身神像等相伴而去。明代天启四年（1624年），郑芝龙等设寨于笨港（今北港），福建泉、漳等地的沿海民众相继渡海前往垦荒。明末清初，战争的频繁，赋税的繁苛以及东南沿海诸省土地兼并的加剧，使得更多农民流离失所，不少人背井离乡渡海到台湾，从事农垦、捕鱼、经商等营生。而清康熙年间虽然统一了台湾，但是仍禁止沿海民众移居台湾，大批的民众只能采取偷渡。尽管偷渡本身充满陷阱，风险极大，然而"穷民迫于饥寒，相率入陷井"⑥。最初大陆移民到台湾并非一去就定居下来，由于种种原因，大多数人在相当长的时间内采取"候鸟式"的迁徙方式，即"春时往耕，秋成回籍"，后来则为相对长时间的定居。据记载，乾隆朝在台湾的汉族移民已超过数十万，大多数人是单身前往的。然而清朝统治者禁止两岸往来，在台移民不能回原籍搬家属，"若弃之而归，则失谋身之路；若置父母妻子于不顾，更非人情所安"。许多为了看望父母妻子，又不得不冒险偷渡回籍探亲。而"冒险偷

---

① （清）方濬师：《蕉轩随录》卷五《记台湾渡海开禁事》，点校本，中华书局 1995 年版，第 182 页。

② （清）方濬师：《蕉轩随录》卷五《记台湾渡海开禁事》，点校本，中华书局 1995 年版，第 182 页。

③ 卢嘉兴：《台湾时期兴建的寺庙》，第 35 页，转引自邢福泉：《台湾的佛教与佛寺》，中国台湾商务印书馆股份有限公司 1981 年版，第 3 期。

④ 周益群：《妈祖与南洋华侨》，见林文豪：《海内外学人论妈祖》，中国社会科学出版社 1992 年版，第 341 页。

⑤ 黄炳元：《泉州——妈祖信仰传播的发祥地》，见曲金良：《中国海洋文化研究》第 1 卷，北京文化艺术出版社1999 年版，第 83 页。

⑥ （清）方濬师：《蕉轩随录》卷五《记台湾渡海开禁事》，第 82 页。

渡,百弊丛生"①,从而又多了不安全的因素。"偷渡"在海洋交通工具还是依靠木帆船的时代,无疑大大增加了危险性。因此,偷渡往来于台湾的移民,其心理上更需要神灵的庇护。据说,厦门的曾厝垵、浯屿岛、五通渡等是偷渡者出海的出发地,而这些地方都有妈祖庙,偷渡者往往在妈祖庙内烧香后开船出海,祈求神灵的庇佑以平衡心理,藉神威以壮胆气,勇敢地直面死亡的威胁,去争取生存的希望。

海外移民也与海洋渔民、商人一样,在海上同样需要神灵一路相伴,时时庇佑。运载海外移民的航船也要设置神龛。福建泉州的"小船设神龛,大船上甚至筑一间专用小堂"。泉州人出海起航前,船主要到天后宫请一尊木雕的妈祖神像或妈祖令旗、神牌、香火包等"上船奉祀"。② 事实上,许多地方海外移民动身远行前大都要到本乡或本村供奉护境神或守护神的庙宇内焚香祭拜以祈求保佑一路平安,有的还把护境神或守护神分身像携带在身旁。与此同时,还要到本地的妈祖庙去焚香祭拜并携带其香火袋甚至分身像。移民去台湾者通常就是如此,他们把妈祖的分身神像供奉在船上并称其为"船头妈"或"船仔妈"。日本片山浦的林家之祖是福建莆田人林北山,他因明朝灭亡而举家移民日本避难。林北山家所供奉的"娘妈"即"妈祖"神像及其配祀二神将与二侍女像③是林北山从福建东渡日本时,供奉在船上而带往日本的。早期帆船上所设置的供奉妈祖等神像的神龛都贴着对联。我们从其所贴的对联可以窥见航海者与移民的心态。如有艘闽南开往南洋群岛的船上神龛的对联,上联为"顺风顺水顺人意,得财得利得天时",下联为"身居湄洲真显赫,神在船中保平安"。横批是:"海国安澜"。④显然,对联寄托着海上航行者祈求海神妈祖保佑整艘船上的人能够一帆风顺的心愿,同时这也是在海上航行特定时空形成的"海上社会"共同的祈盼。海外移民临行前到神庙向神灵进香祈求保佑之后,多数人是讨个香火袋或香火包上船,也有少数人还要捧神灵的分身像(如妈祖或其他神的分身)作为其个体的保护神。对于历史上的海外移民来说,除了运载他们的海船上要供奉神灵偶像外,移民者个人一般也要携带象征着自身守护神的"香火包",以求保护神与自己形影不离。这种个人的保护神实际上成为移民个体的"救生圈"。其用意在于,一旦不幸所乘之船发生海难而跌落水中,尚望个体守护神能保佑自己免于一死。

海洋上的气候变化莫测,谁也不敢保证海船在航行途中不遭遇狂风恶浪。运载海外移民的船只在航行中要对船上所供奉的神灵按时行香祭拜。如前所述,福建泉州的船主起航前要先到天后宫焚香并请尊妈祖像"上船奉祀,朝夕行香"⑤。海船上供奉神灵偶像的用意还在于,一旦遇到狂风巨浪,船上的人能及时地跪神像前祈祷,希冀神灵保佑他们转危为安。陈泽明在《诸神的起源》中说:"当大陆东南沿海移民渡海来台时,船上都奉祀着一个海神的神像来保佑船只的平安。每当巨浪滔天时,全船人便一致向

① (清)方濬师:《蕉轩随录》卷五《记台湾渡海开禁事》,第181页。

② 黄炳元:《泉州——妈祖信仰传播的发祥地》,见曲金良:《中国海洋文化研究》第1卷,北京文化艺术出版社1999年版,第83页。

③ 〔日〕上野敏政:《明治之神佛废止令与日本天虹信仰》,见林文豪:《海内外学人论妈祖》,中国社会科学出版社1992年版,第299页。

④ 李天锡:《石狮华侨与新加坡天福宫》,《福建宗教》1997年第3期。

⑤ 黄炳元:《泉州——妈祖信仰传播的发祥地》,见曲金良:《中国海洋文化研究》第1卷,北京文化艺术出版社1999年版,第82页。

神像祈祷，希望转危为安。"这个海神就是现在我国台湾地区奉祀最多的妈祖。[1] 渡海移民前往台湾的如此，移民前往东南亚同样如此。运载移民的海船在航行途中，"每到一岸都要把妈祖神像请上岸祭拜"[2]。

这里还要交代一个有趣的现象，那就是历代帝王对妈祖屡加封号，其封号由"天妃"而"天后"，由"天后"而"天上圣母"。然而，在明清时代，沿海民众还是普遍信仰"披发的神"，并呼唤质朴的"妈祖"称号。[3] 莆田九牧林氏后裔林远峰说："天后圣母，余二十八世姑祖母也。未字而化，显灵最著，海洋舟中，必虔奉之，遇风涛不测，呼之立应。有甲马三，一画冕旒秉圭，一画常服，一画披发跣足仗剑而立。每遇危急，焚冕旒者辄应，焚常服者则无不应，若焚至披发仗剑之幅而犹不应，则舟不可救矣。"[4]可见，在东南沿海特别是福建沿海，民众以"披发跣足"的妈祖最为灵验，表明与"天妃""天后""天上圣母"形象相比较，沿海民众更认同平民形象的"妈祖"。据《陔余丛考》载，"台湾往来，神迹尤著。土人呼神为妈祖。倘遇风浪危急，呼妈祖则神披发而来，其效立应。若呼天妃，则神必冠帔而至，恐稽时刻。妈祖云者，盖闽人在母家之称也"[5]。我国沿海海外移民就是在心理上依靠海神妈祖等神灵的庇佑，在汪洋大海之上乘坐一叶帆船漂向沿海岛屿，漂向岛链带的群岛国家，漂向大洋彼岸。移民与移神是互为表里的。随着海外移民的足迹所至，他们所信奉的神灵信仰也随之传去。在海外移民奉祀的诸神中，海神妈祖是移民们普遍尊奉的神灵。因此其传播也就最广，不仅我国海域的台湾、海南等岛屿，海外岛链带的日本、菲律宾、新加坡、马来西亚、印度尼西亚等国以及大洋对面的美国西太平洋的檀香山、旧金山以及法国的巴黎等地都建有妈祖庙。[6]

二　海外移民社会的神灵祭祀

明代，我国海外移民在居住地开始形成移民社会。[7] 作为构成移民社会成员的个体，而其个体又是作为诸神信仰的主体，大都来自我国的东南沿海，有着大致相同的民族性、信仰心理与思维习惯。因此，不管是我国近海岛屿的海洋移民社会，还是海外的海洋移民社会，在诸神信仰方面的旨趣应无根本性的不同。

海外移民们到达目的地后都要把与自己风波浪里一路相伴的神灵的香火或神像供奉起来，当然其供奉的方式并不是单一的。将携带的神像或香火供奉在移民栖身的茅屋中是最常见的做法。据研究，渡海去台湾的移民登岸后把从故乡随身携带的"妈祖香火、香符、神像等供奉于草寮、茅屋中"[8]。而往南洋群岛的移民当其登岸后，通常

---

[1]　陈国强：《妈祖信仰与祖庙》，福建教育出版社 1990 年版，第 91 页。

[2]　黄炳元：《泉州——妈祖信仰传播的发祥地》，见曲金良：《中国海洋文化研究》第 1 卷，北京文化艺术出版社 1999 年版，第 82 页。

[3]　容肇祖：《天后》，《民俗》第四十一、二期合刊，第 18 页。

[4]　（清）袁枚：《子不语》，第 517 页。

[5]　（清）赵翼：《陔余丛考》卷三五《天妃》，商务印书馆（上海）1957 年版。

[6]　王荣国：《明清时代的海神信仰与经济社会》，博士论文，厦门大学 2001 年，第 143—147 页。

[7]　移民社会的出现在时间上并不是整齐划一的。在此所要探讨的是移民社会中的海神信仰，至于在我国近海岛屿带的海岛与在海外国家的华人移民社会的形成问题则非本书的任务。因此，本书不打算在此专门探讨。

[8]　张文绮：《从匾联碑记看台湾官民的妈祖信仰》，见林文豪：《海内外学人论妈祖》，中国社会科学出版社 1992 年版，第 249 页。

1689

第三十九章

明清时期的海洋信仰

要搭建"亚答屋"以供栖息,同时也把从家乡携带去的"妈祖像"[1]供奉在屋内[2],或供奉其他神像如观音、关帝、大伯公等。有的移民登岸后则设立神龛、神坛供奉所携带的神像。新加坡学者彭松涛认为,新加坡开埠后第三年(1812 年)就有帆船(俗称乌艚)从泉州晋江祥芝乡直航至新加坡,掀开中国与新加坡航运史上的第一页。据有过直接驾驶帆船前往新加坡经历的老船员黄渊捷先生说:"听老一辈舵公说,这第一艘帆船在直落亚逸(马来语意为海湾)靠岸时,即在天福宫现址之海滩上,摆上香炉,安上天后神位,设立神龛,朝拜起来。"[3]在福建沿海乡间的山野之处,过去常常可以看到用石片支起的小屋,小屋内置一尊"土地公"的小神像,有的只安放一个香炉,前述为"安上天后神位"而设立的"神龛"大致与此类似。有的文章则说"在新加坡后来的天福宫所在地设坛奉祀妈祖神像"[4],这里所谓"设坛奉祀妈祖神像"应与前述神龛相近。供奉好所携带的神灵偶像后,就是按时对其焚香膜拜。在古代自然科学不发达、航海技术落后的情况下,海洋移民为了到台湾等地乃至海外谋生只能乘槎浮海,经受惊涛骇浪之险,唯一可依赖的就是神灵的保佑。不知有多少人为风浪吞没而葬身鱼腹,那些饱受海上风浪颠簸之苦甚至死里逃生而抵达目的地者大都认为是神灵的庇佑,他们登岸后摆上神像顶礼膜拜,并将神像供奉起来。这不仅表达了移民对保护神由衷的感戴之情,也是希冀神灵保佑他们此后的人生平安与事业发达。必须指出,移民由于通过海路迁徙而形成的临时的"船上社会"亦即"特殊的海上社会"大多出自同一地域但很少出自同一宗族,登岸后会要出现分化;即使由于海上同舟共济而形成的"特殊的海上社会"登岸得以延续,由于这种"海上社会"属于临时组合成的,不是陆域或岛屿上聚居形成的村落,而移民们所携带的神灵的香火包(或袋)乃至神像也不相同,因此供奉于草屋中,乃至专设神龛、神坛中的神灵偶像杂乱无章,有待整合。其整合随着正规神庙、会馆的出现而出现。

(一)海外移民庙宇的出现

群体中正规神庙的出现就总体而言要早于会馆。正规庙宇的建造必须是有一定的神灵信仰覆盖面与经济能力。随着移居地移民人数的不断增多与移民开发事业的发展,经济能力的增强,海外移民群体开始在聚居地集资建造正规的神庙。

在日本群岛,我国海外移民社会于明代就建造神庙,首先出现于移居琉球的闽人中。琉球是明王朝密切的朝贡国,闽人"善操舟"。为了承担中琉朝贡关系中的航海和翻译任务,明朝初年闽人三十六姓移居琉球,其中蔡崇是泉州府南安县人,郑义才是福州府长乐县人,林喜是福州府闽县林浦人,梁添是长乐县人。从现存的唐荣诸姓家谱来看,这些人自称是明洪武或永乐年间由福建迁往琉球的。[5] 不过正是移居琉球的闽

---

① 闽人称妈祖(ma-Tsu),粤人称婆祖(Po-Tsu)。

② 黄炳元:《泉州——妈祖信仰传播的发祥地》,见曲金良:《中国海洋文化研究》第 1 卷,北京文化艺术出版社 1999 年版,第 83 页。

③ 李天锡:《石狮华侨与新加坡天福宫》,《福建宗教》1997 年第 3 期。

④ 宋元模:《天后宫在马来西亚各地》,《纪念妈祖逝世千年学术讨论会材料》。周益群:《妈祖与南洋华侨》,见林文豪:《海内外学人论妈祖》,中国社会科学出版社 1992 年版,第 342 页。

⑤ 杨国桢:《唐荣诸姓宗族的整合与中华文化在琉球的流插》,《亚太地方文献研究论文集》,香港大学亚洲研究中心 1991 年版,第 119 页。

人将海神妈祖等信仰传到琉球去。据记载,琉球久米村的天妃宫"宫在曲巷中,门南向,神堂东向,门旁亦有石神二。进门,上甬道。左右宽数亩。缭垣周环。正为天妃神堂,右一楹为关帝神堂左为僧寮。阶下,钟一所,大门左有神堂,上龛供龙神"①。而"闽人移居中山(即琉球——引者)者创建庙祠,为同祈福"②。就是说,久米村的天妃宫是移居琉球国的闽人共同创建的,作为当地闽人移民社会共同"祈福"的信仰场所。20世纪末,日本人真荣城安子女士到福建泉州寻根认祖时说,她的家谱记载,她家本姓金,是明太祖时受赐到冲绳岛帮助开发的福建沿海三十六姓之一,其先祖移居在那坝区久米村,创建天妃宫,崇拜妈祖。此庙目前还在,仍受崇拜。她一踏入泉州天妃殿,随即跪扑在地上数分钟,激动得流泪。她说,自己找到了真正的祖地,感到无比欢喜。③ 以上所述表明,在琉球的闽人三十六姓移民社区中人们信仰妈祖、关帝以及龙神等海神。必须指出,这些神灵是村落形成后被整合而成的神灵体系。移居琉球的闽人来自福建不同的地方,其村落是如何形成的,他们原来所奉祀的从各家乡随身带去的保护神是如何被整合成前述状况的?这有待进一步探讨。

继移居琉球的闽人社区中出现妈祖庙之后,明末清初,日本长崎的中国海外移民创建了几所佛寺神庙一体的庙宇。长崎港是日本的德川幕府实行"锁国政策"时期唯一的对外开放港口,而幕府只允许中国与荷兰的商船前来贸易。据西川如见的《长崎夜草话》记载,明嘉靖四十一年(永禄五年,1562年)就有装载瓷器、棉布、食品等货物的中国船只来到长崎港入口处的户町海岸。④ 此后至清初,我国沿海海商前往长崎从事海洋贸易者日增。其中有为数不少的人留居长崎而成了商业移民,同时还有一批流亡日本避难的明朝遗民,从而形成了移民社会。为了信仰方面的需求,从明末至清初在长崎的海外移民社会中相继出现了一批寺院。天启三年(1623年),东明山创建"兴福寺";崇祯元年(1628年),分紫山创建"福济寺";崇祯二年(1629年),圣寿山创建"崇福寺";康熙十七年(1678年),万寿山创建"圣福寺"。前三寺合称"唐三寺",再加上圣福寺,又合称"唐四寺"。这些寺院大都供奉民间俗神,其情况为:兴福寺设有妈祖堂,正中主祀天后圣母,左右配祀关帝及大道公(三官大帝);福济寺设有青莲堂,正中主祀天后圣母,旁祀关帝和观音大士;崇福寺设有妈祖堂,正中主祀天后圣母,旁祀三官大帝,而在护法堂内祀关帝与观音。⑤ 可见,供奉是以妈祖、关帝为主,还有观音与三官大帝。日本学者内田直作教授说,唐三寺当初是以妈祖堂、关帝庙为主体的。⑥

清初长崎唐人坊内中国移民社区内出现的神庙则是出现在前述唐寺之后。康熙二十二年(1683年)清朝统一台湾,次年(1684年)开放海禁,我国民间往长崎从事贸易的海商商舶剧增。康熙二十四年(1685年),幕府对来长崎的中国商船数量与贸易额实行限制。由于中国来长崎的商舶数量增多,中国人留居长崎谋生的人也相应增多。

---

① 徐光葆:《中山传信录》,转引自谢必震:《中国与琉球》,厦门大学出版社1996年版,第116页。

② 转引自谢必震:《中国与琉球》,厦门大学出版社1996年版,第116页。

③ 黄炳元:《泉州——妈祖信仰传播的发祥地》,见曲金良:《中国海洋文化研究》第1卷,北京文化艺术出版社1999年版,第82—83页。

④ 郭梁:《长崎华侨史迹若干考察》,《华侨华人历史研究》1990年第1期。

⑤ 童家洲:《日本华侨的妈祖信仰及其与新、马的比较研究》,《华侨华人历史研究》1990年第4期。

⑥ 〔日〕内田直作:《日本华侨社会的研究》,东京版。

康熙二十七年(1688 年),长崎的幕府为了控制中国移民而开始建造"唐人屋敷"即"唐人坊",实行集中居住,从而形成特殊的移民社区。康熙二十八年(1689 年),唐人坊在长崎的十善寺村御茶园落成,其内共有住房 20 栋,商店 107 栋,把来长崎的华商集中于唐人坊内居住。① 当年迁来唐人坊居住的中国人约 5000 人。② 康熙五十四年(正德五年,1715 年),日本颁布新商法对赴日唐船进一步限制,民间海商来长崎者大幅度减少。③ 18 世纪后期,原在长崎唐人坊里的民间海商纷纷回国,只有为清朝政府办铜的官商还在唐人坊中显赫一时。到了乾隆四十九年(1784 年)唐人坊内的华侨仅剩 892人。④ 咸丰九年(安政六年,1859 年)日本开港后,唐人坊内的中国人自由出入得到默许,在坊外贸易与居住的中国人逐渐增多,出现了"广马场""新地"以及"大浦""浪平"等新的唐人居住区,并有部分华人离开长崎向日本其他地方发展。⑤ 日本方面对唐人坊实行严格的监管制,如在唐人坊周围筑坊墙,使之与外界隔绝,而且还派 20 名监管人员专门监管华商出入,⑥平时华商、船主、水手未经许可不得私自出坊。虽然唐人坊建成之后,凡遇举行祭祀妈祖的日子,长崎幕府也准许中国移民出坊参加祭祀活动⑦,但这毕竟有限,不能随心所欲。为了满足信仰方面的需求,在唐人坊建成的第二年,移民们在坊内建造了一间土地堂,奉祀土地公。乾隆元年(1736 年),在坊内建造了一间天后堂,正中主祀天后圣母,旁祀关帝和观音。⑧ 乾隆二年(1737 年)又修建了一间观音堂。可见,当唐人坊这个特殊的中国人的移民社区形成后,人们必然要相继建造一些神庙以供奉其原先崇奉的神灵以满足其信仰需求。而这些神庙的建造理所当然地由唐人坊移民社会筹划并付诸实施。⑨

移居东南亚的中国海外移民于明朝初年也出现了移民社会。东南亚的中国人移民社会中最初出现的神庙应是神坛与小庙。土地公是神界的"基层干部",庇佑一方水土,是我国民间诸神中广为民众信仰的小神,但也是贴近民众生活的神灵。海洋渔民、海洋商人都信奉土地公。前述日本长崎中国移民社会中就有崇奉土地公并建造土地公庙的。然而,其信仰在海外移民社会中最为普遍的要数东南亚。马来西亚现存最早的土地庙是槟城海珠屿的"大伯公庙"。此庙原来只是一座神坛。到了清嘉庆四年(1799 年)才由客籍嘉应州五属移民建庙立碑。新加坡最早的土地庙为"恒山亭",由福建的漳泉移民于道光十年(1830 年)前后兴建,主神祀大伯公。新加坡的"海唇福德祠"是由广东的广、惠、肇人士集资建造的,其兴建的年代应在清咸丰年间。⑩ 在东南亚,由于土地公的传播地不同而称谓也不同。如马来西亚的土地公,来自福建漳泉、广

---

① 〔日〕山本纪纲:《长崎唐人屋敷》,东京谦光社 1983 年版,第 221 页。

② 郭梁:《长崎华侨史迹若干考察》,《华侨华人历史研究》1990 年第 1 期。

③ 〔日〕《通航一览》卷二〇四。

④ 〔日〕《通航一览》卷二〇四。

⑤ 郭梁:《长崎华侨史迹若干考察》,《华侨华人历史研究》1990 年第 1 期。

⑥ 〔日〕山本纪纲:《长崎唐人屋敷》,东京谦光社 1983 年版,第 221 页。

⑦ 〔日〕山本纪纲:《长崎唐人屋敷》,东京谦光社 1983 年版,第 292 页。

⑧ 〔日〕山本纪纲:《长崎唐人屋敷》,东京谦光社 1983 年版,第 292 页。

⑨ 王荣国:《明清时代的海神信仰与经济社会》,博士论文,厦门大学 2001 年,第 147—151 页。

⑩ 据庙内清咸丰四年(1854 年)的《重修碑记》记载:"兹我广、惠、肇府人等,羁旅于此,环居一埠,敬立福德神,建庙以壮神威,由来久矣。"《咸丰四年重修大伯公庙众信捐题芳名碑记》,陈荆和、陈育崧:《新加坡华文碑铭集录》香港中文大学出版部 1971 年版,第 70—79 页。

东潮州籍者称之为"本头公",来自客家者称之为"大伯公",至于"福德正神"则是对土地神通用的尊称。① 移民社会中最初出现的妈祖庙也是小庙或神坛。如马来西亚供奉妈祖的天福宫原先是个"神龛"或"神坛",后来"发展成一间小庙"②,这种小庙实际上应是一间用土石砌筑的小屋。大概马六甲的青云亭在其创建阶段也属于这类小庙。20世纪80年代有一位散文家去新加坡,在一个偏僻的弹丸小岛上看到一间当年中国海外移民搭盖的庙宇。"庙极小,纵横三五步足矣,多年失修,香火依然旺盛。……有一大沓问卜的签条挂在墙上。直眼看上去,仿佛到了中国内地的穷乡僻壤,……小庙供的是'大伯公',一切闯南洋的中国漂泊者心中的土地神。……神位前的石鼎刻于清朝道光年间。"③大概当年我国海外移民在南洋起初所建的小庙就类似于此。这类神坛、小庙仍然比较多且杂,尚未整合成移民社会中具有代表性的神灵。

随着开发事业的进一步发展,东南亚的中国移民开始建造具有一定规模的庙宇。马六甲"青云亭"原名"观音亭",为马六甲第一任甲必丹郑芳扬、第二任甲必丹李君常倡建于康熙十二年(1673年)。此庙最初被称为"华族难民的庙宇"④。可见,青云亭是清初在马来西亚、马六甲的中国移民社会创建的,不过在当时的规模不大。康熙三十四年(1695年)第四任甲必丹曾其禄对其进行扩建,其中的观音堂(即今之大殿)就是此时扩建的。嘉庆六年(1801年)又进行扩建,才成为今日庙宇之规模。⑤ 创建时的观音亭应是小庙,曾其禄扩建时应是初具规模的正规庙宇,反映了当地华人移民社会与开发事业都获得发展。而嘉庆年间扩建成宏伟规模表明开发事业与移民社会更加发达与壮大。新加坡天福宫的前身是一座小庙。道光二十二年(1842年)建成正规的神庙"天福宫"。天福宫立有一块清朝道光三十年(1850年)石碑,碑文写道:"新加坡天福宫宗祀圣母神像,我唐人所建也,自嘉庆廿三年(1819年),英夷斯临,新辟是地,……我唐人由内地帆海而来,经商兹土,惟赖圣母慈航,利涉大川,得以安居乐业,物阜民康,皆神庥之保护也。我唐人食德思根,公议于新嘉坡'直隶亚翼'(TeLoKaYer马来语海湾)之地,创建天福宫,背戍面辰,为宗祀圣母庙宇,……"⑥天福宫的建筑材料取自国内泉州。"自1821年之后,每艘南来乌槽(即乌艚船——转引者)都附载石柱栋梁、砖瓦、琉璃,经过二十年时间,而于1842年建成壮伟之天福宫。"⑦新加坡琼州天后宫的建筑材料也是用帆船从海南岛运去的。⑧ 可见,修建天后妈祖的宫庙需要开支一大笔经费,还要动用相当多的人力,特别是建材从国内运去,完成这项工程更需要得力的领导群体。显然,从筹划庙宇的建造到建成完工,不仅体现移民社会意志,而且也体

---

① 饶宗颐:《淡伯公》,《南洋学报》1952年第8卷第2期。

② 宋元模:《天后宫在马来西亚各地》,《纪念妈祖逝世千年学术讨论会材料》。周益群:《妈祖与南洋华侨》,见林文豪:《海内外学人论妈祖》,中国社会科学出版社1992年版,第341—342页。

③ 余秋雨:《漂泊者们》,《文化苦旅》,东方出版中心2001年版,第274—275页。

④ 林孝胜:《草创时期的青云亭》,南洋历史学会年版,第51页。

⑤ 杨美煊:《龟洋古刹》,海潮摄影艺术出版社1993年版,第138页。青云亭于民国时期成为莆田龟洋寺的海外廨院。

⑥ 转引自韩槐准:《天后圣母与华侨南进》,《南洋学报》第2卷第2辑第70页;李天锡:《试论华侨华人妈祖信仰的文化特征及其发展趋势》,《华侨华人历史研究》1992年第3期。

⑦ 彭松涛:《道教传入新加坡概况》,"道教与传统文化研讨会"讲稿(打印件),1991年6月16日。转引自李天锡:《石狮华侨与新加坡天福宫》,《福建宗教》1997年第3期。

⑧ 李天锡:《试论华侨华人妈祖信仰的文化特征及其发展趋势》,《华侨华人历史研究》1992年第3期。

现了移民社会的规模与力量。

这种正规庙宇所供奉的神灵是经过整合的。例如马六甲的青云亭的正殿主祀观音,左右配祀关帝及天后,偏殿崇祀孔子与杂神。① 宝山亭,乾隆六十年(1795 年),由蔡士章集资创建。宝山亭,左为天上圣母,中为三保公,右为蔡士章。因蔡士章创建宝山亭并自立一块石碑以纪其事,后人遂将蔡士章与妈祖、郑和配祀在一起。② 天福宫的中殿祀妈祖,后殿供观音,东西分别为关圣帝君和保生大帝。③ 槟榔屿广福宫,俗称观音亭,正殿供奉观音大士,左为天上圣母,右为协天大帝。④ 东南亚的移民信仰的神灵,主要有妈祖、观音、土地神、关帝爷等;显然经过整合后的神灵在移民社会所信仰的神灵中都是神阶比较高而又具有代表性的。

同样在台湾,大陆移民当开发事业有了发展之后,才开始建造庙宇奉祀携带来台湾的神灵、香火。如"大陆人民移居台湾之际,往往在船中供奉上帝公,作为航海指南,以保佑一路平安。安全抵达台湾之后,则建立寺庙,燃香供奉"⑤。相传明末清初,福建人李、谢、刘等姓到台湾南投松柏坑大坑底开垦山地种植菠萝、茶叶等。他们随身带去了武当山北极玄天上帝的"香火",供奉于茅屋中。后来,这批人迁徙他方,忘记将"香火"带走,经常发出毫光,附近居民发现是遗留下来的"香火"显化,便集资建庙祭祀。⑥ 人走了而将"香火"忘记掉,恐怕未必真有其事。这则传说反映的先带去"香火"后再集资建庙这样一个事实,却是真的。由于郑成功收复台湾后,大力提倡崇祀玄天上帝,因此在台湾形成风气。台湾移民社会所信奉的神灵也同样存在整合问题。"来自不同祖籍的移民,各自有其尊奉的主神,后来,这种状况发生了变化,出现了一些共同尊奉的神祇。"⑦在"台湾移民所奉祀的保护神除了妈祖外,泉属移民信奉广泽尊王、保仪尊王、法主公、王爷、杨府真人、青山王等,泉属安溪移民信奉清水祖师;同安移民信奉保生大帝;汀属移民信奉定光古佛;漳属移民信奉开漳圣王、感天上帝、广惠尊王;广东移民信奉三山国王等"⑧。应该说这就是经过整合后的结果。

(二)从神庙到会馆

在海外移民社会中,一般说来会馆是从神庙发展而来的。它的出现要晚于神庙。会馆在中国海外移民社会中普遍出现大约始于清代。清初台湾移民社会中出现会馆,如潮汕会馆创建于雍正七年(1729 年),银同会馆创建于道光二年(1822 年),汀州会馆创建于乾隆二十六年(1761 年),三山会馆创于同治七年(1868 年),两广会馆创建于光

---

① 童家洲:《日本华侨的妈祖信仰及其与新、马的比较研究》,《华侨华人历史研究》1990 年第 4 期。
② 周益群:《妈祖与南洋华侨》,见林文豪:《海内外学人论妈祖》,中国社会科学出版社 1992 年版,第 340 页。
③ 周益群:《妈祖与南洋华侨》,见林文豪:《海内外学人论妈祖》,中国社会科学出版社 1992 年版,第 340—341 页。
④ 周益群:《妈祖与南洋华侨》,见林文豪:《海内外学人论妈祖》,中国社会科学出版社 1992 年版,第 340—341 页。
⑤ 陈小冲:《台湾民间信仰》,鹭江出版社 1993 年版,第 109 页。
⑥ 陈香:《台湾的根及叶》,转引自林国平:《闽台区域文化研究》,中国社会科学出版社 2000 年版,第 391 页。
⑦ 陈孔立:《清代台湾移民社会研究》,厦门大学出版社 1990 年版,第 43 页。
⑧ 李祖基:《清代台湾边疆移垦社会之特点与妈祖信仰》,见林文豪:《海内外学人论妈祖》,中国社会科学出版社 1992 年版,第 260 页。

绪元年（1875年），还有浙江会馆等。

海外中国移民社会中出现会馆则是在清中叶。在日本长崎于唐人坊设立后100年左右的18世纪末，中国移民中出现了一些地缘性的会馆、公所。当时旅居长崎的漳泉帮移民创建了"八闽会馆"①。光绪二十三年（1897年）漳泉帮移民集资将"八闽会馆"扩建为规模宏大的"星聚堂福建会馆"即"福建会馆"。据光绪二十三年《重建长崎八闽会馆碑铭》记载："八闽会馆始建迄今殆百余年之久，……今更号曰福建会馆，以克全省均泽也。"②同治七年（1868年），长崎又出现了"三江会馆"等。

此后，大阪、横滨等地的中国移民社会中也相继出现中华会馆。同治十二年（1873年），在横滨的中国商业移民创建"中华会馆"，内设关帝庙③主祀关帝，旁祀天后圣母和门（三）官神。光绪十四年（1888年），在神户的中国移民创建关帝庙，正中祀关帝，左旁祀天后圣母，右旁祀观音。④ 光绪十八年（1892年），在神户的中国移民创建神（户）阪（大阪）中华会馆，内有关帝庙，供奉关帝。1893年，在神户神阪中华会馆西侧，增筑了天后宫崇祀天后圣母。宣统二年（1910年），北海道函馆中国商业移民创建了中华会馆，内设关帝庙，奉祀关帝。⑤ 这些会馆都奉祀关帝为主神，以妈祖、观音、门（三）官神为配祀神。这是由于清咸丰八年（安政五年，1858年），日本准许开放下田、函馆、横滨、长崎、新泻等港口，实行自由贸易。同治十年（1871年），中日两国签订了修好条约，原来居住在长崎的福建、广东、浙江、江苏、安徽等地的海外移民纷纷移居横滨、神户等港口城市经商。在日本的中国海外移民社会打破原有地域帮别与省籍界限，进行重新整合，前述各"中华会馆"就是重新整合后的结果。与此相应，他们所信仰的诸神体系也进行了整合，关帝成了人们共同奉祀的主神，其他神灵则为配祀神。

在新加坡，如清咸丰七年（1857年），琼籍韩亚二、王志德等发起组织琼州会馆（在今小坡吗拉峇街六号），内有天后宫。光绪五年（1879年），琼州会馆迁至现址（在今美芝津四十七号）。琼州会馆内的天后宫正中供奉天后圣母（婆祖），右侧奉祀昭烈108兄弟神，左侧奉祀南天水尾圣娘。⑥ 在马六甲，最早的华人会馆是福建会馆。它是从前述神庙青云亭发展而来的。在越南西贡，粤人创建"穗城会馆"，内供奉妈祖、财神等。⑦

必须指出，有些会馆、公所里面就设置神庙供奉神灵，例如，在日本长崎无论是"八闽会馆"还是"福建会馆"内都供奉天后圣母。所以至今当地华侨还称"福建会馆"为"天后宫"。⑧ 在新加坡、马来西亚、印度尼西亚、菲律宾，只要有兴安会馆就有天后宫，只要有琼州会馆就有天后宫或天后堂。诚然，在海外并非所有的会馆都附设神庙。但可以说，有些会馆就设在神庙中（详见后述），大部分会馆中都附设神庙。

无论是独立于会馆的神庙，还是附属于会馆的神庙，大都是由海外移民社会集资建造的。作为特定移民社会中的成员大都乐于捐资，但建庙资金的主要来源则是商

---

① 其确切年代无考。
② 宋超伦：《留日华侨小史》，中央文物供应社1953年版，第13—14页。
③ 〔日〕经济新闻社：《华侨——商业民族的写真》，第180页。
④ 〔日〕神户新闻社：《华侨的真实面貌》，第161页。
⑤ 童家洲：《日本华侨的妈祖信仰及其与新、马的比较研究》，《华侨华人历史研究》1990年第4期。
⑥ 童家洲：《日本华侨的妈祖信仰及其与新、马的比较研究》，《华侨华人历史研究》1990年第4期。
⑦ （清）张德彝：《航海述奇》，第19页。
⑧ 童家洲：《日本华侨的妈祖信仰及其与新、马的比较研究》，《华侨华人历史研究》1990年第4期。

帮、船主、富商的捐赠。帮会是海外移民社会的最基本的社会组织,通常以地缘、血缘、业缘乃至方言为纽带聚集而成。同是一个帮会又有可能分为若干小帮会。日本长崎唐四寺的创建实际上就是帮会的行为。"兴福寺"(俗称南京寺)是江南的江苏(含安徽)、浙江、江西三江帮船主们发起并捐资创建的;"圣福寺"(俗称广州寺)是广东帮船主们集资创建;"福济寺"(俗称泉州寺、漳州寺)与"崇福寺"(俗称福州寺)都是福建帮创建的,前者是福建泉漳帮的船主们倡议与集资创建的,后者则是福建福州帮的船主们发起并捐资创建的。据《长崎图志》记载:"崇福寺,在大光寺嵩,名圣寿山,宽永九年(1629 年),明人王(王引)、何(何高材)、林(林守殿)、魏(魏之琰)诸大商施。僧超然建,即祀天妃。"①可见这些寺院的兴造大都是仰赖商帮、船主们发起捐资建造的。据道光二十五年(1845 年)重修碑文记载,马六甲青云亭是康熙十二年(1673 年)由马六甲第一任甲必丹郑芳扬、第二任甲必丹李君常倡建的②,主要是由福建帮商人捐资的。新加坡天福宫保存的刻于道光三十年(1850 年)的《建立天福宫记》详细记录了捐资建庙者的姓名。其中有 70 多个"某某舻""某某船"以及"某某双层"的名字,均属船主的大号,这些人共捐 6588 元,其中新加坡福建帮首领、首富陈笃生捐 3074 元 7 角 7 分,薛佛记捐 2500 元,为捐资最多的两笔。③ 至于地缘性会馆中的神庙的建造资金当然也是来自相应的移民社会的成员,而商人特别是富商则是主要的捐资者。

无论是独立的供奉海神的庙宇还是附属于会馆中的海神庙宇,在其建成之初都是为了祈求海上航行安全。马来西亚青云亭有块清乾隆丙午年(1876 年)的匾额上书"海国安澜"。④ 新加坡天福宫有块匾额为光绪皇帝题写,上书"波靖南溟"。其他地方的妈祖庙则有"海国慈航""慈航普度""神昭海表""安澜利运""滁潭海宇""恬波利运"等各种匾额。琉球国天妃宫的对联有"统全海之洪波,俯顺人情,应念东西南北;……"⑤点明其神性功能。事实上也正是如此。新加坡的天福宫建成后,成为来航新加坡者必到之处。"凡是南来或北归的华人,都把船舶淀在宫前,然后到宫内拜祀天妃,祈求'海不扬波',平安返国。"⑥说明在海外移民社会中,人们所供奉的神灵原来从故土传来时所具有的神性功能继续保存。

海外移民在到了移居地以后,由于定居生活与职业的关系,促使原来海洋性神灵信仰发生多向度的变化。除了原有的功能仍然被保留外,又被赋予其他方面的功能。例如海神妈祖,海外移民"相信她能消灾除祸,便在街道入口处建起妈祖庙,让妈祖神灵守住街口,阻止灾祸进入社区,妈祖俨然成为海外移民人身安全的庇护神"⑦。大陆民众渡海迁移去台湾时,从祖籍地将海神妈祖信仰传入台湾。而妈祖则随着移民开发事业的进展与定居生活的出现,其神性功能也随即发生变化。"举凡求福、祈祷、禳灾、

---

① 〔日〕宫田安:《长崎崇福寺论考》,长崎文献社 1975 年版,第 18 页。

② 林孝胜:《草创时期的青云亭》,见林孝胜等:《新华历史与人物研究》,南洋历史学会 1986 年版,第 42 页。

③ 童家洲:《日本华侨的妈祖信仰及其与新、马的比较研究》,《华侨华人历史研究》1990 年第 4 期。

④ 李天锡:《试论华侨华人妈祖信仰的文化特征及其发展趋势》,《华侨华人历史研究》1992 年第 3 期。

⑤ 李天锡:《试论华侨华人妈祖信仰的文化特征及其发展趋势》,《华侨华人历史研究》1992 年第 3 期。

⑥ 林孝胜等:《石叻古迹》,新加坡南阳学会 1975 年版,第 50 页。

⑦ 周益群:《妈祖与南洋华侨》,见林文豪:《海内外学人论妈祖》,中国社会科学出版社 1992 年版,第 339—340 页。

祛病等,无不求祷于妈祖,妈祖渐成为'保佑群生'的居台移民的守护神。"[1]日本的稻谷是由福建海运传去的,日本民间很重视"谷神",而海运的船舶是以妈祖为保护神,妈祖也就被奉为日本稻谷的保护神。日本民间的稻神社奉祀稻神的同时也奉祀妈祖。[2]日本长崎唐人坊里所供奉的妈祖、观音、土地公,由于环境的变化增加了类似于"乡土守护神"的职能,而其海洋性神灵的职能依然存在,只是被"淡忘"而已。只要唐人坊里有人从事海洋活动,上述诸神这方面的职能就会因被使用而被"复忆"与唤醒起来。台南市银同祠庙,是福建同安人于道光二年(1822年)建,主祀妈祖。庙内有一副楹联曰:"银海不扬波,万众稳渡星槎远迩;同民皆乐业,举世遍歌母德渊源。"横匾为"永护民安"[3],就点明了海神妈祖的功能因奉祀者们生存环境的变化,其原有作为"海神"的功能被保留的同时又成为居台移民安居乐业的保护神。还要指出的是,尽管各海外移民分布地所奉祀的神灵不同,除了妈祖、关帝、观音、土地公等属于海神,其他保护神也都具有海洋性特征。[4]

综上所述,与从事农业的人们相比较,在古代从事海洋活动的人们对神灵的祭祀更频繁与虔诚。无论是海洋渔民、海洋商人还是海外移民,当其出海起航前都要举行祭海,以祈求海上航行的平安与发财。一艘海船上的人群就构成一个"特殊的海上社会",在海船中设置神龛以供奉神灵偶像,其目的不仅仅是为了方便在海上向神灵祈祷与祭祀,更重要的是能够获得神灵及时的保佑。在陆域与海岛各类海洋社会(如渔村、商帮、移民群体)中的神灵祭祀活动都极大地增强了海洋社会内部的凝聚力,强化了海上活动的群体精神。海洋社会的神灵信仰中以及海船神龛供奉的神灵中的诸神合祀现象有着区域与海洋社会类型的差异,既反映了海神信仰不同区域的特点,也反映了各信仰群体的不同祈盼。

---

① 李祖基:《清代台湾边疆移垦社会之特点与妈祖信仰》,见林文豪:《海内外学人论妈祖》,中国社会科学出版社1992年版,第249页。

② 肖一平:《海神天后的东渡日本》,《妈祖研究资料汇编》,福建人民出版社1987年版,第139页。

③ 转引自张文绮:《从匾联碑记看台湾官民的妈祖信仰》,见林文豪:《海内外学人论妈祖》,中国社会科学出版社1992年版,第250页。

④ 引见王荣国:《明清时代的海神信仰与经济社会》,博士论文,厦门大学2001年,第152—159页。

第四十章

明清时期的海洋文学艺术

　　海洋的宏大和深邃,海洋潮汐的汹涌壮观,海洋资源的丰富多样,海洋活动的惊险等等,无不给人以强烈的印象,以致引发历代广大文学家、艺术家的激情来描绘它、歌颂它,留下了大量海洋文学艺术作品。海洋文学艺术是人类对海洋的理解、对海洋的感情、与海洋的生活对话的审美把握和体现,是人类海洋生活史、情感史和审美史的形象展示和艺术记录。明清时期海洋文学艺术的突出成就主要体现在海洋小说、诗歌与杂记中,其中明万历间罗懋登创作的长篇小说《三宝太监西洋记通俗演义》(俗称《三宝太监西洋记》或《西洋记》)虽艺术价值不高,却知识和史料价值丰富;大量的文人笔记性、吟咏性"海错文学",成为这一时期海洋文学的一大特色。集中汇录在各地方志中的大量涉海诗文、杂记等,尽管往往不为文学史家所重视,实则构成了这一时期海洋文学的主体内容,而且对当代海洋历史景观和自然景观的审美鉴赏、对沿海各地凸现其城市、区域历史文化底蕴和文化旅游资源的开发,均具有不可替代的独特价值。

第一节　明清时期的海洋小说

一　《三宝太监西洋记》①

　　明初的郑和是个大航海家,奉使七下西洋,像这样一个伟大的人物,当然要被当作传说的箭垛,因之神魔小说《三宝太监西洋记通俗演义》②(后简称《西洋记》)的产生也就不足为奇了。

　　不过,《西洋记》也非完全荒诞之书,有好些部分都是有根据的。向来中国史地一类的书要想纯粹是信史,那只是妄想;它里面总有一些五行或谶纬的话。

　　《三宝太监西洋记通俗演义》的作者罗懋登是明万历间人,曾注释过邱浚的《投笔

---

① 赵景深先生对这部小说作有专门考证研究,本节引见赵景深:《中国小说丛考》,齐鲁书社 1980 年版。
② 有申报馆聚珍版本,商务铅印本以及中原书局石印本,后有新文化书社与大达图书供应社之新式标点本。近年来又有几种新版本问世,不俱列。

记》①，又曾替高明的《琵琶记》②、传施惠的《拜月亭》③和《西厢记》做过音释，自己也写过《香山记》传奇，可见是个喜欢小说戏曲的文人。他字登之④，号二南里人，里居不详。据向觉明的猜测，"《西洋记》里面所用的俗语如'不作兴'、'小娃娃'之类，都是现今南京一带通行的言语，似乎罗懋登不是明时应天府人，便是一位流寓南京的寓公。"但书中方言不仅只是一方面的，即如书中常见的"终生"一词（意云畜生）⑤，恐怕只有太湖系的语言里才有，南京话是只叫作"畜生"的。

《西洋记》叙："宝船三十六号，长四十四丈四尺，阔一十八丈。"又："雄兵勇士三万名有零。"（第十五回）大都与《明史》相合："将士卒二万七千八百余人，……造大舶，修四十四丈，广十八丈者，六十二。"正元帅当然是郑和，副元帅王尚书就是《明史》里的王景弘。至于张柏是否即张达，王良是否即朱良⑥，那就不得而知了。王尚书被形容作"身长九尺，腰大十围"（第十五回）。其实这应该归之于郑和，袁忠彻的《古今识鉴》就是拿这 8 个字来形容郑和的。

《西洋记》叙天妃红灯引路的事也有根据。第二十二回云："只听得半空中，那位尊神说道：'吾神天妃宫主是也。奉玉帝敕旨，永护大明国宝船。汝等日间瞻视太阳所行，夜来观看红灯所在，永无疏失，福国庇民。'"郑和自己在《通番记》里也说过这样的话："值有险阻，一称神号，感应如响，即有神灯烛于枙檣。灵光一临，则变险为夷，舟师恬然，咸保无虞。"

鲁迅⑦和向觉明都据罗懋登的序文，断定他是眼见倭患甚殷、当局柔弱无能，才写出《西洋记》来，以讽喻当局。这话当然可信。他之所以要详细地注释那称道班超的《投笔记》，恐怕也是有些"兴抚髀之思"。

向觉明说："《西洋记》一书，大半根据《瀛涯胜览》演述而成。"其实主要材料不仅来自马欢的《瀛涯胜览》，费信的《星槎胜览》也是《西洋记》的依据。因为《瀛涯胜览》所载仅 20 国，而《星槎胜览》却有 40 个地方，比《瀛涯胜览》要多一倍。《西洋记》讲到灵山、昆仑山、重迦罗、吉里地闷、麻逸冻、彭坑、东西竺、龙牙加貌、九州山、卜剌哇、竹步、木骨束等处，都是根据《星槎胜览》，因为这十余处地方均为《瀛涯胜览》所不载。赵景深把《西洋记》引用《瀛涯胜览》和《星槎胜览》之处，一一做了比对，共找出 29 处。

鲁迅《中国小说史略》说，《西洋记》"所述战事，颇窃《西游记》《封神传》"。向觉明也说："《西洋记》的作者一定看过吴承恩的《西游记》，所以模仿的形迹很重。例如，《西洋记》卷十第四十六回说到右先锋刘荫在女儿国影身桥上照影有孕，误饮子母河水等等，这完全是袭取《西游记》第五十三回唐三藏师徒们在子母河受灾的故事。又《西游记》中滑稽的意味很丰富，而《西洋记》中也时常应用浅俗的笑话来插科打诨。这都可以见出承袭之迹。"除上举者外，还有一些地方可以看出。如，金角大仙、银角大仙是袭

---

① 《世界文库》第二、三册收之，易得。

② 郑振铎：《中国文学史》第 4 册，山东美术出版社 2009 年版，第 1232 页。

③ 向觉明：《关于三宝太监下西洋的几种资料》，见《小说月报》第 20 卷第 1 号。以下引向说均据此。

④ 孙楷第：《中国通俗小说书目》卷二，作家出版社 1957 年版，第 70 页。

⑤ 例如第二十回："恰好是那个'终生'（指大蟒）自山而来，……'终生'性子又躁。"

⑥ 参看《大公报史地周刊》所刊新近发现的郑和的《娄东刘家港天妃宫石刻通番事迹记》。

⑦ 鲁迅：《中国小说史略》，山西古籍出版社 2001 年版，第 214 页。

用《西游记》里的金角大王、银角大王，羊角大仙是袭用《西游记》里的羊力大仙。《西洋记》第二十一回竟把魏征斩泾河老龙和唐太宗游地府的故事完全引了进去。惟师徒四众名称与《西游记》略异，猪八戒作朱八戒，沙和尚作淌来僧；这与引用八仙名一样，故意捏造出元壶子和风僧寿来，而把张果老和何仙姑删去。（此点俞樾在《春在堂随笔》和《茶香室丛钞》曾屡引之①，不曾考出其来源。）《西洋记》第二十八回里的吸魂瓶也是《西游记》里所常用的玩意儿。第八十八回到第九十三回里的崔钰判官也是《西游记》中的人物。其他如哪吒、韦驮等亦均见于《西游记》《封神演义》，惟以前都说是白脸，而罗懋登却硬要写成"朱脸獠牙"的，大约他总爱偷袭，同时也爱改头换面来标新立异。第九十六回叙孙悟空把软水改成硬水，则是罗懋登自己的想象，犹之在《征西全传》里我们也能看见唐僧四众经过薛丁山的战场一样。又，《西洋记》里的马公公，相当于《西游记》里的猪八戒。猪八戒一遇危难，就要散伙，回到高老庄上去看他的老婆；马公公也是一样。第四十九回云："马公公道：'似此难征，不如收拾转去罢。'"第五十三回云："马公公又没辖籍跶说道：'既是这等宝贝，不得赢他，不如回转南京去罢。'"

《西洋记》引用《西游记》之处，虽是不少，提到《三国演义》之处却更多。

向觉明曾提到《西洋记》里的谐趣，也是模拟《西游记》的。不过《西洋记》里的谐趣，实极笨拙，不及《西游记》远甚。大凡会说笑话的人，自己不笑，引别人笑。别人还不曾笑，自己先就笑了起来，其结果一定要失败。《西洋记》每逢插科打诨的时候，总好像警告似的说："现在我说笑话了！"因此，第二十九回在说过几句笑话以后，来了一句"大家笑了一会"。第三十一回说笑以后，又来一句天师的回答："不消取笑。"（第三十三回同此，例繁不备举。）并且，罗懋登的笑话大都生凑，喜欢用经史成语读别了音，引用出来，以引人笑，技巧极为拙劣。

鲁迅说《西洋记》"特颇有里巷传说，如'五鬼闹判''五鼠闹东京'故事，皆于此可考见，则亦其所长矣"。按，《五鼠闹东京》见第九十五回，又《金鲤》见第九十四回。这两个故事又见于《包公案》。据现今所知，最早的包公小说专书是《包孝肃公百家公案演义》，乃饶安完熙生所作，今存七十余回。此书刊于丁酉，即 1597，与《西洋记》同年。究竟收有《玉面猫》（即《五鼠闹东京》故事）与《金鲤》与否，未见原书，不得而知。惟《包公案》中确有这两个故事，除文句不同外，情节完全相同。《包公案》写作年代不可知，仅知其较《包孝肃公百家公案》为晚出，当然也较《西洋记》为晚出，故知《包公案》里这两个故事是袭用《西洋记》的。到了清代，皮黄戏里的《双包案》情节更为简单，差不多五鼠变成一鼠，只剩下真假两老包了。（原来是五鼠变成秀才、丞相、皇帝、国母以及包公，弄成各有两个，近似《西游记》的二心之争。）

《西洋记》中除了以上三个传说以外，还有许多是可以考见的。最可注意的是第九十一回田洙遇薛涛的故事。这故事取之于李祯的《剪灯余话》，原名《田洙遇薛涛联句记》。凌濛初的《二刻拍案惊奇》卷十七《同窗友认假作真、女秀才移花接木》的入话也引用了这个故事，惟二人唱和，凌濛初取的是四时回文词的部分，罗懋登取的是联句的部分。罗作极少想象，只是等于把李祯的文言译成白话。

鲁迅说，《西洋记》"文词不工"。一翻开第一页的第一行，第一行的第一句，就是

---

① 参看鲁迅：《小说旧闻钞》，齐鲁书社 1997 年版，第 65—69 页。

"粤自天开于子,便就有个金羊玉马",这"便就"两字的连用,犹之"天地乃宇宙之乾坤"是一样的滑稽。还有"问说道"也是常见的。"问道"就行了,何必"问说道"呢?"说"不就是"道"么?"呢""么"两字也弄不清楚,凡应该写作"呢"字的,都写作"么"字或"罢"字了。

至于排句的滥用也是使人生厌的。本来排句也是修辞格的一种,用得少而得当,未始不可以收到相当的效果。《西洋记》里的排句,每一排很长,至少有四五句,而各排又无变化,只是略改几个字,好像写童话一样的写下去。例如第七回叙碧峰长老与妖精斗法,妖精逃到哪里,他也追到哪里。他是这样写的:

> 他两个就走到玉鹤峰上去,长老就打到玉鹤峰上去;他两个走到麻姑峰
> 上去,长老也打到麻姑峰上去;他两个走到仙女峰上去,长老也打到仙女峰上
> 去。

这样一直写了二十几排,只把地名换上会真峰、会仙峰、锦绣峰、玳瑁峰、金沙洞、石臼洞、朱明洞、黄龙洞、朱陵洞、黄猿洞、水帘洞、蝴蝶洞、大石楼、小石楼、铁桥、铁柱、跳鱼石、伏虎石等。像这样的大排场,我们至少可以遇到十几次,看到这等地方,无法可想,只有跳过去不听他的唠叨。差幸这些排句只在前几卷里有,倘若全部都是如此,那真是不堪卒读了。

《西洋记》不是一部有艺术价值的书,但它能保存许多传说,又能容纳两种《胜览》里的文字,采用较早的版本,使后世得以校勘,其功却也未可尽没。[1]

二 其他涉海小说

明清小说中,中篇小说的代表性作品,要数冯梦龙的《三言》和凌濛初的《二拍》作品集。这些作品有些是据宋元话本改编而来,有些是拟作话本,其形式上的一大特色,就是保存了民间说话艺人的"说话"(说书)套路;其内容上的一大特色,就是讲说平民百姓的社会生活。由于宋元以降中国航海事业和中外海上交通有了更突出的发展,海外贸易在很长时期内更为繁荣,间有倭寇犯乱,海上多事,沿海民人也有往来其中者,所以中国涉海商人以及海外商人的生活形象,便更多地出现在了话本、拟话本所讲述的故事之中。翻翻《三言》《二拍》,有很多篇什涉及这样的内容。如冯梦龙《喻世明言》(《古今小说》)卷十八《杨八老越国奇逢》,依其《古今谭概》卷三十六"一日得二贵子"大加铺衍,叙杨八老原在福建漳浦做生意,于倭寇患乱中被掳掠而去,居十九年,从倭习,后与亲人相认团聚,故事生动,颇为感慨。另如凌濛初《初刻拍案惊奇》卷一的《转运汉遇巧洞庭红,波斯胡指破鼍龙壳》,叙"国朝成化年间"苏州有一姓文名若虚者,通过航海贸易致富,很值得一读。这文若虚本为一介书生,下海做生意本不在行,每每赔本,人称"倒运汉"。谁知他后来时来运转,就因他跟海洋打上了交道的缘故。"一日,有几个走海泛货的邻近……合了伙将行。他晓得了,自家思忖道:'一身落魄,生计皆无。便附了他们航海,看看海外风光,也不枉人生一世。……'"于是跟他们说了,他们"在海船里头不耐烦寂寞",满口应允,这文若虚便拼凑得一两银子,买了一竹篓不值钱的"洞庭红"橘子装上海船,意在"有枣无枣打一竿",即使赚不了钱也赔不了什么。于是

---

① 参见赵景深:《中国小说丛考》,齐鲁书社 1980 年版,第 264—300 页。

开船,"出了海口","三五日间,随风飘去,也不觉过了多少路程。忽至一个地方,舟中望去,人烟凑聚,城郭巍峨,晓得是到了什么国都了"。泊了船,上了岸,知是"吉零国"(想必是"机灵国"的谐音了),"原来这边中国货物拿到那边,一倍就有三倍价;换了那边货物,带到中国也是如此。一往一回,却不便有八九倍利息,所以人都拼死走这条路"。这文若虚因"那国里银子这样不值钱",没想到一竹篓橘子也换了好多银子,于是他和众人一齐上船,"烧了神福,吃了酒,开洋"。海路上遇见一个空旷荒芜的无人小岛,在岛上避风时,偶然发现了"床大的一个败龟壳",便图个稀罕:"我自到海外一番,不曾置得一件海外物事,今我带了此物去,也是一件稀罕的东西,与人看看,省得空口说着,道是苏州人会调谎。……"于是拖拉到船边,众人一边笑话他捡了一个不值得带上船的破龟壳子,大而无用,一边帮他将龟壳搬上了船。"当夜无词。次日风息了,开船一走,不数日,又到了一个去处,却是福建地方了。才住定了船,就有一伙惯伺候接海客的小经纪牙人,攒将拢来……众人到了一个波斯胡人店中坐定。"这波斯胡人叫玛哈宝,"专一与海客兑换珍宝货物,不知有多少万数本钱"。众人皆以为文若虚无货可换,文若虚也没想到有谁会买那只败龟壳,他只是想拿回家给人开开眼,算作他的确出过海、到过海外的"物证",谁知那波斯胡却偏偏视其为巨宝,要出五万两银子买下,还怕他反悔,竟然立了合同字据,最后索性把自己的绸缎店也让给了他。事后波斯胡才告诉他原委:这只大龟壳中有一颗巨大的夜明珠,"光彩夺目",价值连城。文若虚也自此成了福建的巨富。因泛海而得转运发迹,这便成了形象的教材。

《二刻》卷三七还有一篇《叠居奇程客得助,三救厄海神显灵》,也是写泛海经商者的故事,只是这故事不是写其如何泛海发财,而是写他如何与女海神艳遇,从而得宠得福的情事,颇为出奇。至如《西游记》等长篇小说,虽非主以写海与海事,然穿插其中的一些涉海故事,也很值得把玩体味。如《西游记》中的孙悟空大闹龙宫,哪吒闹海;《东游记》写八仙闹海等等。明清的笔记小说,也有很多铺写海事和涉海者,蒲松龄的《聊斋志异》中就有多篇。比如《罗刹海市》《夜叉国》《海公子》等都是。①

至今仍广为流传的长篇小说《镜花缘》,为清李汝珍(约 1763—1830)所作。书前半部叙述唐敖等游历海外的见闻,充满了对海外传奇浪漫色彩的描绘。《镜花缘》中许许多多的故事,并非纯粹是作者杜撰,而是与唐、宋、元、明海外航行发展,不断传播有关海外航行和海外故事有关。这方面的例子是很多的。②

三 蒲松龄笔下的海商故事:《罗刹海市》③

清初著名作家蒲松龄,虽聪明才高,每每赶考,却一直到老与科考进士无缘,只好做了一辈子教书先生,但其骨子里却依然具有重商主义色彩,这反映在他的《聊斋志异》的许多篇什之中,如《罗刹海市》《夜叉国》《海公子》等。尽管关于蒲松龄的先祖及其族属问题,学术界一度争论很大,有汉族、蒙古族、回族、女真族等多种说法,而说其先祖是阿拉伯人者,国内外学者大有人在:根据蒲松龄所撰蒲氏族谱,其淄川先祖为元

---

① 曲金良:《海洋文化概论》,青岛海洋大学出版社 1999 年版,第 196—198 页。
② 宋正海:《东方蓝色文化——中国海洋文化传统》,广东教育出版社 1995 年版,第 166 页。
③ 此部分内容参见曲金良:《"罗刹海市"与"罗刹国"》,《蒲松龄研究》1994 年第 3 期。

代般阳路总管蒲鲁浑、蒲居仁,而蒲鲁浑、蒲居仁的祖上则是元代从阿拉伯来华经商贸易的大海商、世居泉州并被元朝政府任命为泉州海外贸易总管的蒲寿庚。蒲松龄的上辈人也不乏经商贸易者,其父蒲磐就曾经商发家。或许正是由于蒲松龄骨子里就有经商贸易的家族意识与传统的"基因"积淀,所以经商题材进入了其写作的视野。

《罗刹海市》渊源于佛经故事《罗刹国》而又大异于《罗刹国》,其中深有内涵。

在佛教经典中,不乏"罗刹国"的故事,如《佛本行集经》卷第四九、卷第五十,《六度集经》卷四,《出曜经》等等,而故事情节又不尽相同,可知此类故事在印度民间流传极广。我国魏晋六朝、隋唐时已把这些佛教经典翻译了过来,通过隋唐的"俗讲"而广播于民众。到了清代蒲松龄生活的时期,这个起源于佛经的故事仍在民间口传,故而使蒲松龄得以写成具有独特意义的《罗刹海市》。

今试把两者的故事情节、人物、场景等,就相同或近似之处比较如下(前者佛经故事,后者聊斋故事):

前者为马王;后者为马骥。均写其形貌美。

前者为"有五百商人";后者说"仍继父贾"。按佛经故事中,"五百"形容量多,非特定意义。如《杂宝藏经》卷一有"王……语仙人言:与我此女! 便即与之,而语王言:当生五百王子……五百彩女中……若生五百子……竖五百力士幢……"《贤愚经》卷第九有"有一国王,……领五百小国王,有五百夫人采女,……值五百头牛,……选五百人,奉侍太子。复令择取五百白象,……复令择取五百侍女……五百乘车。"

前者为"欲入大海","求觅珍宝";后者为"从人浮海"。都写为海风吹去。

前者为"至罗刹国";后者为"至一都会",且在后面直陈:"曰:大罗刹国。"

"罗刹"是梵语(aksasa)的音译,指食人恶鬼。前者说"其国多有罗刹女"。后者中,说"其人皆奇丑",与马骥互以为妖。前者说那些罗刹女"共彼商人,五欲自娱";后者说"村人喜……共罗浆酒奉马(骥)","酒数行,出女乐十余人,更番歌舞"。

前者为罗刹女们主动向商人求爱;后者为龙王为女聘婿。

二者均叙商人心态:前者是"其心侧怆,举声啼哭";后者是"离席愧荷,唯唯不已"。均写对故土、亲人之念。

前者为"诣罗刹城渐渐而行";后者为"天明,始达一都会。"前者写罗刹城情景,后者写游海市后到了龙宫,但都形容了其富丽堂皇,都有花、鸟、树等铺张描写。

二者都写了五音歌舞之乐。

二者都写了限定某事之日期的问题,具有神秘的色彩。前者中,作"乃至四月欢乐会时""十五日满四月节";后者中,竟也有"三年后四月八日"之约期。"四月八日",相传乃佛之生日。

前者罗刹女哀求商人留下,眼见不成,又只好退一步说,让他们把孩子带走;后者是龙女主动说出"三年后四月八日……还君体胤"的话,并与之兑现。

以上所列,从人物、情节、场景到语言,足以说明蒲松龄的《罗刹海市》所受佛经故事《罗刹国》影响的程度。我们从佛教在我国的传播导致佛经故事在我国民间广泛流传、变异的事实看,从蒲松龄创作《聊斋志异》的题材来源既有志怪笔记,亦有民间传说来看,从蒲松龄本人复杂的思想以及他的创作原则和目的诸方面来看,可知都是十分自然的事。

佛教自汉东浸,佛经翻译于南北朝遂盛,佛家转经唱导,广宣佛理。如上举"四月八日"佛之生日,据今见史料,北齐高祖时已有斋会隆兴。敦煌卷子《启颜录·论难篇》载:

> 高祖又尝以四月八日斋会讲说,石动筩(北齐之优人——引者注)时在会中。有大德僧在高座上讲,道俗论难,不能相决。动筩后来,乃问僧曰:"今日何日?"僧答云:"是佛生日。"动筩即云:"日是佛儿?"僧即变云:"今日佛生。"动筩又云:"佛是日儿?"众皆大笑。

斋会、俗讲之举,资料甚多,兹不征引。后世至近,遗响犹广。随手翻翻明清各地方志,即可得到于四月八日设斋浴佛的记载若干。如明代所纂方志中有嘉靖《夏津县志》:"四月八日,僧家浴佛,愚民施财。"崇祯《历城县志》:"四月八日,佛浴日,俗作盂兰会。"蒲松龄同时代之方志如《海丰县志》:"孟夏之月(四月)八日为浴佛日,乡愚入寺作斋会。"《莱阳县志》:"四月八日,僧尼作浴佛会。"《日照县志》:"四月八日,好事者登山上香。"再晚些时候直至民国二十四年(1935年)所纂的山东各地方志中,有此项记载的还有商河、禹城、陵县、德干、临邑、平原、武城、滨州、乐安、新城、邹平、长山、无棣、临朐、寿光、高密、临沂、招远、黄县、蓬莱、泰安、济宁、滋阳、曲阜、邹县、曹县、濮州、茌平等州、县志。佛教之风靡与近世之遗响的广远,于此可见一斑。至于佛经故事,则必然会随着佛经之翻译、佛徒之俗讲、佛画、佛曲而流入民间,广衍远布,久历变传。关于《罗刹国》的流传情况,我们今天还能见到金代的史迹:据王伯敏著《中国绘画史》载,山西繁峙县岩上寺殿之金代壁画,"北壁画五百商人被风吹坠罗刹国故事"[①],可举为一例。

蒲松龄是专向民间探囊取宝的作家。我们知道,《聊斋志异》近500篇,其题材、情节大部分并非蒲松龄的独创,而是依据许许多多的笔记野史、佚闻传说和民间故事。他在《自序》中就说过:

> 自鸣天籁,不择好音,有由然矣。……厂才非干宝,雅爱搜神;情类黄州,喜人谈鬼,闻则命笔,遂以成编。久之,四方同人,又以邮筒相寄,因而物以好聚,所积益夥。

蒲松龄一方面是清初的一位伟大的文学家,另一方面又是一位乡间教书先生。他的经历及所处的环境造成了他思想的复杂性:激进的时代、新思想的萌芽与传统旧思想的束缚集于一身,而他毕竟是以一个伟大文学家的思想与眼力来思考社会现实和处理手中的"本事"题材的。因此,佛经故事《罗刹国》与蒲松龄《罗刹海市》就有了许多的不同点,反映了蒲松龄及其所处时代的思想。

由上面对两个故事所作的引述,我们看到,故事中的人物安排、情节结构、场景描写及人物语言,确如我们所举出的相同或相似。然而问题的另一方面是,前者只是后者的依据,换言之,我们只能从后者中发现前者的影子。在《罗刹国》里,马王是佛世尊的化身,是超度那些因入海经商求宝、又迷恋财色而沦遭苦厄的海商众生的;而在《罗刹海市》中,马骥却直接就是海商。没有超度众生的世尊出现,其实马骥也用不着什么超度,因为他入海后并非"受苦",且倒比入海前要好得多。在罗刹国中的人物,前者是一些罗刹女鬼,后者则写了一个丑鬼群;前者写的是五百海商的"历险记",后者则写了

---

① 王伯敏:《中国绘画史》,人民美术出版社1987年版,第369页。

一个海商的"观光旅游记";前者写罗刹女们争相向海商求爱,生男育女,后者写的是海龙君择婿招赘;前者写了一大段身陷铁城地狱的海商们在此被食、受厄的阴森可怖的惨景,后者则写了海市、龙宫——处处似乎是令人向往的世界。还有,前者写马王超度众生归还故土时,罗刹女们追来哭喊哀求他们留下,而后者则写龙女劝商人不必为分离伤心,说出了"两地同心,即伉俪也,何必旦夕相守"的话。这些既相似又相异的地方,都使我们窥见了蒲松龄及其所处时代的思想特色。

在佛教思想中,财、色是被鄙弃、被戒止的。在佛经《罗刹国》之类故事中,都宣扬了这样一种佛理:财、色不可贪婪,否则或为恶鬼所食,或头戴大火轮,受大苦难。而且,这些贪财爱色的人,都是些海上商人,因入海求宝而走进了罪恶的深渊,假如没有马王(即菩萨)的普度,就要永此不得超脱了。这反映了佛教传入中国之后的桑本商末思想。比如佛经的《罗刹国》故事中,让那些贪财入海而身陷厄难的商人说出了这样的话:"更莫发心向彼大海。乃至佣力,亦可存济。……宁住在彼,餐啖牛粪,用为活命,不为求财而来此也。"而这在蒲松龄的《罗刹海市》中,却恰恰相反。商人马骥,原可为读书之人,却继承了父之贾业,入海求宝,为大风引至罗刹国,经历了一场虚惊,然后是游海历宝、得财得色,娶了海龙王的女儿,做了驸马都尉,声"传诸海",与龙女生男育女,享尽富贵荣华,还能安然得渡以回家省亲。这是很大的不同,形成了鲜明的对比。另外,从两个故事对待女色的态度上,关于情爱关系的处理上,如上所述,也具有很大的区别。中国社会资本主义生产关系的萌芽从明代中叶开始,商品经济更加活跃,由此带来的思想也日趋近代化,尤其是在沿海城市。在山东,则无论是内陆也好,沿海、沿河也好,自明季始,工商业一直发达。山东沿海的盐业始终占全国要位,莱芜的冶铁业自明洪武初年就占全国总产的 1/10—1/6,东昌、兖州的棉花,博山的陶瓷、琉璃行销全国。当时全国著名的大商业都市 33 个中北方 9 个,山东几乎占了一半。尤其是运河流域的临清、济宁,更是"五方商贾鸣棹转毂","百贾会集","号为冠带衣履天下"[1]。"兖东郡濒河招商……民习奢华……不贱商贾"[2]。至于蒲氏的家乡淄川,也不乏商贾之举,正如与蒲松龄同时代、并为《聊斋志异》做过评论的唐梦赉所撰《济南府志》中描述的那样,"商贾治丝帛,业香屑",斯时之商业隆兴及给社会、经济带来的变化,给人们思想带来的变化得以显见。使我们最感兴趣的是,蒲松龄的父亲就从事过商贾,并由此从"操童子业""不得售"而一跃"称为素封"。《蒲氏世谱·蒲磐小传》是这样说的:蒲磐(即蒲松龄之父)"字敏吾……公少力学而家苦贫,操童子业至二十余年,不得售,遂去贾,数年间,乡中称为素封"。又据《述刘氏行实》中称,"松龄父处士公敏吾,少慧肯研读,文效陶、邓,而操童子业,苦不售,家贫甚,遂去而学贾,积二十余年,称素封"。而后来其家境复至破落,则正是其罢贾弃商、教子习儒所致。"不忘经史……食指烦,家渐落。"[3]蒲松龄写《罗刹海市》,叙"父衰老,罢贾而归",谓生曰:"数卷书,饥不可煮,寒不可衣。吾儿可仍继父贾。"并凸显了马骥行商探海得到好处的经历,其思想用意可见。

第四十章

明清时期的海洋文学艺术

---

①　《古今图书集成职方典·东昌府部物产考·兖州府部物产考》。

②　顾炎武:《天下郡国利病书》卷三五。

③　《蒲磐小传》语。

第二节　明清时期的涉海笔记与诗文

明清时期出现了繁盛的涉海笔记和诗文。涉海笔记包括沿海或海洋社会笔记、沿海或海上生活笔记、航海海外笔记等。沿海或海洋社会笔记，著名者如明末清初屈大均的《广东新语》；沿海或海上生活笔记，影响大者如清人郝懿行的《记海错》；至于航海海外笔记，这一时期的不少远航有使臣、文官、通事、宗教人士等随行，他们既忠实地记载了航海途中以及所到各国的情况，又写作了游记，具有很高的文学价值，既是重要的科学与历史遗产，也是宝贵的文学遗产，如明马欢的《瀛涯胜览》、费信的《星槎胜览》、巩珍的《西洋番国志》，清陈伦炯的《海国闻见录》、王大海的《海岛逸志》、谢清高的《海录》等，这些作品虽可视为航海文学，但更多的则是被视为史实记录，而不以文学观之。在这一文人著述领域，文史本然一体，实在难以剥离。本节选择屈大均的《广东新语》、郝懿行的《记海错》等述之。至于涉海诗文，明清时期枚不胜数，然以沿海、海上地域性吟咏为最，所以明清及"民国"时期的各地方志搜罗较全，对此，我们将另辟专节举例述之；本节我们选择与郝懿行《记海错》共同构成我们所说的"海错文学"的"海味诗"——以清初诗人宋琬的一组"海味诗"为例做一考察，以见一斑。

一　屈大均的《广东新语》①

屈大均的《广东新语》，为我们展现了一个丰富的立体鲜活的海洋世界。

屈大均是明末清初人，"岭南三大家"之一，有 10 多种诗文著作传世。晚年他"考方舆披志乘，验之以身经，征之以目睹"（康熙吴江人潘耒序），写成《广东新语》。该书以"语"为纲，共 24 卷，每卷为一"语"，分列天、地、山、水、石、神、人、女、事、学、文、诗、艺、食、货、器、舟、坟、禽、鳞、介、虫、木、香、草、怪语等，多用歌诀之"语"，内容涉及岭南的天文地理、名胜古迹、风土人情、经济物产等各个方面，其中涉及海洋方面的主要有：水语、神语、货语、舟语、鳞语、介语等。

（一）海洋自然世界的鲜活描述

在海洋自然世界方面，屈大均描述比较多的是海水的性质及其在生产、生活中的运用，并对海洋水文如潮汐的涨落现象及其成因作了阐释。

屈大均认为，"凡水中必有火也，天地间水不足则火不生，海者水之至足者也。火之体虚，必丽于物而明，水亦其所丽之物也。故海色之碧与味之咸苦，皆火之所为也。"他是以五行观念来解释海水之色与味的。

潮汐是《广东新语》中说得比较多的话题，在水语中有"潮""广州潮""琼潮"等条目，论述了潮的涨落、成因和相关情况。

对于潮汐的成因，屈大均持的是月亮成因说，认为"大率潮与月相应，月生明则潮

---

① 此部分内容参见方英：《〈广东新语〉中的海洋世界》，见曲金良：《中国海洋文化研究》第 1 卷，北京文化艺术出版社 1999 年版，第 93—97 页。

初上,月中则潮平,月转则潮渐退,月没则潮干。月与日会,则潮随月而合;月与日对,则潮随月而对"。自东汉王充提出"潮之起也,随月盛衰"的精辟结论之后,潮汐的月亮成因说得到不断发展,后来虽然也有唐代卢肇提出日激水成因说,但是由于不能自圆其说而遭到历代的批判。屈大均可能对这两种理论都有所了解,在根据自己的经验知识加以判别之后指出:"彼盈此竭,皆系于月不系于日是也。"接着,屈大均又借用涨潮的看法,认为"潮者气之所为",从而用气的强弱来解释潮的大小,在吸收前人理论的基础上有所创新,这是极为可贵的。

潮汐会给渔民带来许多渔产,而且春汛、冬汛、沓潮的情况各不相同。"水头(春汛)鱼多,水尾(冬汛)鱼少,不如沓潮,鱼无大小。"这首渔歌准确地描述了汐期和海鱼的关系。沓潮是潮水中最为强盛的一种,旧潮未退,新潮复来,新旧潮水相互叠合,称为"沓潮"。当重沓时,旧潮之势微劣,不能进退,鱼去而复来,故多;鱼大者始能乘潮,故大。鱼多而且大,所以沓潮深受渔民欢迎。

粤人把沓潮当作期约的时候,有沓潮的时曲,《广东新语》记为:"与郎如沓潮,朝暮不曾暇,欢如早潮上,侬似暮潮下。""两潮相合时,不知早与暮。与郎今往来,但似潮为度。"结合沓潮的情景,咏唱心中的爱情,构思十分巧妙。

在"鳞语""货语""介语"中,屈大均介绍了珠、珊瑚、黄雀鱼、龙虾、鲎、玳瑁、蚌等上百种海洋生物,大致可归为海洋食物、海洋珍宝、海洋中的奇异生物三大种类。如在海洋食物类中,他描述了鱼、蟹、白蚬、蛤等各种生物的生长习性、食用方法及药用价值。如对河豚是这样记载的:"河豚以番禺茭塘所生者为美,自虎头门至茭塘六七里许,其河豚小,色黄而味甘,少毒,与产他县大而板牙色白者异,其价贱,土人以当园疏。秋时竟为河豚之会,以火燔刺,以沸汤沃涎,浣至再三,杂肥肉烹之,皮骨脱落,斯可食矣。河豚终岁皆有,入秋尤宜多食,益胃暖人,可减一衣。产妇每以为补,其腴在膏,即肝也,俗以为八珍之一云。"

在南海有"浮沉田"的说法。沉田是指在海中养殖蠔和白蚬,并不是实实在在的田地。东莞、新安一带当时都有蠔田。只要把石头烧红投到水中,就会附在上面生长,取石得蠔之后,把石头烧红再投入海中,一年之中可以两投两取。《广东新语》记打蠔歌唱道:"一岁蠔田两种子,蠔田片片在波涛。蠔生每每因阳火,相叠成山十丈高。"

《广东新语》中涉及的海洋珍宝主要有珍珠、珊瑚、玳瑁等。如《广东新语》记广东盛产珍珠,在合浦海中有平江、杨梅、青婴、乌坭、白沙、断望、海猪沙 7 所珠池;珠由蚌孕育而成,蚌在中秋"胎珠"之后,在月明的晚上不断采纳月亮的精华加以润泽,"蚌以月为食,与蟾蜍相为性命"。采珠从二月之望开始,在采集之前宰割五头大牲畜祭祀。采珠的方法为:"以黄藤丝棕及人发组合为缆,大经三四寸,以铁为木琶,以二铁轮绞之,缆之收放,以数十人司之。每船木琶二、缆二、轮二、帆五六,其缆系船两旁以垂筐,筐中置珠媒引珠,乘风帆张,筐重则船不动,乃落帆收木琶而上,割蚌出珠。"

《广东新语》中所记载的海洋奇异生物,有石龙、金龙、土龙和吐气成景的蛟鼍;还有牡蛎蚌赢积其背的海鳅、与黄雀互化的黄雀鱼、人身鱼尾的人鱼,以及血为碧色的古老海生物鲎。东莞合兰海一带,海水漩洄而黝黑,是三江汇流的地方,这里"尝有积气如黛,或如白雾,鼓舞吹嘘,倏忽万化。其为城阙楼台诸状,人物车骑,错出于层峰叠之间,尤极壮丽";鲎,"性喜群游,雌常负雄于背,背骨如扇,作两截,常张以为帆,乘风而行,虽过惊涛不解"。

（二）海洋人文社会的形象展示

1. 船舶世界

《广东新语》中记述了广东造船的悠久历史和丰富面貌,主要有以下内容:

番禺大洲有宣和龙舟遗制,被称为大洲龙船,最初由随宋帝南行的大臣梁太保制作。梁太保公本来打算在大洲上营建宫殿,但没有成功,村民们为了纪念他的忠心,就建了祠庙祭祀他,并且每年"举龙舟"纪念他,全村凑钱按照宣和龙舟的样子制造了一艘新的龙船。"船长十余丈,广仅八尺,龙首龙尾刻画奋迅如生,荡桨儿列坐两旁,皆锡盔朱甲。中施锡幔,上建五丈樯,樯上有台阁二重,中有五轮阁一座,下有平台一重,每重有杂剧五十余种,童子凡八十余人。"工艺精妙博大,每造一船花费金钱数以千计。顺德龙江有斗龙船的风俗。开战之前,选好江面大小适宜、水域平直的地方作为龙船场,各埠的龙船轮番作战,定出胜负。据说最后的得胜者可以使本埠物产丰富,民众安康。广东的龙船以东莞最盛,每年五月中旬,各乡都会举办龙船之会。龙船"长七十余丈,高七八尺,龙髯去水二尺,额与项坐六七人,中有锦亭,坐倍之。旗者、盖者、钲鼓者、挥桡击泄者,不下七八十人"。东莞彭峡的龙船之会在五月峡水猛涨的时候举行,当龙船顺流而下的时候,往往观者如云,画船首尾相接,乘潮上下,到黄昏还久久不愿散去。广州的战船大的叫作横江大哨,"自六橹至十六橹,皆有二桅,桅上有大小望斗云棚"。作战时,站在云棚中的班首是一船的性命所在,他能倒挂着爬上船桅,在观望的时候用镖箭向四面射击,甚至飞越敌舰,斩断其帆樯。小的战船叫飘风子,"人坐船内拨之,其行若飞,人各有所隐蔽"。

渔船有香舫、大涝罾、小涝罾、疍艇等。疍家艇是广州疍民使用的小艇。疍民以"舟楫为家,捕鱼为业",艇既是他们居住的场所,也是他们谋生的手段。疍民"黥面纹身,以类蛟龙之子",善于没水,往往持刀在水中和大鱼嬉戏搏斗。越人善于操舟,有着"铁船纸人,纸船铁人"的说法。下海的时候,风涛多险,船身厚重,往往在船底架一块木头作梁,舱艎上横几根木头作为担。船上有了梁担则骨干坚强,食水很深,风涛不能掀簸,因此称为铁船。这种船只多仰仗海风运行,人所起的作用很小,因而称为纸人。"广州大艨艟,使得两头风,输一篷,赢一篷",讲的就是"铁船"在海中扬篷而行的情景,"输"是指船横行,"赢"是指船直行。从凌、浈、湟、武诸水一带到清远一带,一路滩高峡峭,船食水浅,底薄而平。顺流时,船行如箭,遇到乱石一折而过,轻巧如燕,因而称为纸船;当逆流而上时,舟子穿行于乱石之间,谨慎小心,一篙失势,就有可能导致舟破人亡,只有强壮有力的舟子才敢行进,因而称为"铁人"。有舟子谣唱道:"朝穿腰,暮穿腰,橹如铁一条。"即使隆冬腊月,舟子也汗流浃背。

广东洋船很多,有独樯船、牛头舶、料河舶等不同种类。当广州承平的时候,与西南诸番15个国家有贸易往来,其中安南、占城、暹罗、真腊斛、锁里5个国家每年都朝贡一次,这时广东海面上行驶着的也多是友好的商船。到了正德年间,开始有大量盗船出现,他们的船多至五六桅,首尾都有舵手,便于回旋,船上设有罗盘、望远镜,神出鬼没,危害沿海居民和海上船只。

在广东的船舶世界中,有威猛的战船,也有捕鱼的小艇,有厚重的铁船,也有精巧的画舫,有中州遗留下来的大洲龙船,也有各种洋船往来航行。从船舶的丰富多彩,可见广州海洋文化兼容并包的特点。

2. 海洋神鬼世界

《广东新语》对此主要记述了以下内容:

"粤人事海神甚谨。以郡邑多濒于海,而雷州出海三百里余,琼居海中",面对气势汹涌、波涛翻滚的大海,渔民心中不由生出种种恐惧和不安,因而总是希望冥冥之中有神灵帮助自己一把。因此,渔民出入的时候,一般都要祭祀海神。"凡渡海自番禺者,率祀祝融、天妃,自徐闻者,祀二伏波。"

"凡渡海卒遇怪风,哀号天妃,则有一大鸟来止帆樯,少焉红光荧荧,绕舟数匝,花芬酷烈而天妃降矣,其舟遂定得济。"最大的天妃祠庙在新安赤湾,其他沿海各地皆有供奉。俗信伏波将军专主琼海,他的祠庙在徐闻。汉代新息侯马候对开发百越做出了重大贡献,他曾经治理过乌蛮大滩,在海南还有伏波井,因而受到越人历代的祭拜,尤以海康、徐闻、横州一带对其最为信奉。

屈大均的《广东新语》只是截取了海洋自然世界和海洋人文世界的几个侧面,但即使仅就这一点来说,也已经是一部很有价值的笔记了。

二 宋琬的"海味诗"①

沿海地区历代靠海吃海,其海洋生活反映在海鲜、海产饮食上,别具特色,非内地人所能体验。历代文人墨客,无论是在海边长大、一直在海边生活的,还是原籍海乡而做官外任或客居外地的,也无论原是内地人士而任职沿海的,还是偶游海滨、鉴赏海色的,都会对海鲜海味感情极深,尤其是对那些原籍海乡而做官外任或客居外地的人来说,少时、年轻时的海鲜海产饮食,会给他留下一生难以排解的印象。这里仅以清初诗人宋琬的"海味诗"为例考察之,或能以斑窥豹。

(一)宋琬及其"海味诗"

宋琬(1614—1674),清初诗人,字玉叔,号荔裳,别号署,二乡亭主人,山东莱阳人。少时即能赋诗,有才名,清顺治四年(1647年)进士,授户部主事之职,累迁吏部郎中,以政绩擢浙江按察使。后其同乡于七在登州造反,其被族侄诬告与于七通,下狱三年余,巡抚蒋国柱重新审案,还以清白,释放后长期闲居在家。至康熙十一年(1672年),已到晚年的宋琬又被授任四川按察使。后来云南吴三桂谋反,率兵攻陷成都,宋琬无力抗敌,抑郁而死,享年60岁。其一生写下大量诗、词、文赋,尤擅于诗,有《安雅堂全集》30卷行世。其诗多写个人失意与愁苦,辞意凄楚、清雅、激宕,与施闰章齐名,有"南施北宋"之称。在其大量诗作中,有几首风格清新、畅爽的"海味诗"②,是康熙十一年(1672年)授任四川按察使于赴任途中怀乡所作。这几首"海味诗"情浓意深、通俗质朴,被收录于清乾隆丙戌刻本《安雅堂全集》中,兹录于后:

---

① 此部分内容参见赵健民:《从宋琬的"海味诗"解读古代文人的渔乡情结》,见曲金良:《中国海洋文化研究》第3卷,海洋出版社2001年版,第239—244页。

② 这里所引宋琬诗文,据清乾隆丙戌刻本《安雅堂全集》,山东省图书馆特藏部藏本。

舟中无事，忽忆故乡海错之蠛，因疏其状，戏为俳体。

蛏

蛏介虫而穴居，各为一孔，潮退时泪汝口间，历历如竹筛眼钩而致之，俄顷千百状，类蝤蛴无口眼而以鼻鸣，以井水浸之，腹中泥尽吐出，用以糁面最佳。周身有甲长二寸许，大者或五六寸，体肥而肉脆，以其甲似竹筒，故名笔管蛏，又有以刀靶名者。江淮间取以为腊，盖形同而族异。

雕虫小技旧知名，食邑由来号管城。
曾与江郎书恨赋，莫将刀笔博公卿。

青鱼

鱼长不盈尺，青脊赤鳃，立春后有之。肉香而松，随筋而脱骨，磔磔如猬毛，软不刺口。雌者腹中有子，阔竟体，嚼之有声；雄者白最佳，初入市价颇昂，既而倾筐不满十钱，海上人用以代饭，谓之青鱼粥。

枕上春莺向晓鸣，故园风物最关情。
青鱼白胜西施乳，堪笑河豚浪得名。

带鱼

鱼无鳞鬣，形如束带，长六尺余，色莹白如银，爚爚有光彩，若刀剑之初淬者然，故又谓之银刀。首尾一骨形，与常鳞迥殊。脐上下数寸尤美。

银花烂漫委筠筐，锦带吴钩总擅场。
千载专诸留侠骨，至今匕箸尚飞霜。

海鲋

海中之鲫也。巨口大眼，鱼目之美无逾此者。土人呼为佳季，不知何指。其来以三月上旬。谚云：椿芽一寸，佳季一阵。惟登州四时有之。蓬莱阁下多怪石，渔人垂纶其上，一掣而得之。千寻巨浪之中，好事者掬海滨之水就烹之，不加盐豉，其味愈鲜好。岛屿参差万里，一碧霁烟收（此处当有错讹——引者），荷蓑笠者错出其间，盖善图者莫能图也。

银钩才脱已充盘，渔父烟蓑五月寒。
弹子窝边明月好，十年空负钓鱼竿。

蛎黄

生海滨石上，戴壳为屋，累累如蜂房，渔人于潮落时以针敲其罅而取之，投釜中，一沸而熟，益以姜柱，味甘而不腻。邢村一带所产甚多，然不若登郡之肥美，大者如鸡卵也。

悬崖簇簇缀蜂房，醒酒偏宜子母汤。
何物与君堪娣姒，江瑶风味略相当。

这五首小诗，虽说带一些伤感，但毕竟因为是闲怡之作，颇能给人一种清新、质朴之感。尤其在每首诗的前面，还写有一段序文，用写实的手法记述了宋琬家乡的滨海风土人情与民间海鲜食俗，是我们考察研究沿海渔区民间饮食风情不可多得的资料。

宋琬的家乡是位于黄海之滨的莱阳县（现为莱阳市），这里自古盛产各种鲜活海味，宋琬笔下的蛏、青鱼、带鱼、海鲋、蛎黄皆是这一带沿海民间常食的海味。宋琬大概和每一个渔乡人一样，是伴着这些美味的海产品长大成人的，因而在对家乡的记忆中，这些习以为常的海产品自然也就成了诗人最难以忘怀的亮点。

蛏，是旧时胶东民间极为普通的海产品之一。因其形酷似细长的竹管，故名竹管蛏。蛏肉鲜嫩脆美，原汁极鲜醇。鲜品煮之，剔出蛏肉连同其汤调制为卤，浇食面条最为鲜美。宋琬所记"用以糁面最佳"，就是这个意思。这是沿海渔家的常食。诗中"雕虫小技旧知名，食邑由来号管城"两句，是说像"蛏子"这样的小海物虽然极其普通，但却是食用历史悠久、颇有些名气的海物，人们自古以来就叫它笔管蛏。"曾与江郎书恨赋，莫将刀笔博公卿"两句，则笔锋一转，用笔管蛏比喻南齐诗人江淹手中那枝五彩笔，并借以规劝人们不要像江淹那样，用生花妙笔写出美丽的诗文以博取公卿们的欣赏，但后来才尽时，竟沦落到无人问津的地步。显然，这里仍然是在抒发自己的失意之情怀。

青鱼，我国沿海皆有出产。胶东沿海每年立春初潮时的青鱼最为肥美，因而价格昂贵，一般平民百姓吃不起；但过不了多久，就大批量地涌上市场，非常便宜，当地人买回家当饭吃。清初蒲松龄曾写过一首《青鱼行》，其"二月初来价腾贵，妄意馋嘴非所暨。三月伦尾裁两钱，芳旨无殊价不费"可与宋诗相呼应。宋琬的"枕上春莺向晓鸣，故园风物最关情。青鱼白胜西施乳，堪笑河豚浪得名"，是说时值初春，当清晨躺在床上听到春莺的鸣叫声时，禁不住想到了家乡的一草一木，而此时最令人难忘的是刚刚上市的青鱼。青鱼最鲜美的是鱼白，那滑腴、隽永之美已经超过了西施乳（河豚鱼因肉质细腻、腴美而被人们称之为西施乳），所以素有西施乳之称的河豚也不过是徒有虚名。很明显，后两句也是有感而发。

带鱼，我国沿海均有大量出产，但以黄、渤海所产味最鲜美，而带鱼之美尤在于它的肚皮处。胶东民间有总结诸鱼之美的谚语云："加级头，鲅鱼尾，带鱼肚皮，**鲭**鱼嘴"。宋琬在序文中写了"殊脐上下数寸尤美"，但在诗中却没有直接写带鱼的肚皮之美，而是借用了战国时专诸炙鱼行刺的故事，来表达了自己的思乡之情与对人生的感慨。

海鲋，学名真鲷，胶东人习惯叫作加吉鱼（或写作"佳吉鱼"）。海鲋是莱阳一带民间的俗称。加吉鱼在胶东人的心目中是最珍贵的海洋鱼类，非宴席不能献之。当地人垂钓得之，就海水而烹，不加任何调味品，以保鱼之鲜美本味，是得食此鱼的最佳方法。对于自己的一生来说，虽然有佳鱼充盘，有美味可享，但不正像垂钓的渔父那样，依旧不过是空负钓鱼竿而已吗？所以宋琬才有了"银钩才脱已充盘，渔父烟蓑五月寒。弹子窝边明月好，十年空负钓鱼竿"的他乡叹咏。

蛎黄，就是牡蛎（俗称海蛎子）的肉，南方人称为蚝。我国沿海礁石上均有所产，且可以大量近海养殖。新鲜的海蛎子汤鲜肉嫩，爽利无比，宴席间调制为汤肴，具有醒酒、提神、娱情之妙，被宋琬称为"子母汤"。在诗人的乡忆中，蛎黄之美无与伦比，只有江瑶柱（即鲜贝）的风味约略可与之相提并论，但仍略逊一筹。于是宋琬在诗中云："江瑶风味略相当"。

宋琬除了这组咏海味的诗外，在他的《安雅堂全集》中，还有一些记述其他海味品的诗，如他自称"戏作"的"黄鱼"组诗：

其一

江湖十载老渔竿，石首多从画版看。

此口锦鳞警入馔，免教安邑送猪肝。

其二

落花时节采茶无，退食常间灭俸钱。

寄语饕人留作脍，使君好客不须悬。

其三

故园风物未应殊，每到春来醉玉壶。

张翰当年浑不解，秋风空忆四鳃鲈。

（二）"海味诗"的审美与史料价值

如果从严格的文学意义上来看宋琬的"海味诗"，显然算不上是真正的"诗"，所以，宋琬自己也将其游戏之作称为"俳句"。但正是这些连作者也不一定看重的咏"海味"的俳句，却给我们考察认知古代文人对海洋物产的认识及由此而生发出来的故乡（渔乡）情结，提供了一份不可多得的历史资料。从"诗言志"的角度来解读这些诗句，或许能从某种意义上审视古代文人蕴藏在他们心灵深处的思想感情活动。

1. 对渔乡独具特色的海洋物产的审美展示

一组五首咏海味的小诗，看起来只不过对蛏、青鱼、带鱼、海鲋、蛎黄这5种海味进行了描述并借以抒发自己的情感，如果仅从所描述、吟咏的数量上来看，它无法与成千上万的海产品相类比，即使和胶东日常所食用的几十种海味也无法相提并论，但却能够使读者兴致盎然，感受富足。展示在读者面前的绝不仅仅是5种海味，而是整个大海和对大海的感情。宋琬所描述、吟咏的这5种海味品，是胶东沿海中最有代表性的海产。这5种海产风味各异，它们的外貌形态、生活习性、捕获方法、饮食特色，乃至烹调方法、给人的审美情趣，以及由此而给人带来的人生感慨，都是丰富多彩的，似乎向人们展示了整个海洋世界。

以点带面，以小映大，以特色涵盖一般，以有限展示无限，可以说是宋琬这组海味诗的最大特点。宋琬笔下所描述的，是他从自己的生活体验中选取的极少数有代表性的胶东海产，而正是这数量不多的海产，充分展现了富于胶东特色的海洋物产，展示了胶东人与大海的密切关系，也揭示了人类在认识大海与利用海洋物产的活动中所形成的生活与审美文化蕴涵。

2. 表达了不可割舍的渔乡情思

可以说，是丰富多彩的胶东海产养育了包括宋琬在内的无数胶东人。诗人思念家乡的时候之所以会首先想到家乡的海味，正是诗人那种难以割舍的渔乡情愫使然。诗人的这种思乡情感，只有在渔乡长期生活的渔家后代才会感受得到。好多文人在思乡之际总是要联想自己旧时的饮食活动。东晋的张翰因为"莼鲈之思"竟连乌纱帽都不要了，宋琬虽然尚未到此境界，但在行船之中日夜不忘家乡的美味海产，其情思感受是同样的。宋琬的渔乡情结，是海洋文化陶冶的必然产物。大海对人类来说，是一个慷慨的奉献者。蕴藏于大海深处的在古代似乎取之不尽、用之不竭的物产，特别是食物资源养育了无数的渔区民众。所以，海味食品是渔区人们的最爱，这种爱是从小到大在与大海的交往中潜移默化形成的，因此是根深蒂固的。对于生于斯、长于斯的宋琬来说，这种对大海、对家乡真挚的爱是与身俱在的。当这种浓浓的情思在异国他乡涌动时，往往成为诗人赋诗作画的最佳题材。

3. 沿海民间生活史的资料价值

"每思故乡咏美食",是许多古今文人的通性。在古人的诗词文赋中我们不难发现,大量的美食诗文均来自于文人的怀旧之作。无论是在思乡念家时,还是在赞美自己的家乡时,抑或是在感叹自己的人生之路时,甚至在回忆往事或某种生活经历时,文人们总忘不了拈出几种美味食品,借以抒怀,个中缘由耐人寻味。美好的乡味(富于特色的家乡味应该属于美味)食品,之所以能够成为文人笔下表达情思的载体,是因为这些食品不仅能够满足人的生理需求,而且能够超越之,即上升为精神食粮。正如晋人潘尼在《钓赋》中所说:"五味道洽,余气芬芳,和神安体,易思难忘。"①这就是许多美味食品会在人生的阅历中具有永久魅力的原因所在。宋琬诗也是用吟咏渔乡的海味食品来表达自己的乡绪。宋琬用的是写实的白描手法,详细记述,因而更具有沿海民间生活史的资料价值。

在《安雅堂全集》中,宋琬还用小短文的形式记述了其他几种小海物,虽然是为了借以抒发自己的感慨,却也有很高的资料价值。如以下二则:

拥剑

海边有介虫焉,状如蟛蜞,八足二螯,惟左螯独巨,长二寸许,潮退行沮如中粪,人声弗避,竖其螯以待,若御敌者然。土人取而烹之,螯虽熟不僵也。呜呼,螳螂奋臂以挡车辙,漆园束固笑炸矣,彼夫恃其区区之才并力往进,杀身而不悟者多矣。之于虫何知焉,吾于是乎有感。

乌鲷(贼)

乌鲗生于海中,形如鳖而差小无鳞,鼍肉须连蜷以代足,脊中有骨块然笏起,色莹质轻,刮之如玉屑,医方《本草》所谓海螵蛸也。肉在骨外,色正白无雪,脍以为羹,卓象箸无别,口有涎,箸水便黑,春夏之交游于海涂,其群以万数,见人则万口喷沫,海水为之黑数里,渔人遂下大网,尽其族而残焉。呜呼,世之贪财黩货顾反自以为廉,而卒以殒灭者黑为之累也。或曰是古墨吏所化,亦未可知。吾于是乎有感。

在我国的海洋文学发展史中,用诗文歌咏大海与海洋丰富物产的文人大有人在。宋琬们是在渔区成长起来的,对渔乡有着难以割舍的情感。他们用自己的诗文来记录、歌咏渔乡的风味特产、乡风民情,从而起到了创造和传播海洋文化的作用。即使不是生于海边,但凡到过海边或感受过大海赐予的文人,也同样会难以自已地用诗文描写、记叙、歌咏大海及其物产,也同样成为海洋文化的创造者和传播者。他们虽然没有宋琬那样对大海深深的情感,但他们在与大海的交往中,被大海那宽广博大的胸怀和无私的物质奉献所折服、所感动、所振奋,于是会按捺不住自己心中的感情涌动,而不能不用自己的笔去记述、赞美。如宋人苏东坡有《鳆鱼行》,梅尧臣有《乌贼鱼》,王安石有《车螯二首》等,清人宋琬的渔乡海味诗文,与之一脉相承,而又别具特色与风味。

---

① (清)严可均辑:《全晋文》卷九四。

第四十章

明清时期的海洋文学艺术

三　郝懿行的《记海错》①

海洋生物十分丰富,所以又称"海错"。中国人自古以来在赞美海洋生物方面,有着不少笔记和诗文作品,我们可称之为"海错文学",笔记如《记海错》《闽中海错疏》《海错百一录》《蟹志》《蟹谱》《晴川蟹录》,诗文如上述"海味诗"等。

《记海错》是一本记录、考证胶东沿海人民日常食用的海产品的专著,作者是清人郝懿行。郝懿行(1757—1825),字恂九,号兰皋,山东栖霞城关人。清朝嘉庆年间进士,为清代著名的经学家、训诂学家。据《清史列传》记载,郝氏为人廉正自守,朴讷少语,非素知老友,常相对终日不发一言;若遇好友,谈论经义,则喋喋终日不倦。其住宅简陋,生活俭朴,把一生精力耗于研读和著述中。"得来俸钱,辄以买书","展露篇执笔,恒自夜深过四更"。郝氏虽中过进士,但因性格率直,其官途不显,以户部主事这样一个小京官终其身。郝懿行一生治学,著作甚多,计有30余种,均被收入《郝氏遗书》,流行于世。其心力尤用于《尔雅义疏》一书。该书用时最久,曾数易其稿,直至临终前才完成。这本书"训诂同异名物,疑似意义,详加辩论,疏通证明",造诣极深,是他的代表作。然其著作虽多,身后却很凄凉。清代学者牟庭为他写的《墓志铭》说,郝"死后无钱举葬,夫人欲归原籍而不能"。境况凄苦如此,是封建社会普通文人的普遍现象。故其铭云:"古云金满赢,不如遗一经,今日抱书篇,不如一囊钱。半生笃信古人言,哭死方知事不然。不可生无书,那可死无钱,古人一瞑百不见,长使今人泪如霰。"

在《郝氏遗书》中,有四部被视为反映自然科学方面的著作,即《记海错》《宝训》《蜂衙小记》《燕子春秋》。但在他自己看来,这些皆属"闲涉物情"之作,笔力深厚,奇趣盎然,使人颇多领悟,因而其文学性显而易见。

《记海错》一书,系郝懿行居京多年,思乡情切,常忆家乡胶东沿海的各种海味产品,而促笔记述之,多为零散之作,后聚集一卷,于清嘉庆十二年(1807年)完成,心意以此馈献乡里。他在自序中云:"余家近海,习于海久,所见海族亦孔之多,游子思乡,兴然记之。"其情笃家乡之切足可窥之。

《记海错》一书,共记载各种海产食品48种,皆以名称为题,逐一详述其形态、产地、产时、食法、风味特点、储存方法等,并对其中的许多品种加以考证和辨析。此书对我国常见海产品的文字训诂,具有一定的参考价值,尤其为研究山东沿海海产品的烹饪原料与烹饪方法提供了相当翔实的历史资料。

《记海错》是唯一一本系统记录胶东渔乡风物特产的古籍资料,弥补了古代山东沿海渔乡特产风物系统考察记载之阙。《记海错》序中说:"海错者,禹贡图中物也,故书雅记,厥类实繁。……所见不具录,录其资考证者,庶补禹贡疏之阙略。"很清楚地说明了此书选目的标准,一是录其可"资考证者",二是补"疏之阙略"者。作者充分利用自己在胶东海边有过长年生活的经验,并带着久居京城思乡的感情色彩,对胶东沿海常见、常采、常食的48种海物特产食品进行了全面、系统的记述和考证,补录了许多其他古籍未曾记录过的品种,如"丝黄鱼""海盘缠""海肠"之类,均属《记海错》独家首载,即

---

①　此部分内容参见赵建民:《〈记海错〉渔乡风物的文化透视》,见曲金良:《海洋文化研究》第2卷,海洋出版社2000年版,第146—151页。

使像明清年间记录海产较全的《海错百一录》《海味索隐》《鱼品》之类的专著,也未见有载。

《记海错》虽然不是烹调著作,但其中也有对胶东民间捕获与加工烹制海产品方法的许多记述。并且还通过对它们的考证,进一步反映了某种海产品在我国食用历史的悠久,充分证明了包括胶东人在内的渔区人民在利用、开发、加工、食用海产品时所表现出来的聪明才智和创造力。如在"牡蛎"条中,郝氏真实地描写了因蛎房附石而生,且层层相垒如山聚,取食非常不易,于是人们乘海潮退去、蛎壳关闭之机,"人欲取者,凿破其房,以器承取其浆肉,虽可食其浆,调汤尤美也",因而即使"海上隆冬",仍有"凿蛎冲冲"的生动场面。

作者运用自己扎实的训释经文的功底,结合自己真实的渔乡生活经历,尝试了从书斋到民俗采风的结合。据不完全统计,作者在书中仅引用的古籍书目就达 44 种。同时,几乎在所有的条目中,都有郝氏本人来自于真实生活的鲜活描述。如"薄蠃"条下有这样的描述:"婉音倩女争携筊篮,每伺潮退,浅濑深隈,摭拾殆遍,傍晚潮生,虚往实归矣。或大如拳,壳厚而嶙峋,如蒺藜饶刺,俗名招招子,一种壳长名来怜子,来怜子亦蠃蠡之声转,或俱名薄蠃子。"渔家女结伴携篮、欢声笑语、捡拾海螺,至晚满载而归的生动场面,以及对大如拳头、俗名"招招子"的海物的形象描述,都是实实在在的生活写真。如此真实活现,如此惟妙惟肖,没有丰富的相关知识和实际生活体验,是写不出这样的文字的。

胶东风味菜特点的形成,不仅是由于得天独厚的海产资源,更重要的是依赖于聪明能干的胶东人在长期的生活实践中对烹食海物丰富经验的积累,形成了烹法丰富多彩、调配富于变化、菜肴多种多样的特点。对此,《记海错》中也有不同程度的记录与总结。虽然文字较为简略,但却实在可信,现举数例:

鳛鱼:其肉作脍,并美。

老板鱼:其肉蒸食之美也,其骨柔肥,亦可啖之。

海豚:性有毒,虽小獭及大鱼不敢啖之。蒸食啖之肥美。……其肝杀人,今海人摘去其肝,将其血尽,肉白而肥,不殊玉脍。

蟹:文登海中有蟹,大小如钱厚,遇半寸,亦炒炙连骨啖之,味极肥美。

海蜇:海人采得之:渍一以矾下,尽其水,形如猪肪或寨缩如羊胃,人有货致都中者,用密器收之,经年味不变,柔之以醯,啖之极脆,可以案酒。

土肉:今登莱海中有物长尺许,浅黄色,纯肉无骨,混沌无目,有肠胃,海人没水低之,置烈日,濡柔如欲消尽,瀹以盐则定然,味仍不减,用炭灰腌之,即坚韧而黑,收干之犹可五、六寸,货致远方,啖者珍之,谓之海参。

乌贼鱼:其肉炙食之美。

鲳鱼:丰肉少骨,骨又柔软,炙啖及蒸食甚美。

沙鱼:其腴乃在于鳍背上,腹下皆有之,名为鱼翅,货者珍之,瀹以温汤,摘去其骨,条条解散如燕菜而大,色若黄金光明条脱,酒筵间以为上肴。

这些均是当地民间加工、烹食海产品的经验与方法,现在在当地民间及宾馆、饭店中依然多有运用,一些烹制方法独特的风味食品至今广为流传。如现在许多人喜欢吃的"烤鱿鱼",就是《记海错》中"乌贼鱼:其肉炙食之美"的传承。还有一些烹调绝技奇

招,也被郝氏写进了《记海错》中,更加难能可贵。如:

"蛤:热酒冲啖,风味尤佳。"把白酒烧热后,趁热冲浇在新鲜的小海蛤上,使其消毒致熟(或半熟),即可佑酒佐食,而且风味殊美。此种食法,今在胶东民间已失传不用,但其风格独到,堪称一绝。

"蝉鱼:肉虽腴美,骨束纤长,须防作鲠。海人食馎饦,碎切为馅,杂入萝卜数片,旋即简其骨束,尽出矣。"用切片的萝卜可去除蝉鱼之细刺,属于奇招绝活之类的加工技艺,旧时在胶东民间依然有运用,可惜如今已不见传承。

海产品,特别是海味珍品,大多数对人体都有重要的补益养生、强身健体、疗疾治病等医药功能,这对于今人来说,已属于常识。但这些常识的积累,却是源于渔区民间的长期的生活经验总结,许多古籍资料中均有所反映。《记海错》对于海味食品的滋补养生与食疗作用,同样多有所载。如:"土肉(海参):其补益人与人参同也";"鳗鲡鱼:今验此鱼形状可恶,而能补虚劳";"昆布(海带):消结核,能消水";等等。

第三节　明清时期地方志中的涉海诗文

一　沿海方志中的涉海诗赋①

中国历代地方志的修纂,是中国几乎历代王朝都十分重视的一件大事。省有省志,府有府志,厅有厅志,州有州志,县有县志,甚至乡有乡志,镇有镇志,村有村志。主持修志者,大都是一地文化要人,参加编修者,也都非饱学诗书者不可。因此,这才保证了方志编纂的质量和权威性。也正是如此,方志中的大量资料才为历代学者所看重。

中国古代海洋文学的现存状况,有如下特点:一是少,二是散,三是作品质量多不精,经典作品少。对于中国古代的海洋文学作品来说,地方志更是不可忽视的一个库源。如山如海的海洋文学作品,大多保存在全国各沿海地方的地方志中,比如,山东沿海方志和浙江沿海方志。浙江舟山方志中的海洋文学作品已被浙江海洋学院集结成册,如《普陀山诗选》《普陀山散文选注》等。今存方志大多为明清之作,这里只以蓬莱市的清代方志《蓬莱县志》及《重修蓬莱县志》以及民国《蓬莱县续志》为例,对其"艺文志"所载极为丰富、极为宝贵的以明清涉海诗作为主的海洋文学作品略作考察,以见中国沿海方志所载中国海洋文学之一斑。

《蓬莱县志》中的"艺文志"收录了大量明清涉海诗作,比如王廷相的《海望》、王崇庆的《海上》、陈凤梧的《田横山》、顾应祥的《游珠矶岩》、王言的《漏天岩》、王世贞的《按部东海怀鲁连高迹慨然有述》及《与僚佐望海》、戚继光的《过文登营》、泰金的《海市》、尹嘉宾的《望海》、黄克缵的《谒海神庙》、郭朴的《观垂钓》、王在晋的《登蓬莱阁四首》、仇录的《观海》、谭昌言的《视兵登海》等等,或曰诗,或曰歌,或曰行,或曰赋,题材多样,

---

① 此部分内容主要参见王庆云:《中国沿海方志与中国古代海洋文学——以〈蓬莱县志〉的"艺文志"为例》,见曲金良:《中国海洋文化研究》第3卷,海洋出版社2002年版,第230—239页。

情感丰富,不胜枚举。而其中所载任睿的"谒苏东坡先生祠,祠横一石勒海市诗,乃真迹也。其为风雨剥蚀久矣。爰建亭其上,而赋之"。还有任睿的《修船行》,写此题材难能可贵,修船情景小事一桩,但写得小中见大,颇有深意,值得一读:

> 海东远望风烟绝,哨船此日成虚设。亦知中外自一家,安不忘危虑并切。
> 大修小修各有时,文官武弁分其责。今岁例当大修期,先期橛下如片雪。鸠工庀材课程严,经营竹头与木屑。三月告竣讵敢迟,爰付水师沿岸列。岸上海风连夜起,扬帆竟取作贾舶。吁嗟乎! 不与官家备缓急,何事频年补苴无休歇。

另有,慕维德的《登州杂诗》,内有类竹枝词,分"形胜""山川""仙迹""人物""文学""民风""商贾""渔钓""物产""水城"10 首,写得别致。如开篇一首"形胜"和中间的二首"商贾""渔钓":

形胜

三面沧溟绕,荒陬见古风。

人家山色里,城郭水声中。

地接莱夷外,天临渤澥东。

神京遥拱卫,舳舻一帆通。

商贾

千里云帆集,通商列市廛。

明珠鲛客室,夜火疍家船。

五两西风候,双钦北渡天。

辽阔欣在望,晴日见人烟。

渔钓

泛宅来沧海,生涯付钓蓑。

晓凉吹蟹火,清梦讬鸥波。

自许称渔隐,因之发棹歌。

坐观徒健羡,何日付槎阿。

或大轮廓,或小场面,都写得妙极。另有一首柳培缙的《海外鼠》,写得妙趣横生,"室中鼠,尔自何处来? 本为海外产,远涉重洋至此,胡为哉!"或有拟人之深意于其中。

《重修蓬莱县志》卷十四所收明代诗作,涉海内容也很多,甚为可观。薛瑄的《观海》,"瀛海茫茫未足夸,真是人间一泓水",其气势之大,令人感慨。沈应奎的《吊故齐王田横古风》,有感于旧传田横在蓬莱住过的岛屿,诗并序之,悲歌怀古,苍凉喟叹,感人至深。还有卫青的《歼倭吟》,题下注:"时在文登沿海巡道备倭,飞渡海上,歼灭倭寇,遂抚须吟诗以壮志。"诗曰:

汉有卫青,塞上腾骧。

我名相同,海外飞扬。

瞬息千里,风利帆张。

心在报国,剑舞龙翔。

今除倭寇,昔歼妖娘。

惶惜微躯,誓死疆场。

大丈夫精忠报国,海上歼灭倭寇,吟诗咏志,气概铿锵,令人如闻当年海上鼓角震天,杀声聒耳,凯歌一片,岂不壮哉,令人读之快然。一位暮年壮心不已的英雄形象,跃然纸上,如在面前。

其他如黄克缵的《登蓬莱阁》、蹇达的《登蓬莱阁》、王言的《登蓬莱阁》,或大气高歌,或苍凉高远,或婉约清唱,均写得有情有韵:

> 城列千灯锦帐开,东风吹客上蓬莱。
> 天光海色春相映,叠鼓鸣笳夜急催。
> 鳌首三山含雾动,潮头万马拍空来。
> 观兵幸值妖氛息,徙倚危栏一举杯。

——黄克缵

> 阁俯沧溟接混茫,相将词客兴飞扬。
> 波涛今古吞元气,岛屿东西挂夕阳。
> 仙圃几人求大药,孤根何处托扶桑。
> 万流转识朝宗意,并倚危栏望帝乡。

——蹇达

> 芳晨寻约泛花游,郡府宴开阁上头。
> 霍(?)影饰摇山雨霁,数声歌动海云秋。
> 潮回珠树光吞月,斗傍(?)灵槎景入楼。
> 为问沧浪濯缨者,无如此处赋清流。

——王言

十分可喜的是,该"艺文志"卷所载袁可立的一篇《甲子仲夏登署中搂观海市并序》,为我们勾勒出了一幅生动逼真的海市蜃楼图,十分难得,全录如下:

甲子仲夏登署中搂观海市并序

余建牙、东牟,岁华三易。每欲寓目海市,竟为机务缧缠,罔克一觇。甲子春。方得旨予告,因整理诸事之未集又两阅月,始咸结局。于是乃有暇晷。仲夏念一日偶登署中楼,推窗北眺,与平日苍茫浩渺间,俨然见一雄城在焉。因遍观诸岛,咸非故形。卑者抗之,锐者夷之,宫殿楼台杂出其中。谛观之,飞檐列栋,丹垩粉黛,莫不具焉。纷然成形者,或如盖,如旗,如浮屠,如人偶语,春树万家,参差远迩,桥梁洲渚,断续联络,时分时合,乍显乍隐,真有画工之所不能穷其巧者。世传蓬莱仙岛备诸灵异,其即此是舆?自己历申为时最久,前态万状,未易殚述。岂海若缘予之将去,而故示以此酬夙愿耶?因作诗以纪其事云。

登楼披绮疏,天水色相溶。云霭浑无际,豁达来长风。须臾蜃气吐,岛屿失恒踪。茫茫浩波里,突乎起崇墉。垣隅向如削,瑞彩郁葱茏。阿阁叠飞槛,烟硝直荡胸。遥岑相映带,变幻纷不同。峭壁成广阜,平峦秀奇峰。高下时翻覆,分合瞬息中。云林荫琦珂,阳麓焕丹丛。浮屠相对峙,峥嵘信鬼工。村落敷洲渚,断岸驾长虹。人物出没间,罔辨色与空。倏显还倏隐,造化有元功。秉钺来渤海,三载始一逢。纵观临己申,渴肠次日充。行矣感神异,赋诗愧长公。

诗末注云:董其昌书勒石。可知此诗为人所重。至今海边的城市,何以观海的地角房价最为火爆? 读此诗也可知,由来尚矣。每日观海听涛,并可偶然见到海市蜃楼,这是千金万金也难买的事情。

又有徐应元的《甲子仲夏登署中楼观海市》,同题,不知是偶然的巧合,还是二人约好以同题作诗,诗题竟然一字不差,只是后者没有并序;但后者内容与诗趣与前者大相径庭,则是一首由海市蜃楼而大发人生世事感慨的打油诗,浅显直白,寓意深远,而又妙趣横生:

> 有美蓬莱阁,屹然丹山头。高出五云端,俯瞰大海流。坐对三神山,下藏蛟与虬。云气时出没,忽然结为楼。冉冉双城市,鸟隼杂彩游。见岂山灵发,隐若山灵收。把酒一眺望,因之悟所由。岛云有聚散,世事等蜉蝣。东家铅椠子,篝灯焚膏油。西家羽林儿,跃马试戈矛。一旦受知遇,谈笑致通侯。穷达其何尝,海云一转眸。我生信有缘,家世亦瀛洲。岂其追仙侣,来作蓬岛游。麻姑今何在,所思空悠悠。幻影与浮名,总之任短修。倚栏长啸傲,此外复何求。

就是这位徐应元,其《登蓬莱阁》写得也好:

> 高阁悬天际,危栏枕水滨。
>
> 云霞如有约,鸥鹭若相亲。
>
> 山影当窗乱,涛声入座频。
>
> 心知潦倒处,身境总非真。

由此两诗观之,这位徐应元大概是个穷途潦倒、自恃怀才不遇的人,或者曾经致达过,后经变故,不得志而自消自遣起来。手边无书,不能考查,但至少其当时心境如此。林语堂有句论中国人的话(出自《中国人》或译作《吾土与吾民》),说中国人得意了的时候多是儒家,失意了的时候多是道家。此论是精辟到家。两首同题诗,判然有别。《重修蓬莱县志》卷十四所载白门俞倬《六如老人歌》后有谢为宪跋,曰:"从来英雄遭逢不偶,往往托迹空门,遗世绝俗,以自消磨其平生磊落之气",这是较为极端者,托迹空门、隐入山林者总量多则多矣,然更多的是如上"哭笑不得"的释然逍遥,道家自遣。于是,海边可供游赏歌酒,便往往成了这般人等的大好去处,以平添无尽无际的遐想,感悟天地沧海之大,人生之短暂渺小。

写海市的,在《蓬莱县志》中非常多。由此一则可知海市出现的频率之高,二则可知人们有幸见到海市后难以自已的心情和由此生发的感慨的不吐不快。这是其中所载施润章的《观海市》,并有引曰:

> 余校士东年,思见海市,事竣谒海庙,因祷焉。翼日临发,海市适见。歌以记之。

> 蓬莱海市光有无,仲冬物色夸大苏。我亦再拜乞海若,愿假灵迹看须臾。是时苦旱海水渴,神龙困懒枯珊瑚。鼍鼓忽鸣津吏呼,天吴出舞鲛人趋。大竹盈盈横披练,小竹湛湛浮明珠。方员断续忽易位,明灭低昂顷刻殊。列屏复帐闪宫阙,桃源茅屋成村墟。沙门小岛更奇绝,浮屠倒影凌空虚。有时离立为两人,上者为笠下者车。硅然双扉开白板,中有琪树何扶疏。三山十洲一步地,群仙冉冉来蓬壶。神摇目眩看不定,惜哉风伯为驱除。人间快事亦

如此，浮云长据胡为乎？噫嘻，浮云长据胡为乎！

此可与苏轼海市诗对读，写得细致生动，形象活脱，末联之感慨，有类宋诗的以议论入诗，然而议得自然，论得深刻，又把诗意提升到了一个新的层面。

《蓬莱县志》中写海市蜃楼的众多诗作中，葛翘楚的《蓬莱阁观海市》也颇值得一读：

备倭城踞海上山，蓬莱阁临山下海。潮声日夜喧钲铜，岛屿苍苍色不改。天吴海若尽好奇，倏忽山遣寓公移。巍峨城郭弹指视，平者为台搂独危。就中一隙楼外天，上有驾鹤骖鸾、瀛洲飞到之神仙。仙人凭栏遥相对，下临五都开阛阓。珠贝珊瑚出龙宫，交易不于日中退。日中卖药有壶公，交梨火枣杂空蒙。鲛绡鲜艳冰蚕茧，云帆番舶遥遥通。应有仙槎接引来，水晶琉璃面面开。变换无端尽万家，境殊尘凡乐讯回。须臾神公撤罗绮，灵景仍待东风起。浩荡一碧歌安澜，凌空高阁人独倚。

同样可为重要者，还有王世贞的《和吴峻伯蓬莱阁六绝》并《蓬莱阁后六绝》，以及李攀龙的《赠蓬莱王少府》、王世懋的《寄讯蓬莱阁》、吴维岳的《登蓬莱阁六绝》、徐梦麟的《秋夜泛舟蓬莱阁下》、段展的《铜井》、邹德泳的《登蓬莱阁》、陶性的《观海市》、陈鼎的《观海市》、浦铉的《珠玑岩》、万代尚的《题海潮庵壁》、方宝的《登蓬莱阁》和乔应春的《大竹岛》。其中，有咏海的，有吟咏人文历史景观的，有吟咏自然景观的，有吟咏海洋历史人物的，有吟咏民间日常生活的，甚至有吟咏以记服食之法的，题材多样。如王世懋的《寄讯蓬莱阁》：

遥闻高阁俯蓬壶，为问三山定有无。
云暖蜃楼朝结市，月寒鲛室夜沉珠。
惊湍槛外星河覆，异域尊前岛屿孤。
若遇安期须乞枣，莫教秦帝石空驱。

诗中多处用典，且用得浅明，虽透露着人生的无奈与企盼，但在笔法上并不显得那么沉重，甚至给人以轻松、空灵之感，令人不能不把玩再三。又如吴维岳的《登蓬莱阁六绝》，其一："蓬莱阁上起鸾声，碣石云红峤气清。海水溟溟春又绿，至今无处问徐生。"眼光高远，又落笔平平，最后一叹，让人心潮难静。再如徐梦麟的《秋夜泛舟蓬莱阁下》：

宦况萧萧发自华，几从仙侣泛浮槎。
阁临穷海天疑半，席近寒潮月未斜。
帆影乱惊三岛雁，砧声遥落万山笳。
年来卧鼓鲸波静，倚剑挑灯逸兴赊。

做官难，做个好官更难，做个糊涂官不难也难，即使做个坏官也不一定不难。就凭其"宦况萧萧"一句，也能感染几乎所有官宦文人，不是连最最主张入世的孔老夫子，也希冀能够"泛舟海上，为三月之乐"么？

泛舟海上，若能看到海市，那是再幸运不过的了。对此，陶性、陈鼎各自的《观海市》，都写得让人"以不见为恨"。其中陶性的《观海市》，把一个自幼在海边长大、可以年年看到海市蜃楼的诗人的形象活脱脱展现在读者面前：

自幼从鸥海上游，年年蜃市起中流。
十洲半隐黄金阙，三岛重开白玉楼。

　　　　　汉武旌旗遥荡漾,秦皇车驾漫沉浮。
　　　　　蓬莱信是无多地,一御虚风即渡头。
　　而方宝的《登蓬莱阁》,就传达出一腔英雄豪迈之气了:
　　　　　蓬莱阁上剑歌豪,纵酒聊舒百战劳。
　　　　　漠北金河归雁断,塞南铜柱拂云高。
　　　　　樽前霜菊浮隋苑,乱后砧声杂海涛。
　　　　　却笑牛山空堕泪,风尘天地属吾曹。
　　诗人脚登蓬莱,心怀天下战场,百战之劳,只以一酒慰藉;海涛声里,大丈夫凛然正气,认准“风尘天地”,方是“我曹”用武之地。其既是乐观又是苍凉的心怀与情感,跃然纸上,力透纸背。
　　可以算是记“海洋旅游”的,还有左懋第的《游珠玑崖》一诗,诗前有序:
　　　　余郡西北海涯,有崖削立,其下满白石,俱小而圆。游人由山巅下,石径曲折绝险,仄始至,如履碎玉。余游之时,群坐危石上,海涛接天,水拍岸作雷殷声,雨大,鱼约数丈出没涛中,余与叔侄兄弟良友数人俱观,大呼,浮白乐甚,磨海水题诗石上。
　　　　　水拍青天涛卷雪,石峰片片皆奇绝。
　　　　　浮白狂歌长吉诗,元气茫茫收不得。
　　这也算是一种“家庭亲朋好友游”了,游得很是开心,很是浪漫,竟至情不自禁,“磨海水题诗石上”,好是感人。不知此石至今依然安在否?
　　至于戚继光的作品,这里只录其一首《送小山李先生归蓬莱》,以观其特色:
　　　　　早年结社蓬莱下,塞上重逢各二毛。
　　　　　天舆龙蛇开笔阵,地分貔虎愧戎韬。
　　　　　郊原酒尽雨声细,岛屿人归海气高。
　　　　　丛桂芳时应入越,扁舟随处任君豪。
　　英雄之气,掷地有声。
　　《重修蓬莱县志》卷十四“艺文志”所载,还有“乾隆晋宁李因培鹤峰”的《观海》、谢继科的《蓬莱曲》、杨奇烈的《海市》、马思才的《登蓬莱阁》、黄之遴的《登蓬莱阁》、王𪻐的《登蓬莱阁》、彭舜龄的《登蓬莱阁》、李经国的《登蓬莱阁》、徐可先的《奉陪直指程公阅操海镜亭》及其《海镜亭观日出》和《镜石》、张延基的《题海潮庵壁》、任其的《题海潮庵壁》、蔡永庄的《题海潮庵壁》、刘复昆的《题海潮庵壁》等,多得不可尽举。而徐人凤的“蓬莱十景”(以下简称“十景”)组诗,尤为值得注意。“十景”之组诗题目分别为:《仙阁凌空》《狮洞烟云》《渔梁歌钓》《日出扶桑》《晚潮新月》《神山现市》《万里澄波》《万斛珠玑》《铜井金波》《漏天滴润》。各首均为七绝,兹不俱引。
　　登州蓬莱,向有“海国”之称,海战频繁。这在《蓬莱县志》“艺文志”所载作品中多有反映,尤其是对那些精忠报国的英雄将士的缅怀之作,至今读来仍感人至深。关于戚继光的作品,已为我们所熟知;还有诸如马正午的组诗《吊浦中烈公》、王秋水的《烈士歌(为王应期作)》、杨大受的《咏张可大(明总兵崇祯壬申登州城陷死之)》等,让我们今人读之,犹能感觉到古代海上的烽火硝烟。
　　明清时代海赋作品较之前代更多,如明代王亮的《观海赋》、肖崇业的《航海赋》、郑怀魁的《海赋》等，也大多反映在各地方志之中。

二　沿海方志中的涉海散文

明清时期的涉海记、传小品散文多见于沿海方志中，如《重修蓬莱县志》卷十二"艺文志"所列明人刘尊鲁的《漠岛记》，云：

> 东镇区域最锯，泽润生民最薄，唯海而已。历代秩祭，其来尚矣。故民间多立行祠。登州，青之鱼盐地也。县志《蓬莱》：民滨海者，奉海神尤切。海之半，有山曰"漠岛庙"、曰"灵祥神"、曰"显应神妃"，耆民相传为东海广德王第七女元得。江南几二十载粮运所过，无风涛之险，岂非神明有以助之也。今太仓所蓄露积陈陈，富国裕民，为古今冠，则吾神妃预有力焉。用勒坚珉，以著厥美，当与天地相为终始。

其情可感。在那样的时代，人们的信仰以及何以如此，由此可见一斑。还有同卷所载阎士选的《松石记》。一块石头，经此一写，若在今天拿旅游的眼光来看，便是一大景观。再如雷树枚的《蓬莱阁灯楼记》，颇有可资参考的价值：

> 余宦游山左三十年，足迹几遍，而海滨之区，尤留意焉。初成山，见山顶有灯楼，询之土人，知为南北商舶而设；至文登鸡鸣岛、利津铁门关，亦均有之。盖海口类多礁石旋流，商舶往来，皆知趋避，其为益殊非浅鲜也。登州海口林立，近年潘伟如廉访督税东海关，建灯楼于福山烟台及宁海崆峒岛，商人咸颂其德。郡城蓬莱阁据丹崖山上，北与大小竹岛及长山庙岛遥遥对峙，为南北商船必经之路，每逢阴雨之夜，云雾渺茫，沙线莫辨，情怙夫误入迷津者之失所向往也。余与同治七年份守来郡，即拟建灯亭以利商舶，兹商之彭明府，慨然以为可行。遂议定灯油等费，每月需制钱若干，余与彭明府、李二尹、李少尉、应千戎并水城各栈，按月摊捐，交陶允执茂才妥为经理，并示喻各岛居民俾共知悉，从此垂诸久远，永无废坠。庶几明光所在，帆樯宵渡，可无迷途之虞。未敢云便民也，亦分守是邦者聊尽吾心云尔。

这是一位作为分守此地者所做的一件便民的大好事。由此记，一者，蓬莱灯塔之最初年代可考；二者，可见其用；三者，可见其经费渠道及如何管理；四者，山东半岛沿海诸处灯塔之设及商贾情形可概见一斑。

《蓬莱县续志》卷十二"艺文志"，有豫山的《澄碧轩记》：

> 昔在虞部时，习闻蓬莱胜概。岁壬戌出守来郡，每当春夏之交，避风亭上，诗酒怡情，留恋不忍去，惜少憩息。所思欲拓地一弓，茸屋三楹，未遑也。乙丑秋七月大风雨，丹崖倾圮古堞，随之乃酿金重加修整，稍增旧址，式筑新轩，藉云水光，得静深趣，维澄斯静，维碧愈深，以此名之。善观海者，应亦有同心焉。若夫宾日海镜诸名胜，则有当年之旧基在。是有待遇于有志兴复者。

卷十三"艺文志"所载为"传"，内含戚继光等人物的传记，大多与海洋、海事有关。

风暴潮是海洋自然灾害中最为常见的一种，《东台县志》载有一首生动描绘明永乐十九年（1421年）一次风暴潮的诗。诗曰，

> 辛丑七月十六夜，夜半飓风声怒号。
>
> 天地震动万物乱，大海吹起三丈潮。
>
> 茅屋飞翻风卷土，男女哭泣无栖处。

潮头驰到似山摧,牵儿负女惊寻路。

四野沸腾那有路,雨洒月黑蛟龙怒。

避潮墩作波底泥,范公堤上游鱼渡。

悲哉东海煮盐人,尔辈家家足辛苦。

濒海多雨盐难煮,寒宿草中饥食土。

壮者流离弃故乡,灰场畜满地无卤。

招徕初荣官长恩,稍有遗民归旧樊。

海波急促余生去,几千万人归九泉。

极月黯然烟火绝,啾啾呜呜叫黄昏。①

第四节　明清时期的其他涉海作品②

明杨慎(1488—1559)写有《异鱼图赞》。明后期胡世安为此书作"补",写成《异鱼图赞补》一书。此书共作"赞"110首,所赞海洋生物230种,其中多数为海产。

清代广东东莞一带妇女不仅都打蚝,而且能唱打蚝歌。歌词有:"一岁蚝田两种蚝,蚝田片片在波涛;蚝生每每因阳火,相叠成山十丈高。"③

以图画描述海洋生物的方法,起源可能很早,史载:"昔夏之方有德也,远方图物,贡金九牧,铸鼎象物,百物而为之备。"④所铸九鼎可能载有海洋生物图。据传,被称为"小说之最古者"⑤的《山海经》原先是有图的,之后图亡而经存。现在见到的插图⑥,则是清吴志伊的《山海经广注》和汪绂的《山海经存》所绘的图,丰富了生物绘图艺术的内容。《山海经》《尔雅》均包含有不少海洋生物,为此绘图,也就为中国古代"海洋艺术"增添了丰富的内涵。明清时的多种异鱼图赞原来也是有图的。清代《古今图书集成》中就有许多海洋生物的插图,如《鸥图》《玳瑁图》《海鳐鱼图》《魟鱼图》《弹涂鱼图》《鳢鱼图》《寄居虫图》《龟脚菜图》《螺图》《牡蛎图》《石决明图》《贝图》《水母图》等。⑦

另外,航海和海洋工程活动十分浩博,留下了大量文学艺术作品,形式多姿多彩,尤以其中的山水画别具特色。中国古代航海是地文导航,对航线附近的海岸和岛屿地形做了正确形象的描绘。对景图实为长卷分幅的海洋山水画。如《郑和航海图》《古航海图》⑧、《琉球过海图》⑨等,不仅为航海图册,而且其中海塘分布图实为河口海岸的山

---

① 嘉庆《东台县志》卷三八"艺文",《中国历代灾害性海潮史料》,海洋出版社1984年版,第90页。

② 此部分内容主要参见宋正海:《东方蓝色文化——中国海洋文化传统》,广东教育出版社1995年版,第159—171页。

③ 《广东新语》卷二三。

④ 《左传·宣公三年》。

⑤ 《四库全书总目提要·山海经》。

⑥ 参见袁珂:《山海经校注》,上海古籍出版社1980年版。

⑦ 宋正海:《东方蓝色文化——中国海洋文化传统》,广东教育出版社1995年版,第160—164页。

⑧ 章巽:《古航海图考释》,海洋出版社1980年版。

⑨ 萧崇业:《使琉球录》。

水画，如《海塘录》①、《两浙海塘通志》中的图就是如此。地方志或其他著作中也有海岸山水图，如《崂山图》《渔梁歌钓》(晚潮新月)图②、《窥望海岛之图》③等，均是明清时期人们描绘海岸地貌的艺术作品。

描绘海市蜃楼的画留存至今的也有，如清代的《山城海市蜃气楼台图》④、《蜃图》⑤等。

断霓、赤云等在明清占候中时常应用。如明《东西洋考》："断虹晚见，明天变。断虹早挂，有风不怕。"⑥明代《东西洋考》《顺风相送》《海道经》《指南正法》等均收集有大量海洋占候谚语，语又称为歌，如《论四季电歌》《四方电候歌》等。明戚继光(1528—1587)把海洋占候谚语编撰起来，称为《风涛歌》，以便水兵掌握和使用。《风涛歌》主要是用于风暴预报的，如"海猪乱起，风不可也"，"虾笼得鲕，必主风水"⑦。由于长浪作用，风暴到来前，海洋水文和生物常有异常，形成先兆，所以又有"天神未动神先动""海泛沙尘，大飓难禁"⑧等占候谚语。

关于风和潮的关系，也有不少谚语，《广东新语》云："风之起，潮辄乘之，谚曰：'潮长风起，潮平风止，风与潮生，潮与风死'。"⑨在潮汐与航海关系上也有不少谚语，如"老大勿识潮，吃亏伙计摇"等。在《顺风相送》中也具体载有某些门类的海洋占候谚。如此等等，反映出以谚语为主体的中国海洋占候的独特体系。

另有一首清诗人查慎行(1650—1727)的《舶䑸风歌》，是不可多得的描写季风航海的诗作，写得有趣有味，兹节录如下：

吾闻千里以外风不同，人间乃有万里之长风。来从海上梅雨后，征自西郊野叟眉山翁。古称博物家，无若周元公。《尔雅·释天篇》，八方风色以类从……《周礼》保章十有二，妖祥乖别占荒丰。下而庄生《齐物论》，以至应劭《风俗通》……"舶䑸"之名特未悉，士俗传说惟吴中。吴中五六月，水盛潦暑方蕴隆。此风东南来，一扫云翳还虚空。商羊、黑左虫右庚、潜厥踪，炎官亦退三舍避，大启橐籥伊谁动。三日湿气消，五日暑气融。连绵七日九日尚未止；快哉何暇分雌雄。羊角初从何处起，合为一浩荡来无穷。国家象胥译九重，白雉入贡兼青熊，良商豪贾狎海童，高帆幅亚扶桑红。中男长女各效职，飞渡溟渤如轻鸿。此时田间一老翁，置身恍在兰台宫。不知人生更复有何乐，但向北窗高枕卧听声蓬蓬。⑩

总之，明清时期的海洋文学艺术是中国古代海洋文学艺术发展史上的高峰期，充分体现出了中国海洋文化在精神感知、审美鉴赏层面上的丰富灿烂。

---

① 《古今图书集成·山川典》卷二九。
② 乾隆《蓬莱县志》卷一。
③ 《古今图书集成·历法典》卷一二二。
④ 《山城海市蜃气楼台图》《天经或问后集》。
⑤ 《蜃图》，《古今图书集成·博物汇编·禽虫典》卷一五六"蜃部"。
⑥ 《东西洋考》卷九"占验"。
⑦ 《风涛歌》，同治《福建通志》卷八七"风信潮汐"。
⑧ 《风涛歌》，同治《福建通志》卷八七"风信潮汐"。
⑨ 《广东新语》卷一。
⑩ 《舶䑸风歌》，《敬业堂诗集》卷四三。

参考文献

一、专著

1. 张炜,方堃. 中国海疆通史. 郑州:中州古籍出版社,2002.
2. 李金明. 明代海外贸易史. 北京:中国社会科学出版社,1990.
3. 欧阳宗书. 海上人家——海洋渔业经济与渔民社会. 南昌:江西高校出版社,1998.
4. 宋正海,郭永芳,陈瑞平. 中国古代海洋学史. 北京:海洋出版社,1989.
5. 杨国桢,郑甫弘,孙谦. 明清中国沿海社会与海外移民. 北京:高等教育出版社,1997.
6. 陈高华,陈尚胜. 中国海外交通史. 台北:中国台湾文津出版社,1997.
7. 王冠倬. 中国古船图谱. 北京:三联书店,2000.
8. 黄顺力. 海洋迷思——中国海洋观的传统与变迁. 南昌:江西高校出版社,1999.
9. 王宏斌. 清代前期海防:思想与制度. 北京:社会科学文献出版社,2002.
10. 郑广南. 中国海盗史. 上海:华东理工大学出版社,1998.
11. 邓端本. 广州港史(古代部分). 北京:海洋出版社,1986.
12. 章巽. 中国航海科技史. 北京:海洋出版社,1991.
13. 刘淼. 明清沿海荡地开发研究. 汕头:汕头大学出版社,1996.
14. 赵景深. 中国小说丛考. 济南:齐鲁书社,1980.
15. 蓝达居. 喧闹的海市——闽东南港市兴衰与海洋人文. 南昌:江西高校出版社,1999.
16. 陈东有. 走向海洋贸易带——近代世界市场互动中的中国东南商人行为. 南昌:江西高校出版社,1998.
17. 汤开建. 澳门开埠初期史研究. 北京:中华书局,1999.
18. 《登州古港史》编委会. 登州古港史. 北京:人民交通出版社,1994.
19. 《天津港史》编辑委员会. 天津港史(古、近代部分). 北京:人民交通出版社,1986.
20. 郑绍昌. 宁波港史. 北京:人民交通出版社,1989.
21. 李金明. 漳州港. 福州:福建人民出版社,2001.
22. 福州港史志编辑委员会. 福州港史. 北京:人民交通出版社,1996.
23. 席龙飞. 中国造船史. 武汉:湖北教育出版社,2000.
24. 冯天瑜,何晓明,周积明. 中华文化史. 上海:上海人民出版社,1990.
25. 宋正海. 东方蓝色文化——中国海洋文化传统. 广州:广东教育出版社,1995.

26. 曲金良. 海洋文化概论. 青岛：青岛海洋大学出版社，1999.

27. 安京. 中国古代海疆史纲. 哈尔滨：黑龙江教育出版社，1999.

28. 常任侠. 海上丝路与文化交流. 北京：海洋出版社，1985.

29. 陈柏坚. 广州外贸两千年. 广州：广州文化出版社，1989.

30. 陈希育. 中国帆船与海外贸易. 厦门：厦门大学出版社，1991.

31. 陈炎. 海上丝绸之路与中外文化交流. 北京：北京大学出版社，2002.

32. 陈元柱. 海口沿革史（油印本）.

33. 陈在正. 台湾海疆史研究. 厦门：厦门大学出版社，2001.

34. 陈支平. 近500年来福建的家族社会与文化. 上海：三联书店，1991.

35. 邓瑞本，章深. 广州对外贸易史. 广州：广东高等教育出版社，1996.

36. 杜桂芳. 潮汕海外移民. 汕头：汕头大学出版社，1997.

37. 杜经国. 海上丝绸之路与潮汕文化. 汕头：汕头大学出版社，1998.

38. 方豪. 中西交通史. 长沙：岳麓出版社，1987.

39. 房仲甫等. 海上七千年. 北京：新华出版社，2003.

40. 房仲甫等. 中国水运史. 北京：新华出版社，2003.

41. 江日升. 台湾外纪. 福州：福建人民出版社，1983.

42. 江文汉. 明清间在华的天主教耶稣会士. 北京：知识出版社，1987.

43. 李东华. 中国海洋发展关键时地个案研究. 台北：大安出版社，1990.

44. 联合国教科文组织海上丝绸之路综合考察泉州国际学术讨论会组织委员会编. 中国与海上丝绸之路. 福州：福建人民出版社，1991.

45. 联合国教科文组织海上丝绸之路综合考察泉州国际学术讨论会组织委员会编. 中国与海上丝绸之路. 福州：福建人民出版社，1994.

46. 梁嘉彬. 广东十三行考. 广州：广东人民出版社，1999.

47. 廖大珂. 福建海外交通史. 福州：福建人民出版社，2002.

48. 林国平等. 福建民间信仰. 福州：福建人民出版社，1993.

49. 林金水. 福建对外文化交流史. 福州：福建教育出版社，1997.

50. 林仁川. 福建对外贸易与海关史. 厦门：鹭江出版社，1991.

51. 林仁川. 明末清初私人海上贸易. 上海：华东师范大学出版社，1987.

52. 刘迎胜. 丝路文化·海上卷. 杭州：浙江人民出版社，1996.

53. 孙光圻. 中国古代航海史. 北京：海洋出版社，1989.

54. 王川. 市舶太监与南海贸易——明代广东市舶太监研究. 香港：天马图书有限公司，2001.

55. 巫乐华. 南洋华侨史话. 北京：商务印书馆，1997.

56. 杨国桢. 闽在海中——追寻福建海洋发展史. 南昌：江西高校出版社，1998.

57. 杨彦杰. 荷据时代台湾史. 南昌：江西人民出版社，1992.

58. 叶显恩. 广东航运史（古代部分）. 北京：人民交通出版社，1989.

59. 余光弘. 清代的班兵与移民：澎湖的个案研究. 台北：稻乡出版社，1998.

60. 曾少聪. 东洋航路移民——明清海洋移民台湾与菲律宾的比较研究. 南昌：江西高校出版社，1998.

61. 张维华. 明清之际中西关系史. 济南:齐鲁书社,1987.

62. 章文钦. 澳门历史文化. 北京:中华书局,1999.

63. 章巽. 古航海图考释. 北京:海洋出版社,1980.

64. 郑振满. 明清福建家族组织与社会变迁. 长沙:湖南教育出版社,1992.

65. 朱国宏. 中国的海外移民:一项国际迁移的历史研究. 上海:复旦大学出版社,1994.

66. 〔美〕费正清. 剑桥中华民国史(上). 北京:中国社会科学出版社,1998.

67. 〔美〕穆黛安. 华南海盗. 刘平,译. 北京:中国社会科学出版社,1997.

68. 〔意〕利玛窦,金尼阁. 利玛窦中国札记. 何高济,王遵仲,李申,译. 北京:中华书局,
1983.

二、论文

69. 王荣国. 明清时代的海神信仰与经济社会. 博士论文,厦门大学,2001.

70. 郑鹤声,郑一钧. 论郑和下西洋. 海交史研究,总5,1983.

71. 李金明. 试论明代海外朝贡贸易的内容与实质. 海交史研究,总13,1988.

72. 黄启臣. 清代前期海外贸易的发展. 历史研究,1986(4).

73. 黄启臣. 16—18世纪中国文化对欧洲国家的传播和影响.《中山大学学报》(社会科学版),1992(4).

74. 陈希育. 清代的海外贸易商人. 海交史研究,总20,1991.

75. 王庆云. 中国沿海方志与中国古代海洋文学——以《蓬莱县志》的"艺文志"为例. 中国海洋文化研究,总3. 北京:海洋出版社,2002.

76. 赵健民. 从宋琬的"海味诗"解读古代文人的渔乡情结. 中国海洋文化研究,总3. 北京:海洋出版社,2002.

77. 赵建民.《记海错》渔乡风物的文化透视. 中国海洋文化研究,总2. 北京:海洋出版社,2000.

78. 方英.《广东新语》中的海洋世界. 中国海洋文化研究,总1. 北京:文化艺术出版社,1999.

79. 李万权,朱鉴秋.《郑和航海图》的综合研究,联合国教科文组织海上丝绸之路综合考察泉州国际学术讨论会组织委员会编. 中国与海上丝绸之路. 福州:福建人民出版社,1991.

80. 何瑜. 清代海疆政策研究. 博士论文,中国人民大学,1996.

81. 中国海洋发展史论文集(1—5). 台北:"中央研究院"三民主义研究所,1984—1993.

82. 晁中辰. 论明代实行海禁的原因——兼评西方殖民者东来说. 海交史研究,总15,1989.

83. 陈尚胜. 论明朝月港开放的局限性. 海交史研究,总29,1996.

84. 陈尚胜. 明朝后期筹海过程考论. 海交史研究,总17,1990.

85. 陈伟明. 明清时期农业科学技术文化交流. 海交史研究,总23,1993.

86. 陈伟明. 明清外销瓷的工艺与文化特色. 海交史研究,总25,1994.

87. 陈伟明. 清代知识分子对欧洲科技文化的介绍与认识. 海交史研究,总34,1998.

88. 陈希育. 清朝海关对于民间海外贸易的管理. 海交史研究,总13,1988.

89. 陈希育. 清代前期的厦门海关与海外贸易. 厦门大学学报(哲社版),1991(3).

90. 陈自强. 论明代漳州月港的历史地位. 海交史研究,总 5,1983.

91. 陈自强. 月港督饷制度述要. 海交史研究,总 13,1988.

92. 程伟礼. 基督教与中西文化交流. 复旦学报,1987(1).

93. 戴和. 清代粤海关税收的考核与报解制度论述. 海交史研究,总 13,1988.

94. 邓端本. 论明代的市舶管理. 海交史研究,总 13,1988.

95. 杜瑜. 北方港发展缓慢的历史地理因素. 海交史研究,总 26,1994.

96. 葛剑雄. 中国历代移民的类型和特点. 历史地理,第 11 辑.

97. 顾卫民. 广州通商制度与鸦片战争. 历史研究,1989(1).

98. 郭之笏. 关于郑和宝船尺度问题的探讨. 海交史研究,总 8,1985.

99. 何纪生. 海南岛渔民开发经营西沙、南沙群岛的历史功绩. 学术研究,1981(1).

100. 黄国安. 澳门明末清初中西文化交流的枢纽. 学术论坛,1990(6).

101. 黄盛璋. 明代后期海禁开放后海外贸易若干问题. 海交史研究,总 13,1988.

102. 蒋祖缘. 清代十三行吸纳西方的成就与影响. 学术研究,1998(5).

103. 金秋鹏. 天妃信仰与古代航海. 海交史研究,总 11,1987.

104. 李晓. 山东胶州港兴衰问题初探. 海交史研究,总 7,1985.

105. 李金明. 明代后期部分开放海禁对我国社会经济发展的影响. 海交史研究,总 17,1990.

106. 李金明. 清代经营海外贸易的行商. 海交史研究,总 24,1993.

107. 李庆新. 明代市舶司制度的变态及其政治文化意蕴. 海交史研究,总 37,2000.

108. 林更生. 古代从海路外传的植物与生产技术初探. 海交史研究,总 14,1988.

109. 林更生. 古代从海路引进福建的植物. 海交史研究,总 4,1982.

110. 林建红. 澎湖群岛的拓殖. 海交史研究,总 25,1994.

111. 林庆元. 简论西学传入中国的社会环境及其媒体. 海交史研究,总 24,1993.

112. 林文照. 欧洲早期望远镜的传入和我国对它的仿制与研究. 中国历史档案,1989(12).

113. 刘成. 论明代的海禁政策. 海交史研究,总 12,1987.

114. 刘昌芝. 郑和下西洋引进的珍稀动植物研究. 海交史研究,总 17,1990.

115. 刘昭民. 最早传入中国的西方气象学知识. 中国科技史料,1993(2).

116. 彭泽益. 广东十三行续探. 历史研究,1986(4).

117. 彭泽益. 清代广东洋行制度的起源. 历史研究,1957(1).

118. 乔凌霄. 明清之际的文化心态与西学传播效应. 安徽史学,1999(2).

119. 沈定平. 明代南北港口经济职能的比较研究. 海交史研究,总 23,1993.

120. 沈康身. 从《视学》看十八世纪东西方透视学知识的交融和影响. 自然科学史研究,1985(3).

121. 石云里. 揭暄的潮汐学说. 中国科技史料,1993(1).

122. 水天中. 西画传入中国及其早期的发展. 美术研究,1986(1).

123. 司徒尚纪. 海南岛历史上土地开发的研究. 文献,1987(1).

124. 苏鑫鸿,郑雨婷. 明清时期泉州私人海外贸易兴衰原因初探. 厦门大学学报,1989

(1).

125. 孙明章. 传教士与明清之际的思想界. 浙江学刊,1990(4).

126. 童家洲. 明末清初中日私商贸易与华侨. 海交史研究,总24,1993.

127. 汪敬虞. 论清代前期的禁海闭关. 中国社会经济史研究,1983(2).

128. 王柔. 西洋音乐传入中国考. 音乐研究,1982(2).

129. 吴凤斌. 宋元以来我国渔民对南沙群岛的开发和经营. 中国社会经济史研究,1985(1).

130. 吴建雍. 1757年以后的广东十三行. 清史研究集,第3辑.

131. 杨槱,杨宗英,黄根余. 略谈郑和下西洋的宝船尺度. 海交史研究,总3,1981.

132. 杨国桢. 关于中国海洋社会经济史的思考. 中国社会经济史研究,1996(2).

133. 杨钦章. 海神天妃的故事在明代的西传. 海交史研究,总11,1987.

134. 张毅. 北方航线在我国海交史上的地位. 海交史研究,总10,1986.

135. 张小青. 明清之际西洋火炮的输入及其影响. 清史研究集(4). 成都:四川人民出版社,1986.

136. 赵璞珊. 西洋医学在中国的传播. 历史研究,1980(3).

137. 庄国土. 清初(1683—1727)海上贸易政策和南洋禁航令. 海交史研究,总11,1987.

138. 庄为玑,庄景辉. 郑和宝船尺度的探索. 海交史研究,总5,1983.

139. 邹明德. 鸦片战争前基督教传教士在华的文化活动. 近代史研究,1986(5).

近代分卷

本卷主编 ◎ 闵锐武

本卷概述

　　1840 年的鸦片战争及其结局,标志着中国具有悠久历史的传统海洋文化开始向近现代性质的海洋文化转型。转型的主要标志是,经历了西方列强接踵而来的大规模海上入侵与中国的全面防守、退却与战败和"议和",以沿海地区为突破口和集散地,以通商口岸殖民地化和港口城市的崛起为起点,以洋务派及其影响下的西化主张为潮流,以近海与远洋海运贸易的国际化为媒介,以国人文化理念中的"批判现实、批判传统、学习西方、崇尚西化"为时尚,西方"蓝色文明"从思想文化、制度文化乃至思维方式、价值观念和生活方式等各个层面对中国产生全面影响和渗透,近现代的中国自此不得不向世界打开国门,进入世界性发展的轨道。

　　1840 年鸦片战争的爆发,是由英国向中国非法倾销鸦片而引起的中英两国政治、经济、军事的大冲突和总较量,也是中西两种不同文明、不同文化之间长期隔绝和骤然相遇而形成的大震荡。从此,传统封闭的清朝帝国,被西方的坚船利炮打开了门户,开始进入一个被纳入世界殖民主义体系之中并引起中国社会大变动的时代;从此,原本自成东方体系、已经形成了东方世界中心并一直对西方世界产生重大影响的中国海洋文化,从观念到形态,都开始自觉与不自觉地让度于西方海洋文化,并被纳入西方海洋文化体系的建构之中。

　　正是从那时起,中国的传统文化包括海洋文化,从思想观念到制度器物,开始顿失价值,甚至在一些人眼里似乎变得一钱不值、一无是处,奇耻大辱下的国人,上至朝廷、下到平民,大多深感自不如人;尽管无论如何也不甘心于自己国家的失败和文化的丧失,但面对西方的科技、工业、经济、军事等这些硬碰硬的东西,国人似乎深深地悟出了"落后就要挨打"的道理,从而不得不开始"崇洋媚外"起来,于是,中国传统文化,包括作为这种传统文化的构成部分并在传统文化主体的支配和统摄之下的中国海洋文化,在西方的海洋文化强势霸权面前,"不得不"被否定并丧失传统,人们"不得不进入"学习西方、追赶西方、以西方为标准来衡量世界、评价一切的历程。

　　就在中国人永远都不能忘记的 1840 年前后,自视为天下第一的中华王国,竟受到一个遥远的西方"蛮夷"的欺辱和入侵。一个拥有近 4 亿人口以及 1000 多万平方千米土地和辽阔海疆海域的文明古国,却在只有数十条军舰、总共不到 1 万人的英国军队的进攻面前,连连败下阵来。英军占香港、攻广州、夺舟山、下镇江,直逼北京门户,控制长江中下游地区,长驱直入,如入无人之境。1858 年,英国与法国军队联手再度发动侵略战争,于 1860 年直入北京,火烧圆明园,并把清朝皇帝赶出了京城。

随后,俄国、日本、德国、美国等十几个资本主义国家相继用不同的方式侵略中国,其间大规模的侵略战争就有5次。维系了数千年的封建王朝连同古老的东方文明,在西方列强的"坚船利炮"之下摇摇欲坠,一系列丧权辱国的不平等条约接连签订,于是,150多万平方千米的领土被割让,10亿两白银做了赔款,广州、厦门、福州、上海、宁波、镇江、南京、九江、汉口等沿海口岸被迫向西方各国开放通商,外国人被允许在那里拥有各自的租界地和驻军,享有治外法权并总理中国的海关税务。外国人成了中国的"太上皇",他们大肆掠夺中国的资源和财富,胡作非为,欺压中国百姓,中国进入了民族灾难深重的黑暗时期。

随着帝国主义的侵略以及西方工业、商业、财政、技术、宗教、思想和文化的进入,中国社会几千年来形成的政治制度、经济方式、传统文化乃至社会生活受到了全面的冲击。

面对外来的殖民侵略,率先号召起来积极应战的,是抗英禁烟最为坚决的主战派代表人物林则徐。他是第一个承认西方比中国先进、洋枪洋炮比大刀长矛优越的清政府高级官员。他所主编的《四洲志》,第一次让中国人强化了关于世界地理与世界文化的意识。而魏源的《海国图志》更是详尽地描述了西方国家与中国在地理环境、科学技术以及政治制度等各方面的不同。他提出"师夷之长技以制夷"的口号,为中国必须向西方学习而大声疾呼,否定了"祖宗之法不可变"的古训。"师夷之长技以制夷",就是要学习西方先进的军事技术,制造和掌握洋枪洋炮,最终打败洋人,赶走外国侵略者。

林则徐是清朝较早接触"夷务"的高级官吏之一,也是中国"开眼看世界"的第一人。林则徐的海防思想大致可以分为两个时期,前期主张"以守为战",后期提出了"船炮水军"的设想。林则徐海防思想的前后变化代表了晚清海防思想发展的必然趋势,其意义在于认识到海上机动作战的重要性,修正了以"防堵"为中心的传统海防观念。

魏源在编纂《海国图志》的过程中,依据《四洲志》和《国际法》的有关规定,结合其他中外文献资料,联系世界大势和中国实际,将林则徐的海权观念与海防思想加以发挥,提出了"避敌之所长,攻敌之所短,不与敌在海上交锋,而在内河严密布防,诱敌深入,然后予以堵截歼灭"的海防主张,并进而提出了一套包括制造商船、发展商业航运、模仿英国编练新式海军、扶持南洋华侨、加强中国海外殖民地等内容在内的比较系统的海权思想。

在林则徐、魏源的感召下,清政府不得不承认西方的"船坚炮利",觉得有必要在军事科技领域实行"以夷为师"政策。1860年后,当以李鸿章、曾国藩、张之洞、左宗棠等为代表的"洋务派"提出了"富国强兵"的主张后,全国上下开始了向西方学习、大办洋务的热潮。于是,专办洋务的总理各国事务衙门设立起来了;中国最早的外语学校京师同文馆、上海同文馆以及广州同文馆创办了;各种兵器及机器制造厂,如安庆军械所、上海江南制造局、南京金陵制造局、福州马尾船政局、天津机器局等都相继开办了;清政府还聘请了西方国家的军事顾问和教官,购买德国的舰船,建立了完全采用西方技术和按西方海上作战方式操作的大规模的北洋舰队、福建水师。

清政府以为,只要拥有一支"船坚炮利"的海军,就可以与西方列强抗衡,达到"以夷制夷"的目的。然而,在1884年的中法马尾海战和1894年的中日甲午海战中,法、日军队一举打败了清政府苦心经营多年的福建水师和北洋舰队,割占了包括台湾和辽东半岛在内的大片领土。中国的"富国强兵"之梦由此破灭,在进行了20年的"自强"之后,中国不仅败在了"西夷"的手下,而且也败在了一直以中国为学习榜样的"东夷"日本手下。"新瓶装旧酒"的体制、"自不如人"的崇洋心态、善守不善攻的传统海防意识,使得清朝水师尽管有了坚船利炮,也仍然在外敌的进攻面前败下阵来。

尽管如此,洋务运动并未完全失败。洋务派创办的军工企业虽然还存在重大的缺陷,远远不是纯粹意义上的近代企业,但它们毕竟引入了一种全新的生产方式,给沿海社会经济的发展带来了新的契机。

首先,虽然洋务派兴办这些企业的初衷并不是发展民族资本主义,却在客观上将资本主义机器制造业移植到了中国,使沿海经济出现了资本主义经济的新的生长点。又由于这些企业是官办性质的,一般具有较大的规模,其影响力也就更大一些,这对于沿海传统经济解体后向资本主义经济形态的过渡具有积极意义。其次,军工企业的机器大工业生产必然要求与之配套的民用工业和交通运输业的发展,这在客观上为沿海经济的进一步发展提供了推动力。第三,洋务派创办的军事工业引进了西方先进的科学技术和设备,对西学的传播和科技人才的培养起了重要作用。

随着洋务运动的兴起和资本主义生产方式的出现,传统的封建伦理道德观念不可避免地受到了冲击,以往的"重农抑商""重本抑末"和"士"为"四民"之首、商为"四民"之末的传统观念有了比较明显的变化。在近代工业生产方式的产生和商品流通的初步发展中,商人和商业的社会地位比以往明显提高,一些科举出身的官僚和士大夫,不但开始重视工商业,而且亲自投身于官督商办或商办企业任职。

在对西方世界和中国自身的认识上,很多开明的官僚和士大夫也改变了传统的"夷夏"观念,向西方学习科学技术,再不被认为是"师事夷人"之举,而被看成求强求富的重要手段;对西方的技术制造和各种器物,再不认为是"奇技淫巧",而是看作"制造之精";中国再不被看作立于世界"中央"的"天朝之国",或是孤立于世界之外的"华夏"之邦,而是成为世界的一员,并且是远远不如西方富强的一员。这种不论对世界还是对中国的认识,比兴办洋务以前,都有了明显的改变。如此,无疑有利于中国的奋起直追的发展,但却使中国人自古以来的传统自豪感、荣誉感、自信心遭受了重创,中国的国家形象、民族形象遭受了极大的贬损。自此以后,不断的外侮,不断地"到了最危险的时候",不断抵抗、不断地浴血奋战,民族的独立、国家的富强成了中国的时代主题;由于总是把自己摆在世界排行的后边,总是强调向别人学习,总是自视不如别人,因而中国就再也没有真正敢于在世界上宣称自己强大过。

由于西方近代科学技术和其他社会事物的逐步传入,在通商口岸、沿海地区,社会风气也开始发生变化。"西学"在士大夫的心目中已不再是"夷狄"之物;保守派视为"奇技淫巧"的声光化电,不但开始用于军事和军事工业,也开始用于民用工业和城市社会生活,从而在城市生活的衣、食、住、行等方面,传统的风俗习惯也随之发生了较大的变化。与此同时,随着涉海事务的增多,国家的海洋事业有了新发展,人们的海洋意识、海防思想、海权观念也发生了变化。

第二次鸦片战争后,随着通商口岸的开放、外国公使的驻京以及洋务运动的兴起,中外交往越来越成为一种经常性的事务。清政府在历次对外交涉中,看到西方外交官经常援引中国的典制律例与中国为难,也十分希望"借彼国事例以破其说",但由于不谙外文,"苦不能识"。在这种内外交困的情况下,清政府被迫于 1861 年正式批准成立总理各国事务衙门(简称总理衙门)。初任总理事务大臣奕䜣、文祥等人在主持外交事务的过程中,逐步感觉到中国在外交知识方面的贫乏,因而于 1864 年支持和赞助美国传教士丁韪良(1827—1916)将美国法学家惠顿(Henry Wheaton,或译作"惠敦")所著的《万国公法》(*Elements of International Law*)一书译成中文,并刻印出版。这是近代中国人接触到的第一部比较系统、完整地论述国际法的著作。书中对于包括公海与领海、海上贸易、海上战争以及战时中立及物资禁运等内容在内的国际交往的基本原则、规则等都有详细介绍。在该书的启发下,晚清政府的国际法观念不断增强,晚清政府开始运用书中则例处理涉外纠纷,从而在很大程度上促进了海权思想的近代化发展。

海关是依据国家法令对进出国境的物品和运输工具进行监督检查、征收关税并查禁走私的国家行政管理机关,是国家主权的象征。19 世纪 50 年代末以后,由于晚清政府的腐败无能,晚清海关一直掌握在外国人手中,在一定程度上成了帝国主义国家侵略和掠夺中国的工具。但另一方面,晚清海关制度的确立也是中国外交走向近代化的重要标志之一,在客观上曾产生过一些积极的作用。《万国公法》出版后,总理衙门曾通过海关将此书分发给各通商口岸,以供中外交涉咨询参考。此后,在一些具体的交涉中,晚清海关为了维护其正常业务和国家权利,往往依据该书与外国领事、公使据理力争,有时还聘用外国律师参与法律诉讼,在一定程度上限制了外国奸商肆无忌惮的违法行为,缓和了当时的中外矛盾,客观上对发展正常的中外贸易和保障中国税收起到积极作用。

鸦片战争之后,中国被迫开放了一批通商口岸。这些通商口岸在中外贸易的带动下,伴随着商业的发展,逐渐走向繁荣,获得了程度不同的发展。它们的发展和繁荣,又为中国近代工商经济的发展奠定了基础,同时也成为西方物质文化和精神文化引进与传播的桥头堡、近代社会文化因素滋生和成长的温床。中国涉海的社会生活和文化生活由传统向近代化的转变,首先就是从这些通商口岸城市开始的。

近代东南沿海五城市——上海、宁波、福州、厦门、广州的经济变迁始于开埠后的国内外贸易的产生和发展。五口通商使东南沿海地区的商品市场最先受到列强们"自由贸易"思想和制度的刺激与驱动。五口岸城市的外贸各有特色和发展轨迹。上海脱颖而出,成为东南沿海乃至全国外贸的"龙头",具有很大的示范作用。不仅如此,在外贸的推动作用下,商品流通和市场贸易也同时向内地城乡渗透,国内商品市场由此脱旧开新、不断拓展,因而五口岸城市的内贸也就有了长足的发展,成为了国内埠际贸易的大港和内地周边地区的市场中枢,充分发挥了带动和辐射作用。

香港的崛起,是 19 世纪中叶中国沿海边地上出现的一个奇迹。香港作为国际性港口城市的发展,大致上可以分为两个时期。1841—1860 年为第一个时期。由于英国政府一开始即宣布香港为自由港,并不遗余力地鼓励鸦片走私和苦力贸易,本时期的香港成为世界上最大的鸦片走私中心和贩运苦力的贸易中心,轮运业、金融业及一般贸易开始发展。虽然由于种种原因,商业一度不振,但总的来说,本时期香港的经济是由小到大、由弱到强、由衰转旺,出现了初步繁荣的景象。1861—1900 年为第二个时期。在此期间,先前初步兴起的航运、银行业得到蓬勃发展,港口及其他基础设施日臻完善。到 19 世纪末,香港已经成为中国沿海、内陆水路贸易的终端和国际航运的重要联结点,成为世界贸易的重要港口。香港作为中转贸易港的地位在此 40 年中完全确立下来,并不断得到提升。与此同时,香港的临港工业和城市商业也逐渐走向繁荣。

1897 年德国对胶澳的租占和对青岛的经营,是德国人的远东"香港之梦"的具体体现。德国曾宣布在青岛实行比英国人在香港还要开放、更为"自由"的"自由港"政策,因而很快就使青岛呈现出大型港口城市的雏形。第一次世界大战末期,德国在青岛的经营被日本所替代。尽管日本人在德国人规划的基础上进一步规划了青岛的"大都市计划",但由于日本经营海外殖民地的模式与德国模式不同,加之后来的世界局势和中国国内局势的变迁,青岛的发展还是放慢了速度。即使如此,当 1922 年中国政府收回青岛时,青岛就被确定为直辖于中央的特别市了。南方的香港,北方的青岛,可以视为外国列强在中国建立的海外殖民地的典型代表。

从 19 世纪 40 年代到 20 世纪初年,中国沿海被迫对外开放的港口有 29 个。港口的开放,打破了中国原先自我封闭的国家制度和社会环境,扩大了中国和世界各国的国际交往,港口成了人们了解与接触西方先进事物的窗口。就连原本不起眼的烟台、牛庄等沿海港口小城,也吸引了西方许多国家的领事馆的进驻。这些大大小小的中国沿海港口,一时间变得洋船济济、"洋人接踵"。如此的港口开放,显示了中国海权的丧失,而国外的生产技术、科学文化通过海路与这些港口的引进和输入,又客观上推动了沿海港口与城市的近代化发展,促进了民族工业包括中国新式航运业的产生和发展,同时带来了中国文化包括海洋文化越来越深刻的变化。

近代海洋航运业发展的主要特点有三:一是开始使用轮船,二是航线增加,三是航运主权丧失。随着航运业的发展,清政府先后兴办了一批水师学堂,这就是专门培养驾驶、轮机和造船的各级海军官兵的中国第一批海军学校。其中,1866 年创办的福建船政学堂,是中国最早的以现代科学技术培养和造就航海、轮机人才的专门学校。这个学校,不仅在中国海军建设史上,也在中国航海教育史上占有重要的地位。至于海军之外的航海新式人才的培养,虽然直到辛亥革命后才开始且时办时辍,但毕竟也培养出了不少人才,他们在航海实践中,带出一批能操纵机器、驾驶船舶的航海人员,使他们成为了中国近现代航运业的基本人才力量。

从科学技术的发展进程来看,发端于洋务运动的近代造船技术,是中国人最早引进的一种西方生产技术,它对于发展中国的造船业起了奠基作用。事实上,它的意义超出了造船业自身的范畴。造船业不仅是中国近代工业的先导,而且在西方科学技术的传播和中国近代教育事业的发展方面也起到了促进作用。

随着晚清海外交通的发展,中外文化相互交流、相互影响和相互促进的走势得到加强。一方面,以对外贸易渠道和海外华侨为主要文化载体,中国文化在海外的传播更为广泛和深入;另一方面,在"西风""欧雨"的影响下,西方文明从中国沿海港口逐渐扩散到了内地。

尤其值得重视的是长期侨居海外的华侨的作用。大量华侨涌向亚洲、非洲、欧洲、南北美洲、大洋洲,他们不但为侨居国的经济、社会发展做出了贡献,而且也在促进中国和外国的经济、文化交流方面发挥了很大的作用。

海神信仰是沿海地区民俗文化的重要组成部分。中国海神信仰有着悠久的历史,之所以在近代发生了更为广泛的传播,影响越来越大,是和近代中国既包括官方也包括民间的涉海活动以及中国人"走向世界"密切相关的。妈祖信仰以海运商帮为媒介,以天后宫庙为载体,以近代沿海兴起的大大小小的港口为链条,传播到沿海地区的南南北北,并且随着近代海外移民的大潮,更为广泛地传播到世界各地。

在近代中西文化交流中,随着作家生活天地、艺术视野的开阔,他们的审美情趣和审美理想逐渐发生了变化,因而审美范围和审美视野也有了新的扩展。斑驳陆离的新鲜事物,五彩缤纷的社会生活,熔铸了作家新的审美意识,使他们的审美情趣和审美感受由祖国河山之美扩展到了对海外世界异国风光、异域生活的鉴赏,由中华民族的传统文化延伸到了西方文明。这些新的观念、新的视野、新的审美情趣带来了中国新文学的产生和繁荣,最终以五四新文化运动为标志,迎来了中国现代文学的新时代。在这其中,由于整个世界的国际交流化走向的驱使,由于留学日本、留学欧美的知识分子日益增多且归国的也不断增加,由于欧美文学的大量翻译与传播,受整个社会的机制转变和整个社会思潮的感染,更受中国涉外涉内海事渐多的生活现实的影响,无论在国内还是国外,很多中国作家把视野投向了海洋,投向了涉及海洋的生活题材和生活内容,从而使得中国的海洋文学出现了崭新的面貌。

第四十一章

近代中国的海疆变迁与海防思潮

在漫长的封建社会中,中国的海疆基本上处于一种平稳发展的状态,既有与整个国家民族融为一体的政治经济演进,又有不断形成和完善着的海洋文化特色。明清以降,虽有西方殖民势力的不断叩关和中国社会内部自身资本主义萌芽的生长,但由于中国的封建国家机器无比坚固,特别是"海禁"政策的推行,新生产关系及经济结构的发展极其缓慢。进入 19 世纪,中国社会平稳发展的状态开始面临严重危机。这一危机主要来自于变化了的世界形势,来自海洋方向。一些先进的西方国家在相继完成了资产阶级革命以后,在工业革命的推动下,以不遗余力的商品输出为手段,以坚船利炮为后盾,越海跨洋,疯狂地进行世界性的殖民扩张。闭关自守的古老中国,作为西方殖民势力垂涎觊觎的东方之珠,受到了全面的冲击,而沿海疆域则首当其冲。

1840 年鸦片战争以后,中国国家安全的主要威胁从陆上边疆转移到海疆,中国千百年的国防观念和海洋观念受到了前所未有的挑战。来自海上的西方侵略者,闻所未闻的坚船利炮,无数屈辱的城下之盟,将天朝的神威扫地殆尽,清王朝不得不将国防重点从陆防转移到海防。为了师夷长技、自强求富,清王朝不惜代价,建立起一支近代化海军,但到头来仍然兵败甲午。惨痛的教训揭示了晚清海防、海军的兴衰与国家兴衰密切相关的突出特征。

自从阶级和国家产生以后,濒临海洋的国家便有了海防。海防力量的主体是海军。一个国家采取什么样的海防模式,根本上决定于统治阶级的海洋观念和海防思想。所谓海洋观念,是人类通过海洋实践活动获得的对海洋本质属性的认识,它的高级发展阶段表现为人们对海洋与国家、海洋与民族之间根本利益关系的总体认识。历史地看,处于不同自然环境中的国家和民族的海洋观念是形态各异的,由此产生的海防思想也是千差万别的。但从本质上考察,可以分为两大类:一类为进攻型的海防思想,一类为防守型的海防思想。

由于中国具有得天独厚的创造陆地文明的自然条件,所以中国人一开始就产生了"重陆轻海"的偏识;这一偏识又被当时流行着的"重农抑商"的思想强化,并沿着这一逻辑越走越远,于是便产生了中国特有的传统的海洋观念和海防思想。在长期的封建社会中,借助于日益巩固、完善的封建国家体制的支配,这些海洋观念和海防思想的内向、封闭和防守特征不断得到强化。鸦片战争后,中国被西方以暴力方式纳入世界体系时,西方列强通过进攻型的海洋扩张和资本积累,发展得已经很强大且近代化,中国客观上已完全不具备主动进军海洋的条件。因此,即便是一些开明人士开眼看世界,也只能在一次又一次的被动挨打中,通过认识西方而重新认识自己,折射式地去调整海洋观、海防观。从这个角度而论,甲午战败及此后半殖民地半封建化的进一步加深,其实是中华民族千百年来传统海洋观的积弊所致。

晚清的这段历史告诉我们,步入近代以后,当世界经济、政治乃至军事都不可分割地连为一体的时候,海洋、海防和海军对国家兴衰的影响是多么重要。这是晚清海疆历史给予我们的启示,也是中华民族当永远刻骨铭心的历史教训。

第一节　近代中国的海疆与沿海经济社会①

一　鸦片战争前的中国海疆及其社会经济特点

1840年鸦片战争之前,从政区上看,中国海疆较之清前期没有多大的变化,在北起鄂霍次克海南至南海的绵长海岸线上,依次分布着吉林、奉天、直隶、山东、江苏、浙江、福建、广东、广西等省区。广袤的中国海疆,大致而言,可以分为北起库页岛南至日本海的北部沿海地区,由环渤海湾的山东半岛、辽东半岛及其附近岛屿构成的中部沿海地区和江苏以南包括台湾岛、海南岛等岛屿在内的东南沿海地区等三个差别显著的区域。

北部沿海地区主要包括吉林将军辖地,地域辽阔,资源丰富,但由于一直以来都是少数民族聚居区,开发较晚,经济一向不发达。清王朝建立以后,以之为本族的龙兴之地,将大片地区划为旗地、官庄和围场,并自康熙七年(1668年)起实行封禁政策,禁止汉民的垦荒和生产活动,极大地限制了该地区的经济发展。

中部沿海地区包括奉天、直隶、山东三个省级行政区及其附近岛屿。奉天虽然在地理位置上属关东地区,但在明代却为山东行省的一部分,人口稠密,经济发达,与直隶、山东两省具有更多的一致性,共同构成了环渤海湾中部沿海经济区。这一地区的传统农业比较发达,渔、盐、航运、外贸等海洋经济项目也有一定的发展。

东南沿海地区包括江苏、浙江、福建、广东、广西等省份及台湾、海南等沿海岛屿。该地区面积最大,人口最多,经济也最为发达,是清王朝的经济重心——江南的重要组成部分,也是整个中国海疆的主体部分。

沿海三个经济区的不平衡主要是传统农业的不同,而不是海洋经济的差异。这主要是因为,中国是一个农耕文明十分发达的国家,农业是立国之本,在整个国家的经济生活中占有绝对主导地位。在这样一个大前提下,海洋经济只是起辅助作用的次要经济成分,发展的规模、速度都很有限;即便在沿海地区,也未能成为占主导地位的经济因素,这也是沿海经济在晚清以前的一个基本特点。

尽管沿海地区的经济并不具备突出的海洋经济特征,但是仍显示出一些与内陆地区不同的特点。19世纪前半叶,沿海地区的人口和经济的发展,就显示出了若干特点。

---

① 本部分引见张炜、方堃:《中国海疆通史》,中州古籍出版社2002年版,第327—343页;第380—382页。

第一,沿海区域人口增殖。

经过近两个世纪的和平发展,清代人口有了大幅度的增长。1740 年前后,全国人口有 2 亿左右,到 1850 年前后,已经增至 4.5 亿左右,百余年间翻了一番有余。[①] 而沿海地区又是全国人口最集中的地区,仅直隶、山东、江苏、浙江、福建、广东等六省的人口,就已占到全国人口的 41.94%。[②] 据统计,在 1820 年前后,人口密度在 500 人/平方千米以上的府、直隶州共有 9 个,其中沿海地区就占了 8 个之多;人口密度在 300 人/平方千米以上的府、直隶州共有 21 个,沿海省份占了 13 个。[③] 人口稠密一方面说明沿海地区经济发达,吸引了大量人口,另一方面也带来了一定的社会问题。由于封建经济无法为激增的人口提供足够的社会产品,再加上阶级压迫的残酷、贫富分化的加剧,致使大量人口处于相对过剩状态,缺乏基本生产资料和生活资料。于是,大量的剩余人口不得不去寻求新的生活出路。他们有的流入沿海城市和乡镇,成为雇工或手工业者;有的移往周边偏远的山区或海岛,进行移民垦殖,从而使沿海的山区、滩涂和岛屿得到了进一步开发;还有的漂洋过海,移居南洋。据估算,到鸦片战争前夕,散居东南亚的海外移民及其后裔已达 100 万—150 万人[④],形成了颇具规模的移民群体。

虽然沿海人民力图开辟新的生计来源,但也只能是对封建自然经济体系内生产领域和生存空间有限度的拓展,并不能从根本上解决人口过剩的问题。更何况,这些寻求新的生活空间的活动还受到清王朝的种种限制,如明令禁止海外移民、禁止沿海岛屿的新住民添建新屋等。因此,人口过剩成为沿海地区的一大社会问题,一遇灾荒,便会有大量流民涌至各地求食,仅乾隆八年至十三年的短短 6 年间,广东等地"赴川就食者"就达 24.3 万余人。[⑤] 人口过剩使游民阶层的人口数量激增,他们"无田可耕,无业可守",四处移徙,常因地方官府处置不当而激成民变,成为社会不安定的重要因素。有的游民为求生计而不惜违法犯禁,如广东一些贫苦乡民"每于封禁之矿山,潜往偷挖,甚至贩私盗窃,毫无顾忌"[⑥]。游民又与会党势力密切相关,一旦时势有变,便成为动乱和起义的重要力量。

第二,沿海经济作物种植商品化。

沿海地区大多人稠地少,又是封建赋税最为繁重的地区,仅靠种植粮食不但很难应付沉重的赋税苛索,也无法满足日常生活所需,客观上要求种植业必须注重经济效益,走商品生产的道路,因而在沿海地区,经济作物的大面积种植成为农业的一个突出特征。

棉花、蚕桑和茶叶是三项最为主要的经济作物。棉花的种植遍及沿海南北各地,其中长江三角洲是最重要的植棉区,江苏松江、太仓、通州等地在乾隆末年已经是"每村庄知务本种稻者不过十分之二三,图利种棉者则有十分之七八"[⑦]。山东省的西北

① 姜涛:《中国近代人口史》,浙江人民出版社 1993 年版,第 27—60 页。
② 据姜涛《中国近代人口史》中的表格统计,浙江人民出版社 1993 年版,第 151—152 页。
③ 姜涛:《中国近代人口史》,浙江人民出版江 1993 年版,第 156—157 页。
④ 参见杨国桢等:《明清中国沿海社会与海外移民》,高等教育出版社 1997 年版,第 37 页。
⑤ 《清高宗实录》卷三三一,乾隆十三年三月下。
⑥ 鄂弥达:《开垦荒地疏》,《皇朝经世文编》卷三四,(中国台北)文海出版社 1980 年版。
⑦ 高晋:《请海疆禾棉兼种疏》,《皇朝经世文编》卷三七,(中国台北)文海出版社 1980 年版。

部和黄河下游南岸的齐东、章丘、利津等县都是重要的产棉区。直隶地区的棉花种植在乾隆以后也有了很大发展,冀、赵、深、定诸州属,农之艺棉者十之八九。奉天地区的棉花种植也很普遍,但以旗民不事纺织,所产多转贩他省,反映出北方农业群体的商品意识有了很大的增强。

桑树的种植以江浙的苏、湖、嘉、杭地区最为突出。例如湖州府崇德县,在康熙末年,桑田已占总耕地面积的41.38%。① 又如嘉兴,"民皆力农重蚕,辟治荒秽,树桑不可以株数计"。广东的蚕桑业也很发达。有人描述顺德一带的桑园是"周回百余里,居民数十万户,田地一千数百余顷,种植桑树以饲春蚕"②。南海九江乡也以植桑养蚕著称,到嘉庆时已是"境内无稻田,仰籴于外"③。

茶树的种植随着沿海山区的垦辟而有很大发展,尤以浙江、福建、广东三省为多。福建武夷山下居民多以种茶为业,岁产数十万斤,行销海内外。浙江于潜种茶亦多,"乡人大半赖以资生"④。广东鹤山在乾隆年间已是"山阜间皆植茶",至道光年间更发展到"自海口至附城,毋论土著、客家,多以茶为业"⑤。

除棉、桑、茶以外,烟叶、兰靛等经济作物在沿海地区也有广泛的种植,尤其在浙江、福建、广东等地,多有以种烟植靛而致巨富者。

经济作物的广泛种植不但为沿海地区丝棉纺织业及其他手工业的发展创造了条件,而且使丝、茶成为两项最重要的出口物资,促进了对外贸易的发展。经济作物的种植也在一定程度上影响了粮食生产,沿海很多地区由原来的粮食产地变成了粮食需求地,客观上促进了商品粮的流通。据估算,鸦片战争以前全国省际之间流通的商品粮在两亿石左右⑥,其中有相当一部分由内地流入沿海,也有很大一部分是沿海地区内部的流通;关东地区的豆麦每年运至上海的有千余万石⑦;山东的小麦主要供应直隶,也有部分南运至江苏一带;台湾的稻米主要运入福建和广东,也有的运往江浙地区。

第三,沿海区域手工业发达。

沿海地区是全国手工业最为发达的地区,尤以棉纺织业与丝织业的发展最为突出。松江一带是全国闻名的棉布生产区,元明时期就有"衣被天下"的美誉,至清代有了更大的发展。以松江府为中心,包括苏州府的常熟,太仓州的镇洋、嘉定、崇明、宝山,常州府的无锡、江阴,浙江嘉兴府若干县,以及长江北岸的如皋、通州、海门等地,手工纺织业极为兴盛,且在当地人民的生活中占有重要地位。以无锡为例,"乡民食于田者,惟冬三月。……春月则阖户纺织,以布易米而食,家无余粒也。……及秋,稍有雨泽,则机杼声又遍村落,抱布贸米以食矣。故吾邑虽遇凶年,苟他处棉花成熟,则乡民不致大困。布有三等……坐贾收之,捆载而贸于淮、扬、高、宝等处,一岁所交易,不下数十百万。"⑧其他地区的情况也与此类似,"纺织不止乡落,虽城中亦然……田家收

① 陈恒力:《补农书研究》,农业出版社1963年版,第246页。
② 李文治:《中国近代农业史资料》第1辑,三联书店1957年版,第82页。
③ (清)黎春曦纂:嘉庆《九江乡志》卷四《物产》,江苏古籍出版社1992年版。
④ 故宫博物院:嘉庆《于潜县志》卷十《食物》,海南出版社2001年版。
⑤ 故宫博物院:乾隆《鹤山县志》卷七《物产》,海南出版社2001年版。
⑥ 王方中:《中国近代经济史稿》,北京出版社1982年版,第37页。
⑦ 齐彦槐:《海运南漕议》,《皇朝经世文编》卷四八。
⑧ 黄印:《锡金识小录》卷一,(中国台北)成文出版社1983年版。

获,输官偿息外,未卒岁,室庐已空,其衣食全赖此"①,"妇女亦事耕耘,兼勤刈获,暇则纺棉织布,抱布贸银"②,等等。手工棉纺织业不但是当地人民维持生计的重要手段,而且已经成为国家财政的重要来源。道光时包世臣说:"木棉梭布,东南杼轴之利甲天下,松、太钱漕不误,全仗棉布。"③

丝织业以江浙地区最为发达。唐甄记载江苏蚕丝贸易的繁盛说:"吴丝衣天下,聚于双林;吴越闽番至于海岛,皆来市焉。五月,载银而至,委积如瓦砾。吴南诸乡,岁有百十万之益。"④浙江以杭、嘉、湖地区产丝最盛,"每届新丝出后,江、浙、粤、闽贩丝客孥本而来者甚多,所产粗丝顷刻得价售卖,农民转觉生计裕如"⑤。苏州、南京、杭州都是闻名全国的丝织业中心,集中了大批脱离了农业生产专以丝织为业的小商品生产者。一些以丝织业为中心的新市镇也悄然兴起,如桐乡濮院镇的居民"杼机之利,日生万金"⑥,吴江震泽镇居民"尽逐绫绸之利"⑦。在沿海其他地区,丝织业虽不如江浙发达,也有一定程度的发展,如广东南海盛产丝绸有"广纱甲于天下"之称,山东长山"俗多务织作,善绩山茧,茧非本邑所出,而业之者颇多,男妇皆能为之"⑧。

丝织业是中国资本主义萌发最早的行业,早在明末即出现了具有早期资本主义性质的手工工场。清代前期,资本主义萌发有了进一步的发展。道光年间,南京已经出现了拥有五六百张织机的机户,杭州、宁波、湖州等地的手工工场也颇具规模。有的地方还出现了一些大的账房。这些账房大部分都不开设工场,而是把原料乃至生产工具提供给小机户进行加工,按成品的数量付与工资。账房实际上已经成为包买商,开始运用商业资本支配生产活动。

除丝、棉纺织业以外,沿海地区在制茶、造纸、冶铁等手工业门类中,也不同程度地出现了资本主义萌芽;即便在商品经济相对落后的北部沿海地区,到道光年间,奉天、营口等地的酿酒、榨油等行业中也出现了稀疏的资本主义萌芽,而且由于关内商业资本的渗透,还出现了商业资本支配家庭柞蚕制丝业的现象,著名的有奉天的永德源丝坊、天合利丝坊、赵兴隆丝坊等。

第四,沿海城市商业经济发达。

农业和手工业的发展为沿海商业的繁荣提供了条件。苏州、南京、杭州、扬州、广州等都是著名的商业都会,松江、上海的土布,苏州、江宁、杭州的丝绸,扬州的盐,佛山的铁器都是行销远近的产品,许多拥有巨资的大商人往返于这些城市与全国各省区之间,从事大规模的远途贩运,商业活动十分活跃。

商业的发达带动了沿海航运与贸易的发展。据统计,道光二十年(1840年)以前,中国沿海载重能力在50—500吨之间的商船有9000—10000只,总吨位在150万吨左

---

① (明)陈威、顾清纂修:正德《松江府志》,卷四《风俗》,天一阁明代方志选刊续编影印本。
② 光绪《宝山县志》卷一四《风俗》,上海书店出版社1991年版。
③ 包世臣:《安吴四种》卷二六,(中国台北)文海出版社1973年版。
④ 唐甄:《潜书》下篇《教蚕》,中华书局1955年版。
⑤ 姚贤镐:《中国近代对外贸易史资料》第1册,中华书局1962年版,第25页。
⑥ 胡琢:《濮镇记闻》卷一《风俗》,上海书店出版社1992年版。
⑦ 乾隆《震泽县志》卷二五《生业》,江苏古籍出版社1991年版。
⑧ 彭泽益:《中国近代手工业史资料》第一卷,三联书店1957年版,第213页。

右。① 上海是最重要的航运中心。据嘉庆《上海县志》记载,"自海运通商贸易,闽、粤、浙、齐、辽海间及海国船舶皆泊县城东隅,舳舻尾衔,帆樯栉比"。南洋的糖、茶、烟、染料以及鸦片、胡椒、铁等洋货,北洋的大豆、豆饼、小麦、木材,长江三角洲的棉布、丝绸,日本的铜,东南亚的糖、海参等物资大量汇聚于此,上海成为南北物资流通的枢纽。

清代中期以后,北部沿海诸港口也迅速地发展起来。营口是奉天沿海的重要海港,也是东北地区最大的米、豆集散地。道光年间,"南省杉雕等船,来营贸易,商业日兴"②。天津逐渐成为北方最重要的港口,"万商辐辏之盛,亘古未有"③,甚至出现了专卖舶来品的"洋货街"。有人写诗赞道:"百宝都从海舶来,玻璃大镜比门排,和兰琐伏西番锦,怪怪奇奇洋货街。"④天津港还是国家漕运的重要环节,至道光年间,经常进出的驳船已经有 2000 多艘。清朝规定,漕运驳船在空闲季节,"如有商货、盐斤,均准揽载"⑤,天津的商贸因而更加繁盛。

沿海地区的商业贸易虽然比较发达,但是在对外贸易方面却日益显现出衰相。有关资料显示,中国赴日商船由康熙三十七年到五十三年(1698—1714)的年均 71.3 艘减少到乾隆五十六年到道光十九年(1791—1839)的年均 9.1 艘;赴吕宋的中国商船由康熙四十年到四十九年(1701—1710)的年均20.4艘减少到 19 世纪初的 10 艘左右;只有对越南、柬埔寨、暹罗等中南半岛地区的贸易仍占有优势,19 世纪初年均 120 余艘。而在同一时期,西方商船的来华数量却显著增加,从乾隆四十年至四十九年(1775—1784)的年均 28.9 艘上升为道光五年至十三年(1825—1833)的年均 131.2 艘。19 世纪 30 年代,中国出海商船与西方来华商船数量基本相等,平均每年约 200 艘,但是就平均货值而言,后者却相当于前者的数倍。这说明,中国在海外贸易中的分量在不断下降。⑥

总的来说,鸦片战争以前,沿海地区的商品性农业发展突出,手工业和商业较为发达,资本主义萌芽有了进一步的发展,这些是沿海经济区别于内陆地区经济较为显著的特征。但是,这并不意味着沿海经济已经突破了自然经济的藩篱。由于封建制度的种种限制,加之受重本轻末的文化传统以及封建租赋造成的小生产者贫困化等因素的影响,商品性农业与手工业被牢牢地结合在小农家庭内部,生产的基本目的是缴纳赋税、满足一家人基本的衣食之需并维持简单再生产;即便是那些依靠商品性农业、手工业或商业致富的少数人,也多是"以末求之,以本守之",将资金用于购置土地、房屋,或是寻求仕途的发达,而不是用以扩大投资,追求更高的商业利润。

一些行业中的资本主义萌芽就像封建经济汪洋大海中的一叶小舟,力量十分微弱,远不足以构成冲破自然经济壁垒的革命性力量。受清王朝保守的海洋政策的限制,中国商船无法到达印度洋以西地区,远洋航运与贸易很不发达;即便在原本占优势的东亚、东南亚贸易圈中,中国主动的远洋贸易也呈衰退趋势。因此,19 世纪初期的

① 樊百川:《中国轮船航运业的兴起》,四川人民出版社 1985 年版,第 78 页。

② 王庆云:《营口县志》(上册),全国图书馆文献缩微中心 1993 年版,第 170 页。

③ 谢占壬:《海运提要序》,《皇朝经世文编》卷四八,(中国台北)文海出版社 1980 年版。

④ 崔旭:《津门百咏》,转引自来新夏:《天津近代史》,南开大学出版社 1987 年版,第 8 页。

⑤ 光绪《天津府志》卷三九《漕运》,江苏广陵古籍刻印社影印本 1989 年版。

⑥ 陈尚胜:《闭关与开放》,山东人民出版社 1993 年版,第 301—308 页。

沿海地区,自然经济依然是占统治地位的经济形态。

二　鸦片贸易及其对中国经济社会和国家主权的冲击

当沿海经济尚在封建经济的框架内缓慢发展的时候,世界政治经济形势却已发生了革命性的变化。到18世纪末,欧美一些主要国家已完成了资产阶级革命,确立了资本主义制度。在以机器工业取代手工工场的产业革命的推动下,资本主义经济迅猛发展。资本的扩张本性促使资产阶级不断去攫取海外的原料和商品市场,把越来越多的国家和地区裹挟进资本主义的殖民潮流之中。19世纪以后,西方资本主义越来越多地触及古老的中国,中西方两种不同制度、不同经济形态和不同文化的冲突首先在对外贸易方面表现出来。

清王朝原本开放有厦门、宁波、云台山、广州4处外贸口岸,随着西方国家商贸活动的不断扩展,中外贸易摩擦日益增多。为了减少对外贸易带来的烦扰,1757年,乾隆帝下令关闭厦门等1处口岸,仅以广州1处口岸对外通商。广州的对外贸易并不直接由官府管理,而是通过公行进行管理。公行是一个垄断性的商业组织,不但负责承销一切外国进口货物、代购一切内地出口货物、划定进出口货物的价格,而且对外商的税收也代缴代纳,即所谓"承保税饷",甚至官府的文书、外商的申诉和要求也一并由公行从中转达。为了加强控制,清王朝还对出口货物的数量和种类作了限定,如茶叶每年出口不许超过50万担,大黄不许超过1000担,生丝按1762年的规定每船每次只准携带8000斤,其他如粮食、五金、军火、书籍等物资都禁止出口。对于外商在华活动,清王朝也加以防范,如不许外商在广州过冬、禁止外商偷运枪炮、禁止外国妇女入城等。

尽管官府施以种种限制,广州的对外贸易还是逐渐发展起来。出口货物以茶叶、生丝和土布为大宗,此外还有丝织品、陶瓷、大黄等;进口货物主要有英国的毛纺织品、金属、棉花,法国的呢绒,美国的人参、皮货等。其中,英国是对华贸易最主要的国家,对华商品输出通常占到欧美各国输华商品总值的百分之八九十,从中国输入的货物也占到中国出口总值的70%左右。[①]

在正常的贸易活动中,中国一直处于出超地位,茶、丝、大黄等都拥有广阔的国际市场。以茶叶为例,1712年输入英国的茶叶仅有15万磅,到1771年已增至约680万磅,60年增长了44倍。[②] 相反,由于中国强固的小农经济自给自足的特点,外国的毛纺织品以及其他日用品很难在中国打开市场,英国的呢绒常常因滞销而亏本出售,就连机器工业生产出的机织棉布也无法与中国的土布相抗衡。据统计,1761—1800年,英国从广州购买了价值3399.6万镑的货物,售出的货物却只有1306.2万镑,贸易逆差达2093.4万镑。为了补足逆差,西方商人不得不将大量现银运至中国。17—18世纪早期,东印度公司来华的商船,所载货银经常占90%以上,商货还不足10%。[③] 外国资本家不甘心于这种状况,他们一方面试图通过外交努力促使中国开放更多的通商

---

①　严中平等:《中国近代经济史统计资料选辑》,科学出版社1955年版,第4—5页。

②　萧致治等:《鸦片战争前中西关系纪事》,湖北人民出版社1986年版,第167页。

③　严中平等:《中国近代经济史统计资料选辑》,科学出版社1955年版,第18页。

口岸,另一方面却发现了一种可以弥补贸易逆差的特殊商品——鸦片。

早在 18 世纪初,英国商人便开始向中国输出鸦片。鸦片的毒害很快引起了清朝当局的注意,雍正七年(1729 年),清廷首次颁布禁烟令;1796 年又停止征收鸦片税,禁止鸦片以洋药名义进口。但是,在暴利的驱使下,鸦片贩子还是把越来越多的鸦片源源不断地输入中国。1800 年前后,每年输入的鸦片有 4000 箱左右,到 1830 年已经达到年均 2 万箱。1834 年,英国政府取消了东印度公司的鸦片专卖权,各大贸易公司纷纷插手鸦片贸易,大量向中国贩运鸦片。美国、沙俄等国也不甘落后,竞相开展鸦片走私活动,鸦片走私达于鼎盛。据不完全统计,鸦片战争前 10 年,共计输入鸦片约 23.8 万箱,总值约 16338.4 万元;其中 1838—1839 年高达 3.55 万箱。① 鸦片贸易的高额利润很快扭转了英国的贸易逆差局面。从 19 世纪 20 年代开始,英国商船就不再载运白银来中国;相反,中国为支付贸易逆差开始有大量白银外流。

沿海地区是鸦片走私的首冲之地。鸦片贩子最初在澳门、黄埔一带活动,1820 年以后渐渐汇聚到珠江口外的伶仃洋一带。到鸦片战争前,伶仃洋已泊有外商囤放鸦片的趸船 20 余只,可存放鸦片 2 万多箱。外国烟商一般在广州与中国烟贩进行交易,然后由中国烟贩用武装快艇到趸船上提货,运交批发商店(称"大窑口"),再暗中转售给包买商(称"小窑口")。外国鸦片贩子不满足于在广州一处囤聚,他们沿海北上,试图建立更多的据点,故厦门附近的泉州、金门、甲子门及南澳岛等地渐有趸船停泊。还有人企图到更北的地方去建立"漂浮的货站"。英国大鸦片贩子查顿就曾租赁了新造的飞剪船"气仙"号,沿福建、浙江、江苏、山东等海岸北上,经朝鲜窜进辽东湾,沿途大量销售鸦片。②

沿海地区也是鸦片兴贩和吸食之风最盛的地区。从广州进口的鸦片,除部分在广东沿海出售并通过私贩转运内地各省外,"其大宗由海运至福建、浙江、江苏、山东、天津、关东各海口"③。在上海地区,鸦片入口以后,转贩苏州并太仓、通州各路,其中大部分归苏州,再由苏州分销全省及邻近之安徽、山东、浙江等地。据称,凡外县买食鸦片者,大县每日计银五六百两,小县每日计银三四百两不等。④ 天津由于河海交通便利,地近盛行吸烟的贵族官僚的集中地北京,很快成为北方的鸦片大市场。奉天各海口,如锦州的天桥厂、海城的没沟营(营口)、盖平的连云岛等处也成了奸商暗销烟土的据点。锦州的马老大、海城县福盛馆的王老五、新民厅开设药铺的张裕源等,都是著名的烟贩老板。

随着鸦片流毒日广,到 19 世纪 30 年代,沿海地区鸦片吸食之风已经十分盛行。据载,光是苏州一城,吸食鸦片者就不下十几万人。⑤ 浙江"黄岩一县,无不吸烟,昼眠夜起,呆呆白日,阒其无人,月白灯红,乃开鬼市"⑥。天津"烟馆则随处皆有,烟具则陈

---

① 李伯祥等:《关于十九世纪三十年代鸦片进口和白银外流的数量》,《历史研究》1980 年第 5 期。

② 〔英〕格林堡:《鸦片战争前中英通商史》,康成译,商务印书馆 1961 年版,第 126 页。

③ 《鸦片战争档案史料》第 1 册,上海人民出版社 1987 年版,第 291 页。

④ 郭廷以:《筹办夷务始末补遗》(道光朝)第 4 册,(中国台北)中央研究院近代史研究所 1965 年版,第 945—946 页。

⑤ 《鸦片战争》第 1 册,神州国光社 1954 年版,第 515 页。

⑥ 《鸦片战争》第 3 册,神州国光社 1954 年版,第 362 页。

列街前,积习成风,肆无顾忌"①。几乎社会各阶层都有人染上吸食鸦片的恶习,在官,"盖以衙门中吸食最多,如幕友、官亲、长随、书办、差役,嗜鸦片者十之八九"②;在兵,则"近洋各省弁兵,鲜有不吸食鸦片者"③;在民,"其初不过纨绔子弟,习为浮靡",嗣后则"下至工商优隶,以及妇女、僧尼、道士,随在吸食"④。由此可见,整个沿海地区都笼罩在鸦片烟的毒瘴之中。

鸦片买卖的暴利也刺激了沿海地区土鸦片的种植和熬制。以浙江为例,"台州府属种者最多,宁波、绍兴、严州、温州等府次之,有台浆、葵浆名目,均与外洋鸦片烟无异,大伙小贩到处分销,地方官并不实力查禁,以致日久蔓延"⑤,其他沿海省份如福建、广东等,土烟的生产也较普遍。土烟的价格较洋烟相对低廉,更助长了鸦片吸食风气的蔓延。

贩烟、吸烟、种烟活动的猖獗使沿海地区成为全国烟灾最重的地区,对沿海地区的经济发展和社会生活造成了严重的影响。

首先,鸦片摧残和毒害了人民的身心健康,破坏了社会生产力。鸦片含有大量使人麻醉的毒素,吸食者极易上瘾,久之便会枯瘦如柴、精神萎靡,三分像人,七分像鬼。社会上多一个烟鬼,就少一个健康的劳动者,生产力遭到根本性的破坏。非但如此,吸食者还必须承受难以卸载的经济重负。据时人称,"吸鸦片者,每日除衣食外,至少亦需另费银一钱"⑥。积年累月的金钱消耗使许多家庭因而败落。有人形象地描述鸦片的毒害:"一杆烟枪,杀遍豪杰英烈不见血;半盏灯火,烧尽房产地业并无灰。"⑦家庭经济的破产直接破坏着沿海传统经济的基础。

其次,有限的社会购买力大量为鸦片所吸纳,致使国民经济更加拮据,农业和工商业普遍萧条。苏州之南濠向为工商业发达之区,但在林则徐历官期间,"叠向行商铺户暗访密查,佥谓近来各种货物销路皆疲,凡二三十年以前某货约有万金交易者,今只剩得半之数。问其一半售于何货,则一言以蔽之,曰鸦片烟而已矣"。在广州,就连最富有的行商都"各货滞销,损多益少"⑧,遑论其他手工业作坊和普通商家了。

其三,大量白银外流引起银贵钱贱,严重影响了沿海地区正常的经济生活。鸦片战争以前,中国每年因支付贸易逆差要流出白银五六百万两⑨,这个数目相当于清王朝每年财政收入的1/10。大量白银外流引起了银钱比价的变化。19世纪20年代初,每两纹银折合铜钱1000文左右,1833年就涨到1362.8文,1838年增至1637.8文。⑩由于小生产者日常商品交换都是使用铜钱,缴纳赋税时却须将铜钱换成纹银,银贵钱

---

① 转引自来新夏:《天津近代史》,南开大学出版社1987年版,第15页。
② 《林则徐集·奏稿》(中),中华书局1965年版,第600页。
③ 《鸦片战争档案史料》第1册,上海人民出版社1987年版,第289页。
④ 《鸦片战争》第1册,神州国光社1954年版,第463页。
⑤ 《鸦片战争》第1册,神州国光社1954年版,第158页。
⑥ 《林则徐集·奏稿》(中),中华书局1965年版,第599—600页。
⑦ 郝福森:《津门见闻录》卷四,天津图书馆藏1993年复印本。
⑧ 佐佐木正哉:《鸦片战争前中英交涉文书》,第36—37页,转引自《广州港史》(近代部分),海洋出版社1985年版,第28页。
⑨ 李伯祥等:《关于十九世纪三十年代鸦片进口和白银外流的数量》,《历史研究》1980年第5期。
⑩ 严中平等:《中国近代经济史统计资料选辑》,科学出版社1955年版,第37页。

贱使小生产者在以钱兑银时凭空亏折许多,生活日益贫困。地方财政和商业也受到银贵钱贱的影响,"各省州县地丁漕粮,征钱为多。及办奏销,皆以钱易银,折耗太苦。故前此多有盈余,今则无不赔垫。各省盐商卖盐俱系钱文,交课尽归银两。昔则争为利薮,今则视为畏途"①。各地因为钱荒,经常拖欠上缴国库的各项赋税,致使国家正常的经济秩序遭到破坏,财政越来越紧张。由于银贵钱贱,市场上还出现了大量伪劣的小钱,商业信用面临危机,影响了社会商品的正常流通,引发了社会经济生活的动荡。

鸦片走私造成了国家财政困难、工商业萧条,同时也造成了政治腐败、社会风气败坏等一系列越来越严重的问题。1838 年 6 月,鸿胪寺卿黄爵滋上《请严塞漏卮以培国本折》,提出严禁鸦片的主张。他在奏折中痛切指出,鸦片贸易是"以中国有用之财,填海外无穷之壑,易此害人之物,渐成病国之忧","若再三数年间,银价愈贵,奏销如何能办? 税课如何能清? 设有不测之用,又如何能支"②? 因此,他主张采用严刑重典禁绝鸦片,不但对兴贩、开馆之人严加惩处,对那些限期内不能戒绝烟瘾的吸食者也要处以极刑。

黄爵滋的奏折使道光帝深受震动,将之转发各省督抚将军,要求他们各抒己见、迅速具奏。一时间,清廷展开了一场关于禁烟问题的大讨论。讨论中出现了严禁与弛禁两派不同的意见。其中,时任湖广总督的林则徐是黄爵滋严禁论的积极支持者。他在奏折中指出:"当鸦片未盛行之时,吸食不过害及其身,故杖徒已足蔽辜。迨流毒于天下,则为害甚巨,法当从严。若犹泄泄视之,是使数十年后,中原几无可以御敌之兵,且无可以充饷之银。"③他的言论给道光帝留下了深刻的印象。在这场讨论中,虽然出现了许多不同意见,但大部分人都把严禁海口作为禁烟的重要步骤,参加讨论的 29 位大臣之中就有 17 位持这种主张。他们认为:"应请首严海口之禁以杜其源,次加兴贩及开馆罪名以遏其流,再惩吸食之人以警其沉迷。"④经过反复权衡,道光帝终于下了严禁鸦片的决心。1838 年 11 月 9 日,他下谕宣召林则徐进京,其后又 8 次召见,共商禁烟事宜。12 月 31 日,道光帝任命林则徐为钦差大臣,节制两广水师,赴广东禁烟。

林则徐到达广州以后,在当地人民的支持下,加大了查拿烟贩、惩治吸食者的力度。他责令行商传谕外国商人,限其在三天内呈缴全部鸦片,并具结保证:"嗣后来船永不敢夹带鸦片,如有带来,一经查出,货尽没官,人即正法,情甘服罪。"⑤以英驻华商务监督义律为首的英国商人蓄意抵制禁烟运动,拒不交出鸦片。1839 年 3 月,林则徐下令中止一切对外贸易,封锁洋商聚集的商馆,迫使义律不得不答应呈缴鸦片。截至5 月 18 日,共缴获鸦片 19187 箱零 2119 袋;6 月 3 日,所缴鸦片在广州虎门悉数销毁。

就清朝统治者的本意而言,发起禁烟运动的目的只是打击毒品走私活动,并不愿由此引发国际争端。但是,事实并不像清朝统治者想象的那样简单,虎门销烟使中英两国积蓄已久的经贸矛盾迅速激化。实际上,禁烟问题只是中英矛盾激化的一个诱因,中英经济关系早已走到了危险的边缘。

---

① 《鸦片战争》第 1 册,神州国光社 1954 年版,第 464 页。
② 《鸦片战争》第 1 册,神州国光社 1954 年版,第 464 页。
③ 《林则徐集·奏稿》(中),中华书局 1965 年版,第 601 页。
④ 《鸦片战争档案史料》第 1 册,上海人民出版社 1987 年版,第 291 页。
⑤ 《林则徐集·公牍》,中华书局 1963 年版,第 59 页。

英国是当时世界上最发达的资本主义国家,随着工业革命的深入进行,以纺织业为主导的近代工业有了巨大发展。1840年,它的工业产量已经占到全世界工业产量的45%,在世界范围内寻求原料来源和商品市场成为英国资产阶级最为热衷的事情。中国一口岸通商的外贸政策和公行制度成为他们贸易扩张的极大障碍,他们迫切要求废除公行制度下的种种陋规苛索,进而改变清王朝一口通商的政策,开辟中国市场。

起初,英国政府试图通过外交努力达到这一目的。1793年,英国政府派马戛尔尼以为乾隆帝祝寿为名来华,向清朝提出开放宁波、舟山、天津等地为商埠,割让舟山附近岛屿及广州附近地区,减轻税率等六项要求,这些要求全部遭到乾隆帝的驳斥。1816年,英国政府又派阿美士德来华,他的目的是"设法消除种种显著的不满,并将东印度公司的贸易建立在一个安全的基础上面,能托庇于皇帝的保护,不受地方当局的侵害"①。当使团抵达天津口外准备谒见嘉庆帝时,却因拒绝行跪拜礼问题与中国方面发生争执,结果是嘉庆帝下了逐客令,即日被遣送出境。1834年,英国政府取消了东印度公司对中国的贸易垄断权,大量自由商人开始参与对华贸易,广州的进出口贸易额迅速增长。公行乘机抬高出口商品的价格、压低进口商品的价格,引起英商的不满。随着贸易自由化的发展,类似的贸易冲突事件越来越多。因此,英国政府向中国派出了第一任商务监督律劳卑,要求他达到开辟商埠、推销鸦片和获得海军据点三个目的,但再次遭到失败。

当种种外交努力失败以后,英国资产阶级越来越倾向于用武力打开中国的大门,在中英贸易中获取了暴利的资本家集团是最狂热的鼓噪者。早在1830—1831年,东印度公司在广州的大班们就一再要求他们的总督"在中国取得一个独立的殖民地"②。随着资本主义世界第二次经济危机的来临与国内工人运动的高涨,英国资产阶级为了摆脱困境,不断向政府施加压力,敦促英政府直接与中国最高当局接触,以武力保护他们的商业活动。1835年,英国格拉斯哥印度协会致函外交大臣巴麦尊,提出占领中国一个或几个岛屿,"借以避免中国政府的勒索、控制和烦扰"③。1837年1月,驻华商务监督义律也致函巴麦尊,恳请英国政府在小笠原群岛建立一个小型的海军基地,以便"常常地,每隔短短的时间就把舰队开到该群岛附近的或其他部分的中国沿海去"。

清朝的禁烟运动不仅直接打击了鸦片贸易集团,也对英国和英印政府的财政收入造成了重大影响。在英国对华利益集团更强烈的鼓动下,1839年10月1日,英国内阁会议决定派遣舰队到中国海,发动侵华战争。

三 鸦片战争与中国传统海防的崩溃

毫无疑问,中国所面临的是当时世界上最强大的对手。英国不但有先进的制度、发达的经济,而且有着世界上最强大的海上武装力量。英国海军拥有各类战舰400余艘,战舰吨位都在100吨以上,最大的战舰排水量甚至达到千余吨。舰体一般用坚固的木料制作,底部为双层且用金属包裹,十分坚固,适用于远洋航行和海上作战。此

---

① 〔美〕马士·宓亨利:《远东国际关系史》(上册),姚曾廙等译,商务印书馆1975年版,第47页。
② 转引自汪敬虞:《论清代前期的禁海闭关》,《中国社会经济史研究》1983年第2期。
③ 严中平:《英国资产阶级纺织利益集团与两次鸦片战争史料》,《经济研究》1955年第1—2期。

时,以蒸汽为动力的铁壳明轮船也开始装备海军,更加提高了舰船的坚固性和机动能力。在武器方面,英国海军的主要武器是大炮和枪支,大炮虽然在形制上没有大的革新,但由于是近代军事工业的产物,制造精良,命中率高,炮弹分为实心弹、霰弹、爆破弹等多种,具有很强的攻击力。枪支已经改进为燧发或击发,射速快,射程远。这支海军在与荷兰、法国等其他资本主义国家的海上争霸中不断壮大,到19世纪中叶,已经成为英国政府创建殖民帝国最为有力的工具。

与英国强大的近代海军相比,中国的海防无论是在军事制度、武器装备上,还是在战略思想上都相形见绌。

清朝负责海防的水师并不是近代意义上的海军,也不是一个独立的军种,而是附属于八旗、绿营的一个专业兵种,分为外海水师和内河水师。沿海的直隶、山东、福建等省设外海水师,湖南、湖北、安徽、江西、广西等省自治区设内河水师,江苏、浙江、广东三省既有外海水师又有内河水师。在这些省份设有水师提督或水陆提督,受地方总督和巡抚节制。水师提督下设镇、协、营三级,以营为基本单位。督、抚、提、镇直辖有本标兵,一般集中驻扎在某个城镇或要隘地区,是水师兵力最强、最具机动性的部队。其他大部分兵勇分防于江、河、湖、海等水域的各个汛地,人数从百余名到千余名不等。这部分兵力十分分散。以守卫海防重地吴淞口的吴淞营为例,1100余名兵弁除200名驻守吴淞西炮台以外,其余800余名分驻县城及35处汛地。这些水师的主要工作并不是海上巡逻和作战,而是负责沿海沿江的陆上防守,以及缉私捕盗、押运漕粮等其他大量杂役。从职能上讲,他们不像负责江海防的正规军,倒更像是各类地方警察。这种状况显然与英国海军有着极大的差距。

清军的武器装备与英军相比更是不可同日而语。由于清朝统治者为外海水师规定的任务是"防守海口,缉私捕盗"[1],水师船只的建造也服从于这一目的,以小型木质战船为主。乾隆、嘉庆年间,以沿海战船过于累重不便捕盗且修造费用过巨为由,饬令各省督抚仿民船式样改小,以利操防,这就更加限制了战船的规模,以至于水师最大战船也仅长30余米、载炮30门,尚不如英军等外舰的水平。

清军的武器兼有冷热兵器。刀矛弓矢自不可与洋枪洋炮相比,即使以火器而论,也远远落后于英军。清军中装备最多的枪支是一种火绳鸟枪,比起英军的燧发枪和击发枪来,这种枪枪身太长,点火装置落后,而且射速慢、射程短。火炮虽与洋炮在形制上差别不大,但由于是手工工场的产品,做工粗糙,精密度不够,且铁质差,炮膛很容易炸裂。所用的炮弹也只有效能最差的实心弹一种,而且大部分火炮都没有可以活动的炮架,只能向一个角度射击,大大限制了射击范围。更为糟糕的是,清军的枪炮许多是陈年旧物,又不经常演练休整,所以多是敝坏不堪,性能根本没有保证。

炮台是各海口最主要的防御工事,分为永久性的石质炮台、土质炮台和以沙包堆成的临时性炮台三种,都是圆形或半圆形平面裸露式建筑,基本上相当于西方棱堡出现之前的碉楼。这些炮台要抵御西方的炮舰,在结构与功能上有一些致命的弱点:一是墙垛不够坚固,很容易被炮火摧毁;二是顶部没有防护,敌人的曲射炮火可从上部落下;三是火炮配置上多重炮,且集中在正面,侧后没有斜堤、堑壕等设施,无法有效抗击

---

① 《清史稿》卷一三五《兵六·水师》,中国台湾商务印书馆股份有限公司1999年版。

敌人的侧后袭击。[1]

　　清朝海防的疲弱不仅表现在海防设施与武器装备方面,更重要的还是水师的严重腐败以及由此导致的防务废弛。随着国家政治的日趋腐朽,加之长期没有严厉的海警,水师里的各种积弊日益严重。军官通过各种方式搜刮钱财,吃空额、克扣士兵粮饷已属司空见惯,有的甚至以出售兵缺、开赌场取利,更有人借缉私之名与鸦片贩子勾结,从中捞取好处。士兵的收入本来就很微薄,再加上层层盘剥,只有另谋生计:有的替人帮工、做小本生意;有的借当差之机敲诈勒索,收受贿赂;也有的游手好闲、嫖娼赌博、打架斗殴,无异于殃民的市井无赖。鸦片流入以后,军队成了一个重要的吸食群体,越来越多的官兵染上了烟瘾,这些瘾君子各个鸠形鹄面、意志消沉,极大损害了军队的军容风纪和战斗力。

　　在官兵腐败、军纪荡然无存的情况下,清朝关于海防的诸多规定均成具文。清朝规定外海战船从新造之年起,三年后依次小修大修,再过三年,或大修,或改造。但实际的战船修造工作却很草率,“承办各员,冒领中饱,不能如式制造,或以旧代新,或操驾不勤,驯至腐朽”[2]。福建船厂修建的四号大船未经拆造,即已破敝不堪。山东登州镇水师营本有 12 只战船,到 1821 年,只有两艘可用,其余 10 艘稽延 10 余年尚未修理。[3] 清朝对于军事训练原有具体的规定,此时也成了虚应差事。士兵在演练时经常雇一些无赖闲民顶替,诸如划船掌舵拉弓操炮各项技艺已渐形荒疏。就像出洋巡哨这样的重要项目,原定由各镇总兵每两月会哨一次,但各处水师常以千总等微员代巡,会哨双方出巡后,各自将船停匿在附近的岛屿,然后派人从陆路接头交换文书,便回去销差塞责,有的甚至雇用商船出洋。

　　总之,鸦片战争以前,清朝的海防状况正如黄爵滋所言,“在事文武诸臣,未免狃天险为可恃,习柔远为故常,一切防海事宜,有名无实”。

　　在中外交涉形势日益严峻、英方不断以武力挑衅的情况下,清廷虽并不确信会发生大的战争,但仍然下令沿海各省整饬防务,加强防范,积弊已久的海疆防务开始得到局部的修补。广州是清朝加强海防的重点。自 1830 年起,清廷便在大屿山、尖沙嘴洋面建造了两座炮台,增加了守备的兵额。1834 年,关天培接任广东水师提督,他详细考察了虎门的地理形势,开始积极筹建“三重门户”的防御体系:将大角和沙角炮台改为信炮台,为第一重门户。在上横档岛一线的东水道,改建武山西侧的南山炮台,更名威远炮台,安炮 40 门,加固威远炮台以北的镇远炮台和上横档岛东侧的横档炮台,分别安设 40 门火炮。在西水道,新建上横档岛西侧的永安炮台,安炮 40 门,新建芦湾东侧的巩固炮台,安炮 20 门,并在浅水处抛石沉桩,是为第二重门户。加固大虎山岛东南侧安炮 32 门的大虎炮台,以之为第三重门户。1835 年底,这一系列工程基本完工。1838 年,经过马他仑舰逼虎门事件以后,在两广总督邓廷桢的支持下,关天培在镇远与威远两炮台之间新建靖远炮台,安炮 60 门,这是清朝当时建筑最坚固、火力最强大的炮台。同时,又在上横档岛与武山之间架起两道排链,用以阻挡敌舰。为了加强军

①　茅海建:《天朝的崩溃》,三联书店 1995 年版,第 43 页。
②　《清史稿》卷一三五《兵六·水师》,台湾商务印书馆股份有限公司 1999 年版。
③　《清宣宗实录》卷一三,(中国台北)大通书局 1995 年版。

事训练,关天培还制定了春秋两操章程,积极组织操练演习。1839年林则徐到任广州以后,会同关天培再次加强了虎门地区的防务:在官涌新建炮台两座,安炮56门;增置战船,购买了排水量1200吨的商船"甘米力治号",改装成安炮34门的军舰;购买了一批西洋大炮,在澳门一带派驻兵勇,又在内河水陆要隘添兵多名协同防堵。林则徐还意识到"民心可用",在内江和陆地招募水勇,组织团练,英军一旦入侵,允许他们开枪动刀,各保身家。除广东以外,福建省的海防在1840年邓廷桢任闽浙总督后也有所加强,添筑了炮台、炮墩,先后购置了14门洋炮,并增加了沿海兵力。至于其他沿海各省,则基本上没有大的举措。特别是,由于不了解敌情,清廷对海防的局部修补仍旧按照原来的海防思路进行,因此,清朝水师相对于英国近代海军在体制、训练、装备等诸方面的差距并不能在这样的战备中明显缩小,而由于官兵腐败造成的海疆防务废弛更是无法得到根本的改善。

1840年5月,英国议会两院通过了对华用兵军费案和"英商在中国的损失必须达到满足的赔偿"两个决议案,正式对华宣战。6月22日,英国远征军海军司令伯麦率威里士厘号等19艘军舰,从澳门出发,沿中国海岸直取舟山。30日,英远征军总司令懿律与全权代表义律率后续部队大小舰船43艘,先后封锁广州和厦门海口,随后继续北上。7月5日,英军攻打浙东重镇定海,定海守军很快溃不成军,定海失陷。接着,英军以定海为据点,封锁宁波,侵扰杭州湾一带。道光帝得知定海失陷的消息,急派两江总督伊里布率兵赴浙。然而此时,英军一部已继续北上,于8月抵大沽口外。由于统治中心受到了直接威胁,道光帝被迫将林则徐、邓廷桢撤职查办,派直隶总督琦善为钦差大臣,南下广州与英方谈判。

1840年12月,中英双方开始谈判。英方提出了赔款、割地等无理要求,双方不能达成协议,英方遂以武力相威胁,发起了虎门之战。1841年1月7日,英军攻占大角、沙角炮台,虎门防御体系的第一重门户被打破。2月26日,英军又进逼横档岛一带。他们避实击虚,以主力攻击防守薄弱的横档岛西侧水道,占领上横档岛;同时,以猛烈炮火轰击东岸威远、靖远等炮台。关天培身先士卒,率守军英勇抵抗,但靖远、镇远炮台的火炮因转动不便,射击夹角过大而难以发挥作用,只有威远炮台独自还击。在英军优势炮火的轰击下,各炮台相继失陷,关天培以身殉职。大虎山守军见势主动撤离,英军顺利通过第二、第三重门户,进入广州内河。

道光帝对广州事态十分不满,下令将琦善革职问罪,任命皇室奕山为靖逆将军,以久历戎行并在镇压国内人民起义中战功卓著的湖南提督杨芳为参赞大臣,调集各地兵弁,准备"进剿"英军。5月21日,奕山在未做充分准备的情况下"进剿"英军,不但毫无成果,反而使西炮台遭到破坏。5月24日,英军进攻广州,一路占据城西南的商馆区,一路攻占城北的四方炮台并炮击广州城。奕山等被迫与英军议和,答应以600万元的赎城费换取英方撤军。

此时,英国政府也不满于义律在广州的表现,决定改派璞鼎查为全权代表、巴加为新任海军司令,扩大对华侵略,战争进入了一个新的阶段。

1841年8月,璞鼎查率舰船37艘,载炮约310门,陆军2500人移师北上。26日进攻厦门。厦门的防务在新任闽浙总督颜伯焘的主持下已经有了很大加强。他在厦门岛南岸筑起一道长约三里的坚固石壁,安设大炮100门。在石壁的东西两侧和厦门岛西南的鼓浪屿、屿仔尾也修建了多座炮台,试图建成三点交叉的火力网。到开战以前,厦门一带的岸炮已达 400 门以上,兵力达 5680 人,成为沿海防御力量最强的地区。然而,这样的防御体系在英军的进攻下却没能坚持多久。英军以占绝对优势的舰炮轰击鼓浪屿与厦门岛南岸各炮台,并以登陆部队袭击清军侧后。清军务阵地纷纷失守,颜伯焘连夜内逃,次日,厦门陷落。英军只在鼓浪屿留下三艘军舰,主力北上,再次进逼定海。

定海防务在两江总督裕谦的主持下也已有所增强。其防御工程的主体是土城,长近 5 千米,安炮 80 门;在土城中部临海的东岳山上构筑了砖石结构的震远炮城,安设火炮 15 门。定海守军共有 5000 人。定海镇总兵葛云飞率部驻守土城,寿春镇总兵王锡朋、处州镇总兵郑国鸿分别出防土城西端的晓峰岭和竹山一带。9 月 28 日,英军占领定海城南的大、小五奎山岛,构筑炮兵野战阵地。10 月 1 日,英舰及岛上英军炮击定海前沿阵地,步兵则分两路登陆,左纵队进攻晓峰岭和竹山方向,右纵队进攻土城东段。王锡朋、郑国鸿、葛云飞等三位总兵率部英勇抵抗,相继力战阵亡,定海再次陷落。10 日,英军陷镇海,两江总督裕谦殉难。13 日,浙东重镇宁波陷落。此后,由于兵力不足,英军停战待援。

浙东战败给清廷造成了极大的震动,道光帝急命皇室奕经为扬威将军,调集各省兵勇万余名,准备收复浙东三镇。但在英军待援的 4 个多月里,清军既未抓紧战备,也未采取任何积极行动。直到 1842 年 3 月 10 日,奕经才下令向宁波、镇海、定海同时发起进攻,宁波、镇海两路均接战不利,进攻定海的部队因风潮不顺而延期。3 月 15 日,英军发起反攻,占领慈溪县城及城外大宝山等地,主帅奕经逃至杭州,收复浙东三镇的努力宣告失败。

5 月,英军放弃宁波和镇海,发起新的攻势。他们试图切断中国以运河为中心的主要内陆交通线,进而迫使清廷屈服。18 日,英军以重兵攻陷杭州湾北部的军事重镇乍浦,继而进逼黄浦江与长江交汇处的吴淞口。6 月 16 日,英海军主攻吴淞口西岸各清军阵地,陆军部队在吴淞镇附近登陆。由于驻宝山的两江总督牛鉴和防守西炮台侧后的总兵王志元临阵脱逃,守军腹背受敌,宝山、上海相继陷落,守军大部战死,江南提督陈化成也英勇牺牲。此时,英国援军已抵达吴淞口外,英军遂沿黄浦江内犯,攻占了长江与运河航运的枢纽——镇江。8 月 4 日,英军在未遭任何抵抗的情况下驶抵南京,清王朝开始全面妥协,第一次鸦片战争结束。

在一年多的时间里,一个被视为蛮夷的远方小国在中国海疆纵横奔突,战无不胜,攻无不克;清廷先后调集 10 万大军应战,其中不乏关天培、陈化成等忠勇的将领,也不乏将士浴血奋战的壮烈场景,最后仍不免惨败的结局,毫无疑问,这场战争宣告了中国传统海防体制的全面崩溃。1842 年 8 月 29 日,耆英与璞鼎查签订了中国近代史上第一个丧权辱国的不平等条约——《中英南京条约》。条约规定:中国割让香港;开放广州、厦门、福州、宁波、上海等五处通商口岸;赔款 2100 万元;英国进出口货物的纳税,"均宜秉公议定则例";英商在各口岸可以自由进行贸易,不必通过公行。次年,英国又迫使清王朝签订了《南京条约》的两个附约,即《五口通商章程》和《五口通商附粘善后条款》(《虎门条约》),不但规定了世界上最低的进出口税率,而且取得了领事裁判权和最惠国待遇等特权。美国、法国等国家也趁机敲诈。1844 年 7 月 3 日,美国胁迫清王朝签订了《中美望厦条约》;同年 10 月 24 日,中国与法国签订了《中法黄埔条约》。这些不平等条约建立了新的中外经济关系,中国的主权完整遭到了严重破坏。正如毛泽东同志所说:"自从 1840 年的鸦片战争以后,中国一步一步地变成了一个半殖民地半封建的社会。"①

四　鸦片战争后中国海疆海权与社会文化的转型

19 纪中叶,在中国海疆发生了由鸦片贸易而导致的两次中外战争。英国人的坚船利炮出现在亘古为安的中国海洋上,中国一向的天然安全屏障骤然间土崩瓦解。

两次鸦片战争不但是军事实力的较量,同时也是两种不同社会形态、不同文化观念的碰撞。战争的失败全面改变了海疆社会,也直接关系到了国运的安危。以此为起点,充斥"天朝"虚骄心态的清廷上下被迫开始了一系列复杂的应变。这是一场从沿海向内地辐射的深刻的变化,也是一个步履艰难的过程。自此,中国海疆与海权出现了以下显著的特征。

第一,中国的海洋安全屏障彻底瓦解。

在漫长的封建社会里,中国的海疆基本处于一种平稳发展的状态。明清以降,虽有西方殖民势力的不断叩关和中国社会内部自身资本主义萌芽的生长,但由于中国封建的国家机器无比坚固,特别是"海禁"政策的推行,新生产关系及经济结构的发展极其缓慢。

进入 19 世纪,中国社会平稳发展的状态开始面临来自海洋方面的严重危机。一些先进的西方国家在相继完成了资产阶级革命以后,以不遗余力的商品输出为手段,以坚船利炮为后盾,越海跨洋,疯狂地进行世界性的殖民扩张。闭关自守的古老中国,受到了全面的冲击,而沿海疆域则首当其冲。

晚清的中国海疆,从政区上看,较前清没有大的变化,但两次鸦片战争,英、法、美等西方资本主义列强从海上来,长驱直入,与战败的清王朝签订城下之盟。一系列不平等的条约,不但顺畅地打开了中国的海上大门开埠通商,同时通过条约攫取了保证其开埠通商和商业利益实现的其他特权,如治外法权、领事裁判权、协定关税、租界,以及后来的帮办海关、修改税则等一系列的特权,使西方资本主义对中国社会的影响逐渐从沿海深入到内陆地区,从经济领域渗透到政治、外交、军事和文化各个领域。从此,中国的海疆门户洞开,自给自足的自然经济遭到严重破坏,封建的政治秩序遭到强烈的冲击,传统的经济政治秩序走向解体。

中国面临的是数千年未有之大变局,中国的海洋安全屏障彻底瓦解。

第二,晚清国防体系开始向近代转型。

中国面临的是当时世界上最强大的对手。英国不但有先进的资本主义制度、发达的商品经济,而且有着世界上最强大的海上武装力量,可谓"坚船利炮"。而清朝负责海防的水师并不是近代意义上的海军,也不是一个独立的军种,而是附属于八旗、绿营的一个专业兵种,虽有外海水师,但装备的是小型木质战船,仅能"防守海口,缉私捕盗",不能放洋远出。与英国强大的近代海军相比,中国的海防无论在军事制度、武器装备上,还是在战略思想上都相形见绌,因此一触即溃。

来自海防的巨大压力,迫使清廷不得不重新考虑海防问题,考虑国防体系的转型

① 《毛泽东选集》第 2 卷,人民出版社 1991 年版,第 626 页。

问题。第一次鸦片战争后,林则徐、魏源等一批"开眼看世界"的先进人士,率先提出"师夷之长技以制夷"建设近代化海防的思想。第二次鸦片战争后,洋务派开始真正的"师夷之长技",着手于近代军事工业的发展。但是,如何从国家战略的宏观上为海防重新定位,如何重建适应国家安全需要的近代海防的问题并没有解决。1878年日本侵台引发的第一次海防大筹议,基本解决了"海防"与"塞防"孰重孰轻的问题。清朝内部通过大讨论,出台了"海防"与"塞防"并举的方针,建设以南北洋为主体的近代化海军。这标志着中国传统的以陆上边疆为重点的国防体系开始转型,由传统的"重陆轻海"向"以海防为主"转变。而清廷决策的新的海防建设,已经不是旧有海防的简单加强,而是融入了"洋务派"的近代化改革思想,中国近代海防战略初步形成。

第三,海疆的变化导致了中国社会的嬗变。

西方资本主义列强从海上的大规模入侵,使中国的沿海地区发生了诸多的重大变化。鸦片战争后,中国沿海开埠通商,大量由大机器生产的洋货价格低廉,大大冲击了中国传统的农业和手工业,引起了中国社会经济结构的变化,沿海出现了许多闻所未闻的事态和变故,如国中之国的外国租界、外国人掌管的海关、外国人开办的银行、享有领事裁判权的外国领事、外国传教士自由传教等。之后,随着不平等条约的不断签订,外国人在沿海获得的这些权利逐渐扩大到沿长江的内地口岸,并进一步渗透到国家的政治、军事、文化各个领域中。

西方资本主义列强的入侵显然是导致中国社会变革的重要因素,但此为外因。外因通过内因起作用,最重要的是通过统治阶级在政治这一上层建筑中的变化来实现的。这种变化在中国社会中是一个渐变的过程,但毕竟在变。而清廷中的总理各国事务衙门的建立是一个重要的里程碑,它使中国政治制度发生了微妙的变化,给完整的封建专制统治机构打开了一个缺口,也推进了中国外交近代化的开启。而在一些被认为"奇技淫巧"的西方技术被接受的同时,顽固的封建意识形态发生了摇摆,求强求富给中国带来了发展的活力。尽管这些变化很有限且很不彻底,甚至有其反动的一面(肇始之主要目的是为了"安内"),但作为政治上层建筑和意识形态,它的每一点变化,对经济结构产生的反作用都是不可低估的。例如,洋务派在沿海创办军事工业,其初衷在于引进西方的武器制造技术,但从社会发展的角度看,洋务派在沿海创办军事工业,不但加强了清朝的军事实力,在加强海防、陆防和对外战争中起到一定作用,而且直接或间接地促进了民用企业的产生和中国资本主义因素的成长。

清廷内部政治上层建筑和意识形态的变化,成为中国社会发生嬗变的加速器。

第二节　从"夷夏之防"到"中外之防"的转变

一　近代海防思潮的兴起[①]

在长期的历史发展中,中国在东亚地区确立了经济和文化大国的地位,民族心理

---

① 本部分引见张炜、方堃:《中国海疆通史》,中州古籍出版社2002年版,第343—345页。

的优越感也随之产生。这种优越感反映到国防观念上,就是把国防视为"夷夏之防"。"夏"指中原的华夏文明,"夷"则指中原以外的其他异族文明。在中国人的眼里,华夏文明是先进的文明,中国理应对落后野蛮的诸"夷"输出先进文明,即"以夏变夷",但决不许"以夷变夏",由异族文明冲击和改变中华文明。这一观念在长期缺乏堪与匹敌的对手的环境中恶性膨胀的结果,就是中国以天朝大国自居,把一切异族文明视为"夷"类,取傲慢和轻视的态度。"夷夏之防"的观念甚至不只体现在统治者那里,而且深踞于任何一位封建士子的思想中,可以说,它已经成了封建中国最基本的政治话语。

然而,英国的海上入侵却无情地打破了清王朝天朝大国的迷梦。在资本主义文明所创造的坚船利炮面前,古老的中华帝国竟然输得一败涂地,这确实是中华文明数千年未遇的大变局。先进与落后的易位迫使中华民族必须摒弃"夷夏之防"的虚骄心态,重新修正自己的国防观念。因此,在鸦片战争以后,尽管"严夷夏之大防"的思维模式仍作为一种惯性力量顽固地存在着,但一些地主阶级的先进分子已开始站在"中外之防"的立场上认真审视自己的对手。他们重新认识和思考海防问题,提出了一些进步的海防主张。林则徐和魏源就是其中的卓越代表。

林则徐是清朝较早接触"夷务"的高级官吏之一,也是中国"开眼看世界"的第一人。他到任广东以后,颇为留心"夷情","署中养有善译之人,又指点洋商通事引水二三十位,官府四处探听,按日呈递"[1]。他还将搜集到的资料在他主持下编译成了《四洲志》《华事夷言》等书。尽管由于时代和自身的局限,林则徐思考问题时仍不免带着天朝大国的偏见,但是对"夷情"的关注开阔了他的眼界,为他站在时代前列思考海防问题打下了基础。

林则徐的海防思想的形成大致可以分为两个时期:前期主张"以守为战",后期提出了"船炮水军"的设想。

虎门销烟以后,按照道光帝的旨意,林则徐下令断绝中英贸易,将英船驱逐出境,但对于仍在外洋滞留的英国兵船,却并未采取进一步行动。他在上奏中解释说:"臣等若令师船整队而出,远赴外洋,并力严驱,非不足以操胜算。等洪涛巨浪,风信靡常,即使将夷船尽数击沉,亦只寻常之事,而师船既经远涉,不能顷刻收回,设有一二疏虞,转为不值,仍不如以守为战,以逸待劳之百无一失也。"[2]这段话一方面委婉地表达了他对清水师海上作战能力的怀疑,另一方面也道出了他当时的海防思想:以战为守,以逸待劳。之所以形成这一思想,主要是因为他错误判断了英军的内陆作战能力:其一,他认为"该夷兵船笨重,吃水深至数丈,只能取胜外洋,破浪乘风,是其长技","至口内则运棹不灵,一遇水浅沙胶,万难转动",因此,"惟不与之在洋接仗,其技即无所施";其二,他认为"夷兵除枪炮之外,击刺步伐俱非所娴,而其腿足裹缠,结束紧密,屈伸皆所不便,若至岸上更无能为"[3]。由于认定英舰不能进入内河且英军不善陆战,所以他认为只要坚持海口防御,同时加强内陆设防,便可"以守为战"百无一失。他协同关天培对广州海防所采取的完善措施也正是基于这一思想。

---

① 魏源:《海国图志》卷八一,岳麓书社 2000 年版。
② 《林则徐集·奏稿》(中),中华书局 1965 年版,第 762 页。
③ 《林则徐集·奏稿》(中),中华书局 1965 年版,第 676 页。

林则徐"以守为战"的思想在战争爆发以后并未很快改变。在1840年7月的奏折中,他仍旧认为:"盖夷船所恃,专在外洋空旷之处,其船尚可转棹自如,若使竟进口内,直是鱼游釜底,立可就擒。"①

林则徐海防思想发生重大变化是在他去职以后。随着局势的变化,他开始意识到海口防御的重大缺陷。他说:"侧闻议军务者,皆曰不可攻其所长,故不与水战,而专于陆守。此说在前一二年犹可,今则岸兵之溃,更甚于水,又安所得其短而攻之?况岸上之城郭廛庐,弁兵营垒,皆有定位者也,水中之船,无定位者也。彼以无定攻有定,便无一炮虚发。我以有定攻无定,舟一躲闪,则炮子落水矣。"他认为清军频频失利的主要原因就是专于岸守,"水中无剿御之人,战胜之具"②。鉴于此,他提出了建立"船炮水军"与英军在海上抗衡的新主张。

1841年秋,林则徐在致友人的信中首次提出了"船炮水军"的设想。他指出:"夷船倏南倏北,来去自如,我则枝枝节节而防之,濒海大小门口不啻累万,防之可胜防乎?果能亟筹船炮,速募水军,得敢死之士而用之,彼北亦北,彼南亦南,其费虽若甚繁,实比陆路分屯、远途征调所省为多。若誓不与之水上交锋,是彼进可战,而退并不必守,诚有得无失者矣。"至于船炮水军的建制,他认为应有100只大船,50只中小船,大小炮1000门,水军5000名,舵工水手1000名,由"水军总统"统辖;③主要设防地点应在泉州、漳州、潮州三地。这支军队建成以后,驾船操炮的水军就成了海防的主要力量,"岸上军尽可十撤其九"。这一主张意味着从根本上改变清朝的海防体制,以专门的海军取代旧式水师,由消极的海口防御转为积极的海上作战。

林则徐还对船炮水军的建设提出了具体设想。他认为:"彼之大炮,远及十里内外,若我炮不能及彼,彼炮先已及我,是器不良也。彼之放炮,如内地之放排枪,连声不断,我放一炮后,须辗转移时,再放一炮,是技不熟也。"据此,他提出了"剿夷八字要言",即"器良、技熟、胆壮、心齐",作为水军组织和训练的纲领性意见。为了制造精利武器,他提出大炮须由官方精造,"其大要总在腹厚口宽,火门正而紧,铁液纯而洁,铸成之后,膛内打磨如镜,则放出快而不炸"④。为此,他多方搜求并刻印了古代《炮书》,以期有补于时事。同时他又提出,为了尽快成军,可先从外国购炮,船只一时难以备齐,则可雇募民船。

林则徐海防思想的前后变化代表了晚清海防思想发展的必然趋势,其意义在于认识到海上机动作战的重要性,修正了以"防堵"为中心的传统海防观念。尽管他所要雇募的民船不能与英国的战舰同日而语,由于没有近代工业的支撑,自制的大炮也难以在数量和质量上与洋炮抗衡,但是以"船炮水军"代替炮台防御毕竟显示了海防观念上的进步。

二 萌芽状态的海权意识⑤

中国台湾学者王家俭先生曾撰有《魏默深的海权思想》一文,对近代启蒙思想家魏

---

①　《林则徐集·奏稿》(中),中华书局1965年版,第856页。

②　《林则徐书简》,福建人民出版社1985年增订本,第193页。

③　《林则徐书简》,福建人民出版社1985年增订本,第177页;第186页。

④　《林则徐书简》,福建人民出版社1985年增订本,第186页;第191页。

⑤　本部分引见黄顺力:《海洋迷思——中国海洋观的传统与变迁》,江西高校出版社1999年版,第199—208页。

源的海权思想作了颇具创见的分析。① 他认为,海权(Sea Power)这一观念虽然说是西方历史的产物,可以从古代的世界史溯其渊源,但以崭新的近代海权面貌出现并引起世界广泛重视的,则要首推美国海军战略家马汉(Mahan,1840—1914)。马汉于1890年发表著名的《海权对历史的影响》(*The Influence of Sea Power Upon History*,1660—1783),这是第一部有关海权问题的经典之作。继此之后,1892年马汉又出版了《海权对于法国革命与帝国之影响》(*The Influence of Sea Power Upon the French Revolution and Empire*,1793—1812),1905年出版了《海军与1812年战争之关系》(*Sea Power in the Relation to the War of 1812*),1911年出版了《海军战略论》(*Naval Strategy*)等划时代的著作,在当时及后世都产生了令人震撼的影响。

但王家俭先生认为,中国人对于海权问题也并非完全无人关怀,如湖南学者魏源便曾早于马汉数十年提出过类似马汉"海权论"的主张,其海权思想的内涵主要包括新式海军之创设、发展工业与航运、经营南洋作为藩镇和倡导海洋风气转移国民观念等4个方面。② 的确,作为晚清著名的经世学者和启蒙思想家,魏源是最早睁眼看世界的先进中国人之一。鸦片战争之后,他所编著的《海国图志》一书实际上已向世人告知了一个前所未有的"海国时代"的到来。当人们还在为鸦片烟毒的泛滥而焦虑不安时,魏源已洞若观火般地指出"人知鸦烟流毒,为中国三千年未有之祸,而不知水战火器为沿海数万里必当师之技"③。因此,对于"数千年未有之奇变"的"海国时代"的到来,他朦胧地意识到,唯有师海权国家之长,即以我之海权对付彼之海权,才足以制驭海权国家。④ 魏源的海权思想的确值得进一步发掘和研究。

但是,由于鸦片战争前后中国社会正处于由传统向近代化转型的萌生阶段,其根植于中国传统土壤上的经济、政治、思想、文化包括海洋观念,都带有浓厚的传统色彩,这对先进的中国人,包括林则徐、魏源这样的睿智有识之士,也有着某种深层的、难以摆脱的影响。在传统海防观的影响下,林则徐提出"弃大洋,守内河,以守为战,以逸待劳,诱敌登岸,聚而歼之"的海防总体战略。魏源作为一个经世思想家,其海防战略主张则可概括为"择地利,守内河,坚垣垒,练精卒,备火攻,设奇伏"⑤。魏源的守土防御的传统意识比之林则徐更加鲜明,甚至因主张"守远不若守近",魏源还一度提出那些"孤悬海外"的沿海岛屿,如香港、定海以及沿海重镇宝山等都可以弃而不守的主张。很显然,这种主张是极其错误的,因为,倘若自动放弃这些沿海岛屿及海防重地,中国将更深地陷入被动挨打的境地。

但值得重视的是,魏源与林则徐一样,其可贵之处在于能够根据战争的发展态势,不断地修正和完善自己的海防战略,也不断地摆脱传统守土防御型海防观念的影响。例如,他在《筹海篇·议战》中提出:"内守既固,乃御外攻。"⑥ 也就是说,随着战争形势的发展变化,仅强调内守和以守为战并不是唯一的御敌方法。由于敌情多变,"内守"

---

① 参见王家俭:《魏默深的海权思想》,《清史研究论薮》,(中国台北)文史哲出版社1994年版,第235—255页。

② 参见王家俭:《魏默深的海权思想》,《清史研究论薮》,(中国台北)文史哲出版社1994年版。

③ 魏源:《海国图志》卷二四,岳麓书社2000年版,第2页。

④ 参见戚其章:《晚清海军兴衰史》,人民出版社1998年版,第43—44页。

⑤ 《魏源集》(上册),中华书局1983年版,第206页。

⑥ 《魏源集》(下册),中华书局1983年版,第865页。

虽然可以发挥我之所长，但"夷性诡而多疑，使我岸兵有备而彼不登岸，则若之何？内河有备而彼不入内河，则若之何？"况且，"使夷知内河有备，练水勇备火舟如广东初年之事，岂肯深入死地哉？……即使奸其内河诸艇，而奇功不可屡邀，狡夷亦不肯再误。"因此，鉴于"夷贪恋中国市埠之利，亦断不肯即如安南、日本之绝交不往"的实际情况，过去专守内河、固守近岸的战略也要相应改变，即"此后则非海战不可矣。鸦片趸船仍泊外洋，无兵舰何以攻之？又非海战不可矣。"①

正是在上述认识的基础上，魏源提出要积极筹建新式海军，以便能够"驶楼船于海外""战洋夷于海中"②，掌握与敌海上争战的主动权。对此，他还进一步分析说：

"夫海战全争上风，无战舰则有上风而不能乘。即有战舰而使两客交哄于海中，则互争上风，尚有不能操券之势。若战舰战器相当，而又以主待客，则风潮不顺时，我舰可藏于内港，贼不能攻。一俟风潮皆顺，我即出攻，贼不能避，我可乘贼，贼不能乘我，是主之胜客者一。

"无战舰则不能断贼接济，今有战舰，则贼之接济路穷，而我以饱待饥，是主之胜客者二。

"无战舰则贼敢登岸，无人攻其后。若有战舰，则贼登岸之后，舶上人少，我兵得袭其虚，与陆兵夹击，是主之胜客者三。

"无战舰则贼得以数舟分封数省之港，得以旬日遍扰各省之地。有战舰则贼舟敢聚不敢散，我兵所至，可与邻省之舰夹击，是主之胜客者四。"③

一句话，必须创设新式海军，"合新修之火轮、战舰，与新练水犀之士……以创中国千年水师未有之盛"④，才能有效地应付来自海上强敌的挑战。

马汉在《海权论》一书中指出："海权的历史乃是关于国家之间的竞争、相互间的敌意以及那种频繁地在战争过程中达到顶峰的暴力的一种叙述。……在其方式和本质上，已经根据是否控制海洋而得到了脱胎换骨式的改变。因此，海上力量的历史，在很大程度上就是一部军事史。在其广阔的画卷中蕴含着使一个濒临于海洋或借助于海洋的民族成为伟大民族的秘密和根据。"⑤

很显然，魏源创设新式海军力求掌握海上主动权的思想（当然也包括前述林则徐创建船炮水军的构想），已包含有朦胧、朴素的海权意识。为了在"海国竞争"时代更好地对待海上"蛮夷"的挑战，魏源认为"攻夷之策"有二：一是"调夷之仇国以攻夷"；二是"师夷之长技以制夷"。

我们知道，早在鸦片战争之前，西方殖民者日益频繁的海上叩关引起了有识之士的深切关注。何大庚曾指出："英吉利者，昔以其国在西北数万里外，距粤海极远，似非中国切肤之患。今则驶驶而南，凡南洋濒海各国……皆为其所胁服，而供其赋税。其势日南，其心日侈，岂有厌足之日哉？"⑥这深切地表明了时人已日益感到殖民主义侵

① 《魏源集·补录·筹海篇三》（下册），中华书局 1983 年版，第 877—878 页。
② 《魏源集·补录·筹海篇三》（下册），中华书局 1983 年版，第 870 页。
③ 《魏源集·补录·筹海篇三》（下册），中华书局 1983 年版，第 875—876 页。
④ 《魏源集·道光洋艘征抚记》（上册），中华书局 1983 年版，第 186 页。
⑤ 〔美〕马汉：《海权论》，萧伟中、梅然译，中国言实出版社 1997 年版，第 2—3 页。
⑥ 参见《海国图志》卷一五《东南洋海岛国四》，岳麓书社 2000 年版。

略的潜在威胁。1827年,以经世匡时为己任的龚自珍看到英国走私鸦片的猖獗活动,深感忧虑,也尖锐地指出:"粤东互市,有大西洋。近惟英夷,实乃巨诈,拒之则叩关,狃之则蠹国。"①

俞正燮则告诉人们,荷兰、英吉利、佛朗机、大吕宋、澳大利亚等西方殖民国家"皆工器械,骛利耐远贾,沿海而东而南……此数国者,远隔重洋,辛苦远成,其用意甚深"②。西方殖民者海上叩关的潜在威胁,使得"识者每以为忧",因而他们相应提出了一些应对之策,其中最有意义的是萧令裕提出的"以夷伐夷"主张。萧令裕在其所著《记英吉利》一文中写道:英国"国俗急功尚利,以海贾为生,凡海口埠头有利之地,咸欲争之,于是精修船炮,所向加兵。其极西之墨利加边地,与佛兰西争战屡年始得。又若西南洋之印度,及南洋濒海诸市埠。与南海中岛屿,向为西洋各国所据者,英夷皆以兵争之,而分其利。……"③因此,他看出"夷国"之间因争利而存在种种矛盾,认为英国不仅与占据澳门的葡萄牙不和,而且与美国、法国等也"夙与仇雠",中国可以充分利用这些矛盾,"使相攻击,以夷伐夷,正可抚为我用"④。萧令裕这种"以夷伐夷"的思想主张对当时及后世都产生了深远的影响,其中魏源的"调夷之仇国以攻夷"可以说就是"以夷伐夷"说的继承和发展。在魏源看来,所谓"调夷之仇国以攻夷",就是要充分利用各殖民国家间的矛盾,使之相互攻伐。而鸦片战争的失败,没有充分"调度外夷之人"的矛盾也是其中的原因。

至于"师夷之长技以制夷",则是魏源海权意识的集中反映。魏源认为,当今世界已进入一个"海国"竞争的时代,西力东渐成为"天地气运自西北而东南"⑤的必然趋势,西方国家争夺海权,梯航东来,"遇岸争岸,遇洲据洲,立城埠,设兵防,凡南洋之要津已尽为西洋之都会"⑥,皆因能"恃其船大帆巧,横行海外,轻视诸国,所至侵夺"⑦。特别是"英吉利尤炽,不务行教而专行贾,且佐行贾以行兵,兵贾相资,遂雄岛夷"⑧。英国自占据新加坡之后,通过各种手段和途径了解中国情况,"盖欲扼此东西要津,独擅中华之利,而制诸国之咽喉。古今以兵力行商贾,未有如英夷之甚者"⑨!魏源认为,面临这种严重的侵略威胁,中国只有"塞其害,师其长"⑩,以其人之道还治其人之身,"师夷之长技以制夷",才能摆脱挨打的困境。

那么,什么是"夷"之长技呢?魏源认为:"夷之长技三:一、战舰;二、火器;三、养兵、练兵之法。"⑪西洋长技首推船炮,即战舰与火器,因为英国就是恃其船坚炮利,攻城掠地,四处扩张,"遇有可乘隙,即用大炮兵舶,占据海口"⑫,掌握了海上霸权。因

---

① 《龚自珍全集》,上海人民出版社1975年版,第229页。
② 俞正燮:《癸巳存稿》卷五,中华书局1985年版,第147页。
③ 《海国图志》卷三五《记英吉利》,岳麓书社2000年版。
④ 《海国图志》卷七八《筹海总论二》,(萧令裕)《粤东市舶论》,岳麓书社2000年版,第4页。
⑤ 《海国图志·后叙》,岳麓书社2000年版,第6页。
⑥ 《海国图志》卷三《东南洋叙》,岳麓书社2000年版,第2页。
⑦ 《海国图志》卷三《东南洋海岸国一》,岳麓书社2000年版,第10页。
⑧ 《海国图志》卷二四《大西洋总叙》,岳麓书社2000年版,第1页。
⑨ 《海国图志·东南洋海岸国四》,岳麓书社2000年版,第15页。
⑩ 《海国图志》卷二四《大西洋总叙》,岳麓书社2000年版,第2页。
⑪ 《海国图志》卷一《筹海篇三》,岳麓书社2000年版,第41页。
⑫ 《海国图志》卷三四《大西洋英吉利国二》,岳麓书社2000年版。

此，中国必须设厂制造船炮，"并延西洋舵师司教行船演炮之法……而尽得西洋之长技为中国之长技"，才能"使中国水师可以驶楼船于海外，可以战洋夷于海中"。

除了船坚炮利之外，魏源还主张养兵、练兵之法也是应该学习的西洋长技。"人但知船炮为西夷之长技，而不知西夷之所长不徒船炮也。……澳门夷兵仅二百余，而刀械则昼夜不离，训练则风雨无阻，英夷攻海口之兵，以小舟渡至平地，辄去其舟，以绝反顾。登岸后则鱼贯肩随，行列严整，岂专恃船坚炮利哉？"因此，水军若"无其节制，即仅有其船械，犹无有也；无其养瞻，而欲效其选练，亦不能也。"[1]因此，中国水师也必须学习西洋，裁冗留精，既厚给军饷、稳定人心，又严格军纪、勤加训练。当海疆不靖之时，即可"以精兵驾坚舰，昼夜千里，朝发夕至，东西巡哨，何患不周"[2]？从而把制海权牢牢地掌握在自己的手中。

此外，魏源还指出，船厂的设立，并不是只造战舰以备军用，也可以制造商船、货船，发展海内外贸易；火器局不仅制造枪炮，也可以生产有益民用的其他产品，如量天尺、千里镜、火轮机等，以利于国计民生。他强调："盖船厂非徒造战舰也。战舰已就，则闽、广商艘之泛南洋者，必争先效尤；宁波、上海之贩辽东、贩粤洋者，亦必群就购造，而内地商舟皆可不畏风飓之险矣。……以通文报，则长江大河，昼夜千里，可省邮递之烦；以驱王事，则北觐南旋，往还旬日，可免跋涉之苦；以助战舰，则能牵浅滞损坏之舟，能速火攻出奇之效，能探沙礁夷险之形。诚能大小增修，讵非军国交便？"而且，"火器亦不徒配战舰也。战舰用攻炮，地垒用守炮，况各省绿营之鸟铳、火箭、火药，皆可于此造之。此外，量天尺、千里镜、龙尾车、风锯、水锯、火轮机、火轮车、自来火、自转碓、千斤秤之匠，凡有益民用者，皆可于此造之。"不仅如此，而且"今西洋器械，借风力、水力、火力，夺造化，通神明，无非竭耳目心思之力以为民用。因其所长而用之，即因其所长而制之。风气日开，智慧日出，方见东海之民犹西海之民……国以人兴，功无幸成，惟厉精淬志者，能足国而足兵。"[3]也就是说，只要肯学习西方长技，师其所能，夺其历恃，中国必然能够迎头赶上西方海权国家，"方见东海之民犹西海之民"，不至于在这充满竞争的"海国"时代中落伍而受人欺凌。

此外，诚如王家俭先生之研究所言，魏源在经营南洋作为藩镇、倡导海外风气转移国民观念等方面，也闪烁着耀眼的海权意识的光芒。例如，他赞扬闽粤人民的海外垦殖为"破除陈例，归于简要，自辟僚属，略争藩镇，庶足为南服锁钥钦"[4]，提倡文武大吏要多习于海事，注重海军人才的培养，转移国民重陆轻海的传统观念。

遗憾的是，魏源"师夷之长技以制夷"的海权思想未能立即引起朝野上下的反响，清朝封建统治者随着鸦片战争硝烟的渐渐散去，依然文恬武嬉，"大有雨过忘雷之意。海疆之事，转喉触忌，绝口不提"[5]。一些有识之士对海权观念依然非常模糊："中国水师与之争锋海上，即便招募夷士，仿其制作，而茫茫大海，无从把握，亦望洋而叹耳！然

[1] 《海国图志》卷一《筹海篇三》，岳麓书社 2000 年版，第 40—41 页。
[2] 参见《魏源集·补录·筹海篇三》（下册），中华书局 1983 年版，第 875 页。
[3] 《海国图志》卷一《筹海篇三》，岳麓书社 2000 年版，第 50—51 页。
[4] 《海国图志》卷一二《东南洋海岛国二》，岳麓书社 2000 年版，第 18 页。
[5] 《软尘私议》，见《鸦片战争》（五），第 529 页。

则欲以御夷将何道之从?"①因此,魏源的海权思想还远未能转变国民观念,就总体而言,还只是处于萌芽状态的海权意识而已。

三 渐趋成熟的近代海防理论②

晚清以来,海疆反侵略斗争的需要直接促成了近代海防思想的萌生和发展。一批关注或亲历了海防实践的有识之士从两次鸦片战争及日本的侵华事件中吸取教训,继承林则徐、魏源等前辈的进步思想,纷纷提出了各自的海防主张。海防大筹议更为各种思想提供了讨论与争鸣的机会,近代海防理论家群体由此凸显出来,近代海防理论也渐趋成熟。

(一)左宗棠的海防理论

左宗棠(1812—1885),字季高,湖南湘阴人,1832 年中举人,后屡试不第;1852 年,入湖南巡抚幕府;1860 年,奉旨襄办两江总督曾国藩军务,后相继出任浙江巡抚、两江总督等职,成为主持东南沿海军政的封疆大吏。早在鸦片战争时期,他就十分关注海防问题,许多见解与林则徐不谋而合,后来更是成为林则徐和魏源"师夷长技以制夷"思想的自觉继承者与实践者。

左宗棠海防理论的主要特点是主张自造舰船,在此基础上练成海军。1865 年,他上书总理衙门,指出:"中国自强之策,除修明政事、精练兵勇外,必应仿造轮船,以夺彼族之所恃。"③次年,他再次上书朝廷,指出"东南大利,在水而不在陆","欲防海之害而收其利,非整理水师不可,欲整理水师,非设局监造轮船不可"。他设想"先购机器一具,巨细毕备,觅雇西洋师匠与之俱来,以机器制造机器,积微成巨,化一为百。机器既备,成一船之轮机即成一船,成一船即练一船之兵。比及五年,成船稍多,可以布置沿海各省,遥卫津沽"④。由造船到逐渐练就一支可以"随贼所在,络绎奔赴,分攻合剿"的新式水师成为他明确的海防思路。正是在这一思路的指引下,他主持创办了中国第一个以近代技术制造船舰的大型船厂——福建船政局。直到中法战争以后,左宗棠仍然坚持自造舰船的主张,他上《请旨敕议拓增船炮大厂以图久远折》,称"海防以船炮为先,船炮以自制为便,此一定不易之理也",主张仿造铁甲船与后膛巨炮。⑤

左宗棠建厂造船的目的十分明确,就是为了"师夷长技"。他说:"夫习造轮船,非为造轮船也,欲尽其制造驾驶之术耳;非徒求一二人能制造驾驶也,欲广其传使中国才艺日进,制造、驾驶辗转授受,传习无穷耳。"⑥因此,他规定洋员教造船也要教驾驶,"船成即令随同出洋,周历各海口",务期造就自己的驾驶人才。他还与船政局的正副监督协商,开设了中国近代第一所海军学校——求是堂艺局,挑选当地资性聪颖的少年入学,延请熟悉中外语言的外国员匠教习制造和驾驶技术。他还亲自为学堂拟定了

① 夏燮:《中西纪事》卷二三《防御内河》,(中国台北)文海出版社影印本,第 5 页。
② 本部分引见张炜、方堃:《中国海疆通史》,中州古籍出版社 2002 年版,第 373—380 页。
③ 《左宗棠全集·书牍》卷七,上海书店出版社 1986 年版,第 25 页。
④ 《左宗棠全集·奏稿》卷一八,上海书店出版社 1986 年版,第 2 页。
⑤ 《左宗棠全集·奏稿》卷六四,上海书店出版社 1986 年版,第 6—8 页。
⑥ 《洋务运动》第 5 册,上海人民出版社 1961 年版,第 28 页。

《艺局章程》。这所学堂,就是后来著名的福州船政学堂的前身。

在左宗棠的海防理论中,重视海军指挥权的统一也是一项突出内容。在海防大筹议中,他也主张海口重点防御。他认为,沿海"要处宜防宜严,非甚要处防之而不必严可也。天津者,人之头项;大江三江入海之口,人之腰膂也;各岛之要,如台湾、定海,则左右手之可护头项、要(腰)脊,皆亟宜严为之防",防御的方法是利用轮船"一日千里"的特点,实行"以战为防"。但他不主张在职权上划分三洋。他认为:"洋防一水可通,有轮船则闻警可赴。北、东、南三洋只须各驻轮船,常川会哨,自有常山率然之势。若划为三洋,各专责成,则畛域攸分,翻恐因此贻误。分设专阃三提督共办一事,彼此势均力敌,意见难以相同。七省督抚不能置海防于不问,又不能强三提督以同心,则督抚亦成虚设,议论纷纭,难言实效。"①这一分析不但说明他对封建官僚政治有着深刻的洞悉,也说明他对近代海军的机动性有着清醒的认识,在当时是颇具预见性的高远之见。

中法战争给了左宗棠以很大的刺激,战后,他进一步提出了统一海军指挥权的问题。他认为应该设立海防全政大臣,"凡一切有关海防之政,悉由该大臣统筹全局","因时制宜,不为遥制"②。这一倡议对清廷的决策产生了重要影响,成为清朝设立海军事务衙门的先声。

从中法战争的教训中,左宗棠也认识到"敌人纵横海上,不加痛创则彼逸我劳,彼省我费,难与持久"③,因此,他设想国家应设十支大军,以八军分驻各省海口,其余二军一巡东洋、一巡西洋。实际上,这是主张防御舰队与海上巡洋舰队相结合,实行"以战为守"的积极防御。④

(二)丁日昌的海防理论

丁日昌(1824—1882),字禹生,号持静,广东丰顺人。贡生出身,是出自曾国藩幕府的洋务干才。1863年,他由李鸿章奏请调往上海筹办洋炮局,此后历任江苏巡抚、福建巡抚等职,主持过江南制造总局和福建船政局等重要的军工企业。他在海防方面的才干备受时人推许。李鸿章称他"吏治洋务,冠绝流辈"⑤;沈葆桢称他熟悉洋情,为自己所不及。⑥ 他所提出的海防主张多为当局所采纳,在当时产生了重要影响。

丁日昌很早以前就意识到传统海防体制的缺陷,认为洋人以舰队机动进攻,"而中国必须处处设防,不能互为援应,正犯兵家备多力少之忌,此其所以不胜也"。因此,他极力主张节旧式师船的靡费以养轮船,仿西方样式建立新式海军。他是建立三洋水师、实施区域设防的最早倡导者。早在1867年底,他就拟定了《创建轮船水师条款》,提出了建立三洋水师的设想:制造中等根驳轮船(即炮艇,gunboat的译音)30艘,以一提臣督之,分为三路,北洋提督驻大沽,中洋提督驻吴淞江口,南洋提督驻厦门,"无事

① 《洋务运动》第1册,上海人民出版社1961年版,第109页;第114页。
② (清)刘锦藻:《清朝续文献通考》卷二二七,上海古籍出版社2000年版,第9731页。
③ 《左宗棠全集·奏稿》卷六四,上海书店出版社1986年版,第6页。
④ 张侠等:《清末海军史料》,海洋出版社1982年版,第62页。
⑤ 《李文忠公全书·朋僚函稿》卷一二,(中国台北)文海出版社1980年版,第26页。
⑥ 《洋务运动》第1册,上海人民出版社1961年版,第76页。

则出洋梭巡,以习劳苦,以娴港汊,以捕海盗;有事则一路为正兵,两路为奇兵,飞驰援应"。这一设想堪称最早的近代化海军建设方案。至1874年的《海洋水师章程》,他进一步完善了三洋设防的思想,提出"以山东益直隶,而建阃于天津,为北洋提督。以浙江益江苏,而建阃于吴淞,为东洋提督。以广东益福建,而建阃于南澳,为南洋提督,其提督文武兼资,单衔奏事。每洋各设大兵轮船六号,根驳轮船十号。三洋提督半年会哨一次。无事则以运漕,有事则以捕盗"的主张。大兵轮主要用于装备外海水师,以期与敌人"海上争锋",炮艇则主要用于浅水追剿。同时,他又指出,应在旧有水师之中选练陆军,在沿海口岸仿造西式炮台,"与沿海水师轮船相为表里,奇正互用",这样就形成了一个重点防御、海陆配合的完整海防体系。① 他的这些主张成为海防大筹议讨论的重点,深刻影响了清廷的决议。

随着形势的发展,丁日昌逐渐认识到铁甲舰在海战中的重要性。1877年,他在担任福建巡抚期间,提出"铁甲船为目前第一破敌利器"。鉴于日本新购铁甲舰两艘已经形成对中国的巨大威胁这一新情况,他提议将原拟办理台湾铁路的南洋经费用以购买铁甲舰三号,"无事时则在澎湖操练,有事时则驶往南北洋听调。如常山蛇击首尾应之势;仍当严选将才,以期练成水师一二军,藉备缓急"。1879年,廷旨命他专驻南洋,会同沈葆桢等筹办海防。他虽然未赴任,但仍建言海防应办事宜十六条,急切希望加紧舰船的建设与操练,以期尽快成军。②

丁日昌还十分重视海防人才的选拔和培养。他是较早主张改革武举的官员之一,曾提出用洋枪火器和近代战法取代旧式弓马刀箭的考核。在主持海防工作的过程中,他开始认识到通过学校教育培养海军人才的重要性。他说:"若非由学堂造就管驾之才,谙练天文算学各事,则一出洋,便茫无津涯,岂能与西人并驾齐驱,决胜顷刻?"③因此,主持福建船政局期间,他大力加强了船政学堂的建设,增设了电报专业,派人从香港选拔基础较好的幼童入学,对毕业生委以重任。对于派遣留学生的计划,他也给予了极大的支持。1872年,他极力促成首批留学生赴美;1877年,他又和李鸿章、沈葆桢等奏准福州船政学堂的35名学生赴欧洲留学。

对于关涉海防建设的造船、军火制造等事宜,丁日昌也提出了自己的设想。他提出在三洋下各设一大制造局,各分三厂,一造轮船,一造军火,一造耕织机器,为海防建设提供物质保障。可贵的是,他不但提出了发展近代军事工业的问题,而且将海防建设与发展近代科学技术、近代工商业等一系列问题联系起来:他从武器制造的原理和工艺想到发展算学、化学、电气学等近代科学技术,培养近代科技人才;从军事工业对原料的需求想到开办煤铁等矿业企业;从筹措经费想到自行仿造耕织机器,兴办近代工商业的重要性。这些,都使他的海防理论得以延展和丰富。

(三)李鸿章的海防理论

李鸿章(1823—1901),字少荃,安徽合肥人,道光年间进士;在镇压太平天国运动

---

① 张侠等:《清末海军史料》,海洋出版社1982年版,第1—2页;第9—12页。
② 《洋务运动》第2册,上海人民出版社1961年版,第370页;第392—397页。
③ 《丁中丞奏书·抚闽奏稿》,(中国台北)文海出版社1980年版。

中，入曾国藩幕府，主持编练淮军。历任两江总督、湖广总督等职；1870 年起，任直隶总督兼北洋通商大臣；1875 年，被任命为北洋大臣，督办北洋海防。由于长期把持清廷的内政、外交及海防大权，直接领导了北洋海军的创建工作，他是在晚清海防史上影响最大的人物。他的海防理论在许多方面代表了当时的最高水平，其理论缺陷也在很大程度上导致了晚清海防失败的命运。

洋务运动初期，李鸿章主持创办了一些军工企业，但 1866 年便奉命北上剿捻，并未直接办理海防事务。不过，他一直很关心海防事务，对派遣学员出国深造也给予了有力的支持。在海防筹议中，他初步提出了自己的海防主张，以后随着实践经验的增长，逐步形成了较为成熟的海防理论。纵观他的海防理论，虽处于不断发展变化之中，但"守疆土，保和局"一直是其海防理论的根基所在。

日本吞并琉球事件发生以后，时任北洋大臣的李鸿章明确提出以日本为海防的主要对象，其海防思想也显示出"以战为守"的积极倾向。他认为："夫军事未有不能战而能守者，况南北滨海数千里，口岸丛杂，势不能处处设防，非购置铁甲等船，练成数军决胜海上，不足臻以战为守之妙。""中国即不为穷兵海外之计，但期战守可恃，藩篱可固，亦必有铁甲船数只游弈大洋，始足以遮护南北各口，而建威销萌，为国家立不拔之基。"[1]因此，他对北洋海军的建设寄予了很大的希望，认为北洋海军建成后可以拓展防御纵深，"渐拓远岛为藩篱，化门户为堂奥，北洋三省皆在捍卫之中，其布势之远，奚啻十倍陆军"？[2] 此时，其"守疆土，保和局"的思想也发展为海军威慑战略。在他的奏稿、函牍之中，屡屡出现有了海军便可"建威销萌""敌情自慑""消患于无形"等言论。但其威慑战略的实质是"以威止战"，"彼见我战守之具既多，外侮自可不作。此不战而屈人之上计，即一旦龃龉，彼亦阴怀疑惧，而不敢遽尔发难"[3]，着眼点仍在于"守"。

李鸿章的海防主张促使清廷大批购进西洋舰船，在环渤海湾地区构筑大型的防御体系，使中国在十数年间组建起了一支颇具规模的海军力量。但就总体而言，李鸿章的海防理论是保守的。不论是初期的重视海岸防御，还是后来的大力发展海军，都以其"守疆土，保和局"的思想为出发点。这一思想发展到甲午战争时期，就具体演化成了"海守陆攻"的战略和"保船制敌"的方针，最终导致了北洋海军的覆灭。他所主张的海上威慑战略虽然取得了一定的效果，但多有张大其势之嫌，而且直接刺激了日本海军的发展，并未真正达到"不战而屈人之兵"的目的。

（四）郑观应的海防理论

郑观应（1842—1922），字正翔，号陶斋，广东香山人；早年曾在英商宝顺洋行、太古轮船公司担任买办；后来在洋务派创办的上海机器织布局、上海电报局、轮船招商局、汉阳铁厂、铁路公司等一系列官督商办企业中担任要职。他是近代改良派思想家的代表人物，其思想的核心是"富强救国"，对于海防问题也多有独到的见解。

郑观应主张在沿海分设重镇，以静待动。初期，他提出编为四镇：以直隶、奉天、山

① 《洋务运动》第 2 册，上海人民出版社 1961 年版，第 421 页。
② 张侠等：《清末海军史料》，海洋出版社 1982 年版，第 24 页。
③ 《洋务运动》第 5 册，上海人民出版社 1961 年版，第 119—124 页。

东为一镇;以江苏、浙江、长江为一镇;以福建、台湾为一镇;广东自为一镇。四镇各设水师,"处常则声势相联,缉私捕盗;遇变则指臂相助,扼险环攻"。四镇的统帅选用善于管驾的专门人才担任,"更采西国水师操练之法,轮船战守之方,炮位施放之宜,号令严齐之诀",务求练成数支海上劲旅。同时,在重要海口设立由炮台、水雷、水中冲拒、浮铁炮台等组成的防御体系,精练陆军以为守御之资。他还提出设立统领海防水师大臣,统一海军指挥权,使"事不兼涉乎地方,权不牵制于督抚"。

后来,郑观应又提出了分北、中、南三洋设防的设想:北洋由东三省至烟台,以旅顺、威海为重镇;中洋由海洲至马江,以崇明、舟山为重镇;南洋由厦门至琼州,以南澳、台湾、琼州为重镇。① 三洋各设提督一名,将各自舰船分为两队:一队防守海口,一队出洋游弋。防守之船可与岸防设施相配合,构成"有铁甲以为坐镇,有炮台以为依附,有海口以握要冲,有蚊船以为救应"的防御体系。出巡的舰队则可"无事则梭巡东洋、南洋、印度洋及美洲、非洲、澳洲、欧洲各岛各埠,由近而远,逐渐游历,以练驾驶、习水道、张国威、护华商"。由海军衙门简派谙习水务的大臣为巡海经略,总统"三洋"海军,四季四小操,岁终一大操。如遇来犯之敌,三支舰队可以互相援应,联合制敌。他还提出了建立水营的设想,主张"轮船之有水营,犹陆路之有城垒,必进可以战,退可以守,乃能动出万全"。水营要设有坚固的西式炮台,修理战舰的船坞,以及用以接济援应的陆营。一旦有警,水营可以存贮军用物资,成为坚固的战略据点。② 水师一律在营内驻扎,还可以避免士兵安居逸处,以及嫖赌冶游的恶习。③

郑观应不但就海防建设提出了系统的主张,而且将强兵与富国紧密联系起来,试图站在更高的立场上关照海防问题。他认为,"能富而后能强,能强而后能富",富强实为相因之事。加强海防建设,不但要"练兵将,制船炮,备有形之战以治其标",更要"讲求泰西士农工商之学,裕无形之战以固其本"④。只有国家富足了,制械、添船、练兵等才会有强大的经济后盾,才能铸就强大的海防。这样的思想已经接近于从国家战略的宏观角度讨论海防建设,在与他同时代的海防理论家中是较为突出的。

近代海防理论家的海防主张虽然各具特色,但作为一个特殊历史条件下出现的群体,他们也具有一些共性的特征。他们大都参与过海防实践,熟悉海防事务。在他们当中,有的是长期把持海口通商和外交大权的权臣,如李鸿章;有的担任过沿海重要省份的行政长官,如左宗棠;有的是直接参与了海防实践的地方要员,如丁日昌。对海防事务的了解使他们得以深切认识旧体制的弊端以及现实的海防形势,为他们提出各自的海防理论提供了实践基础。就思想倾向而言,这些人要么是洋务运动的干城,要么是近代改良派的代表,大多是当时先进政治思想的代表,对洋务有较为深刻的认识。李鸿章、左宗棠等是洋务运动的倡导者自不必论,其他如郑观应,曾在洋商的公司里担任过买办;薛福成、何如璋,曾担任过驻外使节,对外国有过切近的观察。大量接触洋务不但使他们对中外海军力量的差距有较为清醒的认识,也为他们自觉借鉴西方的海防经验提供了可能。这些共性特征一方面决定了他们的海防理论在当时中国的先进

---

① 《郑观应集》(上册),上海人民出版社 1982 年版,第 128—131 页。

② 《郑观应集》(上册),上海人民出版社 1982 年版,第 874 页;第 877 页。

③ 《郑观应集》(上册),上海人民出版社 1982 年版,第 756 页。

④ 《郑观应集》(上册),上海人民出版社 1982 年版,第 595 页。

地位,另一方面也使他们的主张与洋务运动的流变密切相关,从而具有了明显的局限性。

近代海防理论家面对共同的时代课题,在海防建设的一些关键问题上有着基本的共识。一是倡导近代军事工业。西方列强的坚船利炮给了近代海防理论家们以强烈的刺激,因此,引进西方的技术和设备改变"器不如人"的局面成了他们海防理论的一个基本出发点。从19世纪60年代起,购觅"制器之器"、创办军事工业掀起了一个热潮。随着海防实践的发展,他们进一步认识到军事与经济的相互关系。例如,左宗棠认为:"轮船成则漕政兴,军政举,商民之困纾,海关之税旺。"[①]这是他看到了军事工业对经济发展的影响后所产生的观点。丁日昌提出:"兵事与矿事相为表里,矿不兴则无财,无财则饷何由而足?矿不兴则无煤铁,无煤铁则器何自而精?"[②]这是他认识到了经济发展对军事的重要性所提出的主张。因此,他们积极倡导开矿、修路、创办民用工业,以之作为海防建设的物质基础。这就使得他们的海防思想在"器物"层面上有所扩展,具有了更为丰富的内涵。同时,建立水师学堂,选送留学生,培养能够控驭新式舰船的海军人才也成为这一系统工程的配套内容。二是创建近代海防体制。鉴于旧式水师不堪一用的局面,如何组建新式海军及海防力量如何布局等问题成了近代海防理论家们关注的重点。他们基本上都主张划分海区,重点设防。其中,以丁日昌划分三洋的主张最具影响力。他们当中的一些人还借鉴外国的经验,对建设海军基地、舰队编组以及海军训练等问题提出了一系列具体的建策,统一海军指挥权的问题也日益受到重视。这些主张的核心都是建立起海陆配合、区域设防、一体防御的海防体系。

但是,受时代、阶级以及个人知识水平的局限,近代海防理论家们也存在着一些明显的缺陷。例如,他们虽然在学习西方方面迈出了一大步,中体西用的思想却一直严重束缚着他们的头脑,以至于他们没有把建立近代军事制度作为海防理论的重要内容来考虑,其直接后果就是旧军制与新舰队长期不和谐地共存,从根本上制约了海防力量的发展。再如,他们在海军作战理论的研究方面也显得十分薄弱。当时盛行于西方的克劳塞维茨的《战争论》,若米尼的《战争艺术概论》,以及马汉的制海权理论都没能在我国近代海防理论家中产生应有的影响。他们尚未意识到海军是一个机动性强、突击力强的兵种,应以海上机动歼敌、控制制海权为主要目标。可见,他们在海防理论上的近代化是不彻底的,大大落后于当时的世界先进水平。

第三节　甲午战争对中国近代海疆与海防的影响[③]

一　甲午战争对中国近代海疆与海防的影响

1895年2月28日,日军从海城分路出击,3月4日占牛庄,7日取营口。10天之

---

①　《左宗棠全集·奏稿》卷一八,上海书店出版社1986年版,第5页。
②　《洋务运动》第2册,上海人民出版社1961年版,第352页。
③　本部分引见张炜、方堃:《中国海疆通史》,中州古籍出版社2002年版,第428—430页;第435—438页。

内,清军从辽东全线溃退,陆上战争也以失败而告终。4 月 17 日,中日签订《马关条约》。该条约规定:承认日本对朝鲜的控制;割让辽东半岛、台湾全岛及其附属各岛和澎湖列岛;赔偿军费两亿两白银;增开沙市、重庆、苏州、杭州四个通商口岸;允许日本在通商口岸设立工厂,产品运销中国内地时,只按进口货物纳税。该条约还规定,为了保证中国履行条约,日军暂时占领威海卫。《马关条约》是中国近代以来最严重的丧权辱国的条约,大大加深了中国社会的殖民化程度,也对沿海社会造成了深刻的影响。

甲午战争对沿海地区最直接的影响就是摧毁了中国的海防力量,使沿海地区直接暴露于侵略者的铁爪之下。积十年之功建成的环渤海湾防御体系,是清王朝筹划海防的重中之重,本欲以之抵御外侮,挽救鸦片战争后日益衰微的国势,不料却在一战之下土崩瓦解,不但机器设备以及炮台、火药库等设施严重被毁,李鸿章苦心经营的北洋舰队也遭覆灭。这不但意味着靠近京畿的渤海湾地区樊篱尽毁,也在实际上宣告了中国海防的破产。所余南洋军舰舰龄长、舰型落后且"新旧大小不齐,仅备防御之用"①,根本就没有什么战斗力。

甲午战争的另一个严重后果是使台湾岛沦于日本之手。《马关条约》关于割让台湾的规定极大地刺激了中国人民的民族情绪,消息一出,朝野内外顿时响起一片强烈的抗议之声。台湾岛内人民尤其不能接受这一残酷的决定,他们相继鸣锣罢市、集会抗议,宣告饷银不准运走、制造局不准停工、台湾税收全部留作抗日之用。各阶层人民还联名发布檄文,声称"愿人人战死而失台,决不愿拱手而让台"②,表达了誓死保卫国土、不当亡国奴的决心。然而,在日本的威逼之下,清王朝不顾民众的呼声,决定如期交割台湾,一方面命令台湾巡抚唐景崧率官员离台,另一方面派李经方为"割台大臣",与日本"台湾总督"办理交割手续。

日本为了逼迫台湾投降,于 5 月 27 日兵分两路进攻台湾。一路从三貂角强行登陆,另一路攻占基隆。由于唐景崧和一些豪绅纷纷内逃,日军迅速占领台北,于 6 月 14 日建立了"台湾都督府",随后继续向台中推进。此时,台中地区只剩下数量很少的驻防清军,徐骧、吴汤兴等率领的义军成为抗日的主要力量,台南地区以刘永福部黑旗军为主要防御力量。6 月中旬,日军进犯台中门户新竹,义军与清军一道给敌人以有力的阻击,但终因粮食和军械不足被迫后撤至大甲溪、台中一带。刘永福派吴彭年部前往支援。在日军的步步紧逼之下,吴彭年和徐骧等率军且战且退,并在大甲溪、彰化等地顽强阻击敌军,给日军以重创。8 月 28 日,彰化失陷,日军逼近台南。刘永福急派王德标率军守嘉义,派杨泗洪反攻彰化。在高山族人民的有力支持下,清军经过一个多月的战斗,收复云林一带,逼近彰化。

对于台湾军民的抗日斗争,清朝当局非但不予接济,反而扣留了刘永福在大陆募集的捐款,封锁了大陆赴台湾的船只。而此时,日军却得到增援,大举出动,连克云林、嘉义、曾文溪等地,徐骧、王德标相继阵亡。台湾有所好转的抗战形势再度急剧恶化,台南陷于孤立无援的境地,刘永福不得不内渡厦门。10 月 21 日,台南陷落。日本最终以武力占领了台湾,开始了在这一地区长达半个世纪的殖民统治。

---

① 《清史稿》卷一三六,台湾商务印书馆股份有限公司 1999 年版。
② 《中日战争》第 1 册,新知识出版社 1956 年版,第 203 页。

日本实现了对台湾的占领,也就撤除了中国东南沿海一道最为重要的屏障,将我东南沿海的海上防御置于极为不利的地位,也给整个中国海防造成了巨大的威胁。另外,台湾岛丰富的自然资源和建省以来的军事、经济建设的成果也为日本增加了新的富源,加快了其国内资本主义经济的发展步伐。

在辽东半岛问题上,发生了三国干涉还辽事件,日本割占辽东的企图没能得逞。沙俄是日本在东北权益的主要争夺者。沙俄认为,日本割占辽东是对它独占东北的直接威胁,也是其谋取太平洋霸权的巨大障碍,因此坚决反对。在《马关条约》签字的当天,俄国就向法、德两国提议,由三国联合劝告日本退还辽东半岛,否则即共同采取军事行动。法国是俄国在欧洲的盟国,德国是后起的资本主义国家,它们都希望借机向中国取得一些殖民权益,因此同意与俄国联合行动。1895 年 4 月 23 日,三国驻日公使分别照会日本政府,"劝告"日本放弃辽东半岛。同时,三国纷纷将军舰开到日本附近海面。停泊在日本各港的俄国军舰昼夜升火,禁止船员登陆;俄国东部西伯利亚总督也集合了 5 万军队,随时准备出动。眼见沙俄为迫使日本退还辽东大有不惜诉诸战争之势,日本急向英、美两国求援。但英、美既不愿冒此风险,也不希望日本在华势力过分膨胀,也都劝日本答应三国的要求。迫于各国的压力,日本决定在辽东问题上让步。5 月 5 日,日本天皇宣布接受三国的劝告,放弃对辽东半岛的永久占有。但是,日本对中国则一步不让,乘机大量勒索"偿金"。最后,经俄、德、法三国议定,日本归还辽东半岛,中国偿付日本"赎辽费"3000 万两。10 月 19 日,三国和日本在东京签署协定,约定清朝在付清偿金后三个月内,日军全部撤出辽东半岛。

辽东半岛虽然在三国的干涉下得以保全,但是这一地区很快被列强控制,清廷已不复有再次规划北洋海防的时机。经过甲午战争的沉重打击,又背上了《马关条约》的沉重包袱,清王朝也在客观上失去了重整海防的能力。1895 年 3 月 12 日,海军衙门自奏加以停撤,奏折中称:"岛舰失陷,时局即危,遵议更定海军章程,非广购战舰巨炮不足以备战守,非合南北洋通筹不足以资控驭,非特派总管海军大臣不足以专责成。目前各事未齐,衙门暂无待办要件,拟请将当差人员及应用款项暂行停撤,以节经费。"随后又奏请裁撤内外海军学堂,各地的海军学校纷纷停办。这一年 7 月,北洋海军也正式从建制上被撤销了。中国海疆从此门户洞开,陷于有海无防的困境之中。

二 甲午战争后国民海权意识的觉醒与清廷重建海防的失败

甲午战败,中国被迫割台湾、赔巨款,从此国势衰微、海防溃决,海军一蹶不振。帝国主义列强从海上接踵而来,掀起了瓜分中国的狂潮。八国联军入侵,庚子赔款,辛丑条约……中国日甚一日地陷入半殖民地半封建的深渊,海疆被肢解得支离破碎,国家面临全面危机,积贫积弱,积重难返。由于中国海防不固、海军不强而给国家带来的严重危机和灾难,深深刺激着中华民族的子孙们。一些有识之士开始对中国海防问题进行深层次的反省和思考。其中,最为突出的进步之一就是海权意识的觉醒。海权理论是 19 世纪 90 年代最早由美国人马汉提出的,其中心思想是国家利用海上力量控制海洋、争夺制海权。这一理论问世以后,很快在西方世界产生了巨大影响,成为西方近代海军理论的重要内容。美国、日本等国家纷纷以之为指导,积极争夺制海权,崛起为新兴的海军强国。而在中日甲午战争以前,这一思想却没能在中国产生影响。不论是思想界还是军界、政界的人物,对这一理论都茫然无知,而甲午战败的一个重要原因就是不懂得争夺制海权的重要性,在海军的战略指导上犯了错误。

1900年,日本乙未会主办的汉文月刊《亚东时报》最早连载了马汉在1890年发表的《海权对历史的影响》的部分内容,海权论逐渐为国人所认识。1903年,《新民丛报》发表了梁启超题为"论太平洋海权及中国前途"的文章,文中指出"欲伸国力于世界,必以争海权为第一义",海权问题一时成为知识界关注的热点。一些参与政策制定的官员也逐渐意识到争夺制海权的重要性。1907年,清廷委任姚锡光拟定重建海军方案。姚锡光指出"我国海疆袤延七省,苟无海军控制,则海权坐失"①,表明了对制海权的重视。次年,他在《筹海军刍议》自序中进一步指出,"今寰球既达,不能长驱远海,即无能控扼近洋",主张购置巡洋舰以为长驱远海之具。② 姚锡光的主张说明海权理论已经开始影响国家海防政策的制定。

甲午战争一结束,清廷内部就有人主张恢复海军建设。湖广总督张之洞向清廷提议:"今日御敌大端,惟以海军为第一要务……无论如何艰难,总宜设复海军。"③他还就南北洋的规划、培养人才、军事训练以及整顿船政局等问题提出了具体建议。时任钦差大臣的刘坤一也提出了重建海军的问题,但他认为应从缓复设:由于经费紧张,暂时不必大购船炮,而应该先行储备人才,派人出国留学,"总期先有人而后有船,俟款项充盈,不难从容购办"④。尽管不断有重建海军的提议,但是甲午战争对于北洋海军的毁灭性打击,使清廷内部许多官员对重建海军失去了信心,加上列强侵夺日甚,清廷的财政更加窘蹙,重建海军的主张终难形成决策;直到百日维新期间,这一工作才被再次提起。1898年7月29日,清廷发布上谕,称"国家讲求武备,非添设海军,筹造兵轮,无以为自强之计"⑤。在这一思想的指导下,重建海军的工作缓慢而艰难地开展起来。

清廷的海军重建工作主要围绕以下几个方面展开。

其一,在组织编制方面。1899年,清廷启用前北洋海军副将叶祖珪为北洋水师统领,萨镇冰为帮统。1905年,南、北洋海军合并。叶祖珪仍为统领,并负责督办南洋水师学堂和上海船坞。1907年,在陆军部内设立了海军处。设正副两使,下设6司。正使空缺,委派谭学衡为副使,郑汝成为机要司司长,程璧光为船政司司长,林葆纶为运筹司司长。其余储备、医务、法务三司由陆军司长兼管。在练兵处提调姚锡光的主持下,先后制订了四个海军发展战略方案,提出要建立集中统一的巡洋舰队,在沿海七省分设巡防舰队和海军军区,以及设立海军总司令部等主张,争夺制海权的思想已经开始对朝廷的海防决策产生影响。

1908年,光绪帝和慈禧太后相继去世,年仅3岁的幼帝溥仪即位。1909年,清廷命肃亲王善耆筹议海军。不久,又任命贝勒载洵、提督萨镇冰为筹办海军事务大臣,设立筹办海军事务处。是年6月,事务处开始改组海军,将南北洋海军统一收编,分为巡洋舰队和长江舰队。巡洋舰队包括"海圻"等15艘较大的军舰,共有官兵2097人,由

① 张侠等:《清末海军史料》,海洋出版社1982年版,第800页。
② 张侠等:《清末海军史料》,海洋出版社1982年版,第798—799页。
③ 《张文襄公奏稿》卷二四,范书义:《张之洞全集》,河北人民出版社1998年版。
④ 张侠等:《清末海军史料》,海洋出版社1982年版,第86页。
⑤ 张侠等:《清末海军史料》,海洋出版社1982年版,第662页。

程璧光统领。长江舰队包括"镜清"等 15 艘舰艇,共有官兵 1542 人,由沈寿坤统领。1910 年,在载洵、萨镇冰等的建议下,筹办海军事务处正式改为海军部,以载洵为海军大臣,谭学衡为副大臣,萨镇冰为海军总制,统领长江舰队和巡洋舰队。海军部下设 8 个司,总司令部设在上海高昌庙。与此同时,他们还制定了将、校、尉三等九级的海军军衔制度。经过 10 余年的努力,清廷基本建立了较为完备的近代海军军制,在形式上步入了集中、正规的轨道。

其二,在置备舰船方面。1896—1908 年间,清廷向外国订造大小舰船共 24 艘。其中包括向英、德两国订造的"海天""海圻""海筹""海容""海琛"等 5 艘大型巡洋舰。从 1909 年 8 月到 1910 年 11 月,载洵、萨镇冰先后两次赴欧洲、美国、日本等地考察海军,同时也订购了一批舰船,其中有 9 艘于民国二年至民国三年才陆续来华。1903 年,署理两江总督的张之洞提出裁撤南洋旧有各船,另购新式浅水快船。这一建议得到了清廷的批准。到 1909 年为止,先后向日本订购了 14 艘浅水炮艇,这些军舰后来构成了长江舰队的主力。中国自造舰船的事业在此期间没有大的发展,只造了一些小炮艇和鱼雷艇。1907 年,福建船政局关闭了。

其三,在培养人才方面。1898 年 8 月谕令中说,"中国创建水师,历有年所。惟是制胜之道,首在得人。欲求堪任将领之才,必以学堂为根本"①,重新提出培养海军人才的问题。1903 年,烟台海军学校成立,专设航海班,学制三年。1909 年,创办了湖北海军学校。该校毕业生不多,成立四年仅毕业驾驶班学生 10 名、轮机班学生 23 名且毕业生均被派到南洋工作。1911 年,创办了直隶北洋医学堂。此外,还对原有的海军学堂按专业进行了整编。例如,将黄埔学堂改为轮机专业、将福州前学堂改为下艺专业等。另外,在浙江象山设枪炮练习所,附设练勇队;设水雷练习所,附设雷勇队。选派留学生的工作也在陆续进行。1898 年,福州船政学堂向法国派出 6 名学生,但因经费难以保证,被迫于 1900 年撤回。1905 年,叶祖硅派江南水师学堂毕业生朱天奎赴奥地利学习制造;又从船政学堂、黄埔水师学堂选派许建廷等 4 人赴英留学。各地海军学堂也纷纷向国外派遣留学生,其中以派赴日本的为最多,日本逐渐成为海军留学的重点。

其四,在建设海军基地方面。因为北洋险要尽失,控制着重要港口的列强竭力阻挠海军基地的建设,最终只好选择了浙江象山,进行了一些基本建设。原打算在基地附近兴建造船厂和船坞,后因经费紧张,改为整顿原有的大沽、上海、福建、黄埔四处船坞。

1895 年以后的海军重建,使中国海军从战前以引进武器装备为主的阶段发展到主要实现军制近代化阶段。成立了海军部,统一了全国海军的指挥权;建立了新的海军管理制度,明确了各级职责;对原有舰船进行了统一编组,打破了地域之分。但是,由于偿付巨额赔款的巨大经济压力,清王朝的国库入不敷出,海防经费往往难以落实,这在很大程度上限制了海军的发展。与西方国家迅速发展的海军相比,中国的海军还是很落后的,在实力上甚至无法达到北洋舰队的水平。

1911 年 10 月 10 日,辛亥革命爆发,武昌起义的新军很快控制了武汉三镇。清廷

---

① 张侠等:《清末海军史料》,海洋出版社 1982 年版,第 411 页。

急忙命令海军统制萨镇冰率领海军舰队赴援武汉。到 11 月上旬,巡洋、长江两舰队的几乎所有舰船都被调赴沿江的武汉、南京、上海三地。萨镇冰抵达武汉以后,率舰队协助陆军猛攻武汉三镇。10 月 26 日,舰队炮击革命军左翼,致使 500 余革命者牺牲。11 月 1 日,在海陆协同进攻之下,清军占领汉口。

海军的参战给革命带来了巨大威胁。革命军湖北军政府都督黎元洪是天津水师学堂的毕业生,他利用与萨镇冰的师徒之谊两次致信萨镇冰,劝他反正,萨镇冰均未答复。但是,随着革命形势的迅速发展,海军内部出现了分化,越来越多的军官开始倾向革命。11 月 2 日,也就是清军攻占汉口的第二天,驻泊在吴淞的"策电"号炮舰响应同盟会的号召,首先起义。接着,驻在上海的"建安"等 8 艘舰艇也纷纷卸下龙旗,全部起义。淞、沪海军舰艇的起义与革命军光复上海相呼应,壮大了革命的声势,也动摇了驻南京海军的军心。当时停泊在南京的军舰有 10 余艘之多,各舰新近从烟台、黄埔等学堂毕业的学生受到革命形势的影响,积极策动起义。11 月 10 日晚,在革命者的控制下,"镜清"等 11 艘舰艇驶往镇江,次日宣布起义。

与此同时,武汉的形势也在发生着变化。萨镇冰开始和军政府进行接触,对待清廷的进攻命令则敷衍塞责。黎元洪趁此机会发动思想攻势,多次致函萨镇冰及各舰舰长,向他们晓以革命大义。海军主力"海容""海琛""海筹"中的年轻军官首先行动起来,他们一面设法说服"海容""海琛"两舰的满族舰长,一面通过萨镇冰的副官汤芗铭等劝说萨镇冰反正。经过反复劝告,萨镇冰终于做出了离舰隐退的决定,并同意把全部舰队调赴九江。11 月 13 日,三"海"驶抵九江,武汉的其他各舰有的随后赶到,有的驶往上海。18 日,"海容""海筹"等舰回驶武汉,协助革命军进攻清军。

在清廷彻底垮台以前,它所重建的海军已经全部起义,转到为清朝统治掘墓的行列之中,这是清朝统治者所始料未及的。对于他们来说,重建海军的努力完全失败了,但对于海军自身而言,则是以积极的姿态走出了旧的时代。

第四节　中国维护西沙、南沙群岛主权的斗争①

中国南海疆域内的西沙、南沙群岛,地处太平洋和印度洋的咽喉,扼守两洋的交通要冲,具有重要的战略地位。20 世纪初期,日本、法国为掠夺群岛资源、夺取南中国海的制海权,曾先后多次侵占我国的西沙、南沙群岛。为了捍卫祖国的领土,维护西沙、南沙群岛的主权,使之不受侵犯,中国人民进行过一系列不屈不挠的斗争。

一　20 世纪前期日本、法国对西沙、南沙群岛的侵占

1907 年,日本竭力鼓吹"水产南进",歌山县人宫崎等乘机南下,窜到我国南沙群岛一带活动;返国后又大肆宣传,称南沙群岛是极有希望的渔场。自此之后,日本渔船大量南下,皆在我国南沙群岛周围进行活动。1917 年,日商平田末治、池田金造、小松重利等人又先后组织调查队,到我国西沙、南沙群岛进行非法活动。翌年,日本拉沙磷

---

① 本节引见李金明:《中国南海疆域研究》,福建人民出版社 1999 年版,第 100—115 页。

矿株式会社派遣已退伍的海军中佐小仓卯之助组织所谓的"探险队",乘帆船"报效丸"到南沙群岛,其"探险"目的是"把无人之岛变为大日本帝国的新领土"。他们到达了南沙群岛中的五个岛,即北子岛、南子岛、西月岛、中业岛和太平岛,并在西月岛树立起所谓的"占有标志",充分暴露了其侵略野心。

1920年,经小仓卯之助的推荐,日本海军中佐副岛村八率领15名队员,乘帆船"第二和气丸"到南沙群岛进行第二次的所谓"探险",他们多走了四个岛,即南钥岛、鸿麻岛、南威岛和安波沙洲。就在这一年,拉沙磷矿株式会社社长恒藤规隆擅自将我国南沙群岛改名为"新南群岛"。1921年,该会社开始在太平岛修建宿舍、火药库、仓库、气象台、铁路、码头、医院和神社等,移居100多名日本人,开始盗采磷矿,运回日本销售;1923年,又将盗采范围扩展至南子岛。直至1929年,因太平岛上蕴藏的磷矿已开采殆尽,加之受世界经济危机的影响,该公司才宣告停办,人员全部返国。据统计,在此8年内日本在南沙群岛掠取的磷矿多达2.6万余吨。[1]

除了南沙群岛外,日本亦觊觎西沙群岛上的磷矿资源。1920年9月20日,日本南兴实业公司向西贡海军司令去函询问西沙群岛是否为法国属地,西贡海军司令答复说:"在海军档案中,并无关于西沙群岛之材料,唯就个人所知,虽无案卷可稽,可敢负责担保,西沙群岛并不属于法国。"日本方面得此答复后,极为满意,随即准备在西沙群岛的永兴岛开采磷矿。[2]

1921年,日本占领台湾时"台湾专卖局长"池田氏等利用粤商何瑞年,以西沙群岛实业公司名义,瞒骗广东地方政府,承办西沙群岛垦殖、采矿、渔业各项,由崖县发给承垦证书,同时还承办了昌江港外浮水洲的渔垦,其实际经营者是日本南兴实业公司。他们在永兴岛上铺设铁道、修建仓库、货栈、桥梁、办公室、储藏室、宿舍、食堂,添置木船、轮船,以及运输用的台车、藤箩,采掘用的锄畚、钢筛等等,并有蓄水池、蒸馏机、井泉以供给饮水,有食物贮藏室、猪舍、鸡舍、捞鱼船、蔬菜园以供食物,有小卖店以供给日常用品,有医务室以治疗疾病。他们把盗采的磷肥运往日本大阪,经加工精制后出售。[3] 日本人在西沙群岛横行霸道,在附近捕鱼的中国渔民,或遭枪杀,或被没收所获的水产品,种种暴行,令人发指。于是,海南岛人民奋起反抗,并经中国政府向日方进行交涉,迫使日本人于1928年春撤出西沙群岛,但被盗采的磷矿已逾数十万吨之多。[4]

日本人撤出西沙群岛后,法国人意识到西沙群岛位于海南岛与安南的会安港之间,为东京湾的门户,具有重要的战略地位,于是纷纷在西贡《舆论报》上发表文章,叫嚣重视对西沙群岛的控制。法国原安南高级留驻官福尔(De Fol)称:"在现今情况之下,西沙群岛地位之重要,实无法可以否认,一旦有警,如该地竟为他国所占,则对于越南之完整与防卫,将有绝大之威胁。群岛之情势,不啻为海南岛之延长。四面环海,不乏良港,敌人如在此间设立强固之海军根据地,将无法可破灭之。潜艇一队留驻于此,不特可以封锁越南最重要之会安海港,而东京海上之交通,将完全为之断绝。"原海事

① 李长傅:《帝国主义侵略我国南海诸岛简史》,《光明日报》1954年9月16日。
② 《法人谋夺西沙群岛》,胡焕庸译,载《中国今日之边疆问题》,中国台湾学生书局1975年版,第198页。
③ 陈铭枢:《海南岛志》,转引自韩振华:《我国南海诸岛史料汇编》,东方出版社1988年版,第200—201页。
④ 许崇灏:《琼崖志略》,中国台湾学生书局1975年版,第19—20页。

委员会副委员长、上议院议员裴雄(Bergeon)两次在《舆论报》发表署名文章,要求占领西沙群岛,"归并于越南联邦"①。为此,法国政府开始为侵占西沙群岛寻找各种借口。他们搜遍了安南王朝的种种记录,编造了所谓"19世纪初期,安南嘉隆王与明命王时,均曾出征西沙,现安南既归法国所有,则西沙群岛亦当归法国所有"②的谎言,并于1933年照会中国驻法使馆,声称西沙群岛系属安南,其理由是:①安南王公,曾在此岛建塔立碑,安南历史中有此事实;②查中国历史上,有两英舰曾因与中国渔船冲撞,沉没该岛之旁,当时英国曾向中国抗议,清政府复文中有七洲岛非中国领土之语,故不负责。当时中国国民政府即照会巴黎公使馆,抗议说:①该岛经纬度属中国领海,地理形势固甚显明;②以历史上言,清末曾派李准至该岛,并鸣炮升旗,重申此为中国领土;③前年香港曾有远东气象会议之召集,当时法国安南气象台长及上海徐家汇天文台主任咸在会议席上,向中国政府请求在西沙群岛设气象台。此后法国政府可能自感理屈,其事遂寝。③

法国在阴谋侵占西沙群岛的同时,亦将其魔爪伸到了南沙群岛。1930年,法国炮舰"麦里休士"号(Maliciense)擅自到南威岛进行"测量",他们无视岛上已有中国渔民居住,秘密插上法国国旗而去。1933年4月,又有炮舰"阿美罗德"号(Alerte)和测量舰"阿斯德罗拉勃"号(Astrolabe)由西贡海洋研究所所长薛弗氏(Chevey)率领,窜入南沙群岛,详加"考察",以示"占领"。随后,法国通讯社于1933年7月13日宣布:"法国政府于1930年4月13日,依照国际公法所规定之条件,由炮舰'麦里休士'号占领九小岛中最大之史柏拉德电岛。当时因有时令风,未能将附属各小岛同时占领,直至1933年4月7日至12日,始由通报舰'阿斯德罗拉勃'及'阿美罗德'号,将其余各岛完全占领。"④这就是所谓的"法国占领九小岛事件"。当时中国国民政府获悉此事后,即由外交部于8月4日照会法国使馆,要求将各岛的名称及经纬度查明见复。法国使馆于10日照复中国外交部,把各岛的名称及经纬度抄述如下:

斯巴拉脱来	北纬 8°39′	东经 111°55′
开唐巴亚	北纬 7°52′	东经 112°55′
伊脱巴亚	北纬 10°22′	东经 114°21′
双岛	北纬 11°29′	东经 114°21′
洛爱太	北纬 10°42′	东经 114°25′
西德欧	北纬 11°07′	东经 114°10′⑤

以上列出仅6岛而已。1935年中华书局出版的《中国地理新志》详列了"九小岛"的情况:

(1)"斯巴拉脱来岛"或称"风雨岛"(Spratly Is. or Storm Is.),即南威岛,面积147840平方米。

---

① 《法人谋夺西沙群岛》,胡焕庸译,载《中国今日之边疆问题》,中国台湾学生书局1975年版,第201页;第194页。
② 《法人谋夺西沙群岛》,胡焕庸译,载《中国今日之边疆问题》,中国台湾学生书局1975年版,第171页。
③ 郑资约:《南海诸岛地理志略》,商务印书馆1947年版,第77—78页。
④ 徐公肃:《法国占领九小岛事件》,载《中国今日之边疆问题》,第149—150页。
⑤ 《法占九岛名称及经纬度》,载《申报》1933年8月19日。

(2)"伊脱亚巴"(Ituaba),即太子岛,面积 354750 平方米。

(3)"开唐巴亚"或称"安得拿岛"(Amboyna Cay),即安波沙洲,面积 15840 平方米。

(4)"北危岛东北礁"(North Danger North-east Cay),即北子岛,面积 133320 平方米。

(5)"北危岛西南礁"(North Danger South-west Cay),即南子岛,面积 125400 平方米。

(6)"洛爱太岛"或称"南岛"(Loaita Is. or South Is.),即南钥岛,面积 62700 平方米。

(7)"西德欧岛"或称"三角岛"(Thitu Is.),即中业岛,面积 326280 平方米。

(8)"纳伊脱岛"(Nam Yet Is.),即鸿庥岛,面积 75200 平方米。

(9)"西约克岛"(West York Is.),即西月岛,面积 147840 平方米。①

在南沙群岛这些小岛上,一向有我国的渔民居住,长期以来他们就在这些岛上生活和劳作。当 1933 年 4 月法国人非法窜入岛上时也不得不承认:"九岛之中,唯有华人居住,华人以外别无其他国人。"法国政府无视这些事实,强行侵占我国领土,引起当时中国国民政府和中国人民的强烈抗议。1933 年 7 月 26 日,中国国民政府外交部发言人强调:"菲律宾与安南间珊瑚岛,仅有我渔人居留岛上,在国际间确认为中国领土。"对于法国的占领,"外部除电驻法使馆探询真情外,现由外交、海军两部积极筹谋应付办法,对法政府此种举动将提严重抗议"。② 西南政府与广东省政府亦分别向法当局及驻粤法国领事提出抗议。③ 全国各地民众团体纷纷致函政府,要求对法当局提出严重抗议,如上海总工会函呈南京国民政府外交部,要求"迅向法政府严重交涉,以杜觊觎而保领土";浙江省宁海县农会致函南京国民政府,表示"谨率全县 20 万农民誓为后盾,敬祈从速力争,保卫领土而固国防";绍兴县商会请政府"严重交涉,誓必保此领土,以巩海疆";上海第三、四、六区缫丝产业工会要求"立即向法政府严重交涉,同时并令饬粤省府就近派舰驶往九岛,武装维护,以保领土,而杜危机"。④

法国政府迫于舆论压力,不得不通过当时中国驻法大使顾维钧电称:"法占九岛事据法外交部称,该九岛在安南、菲律宾间,均系岩石,当航路之要道,以其险峻,法船常于此遇险,故占领之,以便建设防险设备。并出图说明,实与西沙群岛毫不相关。"⑤

但是,日本方面却确认法国之占领九岛,实有设立海军根据地之作用。他们于 8 月 11 日由日本驻法代办泽田致函法国外交部,对于法国占领九岛表示"抗议",并声称:"日本之采磷拉沙公司于 1918 年即位此诸岛开采天然富源,其因修建铁路、房屋及码头等项之用费,已达日金 100 万元。该项工作至 1919 年乃停止,所有人员亦因世界贸易状况之不景气均被召返国,但一切机器仍留置原地,且冠以该公司之字样,表示仍将复来之意,故日本政府认为诸岛应属日本。"与此同时,东京电通社又广造舆论,称法

① 《中国地理新志》,中华书局 1935 年版,第 44—45 页。

② 《法占粤海九小岛,外部抗议》,载《申报》1933 年 7 月 27 日。

③ 《申报》1933 年 7 月 29 日;8 月 2 日。

④ 引自《我国南海诸岛史料汇编》,东方出版社 1988 年版,第 263—264 页。

⑤ 陆东亚:《对于西沙群岛应有之认识》,载《中国今日之边疆问题》,中国台湾学生书局 1975 年版,第 189 页。

国"已在西贡与广州湾获有足容一万吨级巡洋舰之处,则依此项之占领,自可筑造飞机根据地,停泊潜水舰,而完全获得南中国海之制海权。……新加坡与香港间之海上交通,横被隔断,而引起英法势力之冲突。"①这样一来,法占九小岛事件更趋复杂化,从原来的中法两国间主权之争,发展成法日及法日英美海上势力之争,于是外交交涉被暂时搁置下来。

二 抗日战争胜利后中国政府对西沙、南沙群岛的收复

抗日战争爆发后,日本加紧了对我国西沙、南沙群岛的侵占。

1939年2月23日日本占领海南岛后,3月1日即占领西沙群岛,3月30日又占领南沙群岛;4月9日以所谓的"台湾总督府"各文发表第122号文告,宣布占领"新南群岛",连同东沙群岛、西沙群岛一并划归"台湾总督"管辖,隶属高雄县治,以之作为榆林港与台厦的前进军事基地,并在国内大肆宣传,鼓励百姓前往投资。②

当时日本把南沙群岛的主岛太平岛作为中心,设有开洋兴发社、南洋兴发社,以掠夺群岛的磷矿和水产资源。他们在太子岛上建立气象站,在南威岛上建立军事基地,以做更大规模的侵略。他们妄图把南沙群岛建成"南进"的前哨基地和渔业港,制定了一系列的修建计划:①在太平岛南面海边建造围堤620米;②围堤内建筑水深2.5米,能连接外面的水路;③泊船处所建长175米的码头和仓库;④购置疏浚船,建筑水族馆和租用联络船。这些计划从1941年开始,预定3年完工,全部经费98万日元。然而,开工之后极不顺利,一阵台风把太平岛上耗资24400日元修建的公共房舍全部刮跑;战争失利又使筑港工程停顿,仅有仓库全部完成,围堤完成大部,港口航道仅能容渔船出入。但是,建筑费已用去90万日元,若要全部完工,尚需投入50万日元,此时日本在战争失利的情况下根本不敢再进行如此多的投资。1943年,日本在太平洋战争节节败退后,太子岛上的建筑物大部分因遭美机空袭而被摧毁,所建的宿舍、仓库、晒鱼场、冷藏库、重油库、医疗室、瞭望台、气象台、机关枪掩体和炮台等均被炸毁。第二次世界大战快结束的那一年,美军在太平岛登陆。1945年8月10日,日军战败投降,英国太平洋舰队司令福来塞在南威岛接受南洋日军投降,日本侵占我国西沙、南沙群岛的美梦被彻底打破。③

抗战胜利后,当时的中国国民政府根据1943年12月1日中、美、英三国签署的《开罗宣言》规定的"三国之宗旨……在使日本所窃取于中国之领土,如满洲、台湾、澎湖群岛等,归还中华民国"④,以及1945年7月26日中、美、英三国促令日本投降的《波茨坦公告》条文:"开罗宣言之条件必将实施,而日本之主权必将限于本州、北海道、九州、四国及吾人所决定其他小岛之内"⑤,于1945年10月25日收复台湾,随后即正式收复西沙和南沙群岛。

① 徐公肃:《法国占领九小岛事件》,载《中国今日之边疆问题》,中国台湾学生书局1975年版,第158页;第160页。

② 海军总司令部:《海军巡弋南沙海疆经过》,中国台湾学生书局1975年版,第13页。

③ 李长傅:《帝国主义侵略我国南海诸岛简史》,载《光明日报》1954年9月16日。

④ 《国际条约集(1931—1944)》,世界知识出版社1961年版,第407页。

⑤ 《国际条约集(1945—1947)》,世界知识出版社1959年版,第78页。

1946 年秋，当时的中国国民政府决定由海军总司令部派兵舰进驻西沙、南沙群岛，并派国防部、内政部、空军总司令部、后勤部等派代表前往视察，广东省政府也派员前往接收。海军总司令部决定以林遵为进驻西沙、南沙群岛舰队指挥官，并负责接收南沙的工作；姚汝钰为副指挥官，负责接收西沙的工作。接收人员分乘"太平""永兴""中建"和"中业"四舰前往，其中"太平""永兴"两舰赴南沙，"中建""中业"两舰赴西沙。[①]

　　各舰于 1946 年 10 月 26 日在上海集中，国防部、内政部、空军总司令部、后勤部代表及陆战队独立排官兵 59 人登舰。10 月 29 日由吴淞起航，11 月 2 日抵虎门。广州行辕代表张嵘胜以及广东省接收西沙、南沙群岛专员和测量、农业、水产、气象、医务人员上舰。11 月 6 日由虎门续航，11 月 8 日抵达榆林。舰队在榆林补给后，请了海南岛渔民 10 余人做向导，几次出航均因风浪太大而折返榆林。1946 年 11 月 24 日，由姚汝钰率领的"永兴""中建"两舰抵达西沙群岛的永兴岛，在岛上竖立起"海军收复西沙群岛纪念碑"，碑正面刻"南海屏藩"四个大字，并鸣炮升旗，以示接收西沙群岛工作完成。12 月 9 日，接收南沙群岛的"太平""中业"两舰由林遵率领从榆林起航，12 月 12 日抵达南沙群岛的主岛长岛。为了纪念"太平"舰接收该岛，即以"太平"命名该岛。在岛西南方的防波堤末端，通往电台的大路旁，即日军建立"纪念碑"的原址，竖立起"太平岛"石碑；并在岛之东端，另立"南沙群岛太平岛"石碑，永作凭志。立碑完毕，乃于碑旁举行接收和升旗典礼。随后，接收人员又到中业岛、西月岛、南威岛竖立石碑；在太平岛设立南沙群岛管理处，隶属广东省政府管辖。[②]

　　然而，接收工作并非一帆风顺。当投降日军集中在榆林港候令遣送时，法国就赶在我国派部队进驻南海诸岛之前。占领了若干岛屿，并派军舰经常在南海诸岛巡逻。1946 年 7 月 27 日，有一不明国籍的船只侵占我国南沙群岛，后因获悉我国海军总部决定派军舰接收西沙、南沙群岛，才于数日内自动撤离。10 月 5 日，法国军舰"希福维"号（Chevreud）入侵南沙群岛的南威岛和太平岛，并在太平岛竖立石碑。对于中国政府决定收复西沙、南沙群岛，法国立即提出"抗议"，并派军舰"东京"号（Tonkinois）到西沙群岛；当驶至永兴，发现该岛已有中国军队驻守时则改驶至珊瑚岛，在岛上设立"行政中心"。[③] 对于法国方面的倒行逆施，中国国民政府立即发表声明，提出抗议，通过外交途径与之进行斗争。

　　1947 年 1 月 19 日，中国驻法大使馆就法国报纸新闻社报道指责中国派军"侵占"西沙群岛一事，发表公告称："海南之中国渔户，每出发捕鱼，照例必至西沙群岛。中国海军亦时临该岛，以保护中国领域。1909 年中国海关，拟在其中一岛上建筑灯塔，以保障航运安全。1930 年 4 月国际气象会议在香港开会，曾建议中国政府在其中一岛上设立气象台。"公告中指出："在 1932—1938 年，中法两国外交部曾为西沙群岛之地应交换无数照会，我政府在所有照会中，均坚持对上述群岛之绝对主权。中国国民政

第四十一章

近代中国的海疆变迁与海防思潮

---

①　杨秀靖：《海军进驻后之南海诸岛》，海军总司令部政工处 1948 年版，第 24 页。

②　吴清玉等：《抗战胜利后中国海军奉命收复南沙群岛实录》，载中国科学院南沙综合科学考察队《南沙群岛历史地理研究专集》，中山大学出版社 1991 年版，第 110—111 页。

③　陈鸿瑜：《南海诸岛主权与国际冲突》，台北幼狮文化事业公司 1987 年版，第 62—63 页。

府在 1938 年中，从未承认法国以安南国君之名义，在该群岛造成之事实上占领。"①针对法国飞机至西沙群岛侦察和法国军舰巡行至永兴岛的非法行为，中国国民政府国防部于 1947 年 1 月 22 日发表声明："西沙群岛主权属于我国。不仅历史地理上有所根据，且教科书上亦早载明。去年敌人投降、退出该群岛后，我政府即派兵收复。本月16 日有法国侦察机一架飞至该岛侦察。18 日法海军复有军舰一艘行至该岛中之最主要一岛，我守军当即表示守土有责，不许登陆，并令其撤走。"②当获悉法舰"F43"号驶抵永兴岛抛锚妄图运送中方人员离岛并威胁要强行登陆时，中国国防部一方面电令我驻岛官兵"法舰如强登陆，应于抵抗并死守该岛"，另一方面函请外交部向法方提出严重抗议。③ 当时中国国民政府外交部长即于 1947 年 1 月 21 日约见法国驻华公使梅理蔼，郑重声明西沙群岛主权属于中国，并质问法国海军的行动究竟属于何种意义。梅理蔼答复说："法国海军在西沙群岛之行动，并非出于法国政府之指使。"后来法国自知理屈，力求避免正面交涉，毫无理由地提出用国际仲裁的办法来解决这实际上并不存在的"纠纷"，这在当时已经被中国政府所拒绝。④

为驳斥法方提出的所谓对西沙群岛主权要求的"理由"，当时中国外交部情报司司长何凤山于 1947 年 1 月 26 日发表谈话，称法方所根据的理由有二，即：①越南曾于战前提出对该岛主权之要求，当时中国方面并未发表声明加以反对；②外国船只停在西沙群岛内时，曾遭盗劫，而广东省政府于接获外人之抗议后并未有所行动。以第一点而论，法国从未发表正式公报。关于第二点，抗议应向外交部而不应向省政府提出，盖省政府非外交部，不能向外行使职权故也。以言中国之主权要求，则有地理与历史为根据。⑤ 当时中国国民政府外交部次长亦于 1947 年 1 月 29 日在记者招待会上，郑重否认法国外交部所谓"中国于 1938 年同意法国占领西沙群岛"，声明"中国于彼时仅重申其一向立场，中国对这群岛之主权为无可争辩者"。⑥ 至于法军在西沙群岛珊瑚岛登陆一事，当时中国国民政府外交部于 1947 年 1 月 28 日以"欧字"第 112 号和第 212号两次向法国大使馆提出严重抗议，并请迅予转请法国政府，即饬登陆珊瑚岛之法国军队速行撤退，否则其可能招致之一切后果，应由法国政府单独负其责任。外交部并郑重言明，在上述法国军队撤退前，中国政府实难考虑法方所提有关西沙群岛之问题，相应略请查照办理。⑦ 但是，由于法国政府提不出有力的证据，加之越南战事告急，故双方的外交交涉暂告中止。

三　中国对南海疆域线的确定与对西沙、南沙群岛主权的维护

20 世纪 30 年代初，中国由于缺乏全国实测详图，故各地出版的地图多抄袭陈编，以讹传讹，甚至不加审查地翻印外国出版的中国地图，以致造成国家疆域线任意出入，

---

① 广州《越华日报》1947 年 1 月 21 日。
② 《中国海军》1947 年第 1 期，第 11 页。
③ 《关于法越侵略行为交涉经过》（1945 年 7 月—1947 年 6 月），中国第二历史档案馆藏。
④ 邵循正：《西沙群岛是中国之领土》，载《人民日报》1956 年 7 月 8 日。
⑤ 《我国南海诸岛史料汇编》，东方出版社 1988 年版，第 248 页。
⑥ 《我国南海诸岛史料汇编》，东方出版社 1988 年版，第 251 页。
⑦ 《关于法越侵略行为交涉经过》（1945 年 7 月—1947 年 6 月），中国第二历史档案馆藏。

影响很坏,这显然对维护我国西沙、南沙群岛主权极为不利。因此,中国参谋本部与海军部于1930年1月会同请准公布《水陆地图审查条例》;至1931年6月,又由内政部召集参谋本部、外交部、海军部、教育部和蒙藏委员会协商成立水陆地图审查机关,并将1930年1月请准公布的条例进一步扩充修订,于1931年9月请准政府公布施行,名为《修正水陆地图审查条例》。1933年5月,各部机关再次开会协商,决定依照水陆地图审查委员会规则的第二条规定,由有关各部会派代表成立水陆地图审查委员会,于1933年6月7日开始办公。

水陆地图审查委员会成立后,在维护西沙、南沙群岛主权方面做了不少工作。他们在1934年12月21日举行的第25次会议上,审定了中国南海各岛屿的中英文岛名。在1935年1月间编印的第一期会刊上,比较详细地罗列了南海诸岛132个岛礁沙滩的名称,其中西沙群岛28个、南沙群岛96个。[①] 在1935年3月12日举行的第29次会议上,根据亚新地学社陈述的意见,规定"东沙岛、西沙、南沙、团沙各群岛,除政区疆域各区必须添绘外,其余折类图中,如各岛位置铁出图幅范围,可不必添绘"[②]。更值得一提的是,1935年4月,该委员会出版了《中国南海岛屿图》,确定我国南海最南的疆域线至北纬4°,把曾母暗沙标在我国的疆域线内。1936年白眉初编的《中华建设新图》一书中的第二图《海疆南展后之中国全图》,在南海疆域内标有东沙群岛、西沙群岛、南沙群岛和团沙群岛,其周围用国界线标明,以示南海诸岛同属我国版图。南海诸岛最南的国界线标在北纬4°,并将曾母滩标在国界线内。有关这种画法的依据,作者在图中做了这样的注释:"廿二年七月,法占南海六岛,继由海军部海道测量局实测得南沙、团沙两部群岛,概系我国渔民生息之地,其主权当然归我。廿四年四月,中央水陆地图审查委员会会刊发表《中国南海岛屿图》,海疆南展至团沙群岛最南至曾母滩,适履北纬4°,是为海疆南拓之经过。"[③]这条我国南海最南的传统疆域线,就是今天所说的"南海断续线"或"南海U形线",它对于维护我国西沙、南沙群岛的主权无疑具有重大意义。

抗日战争胜利后,中国政府收复了西沙、南沙群岛。为了确定与公布西沙、南沙群岛的范围和主权,当时的中国国民政府内政部于1947年4月14日邀请各有关机关派员进行商讨,其讨论结果是:①南海领土范围最南应至曾母滩,此一范围,抗战之前的政府机关、学校及书局出版物,均以此为准,并曾经内政部呈奉有案,仍照原案不变;②西沙、南沙群岛主权之公布,由内政部命名后,附具图说,呈请国民政府备案,仍由内政部通告全国周知,在公布前由海军总司令部将各该群岛所属各岛,尽可能予以进驻;③西沙、南沙群岛渔汛瞬届,前往各群岛渔民由海军总司令部及广东省政府予以保护及运输通讯等便利。[④] 这就是当时中国政府对确定西沙、南沙群岛主权范围,为维护群岛主权和管辖权而采取的必要措施。为了使确定西沙、南沙群岛的范围和主权具体化,当时的内政部方域司及时印制了《南海诸岛位置图》。该图在南海海域中标有东沙群岛、西沙群岛、中沙群岛和南沙群岛,并在其四周标明国界线,以表示它们属中国领

---

① 《水陆地图审查委员会会刊》1935年第1期,第61—69页。
② 《水陆地图审查委员会会刊》1935年第3期,第79—80页。
③ 《我国南海诸岛史料汇编》,东方出版社1988年版,第360页。
④ 《测量西沙南沙群岛沙头角中英界石》,广东省政府档案馆。

土,国界线的最南端标在北纬 4°左右。这种画法一直沿用至今。①

由此可见,这条"南海断续线"是数十年来中国政府一贯坚持的一条海上疆域线,线内的岛礁及其附近的海域都是中国领土的组成部分。中国对这条线以内的岛、礁、滩、洲拥有"历史性权利",也就是说,中国对位于线内的南海诸岛拥有主权。因此,断续线是表示界内的岛屿及其附近海域归属中国。这条线长期以来也一直为周边国家所承认。印尼外交部条法司前司长杰拉尔(Hasyim Djalal)说过,这条线"表明中国的领土要求是限于群岛和与群岛有关的所有权利,而没有声明其领土要求达到整个南中国海"②。我国台湾当局亦认为,在 U 形线内的整个地区是中国的"历史性水域",中国对其拥有占有权。③

抗日战争前后,对我国南沙群岛怀有侵占野心的尚有菲律宾政府。早在 1933 年法国侵占我国南沙群岛九小岛时,菲律宾前参议员陆雷彝就以巴黎条约为借口,妄称九小岛"应为菲律宾所有",要求菲律宾政府出面交涉。④ 陆雷彝所谓的《巴黎条约》,指的是 1898 年 12 月 10 日美国和西班牙在巴黎签订的和约。按其第三款规定,菲律宾西部领土界限是沿北纬 4°45′与东经 119°35′,交接处往北,至北纬 7°40′处,复沿此纬度线往西,至东经 118°交接处,然后沿东经 118°往北,至其与北纬 20°交接处。⑤ 而南沙群岛根本不在此条约线之内。据当时美国驻菲海岸测量处的人员称,这些岛屿位置在《巴黎条约》所规定的领海线之外 200 海里,因此,当时的菲律宾总督墨斐对陆雷彝的说法不以为然,仅将其要求转达华盛顿而未加本人意见。⑥ 陆雷彝的提议虽然不能得逞,但从某种意义上说,它反映了菲律宾政府对我国南沙群岛早就怀有觊觎之心。

抗日战争胜利后,菲律宾乘我国未接收西沙、南沙群岛之机,妄图把南沙群岛占为己有。时任外长的季里诺于 1946 年 7 月 23 日声称:"中国已因西南群岛之所有权与菲律宾发生争议。该小群岛在巴拉望岛以西 200 海里,菲律宾拟将其合并于国防范围之内。"⑦这里所说的"西南群岛"是日军占领南沙群岛时"新南群岛"的译名。季里诺的声明当时就引起中国国民政府外交部的注意,但因事态未继续发展,故未引起两国外交上的纠纷。

1949 年 10 月,菲律宾外交部次长礼尼(Felino Neri)获悉巴拉望岛上的菲律宾渔民经常到南沙群岛捕鱼时,即向菲律宾总统季里诺建议,鼓励菲律宾渔民移居南沙群岛,以便在菲律宾国防安全需要时,把南沙群岛吞并入菲律宾版图。于是,季里诺则下令国防部长江良,转饬菲海防司令安纳达(Jose V. Andrada)前往南沙群岛的太平岛视察。⑧ 当时中国驻菲律宾公使陈质平从巴基窝(Baguio)地方报纸获悉此消息后,立即以大使馆第 635 号电电呈中国国民政府外交部,要求电告南沙群岛上的中国驻军严加防范,并致函菲律宾外交部,要求他们严重关注这个问题,落实此项报道的真实性,且

---

① 《我国南海诸岛史料汇编》,东方出版社 1988 年版,第 363 页。
② 大卫·詹金斯:《石油与海疆问题》,《远东经济评论》1981 年 8 月 7 日,第 26 页
③ 陈逸林:《台湾的南海政策》,载于《亚洲综览》,美国加州大学出版社 1997 年 4 月,第 323—324 页。
④ 《申报》1933 年 8 月 23 日。
⑤ 海洋国际问题研究会:《中国海洋邻国海洋法规和协定选编》,海洋出版社 1984 年版,第 79—80 页。
⑥ 《申报》1933 年 8 月 23 日。
⑦ 曾达葆:《新南群岛是我们的》,载《大公报》1946 年 8 月 4 日。
⑧ 《华侨商报》1949 年 4 月 13 日。

反复强调太平岛是中国的领土。礼尼在复函中不敢承认菲律宾有吞并南沙群岛的企图，推说是"内阁仅讨论对在埃土亚巴岛（太平岛）附近水面捕鱼的菲律宾渔民，必须予以较多之保护而已"，表示对声明太平岛为中国领土一事，业经存录备考。[1] 此项外交斗争虽无直接后果，但起码抑制了菲律宾政府欲吞并南沙群岛的野心，使之暂时不敢行动，维护了我国在西沙、南沙群岛的主权。

综上所述，我国南海疆域内的西沙、南沙群岛，由于地处战略要地，早在抗日战争前就受到日本、法国的侵占，当时的中国政府为了维护西沙、南沙群岛的主权，曾开展了一系列的外交斗争，在某种程度上抑制了侵略者的野心。抗日战争胜利后，当时的中国政府在收复西沙、南沙群岛时虽然遇到种种阻力，但能坚持外交斗争，并及时采取措施：确定与公布西沙、南沙群岛的范围和主权，把我国南海最南的疆域线标在北纬4°左右，表明线内的岛礁及其附近的海域都是中国领土的组成部分，中国对这条线内的岛、礁、滩、洲拥有历史性的主权。这些，对于维护我国在西沙、南沙群岛上的主权和管辖权起了一定的积极作用。

---

[1] 《外交部为菲政府奖励渔民向中国领土南沙群岛中之太平岛移植俾将来并入版图》（1949 年 6—11 月），中国第二历史档案馆藏。

第四十二章
近代中国的海防举措与海军建设

　　鸦片战争以后,为了抵御外敌的海上入侵,清政府不断增强沿海军事防御体系,在沿海或沿江的一些险要地方,建立或修复了若干水师炮台,购置了一批大口径海岸重炮,提高了扼守海口和海岸防御的能力。同时,由于中国沿海不断遭受外国舰船的袭击和入侵,清王朝要维持它的封建统治,必须加强军事力量,这不仅有"靖内患"的意图,也有"御外侮"的愿望。保卫海疆,建设一支强大的海军,已成为当务之急。

　　筹建新式海军的道路,仍是"师夷长技",首先是借助洋人。在镇压太平天国运动中,清朝利用英、法军舰"助攻"太平军。以后正式筹建北洋水师,外国侵略者以协助建军为名,阴谋夺取中国海军的指挥权,出现了"阿思本"事件。当时左宗棠得出一条教训,即是"借不如雇,雇不如买,买不如自造"。于是,南北洋水师即在买船与造船同时并举的方针下,经过20年的时间,才经营建起一支具有相当实力的南、北洋海军舰队。

　　由于指挥战术的错误和舰只防御性能的薄弱,在反侵略战争中,一毁于马尾战役,再败于黄海之战,最后覆灭于威海卫港内,苦心经营的中国早期海军以全军覆没而告终。但是,在以上战役中,海军官兵不畏强暴、歼击敌舰、英勇牺牲的精神,为中华民族留下可歌可泣的史篇。

　　辛亥革命后,重新建立起来的海军,实力已大不如前。而军阀混战时期,海军依附各省军阀,拥军自重,内部派系倾轧,即在国民党政府统一各舰队后,各派系势力,仍互不相容。国民党政府掌握的海军,还成为进行内战的工具。抗战爆发后,舰队被炸沉,被劫掳,除小型江防舰只退避长江上游内河外,几乎全部覆灭。战后,凭借英、美主要是美国的赠舰以及接收的一批日本降舰,国民党又组成一支有相当实力的舰队,在人民解放战争时期,除少数起义投向人民外,其余均去了台湾。

　　中国近代海军的创建历史,充分反映了半封建半殖民地中国海军的坎坷命运。

第一节　晚清政府的海防举措①

　　清朝统治者虽有守祖宗之土的愿望,但在西方坚船利炮的进攻面前,大清帝国惨遭失败。两次鸦片战争,迫使清政府割地赔款,主权沦丧。清政府发现自己已处于列

---

① 本节引见安京:《中国古代海疆史纲》,黑龙江教育出版社1999年版,第247—263页。

强东西交侵的险恶境地,陆疆、海疆都出现了严重的危机,因而是注重海防还是注重塞防(陆防),成为清政府内部长期讨论的战略问题。

1874 年,日本以台湾人杀死琉球渔民为由,悍然出兵,入侵台湾。10 月,李鸿章、沈葆桢上书,建议筹办海防,建立新式海军,购置铁甲兵舰,沿海各省大都表示赞同,但预算经费达 4000 万两白银。

这时,俄国也在加紧侵略新疆的活动,如不早日进军西北,新疆的分裂不可避免。由左宗棠率领的西征军,每年需用军费 800 万两,而实际上每年只能拿到 500 万两,各省积欠的军饷已达 3000 万两。

为此,清政府内部展开了争论。湘系大都主张加强塞防:湖南巡抚王文韶、山东巡抚丁宝桢、江苏巡抚吴元炳等人认为,沙俄早有侵占中国西北的野心,其势咄咄逼人,若不尽早收复新疆,则俄人必得寸进尺,西北之地将沦于俄人之手。李鸿章等人则认为应大办海军,放弃新疆,移塞防之饷,以专重"海防";西北乃荒芜旷地,新疆不恢复,于肢体元气无伤,海疆不防,则必为心腹大患。

陕甘总督左宗棠则提出,东边要注重海防,西边要注重塞防,二者应并重。他认为海防、塞防相互倚重,片面强调海防、忽视塞防是不对的,塞防有失,则外敌必得寸进尺,使清王朝西、北方统治陷于瓦解。左宗棠认为,新疆乃内地屏障,必须收复。清政府接受了左宗棠"海防""塞防"并重的主张,于 1875 年 5 月 3 日任命左宗棠为钦差大臣,负责督办西北事务,收复新疆;任命北洋大臣李鸿章、南洋大臣沈葆桢分别督办北洋和南洋海防。

围绕"塞防""海防"和筹边经费等问题,清朝政府内部还就划拨关税用于海军建设、裁并旧式水师、振兴民间工业、采用新法开矿、罢宫中土木之工、减宫室费用等问题展开讨论,这对发展中国新型海军、在台湾布防、加强海防建设有积极意义。

"塞防""海防"并重的战略选择是对的。但实际上当时的国防重点在海防,所以在新疆建省之后,清政府专注海防,大力推进新型海军建设。

起初,清政府依赖洋人,委托海关总税务司英人李泰国,用银 107 万两购置 7 艘中、小兵轮,但买回后,却为英人把持,名义上由皇帝下令指挥,中间却由李泰国传达,舰队实由英人指挥。这样操于洋人之手的舰队难以承担守土戍边之责,因而曾国藩提出师夷智以造炮制船的主张。左宗棠也认为,借不如雇,雇不如买,买不如自造。于是,李鸿章、左宗棠等人先后在上海、福建马尾、天津、广州设立工厂,建立中国自己的机器制造业和造船业,建立中国人自己的舰队和兵工业,为国防、海防奠定了基础。

为了抵御外敌的海上入侵,清政府不断增强沿海防御体系。

一 北方海防

1. 东北地区海防

清代,自山海关、锦州、金州、盖州延至鸭绿江口有口岸 39 处。康熙初,在金州旅顺口设水师战船,隶属于金州副都统率领,为木质旧式船。道光二十一年(1841 年),耆英以移民越海内徙为由,更加注重在东北海域设防。咸丰年间,欧洲列强军舰侵犯天津塘沽,旅顺也实施戒严。同治四年(1865 年),崇厚调天津洋枪队千人驻防营口;同治五年(1866 年),又调洋枪队 500 人增援营口。同治十一年(1872 年),瑞麟调拨南洋自制兵舰 1 艘,在牛庄海口巡防。光绪初年,为遏制俄罗斯的扩张,清政府又调集马步队 4200 人、绿营兵 4000 人等驻防营口;李鸿章派遣"镇东"号等 4 艘炮舰在今辽宁沿海巡防。光绪八年(1882 年),李鸿章又在旅顺黄金山顶仿筑德式炮台,设巨炮多尊,并营建兵营、弹药库;在黄金山附近要冲处,也设置行营炮垒;在海口处则布置水雷,沿岸易于登陆处埋藏了地雷,又调集陆海军驻防。光绪十七年(1891 年),李鸿章以大连湾为渤海门户,在老龙头等处修筑 6 座炮台,营建兵营、火药库。

黑龙江、吉林也设海防,以抵御俄罗斯的南侵。但海军力量薄弱,基本依仗沿海陆防,在江河入海口设障,并在要害处增设炮台。

2. 河北地区海防

天津、沽口为河北地区海防"第一重镇",是南北运河、永定河、大清河、子牙河汇合入海处,北连辽东旅顺、大连为左翼,南延登州、莱州、威海卫为右翼。顺治初,在津沽驻战船设防,此为清代津沽地区海防之始。雍正四年(1726 年),清政府在海口芦家嘴建天津水师营,调满、蒙军士驻守,学习水战。另外,自天津城南门外起至庆云县(今属河北)所有沿海州县,分置 25 处守兵驻守。

乾隆二十一年(1756 年),在天津海口增派军队,建炮台营房;在近海村落召集团练,修筑土堡,以便互相策应。乾隆二十三年(1758 年),令天津水师营每年调拨战船 6 艘,分三路巡防,与奉天、山东水师船定期会哨。

咸丰八年(1858 年),令僧格林沁在大沽口及双港修筑炮台,在河口水路设木筏,在沿岸建筑营垒,并调集宣化镇兵会同大沽口协兵共同守卫海口炮台;令史荣椿自天津赴山海关勘察海防要地,以备防御。

同治元年(1862 年),令曾国藩、薛焕等人购置外国舰船和巨炮,其中部分舰船驻泊天津海口。同治十年(1871 年),直隶总督李鸿章增 6 营兵屯驻大沽协守海口,并修筑大沽口南北两岸炮台,与北塘成掎角之势。同治十三年(1874 年),又在运河北岸以三合土构筑新城,四围设置大小炮台,并引海河水入濠,屯驻重兵,与大沽防御体系相互联系。

光绪元年(1875 年),李鸿章在大沽、北塘、新城各处新筑洋式炮台,购置铁甲快船、碰船、水雷船,以备守御。光绪二年(1876 年),增筑新式炮台。光绪六年(1880 年),调宋庆、郭松林二军分驻沿海蒲河口、秦皇岛等处,调淮军驻守天津,防守大沽、北塘各口;以鲍超军一部驻防昌黎、乐亭,防守大清河、洋河各口;以山海关防军兼顾金山嘴、秦皇岛、老龙头各处。其后,曾国藩以为直隶海防重在山海关,于是命曾国荃率安徽、湖北、山西各军赴山海关驻守。光绪八年(1882 年),李鸿章于大沽口、北塘炮台下埋设水雷,大沽口内置拦河木筏,山海关内外兴筑三合土大炮台 1 座、土炮台 2 座,在濒海处置防护墙。"其时大沽南北岸炮台大小共数十座,辅以水雷铁舰,沿岸以陆军驻守"①,形成了较为完整的防御体系。然而,这样一个防御体系却未能抵挡西洋、东洋人的进犯,在内忧外患中,沿海炮台毁于一旦。

3. 山东地区海防

山东海岸线绵长,自直隶界屈曲而南至江苏,其间分布大小海口 200 余处,其"东

---

① 《清史稿·兵志》,中华书局 1976 年版,第 4100 页。

北境之登、莱、青三府，地形突出，三面临海。威海、烟台岛屿环罗，与朝鲜海峡对峙，为幽、蓟屏藩。海禁既开，各国商帆战舰，历重洋而来，至山东成山而折入渤海，以达沽口。故创练海军，以威海、旅顺为根据地。欲守津沽，先守威、旅。齐、鲁关山，遂与畿疆并重矣"①。

顺治十一年（1654 年），清政府命苏利为水军都督，驻军碣石，为山东防海之始。乾隆五十五年（1790 年），以胶州、文登、即墨等营兼防海口，总兵驻登州，统率水师 3 营、战船 12 艘，修治各海口炮台。道光二十一年（1841 年），以芝罘扼东海之口，调兵防守在蓬莱、黄县、荣成、宁海、掖县、胶州、即墨等地，编练民团，互为防卫。同治九年（1870 年），丁宝桢以文登的马头、荣城的石岛、福山的烟台、蓬莱的庙岛、掖县的小石岛为海航必经要地，故拨兵 6000 余人分守。同治十一年（1872 年），调拨大兵船 1 艘，驻泊登州洋面。

光绪元年（1875 年），丁宝桢调兵增加山东东三府的防御。在烟台通申冈驻兵 3000，烟台山下及八蜡庙、芝罘岛之西建浮铁炮台 3 座。芝罘岛之东，筑沙土曲折炮台，并在外海海面密布水雷。在威海卫刘公岛之东口建浮铁炮台 1 座，于岛口内筑沙土曲折炮台，并于外海海面布设水雷。在登州城北建沙土高式炮台，城内建沙土圆式炮台，长山之西建沙土曲折炮台。炮台装备了克鲁伯后膛大炮，也选用阿姆司脱朗前膛大炮。陆军配备格林炮、克鲁伯四磅炮和亨利马悌尼快枪。光绪十二年（1886 年），李鸿章在威海卫南北岸构筑炮台，布水雷。光绪十七年（1891 年），在威海黄泥岩增筑新式炮台，又在南岸龙庙嘴炮台外增筑赵北口炮台。刘公岛新筑地阱炮台，在隧道中设后膛巨炮。其西的黄岛、日岛，亦设置炮台，与南岸相应。刘公岛又建设大铁码头，为海军船舶上煤码头。但在甲午中日战争中，山东海防受到毁灭性打击，后德国入侵，山东海防形同虚设。

二 南方海防

1.江南地区海防

江南海防自海州向南，过长江吴淞口，到松江奉贤县境内海湾，南接浙江洋面，其间分布多处港口。其中，江阴、吴淞为防务重地。如江口防务失陷，外国兵船可长驱直入，直达四川夔（今四川奉节）、渝（今四川重庆），因而江防与海防必须互相联系，以海防为重。安徽以东江防，皆"隶于苏省海防焉"②。

顺治十四年（1657 年），以梁化凤为水军都督，统军万人驻防崇明、吴淞，因松江府三面临海，故设提督，屯驻重兵。道光二十一年（1841 年），因海患突起，即令在宝山、吴淞屯重兵。道光二十二年（1842 年），令耆英巡视吴淞、狼山、福山、风山尖等处，整顿战船炮械。道光二十四年（1844 年），璧昌于刘闻沙、东生洲、顺江洲、沙圩等处修筑炮堤，增加水师兵力。

同治元年（1862 年），谕令薛焕等购置西洋兵船，在上海等要害之处巡守。同治四年（1865 年），曾国藩于狼山镇增造船舶，修筑炮台。同治七年（1868 年），定内洋

---

① 《清史稿·兵志》，中华书局 1976 年版，第 4101 页。
② 《清史稿·兵志》，中华书局 1976 年版，第 4103 页。

水师 6 营、外洋水师 6 营之制；以兵轮 4 艘隶属于吴淞、狼山、福山三镇总兵，驻防海口。同治十三年（1874 年），调陕军马步兵 22 营入山东、江南沿海布防，以备日本入侵。

因台湾局势变化，清政府于长江口岸构筑炮台，炮台以大木方石为基础，捣三合土筑炮台炮门，以铁柱铁板支护，在其下隐藏炮兵。修建炮台自乌龙山始，建炮台 16 座；其次，在江阴、天都庙、象山、焦山、下关皆构筑明暗炮台，设巨炮。在北岸沙州圩、吴淞口、江阴北岸的刘闻沙都增筑炮台。光绪元年（1875 年），刘坤一又增筑炮台，对原有炮台进行改建。光绪七年（1881 年），彭玉麟主管江阴至吴淞口一带海防，重修冈山关、东生洲两岸炮台、堤防，增置大炮。光绪十年（1884 年），曾国荃以新购西洋大炮分置江阴、吴淞炮台，又将购置的马梯尼快枪 20130 支分发陆军各营；增兵吴淞炮台 8 营、江阴炮台 12 营。光绪十三年（1887 年），再次以铁木石土改筑吴淞、江阴炮台，设置新式后膛大炮；同时配备哈乞开司炮。光绪二十二年（1896 年），张之洞把江南各炮台分为 4 路，设总管炮台官员 4 人。光绪三十一年（1905 年），兵部侍郎铁良至江南考察防务，把沿江海炮台复分为吴淞、江阴、镇江、金陵 4 路，置炮位 30 余处，各类火炮近 200 门。

2. 浙江地区海防

清代，浙江滨海区域为杭州、嘉兴、宁波、绍兴、温州、台州，岸线长约 1300 余里。其内海要冲为嘉兴的乍浦、澉浦、海宁之洋山，杭州鳖子门，绍兴的沙门；外海防御重地为定海的玉环厅，"定海为甬郡之屏藩，玉环为温、台之保障，尤属浙防重地"①。

顺治八年（1651 年），曾令宁波、温州、台州三府沿海居民内迁。康熙二年（1663 年），曾在沿海设立椿界，增设墩堠台寨，驻兵巡防。康熙二十九年（1690 年），命江、浙二省疆臣，会勘海疆，以洋山（今浙江崎岖群岛）为界，分界巡哨。雍正七年（1729 年），在沿海险要之处增设炮台，增拨巡防船舶。光绪六年（1880 年），谭钟麟以乍浦、宁波的镇海、定海、石浦及台州的海门、温州黄华关旧设的炮台建筑不合规范而选择澉浦长山、乍浦陈山、定海舟山、海门镇小港口各炮台进行改建；在镇海金鸡山增建炮台 1 座。光绪十三年（1887 年），刘秉璋认为浙江海防以舟山为要冲，其次为镇海招宝、金鸡二山，乃勘察地势，修建宏远、平远、绥远、安远炮台 4 座，置克鲁伯后膛大小铜炮，作为蛟门海口防御。光绪十九年（1893 年），谭钟麟在原 50 余艘巡海船之外，增设单船 8 艘，协助海洋巡狩。这些防御设施，在中法之役中发挥了重要作用。

福建东南沿海岸线达 2000 余里，重要岸口有 20 余处；设水师 27700 余人，分 31 营，大小战船 266 艘。清初剪灭郑氏集团，嘉庆年间又镇压了蔡牵等海盗的窜扰福建为海上用兵频繁的区域。福建的福宁、福州、兴化、泉州、漳州 5 府临海，台湾则为海上屏障。福建岸线不同于北方，北方岸线"淤沙多而岛屿少，其海岸径直，故防务重在江海总口，而略于海岸。自浙洋而南，岛屿多而淤沙少，其海岸迂曲，故防务既重海口，而巨岛与海岸并重焉"②。

雍正四年（1726 年），浙闽总督高其倬演练沿海水师，令闽洋水师巡视本省各港

---

① 《清史稿·兵志》，中华书局 1976 年版，第 4109 页。
② 《清史稿·兵志》，中华书局 1976 年版，第 4112—4113 页。

口,并北趋浙江海面巡缉;嘉庆四年(1799年),命闽省水师改造战船80艘,编为两列,以泉州崇武为界,分别巡缉。道光二十年(1840年),命邓廷桢严守澎湖,扼守闽省至台湾信道。光绪六年(1880年),在闽安南岸构建铁门暗炮台6座、明炮台8座,北岸构筑铁门暗炮台7座。光绪七年(1881年),又于长门仿建"洋式"暗炮台4座、明炮台6座。光绪二十五年(1899年),许应骙又于漳州之鼓浪屿增建炮台,置新式大炮。

台湾西与福州、兴化、泉州、漳州相对。康熙初,姚启圣以闽省300艘战船征讨台湾郑氏集团,攻克金门、厦门。康熙二十二年(1683年),施琅以水师2万余人攻占台湾,置台湾府,驻军1.4万人。康熙六十年(1721年),朱一贵叛乱,施世骠自厦门率水师600艘战船进攻台湾,镇压叛乱。清在台湾设总兵,在澎湖设副将守御。光绪十三年(1887年),以台湾为省治,设巡抚等官员。甲午战争后,割让台湾,台湾海疆遂无复存。

3. 广东地区海防

广东南境濒临南海,自东而西为潮州、惠州、广州、琼州、肇州、高州、雷州、廉州达越南。东以南澳与闽海接界,沿海多岛屿、港湾、暗礁。海防各有特点。西方列强自西方航海来华,广东首当其冲:道光间,林则徐布防严密,使列强兵舰屡遭打击;光绪年间,彭玉麟、张之洞又增设炮台,使海防越加巩固。

康熙五十六年(1717年),开始构筑横当、南山2处炮台。嘉庆五年(1800年),在沙角建炮台。康熙十五年(1810年),在虎门设水师提督,以2营兵屯驻香山、1营兵驻守大鹏,以为左右两翼。康熙二十年(1815年),加筑横当炮台,又于南山西北增建镇远炮台,置火炮多具。康熙二十二年(1817年),增大虎山炮台,设置大炮32门。道光十年(1830年),在大角山增建炮台,置炮16门。道光十五年(1835年),在虎门炮台置6000斤以上大炮40门,又于南山增筑威远炮台,在横当山阴和对面的芦湾山增建永安、巩固2炮台,并于沙角、大角增建隙望台。道光十九年(1839年),林则徐又于武山、横当狭窄的海面上设8000副大木排,分为两道,大铁链700丈[①],配合炮台、水军以阻挡敌船进犯。邓廷桢也于横当山前海峡处设木排,在武山下威远、镇远的炮台间增筑大炮台1座,置大炮60门。道光二十年(1840年),林则徐在通向潮州、惠州的海道咽喉尖沙嘴一带的岛屿上建炮台,并建火药库和兵营。道光二十七年(1874年),在高要县增筑琴沙炮台。同治十年(1871年),瑞麟调拨兵轮巡防与越南接境的钦州洋面。光绪六年(1880年),刘坤一修整大黄窖及中流砥柱、虎门炮台,在威远、下横当等地筑炮台60余座,又于沙角及浮舟山修筑炮台。光绪八年(1882年),曾国荃以琼、廉二州海面与越南沿海相邻,遂增调兵船8艘、拖船2艘,驻防北海。光绪十年(1884年),彭玉麟修整广东原有炮台,并在炮台后开山道以隐蔽军队,又筑濠墙,使各炮台相互连成一体。光绪十二年(1886年),张之洞编练5000人的新军,学习洋枪洋炮,分成海疆。光绪十四年(1888年),张之洞编练驻守海南岛的军队,整顿海南水师,分守崖州、儋州、海口、海安,增加了琼岛海防实力。

第四十二章

近代中国的海防举措与海军建设

---

① 1丈≈333.33厘米。下同,后面出现不再标注。

第二节　近代海军的创建与发展①

19世纪中叶,中国沿海不断遭受外国舰船的袭击和入侵,清王朝要维持它的封建统治,必须加强军事力量。这不仅有"靖内患"的意图,也有"御外侮"的愿望。保卫海疆,建设一支强大的海军,已成为当务之急。

一　晚清政府的海军建设

19世纪30年代,轮船开始在我国广东出现。但当时中西之间的交通运输主要还是武装的快速洋式帆船——飞剪船。这些飞剪船,到处走私窜扰,清政府的水师船由于航速低、火力差、船质弱,在飞剪船面前相形见绌而无力防堵。1839年钦差大臣林则徐到广东查禁鸦片,积极筹划海上防御,当年购进1080吨的英制商轮"甘必力治"号,改装为军舰;还买进2艘25吨的纵帆船和1艘(明轮)小火轮,装备火炮,组成舰队。由于林则徐不久被革职,创办近代海军的尝试也随之夭折。

直到20年之后,第二次鸦片战争失败,清政府开始筹办海防,建立海军。

(一)试办海军的失败

1862年太平军在浙江连克宁波、杭州。清廷大为恐慌,加速了筹办海军的步伐。这时代理海关总税务司英人赫德向清政府条陈,力言在进口洋药(鸦片)正税之外,照牙行纳贴例,各输银若干,则岁可增银数十万两,以留作购买船炮之用。奕诉以经费已有着落,再次奏请购买轮船。同治皇帝当即下谕:"迅速筹款,雇觅外国火轮船只,堵截宁波口外,以防贼窜,并令广东、福建各督抚一并购觅轮船,会同堵截。"奕诉即令赫德办理,委托休假回国的总税务司英人李泰国洽购兵船,组织舰队。

李泰国在英国购置中号兵船4艘,小号兵船3艘,趸船1艘。船价银及置办各项器物共耗银107万两。他自称是中国皇帝的全权代表,擅自与英海军大佐阿思本签订合同13条,其主要条款为:

(1)中国用阿思本为海军总司令兼管外国建造或雇用外人驾驶的船只;

(2)阿思本仅执行李泰国交来的皇帝谕旨,不受理任何机关传来的命令;

(3)凡李泰国认为不满的,可拒绝传递。②

于是,阿思本雇外籍人员600余人组成舰队,于1863年9月驶抵上海。清政府此时才得知上述合同内容,朝野大哗。以奕诉为首的总理各国事务衙门也认为:"所列合同十三条事由阿思本专主,不肯听命于中国,尤为不谙体制,难以照办。"曾国藩、李鸿章等人也都反对由外国人来控制中国海军。后经奕诉与李泰国往返交涉一个多月,另订章程5条,大致内容如下:

(1)由中国派遣武职大员,作为该师船之汉总统,阿思本作为帮同总统,以四年为定;

---

① 本节引见彭德清:《中国航海史(近代航海史)》,人民交通出版社1989年版,第473—495页。

② 《筹办夷务始末》第2卷,(中国台北)文海出版社1966年版,第37页。

（2）用兵地方听督抚节制调遣；

（3）阿思本由总理衙门发给札谕，俾有管带之权；

（4）此项兵船随时挑选中国人上船学习；

（5）规定应支银饷、军火及伙食、煤炭、犒赏、伤恤银两。

这5条虽比13条有了很多改变，但仍遭到曾国藩、李鸿章、左宗棠、曾国荃等的反对。后来阿思本到华，坚持原议，竟连修改的5条也不同意。奕䜣不得已在这年10月15日将所募兵弁解散，轮船退还英国变卖，一切雇用洋员另给9个月薪工及回国旅费遣散。阿思本、李泰国也各给资遣回英国，包括购置兵船各费总计支银146.9万两。而兵船变卖仅收回20余万两，其余120万余两均付之东流，前后三年创置海军的尝试以付出巨额代价而告终。这就是中国近代海军史上的阿思本事件。

（二）自造兵船

阿思本事件说明依靠外国人建设海军是不可能的。奕䜣和曾国藩、左宗棠、李鸿章等人决定用自己的力量设厂造船，培养海军人才。

早在1861年，曾国藩已经延揽中国近代的一批科学家如华蘅芳、徐寿等在安庆军械所试造轮船。1863年第一次试造，因蒸汽不足而失败。1864年第二次试造，造出一艘25吨的木质轮船，在长江试航时，曾国藩登船观察，认为其性能是正常的，批示"试造此船将以此放大，续造多只"。1865年新造轮船在南京建成，定名为"黄鹄"号。同年，左宗棠在杭州觅雇工匠，仿造小轮船一艘，在西湖试航。这两艘船的试航，说明中国人已初步掌握了制造轮船的技术。

太平天国运动被镇压下去之后，曾国藩的两江总督署迁回南京，他把在上海筹办机器厂的任务交李鸿章主持，李鸿章则指令丁日昌筹办。

1865年6月，江南机器制造总局成立，丁日昌兼任总办，韩殿甲和冯焌光分别任会办和襄办，美国人种尔担任总监工。这时容闳在美国购买的100多台机器运到上海，也拨给江南机器制造局。与此同时，左宗棠请准朝廷，设立福州船政局。这两处造船厂的建立和自造兵船，标志着中国近代海军兴建的开端。

江南机器制造总局是中国第一个大型近代军事工业企业。创办时规模较小，逐步发展成为生产轮炮、弹药、轮船、钢材的综合性兵工厂。1867年开始造船。1868年8月建成"惠吉"号兵轮，长度28.3米，352马力，排水量600吨，共用工料费用银81397.32银两。[1] 曾国藩曾参加该轮的试航。后来他向清政府奏报航行情况时说："由铜沙直出大洋，臣亲自登舟，试行至采石矶。每一时上水行七十余里。下水行一百二十余里，尚属坚致灵便，可以涉历重洋。"[2]"惠吉"号船身系木壳，锅炉、船壳自造，机器则由外国的旧机器改装。这是中国自造的第一艘轮船。它的出现，引起各方重视。该局以后三年又建成"测海""操江"和"威靖"3轮。1870年以后，又建成"海安""驭远"和"金瓯"。其中，"海安"和"驭远"均系2800吨的大轮。1876年开始建造铁甲船"金瓯"号，后因制造费用浩大，质量不及外国兵船坚利，加之清政府财政困难，没有余力增

第四十二章

近代中国的海防举措与海军建设

---

[1] 《江南造船厂史》(1865—1949)，上海人民出版社1975年版，第10页。

[2] 《曾文正公全集》奏稿卷三三，(中国台北)文海出版社1974年版，第6页。

加经费,因而制造局只得停造舰船,专造军火。

福州船政局于 1868 年开始造船。次年完成第一艘兵船"万年青"号,排水 1370 吨;以后几年,每年竣工 2 艘,最多年份建成 4 艘。1872 年建成"扬武"舰,排水量 1560 吨,1130 匹马力;接着建成"伏波""飞云"和"安澜"3 艘兵船和"永保""海镜"2 艘商船。到 1873 年,一共竣工 12 艘,其中千吨级的 7 艘、不满千吨级的 5 艘。

1873 年后,福州船政局和江南制造局又继续建造兵轮。至 1917 年的 40 余年中,两厂共造大小兵船 37 艘。福州船政局所造大都是千吨以上大船,其中 2200 吨级的就有"开济""镜清"和"寰泰"轮等。而江南制造局所造的大都是千吨以下兵船;其中,1914 年所造的"永健"炮舰也只 860 吨。与此同时,广东黄埔船坞造出"广金"(550 吨)、"广玉"(550 吨)炮舰 2 艘。大沽造船所造出"海鹤"(227 吨)、"海燕"(56 吨)炮舰 2 艘。

(三)向外购舰

李鸿章筹办北洋海军,先是自行设厂造船,后因造船缓不济急,质量也不合要求,提出"今急欲成军,须在国外定造为省便"的主张。从此,北洋舰队的舰艇大都向国外购买。

1875 年,李鸿章通过赫德向英国阿姆斯特隆公司订购了首批 38 吨、26.5 吨的炮艇 4 艘。其中,26.5 吨级的"阿尔法""蓓太"两炮艇排水量各为 330 吨,于 1876 年 6 月 19 日从英国启碇,航行 5 个多月,同年 12 月 20 日抵达天津,命名为"龙骧""虎威";另外,"茄玛"和"豆尔太"两艘排水量各为 440 吨,1877 年 3 月 1 日从英国开航,6 月 25 日抵福州,分别命名为"飞霆"和"策电"。1879 年续购快速巡洋舰 2 艘,分别命名为"超勇""扬威";代山东购炮艇 2 艘,即"镇边""镇中";为南洋定购 4 艘,分别命名为"镇东""镇南""镇西"和"镇北"。

1880 年,李鸿章向德国订购铁甲舰 2 艘、钢甲舰 1 艘,分别命名为"定远""镇远"和"济远"。1882 年向德国订购鱼雷艇 3 艘,即"雷龙""雷虎"和"雷中",归北洋调遣。1883 年粤督张之洞向德国订购巡洋舰"南琛""南瑞"2 舰,都是 1905 吨级的。在此之前,广东曾于 1882 年和 1884 年向德国订购鱼雷艇 8 艘,分别命名为"雷乾""雷坤""雷离""雷坎""雷震""雷艮""雷巽"和"雷兑"。

1886 年分别向德、英两国订购巡洋舰"致远""靖远""经远"和"来远"4 艘。

1887 年向英国订购出海鱼雷快艇 1 艘,命名为"左一"。这年,又向德国购买鱼雷艇 5 艘,分别命名为"左二""左三""右一""右二""右三"。

北洋购买外舰建立舰队始于同治十三年(1874 年),迄于光绪十三年(1887 年),前后总共 14 年。其间 1874—1879 年共购入兵舰 13 艘,最大吨位不过 1350 吨("超勇""扬威")。1880—1887 年转入订购铁甲舰阶段,先向德国购进 7430 吨铁甲舰 2 艘;以后又向英、德两国购进巡洋舰 9 艘,从而形成北洋海军的主力。

当时由于中国工业生产技术水平很低,钢铁冶炼、机器制造没有基础,自行造舰、造船在时间上和质量上都无保证,从国外购进舰船,本是无可厚非的事。只是后来李鸿章把发展海军的希望完全寄托在买船上,没有采取买船与造船并重的策略和以发展本国造船工业为主的方针,加之买船财政开支巨大,这就使中国近代海军建设从 1888

年以后陷于停滞状态。这中间,清政府国库不胜负担固然是个原因,但机器零件、补给修理处处仰洋人之鼻息,这就使扩大舰队实在难以为继。

在购买外舰的过程中,西方列强之间竞争激烈。他们不仅为本国军火商推销军品,还企图通过出口武器、派出教练从而在政治和军事上控制中国海军。英国于19世纪60年代初在阿思本事件上已露端倪。70年代中期,赫德看到清政府建设海军必然要延揽洋教练,便向总理衙门提出海防条陈,暗示"须派伊为总海防司始肯尽力",企图掌握中国海军的野心已昭然若揭。这自然遭到有民族主义思想官员如沈葆桢、薛福成等的反对。他们指出,赫德既任"总司江海各关税务,利炳在其掌握,已有尾大不掉之势;若复授为总海防司,则中国兵权、饷权皆入赫德一人之手",是绝对行不得的。在各方面舆论的反对下,赫德这一图谋终未得逞。

本来英国在华的政治、经济势力很强,早就引起西方其他国家的嫉妒。进入19世纪80年代后,德国资本挤进中国市场,与英国争夺船舰贸易,争荐海军教练。当清政府拟购买铁甲舰的消息传出后,德国迅速提出"在土耳其所定的铁甲船两艘,制而未用,拟欲出售"。清政府正欲询价购买时,十分了解清政府购买铁甲船迫切心情的英国,竟将该两舰抢先买去,并乘机勒索,索价200余万两,"分毫不能再让"。当李鸿章筹款就绪准备付款时,英国出于同德国的矛盾,突然变卦,拒不出售。于是,德国乘虚而入。德国公使巴兰德向李鸿章表示,中国如派人到西方学习船政军政,德国必定"尽力帮助";同时,又主动提出,德国愿将驻在香港的兵舰调来大沽口洋面,请李鸿章观看演习。英、德两国展开了一场向中国销售军火的激烈竞争。

1880年,德国从清政府取得了一批铁甲舰即"定远""镇远"的订货。同年冬,英国也获得"超勇""扬威"两舰的订货。到1885年,清政府继续向国外订购船舰时,便采取以相同数量同时向两国订购的办法。例如,1887年向英国订购"致远""靖远"两巡洋舰时,同时也向德国订购"经远""来远"两舰。这就使得英、德双方为争夺订货各自为本国产品吹嘘,指责对方的弱点,相互攻击,极尽喧嚷之能事。实际上,不管英国还是德国,都不曾提供过真正优良的军工产品。清政府原来期望向英、德订造的船舰能够统一规格,不想双方都表示反对。双方都指斥对方的弱点,坚持己见,互不相让。最后,清政府只得让步,被迫同意各按自己的蓝图制造。这就暴露了半殖民地的中国海军,从创建时起,其船舰的型号、规格、装备、式样便各不相同,各按体系,自成一套,为中国海军提高战斗力埋下了难以克服的障碍。

除争夺舰船订货外,英、德、美、法各国都竭力向中国政府推荐海军顾问和教练。因为他们知道,在清政府建立海军的过程中,谁能获得海军训练权,谁就能真正取得对海军的控制权,从而在对待中国的政策上产生更大的影响。美国于1880年一心想插手北洋海军。据英使威妥玛称,美国驻华使馆试图介绍该国前总统格兰特的一个亲威作为北洋海军的教练,未成。英国念念不忘攫取海军训练权。1880年,英使向李鸿章建议全部聘用英国军官担任海军教练。1882年11月,英国人琅威理受任为北洋海军"总查",职司训练。德国通过天津海关税务司德璀琳的活动,派出德国军官在北洋海军中服役,其中就有后来为李鸿章所信赖的德国退役少尉汉纳根。1884年中法战争爆发,琅威理被英国召回,德国的施伯令马上接替他的职位。当中法战争结束清政府成立海军衙门时,赫德又匆忙向英国外交部献策,竭力主张再次派琅威理来华。赫德毫不掩饰地说："法国人、德国人和美国人现在都想谋取领导,但我仍将中国海军保持在英国手中。海军衙门的成立是一进步,中国亟需琅威理来,煊赫的前程已经展开,机不可失,失不再来,务遣其来华。"①

琅威理后来在 1886 年重返中国,占据中国北洋海军总教司职位,长达 4 年之久。

清政府从 19 世纪 60 年代初起,经过 30 多年筹建海军,到 1895 年共拥有各种式样、大小不一的船舰大约 60 多艘,分别建成广东水师、福建水师、南洋水师和北洋水师四支力量不同的舰队。可以说,中国海军至此已经初具规模。但是,这支舰队的许多舰艇都是木质蒸汽船,加之清政府腐败,所以甲午海战竟全军覆没。

(四)南、北洋水师的建立

清政府在造船、买舰的同时,为了建成一支海军,积极筹备建立统一的组织和指挥系统。早在 1867 年 12 月 31 日,当时任湖广总督李鸿章附呈藩司丁日昌条陈,建议成立三洋海军,认为:"制造中等根驳(Gunboat,即炮艇)轮船约三十号,专守内港、以一提臣督之,分为三路:一曰北洋提督,驻扎大沽,直隶、盛京、山东各海口属之;一曰中洋提督,驻扎吴淞江口,江苏、浙江各海口属之;一曰南洋提督,驻扎厦门,福建、广东各海口属之。"

这个建立"三洋"海军的设想,为清政府所接受,后来中国海军的设防,基本上是依照它安排的。

1874 年,日本借口船民为台湾生番所袭,进攻台湾,一手挑起台湾事件。此后,清政府建设中国海军的步伐更为加紧。当时奕䜣认为对日本已经"备御无策,如西洋各国再犯中国,将更无凭借,而防日本尤为迫切"。"台事虽权宜办法,而后患仍在堪虞,亟宜未雨绸缪"。李鸿章、文祥等均提出要加紧建设海军,并以新兴的日本为假想敌。同年 12 月,诏命李鸿章赶紧筹款购买船舰。次年 4 月,决定今后每年从关税和厘金项下拨款 400 万两,作为筹办海军之用;5 月,光绪任命李鸿章、沈葆桢分别督办北洋、南洋海防事宜。但为财力所限,总理衙门议定"先就北洋设水师一军",然后"就一化三",希望在 10 年内建成南洋、北洋、粤洋三支水师。

到 19 世纪 80 年代初,海军舰队已经初具规模。同时,大批合格的海军人员(一部分留英学习毕业回国)也已培养成材,足以胜任驾驶、管轮和指挥职务。1883 年,总理衙门下设海防股,统管海军的组建。1885 年,正式成立海军衙门,醇亲王奕譞为总理大臣。庆亲王奕劻、直隶总督李鸿章为会办,汉军都统善庆、兵部侍郎曾纪泽为帮办。所有水师全部归海军衙门节制调遣。先练北洋一支,由李鸿章负责。1888 年 8 月颁布《北洋海军章程》,制定海军旗,纵 3 尺②,横 4 尺,旗为黄地、蓝龙、红珠。同年 11 月,任丁汝昌为北洋海军提督,琅威理(英人)以副将衔任海军总教习。林泰曾为北洋海军左翼总兵,刘步蟾为右翼总兵,各舰管带大都为留英学生。编"致远""靖远""经远"3 艘巡洋舰为中军三营;"镇远"战斗舰,"来远""超威"两巡洋舰为左翼三营;"定远"战斗舰,"济远""扬威"两巡洋舰为右翼三营。此外,还有"镇中""镇边""镇东""镇

---

① 魏尔特:《赫德与中国海关》下,厦门大学出版社 1993 年版,第 61 页。

② 1 尺≈0.33 米。下同,后面出现不再标注。

西""镇南""镇北"等6艘炮艇。连同"威远""敏捷"等练习船,大小舰艇近50艘,吨位约5万吨,大小火炮300门,官兵4000余人,以山东半岛的威海卫为舰队屯泊之所。至此,北洋水师正式成军。

北洋水师成军时,实力已超过日本(当时日本仅有舰艇17艘)。但后来日本"岁添巨舰",1891年后的三年间添置战舰6艘。而北洋水师开办以后,"迄今未添一舰",清政府将海军经费移作修建颐和园,种下了甲午之战的败因。

南洋水师的建立比北洋水师稍晚,主要由于筹建军费原来规定由粤海关、江海关和江苏、广东、福建、浙江、江西、湖北6省的厘金每年提供400万两,但从1875年7月到1877年6月经费统归北洋支配,直到1877年7月起才由南、北洋各得半数。沈葆桢在两江总督任内,虽然锐意扩充南洋水师,但全面规划海军事务则由李鸿章一手操纵。李鸿章设海军营务处于天津,偏重北洋,南洋实力无法与之匹敌。1883年两江总督曾国荃指出,南洋水师所拥有的兵轮,不论是国外购买或国内自造,在数量上"为数不多",在质量上"各船大小不齐,兵额不一,以至海战则不足以扼守江海门户"。中法马尾海战后,原福建水师剩下的"开济""南瑞""南琛""澄庆""驭远"5舰归入南洋水师。以后福州船政局又继续建成"镜清""横海"2舰,也划归南洋水师。到1884年南洋水师共有兵舰18艘,分驻江宁、吴淞、浙江等地,负责守卫江苏、浙江海防。

福建水师是19世纪60年代末,在福州船政局自造船舰和向英、法、美购进少量船舰的基础上建立起来的,到1874年已有舰船14艘,其中千吨级的6艘,是中国近代最早的一支海军舰队。1884年8月马尾海战前,已有军舰"扬武""福胜""建胜""振威""伏波""福星""飞云""济安""艺新""琛航""永保""开济""南琛""南瑞""澄庆""驭远"等16艘。马尾之战除在上海修理的"开济""南琛""南瑞""澄庆""驭远"5艘外,其余11艘中,7艘被击沉,4艘重伤,几乎全军覆没。后来勉强恢复,但仅剩"琛航""福清""伏波""艺新""超武""长胜""元凯"7艘。以后又增加"保民""寰泰""钧和"3艘,从此再没有任何发展。这些舰只分布在福建、台湾及琼廉海面,负责海口的巡防。

广东水师于1840年鸦片战争前就已开始筹建。林则徐在广东时买进的武装火轮,已在鸦片战争中丧失。1867年,两广总督瑞麟从英国购置"安澜""镇涛""澄清""绥靖""飞龙""镇海"6艘炮艇。到1884年,广东水师已拥有军舰12艘,归两广总督节制。但这些舰艇吨位很小、装备陈旧,只能用于沿海巡缉,无力抵御外来的侵略。

清政府原拟创建的北洋、南洋、粤洋三洋海军,其中福建水师和广东水师并未组成统一的粤洋海军,实际上存在北洋、南洋、广东、福建四支水师。到清朝末年,这四支水师共拥有大小舰艇43艘,吨位为4.2万多吨。其中,北洋10980吨、南洋21287吨(包括广东水师),福建9857吨。这四支水师不相统属,北洋水师控制在淮系李鸿章手中,南洋水师则控制在湘系手中,福建广东水师则掌握在粤、浙、闽总督及福建船政大臣手中。编制不一,号令不一,舰艇大小不一,武器装备不一,未能形成一支统一的海上力量。

二 甲申海战、甲午海战与晚清海军的覆没与重建

(一)甲申马尾海战

19世纪70年代以后,列强疯狂向中国侵略:俄国侵据伊犁;日本侵犯台湾,进图

朝鲜;英国窥伺云南;法国入侵越南,妄图进窥滇、桂。1883 年 7 月 4 日,法国挑起战争,一开始就遭到黑旗军和滇桂军的反击,但由于清政府最高决策机构的妥协退让,致使法国得寸进尺。

1884 年 7 月,法国派海军中将孤拔率领远东舰队窜到福建沿海,企图占领中国沿海土地,以迫使清政府屈服。8 月 5 日,法舰炮击基隆登陆,为台湾督办刘铭传逐退。8 月 22 日,孤拔接到法国政府命令,改攻福州。

1884 年 7 月 14 日,法军舰两艘以游历为名驶进马江,孤拔乘舰亦随后进口。以后又续到军舰 5 艘,水雷舰 2 艘。按规定,兵舰入口不得逾 2 艘,停泊不得逾两星期。福州将军穆图善主战,总督何璟则力戒启衅,待敌来攻方许还手。

于是,穆图善守长门,会办张佩纶驻马尾,闽安副将张成兼带"扬武"旗舰,统率全军兵舰 11 艘。

8 月 21、22 日,大雨潮涨,法巡洋舰 1 艘乘涨潮驶入,泊于罗星塔下。当时,法舰泊于罗星塔下游者共 3 艘。福建舰队以"振威""飞云""济安"与之相抗。泊于罗星塔上游法舰 3 艘,中有孤拔之舰。福建舰队以"扬武""福星"相拒。法之水雷快艇泊孤拔舰旁,福建舰队之"伏波""艺新"在"扬武"之西南,"福胜""建胜"泊"扬武"之旁,"琛航""永保"停于船厂水坪西。各舰抛锚地址都是张成所定。当时有人提出,我舰与法舰并泊太近,敌先开炮则我军立烬,各舰与帅船应疏密相间,首尾数里,以资救应,若前舰有失,后舰尚可接应。张成、张佩纶均不置理,并不启碇,抛锚如故。

23 日晨,法递战书于张成,张成转告何如璋,何如璋秘而不宣,又不令备战。午后二时,法舰众炮齐发,突击我舰群。我舰急斫锚链,鼓轮迎敌。法舰有铁甲御炮,有雷艇冲锋,桅盘悉置机关炮,通语有旗号。我舰均无,且炮多旧式前膛,船皆木质,水线上部分易遭击毁。然而,我舰奋勇迎敌。当时,在罗星塔下游之 3 舰先受攻击。"振威"管带许寿山亲临望台指挥,开炮最猛。法舰集中火力,轰坏其轮叶,许寿山及大副梁祖勋中敌机关炮牺牲。"飞云""济安"碇尚未断,中炮起火,"飞云"管带高腾云、大副谢润德、管轮潘锡基、马应波及兵丁 40 余人殉职。"济安"中炮死数人,船沉青州港。

罗星塔上游,敌最注意我旗舰"扬武",派水雷快艇击中"扬武"舰底,"扬武"片刻即倾。张成弃舰逃。"福星"斫碇救"扬武",敌弹如雨,管带陈英屹立,传呼开炮,号召全舰"以死报国,有进无退",发左右炮攻敌舰,但因炮小力不相敌,而自己受创甚重。"福胜""建胜"欲救"福星",但两舰行动滞笨,力有不逮。当时,"伏波""艺新"已受伤,自忖力弱,急驶上游相避,法舰追之。"艺新"转舵发炮,法舰遽退,围攻福星,陈英中弹,殉于望台。三副王琏继之发炮,亦中弹,死伤枕藉,犹英勇力战,直到弹药舱中弹火发,各员纷纷跳水,计阵亡 70 余人。

当时"建胜"舰见孤拔旗舰在其射程之内,猛发一炮,孤拔舰首受伤。敌舰还击,管带林森林中弹牺牲,"建胜"舰亦被轰沉。"福胜"船尾中弹起火,尚发炮奋战。管炮员翁宇正发炮毙敌数人,自己亦中弹殉职。管带叶琛指挥御敌,弹穿其颊,蹶而复起,尚督勇装炮。敌弹又击中胁部而亡,舰亦沉没。"永保""琛航"及水师营各炮船,均被敌炮先后击沉。法舰又举炮仰攻马尾船厂,船厂烟囱被毁。

25 日,法舰 2 艘进口,穆图善击伤其一。27、28 两日,法舰从长门出口,受长门炮台炮火压制,急攻长门求出。长门炮台皆老式炮,炮斜向外,不能左右转,穆图善力督将弁,乘法舰经过时突攻之,毁其一。29日,法舰6艘复冲长门,坚守金牌山炮台的杨金宝下令向法旗舰开炮,孤拔在瞭望台上丧命(一说在进攻浙江镇海时被击重伤,病死澎湖),法舰且战且走,终于冲出长门。

马尾海战,法舰9艘共1.45万吨,大炮77门;中国大小兵舰11艘(9艘为木质)共6500吨,大炮45门。在敌我力量悬殊的情况下又遭法舰突袭,但中国海军仍英勇抵抗,宁可战死亦不屈服。当时上海《字林西报》载文赞叹:"西方人士料不到中国人会这样勇敢力战。"这表现了中国海军为民族利益献身的崇高气节。

此战役中,我被击沉兵舰7艘,死伤官兵736人;法国损失鱼雷艇1艘,伤2艘,死伤30人。福建舰队除"开济""南琛""南瑞""澄庆""驭远"5艘在沪修理外,其余全遭毁灭。

(二)甲午黄海海战

清政府在甲申马尾之战中所暴露的腐败无能和软弱可欺,助长了日本侵略中国的野心。日本在明治维新后,积极推行侵略扩张政策,把朝鲜和中国东北作为它侵略扩张的首要目标。19世纪90年代初期,扩建后的日本海军舰艇,拥有包括"松岛"号等3艘大型装甲舰和巡洋舰等舰船达6万余吨,基本上完成了侵略中国的战争准备。

1894年(光绪二十年)3月,朝鲜内乱,日本诱使中国出兵朝鲜,日本也集结海、陆军进驻朝鲜,到3月16日进泊朝鲜港口的日舰已达10艘。日本强迫朝鲜傀儡政权向中国宣战,并要傀儡政权出面,要求日本将驻牙山的中国军队驱逐出境。日本联合舰队奉命直航朝鲜西海岸。7月25日,在丰岛海面,日舰"吉野""浪速""秋津洲"3艘突然袭击赴朝的中国护航舰"济远""广乙""操江"和运兵的高升号,正式发动了战争。清政府被迫于8月1日对日宣战。

在袭击中,日舰首先发炮,"济远"亦发炮还击,互轰约一小时。"济远"瞭望台中弹,大副、二副、管旗头目阵亡,弁兵死伤50余人。管带方伯谦屹立望台,连发40余炮,日舰浪速被击受伤倾侧。此时,操江号护送高升轮来到,日舰即截击高升,并将高升击沉,操江船小被俘。"济远"以一对三,用尾炮重创日旗舰"吉野"号,击毙其舰长及员弁27人。"广乙"搁浅,焚毁于十八岛,清军官兵700余人殉难,此为黄海之战的序幕。

丰岛海战后,李鸿章"志存和局",寄希望于列强调停,只是消极应战。他命令北洋舰队巡弋朝鲜海面,改取守势,不得轻离旅顺。当时,广大中下级军官斗志旺盛,少数高级将领则畏葸不前。

9月16日,丁汝昌率北洋海军全队到达鸭绿江口的大东沟,掩护陆军登陆。17日中午正拟折返旅顺,海面突然出现日舰12艘(共3.8万吨),向我大小14舰(共3.1万吨)攻击。北洋海军以"定远"为旗舰,管带为刘步蟾,原定阵式为两行纵列式,"定远""镇远"为首,而刘步蟾却擅改为横列式,"定远""镇远"居中,以弱小舰只分列两翼。日舰先迫右翼,丁汝昌命全队右移,以主力迎战,刘步蟾不应允。此时,双方炮火甚烈,丁汝昌被从瞭望台震落受伤。"扬威""超勇"两舰管带林履中、黄建勋落水,两舰先后沉没,全舰官兵亦随船沉入海底。"致远"作战勇猛,虽受重伤,管带邓世昌仍下令直冲日舰"吉野",又为鱼雷击中,邓世昌及大副陈金揆以下官兵200余人殉难。"经远"船身碎裂,管带林永升与全舰官兵 270 余人与舰同尽。"定远""镇远"遭日舰 5 艘夹击,力战不怯。"定远"曾击中日舰西京丸,自身亦中弹起火。"镇远"管带林泰曾与官兵一起奋勇作战,一面护卫"定远",一面与日舰恶战,以巨弹击中日旗舰松岛,伤亡日官兵 80余人。"定远"旗舰统领丁汝昌受伤后,又裹伤再战。"靖远"中弹数十处,见旗舰船桅折断无法指挥,帮带刘冠雄急请管带叶祖珪悬旗率全舰变阵。日舰因受伤不少,见我舰散而复整,遂即退出战斗。"济远"以中弹甚多,不堪再战而退,"广甲"被日舰追逐触礁。战争从 17 日下午 1 时开始,到下午 5 时 30 分结束,中国失去 5 舰,死伤 1000 余人;日舰 6 艘重伤,死伤 500 余人。此为中日海军的主力战,也决定了这次战争的胜负。

大东沟战役后,由于李鸿章命令避战保船,将北洋残余舰只全部移驻威海卫。日本决心再给予中国舰队以打击,攻击的目标为北洋舰队的第二根据地威海卫以及北洋水师的一部分舰只。

1895 年 1 月下旬,日本舰队从正面封锁威海卫港口,另以陆路包抄以攻北洋海军之背,到 2 月 2 日港内舰队已处于腹背受敌的绝境。此时,丁汝昌仍积极组织反攻,驻守刘公岛的海陆军叶祖珪、杨用霖、张文宣等爱国将士临死不屈,竭力防守,与日军炮战,击沉敌舰艇 7 艘。敌人从水陆两路发起攻击,"定远""来远""威远""靖远"先后沉没,鱼雷艇突围时全部被俘。道员戴宗骞、总兵张文宣以及刘步蟾自尽。丁汝昌拒绝投降,自杀殉国。日军占领刘公岛。"镇远""济远"等大小 11 舰被俘。北洋海军至此全军覆没。

(三)甲午战争后的海军重建

还在甲午战争期间,因鉴于丰岛一役北洋舰队伤亡极大,1894 年 8 月 7 日,光绪密谕李鸿章重振海军,指出:"海军为国家第一要务,此后必须破除常格,一意专营。"光绪命李鸿章通筹计划,扩充海军。于是,总理衙门向英国购炮舰"福安"号(700 吨)1艘,并向德国订造"辰""宿""列""张"鱼雷艇 4 艘。这些舰艇于 1895 年先后到达中国。同时,又向英国购买"飞霆"驱逐舰(720 吨)1 艘;1896 年夏季再向英国订造排水量4300 吨的海天、海圻 2 艘巡洋舰,向德国订购排水量为 2950 吨的"海容""海筹""海琛"3 艘巡洋舰以及"飞鹰"驱逐舰 1 艘,"海龙""海青""海华""海犀"鱼雷艇 4 艘。这些军舰和鱼雷艇分别在 1898 年、1899 年先后到达中国,清政府派叶祖珪为统领,萨镇冰为帮统领,仍归北洋节制。

除买船外,1896 年清政府又决定整顿福州船政,派福州将军裕禄兼充船政大臣,并分拨闽海关四成洋税银 24 万两充造舰之用。由于税银解不足数,自从恢复造船以来到 1902 年仅造了 7 艘舰船,除"福安"运输舰外(1700 吨),其余均为几百吨的鱼雷艇;加上造船机器陈旧,所造各船均为木质铁肋,而紧要料件仍需购自外洋,造出船艇速率又低,不能和购自外国的舰船相比。

1898 年,直隶总督荣禄在接收德国制造的"海容""海筹""海琛"3 舰后,认为复兴海军仍以向外国订购军舰为宜,自制舰船闽厂徒袭自造之名,而新造之船仍不能战,即令广集经费,多制船只,亦属无济。

1907—1909 年,又分向日本订购"江元""江亨""江利""江贞"4 艘炮舰,排水量均为 550 吨;湖广总督张之洞向日本订购"湖鹏""湖鹗""湖鹰""湖隼"鱼雷艇 4 艘及"楚泰""楚同""楚豫""楚有""楚观""楚谦"炮艇 6 艘。

1909 年 5 月 28 日(宣统元年),清政府任命载洵、萨镇冰为筹办海军事务大臣,成立筹办海军事务处,拨开办费 700 万两,供海军事务处之用;并将南北洋舰队归并统一,成立巡洋舰队和长江舰队,以程璧光为巡洋舰队统领,沈寿堃为长江舰队统领,李准任广东水师提督。同年 8 月,派载洵、萨镇冰赴欧洲各国考察海军,派廖景方、曾以鼎往英国学习海军。载洵先向意大利订造 1000 吨驱逐舰"鲸波"号 1 艘;向奥国订造 2000 吨驱逐舰"龙瑞"号 1 艘,向德国订造 700 吨的鱼雷艇"同安""建康""豫章"3 艘,400 吨的江用炮艇"江鲲""江犀"2 艘;向英国订造 3000 吨巡洋舰"肇和""应瑞"2 艘,该两舰主机是当时最新式的涡轮机,航速每小时达 36 海里。

1910 年 7 月,载洵与萨镇冰又赴美考察海军,向美订造 3000 吨巡洋舰"飞鸿"1 艘。返国途中,去日本考察,又向日本船厂订制 1600 吨炮舰 2 艘,分别命名为"永丰""永翔"。以上各舰除向意大利订造的"鲸波"号、向奥国订造的"瑞龙"号、向美国订造的"飞鸿"号因无款支付退货外,其余均在 1913—1914 年陆续到华。

1910 年冬成立海军部,载洵为海军大臣,谭学衡副之,萨镇冰为海军统制,统率"巡洋""长江"两支舰队,一直到辛亥革命。

在中国近代海军建设中,不论是创建阶段还是后来的重建阶段,清政府官员一直在造舰和购舰之间争论不休,举棋不定。主张买舰的强调外国船舰质量高,主张造舰的则强调设厂造舰对国家的意义重要而深远。其实,国家没有实现工业化,加上经费被移作他用,更主要的是封建统治者的昏庸,不论造舰还是买舰,要建设一支强大的海军都是办不成的。

到辛亥革命前夕,清政府海军拥有"巡洋"和"长江"两个舰队,共有大小舰艇 40 艘,总吨位 39795 吨。巡洋舰队拥有"海圻""海筹""海琛""海容"等 4 艘,共 13150 吨;鱼雷艇"辰""宿""列""张""湖鹏""湖鹗""湖鹰""湖隼"等 8 艘,共 676 吨;其他还有辅助舰艇"通济""保民""联鲸""舞风"等 4 艘。长江舰队拥有"江元""江亨""江利""江贞"浅水炮艇 4 艘,共 2200 吨;"楚同""楚泰""楚豫""楚有""楚观""楚谦"炮艇 6 艘,共 4200 吨;另外还有"建成""建安"炮艇 2 艘。

三 近代中国海军的演练与巡访

(一)海上操练与演习

近代中国海军的操练和演习,在清政府 1888 年颁发的《北洋海军章程》中第六章《简阅》中即有规定,这个章程是参照英国章程制定的。

各舰操防由提督、分统官、总教习统领。每日一小操、每月一大操。两个月全军会操一次。每年北洋各舰与南洋各舰会操一次。每逾三年出海校阅一次。

每年立冬后小雪前,北洋各舰开赴南洋,会同南洋各舰巡阅江、浙、闽广沿海各处;或巡访新加坡以南各岛,至第二年春分前结束回北洋。春分后南洋各舰调至北洋会操,演习有南、北洋各舰的进退和分合,达到号令一致。

北洋各舰在春夏秋三季驶至奉天、直隶、山东、朝鲜洋面演习操练,有时还至俄国、日本各岛。

在北洋水师未成军前，海军的海上操练即已开始。1871 年，福建船政学堂以向德国购买的夹板船改装的建成号作为练习舰，由德勒塞教习率领前学堂第一届学生严复、刘步蟾等 18 人，并后学堂学生多人，乘"建威"号南至新加坡、槟榔屿各口岸，北至直隶湾、辽东湾各港埠进行练习。这是中国近代海军学校航海实习的开始，也是中国海军的第一次远航。1884 年 6 月、1886 年 6 月和 1891 年 6 月，南、北洋水师调集舰艇多艘先后进行会操。

1894 年 4 月，北洋海军作了最后一次会操。李鸿章于阴历四月初六日出海，经旅顺、大连、威海卫、胶州湾，二十日至烟台，往返 15 天。北洋海军"定远""镇远""济远""致远""靖远""经远""来远""超勇""扬威"等 9 艘，南洋海军"南琛""南瑞""镜清""寰泰""保民""开济"等 6 艘，广东海军"广甲""广乙""广丙"等 3 艘，会集操演。沿途操演船阵，14 日在大连青泥洼演放鱼雷。"威远""敏捷""广甲"3 艘操演风帆。英、法、俄、日各国均派兵船前来观看演习。李鸿章在烟台、大连也分别到英、法、俄舰察看。就在这次会操后，过了两个月，黄海战役中北洋海军全军覆没。

1913 年（民国二年），海军曾在山东庙岛举行了一次会操。1927 年国民政府成立，统一了海军。1928 年在南京草鞋峡举行会操。

1929 年 9 月 9 日，在海军部长陈绍宽的率领下，第二舰队各舰艇在浙江舟山、象山海面进行会操演习。参加舰艇有"江贞""楚谦""楚泰"等 13 艘。主要操演万国通语、船阵、炮靶、舢板使风、流锚动作、碰船、塞漏、灯号、火号、火警、急救、救火、消防等，还演习通语旗号及操演海战令信号等。历时 10 天，至 9 月 19 日结束。

1932 年 9 月 5 日起海军举行秋季会操，分三次进行。第一次先集中南京，后赴浙江沿海会操，参加舰艇有"靖安""海容""楚泰"等 13 艘。第二次先集中南京会操，后至安徽大通结束，参加舰艇有"咸宁""永绥""民权""逸仙""民生"和"海宁"等 6 艘。第三次进行海军大校阅，由南京经"狼山""吴淞""象山""厦门""长门"至"马尾"，沿途检阅了沿海要塞、军港、海军设施，参加的舰艇有"海筹""勇胜""靖安"等 29 艘。

1933 年 7 月 18 日在南京八卦洲江面举行会操 11 天，参加舰艇有"大同""自强""楚同"等 14 艘。

（二）海军的巡航与出访

中国近代海军诞生后，曾多次在本国海域执行海防、护渔、护侨等任务，还跨过南海，环航南洋各岛，横渡印度洋、大西洋，出使各国，"宣慰华侨，报聘访问"。

1.巡航与出访

1875 年（光绪元年），萨镇冰等乘福建船政局制造的"扬武"舰访问新加坡、小吕宋、槟榔屿各埠，至日本返回上海，然后回到福州。此行目的在于扩大见识，熟悉海洋情况和有关业务，以便训练海军。

1890 年（光绪十六年），提督丁汝昌率舰巡视南洋，目击侨胞痛苦情形，返国后报请在新加坡、槟榔屿、马六甲、柔佛、雪兰峨和白腊各地设副领事。

1907 年（光绪三十三年），北洋派何品璋为队长，乘"海筹""海容"两舰，巡视西贡、新加坡等处。

同年南洋华侨商会成立,清政府派杨士琦乘"海圻""海容"两舰,由上海出发,巡访菲律宾、西贡、曼谷、巴达维亚、三宝垄、泗水、日惹、梭罗、汶岛、新加坡、槟榔屿及大小霹雳等埠。

1908 年(光绪三十四年),萨镇冰请每年派舰巡访南洋,出抚华侨。当年巡洋舰"海圻"号访问荷印、宣慰各地华侨,备受欢迎。

1909 年(宣统元年),"海圻""海容"两舰巡访南洋,宣慰华侨。由香港起航,历新加坡、巴达维亚、三宝垄、泗水、巴里、坤甸、日惹、望加锡、西贡各埠,经过两个多月回国。

1910 年(宣统二年),"海琛"南巡,宣慰西贡华侨。

1911 年(宣统三年),英皇乔治五世加冕典礼,清政府派程璧光为特使,乘巡洋舰"海圻"号往贺。先是"海圻"横渡大西洋访问北美,顺道过纽约访问古巴,后抵墨西哥慰问华侨。后复驶回英国。"海圻"此次远航欧、美,实为海军建军以来的创举。

抗日战争胜利后,在接受美国赠舰"太康""太平""永胜""永顺""永定""永宁""永兴""永泰"等 8 舰归国时,沿途先后经古巴、墨西哥、巴拿马等国。1946 年在接受英国赠舰"伏波"号归国时,沿途停泊港口计有直布罗陀、马耳他、塞得港、亚丁、科伦坡、新加坡、槟榔屿和我国香港各处。顺道慰问各地华侨,历时 4 个多月。这是自"海圻"舰宣慰华侨以后 35 年来的又一次出访,也是"民国"成立以后的第一次出访。

1948 年 4 月,海军供应舰"峨嵋"号驶往新加坡担任军运,顺道访问南洋,经我国香港、马来半岛、苏门答腊和加里曼丹。

2.巡航视察南海诸岛

南海的西沙群岛、东沙群岛、南沙群岛和中沙群岛等岛屿都是中国的神圣领土。中国近代海军建立后,几次派舰南巡南海诸岛。

1907 年,清政府派副将吴敬荣前往西沙群岛查勘。同年,日人企图占领东沙群岛,两广总督派水师提督李准乘"伏波""琛航"两舰前往巡视。所历各岛,由海军测绘成图,均勒石竖旗。

1909 年,又派提督李准分乘"伏波""琛航""广金"三舰前往西沙群岛复勘。

1933 年 7 月 5 日,法国突然占领团沙群岛的 9 个岛屿。中国当即向法国提出抗议,严正声明团沙群岛是西沙群岛的一部分,是中国的神圣领土,法国必须立即撤出其非法占领的岛屿。

1938 年,法国又以安南国王的名义占领西沙群岛,同样遭到中国的强烈抗议。

第二次世界大战中,中国的南海诸岛同时也被日本占领。抗战胜利后,南海诸岛包括西沙、南沙等群岛毫无疑义地应随同台湾一起归还中国。1946 年 10 月,中国海军在上海正式成立接收和进驻西沙和南沙群岛的"前进舰队",集结了护航驱逐舰"太平"号、猎潜舰"永兴"号、登陆舰"中建"号和"中业"号 4 艘军舰,由林遵任舰队指挥官、姚汝钰任副指挥官。舰队于 10 月 28 日从上海出发。林遵率领"太平""中业"两舰前往南沙太平岛;姚汝钰率领"永兴""中建"两舰前往西沙永兴岛,先后于同年 12 月 12 日及 28 日到达,分别在岛上举行接收和进驻仪式,竖立碑记。接收和进驻任务于 1946 年底全部完成。从此,西、南沙群岛重又回到祖国的怀抱。为纪念这次收复失土的爱国行动,当时的中国国民政府用 4 艘军舰的舰名分别命名了西沙的永兴、中建和南沙的太平、中业 4 个岛;另外,还用中亚舰舰长李敦谦和副舰长杨鸿麻的名字命名了南沙的敦谦沙洲和鸿麻岛两个岛,一直沿用至今。

第三节　北洋政府海军与国民政府海军①

一　晚清海军的起义与北洋政府海军的构建

1911 年(宣统三年)10 月 10 日,武昌起义,接着长江流域及南方各省纷纷响应,推翻清朝建立民国。清政府妄图做最后挣扎,于旧历八月廿一日命陆军大臣廕昌统率陆军开赴湖北,命萨镇冰统率海军南下武汉,抗击革命军。当时,巡洋舰队和长江舰队大小舰艇共有 40 余艘。旧历八月廿六日,"海琛""海容""海筹"3 艘巡洋舰,"江贞""楚有""楚同""楚泰""楚豫"5 艘炮艇,"辰""宿""湖隼""湖鹰""湖鹗"5 艘鱼雷艇集中在汉口阳逻一带江面;"建安""江利"2 艘炮艇和 1 艘鱼雷艇,驻在九江;"飞鹰""建威""江元"2 艘炮艇则在安徽游弋;"锐清""南琛""保民""建安""楚谦""联琼""登瀛洲""策电""楚观"9 艘炮艇和"湖鹏""张字"2 艘鱼雷艇则停泊在上海杨树浦江面。

在革命浪潮的激荡下,晚清海军官佐及士兵大都同情革命。"海琛""海筹"到达武汉后,萨镇冰驻"海容",统领沈寿堃驻"海琛",他们一方面觉察到广大海军的不稳情绪,另一方面又受黎元洪等人要他们共举义旗的劝说。于是,萨镇冰于 9 月初和沈寿堃一起离开舰队,搭乘太古公司商轮去上海,临行前用灯语示知各舰:"我去矣,以后军事,尔等好自为之。"萨镇冰离开后,舰队失去统领。22 日,"海琛"首先取下龙旗改悬白旗;随后,各舰官兵均起义归附革命军,并与陆地革命军取得联络,掉转炮口轰击清军。

"海琛""海容""海筹"3 舰和鱼雷艇"湖鹰"号 23 日到九江正式归附革命军,"钧和""南琛"2 舰同日在九江归顺革命军。上海光复后,"建安""楚有""策电""飞鲸""登瀛洲""湖鹏""辰""宿""列"等舰艇 11 月 6 日先后归附革命军;南洋海军"楚观""楚同""楚谦""楚泰""江元""江亨""保民""镜清""联鲸""通济""建威""飞鹰"等 12 艘军舰以及张字鱼雷艇 1 艘均于 11 月 11 日在镇江归顺革命军;其余各舰艇都随后归顺革命军。

1912 年 1 月 1 日,孙中山领导的中华民国临时政府在南京成立,任命黄钟瑛为海军部长、汤芗铭为海军部次长。南北和议后,北洋政府任命刘冠雄为海军部长,汤芗铭仍为海军部次长,黄钟瑛任海军总司令。1916 年袁世凯死后,海军总长为程璧光,总司令为萨镇冰,下辖三个舰队:

第一舰队(原北洋舰队)总司令为林葆怿。统辖"海圻""海容""海筹""海琛""南琛""镜清"等 6 艘巡洋舰,"永丰""永翔""舞风""联琼"等 4 艘炮艇,"豫章""建康""同安"3 艘驱逐舰,"飞鹰"水雷炮舰 1 艘和"福安"运输船 1 艘,共 23480 吨。

第二舰队(原长江舰队)总司令为饶怀文。统辖"江元""江亨""江利""江贞"4 艘

---

① 本节引见彭德清:《中国航海史(近代航海史)》,人民交通出版社 1989 年版,第 495—498 页。

炮舰,"楚泰""楚同""楚有""楚谦""楚豫""楚观"6艘炮舰,"建安""建威"2艘水雷炮舰,"湖隼""湖鹰""湖鹗""湖鹏""辰""宿""列""张"8艘水雷艇,"江鲲""江犀"2艘浅水舰和甘泉运输船,共9628吨。

第三舰队是练习舰队,总司令为曾以鼎。统辖"肇和""应瑞""通济"巡洋舰3艘,共7900吨;此外,还有广东省地方舰艇37艘。

1912年清帝退位,成立共和政体,袁世凯篡夺民国,野心毕露,国民党于1913年发动"二次革命"。上海讨袁军兴,袁世凯命刘冠雄将海军驶集长江以对抗革命军。刘以海圻为旗舰率"海筹""海容""海琛"和"通济"等舰炮击讨袁军控制的吴淞炮台。"海圻"在前,"海容""海筹"等随后。"海容"舰长杜锡珪为国民党员,与炮台守军钮永建等事先有联系。当"海圻"舰离开"海容"后,"海容"突然发炮,炮弹从"海圻"舰上空越过。刘冠雄知有变,即命令各舰归队停止攻击,后将杜锡珪看管。但当时海军中国民党党员甚多,刘恐激而生变,未深究。袁世凯帝制失败后,海军由总司令李鼎新率领集中于佘山,发表了反对帝制的宣言。

二 北伐战争前后的海军分治与国民政府对海军的统一

1917年7月初,张勋复辟。7月6日,孙中山、廖仲恺、朱执信、何香凝等乘"海琛"号军舰,由上海启程赴广州,以恢复民元约法和国会为目的,举起护法旗帜,与北洋军阀斗争。7月21日,海军总长程璧光发表护法宣言,率第一舰队由吴淞起航赴粤。"海容""海筹"等舰被段祺瑞政府利诱留在北方。9月,孙中山在广州召开非常国会成立军政府。从此,南北对峙,海军分裂为西南海军和北方海军两支舰队。

程璧光率领的第一舰队共有"海圻""肇和""海琛""同安""豫章""永丰""永绩""永翔""飞鹰""楚豫""舞风""福安"等大小军舰12艘。后程璧光被广东军阀莫荣新暗杀,舰队先后由林葆怿、汤廷光、林永谟起而代之。

1921年北伐军兴,北方派杨树庄到广东劝诱海军北归。1922年原联琼舰长温树德,利用海军中地方帮派矛盾,要求孙中山改革海军。中山先生也微闻海军正策划北归,于是安排由温树德先偷袭"海圻""肇和"两舰,以后又联合陈策掌握的江防舰队,将"飞鹰""楚豫""永丰""永翔""同安""豫章"等舰夺取到手。温树德就任海军司令,并将各舰福建籍官佐全部驱逐。

1922年陈炯明叛变,6月16日围攻总统府,温树德被陈炯明收买,海军除"永丰""楚豫""豫章"3舰外,其余均不受孙中山指挥。孙中山乘"永丰"舰(后改为"中山"舰)进泊白鹅潭。陈炯明部属叶举运动豫章舰舰长欧阳格叛变,孙中山乃乘英舰至香港转上海。从此,西南海军全部归陈炯明操纵。陈炯明派"肇和""豫章"驻汕头。"肇和"舰长田士捷派人求见孙中山,表示脱离温树德而独立,西南海军再次分裂。

1923年2月21日,孙中山重返广东,温树德表面上服从,但背地里与吴佩孚代表在香港谈判。驻汕头的海军受到浙江督军卢永祥的利诱,企图驶往浙江、上海。温树德也派"海圻""海琛"由广东赤湾驶至汕头,企图夺取"肇和""永丰"等舰,"肇和"副舰长被温树德刺杀。在内河的海军,表面上虽服从孙中山,但暗中仍与温树德相通。北方吴佩孚见西南海军内部矛盾重重,几次派人劝说温树德投往北方,并以100万元巨款及青岛地盘相诱。温树德终于率领停泊汕头的"海圻"等6舰北行,并派员密令省内河永绩等舰投奔吴佩孚。留在广东的仅有"永丰""飞鹰""舞风""福安"等舰,西南海军从此不复存在。1925年,直奉之战吴佩孚失败,温树德舰艇被奉军张作霖收编。

海军自从1917年分裂后,留在北方的主要有"海筹""海容""应瑞""江亨""江贞""江元""永绩""利绥"等11艘舰艇。原第二舰队司令姚怀文升总司令,林颂庄为第一舰队司令,杜锡珪为第二舰队司令。这支舰队周旋于北洋军阀奉、直、皖系之间:1920年川湘之役,帮助吴佩孚攻击湘系;1922年奉直之役又依曹锟;1923年直奉大战则助直军在烟台、秦皇岛一带攻击奉军;1924年的苏浙之役和1925年的奉直之役又反戈攻击直系。

在军阀混战中,各系军阀拥兵自重,利用北洋政府每年只发给三个月海军饷需的状况,以金钱操纵海军,增加自己的军事实力。南洋海军由广东军阀供饷,北洋海军由吴佩孚、孙传芳、齐燮元资助,东北海军由山东韩复榘、张作霖维持。这个时期海军在军阀混战中,朝秦暮楚,非但不注重自身的建设和操演,反而成了军阀割据互相争战的工具。

北洋政府的海军在全国革命高潮的影响和革命力量的策动下,1926年初驻在上海的海军,包括司令杨树庄统率的第一、第二舰队和一个练习舰队,拥有"海容""海筹""应瑞""楚有""楚谦""楚同"等20艘舰艇,首先秘密和北伐的国民革命军取得联系,于1927年3月14日在上海正式宣告脱离北洋政府加入国民革命军,并直接配合国民革命军进攻盘踞上海、南京的北洋军阀部队,其余各地海军也先后向国民政府投诚。

第四节　抗日战争前后的国民政府海军①

一　抗战前的舰队编制与实力

国民政府于1927年定都南京,于1928年12月成立海军署,陈绍宽任署长。1929年6月1日将海军署扩大为海军部,杨树庄任海军部长。这是自1926年北洋政府因经费无着裁撤海军部后第一次重建的海军部。1932年,陈绍宽任海军部长,下辖第一、第二、第三(东北舰队)、第四(广东舰队)舰队外,还有练习舰队、鱼雷游击舰队等6支舰队。

国民政府成立后,内战继续不停,海军又卷入内战漩涡。起初,原北洋政府奉系的渤海舰队拥有"海圻""海琛""永翔""肇和"等舰艇,在山东至上海吴淞一带沿海,与已归附国民革命的舰艇进行过多次小规模战斗。

1927年冬至1928年春,海军舰艇参加进攻武汉方面桂系的战争,随后又参加进攻两广军队和在福建宣布独立的十九路军。

在10年内战中,海军也被用作配合"围剿"之用。1930年7月和1933年7月,"咸宁""勇胜""楚谦""楚泰""江宁""海宁""抚宁""绥宁"等舰艇都参与长沙、福建的围追堵截。

---

① 本节引见彭德清:《中国航海史(近代航海史)》,人民交通出版社1989年版,第499—506页。

国民政府在 1927—1936 年的 10 年中,并没有为加强国防、反抗帝国主义侵略而建设一支强大的现代化海军,只是把它当作镇压异己和"反共"的一支武装力量;除了在 1932 年向日本购买宁海(2500 吨)舰外,仅建造中小型军舰 18 艘,共 1 万多吨,计:

1927 年	"咸宁"	411 吨
1928 年	"永绥"	617 吨
	"民权"	462 吨
1929 年	"逸仙"	1545 吨
1930 年	"民生"	505 吨
1931 年	"平海"	2383 吨
	"江宁"	260 吨
1932 年	"抚宁"	260 吨
	"绥宁"	260 吨
1933 年	"威宁"	281 吨
	"肃宁"	281 吨
	"崇宁"	280 吨
	"义宁"	280 吨
	"正宁"	280 吨
	"长宁"	280 吨
1934 年	"海宁"	1737 吨
1937 年	"泰宁"	61 吨

　　另外,在 1929—1931 年,海军改造了"中山""大同""自强""威胜""德胜""公胜""顺胜""义胜""勇胜"等废旧舰 12 艘,吨位计 5989 吨。

　　到 1937 年抗日战争爆发前,全国除巡防队、鱼雷游击队等小艇外,共有舰艇 57 艘,吨位计 56239 吨,主要有第一、第二、第三舰队及广东舰队。

二　抗日战争中的海军

　　1937 年 7 月 7 日卢沟桥事变发生后,中国海军当即进入一级备战状态,派"楚泰""正宁""肃宁""抚宁"协同闽江要塞扼守闽江;"公胜"协防珠江;"诚胜"警戒山东;"普安""永健"留上海。其余的"平海""宁海""应瑞""海容""海筹""通济""逸仙""甘露""大同""自强""永济""中山""楚同""楚有""楚谦""楚观""永绥""江元""江贞""民权""民生""曦日""咸宁""建康""德胜""咸胜""武胜""江犀""江鲲""青天""湖鹰""湖隼""湖鹏""湖鹗""江宁""海宁""绥宁""威宁""崇宁""义宁""长宁""顺胜""义胜""仁胜""勇胜""定海""克海""辰""宿"鱼雷艇等 49 艘舰艇,全部开入长江。第三舰队的其余各舰也都开入长江。

　　8 月 13 日淞沪战争爆发,日本海陆空军大举向上海进攻。中国海军协同陆军坚守淞沪,利用港汊,以水雷阻塞港道,遏止敌舰深入,阻击敌舰进入长江。在此之前,即 1937 年 8 月 11 日,眼看战争难以避免,中国海军即主动将江阴下游航路标志如灯塔、灯标、灯桩、灯船、测量标杆等撤除,并在江阴水道构成多道阻塞,将"海圻""海容""海筹""海琛""通济""大同""自强""德胜""威胜""武胜""辰""宿"等 12 艘舰艇和商船 23

艘合计 63880 吨,加上趸船 8 艘全部凿沉阻塞长江。又在镇江、芜湖、九江、汉口、沙市各地进行沉船堵塞,使敌人一时无法溯江西上。自 9 月 22 日起,敌人以空军大编队向沿江江防海军轰炸,到 9 月末,"应瑞""平海""宁海""逸仙""建康""楚有"等大舰皆被击沉。与此同时,中国海军又构成江阴要塞阵地,并退设第二道防线于镇江。10 月 13 日以及 11 月 1 日江阴巫山海军炮台击沉敌舰 2 艘,击伤 1 艘。以后随着战争的推移,中国海军被迫西撤。为防止敌舰潜入,小型炮艇在太湖、乍浦及苏北邵伯湖等地转战经年。

到 1937 年年底,为阻敌陆续沿江西上,中国海军分段封锁长江。1938 年 4 月,在马当区和湖口、九江一带阻塞江流,敷设水雷。7 月在城陵矶参加保卫武汉之战。后来又在田家镇,葛店区布设主防线,以炮舰构成要塞。9 月至 10 月间,敌以海空军连续向我进犯,"民生""江贞""永绩""江元""中山""楚谦""楚同""勇胜""湖隼"等舰艇在扼守金口、新堤、岳阳、长沙等役中与敌机激战,被敌机炸沉;具有光荣革命历史的"中山"舰 10 月 24 日沉没于金口附近,舰长萨师俊殉难,员兵死伤 47 人。

武汉失陷后,海军设防荆江一带,建阻塞线于石首。宜昌失守后,海军在宜昌万县之间布雷,并配备炮艇,阻塞敌舰活动,使敌舰无法循水道入川。岳阳失守后,海军布雷于湘、贵、沅、澧各水道,以控制洞庭湖,阻敌舰进入湘江、侵入长沙。

此外,闽海、浙东、珠江、西江各战役,海军均参与作战。但由于力量相差悬殊,加以日军掌握了制空权,到 1940 年 1 月,中国海军被炸沉舰艇 16 艘、运输舰 32 艘、商船 2 艘、汽艇 66 艘,沿海港口和长江中下游均被日军占领,中国海军力量至此被敌摧毁殆尽。

三 战后海军的充实恢复与撤往台湾

(一)接收美国赠舰

1945 年 8 月 14 日,日本无条件投降。日本留在中国领海及内河的舰艇,最大者不过千余吨,大小 200 余艘,由中国接收。9 月,国民政府在军政部下设海军处,由周宪章任处长,旋即改为海军署。1946 年 10 月 16 日扩为海军总司令部,由陈诚任海军总司令,桂永清任副总司令。后来随着舰艇的增多,成立了海防第一、第二舰队、江防舰队、运输舰队等 4 支舰队;另有 10 个炮艇队,分驻江海防务基地。

在抗日战争胜利前夕,美国根据国会通过的租借法案通知国民党政府,将赠送一批军舰,协助中国恢复海军。国民党政府即选派一部分青年先在重庆接受海军训练,嗣于 1944 年底送至美国迈阿密海军训练营接受训练。1946 年初由林遵上校率领接收第一批美国赠舰"太康""太平""永胜""永顺""永定""永宁""永兴""永泰"等 8 艘。其中,"太康""太平"均为 1450 吨级的护航驱逐舰,"永胜""永宁""永顺"为扫雷舰,"永泰""永兴"为防潜舰,其余为鱼雷舰,吨位都在千吨左右。接收完毕后,于 1 月 20 日去古巴关塔那摩港美国海军基地接受短期训练。4 月 8 日离古巴前往墨西哥、巴拿马等国参观访问,先后在巴拿马运河、圣地亚哥军港、纳米斯军港、珍珠港、中途岛等地停留,7 月 11 日抵日本横须贺,19 日到达上海。美国派遣运输供应舰"峨嵋"号(1500 吨)随行,后来一并移赠中国。

1946年7月16日,美国会又通过"512"号援华法案,将剩余舰只赠与中国,计护航驱逐舰以下的辅助舰艇271艘,其中包括驱逐巡逻舰2艘、扫雷艇24艘、潜艇驱逐舰28艘、登陆艇193艘、修理船2艘、油船3艘、调查艇1艘、摩托炮艇6艘、轻型渡船6艘、活动船坞2艘等。

1947年美国第七舰队将在远东服役的舰艇28艘(总排水量6.4万吨)在青岛移交中国。除运输修理供应舰"峨嵋"号外,有4000吨级的战车登陆艇"中海""中权""中鼎""中兴""中建""中业""中基""中程""中练"和"中训"等10艘,912吨级的中型登陆艇"美乐""美珍""美颂""美益""美朋""美盛"6艘,380吨级的步兵登陆艇"联珍""联璧""联光""联华""联胜""联和"6艘,以及279吨级的坦克登陆艇"合众""合群""合坚""合永""合诚"等5艘。

同年6月,海军派官兵赴美国接收修理舰"阿启礼士"号(后改名为"兴安"号),吨位为3919吨,于1948年到我国。

1948年2月3日,在厦门接收美国赠浮船坞(9000吨)1艘。

1948年6月,美国将在菲律宾的吨位在1000吨至3000吨不等的炮舰26艘转赠中国。

(二)接收英国赠舰

战后英国赠给中国舰艇13艘,计巡洋舰1艘、护航驱逐舰2艘、潜艇2艘和巡逻艇8艘。其中以巡洋舰"震旦"号(后改名为"重庆"号)为最大,排水量7500吨,6.4万马力,最高时速30海里。第一艘赠艇是护航驱逐舰"皮图尼亚"号,中国命名为"伏波"号。1946年1月12日,在英国朴次茅斯港英战斗巡洋舰"荣誉"号上举行接舰典礼。

接收"伏波"号的是在英受训的中国青年海军官兵。"伏波"号于1946年8月8日自英启程,于12月14日抵达南京。在航程途中停留的港口计有直布罗陀、马耳他、塞得港、苏丹港、亚丁、哥伦布、槟榔屿、新加坡以及我国的香港、上海和镇江等处,航程1.1万余里。"伏波"号吃水5.33米,2500马力,排水量1400吨,时速16海里。在欧洲曾参加诺曼底登陆战役。该舰不幸于1947年3月19日午夜,在福建龟屿与招商局"海闽"轮相撞沉没,包括舰长姜瑜在内的130人死难,仅轮机官焦德孝一人获救。

其余英舰12艘由"长治"号舰长邓兆祥率士官500人赴英实习后,于1948年驾驶回国。英国赠送的巡逻艇则由英国轮船陆续装运到上海,由海军接收,拨归海岸巡防艇队服役。

1949年2月25日,"重庆"号自上海吴淞口驶赴烟台,投向中国人民解放军,宣布起义。在此之前,国民党海军中还有"黄安"号、"长白"号和201号登陆艇先后起义。接着,林遵率领以"长治"号为旗舰的海防第二舰队起义。这种英雄的爱国行动,光荣地载入了中国人民海军的史册。

(三)接收日本降舰

日本投降后,以前仅次于英、美海军的日本舰队,在投降之日交出舰船,吨位计35万吨。被盟军销毁凿沉的航空母舰、战斗舰及巡洋舰共31艘。余下的一部分中小型舰艇由中、英、美、苏4国分配,以抽签方式决定,作为遣送战俘侨民之用。中国获得4

批,计 33 艘,吨位共计 36035 吨。

1947 年 7 月 6 日,在上海接收第一批日舰 8 艘,其中驱逐舰 3 艘、海防舰 5 艘,吨位共计 10090 吨。

1947 年 7 月 26 日,在上海接收第二批日舰 8 艘,其中驱逐舰 3 艘、护航驱逐舰 5 艘,吨位共计 8450 吨。

1947 年 8 月 28 日,在青岛接收第三批日舰 7 艘,其中有驱逐舰 1 艘、护航驱逐舰 4 艘、运输舰 2 艘,吨位共计 10745 吨。

1947 年 10 月 4 日,在青岛接收最后一批日舰 10 艘,其中驱逐舰 1 艘、二级运输舰 1 艘、供应舰 2 艘、辅助敷雷艇 1 艘、驱逐舰 2 艘、辅助扫雷艇 1 艘、扫雷艇 2 艘,吨位共计 6750 吨。

(四)国民党海军的败亡与中国人民海军的诞生

中国海军在英、美赠舰和接收日本降舰的基础上,1947 年恢复组编为海防第一舰队、第二舰队、江防舰队、海岸巡防舰队及第一至第九炮艇队,总共舰艇 449 艘,吨位共计 13 万吨,全军官兵 3.5 万人,并先后建立了海军战略及战斗基地,开始了战后恢复整建海军的步伐。但是,国民党政府都把这些海军作为发动反人民的内战的工具。从 1947 年起,海防舰队对江苏、山东、河北、辽宁沿海地带的烟台、龙口、威海、营口、海阳等港口划区封锁,控制庙岛群岛、长山岛、荣成湾、莱州湾,截击沿海交通运输,进攻沿海解放区,屠杀人民;江防舰队则控制长江,企图阻止人民解放军渡江南下。但是,中国人民解放军百万大军,不畏艰险,凭着千百万只木帆船,横渡长江,解放了南京、上海、武汉,接着解放了全中国。国民党海军中一部分爱国官兵在林遵司令的率领下,起义投向中国人民海军,其他海军舰只则随着国民党残余部队撤往台湾。

这就是中国近代海军兴衰起伏的历程。此后,中国人民解放军海军走上了中国海军历史的现代舞台。

第四十三章
近代中国港口的对外开放[*]

近代中国沿海港口,除古代对海外交通起过作用的广州、泉州、明州、密州等古港外,最早大都是渔港和埠际贸易港。港湾处于自然港状态。进入 19 世纪后,随着西方殖民主义者的军事入侵和商品输出的扩大,19 世纪 40 年代,清朝政府与西方列强签订了一系列不平等条约,才被迫开放沿海口岸。先是 1842 年《南京条约》,开放了广州、厦门、福州、宁波、上海等 5 个通商口岸,准许英国人携带眷属自由居住、派驻领事等官,并可自由进行贸易。

1843—1844 年,这 5 个通商口岸依次开埠。在第二次鸦片战争之后,1858 年中国与英、法、美、俄分别签订了《天津条约》,续开牛庄(营口)、登州(烟台)、台湾(台南)、潮州(汕头)、琼州(海口)等 5 口岸。两年后,中国又与英、法、俄分别签订《北京条约》,开放天津、淡水(基隆)为通商口岸。在不足 20 年的时间里,中国与外国每缔结一次条约,必增辟若干商埠;至 1860 年为止,陆续被迫开放沿海港口计有 12 处之多。1876 年,中英《烟台条约》又规定开放温州、北海两口岸。

1895 年中日甲午之战,中国战败,签订了中日《马关条约》。这是继《南京条约》之后又一个划时代的不平等条约,标志着帝国主义国家对中国的侵略进入了一个新的时期。根据这个条约,中国除向日本支付大量赔款外,还割让了辽东半岛(包括鸭绿江口至凤凰城、海城、营口以南及旅顺、大连在内)及台湾、澎湖列岛。

以后由于俄、德、法三国干涉,日本被迫归还辽东半岛。俄、德、法以迫日还辽有功,俄国首先攫取了东北三省筑路权;继而德国以山东教案为借口,于 1897 年 11 月 14 日强占了胶州湾;俄国 1898 年 3 月 27 日强占了旅顺、大连;1898 年 7 月 1 日,英国强行租借威海卫,9 月又强租九龙;1899 年 11 月 16 日,法国强租广州湾。这样,沿海的港湾几乎全为列强所占,中国面临着被瓜分的危险。

进入 20 世纪后,随着中国商品生产的发展、民族资本主义的出现、对外贸易的增长,中国也自行开放了一些港口。一是秦皇岛港。这是一个以输出开平矿务局煤炭为主的自行开放的港口。庚子八国联军之役,英国垄断资本骗占了矿务局,秦皇岛这个自开港口也随着矿权的丧失而转移到英国人的手中。二是连云港。这是一个不对外开放的港口,但在筑港后一直遭到英、日等国的觊觎。

港口管理本属一国的主权范围。但是,半殖民地的中国是由海关管理的,而海关

---

[*] 本章引见彭德清:《中国航海史(近代航海史)》,人民交通出版社 1989 年版,第 395—472 页。

大权则操在外国人手中,因此港区的划定和港章的颁布完全是为外国航运贸易服务的。有的港口还专门划定"洋船停泊界",中国民船不许在洋界内停留;否则,就会遭到驱逐和迫害。

港口章程为殖民者利益服务,这可以从以下三点来说明。

(1)侵略者制定的章程,对外国船给予种种特权,为经济和军事侵略提供种种方便,对中国船则多方限制,苛刻对待。

(2)有的港口章程还规定向外国军舰提供专用泊位。例如,1873年修订上海港口章程时,规定"于泊界上段之内常应留四船泊位,以备兵船到口停泊之用"①。虽然在历年所订的不平等条约中,从未规定要为外国军舰划出专用停泊区域,然而不平等条约上所没有的,侵略者却塞进港口章程偷偷执行。

(3)许多港口章程毫无例外地注明"经本口各国领事、公司商行推定"。这说明,这些港口章程的制定和修改,不但要得到外国领事的批准,而且要取得外国商人的同意,这就赋予了外国领事和商人以决定权。

上海港还专门设立港口警察、维护帝国主义国家对上海港的殖民统治,保护外国航运贸易,镇压中国海员工人的反抗斗争。

自开港口的仓库码头,也是为了外商倾销掠夺的利益和航运的方便,各择有利地段强占建筑的码头。上海最早的外商码头都建在租界内沿黄浦江的一条狭长地带上。

天津英、法、美三国租界选择在沿海河紫竹林一带,而码头仓库正是建在这段海河沿岸,当时称之为租界码头。

其他条约口岸港口也总是把租界和码头密切结合一起,借租界的势力保护码头,进而发展其航运贸易业。

外商凭借其特权,在陆上圈占深水岸线,建筑码头仓库;在水上则侵占水域,无限制地向水域伸展;至于围垫滩地建造码头,更是比比皆是。沿海港口的外商码头规模大、设备全、资金厚,加上享有不平等条约的各种特权,使外商处于全面垄断地位。

在帝国主义和封建主义势力的把持下,港口码头装卸实行封建把持制度,装卸条件十分恶劣,操作全靠人力,工伤事故不断发生,工人生活受到资本家、买办和包工头的残酷剥削。

抗战胜利后,除香港、澳门外,中国收回了被租借和被占领的港口的主权,条约港口的外国租界也交还了中国。但是,在半封建半殖民地的旧中国,在国民党政府完全依赖帝国主义的条件下,港口主权仍受到帝国主义势力的操纵。没有一个独立、自主的中国,沿海港口的发展是不可能的。

第一节　条约港口

对于中国近代沿海开放港口来说,由于交通地理位置和经济腹地的深广度各有不同,因此开放后的发展也是不平衡的。

---

① 海关档(一)6—339、7—562;港务长致税务司信函,1884年10月11日。上海港务局抄件。

自 19 世纪 50 年代起,广州的对外贸易中心地位逐渐北移,转向上海,而广州港则成为华南的地区性港口。上海港地处中国海岸线中心,扼长江入海的咽喉。长江流域物产丰富、腹地深广,开港后,帝国主义国家在上海的航运贸易势力迅速扩张。上海港成为帝国主义对中国进行商品倾销、掠夺资源出口最大的港口。天津地处渤海之滨,自古即是中国的主要港口。1860 年被迫开埠后,帝国主义势力纷纷入侵,在开埠后的 29 年内,洋货进口在全国主要口岸中由第三位上升到第二位,成为国内仅次于上海的第二大洋货进口港。

其他各港开放后虽有不同程度的建设发展,但其速度及规模一直不及上述三港,有的发展迟缓,甚至停滞不前。下面对相关港口做一介绍。

一 广州港

广州港位于北纬 23°04′30″、东经 113°15′12″;地处珠江水系东、西、北三江汇合点。珠江是我国优良航道之一,河川径流量特别丰盈,仅次于长江,居我国第二位。珠江口外岛屿众多,水道纵横,航线交织,有虎门、横门、磨刀门、崖门等水道出海,为中国的南大门。

广州港腹地广大。东可抵粤东、潮汕、福建等地;西溯珠江,可深入广西、贵州、云南;往北,经北江直通南雄的大庾岭,越岭即抵江西南昌;南部是珠江出海口,与东南亚国家遥遥相对。腹地内气候温和,土地肥沃,物产丰富;农产品有蚕丝、木材、棉花、稻米、蔗糖、水果,矿产有铜、银、铝、铁等,历代极为繁荣,在对外贸易上占有重要地位。

清康熙二十四年(1685 年)解海禁,设粤海关于广州,广州开放为对外贸易港口。清乾隆年间取消漳州、宁波、云台山三个对外贸易口岸,独留广州一口岸对外,使广州成为中国政府指定的唯一对外通商口岸。中国领海最早出现的轮船"福士"号,于 1830 年到达珠江口内的伶仃岛;1835 年,英国"渣甸"号轮船由亚伯丁抵达广州港。广州轮船运输,始于第一次鸦片战争之后。1845 年,大英轮船公司每月有快班船从英国到达香港,从此逐步深入广州。

1844 年,广州港进出货运总值比上海港大 7 倍。以后上海不断增长,而广州逐步衰退。到 1852 年,上海已与广州基本持平。1853 年,上海超过广州 70%。因此,最迟在 1853 年上海港已成为我国对外贸易中心。

(一)广州港的航运与码头仓库设施建设

1865 年香港省港澳轮船公司成立,广州设分公司,拥有"泰山"号(3174 吨)、"金山"号(2533 吨)、"瑞泰"号(1816 吨)3 艘轮船,航行香港至广州、澳门,广州至澳门、梧州等 4 条航线。广州设有省港澳码头(今广州港西堤码头一带),长 40.8 米。

太古公司 1866 年在上海成立,以广州港为起点的有广州至上海、广州至青岛、广州至牛庄、广州至天津等 4 条航线。在广州河南白砚壳一带(今广州港河南作业区)建有仓库 11 间(当时广州人称"太古仓"),主要储存该公司运来的米粮、大豆、花生米等。

1877 年,怡和洋行经理的印度中国航业公司以广州港为起、迄点的航线有广州至上海、广州至天津、广州至青岛等 3 条航线。在广州芳村东岸大涌口一带(今广州芳村作业区)建有 9 座货仓,每仓可储 150 吨货物;另在江边筑有码头 2 座,占地 132 亩,可供 2000 吨级以下船舶停靠装卸,当时人称"渣甸仓"。

轮船招商局创办后,随即在广州设立分局,陆续添建码头、构筑仓库。在芳村大涌口建造的码头长 132 米、宽 8.25 米、高 3.3 米,仓库面积为 929 平方米,涨潮水深 5.28 米,落潮为 4.29 米。① 另外,开辟上海、牛庄、汕头、香港、澳门等 5 条航线。

甲午战争前,列强在广州的航运势力英国居首位,美国次之,法、德、日所占比例较小。战后日本航业涌入广州,与英国航运势力展开了激烈的争夺。日清公司在广州渣甸仓北面建设了码头仓库,人称"日清仓",船舶艘数占太古、怡和两公司的 70% 左右。大阪邮船会社专门经营华南线,在广州芳村大冲口一带也设有仓库,称"大阪仓"。经过争夺,日本在广州的航运势力较前有显著增长,各国亦在不同程度上扩张了各自的航运势力,英国始终占据绝对优势。中国的航运实力,在外国航业竞争中则受到了打击和摧残。1903 年,轮船、帆船合计只有 2725 艘,吨位共计 432140 吨,数量不到外国轮船、帆船艘数的一半,吨位还不到 1/10。

大战一结束,列强航运势力即卷土重来,首先是日本大阪、日清在广州地区的航运势力均有增强。据 1926 年调查,大阪世界班轮航线上,航行广州的船就有 12 艘;日清上海至广州航线每月开 3 班,有 3 艘新船参加航行。英国怡和公司战后航行上海—青岛—广州线的有船 11 艘,吨位共计 1.38 万吨,其他国家的商船战后到达广州的也有增加。

(二)省港大罢工以及其后广州港的地位回升

1925 年 6 月 19 日省港大罢工,对英帝国主义是一次极其沉重的打击。罢工期间,整个香港被封锁,7 月 1 日宣布禁止谷类和其他食物由广州出口。为配合封锁香港、澳门及广州沙面的行动,广州港海外交通贸易暂告中断。

以后由于实行"单独对英"政策,其他各国航商纷纷前来广州贸易,使广州港的贸易航运一度甚为繁荣,黄埔与广州之间平均每日有 30 艘船往来。

在罢工期间,1926 年 5 月,广州港从粤海关外国人手中收回了港口检疫权,建立了第一个由中国人自行管理的海港检疫所,并正式取得国际承认。

自 1927 年开始,广东为陈济棠所割据,推行了一些比较符合广东经济发展规律的政策,注意发展地方经济。1932 年收回了粤海关理船厅,11 月成立广东全省港务管理局,将原来由理船厅执掌的船舶丈量、检验、发照、建筑码头驳岸、稽查出入船只、考验船员证书、勘量轮船吨位、检查浮标、指示航路、选用领港、防疫、守望台、水巡等项事务,全部收归港务局管理,成为最早由中国人自行设置的港口行政管理机构。但关系到一个国家的行政自主权的对航道的管理及船舶指泊,仍掌握在帝国主义势力手里。这也是当时中国半殖民地半封建的地位所决定的。

在陈济棠统治广东期间,工农业生产及内外贸易均有一定增长,外贸连续 3 年(1934—1936 年)出超,港口码头仓库也较前增加。以 1932 年为例,广州港有码头 47 座、仓库 21 座,中外航业也有增加:广州至香港航线上有轮船 10 艘(1000 吨 2 艘,2000 多吨 6 艘,800 吨 2 艘);广州至澳门航线上有 2 艘,广州至水东航线上有 5 艘,广

① 《交通史·航政编》第 1 册,交通部、铁道部 1931 年编印,第 246 页;第 247 页;第 250 页;第 251 页。

州至海口北海及海防航线上有 5 艘,广州至雷州航线上有 1 艘,广州至汕头航线上有 3 艘,广州至厦门、上海航线上有 3 艘,广州至汕头、上海、青岛航线上有 6 艘,广州至天津航线上有 3 艘,广州至牛庄、大连航线上有 6 艘,且都是 2000 吨级的海轮。1932—1936 年的四五年间,广州港进出口船舶迅速增加,最高年份上升为全国第二位,仅次于上海港,最低年份亦不低于第六位。

（三）日本统治时期和抗战胜利后的广州港

1937 年全国对日抗战,日本于 1938 年 10 月占领广州港,首先对广州实行了贸易统制,独揽了广州港进出口贸易,限制英轮"佛山"号及葡轮"升昌"号载运货物,仅准载运旅客及广东省会欧美人士之家用物品;后又规定可以装货,但在起卸货物时,只准由"广州起卸货物及堆栈联合会"承办,把原先由英国人所控制的码头装卸经营管理权攫取到手,后来又夺取了粤海关。1937 年前,日本在广州港的进出外贸比重仅占 7.05% 及 1.17%;1938 年侵占广州港后,即迅速上升;1941 年后,即完全为其独占。到 1945 年上半年日本投降前夕,盟军加紧轰炸广州交通线,海上交通只赖小型汽艇勉予维持,因此贸易几乎全部停顿。在日本独占下的 1937—1945 年,广州港进出的船舶的艘数和吨位显著减少。

抗日战争胜利后,美国取代日本控制了广州港,他们凭借《中美友好通商航海条约》扩张航运业,除将香港业务扩大外,并在广州、梧州设立办事处,以 800 吨级轻便快船 30 艘行驶于广州、梧州、汕头、海口之间;以 1000 吨级轮船 30 艘行驶于广州、香港、汕头、厦门、福州、上海、青岛及天津等地之间,美国人几乎包揽了广州至本省内河及全国沿海的主要航线。

这时,英国也与美国展开激烈竞争。1946 年 2 月,英海军将广州三角洲内之水雷扫除,英国船只随即恢复航行,其他各国也接踵而来。1946—1949 年,广州港往来的外国商船总吨位达 7083899 吨,比战前显著增加。

抗战胜利之初,沿海及内河航运也发展较快,但到 1946 年春季复趋萎缩。据《华侨投资广东实业要览》(1947 年 3 月版)载,据当时航政部门统计:以广州为起运港的沿海各线船舶:广州至香港线上有 50 艘,吨位共计 1.16 万余吨;广州至湛江线上有 16 艘,吨位共计 800 余吨;广州至澳门线上有 2 艘,吨位共计 160 余吨;广州至汕尾线上有 7 艘,吨位共计 400 余吨;广州至海口线上有 2 艘,吨位共计 1140 余吨;广州至汕头线上有 2 艘,吨位共计 500 余吨。至 1946 年春,广州港与本港沿海 5 条航线总共 97 艘船舶。美国过剩商品大量拥入广州港:1946 年美国商品的进口额为 11942366 元,占进口总额的 39.39%;1947 年美国商品的进口额为 84766832 元,占进口总额 42.75%;1948 年美国商品的进口额为 20805519 元,占进口总额的 29.45%。由此可以看出,美国对广州的进口值始终占第一位。

广州港对外贸易除 1946 年入超外,其余各年均为出超。1949 年 10 月新中国成立前夕,美蒋通过广州港劫夺战略物资出口,使 1949 年广州港出超达 14284250 美元。

1949 年 10 月,广州解放。

二 上海港

上海港位于东经 121°29′60″,北纬 30°14′18″,踞东海之滨,扼万里长江之口,坐落在中国海岸线的中心。上海港以黄浦江下游为其港区。黄浦江江面宽阔,航道较深,流速甚缓,潮差不大,常年不冻,四季都可通航;河底泥土细软,便于船只抛锚停泊;两岸地势平坦,适合码头仓库建筑;河流远离海口,虽遇台风,但船舶安全无虞。

由于优越的地理位置、广大的经济腹地、和太湖流域水网地带以及和大运河的连接,鸦片战争前,上海港航运贸易已很发达,建立了5条主要航线通往国内外各地;其中,北洋航线,包括到牛庄(今营口)、天津、芝罘(今烟台)3条线;南洋航线,航行于上海和浙江、福建、台湾、广东之间。另外,在吴淞口外铜沙设立了灯船、石桩等标志,在沉船事故最多的北滩(长江北岸)竖起了航标。

1855年,把口外的灯船换为由旧洋式帆船改造的灯船,并在口外从大戟山到吴淞之间布置一批浮筒、灯标,标明进港航道;又在吴淞内沙设了两个浮筒,标明深水航道;其后内沙还设了标船,悬挂红色、白色标志,指示船只绕开浅滩航行。

1865年1月规定,各港口吨税(即船钞)收入的1/10用于建立助航设备,3年后提高为7/10。于是,长江口和黄浦江中又陆续建立了一些灯标、浮筒和强光灯塔。九段沙、大戟山、花鸟岛这3座强光灯塔,是1868—1870年3年中分年完成的。同时,江海关增设海务科,管理港口的助航设备,上海港的助航设备体系逐步建立。

黄浦江是进出上海港的唯一通道。每天两次的涨潮带进的泥沙沉积下来,水位经常变动;从19世纪60年代起外国轮船逐渐代替了帆船,轮船吨位大,吃水深,航道的水深不能适应,有些大轮要候潮进港,有些要在口外减载后才能进港,因此增加了运费支出。

外商洋行和商会从19世纪70年代起就不断要求疏浚航道,西方各国支持他们的要求,以扩大上海港的通航能力,谋求对中国的经济扩张。

1901年《辛丑和约》规定,长江航线,往来于上海和汉口、九江、安庆、芜湖、南京、镇江等长江中下游各港。沿海航线连接着江苏、浙江、安徽、山东和河北各地。国外航线有华侨经营的船舶,往来于上海和日本、朝鲜以及东南亚的菲律宾、新加坡、暹罗、马来亚、槟榔屿和婆罗洲等地。桅帆相接,万商云集,每年进出大小船舶数以万计,货运总量达150万吨左右。

(一)上海港的被迫开放

《南京条约》规定上海为通商五口岸之一。1843年11月17日,上海被迫对外开放。首任英国领事巴富尔擅自划定上海港区范围,"决定西以宝山为限,西南以河之左岸为界,迄于吴淞";又擅自规定外国船停泊界限,"船舶停泊港内者,其位置务须尽量靠近河之左岸,其地区在上海城迄下流的四分之三海里之间"。以后巴富尔又宣布,凡港内船只需要移泊者,必须取得英国军舰的允许,未经英舰批准,一律不许移动,等等。英国侵略者一开始就干涉港口管理,侵犯我国主权。①

为了让吨位越来越大的外国船进港,从1846年起,在"设立黄浦河道局经管整理改善水道各工"②。1905年该局在上海成立,聘请荷兰人奈格任总工程师。

---

① 蓝宁、高玲:《上海史》,凯利沃士有限公司1921年版,第277页。
② 王铁崖:《中外旧约章汇编》第1册,三联书店1982年版,第1007页。

奈格提出整治方案,包括两项主要任务:

(1)修治黄浦江外沙的水道,办法是在吴淞海岸凹面造一条防波堤及一条同海岸连接的海堤,以及在其对岸修建一组以栅栏加固的平行水坝;

(2)放弃并封闭现有的水道,包括内沙在内的轮船航道,通过疏浚和修治,在高桥沙另一侧修建一条叫"帆船航道"的较短的航道。

修治工作于 1907 年 1 月开始,外沙水道的修治开始于 1907 年 9 月。1909 年 5 月 5 日帆船航道的挖掘工程已进展到吃水 7 米的船舶能够通过的程度,以后不久这条水道就正式通航;自 7 月 1 日起,客货运输就从旧的轮船航道转到新的高桥水道;到这年年底,轮船航道已开始封闭,全部停止使用。到 1910 年,疏浚方案中的两项任务,即堵塞老的轮船航道和吴淞外沙的修治工程都已完成,但工程只完成 1/3 却用去了 920 万两经费,几乎把原定 20 年的经费用罄。清政府无力追加经费,只得宣布撤销该局。

1912 年(民国元年),成立了浚浦局,由江海关监督(中国人)和税务司、港务长(都是外国人)共同执行局长职务,规定"三员之权彼此相等,如有商办事件,以多数认可为断"[①],大权仍为外人控制。另外,又设立浚浦顾问局,作为上级机构,由英、美等国的 6 人组成。这次选聘瑞典人海登斯坦任总工程师,主持局务。其职责是:疏浚及维持长江口至上海港的深水航道,疏浚沿岸码头,为沿岸业主填筑驳岸,配合海关移捞沉船,标明浮桩和测量水深。工程要点一是疏浚扬子滩,二是继续挖深黄浦江。海关附收浚浦税,照海关关税每百两加收 3 两。免税货物照货值每千两收 1 两 5 钱,贵重物品每千两收 4 两 5 钱。浚浦税每年收入平均为 120 万两,用于工程设施及行政经费的实际支出每年大约 80 万两。到 1941 年底为止的近 30 年中,浚浦局在黄浦江中共计挖泥 4922 万立方米,用去经费 2300 万两。

1937 年抗战开始,工作全部停顿,次年十几只挖泥船和测量船被日本侵略者劫去,1941 年底太平洋战争后,浚浦局被日军接管。

1945 年 9 月,国民党政府财政部接管浚浦局,实权仍操在外国人手中。

(二)操于外国人之手的上海港码头仓库

上海开埠不久,便设立道路码头委员会。这是租界内设立的第一个行政机构,后来发展成总揽租界内一切权力的"工部局"。

最早建造的是帆船码头,而且多在今上海北京路外滩到延安路外滩一带。轮船兴起之后,洋商纷纷建造适合停靠轮船的码头。在陆上主要向虹口和法租界外滩南北两翼延伸,在水上无限制地向水域扩展。至于围填滩地建造码头,更是多得不可胜数。

1871 年苏伊士运河通航后,远洋船舶迅速增加,外商对码头的争夺更加激烈,新建码头进一步发展到浦东岸边。到 20 世纪初,浦东岸线几乎被分割完毕。

到 1936 年,上海港外商码头总长度为 7264 米,占全港码头长度的67.1%。其中:

英商码头总长为 3740 米,占全港码头的 34.5%;货栈容量为 39 万吨,堆场容量为 78 万吨。

日商码头总长为 2773 米,占全港码头的 25.6%;货栈容量为 23.3 万吨,堆场容

---

① 上海浚浦局档案,转引自《上海港史话》,上海人民出版社 1979 年版,第 129 页。

量为 34.1 万吨。

美商码头总长为 753 米,占全港码头的 6.9%;货栈容量为 6.5 万吨,堆场容量为 4 万吨。

法商码头总长为 119 米,占全港码头的 0.5%。

德商一部分卖给英商和日商经营,一部分在第一次世界大战中被中国政府接管。

这些码头大都附属于各国轮船公司,它们在港内处于垄断地位,获取了大量利润。

华商除了招商局有 5 座较大的码头外,民营轮船公司附设了一些码头,还有民族资本家刘鸿生为经销煤炭而创办的中华码头公司。从十六铺至董家渡一带分布着 21 座小码头,包括大达、宁绍、三北、达兴、平安、约记煤炭行等码头,总长 1506 米。自 1931 年起,这些码头全部收归市有,成了公共码头。由于地位狭小,吃水较浅、设备简陋,在当时上海港码头中它们居于次要地位。

根据 1936 年统计,上海的中国码头总长为 3575 米,占全港的 32.9%;货栈容量为 91.1 万吨,堆场容量为 68.4 万吨,占全港 1/3。中国中央银行这年在复兴岛北面兴建虬江码头,1937 年 6 月 12 日开始启用,招商局的公平号海轮第一个停靠,继之者为 26032 总吨的英船日本皇后号。

上海港码头工人,19 世纪末估计约有 2 万人,20 世纪 30 年代估计达到 5 万人,1941 年以后又减至 2 万人左右,抗战胜利后增至 3 万人,上海解放时有 2.8 万人。

码头装卸由封建把头分割把持,工人劳动所得,大部分为资本家、买办和包工头剥削。关于剥削的比例,各码头大体相同,20 世纪 30 年代通常是:码头资本家坐扣 75%,买办 15%,包工头 5%;余下的 5% 再由工人去分,每人所得之微可以想见。

(三)外商垄断上海港航运

上海港开港后,很快成为国内外的航运中心。1842 年,英轮"麦达萨"号驰抵上海,这是开进上海最早的外国轮船。19 世纪 50 年代初期,英商就设立了上海至香港定期航线,并由此接上香港至印度航线;60 年代中期,上海与英国、美国的定期航线已经形成;70 年代以后,上海与东南亚、欧洲、澳洲、日本已有直达轮船航线。到 19 世纪末,上海港的国际航线主要有 3 条:东行的中美线从上海出发,经日本、檀香山直达北美的温哥华(加拿大)、旧金山;南行的中澳线自上海到香港,经马尼拉或新加坡直达澳大利亚的悉尼、墨尔本;西行的中欧线从上海经香港、新加坡,过苏伊士运河,通过地中海,直达欧洲各国。

国内航线,19 世纪 50 年代开辟了上海与宁波、福州、厦门、汕头和广州的南洋定期航线;60 年代建立了上海与天津、烟台、营口、青岛、大连、威海卫等地的北洋定期航线;长江定期航线也是 60 年代建立并逐渐向西扩展的,1890 年以后开辟了上海直驶重庆的沪渝线。

上海港从开埠到抗日战争前夕的 90 多年中,由于外商建立了以上海港为中心庞大的侵略性航运网,开辟了 100 多条国际、国内航线,因此船舶进出口总吨位直线上升。

1931 年,上海港进口船舶总吨位为 2100 万吨,与日本大阪处于同等地位,名列世界第 7 位。

随着船舶航运的不断发展,进出口总额也在不断增长,从1844年的253.62万关两提高到1930年的99241万关两,不到100年的时间增长了390多倍,长期占全国进出口总额的40%—50%。进口的极大部分是消费资料;出口的最初主要是丝和茶,后来发展到其他农产品和矿产资料。

1937年抗日战争爆发,日本航业进一步排挤英、美在华势力。日伪的航运业都以上海港为基地,完全垄断了中国沿海和长江的航运。1940年第一季度,进出上海港的日船已达2261艘共300多万吨。同期,英美和其他各国船舶723艘共86万多吨。

1941年12月太平洋战争爆发,上海英、美轮船统统被日本接管,交"东亚海运会社"使用。从此以后,上海港由日本独占天下,但由于日本侵略战争不断败北,进出上海港的船舶的数量逐步减少。

抗战胜利后,由于救济物资和剩余物资的涌入,上海港航运贸易一度畸形发展,但这种情况只是昙花一现。1949年5月,上海解放。

三 宁波港

宁波港位于全国海岸线的中段,地处甬江出海口。地理坐标为北纬29°52′54″,东经121°33′24″。经济腹地除宁波市和鄞县、慈溪、余姚、奉化、宁海、象山等县外,还包括浙东沿海和杭甬运河沿线地区。

清康熙二十四年(1685年)设浙海关于宁波,1698年又在定海设分关。1757年(乾隆二十二年),清政府关闭闽、浙、江三口岸,只留粤一口岸开放。其后七八十年间,英方多次要求宁波通商,均遭清政府拒绝。19世纪30年代前后,英商贩运鸦片来华,飞剪船和鸦片趸船经常出现于甬江口外;鸦片战争中,宁波、镇海、定海曾被英军占领。《南京条约》规定宁波为通商五口岸之一。1844年1月1日,宁波港被迫对外开放。

(一)宁波港沦为半殖民地港口

宁波开埠后,英国首先在江北租赁民房设立领事署;1850年,又强行圈划土地,作为外国人居留地,实际上就是"租界"。后来,这里逐步变成西方列强控制宁波的基地。宁波港在一系列不平等条约下逐步沦为半殖民地港口。

1861年5月22日,宁波"别立新关",由外籍税务司掌握,货物"运输出入之权乃操客卿之手"[1]。新关成立之后,随即订立《浙海关关章》,章程规定:"凡商船赴宁波者,行至招宝山正顶与金鸡山对径之界,过此即为宁波口","宁波港泊船起卸货物之所,自外国坟地至浮桥并盐仓门为界"。

1863年,英国人擅自将浮桥自盐仓门迁移至姚花渡口靠近三江口,从此轮船不能入姚江。而奉化江口一带又是帆船云集之所,轮船也大多难以驶入。宁波港轮船停泊与货物装卸范围,实际集中在下白沙外国坟地至三江口一段长约3000米的岸线上。这一带江面平均宽度在290米左右,平均水深为6.25米,为宁波港以后发展为近代港区提供了条件。

《浙海关关章》还规定:船舶进口由新关派员管押;船舶入港靠泊后,如欲移泊,须

---

① 《民国鄞县通志·食货志》卷一八七《舆地志》,上海书店出版社1993年版,第517页。

经新关批准;凡商船欲卸货者,必须开列详细报关单,交新关盖印后,方准起入驳船运至码头;凡未经新关发给特准单据者,两船之间不得互拨货物;凡洋货复出口者,均需由新关查验后发给存票或免照以及放行单后,方准装船出口;商人欲派轮船往来甬沪需先报明税务司,经查验相符合后发给红单方准放行。外国人操纵的浙海关,对于宁波港进行了严格的控制。

(二)轮船码头和航标设施的建立

鸦片战争前,宁波江东有 99 座帆船码头。这些帆船码头长度短、吃水浅,大船需在江心抛锚停泊,然后用驳船驳运货物。1844 年开埠后,首先在江北一带建造石砌式码头,专供驳船和小型洋式帆船使用。1862 年旗昌洋行创办后,开始建造趸船浮码头,以供沪甬定班客货轮船需要。当时轮船进港卸货一般停留 24 小时,最多不超过 36 小时。招商局成立后,于 1874 年建造栈桥式铁木结构的趸船码头,能停靠 1000 吨级船舶;以后继续扩建,提高停船能力达 3000 吨。招商局这座码头的建成,标志着宁波港初步完成了从江东帆船码头发展到江北轮船码头的转变。到 1877 年,宁波江北共有 3 座铁木结构的千吨级码头,即宝隆的华顺码头、招商局的江天码头和太古的北京码头。以后直到 19 世纪末的 20 多年间再没有出现新码头。

1909 年,宁绍轮船公司成立,派宁绍轮和甬兴轮行驶沪甬线,才又建造长 31.7 米、宽 7.9 米、水深 8 米铁木结构的轮船码头。在这一时期,还修建了一二百吨的轮船小码头,主要停靠甬沪、甬台和甬舟航线的轮船。到 20 世纪 20 年代,宁波港已经拥有 100—300 吨级到 1000—2000 吨级的轮船码头,各线大小轮船构成了一个初步的航运体系。

20 世纪 30 年代,宁波民营轮船公司增加到 10 家,先后在沿岸造了大小不等的几个趸船码头。

随着轮船航运业的兴起,港口的航标和其他设施也发展起来。早在 1865 年,清政府的海关署和宁波道台在甬江入口处修建虎蹲山和揖里山两所灯塔;1872 年加以修缮,加强灯光能见度和光照度。在外航道修建了一些其他灯塔,将铜锣换成雾钟。1907 年,沪甬线上的唐脑山灯塔建成,并建有一座浓雾报警台,对轮船的安全航行提供了一定条件。

(三)航运贸易的波折和发展

到达宁波港的第一条轮船是美商旗昌轮船公司的"孔夫子"号。1862 年该公司一成立,就派它行驶宁波;以后,宝隆洋行一度有拖轮航行沪甬间。1864 年,旗昌公司正式开辟沪甬间定期航线,先后派"江西""湖北"两轮航行,从此独占宁波轮船航业达 13 年。原来航行沪甬间的旧式帆船吨位小、速度慢又没有保险,不几年便被挤垮了,退出了该航线。据 1869 年浙海关报告,那年除旗昌轮船外,沪甬线只剩下 9 艘夹板船(洋式帆船)而没有中国民船了。

国营招商局 1873 年在上海成立,两年后派德耀、大有、汉广 3 轮先后加入沪甬线,这是沪甬线上最早的中国轮船。

宁波开埠后,其对外贸易曾经发生过几次波动。

首先，由于宁波贴近上海，而上海开埠后不断发展，所有往来内地的货物，都以出入上海为便利。19世纪50年代起，宁波逐步成为上海的转口港，不仅失去了江西、安徽、江苏和江淮流域乃至浙西北的大宗转口货源，而且由海上运宁波的货物也改运上海。

其次，1877年温州和芜湖开放和1896年杭州开放。前者使宁波港的转口贸易受到很大影响，后者几乎卡断了通往内地的贸易渠道。温州、芜湖和杭州的开埠，都程度不同地使出入宁波港的货物大量分流，这对宁波港也产生了严重影响。

19世纪末和20世纪初，宁波港的主要航线和货物流向大致如下。

国际航线：宁波至暹罗，主要输入大米；宁波至新加坡，主要输入糖和纸；宁波至苏门答腊，主要输入锡；宁波至日本，主要输出棉花；另外，与锡兰、菲律宾和柬埔寨等也有贸易往来。

国内航线：宁波至上海，每年经由上海转口的货物，约占宁波出口贸易额的3/5，从上海运来宁波的货物占进口额的1/5以上；宁波至香港，主要输出大米、药材、石膏和铜；宁波至镇江，主要输入陶瓷器和纸张；宁波至台湾，主要输入大米、麻布和糖；宁波至福州，主要输入木材、染料，输出棉花、草席、水产品、布、酒和转口的北货；宁波至长江各口，主要输入各种土货；宁波至温州，主要输入木材、明矾和丝织品，输出与至福州同。

1920—1930年间，宁波轮船公司分别航行于温州、海门、象山、定海及沪甬之间，但大多资金少、规模小，只有一两艘小轮。

（四）抗战期间的宁波港

1937年8月到1941年4月19日宁波沦陷前，宁波港成为内地各省货物的转运口岸，从而出现了短期的繁荣局面。

上海沦陷之初，宁波成为上海物资运往内地的主要通道。当时沪甬线上仍有大量华商和外商船只往来航行，但这些船只大多改挂与日本有同盟关系的德、意或其友好国家葡萄牙等国国旗。以后二三年间，由于我方封锁海口、限制航运，加之日机、日舰的骚扰，船舶航行时间极不固定，航线随时变化。当时轮船进出曾改在镇海口外停泊，客货用小轮进行驳运；以后日军加紧搜查，经常炮击轮船，使得航商改用小轮和帆船往来于上海及宁波附近的一些小港之间，先后开辟了上海至石浦、上海至定海的岑港和宝幢、上海至岱山岛的秀山以及上海至乍浦等小轮航线，以避开日军的袭击和搜查，保持沪甬之间的航运。直至1941年4月宁波沦陷之前，进口以大米、面粉为大宗，而化工原料、西药、金丝草、纸烟、橡胶、汽油、煤油的进口量也为数可观；出口则以茶、丝、桐油、纸、瓷器为主，沪甬之间贸易一度甚为兴旺。

日军侵占宁波后，已无中国及外国船只的进出。日本军方控制的东亚海运株式会社虽然恢复了沪甬线，但主要是运输武器弹药等军用物资，一般旅客搭乘轮船十分困难。1945年初，美军在长江口敷设水雷，美机轰炸船只，沪甬线全部停驶。

抗战胜利后到1946年下半年，各中、小轮船公司纷纷复业，各条航线先后恢复。这年进出船舶90万总吨，1947年上升到170万总吨，客运每月达8.5万多人。

1949年5月国民党军队逃离宁波时，把10多艘大小客轮、趸船码头和几十艘帆船劫往舟山。到宁波解放时,留在甬江的只有 1 艘破旧的浙东轮(约 400 吨)和行驶镇海、余姚的 4 艘小轮;码头除 1 座可用外,其余均破烂不堪,无法使用。

四 厦门港

厦门港位于福建南部沿海金门湾内,地理坐标北纬 24°26′42″、东经118°04′6″;外围有金门、小金门、大担、二担、日屿、青屿等岛屿环绕掩护,北面以大陆为依托;东南面向台湾海峡,西面是闽南最大河流九龙江,江口不淤不积,大部可以通航。港湾介于厦门半岛与鼓浪屿之间,港宽,水深,浪小,不淤,主航道水深在 12 米以上,是我国少有的天然深水良港,是闽南、粤北、赣北、浙西物资转运地,也是厦门、泉州地区海外华侨的出入口岸。

鸦片战争前,厦门港的帆船运输十分发达,北向往宁波、上海、天津直至东北;南向往广东沿海各口;对面渡往台湾。这三条航线,一年之中船舶可往返数次。至于往东南亚各地的外洋航线,则冬去夏回,一年航行一个航程。出洋帆船,大者在八九百吨至 1000 吨,小者亦有四五百吨。最盛时期出洋帆船在 100—200 艘之间,年达 10 万吨左右。[①] 1832 年,东印度公司的林赛和郭士立乘"阿美士德"号到中国沿海窥探,来到厦门。他们侦察到"每天看见有一二十艘三百至五百吨的帆船进港……在七天内进口一百至二百吨不等的帆船不下四百艘"[②]。

鸦片战争中,厦门两次遭到英军侵犯,1842 年《南京条约》被辟为五个通商口岸之一,1843 年 11 月 2 日正式开埠。

战后,英国等西方列强入侵,不但夺取了远洋航线业务,还直接揽载沿海贸易运输,厦门帆船业受到排挤、打击而日趋衰败。

厦门老港区海后滩(即现在的鹭江道)港道宽深,隔海峡和鼓浪屿相对峙,其间便为船舶出入港主航道之一的内航道,是货物起卸、旅客上下的必经之地。咸丰元年(1851 年)年底,英国驻厦门领事苏理文照会厦门海防同知,要求租借海后滩岛美路头等处的海滩空地。清朝政府官员昏庸无知,是年十二月竟将港口重地海后滩租借给英国,每年交纳象征性的租银库平 1 两。为了扩大地盘,英非法填筑海滩扩大地面。直至 1930 年,中国才将海后滩收归国有。

1880 年英商太古洋行在水仙宫附近后滩(现中山路口)修建太古码头,这是外商修建的第一座码头。该码头用桩基排架的栈桥伸向海域中的趸船,客货通过趸船和栈桥上下。以后,英、美、德、日各国外商相继修建码头。

1920 年,开始填筑海后滩沿海堤岸,历时 13 年,于 1933 年竣工。是年,英商太古洋行与荷兰治港公司签订合同,在填筑的同文至渔灰一段新堤,修建太古新码头。1935 年,厦门港首次有了能同时靠泊 2 艘 4000 吨级船舶的大型码头,码头旁并建有二层栈房 1 座,从而改变了厦门港 500 吨以上大型船舶皆须锚泊海域进行过驳作业的局面。

海后滩筑堤时,拆毁了从明、清两代一直沿用下来的古老渡头,重新修建了大小

---

① 《厦门志》卷九,成文出版社 1967 年影印本。
② 列岛:《鸦片战争史论文集》,三联书店 1958 年版,第 107 页。

28座新码头。建筑物有石砌或混凝土的,结构上有斜坡式或梯级式的,都需乘潮作业。其中,水仙宫码头最大靠泊能力为500吨,一般均在100—200吨,最小仅10—20吨。根据1935年统计,厦门港尚存的22座码头中,计外国轮船公司1座(太古公司),中国轮船公司1座,海关码头1座,其余19座皆为公用码头,都是海后滩筑堤后陆续建成的码头。厦门港口面貌在海后滩筑堤后的40余年间,没有发生大的变化。

厦门在福建省的3个港口中(厦门、福州、三都澳),进出口贸易总额占40%。从台湾运来的是米谷、糖;从福州运来的有樟脑;从上海运来的有白矾和棉花。另外,从外国运来的有孟加拉和孟买的棉花,英国的各种棉布、棉纱、铁、铅,以及马尼拉的水靛、胡椒、沙藤、大米和谷类、海参、鱼翅、牛角和鹿茸等。从厦门出口到上海的有樟脑、糖,到渤海湾的有冰糖,到马六甲的有陶器、纸伞、纸张,以及销售给海外侨民的各种杂货。[1]

20世纪30年代,上海至香港,天津、牛庄至香港,福州至香港,台湾至香港航线的船舶,全部湾泊厦门。国外航线的新加坡、槟榔屿、暹罗来华船舶也都在厦门停靠,或以厦门为终点。

1937年,进出厦门港的船舶总计4429686吨。抗日战争爆发后,厦门遭到长期封锁。抗战胜利后,航运仅靠小型机帆船维持。

1946年,招商局在厦门接收敌伪轮船10艘和汽艇3艘,开辟了厦榕线、厦台线和涵江、温州、上海线,而以厦门为起点的中菲航线也于此时正式恢复。在此期间,相继出现了太平、昭融、利通、万里、乾记、荣泰、南威等航业公司,但行驶的都是小型轮船,只能在沿海小港之间进行运输。

1949年10月17日,厦门解放。

五　福州港

福州港是福建省沿海的重要商港之一。港区位于北纬26°03′、东经119°19′;马尾港区位于北纬25°59′、东经119°27′,处在闽江入海的咽喉位置。闽江口最高潮差可达6米,所以福州港属感潮区河口港。港区分为内港和外港两部分。内港也称台江,地势平坦,江道窄狭,吃水较浅。外港也称马江,两岸峰峦连绵,山丘逼近,吃水较深。

福建多山,陆上交通不便,闽江便成为对外交通、贸易的大动脉。凡是永安、沙县、南平等地的土纸、香菇、笋干、烟叶,建宁等地的莲子,古田的红釉,连江、长乐等地的海味、红糖、鲜干果品,沿江顺流而下,多集中于福州销售。而转口的南货、北货以及日用百货,又从这里运往各地。据统计,福州港贸易额占全省对外贸易额的一半左右。

鸦片战争后福州被列为通商五口岸之一,1844年7月3日被迫对外开埠。

第一艘出现在福州港的轮船是1844年英国第一任领事李泰国所乘坐的"恶意"号。1867年,福州船政局自造的第一艘"万年青"号军舰下水,经常行驶福州与马尾之间。由于帝国主义势力在福州逐渐扩张,外国轮船控制了福州港的主要航线。

福州港对外开放的时间虽然很早,但码头建得却很落后。大船来港,停在罗星塔附近江面,全靠小船过驳,再运往与闽江相通的内河码头。直到20世纪30年代,台江

---

[1]　姚贤镐:《中国近代对外贸易史资料》第1册,中华书局1962年版,第586页。

才开始建设码头,计6处。第六码头是1935年3月竣工的,有铁浮桥1座,供海轮靠泊。码头附近又建了1座货仓,可堆存800吨货物。随后又在第五、六码头连接处增建粮仓1座,可贮面粉4万包。1937年抗战爆发,封锁了海口,国轮无法进出,客货只好靠外轮运输,因此又在第五码头建一浮船,专供外轮停靠。

马尾港区到1936年8月才在罗星塔前沿修建了浮船码头2座,可供4000吨级海轮靠泊;同时,又在附近修建了货仓,储量约800吨。同年9月,福州至罗星塔公路通车,实行水陆联运,客货运输有了改善。1938年8月,为适应上游航运需要,又在龙潭角修建了一座浮桥码头。

到1938年,福州港共有海轮码头2座,浮桥码头7座和小码头54座。

福州港的航道疏浚开始得很晚。1928年,成立闽江工程委员会,采用筑堤办法泄水冲泥,历时8年,修筑了两段石堤,原来马江至台江须经七弯六横渡的迂回航路,整治后改为五弯四横渡。与此同时,浚深了台、马河段。1935年工程告一段落,于是吃水4.7米的海轮可直达万寿桥。

从20世纪初到抗战前,福州港的几条主要航线有以下几条。

(1)福州至上海线。由中国各轮船公司常川行驶。各船在两港各停留2天,航程往返都是2天。

(2)福州至大连线。主要由日商大阪会社派船行驶,是定期班轮。船到台湾后,再北上上海、青岛、天津、大连等处,全航程1个月左右。

(3)福州至香港线。英商德忌士利洋行派船每周定期两次从两港对开,途经厦门,汕头停靠。后来日商大阪会社也派船航行,1925年停航,该线就被德忌士利一家独占。

(4)中国航商木质小火轮,吨位200吨左右,专行福州与沿海各港。其航线有福州至宁波线、福州至三都澳线、福州至涵江线和福州至泉州线。

1899—1939年的41年中,到达福州港的船舶总吨位达49513492吨,平均每年为120万吨。

抗战期间,福州对外贸易急剧下降,海运中断。1941年和1943年,福州两次沦陷,受到日军的野蛮掠夺,被炸、被劫、被毁轮船102艘,吨位达1.5万吨。

抗战胜利后,船商集资经营机帆船运输。到1948年,全港机帆船数达40多艘,其中部分公司组织海运联营,航行于上海、福州之间。1949年8月17日,福州解放。

六　汕头港

汕头港位于我国广东省东北部。地理坐标为北纬23°21′14″,东经116°40′21″。东北距厦门131海里,西南离黄埔280海里,港区处在赣江、榕江和练江的汇合入海处。内港是河口港,外港是海湾港。港湾三面环陆,一面连海,港池宽敞。港内散布着大小岛屿9座。其中,妈屿是第一大岛,面积13.2公顷,与南面的11.1公顷的鹿屿共踞港口出入之要冲,构成汕头港的门户。由于有妈屿和鹿屿作为天然屏障,加上港外受浅滩包围,故海上波浪影响不大。航道分内外两段,从港外赤屿到鹿屿为外航道,全长7.5千米;鹿屿至港池为内航道,全长8.5千米。水底都是沙质,吃水6米左右,船舶可以乘潮进出港口。

汕头港是汕头、梅县和福建一带华侨、港澳同胞进出之口岸。远在 17 世纪的清代乾隆、嘉庆年间,汕头已为商船集散和货物交流之地。第二次鸦片战争后,按中英《天津条约》辟潮州为通商口岸。1861 年确定以潮州府澄海县的汕头镇为对外贸易口岸,正式开埠。

1888 年,招商局开始在汕头修建浮码头,2 年后又增建仓库。到抗日战争前,全港的 8 座较大码头,外商占了 7 座;13 个轮船浮筒,外商占了 12 个。日军侵占期间,日海军曾修建钢筋混凝土码头,后被挪威商船撞坏。

早在 19 世纪 30 年代,英国鸦片船就经常停泊在南澳(汕头东北)海面。鸦片战争后,英国鸦片船在南澳的长山尾公开与当地人交易。据 1864 年统计,这年外国鸦片通过潮州海关进口额达 290 多万两,占当年外国商品进口总额的 74.65%。1866 年,外国船抵汕头的达 525 艘,吨位共计 21.1 万吨。1867 年,英商怡和洋行、德忌士利洋行到汕头建立分行,以香港为基地开辟了经过汕头、厦门到达福州的航线。这是本港定期航线的开始,以后招商局、大阪商船会社和德国雷特公司也相继设立分支机构,开辟南洋、北洋、中国台湾和日本等航线。

英国航业在汕头势力最强。进出汕头港的英国船舶占 60%—70%,日本占 14%—18%,其他各国还有德、挪、美、荷、葡等;中国船舶只占 10% 左右。

当时外国航商竞争最为激烈的是新加坡、槟榔屿的南洋群岛一线。南洋各地有很多华侨,客运十分兴旺。这条航线除中国商人租船行驶外,太古、怡和、山下等公司也从 1919 年起开辟基隆、汕头、香港、海防、新加坡航线,而渣华公司、中遥公司也派轮行驶南洋航线。竞争最为激烈的是 1923 年,汕头、香港二等客票从每人 4 元下降到每人 1 元,还包括饭费在内。

1931 年 5 月,日商在商业街尾"海坦"地区抢筑码头,遭到当地群众的强烈反对;经过交涉,市政府下令沿岸"海坦"一律暂停建筑,才迫使日商停建。

1937 年进出汕头港船舶的吨位达 5061693 吨。1938 年 10 月广州沦陷,汕头成为东南沿海的重要对外贸易口岸。这年进口总额为 3300 万元,占广东省对外贸易额的首位。1939 年 6 月 21 日,汕头被日军侵占,港口和航运业全部为日人独霸。

抗战胜利后,商人用机帆船往返于汕头、香港、台湾一线。香港昌兴、太古、怡和 3 公司组成远东联航局,派轮来往于香港与汕头之间。

新中国成立前夕,国民党军队撤出汕头时,将港内机动船只全部劫走。港内栈桥、趸船和码头大部分遭到破坏,整个港口处于"奄奄一息"的状态。

1949 年 10 月 24 日,汕头解放。

七 烟台港

烟台港位于山东半岛北侧、黄海的芝罘湾内。三面环山,一面临海。地处北纬 37°32′48″,东经 121°23′55″。芝罘岛环抱于西北,崆峒岛拱卫于港外。港阔水深,常年不冻,是一天然良港。

19 世纪 20 年代起,漕船顺带"二成"免税商货进入港内交易,吸引了很多商人。而山东、山西、河北和辽宁的大豆和豆饼也经这里出口。虽然当时烟台还只是山东登州府福山县的一个乡镇,但已成为我国南北海运的集散地。

第二次鸦片战争期间,侵略军北上侵犯天津、北京途中,1860年6月8日占领烟台。同年10月,清政府被迫签订的《北京条约》《天津条约》生效,天津、牛庄和登州三口同时开放。登州口岸就设在烟台。其后,清政府设置北方三口岸通商大臣,管理对外贸易和外交事务,东海关在烟台设立。1862年1月26日,烟台正式对外开放。

烟台原来是只有几座帆船小码头。1866年,东海关修建了第一座长100余米、宽20余米的突堤式水泥堤面公用码头,该码头称海关码头。码头前沿低潮水深1—2米,可停靠200吨帆船。海关码头的建成,为装卸货物和上下旅客提供了方便。但码头是敞开式的,北风尤其是西北风依然威胁着船舶的安全。

1870年前后,外商建成滋大码头、摄威利福码头、和记码头和福开森码头。这些码头各占一方,规模很小,结构简单。1896年,开平矿务局在海关码头北侧(今军港码头)填地42亩,修筑开平矿务局码头。同年8月,东海关为便于统一管理起见,决定开建自北至南的码头岸壁,将所有私营码头与海关码头连接起来。这对于各自为政、围岸垫地的各国洋行显然是不利的。

于是,滋大、摄威利福、和记等联合上书总理衙门,要求开筑岸壁后应为公共使用。清政府同意了他们的要求,工程于当年11月完成,从而形成岸壁公共码头。

以后东西岸壁也破土动工,工程主要是沿南太平湾向西建筑一道阻浪垒,然后将垒内海湾填实。1903年,阻浪垒竣工,以后陆续将两湾填平,形成东西岸壁码头。

随着码头设施的兴建,各公司陆续建成各自的堆场货栈,计有招商局、滋大、和记、政记、摄威利福等的货栈有十几处。它们大都造在离码头较远的地段,有的建在闹市区。

到20世纪初,烟台港虽然有了上述简易的水工建筑和码头设施,但港口毫无防护设施,仍处于自然海湾状态,一遇风浪,全港摇撼,经常造成生命财产的重大损失,客观上迫切需要修建防波堤等防护设施。

1900年外国商会提出修建防护建筑物的要求,1905年又做出修建挡浪坝和西防波堤计划,但都未能付诸实施。原因有三:其一,清政府经济上无力承担建设费用;其二,控制东海关的英国持消极态度;其三,当地廉价劳动力也使各国商会虽图建港,但又不急于改变过驳作业的落后生产方式。

1906年,胶济铁路全线通车,青岛港商务迅速发展,从而结束了烟台港称雄山东半岛的局面。一方面,烟台中外商人对青岛港的竞争反应极为强烈,他们呼吁筑港筑路,以防烟台贸易全为青岛所夺;另一方面,操纵东海关的英国也力图保持手中这个港口,以此与德国占踞下的青岛抗衡。"海坝工程会"就是在这样的历史背景下应运而生的。

1912年,东海关致电北京政府,请求修筑烟台港。这年年底,北京政府复电表示同意。

1913年5月21日,以东海关为首的"海坝工程会"成立,次年7月1日起征收"海坝捐"作为建港经费。荷兰工程师制订设计方案。荷兰治港公司以267.7万两承建,华俄道胜银行垫款。1915年开工,1917年8月遭台风侵袭,建港工程损失严重,工程因此停顿。翌年得北京政府拨款192万两,工程才继续进行。1921年9月防波堤和西挡浪坝建成。

挡浪坝全长 793 米、宽 9.15 米、顶高 6.95 米,呈曲尺状。北口门宽 200 米,南口门宽 250 米。防波堤全长 1791.27 米,最窄处 13 米,顶高 5.45 米,南端与陆地相连,北端延伸入海。由于挡浪坝与防波堤的建成,船舶靠泊有了保障,港口生产有了起色。

自开埠到 1945 年第一次解放的 80 年间,烟台港主要修建有防波堤、太平湾码头和北码头及烟台山灯塔,最大靠泊能力不过 1000 吨级船舶,更大海轮就须系泊浮筒或抛锚海面,而对腹地交通亦仅有 1 条烟潍公路。

1938 年 2 月,日军侵占烟台;同年 11 月 10 日宣布撤销"海坝工程会"。烟台港在日本海军监督下成立芝罘港务局,实际上成为日本帝国主义海军部专事掠夺中国人民财富、镇压抗日队伍的基地。

烟台开埠后,先后开辟的航线有上海—烟台—天津航线、上海—烟台—朝鲜航线、日本—烟台—天津航线等。进入 20 世纪之后,由于胶济铁路全线通车,青岛正式开埠,大连宣布为自由港,以及政局动乱、战事频仍,港口运输生产呈不景气状态。从轮船进出口来看,20 世纪前 40 年中,除少数年份进出船舶的数量较多外,大多数年份进出船舶的数量都比较少。

1945 年 8 月,人民解放军从日寇铁蹄下解放了烟台。民主政府为恢复和管理港口,曾设立"港口工程所",将全部护岸及东防波堤修葺完毕。1947 年国民党军队进入烟台,烟台港重又遭到破坏,生产与管理处于瘫痪状态。

1948 年 10 月,烟台第二次解放。民主政府重建东海关,设立港务处,接管"海坝工程会"的全部资产和业务,对满目疮痍的港口进行了整修和恢复。

八 营口港

营口港在辽宁省西南辽河下游入海处,在大连港未开辟前是辽河流域第一大港。1858 年签订的《天津条约》开放牛庄为通商口岸。1861 年英领事到牛庄查勘辽河下游,发现海口淤浅,船只出入不便,就改营口为通商口岸,并设置领事馆。开港之初,英轮最多。其后德国、挪威、瑞典、荷兰、美国、俄国及日本等国的轮船相继到来,商务发达,形成一个繁盛的港口。但因条约文字不便更改,国际间仍称作牛庄,到"民国"时期才正名为营口。

营口当辽河尾间,辽河口偏向东南,港外有拦门沙一道,进口上驶 20 余千米,河右岸就是营口商埠,一年大约有 1/3 时间有流冰和结冰不能航行。[①]

营口港区分为内港、外港两区。内港为轮船、西式帆船停泊区,西界线由老爷岭向北横断辽河,东界线由青堆子向北横断辽河,长 5180 余米,河宽约 760 余米。外港分两区:一为帆船停泊区,由港内西界线的下游至河北沿之间;二为港内东界线的上游及其附近。轮船及西式帆船停泊区归海关管辖,帆船停泊区归常关管辖。

港内水深平均 9 米,下流多浅滩,吃水 5.2 米以上船须乘涨潮才能航行;沿岸分布着中外 27 个轮船公司码头,以公司商号的名称为其码头定号,东西长约 10 余千米,其后建成简单的栈桥多座,

供轮船停泊装卸。清朝末年有两条铁路与营口连接起来:一条是营榆路,从山海

---

① 《营口港史资料汇编》,第 4 页。

关经沟帮子向南到营口,全长 167 千米;另一条是南满铁路的支线,由大石桥西行到营口。从此,水陆交通更加发达,使营口成为 19 世纪我国东北的第一良港。

从 1885 年起,这里有三条航线通往国内各个港口。第一条是南航线,直达龙口、登州、烟台、威海、青岛、海州并转到上海、温州、兴化、泉州、福州、厦门、汕头、广州、香港等处。第二条是北航线,直达大连、旅顺、安东(今丹东)。第三条是西航线,直达葫芦岛、秦皇岛、天津。1872 年贸易额达 5370790 两。1894 年入港船只 344 艘;其中,英国 144 艘、德国 122 艘、日本 35 艘、挪威 29 艘、俄国和荷兰各 1 艘,中国仅 15 艘。1899 年盛况空前,贸易额达 48438003 两。1905 年,山东旅营同乡集资购买木造轮船"全胜"号,约 400 吨,该船为营口港第一艘华籍轮船。

营口港经俄军(1900—1903)及日军(1904—1905)先后占领,受到破坏,以后又不积极建设,失去了原有的第一良港的地位。自从大连开港后,经过俄、日相继经营,大连港逐渐取代了营口港。与大连港相比,营口港①冰期长,自旧历十一月下旬到次年三月结冰,而大连港终岁不冻;②水浅,大轮不能进港;③起卸货物设备差,1000 吨大豆装船要费 3 天之久;④河面与南满铁路车站相距 3 英里①,故而逐步退居次要地位。

营口港从事国际贸易的船舶,1927 年进口 55 艘,吨位共计 5.6 万多吨,日本船艘数占 70% 以上,吨位也近 70%;中国船的艘数和吨位都不到 6%。国际贸易的出口船舶 72 艘,吨位共计 81210 吨,日船艘数占 85% 以上,吨位占 66%;美船、英船次之,中国船只占 2%。1928 年度,船舶艘数和吨位都有了提高,反映港口贸易也有了增加。

1931 年 9 月 19 日营口被日军占领。由于东北地区幅员辽阔,仅有大连一个港不足以吐纳,日本侵略军便提出了"三港三系统主义",除大连港外,将营口、安东两港划为大连港的辅助港,达到全部控制东北物资的目的。这样,从营口港输出的物资,每年有所增加。

营口港输出的主要是大豆、煤炭、豆饼等,输入的是面粉、粮食、棉纱、布匹等。

1933 年 7 月,伪航政局强迫中国籍船加入伪满国籍,不加入者不准入港。营口招商局在"九一八事变"前即撤退,太古、怡和在"九一八事变"后亦即停办。1937 年七七事变后,航业更加衰落,北方、直东、政记等公司相继撤销,仅有肇兴、大通、海昌、毓大、义昌、永源 6 家勉强维持营业。1943 年,日军将营口各公司的轮船 17 艘(2.2 万余吨)全部没收,设立满洲海运株式会社,征调轮船支援太平洋战争,后全部葬送在太平洋中。这一年,营口港吞吐量减少至 3.7 万吨。

抗日战争胜利后,美蒋武力接收东北。在苏军局部撤退后,营口港于 1945 年 10 月被中国人民解放军接收,后又暂行撤出,被国民党军队占领。1948 年 2 月又为解放军解放,11 月 1 日解放军再次撤出。港口码头由于年久失修,大都不堪使用,仅有满铁码头 4 处,共长 2000 余米,可停靠船舶 10 余艘。国民党军队在东北失败后,大部分从营口撤出,同年 11 月 10 日营口重新获得解放。

九 温州港

温州港位于浙江省东南沿海,瓯江下游南岸。地理坐标为北纬 28°01′36″,东经

---

① 1 英里≈1.61 千米。下同,后面出现不再标注。

120°39′18″。北距上海港 320 海里,距宁波港 219 海里;南距福州港 192 海里,距台湾基隆港 206 海里;朝鲜、日本、菲律宾、印尼等国都在 700 海里辐射范围之内。口外岛屿星罗棋布,有大门、小门、青山、状元岙、霓屿,洞头等一系列岛屿作为天然屏障。港内潮差平均 4.5 米,潮流较急,是一强潮河口港。

（一）英人操纵港口管理

1876 年《中英烟台条约》辟温州为通商口岸,1877 年 4 月 1 日正式对外开放。英国驻温州首任领事阿尔巴斯特同时乘英舰"莫斯克特"号到达温州。英国领事还先后受德国、西班牙、奥匈帝国、瑞典等国政府的委托,兼管各国在温州的有关事务。

外国侵略者在强迫清政府开放港口、打开我国门户的同时,逐步夺取了我海关的行政管理权。通过海关,英国领事不仅管理着英国和其他外国的侨民和通商事务,还直接插手港口的管理工作。

海关所订立的各种有关港口管理的章程如《港章》《引水分章》等,事先必须征得英国领事的同意。英国商船及其他外国籍商船进港后,必须将船舶证件及进口舱单送交英国领事查阅。海关公布的《温州港港章》,划定从瓯江南岸龙湾外口炮台至对面北岸磐石炮台为港界,港界以内即为温州港。龙湾炮台至蒲州、水陡门(今望江东路的水门头)至江心屿西塔两处为洋式船舶锚泊区,规定进口洋式船舶必须先在龙湾炮台至茅竹桥间锚泊,等待指定泊位后才可驶往市区停泊。

温州港对外开放以后,朔门一带水深条件较好,为到港轮船的主要锚泊区,而江心屿东面的象岩礁,妨碍船舶航行和锚泊安全。1878 年 7 月,瓯海关在该礁上竖立一根长 7.6 米的铁条,顶端悬挂蓝色圆球,作为航行标志。1885 年,在港内四处浅滩,设立红、黑色木桶各一个作为浮筒指示航向。1906 年,在象岩礁上悬挂红色煤油灯一盏,作为夜间航行标志。这些是温州港最早的航标、浮标和灯标。

温州开埠后,建港工作进展迟缓。1884 年,招商局修建第一座浮码头,安装了钢质趸船一艘,长 50.6 米,宽 8.2 米,深 2 米;后来又在该码头附近修建仓库 3 座,总面积约 1500 平方米。

1916 年,宝华轮船局在东门新码道东首岸边建成一座浮码头,安装了一只长 28.6 米、宽 6.5 米的木质趸船,称宝华码头。接着温澜公司在东门化鱼巷(今永川路)江边,建成一座小型浮码头,安装长各为 5.8 米的木质趸船两只,称为安澜码头(也称永川码头)。1921 年,日本新泰洋行在海坦山岭脚江边(今望江东路安澜渡口码头一带)建成一座简易浮码头。1926 年,安澜码头重建,仍由两只木质趸船组成,各长 12.8 米、宽 5.5 米,泊位长 25.7 米。1933 年,平安轮船公司于东门新码道西边建成一座浮码头,安装木质趸船 1 只及木质浮桥一座,称平安码头。1936 年,招商局在东门株柏建成 1 座浮码头,称株柏码头。到 1937 年抗日战争前夕,除安澜码头由于年久失修腐烂被拆除外,只剩下株柏、宝华和平安等 3 座码头和仓库 10 座,总面积为 2383.45 平方米,还有贮存煤油的油库 8 处。

（二）开埠后的国内外航线

温州开埠后,陆续开辟了国内外航线。国内航线有以下几条。

(1)温沪线。1877 年 10 月,英商怡和洋行首先开辟上海、温州、福州航线,每两星期航行 1 次。1878 年 4 月,招商局派"永宁"号客货轮行驶上海、温州线。

(2)温甬线和温椒(海门)线。1881 年,招商局轮船航行沪温线,兼湾宁波。同年,永宁轮船局开辟温州、海门线。

(3)南洋线。1883 年和 1889 年,华商和英商务派小轮行驶温州、福州、厦门一线;后均因吨位太小,不能获利,旋即停航。

1908 年,中国商业轮船公司的"德裕"轮航行宁波、厦门线,中途停靠温州;次年,该轮又将航线延长至广州。以后,宁波的建长公司等派轮参与竞争。到 1918 年,温州的南洋航线暂时停止。

此外,20 世纪初,又开辟内港和内河航线,沟通了与乐清、瑞安之间的货客运输。

国外航线方面:

1885 年,英籍夹板船"特克里"号行驶温州、香港至新加坡线。

1886 年,3 艘外籍夹板船从马来西亚槟榔屿等开来温州。1907 年,日轮开始驶往温州。据统计,1878 年,进出港口的轮船总吨位还只有 19030 吨,到了 1918 年增至 230131 吨,增长了 11 倍。旅客人数,1878 年进出 628 人,到 1918 年进出 3779 人,增长了 5 倍。到 1930 年,温州港进出的轮船和木帆船合计吨位达 778903 吨,为 1918 年 353533 吨的 2.2 倍。

(三)抗战爆发后的温州港

1937 年抗日战争爆发后,温州的一些中国航商为了保障航行安全,陆续改变所属轮船的国籍,悬挂外国旗帜,雇用外人当船长,继续航行于温州和沿海各港之间。其他港口船舶也采用改挂外旗的办法航行于温州和各港之间。因此在抗日战争初期,行驶温州港的外籍轮船共达 80 余艘,分属 8 个国家和 40 多家洋行和轮船公司。另外,美国美孚火油公司和英国亚细亚火油公司的运油船舶继续在温州上海之间航行。1938 年进出港轮船吨位共计 783499 吨,木帆船吨位共计 303466 吨,合计 1086965 吨。其中,外籍轮船吨位为 698929 吨,占 89.2%;中国轮船吨位为 34570 吨,占 10.8%。外籍轮船中英轮最多,吨位共计 222363 吨,占轮船吨位的28.4%;其次为葡轮,吨位共计 175008 吨,占 22.3%;再次为德轮,吨位共计 131678 吨,占 16.8%。行驶的沿海口岸有上海、宁波、福州、厦门、汕头以及福建崇武等内地港口。与香港之间,船只往来十分频繁,1938 年从香港进出口的船舶共计 65 艘,吨位共计 87776 吨。

在温州港畸形发展期间,进出口贸易量激增。1938 年进出口货物价值共达 56203635 元,比 1937 年的 12333045 元增长了 3.56 倍,比 1930 年的 22722047 元也增长了 1.47 倍。

1938 年,温州港吞吐量达 76 万吨,比抗战前历史上最高的 31 万吨增长了 1.45 倍。

1939 年,局势发生变化。日本海军一面通知各国政府将对温州采取军事行动,一面进行海上封锁。这年进出温州港的轮船吨位共计 402923 吨,比 1938 年减少 42.35%。1941 年 4 月 19 日,温州第一次遭日军占领,5 月 2 日日军退出。这年进出船舶的吨位共计 22490 吨,仅为 1940 年 158958 吨的 14.1%。1941 年 12 月太平洋战争爆发,经历了繁荣、衰落萧条的温州港至此全部陷于停顿状态。

1945年抗战胜利。这年9月,上海温州航线恢复。1946年,温沪之间开辟定班航线。1947年,招商局将102号趸船在朔门建造码头。这年,温州港的国内沿海航运得到发展,与国外仍无往来。1946年在海关注册的船务行共73家,以后不断歇业,1947年减为65家,1948年再减为51家,到1949年只剩28家了。这年5月7日,温州解放。

十 天津港

天津港地处华北平原的东部,位于北纬38°59′48″、东经117°42′30″;北倚燕山,东临渤海,"当黄河之要冲,为畿辅之门户",历史上一直是河海漕运的枢纽。海河上游5大支流(南运河、子牙河、大清河、北运河、蓟运河)在天津市汇合于海河,并横贯市区流向东南经塘沽入海。

天津港出海航道,每年12月至次年2月为结冰期。1913—1925年,海河工程局先后购置6艘破冰船,在大沽口内外以至天津港池内破冰,改善航运情况。除1935年的严重冰冻外,天津港基本上一年四季都能通航。

(一)开埠后天津港的建设与运营

中英、中法《北京条约》,扩大了英国和法国的侵华权益。清政府在侵略者的逼迫下,"允以天津群城作为通商之埠",凡英、法商民均可居住和贸易。[①] 天津港于1860年被迫开放为通商口岸。

天津开埠后,英、法、美三国即在紫竹林(天津城东南马家口下游,海河西岸)一带划定租界。紫竹林下游对岸为大直沽,清代曾是大型漕船转运驳卸和海船停泊之所,紫竹林和大直沽之间的海河航道是漕船、商船、渔船从海上进入三岔口的必经之地。

英、法、美入侵后强占了沿河一带,在河阔水深之处建造码头。初期的码头多为砖木结构,后来发展为混凝土结构,专供停靠轮船之用。

英、法租界码头分别由两国工部局修建。码头岸壁多为片石和厚木板所筑,轮船可以直接靠岸。英租界码头分为5处:第一码头长20米;第二码头长66米;第三码头长138米;第四码头长182米;第五码头长20米。法租界码头一处,长30米。[②] 由于紫竹林租界码头的兴建,外国轮船可以直接停泊。据1861年海关贸易报告记载,1861年5月1日至12月31日共有轮船94艘到达,其中英船41艘、美船19艘、其他34艘;1863年增加到134艘,其中英船69艘、美船20艘、其他45艘,吨位达36276吨。

紫竹林码头的发展,使天津原来的航运中心从三岔口一带转移到紫竹林租界,三岔口漕运码头逐步衰落。1891年,垄断天津航运业的英商怡和洋行和太古洋行又在英租界沿河地带修建码头。到1901年共建317米长新码头以及68米长的河坝。

《马关条约》签订后,日本在天津开辟租界。1898年8月29日,日本驻天津领事与天津海关道签订"天津日本租界条款",具体制订专管租界和预备租界的范围。最初

---

① 王铁崖:《中外旧约章汇编》第1册,三联书店1982年版,第145页。
② 李华彬:《天津港史》,人民交通出版社1986年版,第60页。

占地 1667 亩,后来多次扩充,到 1903 年底日租界占地竟达 2341 亩。[①] 日本租界北距天津城较近,东南与法租界接壤,临海河有较长的深水岸线。1902 年,日本开始填土垫地,筑路建房,整修河岸,1904 年建成一座 100 米的砖石结构码头。

《辛丑条约》签订后,天津租界有了更大的扩展。1860—1903 年的 43 年间,天津共有 9 国设立租界,圈占土地 23313 亩。[②]

租界扩充后,各国占据海河的岸线长达 15 千米。为了发展航运,竞相整理河道,裁弯取直,加宽河面,修整堤岸,垫高河坝,填平沼泽,构筑道路和修建仓库。这一时期,天津港的港口建设有了较大发展。1903 年起把海河航道及租界范围内的河道普遍加宽到 79—98 米,为大船转头创造了条件。1905 年到达租界码头最长的轮船"宜昌号",长 83.8 米,吃水 2.9 米,转头时河面尚余 6.1 米宽度。1909 年到达租界码头的 623 艘轮船中,有 54 艘吃水 3.6 米以上。[③] 1910 年,英租界码头修建了第一架岸壁式钢结构固定起重机,为港口装卸大件货物发挥了作用。这一时期法租界在填平沼泽地之后,修建了货栈,有 2900 米码头投入使用。[④]

奥租界航道加宽。俄租界修建了两座 61 米的专用码头。比租界码头得到垫高,而太古、怡和、汉堡、美最时、日清、大阪、招商局、开平矿务局码头分布在英、法、俄、德各国租界。紫竹林租界码头的扩展,奠定了近代天津港区的基本轮廓。

(二)外轮的入侵和垄断

天津港开埠初期进入的外轮,多数为上海外商旗昌、怡和、太古轮船公司的船舶,1867 年才有英国轮船直接从欧美驶来。

怡和洋行 1867 年在天津设分行,为进入天津港第一家外国航业,初期代理的船舶为"天龙"号、"南浔"号、"久绥"号、"里斯莫"号 4 艘,航行天津—上海线。太古洋行于 1881 年在天津设分行,开辟上海和广州两线班轮,其他航线也大多挂口天津。接着美国、丹麦、法国、德国的航业先后来到天津港。日本是 1884 年进入天津的,并以较快的增长速度发展。1861—1872 年,津港的航运几全部被外国航业所控制,而英国则始终占据统治地位。

我国招商局于 1873 年开办后,即以"福星"轮往来于天津、上海之间,海运漕粮,兼揽客货,打破了外国航运垄断的局面,在一定程度上分了洋商之利。在进入天津港的船舶中,招商局的船舶在 1877、1892 两年曾居中外各国航业的首位。

19 世纪末到 20 世纪初,帝国主义国家的经济发展更加依赖于国外市场,英国在争夺市场和原料产地的斗争中,依靠其强大的海运优势,进一步扩大了对天津港航行和贸易的控制。这一时期(1895—1914)天津港进出的船舶吨位增长了一倍左右,轮船总数为 16539 艘,其中英船居首位,占 53%,其次为日、德、法、美的船。

第一次世界大战爆发后,英、法、德等国的商船由于被军事征用,如英轮由 1914 年

① 中国人民政治协商会议天津市委员会文史资料研究委员会:《天津文史资料选辑》第 18 辑,天津人民出版社 1982 年版。

② 李华彬:《天津港史》,人民交通出版社 1986 年版,第 113 页。

③ 海河工程局:《海河年报》。

④ 《天津历史资料》第 3 期,天津社会科学院历史研究所 1964 年版。

的 678 艘 1049892 吨减为 1915 年的 650 艘 907489 吨,以后在战争期间不断减少。法、挪、荷等国商船也均有减少。1917 年和 1918 年两年,天津港就没有法国商船进口。德国从 1914 年 7 月起到 1921 年的 7 年中,中断了与天津港的贸易。日本、美国则乘机扩大了对天津港的贸易和海运势力;特别是日本,船舶数量和吨位大幅增加,1913 年为 662 艘 754640 吨,到 1919 年增加到 964 艘 835884 吨。

战后,海上交通和商业限制解除,欧洲商人卷土重来。战前天津港原来由英、法、俄、德、日、美、奥、意、比 9 国控制,现演变为日、英、美竞争的态势;德国也于 1921 年重返天津,力图恢复其战前的地位。各国船舶重新来到天津港,其发展速度比战前更快。

(三)大沽口驳运与海河的治理

天津港上游南运河、子牙河、大清河、北运河,蓟运河的河水挟带大量泥沙汇集于海河出海。自 19 世纪 80 年代起,海河逐渐淤塞。1890 年、1894 年两次水灾,海河淤浅更为严重。到 1897 年,大沽口以上几乎不能通航,大部分海轮不能驶进天津紫竹林码头。1899 年,只有两艘轮船开到租界码头。大批进出口轮船需要在大沽口浅滩外侧的深水锚地上通过驳船装卸各种货物,其驳运范围主要是大沽口至塘沽、大沽口至天津,通称为大沽口驳运。

1864 年,英国商人成立大沽驳运公司,专营大沽口至天津间驳运业务。1881 年中国商人也曾成立驳船公司,中法战争后售与大沽驳船公司。1920—1927 年海河航道曾一度有所改进,多数船能迳驶天津,但仍有 1/3 的大型船舶需在大沽口过驳。随着进出口贸易的增长,使驳运业务进一步发展,英、法、日各国在驳运上也展开了激烈的竞争。除英国的大沽驳船公司外,1904 年天津太古公司又设天津驳船公司,此外,还有法商仪兴新记公司、日商和清洋行和海河驳船公司、中国的驳船业成立的通顺公司都经营驳运业务,而招商局、天津航业公司、政记公司、益记公司也都拥有驳船。当时共有驳船 91 艘,吨位共计 16106 吨,拖轮 31 艘。以 1935 年为例,通过驳运到塘沽、大沽口出口的货物达 415919 吨,进口为 562923 吨,驳运总运量达 98 万吨,约占天津港当年吞吐量的 40%。自然条件和地理位置决定了海河航道曲折多淤。天津开埠后,在中外协议下,于 1897 年成立海河工程委员会(简称海河工程局),着手进行海河治理工程。工程经费按《辛丑条约》规定,由清政府年拨白银 6 万两,并征收治河税及船税;由天津海关道年拨银 6000 两,这种情况一直持续到 1938 年。

治河工程,主要采取裁弯取直方法。天津港至大沽口间河道进行了 6 次大的裁弯取直工程,缩短了航道 26.3 千米,轮船从海口乘一个潮水即可驶抵天津港。河道缩短,河床断面增大,航道纳潮量增加。天津市区码头潮差了增加 0.9—2.0 米。1919 年在对淤泥进行治理后,吃水 4.8 米的轮船也可安全通过海河航道,1924 年有 1502 艘船舶到港;其中,1311 艘到天津租界码头,最大的吃水量为 5.4 米。

(四)日本独占天津港后航运和塘沽新港的初建

1937 年七七事变后,天津港的对外贸易和航运,很快被日军所控制。1939 年 8 月,东亚海运株式会社成立。1941 年,日本在天津的航运力量已经远远超过了英、美、德等国。到 1942 年,进口贸易中日占 78.23%;出口贸易中日占 79.8%。太平洋战争后,1943年日本就独占了天津港的对外贸易和航运。

国航业除招商局船舶在战争初期即停航外,其他华商航业也受到严格限制。太平洋战争爆发后,日军为了进一步进行其不义的战争,制定了"华北海运对策纲要",欲充分利用中国船舶,以小型轮船机帆船航行于华北沿岸,将大型船舶转到对日运输的航线,输送军事工业原料;1942年并将航行华北的各轮船公司组成"华北轮船联营社",从事近海及中国沿海的航运。

塘沽濒临渤海,与大沽隔河相望。1902年八国联军入侵,将塘沽、大沽夷为平地。1886年后,海河逐渐淤浅;到1898年时几乎没有轮船能驶抵租界河坝,1899年塘沽以上48千米的河道几乎不能航行。

天津中外航商遂在塘沽占地修建码头。法、俄、英、日、奥各国均在塘沽构筑码头,今天的塘沽1—8号码头,即为当时英、意、奥等国所建,"日本大院"即为日本码头。太古、怡和、招商局及开平矿务局均在塘沽修建码头。从此,塘沽逐步形成天津港自紫竹林向深水河段演变的第三个重要港区。

日本为全面掌控天津港,1938年8月封锁了英法租界,进行特三区码头建设。到1940年7月,特三区码头停船即达575艘,进口货物32万吨。日本并在塘沽扩建码头,1940年建成华北交通码头,岸线长760米,仓库2座,总面积7500平方米。原塘沽招商码头被塘沽运输公司接管,又修建了停船泊位两个码头,岸线长220米,可供2000吨级船舶4艘停靠;另外,还新建了新河码头,岸线总长660米,可停靠2000吨级船舶6艘,堆场容量为10.5万吨。

除以上码头外,还兴建了北炮台码头总长925米,可同时停靠2000吨级船舶7艘。这些码头主要用来掠夺龙烟铁矿石、铝矾土、盐及煤炭。

日本在1939年因海河航道水浅,原有港口吞吐能力不能满足掠夺大批煤、盐、铁、棉、粮食等物资的需要,决定在海河口北岸建设塘沽新港。1940年10月25日开工,至日本投降时,只完成一半。第一码头长700米,可停靠3000吨级轮船5—7艘;第二码头为栈桥式码头,完成60%,长350米。沟通新港与海河航道的新港船闸,可通行3000—4000吨级船舶,日本投降时完成70%。

抗战胜利后,国民党政府继续新港工程,于1946年7月复工兴建。新闸于12月完成,自1946年12月至1948年4月通过大小船舶146艘,吨位最大的为4767吨。码头经过整修,第一码头700米,第二码头350米,驳船码头170米;虽不久即投入营运,但因经济上支绌,建港工程缓慢,到1948年底新港工程已全部停工。

(五)抗战胜利后美国控制港口航运贸易

日本投降后,美军协助国民党政府接管天津港的码头、仓库及船舶。主要码头共有70座,计河西区30座,分布于第六区和第六区河沿;河东区8座,都在第五区河沿;塘沽区22座;西大沽1座;新河7座;新港2座。

抗日战争胜利后,天津港对外贸易基本上被美国所控制。1946年,在进口货物中美国占70%(大批走私进口货尚未统计在内),英国仅为4%;出口货物中,输往美国者占76%,其次为对香港的贸易,英国居第三位。抗战胜利初期,中国进出口贸易虽有增长,但未达到战前水平。

抗战胜利后天津港腹地已逐步为解放军所控制,陆路交通不畅,海上客货运输异常发达;进港船舶中,国内船只居第一位,英船居第二位,美船居第三位。除招商局的"锡麟""秋瑾""元培"3船定期航行于津沪线外,尚有在 3000 吨级以上以海字为冠的轮船,如"海甬""海浙""海穗""海苏""海平""海汉"等轮,往返于葫芦岛、青岛、上海、秦皇岛、营口等地;天津的民营航业,还有直东、大华、三北、通顺、三兴、海通、大通、政记、天津航业、运通、联懋等十余家。天津与上海间的定期班轮有中联公司的"中联""华联""国联"3 艘,民生公司的"民众"轮,其余还有"兴华""同安""中孚""福民""慈云"等十余艘,载重都在 3000 吨左右。天津、青岛间有直东公司的"迎春"轮,联懋行的"瑞祥""昭祥"轮等。天津、营口间的航船有六七艘,但都是 200 吨以下的小型船舶。

十一　北海港

北海港是现广西壮族自治区沿海的主要商港,位于北部湾北岸的廉州湾合浦县南流江入海口的南侧,港内水深浪静。地理坐标为北纬 21°28′48″,东经 109°05′6″。海运可达国内外各港口。

合浦港是中国历史上一个有名的海港,由于泥沙冲积,不断演进,港口位置向南延伸,形成现在的北海港。1876 年的《烟台条约》,规定廉州为通商口岸。合浦为廉州府治,新设北海镇,就指定为对外贸易的港口,在 1877 年 4 月 1 日开埠通商。

北海港港界,自鸟石港以北起,沿雷州半岛经安铺折而西,经北海、廉州而至钦州;内港有天然的外沙做防浪堤,风小浪平。

开埠以前,西洋船舶已往来海口(海南岛首府,时称琼州)与北海之间,并在北海、水东诸港从事沿海贸易。开埠后,洋货、鸦片、棉布都由民船经营,1879 年底,设在香港的英国轮船经纪人派海南号轮船从香港首航北海获得成功,接着其他轮船相继驶来;1880 年有轮船进出口各 105 次,吨位共计 87436 吨。其后二三十年间,往来香港、澳门、越南以及广州、海口的航线渐多,船舶进出口增至 200 多艘,吨位在 10 万吨上下。当时抵港外轮,其国籍主要有德国、丹麦、法国、日本、英国和挪威,以德国占首位,其次为丹麦和法国。丹麦船只载运的货物大部分是英国货。所以,北海的航行主要由英、法、德三国角逐。运进鸦片、棉布、煤油、纸烟、火柴、面粉等;运出靛青、面油、砂纸、八角,后来还有生牛皮、生丝等。进出口总额为 500 余万两。

自从龙州开埠后,南宁以西的货物都由越南经海防出口。1897 年梧州开埠后,桂林、柳州以东的货物都经广州运往香港。1898 年广州湾租与法国后,赤坎、安铺一带的货物又折入广州湾。这样,北海港贸易范围大为减缩,商业大为衰落,进出口贸易额年仅 400 万两左右。

抗日战争以前,航行于广州、香港、海口、北海这一定期航线上的,只有大丰公司的"永利"轮和德忌利士公司的 2 艘轮船;其他有太古公司 6 艘船(有 2 艘船从上海开航),招商局 4 艘船,华侨船务公司 2 艘船。法国邮船公司和源昌利公司各 1 艘船,航行于香港、海口、海防之间,都是以北海为中间站。日商大阪会社的两轮,航行台湾—海防间,"九一八事变"后停航。1937 年,进出北海港的轮船曾达 462 艘,吨位共计 550 万吨;其中,行驶外洋 263 艘,行驶国内沿海 199 艘,吨位大致各半。

抗日战争开始后,日舰封锁我国沿海,截留来港的外轮,拘留我沿海航行的帆船。

由北海通往内地的运输,大多用人力肩挑或以小船转驳来实现。棉纱、肥皂、面粉、药材、染料、纸张等多为桂林、贵阳、重庆等地所需,输入也有相当数量。

1937 年,全年进出口轮船吨位共 373711 吨。自 1939 年 7 月起,太古公司的轮船改由香港开行,经广州湾、海口到北海,回程由北海起航,湾泊海口、广州湾而抵香港,由北海运往上海的货物,在香港转船。渣华公司的轮船从上海经香港直达海防,回程有时湾泊北海装载客货。

抗日战争胜利后,广州、北海间航线轮船吨位不足,北海至雷州半岛、海南岛等附近地区的海上交通,全靠帆船维持。

1949 年 12 月 4 日,北海解放。

第二节　外国租占港口

甲午战争后,俄、德、法三国借口压迫日本退回辽东半岛"有功",先是 1898 年俄国租占旅顺为军港、大连为商港,租期 25 年;1897 年,德国派军舰强占胶州湾,翌年租占青岛,修建军港及商港,租期 99 年;1898 年,法国强占广州湾为军港,租期也是 99 年;接着,英国强租威海卫为军港,与旅顺、大连对抗,又强租九龙半岛,与法租广州湾对抗,租期 99 年。帝国主义列强在短短几年中,在中国划分势力范围,妄图瓜分中国。被租占的地区和开辟的港口,事实上已变成各该国独占的殖民地,进行殖民统治。中国对这些地区和港口已完全丧失了主权。

一　青岛港

青岛港位于山东半岛东南部,处黄海之滨,在胶州湾出口处。地理坐标北纬 36°04′,东经 120°19′。东部以崂山山脉作依托,南部和西南部有小珠山为屏障,西北部和大沽河下游平原连接,只有东南部有一口与黄海相通,形成一个半封闭的自然港湾。港区分为内港和外港两部分。东自太平角起引一直线,西南越海至象嘴即淮子口,又由团岛向南引一直线至脚子石嘴,在这个三角形内属外港。外港以西由孤山角即湖岛子,向西南引一直线至黄山嘴即黄山的东角,又折而东南至显浪嘴,在这人字形内属内港。

青岛港地理位置优越,气候宜人,基本不冻不淤,自然条件独厚。它所在的胶州湾,航道深度在 10 米至 40 米之间,可以保证大型船舶航行、锚泊和停靠。

(一)德国强占胶州湾和对港口的建设

19 世纪末叶,西方列强和新起的日本,加紧抢占中国沿海港口,分割势力范围,胶州湾是它们窥探和占有的目标之一。清政府认识到青岛地方的重要,1891 年派登州总兵到青岛驻防,准备建立军港。次年,在青岛港建成栈桥 1 座(俗称海军栈桥),栈桥成为青岛港最早的码头之一。由于清政府腐败,海军经费被挪用于建造颐和园,建港工程不能继续下去。而蓄谋已久的德帝国主义,1897 年借口巨野教案强占青岛;次年 3 月 6 日强迫清政府签订《胶澳租借条约》,强租青岛 99 年。

德国是欧洲后起的帝国主义国家,急欲把青岛变成它侵略中国和远东地区的军事、经济基地。占领之初,德国就宣布青岛为自由港,立即动手建设港口,使其既是商港又是军港。德国政府拨出巨款并鼓励国内资本家投资,把建港工程包给一家德商公司监督进行。在建筑中,将开辟大鲍岛所出的石料土方,用以修筑小港码头;将小鲍岛铲除的高坡的土石方,就近用于大港码头的建设。1901年小港竣工,同年大港开工。1904年3月6日,首先将第一码头(只完成北岸)对外开放;同时,胶济铁路全线通车,与大港码头衔接。至1906年,第2、4、5号码头相继建成,青岛港便以远东第一流港口的姿态出现。

　　青岛港的建设重点是大港。大港由一条圆形的防波堤围绕。防波堤长4600米、高5米,是利用岩礁和小岛相连的有利条件填沉石块而筑成的。堤上敷设铁道,与胶济铁路连接,直达堤端。在堤端填筑堆煤场,并设了造船所,以4年时间,至1906年建成拥有1.6万吨的浮船坞。船坞长125米,外宽39米,内宽30米,深13米。大港第一码头停泊普通商船,建有4个仓库;第二码头停泊德国舰艇,建有3个仓库;第四码头装卸煤、盐和油类。上面三座码头都有铁路与胶济铁路相接。第五码头归造船厂使用,也堆存军用煤炭,并备有150吨的起重机。

　　大港以南是船渠港,主要供修建码头和筑港的船只停靠用。再往南是小港,供小汽船、拖船以及其他工作船舶停泊。

　　此外,灯标、雾警笛等港航设备都较完备;尤其是电话配线箱,可供船舶靠岸时和陆地通话。这些,在当时远东各海港中处于先进的地位。

　　青岛港建成后,由于有胶济铁路的连接,交通方便,与山东、江苏、河北、河南等省腹地密切相连,山东内地货物吞吐以走青岛为捷径,青岛港进出口贸易猛增,货运量1900—1913年间增长了74.58倍,1913年在全国45个港口中一跃成为前6名,轮船进出只数:1899年为409艘次,而1906年大港基本建成即达879艘次,增加了1.15倍,1913年为1737艘次,增加了3.45倍。外轮中以德轮最多,其航线把青岛和欧洲各个港口连接起来。在沿海航线,中国民族资本航运业进入胶州湾的有烟台航商的小轮,主要航行于青岛、海州、石臼所一带。

(二)日本两次占领青岛港

　　德国强占胶州湾后,日本不甘落后,亟图取德国而代之。日俄战后,日本在青岛的活动明显频繁。1901年,日本输入青岛港的商品总额只有355105两,时隔一年,1902年即达1214567两,骤增2.42倍。进出青岛港的日本船只数量亦有明显增长。从1908年至1912年,继德国、英国之后,日本进出青岛港的船只数量居第3位,增长2.25倍。1914年,第一次世界大战爆发,日本对德宣战,旋即占领青岛,沦青岛为日本帝国主义的殖民地历时8年。

　　在日本第一次占领期间,由于中国人民的反抗运动和帝国主义之间的矛盾对日本的压力,日本深感在青岛的地位并不巩固,因而对港口的建设未做长远考虑。但是为了掠夺物资出口,仅有大港是不够的,因此在港口建设中以小港建设为主。

　　1916年12月,沿小港的北、东、南海岸筑堤,总长1748.4米,和大港一样,只留其门,余岸均可利用。1920年,对整个小港区进行大规模疏浚,并兴建1座长48米、宽9

下卷

1834

米的浮码头,以供近海轮船装卸靠泊;同时,填海修建货场,用于盐、煤、木材的堆存。

根据"九国公约",1922年,日本不得不将青岛交还中国,由北洋政府接收。但是,日本仍控制胶济铁路及青岛和沿线工矿经济命脉,青岛仍处于半殖民地的屈辱之中。

七七事变后,日本侵略者宣布封锁青岛海口。1938年1月16日,日军侵入青岛。这是日本帝国主义继1914年之后,第二次侵占和统治青岛港。

日本帝国主义第二次侵占青岛后,控制了海关、航运及腹地铁路,把青岛作为其掠夺的基地,并垄断了青岛沿海航运。青岛进出口轮船中,1939年日占73%,1940年日占80%,1941年日占83%,1942年日占84%,1943年日占90%。

日本帝国主义再次侵占青岛后,企图长期占领作为其侵略基地,除疯狂掠夺资源外,主要以青岛港进行军事转运,因此首先要扩大港口的通过能力。1939年,在第一码头南面兴建第六码头,作为专用盐码头,1943年竣工。建成后的码头有两个泊位,码头南岸长445米,北岸长296米,宽200米。在修建该码头的同时,1941—1942年间,建成了六号码头西南端至大鲍岛一段的防波堤,长526.6米,顶部宽3米,底部宽30米,主要用于防西北风;另筑成中港防波堤,位于中港口门,长300米,顶部宽3米,底部宽25米,以防西风。六号码头及防波堤的建成,实际上形成了一个中港,是为中港建设之始。青岛港的扩建,使码头泊位增加了一号码头的1—3泊位和六号码头的35、36泊位,大港的总泊位增加到36个,岸壁总长增加到5150米,后方仓库增加到20座。

太平洋战争爆发后,日本进出口船舶虽占进口总数的90%以上,最高达到95.8%,但进出口船数及吨位则逐年下降,1943年的船吨位尚不及1941年的一半。

(三)中国政府管理下的半殖民地港口

1898年8月,中德签订《胶澳租界条约》,开放青岛为自由港,迄至1949年解放。在这51年时间里,港口主权数易其手。德、日帝国主义先后共侵占了33年,港口沦为这两个国家的殖民地。在中国政府管理下共18年,其中北洋政府统治了7年,国民党政府统治了11年,名义上收回了港口主权,但实际上均在日、美帝国主义控制之下,港口仍处于半殖民地的地位。

在北洋政府统治的7年中,青岛港进出口船只逐年增加,其中外轮增加更为突出。1928年和1923年相比较,外轮船舶数量为国轮的1.71倍,总吨位为2.06倍。

1924年4月,政记轮船公司在青岛设立分公司,有22艘船舶投入青岛港航运,使青岛港进出的华轮船数达到335艘,总吨位达到28.9万吨,比1923年的14.5万吨增加了几近1倍。但是,华船一般吨位较小。例如,1925年,进出华船459艘,总吨位仅44.6万吨,而进出的日轮1646艘,总吨位却有214.5万吨。

1929年5月,国民党政府接收了青岛,成立了青岛港务局管理港口。这以后,港口的主要建设有:

(1)修建第三码头,1936年2月完成对外开放,主要用于装卸煤炭和木材。

(2)增加客运设施,1933年为停靠青至沪、青至连的第二码头增建旅客走廊1座、候船室1座,1936年又在第一码头增建旅客候船室1座。

(3)修建海军栈桥,长183.5米,宽2.5米,钢筋混凝土结构,建于西镇四川路附近海岸。

(4)改建前海军栈桥(也称青岛栈桥),将全桥增长到 440 余米,并于桥端造了"迴澜阁",既满足了港航的需要,又增加了一个旅游点。

这个时期,近海航运有了进一步发展,有船行 10 家左右,主要的是 3 家:裕祥、公祥、长记。长记一家就有 4 艘船,总吨位为 1000 吨。

此外,政记、肇兴等公司投入青岛近海航行的船有 18 艘,总吨位为 4800 多吨,且半数以上是钢质船。

1945 年日本无条件投降,国民党政府接收了青岛港,美军也随着进港,虽然增设了港口工程局来进行新的建设,但主要是从事一些修补工程。例如,日建第六码头,工程简陋,码头高度不够,大潮时海水漫上码头,淹没货物,经过改造,可存盐 25 吨左右,而且消除了潮水淹损的危险;此外,修复了第五码头的塌陷部分。

但是,当时青岛港的主要业务是军运,码头仓库多被迫用于军事,商船多泊小港,大港商运寥寥。

抗日战争胜利后,先后开辟了青岛至天津、连云港、上海、营口、秦皇岛各航线,以及至镇江、江阴、芜湖、广州、汕头、基隆、汉口、温州等地的航线,还开辟了远洋航线。截至 1946 年 10 月,除招商局外,共成立航业公司 11 家、代理行 8 家,拥有轮船 96 艘,从而奠定了航运基础。

1949 年 6 月,解放军进驻青岛。

二　大连港

大连港位于辽东半岛最南端,东濒黄海,西临渤海,与山东半岛隔海相望。地理坐标为北纬 38°55′44″,东经 121°39′17″。东西长 8 海里,南北略等。周围约 24 海里,南北西三面连山起伏,东为鲇鱼尾,西为大鹏嘴,两相对峙。口外数小岛南北并列,北为北三山,中为中三山,南为南三山;中南两岛相距甚近,也叫两三山岛,两三山与大鹏嘴之间为南水道,口门南向。两三山与北三山之间为中水道,北三山与鲇鱼尾之间为北水道,两口都是东向。

大连港港阔水深,终年不冻不淤,春夏以南风及东南风为主,秋冬两季以西北风为主,夏末因低气压影响,有强烈东南风。

1858 年第二次鸦片战争期间,英国侵略者派遣舰船侵入大连沿海口岸;这年 5月,先后沿着复州湾、金州湾、旅顺口、羊头洼和大连湾的青泥洼、大孤山、和尚岛等地登陆,同时沿大连口岸进行测量、绘制海图。1860 年发行的《英国海图》有关大连湾内海水域、航道、出入标志等,即系英人约翰瓦尔德根据英国商船"沙普林"号船长翰杜探测的资料,参照明万历年间进入中国传教的柴伊斯牧师绘制的古地图复制的。1879年 10 月,清政府认识到旅大地区的战略地位,命直隶总督兼北洋大臣李鸿章调派北洋水师驻泊大连湾沿海口岸;1888—1893 年(光绪十四年至十九年),在黄金山、老龙头和尚岛建立海军要塞,并勘测口岸水文、地质情况,准备在大连北面的柳树屯设栈桥、建码头、开辟商港,但未成功。

(一)帝俄占领下的大连港

1894 年中日战争,清军战败,次年签订《马关条约》,除赔款开放口岸外,还割让台湾、澎湖列岛和辽东半岛。1895年4月7日《马关条约》签字后6天,帝俄联合法、德出面干涉,要日本退出辽东半岛。日向清政府索取白银3000万两为代价,交还了辽东半岛。而俄国以"强迫日本退回辽东半岛"有功,多方索取报酬。1896年,日本取得中国东三省铁路的筑路权;1897年12月15日,派舰占领旅顺口和大连湾。1898年3月27日,日本强迫清政府签订《旅顺大连湾租地条约》,为期25年,把旅顺作为军港,在大连兴建商港,将大连改名为达尔尼,并宣布为自由港;1899年7月开始建港第一期工程;到1902年底建成水深4.5—5.5米、长600米的栈桥码头(今第二码头)和甲码头以及从栈桥连接大连火车站的往返铁路两条、仓库、办公楼等;1903年起进行第二期工程,后因1904年日俄战争,工程只完成一部分而停止。

1902年前,海上客货船舶主要停靠旅顺港。俄、英、德、日船舶一年到港的吨位平均约10万吨;1902—1904年,没有固定航线,每周仅有3艘轮船开往烟台,2艘开往上海、长崎。俄义勇舰队(商轮)有轮船开航日本、海参崴、朝鲜以及欧美各国。

(二)日本侵占大连港

1905年日俄战争结束,签订《朴茨茅斯条约》,俄国非法将旅大租借地转让给日本,从此旅大军港、商港统归日本占领,并将达尔尼改名大连,一切港权、产权、经营权统归日本南满洲铁道株式会社(简称满铁)管辖。自1907年4月1日起,港务机关改称埠头事务所("九一八事变"后改称埠头局)。"满铁"为了全面实施其"大陆政策",加速军事入侵,进行经济掠夺和商品倾销。1906年到1945年日本统治的40年中,港区基本上在俄国时期的基础上继续扩建。日人以大连为中心经营营口、安东(今丹东)两港,作为大连港的辅助港,即所谓"三港三体系"中的"南满三港"。日本人从1912年起先在大连港的大港区建起东、北、西三座防波堤;1915年完成大港区内沙俄遗留的第一码头;1916年新建了乙码头;1920年完成新建的第三码头;1923年完成沙俄遗留的第二码头扩建工程;1925年完成新建的丙码头;1929年完成沙俄已建的甲码头改建工程;1930年建成甘井子码头防波堤;1932年建成露西町(今黑嘴子)码头防波堤;直到1939年,最后完成第四码头。至此,"满铁"在大港区扩建和新建了3个防波堤和4个突堤式码头,其总的通过吨位可达1200万吨。同时,还新建了甘井子煤炭专用码头和今黑嘴子码头的第二、三、四码头及香炉礁码头的一部分。此外,还修建了寺儿沟、寺门町、滨町、甘井子等处木铁结构的临时栈桥码头10余处,可同时停泊40艘4000吨级轮船。仓库堆场可贮存货物70万吨。到1945年,港内敷设铁路287千米。从此,大连港成为东北第一大港,居全国第二位。

大连港虽然处于辽宁省的极南端,但腹地甚广,远达辽宁、吉林、黑龙江三省,铁路交通有南满铁路干线及支线安东、沈海、吉海铁路和北宁铁路的关外段以及支线四洮、洮昂、洮索、齐克等路。在这个广大的范围内,农田开垦最多,农产品富饶,高粱、大豆是其主要特产,矿产有抚顺、本溪的煤,鞍山的铁,均经由大连输出。

日本从1907年经营大连港后,为加速和扩大掠夺东北地区大豆、煤炭以及倾输它的剩余商品,保障"满铁"独占港湾的利益,加强了船舶管理,制定了一系列统管国内外到港船舶的法令。1907年6月26日颁布了《关东州税关临时规则》和《海运通商关税制度》,1910年10月26日颁布了《大连港管理规则》,1911年、1912年分别颁布了《关东州籍船舶令》和《关东州船舶令》。

从1907年起,到港船舶逐步增加,1907年为1143艘,吨位共计1643371吨;到1914年达到2280艘,吨位共计3923025吨。第一次世界大战爆发后,到港船舶有所减少,大战结束又逢世界海运受经济危机影响,业务不振。1930年前后,受中国东北当局降低铁路运价、夺取南满铁路货运的影响,大连港的集散货物和到港船舶大量减少,1929年到港船舶减至1101艘,吨位共计2853302吨。"九一八事变"后,日本侵占了东北,出入大连港的船舶增加甚快。1931年出入大连港船舶4003艘,吨位共计11657796吨;1932年4534艘,吨位共计12495348吨;1933年5017艘,吨位共计14565670吨;1934年5377艘,吨位共计16218849吨。"满铁"对外夸耀大连港进入了"划时代的兴盛期"。

日本侵占东北的40年间,通过"满铁"经由大连港输出的大豆、豆饼、煤炭占全东北贸易总额的75.4%。大豆最高年输出量为216万吨(1929年),豆饼最高年输出量为126万吨(1924年),煤炭最高年输出量为283万吨(1928年)。"九一八事变"后,输出、输入皆以日本为第一。以1934年为例,输出方面,日本占73.4%,中国本土仅占5.7%,欧洲占19%;输入方面,日本占74.8%,中国本土仅占7.7%,欧洲占3.9%,美国占5.1%。

(三)苏军代管期间的大连港

1945年8月8日苏联对日宣战。苏军出兵东北,8月22日苏军进驻旅大,23日接管港口,大连港仍作为自由港开放。但国民党政府由于接管旅大的要求被苏方拒绝,1947年8月19日对旅大市,陆地从石河驿起,海面从黄海、渤海湾起,进行了封锁。因此在苏联代管期间,虽恢复了港口运输,但船只进出极少,货运量到1949年才达到100万吨,出口多于进口。进口粮食占50%,此外为食糖、茶叶、棉布;出口盐占80%,次为水泥。

苏联代管期间,首先恢复了仓库、护岸、汽船,增添必要的设备,恢复了航运;同时,建立大连港务管理局,设港长、业务副港长、行政副港长,下设10个部、处,实行一长制,港长管理全局。自1949年5月起,管理局举办干部业务学习班,苏籍港长亲自讲课,以提高中国干部管理港务的能力。各部处和基层业务单位,也分别开办培训班,为中国港务职工培养了一批骨干力量。

1951年2月1日,中国从苏联手中接管了大连港。

三 湛江港

湛江港是中国华南沿海的重要商港,旧称广州湾。地理坐标为北纬21°10′42″,东经110°24′18″,是一个海湾港口。

港口面临南海,港湾曲折,水域宽阔,周围有硇洲、东海、南三等岛屿环绕拱卫;除台风季节外,港内水域基本平静,回淤较少,终年不冻,交通方便。

1895年,法国以"强迫日本将辽东半岛交还中国有功"为由,要挟清政府签订《中法界约商约》,掠夺我国云南边境上一部分领土,在云南、广西攫取特权,使我国西南各省沦为法国势力范围。接着,又于1899年11月,胁迫清政府签订了不平等的《中法互订广州湾租借条约》,为期 99 年,将广州湾地区租与法国。其范围包括赤坎、西营、东营等地以及孟岛、调顺岛、东头山岛、特呈岛、东海岛、硇洲岛等岛屿。法国租借者划西营(即今湛江市霞山区一带)为港埠,采取一系列措施发展港口:

(1)宣布广州湾为自由港,吸引航商改变通往北海港的航线;

(2)在硇洲岛建造灯塔,并在进出口航道上设立导航灯桩和浮标;

(3)修建堤岸码头 232.7 米,突堤式栈桥码头 334.7 米;

(4)修筑了与港口相连的公路 207 千米。

抗日战争期间,南京、上海、广州、香港相继沦陷,湛江遂成为我国南方唯一与外联系的港口。由于直达广西柳州的公路已经开通,因而商贾云集湛江,沿海各地货物都在这里转运。

1941 年 7 月,日本与法国贝当投降政府驻越南总督签订了《广州湾共同防御条约》。日军派出海军商务委员团常驻广州湾,监督港口,禁止中国进口军用物资。1943年 2 月,日本又武装占领广州湾,成立所谓"广州湾自治区",进一步加强对港口的控制。从此,广州湾成为日本侵略者转运兵员和作战物资的重要港口。

1945 年 8 月 18 日中法两国签订《中法交收广州湾租借地专约》,中国收回广州湾,并正式改名为湛江市。当时,旧湛江市虽已开发半个世纪,但仅是个海轮锚泊作业的自然港口。轮船不能停靠码头,只能通过小型木驳船在海上过驳,一遇风浪,作业便只好停顿。国民党政府接收后,确定湛江为广东省直辖市,并决定先在湛江建港,指定"湘桂黔铁路来湛段粤境工程处"负责筑港、筑路工程。1946 年 5 月 28 日,国民党行政院派出工程计划团,陪同美国顾问工程师团乘船抵达湛江视察港湾海岸,确定商港和军港的建港计划。

1949 年 12 月 19 日,湛江解放。

第三节 自开港口

一 秦皇岛港

秦皇岛港位于渤海海域北岸的中端,河北省东北部。地理坐标为北纬 39°54′36″,东经 119°36′42″。北部山地,大部属燕山山脉;南部沿海地带,与辽东半岛、胶东半岛隔海相望。海岸由东北向西南曲折延伸,横亘在辽东湾与渤海湾之间。秦皇岛港处于水陆交通的枢纽地位。

秦皇岛港海面潮差不大,水深 4—10 米,冬季受暖流影响,水温一般高于周围海域2℃,海水盐度为 33,海面一般不结冰,是渤海北岸的不冻港口。

(一)清政府自辟秦皇岛港口为通商口岸

第二次鸦片战争后,继牛庄(营口)、天津、烟台等港被迫开放为通商口岸以后,英、法、俄等外国侵略势力同时加紧对秦皇岛沿海地带进行窥测和袭扰。随着港湾腹地军事工业及民用工矿运输企业的兴起,特别是开平煤矿的创办和唐榆铁路的修筑,港口的对外贸易有了新的发展。在中国沿海主权备受帝国主义列强侵略的形势下,尚未被帝国主义全面染指的秦皇岛沿海地带已成为列强觊觎和侵占的目标。为了抵制外国侵略者的要求,清朝政府遂于19世纪末自行开放秦皇岛为通商口岸。

中日甲午海战中,北洋水师覆灭,旅顺口、威海卫分别为俄、英两国租借,而重建北洋水师,迄无良港可资利用。秦皇岛水势较深,向称海陆冲要之区,清廷原议在秦皇岛设港是为兴建海军,将其辟为军港。建设军、商兼用港口,估银约600万元,筹措无方。为避免帝国主义列强横加干涉,不如将秦皇岛选为自开通商口岸,"设关征税,济商务之穷,而塞饷源之漏",权衡得失,仍以修建商港为利。

1895年,清廷决定建设秦皇岛港,开始勘察海岸、选择港址。

光绪二十二年(1896年)正月,清朝政府派张翼督办秦皇岛港建港事宜。2月,张翼派开平英籍雇员鲍尔温勘察秦皇岛港湾水文地质情况。同年下半年,鲍尔温又沿秦皇岛沿海地带洋河口、戴河口等处陆续复勘。经过两年观测,鲍尔温认为秦皇岛港湾形势、潮水、气象等均"较北戴河为佳"。经张翼禀报总理衙门,初步确定秦皇岛作为冬季邮运及商轮的停泊港。同年冬,永平号轮(载重900吨)在烟台和秦皇岛之间试航成功。为解决轮船靠泊和装卸客货问题,鲍尔温等在今开滦路水塔附近海岸,首先架设了简便的、适宜吃水在4.3米以下轮船靠泊的木质半浮动、半栈桥式码头。码头全长三四十米,码头前沿有横向排筏漂浮;对于不能停靠码头的大吨位船舶,采用平底驳船进行驳运。

秦皇岛港湾内简易码头的架设和秦、烟试航和靠泊的成功,使这个商船、渔舟聚泊的自然港口,因轮船往来靠泊后而繁荣起来。特别是冬季海河封冻,开平煤炭以及邮政包封经此港出入,京、津商旅经津榆铁路来往者亦日趋增多。因此,清朝政府于光绪二十四年三月初五日(1898年3月26日)由总理衙门奏准将秦皇岛开作通商口岸。

秦皇岛港是清政府自行开辟、主动宣布的通商口岸,不仅维护了国家主权,而且为中国近代主要港口的开辟和发展提供了先例。但是,在旧中国半殖民地半封建的条件下,外有帝国主义的压力,内有封建王朝的昏聩无能,秦皇岛自开口岸仅仅两年,就被英帝国主义所侵夺骗占,这不能不是中国近代港口史上的一个悲剧。

(二)秦皇岛港与开平矿务局

光绪元年(1875年),李鸿章为解决军事及民用工业企业的动力燃料问题,奏准创办唐山开平煤矿,煤炭经水陆联运直达天津港。秦皇岛开埠时,开平煤炭的年产量已达73万余吨。当时,天津出口码头拥挤、装载不便;同时,海河及大沽海口冬季封冻,航道淤塞,驳船倒载,延误船期,增加成本。秦皇岛的开辟,则为开平煤炭的出口提供了便利条件。

由于开平矿务局为建港垫付了巨款,取得了代理秦皇岛地亩、独揽建造码头及优先运输开平煤炭的种种权利,使港口和开平矿务局产生了密切联系,秦皇岛成为开平矿务局的专用港口。为此,矿务局设立了秦皇岛经理处,把秦皇岛港完全置于自己的控制之下。

秦皇岛自开口岸初建码头后,帝国主义列强即觊觎开平煤矿和秦皇岛港湾。早在1899年,开平矿务局以港口所有权益及占用大面积地亩,向英国金融垄断集团抵借英金 20 万镑，外国资本家也收买了不少开平股票。庚子之役，八国联军入侵，英国财团逼迫开平矿务局总办张翼偿还债务，并捏造罪名由英国海军将张翼拘捕，诱使其签约将开平矿务局全部产权和港权出卖与英国财团华威克—墨林公司。英国人提出，他们已经以"开平矿务有限公司"名义在伦敦登记注册，秦皇岛的"主权"应为英国所有。随着权益的丧失，秦皇岛这个"自开通商口岸"终于成了帝国主义列强尤其是英国及后来日本的"殖民地"，成为他们扩大对华侵略的军事运输基地和进行经济掠夺的重要港口。

（三）英国对秦皇岛港口的扩建

英人控制开平矿务局和港口后，任命筑港监督实施改造和扩建码头工程。其中包括拓展防波堤、扩展码头及建造港口辅助设施；对原有铁路进行修复和调整，并增加了许多线路和设备（如机车）；装卸机械、仓库、航道和锚地、通信导航及福利设施等都有了增加和改善，使港口建设初具规模。

秦皇岛大、小码头的续建和扩建工程，从光绪二十六年（1900 年）九月起即正式开始，至民国三年（1914 年）基本上形成现今老港区大、小码头 1—7 号泊位的格局；至民国十四年（1925 年），码头工程全部完成，构成了港口的主体，成为中国北方初具规模的大型港口。

大、小码头（包括防波堤），由秦皇岛港临海一面的南山西南麓并列向西南伸展，再向西曲折延长。小码头居内，双面靠泊，泊位总长 186 米；大码头及防波堤居外，共有 5 个泊位，单面靠泊。截至 1918 年，泊位总长计 628 米。大、小码头并列，构成了秦皇岛港独有的特点。大码头当时可靠泊 5 艘长 92—120 米，吃水 5.5 至 9.5 米的船舶；小码头可靠泊 2 艘 92 米以下，吃水 5.5 米的船舶。两个码头停泊 7 艘船，总吨位在 2.3 万吨左右，最高吨位达 2.8 万吨。19 世纪 20 年代初，随着泊位前沿及港池航道水深的增加，5、6、7 号泊位亦可靠泊万吨级巨轮。

秦皇岛港口向以煤炭及其矿产资源、建筑材料、耐火材料输出为大宗，因此历年来堆放场地都有扩大。港口开埠以来至 1905 年，在东、南山附近仅有储存煤炭容量为三四万吨的堆场；以后陆续扩展，至 1925 年，堆放场地已扩展到京奉铁路秦皇岛站一线，储存煤炭容量高达 50 万吨。

为进出口百杂物品，修建了部分仓库。1905 年，第一座大型库房——南栈房建成，该栈房长 183 米、宽 12 米。1919 年续建 4 座库房，有效面积 3000 多平方米；另建水泥栈房 1 座，可容水泥 1.2 万桶。

随着商业贸易的发展，秦皇岛港便成为华北地区的重要通商口岸之一。出口货物，以煤炭为大宗；此外，还有冀东地区和东北邻近山海关狭长地带的物产，如水泥、花生、黄豆等。输出物资除了去上海、香港、烟台和长江各口岸外，还输往日本、东南亚、海参崴及欧美等地，花生则主要销往欧洲各国。

在秦港小码头建成后的最初数年中，开平矿年产煤仅 40 万—50 万吨，主要从天津港出口。1906 年，从秦皇岛输出的煤炭仅 15 万余吨。随着滦州煤矿的兴办和开平矿产量增加，秦皇岛煤炭的输出急剧增加，1927 年以后每年输出均在 250 万吨左右，1931 年达到 323 万余吨。根据秦皇岛海关统计，1902—1905 年，平均每年自该港出口的煤炭占该港出口货物总量的 92%，以后每年均在 95% 以上，秦皇岛港成为运输煤炭的专业化港口。

(四)从英日共管到日本独占时期的秦皇岛港

秦皇岛开港后,英国虽骗占了港口的管理权,但日本船只进出港数量一向居各国船舶进出港数量的首位。这是因为,秦皇岛距日本及朝鲜海程较近,同时日本国内缺煤,需要开平煤炭进口。第一次世界大战前,日本船只进出港数量已占各国船只进出港数量的37.1%;战后,进出港船只吨位增至84万余吨,占各国船只进出港吨位总量的38.3%;太平洋战争前,日本船只进出港数量剧增,1940年总吨位增至122万余吨,占各国船只进出港吨位总量的61.3%,几乎是秦皇岛港各国船只进出港的2/3。因此,秦皇岛港对于日本掠夺中国煤炭资源来说有着举足轻重的地位。

"九一八事变"后,1933年1月日军占领山海关,3、4月秦皇岛、北戴河相继沦陷,但铁路以南的开滦秦皇岛港经理处地界内被视为英国"租地",未遭受炮击。早在1905年12月,开平矿务有限公司即与日军当局签订"契约书",规定"对日本所占用的土地,无限期的租与日本帝国政府,并不得妨碍日本在秦皇岛港的利益";还规定"日本陆海军或其日本官方在秦皇岛码头卸货装船,尽量给予方便,应收取最少限度之费用;对日本商船进出秦皇岛港口,给以公平征税和必要方便",等等。1936年又重申了此项"契约书"的有效性,对日本军队及军用品进出秦皇岛港给予便利。

为维护既得利益,英国开滦垄断资本家尽量依赖于日本当局。

随着日本帝国主义扩大对华侵略,日本财阀和南满洲铁道株式会社对开滦及秦皇岛港日益图谋侵占并吞。在这种形势下,开滦的英国垄断资本家预感到,只有进一步加强对日本的依赖,才能保持开滦的营运,维护他们的在华利益。1936年初,英、日达成协议,任命南满株式会社职员儿玉翠晴为开滦总经理的顾问,并派军事译员荒木来秦皇岛港口工作。抗日战争开始后,1937年9月,日本在秦皇岛港成立"联络室",直接参与并控制了港口的装卸运输和进出口对外贸易,形成了英、日共管港口的局面。

太平洋战争爆发后,日本对开滦煤矿及港口实行军事管制,秦皇岛港成为日本侵略者的重要军事运输基地和经济掠夺的输出港。由于日本海上运力不足,港口对外贸易一落千丈。1943年运往日本及伪满、朝鲜等日本占领区的煤炭478万余吨,其中60%是陆运的,从秦皇岛海上输出的所占比例不大。1945年出口煤炭不及战前1/10。

(五)国民党政府接管下的秦皇岛港

抗战胜利后,全国人民切盼被英国垄断资本家骗占多年的开滦煤矿和秦皇岛港能收归国有。但是,国民党政府置民族利益于不顾,1945年11月19日在从日本接收开滦矿务总局和港口的第二天,又举行"发还仪式",将开滦发还给原英国垄断资本家,使港口权益重新落入英帝国主义手中。不仅如此,国民党政府还将秦皇岛港提供给美国海军陆战队作为供给基地,以军舰载运国民党军队在秦皇岛登陆转往东北。秦皇岛成为美蒋进攻东北解放区的军事运输基地,港口的控制权完全掌握在美蒋军事当局手中。

由于战后经济凋敝,出口货物除开滦煤炭外,工农产品数量极微;进口的主要是美国大量倾销的货物,造成严重入超。1945年至1948年的4年间,开滦煤经秦皇岛输往国内各港货物共计373.8万余吨,约相当于1940年水平;主要运往上海,占出口总额的 90%，其余 10% 运往青岛等地。

在国民党统治期间，港口码头建设没有改进，基本上维持战前水平。

1948 年 11 月 28 日，秦皇岛解放。

二 连云港

连云港位于东海海州湾西南岸，江苏省东北部，陇海铁路的终点。前有东西连岛（长约 6 千米，平均宽 2.2 千米），后以云台山为依托。海峡宽 2.5 千米。港区就建在云台山下的老窑，是一个山岛环抱的优良港湾。地理坐标为北纬 34°44′32″，东经 119°27′28″。

连云港原是陇海铁路的附属港口。为修筑港口，早在 1912 年铁路当局与比利时续签"陇秦豫海铁路金借款"时，即委托比利时公司代请法国工程师，在 1913 年和 1914 年两次对江苏省全省海岸进行了测量。比利时公司建议在西连岛湾内建筑一个近代化大海港，并在海州附近的临洪河内、灌河内各建一个河港。

1915 年陇海路局接受了这个建议，决定以老窑为陇海铁路终端海港地址。

但是，第一次世界大战的爆发和中国内战的蔓延，使在老窑建港计划搁置下来。到 1920 年，法、比两国又另找荷兰建筑治港公司参加，签订《陇海比荷借款合同》，继续进行 1912 年合同所列的工程。其后，由荷籍工程师范德卜鲁凯（Mr. Van den Beock）重测灌河、临洪河和西连岛等地，因限于财力，计划在老窑先建一个小港区，以应付铁路营业的需要，定期 5 年完工，但结果又拖延未办。1920 年，北洋政府决定以离西连岛 13 里处的墟沟为港址，开辟海州商埠，终因财力不足而毫无成绩，陇海路局只得临时将铁路延长到大埔，修建临时码头作为过渡措施。

大埔居海州湾中部，东临中正、板浦两盐场，西与临海盐场（今青口盐场）隔河相望，南通蔷薇河、运盐河，可与苏北各县沟通；北接黄海，通达大连、天津、青岛、上海。联陆通海，是大埔成为集散港的重要条件。早在 1905 年，已由当时的代理两江总督周馥奏准清廷开辟海州为商埠。1925 年 7 月，陇海路修至新浦（距大埔 7 千米），次年将线路延长到大埔。1927 年，在临洪河右岸修建 3 个 35 米的木质码头作为临时码头，陇海铁路的大部分进出口货物都从该地通过。1929—1930 年，又相继修建了两座码头，以便轮船停靠、运盐出口。1930 年以后，中兴煤矿（枣庄煤矿）的煤炭，由陇海路经大埔出海转运上海销售。港口吞吐量 1932 年达到 3.5 万多吨，但是，临洪河淤塞逐渐严重，1934 年英发轮和白鹤丸在河口沉没，搁浅事故不断出现，大埔港逐渐被废弃。

在中兴煤矿公司的多次催促下，陇海路局 1931 年底开始对老窑的铁路和海港建设的设计进行准备工作。1934 年，全长 27.8 千米的新（埔）老（窑）段修筑完毕，于是着手为修建海港筹集资金。铁道部平汉、津浦两路局拨款，加上陇海路自筹的，总计 266 万多元，不足部分由陇海路营业进款内提拨，再向金城、交通、中南三银行借款 100 万元。荷兰治港公司以 300 万元承包修建连云港码头，包括建 1 座长 450 米、宽 60 米的钢板桩式码头（即一号码头）和 1 座长 600 米（连同码头共用 1050 米）、顶面宽 3 米的防浪坝，疏浚长 1059 米、宽 260 米的港区，挖深至水平零点以下 5 米。

一号码头动工后，陇海路在中兴公司赞助下，次年又与荷兰治港公司签订了修筑煤炭专用码头（即二号码头）的合同。该公司先后将放置在烟台的建港船驳机械移至连云港。一、二号码头先后于 1935 年 1 月 15 日和 1936 年 5 月完成,连云港港口才初步形成。1936 年 4 月的《陇海铁路连云港暂行规则》中确定港区"东自桃连嘴起引一直线至东连岛之羊窝头,即沿该岛南岸蜿蜒以至西连岛角之石岛,再引一直线至黄山嘴,再沿北固山东麓至海头湾,再沿本路地界至 556 千米 700 米处,由此而东再沿地界南线以接合于桃连嘴。在此周围线圈内为连云港"。

连云港航道长 4900 米,其深度为最低潮面下 5 米。港口配套设施有灯塔 1 座、无线电台 1 座,设置在山上的旗台号志;还有起重机、卸煤机、装船机、桥式皮带运输机等装卸设备,1936 年秋安装在二号码头。

连云港是"国有铁路港口",是不对外开放的港口,其管理权归陇海路局;它没有设置独立的港务处,而只是设立了一个规格较低的驻港办事处以管理全港。1935 年 4 月 12 日铁道部规定:"凡华商轮船经本路登记许可者,得在港区内停泊并装卸货物。"当时的局长钱宗泽明确指示:"正式码头上不许外人染指。"1935 年,英商太古轮船公司的甘州轮多次试图入口,皆被铁路局拒绝。1936 年 4 月,该轮从上海载货前往,强行驶入港口,仍被拒绝泊靠码头。最后,中兴煤矿公司以租用船只的名义驶入码头,添装煤炭 2200 吨返回上海,确保了中国人在连云港的港口自主权。

连云港自 1933 年建成孙家山临时码头后的 4 年中,边建港边使用,货物吞吐量逐年增长,加快了陇海路货运的发展,路港运输出现了短暂的兴旺景象。自 1933 年 11 月 20 日起,铁路局和招商局实行水陆联运,开创了中国铁路与轮船联营的新纪录。

1937 年 7 月抗日战争爆发,日舰封锁连云港,8 月派飞机轰炸港口、铁路;1939 年 2 月侵占了连云港。在这以前,中方在港口航道上沉船有 12 只,一、二号码头又被全部炸毁。

沦陷后,连云港被置于日陆海军军事管制之下,不久移交华北交通株式会社管理,设连云港码头事务所,1942 年 6 月改设连云港港湾局。日军一开始就着手修通陇海东段;接着,疏浚港区,修复第一码头,改筑第二码头,设置贮煤场 1 万平方米。1942 年又进行扩建工程。至日本投降的 4 年中,共完成扩建计划的 40%。在这期间,日本帝国主义疯狂掠夺中国矿产。以 1940 年为例,全年运往日本的煤 36 万多吨,矿石1.5 万多吨,磷矿石1.8 万多吨,盐 7500 多吨,其他物资 7000 多吨。煤占全部出口货物的近 90%。还有运往东北的煤约 15 万吨,两者合起来,一年之中,仅从连云港即掠走了煤炭 50 万吨。

同时,日军一占领新浦,就恢复大埔港作为民间贸易港的作用,用轮驳方式,通过盐河、沭河,将东海、赣榆、灌云、沭阳等县农副产品集运至大埔,再由海路输出,而输入则以青岛的百货、杂品为主。

抗日战争胜利后,1945 年 11 月成立了连云港港湾办事处,一年后将其扩编为陇海铁路局港务处。1947 年 7 月,在一、二号码头之间修建了一个浮码头。这时的连云港被国民党军作为军事基地使用。我中国人民解放军早在 1946 年 1 月就占领了白塔埠以西的铁路线,切断了陇海东段铁路,连云港只能从事海上南北转运业务。由于大埔、堆沟、墟沟等各外围口岸自行封锁,1948 年港口已处于停顿状态。

1948 年 11 月 7 日,连云港解放。

第四十四章
近代中国的海关

中国海关原是独立自主的。鸦片战争后,随着列强对中国侵略的加紧,它的主权步步被侵夺了。于是,海关虽是中国的行政机关,却在外籍税务司管理之下;海关虽为中国征收对外贸易关税,其业务的管理,却远超于征税范围,海关势力渗透进中国政治、经济、文化甚至军事各个领域。

海关的业务非常庞杂。它以征收对外贸易关税、监督对外贸易为核心,兼办港务、航政、气象、检疫、引水、灯塔、航标等海事业务,还经办外债、内债、赔款及以邮政为主的洋务,从事大量的业余外交活动。海关的管理、经营和活动,牵涉近代中国财政史、对外贸易史、港务史、洋务史、外交史以及中外关系史等许多学科的内容,它对中国近代社会有着广泛的影响和作用。深入地探讨中国近代海关的起源、发展、活动及其对近代中国社会的影响和作用,不但可以丰富有关学科的内容,而且可以充实中国近代史,加深对中国近代社会性质的认识。

第一节　晚清海关①

一　总理衙门的设立及统辖海关

在晚清,海关是隶属总理衙门的。清政府没有设立外交部,在设立总理衙门之前,外国官商有什么交涉,只能向两广总督(后改两江总督)去申诉,其他中央或地方官员不予办理。外国列强为了打破这种局面,特在《天津条约》中写入了这样的条文:"大清皇上特简内阁大学士尚书一员,与大英钦差大臣文移、会晤各等事务,商办仪式皆照平仪相待。"②据此,清政府再也不能像过去那样以待藩属国的方式对待西方列强了,外国公使的地位要和清政府大学士尚书地位对等。北京《续增条约》签订后,清政府确认了《天津条约》。清政府为了和英、美、法、俄等国公使打交道,处理对外交涉问题,乃由恭亲王奕䜣、大学士桂良、户部右侍郎文祥等专折奏请设立总理衙门。奏折检讨了当时的形势,提出了对策:"臣就今日之势论之,发、捻交乘,心腹之害也;俄国壤地相接,

---

① 本节引见陈诗启:《中国近代海关史》,人民出版社 2001 年版,第 62—82 页;第 115—189 页;第 377—399 页。
② 王铁崖:《中外旧约章汇编》第 1 册,三联书店 1982 年版,第 97 页。

有蚕食上国之志，肘腋之患也；英国志在通商，暴虐无人理……肢体之患也。"据此形势，他们认为当前的对策应以"灭发、捻为先，治俄次之，治英又次之"。对待英、俄，应是"按照条约，不使稍有侵越。外敦信睦，而隐示羁縻"，即首先集中力量消灭太平军和捻军，至于对外则采取"信睦""羁縻"政策。他们"统计全局"，提出了六条建议，第一条就是"京师请设立总理各国事务衙门"，其任务是专理"外国事务"，"兼备各国［公使］接见。"①总理衙门以王大臣为首，军机大臣兼管，地位很高。总理衙门原定全衔为"总理各国通商事务衙门"，因恐"通商"二字不为各国所接受，乃改为"总理各国事务衙门"，总理衙门是其简称。

一般国家，海关隶属于财政部门，而清政府的海关却隶属于对外交涉的外交部门，这和中国社会的半殖民地特点是相联系的。半殖民地中国的关税问题，是和列强侵略、不平等条约联系在一起的，清政府把它看作一种夷务，所以决定把海关归总理衙门统辖。恭亲王奕䜣对此曾有过扼要的论述："伏查税务一项，不独有关国币，且有擎于抚驭大局……又为中外交涉最要之端"；②上谕亦以"各口设立新关与外国交涉，设一切章程未能妥协，徒滋争论"，因此，谕令"所有各口税务章程，仍着［总理衙门］奕䜣等悉心酌议具奏，并咨会办理各口通商事务大臣，各就地方情形妥为筹议"③。从此以后，海关便从两江总督兼各口岸通商大臣改辖于中央的总理衙门了。

总理衙门于咸丰十年十二月十日，即1861年1月20日设立。总理衙门设立前，海关已有总税务司职位的设置，由两江总督兼管各口通商事务大臣札派。各口岸通商大臣的管辖范围除原有的通商五口岸外，再加上长江三口岸及潮州、琼州、台湾、淡水各口岸，地位虽然重要，但只是地方官员而已。

总理衙门酝酿设立的时候，英国驻华公使卜鲁斯可能得到了海关将转辖于中央部门的消息，特地训令英国驻沪领事馆的威妥玛从上海驰赴北京，为英人李泰国重新受派续任总税务司向清廷大员游说。卜鲁斯向外交大臣汇报了这种情况："我给威妥玛的第一个训令是于本年一月派他到北京劝说恭亲王及其同僚，和李泰国先生的私下交往，将使他们获得益处。"④威妥玛到北京，向后任总理衙门大臣的文祥佯称："李泰国不是我们有意派去的，以期使他在海关的关系上不致被视为英国的代理人。"他又转过来说："虽然外国制度越来越划一推行的情形是英国政府所以满意的根源，可是至于由谁来替中国征收关税，它却不以为意。中国尽可募用中国人、英国人、法国人。"威妥玛接着写信给李泰国，说已"提名他为对外贸易的总税务司"，并"召他到北方来"。⑤ 文祥认为，"如果海关没有外国人帮办，如果不是把这些机构(海关)置于一个划一制度下，他们将会无法处理赔款问题"。凭着两广总督劳崇光、两江总督何桂清和江苏巡抚薛焕一致的推荐，文祥终于告诉威妥玛说，他本人希望李泰国能被任为总税务司。对

① 咸丰十年十二月初三日恭亲王奕䜣等奏折。《筹办夷务始末》(咸丰朝)第8册，卷七一，(中国台北)文海出版社1966年版，第2676页。
② 咸丰十一年五月十二日上谕。《第二次鸦片战争》第5册，上海人民出版社1978年版，第492页。
③ 咸丰十一年五月二十七日恭亲王等奏折。《第二次鸦片战争》第5册，上海人民出版社1978年版，第492页。
④ 1861年7月1日卜鲁斯致罗素第85号函。《中国近代海关历史文件汇编》第6卷，海关总税务司统计处1912年版，第130页。
⑤ 1861年7月7日卜鲁斯致罗素第85号函。《中国近代海关历史文件汇编》第6卷，海关总税务司统计处1912年版，第131页。

李泰国的任命,"对于政府不但在贸易和关税方面,而且作为一个一般洋务的可靠顾问方面"都是有价值的。①

海关既然改辖于总理衙门,江苏巡抚薛焕应李泰国的要求,请恭亲王颁给李泰国出任总税务司的札谕。上谕军机大臣:"新定通商税则既有外国人帮办税务一条,该英人李泰国系总司税务,所有新设通商各口,自可令其一体经理。着奕䜣等即行发给执照,交李泰国收执,责令帮同各口管理通商官员筹办。"②

1861年1月30日,李泰国重新受派为总税务司。英国公使呕盼他趁此机会和总理衙门建立联系,以便完成外籍税务司制度的建立工作,把海关建成英国对华关系的基石。

可是,李泰国缺乏见识和机智且性格暴躁,当太平军席卷江南使清政府一时陷于岌岌可危的关键时刻,他却以养伤为由而径回英国去了。

1861年4月,李泰国急急忙忙地离开了中国。他向署理各口通商大臣薛焕推荐江海新关税务司费士来和粤海新关副税务司赫德,会同署理总税务司职务。卜鲁斯立召赫德"刻不容缓地到北京来"。

赫德通晓中国语文,熟悉海关情况。当他6月初应召到达北京时,卜鲁斯推荐他晋见恭亲王。从赫德呈递的七个清单、两个禀呈的内容看来,他对于海关税务情况、海关弊端确实了解很多,而且能够提出解决方案,以备总理衙门采纳。这些文件,内容丰富,差不多把当时迫切需要解决的问题都包括了进去。兹将其主要内容介绍如下:

禀呈一:关于"广东洋药抽厘"问题,主要揭露粤海关征收洋药税厘的弊端,建议广州设立洋药税厘总、分局,洋药每箱抽银50两。

禀呈二:关于"广东茶叶抽厘"问题。揭露广东厘局"所行之法,令人违背律例,滋生事端"。

清单一:关于子口税问题。认为"无所甚难征收",建议"择一紧要处所设立关卡",无论洋货土货,都要稽查过卡准照;"如无准照,不准过卡"。

清单二:关于"盐饷"问题。揭露私盐连同私货,同路进入广东内河的弊端,建议"粤海关并盐运司应会同合办稽查"。

清单三:"外国船载运土货往来论"。这个清单因牵涉到沿海贸易权和英商利益,所以写得很隐晦,文字也枯涩难解。大意是内地船载土货出口所纳税项比洋船载货出口所纳税项较少,建议两者划一办理。

清单四:"长江一带通商论",实即长江设关征税问题。清单认为长江之镇江、九江、汉口均应设关征税;"惟镇江以上,巡查缉私甚难。因镇江至九江、九江至汉口,各有数百余里,两岸均有村庄买卖……中途随意可以起下货物,因中国风蓬(篷)船只赶不上有意走私火船,恐难禁止缉拿。……现在各处贼匪(指太平军)滋扰,更不能设船查拿"。因此,"不但新设三关,徒縻经费,无税可收;而粤海出口税、上海进口税,也日见其少"。所以建议"在上海征纳税饷,旋在镇江以上,汉口以下,准商任便起货下货。

---

① 1861年3月12日卜鲁斯致罗素第14号函。附1月11日威妥玛函,引自《中国关税沿革史》,商务印书馆1963年版,第145页

② 咸丰十年十一月六日廷寄。《筹办夷务始末》(咸丰朝)第8册,卷七一,(中国台北)文海出版社1966年版,第2688页。

镇江以下,即作为上海内口,毋庸设虚立之关"。

清单五:"洋药一款各口情形"。首述鸦片走私的严重情况和查禁之困难,然后提出建议:"洋药之税,不可太重。过重即令人随意保私漏税。"洋药征税的具体办法有下列各点:

(1)通商各口洋药店铺必须请领执照,方许开张。

(2)洋药正口纳银 30 两,上岸后由买主完子口税每箱 15 两。一出府交界,由地方官设法办理。

(3)内地船贩运洋药,应先赴关报明,请领准照;无准照的充公究办。

(4)由上海进长江完正税 30 两;入长江者,即行征收子口税 15 两,方准下船。

清单六:"通商各口每年应收洋税银两"。开列各口应征税银,每年共征收 1068 万两。

清单七:"通商各口征税费用"。分别各口征税费用和总理各口费用两项。总税务司、税务司和其下员役应领银数,一一开列。每年计银 57 万余两。

赫德和总理衙门大臣在初次会晤中,解决了两个主要问题:

第一是土货出口又复进口的关税问题。关于这个问题,"条约税则未经明晰,而牵混之语甚多,流弊尤难枚举。如果筹计稍疏,恐奸商避重就轻,不惟亏关税之额征,且暗夺商民之生计"。按常情而论,土货出口照规定应纳一出口税,复进他口,应纳一进口税。最后决定纳一进口半税,即"二·五",不扣赔款二成(按:英法赔款规定关税扣二成偿付)。卜鲁斯"始颇坚持","经臣等再三狡辩,赫德亦从旁怂恿"。卜鲁斯最后"尚肯就我范围,允为商办"。恭亲王奏称:"此中撮合之处,则赫德为力居多。"[①]

第二是为镇压太平天国革命,购置新式船炮问题。当时太平军席卷江南,各地群众纷起反对清朝统治,清朝的统治秩序处于危急状态。总理衙门决定定购外国船炮,镇压太平军。但是,大臣们对于新式船炮茫然无知,无从下手;特别是关于经费问题,更觉棘手。赫德为其筹划购船、筹费、募员,大得总理衙门赏识。上谕立即被批准发给赫德札文,"令其购买"。

赫德和总理衙门的初次接触,对他来说显然是成功的。这为他以后和总理衙门的紧密结合打下了良好基础。

当总理衙门和列强开始打交道的时候,大臣们不懂外国语言,对于资本主义新事物几乎一无所知,确实需要像赫德这样的人物辅助。在这种情况之下,"借材异国"是势所必然。

由此可见,赫德和总理衙门建立联系,不但是英国公使的要求,也是总理衙门大臣的要求。因此,赫德成为中英双方器重的人物。

正是在这种情况下,恭亲王于 1861 年 6 月 30 日以"钦差总理各国事务大臣"名义,颁给札谕,重新任命费士莱和赫德会同署理总税务司职务。札谕内称:"该费士莱与赫德经由钦差大臣薛焕指派帮同总理各通商口岸关税征收与对外通商一切事务。兹本爵札谕该费士来与赫德署理总税务司职务,会同各口海关监督,按照条约认真办

---

① 咸丰十一年五月恭亲王等又奏。《筹办夷务始末》(咸丰朝)第 8 册,卷七九,(中国台北)文海出版社 1966 年版,第 2916 页。

理。""至各口税务司各办公外国人等,中国不能知其好歹,该员务加留意,随时查察。""其应用薪俸暨开支经费,即就各口收税多寡情形,由海关监督会同总税务司酌定,不得稍涉冒滥。"①

赫德受命和费士莱署理总税务司之后,因为他和英国公使与总理衙门有了密切关系,所以独掌总税务司权力;费士莱虽然在英方的资历高于赫德,反而居于从属地位。1861 年 6 月 30 日,从总理衙门发出的总税务司通札第 1 号,竟以"署理中国海关总税务司赫德"的名义颁发给各关税务司,包括"江海关税务司费士莱先生"在内。费士莱不懂汉语,他不可能和总理衙门大臣直接接触,也就默认了这一事实。

二　各口海关的陆续开办

英人李泰国受任总税务司时开办了粤海、潮海两新关,这是《通商章程善后条约》第十款推行的开始,也是李泰国开办海关的结束。此后新关的开办,大多由赫德承担了。②

首先开办的是镇江关。根据《天津条约》的规定,长江要开放通商,须俟"地方平静",也就是平息太平军之后。可是,英国公使在英商催迫下,迫不及待地要求总理衙门先行开放镇江、九江和汉口三口岸,让英船通商贸易。1861 年 4 月 27 日,英人林纳奉派为镇江关副税务司。③ 大约在 5 月间镇江关就开办了。但据上海英国领事擅定的《长江各口通商暂行章程》的规定,英船入长江的,只要在上海完纳关税,就得在镇江以上汉口以下"任便起卸货物,不用请给准单,不用随纳关税"。这样,镇江虽然设关,但不征税,而只稽查船货而已;直到《长江通商统共章程》实行之后,才"在镇江、九江、汉口轮流完纳船钞,并照章完纳关税"。

5 月 20 日,费士莱被派为宁波海关税务司。④ 大约同时,宁波也开办了浙海关。

1861 年 4 月,北方三口通商大臣崇厚急于开办津海新关,恭亲王乃札令李泰国"力疾赴津,暂为经理[关务];俟办有头绪,再行给假"。但据江苏巡抚薛焕复称:"李泰国业已启程,其所荐克士可士吉、赫德二员已起程赴津等语。臣等查李泰国既已回国,而三口税务,若无外国人经理,实多棘手。克士可士吉等既为李泰国所荐,并保其妥善可靠,只好先令其试办。"⑤5 月间,津海关开办,以克士可士吉为税务司。

1861 年 7 月闽海关开办于福州,调华为士为税务司。⑥

至于汉口,因两湖总督官文力争,于 1862 年 1 月才开办江汉关,九江也于同月开办九江关,但设关而不征税,只稽查外商进出各货及子口税;直到 1863 年 1 月"关税概

---

① 《总税务司通札》(第 1 辑,1861—1875),总税务司署造册处编印,第 1 页。

② 海关总税务司署印行的《海关制度概略》"海关人事制度"篇有"李泰国遵奉政府之命,陆续在广州、汕头、厦门、福州、九江、汉口、烟台、天津等埠,分设海关、派遣欧美洋员为税务司"等语,误。李泰国开设的海关,除原有的江海新关外,只有粤海、潮海两个新关,其余多系 1861 年后赫德手内开办的。

③ 《海关主管官员名录》(1859—1921),总税务司署造册处编印,第 180 页。

④ 《海关主管官员名录》(1859—1921),总税务司署造册处编印,第 223 页。

⑤ 咸丰十一年三月二十二日恭亲王等奏折。《筹办夷务始末》(咸丰朝)第 8 册,卷七六,(中国台北)文海出版社 1966 年版,第 2830 页。

⑥ 参阅《海关主管官员名录》(1859—1921),第 258 页载:华为士 8 月 17 日任职;赫德《关于中国洋关创办问题备忘录》。

按《统共章程》在汉口、九江、镇江和上海征收"①。赫德《关于中国洋关创办问题备忘录》说汉口开关时间为 1862 年 10 月，似误。据《海关主管官员名录》记载，威妥玛于1862 年 1 月已首任江汉关税务司了。

1862 年 1 月任命华为士为厦门关税务司，厦门关于是年 3 月开办。②

1863 年 3 月东海关(芝罘)开办。

1863 年 5 月台湾淡水关开办，打狗关于年底开办。

1864 年 5 月牛庄的山海关开办。

最后开关的是台南(安平)关，于 1865 年 7 月开办。

所有开放通商口岸，只有琼州(即海口)是唯一没有设关的口岸，"因为来到琼州的洋船即使有，也极少"。从此以后的 10 年间，因为没有通商口岸的开辟，也就没有海关的设立了。

综观各通商口岸的设关情况可以看出，主要海关的设立大多是出于地方官吏的要求。例如，粤海关是两广总督劳崇光和海关监督恒祺的要求；津海关是三口通商大臣崇厚的要求；潮海关开办时，两广总督和海关监督还派来了一个委员和税务司合作；福州将军"对于以他为首的福州海关，本来已有了很高评价，所以对厦门关属员发出了这样的指示，就是当税务司机构筹办的时候，他们要给予充分的帮助"；牛庄关"总理衙门和办理北方三口通商大臣曾经一再敦促总税务司在那里设关"③。

由此看来，海关外籍税务司制度的推行，虽然是根据条约的规定，但因外国人经办海关确有成效，所以各口官员大多表示欢迎。

三　全国海关行政的统一与总税务司署的设立

(一)全国海关行政的统一

鸦片战争前后的海关，本来都是由清朝地方军事长官管辖的。早在雍正十二年(1734)，谕旨指出："直省关税监督，于地方官原不相统辖，一切呼应不灵，而大小口岸甚多，监督一人势难分身兼顾……而地方文武官弁，以为无与己事，并不协力，或转怀挟私意，则奸商之隐漏，地棍之把持，督抚或不关心，监督动则掣肘。不独于税务无补，即于地方亦难免扰累。嗣后凡有监督各关，着该督、抚兼管所属口岸，饬令该地方文武各官不时巡查，如有纵容滋扰情弊，听该督抚参处。"④这样一来，地方武职官员不但承担军事职务，而且要兼管税务了。到了近代，全国除粤海关因系肥缺，由皇帝从内府差使钦派海关监督并由两广总督协同办理之外，其他都是由将军、总督、巡抚委派兵备道管理，或自行兼管。江海关是江苏巡抚委派苏松太道督理的，闽海关是福州将军兼管的，浙海关是浙江巡抚派宁绍台道督理的，厦门关是由福州将军从防御骁骑校中委派管税委员管理的。这些地方官员分辖各地，不相统属，中央对地方的关系又没有处理好，于是全国各地形成半割据状态。这是中国社会半封建性质的反映，是一种落后的

---

① 参阅甘胜禄："关于江汉关设立年限的考证"，《海关研究》1898 年(增刊)。

② 《海关主管官员名录》(1859—1921)，第 26 页；《厦门海关志》。

③ 赫德：《关于中国洋关创办问题备忘录》。

④ 《近代中国史料丛刊续编》第 19 辑，(中国台北)文海出版社 1975 年版。

统治方式。中国的海关行政,因为受到这种状态的制约,所以也是各自为政、不相统属。这种互不统属的局面,要全国一律实行条约规定的协定税是不可能的,要统筹赔款的偿付也是不可能的。因此,全国海关行政的统一成为迫切需要解决的问题。《最近百年来中国对外贸易史》的作者班思德(税务司)曾就实行协定税则与统一关政问题做过论述。他说:"《天津条约》及其附约,对于进出口税则的规定,是全国统一的,而且必须准确施行;若非海关行政高度统一,执行条约规定的税则,便无法划一。总税务司考虑到清朝官员管理下的海关,都由各省地方官员负责,他们的征税办法,各不相同,在事员司,也不一定能够实施条约的规定,所以觉得非实行关政统一不可。"①

赫德对于统一海关行政问题也做过论述。他指出,现在"贸易日见进展,手续益趋繁复,商人请领退税存票,免重征执照,及其他单据等事,无日蔑有,需要相当记载,以为办理之根据,故海关制度殊有整饬之必要。其道端在税课之公允,记载翔实,公务熟谙,办理适当。全国各埠,不容分歧,更须一致";"目下通商口岸,多至十余处,商行之数,当以百计,小资本家又麇集其间,办理手续,日见复杂,势须官商各尽其责,相辅而行,始克有济。就官方言之,惟有施行完善划一之海关制度,始可无忝厥职"。他还指出,海关"各关征收关税,必期毫无偷漏;保护洋货,务使避免重征;往来各国之船只,与出入内地之货物,俱应立章管理,俾克有条不紊;各项办事规程,又须力求适当,庶与各国官商可以和衷共济;此外如订定各埠港口章程,办理引水事务,编制贸易统计,设置航路标志,皆系刻不容缓之事;而各关内部之组织及一切制度,均待悉心规划,勿令参差;又须物色各国人士,一炉共冶,妥为训练,俾泯猜嫌,同守纪律"②。凡此种种,海关行政非统一不可。

英法赔款的偿还促进了海关行政的统一。北京《续增条约》规定,清政府赔偿英、法两国军费各 800 万两,并规定以各口海关征税总额的 1/5 按结(季)摊付;偿还税款的征收、保管和会计事宜,均归负责海关的外籍税务司监督。为了保证 1/5 关税按结(季)摊付,海关记载各口岸征税的账册、档案、每结(季)终了都要让各口岸的英、法领事审查核对。如果各口岸海关各自为政,应摊应还之数、无法统筹集中部署,那么赔款的偿还便无法保证如期进行。总理衙门大臣文祥曾说:"如果海关里没有外国人的帮办,如果不把这些机构置在一个划一的制度下,他们将无法处理赔款问题。"为什么非用外国人不可? 文祥说:"用中国人不行,因为显然他们都不按照实征数目呈报,并且以薛[焕]为例,说他近三年根本没有报过一篇账。"③

要统一海关行政,首先就得有个统辖机构,这就是后来所称的总税务司署。这是作为统一海关行政的火车头。总税务司署的设立,于 1863 年大体告成。

海关行政统一的过程,就是总税务司剥夺海关监督权力、架空海关监督的过程。清朝的海关监督都是由地方武职官员充任的,他们都是地方长官,各自为政,拥有雄厚的势力。如果不把他们的征税权力剥夺过来,海关行政的统一就难以实现。李泰国内定为总税务司(1859 年 1 月)后,便肆行威逼吴煦,非夺取税务司任用权不可,但没有

① 总税务司署造册处编印:《最近十年各埠海关报告(1922—1931)》(上卷),第 136 页。
② 总税务司署造册处编印:《最近十年各埠海关报告(1922—1931)》(上卷),第 131 页。
③ 太平天国历史博物馆:《吴煦档案选编》第 6 辑,江苏人民出版社 1983 年版,第 6 页。

成功。

赫德署理总税务司之后,乃与英国公使馆威妥玛商议"把关税行政完全从地方当局手中取出"①。但这不是赫德个人的力量所能办到的,他主要是依靠了总理衙门的支持。班思德对于这种情况曾有过说明。他说:直到赫德实授总税务司(1863年11月)时,尚有"七埠海关监督与税务司犹不免时为地方分权之传统观念所左右,一切设施往往顾本地而惟各省当局之命是听。幸海关改制之结果,各省之损失,即系中央之利益,北京政府对于总税务司当然乐予援助,故总税务司卒能排除众难,渐将集权制度推行于各关也"②。这就是利用中央和地方争夺财政权的矛盾,以增加中央财政收入为诱饵,依靠总理衙门的力量,把地方有关海关方面的权力尽量收归总税务司署。

全面剥夺海关监督的权力,这是个长期的过程。这种剥夺主要在于夺取各关税务司的任用权。这种夺取到1864年《募用外国人帮办税务章程》颁布后,才算最后完成。《募用外国人帮办税务章程》规定,帮办税务的外国人"均由总税务司募请调派,其薪水如何增减,其调往各口以及应行撤退,均由总税务司做主"。③ 这就肯定了总税务司对税务司以及一切外国人的任用权,包括新关人事管理全权。总税务司任命税务司的权力,至此才最后确定下来。北方三口岸通商大臣崇厚曾就这个过程简略叙述道:"及赫德为总税务司,将任用税务司之权归于总税务司,监督不能去取;各口监督又因随时换任,情形不熟,多有将税务事宜专委之于税务司者,因而各口税务司之权日重。洋商但知有税务司,而不知有监督矣。"④

《募用外国人帮办税务章程》不但解决了总税务司和税务司以及所有外国人之间的关系问题,还解决了总税务司和总理衙门的关系问题。按规定,总税务司只直辖于总理衙门大臣,总税务司一切"申陈事件及更换各口税务司"都只向总理衙门申报。换言之,除了总理衙门以外,不论中央或地方机关都不能对总税务司发出命令;总税务司也不接受来自总理衙门以外的命令。其他机关对于海关如有申述,只能经由总理衙门转饬总税务司札行各关办理。这就把海关系统从清政府行政系统中独立出来,而总税务司署也就成为清政府行政系统中的独立王国了。这就使海关行政不但从地方独立出来,而且从中央独立出来,做到彻底的统一。

(二)总税务司署的设置及其组织架构

晚清海关是由两个部分组成的:一是分布各口的税务司署,通称为海关,它是海关方针政策的执行机关;一是总税务司署,它是统辖各口海关的领导机关。

总税务司署设立于何时,未见明确记载。根据已有资料,总税务司署的设置不是一蹴而成而是逐步发展而成的。

李泰国1859年5月就任总税务司时,新关只有江海一关,没有另行设置一个统辖

---

① 1862年10月13日卜鲁斯致罗素第141号函,附威妥玛报告与赫德会谈的记录,引自《中国关税沿革史》,商务印书馆1963年版,第171页注3。
② 总税务司署造册处编印:《最近十年各埠海关报告(1922—1931)》(上卷),第136页。
③ 杨德森编:《中国海关制度沿革》,商务印书馆1925年版;黄序鹓:《海关通志》,共和印书局1917年版。
④ 同治六年十一月二十六日崇厚奏折。《筹办夷务始末》(同治朝),卷五四,(中国台北)文海出版社1966年版,第5107—5108页。

机构的必要。那时,总税务司没有独立的员司,没有独立的经费,也就不需要独立的官署了。吴煦在"派令英人李泰国为海关总税务司"所附的"议单"中指出,李泰国任总税务司的薪俸"由上海关支给";文称:"本关(上海)税务司及各项办公外国人等,均归李总税务司选用约束。"①可见,李泰国就任之始,薪俸由江海关支给,江海关所用外国人均归李泰国"选用约束"。这说明当时的总税务司还没有独立的官署。及德都德受命为江海关税务司之后,总税务司的职责才和税务司的职责分开来,但李泰国的薪俸仍由江海关支给。可以猜想,当时的总税务司是和江海关合署办公的。其后,李泰国受伤,伤愈后又赴广东开办粤海、潮海两关;不久,英法联军进攻北京,李泰国暂时离开海关;之后,又忙于奔跑总税务司的重新任命。这期间,看来李泰国没有时间和心思考虑设置总税务司署的问题,而仅有的 3 个海关,两个刚设立,也没有设置总税务司署的迫切需要。李泰国重新被任命后两个月就请假回英国了。所以,李泰国时代没有总税务司署的设置。

总理衙门设立后,任命赫德为署理总税务司,在以后二三年中,全国除北海一口岸外,各口岸开办的海关数达 11 处。这时,设立统辖各关的领导机关成为当务之急,于是总税务司署逐步建立起来。

赫德进京和总理衙门大臣初次会面时,便提出了总税务司属员和经费计划,这是总税务司署最早的设计。在赫德呈递的清单七"通商各口征税费用"中罗列了总税务司的编制人员和薪俸预算:

> 总税务司一员,每年银一万二千两。
>
> 委员,每年银九千两。
>
> 帮办写字一名,每年银二千四百两。
>
> 中国写字先生三名,每名每年银六百两;共一千八百两。
>
> 差役十名,每名每年银七十二两;共七百二十两。
>
> 共计二万五千九百二十两。②

由以上资料可以看出,赫德于 1861 年 6 月赴京时已有设立总税务司署的计划了,但还只是个计划而已。这个初步计划有"委员"的设置,委员是清政府的代表。可见,最初设计的编制中,统辖机构还有清政府的代表在内。

赫德重新受命署理总税务司以后,为了统一各关的方针政策、人事行政、征税制度、财务管理,设置一个统辖各关行政的领导机构成为刻不容缓的任务;加上北京《续增条约》赋予海关偿还英法赔款的任务,促进了这样的统辖机构的设立。

总理衙门于 1861 年 6 月 30 日重新任命赫德和费士莱署理总税务司职务。是日,赫德便向各关发出第 1 号总税务司通札,这也许可以视为总税务司署开始设立的标志。这个通札的颁发地点是总理衙门,其后颁发的通札也只写颁发地点如天津、上海、广州,并无官署名称。直到 1863 年发出的第 1 号通札才写 Inspectorate General,1864 年第 1 号通札改为 Inspectorate General of Customs。自此以后长期沿用这个名称,

---

① 1859 年 5 月"吴煦禀送李泰国会议海关条款"(底稿)。太平天国历史博物馆:《吴煦档案选编》第 6 辑,江苏人民出版社 1983 年版,第 301 页。

② 《筹办夷务始末》(咸丰朝)第 8 册,卷七九,(中国台北)文海出版社 1966 年版,第 2943 页。

这也就是总税务司署的英文名称。这当是总税务司署的最后形成。

从 1862 年开始，总税务司已有独立编制了。据总税务司署造册处编印的《中国海关主管官员名录》(Customs Service：Officers in Charge 1859—1921)记载：从 1862 年 12 月 1 日开始，金登干便任文案兼委巡各口岸款项事——稽核文案(Secretary and Auditor)。这是海关统辖机关最早记载的官员。

1866 年，总税务司署由上海迁移北京后，又有管理汉文文案(Chinese Secretary)之设。1870 年后，总理文案和稽核账目文案有分离的倾向。总理文案掌管总税务司署一般行政事务，有点像现在办公室主任的职务；管理汉文文案由通晓汉文的外籍税务司充任，一切汉文文稿和与总理衙门往来的公文均由其承办，另外还会同总理文案处理日常事务。稽核账目文案负责巡视稽查各口海关财务。

随着海关业务的发展，总税务司署的行政组织不断扩大。本来江海关设有印书房(Printing Office)和表报处(Returns Department)两个机构，到 1873 年 10 月，为适应各口海关的需要，总税务司决定把江海关的印书房和表报处合并起来，组成造册处(Statistical Department)，归总税务司署管辖，设造册文案 1 人，由税务司级官员担任。造册处设在上海，它的任务是受命提供各海关使用的统一表格、统一的海关证件，编印海关贸易报告、统计年报，印刷海关文件、书籍等等。① 这是个出版社和印刷厂的联合机构，配备了精良的印刷机器。

1874 年 8 月，随着中国和列强矛盾的逐渐激化，总税务司意识到业余外交活动将趋频繁，于是决定撤销原设于伦敦的中国海关代办处，改设总税务司署伦敦办事处(the London Office of the Inspectorate General of Chinese Maritime Customs)。伦敦办事处的负责税务司主要是秉承总税务司意旨在伦敦办理业余外交活动。

从金登干赴英开始，总税务司署的总理文案兼稽核账目文案便分开了。继任的裴式楷专任总理文案，不兼稽核账目文案。稽核账目文案改为委巡各口岸款项事务文案，每年至少巡视各口岸海关一次，就地审核各关账目；还设置一个襄办各口岸款项事务文案，由副税务司担任，驻在北京，审核各口岸按结呈送的账目。

1879 年设置了总税务司录事司(Private Secretary, IG)，由帮办充任。录事司掌理签发机要文件，代总税务司处理私人事务，是总税务司的私人秘书。

以上叙述的都是管理税务方面的负责官员。

总税务司署还有一个负责海务行政的船钞部门。这个部门和上述的税务部门是平行的。它和管理征税职务的海关毫无关系，但它竟被纳进海关作为一个组成部门，这是难以思议的。

近代中国的国际条约一般都规定，华洋商人洋式船只出入通商口岸，都由海关征收船钞。船钞的征收数额由条约规定；连船钞的使用，也受条约的限制。《通商章程善后条约》第十款规定："……任凭(清朝)总理大臣邀请英(美、法)人帮办税务并严查漏税，判定口界，派人指泊船只及分设浮桩、号船、塔表、望楼等事。其浮桩、号船、塔表、望楼等经费，在于船钞下拨用。"据此规定，清政府必须"邀请"海关洋员征收关税、查缉走私，并赋予管理各口船舶、设置助航设备的任务。这就把海关办理海务和以船钞提

---

① 1873 年 10 月 27 日总税务司通札第 17 号。《总税务司通札》(第 1 辑，1861—1875)，第 457 页。

供助航设备经费两事,以条约形式强制规定下来了。这样,和征税工作毫无关涉的海务工作也划归海关管理了。这个规定,把征税、海务和船钞三个方面联系起来,统归海关洋员管理,这就保证了外商轮船能快速进出通商口岸,为外商在中国的商业贸易提供了交通运输上的便利。由此可见,海关海务工作,是由不平等条约强加于中国的,是为外商服务的。

外籍税务司制度推行至各口岸之后,各口岸税务司为了征收轮船贸易的夷税,组织了税务司署,也就是各口岸海关。

各口岸税务司署的编制,在 1861 年赫德初次抵京时所呈的清单七"通商各口征税费用"中便做了初步的规定,计有税务司、副税务司、帮办写字、扦子手、通事、书办、差役、水手六等。从 1876 年开始,总税务司署造册处编印的《新关题名录》,对各关各等人员的配备做了准确记载。

1876 年,各关人员以上海关为最多,计 417 人;其次为粤海关,220 人;第三为闽海关,189 人;第四为厦门关,172 人;第五为江汉关,120 人;最少的是九江关,只有 28 人。是年,全国各关人员总计为 1918 人。[①]

各关根据总税务司分配的内班各等人员,按照业务性质分设各种机构。早期的组织机构因资料缺乏,无法提供。我们只略微知道江汉关的内班设有大公事房、存票房、总结房、账房等;大概到后期设有大写台、验单台、进口台、出口台、内地单台和结关台等。厦门关于 1877 年设有大公事房、账房、总结房、洋文文案房、汉文文案等机构;1903 年间,改设总务课、秘书课、会计课、总结课、造册课、常关分遣课、进口台、出口台。内班是在办公室的办公人员,掌理整个海关的征税行政,是海关组织系统的核心。

海关有一种外围组织,这就是报关行(Customs Broker)。这是随着洋关的开办而产生的。鸦片战争前,对外贸易限制于广州一口,并由特许的商号组织洋行,或称公行,外商进出口贸易关税,悉由洋行负责代征,外商和海关从不接触。鸦片战争后,洋行制度被迫取消,海关为外国人所窃据,所用文件单证多用英文,海关手续烦琐,商人办理甚感困难;海关也因商号日多,商号人员缺乏报关知识,说明解释起来很麻烦,于是便有一种中间行业产生,这就叫报关行。报关行是代商号报关、垫缴关税以及办理运输、垫付运费等的部门。

1873 年,总税务司参照英、美两国办法,对报关行进行管理。所有中国商人均得向税务司申请在某口岸经营报关业务,经该管税务司批准注册始得开业。一般报关行应有殷实铺户担保,交纳保证金。报关行得雇人代为报关、申请存票。报关行对雇员的雇佣和解雇均应呈报海关;如发现雇员有舞弊漏税情事,报关行应负全责。据记载,汉口最早的报关行为光绪年间设立的太古谕和广永诚,到光绪末年有信誉的报关行有 20 余家;厦门早期的报关行为杂货公会申请设立的"金广安报关处",后改为报关行。

四 特异的中国海关及其"国际性"业务范围

海关是一个国家对输出、输入国境货物的监督管理和征收关税的行政机关。它设在开放口岸,把守着经济大门,捍卫着民族经济利益。它具有极强的民族性,是保卫民

---

① 海关总税务司署造册处编印:《新关题名录》(1876 年),第 78—81 页;第 90—93 页。

族经济的有效工具。

近代的中国海关,是在列强争夺中国权益、民族藩篱被冲破的半殖民地时代产生的,它是根据不平等条约的规定而设置的。因此,它的设立不是为了捍卫中国的民族经济,而是为了便利列强的对华经济侵略。这就使它难免带着半殖民地的烙印,且有不同于一般国家海关的特点。这些不同的特点,总税务司赫德曾做过概括性的表述。他说,"由于它(海关)的国际性的组织,它的治外法权化的成分和它的奇特的国际职责","它一开头就是中国外交部(总理衙门)必然的附属部门",因此,"海关是这样一个非正常(abnormal)的机构"①。赫德所说的"非正常",就是畸形的、异态的机构。

近代中国的海关是"为使中国人按照条约规定强加于他们的贸易方向行动",也就是按照条约规定的贸易方式来进行贸易。这是新关所追求的目标。这个目标"极端重要的是要求外部(国)贸易的发展",它是为外部利益而服务的。

英国对于中国海关追求的更远大的目标,就是把它办成对华关系的基石,从而保障英国的在华利益。近代中国海关是沿着这两个方面发展的。这样,的海关和一般国家为捍卫本国经济利益而设立的海关有着本质上的不同。这是一种变态的海关,也是畸形的海关。

海关"国际化"的工作在赫德实授总税务司之后便迅速完成。美国公使卫廉士于1865年10月14日向国务卿西华德呈称:"71个钤字手和验货以上等级的雇员,英国人有46人,美国人9人,法国人9人,德国人5人,丹麦人和瑞士人各1人,分配在14个口岸。去年,9人辞职或死亡或被解职。明年,希望有7人以上来自法国、西班牙、俄罗斯和英国。""当15个口岸开辟时,大约要提供90个税务司和供事的雇用,要求他们最后能说和写汉语汉文。这个安排包括税务司15人、头等供事5人,和其他四级供事等,每等各是10、15、30和15人。他们都有按其品格、条件和供职时间提升的前景。"②

中国海关的"国际化",把海关紧紧地和列强利益联系在一起,这就得到各国的支持,加强了外籍税务司制度,强化了海关。

中国海关虽然沦为国际机构,却控制在英国势力之下。首先海关洋员以英国人占绝大多数。以1872年来说,内班洋员93人,英国就占58人,法国只有12人,德国只有11人,美国只有8人,其他国籍只有4人。③海关的重要职位大多为英国人所占有。特别是海关的最高负责人——总税务司一直为英国人所包办。在江海关监督时期,第一、二任的税务监督威妥玛、李泰国都是英国人,而且居于当权地位;英国人赫德,担任总税务司达50年。他们3人都是英国驻上海、宁波、广州领事馆的高级官员,都是由英国领事馆或公使馆力荐的。总税务司是"中国政府的负责代理人","是唯一有权将人员予以录用或革职、升级或降级、从一地调往他地者"④;他是全国海关的最高领导人,他的领导权力是各国行政机关的行政长官不能比拟的。所以,中国海关是在英国控制下的"国际官厅"。

---

① 1906年10月21日赫德致塞西尔·克莱门特史密斯函。《中国近代海关历史文件汇编》第7卷,第208页。

② 1865年10月14日卫廉士致国务卿第10号函。《中国近代海关历史文件汇编》第7卷,第82页。

③ 参阅1872年的《新关题名录》。

④ 1864年6月11日总税务司通札第8号。《总税务司通札》(第1辑,1861—1875),第540页。

在这种状态下的近代中国海关,成为一个包罗万象、庞杂无比的机构。论其职务,有职务内的职务,更多的是职务外的职务;有的是条约赋予的,有的是列强强加的;有的是清政府因时势所需而委办的,有许多是总税务司为了某种利益而举办的。至于总税务司以海关的名义、力量而从事的活动,比如大量的外交活动,这是保密的,更不胜枚举。由海关的职务和总税务司各种活动构成的海关行政有如万花筒,层出不穷。

海关行政之所以出现这种情况,是由海关的特定任务所决定的。英国一向期望把海关办成英国对华关系的基石。为了巩固、扩大这个基石,单单依靠税务一项是远远不够的,它必须在政治、经济、军事、文化各方面开展活动,包揽一切可能包揽的职务,承担一切可能承担的职务,千方百计地增强海关的权力。这样,才能加强对清政府的影响力。正是基于这一任务,所以总税务司赫德在发给税务司及其属员的早期通札中一再重复:“他绝不是采取狭隘的工作职务的观点,凡是促进商业、工业和地方繁荣的事都必须做。”[①]他还认为:“我所管理的机构虽然叫作海关,但是它的范围是广泛的,它的目的是在最大可能方面为中国做有益的工作。”[②]正因如此,海关行政远远超出了海关的职责范围。

海关最基本的职务是征税,所以总税务司要求海关“每一个人应当记得的第一件事”,就是征税工作;“把那项工作做好应该是他们的主要任务”。这不但因为此是中国政府指定做的工作,而且做好了此项工作才能增加税收,为其他工作提供雄厚的经济基础。这是扩大海关权力、巩固对华关系基石的根本要图。

其次一项职务,就是管理海务,也就是管理灯塔、浮标、船舶的停泊等。

这两项职务都是条约的规定。从新关的始建到外籍税务司制度在大陆的消失(1949 年),是海关两大骨干的职务,始终不变。

海关的职务随着形势的发展而发展。海关原定是对轮船贸易的征课。近代早期只有外商拥有轮船,所以轮船贸易意味着外商的对华贸易;可是 19 世纪 60 年代以后,因为外商在沿海沿江行驶轮船高额利润的刺激,华商也开始自造、置买轮船,从事客货的载运。署理总税务司赫德意识到华商轮船贸易发展的必然趋势,一面劝说总理衙门准许华商置建轮船,一面诱使总理衙门把华商的轮船贸易归给海关管理。本来华商贸易是由常关管理的,总理衙门当权大臣文祥因地方官管理的“常关”腐败,因而有将华商轮船贸易改由海关管理的企图。据威妥玛向外交大臣罗素汇报说,文祥“自然地告诉赫德先生:中国人拥有洋式船只,目前还只能在开放口岸进行贸易。这些船只将置于外籍税务司管理之下。他希望通过这些手段最终地摆脱目前存在的常关”(威妥玛致罗素第 275 号函语)。到 1867 年,这个由海关管理华商自置轮船的办法,由总税务司起草完毕,名为“华商置用火轮夹板管理章程”,并由总理衙门颁布。根据该章程的规定,华商自置轮船的管理完全归于海关。这个章程在 1873 年招商局设立后付诸实施。

海关的征税项目,也不断扩大。早期的征税项目,只有进口正税、出口正税、子口税、复进口半税,后来逐渐扩大到鸦片厘金和粤海常关的常税和厘金,以至抵押英德续

---

① 班思德:《中国沿海灯塔志》(英文本),总税务司署统计科 1933 年印行,第 1 章,第 1 页。

② 赫德致索尔兹伯里函。《中国近代海关历史文件汇编》第 6 卷,第 544 页。

借款七处的厘金的征收。

海关的海务职务范围在不断扩大。在各国争夺各口岸引水权的情况下,海关争夺到引水管理权,并于1887年制定了《引水章程专条》。尽管这种管辖权没有充分实施,但名义的管辖权却属于海关。

随着轮船航行在沿海沿江的发展而发生了检疫问题。检疫和轮船的管理有密切关系,控制了检疫权,在一定程度上也就控制了轮船。1873年,新加坡、暹罗等地发生霍乱,海关首倡对轮船开展检疫,以防传染病的传播。检疫工作开始于1874年。是年,上海颁布了《上海凡各国洋船从有传染病症海口来沪章程》。该章程规定各国驶沪洋船到吴淞口外,由海关理船厅通知医生前往检查;如发现有患传染病的船只,就得驶回江浮椿外停泊,把患者移置别处,并将船只货物熏洗之后,客货才得上岸。[①] 同年,厦门海关也公布了《厦门口岸保护传染病疫章程》。因为检疫涉及外国船舶,凡是制定章程、封港、停船时日,都得经领事同意。轮船检疫制度就此传入,海关增加了检疫职务。

海关依无领事的缔约国或无约国的商人或船主的请托,得代领事办理他们的通商手续和公证人的职务。这项职务一般叫作准领事职务,海关译作"权办领事官事"。这是根据条约规定而产生的。中美《天津条约》第十九款载:"遇有领事等官不在港内,应准大合众国船主、商人托友国领事代为料理;否则,径赴海关呈明,设法妥办。"中法《天津条约》第五款也有类似规定:"遇有领事等官不在该口,大法国船主、商人可以相托与国领事代为料理;否则,径赴海关呈明,设法妥办,使该船主、商人得沾章程之利益。"[②] 据此规定,一个国家的领事不在时,该国船主和商人得申请海关代为办理条约上最惠国条款享有的一切利益。海关税务司代办的职务,范围很广,大体包括:①"关于船舶者(例如船舶出入手续、船舶书类,供给海难辨明书之证明、货物交易证或送货单之证明、船员之保证等)";②"关于本国商人之利便者(例如,关于商品买卖契约及土地家屋之借贷而欲得地方官证明,或欲得旅券之署名,或欲领得子口税三联单,均须有待于税务司之援助等事)";③"关于援助船长或商人对华人之诉讼事件者"[③]。

海关还须会同海关监督处理华工出国事宜。19世纪60年代,列强在中国掠卖华工之事日益增多,总理衙门乃赋予海关总税务司处理华工出国事宜的职能。

1864年10月总理衙门以各口招工,办理未能划一,拐卖、诓骗、虐待华工的情况不断发生,动辄引起中外交涉。总理衙门对于外事问题不很了解,因而交给总税务司去处理。总税务司拟定《续定招工章程条约》。其间,与各国公使往来照会,亦多由总税务司代拟。章程经总理衙门核定后,于1866年公布施行。

《新关内班诚程》"税务司"条关于海关处理华工出国问题,有如下的规定:"凡有蒙该管官允许创设招工出洋公所者,尔(税务司)宜与该口监督会办,务使该公所所立之章程规例所行一切事宜,俱遵照1866年《续定招工章程条约》,尔须拣员和中国地面官所派委之员,会同察查。带合同出国之工人,果否深明合同中之词意,且其出洋是否由

---

① 1883年10月25日总税务司通札第245号附件。《总税务司通札》(第2辑,1882—1885),第235—238页。
② 王铁崖:《中外旧约章汇编》第1册,三联书店1982年版,第93页;第105页。
③ 高柳松一郎:《中国关税制度论》第3编,商务印书馆1926年版,第34页。

1857

第四十四章

近代中国的海关

于自己甘心情愿,于合同内俱宜书名用印,以证明出洋之人,实深悉合同内所载之意,并已允许合同中所言节制之各款。尔亦宜严防与中国无和约国之人,决不可使其创招工出洋公所,亦不能使未定和约国之船装载有招工合同之华人,更不可听凭出洋之工人带合同往无和约之国。"①

1860年清政府对英、法各800万两的赔款,英、法要求由海关洋税做抵押,并由海关负责清偿,这就为以后的赔款开了先例,海关也就开始沦为列强赔款的出纳机关了。

编制贸易统计,也是海关重要任务之一。中国的贸易统计,实始于1859年海关税务司制度建立之后。当时新关草创,只有少数几个海关的统计,各关自行编印出版,没有全国的对外贸易统计。1865年,总税务司署迁北京,那时全国海关行政已经统一,并于1867年开始编印全国贸易统计。1875年后,编印了全国贸易报告。从1882年起,贸易统计和报告合并,以全国与分关为单位,分成两册。这些都是年报(Annual Reports),最为重要,计有《全国贸易及税收辑要》《全国对外贸易及统计辑要》《各关贸易报告》等。此外,还有月报(Monthly Returns),最早刊于1866年,名为《各通商口岸贸易月报》,1868年改为季报。其三为季报(Quarterly Returns)。季刊的刊印,可以和月报互相补充。第四为十年报告(Teenail Reports),即海关十年报告,以报告为主、统计为副,开始编印于1882年,至1931年停刊。

我国海关贸易统计报告册,自1859年印行以来一直编印不停,统计册总在千卷以上,内容丰富,项目齐全。虽然它们是为海关关税征收、为外商对华贸易服务的,却是研究中国经济史唯一可靠、系统的资料,历来受到有关专家的重视。②

总税务司署还设立类似现在出版社的造册处,印行上述各种贸易报告以及许许多多书籍。这些书刊共分贸易统计类(Trade Series)、特种类(Special Series)、公务类(Service Series)、官署类(Office Series)和杂项类(Miscellaneous Series)。其书目载于《中国近代海关历史文件汇编》第7卷之末。

自19世纪50年代后的数十年间,清政府在内外忧患之中,民穷财尽,各省地方官吏为了应付军费,经常向洋商借款,而以海关税作抵。债票须经税务司签署,才有效力。总税务司乘机要求总理衙门,以后凡各地方的借款,必须经过谕旨批准并通知总税务司,总税务司才札行有关税务司对期票或其他文件盖章或副署。通过这个手续,总税务司取得了关税抵押借款的控制权。

从19世纪60年代开始,由于中外往来日趋密切,清政府不断获得各国参加各种博览会的邀请。博览会当时译为赛会、奇会、街奇会、街奇院、街奇公会。总理衙门当时对于外国博览会的情况无所了解,对于全国商情也了解不多,不能不札行总税务司主办展出事宜。海关有验货一职的官员,对各种商品情况甚为熟悉,对展品的征集易于进行。1867—1905年间,清政府应邀参加的博览会不下25次,其中大规模的有1873年在奥地利维也纳举办的博览会、1876年美国在芝加哥举行的建国百周年博览会、1878年和1899年法国博览会、1902年河内博览会、1903年美国散鲁伊斯城博览

① 《新关内班诚程》,《华人出洋事》,第30页。
② 参阅郑友揆:《我国海关贸易统计编制方法及其内容之沿革考》,《中国近代史论丛》第2辑第3册,正中书局1958年版。

会、1905 年比利时黎业斯博览会。最后一次博览会大为出丑,旅外华侨强烈反对海关主办博览会,博览会事宜才改归农工商部专办,从此海关不再经办了。

海关还举办各种洋务。这些洋务主要是由总税务司提出经总理衙门首肯的,诸如改造同文馆,派遣斌椿和同文馆学生出国游历,协助处理蒲安臣出使,倡议外国设立外国使领馆,倡议、经办新式海军、邮政,策划开采基隆煤矿等等。

作为海关首脑的总税务司一系列的业余外交活动,在 19 世纪 70 年代以后数十年间压倒海关一切的活动。这些活动虽然不是一种职务活动,但是关系到整个清政府的政治外交,以至整个中国社会。因此,海关几乎成为"业余外交部"。

总税务司还为总理衙门起草、翻译外交文件,通读和校对条约;海关税务司还充当清政府官员出使外国的随员,参加通商贸易关税的谈判。在晚清时期,总理衙门所有外事工作,几乎都是依靠总税务司办理。

五　晚清海关关税的征收及使用分配

(一)片面协定税则的规定和进出口货物税率的确定

对出入国境的货物征收关税是海关的主要任务。海关税包括国家对进出关境货物的计征条例、分类和税率表。它是一个国家关税政策的具体体现。

鸦片战争前的海关税则,完全是清朝政府根据自身的利益自行制定的,不受任何外力的掣肘和拘束。这种税则虽然是自主的,但是由于清朝统治日趋腐败,管理松弛,吏治不修,所以陋规苛繁,朘削日剧,所定税则,层层加码,扰商损商。这种情况,不为外商所接受,清政府终于被迫采用片面的协定税则。《江宁条约》第十款规定英国商人"应纳进口、出口货税,均宜秉公议定则例",这已隐含"商议制定"的意义。1843 年中美《五口贸易章程:海关税则》第二款便明确规定"倘中国日后欲将税则更变,须与合众国领事等官议允";中法《五口贸易章程:海关税则》也规定"佛兰西人在五口贸易,凡入口、出口均照税则及章程所定,系两国钦差印押者,输纳钞饷","如将来改变则例,应与佛兰西会同议允后,方可酌改(第六款)。据这些规定,税则的制定须待"议定",税则的修改须待"议允"。这种"议定""议允",与其说是"议",不如说是单方面的强制,因为它是在列强强制之下制定的,所以实际上是片面协定。片面协定税则的规定,标志着中国关税自主权的丧失,也是列强对中国海关重要主权的篡夺。

中国第一个协定税则是在 1843 年 10 月 8 日公布的中英《五口通商章程:海关税则》。这个税则分为出口税则和进口税则两大表,大部分税目属从量税,少数为从价税。出口税分为 12 大类,68 个税目;进口税分 14 大类,104 个税目。进出口货物中属于从价税的,其税率分"值百抽十"与"值百抽五"两个税级。值百抽十的都属进口货物,但税目甚少。"凡出口货有不能赅载者,即论价值若干,每百两抽银五两"。"凡属进口香料等货,例未赅载者,即按价值若干,每百两抽银十两"。进口免税货品有金银类,各样金、银洋钱,锭镍,洋木,洋麦,五谷等。①

这个税则比起粤海关税则来,在结构上有所改进,它废除了粤海关税则中的比例

---

①　王铁崖:《中外旧约章汇编》第 1 册,三联书店 1982 年版,第 43—57 页。

税。这种比例税是不科学的,因为比例的标准难于制定,易滋弊端和纠纷。协定税则中的从价税目的范围较诸粤海关税则大为缩小,且税级仅两级,便于稽征。

把协定税则和粤海关税则的实际征收(正税加上各种规费等附加税)加以比较,则协定税则实征税率,无论出口货物或进口货物都是普遍地、大幅度地减了税。以出口大宗的茶叶为例,协定税则较粤海关税则降低了58.33%;另一大宗出口的湖丝、土丝则降低了57.86%。主要进口货物棉花,协定税则较粤海关税则也降低了77.01%。

协定税则订立之后,美、法两国又强迫某些货物的税率一减再减。例如1843年9月,美商要求将美国上等洋参的进口税由每百斤完税34两减为4两,下等洋参由每百斤完税3.5两减为2.7两。① 1844年11月,法国要求下等丁香每百斤税银由5钱减为2.5钱,大瓶洋酒每百瓶税银由1两减为2钱,小瓶由5钱减为1钱。②

中国关税税率一减再减,成为世界上进口税率最低的国家之一,如和英、法相比,相差太大了。1806年英国自中国进口的茶叶税征至96%③,至1847年通常品级提高到200%,次等品级则在350%以上。④ 法国从我国进口的绣货,课80%以上的进口税,而我国对法国进口的绸缎仅课值百抽五的低税。⑤

中国关税税率如此低,既达不到增加财政收入的目的,更谈不上保护生产的作用。因此,大量的洋货涌进来,大量的农产品被吸引外运。⑥

中国海关的征税项目共有进口正税、出口正税(正税系附加税的对称)、子口税(内包运入内地半税、运出内地半税)、复进口半税、船钞(吨税)和洋药税厘。现在先从进出口正税问题谈起。

凡进出口货物,应完纳值百抽五的关税。这个值百抽五的税率是英国强加的。据1842年《江宁条约》及其随后签订的各国条约,都没有进出口货物值百抽五税率的规定。《江宁条约》只规定英商在五口岸"应纳进口、出口货税、饷费,均宜秉公议定则例,由部晓示";英国货物在口岸按例纳税后,"即准由中国商人遍运天下",中国内地税关"只可按估价则例若干,每两加税不过分"(第十款)。1843年签订的中英《五口通商章程:海关税则》也只说"凡系进口出口货物,均按新定则例,五口一律纳税,此外各项规费丝毫不得加增"(第六款)。《江宁条约》所说的"秉公议定则例"是以清代旧税则的正税率为基础的,不包括地方课征和规费在内。根据议定税则规定的税率,不论进口税或出口税,都不是按照值百抽五的税章计税,甚至在税则表中明文规定:凡未列举的树胶、五金和木料,都按值百抽十的从价税率完税。由此可见,在当时并没有采用值百抽五税率的硬性规定。

但在1858年签订的《天津条约》中,第二十六款却写着"前在江宁立约第十条内,

---

① 道光二十二年十月十四日耆英等奏折。《筹办夷务始末》(道光朝)第6册,卷七三,(中国台北)文海出版社1966年版,第2890页。

② 〔美〕马士:《中华帝国对外关系史》第1卷,张汇文等译,商务印书馆1957年版,第92页。

③ 《中国关税沿革史》,三联书店1958年版,第39页。

④ 武堉干:《中国关税问题》,商务印书馆1930年版,第61页。

⑤ 道光二十三年六月十三日耆英奏折。《筹办夷务始末》(道光朝)第5册,卷六七,(中国台北)文海出版社1966年版,第2647页。

⑥ 参阅叶松年:《中国近代海关税则史》,三联书店1991年版,第20—30页。

完进、出口货各货税,彼时欲综算税饷多寡,均以价值为率,每价百两,征税五两"①。这里所载"每价百两,征税五两",查诸《江宁条约》第十款,并没有这样的记载;即找遍《五口通商章程:海关税则》亦无此语,可见"每价百两,征税五两"一语,系《天津条约》英国制定者塞进的。

《江宁条约》如已规定值百抽五,《天津条约》便无须重载了。自此以后,"在进口货方面是严格依据值百抽五从价标准计算的,在出口货方面虽也依据同样的标准,惟以茶、丝两项税率为维持不变的显著例外"②。这样,值百抽五成为硬性不变的税率了。《天津条约》没有经过中英双方的谈判,而是在英国强迫下一字不改签订的,清政府也只好把英国自定的税率接受了下来。

(二)海关关税的增长及使用分配

1861 年海关的总税收共为 5036370 库平两,到 1910 年增加到 34518589 两。在 50 年中增长了 5.8 倍,这种增长是十分突出的。海关税收为什么增长得这么快? 主要是由于列强经济侵略日益深入和扩大,外商进出口贸易不断发展,税收也因而迅速增长。这种趋势已从五口岸通商后夷税征收的增加趋势显示出来了。以全国税收最大的江海关来说,1861—1872 年,该关进出口税收由每年 100 多万两增加到 200 多万两,全是由于外商进出口额的增加;1873—1893 年,该关总进出口税收由 1982361 增加到 3624996 库平两,其中洋税由 1976134 两增至 3288984 两,共占 44.69%—89.50%,而华税在最高的 1893 年也仅占 10.50%。由此可见,江海关税收的迅速增长正是由于外商大量倾销洋货和搜购廉价原料所造成的,这已是肯定的事实。

其次,由于鸦片贸易合法化,鸦片输入激增,鸦片的税厘全归海关征收,这也是海关税收剧增的原因之一。据统计,1862—1887 年每年海关的洋药(鸦片)税就占税收总数的 15%以上,其中 1865、1866 和 1867 年 3 年达到 21%。从 1887 年洋药税厘并征实施后,直到 1894 年,每年洋药税厘占同年税收的 1/3 左右;其中,1888 年达到39.37%。这是世界各国海关所没有的特异现象。

再次,新关在各口岸设立后,把属于国内税性质的子口税、复进口半税纳入海关征收的税种中;1887 年实行洋药税厘并征后,复把原属内地税的鸦片厘金的征收交给新关征收,这就增加了海关的总税收。③

由此可见,不好把海关税收剧增完全归因于海关外籍税务司制度的推行。当然,海关的征税制度、税款保管办法有一套比较完善的科学办法,保证了税款不为税吏所侵吞,这也是有作用的。也正因如此,总理衙门才乐意把一些非属于海关征收的税种移交给海关,这也是不容否认的。

新关建立后,海关税收稳定上升,成为支撑清朝统治的稳定的、可靠的财政支柱,因此受到清政府的极大重视。关税除了挽回垂危的清朝统治以外,在不同时期产生了不同作用。一般来说,在中日甲午战争之后,它基本上成为赔款、外债的抵押品,海关

---

① 王铁崖:《中外旧约章汇编》第 1 册,三联书店 1982 年版,第 32 页;第 41 页;第 99 页。
② 〔英〕魏尔特:《中国关税沿革史》,姚曾廙译,三联书店 1958 年版,第 53 页。
③ 以上资料引自汤象龙:《中国近代海关税收和分配统计》"绪论",中华书局 1992 年版,第 20—22 页。

也沦为列强债、赔的出纳机构;但在中日甲午战争之前的 30 年间,那时的对外赔款,只有英、法赔款 800 万两,这笔赔款早在 1866 年就由海关洋税清偿完毕。清政府在这一时期举借的外债的本息支付,平均只占清政府总支出的 4.3%。关税用于支付外债本息的数额,平均也只占关税收入的 15.8%[①],使关税支付外债本息在清政府的总支出和海关关税的总支出中还不占重要地位。那么,关税用途在哪里? 总的看来,无疑是支持清政府的国用。关税支持清政府国用占 2/3 或 4/5 以上。由此可见,当时清朝统治如果没有大量的关税支持,是很难继续存在下去的。但是,国用的开支却很复杂,如"饷项"下支付的"轮船制造经费"是作为江南制造局和福建船政局的经费而支付的。1866—1910 年,江海、闽海两关拨交两厂的经费共达 53372594 两。1868—1910 年,江海、津海、东海、江汉、宜昌五关共拨解 18595313 两,其中天津机器局占 15535563 两,津海关拨解的也达 10513061 两。1875—1910 年,关税拨解的海军购买舰艇和海军衙门的海防经费共计 68896533 两。1880—1910 年的 31 年中,各海关共拨 15029520 两的边防经费。以上的大量关税拨款主要是用来防备俄、日、英、法在边疆和海上侵略的军事拨款,或用于自强新政的洋务运动。[②] 这些经费对于"防俄备日和防英防法"及"建立海军和设厂造船"都产生了积极作用。甲午战争后关税抵押给大量外债,而《辛丑和约》加上抵押大量的庚子赔款,洋税便由支持清政府的国用主要变成债、赔的抵押品了。估计 1902—1910 年各海关共计摊付庚子赔款 33609858 两,约占第一期偿付庚子赔款的 1/5;而各海关每年偿付之数共达 300 万—400 万两,从中日甲午战争中举借的汇丰银行款到战后的三大借款,合计总额将近 4 亿两,清政府每年应摊还本利达 1000 余万两。这样,偿还债、赔成为国家的大宗支出。[③]

关税作用的这一变化,促使清政府对海关态度的变化。

晚清海关关税的征收权,虽为外籍税务司所夺,但税款的保管权仍掌握在海关监督手中。海关监督按例将税收数目分年、分季上报,然后按照中央的规定将税款解归户部或按户部指定各项开支数目拨解或留用。近代海关税收的使用,分配在以下几个项目上。其一是"国用"。这是指关税用于清政府重大支出的项目,包括户部指拨的和皇室专用的各项费用。国用一般占总支出的 2/3 或 4/5 以上。国用包括"解部""饷项"、赔款、外债、皇室经费、中央政费等六项。其二是"省用"。这是海关解交所在省的款项,居于海关税收分配的第二位,占各年税收分配总数的 20%—30%。其三是"关用",包括税务司经费、关用经费以及海关使用的汇费川资、倾熔火耗等项。

海关经费分为两个系统,即总税务司经费和税务司经费。总税务司经费归入国用的"中央经费",而税务司经费则归"关用"。关用项下的支出包括海关监督经费的"关用经费"和海关监督汇解税款的"解费川资"与"火耗"。统计关用项下的款项一般都占税收分配总数百分之十几,1901 年达到 19.44%。1861—1910 年,关用项下共计 127713615 两,占历年税收分配总数的 14.3%,而税务司经费在 1861—1910 年的 50 年间共达 80739886 两,占历年关用项下总数的 63.22%。这是关用项下最大的支

---

① 据徐义生:《中国近代外债史统计资料》,中华书局 1962 年版,第 28 页。
② 汤象龙:《中国近代海关税收和分配统计》,中华书局 1992 年版,第 27—31 页。
③ 汤象龙:《中国近代海关税收和分配统计》,中华书局 1992 年版,第 34 页;第 41 页。

出。①

清朝海关的经费虽有定数,但因采取包税办法,只要满足所包定额,其余部分可以作为"外水"落进税吏腰包。这就等于定数之外,还有额外经费。这笔糊涂账,永远也算不清。

外籍税务司管理下的海关,彻底废止了包税制度,所有税款都得"尽收尽解",这就必须从税收项下拨给一笔固定的经费充当征税费用;否则,无法进行征税工作。这个支取固定经费的办法,保证了税款的点滴归公,员役不得假借名目勒索商人以自肥,这是一个进步的办法。海关一直按此原则申请经费;非经批准,不得另行增加。

六 晚清海关隶属关系的改变与清政府对海关权力的接管

近代中国海关,从 1861 年开始便由外交部门——总理衙门统辖;到 1901 年,总理衙门改称外务部,海关也随着改由外务部统辖。无论是总理衙门或外务部,都是办理对外交涉的外交机构;但到 1906 年,清政府特别成立了税务处,并札令海关由税务处统辖。这样,一向由外交部门统辖的海关,便改归财政部门统辖了。海关隶属关系的这一变化,绝不是纯粹的行政体制的改变,而是由于 40 多年来列强对华侵略达到顶点,海关权力极度扩张,步步沦为列强的侵略工具,以及全国人民觉醒、民族意识增强和随之而来的全社会反对海关外籍税务司制度的结果。

1906 年 5 月 9 日(光绪三十二年四月十六日),清政府外务部突然发给海关总税务司一个札文,内称:

> 为札行事。光绪三十二年四月十六日奉上谕:户部尚书铁良着派充督办税务大臣,外务部右侍郎唐绍仪着派充会办税务大臣。所有海关所用华洋人员统归节制。钦此。相应札行总税务司查照钦遵,并转饬各关税务司一体遵照可也。须至札者。光绪三十二年四月十八日。②

海关由外务大臣转归税务大臣管辖,这个敕令的颁布引起了各国政府特别是英国政府以及舆论界海关洋员的极大震动。英国代办康乃吉惊呼"这个谕旨大家都大吃一惊"。曾在海关任职、时任伦敦《每日电讯报》驻华记者辛博森也说:"海关出乎意外的事件使我大为震惊。它使我想知道事情将怎样收场。这里每个人当然都感到惊讶。"③而任海关税务司的贺璧理则说:"过去的两星期,我的时间和注意力大部分用在9 日的敕令上了。"④海关这一隶属关系的改变,是在极度保密的情况下进行的,大家不知其来龙去脉,引起了各方面许许多多的猜测。就连经常奔走于外交部门达几十年的总税务司赫德也蒙在鼓里。至于和海关有关的债券持有者,更是惶惶不安。

海关的这一变化,有其深远的历史根源。它是 19 世纪 70 年代以来中外民族矛盾急剧发展、民族危机进一步加剧的一种反应。

---

① 汤象龙:《中国近代海关税收和分配统计》,中华书局 1992 年版,第 25—27 页;第 43—46 页。
② 光绪三十二年四月十八日外务部札行总税务司。《总税务司通札》(第 2 辑,1904—1906),第 465 页。
③ 1906 年 5 月 16 日辛博森致莫理循函。骆惠敏:《清末民初政情内幕》(上卷),上海知识出版社 1986 年版,第 446 页。
④ 1906 年 5 月 23 日贺璧理致莫理循函。骆惠敏:《清末民初政情内幕》(上卷),上海知识出版社 1986 年版,第 446 页。

海关在外籍税务司制度的掩盖下，趁着列强争夺中国权益、清政府一筹莫展的机会，打进了清朝统治阶级的最高层，依靠满族统治者的当权势力，不但维护了英国的在华利益，而且稳稳地扩大了海关的权力，总税务司赫德俨然成为清政府的太上皇，海关被利用作为英国对华关系基石的本质日益暴露。这就不但激起了中国人民反对海关外籍税务司制度的愤激情绪，而且由于它的"权足倾国"而引起了清朝统治阶级的恐惧，因而产生了收回海关权力、改变外籍税务司霸占海关局面的想法。

海关的工作和活动，对于海关隶属关系的改变有直接关系的大致有下列各事。

首先，总税务司利用和总理衙门的直属关系，打进了清政府的外交领域。他所干的"业余外交"，至少在下面两件事上大遭清政府部分官僚的责难。第一，结束中法战争的《巴黎草约》是赫德一手导演的。它是清军在广西、越南战场上获得重大胜利之际签订的，并以清政府承认法国保护越南为基础。西南官僚认为，《巴黎草约》的签订使中国的西南藩篱尽失，为法国打开了中国的西南大门。第二，《中葡里斯本草约》是以中国承认葡萄牙"永驻"澳门，而以澳门殖民当局协助中国海关征收洋药税厘为交换条件的。这个活动，连总税务司自己也认为，"我们给澳门的，对中国算不了什么，而对葡萄牙却收获甚大"①。显然，这严重地损害了中国的领土主权。

根据1886—1887年香港和澳门管制洋药的协定，海关接管了粤海关监督在港澳洋面的常关权力。1898年英德续借款合同，又把苏州等7个地区常关厘金的征收工作移交海关管理，这就剥夺了有关地方官员的征税权力，损害了他们的权益。

从整个清政府外交的形势来看，总税务司的业余外交，不但没有改善清政府的外交地位，而因总税务司老是迎合清朝最高统治者避战求和的要求，并为其开辟道路，几乎使每次交涉的结果总是使清政府丧失一批权力，而总税务司的权力却因而扩大了。因此，中国的半殖民地地位不是削弱而是加强了。这都是由于总税务司通过外交部门和最高统治者的密切结合，从而取得他人所不能取得的外交权力造成的结果。当清朝统治者发觉总税务司业余外交对清政府造成的危害时，它不能不痛下决心切断总税务司和外交部门的联系。

1896年，上谕总税务司兼办全国邮政，邮政局、所迅速地深入穷乡僻壤。海关兼办邮政，在当时虽然是必要的，但它既扩大了海关权力，损害了民信局的利益，又侵犯了地方官员的统治权，于是，加剧了官民和海关的矛盾。

中日甲午战争之前，海关税收的大幅度增加，支撑了清政府镇压绵亘20多年之久的太平天国革命和各族人民起义，支撑了清政府的对外战争，支撑了近代海军的创设和各种洋务的开办，支撑了清政府的财政。单就这方面而言，海关在清朝统治者心目中的作用就够大了。这是海关受到清政府信任和重视的基础。《马关条约》签订后的三次大借款（一次俄法借款，两次英德借款），海关洋税大多作为借款的抵押品抵押给债权国。这样，海关税收通过海关这一导管源源输进英、德、法、俄四国债权人的腰包，海关在财政上对清政府的重要性大大降低。"这一转折使海关变成了纯粹代表外国债

---

① 1887年4月1日赫德致金登干Z字285函。《帝国主义与中国海关》第6编，《中国海关与中葡里斯本草约》，科学出版社1959年版，第79—80页。

权人利益的征税机构。"①两次数额庞大的英、德借款,都是赫德凭借他对清政府的影响力完成的。借款合同分别规定偿还期限为 36 年、45 年,并各规定"至此次借款未付还时,中国总理海关事务,应照现今办理之法办理";甚至还规定,在还期之前,"中国不得或加项归还,或清还,或更章还"②。这是以 36 年、45 年的还款限期来延长、巩固以英国为首的外籍税务司制度。加上 1898 年英国外交部强迫清政府承认"英国在华贸易既已超过他国,本国政府认为,海关总税务司将来仍照以前办法,应由英人担任⋯⋯"③,公然违反了《通商程善后条约》第十款"任凭总理大臣邀请英人帮办税务","毋庸英官指荐干预"的规定。这使当时的爱国人士有理由认为"侵犯了中国主权的完整,在将来税务司人选的问题上束缚了中国的手脚,并趋向于使总税务司一职永远成为外国人的禁脔"④。赫德对于这种强制方式并不赞同,认为这会加深总税务司和清政府的矛盾,激化清政府官员的不满情绪,促使清政府倒向俄、法一边,但这并不意味着他希望英国放弃这个重要的职位。

紧接而来的是《辛丑各国和约》4.5 亿两数额庞大的庚子赔款。这不但把海关洋税大量抵押了,甚至连通商口岸 50 里内的常税也充当了抵押品,并将各口岸 50 里内的常关划归海关管辖。海关总税务司兼为总邮政司,还兼管了通商各口岸的常关。这样,海关权势可谓登峰造极了。

在接管通商各口岸常关问题上,总税务司赫德维护债权国利益的立场,也使清政府的谈判大员感到憎恶。根据《辛丑各国和约》的规定,清政府承担赔偿保票财源之一是通商口岸常关的进款。赫德则把"常关进款"扩大解释为"似应一例解为通商口岸进出各华船船料(民船船税)、各华船货税,并一切规费,均在其内"。这就把常关以外各衙门的征收款项也囊括进去。谈判全权大臣奕劻以"各国公使于各关情形固属未能深知,且亦未暇详考",要求赫德量宽处理,即关于各口移交常关定为 14 个,至于粤海关"向系内府差役⋯⋯应仍由监督自行管理";但赫德则把移交的 14 关增至 23 关,关于粤海关不归新关一节则"如此定办,非总税务司所能主",至于其他衙门经理的货税,"应循旧归别衙门一节,所拟是否合新约之意,总税务司不敢臆度"⑤。

不但如此,赫德在接管常关时,还额外苛求。比如,扬州常关在 50 里以外,不宜交管,赫德则称"按水程折算,若出界外,然按陆路直线,仍在 50 里以内"⑥。在九江,不在 50 里之内的姑塘;在广州,一些航路在 50 里之外的常关,他也坚持交管。

所以,魏尔特说,总税务司对于通商各口常关的接管,使中国人"进一步证明海关主要是为了维护外国利益而存在的",而"以牺牲各省的主权来增加总税务司新的领域",虽然总税务司在《辛丑各国和约》中以"所起的作用有益于中国,许多人认为这是代表外国利益的总税务司权力的危险扩充"⑦。

① 魏尔特:《赫德与中国海关》,林立等译,厦门大学出版社 1997 年版,第 817 页。
② 王铁崖:《中外旧约章汇编》第 1 册,三联书店 1982 年版,第 639 页;第 735 页。
③ 《中外旧约章汇编》第 1 册,三联书店 1982 年版,第 732 页。
④ 魏尔特:《赫德与中国海关》,林立等译,厦门大学出版社 1997 年版,第 817 页。
⑤ 引自黄序鹓:《海关通志》(下卷),共和印书局 1917 年版,第 118 页。
⑥ 赫德致外务部函。《中国海关与义和团运动》,中华书局 1983 年版,第 61 页。
⑦ 〔英〕魏尔特:《赫德与中国海关》,林立等译,厦门大学出版社 1997 年版,第 818 页。

根据《辛丑各国和约》规定而举行的 1902 年后的商约谈判,中英《续议通商行船条约》竟然规定清政府应明降谕旨,饬将所有厘金、内地税征课和厘卡一律废除,并"由各省督抚自行在海关人员中,选定一人或数人,商明总税务司,委以监察这个条款中所规定的有关常税、销场税、盐税和土药税的征收事宜"。这就等于使海关洋员在广泛的领域中监督中国的财政。"在这整个方案中,外国对中国财政和行政权非分干涉的气味太浓厚了。"① 这样,"当中国作城下之盟的时候,它(海关)通过《辛丑各国和约》和 1902 年与 1903 年诸商约的规定,变成了它的主人的主人;可是失去了中国人的欢心,也就失去了它的大部分重要性"②。

1905 年,赫德以日俄战争在中国东北的爆发,"实于中国积弱所致",建议非趁此机会力图自强不可,要自强就必须练兵,练兵筹饷又以地方钱粮为大宗。于是,在 1905 年向清政府呈递了《筹饷节略》,建议按里计亩、按亩计赋,每亩完钱 200 文。这样做法,"确可经久,百姓亦不受丝毫扰累"③。作为一个改革方案来说,这是无可非议的,但是许多督抚都表示反对。张之洞复奏称:"自海关税务归洋员主持,中国财政之权已半为外人所干预。兹阅原节略,有'若使总税务司主张'之一语,殆又欲将中国田赋尽归其一手把持而后已,抑何设词之巧而用计之工也。"④《东方杂志》《财政书赫德〈筹饷节略〉》后一文亦称,"此议出于赫德,尤不可行也。中国之民,富于排外之思想……故此制一行,凡草野之愚民,不以为政府筹集国用,而以为西人搜括民财,排外思想日益以深,势必至又酿庚子之祸"⑤。

由此可见,总税务司权力的膨胀已使朝野人士大感不安;而各口岸海关都在洋员的殖民统治之下,全国海关行政又统一在总税务司"一人统治"(赫德语)之下,这种喧宾夺主的长期现象,使清朝统治者大有总税务司"权足倾国"的恐惧。

中日甲午战争的失败,列强在中国掀起的割地狂潮,《辛丑各国和约》的庞大赔款和莫大耻辱,使中国民族危机空前严重;在列强面前,清朝统治阶级腐败无能,束手无策。这就激发了维新派、革命派和在国外留学生的爱国情绪,促进了中国民族的觉醒,各阶层民族意识的步步高涨。清朝统治阶级在总崩溃的前夕,为了挽救残局,任用了一批接受过西方教育或受西方影响的人物,企图通过他们进行改革稳定垂危的统治。这就在清政府内部形成了一股新的力量。设立税务处,接管海关权力,正是这股新兴力量所促成的。

近代海关创设初期,它的职权仅限于外商轮船贸易的管理,因此和外商的矛盾大于华商。它不断增加的税收,大大支撑了清政府的财政,各税务司也从各方面扶植清朝统治阶级,在国际事务方面为其出谋献策。当海关地位还未巩固的时候,总税务司对待清朝统治者,对于处理内外事务,采取了比较谨慎的态度。进入 19 世纪 70 年代以后,由于民族矛盾上升,总税务司介入了外交事务,大大提高了他在清政府的地位。于是,随着海关干预的事务越来越多、海关的权力越来越大,海关和各方面的矛盾也就

① 〔英〕魏尔特:《中国关税沿革史》,姚曾廙译,三联书店 1958 年版,第 371 页。
② 〔美〕马士:《中华帝国对外关系史》第 3 卷,张汇文等译,商务印书馆 1960 年版,第 432 页。
③ 《中国近代海关历史文件汇编》第 7 卷,总税务司署统计科 1940 年版,第 173—185 页。
④ 《东方杂志》第 12 期,光绪三十年十二月发行。
⑤ 《东方杂志》第 5 期,光绪三十年五月发行。

越来越大了。到了20世纪初,当它的权力到达顶峰的时候,也就是中国官民反对海关浪潮高涨的时候。

19世纪80年代,在广州发生过反对海关洋员的浪潮,但这只是由于个别洋员暴行和治外法权庇护洋员而引起的,还不是反对外籍税务司把持的海关。从中法战争到1906年税务处成立,中国官民反对海关的斗争日益高涨,特别是在《辛丑各国和约》签订之后,海关的帝国主义本质步步暴露,于是,斗争矛头日益指向代表外国利益的海关外籍税务司制度了。

据九江道1902年向外务部的报告:"九江关自上年十月暂归税司代征抵偿款,闻当新旧交接之际,众情汹汹,几肇事故。"①1905年8月31日,厦门市民因海关制定的常关章程苛刻、总书邓书鹍恣虐商民,引起了罢市、罢港,市民捣毁理船处并围攻海关。据海关方面的记载:"海关员司武装了起来,而且成功地保卫了海关,直到英国'伊比振尼亚'号战船携带机关枪的海军陆战队登陆,暴徒见此情况才溃散。几个中国人丧失了生命,理船处遭到很大的损失。"②

在福州,1906年2月间外务部给总税务司的一封信中称:"近方抵制美约,而杜(德维)税务司系美国人,力与诸商为难。现已有人布散传单,欲逐税务司出口……恳将杜税务司即刻电调他口,以弭此祸。"③这也和海关税务司维护其本国利益有关。

海关兼办邮政之后,邮政局所的开设全面展开,于是和各方面的矛盾日渐激化。1897年即海关兼办邮政谕旨颁布的第二年,南海县董元度致粤海关税务司的函指出,民信局私运信包,"洋关枷号犯人,窃虑众情易动,邂逅滋事,正自难防";嗣后如有发现走私,应将该局字号函知地方官给谕,"从严戒饬",以防滋事。④1902年,海关命令民信局包封,由原章取资1角突增至6角4分,民信局进行了大规模的罢班。据南洋大臣称:"自汉沪泸,民局纷纷呈诉。沿江上下均已停班,情甚迫切!"外务部不得不谕令总税务司,民局包封每磅改收2角,才算息事。⑤

改良派从反对外籍税务司制度出发,坚决主张海关改用国人管理,以保国权。陈炽在《庸书》中抨击外籍税务司制度时说:"波斯、埃及、土耳其诸国,柄用西人,无不太阿倒持,日侵日削者。"他认为:"伊古以来,未有堂堂大国,利权所在,永畀诸国之人者。不及此改弦而更张之,他日显蹈印度亡国之辙。海疆万里,拱手让人,济济诸公,何以自解于天下后世哉?"⑥钱恂也说:"方今天下洋务日兴,不乏深明税则、畅晓条规之人;苟使任关道者留心人才,时与税务司考究,选择干员而荐举之以为税务司之副,责其学习数年;有效,则渐裁外人而使代之。我华人皆知奋勉,次第迭更,不十年而各关皆无外族矣。"他认为要这样干,就得先去总税务司,因为各税务司为其所辖也。⑦郑观应也说:"夫中外通商数十余载,华人亦多精通税则,熟悉约章,与其假手他人,袒护彼族,

① 中国第一历史档案馆藏:外务部档案第3970号。
② 厦门海关:《申字稿簿》(钞本);《中国近代海关历史文件汇编》第2卷,第484页注。
③ 中国第一历史档案馆藏:外务部档案第3970号。
④ 中国第一历史档案馆藏:外务部档案第3970号。
⑤ 1902年1月5日外务部致赫德札。中国近代经济史资料丛刊编委会:《中国海关与邮政》,中华书局1983年版,第139页。
⑥ 《陈炽集》,中华书局1997年版,第73页。
⑦ 夏东元:《郑观应集》,上海人民出版社1982年版,第547页。

何若易用华人之为愈乎！"①

　　清朝统治集团一些封疆大吏对于总税务司赫德包揽海关、签订《巴黎草约》与《中葡里斯本草约》、扩展邮政、接管常关，极为不满。1902 年，势力最大的封疆大吏湖广总督张之洞和两江总督刘坤一，对于赫德扩大海关权势的活动，第一次做出了公开猛烈的抨击。他们联名通电外务部，首述海关拟于湖北、河南一些州县设立邮局，"乃税司并未先行禀明钧处允准，亦不妥商外省，遂派洋员前往内地，不计官权民情有无妨碍，便欲设局，大属不合！赫德近日借赔款为词，揽办常关，并欲占夺各处关局；复饬税司推广邮政，径入内地，意欲将中国利权一网打尽，用心良险矣！若不及早限制防范，中国实尽是洋官管事，华官只如地保，华人只充奴隶而已。务急切饬赫德，海关只可在通商各口设邮政局，至内地各处，洋员往来不便，且关地方官权，民间信局生计，必须详审；即欲推广，亦须由地方官自行举办，以免觊觎"②。

　　一些留学回国的中小官员，同样反对海关兼办邮政。留学日本主持江浙外务、洋务的刘子贞，于 1905 年和 1906 年写了《上政府暨各督抚宪书》，称："税务司经理各省洋关……蒂固根深，业成尾大不掉之势。今再以我全国之脉络，官民之消息，内地之情形，大柄大权，授之予之，良可畏也，深可惜也。""况客卿官中籍西，决无忠爱之悃，是以国家虽高爵以荣之，厚稽以养之，从未闻某为中国而鞠躬尽瘁矣，亦未闻某为中国而毁家纾难矣。""若不速将邮政之权收回，将来必蹈洋关故辙。贻害之深，关系之重，更有不堪设想者。"③

　　以上这些反对斗争，虽然日趋剧烈，但因清朝中央政府依靠海关增加财政收入，而海关洋员势力根深蒂固，最高统治者一直未敢触动它。因此，海关仍然屹立不动。直到清朝中央政府内部形成了一股反对海关的势力并取得了最高统治者的支持，海关的气焰才被煞了下去，海关的扩张趋势才受到阻遏。

　　1901 年签订的《辛丑各国和约》，是近代中国屈辱的顶峰。慈禧太后虽然以这种屈辱来换取列强对她统治的支持；但是，这一统治如此腐败，人民的革命斗争如火如荼，确实使她难以统治下去。因此，她不能不做出变法自强的新姿态，借以缓和人民的反抗情绪，维护她的统治。她从西安回到北京后的 3 年，就实行了三项"新政"。第一，提倡和奖励私人资本创办工业；第二，废除科举制度，设立学堂，提倡出国留学；第三，改革军制，即逐渐裁撤旧式的绿营、防勇，组成新式军队。尽管这些"新政"在《辛丑各国和约》的巨大屈辱和沉重的赔款负担之下，对于稳定统治没有产生什么效果；但在实行"新政"过程中任用的一批新人物却成为改变海关隶属关系的主要力量。

　　《辛丑各国和约》签订后的两年间，李鸿章和刘坤一相继去世，袁世凯和张之洞成为地方督抚中倡办"新政"的主要人物。1903 年，作为实行"新政"的第一个机构——商部成立了。它是管辖商业、工矿业和铁路等新业务的重要机构，并以上年派往英国、法国、比利时、美国和日本考察的皇亲贵族载振出任尚书。载振是接管海关部分权力的重要人物。其次是户部（后改度支部）尚书铁良，他担任过署兵部尚书，受命练新军。

---

①　夏东元:《郑观应集》，上海人民出版社 1982 年版，第 546 页。

②　录自 1902 年 2 月 20 日赫德上外务部申呈。中国近代经济史资料丛刊编委会:《中国海关与邮政》，中华书局 1983 年版，第 103—104 页。

③　《宪政条议》，宣统版，第 8—9 页。

1905 年后,铁良地位蒸蒸日上,先是在军机大臣上学习行走,兼政务处大臣,这一年年底便任军机大臣了。他是改变海关隶属关系不容忽视的人物。特别引人注目的另一人是外务部右侍郎唐绍仪。"铁良,满人,是一个温和进步派;唐绍仪,汉人,是广东极端维新派的领袖。"①以这三个人为首,清朝中央政府里形成了一股反对外籍税务司把持海关的新势力。这股势力虽然也维护慈禧太后的专制统治,但在海关沦为外国利益工具的情况下,他们反对海关的活动,具有一定的积极意义。魏尔特在他的《赫德与中国海关》一书中,对于这股力量的兴起作了如下的描述。他说:"这些官吏有的受过国外教育,主要是在美国大学受过教育,精通各种西方学说,熟悉西方政府组织形式。由于他们没有通过旧的科举,在拳乱之前,无缘把他们的知识和在国外受过的训练,为其祖国服务。《辛丑和约》后,科举制度废除了,迫切需要接受过西方教育的人才。刚刚走马上任的袁世凯从留学生中遴选了一批人才,把他们安置在能使他们充分发挥才智的各个政府岗位上。尽管很少有人具有海关行政的实际经验,至少有一个人,即后来青云直上的唐绍仪,曾于袁世凯驻朝鲜期间,在穆麟德管下的朝鲜海关担任过低级职务。唐曾在袁世凯辖下担任过天津海关道。1904—1905 年唐曾率领中国代表团到加尔各答谈判西藏及其他问题。在加尔各答期间,印度在英国的统治下只有缺点而没有优点这一现象,给他留下了深刻的印象。具有他这种才智的中国人,憎恶他们的海关方式——一个中国机构,却被置于外国压力之下,被用于维护外国利益而不是维护中国的利益。"中国进步党公然声称,"赫德未能在中国海关为有才干的中国人提供领导职位","难道他们永远不能从受人辖制中摆脱出来吗"?"1906 年 5 月 9 日的谕旨,正是这个中国进步党态度的直接产物"②。

至于铁良和载振,也感到海关对清朝统治是个危险因素,也力图收回海关,因而也卷了进去。

早在 1904 年 3 月,清政府就开始进行限制和削弱海关权力的活动,那是刚成立的商部接管了海关的商标注册权。1902 年中英《续议通商行船章程》第七款规定:"由南北洋大臣在各管辖境内设立牌号注册局一处,派归海关管理,各商到局将贸易呈明注册。"总税务司根据这个规定,决定在天津、上海设局注册,商部立即提出反对意见,声称:"前年中英《续议通商行船条约》,系在中国未设商部之先,是以约内第七款载有'派归海关管理'等语。现在本部责有专归,此项商标注册局所,自应由本部专司管辖。"嗣后又声称:"总税务司所拟津、沪两地设局注册之处,应改为由该两局代办商标注册收发事宜。"③这样,商标注册权便为商部接管过来,而海关所拟津沪两地设局注册之处则成为商部的代办机关了。这个决定虽因各国公使拒绝承认而未能实行,但清政府限制海关权力的扩展已见绪端。

1904 年 9 月,商部进一步接管了由海关主办了 30 年的国际博览会中国的展出权。这个事件是由于海关主办的展出腐败出丑,激起了留学生和华侨的爱国义愤而引起的。1903 年,《东方杂志》批评海关在日本大阪举办博览会的中国展品,"有未能尽

---

① 〔美〕马士:《中华帝国对外关系史》第 3 卷,张汇文等译,商务印书馆 1960 年版,第 432 页。

② 魏尔特:《赫德与中国海关》,林立等译,厦门大学出版社 1993 年版,第 819 页。

③ 光绪三十年二月初十日外务部致总税务司:商部来文附件。《总税务司通札》(第 2 辑,1902—1904),第 560 页。

符与会本旨者"。1904年,美国在散鲁伊斯举办国际博览会,中国的展品大为出丑。《东方杂志》记者张继业列举中国展品之丑恶者,如"上海装小脚妇一,宁波装小脚病妇一,北京装小脚妇一……",此外还有囚犯、乞丐、娼妓、洋烟鬼等,并称:"凡有血气之人闻之当如何兴起奋发,及时改良,以涤洗无穷之奇耻深恨!"①留欧学生、商人为此特上禀外务部,历述其愤懑情绪。禀云:"海关主办展出,动失国体,贻笑外人。何哉?以他国人办吾国之事,利不什一,弊必什九。""士商窃思前车既覆,复蹈覆辙。明年义国赛会转眼又将至矣;如不先事筹划,则一误再误,何以尊国体而挽利权?士商昨曾电请商部自办,专用华员。"②

为此,商部和外务部联合奏请:"嗣后遇会事,按地方大小,日期久暂,程途远近,或简王公大臣,或由商部奏派丞参,或另举通达外情熟悉商务之员,或即由外部向章,奏请就近以驻使监理,统俟届时体察情形,酌核办理。"③出使比利时大臣杨北鋆亦上奏:"赛会关系商务,向由税司领办。以西人置华货,所择未必精,陈所不应陈,每贻笑柄。嗣后应由商部奏派熟悉商情丞参,充当监督,会同驻扎该国使臣办理。"④这样,商部接管了海关主办国际博览会的展出权。

关于接管商标注册权和国际博览会展出权问题,都经商部上奏并经最高统治者批准,"如所议行"。

1904年10月间,负责训练新军的"直隶总督袁世凯和〔署〕兵部尚书铁良临时脱下中国的长袍,穿上镶着金边的裤子和短上衣,军事家已经控制和扎根了"⑤。赫德预感到这种军事上的变化将影响到海关。12月,"外务部有个变化:伍廷芳调到商部……而唐绍仪从印度调回取代了他。唐一开始就对亲英的情绪不感愉快,而他的外国教育或许会导致他把海关推进窘困地步",但他却认为"这种困扰将是我的继任者而不是我"。⑥到了12月19日,赫德已经感到事态的严重性。他说:"一个总攻击将造成祸害,而且简直是奴仆离开他的主人。我不知道外国人(指海关洋员)要怎么办!"⑦他这时已再度产生离开中国的意念,而力图安排他的亲戚裴式楷继任总税务司职位。

在1906年初的4个月里,清政府内部显然在酝酿着对海关现状的重大改变。酝酿情况严守秘密,连一向信息灵通的赫德也蒙在鼓里。

1906年5月9日,改变海关隶属关系的谕旨颁布了。改变为什么发生在这个时候?据赫德猜测,由于他已经72岁了,他的离职传说纷纷,"中国政府在他仍在之时采取措施,要比他离去之后更为明智,因为他处理事情的方式可能会使局势更为缓和"⑧,所以他自己说:"也许是我的年龄和我的即将离职为此开辟了道路。"⑨

5月9日的谕旨只是设置两位税务大臣而已,还没有设立什么机构。在此之后的

---

① 《东方杂志》第9期,光绪三十九年九月发行。

② 中国第一历史档案馆藏:外务部档案:国际会议奏,第3911号。"留欧学生商人禀"。

③ 光绪三十一年八月十二日外务部札行总税务司。《中国近代海关历史文件汇编》第2卷,第485页。

④ 《德宗实录》卷五四六,中华书局1987年版,第12页。

⑤ 1905年10月29日赫德致金登干Z字1069函。《在北京的总税务司》,第1484页。

⑥ 1905年11月19日赫德致金登干Z字1072函。《在北京的总税务司》,第1488页。

⑦ 朱寿朋:《光绪朝东华录》,中华书局1984年版,总第5414页。

⑧ 朱寿朋:《光绪朝东华录》,中华书局1984年版,总第5399页。

⑨ 1905年4月23日Z字1056函。《在北京的总税务司》,第1464页。

几个月间,清政府开始推行新法中酝酿的厘定官制,整理财政。7月22日(光绪三十二年六月初二日),铁良和唐绍仪以"督办税务大臣、军机大臣、户部尚书、会办大臣、外务部右侍郎"的名义向总税务司发出另一个札文,宣布税务处的成立。札文称:"为札行事。……查各关税务,向隶外、户两部,现本大臣等已遵旨设立税务处,专司其事,即以六月初二日开办之日为始。嗣后各关事务除牵及交涉仍由外务部接办,支用税项应候户部指拨外,其余凡有关系税务各项事宜,统应径申本处核办。相应札行总税务司查照可也。"①

两天后,外务部也札行总税务司:"查现在税务既有专辖,嗣后所有关系税务及各关申呈册报各事宜,自应径达税务处核准。"②是日,两税务大臣咨外务部称:"遵旨办理税务,酌调人员,以资差委。本日奉旨:依议。"于是,税务处从户部、外务部抽调了20多名官员,并从海关抽调一些阅历丰富的高级华员。他们的知识和所受的训练,"具有不可估量的价值,使政府这一新部门(税务处)有条不紊地开始工作"。③ 这样,一个统辖税务的机构——税务处成立了。海关统辖关系的这一改变,是由上谕通过军机处发布的,其官员的调动牵涉兵部、外务部、吏部和户部等重要部门。这表现了由清政府反对海关力量推动的海关隶属关系的改变,已成为整个统治阶级的决策;其工作进行得如此机密,说明统治阶级内部的一致。税务处的设立,取代了外交机构管辖海关,其意义是深远的。"海关的重要性和总税务司所发挥的影响力的根源,乃是总税务司对外交部门——总理衙门或外务部的直接依附关系和海关人员对总税务司的绝对隶属关系。""那个部曾经管理中国对各国和各国使节的关系,而在1901年以前,实际是政府的内阁。"④清政府采取断然的手段切断了总税务司和外务部的联系,这一行动表明不再让总税务司干预外交事务了。

谕旨公布后4天,赫德看到"受过外国教育的广东先驱挤进海关",他认识到"作为太上顾问的日子已经一去不复返。中国不再需要依赖别人了"⑤。

1908年4月,即总税务司赫德回英后两个月,税务处宣布设立税务学堂,委派前海关华员税务处第一股帮办陈銮为该堂总办。"嗣后凡有关税务学堂公事,由该总办商本处提调,呈本大臣核定后,径由该堂总办会衔照请总税务司转饬各关税务司办理。"⑥

税务学堂的设立,把清政府改变海关隶属关系的根本意图表露无遗,那就是培养本国的高级税务人员以取代洋员,达到中国人治中国海关的目的。这可以说是接管海关权力的根本措施。尽管在以后的混乱政局中没有能够实现,但它的动机是不可磨灭的。

1910年1月,邮传部制定了《各省大小轮船注册给照暂行章程》,规定所有华商大小轮船一律须向该部注册并取得执照;否则,海关不得发给"船牌""国家牌照"或海关

第四十四章

近代中国的海关

---

① 《中国近代海关历史文件汇编》第2卷,海关总税务司署统计科编印1940年版,第540页。
② 《中国近代海关历史文件汇编》第2卷,海关总税务司署统计科编印1940年版,第539—541页。
③ 《泰晤士报》1906年7月26日。
④ 〔美〕马士:《中华帝国对外关系史》第3卷,张汇文等译,商务印书馆1960年版,第432页。
⑤ 1906年5月13日赫德致金登干Z字1087函。《在北京的总税务司》,第1507页。
⑥ 光绪三十四年三月二十五日税务处札行总税务司。《中国近代海关历史文件汇编》第2卷,第617页。

执照。这就把海关管理华商轮船的权力接管过来。

最后一个重大措施就是邮传部接管邮政。邮传部在奏请接管邮政奏折中称："查宣统元年八月宪政编查馆会同复核各衙门元年筹备清单内开：邮传附属税务司，本在未设专部以前，风气未开，暂为管辖。今既有专官，自应责成该部堂官会商税务大臣筹备收回方法，以符名实各等因。……本年四月咨商税务大臣将邮政事宜克期移交，以便接管。"旋据复称：定于本年五月初一日移交，"已札行代理总税务司将交替事宜先期准备"①。安格联于1910年9月（宣统二年八月）面交税务大臣胡维德一个节略，反对邮政和海关分离。他的理由是：第一，海关、邮政，向系参用各国之人；现在如加改变，使邮政与海关全行分离，则法国必在邮政部分要求特别的地位。……偏用一国之局一开，则海关和邮政局均受其害。第二，邮政局虽已发展，然仍入不敷出，非海关协济经费不可。若使分离，邮政进行较慢，"难处加增，而费更巨"。但邮传部坚持接管，并定于1911年5月28日（宣统三年五月初一日）为接管日期，经奏准："着依议。"这样，海关总税务司40多年钻营所得的职务外的业务，除港务、外债、赔款等系按《通商章程善后条约》和合同规定仍旧保留外，其他的几被接管殆尽。这是全国人民和清政府内部反对海关外籍税务司制度力量勃兴的结果。

第二节　民国海关②

一　北洋政府时期的海关

1911年辛亥革命爆发后，全国多数省区迅速响应，纷纷宣布独立、起义，清政府濒临灭亡。各帝国主义国家表面"中立"，暗中则互相勾结，企图破坏、扼杀革命。这时刚刚升任总税务司的英国人安格联，与英国驻华公使朱尔典（Jordon）联手，分别向税务处和外务部施加压力。他们借口维护债权国利益，由安格联指示起义各省的海关扣留税款，以总税务司名义改存英商汇丰银行。接着，安格联又迫使清政府将仍在其控制下的东北、天津等处海关税款也存入汇丰银行。

此后，安格联建议英国公使，促使公使团成立各国银行委员会，并提出由总税务司全权保管关税，负责偿付外债、赔款。1911年11月，公使团在北京开会，非法议定将中国海关全部税收置于总税务司的直接管理之下。当时以袁世凯为总理大臣的清政府，内外交困，摇摇欲坠，为取得帝国主义支持，竟不惜进一步出卖海关主权，以属"权宜之计"，由税务处通知安格联"照办"。

1912年1月，以英国为首的"债权"国家银行，组成"各国银行联合委员会"（又称"管理税收联合委员会"），推举汇丰（英）、德华（德）、道胜（俄）三家银行充任董事，并经公使团参加，拟出《总税务司代收关税代付债赔款办法》8条。该办法的主要内容是各

---

① 1911年5月27日税务处致代理总税务司札，处字第1929号附件。《中国海关与邮政》，科学出版社1961年版，第196页。
② 本节内容引见陈霞飞、蔡渭州：《海关史话》，社会科学文献出版社2000年版，第95—136页。

关税务司每星期将税款汇交设于上海的上述三家银行总税务司账户之内,然后由总税务司按期通知拨付有关各国。公使团将此项办法照会清政府外务部并经外务部和税务处允准。这样,由总税务司保管支付税款的做法,原本为"权宜之计",经过列强的联合干涉而被"条约"化了。

这时中华民国临时政府已在南京成立。清帝于1912年2月12日颁布诏书宣布退位。由于袁世凯窃夺民国政权,此项办法继续执行,直至国民党在南京执政后,才作了一些改动。

根据海关统计,1911年全国关税税款约4000万银两,到1927年增加到约8000万银两。总税务司掌握了这么庞大的现金税款的收支保管权,其中绝大部分流入了外商银行。这不仅为外国资本压迫中国民族工商业开了方便之门,同时也大大加强了帝国主义对中国财政金融的控制和对内政外交的影响,并且巩固了洋人税务司在中国海关的地位。可以说,帝国主义攫夺了关税税款的收支保管权,才最终完成了对中国国门钥匙的掌握。

安格联不仅截夺了海关税款收支保管权,控制关余①,还极力以海关为据点,侵入中国的财政金融,企图进而影响中国的政局。1914年,袁世凯成立内国公债局,安格联担任协理和经理专员,开始染指中国内债。1920年,北洋政府重组内国公债局,安格联充任董事。1921年成立清理内债基金处,安格联又管理内债基金;同时,他还接管了全部常关税款和停付或推迟支付的部分庚子赔款。

安格联控制的权力和款项越来越多。据统计,经公使团同意,由安格联经手拨给北洋政府的关余共达2.4亿元。安格联俨然以北洋政府的"太上财政总长"自居,凭借手中把持的海关大权,特别是税款、关余、内债基金和其他各项重大款项的控制权,影响政局,阻挠孙中山领导的革命运动。总计在北洋政府统治的16年多时间中,前后更换了13任总统(包括临时总统、大元帅等),46届内阁总理,凭借帝国主义力量的安格联却始终稳坐总税务司宝座。所以当时有民谣说:"总统易倒,总税务司难移!"

北洋政府时期,海关进口税则修订了两次:第一次在1918年(因到1919年实施,故称1919年税则),第二次在1922年。第一次世界大战于1914年爆发,交战各方都诱使中国参战。北洋政府提出修改税则等要求作为参战条件,协约国同意接受。1918年1月在上海成立修改税则委员会,由中外派员参加。经过讨价还价,上海会议在以下三个问题上达成了协议:①年度标准,采用1912—1916年5年间平均物价为计税标准;②价格标准,以海关统计关册为根据;③货物分类,增加号例,使税则分类趋向细化,税额有所增加。但因第一项年度标准不够合理,计税价格与当时市价距离甚大,实际仍在值百抽五以下,新税则于1918年12月通过,经过列强的次第承认,于1919年8月施行。

列强在1918年讨论中曾允诺战后两年重行修订税则。在1921年底召开的华盛顿会议上,中国代表再次提出增征关税、实行关税自主的要求。后者虽议而不决,并无实际成果,但无疑有利于修订1919年进口税则的进行。这次修订于1922年3—9月

---

① 中国关税自1842年起,陆续作为各种外债、赔款的担保,每年关税收入在归还外债、赔款及支付海关经费后,所余之款由中国政府收用,称为关余。

仍在上海进行,10月公布了新税则,1923年1月实施。1922年税则的货物分类及价格标准,大致和1919年税则相同,但采用1921年10月至1922年3月的平均货价作为年度标准,比较接近实际,使新修税率有所提高。不过,总的关税水平并未超出值百抽五,仍是一部不平等的片面协定税则。至于出口税则,则自1858年修订后,70多年迄未改订,税率亦受条约限制,定为值百抽五。国内有识之士虽有减免出口税的强烈要求,而历届政府为了财政收入均未采纳,致使我国丝、茶等众多传统产品在世界市场上逐渐失去竞争能力。可以说,出口税与进口税长期按同一税率征收,是中国海关主权被侵占、国门钥匙失落的又一重要标志。

　　1925年10月在北京召开的有13国代表参加的关税特别会议,是民国海关史上一次重要会议。北洋政府代表在1919年的巴黎和会和1921年11月的华盛顿会议上,先后提出修订税则、提高税率和定期实现关税自主的议案。巴黎和会以该议案不在会议议程之内,未予讨论。华盛顿会议虽然加以讨论并于1922年2月通过了《九国间关于中国关税税则之条约》,但却避而不提关税自主问题,仅规定在条约生效后3个月内在中国召开一次"特别会议",讨论修订税则和裁厘加税问题。列强知道此会对各国无利可图,特别是法国节外生枝,寻找借口,使关税会议一再推迟。直到1925年10月26日,关税特别会议才在北京召开。参加会议的除华盛顿会议的(中、美、英、日、法、意、比、荷、葡)九国外,还有瑞典、挪威、丹麦、西班牙四国。中国代表首先提出议案,要求各国正式声明尊重中国的关税自主,在实行国定税则前,除照现行办法值百抽五外,加征临时附加税,普通品为5%,甲种奢侈品(烟酒)为30%,乙种奢侈品(丝毛、珠宝、电器等)为20%。各国代表表面赞同"中国应该享有关税自主权",但是他们要以中国必须彻底裁撤厘金为交换条件。在裁厘实现前,可按华会关税条约的规定,先对一般货物加征2.5%,对奢侈品加征5%的附加税。后来中国代表又提出附加税可按货品为七级征收,为2.5%—27.5%。英、美、日对七级税率做了些修改,为2.5%—22.5%。会议多次讨论,仍然没有取得一致意见,但英、美、日三国所提七级附加税税率,却成为1929年南京国民政府制定"国定税则"的基础。

　　由于全国人民的反对,关税会议到1925年12月仍时断时续。1926年4月,北洋政府执政段祺瑞下台,会议无形停顿;几项重要议题都是议而不决,中外代表就分别声明会议结束。北洋政府耗费130万元巨资的关税特别会议,除换得帝国主义承认我国关税自主权的空话外,什么也没有得到。

　　关税会议结束后,广东国民政府于1926年10月11日首先对进出口货物征收普通品2.5%和奢侈品5%的税。为避免列强干预,不叫附加税,而称"内地税",由广东财政部在海关附近另设机构负责征收。公使团和广州领事团声明抗议,但广东国民政府不予理睬。随着北伐军事进展,广东征收内地税的办法被推广至湖南、湖北及其他北伐军控制的省区。英、美等国迫于形势,对此转而采取默认态度。这时,孙传芳控制的江浙皖等和唐继尧控制的云南省也纷纷仿效广东省的办法,自行开征附加税。

　　北洋政府见此情况,急于采取措施,决定自1927年2月1日起对进口货物征收附加税,税率亦为2.5%和5%,但不包括出口货物,并责成各地海关负责征收,目的是为防止各省截留,统一汇解北京。此时北洋政府大势已去,列强为了它们的在华利益,开始调整对华外交,将注意力转向南方,英国还提出了《对华新提案》,表明了支持南方政府的意图,因此,本来支持北方政府的安格联,也转而不顾北洋政府的命令,拒绝由海关代征附加税。北洋政府为挽回面子,不得不下令免除安格联的总税务司职务,由总税务司署主任秘书易纨士(Edwords)代理,并在海关内设"附税管理处"管理。

北洋政府将安格联免了职,但并不敢得罪英国,代理总税务司易纨士还是英国人,国家大门的钥匙仍然掌握在帝国主义代理人手中。

二 国民党政府的"关税自主"和对海关行政的改革

国民党政府在其执政的 22 年间,对外奉行亲帝反苏和对日妥协政策,对内坚持"攘外必先安内"的反动政策。军阀混战,进攻苏区,镇压人民,以致日本占领东北,进而全面侵华,国难更加深重,经济民生更加凋敝。最后,在民族民主革命的汹涌浪潮中,国民党政府终于覆灭。

这一时期的海关,在国民党执政的最初几年,在修改税则、争取"关税自主"和建设海务港务方面是有成就的,在改革关政及查缉日本人走私方面也做了一些工作,但总税务司仍先后由英国人梅乐和与美国人李度担任,一些主要海关的税务司和高级关员的职务也继续由外籍人员把持。

1924 年实现的国共合作,把反帝反封建的国内革命战争推向高潮,使帝国主义及国内军阀势力遭到前所未有的打击。在这种形势面前,帝国主义者为了维护其侵华特权,一方面使用武力,增兵上海,炮击南京;另一方面从革命阵营内部寻找新的代理人。在关税问题上,英、美帝国主义者继续其在北洋政府时期已经玩弄过的狡诈手法,先后发表声明,承认中国"应有关税主权"。

南京国民党政府成立后,借助人民群众要求关税自主的斗争声势,把改订新约、收回关税主权、整顿海关行政作为稳固政权、扩大财政收入的重要措施,于 1928 年 6 月发表了"修约宣言"。该宣言的主要内容包括:①"中华民国"与各国间条约之已满期的当然废除,另订新约;②尚未满期的,国民政府应即以相应手续解除重订,并规定了在废除或解除旧约的"无约时期"的临时办法。当时,美国为树立在华优势,抢先于 7 月 25 日与国民党政府签订了《整理中美两国关税关系之条约》。该条约一方面承认中国应有关税自主权,一方面又强调"最惠国待遇"。在当时条件下,后一规定实际是片面优惠待遇的翻版。

中美关税新约签订后,又相继签订了类似的中德、中挪、中比、中意、中丹、中葡、中荷、中瑞、中法、中西、中英等关税新约。由于日本的阻挠,中日关税新约延至 1930 年 5 月才签订。国民党政府在签订关税新约时,还和上述国家签订了新的通商条约。所有这些条约的共同点是,都规定了缔约国家"应与其他国家享受之待遇毫无区别"即最惠国待遇。此外,国民党政府又准许对于各国货物所课最高的税率应与 1926 年北京关税会议所讨论及暂时议定之税率相同。

自鸦片战争后,我国海关税则都是进口、出口分别制定的。

关于进口税则。自 1928 年至抗日战争爆发前,国民党政府先后公布了四部进口"国定税则"。

第一部进口"国定税则",1929 年 2 月实行。税率分 7.5%、10%、12.5%、15%、17.5%、22.5%、27.5%,定为七级。这部税则是在多数国家与中国签订关税新约后,根据 1926 年北京关税会议各国议定的七级附加税率而制定的。但是,国民党政府为了增加财政收入不得不采取妥协办法,仅对进口的酒、卷烟、其他奢侈品等征收 20％以上的高税率,对进口的棉织品、砂糖、面粉、杂货等大多数商品仍然按低税率征收,平均税率仅 8.5％。这部税则制定后,曾受到日本的无理阻挠。

第二部进口"国定税则",1931 年 1 月实行。这部税则是在 1930 年 5 月与日本签订《中日关税协定》的基础上,顺从日本要求而制定的。该协定规定,日本享受优惠税率待遇的有棉货 33 种、鱼及海产品 12 种、杂货 17 种和麦粉多种,其中又规定仅杂货 11 种的进口税率一年后可以变动,但税率提高不得超过原税率即 1929 年税则税率 10％,对其余货物进口税率仍维持原税率三年不变。1931 年税则的税率分 12 级,定为 5％、7.5％、10％、12.5％、15％、20％、25％、30％、35％、40％、45％、50％。这部税则,从税级和税率看,都比 1929 年税则有较大幅度改变,但实际上,由于受到《中日关税协定》和最惠国待遇的束缚,大部分进口重要货物的税率仍不能像世界各主权国家那样得以提高。其他货物税率虽有所变动,平均税率也仅由原来的 8.5％增至 15％。由此可见,1931 年的"国定税则",仍不能真正起到保护国家生产的作用。

第三部进口"国定税则"是在 1930 年 5 月《中日关税协定》3 年期满后公布实行的。当时,各国争相树立对华贸易优势,美、英两国早就对《中日关税协定》颇为反感。国民党政府也感到协定要挟之害,因而在亲英、美的外交支持下,制定了新税则,税率分 14 级,从 5％到 80％,平均税率为 20％。当时,国民党政府曾宣称,这部税则与以前税则相较"虽其主旨仍侧重税收,然已渐寓保护关税之意",这是由于"该时中日协定满期,我国修订税率不再受任何拘束"。但是根据对当时情况的分析仍可看出,该税则的税率虽较前有大幅度的提高,但主要是迎合了英、美利益,从而限制了从日本进口的货物。从美、日输入中国的货物品种和数量分析,在主要增税的进口货物中,日本占多数,有棉货、人造丝、海产、纸、煤等,而美国棉货、海产品几乎无货输入中国。对主要减税的进口货物,日本却占少数,英国占较多,而美国占最多。可见,这部税则对日本进口货物起到一定限制作用,而对美、英货物进口则起到鼓励作用。该税则实行后,日本坚决反对,不肯按新税率纳税,并在东北、华北、台湾、福建沿海进行大规模走私。在日本施加压力的情况下,国民党政府不得不对实行仅一年的税则又重加修订。

第四部进口"国定税则"公布实行于 1934 年 7 月。税率最低与最高者仍为 5％及 80％,平均税率为 25％。对于棉布、海产品等税率调低,对于棉花、汽油、煤、金属及其制品、食品、染料、木材等税率提高。这部税则的税率增减方向恰与 1933 年税则税率相反,对日本有利,对美、英国家不利。日本由抗议变为满意,但这时日本已进行大规模走私,以彻底破坏中国关税主权。

国民党政府修订的几部进口税则,打破了"值百抽五"的限额,关税收入有所增加,但并没有真正起到防止外国商品倾销和保护本国生产的作用。对 1934 年税则,当时曾有评论指出:"海关新税则与其说是为了保护国内产业,不如说是为了财政收入,但与其说是为财政收入,则又不如说是应外交的要求以奖励某国货物的输入。"

关于出口税则。第一部出口税则,制定于 1843 年,它和进口税则一样受《南京条约》和 1843 年《中英通商章程》的限制。第二部出口税则制定于 1858 年《中英通商章程善后条约》之后,税率均限制在值百抽五。后一税则执行了 70 余年,直到国民党政府时才进行修改。第三部出口税则实行于 1931 年 6 月。税率规定,从量部分仍按物价值百抽五,从价部分值百抽七点五。对于茶、绸缎、漆器、发网、草帽等 34 项货物规定免税,以后又对丝及丝织品、米谷小麦、杂粮等免税。自此以后,海关仅对运往国外的货物征收出口税,而对运往国内另一通商口岸的货物不再征收出口税。第四部出口税则于 1934 年实行,税率未变,但对减税和免税货物项目比以前增多。税率减低者有蛋品、豆类、花生、花生油、烟叶等 35 项。新增免税品有糖、酒、小麦粉、杂粮粉等 44 项。以上修订的两部出口税则,除减免税货物有所增加外,大多数货物仍照旧征收出口税,其目的在于弥补财政收入。

国民党政府所做的"关税改革",曾停征和取消了一部分关税税种,但又以不同名义增加了一部分税种。停征和取消的有复进口税、子口税,均于 1931 年 1 月取消;常关税和厘金于 1931 年 1 月至 6 月分别裁撤,各地厘金局也裁撤。以不同名义增加的有转口税。从 1931 年 6 月起,施行新出口税则后,所有本国货物从一个通商口岸由轮船运至另一通商口岸而在国内消费者,不征出口税,改征转口税,税率仍照 1858 年原出口税税率 5% 征收;另外,还开征了救灾附加税和关税附加税,一些地方性捐税也由海关代征。

关于关税保管。在北洋政府时期,所有关税集中存放于上海汇丰、德华、道胜三家银行,作为偿付到期债赔款本息之用。国民党政府上台后,为维护其财政利益,做了一些改变。1929 年 2 月实行"国定税则"后,即将所收款分为两部分处理:对按旧条约规定所收值百抽五的旧税部分,用来拨付债赔各款,由各关汇交上海汇丰银行(此时德华、道胜二银行已倒闭),按期拨存各债赔款经理银行。对新增关税及附税部分,不作为外债赔款的担保,则由各关汇存上海中央银行,听候处理。

以上办法实行不久,由于政治经济不稳定、金贵银贱,以致所收 5% 的旧税收入不足以抵付以旧税为担保的外债赔款,不得不常用新增关税收入部分予以抵补,并于 1932 年 3 月改变旧法,所有各关全部税收一律先汇交上海中央银行收存,然后将偿付到期外债赔款所需的数额按期拨付汇丰银行保管,直至 1943 年才全部由中央银行经管。

国民党政府除整理关税外,还对海关行政进行整顿。1927 年 10 月,在财政部之下设关务署,宣布一切海关事务,均由关务署领导,派张福运为首任署长,但依然保留了洋税务司把持中国关政的旧制,继续任命英国人梅乐和为海关总税务司。

梅乐和(Maze),赫德的外甥,于 1891 年进入中国海关,1928 年 12 月以江海关税务司升为副总税务司,1929 年 1 月被任命为总税务司;同月,总税务司署由北京迁往上海。

梅乐和上任之初,曾拟定"关制改革"办法。所谓关制改革,并非对海关管理制度的全面改革,只是当时商民和海关华员中呼声最高的华员受歧视和不公平的待遇做了一些调整。1929 年,关务署宣布:今后除特别技术人员外海关不再募用洋人,今后华洋人员在定级、晋升中原则上享有同等机会;同时,还制定了华、洋人员休假、退休、薪金等各项福利措施。"改善关制"的办法公布后,缓解了社会上和海关内部华、洋待遇不公的矛盾,出现洋员逐年递减,华员人数上升的趋势,但海关华员升任海关要职的事例直到抗战爆发后才开始明显增多。同时,海关总税务司署对内部机构进行了一些调整,如1928年海政局改为海务科,下设巡工股、港务股、灯塔股和海务运输股、工程股;1931年2月,为加强缉私工作增设缉私科等。

1929年,资本主义世界经济危机席卷全球,金贵银贱,国民党政府为维持关税收入,不致因银价跌落而影响偿付以金价折算的外债赔款,于1930年2月起采用海关金单位即关金单位,作为征收关税的依据。关金单位是一种虚拟货币,有一定含金量,与银元银两折算有一定比率。商人纳税时,按海关总税务司提前公布的折合率交纳银两。1931年5月,中央银行又发行关金券,供缴纳关税之用;1933年3月废两改元,新铸银币含纯银88%,100海关两合155.8元,袭用90年的海关两到这时废除了。

三 抗战前后的中国海关

(一)日本对我东北海关的劫夺

1931年9月18日,日本帝国主义悍然以武力进攻中国东北地区,迅速侵占了辽宁、吉林、黑龙江三省,建立了伪满洲国。他们先后赶走国民党政府委派的海关监督和洋税务司,劫夺了哈尔滨、牛庄(营口)、安东、瑷珲(黑河)、大连、龙井(延吉)、沈阳等7个海关及10多个分支关。当时(1931年),东北各关关税收入共4000万元,占全国关税15%。日本随后即改东北各关为伪满税关,建立了有利于日本的海关行政业务制度。各伪关负责人均由日本人充当,一般关员也十之八九用日本人。1932年6月,伪满傀儡政府财政部发表"关税自主并独立宣言";9月伪满政府又宣称"海关独立";1935年2月更与日本帝国主义签订《特惠关税协定》。多次修订东北海关税率,大量减免日货进口税率,最高仅为10%,实际上大部日货都无税进口。由此,东北成了日本对中国倾销"过剩"商品、掠夺原料和财富的中心。据统计,1930年日本输入东北的货物额占输入总额的37%,1935年增至71%。日本和伪满政府从1932年起在山海关和长城一带遍设"税关",非法征收高税,如丝、茶、瓷器税为100%—200%,一般土货也征40%的税,抵制我华北和内地货物进入东北。这样,东北各关已完全沦陷为殖民地性质的海关。

日本侵占东北三省只是侵略中国的第一步,继之而起的是对关内地区的经济侵略,特别是对冀东、华北地区发动的大规模的武装走私。日本帝国主义的走私活动,1932—1937年出现持续性的高潮,无论从走私的形式、规模、持续的时间及给中国经济带来的巨大损害的任何一方而言,都为近代各国所罕见。

1933年初,日本关东军侵占热河、察哈尔省以及河北东部地区。同年5月,国民党政府与日本签订《塘沽协定》,不仅承认日本侵占东北三省"合法",并且把冀东沿海25县划为非武装地区。事实上,这一地区已成为日本帝国主义的占领区,同时也成为从东北贩运日本私货通向华北的一个跳板。1935年11月,汉奸殷汝耕在日本关东军操纵下,成立了"冀东防共自治政府"。伪政权改订海关制度,规定对走私物品征收约等于原进口税1/4的"查验税率"后即可放行,使之披上"合法"外衣。由于走私贸易的公开化,因而导致大连、营口等地的日本私货大量涌入冀东,并由日本指挥的运输公司负责起卸并运至车站,再任意运往天津,转入各地销售。冀东走私除海路外,还有陆路走私。日本帝国主义利用北宁铁路,对东北走私商贩运进的私货,先在山海关前站——万家屯站将货卸下,然后雇用"民夫"运至山海关车站,批售给小商贩经北宁路南下运至天津车站,再派人护送私货到日租界然后转销各地。

1934年7月后,国外银价回升高出国内价格,于是白银开始大量外流。同年10月,国民党政府为阻止白银外流,开始征收白银出口税和平衡税。日本便进一步从海陆二线大规模地走私出口白银。大量白银走私,使日本在国际市场上获得高额利益。据日人统计资料,1934年10月—1935年8月,从中国走私外流银元达3000万两,数目之大,令人震惊。

除白银走私外,日本对中国的商品走私,自1934年起开始加剧,1933年颁布的中国海关进口税则,提高了从日本进口主要商品的进口税,日本的对华贸易额锐减。随着《塘沽协定》《何梅协定》的签订及冀东伪政权的成立,日本对中国特别是对华北的走私变得更加猖獗。在1934年以前走私的多为高税率物品,如人造丝、白糖、卷烟纸、布匹等类;到1935年下半年,由于受到日本政府和军方的公开支持和庇护,私货种类愈来愈多,由人造丝、白糖扩展到其他日常物品,如煤油、颜料、铁丝、药品、牛奶、罐头食品、化妆品、雨衣、洋钉以及面粉等,几乎无物不私。据有关材料估算,从1932年到1937年上半年,日本对华北的走私额逐年有增无减:1932年1300万元,1933年2400万元,1934年3600万元,1935年1亿元,1936年达1.4亿元,1937年上半年6500万元,总计达3.8亿元。

除华北走私外,日本还以大连、天津为据点向华中及东南沿海地区销售私货,同时以台湾为基地向福州、厦门以至广州、汕头各地进行大规模走私。根据当时报刊资料和海关统计,1935年和1936年,全国走私货物估值每年都在3亿元以上,分别占当年进口总额(10亿元左右)的1/3,其中绝大部分为日伪走私货物。

走私的规模和形式也由于受到日本驻华军事及外交机构的公然庇护,而变得有恃无恐、日益猖獗,走私由地下转为公开,又发展到有组织的武装走私。走私者常组成一二百人的队伍,或自带武器,或陆上由日本骑兵护送、海上由日军舰队护航,遇到中国海关官员检查,便以武力抵抗。当时海关缉私人员被殴打、枪击,或失踪的事件屡有发生。

鉴于日本政府对走私活动的公开支持、庇护及走私活动对国民党统治区经济造成的巨大破坏,国民党政府及海关当局不得不采取一些防范和查缉措施。1934年6月,国民党政府颁布了《海关缉私条例》,对走私行为的构成、海关查缉办法和各项罚则作了规定。不久,成立海关罚则评议会。1936年又先后颁布《惩治偷漏关税暂行条例》(属特种刑法)和防止路运走私办法及施行细则等法则。1931年,海关总税务司署成立缉私科(后改名查缉科),又组建海关缉私舰队;到1934年底,已有主力巡缉舰26艘,100尺以下的巡缉艇40余艘,加强了海上缉私力量,同时又加强了陆地缉私。1936年,海关成立"海关防止陆运走私总稽查处"和一批稽查站,许多海关建立了关警队。

由于全国人民坚决反对日伪走私以及海关中爱国关员的查缉、斗争,国民党政府和海关当局的措施在上海和东南沿海地区收到一定效果,但在华北一带,海关缉私措施实际上无法执行。1935年,海关被迫放弃长城一带的缉私。同年9月,日军又强迫海关放弃华北地区的海上缉私。海关关员接连遭到日本走私分子的无理刁难和殴打、凌辱,加上海关当局执行英、美的对日妥协政策,不敢坚持缉私,以及中国一些地方官员与走私者狼狈为奸,日本对中国的走私活动仍日益猖獗。

如上所述,日本帝国主义对中国进行的大规模走私,是配合其军事、经济、政治侵略企图灭亡中国的一项重要措施,后果极为严重,主要表现在以下两个方面。

第一,日货充斥华北,遍及内地市场,使中国民族工商业受到灾难性打击,人民生活更加贫困。据报刊资料,1936 年 1 月,天津人造丝每百磅市价 160 元,私货仅卖 100元;白糖每百斤市价 22 元,私货仅卖 15 元。日本私货在华北市场充斥后,进一步向华中华南扩展销路,中国民族工商业无法与私货竞争,纷纷倒闭或停产转业。随之而来的是失业人口增多,广大农民生活状况也愈加恶化。

第二,严重影响了国民党政府财政收入。国民党政府财政收入历来主要依靠关税、盐税、统税三种税收,而关税收入又居首位。据统计,1932—1934 年,华北五省的关税收入每年平均在 7000 万元左右;1935 年 8 月—1936 年 6 月的 10 个月中,仅天津海关就损失关税收入 3300 万元,在走私高潮时,1936 年 4 月和 5 月,每月损失达 800万元。华北因走私而导致 1936 年全年关税收入减少和损失在 5000 万元以上,全国关税损失约 1 亿元。

日本对中国的大规模走私,不仅严重破坏了中国的经济,加剧了中国人民与日本帝国主义间的民族矛盾,也使日本与英、美各国的矛盾复杂化,严重威胁到其他帝国主义国家的在华利益,从而使日本陷入孤立的地位。

(二)国统区海关的困顿与沦陷区海关的殖民地化

1937 年 7 月,日本帝国主义发动了全面的侵华战争,短短数月,北平、天津、上海、南京等大城市相继沦陷。其后,内地及沿海一些重要城市,也先后落入日人之手,海关业务及税收受到严重打击,沿海(江)各口岸的灯塔等助航设备被破坏殆尽。在中国大陆,除解放区海关外,又同时并存有国民党统治区海关和沦陷区海关。这一时期的国统区海关,人事安排、设关地点及征税等业务有了一些更动,采取了若干适应战争需要的改进措施。

这里先说国统区海关。

海关行政:上海、南京沦陷后,国民党政府仓皇撤往武汉、重庆,梅乐和自恃总税务司的身份和地位特殊,执意留在上海,以便继续清还外债,保全英国和他自己对中国海关的控制权。1941 年底太平洋战争爆发时,他被日军逮捕,设于上海租界内的海关总税务司署遂被劫夺。为对国统区内各关统一领导,国民党财政部在重庆筹建总税务司署,并调云南腾越关税务司周骊(英籍,Joly)代理总税务司职,直到 1943 年初梅乐和获释回到重庆。

此时,英国已完全丧失在华的霸主地位。1943 年 5 月,梅乐和退休回国,总税务司一职的继任者,换为美国人李度。李度(Little),1914 年进入中国海关,历任帮办、税务司等职。太平洋战争爆发时,李度任粤海关税务司,被日军逮捕,1942 年春由换俘船遣送回美。1943 年 8 月,李度在重庆任代总税务司,1944 年 4 月正式任职,直到1949 年 4 月国民党政府覆灭时逃离上海。

第二次世界大战与中国的抗日战争使大多数洋员卷入其中,大批洋员或被俘或回国参战,一批华员开始主持关务行政并逐渐升迁至重要岗位。正是在这种环境下,国民党财政部于1943年11月任命了中国人丁贵堂为副总税务司(新中国成立后,丁贵堂任海关总署第一任副署长,1962年病逝)。

抗日战争期间,国统区海关急剧减少。太平洋战争爆发后,除在重庆另建总税务司署外,又增设和合并了许多海关及分支。例如,1942年1月,设立了西安、兰州、洛阳、上饶和曲江(广东)五个新海关,福海关(三都澳)、北海关改为分关,蒙自、腾越两关合并为昆明关等;1944年2月,设立新疆关及喀什、哈密等分支关。

抗日战争期间,国民党政府裁撤了海关监督公署,但保留监督,与税务司合署办公。1945年1月,财政部宣布废除清代遗留下来的海关监督制度,同时裁撤内地及江河沿岸一批分支。

纵观抗战以来的海关行政,海关华、洋官员人数比例及华员地位开始发生较明显的变化。但是,这些变化并未能从根本上改变海关受控于某一个或几个帝国主义国家的半殖民地性质,也未能革除推行了近90年的外籍总税务司制度。

海关税收:战时海关税收锐减,财政支出却急剧增加。为筹措经费、扩充财源,海关所征各税曾多次进行调整。

进出口税:抗日战争期间,国民党政府对进出口贸易实施了一些临时管理措施,但征收进出口税仍以1934年税则为基础。1939年7月,国民党政府颁行非常时期禁止进口物品办法,按1934年税则的分类及税则号列,划定168个税则号列为禁止进口物品。同年9月,又规定凡在禁止进出口物品规定之外的各进口货物均按1934年进口税则税率征1/3的关税,以促进外贸输入补充国内物资之需;后来又将战时紧缺的大米、汽油、柴油、医药品等列为暂时免税进口物品。自1943年1月起,进口关税不分从量从价,一律改为从价征收。对出口货物实行结售外汇办法,指定24种货物为结汇出口货物,商人出口指定的结汇商品,必须将所售货价按外币折算,售与中国银行或交通银行,取得承购外汇证明书,交海关查验后方准出口;又规定,一些货物为政府统购、统销货物,凡统购(销)和结汇出口的货物一律免征关税。

转口税:1937年10月,国民党政府将1931年以来只对往来于贸易口岸的轮运货物征收的转口税,扩大为对所有运输工具(公路、铁路、轮船、航空)往来于口岸之间、口岸与内地之间、内地之间的未纳统税、矿产税、烟酒税的所有土货一律征收一次转口税,税率按1931年税则,从价征收7.5%,从量税率约为5%。在设有海关机构的地方由海关征收,其他地方由税局代征。已纳转口税的货物出口时,按转口税则与出口税则的差额实行多退少补。转口税是集内地税与海关税于一身的一种国内贸易税,十分接近于复进口税。转口税的征收,充裕了财政,但窒碍了国内贸易。1942年,国民党政府被迫将其废止,代之而起的是开征战时消费税。

战时消费税是1942—1945年间由海关征收的一种国内商业通过税。该税征收办法规定:除粮、肉、蛋等少数货物免税外,均按税率5％、10％、15％、20％等级征收。为征收该税,增设了不少海关和分支关,并将未设关地区的货运稽查处改为海关。战时消费税成为国民党政府的一个重要财源。1942年,国统区海关共征税5亿元,其中战时消费税为3.4亿元,占海关税收的68％。到1944年时,战时消费税竟占海关税收的74％。该税弊端有如厘金,因而遭到商民的反对,国民党政府不得不于1945年1

月将其裁废;同时,扩大货物税范围,由各省税务局在工厂或产地征收。海关所征各税中,还有吨税、附加税等。

日伪走私在抗战期间并未停止,他们除了在沦陷区内进行赤裸裸的武力抢掠外,还以多种非法手段以沦陷区为据点,向国统区走私日货和私运土货出口。1938 年,日伪人员向国统区走私进口日货总值达 2 亿元,私运土货出口约 1.2 亿元。到 1941 年时,日本在各地设立的走私据点达 700 余处。太平洋战争爆发后,日本更变本加厉地进行走私活动。由于抗战期间的外汇管制及通货膨胀政策,法币与美元兑换率的官价与黑市价格出现巨大差额。1939—1941 年,日本从华北、华中集中了大量法币运往上海,套取官价外汇基金。国民党四大家族也利用战争的特殊环境,将兑换官价外汇的大权由当时的中央"四行"(中央银行、中国银行、中国交通银行、中国农民银行)独揽,从中渔利。

面对日伪走私,海关无力应付。战前装备齐整、规模可观的海关缉私舰艇,先后被日军击沉、击伤和劫持;设于南京的防止陆运走私总缉查处,迁至汉口、长沙,于 1938 年 10 月关闭,海关仅能在所在地进行检查工作。1940 年,国民党财政部在广东、广西、湘鄂、苏皖赣、闽浙、冀鲁豫、晋陕、甘宁绥等八处设立战区货运稽查处(海关办理税务部分),以防日伪走私。后来稽查处业务全部移交海关。1942 年国民党政府又成立了缉私署,统管缉私工作。战时无论海关还是财政部缉私署,在缉私工作上,虽有所努力但均无明显的作为,一些官员甚至收受贿赂、暗助走私。

关于沦陷区海关的殖民地化。

由于海关无论在关员的国籍组成,还是所执行的各项业务,都与各帝国主义国家的在华利益联系在一起,故当华北、长江沿线各城市沦陷之初,海关便成为沦陷区内唯一存在的名义上的中国政府机构。日本在完成了对沦陷区的军事占领后,立即把矛头对准沦陷区海关,首先提出将天津、秦皇岛两关的海关税款存入日本的正金银行,否则将对海关实行军事占领。天津海关英籍税务司梅维亮与总税务司梅乐和,为保全各帝国主义的利益和英国对海关的控制权,以日本保证拨付外债各款为由,极力劝说国民党政府妥协。国民党政府在保证对外赔款的前提下妥协,同意将津、秦两关的税款存入"殷实可靠的银行"后,梅维亮立即将税款存入日本正金银行。

接着,日军占领上海,同样提出仿照津、秦两关前例,将江海关税款存入日本银行。英国同日本多次进行谈判。1938 年 5 月 2 日在东京非法签订了《关于中国海关的协定》,其中规定沦陷区海关过去积存和以后征收的税款全部存入日本正金银行;从税款中按比例拨付外债赔款包括对日本的庚子赔款。协定公布次日,梅乐和即令江海关税务司将新征税款存入日本正金银行。日本以过去积存税款未移交和对日庚子赔款未照付为由,全部扣留了海关税款,用这笔款维持敌伪政权和补充日本的军费。

日本帝国主义在争夺沦陷区税款管理权的同时,派伪海关监督修改税则。当时海关统一实行的是 1934 年税则,这一税则较 1931 年税则的税率稍高。于是,天津伪海关以对日本进口最为有利的 1931 年税则为蓝本,首先在低税率下实行减免税修改。到 1938 年 1 月伪税则正式出笼,并在青岛关以北各沦陷区海关实施。伪税则的实施,便利了日本帝国主义倾销日货,搜刮中国原料,大大影响了国民党政府的税收。商人自低税的沦陷区进口货物,贩运走私到国统区倾销,套取法币,给国统区经济和财政带来极大破坏。

日本对沦陷区海关管理权的劫夺,大略可以 1941 年底的太平洋战争划分为两个阶段。前期,日本惧于与海关相连的特殊的国际关系,实行以华治华的政策,一方面,委派亲日的伪海关监督,插手海关行政,对原海关税务司进行威胁恫吓,强迫他们执行各种亲日政策,出卖中国主权,实现对海关的间接统治;另一方面,不断向海关安插日籍人员占据重要职位,把海关逐渐变成日本人的海关,把名义上仍隶属于中国政府的海关变为日本人统治中国的工具。1937 年 3 月,日本首先控制天津、秦皇岛两关,任命汉奸为"津海关监督",派一代表驻秦皇岛海关,挂起了伪政权五色旗。在上海,也由伪政权任命了"江海关监督"。日军镇压了群众性的爱国护关运动,强行在江海关挂起伪旗,把江海关变为与津海关相同的日伪海关。接着日本有计划地强行向海关安插日本人。抗日战争爆发前,全国各口岸日籍关员共 75 人,其中内勤 14 人、外勤 61 人;到 1938 年底,日籍人员达 266 人,占全部海关外籍人员的 45%。日本还准备在长江、珠江三角洲包括汉口和广州在内的各口岸安插更多的日本人,开放这些口岸为日本服务。

太平洋战争爆发后,国际局势及国际关系都发生了剧烈变化。日军借此占领上海租界、上海海关和海关总税务司署,逮捕了总税务司梅乐和几乎所有的沦陷区各关外籍税务司及高级关员;派日本人岸本广吉任沦陷区海关总税务司,各沦陷区海关税务司及其他要职,也均由日本人担任,使沦陷区海关变成完全殖民地化的海关。1942 年后,伪总税务司署还在南京、芜湖、武汉等长江沿岸一些口岸成立转口税局(所),开征转口税。

(三)战后海关的"亲美化"及其历史的终结

1945 年 8 月,日本宣布无条件投降,抗日战争终于取得胜利。战后,美国经济已居世界领先地位,更加紧了海外掠夺。国民党政府则出于政治统治的目的,更加投靠美国,形成了美蒋紧密勾结、美帝独霸中国的局面。由美国人李度担任总税务司的海关当局,一方面在关税减让等方面,使美国得到最大利益;另一方面,积极帮助国民党进行反共、反人民活动。

对国民党财政部来说,接收沦陷区海关成为当务之急。9 月,丁贵堂以副总税务司身份被任命为京沪区金融特派员,赴上海接收伪海关总税务司署及伪江海关。不久,重庆总税务司署迁移上海。1946 年 1 月,以总税务司署驻上海办事处之名开始对外办公,原重庆总税务司署则改为总税务司署驻重庆办事处,到该年 8 月关闭。

李度还奉命派出一批海关高级官员,分赴东北、广东、长江各口岸接收汉口、南京、广州、台南、台北等 20 多个海关及其下属的海务港务部门。

战后初期,国民党地区海关取消了进口货减税办法,恢复使用 1934 年进口税则。1946 年,海关宣布废止海关金本位制,9 月停征出口税。1948 年 8 月,国民党进行币制改革,海关税又改按新发行的金圆券计征。1949 年 3 月,海关又实行"关元"制度(1 关元合 0.4 美元);无论以何种流通货币计征关税,最终都是以美元核算。在当时国民党货币急剧贬值、美元价值暴涨的情况下,美国商人从中捞到了极大的好处。

1948 年 8 月,国民党政府颁布了有利于美国的 1948 年协定税则。该税则的税率由单栏改为双栏,增加的一栏是由国民党海关代表在日内瓦出席"关税与贸易总协定"减税谈判时签署,并于1948年5月生效的减让关税的税率。这栏税率,适用于所有关贸总协定成员国及当时与我国订有最惠国条款的国家。在全部减让表内的188号列物品中,美国独占80项。美国给中国实行减让的商品,主要为美国国内急需的廉价的中国原料,而中国给美国实行减让的项目,主要为食品、饮料、奢侈品、消耗品。美国冰箱进口税由150%减到25%,其他商品减少1/3到2/3不等。如此关税减让,给民族工业带来的致命打击是可想而知的。这项关税减让协定虽在形式上是互惠性的,但当时中国经济十分落后,又经8年战争破坏,没有任何出口竞争能力,1948年税则实际上成为给美国以片面优惠待遇的税则。

1945年11月,战后第一艘美国商轮抵达上海,揭开了美国对华商品倾销的序幕。从此,美国货船源源不断开到中国。1946年11月,国民党政府与美国在南京签署了《中美商约》(即《中美友好通商航海条约》)。这是一个在经商、设厂、开矿、金融、航运以及科研、教育等方面全面出卖中国主权的条约。《中美商约》使美国可以在中国境内为所欲为地进行掠夺,更为美货倾销打开了大门,而中国则在经济上成为美国的附庸。

美货倾销由于得到国民党政府的支持,因此披上各种合法的外衣。而美军利用飞机、军舰和外交特权进行的走私,更是有恃无恐。国民党军政要员凭借特权公开走私,规模和数量均达到空前程度。海关关员贪污受贿暗助和公开参与走私的事件,也屡见不鲜。美货走私,加剧了国民党统治区经济的崩溃和统治的危机,使民族工商业受到极大的摧残,纷纷破产停业。

战后的海关缉私部门曾向美国海军购置21艘100尺以上的巡缉舰及100余艘汽艇,接收了财政部缉私署的税警部队,又招募组成了1700多人的武装关警协助查私。

对内地十分猖獗的武装走私,国民党政府于1948年3月11日曾公布《惩治走私条例》,规定走私和武装拒捕将以触犯刑法治罪,最重者将处以死刑。但此条例未能制止走私,也未能帮助国民党政府稳定经济秩序,实际上成了一纸空文。

当时的海关,继续执行四大家族垄断外贸的反动政策,发布封锁解放区的种种反动法令,密令海关舰船为反动派运输军火、金银、文物,压制海关员工的革命活动,积极为国民党政府发动反革命内战服务。但这一切都阻挡不了反动派覆灭的命运。随着人民革命运动的伟大胜利,国民党统治区海关陆续关闭,最后一任洋人总税务司李度于1949年4月仓皇逃离上海,宣告了半殖民地海关制度的彻底崩溃。

第四十五章

沿海经济的转型与中国近代化进程

与世界联系越密切,沿海城市越兴旺。从人类社会发展的历史长时段看,越到后来,沿海城市的地位越重要。中国沿海城市的重要性,在近代,正是由于那些恰恰在地理上适合了西方列强对东方经济市场的利益猎取与殖民扩张需求的中国沿海港口,在被强行租占或被迫开放的条件下才得以突现的。中国的香港、澳门的"发迹",中国东南沿海五口的发展历史,都清楚地证明了这一点。

东南五口是近代中国第一批被迫对外开放的通商口岸。由于对外经济联系较早建立,城市近代化程度相对较快,在整个近代,无论在经济上还是文化上,这些口岸都处于中国近代化的先行地位,对内地有着强烈的辐射作用,直接领导了整个中国的近代化进程。

两次鸦片战争使清廷的一些官员认识到,中国与西方的差距不在于制度和文化,而在于武器装备的落后,因此提出"中国欲自强,则莫如学习外国利器;欲学习外国利器,则莫如觅制器之器"的主张,希望学习西方先进的武器制造技术,从而达到自强的目的。这些人被称为"洋务派"。在他们的倡导和主持下,一场以兴办军事工业为先导的洋务运动首先在沿海地区开展起来。

洋务派兴办这些军工企业,在客观上将资本主义机器工业移植到了中国,使沿海经济出现了某些资本主义经济的新的生长点。又由于这些企业是官办的,一般规模较大,影响力也大,这对于沿海传统经济解体后中国近代社会的转型产生了巨大的作用。军工企业的机器大工业生产必然要求与之配套的民用工业和交通运输业的发展,在客观上为沿海经济的进一步发展提供了推动力。洋务派创办军事工业在引进西方科学技术和设备的同时,对西学的传播和科技人才的培养也起了直接的作用。另外,洋务派随后创办的民用企业,作为西方资本主义经济侵略的对立面,其宗旨大多有"与洋人争利"的内容,促进了沿海地区民族资本主义的艰难发展。尽管民族资本主义企业既无法摆脱封建制度的桎梏,又复遭到外国侵略势力的排挤和打击,力量十分弱小,但它们在沿海地区的出现仍然具有不可低估的进步意义。民族资本主义企业的兴办使积聚在官僚、地主、买办和手工小业主手中的资金开始投向资本主义生产经营,这些企业的投资者也由此成为中国社会一个新的阶级——民族资产阶级。他们中间的一些先进分子对西方资本主义有了更深入的认识,主张向西方学习,开始萌生变革社会政治的思想,资产阶级革命从而有了阶级基础。

近代化的过程不仅仅是个经济近代化的过程,同时也是个文化近代化的过程,进而成为整个社会的近代化过程。近代沿海城市尤其是通商口岸的城市文化的巨大变迁和西方化,如上海,直接影响了中国文化近代化转型的历史进程。

第一节　东南五口与中国近代化进程①

一　东南五口的地理与历史概况

上海、宁波、福州、厦门和广州是最早对外开放的东南沿海五个通商口岸。

自然环境(地形、气候、水文、土壤)制约着人的生理机能、地区植被,构成人类生产、生活的基础。东南五口所在地自然地理条件的相似之处表现在以下几方面。

(1)地处沿海冲积平原,气候温暖湿润,适于农业生产。上海位于长江三角洲东缘,宁波地处杭州湾南岸的宁绍平原,福州在闽江下游福州平原,广州跨珠江三角洲的珠江两岸,厦门是闽南沿海岛屿。福州平原与厦门邻近的九龙江下游平原是福建最主要的平原。珠江三角洲是广东最大的平原,耕地分布相对集中。宁波、福州、广州所在地区,均是省内经济开发先行地区。得益于亚热带气候温暖湿润,四季分明,这些地区农作物一般一年两熟或三熟。

(2)拥有河海交汇、地理位置优越的天然良港。上海位于黄浦江、苏州河的交汇处,西接太湖流域进入运河系统,东经长江口入海,居中国大陆海岸线中点,为南北沿海航运中枢。宁波位于余姚江、鄞江汇合地,西有浙东运河(宁波至萧山)横贯宁绍平原,东流入海,河海航运两便。福州居省内海岸线中点,沿闽江西行,可进入占全省土地面积 63.8% 的腹地。厦门扼闽南九龙江出海口,为大陆与台湾航运孔道。广州为珠江三大支流(东江、西江、北江)汇集处,循西江可进入广西,由珠江顺流约 70 千米出海。

由于帕米尔高原、青藏高原将亚洲大陆分为东亚和西亚两大部分,这两部分在地质、地貌、气候等方面存在很大差异。东亚部分由中国大陆及太平洋西部的众多半岛、群岛组成。近代以前,在这一广阔的范围里,中国大陆的农业生产以精耕细作的技术特色和家庭经营方式为基础,长时期居领先地位,并成为区域文明中心。

于是,由中国大陆和近海岛屿构成的海上贸易圈,就相应成为中华文明辐射圈的范围。东南五口成为中国大陆与东亚岛屿之间交往的信道。在以海洋为纽带的国际贸易网络中,这五口便成了太平洋西海岸亚洲大陆的东南门户。

自然环境在一定程度上迫使生活于其中的人们接受一种特定的物质生活方式。比较一下新石器时期两处遗址"甘肃马家窑文化""浙江河姆渡文化"日后的变迁,不难发现前者在相对贫困、艰苦的环境中,人类的生活水平始终极低,而后者相对优越的自然环境使农业的早期开发和航运便利,刺激了人口聚居繁衍,使五口岸城市相应成为地区政治、军事、经济中心。从五口岸城市历史变迁看,可归纳为三个特点:

(1)五城市地处或邻近农业开发先行区域,具有综合开发的明显优势。耕地相对

---

① 本节内容引见张仲礼:《东南沿海城市与中国近代化》,上海人民出版社 1996 年版,第 2—27 页。

集中,人口比较密集,治水工程在一定程度上抵御了海潮的侵袭和江流的泛滥,形成五口所在地区发展农业生产方面的相对优势。治水工程在上海所在的长江三角洲主要有隋代大运河的开凿,公元8世纪初海塘的修筑(北起盐城到南通,南由吴淞口至浙江海宁),10世纪太湖下游入江水道的疏浚,沿河筑堤,开凿沟渠。在宁波地区有唐代它山堰的修筑,灌溉农田数千顷有南宋时从宁波至杭州的浙东运河的开凿。在广州是修水利,筑堤围。治水工程对江南地貌有所改变,从根本上改善了江南农业生产条件,使得"蓄泄有时,旱涝无虞",耕作趋于集约,到11世纪江南漕米已经北运。治水工程也便利了南北航运,使种植业的商品化生产得以发展。宋元以后因蚕桑、植棉继起,长江三角洲已是国内丝织、棉纺织手工业基地。上海地区在宋代呈现"原泽沃衍,有渔稻海盐之富,商贾辐辏"的景象,松江号称"文物财富甲于东南"。珠江三角洲因河网纵横、堤围密布,在唐代已粮食自给有余,为粤地主要产粮区和水果产地,鱼塘、桑基、蔗基经营渐趋发达。清中叶的广州府,以兼"鱼盐之利,水陆之产"而著名。治水的成功,使汉唐以前还地僻人稀的东南沿海地区逐步繁盛起来。

(2)由于资源分布特点不同,宁波、福州、厦门地区的早期开发在更大程度上依赖于区域调剂、优势互补。清初,宁波府辖六县,拥有省内主要的盐场(慈溪)、渔场(象山),并且是重要的茶叶基地,但粮食无法自给。福州府地狭人稠,粮食亦难自给,而且不宜蚕桑、不工纺织。厦门耕地甚少,粮食每靠台湾运来。当然,这些地方的资源有少也有多、有短也有长,这就为区际贸易提供了必要的条件。宁波地区所产鱼、盐、竹、木、茶是参与浙东区域商品交换的大宗,宁波成为浙东的海港,福州是其腹地的木材、茶叶出口的门户,闽江流域森林面积居全省之半,闽北是省内首位产茶区。作为厦门腹地的闽南地区,水果丰盛,茶叶也不少。东南五口的这些资源特点,推动着这些地区开拓更大范围的区域贸易与海上贸易。明清时期江南土布、丝绸、福建茶叶生产已具相当规模,不仅是参与国内贸易的大宗,而且是主要出口商品。广东蔗糖生产始于唐代,明清已有外销。闽粤则需输入米和棉花。资源互补,区域合作,使五口所在地区农业发展由生存农业逐渐向商业化经营过渡。

(3)五城市在不同层次的区域市场的首位商港地位已经确立。上海是长江、运河、南北沿海贸易的转运中枢,是太湖流域最大的商港。宁波是浙东物资集散中心。福州、厦门分别是福建北南两个最大的贸易口岸。广州凭借珠江水系枢纽地位,是两广地区最大的河港兼海港。从五城市的贸易网点分布看,除上海之外,大多与内陆地区经济联系有限:广州可经西江进入广西,福建河运系统基本限于省境(汀江为唯一一省际河道);宁波西路的浙东运河与杭嘉湖平原的钱塘江相距5千米,而钱塘江又与大运河水系相距十几千米。在河道即商道的时代,城市商业拓展往往以可通航的河流为前提,因此这四个城市区域市场的发展优势主要在沿海地区(包括东亚、东南亚邻国),上海则兼有双重优势。

尽管浙、闽、粤绝大部分沿海属沉降型海岸和岩岸,天然良港较多(与江苏北部海蚀平原海岸、冲积海积平原海岸暗沙连绵、为航海禁区相异),但是由于种种原因,东南沿海地区海港资源的经济价值在近代以前远未充分开发。

二　东南五口在传统中国的基础地位

城市的出现是一种社会经济现象,它体现了区域社会分工的发展,生产方式的进步。中国传统社会曾拥有像内陆城市、运河城市等特色鲜明的系列城市,东南五口则有别于此,它们在传统社会中的地位可概括为以下四点。

(1)东南五口在封建时代被赋予区域行政中心、东南门户的角色。中国古代城镇起源于人口聚居、物物交换地,或贵族封地、防御要塞。自秦实行郡县制以后,城镇发展在数量、分布上是与行政网络的建立和区域经济的开发同步的。秦在战国发展基础上设 46 郡、八九百县,较大的城镇 250 个①,比春秋时代增加一倍,广州、福州因成为郡(县)治所而呈现城的最初轮廓。宁波在唐代,上海在元代先后加入州(县)治所行列。这四个城市被纳入王朝行政系统后延续未变。其中,广州、福州升至区域首位政治中心,平南王的加封、拱北楼之设是其负有辖地守疆使命的象征;厦门是在明代以后崛起的,这一地区在宋元以前对外门户的角色,是由厦门的邻居泉州充当的。

作为封建王朝的东南门户,五城市或被指定为海上对外交往的出入口岸(广州),或作为防御要塞(厦门、宁波)。在明清两代,宁波、福州、厦门、广州四口曾被辟为"通洋正口",代皇室采办洋货,禁通番、征私货、抑奸商是这些朝贡贸易口岸的主要职责。朝贡贸易的主旨不是追求交易之物的经济价值,而是交易本身的社会价值。以朝贡贸易为对外交往的主要方式之一,体现了封建王朝严守华夷体系的文化排他性。

(2)东南五口的航运枢纽作用在自然经济时代未能充分发挥。商埠在中国古代城市中数量极为有限。先秦的商业城市计二三十座,占城镇总数的1/4。汉代六七十座城,比秦增加一倍;商业名城仅 8 座,分布已由黄河流域南进,以渤海湾、长江三角洲、杭州湾相对密集。此类商埠多属本地区的土特产集散地、手工业中心,市场有限。

隋唐运河城市崛起,形成了跨地区的南北商品流通网,淮安、扬州、苏州、杭州成为四大商城。宋元以后,虽有东南沿海商埠继起,但运河仍然是中国大陆的首位商路,运河城市作为系列商业端口的榜首地位未曾动摇。明初国内 33 个大中型工商城市中,运河附近占 1/2,长江流域次之,再次为沿海地区。因商业繁华而享誉的苏州、杭州、汉口、景德镇、朱仙镇、佛山也无一是沿海城市。限于朝贡贸易制度和海禁、迁界的政策干预,东南沿海五城市在开辟海外市场,沟通运河、长江与南北沿海、海外贸易方面的转运枢纽作用,未能得到应有的展示。

(3)明清时代,东南五口充当了民间海商最初的也是最主要的经营基地。东南沿海地区的人口分布,自汉唐人口重心由北南移以来,持续增长:东汉永和五年(140 年)与西汉元始二年(2 年)相比,黄河、长江、珠江三大流域人口比率由83：16：1转变为63：33：4。唐安史之乱后长江流域取代黄河流域为人口重心已基本定局。宋代人口分布东西差异明显,清初人口重心偏东南,东南沿海各省人口密度超过每平方千米100 人,呈现由沿海向内地递减的明显规律,以江苏居首位。

地不敷口的沉重压力,刺激人口流动和分工趋细,引导乡民谋生方式向海洋拓展。在闽粤沿海地区出现向东南亚移民垦殖的同时,东南五口相应成为民间海商最初的汇

① 胡焕庸等:《中国人口地理》上,华东师大出版社 1984 年版,第 245 页。

集地：上海客商以浙、闽、粤为劲旅；"走广"使广州城西区为闽商聚居地；厦门商人多以挟货贩海为利薮。会馆作为封建时代中等以上城市常见的建筑，素以桑梓之情为纽带，以官宦、科举为基础，但在东南五口却与商港共存共荣。沿海埠际贸易和海外远程贸易的开拓，加快了五口财富积累与集中的进程，使广州十三商行跃居商界首位，上海沙船商称雄南北洋，厦门由军港而添商港之貌。五口成为中国大陆参与太平洋西海岸东亚、东南亚贸易圈的重要商港，构成了运河系列商业端口以外最具活力和潜力的城市。所谓"上有天堂，下有苏杭"，流露了古代中国人对一种东南生活方式的仰慕。以五口为主要经营基地的民间海商，率先转向更富有诱惑和挑战的生活方式。由治水而闯海，象征五口地区居民对资源利用日趋合理，象征着人文精神的提升。

近代以前民间海商在东南五口的经营，以其沟通海外贸易与连接大陆区域贸易网的双重优势，在商品进出类别、总量、市场范围方面已居全国前列。因此，东南五口客观上为近代中国商业革命的孕育创造了相对优越的内部条件。

（4）开埠以前东南五口已被英国列为在中国开拓商路的目标。16世纪以后，随着科学技术的进步以及交通、信息、运输和经济的发展，世界上原来分片分块、自给自足的地方性社区逐渐被连成息息相关的一个整体，呈现多元一体的格局。明清时代的东南沿海地区相应被纳入西方资本主义海外贸易的远东市场。先有葡萄牙人入居澳门，继有荷兰人强占台湾。18世纪60年代，英国棉纺织业经历一系列技术发明后，资本主义的发展进入工场工业阶段，资本由机器而形成的价值增殖与生存条件被机器破坏的劳动者人数成正比，市场拓展由国内延伸到远东。欧洲—印度—中国，英国的商品顺势东进。1786年，英制棉布试销广州。19世纪30年代初期，进口棉纱在广州近郊引发骚动：乡民宣布要烧毁进入他们村庄的任何进口棉纱，"如有人从广州买洋纱入境，一经擒获，立即处死"[1]。但是，巨大的利润、诱人的前景驱使英商利益集团千方百计打开中国的贸易大门。1834年，东印度公司对华贸易专利权被废止，英商转请政府干预解决对华贸易。鉴于中英商务处于不稳定、无保护状态，地方官任意扣收税饷，行商垄断贸易；鉴于中国法律禁止外国人携带妻室家属来华；鉴于"中国法律和欧洲法律全然异趣，不列颠臣民根本不能接受它的统治"，英商要求本国政府与中国签订通商条约，"在中国沿海取得一个或几个岛屿，作为贸易基地，借以避免中国政府的勒索、控制和干扰"，所谓"超乎一切的一桩紧要的事情是占有一处居留地，在那里我们可以生活在不列颠法律保护下，免得遭受那些半开化的汉人子孙的侵害"。英商在1840年的一封致侵华英军总司令的信中认为，上海、宁波、福州、厦门、广州是最值得作为英国臣民居住和贸易的口岸。[2] 英国在马嘎尔尼使华要求开放沿海口岸通商遭拒半个世纪后，决定以武力打开对华贸易之门，屈辱的《南京条约》终于将东南五口的名字长久地联系在一起。

三 东南五口的近代化进程

东南沿海五口在开埠前夕，在全国地位还不很显要，简而言之，可以用"三府二县"

---

[1] 《鸦片战争史论文专集》，三联书店1958年版，第63—64页。

[2] 《鸦片战争史论文专集》，三联书店1958年版，第54—55页。

来概括,即五口之中有三口属府级城市,有两口还只是县级城镇。那时广东、福建、浙江、江苏四省就拥有 37 府 9 州 2 厅。广州一口曾被清朝廷规定为唯一的对外贸易口岸,广州为广州府的所在地,也为广东省府所在,地位稍高。上海、宁波、福州、厦门都还只是一个地区中心,经济辐射的能力还十分有限。例如,那时的宁波虽有"北至青齐,南至交广",乃"东南之要会"的美称,但在浙江省而言,还同绍兴、台州、温州、处州、金华、湖州、严州、衢州、嘉兴等府一样,只是一个府级所在地,其地位在杭州之下。福州和厦门在开埠以前凭借海上运输业的发展,分别成为我国东南沿海航运贸易网的重要转运点。福州为当时福州府的所在地,也为省府所在,地位稍高。厦门则仅是泉州府所辖范围内的一个县级城镇。上海,由于其处于中国海岸线的中心,为南北洋船只转运贸易的连接点,埠际贸易相对发达,号称"江海之通津,东南之都会"。但是,其实际地位近不能比苏州,远不能比南京。那时苏州为府治所在地,南京也是省府所在地一级的城市,而上海仅为松江府所属的一个县。在清朝城市系统中,上述城市的行政和军事作用都远远超过其经济地位。这些沿海城市的人口虽然相对集中,但是城镇的人口绝对数不算太多,除了上海拥有人口 20 万以外,厦门全部人口不过 14 万,那时的广州人口也不算很多。五口城区都比较狭小,城市近代化都还没有起步。

按照不平等的《南京条约》,东南沿海五口成了第一批对外开放的口岸。广州在 1843 年 7 月 27 日开埠,厦门开埠时间是同年 11 月 1 日;其次是上海,11 月 17 日开埠;其后,宁波于 1844 年 1 月 1 日、福州于半年后的 7 月 3 日开埠。广州虽在《南京条约》签订以后不久就宣布开埠,但由于广州人坚决反对洋人进城,英国等西方列强久久未能取得广州租借地,直到 1859 年广州沙面租界才基本议定。至 19 世纪 50 年代,依据中外不平等条约对外开放的口岸又有内陆新疆的伊犁和塔尔巴哈台两地。在 19 世纪 60 年代初,按照《天津条约》和《北京条约》,中国增开了潮州(后改为汕头)、天津、牛庄、镇江、汉口、九江、芝罘(后改为登州)、淡水、台湾(打狗、台南)等沿海和沿江城市,增开了喀什葛尔、库伦等内陆口岸城市,形成了中国被迫对外开放的第二批口岸。在 19 世纪 70 年代至世纪末,中国对外开放口岸又增加了 27 个,至 1917 年前再增加 47 个,总数增加至 92 个。对外开放对这些城市的发展都产生了程度不同的影响,影响最深的是首批对外开放的东南五口。

外国资本主义列强的势力进入东南五口以后,首先带来了这些城市的对外经济联系。

五口通商时期,英国继续维持着对华贸易的优势地位。直至 19 世纪 60 年代末,英国的对华进出口贸易仍占中国对外贸易的 92% 和 76%。[①] 对外贸易次于英国的是美国。那时美国的对华贸易比重还大大低于英国,但其增长的势头很快。老牌的西方列强如葡萄牙、西班牙和荷兰的势力虽然无可奈何地在衰退,但其商人也是间或插足五口的对外贸易。那时地位日趋重要的法国和德国,其商人更不时出现在东南五口的市场上。当时正在崛起的沙俄势力,则在沿海口岸的茶砖贸易中占有重要的一席。

以上海为例,英国商人、美国商人、西班牙商人、法国商人都在开埠不久涌入上海

---

① 姚贤镐:《中国近代对外贸易史资料》,中华书局 1962 年版,第 1595 页。

市场，至少在 1850 年上海就有 119 个商人分属于不同的商业团体。① 即使是像宁波这样对外贸易未能很快发展起来的口岸，开埠以后英国、法国、美国、普鲁士、荷兰、挪威、瑞典等国也先后设立了领事或副领事，以便进行通商贸易。一些外国银行也先后在东南沿海各开放口岸设立了自己的分行或代理处。像著名的汇丰银行 1865 年在上海设立分行，1866 年即在福州、宁波设立代理处，1873 年又在厦门设立分行，1880 年在广州设立了分行，初步形成了辐射中国东南沿海的金融网络。这种对外经济联系在近百年中对东南五口城市的发展产生着深远的影响。

其次，外来力量不同程度地参与了东南沿海五口的城市近代化进程。以城市市内交通为例，1845 年公布的第一次《上海土地章程》规定，在 830 亩土地的租界里规划开筑东西干道 7 条，南北干道 3 条。其中，像最早筑成的"劳勃渥克路"（今福州路）宽度为 8 米多，原为外滩纤道的黄浦滩路宽度也为 8 米多，其余道路的宽度均在 7 米左右。这种大规模的城市道路的兴筑给时人以强烈的印象，他们对比旧城区狭窄局促的城厢小道，深感"洋场十里地宽平"的方便。在厦门，租界建立后，西方洋行和商人即为扩充地盘而擅筑海堤，使当时的海后滩一带的道路交通情况有了很大的改善。这一举措促使厦门地方政府加快了填筑海滩、修建公路码头的进程。外国人在厦门租界和外国人居住地区内设立工部局之类的近代市政管理机构，成立各种下属机构分管城市市政道路、卫生等，在客观上推动了市政的近代化进程。19 世纪末和 20 世纪初，上海等城市的中国绅商发起以修路、筑桥、改善市政基础设施为重要内容的自治运动，其目标是向租界市政建设看齐，原动力之一即是租界市政的刺激。

再次，外来力量在文化方面也刺激了东南沿海五口的文化近代化。为了自身的在华利益，外国人在五口建立教堂、设立医院、兴办学校、出版报刊、翻译书籍，通过多种形式将西方文化传入中国，对近代中国文化的演变、发展产生了巨大的影响。医院方面，著名的有广州惠爱医馆、博济医局，上海仁济医院、同济医院、广慈医院等。这些医院对西方医学知识传入中国起了重要作用。西医在中国立足并且最终占据中国医学主导方面，教会医院起了不容忽视的作用。教育方面，传教士及其他外侨从创办小学开始，发展到办中学、大学，在课程设置、教学内容和教学方法上逐渐与外国一致。著名的学校有上海徐汇中学、中西书院、中西女中、圣约翰大学、震旦大学、沪江大学、宁波女塾、福州鹤龄英华书院、广州岭南大学、厦门毓德女学等。这些学校的创办，改变了中国原有的学校结构，引进了西方的教学内容和教学方法，对于中国的教育演变发生了重大的影响。在报刊和出版方面，西人在东南五口的作用和影响更大。翻开 20 世纪以前的西书出版目录，绝大部分新式出版机构设在东南五口，绝大部分西书和新式报纸刊物都是在东南五口出版的。著名的出版机构有墨海书馆、宁波华花圣经书房、美华书馆、益智书会，著名的报刊有《中外新报》《六合丛谈》《教会新报》《万国公报》《北华捷报》《字林西报》《申报》《点石斋画报》，著名的西书有《博物新编》《全体新论》《化学鉴原》《地学浅释》《谈天》《泰西新史揽要》《中东战纪本末》等。西方文化的广泛传播，使东南沿海成为近代中国所谓得风气之先的地区，新事物在这里出现，新思想在这里酝酿，新人物在这里产生。近代鼓吹变法、改革的知识分子，很多成长于东南五口

① 〔美〕马士：《中华帝国对外关系史》第 1 卷，三联书店 1957 年版，第 400 页。

及其所在地区,如洪秀全、郑观应、王韬、何启、胡礼垣、陈虬、汤寿潜、宋恕、薛福成、严复、康有为、梁启超、经元善、孙中山、蔡元培、章太炎……如果将视野放宽到接受西方新知识、新思想、新文化而成为中国某一方面著名人物的话,那么东南五口及其所在地区真可以算得上是人杰地灵了,除了上述人物,我们还可以举出李善兰、马相伯、吴友如、詹天佑、任伯年、李伯元、吴趼人、林纾、胡汉民、王国维、陈宝琛、胡适(应算上海人)、宋庆龄、鲁迅、钱玄同、郁达夫、穆藕初、黄炎培、张东荪、张君劢、梁漱溟等名人。这两方面合起来,真是一支浩浩荡荡的人才大军。很难想象,中国近代史的舞台上,如果少了这些人,会是一幅什么样的图景。

东南五口不但是接受西方经济、市政、文化影响的先行地区,也是中国政府、绅商进行近代化努力的先行地区。中国近代化的第一次努力,即19世纪60年代开始的洋务运动,就是从东南五口开始的,也是以东南五口为基地的。

19世纪后半期开始的洋务运动,基于我国在反侵略战争中屡战屡败,统治者中一部分人士试图从"求强"开始,继之以"求富",欲使国家走上"富裕"之路。洋务运动涉及军事、政治、经济、文教及外交等一系列活动,其中不少活动曾直接对近代中国的城市发展有过积极的作用。据统计,在1865—1890年,清政府共建立了洋务军工企业21个,其中有6个分布在东南沿海的五口中,它们分别是上海的江南制造总局,福州的福建船政局、福州机器局,广州的广州机器局、广州火药局、广东机器局。这些洋务军工企业规模以江南制造总局为最大,时间也最早,以后的"金陵、天津、福州、广州、汉阳诸厂次第兴建,实师上海之成规"①。在这些企业中,近代中国政府的投资十分集中,它开创了一批以机器生产为主导的我国近代企业,并造就了较早的一批近代工人。例如,在19世纪60年代建成的福州船政局,就是当时中国最大的造船企业,在福州城市的近代化进程中有举足轻重的影响。

稍后,洋务派在"求富"的进程中又先后创办了一系列民用企业,其经营范围涉及航运、开矿、电讯、铁路、纺织、冶铁等领域,几乎都直接影响了近代中国的城市发展,其中不少跟东南沿海城市直接有关。例如,1872年在上海建立的轮船招商局,以长江轮运和沿海运输为主,在国内的19个重要商业港口设立分局,宁波、福州、厦门、广州等东南沿海城市都在其中,作为承揽各城市货运的据点,这显然有利于扩大城市间的物流量。1883—1884年架设于苏、浙、闽、粤四省之间的电线,是近代中国最早的电报干线之一,它经苏州、杭州、宁波、温州、福州、潮州、惠州、广州等城市,全长5600多里,对上述商业城市之间的信息流的扩大有重要作用,它使商业信息不再为外国洋行所垄断,具有推动华商商业发展的积极作用。

洋务派办的纺织企业,最为著名的是上海机器织布局,这是中国第一家棉纺织工厂。张之洞任两广总督时,也曾想在广东设立织布纺织官局,但未能开办成功。后张任湖广总督,织布官局又移至湖北武昌。冶炼企业最著名的要算汉冶萍煤铁厂矿公司,它是中国最早的钢铁联合企业,最早还是1889年张之洞在广州任两广总督时准备筹建的。

洋务运动不仅在军事和民用企业的创办中客观上推动了东南沿海城市的近代化,

---

① 盛宣怀:《愚斋存稿》卷七,(中国台北)文海出版社1975年版,第25页。

而且其倡导的文化教育事业同样对城市的近代化有较大的促进作用。以中国的早期近代教育为例,在 1895 年以前,洋务派兴办的各类新式学堂有 22 个;其中,上海、广州就各有 4 个,福州有 2 个,几乎占总数的 1/2。上海的广方言馆、机器学堂、操炮学堂、电报学堂,福州的求是堂艺局、电气学塾,广州的同文馆、广州实学馆、广东黄埔鱼雷学堂、广州水陆师学堂等,都是其中比较著名者。

在洋务运动以后,特别是在 20 世纪初期,民族资产阶级及五口地方政府也曾对城市近代化起过重要的作用。

清末民初,随着近代中国经济的发展,资产阶级逐渐生成,特别是在辛亥革命前后,其阶级意识和主张已开始较清晰地表现出来。清末地方自治活动、城市近代化设施及近代城市管理方法的倡导等就是其表现。以上海为例,鉴于租界的飞速发展和华界的相对衰落,一些先进的地方绅商和知识分子就开始倡导"仿文明各国地方自治之制"①。先是 1900 年由闸北地方人士组成"闸北工程总局"。1905 年,又有"上海城厢内外总工程局"成立,其宗旨为"整顿地方一切之事,助官司之不及,兴民生之大利,立地方自治之基础"②;1911 年上海光复后,改称上海市公所,直属沪军都督府。上海城厢内外总工程局不仅有部分市政建设、民政、地方税收和公用事业方面的管理权,还对工商、文教、卫生等拥有了一定的管理权。

在同一时期里,由于东南五口城市资产阶级力量发展的不平衡,其他一些城市的城市自治运动未能较充分地开展,市民对市政建设的推动作用大多还不明显。

在国民政府时期,东南沿海城市由于商业经济的发展和由此带动起来的其他行业的发展,使资产阶级的力量更加壮大。加上国民政府在其管辖的城市里也希望对城市的建设有所建树,城市的面貌遂有较大改观。例如在厦门,1919 年开始就有林尔嘉等一批地方有识之士倡导成立了"厦门市政会",会所设在厦门总商会内,负责市政工程的审议和筹款,设立市政局负责施工。在 20 世纪二三十年代,厦门市政会共计修筑路段 45 条,还兴建了公园、堤岸等,使市政面貌有了较大的改观,成为福建南部第一座具有现代风貌的城市。上海的情况更是如此。1927 年上海特别市成立以后,市政府随即就开始了对上海建设的规划。1929 年,又正式通过了"大上海建设计划",分别对市中心区建设规划、道路规划、港口铁路规划、全市分区规划等做了安排。这一计划一定程度上体现了振兴华界与外国租界抗衡的意图,不少建设思想和措施至今都还有可取之处。大上海计划从提出到抗日战争爆发为止,当时的国民政府在市中心区域和外围开拓、修筑了一些干道,建成了市政府新厦、体育场、图书馆、博物馆、市医院等一批公共设施,完成了虬江码头第一期工程。虽然由于 1937 年日本帝国主义的全面侵华战争爆发使大上海建设计划被迫中止,但它仍对城市的近代化有重要的影响。

说到推动东南沿海城市发展的各种因素时,我们还必须指出广大华侨在这些城市近代化过程中所起的积极作用。

东南五口城市因其靠海对外,所以大多同华侨有着密切联系。或是这些城市四周为海外移民的故土乡里,形成了侨乡的特色;或受华侨侨汇或回国投资的影响,成为侨

---

① 李钟珏:《且顽老人七十自述》,(中国台北)文海出版社 1974 年版,第 206 页。
② 杨逸:《上海市自治志·各项规则规约章程》甲编,第 1 页。

胞竞相投资的热点。可以这样说,近代广大海外侨胞对东南沿海城市的近代化做出了不可替代的突出贡献,这也是东南沿海城市独有的优势。以厦门为例,由于当地每年侨汇数量颇巨,加上华侨回国投资,所以厦门的商业更形发达;由于移民的流动及投资,也推动了厦门近代航运业的勃兴;就是厦门的近代工业,华侨资本也占着极大的比重;华侨的汇款还推动了金融业的发展和 20 世纪 20 年代开始的厦门房地产投资热潮,使近代厦门的城市面貌有了较大的改观。在广州,华侨资本对广州的投资占整个广东省的 37% 以上,即超过 1/3。这些华侨投资推动了广州市民族资本主义经济的近代化和城市经济的发展。

上海的情况更是突出。华侨对上海生产企业的投资几乎占华侨在国内投资的一半,且投资规模大,并带有综合经营的性质,形成了几家大的企业集团,如南洋兄弟烟草公司、永安公司等著名大企业。在商业领域里,近代上海著名的四大百货公司无一不是华侨资本开设的近代企业。它们的创立,标志着上海商业近代化进入一个新阶段。

东南沿海五口率先对外开放以后,城市的近代化都不同程度地获得启动,但是其发展程度是不一样的。正如马克思所指出的那样:五口开放,“并没有造成五个新的商业中心”[①],而是形成了五口均有一定程度发展、上海一枝独秀的局面。

上海在开埠以前只是一个中等县城,城镇人口 20 多万,经过近 100 年的发展一跃而为近代中国最大的都市,中华人民共和国成立前人口已达 500 多万。20 世纪二三十年代,上海即已成为全国进出口贸易的总汇、中国最大的经济中心、轻纺工业基地、交通运输的枢纽、远东最大的金融中心之一。

宁波曾是中国最古老的外贸港口,但在近代以前,宁波对外还是封闭的。1844 年1 月正式开埠后,西方列强势力随即进入宁波。但是,宁波的对外贸易并没有迅速地发展起来,这是由于宁波靠上海太近,加上宁波没有很大的经济腹地,不少土货都被上海港口所吸纳,宁波自然地成了上海的一个“卫星港”,甚至其人才、资金也大量地流向上海,城市化进程由此而受到影响。在对上海数量巨大的内贸的带动下,宁波的市内商业迅速繁荣起来。至 19、20 世纪之交,宁波已拥有 80 多种商业行业,从业人员达二三十万人。至于其工业,则直至 1914 年时全市还不到 20 家企业。至中华人民共和国成立前夕,宁波的工人数只有 7600 多名,工厂仅 484 家,其中真正符合工厂法的企业更少。而对外联系的增强和商业的发展,则促进了城市文化教育的发展。宁波在 20世纪以前时已有各种教会中小学 20 多所,至 1908 年已有国人自办学校 290 所,数量居全省第一,还拥有一批女子学校和职业技术学校。宁波书局的出版业务虽因木刻石印技术的淘汰而未见发展,但它们却又是上海商务、中华等著名书局的分销店,成为上海先进文化科技知识的传播点。

福州在开埠以前是福建的沿海重要城镇之一,开埠之后贸易也有所发展。福州地方在贸易上长期出超,主要是因为闽江水运可将福建山区的大宗土货运往国内和国外,茶叶对外出口有较大发展。但在 19 世纪后半期,对城市发展更有直接作用的却是洋务运动时期开始的海防建设。为“求强”目的筹办的福建船政局不但是福州城市工

---

① 《马克思恩格斯全集》第 12 卷,人民出版社 1962 年版,第 624 页。

业近代化的嚆矢,船政局所属学堂的教育也成了城市文化科技发展的摇篮,以至对福州城市日后的发展也产生了极大的影响。

厦门在开埠以前还只是一个由130多个小村庄组成的海岛型城镇,人口20多万,是一个国内贸易的重要中转港。开埠以后,厦门的国内外贸易保持缓慢发展的势头。同外贸相比,对厦门城市发展影响更大的是厦门及福建南部持续不断地向海外移民,这对近代厦门的商业、航运业、金融业和城市建设等都产生了深刻的影响,以至厦门成了东南沿海城市中一个典型的消费型商业城市。据1935年的统计,厦门拥有63个商业行业,共5200多家商业企业,从业人员达28万多人。相比之下,1926年时厦门符合工厂法的工业企业却还只有制皂、铁制家具、汽水、糖等21家,工人数仅为730人,可见其不发达之一斑。

广州曾是中国唯一的对外贸易口岸,进入近代以后,虽然在进出口数量上保持着一定增长势头,但在对外贸易量的比重方面却经历了一个从独占到相对衰落的过程。开埠以后,广州在中国对外贸易中所占比重逐渐下降。自1853年以后,其进出口总额已落在上海之后,退居第二位。至1911年,进出口总额又落在天津之后,居第三位。但就其外贸绝对值来说,它仍不失为近代中国对外贸易的一个重要口岸。如果说,那时的香港是近代中国华南产品的"外贸部",那么广州就起着这些出口产品的"采购收集"作用和进口产品的"分配传播"作用。①

东南沿海五口城市在近代的发展程度是不一的,但是有一点都是相同的,那就是对外开放。被迫开埠,都可以看作这些城市近代化的起始点。因为对外经济联系的建立和租界的开辟等直接与此相连,随之而来的国人和政府对城市近代化进程的推动也都与此相关。

东南沿海首批被迫对外开放的五口城市,由于对外经济联系较早建立,城市近代化进程的速度都相对较快,在整个近代,无论在经济上还是在文化上都处于中国近代化的先行地位。从产业的角度看,不少华商企业都首先诞生于这五个城市,就是一个明证。纺纱业最先产生在上海,1890年上海机器织布局诞生;轧花业则有1875年上海的程恒昌和1887年宁波的通久源。织麻业是1905年上海的同利机器纺织麻袋公司;服装用品业是1896年上海的云章衫袜厂及1907年广州的广华兴织造总公司。缫丝业是广州1874年创办的继昌隆和1882年上海的公和永等。造纸业有1882年上海的上海机器造纸厂和1889年广州的宏远堂机器造纸厂等。印刷业有1881年上海的同文书局印刷厂。罐头食品业有1906年上海的泰康和泰丰、1908年厦门的淘化罐头食品公司和1910年福州的迈罗罐头食品公司。机器制造业则早期有上海的发昌机器厂,稍晚还有如1901年福州的洪山桥制造所,1902年上海的求新机器轮船制造厂等。橡胶业有1915年广州的广东兄弟树脂公司等。制革业有1883年上海的中国制造熟皮公司。制砖业有1901年厦门的名码机器造砖厂和1902年的德源制砖厂。酸、碱、苏打业有1908年广州的苏打品厂。搪瓷业有1918年上海的益泰信记厂。烛皂业有1901年上海的祥盛肥皂厂。制药业有1888年上海的中西大药房和1906年厦门的福建药房。自来水电灯业有1890年广州电灯厂和1900年厦门电灯厂,以及1901年宁

---

① 陈明铼:《近代香港和广州的比较研究》,载《学术研究》1988年第3期,第71页。

波的一家电灯厂,1902 年上海的上海内地自来水厂。这些企业的产生,说明各个行业的萌生和发展,而孕育这些企业的东南五口城市无疑担当着经济发展的先行角色。

经济上是如此,文化上同样是如此。中国近代文化史上许多第一都是在东南五口创造的。设在中国大陆的第一个西医医院是广州的新豆栏医局,第一份中文杂志是传教士 1833 年在广州创办的《东西洋考每月统记传》,第一份专门科学杂志是 1876 年在上海创刊的《格致汇编》,第一所女子学校是 1844 年传教士在宁波开办的宁波女塾,第一所师范学校是 1896 年开办的上海南洋公学师范院,第一所中外合办的学校是 1876 年在上海开办的格致书院,第一所近代天文台是 1872 年在上海建立的徐家汇天文台,中国大陆第一批新式出版机构是 1843 年在上海创办的墨海书馆和 1844 年在宁波设立的华花圣经书房,近代第一批输入中国的西医书籍是 19 世纪 50 年代先后在广州和上海出版的合信所编的《全体新论》等书,输入中国的第一部植物学著作是 1859 年在上海出版的艾约瑟、李善兰合译的《植物学》,输入中国的第一批西方近代天文学著作是 19 世纪 40 年代在广州等地出版的哈巴安德的《天文问答》和合信的《天文略论》。

四 东南五口对中国近代化进程的作用

东南沿海城市既然在经济上、文化上都处于全国的先行地位,它必然对内地城市的发展有着强烈的辐射作用。

东南沿海城市的对内地域市发展的辐射作用不仅表现在经济方面,也表现在社会、文化、科技以及生活习俗等方面,但归纳起来,这种辐射不外乎以下三个层次。

(1)产销和融通。这是沿海城市对内地经济辐射的最基本的方式。沿海城市不仅以进口外货内销,而且以城市生产的国货运往内地,同时吸纳内地土货出口和农副产品进入城市加工。由于资金的融通,更加密切了沿海城市与内地的经济联系。

(2)接纳和传导。这是沿海城市对内地文化、科技以及生活习俗等方面发生作用的又一个层次,有相当部分表现在技术、设备等物质方面。中国沿海城市之所以具有这种功能,是由于中国同世界先进国家在文化、科技以及设备等方面有着相当大的差距,沿海城市处于中外物资、文化交流的孔道地位,往往得风气之先,也自然担负起了接纳和消化外来先进技术并充当“二传手”的角色,把它传导到内地。早期广州的“广货”向上海及沿海各地的销售以及后来上海的国货产品和技术、文化等向内地的传导,就是这种功能的表现。

(3)示范和辐射。这主要表现在东南沿海城市在产业转换、经济制度、政治制度、市政建设、社会生活等方面对内地的导向上。东南沿海城市由于近代化程度较高,特别像上海这样的大都市,无论在产业转换上、政治经济制度及社会生活上都领先于内地。在上述各方面,往往上海等沿海城市率先起步,内地则紧随其后,沿海城市起着先导的作用。这种制度层面的示范和导向作用,是沿海城市对内地较高层次的辐射形式。

由于五口城市对外经济联系的强弱不同,自身发展的水平不一,所以各城市对内地的辐射能力也不一样。上海在 20 世纪二三十年代已成为中国最大的经济中心和文化中心,各路商帮汇集上海,从事国内转口贸易,形成了一个能辐射大半个中国的商业网。在文化教育方面,由于上海文化精英云集,也形成了“海派”文化在全国的巨大影响。从经济上的辐射看,上海通过对内地城市武汉和北方大埠天津的巨大贸易量,以及对其他稍次城市的商品流通,对大半个中国的地域都有强烈的辐射作用,其覆盖面积全国第一。通过长江轮运而形成的长江沿岸辐射带,是上海对内最重要的辐射区。必须指出的是,上海对全国的辐射主要是通过长江或沿海的大中城市来进行的,即上海是借助了这些城市来发挥其辐射功能的。文化方面的辐射功能同样如此。在鸦片战争以后的 100 年中,上海一直是中国输入西学的最大中心。19 世纪中后期,全国2/3 以上的翻译机构、出版机构设在上海,70% 以上的西书出自上海。1899—1911 年,中国国内出版的中文期刊共 165 种,其中 42 种在上海出版。这些期刊中,有许多是全国性的,如《外交报》等,本应在京师出版,也在上海出版了;有些纯粹是地域性的,如《湖州白话报》《安徽白话报》等,理应在浙江、安徽出版,也在上海出版了。自有华商印刷业起,至 1927 年,全国共成立印刷厂 63 家,其中 32 家在上海,占总数的 50% 以上。这些都说明,上海在中国担当了近代文化中心的角色。上海的这种对内地城市辐射的能量,总的来说是距离愈近辐射作用愈强,距离愈远辐射作用愈弱。但由于近代交通的发展,这种空间距离已不是唯一的决定性因素,上述上海对武汉和天津的巨大贸易量就是一例。但在总体上看,上海对江浙皖一带的辐射量要比对一般内地大得多,尤其是对长江三角洲一带。正是由于上海对附近地区的这种强烈辐射,使得宁波与上海的埠际贸易量大增,造成宁波的进口洋货大多靠上海转输,其物产出口也靠上海转运,以至其自身的对外贸易得不到发展。福州和厦门也有相类似的情况。

从上述五口城市近代化的进程中我们可以看出,东南五口城市近代化的主导因素,是对外开放带来的对外贸易的发展以及由此而来的埠际贸易,也就是说,商业发展是城市近代化的主要动力,因商兴市是东南五口繁荣的通则。其次,外国列强建立的租界,清末从洋务派启端的国家对军事、民用企业的投资,以及随后民族资本主义工业的发展,都对城市的发展有过推动作用。由于商业发展是东南沿海城市近代化的主要推动力,而工业发展无论是洋务运动中的国家投资企业,还是日后民族资本企业的发展,都不能说是成功的,这种低下的工业化水平也严重地限制了城市的发展。所以,就城市本身而言,东南沿海城市化的内在动力显得不足。同样,当我们把视线从城市移到乡村时,还会发现近代中国的农村缺乏像英国、德国、美国农村那种革命性的改革过程。例如,英国的圈地运动将农民撵出了祖祖辈辈赖以生存的家园,德国的农民通过农业资本主义发展的"普鲁士式道路"获得解放,美国式的农业资本主义改造为工业化发展提供了坚实的基础,等等。这导致了东南沿海城市化的外部推力严重不足。这也是东南沿海城除上海曾有较快的畸形发展外,其余城市都有不同程度的停滞趋向的原因。

通过以上的论述,我们对于东南沿海城市与中国近代化关系的看法可以归纳为以下几点:

(1)在以自给自足自然经济为主的农业社会,东南沿海城市中虽然有些充当过中国对外贸易的窗口,但这些城市基本上没有成为中国政治、经济、文化中心,在中国传统城市系统中地位并不显赫。

(2)世界各国沿海城市的发展,都是与科学技术的发展特别是航海技术的进步密切相关的。世界联系越密切,沿海城市越兴旺。从人类社会发展的历史长时段看,越到后来,沿海城市的地位越重要。中国东南沿海城市发展的历史也清楚地证明了这一点。中国历史上首位城市排名序列:长安—开封—上海,反映了沿海城市随历史发展而后来居上的趋势。

(3)东南沿海城市的发展、繁荣,是与中国对外开放的程度联系在一起的,开放则兴,封闭则衰,是这些城市发展的通则。清朝政府对上海、宁波与海外的联系时开时闭,这两个城市便时盛时衰,就是一个生动的例证。1949年以后的30年中,上海城市的状况也是一个例证。

(4)东南沿海城市是一个有机的城市群,彼此之间存在着紧密的联系。在近代以前的历史上,这个城市群出现过此消彼长的情况,青龙镇与上海县、泉州与厦门都是如此。在近代史上,也出现过类似的情况,穗衰沪盛是一个突出的例子。但是,这种情况的出现,是与中国当时不正常的国际联系、不发达的生产力、不发达的交通网络、不健全的市场体系紧密相连的。当这些负面因素消失以后,这个城市群也会出现互相促进、比翼齐飞的繁盛局面。近代后期的广州有了较大的发展,不因上海的突飞猛进而停滞不前,就说明了这个问题。

(5)近代东南沿海城市的发展,各因城市自身的地理、历史、人文条件不同,以及与外部联系的条件不同而呈现很大的差异性。广州靠南洋,厦门靠华侨,福州靠腹地,上海则各方面兼而有之,所以发展最快。

(6)东南五口是近代中国第一批被迫对外开放的通商口岸。五口之中,上海、广州、厦门三口设有租界,福州、宁波二口设有外侨居留地。毋庸讳言,五口的城市发展与外国的影响、外国殖民主义者在这些城市的经营有密切关系,尽管各口程度不同。

(7)东南五口对中国近代化的影响可以用"先行、窗口、带动、传递"八个字概括。它表现在经济、文化、市政、社会等众多方面,表现在物质文明、精神文明的各个层次上。

(8)东南五口在近代的发展,是在非正常情况下进行的。由于中国半殖民地半封建的社会特点,由于外国殖民主义的侵略和影响,由于中国资本主义的不发达,因此,五口城市近代化在许多方面是不健全的,存在许多缺陷,诸如城市发展的局部有序而全局无序、产业部类比例不当、资源配置不够合理,等等。这些问题,对城市的进一步发展产生了复杂的影响。

研究东南沿海城市与中国近代化的关系,有一个问题是需要我们特别关注的,这就是沿海与内地的区别、沿海城市与内陆城市的区别、沿海人与内地人的区别。对此,我们从以下几个方面进行考察。

(1)生存环境。我们知道,不同的地理环境,对人们的生产方式、生活方式、心理素质、文化风格的形成,必然会产生重要的影响。在内陆农耕社会,日出而作,日落而息,春播夏作,秋收冬藏,风调雨顺则五谷丰登,天旱地涝则温饱难保,如此年复一年、代复一代,容易铸成人们因循守旧、依赖自然、听天由命、无所作为的性格。沿海人则不同。海边或为沙滩,或为峭壁,山多田少,人们打鱼为生。与恶劣环境、不测风云、狂风恶浪作斗争的经历,铸就了他们勇猛顽强、敢于冒险、不向环境低头的品质。有一首《渔父词》这样描写沿海人民与海洋作斗争的情形:"十五习渔业,七十犹江中。历年试风涛,危险无西东。"①史载宁波地区,"民资网罟出没,衣食之源,大于农耕,遂有重彼轻此,野有芜土而人便风涛"②,"滨海之民,与海相习,其性轻生而疾贫"③。

(2)文化环境。东南五口所在地区在很长时期内处于传统儒学的边缘地带。岭南原是贬臣罪犯流放发配之地,"日啖荔枝三百颗,不辞长作岭南人",北人至岭南,多非幸事。闽越地区,更是所谓"断发文身、裸以为饰"之地,被中原视为不通文化的荒蛮地方。中国传统文化中心,自殷商至秦汉,一直集中在中原,齐、鲁、关、洛为重镇,什么老、庄、孔、孟,什么荀、韩、申、商,什么百家争鸣,什么稷下讲学,一切文化巨匠、学术盛事,均与东南五口所在地区无涉。三国以后,历经两晋而至隋唐,中国经济重心逐渐南移,南方文化也逐渐繁盛起来。宋代以后,中国文化中心转到了南方。宋、明、清三朝,闽学、王学、浙学,都是在东南五口所在地区滋生、发展的,泉州、杭州、苏州、扬州、常州都是全国著名的学风昌盛的城市。近代以来,东南五口及其所在地区,更是中国文化最为发达的地方。我们常说近代西方文化传入中国是"漂洋过海"而来,最先接触这种文化的便是沿海地区。在传统文化格局中,沿海处于边缘地带;在近代文化格局中,沿海处于中心位置。如果把历史演进、经济发展、科技进步、对外交往、文化发展与城市进步几条线索联系起来考察,我们可以清楚地看到其间互为因果的正比关系。

(3)人口特点。沿海多渔民,多移民,多商人。渔民与商人,有时是一身二任。古代很多海上走私者,是渔民也是商人。移民有两个方面,一是移入之民。例如,古代上海人,很多是北方移来的,宋室南迁时,"中原士夫偕平民百姓移居上海地区者为数不少"④;近代上海人,85%以上是由外地移入的。广东"客家人"这个名字本身,便表明了移民色彩。二是移出之民。3000万海外华人中,绝大多数是由闽、粤移出的。印度尼西亚的100多万华人中,有90%是福建籍。移民相对于固定的居民说来,一是不安于现状,二是见多识广,三是勇于冒险。无论是渔民,还是移民、商人,一般来说,其认知空间都较终年厮守土地的农民为广,即所谓见多识广,更具有创造性和进取性。

(4)近代科学技术的最早受益者。自然资源的价值,是随着科学技术的发展、生产力的发展,随着被开发的程度而变化的。沿海的优势,是到了航海技术发展到一定程度以后才逐步显示出来的。古代的渔业,先前主要在内陆的江河湖泊,随着航行技术的发展,才逐渐向海洋进发。沿海人捕鱼,开始时也主要利用潮涨潮落水位变化的规律拦圩或置网捕鱼,然后发展到近海,以后逐渐扩向远海远洋。人们活动的范围,是随着人们对自然的认识、驾驭程度而扩展的。人类航海技术到15世纪出现全球性的大发展,郑和下西洋,哥伦布航行美洲,再以后是蒸汽机被用于航海。世界的距离在不断被缩短,沿海的优势日益明显。沿海,在16世纪以后是城市发展的一大优势。"沿海"这名词现在听起来很美妙,会使人联想到物产丰饶、高楼林立、万商云集等美丽的图景,但是在16世纪以前,则是与"倭寇侵扰""荒滩碱地""狂风恶浪"等名词联系在一起的,沿海并不是人们喜欢或向往的地方。中国沿海城市很多在开始时只是军事基地。福州在三国时曾是东吴都尉营所在地,宁波在六朝时是海防要塞,广州一向是军事重

① 宗谊:《渔父词》,《愚囊汇稿》卷一,上海书店出版社 1994 年版,第 659 页。
② 嘉靖《定海县志》卷五《风俗》,浙江人民出版社 1994 年版。
③ 康熙《定海县志》卷三《形胜》,浙江人民出版社 1994 年版。
④ 张忠民:《上海:从开发走向开放 1368—1842》,云南人民出版社 1990 年版,第 16 页。

镇,至于天津、大连、威海等都是著名的军事要塞。这些地方都是随着时间的推移,随着海运的发达,对外联系的广泛,才逐渐发展为综合性城市的。从这个意义上我们可以说,沿海城市的命运是与人类科学技术的进步联系在一起的。

以上诸项,概括起来就是:拼搏精神,不向自然环境屈服;冒险精神,向海外发展;商业意识,受土地束缚较松;边缘意识,不在传统儒学中心;依赖科技,每一步发展都离不开科学技术的进步。

第二节　洋务运动与沿海经济的转型①

西方殖民者用炮舰打开中国的大门只是一种手段,其最终目的是谋求巨大的经济利益。自第一次鸦片战争起,列强就利用从军事入侵、政治讹诈中得到的种种特权对中国进行经济侵略,逐步把中国变成其掠取原料、倾销工业品的大市场。在资本主义的强力入侵之下,沿海经济发生了很大的变化,经历了传统自然经济解体、各种新的经济因素萌生和重组的嬗变过程。

一　沿海近代经济对传统经济的瓦解

第一次鸦片战争以后,中国被迫开放了广州、厦门、福州、宁波、上海等5个通商口岸。第二次鸦片战争以后,又增开了营口、天津、烟台、台南、淡水、汕头、琼州等7个沿海口岸,以及长江流域的镇江、南京、九江、汉口等4个口岸。至此,在北起辽东半岛南到海南岛的广大沿海地区,几乎所有的重要港口都已被迫开放。在此基础上,以通商口岸为龙头的对外贸易迅速发展起来。1865年,中国各通商口岸的进出口贸易总值第一次超过1000亿海关两,较鸦片战争前增长了约3倍。上海很快超过广州而居对外贸易的首位,广州长期处于第二、第三的地位。第二次鸦片战争后开放的天津也有了突出的发展,成为北方沿海地位最重要的贸易枢纽。

由于中国丧失了关税制定权和海关控制权,在不平等条件下发展起来的港口贸易,不可能给中国带来沿海经济的真正繁荣,而只能是服从于列强经济利益的畸形发展。在一般的对外贸易中,进口商品主要是西方的廉价工业品,其中以棉毛纺织品、棉纱为大宗,其他如铁器、锡、火柴、煤油、糖等产品的输入量也不断增加。出口商品则大部分是生产原料和手工产品,丝和茶一直是最为主要的两项,棉花、大豆、烟草、皮毛等原料也是重要的出口物资。这样的贸易内容已经明显反映出中国作为列强产品倾销地和原料供应地的半殖民地经济性质。以中英贸易中最主要的棉纺织品贸易为例,棉花的出超一直处于与棉布、棉纱的入超同步增长的状态。如天津,1872年的棉纱进口量为5万担,到1890年增加到108.2万担,棉布的进口量也增加了300多万匹,而棉花的输出1864年为67282担,1866年增至136177担。② 再如金属矿产的进出口,中国的铁矿石主要供出口,钢铁却严重依赖进口,每年钢铁的进口量仅相当于铁矿石出

---

① 本节内容引见张炜、方堃:《中国海疆通史》,中州古籍出版社2002年版,第391—406页。

② 来新夏:《天津近代史》,南开大学出版社1987年版,第80页。

口量的一半,但其进口价值却是铁矿石出口价值的 20 倍左右。

不平等的对外贸易对沿海地区固有的经济形态造成了强烈冲击,促使沿海传统经济迅速走向了解体。这一解体过程主要表现在两个方面:一方面,外国工业品夺取了中国市场,原本发达的沿海城乡手工业遭到严重破坏;另一方面,外国资本主义势力大量掠夺原料,使沿海地区农村的商品经济加速发展,自给自足的自然经济遭到破坏。

首先是廉价工业品的输入使沿海地区传统手工业遭排挤而至于破产。尤其是棉纺织品的输入沉重打击了沿海地区最主要的手工业部门——棉纺织业,促使纺织业与农业分离,直接导致了以耕织结合为基础的自然经济的瓦解。这一过程经历了两个阶段:先是洋纱代替土纱,使纺与织分离;后是洋布代替土布,使耕与织分离。19 世纪 60 年代以后,进口棉纱的增长速度远远高于其他商品。据历年海关报告,1868 年进口棉纱 54212 担,到 1894 年增至 1159596 担,增长了 20 余倍。[1] 由于洋纱是大机器工业的产物,生产效率高,成本低,价格远较土纱为低,加之这一时期日本大量从中国购买棉花,致使棉花价格上扬,手工纺纱的成本增加,与洋纱的差价更加扩大。例如,1887 年牛庄每包 300 斤的洋纱售价是 57 两,而同量的土纱售价达银 87 两左右。[2] 价格如此悬殊,土纱自然无法与洋纱竞争,沿海地区的手工纺纱业因而急剧衰落。在江浙地区,"自洋纱盛行,而轧花、弹花、纺纱等事,弃焉若忘。幼弱女子,亦无有习之者"[3]。山东地区的土纱纺织业也几乎全部停歇,纺纱工纷纷改业去编织草帽辫。[4] 也有一部分人转而采用洋纱织布,如江苏镇江,"北方各处之人,俱购洋棉纱自织,其织成布匹,较市中所售价廉而坚"[5]。洋纱侵夺土纱市场迫使手工纺纱业与手工织布业分离开来,这是沿海地区传统手工业解体的第一步。

在洋纱取代土纱的同时,外国商人不断降低洋布的价格与土布竞争。尽管土布有结实耐用的优点,小农家庭自产自用者也可以不计成本,但终究抵挡不住洋布低廉价格的冲击,到 19 世纪 90 年代,已经出现"迄今通商大埠,及内地市镇城乡,衣土布者十之二三,衣洋布者十之七八"[6]的局面,沿海地区的手工棉纺织业受到沉重打击。例如浙江鄞县,在光绪年间已是"巡行百里,不闻机声"[7],即便在棉纺织业最为发达的上海地区,据时人记载:"近日洋布大行,价才当梭布三之一。吾村专以纺织为业,近闻已无纱可纺,松、太布市,销减大半。"[8]沿海地区手工纺织业的衰落标志着纺织业与农业的疏离,耕织结合的自然经济赖以存在的基础被破坏了。

除纺织业外,沿海地区的其他手工业部门如冶铁、榨油、制糖、造纸等行业也同样面临破产的厄运。以冶铁业为例,在外国资本入侵以前,它原是一个很重要的手工业部门,大量供应各地的铁器制造业。自 19 世纪 60 年代以后,洋铁输入量激增,1867

---

① 严中平:《中国棉纺织史稿》,科学出版社 1955 年版,第 72 页。
② 严中平:《中国棉纺织史稿》,科学出版社 1955 年版,第 77 页。
③ 陈诗启:《甲午战前中国农村手工棉纺织业的变化和资本主义生产的成长》,《中国近代经济史论文选》,上海人民出版社 1985 年版。
④ 彭泽益:《中国近代手工业史资料》第二卷,中华书局 1962 年版,第 208 页。
⑤ 彭泽益:《中国近代手工业史资料》第二卷,中华书局 1962 年版,第 209 页。
⑥ 郑观应:《盛世危言》卷八,内蒙古人民出版社 1996 年版,第 948 页。
⑦ 彭泽益:《中国近代手工业史资料》第二卷,中华书局 1962 年版,第 224 页。
⑧ 包世臣:《安吴四种》卷二六,(中国台北)文海出版社 1968 年版。

年,进口洋铁 11.3 万多担,1885 年增加到 120.2 万多担,增长了将近 10 倍,1891 年更是一度高达 172.6 万多担。[①] 由于洋铁物美价廉,而且形式便利、易于加工,很快就在市场上排挤了土铁。到 1877 年,浙江地区"不论做钉或做农具,人们都愿用洋铁","在宁波已全部为洋铁所代替了"[②],一向著名的广东佛山冶铁业因而衰落,"前有十余家,今则洋铁输入,遂无业此者矣"[③]。芜湖的炼钢业到 1884 年前后只剩下了一个炼钢铺,到 19 世纪末,连这唯一的一家钢坊也关闭了。[④] 在沿海其他手工行业中,凡与进口洋货相冲突的生产,都遭到了排挤和打击。例如,煤油的输入不仅排挤了传统的手工榨油业,也使蜡烛制造业受到冲击;火柴的进口使中国的采火石等手工业大多受到排挤而歇业;洋针的输入大量代替了土针;洋糖盛行使土糖滞销,等等。只有依附于对外贸易的丝、茶等出口原料加工业经历了一段时期的兴盛,但到 19 世纪七八十年代,由于在国际市场上遇到外国丝、茶的竞争,在国内又受到外资加工工业的排挤,丝、茶加工业也走入了困境。同治年间,武夷茶已经是"行销日滞,富商大贾,历次亏折,裹足不前"[⑤]。19 世纪 80 年代以后,皖南茶商也开始亏折,且"不独商贩受累,即皖南山户园户亦因之交困"[⑥]。

对外贸易的发展一方面把沿海手工业逼入了困境,另一方面又通过掠夺原料刺激了农村商品经济的发展,更深刻地瓦解了自给自足的小农经济结构。鸦片战争以前,沿海地区的商品性农业已有一定的基础,但只是作为自给自足的小农经济的有机组成部分而存在,其生产和销售受国内有限的商品流通市场的支配。港口贸易发展以后,随着农副产品出口的大幅增长,沿海地区农业中商品经济的发展有了质的变化。以上海为例,对外贸易的繁盛直接刺激了苏南浙北等毗邻地区农副业的发展,蚕桑、棉花等经济作物的种植面积明显扩大。19 世纪 70 年代中叶,上海、南汇两邑的棉花栽种十分普遍,水稻种植仅占 20% 左右。[⑦] 据《上海乡土志》载:"吾邑棉花一项,售与外洋,为数甚巨。"蚕桑业的发展以太湖沿岸和杭、嘉、湖平原地区最为突出。湖州的辑里丝因上海开埠而行销海外,"遂使家家置纺车,无复有心种菽粟"[⑧]。苏南地区的蚕桑区由太湖沿岸迅速向西向北扩展,原本植桑很少的昆县、无锡、金匮等地,蚕桑业也迅速发展,甚至超过了原来的产桑区。北部沿海直隶、山东、辽东等地的蚕桑业也有很大的发展。19 世纪 80 年代以后,胶东地区的野蚕丝和黄丝开始向西欧出口,辽东地区每年也有五六千担的蚕丝出口。

对外贸易刺激下的农村商品经济的活跃,意味着农民越来越多地与世界市场联系起来,他们把自己的产品拿到市场上出售,同时从市场上买回生活必需品,传统以自给自足为特征的小农经济结构随着这一过程的深入而逐渐解体。

港口贸易不但瓦解了沿海地区自然经济的基础,也对这一地区的商业、航运业产

---

① 彭泽益:《中国近代手工业史资料》第二卷,中华书局 1962 年版,第 164 页。
② 彭泽益:《中国近代手工业史资料》第二卷,中华书局 1962 年版,第 172 页。
③ 彭泽益:《中国近代手工业史资料》第二卷,中华书局 1962 年版,第 174 页。
④ 姚贤镐:《中国近代对外贸易史资料》第 3 册,中华书局 1962 年版,第 1382—1383 页。
⑤ 姚贤镐:《中国近代对外贸易史资料》第 3 册,中华书局 1962 年版,第 1464 页。
⑥ 姚贤镐:《中国近代对外贸易史资料》第 3 册,中华书局 1962 年版,第 1476 页。
⑦ 李文治:《中国近代农业史资料》第 1 辑,三联书店 1957 年版,第 418 页。
⑧ 民国《南浔志》卷三一,民国十二年刊本。

生了深刻的影响。由于外国侵略者取得了沿海沿江的航运权,沿海地区的帆船运输业因之而衰落。外国轮船规模大、速度快,可以在任何季节和季候风里航行,运货可以保险,又能免受厘金的骚扰,中国商船自然难以与之抗衡。早在 1858 年,外国商轮在上海与牛庄之间运输,就使上海之商船船户尽行失业①,福州、厦门等港口的运输业务也被严重侵夺,"咸丰十一年(1861 年)间,福州口本地商船尚有五十九号,逐年报销,至今(1866 年)仅存二十五号。厦门口商船四十号,亦存十七号,泉州口商船一百七号,今存六十五号"②。在北部沿海地区,豆石贸易原本不许外轮经营,2000 余号沙船从事着登州、牛庄等港的豆石南运业务,倚之为生计者不下数千万人。1862 年,各海口豆石开禁,到 1864 年,"两载以来,沙船资本亏折殆尽,富者变为赤贫,贫者决无生理"③。总理衙门在致英国的照会中也谈道,"现在各口通商,凡属生意码头,外国人已占十分之九,惟剩登州、牛庄装豆一款,系商船谋生之路",豆石开禁则无异于将中国商船的生路"一网打尽"了。④

随着新商埠不断开辟,原有的商务网络发生了改变,也使一些行业受到冲击。比如,五口通商后,上海取代广州成为最主要的对外贸易港,丝茶的运输线路相应改变,致使福建、江西、广东等省以运输丝茶为世业的数十万挑工失业⑤,沿线饭馆、旅店等相关服务业也随之缩减,一些中小商业城镇因而衰落。

在沿海地区的对外贸易活动中,还有两个不容忽视的现象:一是鸦片贸易,一是掠卖华工。第一次鸦片战争以后,虽然鸦片贸易并未取得合法地位,但是由于鸦片贸易已经成为中、英、印三角贸易和英印政府财政收入的生命线,又有条约制度和炮舰威力的庇佑,加之清朝当局无力也不敢实力查禁,遂使鸦片走私较战前更为猖獗,其输入量在很长时间内远远高于其他进口货物。到第二次鸦片战争爆发前的 1857 年,仅上海一地就进口了 3.2 万箱,比战前的全国进口量还多了 8000 箱。⑥

1858 年,中英《通商章程善后条约》规定鸦片可以以"洋药"的名义进口,从而使鸦片贸易取得了合法地位,鸦片的输入量更是大为增加。从 1859 年到 1870 年的 12 年间,香港每年进口鸦片由 5.4 万担上升到 9.5 万多担,其中绝大部分是运到中国各口岸的。由于鸦片泛滥造成的银价上涨、经济凋敝以及社会风气腐化等问题更加突出,严重影响了沿海地区的社会生活。掠卖华工也是港口贸易的一项重要内容。早在鸦片战争以前,侵略者就开始了在沿海地区掠卖华工的活动,五口通商以后,这种罪恶的贸易活动更加肆无忌惮地发展起来。苦力贩子与当地歹徒相勾结,采用拐骗、绑架、强行抓捕等手段大批掳掠华工,贩运到南洋及美洲等地,从中赚取高额利润。香港、澳门、广州、汕头、厦门、上海等港口城市都是贩卖华工的重要据点。仅厦门一地,1847—1853 年就有 1 万余人被掠走。⑦ 1849—1855 年,美国从广州掠去的苦力人数高达 4

---

①　姚贤镐:《中国近代对外贸易史资料》第 3 册,中华书局 1962 年版,第 1406 页。
②　姚贤镐:《中国近代对外贸易史资料》第 3 册,中华书局 1962 年版,第 1408 页。
③　姚贤镐:《中国近代对外贸易史资料》第 3 册,中华书局 1962 年版,第 1413 页。
④　姚贤镐:《中国近代对外贸易史资料》第 3 册,中华书局 1962 年版,第 1141 页。
⑤　《鸦片战争》第 4 册,神州国光社 1954 年版,第 291 页。
⑥　严中平:《中国近代经济史(1840—1894)》(上册),人民出版社 1989 年版,第 117 页。
⑦　陈翰笙等:《华工出国史料》第 3 辑中,中华书局 1981 年版,第 95—98 页。

万余人。① 由于苦力贩子的猖狂活动,广州出现了人人自危的局面,人们即便在白天也不敢随意活动。1860年中英、中法《北京条约》规定,准许华工到英、法属地或别洋外地工作,从而使苦力贸易披上了合法的外衣。苦力贩子公然在沿海地区设立招工公所,更大规模地从事掠贩华工的罪恶活动。据估计,1850—1875年的25年中,外国侵略者从我国沿海地区掠卖往海外的苦力达50万人左右,其中还不包括贩往南洋、北美、澳洲等的赊单工。② 这些华工在极其恶劣的条件下被运往外洋,遭受种种非人的折磨,许多人悲惨地死在异国他乡。

总之,自从条约制度把港口贸易强硬地楔入中国的传统经济体制之中,资本便开始以其巨大的力量腐蚀着沿海地区的传统经济。在来势汹汹的商品侵略面前,传统手工业不可避免地遭遇了破产的厄运,农业生产被大面积地裹挟进世界商品市场,以农业和家庭手工业紧密结合为基础、以自给自足为基本特征的传统自然经济逐渐瓦解。而传统经济解体的过程也就是沿海地区经济一步步陷入半殖民地半封建化深渊的过程。但是另一方面,传统经济的"破"也产生了新的资本主义生产关系得以"立"的经济因素:耕织结合的小农经济的解体意味着市场的扩大,商品经济的发展成就了新的资本持有者,大批手工业者和农民的破产提供了廉价而丰富的劳动力资源。这些因素当然使侵略者从中受益,但在客观上也为中国民族资本主义的发展创造了一些必要条件。

二　沿海近代工业与军事近代化

沿海传统经济虽然逐渐解体了,但是资本主义生产关系却并未迅速成长起来。这是因为,沿海传统经济的解体并不是其自身矛盾运动的产物,而是西方资本主义经济入侵的结果。旧的经济关系虽然被打破了,原生形态的资本主义萌芽也同时遭到了摧残,资本原始积累的过程不是适应本国资本主义的发展而展开的,而是成为遭受殖民奴役的过程,再加上本国封建势力的层层重压,民族资本主义的发展进程被大大延迟了。因此,中国近代工业的兴办并非出于民族资本主义的自然发展,而是肇始于洋务派、以"御侮自强"为目的而创建的军事工业。

两次鸦片战争使清廷的一些官员认识到西方武器装备的先进。尤其是在镇压太平天国运动中,与太平军对峙前线的曾国藩、李鸿章等地方要员更是对洋枪洋炮的威力有了切身的体会。他们认为,中国与西方的差距不在于制度和文化不同,而在于武器装备的落后,因此提出,"中国欲自强,则莫如学习外国利器,欲学习外国利器,则莫如觅制器之器"③,希望学习西方先进的武器制造技术,从而达到自强的目的。这种主张被清廷的当权派所接受,并形成了"治国之道,在乎自强,而审时度势,自强以练兵为要,练兵又以制器为先"④的主导意见。这些人被称作是"洋务派",在中央以恭亲王奕䜣、军机大臣文祥为代表,在地方以曾国藩、左宗棠、李鸿章等要员为代表。在他们的倡导和主持下,一场以兴办军事工业为先导的洋务运动首先在沿海地区开展起来。

---

① 陈翰笙等:《华工出国史料》第2辑,中华书局1980年版,第8页。
② 严中平:《中国近代经济史(1840—1894)》(上册),人民出版社1989年版,第75页。
③ 《筹办夷务始末》(同治朝)卷二五,中华书局1979年版,第10页。
④ 《筹办夷务始末》(同治朝)卷二五,中华书局1979年版,第1页。

从 1861 年曾国藩的安庆"内军械所",到 1862 年李鸿章在上海设立的三个洋炮局,特别是 1865 年李鸿章在上海收买了美商设在虹口的旗记铁厂并将丁日昌、韩殿甲主持的两个洋炮局并入,再加上容闳购于美国的 100 多台机器成立江南制造总局,建立了中国第一个比较完整地采用西方设备和技术的大型综合性军工企业,在它的影响和带动下,全国各地的军事工业相继兴办起来。据统计,到 1895 年甲午战争结束,全国共创办了大小不等的 24 个军工企业。

洋务派创办的军工企业大部分设在沿海诸省,尤其是朝廷出资兴办的江南制造总局、金陵机器局、福建船政局和天津机器局等四个最重要的企业,更是全部集中于沿海地区。江南制造总局是建立最早、规模最大的军火厂,不但能制造各种枪、炮、水雷、弹药,而且设有轮船厂、船坞和炼钢厂,能制造兵轮及其所需钢材,被看作清王朝的军需命脉。金陵制造局是李鸿章 1865 年升任两江总督后在南京筹建的,主要制造各种口径的枪炮弹药及其他军需用品,重点供应李鸿章的淮军和本省各防营使用。天津机器局起初由三口通商大臣崇厚于 1867 年创办,1870 年李鸿章调任直隶总督,遂接替崇厚主持该局。该局"制造诸务,向以洋火药铜帽为大宗"[1],是华北地区最大的兵工厂。中法战争后,清朝开始筹建北洋海军,该局又开始为海军制造各式舰艇以及海防所需军火弹药,成为北洋水陆各军的军火供应基地。福建船政局是唯一一家专门从事兵轮制造的军工企业,由左宗棠于 1866 年创办。从 1869 年第一艘轮船"万年清"号下水到甲午战争爆发,共成船 34 艘,其中一部分在马尾海战中受损,其他各船分别布防在沿海七省。

除了这四个最重要的军工企业外,19 世纪 70 年代以后,沿海各省还自筹资金创办了一些军工企业,主要有山东机器局、浙江机器局、福建机器局、广州机器局等;中法战争后,台湾也成立了机器局。这些企业一般规模较小,单一制造枪支弹药,主要供本省防营使用。

洋务派创办的这些军工企业,一般都引进西方的机器和技术进行机械化生产,如福建船政局设有铁厂、水缸厂、轮机厂、铸铁厂等一系列配套齐全的工厂,所用机床包括车、削、刨、旋、钻、剪、钳等多种,已经达到了相当高的机械化程度。其他如江南制造总局、金陵制造局、天津机器局等,也都是具有相当规模的近代企业。

这些军工企业还较普遍地采用了雇用劳动,技术人员雇用洋员担任,工人大多是从各地招募而来的自由劳动者,依照技术的优劣确定工资水平。这些特点使得洋务派创办的军工企业与传统的官办手工业有了本质的差别,已经带有了资本主义的性质。但是,这些企业仍然具有浓厚的封建性:企业都是官办,经费由官府从关税、厘金等收入中拨给;产品不参加市场交换,由官府直接调拨,在很长时间内不计价格;在组织形式上,它们不是独立的经济单位,而是官府的分支部门,机构臃肿,冗员充斥。这样的体制又直接导致了经营管理的腐败、生产效率的低下,也不能不影响到产品的质量。连洋务派自己也承认,他们制造的枪炮弹药,"以剿内寇,尚属可用,以靖外患,实未敢

---

① 《李文忠公全书·奏稿》卷二八,(中国台北)文海出版社 1980 年版,第 1 页。

信"①;他们制造的轮船,"可以供转运,不能备攻击,可以靖内匪,不能御外侮"②。

尽管这些军工企业还存在重大的缺陷,远远不是纯粹意义上的近代企业,但是它们毕竟引入了一种全新的生产方式,给沿海社会经济的发展带来了新的契机。

首先,虽然洋务派兴办这些企业的初衷并不是发展民族资本主义,却在客观上将资本主义机器工业移植到了中国,使沿海经济出现了资本主义经济的新的生长点。又由于这些企业是官办性质,一般具有较大的规模,其影响力也就更大一些,这对于沿海传统经济解体后向资本主义经济形态的过渡具有积极意义。其次,军工企业的机器大工业生产必然要求与之配套的民用工业和交通运输业的发展,这在客观上为沿海地区经济的进一步发展提供了推动力。其三,洋务派创办的军事工业引进了西方先进的科学技术和设备,对西学的传播和科技人才的培养起了积极作用。江南制造总局于1868年设立翻译学馆,至清末已翻译西方书籍190余种,其中绝大部分是科技著作。洋务派还创办了一些新式学堂,多次向欧美选派留学生。这些活动使以先进科技为主要内容的西学在沿海地区传播开来,资产阶级思想也开始在部分知识分子中间传播。其四,这些企业雇用了一批以出卖劳动力为生的自由劳动者,从而产生出了中国的第一批产业工人,他们逐渐成长为中国新生产力的代表。这些都在客观上为沿海地区经济的近代化奠定了一定的基础。

三 沿海的"中国特色"民用企业

在创办军事工业的过程中,洋务派渐渐感到缺乏近代工业体系的支撑所带来的问题:由于企业所需设备和原料都需从外国进口,以至产品造价高昂,有的甚至大大超过了外购所需的费用,使得本已十分拮据的国家财政遇到了更大的困难;再者,建立新式海防不但需要先进的舰只和武器,而且需要大量的煤、铁等矿产以及运输、电讯等事业的配合,缺乏这些方面的后勤支援,新的防务体系既无法建立,也难以持久。随着实践的发展,洋务派的思想认识也有了深入,他们越来越感到中外的差距不只在武力强弱,更重要的是经济的贫富。李鸿章曾对此做过明确的表述,他说:"中国积弱,由于患贫。西洋方千里、数百里之国,岁入财赋动以数万万计,无非取资于煤铁五金之矿,铁路、电报、信局、丁口等税。酌度时势,若不早图变计,择其至要者逐渐仿行,以贫交富,以弱敌强,未有不终受其敝者。"③因此,洋务派提出了"寓强于富"的口号,希望通过开办一些新的产业来"与洋人争利",以"求富"助"自强"。从19世纪70年代起,洋务派陆续兴办了一些民用企业。

1872年,由李鸿章在上海主持成立的轮船招商局是洋务派创办的第一家民用企业。招商局最初向英国购买了3艘轮船,1876年增加到12艘;1877年以高价收购美国旗昌轮船公司,共有轮船27艘。为便于修理轮船,还附设了同茂船厂。

招商局运营以后,先后开辟了上海到牛庄、香港、厦门、宁波、温州、福州等地的沿海直达航线以及上海到汉口、上海到宜昌等内河航线。

---

① 《李文忠公全书·奏稿》卷二四,(中国台北)文海出版社1980年版,第13页。
② 《洋务运动》第2册,上海人民出版社1961年版,第393页。
③ 《李文忠公全书·朋僚函稿》卷一六,(中国台北)文海出版社1980年版,第25页。

开平矿务局是洋务派兴办的规模最大的采矿企业。在创办军事工业的过程中,洋务派深切感到"非铁不成,非煤不济",因此急欲开采煤铁矿。在李鸿章的直接擘划下,1878年,开平矿务局正式设局开办,本拟兼采煤铁矿,后因熔铁炉厂成本过高,又缺乏冶炼方面的专门人才,遂决定停办铁矿而专采煤矿。1881年,开平煤矿开始投产,当年产煤3600余吨;以后产量逐年上升,到1889年已经达到了24.7万余吨。

上海机器织布局也是李鸿章一手操持的。早在1876年,李鸿章就开始筹划建立棉纺织厂。1880年,上海机器织布局开始建厂,厂址设在杨树浦。几经周折,直到1890年,部分机器才开始投产。织布局初期营业十分兴旺,尤以纺纱利润为高。1893年夏,李鸿章决定向英国增订机器,扩大纺纱规模。但是,就在这一年10月,机器局发生火灾,全厂付之一炬,损失达70余万两。嗣后,李鸿章派盛宣怀负责恢复,在原织布局的旧址设立了华盛机器总厂。

在洋务派的努力下,沿海地区的铁路和电讯事业也陆续开办起来。在铁路的修筑方面,唐山到胥各庄的铁路是中国独力修建的第一条铁路,系为方便开平矿务局运煤而建。1882年开始通车,1886年组织了独立经营的开平铁路公司,1888年又以中国铁路公司的名义将该路向南一直修到大沽。到甲午战争以前,中国共筑成了300多千米的铁路,主要集中在沿海地区。1879年,李鸿章开始在大沽、北塘的海口炮台试制通往天津的电报。1880年10月,在天津设立电报学堂,并设电报总局,在天津至上海之间设立了七处分局。1881年12月,自天津至上海间的电线架设完工;1884年,又完成了苏州至广州贯穿苏、浙、闽、粤四省的第二条干线,电报总局也由天津移到了上海。到1892年,中国已有22个行省架设了电线。铁路和通讯设施的兴建,使沿海地区的交通和通信状况有了很大改观,不但有利于海防建设,也有利于沿海地区的经济发展。

从19世纪70年代到90年代,洋务派先后创办了20多个民用企业,主要集中在采矿、冶炼、纺织等工矿业和航运、铁路、电讯等交通运输业。这些企业在经营方式上,只有个别采用官办或官商合办的形式,大部分都采取了官督商办的形式。上述轮船招商局、开平矿务局、上海织布局以及电报总局都是官督商办型企业。

官督商办是当时社会历史条件下的产物。这种方式由官方提供部分垫支资本,同时向社会募股集资,企业以经营所得陆续归还官款。在管理方面,原则上"由官总其大纲,察其利弊,而听该商董自立条议,悦服众商"①,即官府负督察之责,资本家行经营之权。由于有官府的支持,官督商办企业往往能够取得一些特权,如招商局开业以后,不但借了大量的官款,还享有漕运以及承办沿江沿海各省官物的专利。上海机器织布局早在投产前的1882年,李鸿章就为它争取了两项特权:一是10年以内只许华商附股,不许另行设局;二是产品运销沿海和内地时,只要在上海缴纳正税,沿途即可免税。再如开平矿务局,为收垄断权益之效,清廷批准,在开平周围10里以内不许民间开采,所产原煤的税额也由每吨6钱多降为1钱。这些优惠政策对这些企业起到了重要的扶植作用,使它们能在与外国同行业的竞争中站稳脚跟。但是,诸如不许华商设厂之类的规定却极大限制了民间工商业资本的自由发展,有其反动性的一面。

19世纪80年代中期以后,官督商办的弊端越来越明显地暴露出来。官府在为企

---

① 《李文忠公全书·朋僚函稿》卷一六,(中国台北)文海出版社1980年版,第25页。

业提供一些政治上的保护和扶持的同时,也使洋务派官僚掌握了一些企业的经营管理权,企业的官僚资本主义性质越来越明显。"官督"权利的加强就意味着"商办"色彩的削弱。在大部分企业中,私人投资者基本处于无权的地位,"商民虽经入股,不啻途人,即岁终分利亦无非仰他人鼻息。而局费之当裁与否,司事之当用与否,皆不得过问"①。非但如此,私人投资者的股金还常有被侵吞和挪用的危险。盛宣怀在督办轮船招商局期间,就擅自挪用该局资金广为投资,为自己建立了一个包括轮船、电报、纺织等企业在内的垄断集团。此外,这些企业还必须服务于官府的特殊需要,如电报总局将有关洋务、军务的电报优先拍发,电报费从该局所欠官款中扣除,官款扣清后也不收费;1888—1895 年,"头等官报"按半价收费,每年少收的费用有 6.3 万余元。其他企业也有类似的现象,轮船招商局在承运军火时也是折价收费的。这些特殊业务不仅减少了企业的收入,而且影响了企业的正常经营。"官督"越来越成为企业发展的障碍,最后出现了"名为保商实病商,官督商办势如虎"②的局面,丧失了私人商业资本的可信任度。到 19 世纪 80 年代中期,官督商办企业已经难以在国内募到股金,便转而依赖外资的支持,其买办性大大增强。

洋务派创办的民用企业在一定意义上是作为西方资本主义经济侵略的对立面出现的,其创建宗旨大多有"与洋人争利"的内容。例如,李鸿章在筹办轮船招商局时就提出"商船能往外洋,俾外洋损一分之利,即中国益一分之利"③。上海机器织布局提出"所分者外洋之利,而非小民之利",清廷降低开平煤矿税收的目的也是"恤华商而敌洋煤"。这些企业在与洋商的竞争中也确实取得了一些成果,从外国侵略者手中夺回了一些利权。比如,开平煤矿投产以后,所产煤炭迅速占领了天津市场,天津的洋煤输入量由 1882 年的 5400 余吨减至 1886 年的 301 吨。轮船招商局的成立打破了外国轮船对沿海沿江航运业的垄断,上海机器织布局的建成投产也夺取了部分洋纱市场。但是,随着官督商办企业买办性的增强,"与洋人争利"的民族性就不断下降了。

在洋务派兴办民用企业的潮流中,沿海地区的民族资本主义也艰难地发展起来。这些企业有的是由旧式手工工场采用机器生产转变而来,大部分则是由一些官僚、地主和买办商人投资创办的。从 19 世纪 70 年代初到甲午战争爆发,沿海地区先后出现了 100 多个商办企业,主要集中在上海、广州等东南沿海城市。

1866 年出现于上海的发昌机器厂是第一家民族资本主义企业。它起初是一个手工锻铁作坊,专为外商船坞打造修配船用零件。大约是 1869 年开始使用车床,雇佣十几个工人,发展成了一个近代工业企业。它的业务发展很快,1876 年制造了第一艘小火轮;1877 年开始兼造车床;到 1890 年已经拥有 10 多台车床,雇佣工人 200 多人,成为当时上海民族机器工业中规模最大的一家。第二家近代民族工业企业是 1872 年陈启源在广东南海创办的继昌隆缫丝厂,雇用工人达六七百人之多。该厂采用蒸汽为动力,出丝精美,行销国外。在它的带动下,广东的机器缫丝业很快发展起来。两年以后,该地又出现了 4 家缫丝厂,到 1881 年已增加到 10 家,共有缫车 2400 架,每年产丝

① 吴佐清:《中国仿行西法纺纱织布应如何筹办俾国家商民均获利益论》,《皇朝经世文三编》卷二六,(中国台北)文海出版社 1972 年版。

② 郑观应:《商务叹》,夏东元:《郑观应集》(下册),上海人民出版社 1988 年版,第 1369 页。

③ 张侠等:《清末海军史料》,海洋出版社 1982 年版,第 23 页。

1200 包。到 19 世纪 90 年代初,广东的机器缫丝厂已发展到五六十家,大厂雇用的工人达 800 人之多,1894—1895 年出口达到 18179 担,比 10 年前增长了 14 倍多。①

1882 年,上海也出现了民族资本经营的缫丝厂——公和永缫丝厂。资本为 10 万两,丝车 100 部。采用购自国外的机器,技术也依赖外国人。1887 年以后逐渐发达,丝车增至 900 部。此后,上海又出现了几家新的缫丝厂,其中最大的坤记丝厂资本达到 24 万两。

机器轧花厂的兴建始于 1887 年严厚信在宁波建立的通久源机器轧花厂。该厂使用购自日本的脚踏轧花机和部分蒸汽轧花机,而且聘用了几个日本工程师和技师,由于棉花出口的增长,该厂获利颇丰。嗣后,在上海也出现了机器轧花厂。

棉纺织业中民族企业的产生相对晚一些,主要是因为 1882 年李鸿章为上海机器织布局申请的 10 年专利权妨碍了棉纺织业的发展。通久源轧花厂在 1895 年扩建成了纱厂,有资本 30 万两,纱锭 1 万多枚,机器和技术都很先进。此后,1894 年上海道台朱鸿度创办裕源纱厂,1895 年又出现了两家新的纱厂——大纯纱厂和裕晋纱厂。在福州、天津、广州、镇江等地也都有开办纱厂的酝酿。

火柴业是民族资本主义投资较多的一个行业。1879 年,侨居日本的卫省轩在广东佛山开办了第一家火柴厂。1890 年前后在上海开办的燮昌火柴厂是较为重要的一家,每日约产火柴 20 余箱。此外,上海、浙江慈溪、厦门和广州等地都有火柴厂开办。

除了以上各业,民族企业在其他行业中也相继建立起来。例如,1878 年,天津设立了贻来牟机器磨坊;1879 年,汕头开始出现使用机器的豆饼厂;1882 年,徐鸿复、徐润等在上海设立同文书局,购置了 20 架石印机,翻印古籍,开以机器印书之先河;同年,广州商人合股设立了宏远堂机器公司,用机器造纸;1890 年,华侨黄秉常创办广州电灯公司,等等。其他如采矿业、船舶修造业、玻璃制造业、制糖业、焙茶业等行业中也都有了民族企业的兴办。

民族资本创办的企业主要集中在轻工业方面,一般投资较少、规模较小,设备简陋、技术落后。它们在建立之初,就受到外国资本主义的排挤和打击。例如,上海的火柴制造业,因无法与洋火柴竞争,三家之中就有两家倒闭;仅有燮昌火柴公司勉强维持下来,但产品不能在沿海各口岸销售,只能销往内陆地区。外国洋行对原料的掠夺性收购也对民族资本主义企业造成了直接的影响。例如,江苏、上海本是生产蚕丝的地区,但上海的缫丝工业却不如广州发达,主要原因就是在原料收购上遭到外国洋行的激烈竞争。民族资本主义还遭受着本国封建势力的压迫。一直到甲午战争前,商办企业始终没有取得官府的正式承认,更谈不上扶植与支持。继昌隆缫丝厂在开办之初,就曾一度以妨夺手工缫丝者生业为由,被当地官府下令关闭,不得不暂迁澳门。官府还对民族资本主义企业横征暴敛、敲诈勒索,极大恶化了这些企业的生存环境。在外国侵略势力与本国封建主义的双重挤压下,沿海地区的民族资本主义企业只能挣扎图存,有的设在外国租界内;有的延聘外国人任董事、经理之类,寻求外国势力的保护;有的则通过种种手段从官府取得经营专利权,希望在与国内同行的竞争中取得优势。这种对中外反动势力的左依右附,充分体现了他们的软弱性和妥协性。

---

① 孙毓棠:《中国近代工业史资料》第 1 辑,中华书局 1962 年版,第 965—986 页。

尽管民族资本主义企业既无法摆脱封建制度的桎梏,又复遭到外国侵略势力的排挤和打击,力量十分弱小,但是,它们在沿海地区的出现仍然具有不可低估的进步意义。首先,促使沿海社会出现了新的社会力量。民族资本主义企业的兴办使积聚在官僚、地主、买办和手工小业主手中的资金开始投向资本主义生产经营,这些企业的投资者也由此成为中国社会一个新的阶级——民族资产阶级。他们中间的一些先进分子对西方资本主义有了更深入的认识,主张向西方学习,开始萌生变革社会政治的思想,资产阶级革命从而有了它的阶级基础。另一方面,无产阶级队伍也进一步发展壮大。到 1894 年,中国的产业工人,除码头工人外,已有约 10 万人。资产阶级和无产阶级这两个对立阶级的出现在一定程度上改变了沿海地区乃至整个中国的社会结构,为未来的社会革命奠定了基础。其次,推动了沿海社会的全面进步。由官办到官督商办进而到商办,由军事工业到大型民用工业再到民族轻工业,民族资本虽然软弱,但毕竟代表了中国社会经济变迁的一个重要环节。它的发展一方面扩大了中国本土的资本主义阵营,或多或少地对西方资本主义的入侵和掠夺起到了一定的遏制作用;另一方面也带动了文教、科技以及人们观念上的进步,客观上推动了沿海地区社会的近代化进程。

四 近代经济的半殖民地化

沿海地区是西方列强对中国经济侵略的前沿地带,最早开始了传统经济解体、近代资本主义生产关系畸形发展的经济半殖民地化过程。随着外国资本主义入侵的步步深入,沿海地区经济的诸般变化也辐射到广大的内陆腹地,加速了整个国家的经济发展和社会变迁。

沿海经济对内地的辐射过程也就是西方殖民势力逐渐扩大影响的过程,它是以侵略者不断通过政治的军事的胁迫从清廷取得更多特权为先导的。第二次鸦片战争以后,列强不但迫使清廷开放了长江流域的镇江、南京、九江和汉口四个口岸,而且取得了在广大内地游历、经商的权利;同时还获准,无论进口出口货物,只要在起运口岸或到达口岸缴纳 2.5% 的子口半税,就可以在沿途不再缴纳任何捐税。这些规定为洋商向内地推销洋货、搜购土产打开了方便之门。

买办商人在洋商势力向内地渗透的过程中起了关键的作用,商业利益的驱动使他们很快将传统的商务网络用来为洋商的购销活动服务。先是大批洋货借以源源不断地输入到全国各地:上海进口的洋货或是在镇江请领税单而运入苏北、山东、河南等地,再由开封、济宁、徐州等地销往各州县;或是经由宁波扩散到浙江、安徽等省区,或是通过长江航线由汉口运人四川、湖南和湖北。广州进口的洋货主要行销云南、广西、四川、贵州以及台湾、福建等地。天津等北部口岸进口的洋货则主要转销到河北、陕西以及内蒙古等广大地区。买办商人的足迹几乎无所不至,就连川、滇、黔边界比较偏远的小镇也有广东商人在那里经营洋纱。内地的许多中心城镇还出现了洋货的批发商号,他们从通商口岸直接购买洋货,再转批给零售商向各地城乡推销。在广大内陆地区,洋货开始从无到有、从少到多地占领市场。据时人称:"洋货捆载而来,连帆而至,从前土货行销之地,今悉为洋货所充斥。"[1]

---

① 严中平:《中国近代经济史(1840—1894)》(下册),人民出版社 1989 年版,第 1151 页。

洋货排挤土货的直接后果是使内地的传统手工业遭到打击。以棉纺织业为例。19世纪70年代以前,洋纱的行销范围主要以华南各商埠为主,到了80年代,东北、云南、贵州、四川等地都成了洋纱的重要市场。洋纱的大量行销侵夺了土纱市场,使这些地区的手工纺纱业受到巨大冲击,土纱生产大量缩减,有的地方甚至出现了停机现象。再如,由于煤油输入量的激增,中国传统的白蜡制造业逐渐衰落,植物油的销售也在一些地区受到排挤。其他手工业部门也都出现了相似的变化。广大内陆地区农业与手工业紧密结合的小农经济结构开始瓦解。

沿海地区对内地经济辐射的另一个重要后果是对外贸易刺激下的农产品商品化程度的提高。受到外商掠夺原料的影响,内地的农产品逐渐被卷入市场体系之中。在南方各省,茶、桑、棉等经济作物的种植大大增加,到19世纪80年代初,四川的桑树种植已经十分广泛,嘉陵江流域、涪江上游和岷江流域都成了重要的植桑区。湖南、湖北等省的蚕桑业和茶树种植业也有了很大的发展。陕西的棉花由原来运到附近的甘肃、四川转而流向上海、汉口、天津等各大港口城市。其他如烟草、大豆、花生、桐油等经济作物的种植,也由于国际市场需求的增加而有了大幅度的增长。农产品商品化程度的提高意味着农业经济与市场更多地联系起来,以自给自足为特征的自然经济模式开始遭到破坏。另一方面,由于这种农业生产的商品化趋势是适应侵略者殖民掠夺的需要而产生的,不得不受控于西方资本主义操纵的国际市场,农业经济的半殖民地色彩也就随之而更加浓厚。

尽管由于生产力低下、封建剥削加重等原因,贫困的小农以自然经济为壁垒对资本主义的经济侵略进行了顽强的抵制,但是,随着整个国家政治半殖民地化程度的加深,传统经济的解体已不可避免,经济的半殖民地化越来越成为国民经济的总体特征。尤其是甲午战争以后,随着国际资本主义向帝国主义的转变,列强加紧了对中国的瓜分,纷纷在中国抢占租界地、划分势力范围。争修铁路、掠夺矿产以及直接设厂成了它们新的侵略方式。它们还极力向清廷提供军需和实业贷款,从甲午战争到辛亥革命的十余年间就向清廷放贷12亿之多,从而控制了清王朝的财政命脉,中国社会的半殖民化进一步从沿海向内地发展。

五 台湾岛的近代经济开发

晚清以来,由于来自海上的入侵成为中华民族最大的威胁,沿海岛屿的战略地位有了很大的变化,由偏僻的边疆一跃成为国防的前线。一向处于传统经济边缘地带的岛屿经济也受到欧风美雨侵袭和沿海地区经济变迁的影响,出现了新的面貌。台湾岛是沿海岛屿中变化最大的一个。随着其战略地位的日益彰显,清廷逐渐加强了台湾的防务和经济建设,尤其是独立建省以后,台湾经济得到了前所未有的开发。

在1874年的日本侵台事件中,钦差大臣沈葆桢出于加强防务的需要,提出了铺设铁路、创办煤矿以及开发土地等设想,但由于时势所限,这些设想没有得到切实的实行。继后,辖治台湾的福建巡抚丁日昌也十分重视台湾的经济发展,在他的主持下,先后架设了台南至安平、旗后的电报线;本拟修建铁路,因经费紧张而改为先修公路。他还在汕头、厦门、香港等地设立招垦局,给以优惠政策,鼓励内地人移民屯垦,大力提倡种植经济作物,开发矿业、林业等资源。

台湾发展最快的时期是在台湾建省以后。第一任台湾巡抚刘铭传继承了丁日昌许多有价值的设想,大力推进以防务建设为中心的经济建设事业,使台湾经济在短时间内有了很大的改观。

晚清以前,台湾岛的农业不够发达,存在大量待开发的土地资源,这主要是由于岛上的土著民不善耕植所致。尽管自郑成功政权起,便不断有鼓励移民垦殖的举措,一些先进的农业生产技术也相继传到岛上,但相对于大陆来说,台湾的农业仍处于落后状态。针对这种情况,刘铭传主张"扩疆招垦,广布耕民"①。他设立了台抚垦总局,下设 16 个分局,由他本人亲任抚垦大臣,采取鼓励垦荒的措施,教当地人民以耕种之法,并大力推广蚕桑和茶树等经济作物的种植。很快,大量的宜农荒地被开垦出来,"台北沿山番地,种茶开田,已无旷土"②。在建省不到两年的时间里,台湾田赋收入即由 18 万余两上升到 67 万余两,在一定程度上反映了农业生产的发展情况。

受洋务运动的影响,台湾的近代工业也有所发展,但是与沿海其他地区不同的是,台湾的近代军事工业是建省以后开始兴办的,而在建省以前,近代民用工业已经有所发展,其中规模较大的是基隆煤矿。基隆煤矿是中国第一座近代煤矿,1875 年由沈葆桢奏请开办,1877 年正式投产,到 1881 年产煤量达 5.4 万吨、出口量达 48178 吨。该煤矿是官办企业,创办经费和常年经费都由官府拨给,但全部生产已是商业生产,工人也都是自由劳动者。但是,与其他官办企业一样,由于封建官僚缺乏管理新式企业的知识,煤矿 2/3 的生产能力得不到发挥,经营状况不佳。建省以后,除了围绕加强海防建立的台湾机器局等一些军工企业以及铁路、电讯等事业以外,又利用当地丰富的自然资源,兴建了一批民用工业。1888 年,成立的机器锯木厂,每天可以生产 800 块枕木。官办民用工业的发展刺激了私人资本主义的发展,一些原来依附外商的买办和商人纷纷将资本转向民族工业的创办。在制造煤砖、加工蔗糖和樟脑等行业中,一些民族资本主义企业发展起来。

台湾的商业贸易也有了令人瞩目的发展。基隆港是全台最重要的商业中心。它既是难得的天然良港,又有便利的陆路交通,商贸十分发达。刘铭传到任以后,着重加强了另一重要商埠——淡水的建设。他以城外的大稻埕为中心,建了千秋、建昌二街,修建了码头和大稻埕铁桥,还设立了兴市公司,以促进商业发展。在官方的积极促动下,以基隆、淡水两个商埠为中心的对外贸易很快繁盛起来。1882—1891 年的 10 年间,台湾的海关税收增加了 123%。1888—1894 年,田赋在全岛财政收入中的比重已降至 12%,商业贸易及其他近代化事业的比重则上升至 52%。③ 茶叶、甘蔗、硫黄、樟脑等丰富的自然资源都成为重要的出口物资,其中以茶叶的出口势头最为猛劲。1871—1896 年的 25 年中,当大陆茶叶的海外贸易下降了 30% 之时,台湾茶叶的出口却增长了近 12 倍。官府还对硫黄、樟脑等重要物资实行专卖,不仅增加了财政收入,而且开拓了国际市场。

总之,台湾经济在日本侵台事件以后的 20 年中发生了巨大变化。这里第一次出

---

① 《刘壮肃公奏议》卷二,(中国台北)大通书局 1987 年版,第 26 页。
② 《刘壮肃公奏议》卷九,(中国台北)大通书局 1987 年版,第 18 页。
③ 汪敬虞:《建省前后的台湾经济》,《经济研究》1987 年第 5 期。

现了新式的煤矿和铁路,架设了自己独立使用的电报线,出现了最初的民族工业。农业和对外贸易也呈现出前所未有的发展态势。从 1889 年开始,台湾结束了靠大陆协饷接济的历史,有些方面的发展甚至开始超过大陆。

第三节　近代海洋渔业经济的转型①

恩格斯曾经说过:"蒸汽和新的工具机把工场手工业变成了现代的大工业。"②同样,以渔轮为工具的捕捞作业以及与之相适应的现代渔业科学技术把传统海洋渔业变成了现代海洋渔业。如果说世界现代海洋渔业的诞生是以 1882 年英国发明并应用现代渔轮在海洋作业为标志的话,那么,中国现代海洋渔业的呱呱坠地则是以 1906 年购买德国渔轮"福海"号为标志。中国现代海洋渔业的诞生来之不易,它的前期成长更是备尝艰辛。

由于鸦片战争是在中国海洋发动的,此后,各国侵略者也都是从海上接踵而来,所以半殖民地、半封建的社会特征在海洋社会经济中体现得极为鲜明。"落后就要挨打"这句至理名言在中国近代海洋社会经济体系中,不单单体现在国家海防上,在其他领域同样有鲜明的体现,海洋渔业就是典型之例。

鸦片战争以前,外国殖民主义者对中国海洋经济的侵略主要集中在商贸领域,对海洋渔业的侵略则不多见。③ 鸦片战争之后,情况就不同了。外国殖民主义者不仅通过向中国大量倾销水产品破坏、打击中国的海产品市场,而且还直接将渔轮驶进中国海洋渔场,公然侵入中国海洋渔业,打击中国的海洋渔业生产。

一　海产品的侵入

我国海洋渔业生产在鸦片战争以前,应该讲,在世界上是处于前列的,但是,水产品加工业却进展颇缓。正如李士豪、屈若搴所说,"以渔业言,则盐干制造业,遂极其幼稚,生鲜鱼类,既不便于保存,又不便于运销,结果只供当地人士之消费,故水产品之贸易,更较其他各业为落后"④。与世界发达的渔业国家相比,中国的海产品加工技术更为落后,这就在客观上为国外海产品的输入提供了极好的商业机会。向中国输入海产品的国家有日本、美国、加拿大、英国、俄国等,其中日本是最大的输出国。从 1687 年开始,日本就开始向中国输入海产品。1697 年,日本长崎以海参、干鲍代替铜,大量输入我国;1764—1771 年间,又增加鱼翅的输入。海参、干鲍、鱼翅称为海鲜"三品"。在输入"三品"的同时,还附带输入海带、鸡冠菜、石花菜、寒天、鲣、干贝等。1895 年《马

---

① 本节内容引见欧阳宗书:《海上人家——海洋渔业经济与渔民社会》,江西高校出版社 1998 年版,第 192—206 页。

② 《马克思恩格斯选集》第 3 卷,人民出版社 1995 年版,第 301 页。

③ 当然,荷兰统治中国台湾时期的情况有所例外。关于荷兰对台湾渔业的侵略、殖民情况,请参见曹永和先生《明代台湾渔业志略》和《明代台湾渔业志略补说》两篇文章,前文刊于《台湾银行季刊》,1953 年第 6 卷,第 1 期,后文刊于同一刊物的 1955 年,第 7 卷,第 4 期。两篇文章后收录在作者所著《台湾早期历史研究》一书中,台湾研究丛刊,1979 年 7 月初版,联经出版事业公司印行,第 157—253 页。

④ 李士豪、屈若搴:《中国渔业史》,上海书店出版社 1984 年版,第 166 页。

关条约》之后,日本不但割据了中国台湾,而且又开杭州、重庆、沙市、苏州为商埠,继之又开盛京、大连湾、秦皇岛、梧州、三水等处的商埠。自此以后,日本对我国海产品的输出就逐年增加。水产品主要包括海带、鲍鱼、海参、虾、干鱼等。以中国水产品出口情况最好的 1934 年为例,这一年日本向中国进口的水产品总值,折合国币为 1800 万元,而中国向日本出口的水产品总值仅为国币 300 万元。"输出入两项数字相差,仍在六倍以上,则吾国水产贸易状况可悲矣"[①]。

美、英、加拿大、俄等国对中国水产品的出口同样有增无减,出现明显的殖民性特征。美国、英国、加拿大对中国的出口,主要是咸鱼、罐头等,俄国大都是海带。造成在中国"整个水产品贸易之输出入上,形成一种以输入为主之畸形状态"的主要原因,除了中国水产品加工业落后外,更重要的原因还是在半殖民地的状态下中国的海关不能自主。1842 年中英《南京条约》规定,中国海关如果增税,须经"双方同意"。这是关税主权丧失的开始。1858 年,清政府与英、法、美等国签订的《通商章程善后条约》,又同意"邀请"英人"帮办"海关商务。从此以后,中国的海关大门洞开,税权完全丧失,殖民主义国家的水产品就可以肆无忌惮地进口,中国的水产品自然就毫无竞争力了。[②]

二 外轮的侵渔

近代中国海洋渔业的半殖民性特征更突出的,还是表现在帝国主义渔轮直接入侵中国海域、霸占中国海洋渔场、打击中国海洋渔业生产上。

明清森严的海禁防卫体系,被鸦片战争的一声炮响轰得荡然无存。自此以后,帝国主义在中国海域就如入无人之境,出入活动极端自由。他们对中国海洋经济的殖民侵略唯利是图、无孔不入,对渔业这一肥肉自然更是垂涎三尺。在觉得将本国海产品大量出口中国赚取大批白银还不过瘾的情况下,帝国主义更悍然出动大批渔轮驶入中国内海,肆无忌惮地掠夺中国渔业资源。最先以渔轮侵略中国的帝国主义是德国。清末,德国帝国主义强迫清政府签订《胶澳租界条约》,租借胶州湾,以青岛为基地,将渔轮驶入黄海进行侵略。继德国之后,是日本渔船的侵略,此外还有法国、俄国等。其中,对中国侵略规模最大、时间最长、危害最厉害的就是日本帝国主义。

自 1911 年日本国内规定禁渔区,即划定在日本沿海的一定区域内不准渔轮曳网捕鱼后,日本的渔业就不得不向远方探索渔场;1914 年又扩大禁渔区,即不得在"东经一百三十度以东朝鲜沿岸禁止区域以内"捕鱼,无形中就把中国的黄海、渤海划定为其渔轮捕鱼的唯一区域。其后,还有几次禁渔区的设定和修正,但每一次都是明目张胆地将其渔轮全部推向中国海域。在中国近代四大海域内,每一海域都受到了日本渔轮的侵渔。例如,在华北海域,自旅大租借给日本后,日本人就在关东设立水产试验场,从调查、试验、贩卖到出渔黄渤两海等各项渔业经营及组织,都以关中为根据地。1914年第一次世界大战爆发,日本乘机取代德国占领胶州湾,大批日本渔船麇集青岛捕鱼

① 转引自丛子明、李挺:《中国渔业史》,中国科学技术出版社 1993 年版,第 99 页。

② 关于中国近代水产品贸易情况,可参考李士豪、曲若鬈的《中国渔业史》第 7 章《水产贸易》和丛子明、李挺主编的《中国渔业史》第 5 章《晚清和中华民国时期(1840—1949)》第 6 节《水产品对外贸易每况愈下》。

并开设鱼市场。据不完全统计，1917年日本在青岛的渔船达130艘，1925年以后又增加拖网渔轮64艘。1929年，日本在旅大海域的渔轮达116艘；20世纪30年代初，更增加到600多艘。由于日本渔轮拥有巨大的优势，也由于当时中国政府的腐败无能，整个华北海域已成为"反宾为主之势"：日轮为本口船，可以自由出入青岛港，而华轮为外口船，须照常纳税；在辽宁省和河北省沿海，两万多平方千米的渔场被视为日满领海，中国渔船进入捕鱼还要悬挂伪满国旗。又如，在华中海域，日本以上海为根据地，成立海产品集散中心，侵渔浙江沿岸及长江口附近的优良渔场。例如在1928—1931年间，大批日本渔轮由日本军舰率领并保护，在我国临洪口及长江口外一带渔场侵捕。据1932年7月《民国日报》初步统计，"兹以日本手缲网渔轮一项，至上海侵渔情形而论，则以民国十七年至二十年七月为最猖獗，计有渔轮三十八艘……最少时计有十四艘，平均每月二十八艘。以最少数计每年每艘鱼值三万元计，则每年被侵损失八十四万元，计民国十九年一年中日轮侵入上海者有一百七十二次……"①再如，在华南海域，日本以台湾和香港为根据地侵渔中国海洋。1895年日本占据台湾后，整个台湾都在它的殖民统治之下，渔业自然不能幸免。不仅如此，日本还以台湾为基地，侵渔中国南海。1922年，日本利用华人出面承垦西沙群岛，随后由日本、台湾运来200多人，在西沙群岛掠夺渔业资源和开采磷矿。1925年，由于中、英经济绝交，香港粮食危机，日本人乘机以供给粮食为条件，在香港取得了经营渔业的权利。

近代侵渔中国的第二大帝国是俄国。由于它主要侵渔中国东北的内陆江河渔业，与本书的专题研究联系不大，故不详加介绍。这里值得补充的是法国对西沙群岛的侵渔。1933年4月7—12日，法国公然出兵占领西沙西南九个小岛，阻止中国渔民捕鱼，引起国内外舆论关注。各国舆论普遍认为，这九个小岛虽然面积不大，但都是中国渔民历来捕鱼之所。"法人突然宣布占领，其形迹殊无异于侵略。"②

帝国主义对中国海洋的侵渔，其后果是极其严重的。首先，它破坏了中国海洋的独立完整，把属于中国的地理优越、资源丰富的海洋渔场变成了半殖民地、半封建的渔场，剥夺了我国海洋渔场的所有权。其次，掠夺了中国大量的海产品。仅以日本为例，据初步统计，1906年日本在中国海域的掠夺量为1400吨，1933年上升到50700吨。第三，沉重地打击了中国的渔业经济。例如，日本把在中国海洋捕获的海产品通过奸商之手而畅销于中国国内，而且通过抑制价格使其远较国内市场鱼价为低，致使国内鱼市大受打击，而渔业者都赔累不堪，渔民更无法生活，从而沉重地打击了中国的海洋渔业生产和渔业经济。日本渔轮侵入福建、广东沿海以后，仅福建一省就有1000多只中国渔船被迫停产。中国海洋渔业从此衰落，"此实为其最大的原因"③。第四，严重地破坏了中国海洋渔业资源。外轮侵渔都是以优质资源为猎取对象，并实行酷渔滥捕，一些珍贵的资源，被帝国主义者完全破坏。例如，黄渤海区的珍贵资源真鲷，就是被日本侵略者完全破坏的。④

① 李士豪、屈若搴：《中国渔业史》，上海书店出版社1984年版，第201—202页。
② 李士豪、屈若搴：《中国渔业史》，上海书店出版社1984年版，第197页。
③ 李士豪、屈若搴：《中国渔业史》，上海书店出版社1984年版，第202页。
④ 本节内容可参看李士豪、屈若搴的《中国渔业史》和丛子明、李挺主编的《中国渔业史》。

三 中国现代海洋渔业的诞生

马克思在《一八五九年的爱尔福特精神》一文中指出:"反动派在 1848 年以后扮演了特殊的革命遗嘱执行人的角色,不可避免地实现了革命的要求,尽管这是在一种滑稽可笑的歪曲的方式下进行的。"①马克思的这句话为我们分析中国现代海洋渔业的诞生提供了科学的理论根据。尽管晚清政府和北洋政府在政治上腐败无能、丧权辱国,但在海洋渔业经历了沉重的因落后而挨打的过程之后,他们也不可避免地顺应海洋渔业发展的时代要求,推进中国现代海洋渔业的发展。

以现代渔轮为标志的中国现代海洋渔业的诞生虽距世界第一艘现代渔轮的诞生——1882 年英国现代渔轮的诞生仅隔 24 年,但这并不表明晚清政府早就有追赶现代渔业发展潮流、发展中国现代海洋渔业的要求和愿望。如果不是 1906 年春德国殖民侵略者的一艘现代渔轮开进中国黄海进行肆无忌惮的侵渔,经张謇等联合奏请清廷以巨款将该渔轮收买并制止德国人从此不得再以渔轮在中国领海内捕鱼,中国的这艘名为"福海"的现代渔轮也就不会这么早地用于中国海洋渔业生产,中国的现代海洋渔业也就不会诞生得这么早。

提起中国现代海洋渔业的诞生,我们不能不谈及张謇的功劳。张謇(1853—1926),字季直,江苏南通人,是中国近代著名的实业家。1904 年 3 月,愤于"中国渔政久失,士大夫不知海权",这位晚清商部头等顾问官向商部条陈设立渔业公司,经营现代渔业。商部向晚清政府奏报,获准。商部令张謇具体筹划,沿海七省督抚同时筹备。张謇决定以内外界定新旧渔业行渔范围,将渔业分为远洋、近海两部分。以新式渔业在远洋工作,因为远洋是公海,应该用新式渔轮作业,以此与外国相抗衡;近海则由原来旧式渔轮作业,以维持原来的小渔业,即所谓"外为内障,内为外固,相资为用"②。张謇还决定,先在江苏、浙江、广东、福建成立南洋总公司,四省则各设局。1906 年春,江浙渔业公司首先成立,张謇兼任经理,公司直属商部。这时,正有一艘德国渔轮在黄海侵渔,张謇报请商部乘机将其购买,名之曰"福海"。虽然由于技术人才的匮乏和经营管理的不善,"福海"并未显示出现代渔轮的巨大威力,但它标志着中国现代海洋渔业的开端则是不容争议的历史事实。

江浙渔业公司购买"福海"之后,沿海各地的现代渔业公司掀起了购买、新造现代渔轮的热潮,形成了一股规模不小的现代海洋渔业的竞争局面。例如,1919 年浙海渔业公司新造"富海""裕新"渔轮两艘(柚木壳,备有 90 马力的石油引擎);1910 年该公司又向美国购买一艘浅水兵船改为渔轮,定名为"富海",历次出渔,收获甚佳;1922 年,农商部江苏省海州渔业技术传习所在上海新造渔轮一艘,定名"海鹰";1923 年甬商翁某组织海利渔业公司,向英国购买一艘现代渔轮,名为"海利",在舟山群岛附近生产,1925 年改为"海平";1925 年,福建厦门集美学校向法国购买一现代渔轮,定名"集美 2 号";1933 年江苏建设厅向德国白利曼海文(Biemeihaven)地方订购渔轮一艘,花费 5000 金镑,1934 年抵达上海,同年出渔,名为"连云"。

---

① 《马克思恩格斯选集》第 1 卷,人民出版社 1995 年版,第 736 页。
② 李士豪、屈若搴:《中国渔业史》,上海书店出版社 1984 年版,第 154 页。

拖网渔轮是"蒸汽和新的工具机"的结合，是当时渔业生产工具的尖端。我国除有相当规模的拖网渔轮外，还有当时与之同样先进的手缲网汽船。如果说张謇是中国最早引进拖网渔轮的话，那么手缲网汽船的最早引进者则为辛作亭。1921年，辛作亭任烟台政记公司"永利"轮船买办职务时，因见日本汽船手缲网渔业试验成绩优良，"为挽回利权外溢起见，特纠合该埠海兴成及大连原田公司，聚资倡办渔业公司，辛君赴日本下关购来渔轮两艘，均为单汽缸30马力者，定名曰富海、贵海，并聘日人充当船长大车等职务，营业颇为发达"①。由于汽船资本小而获利丰，所以自辛作亭购买"富海""贵海"后，全国各地购买这种渔船就更为踊跃，到1936年，全国有拖网渔轮10艘，而手缲网汽船则多达150余艘。

科学技术是第一生产力。现代渔轮不仅大大提高了劳动生产率，而且为中国海洋渔业生产的增产增收立下了汗马功劳，更为建立和发展中国现代海洋渔业立下了不朽功勋。不幸的是，正当中国现代海洋渔业逐渐走向成熟的时候，日本帝国主义发动了全面的侵华战争，中国的海洋渔业自然不能幸免于难。八年抗战期间，现代渔轮或遭战争破坏，或被征用，全国渔业基本陷于瘫痪状态。抗战胜利后，国民党又发动全面内战，现代渔轮同样不能免遭厄运。铁的历史事实证明：只有共产党才能救中国，只有社会主义才能拯救和发展中国的现代海洋渔业！

中国现代海洋渔业在20世纪初期的诞生并发展，除了主要表现在现代渔轮即渔业生产工具的引进和使用外，还体现在水产人才的培养、水产科学的试验上，因为生产力的主体毕竟还是劳动力。关于中国近代水产人才的培养及水产科研实验的研究，现在出版的各类"渔业史"及部分"教育史""科技史"的论著中都有或多或少的介绍，这里就不详加阐述了。我们只想概括地说，中国近代已初步建立了较为完备的水产人才的教育培养体系。其中，高级水产学校有河北省立水产专科学校、江苏省立水产学校、浙江省立高级水产学校、集美高级水产航海学校、广东省立高级学校、山东省水产讲习所、辽宁省立高级水产学校等七所，初级水产学校有江苏省立连云初级水产职业学校、厦门渔民小学、广东汕尾渔业学校等三所。对于兴办水产学校的目的，政府的态度是极为明确的："中国海面辽阔，鱼盐利溥，只以采取无方，致使货弃于海，因谓谋振兴事业，必先造就人才，欲造就人才，则舍兴办学校，殆无良法。"②也就是说，兴办水产学校的目的就是为了振兴现代渔业。应该说，上述水产学校为推动现代海洋渔业的发展是做出了较大贡献的。

水产科学试验(包括研究、调查)，是现代渔业的开路先锋，是传统渔业走向现代渔业的桥梁。③伴随着中国现代海洋渔业的诞生，我国的水产科学试验也开始起步。自1917年山东省立水产试验场在烟台西沙澳创办开始，近代中国掀起了一个渔业试验与调查的小高潮。除山东省立水产试验场之外，江苏、浙江、广东也都设立了省立水产试验场。关于这些试验场的具体情况，李士豪、屈若搴的《中国渔业史》第三章有详细记载，兹不赘言。这里只想补充一句：水产科学试验的起步为中国现代渔业的科学发

①　李士豪、屈若搴：《中国渔业史》，上海书店出版社1984年版，第159页。
②　这则话是晚清直隶提学使卢靖在光绪三十二年兼办直隶渔业公司事宜时说的，转引自李士豪、屈若搴：《中国渔业史》，上海书店出版社1984年版，第125—126页。
③　李士豪、屈若搴：《中国渔业史》，上海书店出版社1984年版，第159页。

展做出了不小的贡献。

第四节　晚清海洋经济思想的嬗变①

晚清海洋经济思想的发展,大致经历了三个阶段:19世纪四五十年代魏源等人的感性认识,这突出地表现在农商关系及对外贸易上;60—90年代郑观应等人的明确认识,主要内容是明确批判重农抑商,宣传重商、商战、流露出重工思想;甲午战争后至清末张謇等人的成熟认识,主要内容是强调以工立国,力主推动经济一体化进程,着意于政治体制改革,以适应海洋经济的需要。关于晚清海洋经济思想嬗变的原因,乃我国对外贸易本身的长足发展,这可以从关税的迅速增长看出。而就其影响而言,从经济的角度说无外乎自然经济逐步瓦解、商品经济日渐发展,二者之间相互作用,是互动的关系。但是,如果从文化的角度看则可发现,海洋经济思想的发展对晚清文化的西化、进化起着十分巨大的作用。中西冲突表现在经济上是海洋经济与内陆经济的对撞,结果我国的主体经济——自然经济分崩离析、日趋式微。经济西化了,建构在之上的文化西化当然不可避免。

海洋经济是相对于内陆经济而存在的,海洋经济乃商品经济,而内陆经济则是农业经济。海洋经济是外向型、开放型的,其发展方向乃一体化经济;而传统上内陆经济则是封闭型的,其发展方向乃分散的小规模经营。我国长期以来一直是农业经济占据着主导地位,到了晚清,则有一个从农业经济向商品经济、由内陆经济向海洋经济的转型。

一　19世纪四五十年代魏源等人的感性认识

鸦片战争这一千古未有之奇变,引发了知识分子思想观念的大裂变②,以魏源等人为代表的经世致用派,包括龚自珍、包世臣、林则徐、徐继畬等,以及因奇异的人生旅路而引发遐思的农民知识分子代表洪仁玕,这些人在鸦片战后致力于对传统农业经济、重农抑商的批评,并表达了对海洋经济即商品经济、发展对外贸易的向往。

经世派思想裂变首先表现在农商关系上。徐继畬生活在崇奉农本主义的时代,但他却大胆地称道西方致富致强的原因在于工商。他在《瀛环志略》卷四中说:"欧罗巴诸国,皆善权子母,以商贾为本计。关有税而田无赋,航海贸迁,不辞险远,四海之内,遍设埠头,固因其善于操舟,亦因其国计全在于此,不得不尽心力而为之也。"在这里,徐继畬流露出了对我国传统重农抑商的不满。在《瀛环志略》卷二中,徐继畬盛赞古代中国海外拓荒的传奇人物虬髯客:"倘有虬髯其人者,创定而垦拓之,亦海外之一奇欤!"效仿西方以商立国,走海外殖民的致富之路,崇尚海洋经济,就是徐继畬的主体思路。魏源也认为,要处理好社会经济问题,就必须解决好商品货币经济关系,于是在

---

①　本节引见苏全有:《论晚清海洋经济思想的嬗变》,《河南师范大学学报》哲社版,2001年第3期。
②　苏全有:《论晚清知识分子思想观念素质的嬗变》,《河南师范大学学报》哲社版,1997年第3期,第44—48页。

《圣武记》卷一四中提出"缓本急标"论："语金生粟死之训,重本抑末之谊,则食先于货；语今日缓本急标之法,则货先于食。"魏源主张改漕运为海运、改官运为商运,认为这样可以有四利六便：利国、利民、利官、利商,国便、民便、商便、官便、河便、漕便。[①]

就经营方式而言,经世派也有新的认识。龚自珍在他的晚年,较为明显地产生了具有资本主义倾向的经济思想,如他对拥有少数雇工、进行商品生产的富农经济,就予以了肯定。[②] 魏源还提出允许官民自办工厂,鼓励私营,这都极有利于海洋经济的发展。至于洪仁玕,由于受香港经历的影响,他也产生了类似的看法,这在《资政新篇》中触目皆是。

经世派的海洋经济思想最突出的表现在于外贸方面。

包世臣在鸦片战前基本上是以自然经济的眼光来看待对外贸易问题的,但到了鸦片战争后,他已敏锐地觉察到洋货对国货的冲击,并表示了严重的忧虑。他在《安吴四种》卷二六中说："近日洋布大行,价才当梭布三之一。吾村专以纺织为业,近闻已无纱可纺。松、太布市,消减大半。去年棉花客大都折本,则木棉亦不可恃……"这种对英国海洋经济侵略后果的认识,在当时是比较早的。

林则徐在鸦片战争期间及之后对我国的对外贸易的认识,其可贵之处在于他能够从经济的角度出发,而不拘泥于自然经济的传统观念。林则徐认为,发展对外贸易,于民于国均有益处。在《附奏夷人带鸦片罪名应议专条夹片》中他指出："利之所在,谁不争趋？……且闻华民惯见夷商获利之厚,莫不欣羡垂涎,以为内地人民格于定例,不准赴各国贸易,以致利数转归外夷。"在《密陈夷务不能歇手片》中又说："广东利在通商,自道光元年至今,粤海关已征银三千余万两,收其利者必须预防其害,若前此以关税十分之一,制炮造船,则制夷已可裕如,何至尚行棘手。"[③]林则徐不从使用价值角度而从交换价值出发去看对外贸易,这是他高于别人之处,也反映了他对海洋经济的向往。

在对外贸易上,魏源主张扩大进口范围,如大米、武器、铅、铁、硝、布等有利于我国经济与国防的物质均可输入,并运用贸易差额理论予以分析。对于国外贸易,他认为应由私商来操作,国家可派军舰护航,以保护之。在此基础上,魏源进而提出了海权问题。他在《海国图志》中宣示中国已经面临一个前所未有的海国时代,于是急而提出四策：创设新式海军,倡导海军现代化；发展工业与航运；经营南洋作为藩镇；倡导海洋风气,转移国民观念。为了改变国民重陆轻海的观念,他着重强调了三点：利用轮船改良漕运；训练文武大吏多习于海事；改良科举,开创水师(海军)特科培养海军人才。[④] 19世纪是一个海洋的世纪,西方海国依仗着其发达的海洋经济向外扩张,气焰之盛几乎如日中天。在此大背景的折射下,魏源较明确地提出海洋经济思想并详予阐述,在当时实为难得。

以上我们主要论述了以魏源为代表的经世派的海洋经济思想。在认识到他们思想中的可贵之处的同时,我们也要对其中一些传统遗留有清醒的了解。例如,汤鹏在《浮邱子》卷十中主张要"严中外之防","毋贪荒服之利而苟取之,毋损中华之利而苟予

---

① 魏源：《魏源集》,中华书局 1976 年版,第 416 页；第 411 页。

② 龚自珍：《龚自珍全集》,上海人民出版社 1975 年版,第 196—197 页。

③ 林则徐：《林则徐集·奏稿》,中华书局 1985 年版,第 885 页。

④ 刘泱泱等：《魏源与近代中国改革开放》,湖南师范大学出版社 1995 年版,第 219—233 页。

之",这是一种变相的"绝夷舶"思想;龚自珍对于对外贸易虽反对闭关锁国,但他又说"夫中国与夷人互市,大利在利其米,此外皆末也","国家断断不恃榷关所人"等①,则又反映了他的传统的重食轻货思想;在林则徐的观念中,始终潜存着农本思想,他认为"天朝"百产丰盈,"并不藉资夷货",鸦片战争期间林则徐之所以鼓励除鸦片之外的所谓正当贸易,也有军事角度的考虑;至于魏源,农本思想之根依然深固,1852年他最后增订《海国图志》时于卷六一中仍说"金玉非宝,稼穑为宝,古训昭然,荒裔其能或异哉"。上述经世派的种种不足,反映了他们在海洋经济问题上的认识感性色彩浓重。

二 19世纪60年代至90年代郑观应等人的明确认识

从19世纪60年代洋务运动的发生到90年代中甲午战争的爆发这30多年时间里,海洋经济思想的载体主要体现在早期改良思想家的身上,即冯桂芬、王韬、马建忠、薛福成、陈炽、郑观应等,其中以郑观应为代表。这些人的海洋经济思想主要表现在三个方面:第一是明确批判重农抑商;第二是宣传重商、商战;第三是流露出重工思想。

对于重农抑商的批判,王韬的言论最为典型。在《代上苏抚李宫保书》中他指出:"盖西国于商民,皆官为之调剂翼助,故其利溥而用无不足;我皆听商民之自为,而时且遏抑剥损之,故上下交失其利。今一反其道而行之,务使利权归我,而国不强,民不富者,未之有也。"②在《兴利》中他又称重农抑商"迂拘","徒知丈田征赋,催科取租,纵悍吏以殃民,为农之虎狼而已"③。由此可看出,其农本思想荡然无存。

很明显,早期改良思想家的海洋经济思想是以批判农本商末为起始,而落脚点则在于重商、商战上。

关于重商,马建忠有一段论述:"窃念忠此次来欧一载有余,初到之时,以为欧洲各国富强专在制造之精,兵纪之严;及披其律例,考其文事,而知其讲富者以护商为本……"④值得注意的是,早期改良思想家在重商的思想基础上,竟提出了"恃商为本"的口号。例如,郑观应曾指出:"商以懋迁有无,平物价,济急需,有益于民,有利于国,与士农工互相表里。士无商则格致之学不宏,农无商则种植之类不广,工无商则制造之物不能销,是商贾具生财之大道,而握四民之纲领也。商之义大矣哉!"⑤薛福成在《英吉利用商务辟荒地说》中也有类似言论:"夫商为中国四民之殿,而西人则恃商为创造国家、开物成务之命脉,迭著神奇之效者,何也? 盖有商则士可行其所学而学益精,农可通其所植而植益盛,工可售其所作而作益勤,是握四民之纲者,商也。"上述内容说明了早期改良思想家的重商主义倾向。⑥

关于商战思想,较早提出的冯桂芬在《校邠庐抗议·筹国用议》中主张加强发展出口贸易,并称出口大宗丝、茶为"富国之大源",开商战思想之先声。其后,马建忠、薛福成、陈炽等应者纷起,而集大成者则是郑观应。他在《盛世危言·商战》中说,"兵之并

① 龚自珍:《龚自珍全集》,上海人民出版社1975年版,第170页。
② 王韬:《附图园尺牍》,中华书局1959年版,第85页。
③ 王韬:《附图园文录外编》,中华书局1959年版,第45页。
④ 马建忠:《适可斋记言》,中华书局1960年版,第31页。
⑤ 郑观应:《盛世危言》三编,卷一,图书集成局1898年版,第2页。
⑥ 张步先、苏全有:《晚清重商主义与西欧重商主义》,《河南师范大学学报》1997年第1期,第10—13页。

吞,祸人易觉;商之掊克,蔽国无形"。"习兵战,不如习商战。"

值得注意的是,随着早期改良思想家重商思想的发展,其对工业的重视程度在上升。例如,陈炽就曾指出:"外洋入口之货,皆工作所成,中国出口之货,皆土地所产,工拙相越,贵贱相悬,而中国之金银山崩川竭矣。"[1]通过中西比较,陈炽认识到我国传统就是重农抑商,这与西方迥异。国用出于农,则重农,出于工商,则重工商,理固依然,无足怪哉。但至今以后,国家的根本命运、经济命脉,必系于工商。"转移而补救之,固亦匪难也,无他,劝工而已矣。"[2]"工商二事……此富国之基也。"[3]薛福成也指出:"泰西风俗,以工商立国,大较恃工为体,恃商为用,则工实尚居商之先。"[4]

总体看来,早期改良思想家们的海洋经济思想与经世派相比要明确得多,可以说是前进了一大步。但是,我们在看到其进步的同时,也要注意到早期改良思想家的不足,这主要表现在他们对商业、贸易极为重视,但对工业的重视程度不够,此外,对海洋经济的总体把握上还显得零碎而不全面。

三 甲午战争后至清末张謇等人的成熟认识

甲午战争对中国社会的影响可谓创巨痛深,知识界受此刺激,其对海洋经济的认识较之早期改良思想家更进了一步,这主要表现在以下几个方面:强调以工立国;力主推动经济一体化进程;着意于政治体制改革,以适应海洋经济的需要。

封建顽固派主张以农立国,早期改良思想家要求以商立国,而甲午战争后的知识界则倡导以工立国。康有为对于以农立国论调批评道:"国尚农则守旧日愚,国尚工则日新日智。"[5]对于以商立国,他指出:"商之源在矿,商之本在农,商之用在工,商之气在路。"基因于此,康有为力主将中国"定为工国"[6]。与康有为意见相一致的是梁启超,他在《变法通议》中提出"以工立国"。康有为与梁启超是率先鼓吹中国工业化的著名思想家。

继康、梁之后致力于重工的乃张謇。他宣称:"实业者,西人赅农工商之名。"那么,农工商三者,哪一方面处于核心地位呢? 是工业。对于商业,早在1895年张謇就指出:"世人皆言外洋人以商务立国,此皮毛之论也。不知外洋富民强国之本实在于工。"对于农业,张謇虽然说过"立国之本不在兵也,立国之本不在商也,在乎工与农,而农为尤要"[7]。但这里所说的"农为本"是农业为工业的基础的意思,即提供工业原料,总体看来,"工固农、商之枢纽,""非此不能养九州数百万之游民,非此不能收每年数千万之漏卮"[8]。张謇不仅有此认识,而且付诸行动。他于甲午战争后创办大生纱厂,一举成功,"这是第一次欧战以前华资纱厂中唯一成功的厂"[9]。

---

[1] 赵树贵等:《陈炽集》,中华书局1997年版,第82页。
[2] 赵树贵等:《陈炽集》,中华书局1997年版,第201页。
[3] 赵树贵等:《陈炽集》,中华书局1997年版,第137页。
[4] 丁凤麟、王欣之:《薛福成选集》,上海人民出版社1987年版,第482页。
[5] 翦伯赞等:《戊戌变法(二)》,神州国光社1953年版,第226页。
[6] 康有为:《条陈商务折(光绪二十四年九月二十一日)》,知新报(第70册)。
[7] 张謇研究中心等:《张謇全集·经济》,江苏古籍出版社1994年版,第13页。
[8] 苏全有:《张謇发展进口替代工业思想论略》,《河南师范大学学报》1997年第3期,第36—40页。
[9] 严中平:《中国棉纺织史稿》,科学出版社1955年版,第129页。

在经济一体化问题上,维新思想家如谭嗣同、严复、梁启超等有一个共同的认识,即经济自由主义。他们的出发点在于反对官督商办,但客观上却推动了经济一体化进程。梁启超在《史记货殖列传今义》中斥保护关税政策是"病国之道",认为自由贸易乃"天地自然之理"。严复在《原强》中着重强调了个人经济自由:"夫所谓富强云者,质而言之,不外利民云尔。然政欲利民,必自民各能自利始;民各能自利,又必自皆得自由始。"谭嗣同的经济自由理论包括"人我通""中外通"两个方面,其中"人我通"是指人与人之间"其财均以流",而"中外通"则是指国际贸易中"通人我……之一端"①,经济一体化倾向十分明显。

孙中山是经济一体化问题的总结者和总设计师。他认为在当时的中国,必须致力于引进外资、对外开放,以营造有利的外部环境。对于那些反对引进外资、对外开放的几种论调如"依靠国内自筹资金而不必借外债""借外债足以引起瓜分""让外商赚钱中国吃亏论""借外资有回扣损失"等,孙中山一一予以批驳。他还指出,就整个世界而言,世界各国的经济联系日益密切,因此必须克服惧外心理,走出闭关自守的藩篱,以融入世界性经济之中。②

甲午战争后知识界之所以提出政治体制改革,是为了适应海洋经济的需要。严复出于经济自由的需要,认为政治民主权利乃其保证与前提。康有为在《敬谢天恩并统筹全局折》中也说:"今天下之言变者,曰铁路,曰矿务,曰学堂,曰商务,非不然也;然若是者,变事而已,非变法也。""若决欲变法,势当全变。"孙中山则更进一步指出中国的国际地位直接影响着经济发展。

从以上所论可知,张謇、康有为、孙中山等人的海洋经济思想比之早期改良思想家的主张要系统、成熟、完整得多。至此,晚清海洋经济思想步入到它的最高峰。

晚清海洋经济思想之所以得以产生、发展乃至走向成熟,很重要的原因就是我国对外贸易本身的长足发展,这可以从关税的迅速增长看出。

我国古代一直到鸦片战争前,税收主要以土地税为主,农业在国民经济中的地位之高无与伦比。海关税由粤、闽、江、浙四海关征收,其定额分别为"899064、186549、65980、89908两,合计只有100多万两"③,在国家财政收入中所占比例甚微。但是到了晚清时期,情况却发生了很大变化,其突出的表现就是关税的飞速增长,在国民经济中占有举足轻重的地位。

鸦片战争一结束,列强对华出口贸易即迅速扩展。以上海为例,1843年岁末的一个多月里,就有7艘洋船满载货物进口,货值达433729两,次年进口的英国货达548035两,1860年上海进口货达26225588两,可谓来势汹汹。与此相对应的是,在华外商人数和洋行数急剧增长。我国的出口贸易的发展也十分迅猛,上海在1843年出口货值为147172两,1860年则达到31363880两。进出口经济的发展必然带来税收的增长,1841年我国关税收入为4207695两,1845年达5511445两。19世纪50年

---

① 蔡尚思、方行:《谭嗣同全集》,中华书局1981年版,第327—328页。
② 苏全有等:《近代中国进口替代工业问题研究》,中州古籍出版社2000年版,第135—146页。
③ 戴一峰:《近代中国海关与中国财政》,厦门大学出版社1993年版,第95页;第25页。

代,随着海关制度的改革,关税大幅度增加。①

从 19 世纪 60 年代以后直到清末,海关税收逐年增加。1861 年为 5036371 两,10 年后突破 1000 万两大关,1887 年突破 2000 万两大关,1903 年突破 3000 万两大关,1910 年达到 34518859 两。② 50 年间海关税增加了 6 倍,它与田赋、盐税并称晚清三大税种。

与田赋相比,晚清田赋收入一般在 3000 多万两左右波动③,而海关关税则由 19 世纪四五十年代的四五百万两上升到清末的 3000 多万两,其与田赋的比例在四五十年代为 1∶6,60 年代,到甲午战前在 1∶6 到 2∶3 之间波动,到 1910 年则达到了 1∶1 左右。在国家税入总额中,海关税所占比例在 19 世纪 40—60 年代为 10% 左右,80 年代在 20% 左右,清末为 30% 左右。④

晚清海洋经济思想就是在这样的经济背景下产生、发展乃至于成熟。

第五节　以海洋为纽带:近代山东经济重心的转移⑤

山东沿海地区对外开放后,不仅建立了与海外市场的直接联系,而且扩大了与国内各通商口岸之间的贸易往来。

清嘉道年间,大运河由于日益频繁的黄河水患及淤塞等原因而衰落,导致了周边地区经济的急剧衰退。与此同时,官方的海运活动和频繁的民间海上贸易,促使山东沿海地区一批港口城市相继兴起,导致山东社会经济重心逐渐东移,这也是西方殖民者谋求开放烟台和青岛为通商口岸的根本原因。山东沿海地区对外开放后,不仅建立了与海外市场的直接联系,而且扩大了与国内各通商口岸之间的贸易往来。胶济铁路的开通,拓展了山东沿海口岸的市场腹地,使山东内地乃至整个华北地区迅速地脱离"边缘化"的状态,整合到以海洋为纽带的国内国际市场经济体系中。山东沿海地区作为联结内地与海外市场的枢纽,具有不可替代的区位优势,而 20 世纪初期新式工业的兴起,最终确立了口岸城市作为区域社会经济重心的地位。

一　贸易与运输:近海与海外市场的变化

1861 年烟台的开埠,为山东区域经济的发展带来了新的契机。从此开始,山东沿海地区进入了全新的海洋时代,与国内外市场建立了更为广泛的联系。

烟台开埠后,山东沿海各州县与国内市场的联系更为紧密,主要表现在贸易规模的增大和货物种类的增多方面。据史志载,道光末年烟台还未开埠通商时,其进口货

① 黄苇:《上海开埠初期对外贸易研究》,上海人民出版社 1979 年版,第 138—139 页;杨希闵:《中国工商税收史资料选编》,中国财政经济出版社 1994 年版,第 40 页。
② 汤象龙:《中国近代海关税收和分配统计》,中华书局 1992 年版,第 63—66 页。
③ 梁方仲:《中国历代户口、田地、田赋统计》,上海人民出版社 1980 年版,第 415—416 页;第 418—419 页。
④ 苏全有等:《近代中国进口替代工业问题研究》,中州古籍出版社 2000 年版,第 43 页;第 25 页。
⑤ 本节引见张彩霞:《以海洋为纽带:近代山东经济重心的转移》,《中国社会经济史研究》2004 年第 1 期。

物大部分是"粮食与粗杂货"①;烟台开埠通商后,山东本地和外地的商人往来于国内各个省区之间,贸易的货物品种和数量都大为增加。例如,在山东沿海地区与宁波的传统海上贸易往来中,山东有 140 艘木船来往于宁波贸易,而从事于山东贸易的宁波木船有 140—160 艘。② 另外,福州有 13 条帆船专门从事于福州与山东之间的直接贸易。③ 山东沿海的烟台、掖县和胶州等港口,也有来自汕头的船只在此贸易。④

青岛开埠前,烟台与国外市场联系比较少,但是它与国内开埠口岸和未开埠各港口间的贸易仍然有了进一步的发展,其进出口贸易额逐年增加。在 1895—1898 年的 3 年中,烟台的洋货进口量翻了一番,主要来源于国内通商口岸的土货进口量也增长了 45.65%,而在此之前的 30 多年中,烟台洋货进口量增长都极为缓慢。⑤

19 世纪末 20 世纪初,青岛的开埠使山东社会经济面临新的契机。优越的港航条件和贸易基础,吸引各国来青岛发展自己的航运势力,青岛港的近海和远洋航线因之增加。这些定期和不定期近海与远洋航线的开通,使青岛与国内烟台、天津、牛庄、大连、海州、上海、汕头、香港诸港的货运联系加强,而且也使青岛的贸易范围扩展至热那亚、马赛、利物浦、伦敦、安特卫普、不来梅、新加坡、槟城、科伦坡、亚丁、塞得港、鹿特丹、汉堡等著名港口,青岛从而融入国际海运贸易网络之中。⑥

1901 年青岛入港轮船,共有 219 艘,载货总吨位为 229715 吨,到 1913 年增至 865 艘,载货吨位共为 1338799 吨,每年都有稳定的增长。民船贸易由 1901 年的 3062 艘,增至 1913 年的 5350 艘。⑦ 从这个时期的贸易数字,也能看出历年贸易额在不断增长。例如,1902 年的贸易额为 10344642 海关两,到 1913 年时达到 59168880 海关两。1922 年中国政府接收青岛后,贸易蒸蒸日上,从 1922 年的 97590928 海关两,到 1931 年已增长到 218275187 海关两。⑧

二 进出口商品结构的变化:以烟台和青岛为中心

烟台、青岛两港口的进出口商品结构,可分为进口洋货、进口土货、出口土货三部分。⑨ 从这三部分的变化消长中,可以看到贸易与运输怎样造成区域内社会经济活动的变化,以及近代山东经济被纳入世界市场的过程。

山东沿海地区开放后,大批洋货、土货被运到烟台、青岛。1894 年前,历年土洋货进口总额占贸易总额的 60% 左右;历年洋货进口值又占土洋货进口总值的 60% 以上。

① 民国《福山县志稿》卷五《商业》,《民国》王陵基修,于宗潼纂,民国九年(1920 年)铅印本。
② 聂宝璋:《中国近代航运史资料》(第 1 辑,1840—1895,下册),上海人民出版社 1983 年版,第 1259—1260 页。
③ 聂宝璋:《中国近代航运史资料》(第 1 辑,1840—1895,下册),上海人民出版社 1983 年版,第 1255 页。
④ 聂宝璋:《中国近代航运史资料》(第 1 辑,1840—1895,下册),上海人民出版社 1983 年版,第 1330—1331 页。
⑤ 交通部烟台港务管理局:《近代山东沿海通商口岸贸易统计资料(1859—1949)》,对外贸易教育出版社 1986 年版,第 4—6 页。
⑥ 青岛市档案馆:《帝国主义与胶海关》,档案出版社 1986 年版,第 111—112 页。
⑦ 交通部烟台港务管理局:《近代山东沿海通商口岸贸易统计资料(1859—1949)》,对外贸易教育出版社 1986 年版,第 70 页。
⑧ 交通部烟台港务管理局:《近代山东沿海通商口岸贸易统计资料(1859—1949)》,对外贸易教育出版社 1986 年版,第 11 页。
⑨ 交通部烟台港务管理局:《近代山东沿海通商口岸贸易统计资料(1859—1949)》,对外贸易教育出版社 1986 年版,第 3 页。

1901 年,青岛进口洋货净数为 343 万海关两,1913 年增至 2621 万海关两。受第一次世界大战的影响,洋货进口急剧衰退,后经过缓慢复苏,1920 年恢复到战前水平,之后洋货进口量保持每年 4000 万以上海关两,1931 年达到 7504 万海关两。[1]

1905 年前,烟台进口大宗洋货主要有鸦片、棉布、毛织物、棉纱、金属品、煤、煤油、海菜、大米、糖类和美国面粉等;1905 年后,纸张和染料替代鸦片和毛织物的进口,以棉布、棉纱和煤油的增长率最高。[2]

烟台出口大宗土货种类有豆饼、枣、中药材、豆油、豆类、咸干鱼、虾米虾干、茧绸、丝、草帽辫、粉丝、花生、花生仁等,1911 年后增加了花生油、镂空花边、发网等货物。手工业制品如草帽辫,是在 19 世纪中期由法国传教士传授而来的[3];当烟台开埠后,草帽辫成为山东重要的出口产品。草帽辫的输出,使编草帽辫者不断改进其花样。对此,时人写有竹枝词:"破却工夫缉麦揖,几经纤手结缠缫。问郎出甚新花样,花样崭新才值钱。"[4]烟台草帽辫出口量在全国出口量中,1867—1872 年为 145%,1873—1894 年为 60.64%。[5]

青岛在德国统治时期主要进口的大宗洋货有棉布、五金、糖、面粉、煤、美国煤油、铁路材料、开矿材料等。在这十年中,青岛进口洋货中以棉布、五金、糖和美国煤油增长最快,它们在 1913 年的进口量分别是 1903 年的 4.6 倍、14 倍、28.7 倍和 5.8 倍;面粉则在 9 年的时间里增长了 267 倍。[6] 随着进口洋货数量的增长和种类的增多,它们的销售市场也扩大了,而市场需求的增加又促使洋货进口量的更大增长。据统计,1904 年胶济铁路全线通车,由铁路运入内地的洋货运量总值为 6992977 海关两,1905 年即增长到 8880749 海关两,是前一年的 1.27 倍,其中以棉布、棉纱、金属和火柴为消费大宗。[7]

青岛在德国统治时期,出口的土货主要为花生、花生油、煤、草帽辫、丝、茧绸、烟叶、豆油、药材等;1918 年后,花生仁、盐、棉花、丝、煤、烟叶等土物成为出口大宗。农作物成为出口大宗,与农产品技术改良和商业化有关。例如棉花,山东试种上海棉种,产量颇丰。以前每年要从上海进口 3 万—5 万担棉花,现在除供本地消费之外,还有不少运往天津和青岛出口,1910 年由山东输出的棉花在 1.5 万担以上,1911 年在 4 万担以上。[8] 花生也成为大宗出口土货。1913 年烟台、青岛两港口出口的花生量占全国

① 交通部烟台港务管理局:《近代山东沿海通商口岸贸易统计资料(1859—1949)》,对外贸易教育出版社 1986 年版,第 4—12 页。
② 交通部烟台港务管理局:《近代山东沿海通商口岸贸易统计资料(1859—1949)》,对外贸易教育出版社 1986 年版,第 136—137 页。
③ 彭泽益:《中国近代手工业史资料(1840—1949)》(第 2 卷),中华书局 1984 年版,第 403 页。
④ 董锦章:《补竹枝词》,引自民国《四续掖县志》卷六《艺文》,(民国)刘国斌修,刘锦堂纂,民国二十四年(1935 年)铅印本。
⑤ 交通部烟台港务管理局:《近代山东沿海通商口岸贸易统计资料(1859—1949)》,对外贸易教育出版社 1986 年版,第 170—171 页。
⑥ 交通部烟台港务管理局:《近代山东沿海通商口岸贸易统计资料(1859—1949)》,对外贸易教育出版社 1986 年版,第 140 页。
⑦ 交通部烟台港务管理局:《近代山东沿海通商口岸贸易统计资料(1859—1949)》,对外贸易教育出版社 1986 年版,第 143 页。
⑧ 李文治:《中国近代农业史资料(1840—1911)》(第 1 辑),三联书店 1957 年版,第 424 页。

出口量的 53.3%。①

三 帆船与轮船：航运业的结构转型

随着通商口岸的增多和西方列强取得越来越多的优惠条件，外商轮船大量涌入中国。自此，中国帆船业不仅面临海盗袭击、抢劫的困境，而且最关键的是处于传统货源被轮船夺去而失去业务的境地。

在洋船于 1869 年取得可以从牛庄和烟台两通商口岸装运豆石和豆饼直接输出外国的开禁令后，往来于这两地的帆船数目骤减，这是因为豆石和豆饼这两种出口物资，"几乎构成从这两个港口开出的船只所能运送的唯一货物"，也是沙船自北回南者转运的大宗货物。② 之前在 1860 年左右，"从事于上海—烟台—牛庄间贸易的沙船数目约计三千艘，所投资本约七百五十万镑"③。自从豆货解禁，轮船装豆，"北地货价，因之昂贵，南省销路，为其侵占。两载以来，沙船资本，亏折殆尽，富者变而赤贫，贫者绝无生理。现在停泊在港船只，不计其数，无力转运。若不及早挽回，则沙船停泊日久，船身朽坏，行驶维艰，业船者无可谋生"④。

不仅仅是外国船只的进入导致中国帆船业的整体衰败，中国社会各阶层对轮船从抗拒到接纳的态度也同样对中国帆船业造成冲击。

首先是洋务派官僚。早在 19 世纪 60 年代，在与外国的战争中，他们就已认识到坚船利炮的重要性。如果说以曾国藩、李鸿章等人为代表的洋务官僚把林则徐、魏源所倡导的"师夷长技以制夷"口号落实为"师夷智以造炮制船"的行动，是从军事上着眼的，那么到 70 年代轮船招商局的创办，蕴涵了统治阶层"商战"的思想。

其次是商人。他们视利润为最切要。轮船较帆船有许多优点，他们最终选择了轮船贩运货物，这样也导致帆船的减少。"自洋船通行以来，民船生理渐减。商民以洋船行驶迅速，无风涛之险，且洋税较常税轻重悬殊，遂皆趋之若鹜。向以民船为业者，自知挽回无术，率多弃业改图，每遇民船行驶外洋，遭风损坏，概不修理添补，以故民船日益短少"⑤。郭嵩焘更看到，"远自牛庄、烟台以及江浙、福建，近至海西之高、廉、雷、琼，海东之潮州"，"各省商贩贸易，亦皆乘坐轮船，以取迅速"⑥。

从以上资料我们可以清楚看出，社会不同阶层对轮船的观念发生了巨大的变化，人们对轮船从排斥到接纳的观念变化导致帆船的衰落。

然而，山东沿海地区的帆船业却出现与江南帆船业不同的情况。19 世纪 70 年代，烟台已从帆船航运转变为轮船航运为主，但是衰落的都是外国的帆船。当时烟台的外国帆船最多，衰退也快，反而传统民船却迅速成长转型，成为轮船的辅助工具⑦，

---

① 交通部烟台港务管理局：《近代山东沿海通商口岸贸易统计资料（1859—1949）》，对外贸易教育出版社 1986 年版，第 190 页。

② 聂宝璋：《中国近代航运史资料》（第 1 辑，1840—1895，下册），上海人民出版社 1983 年版，第 1310—1311 页。

③ 〔英〕莱特：《中国关税沿革史》，姚曾廙译，三联书店 1958 年版，第 79 页。

④ 《李文忠公全集》奏稿七，1921 年上海商务印书馆影印金陵原刊本。

⑤ 聂宝璋：《中国近代航运史资料》（第 1 辑，1840—1895，下册），上海人民出版社 1983 年版，第 1268—1269 页。

⑥ （清）郭嵩焘：《筹议各海口添设行厘片》，引自《郭侍郎奏疏》卷——，清光绪十八年（1892 年）刻本。

⑦ 张彬村、刘石吉：《中国海洋发展史论文集》（第 5 辑），（中国台北）"中央研究院"中山人文社会科学研究所 1993 年版，第 319—321 页。

甚至 20 世纪以后山东沿海的民船仍占据重要的地位。

事实上,山东沿海民船在开埠初期也出现经营危机。据载,登州海船在山东最为著名,"自烟台通商,轮船飘忽,竞捷争先,亦受其困焉"①,但是,当中国商人和旅客越来越欣赏轮船所具有的优越性、全国帆船业整体上出现衰败景象的时候,北洋船并没有大势已去,借助着运价、税率、较多的港口装卸等对自己有利的条件迅速发展,并成为轮船的补充运输工具。据 1866 年上海贸易报告书记载,主要来自天津、烟台和满洲的 1900 艘帆船,载着棉花、南京本色布和纸张等货物驶抵上海港口。②

在轮船业的夹缝中,山东沿海各港帆船的主人与时俱进,改变经营方式,并多利用大帆船搞长途贩运,取得很大的成就。山东帆船大而坚。这种船通常能载 5000 担货,按 16.8 担折合 1 吨来计算,可载 297 吨。③ 这些大帆船满载土产花生、豆麦、棉花、柞丝、枣柿、林檎、草帽辫、博山瓷器玻器之类,北至天津、营口、大连、安东,南至青口、海州、盐城、上海、宁波、福州、厦门。本地民船,南航而归者,必载砂糖、药材、竹器、大米;北航而归者,必载木材、杂粮、烧酒、干鱼等。④ 一些帆船主因此成为著名的富商大贾。以金家口为例,金家口"长祥号"土产行的老板王广州,1896 年起利用大帆船搞远洋贩运;青岛开埠后,又给青岛代销英、美烟卷。到 1914 年"长祥号"达到鼎盛,资本额达 35 万多元银洋。"德成号"是莱阳王芝生的祖父于清光绪年间开设的,清末成为金家口的商贾大户。民国初年,王芝生接手后,经营土产兼船行,为"金永安""福和泰""金永祥""金永泰""金同兴""金同福"六艘商船承办业务,也是商船中的主要股东,并为上海、青岛、大连、安东、海州等客商承办业务。⑤

青岛开埠前,胶州湾之麻湾、塔埠头、浮山,民船早盛;青岛开埠后,进出口青岛港的民船艘次历年有增,如 1900 年近 5000 艘次、1905 年近 9000 艘次、1910 年为 11300 艘次、1919 年达到 16986 艘次。⑥

由于濒海的地理环境,山东沿海人民多"操航业"。例如,莱阳县北海、养马岛、系山口、金山港等处,虽有汽船停泊其间,商旅往来也以汽船为主,然而运货卸客,仍多需用帆船;养马岛等处的商人多以航业起家,所蓄各船,质坚而大,其营业范围南通沪粤,北达天津、关东,并不限于在本境贸易;何况有些地方如南海浪暖、洋村两处,港岸滩浅,轮船、汽船不能进口,专恃帆船出入,这些帆船一般往来于烟台、威海、青岛、安东、营口等处,南以海州、上海等处航运贸易;洋村附近驶舢板者最多,散布于烟台、威海各处。全县航业,以帆船运货,以舢板送客,与轮船并不相妨。⑦ 此外,石岛、俚岛、海阳、金家口、劳山湾、红石崖、灵山卫、涛雒镇则民船极为发达,轮船对其贸易也没有很大影响。⑧

---

① 光绪《增修登州府志》卷六《风俗》,(清)方汝翼、贾瑚修;周悦让、慕容干纂,清光绪七年(1881 年)刻本。

② 聂宝璋:《中国近代航运史资料》(第 1 辑,1840—1895,下册),上海人民出版社 1983 年版,第 1328 页。

③ 聂宝璋:《中国近代航运史资料》(第 1 辑,1840—1895,下册),上海人民出版社 1983 年版,第 1260 页。

④ 林传甲纂:《大中华山东省地理志》,武学书馆 1920 年版,第 102 页。

⑤ 据即墨县商业志编纂办公室:《即墨县商业志》(内部资料)整理,第 434—438 页。

⑥ 交通部烟台港务管理局:《近代山东沿海通商口岸贸易统计资料(1859—1949)》,对外贸易教育出版社 1986 年版,第 70—71 页。

⑦ (民国)宋寿章修,于清泮纂:民国《牟平县志》卷五《政治志·航业》,民国二十五年(1936 年)石印本。

⑧ 林传甲纂:《大中华山东省地理志》,武学书馆 1920 年版,第 101 页。

四　沿海与内地:胶济铁路的经济意义

1898 年 3 月 6 日签订的中德《胶澳租借条约》,给予德国政府在山东省内经营铁路和开采矿产的特殊权利。胶济铁路从 1899 年 9 月开始动工,1904 年 6 月全线通车。胶济铁路的修建,不仅使青岛的商业地位日益凸显,而且打通了山东沿海、内陆与海外市场,对山东区域社会经济发展具有重大的意义。

开埠初,青岛进口货物主要有匹头花布、棉纱、煤油、火柴等。这些来自国外的进口货物,是青岛商港向国外开放后新产生的贸易对象,并因铁路交通运输为进口货物更多地运到内地提供了条件,贸易数量逐年大幅度增加。津浦铁路的建成,进一步促进了青岛进出口贸易的发展。津浦铁路是山东省内另一条铁路,它于 1908 年开始建筑,到 1912 年竣工,以天津为起点,到南面扬子江畔的浦口为终点。它由北往南穿越山东境内,并在济南西站与胶济铁路连接起来,因此亦可和北京及西伯利亚铁路连接通车,青岛的贸易势力范围于是扩展到这些地方。

胶济铁路的修建,也改变了山东的经济地理面貌。铁路便利于人口流动和货物交流,不仅促进山东商品经济的发展,也促进了铁路沿线一些商业城镇的发展。例如,昌乐"地瘠民贫,商业萧条,自胶济铁路通车以后渐有起色"①;潍县"自胶济通车,烟潍筑路,本县在交通上享有种种运输之便利。兼以商民性格机巧,喜于摹仿,勇于投资,故商业年有进步。除县城外,坊子、二十里堡、南流、蛤蟆屯、大圩河,皆以接近铁路,顿成商业中心。其他如寒亭、眉村、杨角埠、望留、固堤、马思等,虽僻处乡曲,亦各有其重要地位"②。再如,益都县的杨家庄,"在铁路未通之先,杨家庄乃一偏僻小村,固无商业可言。今则交通便利,营业日盛,村内居民仅六十余户,而大小商号多至二十家。内有炭商十家,杂货商二家,小本经营者数家",以一小村,因为铁路"路线所过,一跃而成镇市"③;淄川也因胶济铁路交通便利,货物运输方便而繁盛,淄川"山环水抱,交通不便。在先舟车不通,商贾罕至,自本路敷设(张博)支线,煤矿开发,其他矿产物,亦俱有出路,地方日益繁盛"④。

胶州亦得益于 1904 年胶济铁路的全线开通而日渐发达。1900 年,胶州出口土货价值 3 万两,占青岛出口土货价值的 2.72%;洋货及土货进口价值则达 16 万两,占青岛进口土、洋货价值总额的 5.61%。1910 年,出口土货价值增至 800 万两,洋、土货进口价值增至 1200 万两⑤,分别占青岛土货出口价值和土、洋货价值总额的 46.59% 和 47.23%。据调查,20 世纪 20 年代,胶州出口的大宗土货为花生、瓜子、花生油、豆油、

---

① (民国)王金岳等修,赵文琴等纂:民国《昌乐县续志》卷一五《民社志》,民国二十三年(1934 年)铅印本,成文出版社 1968 年版。

② 胶济铁路管理局车务处:《胶济铁路经济调查报告》,青岛文华印书社民国二十三年(1934 年)版,第 15—16 页。

③ 胶济铁路管理局车务处:《胶济铁路经济调查报告》,青岛文华印书社民国二十三年(1934 年)版,第 15 页;第 11 页。

④ 胶济铁路管理局车务处:《胶济铁路经济调查报告》,青岛文华印书社民国二十三年(1934 年)版,第 5 页。

⑤ 李文治:《中国近代农业史资料(1840—1911)》(第 1 辑),三联书店 1957 年版,第 415 页。

洪泰火柴、毡帽、毡鞋、白菜等,由青岛转运上海、宁波、福建、东三省、日本及欧美国家;①进口的大宗外货范围广泛,有西洋货如煤油、糖、洋缎等,东洋货如雪花膏、美人牌牙粉等,国内各地的瓷器、铁器、土布等。总体而论,胶州进口外货多供本地需要,转销于外地的很少,其价值较出口土货为多。胶济铁路的建设使"青岛日盛,烟台日衰"。在铁路未建设以前,烟台是山东唯一的贸易商港,"胶济铁路通而分其一部分东走青岛,津浦路通又分其一部分北走天津。顾烟台之贸易额,当光绪二十七、八年间已达四千五六百万两,洎光绪三十年胶济全路通车,青岛日盛,烟台日衰,不数年而贸易额退至三千万两以内"②。

五 沿海地区近代工业的发展

山东省物产富饶,有工业发展的良好天然条件。山东沿海地区的工业萌芽于德国租借地青岛。在德国租借青岛的 16 年中,共设立工厂 15 处左右,如礼和蛋厂、青岛啤酒酿造公司、哥伦比亚股份有限公司等③,没有国人自己建立的工厂。

日本占领期间,各种制造工业都有发展,唯华商工厂少见;1922 年国民政府收回青岛后,民族工业才如雨后春笋般地发展起来,机器制造工业品有棉纱、本色棉布、面粉、火柴、蛋制品、花生油、啤酒、机器工具及精盐等。其中,以棉纱、棉布为大宗,所以该项进口商品数量骤减,1934 年由青岛进口棉纱 300 担,占全国海关进口棉纱价值的0.03％④,几近绝迹。下面介绍几个主要行业发展的情况。

纺织品工业创于 1918 年,为日商建立的内外棉纺厂。1920 年,华商建立华新纱厂。之后,日商的富士、大康、隆兴、公大、宝来等厂相继开设,市场几乎全由日商操纵。此外,青岛有 6 家染织厂,4 家制棉厂,4 家花边厂,2 家袜厂,1 家抢绒厂,规模都不大。上述纺织品工厂计有 24 家,为青岛重要工业之一。⑤ 1930 年间,官商合办民生国货模范工厂一家,经营染织业,为提倡国货之先河。⑥

其他专门棉织工厂,以青岛、福山、长山、济南最多,其中青岛 5 家、牟平 1 家、福山18 家、益都 2 家、长山 25 家、济南 41 家,生产布、毛巾、睡衣、线毯、棉带等,多销往胶济沿线、东三省,以及冀、豫、晋、陕、苏、皖各省。⑦

青岛工业除棉织业外,以火柴为最著。德租借青岛时期,市场上只有瑞典和日本火柴出售。1916—1921 年,日商先后设立山东、青岛、益丰等厂,分销省内各地。华商火柴公司也相继设立。1921 年成立的鲁东公司最为先进,之后有振业、华北、信昌、明

① (民国)赵文运、匡超等纂修:民国《胶澳志》卷五二《民社》,民国二十年(1931 年)铅印本,成文出版社 1968 年版。
② (民国)赵琪修,袁荣等纂:民国《胶澳志》卷五《食货志·商业》,民国十七年(1928 年)铅印本,成文出版社1968 年版。
③ 彭泽益:《中国近代手工业史资料(1840—1949)》(第 2 卷),中华书局 1984 年版,第 757—761 页;青岛市档案馆编《帝国主义与胶海关》,档案出版社 1986 年版,第 129—130 页。
④ 交通部烟台港务管理局:《近代山东沿海通商口岸贸易统计资料(1859—1949)》,对外贸易教育出版社 1986年版,第 175 页。
⑤ 何炳贤:《中国实业志(山东省)》,民国实业部国际贸易局民国二十三年(1934 年)刊,第 54 页。
⑥ 胶济铁路管理局车务处:《胶济铁路经济调查报告》,青岛文华印书社民国二十三年(1934 年)版,第 211 页。
⑦ 胶济铁路管理局车务处:《胶济铁路经济调查报告》,青岛文华印书社民国二十三年(1934 年)版,第 4—5 页。

华、兴业、华盛等公司创设。其中,以日商设立的青岛火柴公司规模最大,华商公司中只有华北、振业两家可与之相比,但其各种原料却购自日本。据 1934 年统计,青岛市区有火柴厂 12 家,即墨有 7 家,威海、福山、胶县、潍县、益都各 1 家,济南 3 家,产品大部分运销胶济和津浦铁路沿线、关东、江苏、河北、河南、安徽等地。①

山东盛产大豆和花生,所以制油业极为发达,家庭工业所在皆是,规模较大者仅在青岛、济南、泰安有三处。② 青岛植物油厂计有 13 家,规模最大的东和油坊由日人创办,资本额 50 万元;其次为华商经营的昌兴油厂,资本额 20.5 万元,此外都是资本为数千元至数百元之间的小资本营业。③

其他工业方面,如建筑材料,1934 年春间,华商姚华孙、姚作宾等在青岛发起组织中国石公司,以花岗石为主要营业,主要利用本地出产的花岗石。该公司规模宏大,"全国只此一家"新兴建筑材料企业,在上海建立了分厂。烟台有钟表工厂永康、慈业、德顺兴等 4 家,所生产的座钟、挂钟行销各大商埠,在当时尚属"崭新之工业"。④

20 世纪 30 年代,胶济铁路管理局车务处还组织调查胶济铁路沿线一些重要家庭工业,包括油、酒、细粉、布、花边、草帽辫、苇席、发网八项,大半为农隙作业,为工业的重要补助。例如,胶东各县油坊计约 3000 家,仅莱阳一县就有 648 家,其次栖霞、即墨、掖县、平度等县亦各二三百家。⑤

纵观山东沿海地区近代工业发展过程的特点,先从开埠城市兴起,再向开埠城市周边地区辐射,进而延伸到内陆地区;另外,华商工厂在开埠时代不仅数量少,规模也小。20 世纪 20 年代前后,华商建立的工厂数量急剧增长,尽管资本尚不足以与外资抗衡,但是其产品在客观上构成与外资产品竞争的态势。

山东沿海地区的社会经济变化建立在传统社会经济发展的基础之上。在贸易与运输条件改变的条件下,山东沿海地区的国内外市场都发生了变化,进出口商品结构的不同促使传统社会经济开始转型。抵制外货进口满足本地人们新的消费需要,为产业结构的改变提供了前提。胶济铁路对山东沿海地区的经济推动意义重大,它使海洋、沿海、内地三者紧密联系起来。作为连接海洋与内地的山东沿海地区,在全国处于重要的地位,也是获益最大的,因它靠近海洋,"那里即使最后得到的外国事物也来得较易"⑥,所以首先走上现代化的道路,为现代山东经济的发展构筑了坚实的基础和开拓了广阔发展空间。

---

① 胶济铁路管理局车务处:《胶济铁路经济调查报告》,青岛文华印书社民国二十三年(1934 年)版,第 4—11 页。
② 胶济铁路管理局车务处:《胶济铁路经济调查报告》,青岛文华印书社民国二十三年(1934 年)版,第 9 页。
③ 何炳贤:《中国实业志(山东省)》,民国实业部国际贸易局民国二十三年(1934 年)刊,第 55 页。
④ 何炳贤:《中国实业志(山东省)》,民国实业部国际贸易局民国二十三年(1934 年)刊,第 65—66 页。
⑤ 胶济铁路管理局车务处:《胶济铁路经济调查报告》,青岛文华印书社民国二十三年(1934 年)版,第 21—44 页。
⑥ 〔美〕马士:《中华帝国对外关系史》第三卷,张汇文等译,上海书店出版社 2000 年版,第 68 页。

第四十六章
近代中国沿海城市的发展

　　作为揭开中国近代史序幕的鸦片战争的最为直接的结果之一,是中国香港的被英国租占和其后一系列中国沿海港口的被迫对外开放、更多地被列强租占。这些港口的被强行租占、被强行开放,对于中国国家主权和领土完整与安全,对于中华民族尊严和悠久的文化传统来说,是奇耻大辱,但又在客观上促进了中国沿海港口城市及其外向型经济的迅猛发展,进而促进了中国内地和整个国家的近代化转变。这不是单纯判断好与坏、对与错、是与非所能解决的问题,在当时,这一切都是被迫的,别无选择。

　　英国租占后的香港,一开始即被英国政府宣布为自由港,从1841—1860年,迅速成为了世界上最大的鸦片走私中心和贩运苦力的贸易中心,轮运业、金融业及一般贸易也得到了初步发展,因而使得香港的城市经济出现了畸形的初步繁荣。1861—1900年,香港的航运、银行各业得到蓬勃发展,港口及其他基础设施日臻完善,使得香港很快成为中国沿海、内陆水路贸易的终端和国际航运的联结点,确定了其作为世界贸易中转大港的重要地位;与此同时,香港的近代工业也开始起步,商业和城市生活迅速走向繁荣。

　　近代东南沿海五城市——上海、宁波、福州、厦门、广州作为"五口通商"的条约开放口岸,其城市变迁起于开埠后的国内外贸易的发育、发展。"五口通商"使东南沿海地区的商品市场最先受到列强"自由贸易"的刺激和驱动。五城市的外贸各有特色和行进轨迹。上海脱颖而出,成为东南沿海乃至全国外贸的"龙头",具有很大的"制导"作用。在外贸的推拉作用下,商品流通和市场关系向着内地城乡渗透,国内商品市场脱旧开新,不断拓展,五口岸城市的内贸有长足的发展,成为国内埠际贸易的大港和内地周边地区的市场中枢,发挥着传动和辐射作用,其作为港口城市的建设规模和速度,都不同程度地得到了大幅度提升,很多城市的发展可以用"飞速"来形容。

　　本章在概述最早被迫开埠的"条约五口"的城市经济与海内外贸易发展状况的同时,选择香港、上海、天津做重点介绍。

第一节　开埠后的香港的崛起①

一　初期的香港经济(1840—1860)

(一)自由港政策与最初的基础设施

1841年1月英国占领香港后不久,即宣布香港为自由港。这项政策在英属直布罗陀、马耳他诸岛实施多年,行之有效。实行自由港政策的前提是岛屿本身缺乏资源和可供输出的产品,粮食及其他消费品仰给于外地,港口地处国际交通要道,宜于兴办转口贸易和鼓励外来人口入境,并有足够的海军防卫等。② 而香港恰恰具备了这些条件,因此实行自由港政策不久,来港贸易的商船和商人与日俱增。③

为了发展自由港的贸易,港英政府采取有效措施保证香港四周海面的平静与安全。华南沿海海盗出没由来已久。1839—1846年,海盗活动随着鸦片走私的猖獗而加剧,香港鲤鱼门劫匪尤多,帆船如非顺风结伴,不敢单独成行。1844年6月18日,海盗150人袭击香港仓库,势焰之大由此可见一斑。④ 有些欧洲海员与当地海盗紧密勾结,海盗船队的首领以香港为进行抢劫活动的大本营。当地的海军管理人员不仅供应他们军火武器,并代他们销赃。⑤ 1845年,香港政府依靠中国商人出资,装备两艘巡逻艇在香港附近海面巡逻。1847年,改由水上警察负责。⑥ 次年,水上警察抓获300名海盗送交清政府。⑦ 于是,海上稍得安静,香港帆船贸易因之略有起色。⑧

继宣布自由港政策后,港府即着手建设海港城市、仓库、码头等,以适应贸易日益扩大的需要。

在英人占领以前,港岛中心在南部赤柱。这里气候、卫生等条件比北部好,人口2000人,约占全岛一半。北部裙带路(今皇后大道西)一带人口稀少,地势高峻,可供建设的平地无几。但该地濒临维多利亚港,这一巨大优越性却非赤柱所能比拟。因此,英人占领香港岛后把建设城市的地点选在港岛北部。1841年7月底,港英当局任

---

① 本节引见余绳武、刘存宽:《十九世纪的香港》,中华书局1994年版,第237—300页。

② 拉布什卡:《香港经济自由研究》,1979年芝加哥出版,第121—123页。

③ 有必要指出,由于香港作为自由港不设关收税,因而也就没有负责登记、统计进出口货物的专门机构。缺乏系统的完整可靠的统计资料,给香港经济的定量分析带来一定困难。1886年中英《烟台条约》生效后,中国海关开始有关于从香港进口鸦片数量的登记。直到1919年香港才有法令规定各商行应向商务处按时提供有关贸易的完整准确的计数。本章所用资料,如《英国议会文书》,殖民地部档案(C.O.129)香港政府年度报告、船政厅报告等,虽然事实比较可靠,也难免存在不完整、不系统的缺点。参见安德葛:《东方转口贸易港:香港史资料集》,前言,1965年伦敦再版,第16—18页。

④ 黄宇和:《鸦片战争时代中英外交文件提要(1839—1860)》,牛津大学出版社1983年版,第112页。

⑤ 欧德理:《欧西于中土》,香港别发书店1895年版,第239页。

⑥ 《布莱克伍德致格雷函》1848年2月26日,英国殖民地部档案,C.O.129/29。

⑦ 《德庇时致格雷函》1848年2月26日,《英国议会文书》,1847—1848年第46卷,英国爱尔兰大学1971年版,第318页。

⑧ 欧德理:《欧西于中土》,香港别发书店1895年版,第243页。

命毕打为船政厅,负责港务工作。同月,首次标售地皮。澳门等处的英商,其他国家的外商、传教士纷纷来港择址建屋,25 家商行共买了 35 块地皮,预示港城建设的起步。6 月之前,港岛北部虽已盖了一些棚屋,却遭 7 月的一场火灾,因此璞鼎查于 8 月率侵略军北犯时,岛上不见一幢像样的房子。[①] 但在这之后,永久性建筑开始在裙带路一带兴建,九十月间才为西洋人盖起第一幢像样的房子,因为完全由中国工匠建造,这座房屋样子也是中国式的。[②]

1842 年初,商务监督署自澳门迁往香港。2 月的一期《广州周报》就香港建设规划报道说:"沿北面海湾由西徂东约四英里,东面是怡和洋行的建筑物所在的半岛(即东角——引者),西面是孟加拉志愿军驻扎的营盘(即西角、西营盘——引者),一条马路联结东西两据点。因地段不平坦,建筑此路十分费力,但建成后居民将从中得到很大方便,足以补偿付出的劳动和开支。开辟这条路时一般在路和海面之间留下了足够的空地供建筑仓库之用,已分成每块有 30 米宽的面海空地,其中几块已于去年拍卖时按每年缴一定租金处理给商人,同时政府保留大部分自用。"规划中的 4 英里(约 6.4 千米)马道即香港最早的马路皇后大道,1841 年兴建,1842 年完成,雇用中国工人 600—1500 人。[③] 1845 年,此路延至柴湾,次年延至岛的南面香港仔。[④] 道路两旁有仓库、商店。

1843 年 6 月 29 日,命名这座新建的城市为维多利亚城[⑤],这标志着上述规划的完成或大体完成。

1844—1846 年,环岛 39 千米道路大部建成。[⑥] 1844 年,香港街道第一次开始安装路灯。[⑦] 1847 年,完成 2440 码下水道。[⑧] 1844 年,维多利亚城有建筑物 100 幢,1846 年为 1874 幢。[⑨] 港城已初具规模。

1845 年,维多利亚城的三个轮渡码头建成[⑩],其中一个是怡和洋行在东角所建供该行装卸货物用的深水码头。香港政府为节省开支,把码头建设托付给商人,因此有关码头建设的资料不多。

英国建设香港的费用,最初几年主要依靠鸦片战争赔款。此外,土地收益也是重要来源。1845 年,港英政府公共建筑费用计 26800 英镑,岁入 22242 英镑,内地租 1.3万英镑占首项。[⑪] 香港政府十分重视地皮收益,为此,早在 1841 年 11 月即设局管理

---

① 塞耶:《香港的诞生、少年和成年(1841—1862)》,第 119—120 页;第 99 页;第 122 页;参见《香港殖民地历史与统计概要(1841—1930)》,香港政府编印 1932 年版,第 1 页。

② 伯纳德:《"复仇女神"号航行记(1840—1843)》,第 1 卷,伦敦 1845 年版,第 83 页。

③ 塞耶:《香港的诞生、少年和成年(1841—1862)》,香港政府编印 1932 年版,第 206 页;第 113 页。

④ 赵子能:《香港的港口》,香港 1973 年版,第 19 页。

⑤ 《香港殖民地历史与统计概要(1841—1930)》,香港政府编印 1932 年版,第 2 页。

⑥ 《英国议会文书》1847—1848 年第 46 卷,英国爱尔兰大学 1971 年版,第 317 页。

⑦ 卢伯克:《鸦片飞剪船》,格拉斯哥布郎·弗格森有限公司 1967 年版,第 274 页。

⑧ 《香港殖民地历史与统计概要(1841—1930)》,香港政府编印 1932 年版,第 5 页。

⑨ 塞耶:《香港的诞生、少年和成年(1841—1862)》,英国牛津大学出版社 1937 年版,第 151 页;第 153 页。

⑩ 《香港殖民地历史与统计概要(1841—1930)》,香港政府编印 1932 年版,第 4 页。

⑪ 《德庇时致格雷函》1848 年 2 月 26 日,《英国议会文书》,1847—1848 年第 46 卷,英国爱尔兰大学 1971 年版,第 317 页。

土地档案。① 第一次拍卖地皮(实是以拍卖的方式出租土地)35 块②,计 9 英亩③,得价 3431 英镑。④ 1844 年 1 月、7 月两次拍卖,合得 4862 英镑。这些土地出租 75 年后连同附加物归还政府。到 1846 年,维多利亚城的地皮已尽数卖出。⑤

鸦片税是港英当局仅次于地租的一项重要收入,是香港财政收入的支柱。

中国工人为香港建设做出了重要贡献。去港华人有为开山辟路所需要的石匠,有商人、手工匠、零售商等,集中居住在太平山、西营盘等处。⑥ 他们工资低廉,为英人所乐于雇用。港督德庇时在谈到他们的劳绩时承认:"过去 18 个月(1844 年 10 月至 1846 年 4 月)公私建设及翻修进展的速度确实惊人,但若无有技巧、价廉的中国工人可供雇用是难以实现的。"⑦

(二)初期的经济概况

随着城市建设的初具规模,香港经济也开始运转起来。航运与金融是推动自由港向前发展的两个行业。它们在香港开埠初期迈出了最初步伐。

轮船业的出现 香港地区的轮船业萌芽于 19 世纪 40 年代。《虎门条约》准予洋商的小帆船行驶省港澳间,轮船不包括在内,但洋商不理睬此项规定。美国"米达斯"号小汽轮首启其端。1845 年 9 月 25 日,维多利亚城一则通知说,"米达斯"号汽轮"将常川行驶港穗两地",后因缺乏驾驶经验,并以船身太小不宜航行而作罢。⑧

接着,英国格拉斯哥营建的 186 吨的"海盗"号轮于 1846 年 12 月 7 日从悉尼出发,次年 1 月 28 日到达香港,然后开往广州。这是擅自闯入中国内河的第一艘外国轮船。清政府对此曾经提出抗议。两广总督耆英于 4 月 1 日致函英驻广州领事马额峨(MacGregor)指出:"虎门条约第十七款仅限划艇载货,汽轮有违定章,碍难准许。"英轮不听约束,在江面横冲直撞,使一艘帆船沉没,死乘客 60 余人。清廷因之扣留该轮 3 天,并不准载运茶叶上船。⑨

此后,洋商继续侵入中国沿海进行贸易,清廷无法禁止。轮船速度快,运价低,又可投保,安全可靠,华商乐于雇用,洋商有利可图,因此省港澳之间的航运迅速增长。1847 年,颠地和怡和两家洋行在英国建造"广州"号和"香港"号两只姊妹轮船,各 140 吨,90 马力,造价共 1 万英镑。第二年,合组外国在华最早的轮船公司——省港快轮公司(又称省港小轮公司),计 120 股,每股 250 英镑。这家公司的股东"代表绝大部分或全体穗港的主要商行"。1850 年 5 月 1 日开始,"广州"号和"香港"号每周一、三、五

① 安德葛:《早期香港人物传略》,新加坡东方大学出版有限公司 1962 年版,第 57—58 页。
② 伯纳德:《"复仇女神"号航行记(1840—1843)》,第 88 页。
③ 1 英亩=6.072 市亩。下同,后面出现不再标注。
④ 《中国丛报》第 10 卷,第 12 期(1841 年 12 月),第 592 页;《香港殖民地历史与统计概要(1841—1930)》,香港政府编印 1932 年版,第 1 页。
⑤ 《英国议会文书》1846 年第二九卷,英国爱尔兰大学 1971 年版,第 725 页。
⑥ 赵子能:《香港的港口》,香港 1973 年版,第 19 页。
⑦ 《德庇时致格拉德斯通函》1846 年 4 月 11 日,《英国议会文书》1846 年第二九卷,英国爱尔兰大学 1971 年版,第 723 页。
⑧ 哈维兰:《香港、珠江早期轮船业》,载 1962 年《美国海事杂志》第二二卷,第 1 期,第 7 页。
⑨ 黄宇和:《鸦片战争时代中英外交文件提要(1839—1860)》,牛津大学出版社 1983 年版,第 141 页;哈维兰:《香港、珠江早期轮船业》,第 7—8 页。

日在穗港间通行 3 次,隔日视情况在澳门和金星门停泊。省港快轮公司后因经营不善,于 1854 年被迫停业,两轮出售。①

1850 年,美国福士洋行的"星火"号轮加入省港航线。

香港建造的第一艘轮船"皇后"号,吨位为 137 吨,动力为 40 马力,1853 年试航至金星门。

1854 年下半年,响应太平军的红巾军到达广州附近,来往穗港帆船几陷停顿,轮船业因此愈加兴旺。加入省港航线的新轮船,1854 年有"安尼"号,1855 年有"河雀"号、"威拉麦特"号、"伊格尔特"号,1856 年有"飞马"号,此外还有"云雀"号、"百合花"号、"蓟花"号、"鞑靼"号、"浆草"号、"玫瑰"号等。② 此时,省港轮运达到全盛时期。

除广州外,香港同其他通商口岸的轮运同样有所发展。1855 年,香港和通商五口有外商 219 家,英商占 111 家,超过一半,轮船业中亦以英国为最多③,但轮船供过于求,盈利因之下降。"威拉麦特"号轮行驶省港间,每月仅获利 2027 元,而行驶澳门则有亏无盈。④

此外,香港还开始有了远洋轮船业。英国于 1820 年成功地首用蒸汽动力行船,定期行驶伦敦、直布罗陀间,称半岛汽轮公司。1837 年 8 月,该公司得到英政府特许并开始向印度等处行驶,1840 年更名为"半岛东方轮船公司",通称"大英火轮船公司""铁行火船公司"或"大英轮船公司"(简称 P. & O.)⑤,是为轮船行驶欧洲与远东间之始。继 1842 年大英轮船公司与印度订立邮政合同后,1843 年又在香港设立分公司。⑥ 同年,该公司第一艘轮船"玛丽伍德夫人"号经好望角,于 1845 年 8 月 13 日到达香港,从此开始每月一次的定期航班。1846 年又与上海有不定期往来。⑦ 1854 年,大英轮船公司在省港航线上增加"鞑靼"号轮船往来。⑧ 1849—1859 年,该公司有小轮船在省港间装运邮件、货、客,并在香港和汕头、厦门、福州间试航。⑨ 总之,1854 年省港快轮公司停业后,大英轮船公司行驶的轮船成了省港间唯一常规航班。该公司除载客外,还运输金银和鸦片。1848 年,输入鸦片 10613 箱,约占当年香港输入鸦片总数 45479 箱的 23%,输出银价值 5625827 元;1854 年,输入鸦片 46765 箱,输出银 20770463 元;1859 年,输入鸦片 27577 箱,输出银 18633522 元。⑩ 大英轮船公司的航轮于是打破了怡和洋行对鸦片贸易的垄断局面。

1856 年 10 月,第二次鸦片战争爆发,以香港为中心的轮船业一时陷于停顿,有的商轮被军队征用。

① 哈维兰:《香港、珠江早期轮船业》,《美国海事杂志》1962 年第 22 卷第 1 期,第 11 页;第 13 页;第 17 页。
② 哈维兰:《香港、珠江早期轮船业》,《美国海事杂志》1962 年第 22 卷第 1 期,第 13 页;第 19 页。
③ 博克萨:《远洋航运在香港演进中的作用》,芝加哥大学 1961 年版,第 11 页。
④ 哈维兰:《香港、珠江早期轮船业》,《美国海事杂志》1962 年第 22 卷第 1 期,第 37 页。
⑤ 博克萨:《远洋航运在香港演进中的作用》,第 12 页;《香港工商航运业 94 年记录(1841—1935)》,香港 1936 年版,第 168—170 页。
⑥ 《香港工商航运业 94 年记录(1841—1935)》,香港 1936 年版,第 172 页。
⑦ 《大英轮船公司史话》,载香港《南华早报》1987 年 5 月 7 日第 9 版。
⑧ 哈维兰:《香港、珠江早期轮船业》,《美国海事杂志》1962 年第 22 卷第 1 期,第 17 页。
⑨ 《大英轮船公司史话》,《南华早报》1987 年 5 月 7 日第 9 版。
⑩ 安德葛:《香港史》,牛津大学出版社 1973 年版,第 130—131 页。

金融业的初步发展　金融与贸易唇齿相依,它以供给和调节资金为推进贸易服务。香港金融业与航运业相同,都以中转贸易为前提,又反作用于中转贸易。18 世纪东印度公司垄断对华贸易,中、英、印三角贸易形成的三角循环汇兑,也由该公司主宰。进入 19 世纪,广州英商代理行也兼营汇兑业务,而且随着中、英、美三角贸易的发展,老的中、英、印三角汇兑关系又和新的中、英、美三角汇兑关系相联系,并以伦敦作为金融中心。代表英国工业资本利益的代理行和代表商业资本垄断利益的东印度公司之间的矛盾日益尖锐。19 世纪 30 年代,代理行两次向英政府要求组织专业银行,都因后者反对而未能实现①,可资证明。

鸦片战争后,上述局面有了改变。1845 年,丽如银行适应英国资本家扩大中国市场的需要,在香港、广州成立了支行。② 同年,丽如银行开始在香港发行纸币,但数量有限。银行的设立为外国金融势力操纵中国金融提供了新的工具,中国金融从此逐渐卷入世界市场。1859 年,另一家英国银行——渣打银行(又称麦加利银行)在香港成立分支机构。这家银行经营中、英、印三角汇兑,为印度棉花、鸦片商人融通资金提供便利,从汇率差价中盈利。从印度运抵香港的鸦片,可以向渣打银行办理押汇。③ 渣打银行于 1862 年发行钞票,广泛流通广州、香港。在汇丰银行成立前,香港政府的公款均寄存渣打银行,成为该行资金的重要来源。④

和金融相关联,还有货币问题。早期香港货币的流通经历两个阶段。第一阶段:1843—1844 年,允许流通的货币有西(班牙)元、墨(西哥)元、中国银元、东印度公司的卢比及中国流通的制钱。⑤ 香港商人把这种混乱币制,看作贸易的一大障碍。第二阶段:1844—1863 年,实行金本位制,要求以英镑为计算单位。但因中国实行银本位制,对华贸易居香港中转贸易的首位,香港货币应和中国相一致的原则已被广泛接受,1863 年以后遂不得不改行银本位制。

初期贸易形势　香港开埠初期的贸易可分为前后两个阶段:1841—1843 年一度活跃,1844—1848 年发展缓慢。1843 年比 1842 年进出港口的商船船只和吨位总数均增加 30％多,1844—1847 年趋势平稳,1848 年比 1847 年略有减少。进出口的商船及吨位都以英国居首位,美国、西班牙、荷兰等国次之。

另据《中国丛报》,1841 年 8—12 月进出香港的商船共 145 艘,除 52 艘未列货名,4 艘运输英军及军火外,其余 89 艘运载种类如下:百货(22);鸦片(13);棉花(13);茶叶(12);银锭(8);木材(6);杂货(5);煤(4);大米(3);杂项(3)。⑥

上述百货、煤、米、木材、杂货等主要供本港需要,一部分转运澳门及中国沿海各港口。棉花来自印度的马德拉斯、孟买、加尔各答及新加坡、威尔士等地,主要运销黄埔,部分在港澳销售。鸦片系由印度运载来港,除了就地销售一部分外,主要转销黄埔及

---

① 汪敬虞:《十九世纪西方资本主义对中国的经济侵略》,人民出版社 1983 年版,第 192—193 页;第 196—199 页。

② 《香港殖民地历史与统计概要(1841—1930)》,香港政府编印 1932 年版,第 4 页。

③ 麦肯齐:《银的国度,东方银行业一百年》,伦敦 1954 年版,第 56—59 页;第 60 页。

④ 《英国议会文书》1863 年第 39 卷,英国爱尔兰大学 1971 年版,第 247 页。

⑤ 《香港公报》第 1 号,1842 年 3 月 29 日;《英国议会文书》1845 年第 8 卷,英国爱尔兰大学 1971 年版,第 728 页。

⑥ 见《中国丛报》第 12 卷第 1 期(1843 年 1 月),第 46—49 页。

东部各口岸。黄埔运出的茶叶除在香港销售少部分外,大部分销往孟买、伦敦、马尼拉、加利福尼亚等地。银锭来自南澳、厦门,转运澳门、印度等地,香港留下一部分。

上述开埠初期的香港贸易有如下几个特点。

(1)贸易的主要对象是中国内地。中国向英国、印度出口茶叶和银锭。印度向中国出口棉花、鸦片。英国向中国出口百货。中、英、印三角关系仍是鸦片战争前的格局,即"印度鸦片输给中国,中国茶叶输给英国,英国统治印度"[1]。

(2)鸦片战争期间,鸦片贸易并未停止。1841 年 8 月至 1843 年 1 月间运载鸦片的船舶达 47 艘。[2] 与战前不同的是,港岛已成为鸦片走私的唯一中心。

(3)1841 年澳门对香港的贸易处于重要地位,因 1842 年 2 月之前,璞鼎查的商务监督署仍设在澳门。

(4)香港本身缺少可供输出的自然资源,一切依靠外来供应,加上它的地理位置和条件,决定了它作为转口贸易港的地位。

1843 年底,香港有 12 家规模较大的和 10 家规模较小的英国商行,6 家印度商行,还有来自新南威尔士寻求发财致富的一批商人[3];零售商业一般均由华人经营;建成两幢西式旅馆;一切必需品和大部分奢侈品都可买到,香港市场已初具规模。

这个时期的帆船贸易缺乏资料予以说明。鸦片战争时期,英军主要以香港作为补给基地,一些来自广州的贪利忘义之徒麇集香港,替英军备办军粮和后勤供应,并用帆船运来香港。因此,香港一时出现战时繁荣景象,郭甘章即是其中著名的一人,19 世纪 70 年代他已成为香港巨商。[4]

中英缔结和约后,英商低估中国农业、手工业相结合的自然经济结构对舶来品的顽强抵抗力,对两国贸易的前景过于乐观,盲目输入不适合中国需要的货物(如钢琴、刀叉等),造成大批商品积压。中英新定税率比前降低了,先前来港逃税的走私商已不如过去活跃了。[5] 加之 1843 年下半年五口陆续通商,外商可以直接往各条约口岸采办货物,无须前往香港。以上种种因素使战时一度繁荣的商业,战后渐趋萧条。

《虎门条约》关于香港与大陆通商的规定 为了扭转上述不利局面,璞鼎查借 1843 年 6 月中英谈判通商章程的机会,要求商讨香港的贸易地位问题,目的在于发展香港的帆船贸易。清政府为了杜绝走私漏税,同样需要和英商商讨妥善方案。耆英为此曾于 1843 年 7 月 30 日向清政府奏称:"香港四面环海,舟楫处处可通,即有内地民人,赴彼零星买卖,数年以后,渐集渐多,势必华夷杂处,与澳门无异……若不明定章程,妥为办理,则走私漏税,百弊丛生,转恐与正税有碍。"[6]清政府对香港进一步变成走私港口的前景颇怀戒心。

根据《南京条约》第九款的规定,中英双方于 1843 年上半年开始商订通商章程,中

① 谭中:《英国—中国—印度三角贸易(1771—1840)》,载《中外关系史译丛》,上海译文出版社 1985 年版,第 206 页。

② 欧文:《英国在中国和印度的鸦片政策》,耶鲁大学 1934 年版,第 193 页。

③ 《香港殖民地历史与统计概要(1842—1930)》,香港政府编印 1932 年版,第 3 页;《马丁报告》1844 年 7 月 24 日,英国殖民地部档案,C. O. 129/18。

④ 克里斯威尔:《大班:香港商业大王》,香港 1982 年版,第 102 页。

⑤ 费正清:《中国沿海的贸易与外交(1842—1854)》第 1 卷,美国斯坦福大学出版社 1953 年版,第 124 页。

⑥ 《筹办夷务始末》(道光朝)卷六七,中华书局 1979 年版,第 2646 页。

间因钦差大臣伊里布病故中断,但不久接替伊里布的两广总督祁贡又照会璞鼎查提出应就偷漏问题议定双方可以接受的办法①,再次表示出清廷对此事的关切。

6 月 23 日,耆英率同咸龄、黄恩彤等人去港与璞鼎查面议。双方除就五口通商税率问题获致协议外,还讨论了香港商埠的地位问题,但分歧很大。据参加会谈的英方翻译罗伯聃(Robert Thom)追述,英方曾要求中国开放全部海岸对港贸易,中方驳斥说:《南京条约》没有规定香港的商港地位,香港如系英国的一部分领土,那只能允许它同五口通商;若英国承认香港和澳门地位相同,允许中国在香港设置巡检和海关,则双方可就此做出安排。英方对此表示拒绝,并再次要求允许香港对中国沿海无限制地进行贸易。中方驳斥说,正当中英双方拟定税率和通商章程以求通商五口纳入完税轨道时,英国提出此项要求,是否要中国支持珠江口一个走私据点,把税制规定化为乌有?② 双方因此相持不下。

6 月 26 日,璞鼎查再度要求沿海各口岸和香港免税自由通商,耆英则坚持华商赴香港贸易应当纳税③,并建议采取发给牌照的办法,此即同年 10 月 8 日中英《虎门条约》第十三款的内容:"凡华民欲带货往香港销售者,先在广州、福州、厦门、宁波、上海各关口,遵照新例,完纳税银,由海关将牌照发给,俾得前往无阻。若华民欲赴香港置货者,亦准其赴广州、福州、厦门、宁波、上海华官衙门请牌来往,于运货进口之日完税。"④

条约还规定:"香港必须特派英官一员,凡遇华船赴彼售货、置货者,将牌照严行稽查。"如果没有牌照,或虽有牌照而非通商五口发给者,"即视为偷漏、乱行之船,不许其在香港通商贸易,并将情由具报华官,以便备案"。但是,香港系不纳税的自由港,不设立中国海关,英官岂能代中国执行稽查任务? 这是条约的一大漏洞。清军机处在复议条约时已经察觉,指出:"缘各口准赴香港贸易,则该处竟成售货置货之总汇,课税盈绌,全系乎此,今出口进口之船,所凭止此牌照,而牌照之查验,所恃仅止英官,则其权已非我操。况洋路随处可通,其船之出入,不必尽由五港,货之往来,不必尽领牌照,设有奸商往来贸易,又岂能保英官之一一为我查验,是此处办理稍有疏漏,恐五处津关将成虚设。"⑤但军机处的意见并没有使条约内容得到任何补正。

从英国方面看,早在 1841 年,巴麦尊已表示中国可在香港设关收税。1843 年 1月,外交大臣阿伯丁训令"慎防香港及其附近海面成为英国走私者进行非法冒险事业的出发点"⑥。但在实际谈判中,英国除了规定事后具报货船之外,"没有保障中国税收的打算"。而且,在香港的英商以自由港为借口,连事后呈报货船都表示反对。⑦《虎门条约》为《南京条约》的增补,它虽确立了香港对内地贸易的地位,但由于清政府

① 黄宇和:《鸦片战争时代中英外交文件提要》,牛津大学出版社 1983 年版,第 91 页。

② 费正清:《中国沿海的贸易与外交(1842—1854)》第 1 卷,美国斯坦福大学 1953 年版,第 126 页。

③ 《璞鼎查致耆英函》1843 年 6 月 26 日,见黄宇和:《鸦片战争时代中英外交文件提要》,牛津大学出版社 1983年版,第 93 页。

④ 王铁崖:《中外旧约章汇编》第 1 册,三联书店 1982 年版,第 37 页。

⑤ 《筹办夷务始末》(道光朝)卷六九,中华书局 1979 年版,第 2758 页。

⑥ 〔美〕马士:《中华帝国对外关系史》第 1 卷,张汇文等译,商务印书馆 1963 年版,第 657—658 页;第 669 页。

⑦ 〔美〕马士:《中华帝国对外关系史》第 1 卷,张汇文等译,商务印书馆 1963 年版,第 315 页。

的颟顸和英国缺乏诚意,造成条款内容的内在矛盾并且无法克服,终成不起作用的具文。①

英国政府和商人攻击清政府利用《虎门条约》阻碍对港贸易,把贸易局限于五口,并对发给牌照进行刁难。某些写香港史的作者对此也异口同声②,但这并不合事实。例如,港督文翰在致殖民地部的报告中就承认,"中国政府没有阻挠"供应品输入香港。③ 又如,香港政府中文秘书郭士立也说:"在经常来看望我的船长中,没有一个向我提及中国政府干预帆船前来香港。"④

"言过其实"的商业不振和造成不振的原因 1844年后,香港贸易的确停滞不振,但不像某些史家所说的那样,除鸦片外,"其他生意完全没有了"⑤。首先,香港作为英商储藏货物仓库的作用日益重要。运销广州的货物可寄存香港待价而沽,如此可推迟纳税并节省仓租和起卸费用。⑥ 1848年,省港快轮公司成立,凭货样售货更加便当,香港的寄存业务因此更兴旺。⑦ 港督德庇时曾指出:"把供应广州市场的货物存放在香港仓库等待实际销售……这一制度是香港繁荣的一个重要因素。"⑧其次,1848年,许多美国捕鲸船前来香港补充食物和修理船舶,因香港食品价廉且免吨钞,鲸油销路也旺。⑨ 再次,省港间大宗贸易主要有建筑材料、食品和杂货,主要供本港需要。⑩ 第四,香港当地唯一可供输出的产品有花岗石,经常运往大陆作建筑材料。1848年,装运出口花岗石的大船有777艘,每艘70—100吨。营业数量虽有限,但可为1000人提供职业。⑪ 第五,就香港来说,小商贩经营兴旺,他们多数来自附近各县,如东莞、归善、新支等地,大半是小本经营,资本雄厚的富有华商为数较少⑫,这是开港初期的应有现象。

但是,从总体上看,香港开埠几年后虽非百业俱废,但商业确实不振,处于困难阶段。造成此种现象的原因有多种,如五口尤其是上海通商,商人可直接前往各口岸采办或订购;新辟商埠引起商业路线的改道(出口货从过去的陆运至穗改为水运至沪),商号和资金随之从穗港外移等,这些都是外部存在的不利因素。就香港本身说,它的商港设备此时不如广州。在1857年第一家拉蒙特船坞出现之前,香港没有修船设备。1871年香港才有第一家公用仓库,即湾仔的香港货栈公司。⑬ 为求设备方便,有的商

① 《英国议会文书》1846年第29卷,英国爱尔兰大学1971年版,第726页。
② 欧德理:《欧西于中土》,香港别发书店1895年版,第197—202页;安德葛:《香港史》,牛津大学出版社1973年版,第72—73页。
③ 《英国议会文书》1849年第34卷,英国爱尔兰大学1971年版,第524页。
④ 《郭士立关于香港地方贸易的报告(1844年4月1日—1845年4月1日)》,英国殖民地部档案,C.O.129/12。
⑤ 欧德理:《欧西于中土》,香港别发书店1895年版,第197页。
⑥ 《广州领事马额峨致德庇时函》1847年12月7日,《英国议会文书》第37卷,英国爱尔兰大学1971年版,第464页。
⑦ 《米切尔报告》1850年12月28日,英国殖民地部档案,C.O.129/34。
⑧ 安德葛:《香港史》,牛津大学出版社1973年版,第74页。
⑨ 《米切尔报告》英国殖民地部档案,C.O.129/34;《英国议会文书》1847—1848年第46卷,第318页。
⑩ 《郭士立关于香港地方贸易的报告》(1844年4月1日—1845年4月1日)英国殖民地部档案,C.O.129/12。
⑪ 《英国议会文书》1849年第34卷,英国爱尔兰大学1971年版,第524页。
⑫ 《德庇时致格拉德斯通函》1846年4月11日,《英国议会文书》1846年,英国爱尔兰大学1971年版,第725页;第727页。
⑬ 赵子能:《香港的港口》,香港1973年版,第25页;第28页。

行宁愿前往黄埔,不来香港。①

由于《虎门条约》有关中港贸易税收条款成为不起作用的具文,合法贸易得不到正常发展,非法的走私活动便逐步得势,其中鸦片走私占居第一位。除鸦片外,盐也是一项重要走私项目。盐用小帆船从广东制盐地海康、归善运来香港,然后通过各种渠道运往内地销售,由于获利丰厚,是香港的热门货。② 1848年一年销盐297050担,动用524条帆船运输。输入盐最多的是番禺帆船。③ 次于盐的是糖。从广东大平等地输入的糖,1847年已达可观数量。这年帆船走私来港的货物价值498239英镑,其中糖占144827英镑,大部运往新南威尔士,英国、印度,一部分北运上海。④

除上述三项外,帆船走私来港货物还包括硫黄、大米、桐油、樟脑、大黄以及从基隆来的煤等,但数量有限。

由于非法走私贸易猖獗,合法贸易衰落不振(1847年达到最低点)⑤,财政收支因之受到严重影响。1848年,香港公共工程停顿,职员打折扣付薪。⑥ 地产主抛售地产,投机家频遭破产。⑦ 两广总督徐广缙于1849年2月17日奏报:"该夷地方频年贸易缺本,亏折三万万有零,支用不给,现须裁减兵饷……夷兵每名按月须领洋银八元,今止发六元。"⑧不景气的情景由此可见一斑。贸易不景气给香港经济发展带来暗淡前景,使官商各界十分气馁。港府汉文正使郭士立写道:"香港地方贸易出现的状况,比最感失望的商人所做的估计还要糟得多。"⑨

(三)鸦片走私中心

中英《南京条约》和《虎门条约》都没有对鸦片贸易做出具体规定。英国政府始终坚持鸦片贸易合法化的方针,希望通过谈判商定鸦片税率,保证稳定的盈利收入,同时避免因鸦片走私与中国发生外交纠纷。这一方针遭到清政府的反对。道光帝希望继续禁烟,反对鸦片贸易合法化,认为"如果令行禁止,不任阳奉阴违,吸食之风既绝,兴贩者即无利可图"⑩。这种禁烟主张主要是针对内地烟民,根本不敢触动鸦片走私活动。外国鸦片商在治外法权的庇护下,既不受中国法律制裁,又无须纳税,获得最大实惠。与此同时,英国大鸦片商们也坚决反对鸦片贸易合法化,如怡和洋行三孖地臣指出:取缔走私将降低运输费用,肯定会使竞争激烈起来,并鼓励那些只有"少量资本的

① 美国驻香港领事当时曾报告说:"原来认为可在香港找到推销工业品和海峡产品的市场,而在香港设立的许多商行已迁往广州与上海。"格里芬:《美国与东亚的领事商务关系(1845—1860)》,美国1938年版,第281页。
② 《郭士立关于香港地方贸易的报告》(1844年4月1日—1845年4月1日)英国殖民地部档案,C.O.129/12。
③ 《英国议会文书》1849年第34卷,英国爱尔兰大学1971年版,第524页。
④ 《德庇时致格雷函》1848年2月26日,《英国议会文书》1847—1848年第46卷,英国爱尔兰大学1971年版,第318页。
⑤ 莱特:《中国关税沿革史》,姚曾廙译,三联书店1958年版,第40页。
⑥ 欧德理:《欧西于中土》,香港别发书店1895年版,第264页。
⑦ 安德葛:《早期香港人物传略》,新加坡东方大学出版有限公司1962年版,第153—154页。
⑧ 《筹办夷务始末》(道光朝)卷七九,中华书局1979年版,第3158页。
⑨ 《郭士立关于香港地方贸易的报告》(1844年1月4日至1845年1月4日),英国殖民地部档案,C.O.129/12。
⑩ 《筹办夷务始末》(道光朝)卷七十,中华书局1979年版,第2772页。

人"到中国进行贸易。① 正如美国历史学者斯蒂尔所指出的,"鸦片贸易合法化的头号敌人当然是英国大商行"②。

早在鸦片战争尚未结束时,英国外交大臣巴麦尊已于 1841 年 5 月 31 指示璞鼎查利用一切机会,使清政府"改变一下有关这个问题(鸦片问题)的中国法律","把他们所不能禁止的一项贸易加以合法化"③。1842 年 8 月 27 日,即《南京条约》签订前两天,璞鼎查正式向清政府提出鸦片贸易合法化的备忘录。④ 这个要求遭到拒绝。第二年 6 月,耆英访问香港时,璞鼎查再次提出同样建议。耆英当即提出反建议,要求英方保证每年只运进 3 万箱左右的鸦片,限期 10 年,每年预付鸦片税 300 万元(210 万两)。此建议因璞鼎查不同意而作罢。后来德庇时和英国驻广州领事又先后劝说清朝官员同意鸦片贸易合法化,均无结果。此后十几年中,鸦片贸易继续以走私的方式急剧发展。

1844 年,德庇时就任港督时发现"几乎握有资金又非政府雇员的个人(英国人)无不从事鸦片贸易",鸦片"在整个沿海都有交易"。⑤ 同年,香港有 12 家商行主要经营鸦片业务。⑥ 1845 年,港政府年度工作报告承认鸦片是其出口的主要货物。同年,走私鸦片的飞剪船有 71 条,其中 19 条属怡和洋行,13 条属颠地洋行。1847 年,香港出口总值 226130 英镑,其中鸦片占 195625 英镑⑦,可以说,香港靠鸦片才得以存在。1845—1849 年,从印度运出的鸦片大约有 3/4 贮藏在香港,然后转运中国沿海各地。⑧ 直到 1847 年底,中国每年运进鸦片一直保持在 3 万箱左右。1848 年后,由于长江流域逐步开放,才渐渐增加。这 3 万箱鸦片大部分都以香港为集散地,从加尔各答运到香港,然后由"武装齐备的快艇带着鸦片沿海岸一处一处运送"⑨。

1840—1860 年,尤其 1850—1860 年,中国输入鸦片的数量较之战前有大幅度的增加,于 1858 年达到第一个高峰。1849 年前的 20 年间,中国进口鸦片的数量,只有估计数,缺少精确的统计。1850 年起,由于英印政府出口鸦片开始有具体的统计,中国进口数量相应有了比较可靠的数字,现开列如下。

年　　代	鸦片进口量(箱)
1850—1851	48030
1851—1852	58139
1852—1853	56412
1853—1854	60054
1854—1855	69910
1855—1856	62427

① 勒费窝:《清末西人在华企业:1842—1895 年怡和洋行活动概述》,哈佛大学 1970 年版,第 13 页。
② 斯蒂尔:《十九世纪的美国人与对华鸦片贸易》,纽约 1981 年版,第 129 页。
③ 〔美〕马士:《中华帝国对外关系史》第 1 卷,张汇文等译,商务印书馆 1963 年版,第 659 页。
④ 《英国议会文书:1840—1885 年有关对鸦片战争及鸦片贸易文件》,英国爱尔兰大学出版社 1971 年版,第 281 页。
⑤ 安德葛:《香港史》,牛津大学出版社 1973 年版,第 73 页。
⑥ 《马丁报告》1844 年 7 月 24 日,英国殖民地部档案,C. O. 129/18。
⑦ 安德葛:《香港史》,牛津大学出版社 1973 年版,第 73 页;第 75 页。
⑧ 《米切尔报告》1850 年 12 月 28 日,英国殖民地部档案,C. O. 129/34。
⑨ 〔美〕马士:《中华帝国对外关系史》第 1 卷,张汇文等译,商务印书馆 1963 年版,第 543—544 页。

1856—1857	66305
1857—1858	68003
1858—1859	74707
1859—1860	54863①

两次鸦片战争之间鸦片输入数量之所以突增,和英国政府及港英当局把香港变成鸦片走私中心的罪恶政策是分不开的。早在 1843 年 11 月,英国外交大臣阿伯丁伯爵便提出"有必要停止目前将鸦片船排出香港水域及港口的一切措施"的主张。殖民地部大臣斯坦利赞同他的主张,并就此向璞鼎查发出了相应的训令。② 港英当局十分清楚鸦片贸易给香港带来的好处,"他们不愿采取任何措施来帮助中国管制中国南海一带这种猖獗的走私贸易,甚至不许可中国派领事执行任务"③。不仅如此,英国还采取在中国近海设置鸦片趸船,在陆上设置据点,通过香港政府给鸦片走私船发放航行执照,准其悬挂英国国旗,直至武装贩运等手段,不遗余力地掩护和鼓励鸦片走私。这种政策受到英国大鸦片贩子、中国一些从事这一黑暗勾当的歹徒以及获取重金贿赂的中国地方官员的欢迎。例如,大鸦片商三孖地臣于 1843 年 7 月 31 日写道:"该药(指鸦片)贸易合法化的希望已全部告吹,你尽可放心,一旦合法化,就不再有利可图。这件事越困难对我们就越好。……不管有什么障碍,我们总会找到办法干下去的。"④据中国海关代理总税务司赫德 1861 年报告,当时运抵中国的大量鸦片,"并非至通商各口,全系先至香港。……每月由香港有火轮船四五只,装载洋药至上海"⑤。由于鸦片走私既不纳税,又不受中国法律制裁,还得到香港殖民当局的庇护,是一项赚钱最多最快的好买卖,因而人人争想从中大捞一把。1855 年,美国驻香港领事报告美国国务院说:"我确实不知道此间是否有哪怕一家商号,不以某种方式从事这项贸易或对它发生兴趣。"⑥这样,香港遂成为世界上最大的鸦片走私巢穴和贮存、转运中心,这个地位前后保持了 30 年之久。

两次鸦片战争期间,总部设在香港的从事鸦片走私的洋行甚多,其中以颠地洋行和怡和洋行两家最大。据统计,1843 年怡和洋行有 5 只飞剪船往来于印度、香港间,另有 6 只往来于香港与中国沿海鸦片趸船停泊处,计有广州的黄埔、厦门外的六岛、宁波外的舟山、上海下游的吴淞,外加福建泉州及闽粤交界处的南澳和澳门西南的电白。颠地的情况不相上下,它的鸦片走私活动也发展很快。另据香港《德臣西报》提供的数字,中国沿海共有鸦片趸船 40 只。⑦

除洋行船舶外,帆船也参加鸦片走私。香港辅政司 1852 年度帆船贸易备忘录列举了福建、潮州、南澳、海南岛、新加坡等处来港的帆船曾转运鸦片的事实。广东沿海

---

① 《英国驻华商务领事报告》,英国爱尔兰大学 1971 年版,第 207 页。

② 费正清:《中国沿海的贸易与外交(1842—1854)》第 1 卷,美国斯坦福大学出版社 1953 年版,第 150 页。

③ 莱特:《中国关税沿革史》,姚曾廙译,商务印书馆 1963 年版,第 297 页。

④ 费正清:《中国沿海的贸易与外交(1842—1854)》第 1 卷,美国斯坦福大学出版社 1953 年版,第 150—151 页注。

⑤ 《筹办夷务始末》(咸丰朝)卷七九,中华书局 1979 年版,第 2933 页。

⑥ 戴维兹:《美国外交公文汇编》,《美国与中国丛刊》(第 1 辑,1842—1860)第 20 卷,美国 1973 年版,第 336 页。

⑦ 费正清:《中国沿海的贸易与外交(1842—1854)》第 1 卷,美国斯坦福大学出版社 1953 年版,第 150 页;第 135 页;第 239 页。

帆船一年来回六趟。[1]

怡和、颠地为了保持在同行中的垄断地位,配备有武装护航船队。后来发现,将鸦片贮存在香港岛上比存放在外港趸船上更加安全,而且可以大大节省人力物力(怡和洋行至少因此可以省下 9/10 的开支),两家洋行便转而将鸦片存放在港岛上。1849—1850 年,颠地洋行已完全停止在香港使用趸船,而将鸦片全部存放在岸上。那些小商号为了避免因不能按期卸货需要缴纳的每箱 5 元的过期费,也把鸦片转存在香港岛上。[2] 香港岛实际上成为不沉的鸦片趸船。

香港作为鸦片走私的中心,给怡和、颠地等鸦片垄断商带来巨大好处。但是,随着航运业的发展,这种垄断地位开始受到挑战。1853 年大英轮船公司来往于港沪间的运输鸦片的轮船已不下 5 艘,上述两家洋行垄断鸦片贸易的局面逐渐被打破。[3]

1853 年,清政府开始重新讨论鸦片政策问题。此时,太平军势力已扩展到长江流域。清廷糜饷日多而饷源日竭。为了筹集镇压人民的资金,上海地方当局竟于 1856 年 10 月会同"洋官洋商"订立了近代中国第一个鸦片贸易合法化的官方协议。[4] 两年后,清政府在第二次鸦片战争中,在英国武力的压迫下,于 1858 年 11 月 8 日同英国签订了《通商章程善后条约:海关税则》,其中第五款规定:鸦片"例皆不准通商,现定稍宽其禁","准其进口,议定每百斤纳税银三十两,惟该商止准在口销卖,一经离口,即属中国货物,只准华商运入内地,外国商人不得护送"。[5] 鸦片贸易自此正式合法化。清政府为了镇压国内起义,屈服于外国侵略者的压力,开放鸦片贸易,恃鸦片为莫大利源,鸦片的流毒自此遂越发不可收拾。是时久居北京的俄国东方学家王西里(瓦西里耶夫)目睹鸦片贸易合法化以后社会上吸食鸦片相习成风的状况,他写道:"过去抽鸦片的人不算太多,而且几乎限于沿海的少数城市;现在吸食鸦片者不仅遍及全国,而且扩展至蒙古和满洲;过去鸦片是偷偷地抽,现在款待客人用鸦片烟枪,不用茶碗。"[6] 王西里的这个记载,是符合事实的。

鸦片贸易合法化以后,走私活动不仅没有被杜绝,反而更加猖獗了。港英当局在鸦片进口合法化的 1858 年即通过法例,准许将香港熬制的原限在本埠销售的鸦片烟膏运往他埠发售。不论生、熟鸦片,大部分均以走私方式进入中国。19 世纪 60 年代中期,广东省鸦片年消费量约为 1.8 万箱,其中报关入口的不足 1/5。[7] 香港殖民政府通过这种不光彩的行径给中国财政收入造成巨大损失,为自己牟取了可观的收益。

英、印政府从鸦片贸易中获得的收益更是大得惊人。这个时期从香港运往印度的鸦片价款虽没有确实总数,但 1852 年仅由大英轮船公司运往印度的白银即值6074845 元,合 1265592 英镑。[8] 另据《英国议会文书》记载,1840—1841 年印度从输

① 《英国议会文书》1852—1858 年第 62 卷附件第 11,英国爱尔兰大学 1971 年版,第 353 页。
② 《米切尔报告》1850 年 12 月 28 日,英国殖民地部档案,C. O. 129/34。
③ 欧文:《英国在中国和印度的鸦片政策》,耶鲁大学出版社 1934 年版,第 199 页。
④ 于醒民:《第一个鸦片贸易合法化协议》,《史学月刊》1985 年 4 月号,第 59 页。
⑤ 王铁崖:《中外旧约章汇编》第 1 册,三联书店 1982 年版,第 116—117 页。
⑥ 王西里:《中国的发现》(俄文版),1900 年圣彼得堡出版,第 163—164 页。
⑦ 《罗便臣致斯坦利函》1867 年 2 月 28 日,英国外交部档案,F. O. 17/481。
⑧ 《英国议会文书》1852—1853 年第六二卷,英国爱尔兰大学 1971 年版,第 342 页。

华鸦片获得纯收益 874277 英镑,1857—1858 年达 5918375 英镑,1859—1860 年是 5169778 英镑[①],20 年间增加 5—6 倍。鸦片收入在印度财政总收入中所占的比重,1840—1844 年为 5.3%,1855—1859 年跃增至14.1%[②],占有举足轻重的地位。由于鸦片贸易在中英印三角贸易中的关键作用,因此鸦片收入又是英国政府的一个巨大财源。

(四)苦力贸易中心

中国劳力出洋采取苦力贸易这一特殊形式是 19 世纪殖民主义造成的独有现象。西方殖民主义者长期利用非洲和亚洲的劳动力开发美洲等地经济,造成了劳动力的远距离流动。[③] 直到 19 世纪中叶以前,这种流动一般采取奴隶贸易形式,此后则主要采取"契约工"形式,亦即为了偿还雇主给苦力支付的出国船资及伙食费,苦力必须为雇主工作一定年限而订立契约的苦力贸易。这种苦力贸易在厦门、汕头、上海、广州、澳门、香港较为普遍,但香港规定任何人均有"不受限制"出洋的"自由",加以此地英美商轮云集,易于解决航运问题,因此去美、澳两洲的中国苦力皆集中于香港,使香港成为苦力贸易的中心。[④]

早在鸦片战争前,从澳门出洋的中国苦力中已出现"契约工",他们是被运往槟榔屿和特立尼达等地做工的。[⑤] 到 1847 年加利福尼亚发现金矿和四年后澳大利亚发现金矿后,掀起了广泛的淘金潮,极大地刺激了香港的苦力贸易。奴隶贩子利用饱受封建压迫的珠江三角洲劳苦大众急于摆脱贫困的心理,肆无忌惮地引诱、拐骗他们前往加利福尼亚和澳洲充当淘金苦力,甚至对他们公开实行绑架。香港的出洋苦力并不限于前往以上两地淘金,也有去西印度群岛、南美、东南亚等地的种植场或其他场所干血汗活的。例如,英属圭亚那和西属古巴等地的种植场主,原先依靠黑奴为他们种植棉花、甘蔗、烟草、咖啡等作物,随着资本主义的发展,奴隶劳动已经不能适应生产发展的需要,弊端百出,迫使许多殖民国家宣布予以废止。种植场因缺乏劳动力而面临危机,中国的出洋苦力正可满足其对劳动力的需求。此外,秘鲁因开发鸟粪层也需要大量劳动力。

在香港从事苦力贸易的有三种人:一是船舶的船长;二是西方殖民政府派来的"移民"代办;三是在华多年经商的英、美等国商人以及与他们勾结的当地掮客(称"客头"),他们是苦力贸易的骨干。最初经营加利福尼亚苦力客运的两家行号是和行(Wo Hang)及兴和行(Hing Wo),[⑥]后来又增加了怡和、颠地等洋行。经营方式一般是由经纪人遣送客头深入中国沿海省份,用拐骗、赌博、绑架等卑劣手段,将农民、手工业者等运到香港,由经纪人发给出洋的苦力每人 5 元定金和加盖经纪人图章的票证一张,

---

① 《英国议会文书:有关对华鸦片贸易的文件(1842—1856)》,伦敦 1857 年版,第 46 页。
② 严中平:《中国近代经济史(1840—1894)》(上册),人民出版社 1989 年版,第 119 页。
③ 菲尔德豪斯:《殖民主义导论(1870—1945)》,伦敦 1981 年版,第 71—72 页。
④ 魏三畏:《中国商务手册》,香港 1863 年版,第 220 页。
⑤ 〔美〕马士:《东印度公司对华贸易编年史》第三卷,区宗华译,中山大学出版社 1991 年版,第 17—18 页。
⑥ 王省吾:《华工出洋的组织工作(1848—1888)》,旧金山 1978 年版,第 53 页;第 56 页;第 96 页。

出洋时由苦力交回票证。苦力出洋的船费,绝大部分是经纪人和客头预付,[①]苦力必须保证到达目的地后加息还本,另付 5%—15% 的佣金[②],出洋前得在这个实为卖身契的债务契约(即所谓"自愿"出洋承工的契约)上按手印。苦力贩子将苦力运达目的地后,即将他们连同契据一同拍卖。持有契据的买主,不仅对苦力拥有强迫劳动权,而且拥有质押权、转卖权和留置权。贩往美国的苦力称为赊单工,贩往拉丁美洲的称契约苦力。苦力的买主强迫他们从事过重的劳动,直到榨干血汗累死为止。就连当时英国驻广州领事阿礼国也承认,这种苦力贸易"是以最坏形式出现的奴隶贸易"[③]。英国学者坎贝尔也指出,赊单制苦力是一种"以信用方式""给苦力以无形契约束缚"的"隐蔽的奴隶制度"。[④]

前往加利福尼亚的中国苦力据说始于 1848 年。当年,一名美国商人自香港返回旧金山,随行有 3 名华工,这是华工去加州淘金的开端。后来人数续有增加:1849 年为 323 人,1850 年为 447 人,1852 年为 18434 人,1854 年为 25063 人。[⑤] 实际上不止此数。另据欧德理《欧西于中土》一书记载,1852 年自香港去加州的华工是 3 万人,[⑥]比美国旧金山统计的来自香港的苦力入境人数几乎高出 1.2 万人,这是因为船主为了少付报关费(每个旅客 5 美元)而故意少报人数的缘故。[⑦] 到 19 世纪 60 年代,加州华工已达 15.1 万人,主要是广东人。[⑧] 另据统计,1848—1857 年的 10 年间,从香港运往古巴的苦力有 23928 人。[⑨]

自香港运送苦力出洋的工具有中式帆船及西方各式快船,后期则有轮船。去美、澳两洲的乘西方船。到中国口岸掠运苦力的外国船只,一般都是先到香港改装夹层舱,以便超员多装,并在香港备齐远航所需的食物、淡水、燃料及一切船用器物。[⑩] 因此,香港靠苦力贸易及与之有关的其他贸易大获其利。

苦力们在自香港抵目的地的长达数十日至百数十日的漫长航行中,"日则并肩叠膝而坐,夜则交股架足而眠",整日囚于舱底,不许动弹,加之饮水、食品不足,空气污浊,精神痛苦,生病缺医少药,死亡率极高,1850—1856 年平均死亡率达 25.2%。[⑪] 同一时期从香港出发去秘鲁、旧金山、古巴的苦力船上,先后发生四次严重死亡事故:死亡率最高的一次竟达 66.66%(秘鲁),最低的一次为 20%(旧金山),去古巴的两次死亡率分别为 39%、45%[⑫],所以人们称运载苦力船为"海上浮动地狱"。

苦力们不堪这种地狱般的生活,在绝望中多次奋起反抗。1850—1860 年,从香港

① 按:从香港到旧金山每人需船费 100 元,远非一般苦力所能负担。参见梅辉立、德尼克、金:《中日商埠志》附录,第 44 页。
② 康韦尔:《中国移民的原因和方式》,波士顿 1871 年版,第 183 页。
③ 陈翰笙:《华工出国史料》第 2 辑,中华书局 1980 年版,第 174 页。
④ 坎贝尔:《中国的苦力移民》,伦敦 1923 年版,第 7 页。
⑤ 戴维斯:《美国外交公文汇编》,《美国与中国丛刊》第 2 辑(1861—1894)第 2 卷,美国 1978 年版,第 1 页。
⑥ 欧德理:《欧西于中土》,香港别发书店 1895 年版,第 259 页。
⑦ 戴维斯:《美国外交公文汇编》,《美国与中国丛刊》第 2 辑第 2 卷,第 4 页。
⑧ 左基阳(音译):《华人移民美国(1850—1880)》,纽约 1978 年版,第 55—56 页。
⑨ 〔美〕马士:《中华帝国对外关系史》第 2 卷,张汇文等译,商务印书馆 1963 年版,第 171 页。
⑩ 安德葛:《香港史》,牛津大学出版社 1973 年版,第 130 页。
⑪ 李长傅:《中国殖民史》,商务印书馆 1936 年版,第 263—264 页。
⑫ 陈翰笙:《华工出国史料》第 4 辑,中华书局 1980 年版,第 204—205 页。

出发去秘鲁、古巴等地的苦力船上计发生 10 次暴动。苦力们为了活命,往往杀死船长、理货员及一部分水手,夺船改航登岸。①

万恶的苦力贸易引起中国人民的公愤和抗议。1852 年 11 月 20 日,厦门人民因英国人贩子掠贩苦力曾展开尖锐斗争。他们猛烈袭击英国人,使英商财产,特别是和记洋行的货栈受到严重威胁。这个事件以后,港督包令担心苦力贸易会继续引起骚乱,危及英国对华正常贸易和"在鸦片贸易中的庞大利益";英国外交大臣克拉伦登(Clarendon)也认为苦力贸易会"给英国的在华利益带来危险",决定加以限制。② 港英当局从自身的根本利益着想,根据英国议会通过的法案,于 1854 年 5 月指派了一名"移民事务官"负责管理苦力贸易,并适当改善苦力的待遇③;1856 年 1 月,又实行英国议会通过的《中国乘客法》,嗣后运送苦力的船只没有许可证不得离境。1857 年,香港政府颁布《移民经纪人法例》,规定获准经营苦力运输的经纪人,必须承担如下职责:①租用船舶;②宣布船舶离港日期;③租用供苦力居住的收容所;④为船舶提供所需的设备及供应;⑤发给船票。④ 同年,香港规定契约华工只限于运往英属殖民地。然而,这些措施并没有取缔苦力贸易,改善苦力待遇也没有真正收效。重利诱使那些从事苦力贸易的人,不顾任何道德标准和管理条例,继续胡作非为。人贩子为了牟取暴利,经常在航行香港至旧金山的苦力船上超载人数 20%—50%,⑤苦力在途中的死亡率依旧很高。⑥

据香港船政厅报告,仅 1854 年 11 月 1 日至 1855 年 9 月 30 日不到一年的时间内,结关登载的苦力船有 128 艘,其中英国占 64 艘、美国占 24 艘。⑦ 1851—1872 年间,从香港运往美洲、大洋洲和东南亚的华工苦力总计为 320349 人。⑧ 上述数字说明香港的苦力贸易达到何等巨大的规模。

在这项血腥的人肉买卖中,香港人贩子获得惊人的暴利。例如,人贩子将一名中国苦力运到秘鲁或西印度群岛,平均付出 117—190 元,而当地种植园主收买苦力的价格是人均 350—400 元,人贩子获得的利润是一个苦力 200 多元。⑨ 据统计,1851—1875 年的 25 年中,仅贩卖华工至美洲各地的私人商行所获暴利竟达 8400 万元,年均近 340 万元。

西方船舶的船东也从苦力贸易获得很大的直接利益。19 世纪 50 年代,一只 850 吨的苦力船,年租金可得 8.5 万元。⑩ 以 1853 年自香港去旧金山 3 万名苦力每人船费 50 元计,该年船老板和招揽人可收回 150 万元。⑪ 1854 年怡和洋行的一次航行即

---

① 严中平:《中国近代经济史(1840—1894)》(下册),附录,统计表 4:(1850—1872 年苦力船海上暴动和遇难事件表),人民出版社 1989 年版,第 1604—1608 页。
② 陈翰笙:《华工出国史料》第 4 辑,中华书局 1980 年版,第 512 页。
③ 《英国议会文书》1856 年第 42 卷,英国爱尔兰大学 1971 年版,第 311 页。
④ 王省吾:《华工出洋的组织工作》,美国旧金山 1978 年版,第 126—127 页;第 98 页。
⑤ 陈翰笙:《华工出国史料》第 3 辑,中华书局 1980 年版,第 258 页。
⑥ 左基阳:《华人移民美国(1850—1880)》,美国纽约 1978 年版,第 106—107 页。
⑦ 巴思:《苦力:美国华人史(1850—1870)》,哈佛 1964 年版,第 62 页。
⑧ 严中平:《中国近代经济史(1840—1894)》(下册),附录,人民出版社 1989 年版,第 1602 页。
⑨ 王省吾:《华工出洋的组织工作》,美国旧金山 1978 年版,第 86—87 页。
⑩ 陈翰笙:《华工出国史料》第 4 辑,中华书局 1980 年版,第 243—244 页。
⑪ 《英国议会文书》1852—1853 年第 62 卷,英国爱尔兰大学 1971 年版,第 342 页。

获利 9 万元。① 如此巨利刺激船东们添制新船,大大带动了香港航运业的发展。1854—1859 年的五年间,香港的远洋航运平均每年增加船只 487 艘,增加吨位 251350 吨,年增长率为 68%。②

苦力贸易不仅刺激了与它有关的商业的兴旺,而且促进了对旧金山贸易的发展。由于旧金山的物价随人口突增而暴涨,该地中国苦力的生活必需品均依靠香港供应,其中包括大米、糖等等,甚至从香港运去大批木屋。仅 1848 年一年,香港即有 23 艘船运送上述货品去加利福尼亚。③

出洋的中国苦力需要将血汗钱汇回家乡。当时只有香港的新式银行能经办此项汇兑业务④,因此有大利可图。在美华工每月工钱 30—35 美元,付伙食费 15—18 美元,所剩无几。但勤劳俭朴的华工力求节省每一分钱以供家用,他们每年能给家里汇一些款,估计每人年均可汇回 30 美元。⑤ 此项汇款,后来数额逐年增大,成为香港银行业发达的重要因素。1865 年成立的香港首屈一指的"香港上海银行",中文取名"汇丰银行",似非偶然。

以上事实表明,苦力贸易和鸦片贸易,是促使香港经济从 19 世纪 40 年代末起逐渐上升的两个十分重要的因素。为了香港的"繁荣",中国人民曾经付出血泪斑斑的沉重代价。

(五)经济的转趋繁荣

在鸦片走私、苦力贸易及其他因素的影响下,1848—1860 年,香港经济逐渐由衰转旺。这一转折,除了表现在上述航运、银行等业外,还反映在以下几个方面。

首先是商业繁荣。在此期间,香港新建了大批商店,中外商贾云集。1856 年以后,香港成为华南的货物分配中心,中国 1/4 的进口货和 1/3 的出口货由香港周转资金并通过香港进行分配。⑥ 1857 年,英国出口香港货值 72 万英镑,1860 年上升至 244 万英镑。⑦ 到 1858 年,大多数从事对华贸易的外国大商号都在香港设有总号,从香港指挥调节其全部对中国及他处的贸易业务。⑧ 1859 年,共有 22 个国家的 1158 艘船舶(总吨位 626536 吨)在香港码头停泊。⑨ 香港的繁忙景象由此可见一斑。

商业繁荣导致从 1853 年起地价逐年上涨。到 1858 年,香港已无空地可售,致使来港中外人士无处安置。这种情况促使香港政府决定提出填海造地计划。

与此同时,香港的市政建设进展迅速。1851 年,建成东面自雅宾利货仓至湾仔的道路;1857 年,在香港市街安装油灯;1858 年,建成上环、中环、下环、太平山四个商场;1860 年建成太平山、东街、中街、西街、西营盘、山顶道等街道,南面扩建了至香港仔的

① 《英国议会文书》1852—1853 年第 62 卷,英国爱尔兰大学 1971 年版,第 342 页。
② 欧德理:《欧西于中土》,香港别发书店 1895 年版,第 344—345 页。
③ 《英国议会文书》1850 年第 36 卷,英国爱尔兰大学 1971 年版,第 111 页。
④ 根岸佶:《华侨杂记》,朝日新闻社 1942 年版,第 147 页。
⑤ 左基阳:《华人移民美国(1850—1880)》,美国纽约 1978 年版,第 171—172 页。
⑥ 〔美〕马士:《中朝制度考》,伦敦 1913 年版,第 267—268 页。
⑦ 夏耶-贝尔:《印度支那的殖民》,法文英译本,伦敦 1894 年版,第 62 页。
⑧ 《英国议会文书》1860 年第 44 卷,英国爱尔兰大学 1971 年版,第 262 页。
⑨ 《英国议会文书》1861 年第 40 卷,英国爱尔兰大学 1971 年版,第 284 页。

道路①；同年，香港政府为供水、修筑堤岸、安装下水道等，共拨款 13 万英镑。新建的香港仔船坞，"其坚固与完善在东方是独一无二的"②。

从财政上看，香港政府在 1855 年以前一直依靠英国政府补助，从 1855 年起英国政府不再拨给财政补贴③；到 1859 年，财政状况已相当令人满意（有的学者认为香港早在 1855 年已实现财政上的自给自足）。④ 这是香港经济从萧条转为繁荣的又一重要标志。

香港经济的繁荣改变了香港的地位。在 1851 年国际博览会上，英国皇家特派员甚至没有给香港一席之地。⑤ 而在 10 年后，港督罗便臣在总结 1860 年政府工作时则洋洋得意地断言："从政治着眼，香港地位的重要性已不再有任何疑问。而香港对加于它的非同寻常的要求（金钱、运输和供应方面）有能力做出反应，且不会干扰其正常贸易运转。这证明本殖民地的商业具有非凡的适应力。"⑥然而，罗便臣的论断仍不能给香港的发展前景做出结论，因为直到 1858 年，英国来华全权特使额尔金还在怀疑香港对英国的价值。他说："一个有头脑的人竟会要香港而不要舟山，这似乎是不可思议的。"⑦看来，香港中转港地位确立之日，才是这个问题解决之时。

二　中转贸易港地位的确立（1861—1900）

第二次鸦片战争以后，中国被迫开放更多的沿海口岸和一些沿江口岸。1869 年，苏伊士运河开通，与此同时，国际商业、交通发生了巨大变革。在此情况下，处于优越地理位置的世界良港香港进一步确立了它的中转贸易港地位。

（一）航运业的发达

航运业和银行业早期均从属于鸦片贸易。怡和洋行最初就是"从鸦片贸易利润积累中拨款建立一支庞大的私有船队"，才建立起它在帆船时代的垄断优势。⑧ 19 世纪六七十年代，随着航运从帆船向轮船的过渡，怡和洋行垄断航运的局面已一去不返。一些原先从事鸦片及其他贸易的洋行，纷纷投资于运输业，筹建轮船公司，在中国展开激烈竞争。从此，香港航运业开始获得独立地位，不再从属于鸦片贸易，并蓬勃发展起来。

1858 年中英《天津条约》解除了《虎门条约》强加于香港和沿海通商口岸的贸易约束，而且允许英国人到内地游历经商，迫使中国的广阔市场进一步对外开放，也极大地刺激了包括香港在内的轮运业的发展。

19 世纪 60 年代，经营中国沿海、远洋及内河航线的外国轮船公司已达 13 家，沿

---

① 《香港殖民地历史与统计概要（1841—1930）》，香港政府编印 1932 年版，第 7 页；第 10—12 页。
② 《英国议会文书》1861 年第 40 卷，英国爱尔兰大学 1971 年版，第 131 页；第 285 页。
③ 《英国议会文书》1860 年第 44 卷，英国爱尔兰大学 1971 年版，第 251 页。
④ 拉布什卡：《香港经济自由研究》，美国芝加哥大学出版社 1979 年版，第 33—34 页。
⑤ 欧德理：《欧西于中土》，香港别发书店 1895 年版，第 277 页。
⑥ 《英国议会文书》1861 年第 40 卷，英国爱尔兰大学 1971 年版，第 133 页。
⑦ 宓吉：《阿礼国传》第 2 卷，伦敦 1900 年版，第 273 页。
⑧ 格林堡：《英国的贸易与中国的开放（1800—1842）》中译本名为：《鸦片战争前中英通商史》，康成译，商务印书馆 1961 年版，第 127—128 页。

海及长江航线常川航行的外轮不下 50 艘。[①] 13 家中,最大的 3 家是美商旗昌轮船公司(1862 年成立,资本银 100 万两)、老牌的英商太古洋行(1872 年成立轮船公司,资本银 97 万两)和怡和洋行(1881 年成立轮船公司,资本银 137 万两)。这三家公司均设于香港、上海,在两地进行指挥。它们为了争夺沿海及长江、珠江沿江的航运地盘时而斗争,时而妥协。[②] 1869—1872 年,旗昌一度独占长江航运,1873 年为太古用降低运费的手段挫败,1877 年售出全部财产,退出竞争。怡和在 19 世纪 60 年代初已开始试航长江,后因受旗昌排挤,一度退出长江航线,转而大力经营沿海航运。80 年代初,又恢复在长江的活动。1883—1893 年,怡和的船只吨位由 13 艘 12571 吨增至 22 艘 23952 吨。太古的扩张尤其迅速,在 1874—1894 年公司成立的最初 20 年间,它的船只吨位从 6 艘 10618 吨增至 29 艘 34543 吨。[③] 1873 年,中国成立轮船招商局,主要经营长江航运,其中有不少香港买办的股金,并在香港设立分局。1883 年,总部设在香港的英商德忌利士轮船公司有 7 艘轮船行驶于沿海各埠,垄断华南沿海航运业。[④]

19 世纪下半叶,香港远洋航运业的发展非常迅速,各国之间的竞争十分激烈。1869 年,苏伊士运河通航,大大缩短了东西海上交通的航线,加上轮船较帆船运输具有不可比拟的优越性[⑤],这就大大鼓舞了英国及其他国家开辟来港的航运。自大英轮船公司航行东方成功后,英国和其他国家的一些轮船公司也相继参加这一角逐:

1860 年元旦,美国邮轮开始航行于新加坡和香港间。[⑥]

1863 年元旦,法国邮船公司在香港开业,开辟香港和欧洲间的常川航班,同时设立北婆罗洲分公司。

1867 年,香港和旧金山开辟定期航班,除载货外,可载客 1400 人。[⑦]

1870 年后,马尼拉和香港有定期航班,由太古、怡和、旗昌三家合办,票价低廉,航运迅速,大大方便了苦力外运。[⑧]

中国泛太平洋轮船公司(1873 年 12 月 30 日成立)、太平洋邮轮公司(万昌邮轮公司,1875 年 3 月 25 日成立)和东西洋轮船公司(1875 年 5 月 27 日成立)的设立,使香港和旧金山之间往来更频繁了。[⑨]

1880 年,闻名西欧的意大利邮船公司(1833 年成立)开辟至香港航线,在早期香港航业史中占有一席之地。[⑩]

1881 年,加拿大昌兴轮船公司的轮船起航,行驶于香港、日本、温哥华间。[⑪]

---

① 聂宝璋:《洋行买办与买办资产阶级》,载孙健:《中国经济史论文集》,中国人民大学出版社 1987 年版,第 157—158 页。

② 刘广京:《十九世纪中国轮船业》,载《亚洲研究杂志》1959 年第 4 期,第 435—454 页。

③ 汪敬虞:《十九世纪西方资本主义对中国的经济侵略》,人民出版社 1983 年版,第 267—274 页。

④ 赖特:《商埠志》,伦敦劳逸德出版公司 1908 年版,第 207 页。

⑤ 过去快速帆船从英国来华需要 120 天,每只船仅能载 1000 吨货物;现在轮船自英国来华仅需 77 天,每艘载货 3000 吨。参见墨菲:《上海,近代中国的枢纽》,哈佛大学出版社 1953 年版,第 70—71 页。

⑥ 《香港殖民地历史与统计概要(1841—1930)》,香港政府编印 1932 年版,第 70—71 页。

⑦ 左基阳:《华人移民美国(1850—1880)》,美国纽约 1978 年版,第 166—167 页。

⑧ 威克伯:《菲律宾生活中的华人(1850—1898)》,耶鲁大学出版社 1965 年版,第 166—167 页。

⑨ 欧德理:《欧西于中土》,香港别发书店 1895 年版,第 519 页。

⑩ 《香港工商航运业 94 年记录(1841—1935)》,香港 1936 年版,第 147 页。

⑪ 赖特:《商埠志》,伦敦劳逸德出版公司 1908 年版,第 202 页。

　　同年,太古、怡和协议开辟中澳航线,定期航行于福州、香港、马尼拉和澳洲各港口。"东方与澳洲轮船公司"则开辟了中澳间的另一定期航线,由伦敦塔格·提的曼公司主办,以香港仁记洋行任代理行,运输对象以移民为主。[①]

　　1885 年,北德意志路易公司成立,在香港设有特别监督机构。1886 年,该公司的轮船行驶于德、英、西、意、新加坡、香港、日本等处。[②]

　　1895 年,捷成洋行成立,有十来条轮船经营远东航务,往来香港与印度支那,苏门答腊、海峡殖民地和华南各港口。

　　1899 年,日本大阪轮船公司指定香港三菱株式会社为其代理行,1902 年成立分公司,管辖广州、厦门、汕头、西贡等分公司,拥有自己的码头和 50 条航线,总吨位为 55 万吨,资金为 1 亿日元,在基隆、香港间每周有定期航班。[③]

　　外国轮船的发达,意味着中国帆船的萎缩,1868—1869 年,在中国海关管理下的中外轮船、帆船,数量大略相等,即各 7000 艘,1884 年轮船数目 4 倍于帆船,而吨位为后者的 17 倍。[④] 但就香港地区而言,帆船作为轮船的补充工具,随着轮船业的发展仍有发展。1867 年,进港帆船 20787 只,共 1367702 吨;1898 年,进港帆船 29466 只,共 1814281 吨;1890 年,欧洲轮船 8219 艘,共 9771741 吨通过香港,因驳运雇用帆船 46686 只,共 3572079 吨。以上数据说明帆船在香港的中转贸易中与轮船同步发展的关系。[⑤]

　　香港轮船业经过 40 年的发展,到 19 世纪末,已使香港成为中国内河、沿海航运中心和远洋航运中心,四通八达的交通枢纽,世界的重要港口。香港轮船(英国始终占优势)可以到达世界任何角落。轮船业和随之发达的修船造船业(详后),成了香港"生命的血液",而这恰是香港确立中转贸易港地位的重要前提之一。

　　(二)金融业的勃兴

　　香港金融业与航运业相同,最初以为鸦片贸易和中转贸易服务为前提,而中转贸易的发展反过来又大大促进了香港金融业的兴旺。到了后来,香港金融业不仅服务于中转贸易,而且成为外国金融资本操纵中国金融市场的强有力的工具。

　　从 1845 年丽如银行开业到 1865 年汇丰银行成立,是香港银行业创立的高峰期。除了丽如、渣打银行外,还先后成立了呵加剌银行、汇川银行、有利银行、汇隆银行、法兰西银行、利华银行、利升银行等 11 家银行。[⑥] 这些银行主要经营汇兑业务,发行钞票与押汇不占重要地位,而且并不招揽存款,对存款不仅不计利息,相反还收取存户的手续费。[⑦] 当时,香港银行还处在初步发展阶段,以致这 20 年的"银行情况也完全缺乏记载"。[⑧] 1865 年汇丰银行成立,开辟了香港银行业的新时期。

① 马里纳、海德:《老施怀雅:远东轮船业的经营管理》,英国 1967 年版,第 92—93 页。
② 赖特:《商埠志》,伦敦劳逸德出版公司 1908 年版,第 201 页。
③ 《香港工商航运业 94 年记录(1841—1935)》,香港 1936 年版,第 138 页;第 165—166 页。
④ 里默(一译雷麦):《中国对外贸易》,卿汝楫译,三联书店 1958 年版,第 31 页。
⑤ 安德葛:《东方转口贸易港:香港史资料集》,英国伦敦皇家文书局 1964 年版,第 173 页;第 157 页。
⑥ 《英国议会文书》1867—1868 年第 48 卷,英国爱尔兰大学 1972 年版,第 241 页。
⑦ 汪敬虞:《十九世纪西方资本主义对中国的经济侵略》,人民出版社 1983 年版,第 207 页。
⑧ 欧德理:《欧西于中土》,香港别发书店 1895 年版,第 116 页。

汇丰银行是在西方对华贸易大扩张新形势下出现的。中英《天津条约》规定长江流域大片腹地对外开放，为西商提供广阔的贸易前景，形势要求金融机构及时、灵活地调节提供贸易需要的资金。总行设在英国或印度的现有几家香港银行无法适应此种要求，因此洋商迫切需要一个自己创办的地区银行。恰在这时，1864 年 7 月 22 日，孟买商人计划抢先在香港成立一家总行在中国的银行。消息传来，香港洋商立即闻风而起，于同年 8 月 4 日召开第一次会议，成功地商讨了制止对策，同时也对成立新的汇丰银行进行了酝酿。①

　　汇丰银行发起人几乎网罗香港商界的所有名流。例如，汇丰的主要发起人、董事会的首任代表崇利(Chomley)是颠地洋行的代表；夏尔德(Heard)是美国琼记洋行的老板，该洋行总行设在香港，分行遍布通商五口和澳门，在香港许多企业都有它的投资；苏石兰(Sutherland)，大英轮船公司的香港代理人，公认的权势人物；麦克莱恩(Maclean)是礶巳洋行的代表，在 19 世纪 50 年代为省港快轮公司的代表；拿蒲那(Lapraik)是 1849 年在港成立的德忌利士洋行的创办者，由他经营的德忌利士轮船公司是华南航运中的佼佼者；尼逊(Nissen)是德商禅臣洋行的股东，该行在沪、港、穗间建立定期轮航，又是省、港、澳轮船公司的股东；李曼(Lemann)是太平洋行的老板，怡和、颠地洋行势均力敌的竞争者，也是 19 世纪 60 年代中国沿海航业中心的活跃分子；希密特(Schmidt)是英国费礼查洋行老板，亦是 19 世纪 60 年代外国在华航业巨子，在港、穗、汉、沪、榕都有分支机构；沙逊(Sasson)是沙逊洋行的创始人，其分支机构遍布穗、沪、甬、汉、榕、津、芝罘等地，在香港以“地产大王”著称，汇丰的台柱；此外，还有公易洋行、广南洋行、搬鸟洋行、毕洋行和顺章洋行的老板等。② 就国籍言，汇丰股东有英、美、德和港脚商人等，该行第一任经理是法国银行家③，汇丰因此炫耀它的“赞助者实际上可以说代表整个香港社会”④。但有一个例外，号称“商业大王”的怡和洋行，没有参加与发起，它不愿意和它的主要竞争对手颠地合作，同时也无意放弃它经营的汇兑业务，直到汇丰立定脚跟、业务蒸蒸日上时，才于 1877 年加入进来。⑤ 汇丰营业方针适应中小商人的要求，得到他们的拥护。延长票据预付时间即其一例。丽如、渣打等行以预付票据时间过长会鼓励投机，增加竞争，主张从原来 6 个月缩短为 4 个月，但汇丰以适应特定行业的需要，坚持 6 个月预付期限，受到中小商人的欢迎。

　　汇丰股票共 2 万股，每股 250 元，共 500 万元。根据 1866 年 5 号法例实收股金 4 万股，每股 125 元。1865 年 1 月股金贴水 30％，1866 年 8 月降为 4％。⑥

　　汇丰银行的成立日期，按汇丰银行史专家的意见是 1865 年 3 月 2 日，即该行董事会第一次会议日期，也是第一张票据支付的日期。而银行正式开业日期则是 1866 年 12 月 29 日。⑦ 汇丰银行的英文名字是 The Hong Kong and Shanghai Banking Cor-

---

①　景复朗：《英国特许银行在东方的顶峰》，《香港大学公报》1969 年第 16 卷第 6 期。

②　科利斯：《汇丰银行百年史》，伦敦 1965 年版，第 256—257 页。

③　艾伦、唐尼索恩：《远东经济发展中的西方企业：中国与日本》，伦敦艾伦·昂文出版公司 1954 年版，第 108 页。

④　科利斯：《汇丰银行百年史》，伦敦 1965 年版，第 256 页。

⑤　〔英〕勒费窝：《清末西人在华企业：1842—1895 年怡和洋行活动概述》，哈佛大学出版社 1970 年版，第 68 页。

⑥　景复朗：《东方银行业：汇丰银行史论文集》，伦敦 1983 年版，第 41 页；第 53 页。

⑦　景复朗：《汇丰银行史》第 1 卷，剑桥大学出版社 1987 年版，第 70—72 页。

poration（"香港上海银行"）①，说明创立初期以华南、华东尤以香港为该行主要业务范围。它最初的中文名字叫"汇理"，19 世纪 70 年代中叶始有"汇丰"其名，但仍以"香港上海银行"行名发行钞票，到 1888 年才统一称"汇丰银行"。②

按照英国惯例，殖民地银行必须由政府特许方可发行钞票，实行有限责任。③ 汇丰仅获得香港立法局和殖民地部的同意，即取得和特许相同的法律效力，同时银行向立法局施加压力，要求按公司登记，在未获特许之前即先行营业，这是汇丰银行又称银公司的由来。④ 汇丰在与同业的竞争中之所以能战胜对手，就是因为它从一开始就得到了港府的支持。另一方面，香港政府在汇丰成立前不久，刚宣布以港元为计算单位，目的是统一香港的复杂币制（西元、墨元、中国银元同时流通），方便金融流通。汇丰的成立有利于此项币制改革，在其发起书中，也将此列为宗旨之一。⑤ 可见，港英当局和汇丰银行从一开始便是相互支持、相互依赖的。

香港银行业从 19 世纪 60 年代至 19 世纪末的发展可分两个阶段。第一阶段（1865—1875）为艰难立脚的十年。1866 年，由于西欧经济危机波及中国，给香港金融贸易界带来灾难性的后果，洋商大户如颠地洋行、孻乜洋行等先后宣告倒闭；金融界同样极不景气，股票行情下跌，银行收益下降。例如，汇丰银行 1865 年赢利 20 万元；1875 年为 19 万元，下跌 5％，每股收益下跌 44％。⑥ 金融危机过后，只剩下实力比较雄厚的汇丰、渣打、丽如等 6 家银行。

第二阶段（1875—1900），虽然世界经济继续萧条，且银价下跌（1903 年比之 1875 年下跌 61％），但因苏伊士运河通航，欧亚接通电报对中外贸易方式产生巨大影响，银行为贸易提供大量资金，其作用日益显著。有了银行，小资本可做大生意，贸易从少数人操纵转到多数人手中。⑦ "银行已经摧毁商业大王的垄断"。⑧ 香港银行业经受十年艰难后，逐渐走上恢复发展的道路，这不仅表现在银行业的机构增多，还表现在为贸易服务的范围扩大了。

这个时期，香港银行发生如下变迁。三家汇兑银行因经营不善关闭了，这三家银行是丽如银行（1892）、法兰西银行（1889 年改组，1896 年为东方汇理银行所取代）、呵加刺银行（1900）。象征着列强争夺中国金融市场的新出现的银行有 1880 年日本的正金银行、1889 年德国的德华银行、1895 年的华俄道胜银行。⑨ 随着华商的发展，香港当地也出现华人金融机构，最主要有广东人开设的银号，经营汇兑业务，其中历史悠久的有瑞吉、邓天福、昌记等几家。香港没有山西票号，但银号可通过内地山西票号和全

---

① 见《德臣西报行名录（1867 年）》。

② 景复朗：《汇丰银行史》第 1 卷，剑桥大学出版社 1987 年版，第 69 页。

③ 景复朗：《英国特许银行：在东方的顶峰》，《香港大学公报》1969 年第 16 卷第 6 期，第 4 页。

④ 景复朗：《英国特许银行：在东方的顶峰》，《香港大学公报》1969 年第 16 卷第 6 期，第 5 页。

⑤ 景复朗：《汇丰银行史》第 2 卷，剑桥大学出版社 1987 年版，第 76—77 页。

⑥ 景复朗：《东方银行业：汇丰银行史论文集》，伦敦 1983 年版，第 83—84 页。

⑦ 艾伦、唐尼索恩：《远东经济发展中的西方企业，中国与日本》，纽约麦克米伦出版公司 1954 年版，第 110 页。

⑧ 姚贤镐：《中国近代对外贸易史资料（1840—1895）》第 2 册，中华书局 1962 年版，第 954 页。

⑨ 景复朗：《汇丰银行史》第 1 卷，剑桥大学出版社 1987 年版，第 261—263 页。

国金融界发生联系。① 1886年，香港的银号和钱庄大约有20家，其中6家有资本5000—1万元，主要经营汇兑和兑换现洋，14家有资本3万—6万元，股息年利15％，年周转资金平均15万元。② 外国银行通过银号把金融势力伸向内地银号，因此被称作"欧洲银行的触角"③。1898年前后，中国第一家银行中国通商银行成立，在香港设立分行，但不占重要地位。④

这一时期，汇丰银行的发展势头首屈一指，其分支机构增加一倍。与此同时，该行业务网从香港伸至华中、华北、中国沿海，日本、菲律宾、印度支那、荷属东印度群岛、暹罗、缅甸、印度，法国、德国、美国三国都有代办处。汇丰股东公布的总基金2540万元，实交1000万元，储备金1000万元。1885年汇丰还只是中国沿海的一大银行，10年之后已被公认为世界级的大银行了。⑤

1870年以后，银行的业务已从过去的单纯汇兑业向存、放、汇、发行钞票等多方面发展。

重视存款是这一时期银行的共同特点。据港府助理库务司沃德豪斯提供的资料，香港西方银行存款总数：1879年9月30日为706.86万元，1889年9月30日为2388.2万元；中国钱庄1889年为1500万元，增长幅度不小。⑥ 各家银行都以吸收存款作为首要任务。渣打银行固善于吸收当地存款，才得安渡1886年的经济危机。⑦ 该行还以年利5—6分拉拢政府存款作为后盾。⑧ 汇丰于1885年5月成立香港独家的银行储蓄部，存款户主要为中国人。⑨ 汇丰代管港府基金，1872年它提出比丽如更优越的条件，接管后者手中的港府活期存款。⑩ 汇丰还是港府的财政金库，举凡公务员薪给，士兵、海员饷银，都由汇丰代存代发。⑪ 1887年中国在九龙设关征收鸦片税厘，由海关总税务司指派一名英国人主持其事，香港汇丰银行无形中又成了此项税收的保管机构。因此，为汇丰提供基金的来源有着极为广泛的社会基础，除储户存款外，还包括洋行，公司、港府各级单位，英领事馆及外交基金，以及数额有限的中国官吏的存款。⑫ 这是汇丰胜过同业的优势所在。

开展存、储的目的是给商行贷放资金。19世纪60年代后期，香港银行不遗余力地贷款给中小商人，鼓励他们推销工业品。1876年以后，银行接受鸦片作为抵押品给予贷款，这给鸦片商提供了便利。

有时华商亦可申请贷款，但须经银行买办调查信用或了解抵押品的情况，通常贷

① 日本外务省通商局：《香港事情》，东京1917年版，第164—165页；姚启勋：《香港金融》，1962年香港增订版，第61页。
② 景复朗：《汇丰银行史》第1卷，剑桥大学出版社1987年版，第504页。
③ 赖特：《商埠志》，伦敦劳逸德出版公司1908年版，第118页。
④ 中国人民银行上海分行金融研究室：《中国第一家银行》，北京1982年版，第14页。
⑤ 景复朗：《汇丰银行史》第1卷，剑桥大学出版社1987年版，第619页；第6页。
⑥ 安德葛：《东方转口贸易港：香港史资料集》，伦敦皇家文书局1964年版，第153页。
⑦ 麦肯齐：《银的国度，东方银行业一百年》，伦敦1954年版，第44—45页。
⑧ 《英国议会文书》1863年第39卷，英国爱尔兰大学1971年版，第247页。
⑨ 日本外务省通商局：《香港事情》，东京1917年版，第163页。
⑩ 英国殖民地部档案，C. O.129/158，第145—147页。
⑪ 科利斯：《汇丰银行百年史》，伦敦1965年版，第60页。
⑫ 景复朗：《汇丰银行史》第1卷，剑桥大学出版社1987年版，第508页。

款只占货值的 25%，①贷款的机会不多，而且条件苛刻。1885 年，汇丰贷给招商局 30 万英镑，派代表驻局，随时稽查账簿，验看各船产业，操纵招商局的命运。②

除了商业性贷款，还有政治性贷款，即银行贷款给清政府地方或中央，此项贷款被视为"影响汉满寡头政治集团决策的手段"。③ 据统计，从鸦片战争到甲午战争的 50 年间，已查明此类政治性贷款 44 笔计 4630 万两，香港英人开办的银行，处于独占地位。其中，1880—1895 年计 15 笔，占总数 68%。"这些贷款以关税、铁路、矿山作抵押，控制中国财政经济命脉，收取高额利息和捞取巨额利润，借款一部分是用以镇压中国人民革命，其危害作用是显而易见的。"④为便利谈判贷款，1885 年汇丰在北京设立分行，每次交易系由北京分行行长熙礼尔（Hillier）接头，中经上海分行行长嘉谟伦（Cameron），由香港总行行长乃则臣（Jackson）拍板定案。⑤ 银行有时出于政治考虑，赔本生意也愿意做。1901 年的第一次贷款，英财政部承认"不是为了银行的好买卖，而是出于爱国的动机"。同时，应当指出，英国为了进行政治性贷款是不择手段的。北京汇丰分行雇用十个中国人刺探清廷政情，1886 年秋 70 万元的一笔贷款即因之到手。⑥ 至于向中国官场行贿，助长贪污腐化，更是不在话下。⑦

华侨汇款是银行汇兑业的一个重要项目。每年华侨汇款总数多少，目前没有确切的统计数。据加利福尼亚一家银行估计 1876 年前后美国侨汇每年在 100—150 万元之间，薛福成据旧金山银行汇票总账估计每年约 800 万两；另外，东南亚华工每年约 1000 万两。⑧ 这些汇款大部分汇到香港外国银行，再由银号钱庄转到内地。汇丰先后在马尼拉（1875）、旧金山（1875）、新加坡（1877）、纽约（1880）、里昂（1881）、天津（1881）、槟榔屿（1884）、巴达维亚（今雅加达，1884）、北京（1885）、淡水（1886）、澳门（1887）、曼谷（1888）、汉堡（1889）、仰光（1891）、长崎（1891）、科伦坡（1892）等地设立支行或代理处，拉拢侨汇为其主要目的之一。⑨ 直到 1902 年渣打银行在纽约设立分行之前，汇丰一直垄断美国和亚洲间的外汇贸易。⑩

除了存、放、汇款外，发行货币是特许银行的一项重要业务。香港币制的特点在于私营银行负责纸币的发行。1863 年，香港开始实行银本位制，同年 1 月 9 日的法例规定以墨元和香港造币厂制造的现洋为合法货币。⑪ 这样做，有利于对内地贸易的发展。⑫ 这无疑是香港商业繁荣的一大要因。银行发行纸币有利香港币制改革。上文已提到丽如和渣打初期发行钞票情况。汇丰银行的钞票发行后来居上，最初发行的数

---

① 麦肯齐：《银的国度，东方银行业一百年》，伦敦 1954 年版，第 60 页；第 65—66 页。

② 张国辉：《论外国资本对洋务企业的贷款》，载《历史研究》1982 年第 4 期，第 65—67 页。

③ 勒费窝：《清末西人在华企业：1842—1895 年怡和洋行活动概述》，哈佛大学出版社 1970 年版，第 103 页。

④ 汪敬虞：《十九世纪西方资本主义对中国的经济侵略》，人民出版社 1983 年版，第 239 页；第 249 页。

⑤ 科利斯：《汇丰银行百年史》，伦敦 1965 年版，第 72 页。

⑥ 景复朗：《东方银行业：汇丰银行史论文集》，伦敦 1983 年版，第 12—13 页；第 21 页。

⑦ 托马斯：《外国干涉与中国工业发展，1870—1911》，美国 1984 年版，第 61 页。

⑧ 陈翰笙：《华工出国史料》第 3 辑，中华书局 1980 年版，第 285 页；第 267 页。

⑨ 景复朗：《汇丰银行史》第 1 卷（英文版），剑桥大学出版社 1987 年版，第 347 页。

⑩ 科利斯：《汇丰银行百年史》（英文版），伦敦 1965 年版，第 102 页。

⑪ 欧德理：《欧西于中土》，香港别发书店 1895 年版，第 375—376 页。

⑫ 景复朗：《中转贸易与香港金银本位两者间的选择》（英文版），《香港经济学会汇刊》1964 年第 3 期，第 14—17 页。

量不大,但 1889 年香港一地发行 300 万,远东地区达 579 万元;到了 1898 年,香港一地发行达 767 万元,远东地区达 1181 万元。①

综上所述,汇丰银行在 19 世纪最后二三十年中,已发展成为所谓在华外国银行中实力最雄厚的一家。它的迅速崛起,集中反映了英国以香港为据点向中国大陆进行经济扩张的强大势头。据《中国近代经济史》提供的资料,汇丰银行的发钞额在 1874—1892 年“增长了三倍多。汇丰银行的资产总值由 1870 年的 3805.3 万元上升到 1890 年的 14968.6 万元,即 20 多年内增加了将近 3 倍,而同时期内,它的存款则由 939.9 万元上升到 10311.3 万元,即增加了 10 多倍。这样,汇丰银行终于成为外国银行在中国金融市场上的最大势力,亦即控制中国金融市场的最大势力”②。

这里,附带提一下与银行有连带关系的香港保险业。外商在华兴办最早的一家保险公司是广州的谏当保险行。1804—1834 年的 30 年间,由颠地和怡和两家洋行轮流负责经营,每三年一换。1834 年改组成公司,由怡和单独经理,保险范围后来扩展到伦敦、印度和其他各地。③ 1848 年,查顿被指派为火险联合公司的代理人,1866 年组成香港火险公司,共 2000 股计 40 万元,由查顿任经理④,这是香港最早也是最有声誉的一家保险公司。保险公司的出现,本是公共安全和国家财富、社会文明进步的表现,但洋商办保险却是控制华商运货的一个有力手段,“因为华货不保险,就没有人运,华船不保险,就没有货给它装运”。⑤ 这是中国的半殖民地性质决定的。华人在香港创办保险公司,则始于 1877 年。1899 年创办的义安水火保险公司和 1900 年创办的福安保险货仓公司,也是纯华人商号,资金各 100 万元。前者在海峡殖民地、澳、美、菲、日、印支条约口岸都有分号。⑥

(三)港口与城市基础设施的完善

香港作为中转港口,其任务首先是为过往船舶提供安全停靠的设施,及时完成货物和旅客由船到岸或由岸到船以及由船到船的运转,并为船舶提供补给、修理等技术服务。其次,岛上须提供完善的道路、房屋建设、邮电通讯、生活服务以及足够的商业和居住用地等。所有这些都属基础设施范围,它与整个社会经济运转相互联系、相互配合,是确立香港作为中转港口又一重要前提。

港岛旧市区面积狭小,随着经济发展和人口的膨胀,扩大商业和居住用地成为当务之急。19 世纪 50 年代,包令已提出填海造地计划。1868 年,港英当局开始修建从威利麻街到文咸西街海堤 2700 英尺⑦,并在其后边圈海造地。1870 年,东部堤岸已部分建成,此即今之德辅道。1884 年,在铜锣湾造地 23 英亩;1886 年,在西部坚尼地填造 22 英亩。1883 年,港府执行一项规模最大的计划,即建造海堤长 2 英里,围海造地

① 景复朗:《汇丰银行史》第 1 卷(英文版),剑桥大学出版社 1987 年版,第 302 页;第 485 页。
② 严中平:《中国近代经济史(1840—1894)》(下册),人民出版社 1989 年版,第 1078 页。
③ 怡和洋行:《怡和史略》,香港 1980 年版,第 51 页。
④ 凯瑟克:《蓟与玉——庆祝怡和洋行成立 150 年》,香港 1982 年版,第 55 页。
⑤ 孙健:《中国经济史论文集》,中国人民大学出版社 1987 年版,第 159—160 页。
⑥ 赖特:《商埠志》,伦敦劳逸德出版公司 1908 年版,第 231 页。
⑦ 1 英尺 =0.3048 米。下同,后面出现不再标注。

65 英亩。此计划完成于 1903 年,今天香港维多利亚城西部于是形成。皇后大道原来是海岸线,今天北面已推出 1/4 英里的新辟土地。①

中转贸易发展,要求货仓数量相应增多,中国老式货仓已不合时宜。1871 年,第一个公共货仓企业香港货栈公司问世,起初系利用湾仔的码头、房产作公共仓库,后来不仅提供仓储,也提供港口内的驳运和输送等服务。② 1886 年,香港九龙仓栈公司成立,资本 170 万元,系合并怡和洋行埠头仓栈和香港九龙码头仓栈货船公司而成。③

与货栈相联系有码头与船坞。1874 年,香港一场大台风,沉船 185 艘,损船 455 艘,50 分钟内船民死亡四五千人。为此,1877 年,港府拨款 1.6 万元建防波堤,次年又以 5.2 万英镑建维多利亚码头。④ 1888 年,香港货栈公司建第一、第二码头,供远洋深水轮船停泊。⑤ 1898 年,建成天星码头,在港九间一天来回轮渡 297 次。⑥ 至此,香港码头始臻完备。

1882 年,香港已有 5 个船坞,其中规模最大的是 1863 年成立的香港黄埔船坞公司,由怡和任主席,资金 75 万元。⑦ 该船坞有各种造船机械。1899 年,除兴建 21 艘船舶外,可供平均每艘载重 2336 吨的 330 艘轮船停泊,1900 年雇工 4510 人。⑧ 其次,1888 年,在九龙红磡建成第一船坞,不仅为来港商船,也为远东海面的船舶提供修理服务,对港口的发展具有重要意义。⑨ 1897 年,庇利有限公司又在九龙建船坞,主要制造小型河船。⑩

夜间船舶进出港口需要照明的灯塔。1875 年,在德忌笠角修建第一个一级灯塔,能见度达 23 英里,使船舶可全天候进港;接着,在青洲修建另一个四级灯塔。⑪ 离岛之有灯塔始于 1892 年的石岛的一级灯塔。⑫ 港督宝云任内(1883—1885)兴建香港皇家气象台,港口设施随之更加完备。⑬

道路建设为基础设施一项重要内容。到 19 世纪末,从维多利亚城到香港仔再到赤柱的道路主干线,已完成总长 95 英里。英国占领九龙不久即着手修路,到 19 世纪末,总长约 22 英里。⑭ 1888 年,山顶缆车通车。自西向东的坚尼地城至筲箕湾的有轨电车则于 1904 年完成。⑮

---

① 赵子能:《香港的港口》,香港 1973 年版,第 21 页;韦布:《香港》,新加坡 1961 年版,第 4 页。

② 赵子能:《香港的港口》,香港 1973 年版,第 25 页。

③ 凯瑟克:《蓟与玉——庆祝怡和洋行成立 150 年》,香港 1982 年版,第 41 页;《香港工商航运业 94 年记录(1841—1935)》,英国爱尔兰大学 1971 年版,第 115 页。

④ 《英国议会文书》1881 年第 64 卷第 2 册,英国爱尔兰大学 1971 年版,第 544 页;第 546 页。

⑤ 赵子能:《香港的港口》,香港 1973 年版,第 25 页。

⑥ 《香港工商航运业 94 年记录(1841—1935)》,香港 1936 年版,第 174—175 页。

⑦ 《香港黄埔船坞为各国轮船服务一百年》,香港 1963 年版,第 4—5 页。

⑧ 《英国议会文书》1901 年第 45 卷,英国爱尔兰大学 1971 年版,第 342 页。

⑨ 赵子能:《香港的港口》,香港 1973 年版,第 25 页。

⑩ 日本外务省通商局:《香港事情》,东京 1917 年版,第 285 页。

⑪ 《英国议会文书》1875 年第 51 卷,英国爱尔兰大学 1971 年版,第 355 页。

⑫ 赖特:《商埠志》,伦敦劳逸德出版公司 1908 年版,第 131 页。

⑬ 《香港工商航运业 94 年记录(1841—1935)》,香港 1936 年版,第 6 页。

⑭ 赖特:《商埠志》,伦敦劳逸德出版公司 1908 年版,第 129 页。

⑮ 安德葛:《香港史》,牛津大学出版社 1973 年版,第 277 页。

公用事业方面　1865年元旦,在西南角成立香港煤气公司,最初只供维多利亚城照明,后逐步供厨房、取暖及商业使用。[1] 九龙煤气迟至1895年左右供应照明。1889年,英商仁记洋行以60万元始创香港电力公司,开始电灯照明。[2] 香港居民饮水向来是个严重问题,1860年前主要依靠井水、雨水,九龙1860—1910年的供水情况也是如此。1870年,港府建薄扶林水塘[3];1889年,又建大潭水塘,蓄水量为3.12亿加仑。1899年,黄泥涌水塘建成,总蓄水量增至7.47亿加仑。

邮电通讯方面　香港是内河、沿海、远洋各线轮船停泊的港口,因而成了中国邮政集散中心,通商五口的邮政支局于1848—1854年相继成立,统辖于香港邮局,[4]往来印度和海峡殖民地邮件均借载鸦片的印度快船(称印度小邮船)运输。1869年,美国太平洋铁路建成后,美国信件不再经英国而直接经横滨至旧金山。1870年,香港邮局开办邮政汇票,为华侨邮汇打开方便之门。[5] 1860年,大北电报公司在香港成立分公司,北面通过俄国与欧洲相联系。1871年,大东电报公司也在香港成立分公司,南面通过新加坡和欧洲相联系。[6] 于是,印度、香港、上海、澳大利亚和欧洲的联系更为方便。[7]

(四)中转贸易的迅猛增长

上述轮船业、银行业、基础设施各方面的发展,为香港中转贸易的勃兴准备了条件。此外,19世纪六七十年代中外关系和国际形势的变局也对香港经济的发展产生了积极影响。

1858年中英《天津条约》以及1876年中英《烟台条约》缔结后,沿海和长江的许多口岸对外开放,为香港贸易开辟广阔市场。同时,《天津条约》规定英商运洋货入内地和从内地运土货出口,除交纳进出口正税外,仅需交纳从价2.5％的子口税,即可遍运各地,不再交纳任何捐税。[8] 另外,英国割占九龙后,在大陆上获得新据点。这些都使香港在政治、经济上获得更大的优势。

1869年,美国从纽约至旧金山的中央太平洋铁路建成,过去美国邮件从香港用英国轮船西行经马赛、南安普敦到纽约,现在用美国邮轮东行经横滨、旧金山到纽约,香港成了东西方航路要冲。同年开通的苏伊士运河缩短港英间行程25.6％,沪英间行程24.1％。[9] 1871年,欧洲港沪间海底电线联结,中外商人可以提前定购货物。世界范围交通和信息工具的改革,对香港商业方式的改变影响极为深远。

19世纪60年代末,西方各国为了摆脱经济危机,竞相实行技术改革,生产力大大提高,出口货价格大幅度下降,资本主义列强把对外侵略政策的焦点日益转向争夺销

① 《英国议会文书》1867年第48卷,英国爱尔兰大学1971年版,第255页。
② 《香港工商航运业94年记录(1841—1935)》,香港1936年版,第122页;第112页。
③ 《英国议会文书》1870年第69卷,第275页;1872年第42卷,英国爱尔兰大学1971年版,第187页。
④ 赖特:《商埠志》,伦敦劳逸德出版公司1908年版,第130—131页;第133页。
⑤ 《英国议会文书》1871年第47卷,英国爱尔兰大学1971年版,第253—254页。
⑥ 赖特:《商埠志》,伦敦劳逸德出版公司1908年版,第134页。
⑦ 凯瑟克:《蓟与玉——庆祝怡和洋行成立150年》,香港1982年版,第259页。
⑧ 王铁崖:《中外旧约章汇编》第1册,三联书店1982年版,第99页;第100页。
⑨ 里默:《中国对外贸易》,卿汝楫译,三联书店1958年版,第31页。

售市场和原料产地。因此,70 年代后,外国商品在华大量倾销,香港成了华南各国商品的集散中心。①

19 世纪 50—70 年代又是整个亚洲政治经济的转变时期。② 日本,菲律宾、越南各国对外开放更多港口,香港联系的范围因而更加广泛。③ 它和这些地区以及欧美各通都大邑均互通邮电轮运,信息灵通,形成香港的巨大优势。④

香港的中转贸易就是在上述有利条件下展开的。

这个时期香港的贸易可以 1885 年为界分前后两个阶段。前段趋势起伏较大。第二次鸦片战争期间,香港因英军云集,军需订货激增,以及携带大量资金的华人逃港避难,经济呈现战时繁荣。不久,美国发生南北战争,美棉出口中断,印度和中国一度成为欧洲的棉花供应者,中国与欧洲间的贸易有较大发展。香港作为中转贸易港,经济上大受其益。印度商人见香港是与中国和印度支那做生意的理想地方,纷纷将资金转至该地,促使香港银根松动、市场活跃。法国驻港领事因此断言:"香港已经成为交通枢纽和华南的商业中心。"

1865 年,美国南北战争终止,恢复向英国供应棉花,香港棉花中转贸易剧减,加以前段繁荣带来激烈的竞争,使利润下降;此时,香港又卷入上海及长江流域其他几个开放口岸的茶叶、地产投机,一下吞噬了近 600 万英镑资本,导致银根奇紧、市面萧条。1864—1868 年因此被称为"悲惨年代"。⑤

1869—1872 年一度有了转机,但 1873 年因受世界性经济危机的影响,香港经济再度衰退,1873—1875 年达到最低点,企业纷纷倒闭,如印中车糖业公司(1873)、诺顿公司(1873)、香港蒸馏公司(1873)、香港码头货仓公司(1875)等。1874 年,汇丰银行董事会竟付不出红利。⑥ 这种局面到 1880 年才开始有转机。

第二阶段(1886—1900),除了 1887—1891 五年中因汇率变动、投机盛行经济一度萎缩外⑦,其余年代平稳发展,并在后几年达到繁荣的高峰。

香港的中转贸易数量,在 1887 年九龙设关之前缺乏完整资料。据统计,1867 年,中国从香港进口货物占全部进口货物的 20%,其中英国占 15%,新加坡、澳洲、印度占4%,其他占 1%;经香港出口的中国货物占全部出口货物的 14%,其中输往英国的占9%,输往美国的占 2%,输往新加坡的占 2%,输往其他各国的占 1%。⑧ 又据海关报告,1880 年,中国出口货值的 21%,进口货值的 37%均经过香港。⑨

进入第二阶段后,香港作为贸易分配中心的地位愈益重要。1887 年,九龙、拱北

---

① 〔美〕马士:《中华帝国对外关系史》第 2 卷,张汇文等译,商务印书馆 1963 年版,第 396 页。
② 科恩:《中日两国的经济发展,经济史和政治经济学研究》,伦敦 1964 年版,第 13—14 页。
③ 《英国议会文书》1871 年第 47 卷,英国爱尔兰大学 1971 年版,第 245 页;欧德理:《欧西于中土》,香港别发书店 1895 年版,第 518—519 页。
④ 《英国议会文书》1883 年第 45 卷,英国爱尔兰大学 1971 年版,第 293 页。
⑤ 参看夏耶-贝尔:《印度支那的殖民》,法文英译本,伦敦 1894 年版,第 60—64 页。
⑥ 欧德理:《欧西于中土》,香港别发书店 1895 年版,第 491 页。
⑦ 《香港工商航运业 94 年记录(1841—1935)》,香港 1936 年版,第 6 页。
⑧ 〔美〕马士:《中华帝国对外关系史》第 2 卷,张汇文等译,商务印书馆 1963 年版,第 396 页;第 398 页;第 402—403 页。
⑨ 安德葛:《香港史》,牛津大学出版社 1973 年版,第 194 页。

设关,中国对外贸易第一次有了完整报告,贸易数量统计比之第一阶段有了更可靠的基础。这一时期对港贸易在中国对外贸易总额中所占的百分比有很大增长,计:1885年为33.1％;1887年为46.8％;1893年为48％;1898年为42.1％。[1] 同第一阶段1867年相比,1900年从香港转运进口的货物占全部中国进口货物的40％,增加1倍。[2] 相反,成为鲜明对照的是,中英贸易从1871年占中国总的贸易85％降到19世纪末的60％。与此同时,美国在香港中转贸易中的比重增加了。这个事实说明,香港中转贸易对英国的依赖日益减少,其"服务对象益发国际化"。[3]

再看航运业:1861年,进入香港港口结关的轮船为2545艘,总吨位为1310383吨;1900年,分别为10940艘和14022167吨,也表现为大幅度增长。[4] 1900年,英国在香港总的轮运业利益中占65％,仍居领先地位。[5]

帆船增长缺乏完整统计,1888年帆船贸易值港银33441526元;1897年为39991611元,10年间增长19％,同期欧洲远洋轮船增长25％。可见,帆船的地位和作用仍未可忽视。[6]

从香港对大陆的贸易范围看,本期第一阶段香港只作为沿海贸易中心,转销华北及华南各地的产品。[7] 但到第二阶段,香港洋货经越南海防,沿红河进入云南蒙自,深入转销西南内地,范围又扩大了。[8]

下面试分析这个时期三类进出口商品的结构情况。

第一类,各国运进或本地生产的货物分销中国及远东各地者。

鸦片　依照1858年中英通商章程规定,鸦片照章纳税,准予进口,合法化、公开化给鸦片贸易带来新的推动力。直至1880年,鸦片始终是进口货物的最大宗。所有印度输入中国的鸦片,照例集中于香港,因此香港仍是鸦片商行总部所在地和分配中心。例如,1888年输入香港鸦片71512箱,香港当地留用373箱,输出71139箱,中转运上海37％即26673箱,广州16％,其次为厦门、汕头两地。[9] 一部分进口鸦片加工熬煮后输往海外供应华工需要。1869年,运往澳洲、旧金山的鸦片烟膏重256.2万两,值195万元。香港当地销量为64.8万两。[10] 中国人民受到鸦片的更大祸害,而港府却从中获利甚丰。1880年前后,每年获鸦片包税银20万元,占港府税收第二位,运输业和商业亦因之同占好处。[11]

本时期输入香港的鸦片数续有上升,1865—1886年,由印度等地进口的烟土从76523担增至96164担,年平均为89862担,较1844—1856年均进口量增加33604

①　里默:《中国对外贸易》,卿汝楫译,三联书店1958年版,第74页。
②　〔美〕马士:《中华帝国对外关系史》第2卷,张汇文等译,商务印书馆1963年版,第398页。
③　安德葛:《香港史》,牛津大学出版社1973年版,第253—254页。
④　安德葛:《东方转口贸易港:香港史资料集》,伦敦皇家文书局1964年版,第132—133页。
⑤　赵子能:《香港的港口》,香港1973年版,第34页。
⑥　安德葛:《东方转口贸易港:香港史资料集》,伦敦皇家文书局1964年版,第177页。
⑦　《罗便臣致纽卡斯尔函》,1863年5月21日,英国殖民地部档案,C.O.129/92。
⑧　汪敬虞:《十九世纪西方资本主义对中国的经济侵略》,人民出版社1983年版,第104页。
⑨　安德葛:《东方转口贸易港:香港史资料集》,伦敦皇家文书局1964年版,第167页。
⑩　《英国议会文书》1871年第47卷,英国爱尔兰大学1971年版,第251页。
⑪　《英国议会文书》1881年第44卷第2册,英国爱尔兰大学1971年版,第548页;第542页。

担,即增加近 60%。其中,由外轮转运至中国各口完税入关者年均 65795 担①,低于鸦片贸易合法化前五年的最高水平。1867 年,鸦片占我国进口商品总额 46.15%,1893 年降为 20.94%。② 下降的原因,一是 1874 年李鸿章提出"弛种烟,厚厘税"的方针后,国产烟土日增,抵消进口鸦片;二是 1885 年中英有关鸦片协定签字后,进口鸦片每百斤加完厘金 80 两,成本提高;三是 1893 年印度采取金本位币制后,金贵银贱,不利于鸦片出口至银本位的中国③,等等。但是,导致本时期香港进口鸦片大增而经由海关输入中国内地的鸦片量锐减的主要原因,则是香港鸦片走私的猖獗。原来,香港作为鸦片走私中心并未因鸦片贸易合法化而受到影响,由于割让九龙,防范走私更加困难。"香港运入两广之洋药,均非外国船只装载,都系各乡村渡船、渔船或私盐船只……此等船只若有海关巡船前往查拿,则开炮、开枪,不遵查验,似此,粤海关征收洋药税饷甚难。"④据统计,1875—1884 年,广州每年报关纳税的鸦片,不及千箱,而估计消耗量达 1.5 万箱。⑤ 另据国际禁烟公会计算,1887 年前,由香港非法运入中国内地的鸦片年约 2 万担⑥,约占同期香港鸦片进口总额的 21%。可见,鸦片贸易合法化后,由香港输入中国内地的鸦片实际上远远超过 1858 年以前的最高水平。为了抵制走私挽回损失,1868 年 2 月,清政府于香港周围的九龙、佛头门、汲(急)水门、长洲,澳门的拱北设卡收税,并备轮船缉私。⑦ 这是中国在自己土地上行使主权,连英国驻华公使威妥玛(Thomas F. Wade)和驻广州领事罗伯逊(Daniel Brooke Robertson)也都承认是正当举动。然而,香港英商却攻击巡艇缉私为"封锁香港"。中英双方为此举行谈判。1885 年 7 月 18 日,双方签订条约,规定鸦片每百斤箱纳关税银 30 两,厘金 80 两,实行"税厘并征"。⑧ 1886 年 9 月 11 日,又就香港鸦片贸易问题达成协议,对"管理香港洋药事宜"做出了规定。⑨ 次年,清政府在澳门拱北和九龙设关收税,香港鸦片走私方受到一定的限制。

棉货　中国从香港进口棉制品,1867 年估值 14617268 两,占全部进口货的 21%;1905 年估值 181452453 两,占全部进口货 40%。⑩ 从印度输入的灰纱直线上升,1876 年输入 17598 包,1901 年达 291885 包,增长 16 倍多,主销中国。

杂项　19 世纪末,新起的德、美、日和老牌英、法诸资本主义各国争夺中国市场的竞争日益激烈,输入香港的商品数量多、品种繁。例如 1900 年,除棉纱、鸦片外,还有马尼拉的麻,巴达维亚的煤油,比利时的水泥、五金,日本的煤、火柴,德国、美国两国进口的五金、铁钉以及玻璃、餐具、啤酒、棉花机、毛织品等。香港本地生产的水泥和绳索

① 英国殖民地部档案,C. O. 133,《香港蓝皮书》,1844—1858 各卷;姚贤镐:《中国近代对外贸易史资料》第 2 册,第 859 页。

② 姚贤镐:《中国近代对外贸易史资料(1840—1895)》第 2 册,中华书局 1962 年版,第 1058—1059 页。

③ 麦肯齐:《银的国度,东方银行业一百年》,伦敦 1954 年版,第 31 页。

④ 《筹办夷务始末》(咸丰朝)卷七九,中华书局 1979 年版,第 39—41 页。

⑤ 欧文:《英国在中国和印度的鸦片政策》,耶鲁大学 1934 年版,第 274—275 页。

⑥ 《国际禁烟公会报告,1909 年 2 月》,上海 1909 年英文版,第 48 页。

⑦ 《筹办夷务始末》(同治朝)卷七九,中华书局 1979 年版,第 50 页。

⑧ 王铁崖:《中外旧约章汇编》第 1 册,三联书店 1982 年版,第 471—473 页。

⑨ 赫茨莱特:《中国条约集》第 1 卷,伦敦 1903 年版,第 90—91 页。

⑩ 〔美〕马士:《中华帝国对外关系史》第 2 卷,张汇文等译,商务印书馆 1963 年版,第 398—399 页。

行销日本、马尼拉、海峡殖民地、澳洲以及太平洋沿岸各港口。香港纸厂生产的纸主要销给中国内地,生姜制品则销售英国。[1]

1866年香港地区同日本的贸易达600万英镑。[2]

上述由香港中转或直接输入我国的商品,除鸦片外,有的是代替传统手工业产品的机制产品,有的是适应新的生产和生活需要的产品。这与前一时期暴力掠夺方式的鸦片和苦力贸易有了明显不同。

第二类,中国出口产品转销欧美各国。

茶、丝　两项贸易都操纵在洋商手里,其总号均设在香港。[3]　香港经营茶叶的华商1876年为26人,1881年增至51人。[4]　在中国内地茶叶出口因锡兰、印度、日本的竞争急剧下降时,香港的茶叶销售量反而稍有上升,1868年为104119担,1894年为165505担。[5]　这可能是东南亚、美洲、澳洲的华工人数增加,茶叶需要量随之增加的缘故。

苦力贸易　通过《天津条约》,苦力贸易与鸦片贸易同时获得合法化。清政府要求苦力出境限制在条约口岸,但因英、法反对,长时间未能达成协议。[6]　在澳门苦力贸易的黑幕被揭露、遭受舆论谴责和清政府的抗议后,港府对契约华工出境也不得不稍加限制。1870年,通过新的法例,契约华工只限招往英属殖民地,一律禁止去其他地方。[7]　1873年,港府禁止港口停泊苦力船只,不过此项法例和禁令港府并未认真执行。[8]　1876—1898年,22年中从厦门去南洋的苦力为818967人,其中多数就是经香港转往海峡殖民地或马尼拉的。[9]

英政府认为去美华工状况已有改善,属于"自由移民"范围,未予禁阻。因此,1860—1881年,香港仍是去美苦力贸易中心。继19世纪50年代华工去美第一次高潮后,1863—1869年,美国因建中央太平洋铁路需要大量苦力,掀起第二次高潮。[10]1868年,美国入境华工达108471人。[11]　1869年,中央太平洋铁路干线建成后,尚有支线及大量附带工程待做,1868—1876年出现了第三次高潮。之后,苦力贸易转入低潮。1881年,美国劳联成立,排华加剧。次年,美国国会通过排华律。1884年,入境苦力只有279人,离境却有14145人。[12]　三次去美华工高潮,也是香港苦力贸易的高潮。如果加上去澳洲、东南亚的人数,便更可观了。1883—1898年,经过香港出外华工累计达991568人,同期从国外经香港回内地的共1570332人。他们每年携带上千万元甚至更多的财富过境[13],这也给香港的繁荣"锦上添花"。

① 《英国议会文书》1901年第45卷,英国爱尔兰大学1971年版,第9页;第340—342页。
② 《英国议会文书》1867—1868年第48卷,英国爱尔兰大学1971年版,第294页。
③ 《英国议会文书》1888年第45卷,英国爱尔兰大学1971年版,第292页。
④ 安德葛:《东方转口贸易港:香港史资料集》,伦敦皇家文书局1964年版,第147页。
⑤ 姚贤镐:《中国近代对外贸易史资料(1840—1895)》第2册,中华书局1962年版,第1204页。
⑥ 王省吾:《华工出洋的组织工作(1848—1888)》,美国旧金山1978年版,第29页。
⑦ 陈翰笙:《华工出国史料》第4辑,中华书局1980年版,第279页。
⑧ 颜清湟:《苦力与官僚:晚清的护侨政策(1851—1911)》,新加坡1985年版,第119页。
⑨ 彭家礼:《十九世纪西方侵略者对中国劳工的掳掠》,载《经济研究所集刊》第1辑,第243页。
⑩ 陈翰笙:《华工出国史料》第3辑,中华书局1980年版,第254页。
⑪ 《1848至1868年美国加州旅美华工概况》,载《世界史研究动态》1987年第1期,第26—29页。
⑫ 左基阳:《华人移民美国》,纽约1978年版,第169页;第205页。
⑬ 安德葛:《香港史》,牛津大学出版社1973年版,第255页。

第三类,中国通商口岸的转运贸易。

对于通商口岸转运贸易权的攫取,是"西方侵略者在条约根据以外非法侵夺中国主权的一项暴力掠夺性质的活动"①。此项贸易权在 1863 年中丹《天津条约》中得到合法化。② 通商口岸转运贸易是香港的一项大宗中转贸易。例如 1871—1884 年,台湾、汕头生产的糖,不是直接运往销售地,而是经香港加工后转销国内各地。③ 这不仅因为海上比陆上运费低廉,更主要是外轮货物享有不平等特权,加征一次子口税即豁免一切内地税厘而畅通无阻。又如,土染洋布经香港转运内地,因享有子口单的保障,使工料完全相同的本地土染洋布,处于颇为不利的地位。"这种现象在英国方面说,是助长香港商业的发展,促进外货的输入,而在中国方面说,实际上就是侵略中国国内的商业经济。"④

(五)近代工业的起步

同中转贸易相比,19 世纪下半叶香港的近代工业仅处于发轫阶段,所占比值不大,主要是为轮运业服务。因此,造船、修船、装备轮船等行业发展较早较快。香港被占领的第三年,当地制造的第一艘"天朝"号船落成下水。香港黄埔船坞公司的历史最为悠久,规模也最大。1853 年,香港有 240 个船具商人,12 家绳索厂;1865 年,船具商达 427 人,绳索厂 20 家,还有 93 名造帆船的工人,一个干船坞。⑤ 1900 年,造船公司已有 8 家,制造各种类型的轮船 116 艘,合计 5965 吨。⑥ 华商办的造船公司以广福祥机器船厂最有名望。该公司建于 1895 年,独资经营。⑦ 另有 1877 年陈望基创办的广协隆船厂,资金 2 千元,1890 年改组增资为 20 万元,主要修造小轮船。⑧

19 世纪 80 年代,苦力贸易因美国排华陷于停顿后,港英当局开始"把香港未来最大的进步希望寄予工业"⑨方面。90 年代,由于德、日势力继起竞争,港英当局更加重视工业的发展。1897 年,港督威廉·罗便臣明确指出,香港应减少对贸易的依赖,它如果发展自己的工业,即可获得更多的独立性。⑩ 中国廉价的原料和劳动力,是香港兴办工业的有利条件。1898 年英国租借香港新界后,发展工业更有前途了。

19 世纪八九十年代,香港工业的发展主要体现在炼糖、水泥、造纸、纺织等方面。

香港最早一家炼糖厂是 1868 年后由唐景星和马尼拉的一个商人租借怡和洋行的地皮,并由其提供资金和机器在东角造币厂旧址建立起来的。19 世纪 70 年代由怡和

---

① 汪敬虞:《赫德与近代中西关系》,人民出版社 1987 年版,第 183 页。
② 见该条约第 44 款,载王铁崖:《中外旧约章汇编》第 1 卷,三联书店 1982 年版,第 203 页。
③ 姚贤镐:《中国近代对外贸易史资料(1840—1895)》,中华书局 1962 年版,第 2 册,第 829 页;第 3 册,第 1504 页。
④ 魏肙之:《英国在中国的经济侵略史》,新民印书馆 1945 年印行,第 105 页。
⑤ 安德葛:《香港史》,牛津大学出版社 1973 年版,第 132 页。
⑥ 《英国议会文书》1901 年第 45 卷,英国爱尔兰大学 1971 年版,第 342 页。
⑦ 《香港工商航运业 94 年纪录(1841—1935)》,香港 1936 年版,第 140 页。
⑧ 赖特:《商埠志》,伦敦劳逸德出版公司 1908 年版,第 244 页。
⑨ 安德葛:《东方转口贸易港:香港史资料集》,伦敦皇家文书局 1964 年版,第 154 页。
⑩ 安德葛:《香港史》,牛津大学出版社 1973 年版,第 259 页。

洋行接管,取名中华火车糖局。[①] 1881 年,太古洋行在铜鱼涌建太古糖房。[②] 两家工厂的产品行销世界各地,获得惊人的利润。1887 年,太古糖房资金 19.8 万英镑,获利 45 万元。同年,中华火车糖局的资金 43 万英镑,获利 19.9 万元。[③]

怡和洋行除经营炼糖厂外,还开办蒸馏厂和制冰厂。[④] 1900 年,香港一家机制麻绳厂以马尼拉麻为原料,产品供应当地的需要并大批量出口。香港有一家水泥厂,附设制砖及排水管的分厂,生产的水泥除供应地方军民各项用途外也大量输出。[⑤]

怡和洋行于 1888 年首创香港纺织公司,1901 年实行改组,拥有资金 125 万元,纱锭 5.5 万枚,但因经营不善,不久即关闭。[⑥]

华人经营的大成机器造纸有限公司,开办于 1891 年,有职工百人,原料与机器均来自英国,产品主销国内,少量输往海峡殖民地和南洋各地。

九龙隆记公司是香港生产火柴的唯一工厂,1898 年前后,由华商若干人合资经营,聘请日本技师,机器、材料均仰给日本,但产量不高。[⑦]

综观 19 世纪的香港经济(英国占领以后),大致上可以分为前后两个时期。1841—1860 年为第一个时期。由于英国政府一开始即宣布香港为自由港,以及不遗余力地鼓励鸦片走私和苦力贸易,本时期香港成为世界上最大的鸦片走私中心和贩运苦力的贸易中心,轮运业、金融业及一般贸易开始发展。虽然由于种种原因,商业一度不振,但总的来说,本时期香港的经济是由衰转旺,渐趋稳定并出现了初步繁荣。第二个时期为 1861—1900 年。在此期间,先前初步兴起的航运、银行各业得到蓬勃发展,港口及其他基础设施日臻完善。到 19 世纪末,香港已经成为中国沿海、内陆水路贸易的终端及其与国际航运的联结点,世界贸易的重要港口,香港作为中转贸易港的地位亦于此 40 年中完全确立下来。与此同时,香港的近代工业也开始起步。这一切,为未来香港经济的起飞和大发展奠定了基础。

第二节　东南五口开埠以后的发展[⑧]

一　东南五城市开埠以后的中外贸易

近代东南沿海五城市——上海、宁波、福州、厦门、广州的经济变迁起于开埠后的国内外贸易的发育发展。五口通商使东南沿海地区的商品市场最先受到列强"自由贸易"的刺激和驱动。五城市的外贸各有特色和行进轨迹。上海脱颖而出,成为东南沿海乃至全国外贸的"龙头",具有很大的制导作用。在外贸的推拉作用下,商品流动和

---

① 凯塞克:《蓟与玉——庆祝怡和洋行成立 150 年》,香港 1982 年版,第 200 页。
② 欧德理:《欧西于中土》,香港别发书店 1895 年版,第 551 页。
③ 克里斯威尔:《大班:香港商业大王》,香港 1982 年版,第 163—164 页。
④ 凯瑟克:《蓟与玉——庆祝怡和洋行成立 150 年》,香港 1982 年版,第 200 页。
⑤ 《英国议会文书》1901 年第 45 卷,英国爱尔兰大学 1971 年版,第 341—342 页。
⑥ 日本外务省通商局:《香港事情》,东京 1917 年版,第 291—292 页;韦布:《香港》,第 59 页。
⑦ 日本外务省通商局:《香港事情》,东京 1917 年版,第 296 页;第 293 页。
⑧ 本节内容引见张仲礼:《东南沿海城市与中国近代化》,上海人民出版社 1996 年版,第 279—295 页。

市场关系向着内地城乡渗透,国内商品市场脱旧开新、不断拓展,五口城市的内贸有长足的发展,成为国内埠际贸易的大港和内地周边地区的市场中枢,发挥着传动和辐射作用。

鸦片战争前,清廷以广东一口对外贸易,贸易的主要对象是英国(包括印度)。中国自 1760 年正式成立广东公行控制外贸后,英国也由实力雄厚、历史悠久的东印度公司垄断对华贸易。在双方各享特权的支配下,广东外贸年总值在 4000 万元左右。1834 年东印度公司垄断被废除后,英国散商贸易活跃,鸦片进口猖獗,广东外贸总量扩大 35% 左右。英国资产阶级在废除了东印度公司垄断后,又转向中国,终于发动了所谓的"商业战争",用大炮打通了中国市场的大门。五口通商后,五城市被迫率先对外开放,外贸发展进入了一个新时代。19 世纪五六十年代上海的崛起,为东南沿海地区外贸奠定了基础,并在以后的全国外贸中一直占有重要的地位。

从纵向看,五城市外贸经历了五口通商和多口通商两大时期。五口通商是五城市近代外贸的起步时期。

五口通商时期(约 1843—1860 年)。五口中除了广州是旧港外,其他四口是新辟的外贸港埠。这一时期各口尚无正式的外贸统计,外人统计也零散不全。从一些资料看,设为口岸后十几年间,五城市外贸的主要特点是外货进口徘徊不前(除了鸦片),土货出口发展迅速,外贸总值增长。中英贸易,英货输入:1843 年为 1456180 英镑,1845 年为 2394827 英镑,1852 年为 2503599 英镑;截至 1856 年,其他年份英货入口值在 144 万—227 万英镑之间。土货出口:1850 年为 5849025 英镑,1853 年为 8255615 英镑,1855 年为 10664315 英镑。[1] 据估计,五城市外贸总值 1844 年为 6000 万元,1854—1855 年达到 12500 万元,10 年翻了一番。中国丝茶出口"运销西泰各国,亦极畅旺"。[2] 1852—1860 年茶叶年输出达 1000 万磅以上,1850—1853 年丝出口为 2 万—6 万包,"(1847 年后)仅生丝输出一项即足抵偿全部进口货而有余"[3]。中外合法贸易,中国(1850—1860 年)具有较大的顺差。[4] 五口通商时期,五城市外贸独顶风骚,约占全国外贸的 90% 以上。[5]

多口通商时期(19 世纪 60 年代中叶至 20 世纪初叶)。19 世纪 50 年代中期和 60 年代初,由于太平天国农民战争和第二次鸦片战争,东南沿海五城市外贸有所下降,60 年代中期外贸额回升,此后直至 20 世纪初,五城市外贸趋势是向上发展。自 1867 年起,中国海关有了统一的统计资料。从历年海关资料看,五城市外贸的总值、货物品类、贸易国别、商船吨位等均有可观的增长。

尽管全国口岸不断增辟,五口在全国商埠总数中的比例不断下降,但外贸量仍保持在 2/3 以上。到 1916 年全国 51 个通商口岸中,沪、穗分列第一、二名;若论前 8 名,则除宁波外,其他四口均列其中。

---

[1] 姚贤镐:《中国近代对外贸易史资料》第 1 册,中华书局 1962 年版,第 511 页。
[2] 姚贤镐:《中国近代对外贸易史资料》第 1 册,中华书局 1962 年版,第 509 页。
[3] 姚贤镐:《中国近代对外贸易史资料》第 1 册,中华书局 1962 年版,第 528 页。
[4] 1851—1860 年英输华白银每年约达 3000 万英镑,1841—1860 年中国运往印度白银每年 2000 万英镑。见姚贤镐:《中国近代外贸史资料》第 1 册,第 529 页。
[5] 尚有一些非口岸地区的外贸。

多口通商时期,五城市的外贸值参差增长,其进出口种类也逐步扩大。19世纪五六十年代,进出口商品为二三十个种类、二三百个品牌,到90年代有了相当扩展。据海关统计,1888年五城市进口商品有棉花、棉制品、毛制品、木制品、金属材料、针织品、杂货Ⅰ(miscellaneous)、杂货Ⅱ(sundries)等200多个种类、500多个分类品牌;出口商品有各种农副产品、手工业品等300个品种。该年五城市进出口货物总吨位达9245820吨,与之贸易的国家和地区达20多个。[1] 1901年,仅上海、厦门、宁波三港的进出口货物即达11923590吨。到辛亥革命前的1910年,五城市中进出口吨位最多的上海达17678556吨,比1901年沪、厦、甬三城市总和还多600万吨,最少的宁波也有229万吨。[2] 20世纪初五城市外贸国家增至五大洲30多个国家和地区。到1931年,五城市外贸,进口总值达976315820海关两,占全国进口值的67%,出口总值达347776147海关两,占全国出口值的38%,外贸国家增至54个国家和地区[3],进出商品结构也在不断的调整优化。五城市的外贸在开埠数十年后,在数额和商品范围上都有了长足的发展,对整个近代中国外贸具有决定性的影响,成为中国外贸的黄金海岸。上海还是个国际转口贸易大港,在东亚贸易圈占有重要地位。在19世纪下半叶相当长的一段时间内,日本、朝鲜等的外贸受到上海的制约。上海掌握了欧美输入亚洲的主要商品;同时,日本、朝鲜等有相当比重的商品经上海转运欧美。上海担负起了"在亚洲地区发展贸易"的作用,大大加强了世界与东亚乃至整个亚洲的经济交往。

1933年上海外贸总值为2.772亿美元(不是历年最高),占世界外贸值的1%,为东亚各港之首;当时香港仅占世界外贸总值的0.5%,日本横滨在1938年时也只占0.63%。[4]

二 五城市外贸的特点和地位变化

五城市近代外贸的发展是不均衡的,上海异军突起遥遥领先,其他城市也具有各自的发展模式,各有特点。

(一)沪穗外贸地位的变化

开埠后,广州外贸地位和上海外贸地位有个逐渐下降与迅速崛起的反差变化。土货出口:1845年,上海生丝出口为6433包,广州为6787包;次年,上海为15192包,广州为3554包,此时上海生丝出口量已跃居首位。茶叶出口:1850—1851年,上海为3672.25万磅,广州为6246.81万磅;1851—1852年,上海为5767.5万磅,广州为3612.71万磅,此为转折点,从此穗城落后于沪地。洋货进口:以英货进口为例,1848年,上海进口为57.0万英镑,广州进口为164.6万英镑;1852年,上海进口为104.5

---

① 根据1888年《海关统计和报告》。
② 实业部国际贸易局编纂:《最近三十四年来中国通商口岸对外贸易统计》(中部)商务印书馆1935年发行,第229页;第235页。
③ 根据蔡谦、郑友揆:《中国各通商口岸对各国进出口贸易统计》,商务印书馆1936年版,第23,47页统计数值计算。
④ 参见《上海全书》,学林出版社1989年版,第2页。

万英镑,广州进口为 236.9 万英镑[①];1855 年,上海进口为 340 万英镑,广州进口为 260 万英镑[②];上海开始赶上广州,至 19 世纪 60 年代上海洋货进口量的领先地位已确立。1853 年的对英贸易总值,上海超过广州。由于缺乏可比的总值数额,沪穗外贸总值何年易位尚难确定,大致"该埠(上海)贸易,实自咸丰初叶(50 年代初),始见蓬勃"。开埠后十余年间,沪穗外贸地位的变化,其主要表现为土货出口量的彼此消长,洋货进口作用相对较小,这既反映了该时期中外贸易的特点,也反映了口岸兴衰的选择性。条约口岸从一开始就有较明显的对外依赖性。从 1867 年开始的全国统一海关统计(1867—1937)看,上海外贸比重一直占全国的 50%左右,最高达 64.22%,最低也有 38.75%。[③] 广州外贸自 19 世纪 50 年代初至 1916 年一直名列第二,占全国比重的 10%—7%;此后分别为大连、天津等港埠超出,但在绝对量上,广州也一直在不断地增长,1931 年广州进出口总值为 1.18 亿海关两,比 1916 年的 0.81 亿海关两增加了 45.6%。[④]

近代外贸重心由穗移沪及沪地优势的巩固,原因大致如下。第一,上海地理位置优越,出口大宗丝茶产地邻近上海,"中国产丝区域,密迩上海",著名的丝产地杭、嘉、湖都在上海附近;"许多产茶区都分布在距广州很远,但……距上海市场却很便"。[⑤]上海生丝质好量多,而茶叶则比广州便宜,这是沪穗外贸优势转换的关键。此外,沪穗虽均为河口港,但上海地处中国第一大河长江口和海岸线中段,是五口中最北的商埠,其辐射的空间比广州大得多,其货物集散能力强于广州。第二,上海有开辟最早、面积最大、发展最充分的租界,许多外商的贸易机构集中于沪地,各类贸易设施和金融机构较齐全、较发达。第三,广州是旧有商埠,自有一套制度体例,相对而言,上海对商人束缚较少,较易接受市场的整合而适应于新的变化。第四,沪穗两地官民对外人的心态不同。长久的制度沿袭使广州官民形成一种心理定势,对五口通商后的自由贸易十分反感,排外情绪很重,而"上海人民秉性和平……外侨受到尊重……作为一个居住的地方,上海比广州具备着许多优点"[⑥],上海的社会环境相对宽松些。第五,香港外贸的发展和汕头、江门、潮州等口岸的开埠分流了广州的外贸量。汕头的进出口值名列全国第 8—9 位,与广州相差并不遥远。上海外贸在商品的价格、品种、流通及社会环境等诸方面均有相对的优势,并随着时间的推移而不断强化,从而使上海外贸长盛不衰。开埠后,上海口岸商业贸易价值的凸显是沪穗外贸地位变化的主要原因。

(二)近代厦门、福州、宁波的外贸

1844 年英驻香港总督兼商务监督戴威对新开港埠有个评价:

"凡商务成功之要素,上海、厦门二埠皆具而有之,故其贸易之发达,可操左券,而

① 姚贤镐:《中国近代对外贸易史资料》第 1 册,北京中华书局 1962 年版,第 527 页;第 549 页;第 582 页;第 647 页;第 649 页。
② 黄苇:《上海开埠初期对外贸易研究》,上海人民出版社 1961 年版,第 73 页。
③ 樊卫国:《近代上海进出口贸易在全国中的比重》,《上海经济研究》1992 年第 3 期,第 70—79 页。
④ 根据历年《海关关册》统计。
⑤ 姚贤镐:《中国近代对外贸易史资料》第 1 册,中华书局 1962 年版,第 516 页。
⑥ 姚贤镐:《中国近代对外贸易史资料》第 1 册,中华书局 1962 年版,第 518 页。

以上海为尤善。……宁波密迩沪埠，商务恐难发展。至于福州，则河道险阻，缺点复多，对欧贸易，希望殊稀。"①

这段话除了对福州估计略为低些外，大致不差。厦门在开埠前是国内外贸的一个重要的中转港，开埠后外贸虽不及沪穗，但也有相当规模。据统计，19世纪六七十年代年进出口值约8000万海关两，80年代为1亿海关两，90年代和20世纪初约为1.3亿海关两。② 开埠后洋货进口量上升较快，进口货物主要有原棉、棉布、金属和大米等，其中很大一部分转运别地。厦门出口量止步不前，常常仅及进口额的1/3—1/2，主要原因是外国"最需要的输出品——即茶叶和生丝，运到厦门来不像运到上海那么方便，这对厦门当然很不利"③。厦门地处武夷山脉东侧，不及长江三角洲平原平坦，龙江也不如长江水运便利，而厦门及附近除茶叶外无甚大宗特产出口。"厦门贸易系入超，抵补方法，厥惟劳工"，劳工成为厦门的一项特殊的出口品。由于厦门离南洋诸国较近，"华工数百年来即由该埠往菲律宾及马来群岛也"。④ 20世纪20年代初侨居南洋的泉漳籍华人约有250万，每年侨汇达2000万元。⑤ 大量劳工出国及其华侨汇款成为弥补进口逆差的重要砝码。厦门与南洋的贸易关系十分密切，出口和复出口至马尼拉、海峡殖民地、暹罗、西贡等地的货值相当可观，占直接出口（香港转运除外）额的1/3—1/2。

福州外贸略逊于厦门，但出口值却在厦门之上。开埠初十年间福州外贸发展甚为缓慢，还不及宁波，这与外商对它评价不高有关。

福州是武夷茶聚集之地。19世纪50年代中叶，武夷茶运沪路径被太平军切断，福州茶叶外贸随之兴起。"1856年福州辟为茶叶外运的正规口岸，大大有助于运茶的速度竞争"，于是外国茶商云集，茶叶为福州打开了外贸的新局面。1855年福州茶叶出口为1570万磅，1857年为3200万磅，1859年为4650万磅⑥，而该年上海只有3913.6万磅。除英、美等国外，俄国与福州的茶叶贸易也迅速发展，并在福州建立了不少砖茶制造工场，砖茶输俄到19世纪80年代中期已达每年10万担左右。19世纪70年代中期后，随着中国茶叶在国际市场上被冷落，福州出口值逐渐减少。

福州洋货直接进口不多，大部分由香港和中国其他口岸转运入口。据统计，1888年福州洋货进口总共4350454海关两（包括直接进口63968海关两和转运4286486海关两），该年出口总为8803502海关两（包括由香港转运）⑦，出口额是进口的2倍多，此与厦门大量入超很不同。据1867—1894年关册统计，福州港土货出口额虽由1867年的1290万海关两降至1894年的476万海关两⑧，但一直大于洋货净进口，多则为洋货进口值的3—4倍，少则1.1倍，直至20世纪，福州仍有出超的优绩。这是福州外

---

① 姚贤镐：《中国近代对外贸易史资料》第1册，中华书局1962年版，第563页。
② 参见厦门市志编纂委员会《厦门海关志》编委会：《近代厦门社会经济概况》，鹭江出版社1990年版，第430—431页。
③ 姚贤镐：《中国近代对外贸易史资料》第1册，中华书局1962年版，第585页。
④ 姚贤镐：《中国近代对外贸易史资料》第1册，中华书局1962年版，第587页。
⑤ 陈重民编纂：《今世中国贸易通志》第1编，商务印书馆1924年版，第104页。
⑥ 姚贤镐：《中国近代对外贸易史资料》第1册，中华书局1962年版，第611页；第613页。
⑦ 见1888年《海关报告和统计》。
⑧ 姚贤镐：《中国近代对外贸易史资料》第3册，中华书局1962年版，第1616页。

贸的又一特点。

宁波是五城市中外贸量最少的港口。宁波港水深浪平,自然条件并不差,但开埠后宁波外贸一直不景气。19世纪60年代外贸总额为1100万海关两左右,到甲午战争时也只是1450万海关两左右,70年代还有数年下降,到20世纪初叶仍是1000万海关两左右。宁波外贸停滞不前,主要原因是"密迩上海"之故。产丝的湖嘉地区虽与宁波同为浙省,但距上海更近,杭州与沪甬的距离差不多,因沪为大港,贸易"引力"大于宁波,杭丝输沪也多于输甬。"上海既日有发展,所有往来腹地之货物,自以出入沪埠较为便利。"①

宁波地处长江三角洲,在上海外贸的强辐射圈内,只能成为上海的一个"卫星港"。其次,宁波商人自有外出经商的传统。上海开埠后,宁波帮渐成为沪地商界的"巨擘",人才、资金源源流入沪埠,相对冷落了宁波故地。再次,温州、杭州的先后开埠分减了宁波的贸易量。

宁波近代外贸第二个特点是大量入超,此与厦门类似,但原因不同。宁波入超的原因是"上海把一切东西都吸引到他那儿去了,把过多的进口货涌送到这里"②。大量土货被沪吸纳出口的同时,宁波因地处商品经济、商品农业较发达的浙江,有着较强的商品消费能力;又因靠近沪地,从而使进口和转口的洋货量不断增加。至清末民初,这种入超状况更甚。据统计,宁波直接外贸1900年洋货净进口为7601778海关两,土货出口无记载;1905年洋货净进口为9868282海关两,土货出口为5130海关两;1910年洋货净进口为9210409海关两,土货出口为5688海关两;1915年洋货净进口为8672989海关两,土货出口为3065海关两;1920年洋货净进口为9509952海关两,土货出口为2018海关两③,洋货进口约是土货出口的2000倍,土货出口量微不足道,洋货进口额大致就是入超的数额。

自19世纪60年代起,五城市的外贸地位大致确定。上海为全国通商巨埠,广州为华南外贸大港,福州、厦门为闽省进出口"要塞",宁波外贸为上海"笼罩"难以独立发展。以后,各口岸虽有外贸量值、品类的变化,其格局并无大变。

三 五城市海外市场的变迁及局限性

中国近代海外商品市场发展具有被动起步的特点,农副产品、手工业品等原料和初级产品是输往海外商品的主体。这个基本特点在整个近代没有什么改变,东南五城市的海外商品市场大致也是如此模式。

丝、茶是五城市出口的大宗,其比重在19世纪占出口总额的50%以上,且越早比例越大。1845年,上海的丝、茶的出口量占了出口总量的99%。据全国统计,丝、茶出口量占出口总量的比重:1867年为87.95%,1873年为87.17%,1883年为70.72%,1893年为48.31%。④东南地区是丝、茶主要产区,五城市的比重不会低于全国平均率。五城市中沪、穗为丝、茶出口大港,上海约占全国半数。广州的生丝出口,19世纪

① 姚贤镐:《中国近代对外贸易史资料》第1册,中华书局1962年版,第618页。
② 姚贤镐:《中国近代对外贸易史资料》第1册,中华书局1962年版,第619页。
③ 实业部国际贸易局:《最近三十四年来中国通商口岸对外贸易统计》,商务印书馆1935年版,第113页。
④ 姚贤镐:《中国近代对外贸易史资料》第1册,中华书局1962年版,第116页。

60年代后占全国的30%—40%。福州是茶叶出口的大港,占全国20%—30%。厦门茶叶出口也有相当规模,约占全国的5%。自19世纪70年代中叶起,丝、茶遭到日本、印度、锡兰同类产品的严重挑战,出口比重逐步减少。除了丝、茶外,据1888年海关报告记载,五城市出口额超过1000海关两的物品有麻袋、蛋及蛋制品、草编包、豆饼豆类、原棉、草帽、家畜、铜制品、地毯、膏药、瓷器、棉布、羽制品、家具、碎玻璃、金银制品、书籍、猪鬃、羊毛、中药、火腿、中国酒、牛角、灯芯、皮草、神龛、蜜饯、糖、粉丝、纸伞、白垩等,其中主要是农副产品和传统的手工业品及土特产;自19世纪七八十年代起,草帽辫、猪鬃、蛋品和花边等新兴出口商品兴起。这些按外销要求加工的产品在20世纪后发展很快,1919年上海花边出口已达163万海关两,到1936年发展到843万海关两[1],成为沪地出口大宗之一。新出口商品使五城市出口土货的结构和加工程度有所变化。

随着近代工业的发展,出口商品结构渐有变化。机制品的出口出现得较晚,数量也不大。厂丝是较早的大宗出口机制品。自19世纪七八十年代起,机器缫丝厂发展,厂丝出口比重不断增加。据统计,1894年上海白厂丝出口比重为生丝的10.1%,1913年为36.1%,1919年为50%,1929年为55.7%,1936年为71.6%。[2]

棉纺织品、面粉也是出口机制品中的主要品类。据上海港输出入贸易明细年表统计,棉纱输出:1917年为436722海关两,1918年为989286海关两,1919年为2566016海关两;面粉输出:1917年为526743海关两,1918年为6019475海关两,1919年为8266526海关两;精细土布输出:1917年为65278海关两,1918年为646123海关两,1919年为316614海关两;器械出口也有一定数量:1917年为57103海关两,1918年为28489海关两,1919年为23468海关两。据1931年刊行的《近世中国国外贸易》统计,全国机制洋式货物出口大宗为市布粗布、本色棉纱、茧绸、粗细斜纹布、火柴、面粉。全国机制洋式货出口额,1921年为3724813海关两,1926年为26656706海关两,1931年为43345276海关两[3],分别占同年出口总值的0.6%、3.1%、4.8%。根据日本学者的新式分类统计,1912—1936年,中国机制工业产品(包括仿洋和各类非仿洋机制品)1920年后出口额达出口总额的20%—30%,1933年最高,达31%;其中,重化学产品为5.2%,轻工业产品为25.3%。东南沿海城市为近代工业发达地区,一半以上机制品为该地区出口。五城市中,沪穗为主要生产地,其中约1/3是外资企业产品。自进入20世纪起,上海等地有一些新兴的轻工业品陆续打进国际市场,使中国的机制品出口品种逐年增加。

1936年,上海近代工业发展进入高峰期,机制品出口的品种和数值都有增长,但比重仍很微小,轻工业品(不包括棉纱、面粉、丝绸)仅为上海出口总额的3.9%,其中59%出口至香港和南洋诸国。[4]

纵观近代东南沿海城市海外市场的发展变迁,其局限性是显而易见的。

---

[1] 上海社会科学院经济研究所等:《上海对外贸易》(上),上海社会科学院出版社1989年版,第329页。

[2] 上海社会科学院经济研究所等:《上海对外贸易》(上),上海社会科学院出版社1989年版,第267页。

[3] 立法院秘书处统计科刊行:《近世中国国外贸易》,1933年,第73页;第76页;第82页。

[4] 上海社科院经济研究所、上海市国际贸易学会学术委员会:《上海对外贸易》(上册),上海社会科学院出版社1989年版,第489页。

（1）农副产品、手工业品是出口的主要部分，始终占 70％以上，虽然丝、茶等传统出口品在国际市场渐失去优势，出口品种也有所扩大，但其比重仍然很大。20 世纪后随着国内商品市场的发展，制成品半制成品（大部分手工业品）比重反而有所下降，原料出口比重上升。

（2）机制品出口从无到有逐步发展，使出口结构趋向优化，但比例很小，在三成以下，除了纤维（棉纺织、丝纺织等）、食品、金属外，其他工业制成品不超过 3％，对传统的外贸结构无重大影响，出口替代远未发展起来。

（3）出口种类和输往国家有一定的分流模式。出口商品的主体是满足外国资本主义的原料供给，农副产品、矿产品等原料生产资料和茶叶等少数生活资料主要出口欧美及日本，生活用品及一部分工业机制品以南洋为主要输入国，供海外华侨消费。前者是殖民地式的外贸，后者是相对平等自主的国际贸易，但这还称不上完整意义上的国际市场，南洋华侨市场仅是民族市场的一种延伸。

东南沿海城市是近代中国经济的发达地区，其出口外贸的发展程度高于全国水平，但真正的海外市场并未开拓；其局限性反映了整个近代中国经济水平的低下，也是中国近代贸易长期处于逆差地位而难以扭转的重要原因。

第三节　近代上海的经济文化发展及其影响[①]

鸦片战争以后，随着对外开放、租界设立、经济发展、人口剧增，上海城市迅速发展，不但在第一批通商口岸中名列前茅，而且跃为全国最大城市、远东巨埠、全球特大城市之一。

在世界特大城市史上，上海不同于伦敦、巴黎，它不是由传统的中心城市演变为现代大都市的；它不同于纽约，不是在主权完整的情况下形成的移民城市；它也不同于加尔各答，不是完全在殖民主义者控制下发展起来的。上海的发展道路是独特的，上海就是上海。

一　上海在中国城市格局中的地位

开埠以前，上海在全国城市格局中的定位是中国 18 行省之一的江苏省所属八府三州之一的松江府所属七县之一上海县。当时全国城市除了京师，下分省、府、州、县，州是因地而设，所以可以认为是三级，县城是第三级。清代有 1300 多个县，上海为其中之一。如果我们说开埠以前上海是全国 1300 多个县当中规模并不算宏大、历史并不算悠久的一个，大概比所谓"江海之通津，东南之都会"云云能更准确地揭示出上海在中国的地位。

鸦片战争以后，上海被辟为通商口岸，1843 年正式开埠，1845 年辟设租界，以后，上海的地位迅速崛起。在经济方面，上海在 19 世纪 50 年代中期开始取代广州成为全国外贸中心。到抗日战争前，外国对华进出口贸易和商业总额有 80％以上集中在上

---

① 本节主要引见张仲礼：《东南沿海城市与中国近代化》，上海人民出版社 1996 年版，第 280—312 页。

海,上海直接对外贸易总值占全国外贸总值的一半以上。近代中国最早的外资银行和本国银行都首先在上海开设。到 20 世纪 30 年代,外国对华银行业投资的 80% 集中在上海,中国最主要的银行总部都设在上海。上海是中国民族资本最为集中的地方,1933 年民族工业资本占全国的 40%,1948 年工厂数、工人数都占全国一半以上。上海成为全国名副其实的多功能经济中心。政治方面,上海因其特殊的地位,为各派政治力量所必争,在戊戌变法、辛亥革命、二次革命、五四运动、五卅运动、抗日战争、解放战争等一系列重大事件中,上海都充当了极其重要的角色,演出过一幕幕威武雄壮、影响中国命运的活剧。文化方面,上海是四方文化输入的最大基地,是中西文化交汇、融合的前沿,是近代中国的文化中心,在教育、科技、出版、文学、艺术等具体方面也都名列前茅。上海人口在 20 世纪初已突破百万大关,到 1949 年高达 546 万,成为全国无与伦比的特大城市。

二 租界影响

上海在 1843 年 11 月 17 日正式开埠,1845 年 11 月 29 日《上海土地章程》订立,上海开始辟设租界。最早设立的是英租界,其后相继设立法租界、美租界,1862 年英、美租界合并为公共租界。以后,公共租界和法租界当局都通过各种手段扩张租界的范围,到 1899 年公共租界面积达 33503 亩,1914 年法租界面积达 15150 亩。

在近代中国众多的租界中,上海租界是开辟最早、面积最大、殖民地色彩最强、影响最大的一个。即使按照被视为租界根本法规的不平等的《上海土地章程》,上海租界也仅仅是由中国政府划定的一块地皮,租赁给外国人居住的居留地而已,其地的领土主权、行政权、司法权仍属中国所有。但是,在其后的实际经营过程中,外国殖民主义者屡次违约,利用清政府的软弱和无知豪夺巧取,把租界经营成中国政府权力难以达到的地方。在这里,外国人有类似于议会的纳税人会议,有相对独立的行政权、立法权、司法权;有巡捕、军队、监狱。在这里,中国军队不得随意进出,甚至华人犯法中国政府也不能独立处罚。租界的设立,对上海日后的发展带来了极其复杂而广泛的影响。

其一,缝隙效应。租界既是中国领土又不受中国政府直接管辖的特点,使得中国大一统的政治局面出现一道缝隙。这道缝隙虽然很小,但影响很大。这道缝隙在清政府、北洋政府、南京政府的统治系统中,成为一条力量薄弱地带,形成反政府力量可以利用的政治空间。最早意识到这一特点的是维新派。1898 年戊戌政变以后,康有为、黄遵宪等维新志士都利用这一特点而得以活命。1898 年 9 月 21 日戊戌政变发生,慈禧太后明令通缉戊戌维新领袖康有为,要求抓到后就地正法。24 日,康有为逃到上海,公共租界当局将他藏匿起来,在逃避清政府搜查之后,将他护送到香港。黄遵宪也是力主维新的著名人物。戊戌政变发生时,他正在上海,朝廷谕令捉拿。上海地方政府派兵围住他的寓所,租界当局不许抓人,加以保护。后经过外交斡旋,迫使清政府放黄回乡。康、黄之案以后,反对清政府的力量更加清楚地看到上海租界的这一特点,并有效地利用了它。蔡元培、章太炎、邹容、吴稚晖等革命派在上海办爱国学社,在张园频繁举行爱国集会,出版《革命军》《驳康有为论革命书》等书籍,放言攻击清廷,鼓吹反清革命。上海地方政府认为其意在谋反,应该捉拿严办,租界当局则不这么认为。工部局巡捕房将吴稚晖等人传去,问:"你们藏兵器否?"答:"断断没有。"巡捕说:"没有兵器,你们说话好了,我们能保护你们。"类似这样的传讯发生过许多次。在西人看来,言论自由是人人应享的天赋权利,不但不应治罪,而且应予保护。在清政府看来,随意批评政府,形同叛逆。1903年,广西人龙泽厚因事牵连被捕,清政府以有人举报他此前参加自立军起义活动,而欲治其死罪。租界当局以仅凭一人举报,证据不足,将其无罪开释。同年发生的震惊中外的"苏报案",是革命派利用上海租界所造成的缝隙效应的典型。在这一案件中,清政府本拟捉拿苏报馆主陈范,不料陈范闻讯逃走,清政府将陈范之子捉住,拟让其代父受罚。租界当局认为,一人犯法一人负责,儿子没有代父受罚之理,最后处以取保开释。同案中,清政府原拟将章太炎、邹容处以极刑,但因事在租界,他们不能为所欲为。革命派则援引言论自由等条款,与清政府进行斗争,最后使章太炎、邹容分别被判处三年和二年徒刑,这在当时并不算重。最有意思的是,1911年11月上海革命党人在举行反清起义以前,公开宣布起义日期与攻打江南制造局的具体时间,吓得清政府官员纷纷逃遁。"民国"时期的各种进步力量,都有效地利用上海租界的特点,发行报刊,出版书籍,进行各种活动。

因租界存在而出现的社会控制缝隙,不但存在于租界与华界之间,也存在于租界与租界之间。华界、公共租界、法租界三家分治,事权不一,发生在一个区域里的犯罪,另一个区域可以不闻不问、无动于衷。这个区域里的罪犯,到那个区域里可以悠然自得、逍遥法外。于是,走私、贩毒易于得手,流氓、帮会组织得以横行。租界与华界的交界处,法租界与公共租界的交界处,成为走私、贩毒的理想交接地。正如一位外国学者所说:"上海的流氓,把在两县或两区行政之间的无人区建立自己巢穴的农村土匪的典型策略,成功地搬到上海环境之中。到1920年为止,上海成为名副其实的城市梁山泊。"①

其二,示范效应。租界是西方世界,华界是东方世界。西方人将欧美的物质文明、市政管理、议会制度、生活方式、伦理道德、价值观念、审美情趣都带到这里,使租界变成东方文化世界中的一块西方文化飞地。租界从1854年开始,已实行华洋杂居。在租界与华界之间,虽有界线,但没有不可逾越的藩篱,人员能够自由流动。这样,通过租界所体现的西方文化,可以毫无遮拦地扩散开来。通过租界展示出来的西方文明,租界与华界的巨大差距,极大地刺激着上海人,推动着上海人学习西方的步伐。上海绅商设立的煤气公司、电力公司、马路工程局,发起的地方自治运动、华人参政运动,上海市民日趋健全的市民意识、法制意识、公共秩序意识,这些都与租界的示范效应有着密不可分的关系。

以市政建设为例,1864年3月,上海第一家煤气公司大英自来火房开张,第二年南京路开始亮起煤气灯,以后租界其他地方陆续使用煤气灯。煤气灯较之先前的豆油灯、菜油灯、火油灯,不但光亮,而且方便,其优越性自不待言。华界居民对此先是诧异、不解,然后便是理解、仿效。1882年,电灯开始出现在上海租界。华界居民一开始以为这是敛集雷电来照明,有违天意,上海道台曾发出告示,禁止华人使用。随着时间

---

① 马丁:《同魔鬼签订的合同:1925—1935年的青帮同法租界当局之间的关系》,《上海研究论丛》三,上海社会科学院出版社1989年版,第121页。

的推移,电灯的优越性日益突出,华人也就起而效法。租界的道路建设,比华界宽阔、整洁;租界的市政管理比华界严格,讲究法制,对造房、行路、城市噪声、垃圾处理、警察执法都有一系列的条例和规定,华人在感受到这方面的差距以后进行了艰苦的努力。1895 年,上海士绅成立了南市马路工程局,以修筑马路、建设市政、缩小华界与租界的差距为工作重点。1905 年,李平书等上海士绅发起成立上海城厢内外总工程局(后改为城自治公所),主旨也是学习租界市政建设和管理的长处,缩小华界与租界的距离。总工程局的组织、董事均由选举产生,规定任期,下设户政、警政、工政等,均与工部局组织类似;其所颁布之各种规约章程,有不少显然是仿效了租界市政管理条例,如《违警章程》规定"倒提生禽"属于违警等。

其三,孤岛效应。从地理上说,上海当然不是岛屿,但从政治空间上说,上海因为有租界的存在,在将近 100 年时间里却是一个孤岛。清政府、北洋政府、国民党南京政府的号令,可以行至天涯海角,在上海租界却不能畅行无阻。中国其他地方硝烟滚滚,上海租界却可能风平浪静。由于近代中国是在连绵不断的外侵、内乱、天灾、人祸中走过来的,上海这个相对稳定的孤岛,意义就特别重要。它对上海的经济、社会,特别是人口的发展带来了重大的影响。从经济上说,上海地下无矿藏、地上无特产、地皮又很贵,但是很多理应开在外地的工厂却偏偏开在上海,考其原因,就是因为上海比较稳定。稳定,意味着意外风险较小,这在一定的条件下比资源、地价更为重要。20 世纪30 年代,一个外国人这样说:很多人不理解上海何以会这样迅速地成为一个大工业城市,因为从环境来看,上海并不是理想的地方,地价贵,房租高,工资昂,水源不洁,其实一个重要的原因是,中国其他地方经常动乱不安,工业发展遭到骚扰,上海则不然,"这就形成了工业集中于上海的趋势。许多本应迁出或开设在原料产地的工厂也都在沪设厂。虽然运费成本有所增加,但在上海特别是租界内,可在一定程度上免受干扰"[1]。从人口流动方面说,近代上海充当了吸收和释放人口的海绵。当上海周围和其他地方发生战乱、灾荒等情况时,上海吸收、容纳了众多的外地人口;当外地恢复平静以后,上海又将相当一批人口释放出去。太平天国时期,上海人口大增。1855—1865 年,公共租界从 2 万人猛增至 9 万人,净增 7 万人,法租界也净增 4 万人,两租界共增 11 万人。太平天国起义失败以后,江浙等地恢复平静,上海人口大幅度回落,公共租界在 1870 年、法租界在 1879 年分别较 1865 年减少 2 万多人。抗日战争期间上海两租界人口激增 78 万人,战争结束后,上海人口一下子锐减 55 万;解放战争期间,上海人口净增 208 万人,为世界罕见,1949 年战争结束后上海人口减少了 40 万人。上海人口的这种大起大落的潮汐现象,给上海城市带来广泛而复杂的影响。来而复去的移民潮,一方面给上海带来了丰富而廉价的劳动力,带来了各种不同专业、不同层次的人才,带来了大量的发展资金,带来了大批的消费者,给上海造就了人衰我兴的发展契机;另一方面,人口急速膨胀,造成住房拥挤,房租昂贵,交通拥挤,管理混乱,贫富悬殊,百万富翁与贫民乞丐共住。总之,孤岛效应是上海城市畸形发展的原因之一。

其四,局部有序与全局无序。公共租界、法租界和华界在各自管辖范围内,市政建

_____

① 劳福德:《海关十年报告之五》,徐雪筠等译编:《上海近代社会经济发展概况(1882—1931)》,上海社会科学院出版社 1985 年版,第 278 页。

第四十六章

近代中国沿海城市的发展

设是比较有计划、有步骤进行的。道路宽窄的规定、路面材料的选用、河道的疏浚、桥梁的建造都有一定章法,但是将三个区域作为一个整体来看,则显得混乱无序,布局不合理处所在多有。例如,在杨树浦和曹家渡这两大工业区之间,隔着一个商业网点密集、居民众多的黄浦商业区,使得交通拥挤不堪。19世纪30年代的一份报告说,公共租界中区和西区的房屋及办公大楼增多之后,两区马路上的行人及车辆大大增多,而跑马厅的位置又恰在中心,通往西区的道路只有三条可行,"每天高峰时刻,这几条马路上拥挤不堪,加之南来北往的车辆、行人川流不息,致使交通状况更为恶化"[①]。南市与闸北这两个同属华界的区域,因中隔租界而无宽阔大道连接。翻开上海地图我们会发现,从东到西,从南到北,许许多多本该笔直的道路被扭得弯弯曲曲,本该首尾如一的道路变成两头阔、中间窄的葫芦腰或两头窄、中间阔的"凸肚"。再如,三个区域的公共交通设施各行其是。公共租界的英商电车公司、法租界的法商电灯电车公司与华界的华商电车公司使用的是不同线路,车辆式样互异,不能互通。乘客从闸北经公共租界、法租界到南市,一般要换三次车。三个区域的自来水、供电网、电话亦各自为政。自来水管网由各公司在所属范围内分别铺设,在双边交界的马路上,两家公司均须铺设水管,互不沟通。各厂的水质、水压、水价更是五花八门。供电方面,各区发电厂都有自己的馈电区,各区的电压也不一致,有的是220伏,有的是110伏,处于交界处的居民,往往要备有不同电压的灯泡。电话方面,市内电话分属两个公司,网络互不统一,拨号方法也不一致,不同地区有几千个相同号码,很容易打错。最为混乱的要算门牌号码的编制。以南北方向道路而论,以洋泾浜(今延安东路)、长浜(今延安中路)为界,南面属法租界,序号是从北向南;北面属公共租界,序号则从南向北,以东西方向而论。同属公共租界,苏州河以南原属英租界区域,序号是从东向西;苏州河以北原属美租界,门号有的从东向西,有的又从西向东。将公共租界、法租界和华界作为一个整体来看,门号杂乱无序。难怪一个外地人来到上海以后,就像进入一座迷宫,常常迷失方向。这种全局无序的状况,给上海的城市改造和进一步发展造成了严重的障碍。

三 多功能的经济中心

上海是一个在近代勃兴起来的对我国经济有巨大影响的工商大都市,以中国首屈一指的多功能的经济中心著称于世。在20世纪二三十年代,上海已是全国最大的商业中心,外贸和埠际贸易量均居全国城市之首。随着商业的发展,上海近代工业也随之兴起,形成了门类较齐全的工业行业,显示出其聚集效应。工商业的发展推动着上海近代金融业的发展,至20世纪二三十年代,上海汇集着世界上最著名银行的分支机构,本国银行也多以上海为主要经营地,成为名副其实的金融中心。与近代城市经济的发展相适应,上海的近代交通(包括水运、铁路、公路、航空等)和电讯通信也同步发展,起着"先行官"的作用,对经济的发展有着积极的促进作用。由此,上海也成为近代中国重要的交通运输枢纽和信息中心。

近代上海这一突出的经济地位充分显示了上海城市在全国的地位,也是上海成为近代中国最重要的政治舞台、全国文化中心的深层原因。下面,我们对近代上海经济

---

① 徐雪筠等译编:《上海近代社会经济发展概况(1882—1931)》,上海社会科学院出版社1985年版,第282页。

的转轨和优势的形成、上海经济开发观念的更新等做一简要分析。

（一）上海经济的转轨和优势的形成

上海是一个从近代发展起来的新兴城市。在鸦片战争前夕,上海城镇的经济主要是以国内埠际贸易为主的小商品经济。虽然由于这种商品经济的发展,上海城镇已经开始了它商业、棉纺织手工业和海上运输业等初步的积聚,城市化也已开始起步,但这种封建经济的局限性还是十分明显的。

1840—1842年,英国发动的鸦片战争叩开了中国对外封闭的大门。1842年8月29日签订的中英《南京条约》规定,英国人可以携带家眷等"寄居大清沿海之广州、福州、厦门、宁波、上海等五处港口,贸易通商无碍;且大英国君主派设领事、管事等官住该五处城邑,专理商贾事宜"[1],从此上海正式宣布被迫开放。1843年11月8日,英国首任驻上海领事巴富尔到达上海,并与上海道台宫慕久商定于11月17日正式开埠。于是,上海这一地处中国海岸线中点和长江流域入海口,本身农产品丰盈,周围地域又盛产丝、茶等土产,并拥有广阔的内地腹地,水陆交通均极便利的原来被封闭的市场,终于对世界开放。开埠,成为上海城市经济近代化的起始点。

1843年开始的上海对外开放虽然是被迫的,但由于任何形式的对外开放都是历史发展的一种要素,所以它对日后上海经济的发展产生了深刻的影响。

首先,对外开放后上海原有的封建经济迅速地卷入了世界资本主义市场的运行过程。上海开埠之后,市场整个商品经济的运转开始从主要依靠国内的埠际贸易转向依靠国际贸易,上海的市场也日益成为世界资本主义市场的一部分。

其次,随着上海的被迫开埠,外国资本主义列强随即在上海攫取了租界的一系列政治经济特权,这就为日后上海的人口和资金的集中提供了安全保障,并不断地促进着这种集中。开埠后的一年里,就有英美商行11家在沪开张。[2] 至1854年时,外国商行激增至120多家;到1876年时,上海的外国洋行已达200多家。[3] 据19世纪60年代中期的一个估计,当时外国商人在上海的财产总值已超过2500万英镑。[4] 20世纪以后,外国对上海的投资更加集中。1931年时,外国人对上海的投资总额达11.1亿美元,占外国在华投资总额的34.3%。[5] 如果按经济部门来分析,在抗日战争以前,外资对上海金融业的投资要占其全部在华金融投资的79.2%,对上海进出口商业投资要占其全部在华进出口商业的投资的80%,对上海工业的投资要占其全部在华工业投资的67%,对上海的不动产投资要占其全部在华不动产投资的70%。[6]

第三,上海开埠以后,租界在管理上引进了西方近代城市发展模式,市政建设和公用事业迅速启动先行,上海的对外交通更加便捷,这些条件都保证了近代上海商业和

---

① 王铁崖:《中外旧约章汇编》第1册,三联书店1957年版,第31页。
② 〔美〕马士:《中华帝国对外关系史》第一卷,三联书店1957年版,第399页。
③ 葛元煦:《沪游杂记》,上海古籍出版社1989年版,弁言。
④ 裘昔司:《上海通商史》,商务印书馆1926年版,第16—17页。
⑤ 雷麦:《外人在华投资》,商务印书馆1962年版,第52—53页。
⑥ 日本东亚研究所:《列国对华投资概要》,转引自吴江:《中国资本主义经济发展中的若干特点》,《经济研究》1955年第5期。

工业的发展。租界开辟以后,工部局和公董局都以西方城市的标准在租界内外筑路,使街道一改上海旧城乡局促狭窄的格式。至 1865 年时,租界内已有通衢大道 13 条,以中华省会和大镇的名称命名,"街路甚宽广,可容三四马车并驰,地上用碎石铺平,虽久雨无泥淖之患"①。在公用事业方面,1865 年,远东的第一家煤气公司——上海自来火公司在租界正式营业,它不仅向外侨私人供气,而且普遍用于城市公共道路的夜间照明。1881 年,上海的自来水厂设立,1883 年上海的最早自来水供水网建成,当时地位显赫的两江总督李鸿章被邀请出席了供水仪式,并亲自打开了对外供水的水闸门。1882 年,英商又在上海刨设上海电光公司,电灯开始出现在上海租界;三年以后,发电厂开始向上海的街道路灯供电。1892 年,工部局建设发电厂,发电能力增加更快,街灯成为上海市政中一项重要的建设项目。20 世纪以后,大规模发展起来的电力能源工业,对上海近代工商业的发展提供了良好的条件。据 1928 年的一个统计,美商上海电力公司出售电力的 88% 用于工厂生产,这就为当时上海众多的轻纺、面粉等工业企业提供了动力保障。据同一个统计,当时上海工业企业使用的原动力以电力为最普遍,占 84%;使用蒸汽动力的仅占 13%,使用柴油机动力的仅占 3%。当时,上海工业企业就使用电力的总量而言,同欧美等各大都市还有一段距离,但就其动力中使用电力的比例来说,则比当时英德等先进国家的城市还要高些,由此可见市政和公用事业的先行给上海经济的近代化创造了何等适宜的条件。同国内的其他城市包括东南沿海的诸多城市相比,上海的这一优越条件也是这些城市所不具备的。

第四,开埠以后,由于大量外国资本和国内资本在上海的投入,众多较先进的生产技术被引进到上海,这就为上海城市经济的起飞创造了条件。以航运业为例,开埠以后西方列强很快以轮船替代了旧一代的飞剪船,近代轮运业就被引进到上海。当时,轮运在世界航运业中还是刚刚崭露头角的一种先进技术,离开其诞生仅仅只有几十年时间。这种崭新技术的引进,不久就被华商所看中。1872 年,由华商创办的轮船招商局诞生,它标志着中国旧式的帆船航运开始向新式的轮运过渡。上海电力工业技术也是如此,如 1899 年公共租界工部局电气处安装了东方最大的新型水管式锅炉,1903 年又安装了体现当时世界最新发电技术的汽轮发电机。至 20 年代,上海的市办发电厂规模,在英国只有曼彻斯特一个市的发电厂能够超过,而为英国其他城市发电厂所不及。正是由于这种先进生产技术的引进,保证了上海的工商各业的发展能够有坚实的基础。以后,随着本国资本在上海的投入和发展,上海就发展成近代中国引进外国先进技术的主要信道。据 20 世纪 30 年代的一个统计,1912—1935 年上海平均每年进口纺织机器达 530 万海关两,占全国平均每年该项进口额的 69.6%;平均每年进口的电气机器 142.4 万海关两,占全国该项平均年进口量的 53%。② 这些都为上海城市经济部门的技术更新和改造提供了良好的条件。

综上所述,我们可知,正是由于对外开埠,上海的经济被卷入了世界资本主义的大市场,租界的出现为中外资本在上海的投入提供了安全保障,租界市政和公用事业的发展又为中外资本的投入创造了良好的投资环境,加上西方先进的生产技术的传入,

---

① 黄懋材:《沪游脞记》,《丛书集成续编第 63 册·史部》,上海书店出版社 1994 年版。
② 交通大学研究所:《中国海关铁路主要商品流通概况》,中华书局 1937 年版,第 149 页;第 153 页。

更为上海经济的发展提供了生产力技术上的条件。这样,开埠以后上海的近代经济就冲出了它发展的起始点。

近代上海经济的发展除了对外开放的这一外部条件外,还有在这一条件下逐渐发展形成的一些独特的地区优势。这些优势在日后上海迅速发展成全国的经济中心过程中,同样起着重要的作用。我们也可以把这些优势因素理解为上海经济发展的内在因素。例如从经济部门和企业来分析,近代上海的行业和企业与国内其他城市相比就有其人才和技术的优势,即上海的企业中技术、知识和人才高度聚集,它随时都可以转化成企业的经济和技术优势,这是上海企业在全国同行中获得更大更快发展的保证。上海的行业和企业还拥有企业和行业的协作优势,因为众多相关行业和企业的发展可以更好地保证上海基础工业生产部门的稳定发展,特别是轻纺工业的发展。这一条件也是其他内地中小城市所不具备的,也是东南沿海其他城市所不及的。马克思主义关于生产力研究的理论告诉人们,协作本身也是一种生产力。上海各经济部门协作创造出来的新的生产力曾促进了上海经济的发展,也是上海成为全国经济中心的内在原因之一。上海经济的优势还表现在企业一般都有着比较科学合理的管理制度和方法,从而使上海的企业一般都有更高的经济效益。这也是相当一部分上海企业优于其他城市工商企业的地方。因为近代工商企业的生产和经营是一种系统地运用科学技术知识,大规模地采用机器进行的生产和经营。企业内部要求分工细致,协作关系密切,整个生产经营过程具有高度的连续性和协调性,并同外界有着密切的关系,企业内部的科学管理正是反映了企业生产经营所要求的内在规律,其本身也是一种生产力。正是由于近代上海拥有的这种较先进的企业管理制度,所以它强化了上海全国经济中心的地位。上述的人才和技术优势、企业和行业之间的协作优势和企业内的管理优势最终转化为上海企业的效益优势,即在近代中国,同一行业的企业,往往开设在上海的企业效益就高于内地其他城市中的企业。1933 年的一个调查显示,上海纱厂各纱支的生产成本均低于外埠各纱厂,其中 10 支纱上海比外埠企业生产成本低 32%,12 支纱低28%,16 支纱低 31%,20 支纱低 28%。[1] 上海的纱厂生产效率高于同期天津纱厂的20%左右。[2] 上海轻工业的另一大支柱产业面粉工业也是这样,上海面粉企业的生产效率也是全国最高的。据 1936 年的一个调查,全国每千元资本生产面粉的能力为8.56 包,上海为 9.51 包,江苏其他地区为 8.73 包,东北地区为 8.41 包,上海占有明显的优势。据 1934 年对全国面粉企业资本及实际产粉数量和产值的统计,每千元资本产粉量全国平均为 2.64 包,上海为 4.88 包,江苏苏北地区为 3.80 包,无锡为3.60 包;每元资本的产值全国平均为 6.71 元,上海为 11.32 元,江苏苏北地区为 11.10 元,无锡 10.31 元,其他地区则更低。[3]

(二)上海经济开发观念的更新

近代上海经济的发展,自然有其众多的客观条件,上述的近代上海对外开放就是

---

① 王子建、王镇中:《七省华商纱厂调查报告》,商务印书馆 1935 年版,第 223 页。

② 方显廷:《中国之棉纺织业》,国立编译馆 1934 年版,第 107—108 页。

③ 中国科学院经济研究所:《旧中国机制面粉工业统计资料》,中华书局 1966 年版,第 52 页数字计算。

最重要的一种客观因素。但是,上海仅有这种客观条件,还不能自然地发展成近代中国最大的经济中心。综观近代上海经济不断增长和开发的过程,"上海人"的主观因素起着很重要的作用。"上海人"不仅包括生长活动于斯的上海本地人,也包括来自全国各地、在近代来上海闯荡创业的"外埠精英",还应包括来自东西方各资本主义国家的从事各种经济活动并在上海创业或发迹的外籍人。正是这些"上海人"的创造性活动,使得上海的中外工商企业纷纷设立创业,竞争激烈;上海的各种企业的经营管理得以改进,并不断吸取国外各种先进的管理方法,吐故纳新。上海的经济也由此得以不断获得前进的动力,即使在艰难中还能获得发展。

关于"上海人"的作用,一些西方的殖民者早就看到了这一点。不过,由于阶级和种族的偏见,他们无法或不愿正视中国籍"上海人"的历史作用,只会无限制地夸耀西方籍"上海人"对上海经济发展的功勋。在他们看来,近代上海的发展只是"有赖于那些定居上海并左右着租界命运的外国人的创造力"[①],而那些中国籍的"上海人"都是不在其列的,这显然是一种偏见。

在近代上海,包括来沪各种外籍人在内的"上海人"正是从不同的角度对开发上海的经济做出过贡献,例如早期来沪的西方冒险家,他们本身是一些带着殖民和掠夺的目的来到上海的商人,或者是冒险来远东地区闯荡的军人。即使是这样,他们也曾给开发上海经济带来过崭新的开发思想。正是这些思想,冲击了鸦片战争时期清廷官员们首先重视上海作为"江南之门户"的屏卫江浙腹地的军事作用而不是上海经济上的重要性的旧观念。像早期受东印度公司派遣来沪的郭士立,他一开始就注意到上海对内和对外巨大的货物贸易量,认为上海是"东亚的主要商业中心"。在他看来,"和这个地区的自由贸易,对于外国人,尤其是对英国人,其好处是不可胜数的"。他提供的经济情报对以后英国政府要求中国增开上海为商埠起了决定性作用。1843年,英国人福琼来沪考察,他也做出了"上海是中国海岸上最重要的外贸中转站"的结论,并把上海的地理位置优越性归纳为以下几条:①沿海海岸线的中点,是南北货物的集散地;②扼长江门户,依托长江流域的大市场;③靠近江、浙、皖丝茶产地;④周围有苏州、杭州、南京等商业城市的紧密联系;⑤不处于亚热气候带,英国的棉毛织品将有销路。[②] 这五条优越性每一条都与上海这个市场相联系,可见英国人福琼完全是从商品经济的新观念来衡量上海的地位和发展潜力的。西方人士这种考察上海地位和发展潜力的新观念,对以后人们认识上海的地位、开发上海的经济潜力方面起着重要的作用。以日后兴筑的吴淞铁路为例,外商原来是想在上海吴淞口增加一个提货和发运货物的窗口和信道。因为当时轮船已经相当盛行,外滩一带的码头设备却还相当简陋,大船还无法直接停靠码头,大多泊于江心。货物均由小船驳运,既费时又费钱。而且,那时人们对黄浦江的疏浚还缺乏办法,于是就设想在吴淞设立一个新的货物码头。这也是从商品市场的观念考察上海后用发展交通的办法来开拓市场的具体措施。西方人士开发上海经济的思想的实践,日后也深深地影响着一代又一代"上海人",即使是清王朝统治集团也不例外。一些学者在考察了以上两者的关系之后,得出了如下结论:"清朝统

---

① 《英国商会的陈述》,见《费唐报告》1931年英文版,第268页。

② 参见马伯煌:《上海近代经济开发思想史》,云南人民出版社1991年版,第13页。

治集团对上海经济生活的认识,呈现由漠视到重视,由片面到较为全面、由军事依赖转向财政依赖这样一系列逐步深化的过程。这个过程的阶段性,明显地与外国殖民者在上海活动的范围、深度的升级密切有关。"①这个结论是十分公允和正确的。

日后发展起来的上海民族资产阶级,则从更广阔的角度和新的高度来看待吸收国外先进经济思想和管理经验的重要性。银行家陈光甫认为:"外人之经商雄略,尤应为吾人所法。"②华侨商人郭泉认为:"我国商业,在海禁未开之前,仅有个别行商或私有小铺,逐什一之利,墨守陈法,未足以言商业之规模。清末对外通商,及华侨出洋谋生,始知外国商业组织经营之法,归而效之,遂有公司企业。今后为求进步,更非尽量吸收外国之商业先进经验不可。"③工业巨子刘鸿生更认识到,国人"在国际竞争非常激烈的时候,决不能关起门来办工厂",所以他到世界各国参观学习,吸取外国经营管理上的先进经验。④

近代上海民族资产阶级是近代实业的经营者,近代上海的企业家更是其中的一批精英人物。近代上海的经济发展自然离不开众多的客观条件,如近代上海的对外开放和随之而来的中外经济联系的加强、以租界为中心的整个上海同全国其他地方相比有着相对安定的经营环境、近代中国人民掀起的多次声势浩大的反帝爱国运动以及上海诸多优越的地理条件等。但是,这些客观条件最终还需要经营者加以充分利用,才能真正转化为经济发展的现实有利因素。况且,这些有利条件还是和相应的其他不利条件共存的,经营者只有在这种错综复杂的社会经济环境中审时度势、避害趋利,才能获得自身企业的发展,同时促进上海经济的繁荣。

上海近代企业家经济开发观念的更新,突出地表现在他们对企业人才和技术的高度重视上,表现在他们对企业管理的重视上。

技术和人才的聚集是上海企业取得较好效益的条件之一,也是上海经济得以迅速发展的原因。在激烈的市场竞争中,上海的企业家总是千方百计地罗致各种人才,以提高自己产品的质量、降低产品的成本。重视技术和智力开发的原则普遍为上海工商界所接受。上海的企业家都十分注重技术设备的引进和更新,同外埠的企业相比,其设备往往比较新比较先进,这也从一个方面保证了上海企业的高效益。

企业必须有一套比较科学合理的管理制度和方法,才能使企业发挥出更高的经济效益。近代上海不少企业家都深深地懂得这一道理。他们除了各自在自己的企业中逐步建立起合理的制度和管理组织机构外,还组织了由一些大专院校和各工业团体创办的跨行业的工商管理协会,以指导企业的管理改革。由于企业内部的科学管理反映了企业生产所要求的规律,其本身也是一种生产力,所以也进一步强化了上海经济在全国的中心地位。

此外,在关于企业经营的策略和决策、市场开拓的方法和手段、投资环境的选择和改善、国货运动的倡导等方面,"上海人"都以商品经济的新观念来审时度势、做出决断,既发展了自己经营事业,也推动了上海经济的近代化。

---

① 参见马伯煌:《上海近代经济开发思想史》,云南人民出版社1991年版,第55页。
② 《陈光甫先生言论集》,上海商业储蓄银行1949年印制,第9页。
③ 郭泉:《永安精神之发轫及其成长史略》,第25页。
④ 《实业家刘鸿生传略》,北京文史资料出版社1982年版,第67页。

（三）接纳和传播新知的中心

在19世纪末期，上海已是中国接纳世界先进技术、传播科学知识的中心，一批介绍西方科技的图书报刊从上海传向内地各埠。20世纪初，江西省一些有见识的地方官员针对当时中国农业生产的现状，大力推广蚕桑业，并由官府促成其事。南昌府计划设立农事试验场，"该场尚未设立以前，闻沪上刊有农学丛书及农学报，随经函购，分发各属，督同局绅，一体阅看，摘录要语，刊刷演讲，俾上夫农人，咸知观感"，①从而推进了农事试验场的创立。以后试验场还派员"赴沪购置化学仪器，觅致东洋及外省佳种"，在江西推广农业新技术。稍后，江西在发展民族资本主义工业时，同样也获得了来自上海的技术。这些都是上海先行接纳外国先进技术后向内地传导的显例。

在长江三角洲地区，上海城市的这种接纳传导功能更加强烈。以无锡地区的蚕丝业为例，成立于1917年前后的中国合众蚕桑改良会由设在上海的江浙皖丝业总公所及英、法、意、美、日五国旅沪丝茧商人集合倡导而成。② 在无锡近代机器缫丝业的设备更新中，上海机器制造业的技术力量还直接参与了这一改造。19世纪30年代初，永泰丝厂厂主薛寿萱决定仿制产量可比老式坐缫车多三倍的日本立缫车，参与其事的是上海环球铁工厂。后来，上海环球铁工厂又同无锡合众铁厂一起参与了瑞纶丝厂的设备改造，大规模地推广立缫车。此项技术改造，当时被行家称为"我国缫丝机械改革的新纪元"③。

示范和辐射功能是上海城市经济对长江流域地区经济产生积极作用的又一层次，主要表现在上海产业转换和经济制度对内地的导向上。上海城市经济的这种功能是基于其近代化程度较高，在中国经济近代化的进程中往往起着先导作用。在中国近代工业发生、发展和转换过程中，上海的示范、辐射作用十分明显。19世纪中后期是中国近代工业的发展时期。相当数量的早期近代工业都集中在上海。中国最早、规模最大的官办机器军事工业企业——江南制造总局1865年创设在上海，它也是中国近代机器制造业的嚆矢。民族私人资本主义机器修造业发端于19世纪60年代末。发昌号机器厂创建于上海，从1869年起就开采用机器生产，是已知中国最早的近代民族私人资本主义企业。④ 至甲午战争前夕，上海至少已创办了像建昌、邓泰记、均昌、远昌等十几家民族资本的私人机器修造厂，轮船和机器修造行业已初具规模。

在民用轻工业中，1882年黄佐卿开设的公和永丝厂是华商经营最早且使用蒸汽机运转缫车的丝厂。19世纪八九十年代，上海还开设了裕成、延昌恒等一批机器缫丝厂，初步形成了上海机器缫丝工业。⑤

① 傅春官：《江西农工商矿纪略》第1册，《南昌府·农务》，转引自《江西近代贸易史资料》，江西人民出版社1988年版，第331页。

② 《江苏省立育蚕试验所汇刊》第2期，《近代无锡蚕丝业资料选辑》，江苏人民出版社1981年版，第172—175页。

③ 郑辟疆：《江苏女蚕校对蚕丝业改进的事迹纪要》，载《近代无锡蚕丝业资料选辑》，江苏人民出版社1981年版，第331页。

④ 上海市工商行政管理局史料组：《我国第一家民族资本近代工业发昌机器厂的调查》，《学术月刊》1965年第12期。

⑤ 上海社会科学院经济研究所：《中国近代缫丝工业史》，上海人民出版社1990年版，第140—141页。

中国机器棉纺织企业的创设也以上海为最早。19世纪80年代开始筹设的上海机器织布局是最早的官办机器纺织厂。差不多与此同时,上海的私人资本也开办了华新纺织新局、裕源纱厂等私人资本棉纺织厂。①

上海机器面粉工业最早有1882年开办的裕泰恒火轮面局。1898年,由孙多森、孙多鑫兄弟在上海筹设了规模更大的阜丰机器面粉厂,并在1900年正式投产。上海最早开设的机器造纸企业是1884年由曹子挥等集股创设的上海机器造纸局,即以后著名的伦章造纸局。近代印刷工业和火柴工业在上海形成的时间也是比较早的。此外,19世纪后半期在上海产生的近代工业还有木材加工、玻璃制造、机器制冰、机器轧铜、机器榨油、皮革制造等加工业,这些工业都是中国最早产生的一批近代工业。所以,龚骏在分析中国近代新式工业产生时说:"上海不特为我国军械、缫丝、棉纺织业之首创,其他各业之滥觞于此者,为数极多。"②

20世纪以后,上海近代工业发展更快,工业门类更加齐全。棉纺和面粉工业成为轻工业的两大支柱,其余如西药制造、针织业、卷烟业、化妆品业、油漆业、搪瓷业等也都形成新的行业。上海这种新兴产业的产生和转换,对长江流域乃至全国都起着一种导向作用,它引导和促进着各地的产业转换。另外,上海的这些新兴产业内部不仅技术设备较先进,管理也较近代化,对内地企业起着示范的作用。

例如,著名实业家穆藕初在上海创办的德大、厚生两家纱厂首先引进了西方近代企业管理鼻祖泰罗的科学管理方法。1918年开工的厚生纱厂施行科学管理之后,因其"办理益见完善,因而国人欲新办纱厂者,皆自参观先生之厚生纱厂为入手,且多派员至厂实习"③,成为当时中国纱厂的样板。这种先进的管理制度对各地企业的示范辐射作用是显而易见的。

同样,在引进国外的技术设备上,不少上海企业也是走在全国的前列。像20世纪20年代上海著名的国货工厂,都不遗余力地引进外国最新设备从事国货生产,企业都将引进新设备作为中外产品竞争的积极手段。上海企业家的这种追赶新生产力的热潮,连当时在华的外国人也觉察到了。他们写道:"中国的实业家们渴望获得最新工艺技术,这可以从多数工厂采用外国机器设备一事得到佐证。上海海关曾对270家经营较好的工厂进行过一系列的调查,结果表明在这些工厂中,146家有国外进口的机器,8家置有仿制的进口机器,77家兼有中外机器,只有39家工厂仍用中国旧式的设备。"④事实上,上海企业家这种对新生产力的追求,已为长江流域其他城市的企业家所仿效。

综上所述,近代上海在产销和融资、接纳和传导以及示范和辐射等方面都不同层次地对长江流域经济的发展产生了积极的影响。这些影响的交互发生,既打破了以前长江流域城镇经济被局部分割的局面,使长江流域经济日益成为一个不可分割的整

---

① 朱复康:《上海早期纱厂几点史料的考证》,《中国近代经济史研究资料》(六),上海社会科学院出版社1987年版,第134—141页。

② 龚骏:《中国都市工业化程度之统计分析》,商务印书馆万有文库本1933年版,第29页。

③ 陈真:《中国近代工业史资料》第1辑,三联书店1961年版,第454页。

④ 《海关十年报告(1902—1911)》,载徐雪筠等编译:《上海近代社会经济概况(1882—1931)》,上海社会科学院出版社1985年版,第280页。

体,又使内地通过上海物质技术的传递、产业转换的示范和管理制度的辐射,加快追赶时代步伐,促使中外经济差距有所缩小。

(四)多功能经济中心的形成和启示

开埠以后对外贸易的发展,带动了上海的内贸、交通运输、电讯通信、金融、工业等部门的发展。而这些部门的发展又相辅相成、互相促进,以其巨大的经济聚集力量,使上海成为近代中国最重要的多功能经济中心。

上海近代城市的全国经济中心作用,首先表现在它和外部地区十分密切的经济联系上。上海是近代中国最重要的外贸中心。新中国成立前,上海港口与世界100多个国家的300多个港口有贸易往来,对外贸易在近代始终占全国总额的50%左右。19世纪60年代至20世纪30年代,上海每年的对外贸易值占全国总额的比重最高达60%以上,低时也占40%以上。1931年上海进出口总额达13.79亿海关两,占全国进出口总额23.42亿海关两的58%以上。新中国成立前夕,上海的进出口贸易占全国的比重更大。在1946年,上海的进口额占全国进口额的85%,出口额占全国出口额的62%。

同近代中国的对外贸易中心地位相适应,上海还是近代中国的埠际贸易中心,进口商品大多通过上海转向内地的城市和农村。中国近代早期的主要出口品如杭嘉湖的生丝、浙皖地区的茶叶,近代后期出口占重要地位的猪鬃、桐油以及内地各种土产也都先集中于上海,然后转运出口。此外,上海还是我国南北货物的汇集转口中心。在近代,经上海出入内地的贸易货值同外贸值同步增长。1936年,上海的埠际贸易额包括转口贸易额为8.9亿元,占全国各通商口岸埠际贸易总额的75%;1940年更增加为13.2亿元,占全国的88%。近代上海还建有依托各地商帮组成的能深入到内地各城乡的较健全的商业购销网,埠际贸易的渠道相当畅通。近代上海还拥有许多重要的商品交易市场,它们在控制市场商品价格、沟通供需双方的需求中起着重要的作用。

近代上海内外贸易的发展依靠着发达的交通运输和邮电通讯业的支持。近代上海的水运业中,外资轮运业首先产生并迅速获得发展,在对外运输业中占有很大的优势。此后,我国的近代轮运也随着轮船招商局在上海的诞生而产生。在19—20世纪之交,上海已形成了包括内河、长江、沿海和外洋航线在内的水路运输网。与此同时,和航运有关的港口设施也有相应的发展。至20世纪30年代,上海已成为中国最大的综合性海港,并被列为世界十大港口之一。上海的港口运输吞吐能力始终在全国占重要的地位。

从陆路交通来说,1908年沪宁铁路通车,1909年沪杭铁路通车。两者是当时中国客货运输量最大的铁路干线。20世纪初开始,以上海为起点的航空线路先后开辟,上海可以从空中联系国内外市场。从此,上海初步形成了江海、陆地和空中立体的对外交通网络,成为全国重要的交通枢纽。

在电讯通信上,自从1871年丹麦大北电报公司最先把横贯欧亚两大洲的海底电缆接至上海,1881年上海又开通了至天津的1400多千米电报线路。1883—1884年,上海架设了通达苏、浙、闽、粤等沿海诸省的电线,全线共长达3000千米。在20世纪20年代,上海又架设了通往马尼拉的国际电报线路,并陆续建立了同欧洲、美洲、澳洲、亚洲各国之间的电报线，上海可以直接同世界各国通报。在市内电话方面，早在20世纪30年代初上海的自动电话设备已发展到5.1万门，整个电话系统也由早期的人工接线制改成旋转制式，使信息的传递更加快捷方便。

近代上海还是中国的金融中心。早在1847年，英商丽如银行就在上海设立了分理处；以后不久，一批实力更强的外资银行纷纷在沪开设支行，形成外资银行强劲的发展势头。1897年，中国最早的一家本国银行——中国通商银行在上海首先诞生，以后一些本国大银行也纷纷开设。据1927年的统计，当时外国银行的资力（资本＋公积金＋存款）相当于上海本国银行和钱庄的资力总和。随着上海经济地位的日益重要，在20世纪20年代以后，中国银行、中央银行、交通银行和农业银行等一批重要的银行相继把总行从政治中心地北京移到了上海，以适应银行业务发展的需要。至1935年时，中国共有银行164家，总行设在上海的就有58家，占35％；加上在上海设有分支机构的银行，上海共有银行机构182个。此外，上海还有11家信托公司、48家汇划钱庄、3个储蓄会和1家邮政储金汇业局。上海不但金融机构集中，资金也非常集中。据有人估算，1936年时在沪银行、钱庄和信托公司的营业资力（已缴资本、存款、公积金和兑换券的总和）共计327191万元，占全国金融资力合计数683924万元的47.8％。[①] 抗战前58家总行在上海的银行中有28家还在内地各处开设了629个分支机构和数千个通汇点，将这些大金融机构的联系和影响辐射到全国各地，构成了一个较大范围的金融网，使上海成为全国的金融中心。近代上海的金融机构对全国市场的资金发挥着调剂和融通的作用，起着中心枢纽的作用。各地的银行利率、汇率和金、银外汇的行市也以上海为依据。

较发达的城市工业是上海形成全国埠际商业中心的基础之一，也是上海近代城市具有经济中心功能的重要体现。上海近代工业的起步在国内是最早的，而且始终在国内生产转换过程中起着领先和带头的作用。大量的新兴产业和企业在上海集中。据1933年时的统计，30人以上符合工厂法的工厂上海拥有3485家，占当时全国12个大城市总数的36％；资本额共为19087万元，占全国12个大城市数的60％；[②]这些工厂的生产净值为72773万元，占全国总值的66％；1947年，上海这类符合标准的工厂更达7738家，占全国12个大城市总数的60％。以行业而论，上海的工业集中也十分明显，体现出其经济中心的地位。以轻工业的主要行业棉纺业为例，在20世纪以前，上海的华商纱厂生产能力在中国六大华商纺织业城市中一般都占50％以上；20世纪以后，由于其他纺织城市的兴起，上海所占之比重略有下降，但仍占全国总数的30％左右，高时达40％，始终是近代中国棉纺织业的最大中心。

从近代上海城市经济发展的道路中，我们至少可以从中获得以下几点启示。

第一，实行对外开放，解除闭关自守、自我封闭的政策束缚是城市经济发展的前提和必由之路。城市经济的发展本身就依赖于对外建立广泛的经济联系，实行对外开放的政策适应了城市经济的要求。它同上海优越的自然地理条件一样，也是历史发展的

① 洪葭管、张继凤：《上海成为旧中国金融中心的若干原因》，见《中国近代经济史研究资料》（三），上海社会科学院出版社1985年版，第33—35页。
② 严中平：《中国近代经济史统计资料选辑》，科学出版社1955年版，第106页。

一种要素,是影响上海经济发展的极为重要的因素,在相当程度上还是其他经济要素得以发挥的关键因素。

第二,近代上海由商而兴,特别是以对外贸易为经济起飞的先导。从这一城市发展的道路中,我们应该进一步认识发展商品流通对发展城市经济的巨大作用。近代上海正是由于在对外开放中发展了大规模的对外贸易和埠际贸易,确立了上海城市在对内对外开放过程中的中心地位,才使上海城市经济在发展中得以较充分地利用国内和国外各种资源,吸收国内外各种资金和技术,同时也开拓了国内外种市场,从而更充分地发挥了上海的地理优势,促进了城市经济的发展。这正如马克思所说的那样,"在商品生产中,流通和生产本身一样必要,从而流通当事人也和生产当事人一样必要"①。

第三,在近代上海城市经济发展中,交通运输、电讯通信、能源电力、市政基础设施的发展与之基本同步,这些城市经济发展的外部条件曾为上海经济的发展提供了良好的环境。这些属于城市基础设施的行业和产业的发展为城市经济的繁荣起到了某种"先行官"的作用。这方面的经验也是值得我们现在加以借鉴的。

第四,近代上海经济的发展有着其客观因素,但是我们还应看到这种发展还依靠着其自身的内在因素,即经济活动的主体——人的积极作用的发挥。正是这些"上海人"的聪明才智作用的发挥,才使一定的外部条件转化成适合上海经济发展的外部环境。特别是一些企业经营者在创业和经营中表现出来的强烈的民族精神和爱国意识,从中外产品竞争中表现出来的强烈竞争意识和不断开拓的进取精神,也为上海经济的繁荣不断地注入了发展的内在动力。如何发挥这些内在的能动因素始终是我们发展城市经济重要的课题。

第五,近代上海城市作为全国的经济中心,不仅表现在产业的集中上,更体现在上海经济高效益上。近代上海城市经济得以发展的重要因素是企业注重科技和人才的应用、企业在市场竞争中形成的近代管理意识和制度、多种产业的聚集和由此产生的聚集效应,由此更进一步推动了城市生产力的发展,这种种要素的积累又为城市经济的高效益提供了条件和保障。

四 西学窗口与文化中心

在 100 多年的近代历史上,上海是中国最大的西学传播窗口。1842 年以前,西学传播基地在南洋的马六甲、新加坡等地。1842 年以后,香港割让,广州、福州、厦门、宁波和上海五口通商,西学传播基地移到这六个城市。1860 年以前,这六个地方在传播西学方面各有特点,其中香港、宁波、上海比较重要,也各有千秋。1860 年以后,随着美华书馆从宁波迁至上海,江南制造局翻译馆、广方言馆、《万国公报》报纸、益智书会、格致书院、《格致汇编》杂志、中西书院、广学会等出版机构、学校、报纸杂志的创办,上海的地位骤然突出,成为西学在中国传播的中心。据统计,1900 年以前,中国有 9 家比较重要的翻译出版西书的机构,即墨海书馆、江南制造局翻译馆、广学会、京师同文馆、格致汇编社、博济医馆、益智书会、商务印书馆和译书公会,上海占了 7 个;所出各种西书 567 种中,434 种由上海出版,占 77%。到 20 世纪初,上海在西学传播中地位

---

① 《资本论》,《马克思恩格斯全集》第 24 卷,人民出版社 1972 年版,第 144 页。

更为突出。1896 年以后至 1911 年以前,西学主要通过日本转口输入中国。中国境内共有 74 家翻译、出版西书的机构,其中 58 家设在上海,商务印书馆、广智书局、文明书局、会文学社为其著者。1902—1904 年,中国共译西书 529 部,其中 360 部出在上海,占 68%。整个近代,1840—1949 年,西学输入中国,大半通过上海。

从质量上看,无论是自然科学、应用科学,还是社会科学,凡影响很大的、具有开创意义的中译西书,几乎都是上海出版的。比如,伟烈亚力、李善兰续译了《几何原本》后9 卷,使这部古希腊数学名著得以完整地传入中国;艾约瑟、李善兰所译《重学》,将牛顿力学三大定律首次介绍进中国;傅兰雅、徐寿合译的《化学鉴原》,首创了一套化学元素中文命名的原则,这一原则一直沿用下来;伟烈亚力、李善兰所译《谈天》,将西方天文学知识首次较为系统地介绍进中国;玛高温、华蘅芳合译的《地学浅释》,第一次具体地介绍了达尔文的生物进化论学说;韦廉臣、李善兰等译的《植物学》,首次将西方近代植物学说介绍进中国;傅兰雅、应祖锡合译的《佐治刍言》,被维新派誉为"言政治最佳之书";李提摩太、蔡尔康所译《泰西新史揽要》,是介绍西方资产阶级革命史最佳著作;上海译书局出版的《民约通义》,是卢梭名著《民约论》的最早中文译本;江南制造局翻译馆所译编的《西国近事汇编》,连续出版多年,被时人视为了解国际事务的必读书……清末民初所用新式教科书,绝大多数由上海出版。风行海内的《万国公报》,饮誉一时的严译名著,脍炙人口的林译小说,也都是在上海出版的。

上海的西学窗口地位,为上海成为全国文化中心奠定了基础。

作为文化中心,无论是区域性的还是全国性的,都应具备以下一些要素:①文化事业的众多性;②文化人才的密集性;③文化辐射的广袤性;④文化发展的导向性;⑤文化鉴赏的权威性。以此对照上海我们可以看出,上海在开埠以前,既非区域性文化中心,更谈不上全国文化中心;开埠以后,在全国的文化地位急速上升;20 世纪初,成为全国文化中心;30 年代达到高峰,不但在全国,而且在世界上也屈指可数。

作为全国文化中心,上海在文化辐射广袤性和文化人才密集性方面,我们已有所述及,下面就另外几点略作说明:

第一,文化事业众多性。上海不但是中国输入西学的中心,也是一般书籍的出版中心。在 19 世纪八九十年代,点石斋石印局、同文书局、拜石山房等机构,已在中国文化典籍石印方面取得惊人发展,著名的有《康熙字典》《尔雅图》《聊斋志异》《二十四史》《佩文韵府》《全唐诗》等,印数动辄数十万册。20 世纪初,除了上述机构,另加扫叶山房等,继续石印各种大部头书籍,商务印书馆等机构异军突起,编印各种词典、读本,如《华英音韵字典集成》《英文汉诂》《华英字典》等,销路极广。据 1925 年的《上海指南》统计,上海有出版中文书籍的各种书局、书庄、书社共 121 家,出版外文书的机构 12 家,有印刷所 112 家。报刊的出版,更是林林总总、精彩纷呈、目不暇接。据史和等人所编的《中国近代报刊名录》,1815—1911 年,在海内外共出版的中文报刊 1753 种,其中由上海出版的达 460 种,占 26%。同一时期,中国其他任何大城市报刊出版数,均不到上海的 1/2,例如:北京,169 种;广州,119 种;武汉三镇,69 种;天津,60 种;成都,47 种;杭州,46 种;长沙,33 种;南京,22 种;福州,19 种;厦门,13 种;宁波,12 种。上海出版的这些报刊,有综合性的,如《东方杂志》;也有各种专业的,包括政治、外交、军事、教育、工业、文学、艺术、妇女、儿童等各个方面。很多刊物属于全国性的,如《外交报》等，理应在京城出版，却在上海出版了。有些刊物，带有明显的地方性，如《湖州白话报》《安徽白话报》，理应在浙江、安徽出版，也在上海出版了。

上海是中国各种学校最为集中的地方。它拥有资格很老的教会大学，如圣约翰大学、东吴大学（一部分）；拥有国人自办的老资格大学，如南洋公学、复旦大学；拥有一批知名度相当高的中等学校，如徐汇公学、中西书院、中西女中、上海中学。至于文化团体之多、影剧演出场所之繁，更是在全国首屈一指。据不完全统计，20 世纪 30 年代，上海的戏曲演出剧场有一百几十所，观众席位达 10 万个以上。

第二，文化发展的导向性。在近代中国，种种体现时代精神的文化机构，往往首先在上海出现，然后推向全国。格致书院是中国第一个中外合办的科技学校，《格致汇编》是第一份专门性科学杂志，梅溪书院是中国人自己创办的第一所新式小学，经正女塾是中国人自己创办的第一所女子学校，《万国公报》在上海创办，《时务报》在上海创办，《新青年》在上海创办，新剧在上海发轫，中国电影在上海诞生，不缠足会总部设在上海，艺术模特儿首先出现在上海，文明婚礼首先出现在上海，等等。

上海在全国文化发展中的导向性，更表现于意识形态方面，紧紧追踪世界前进的步伐，率先拉开批判传统的帷幕。19 世纪六七十年代，当其他地方还处于重义轻利价值观念，君为臣纲政治观念，父为子纲、夫为妻纲伦理观念绝对统治的时候，上海已开始怀疑重义轻利观念，批判重农抑商观念，批判君尊臣卑、男尊女卑观念，讥刺中华中心主义……当内地士大夫还在耻于与洋人交接、视学西学为崇洋忘祖之时，上海人已竞相将子弟送入洋学堂，乃至出现进洋学堂要开后门的事。京师同文馆在北京开办以后，一度为是否能招收科举正途人员问题在士大夫中引起激烈的争论；在校学生也是人在课堂而心在科举，不读外文而只钻八股。差不多同时开办的上海广方言馆，情况却大不一样，不但有科举正途的人来就读，而且学生学习外语的热情很高。晚清有 9 个出使大臣出身于京师同文馆或上海广方言馆，其中 8 人出自上海。上海知识分子冯桂芬、王韬、郑观应批判守旧、鼓吹革新的议论，被公认为维新思潮的先驱。至于新文化运动首先在上海兴起然后推向北京及其他地方，这已是人所熟知的事实。

第三，文化鉴赏的权威性。由于文化名人荟萃，文化机构林立，文化信息快捷，上海对文化的鉴赏，往往能视野开阔、高屋建瓴，具有相当高的权威性。一个戏班子，能够唱红上海，也就能唱红全国；不能唱红上海，也很难算全国一流。一部小说，一部电影，一幅画，一出戏，能够得到上海的承认，在一定程度上也可以说是得到了全国的承认。很多地方剧种的优秀剧目，都是在上海获得好评以后再得到该剧种原地认可的。

上海能否算作全国文化中心，还看重要的一条，就是是否受到全国的认可。对此，我们只要看一看 20 世纪初时人的两段话就可以清楚了。一段是蔡元培在总结"苏报案"问题时所说的话："盖自唯戊戌政变后，黄遵宪逗留上海，北京政府欲逮之，而租界以保护国事犯自任，不果逮。自是人人视上海为北京政府权力所不能及之地。演说会之所以成立，《革命军》《驳康有为政见书》之所以能出版，皆由于此。"所谓"人人"云云，说明了这种认识的普遍性。再看清末人的一段评论：

时人谓上海、北京为新旧两大鸿炉，入其中者，莫不被其熔化，斯诚精确之语。北京勿论矣，请言上海。自甲午后，有志之士咸集于上海一隅，披肝沥胆，慷慨激昂，一有举动，辄影响于全国，而政府亦为之震惊。故一切新事业亦莫不起点于上海,推行于内地。斯时之上海,为全国之所企望,直负有新中国模型之资格。①

这两段话清楚地说明,到 20 世纪初年,中国知识分子不但看到而且已经公认上海在中国文化中的特殊地位。基于这种认识,不但许多全国性的文化机构、报纸杂志社设在上海,不少纯属地方性质的报刊社也设在上海。这正是全国各地对上海文化中心地位认可的标志。这种认可,是上海文化影响的结果,也强化了上海文化中心地位。

上海成为全国文化中心的过程,不是浪圈外扩模式,没有经过非中心——区域文化中心——全国文化中心这样一个逐层放大的过程,而是平地陡起高楼,由一个普通的三等小城,在几十年内,骤然而成全国文化中心。速度之快疾,模式之特别,为中外历史上少见。这个中心的形成,原因很多,我们在有关章节中已谈到一些,这里再补充两点。

第一,多功能中心城市的积聚效应,是上海成为中国文化中心的重要因素。到 20 世纪初,上海逐步成为中国的商业中心、外贸中心、金融中心、交通中心、工业中心、信息中心、科学技术中心……这些中心呼唤着文化中心,也支撑着文化中心。多功能中心城市,为近代知识分子施展才华提供了广阔的天地。你念不好四书五经、做不来八股文,不要紧,只要你能读好洋文,照样能找到一份薪水优厚的职位;你会画画吗,行,每天涂他几幅,照样丰衣足食。能开处方治病的,能搭台唱戏的,能跑街算账的,能算命打卦的,能耍拳卖药的……都能找到适合自己的位置。近代文化中心与传统文化中心的一个很大的不同之处,就是它不但需要文化人才、文化机构,而且需要交通、信息、传播媒介乃至工业、金融等条件的支撑。传统意义上的文化中心,有几个书院存在,请几个名儒讲学,刻几部传世之作,出几个文化名人,也就差不多了。近代不然,没有便利的交通、灵捷的信息、雄厚的印刷力量,就很难成其为文化中心。上海在 19 世纪与西方各大城市水路交通的开辟,海底电缆的铺设,电报、电话技术的引进,与中国沿海、沿江以及内地城市交通的开拓,石印技术、铅印技术的引进,电力的发展,都为上海成为文化中心提供了必不可少的条件。

第二,上海特殊的政治格局,对于吸引文化人才、繁荣文化事业有着至关重要的意义。许多文化机构在上海设立,不只是因为上海交通便利、人才荟萃,更因为这里比较安定。1853—1864 年,太平军在上海周围的江、浙、皖地区与清军频繁作战,驱使这一地区的大批知识分子涌入上海,如冯桂芬、吴友如、蒋敦复、管嗣复等。1900 年北方战乱,又驱使北方一批知识分子进入上海。严复先前执教于北洋水师学堂,战乱发生后,匆忙离京赴沪。天津北洋大学有相当一批学生,因战乱而南迁上海。1901 年,丧权辱国的《辛丑条约》签订以后,爱国知识分子对清廷的失望达于极点,他们或打算留学日本,或准备到上海寻求发展,又一批知识分子来到上海,邹容等人为其代表。约略估计,到 1903 年,上海至少汇集了 3000 名拥有一定新知识的知识分子。日后在中国教育、新闻、出版、学术、艺术等方面有所造诣的知识分子,很多人 20 世纪初都在上海活动过。以 1903 年为例,这年在上海从事各种文化活动和政治活动的、后来又比较著名的知识分子有蔡元培、章太炎、邹容、章士钊、吴稚晖、张继、于右任、马相伯、黄宗仰、蒋

---

① 田光:《上海之今昔感》,载《民立报》1911 年 2 月 12 日。

智山、蒋维乔、马君武、汪康年、张元济、夏瑞芳、高梦旦、林白水、刘师培、马叙伦、吴趼人、李伯元、曾朴、刘鹗、罗振玉、陈独秀、苏曼殊、陈去病、柳亚子等，他们来自江苏、浙江、安徽、广东、广西、福建、湖南、湖北、陕西、四川等全国各地；其中，既有像蔡元培、张元济这样中过进士、在社会上已有一定声望的人，也有像邹容这样刚刚归自日本的青年学者。这批人中产生了杰出的教育家、出版家、翻译家、名记者、国学大师、文学大师、小说家、诗人、律师、政治家等。

五　移民社会

在 100 多年的近代历史中，上海移民比例迅速增加，到 1949 年，本地籍居民仅占人口总数的 15％，其余 85％均来自外地。上海移民包括两个方面，一是国内移民，二是国际移民。国内移民来自江苏、浙江、安徽、福建、广东、山西等 18 个省区。据 1950 年 1 月的统计，人数最多的是江苏(2393738)、浙江(1283880)，均超过百万；其次是广东(119178)、安徽(118567)、山东(109925)，均在 10 万以上；再次是湖北(38524)、福建(23820)、河南(19271)、江西(17550)和湖南(17525)。进入上海的国内移民，从方式上看，多属零散、自发、非组织性移民，而不是有组织的集团性移民。在一个多世纪中，共有三次移民潮涌入上海。第一次是太平天国运动期间，长江中下游地区尤其是江、浙一带，战事频仍，大批难民涌入上海，1855—1865 年，上海人口一下子净增 11 万。第二次是抗日战争期间，上海两租界人口增加 78 万。第三次是解放战争期间，上海人口增加 208 万，其势之猛，世所罕见。国际移民来自英国、法国、美国、日本、德国、俄国、意大利、葡萄牙、波兰、捷克、印度等近 40 个国家，最多时超过 15 万人。在很长一段时间里，上海是世界上人口进出最方便的城市，不需要签证，又没有排斥外来人口的传统，因此，在一些特殊的历史时期，上海常常成为外国难民的避难所。第一次世界大战以后，一大批无国籍的俄国人(通常被称为白俄)逃到上海。1925 年法租界的白俄有 1400 多人，1936 年近 1.2 万人；1935 年公共租界的白俄也超过 3000 人。第二次世界大战期间，有 2 万多犹太人从德国、奥地利、匈牙利等国逃到上海，躲过了纳粹的迫害。上海的国际移民中，1915 年以前以英国人为多，1915 年以后以日本人为多。这些人中，有的是短期移民，经商、传教、办企业，事情完了或发了财便返回原籍；也有一些人是长期移民，一辈子或几代住在上海。

如此众多而广泛的移民，使上海人口呈现高度异质性，这对上海社会、经济、文化都产生了重大的影响。以文化方面而论，至少有以下三个方面的影响。

其一，文化来源的多元性。来自不同国家、不同民族、不同区域的人们，将各地不同的文化带到上海。英国的绅士风度，法国的浪漫情调，犹太人的精明敢闯；广东人的多钱善贾，苏北人的吃苦耐劳，江南的小巧，北国的粗犷……以及体现各地特色的戏剧、服饰、饮食、风俗习惯，都被带到这里，这使得上海文化变得瑰丽多姿。

其二，文化气度的宽容性。凡异质性高的文化必然同时也是宽容性大的文化，因为多种文化共处一隅。就其相互比较而言，表现为异质性高；就文化整体而言，则为宽容性大。就像极不合群的人在集体生活中必然孤立一样，对别种文化不能宽容的文化，在异质性高的文化环境中难以生存。在上海，江苏人、浙江人、广东人、安徽人、山东人共处一隅，英国人、法国人、印度人、日本人同住一城，广帮菜、淮扬菜、川湘菜、北方菜同样兴旺,南腔北调都能发展,八方剧种都有市场,正是上海对各种外来文化能够兼容并蓄的表现。

其三,文化联系的广泛性。人群的流动本身也是文化的流动。移民人口与移民原籍的密切联系,构成了上海与各地的文化对流。

这三方面的影响,有利于异质文化的交流,养成了上海文化汇纳百家、高度兼容的特点。海派文化的产生及其特点的形成,就与上海移民人口的特点有密切的关系。

第四节　对外贸易与近代天津城市的成长[①]

一　天津的开埠与城市的转型

一般来说,近代城市的发展,是与产业革命所引起的工业化过程同步进行的。然而,与西方国家近代城市发展的道路不同,中国近代城市发展的最初契机,是因为处在被侵略地位的中国开放了沿海商埠,西方大机器生产的商品源源不断地渗透到传统的社会结构中,使自给自足的封建经济逐步解体,在此基础上促进了沿海商埠的商业化。因此,近代沿海城市的发展,乃是受到西方产业革命的洗礼的结果,此后才逐渐发生了城市的工业化。近代天津城市的成长,正体现了这样的过程。

自从天津开埠以后,城市性质发生了根本转变,由一个封建城市变成半封建、半殖民地城市。城市性质的转变带来了城市功能的转变。首先是天津军事地位的转变。由于第二次鸦片战争使外国入侵成为现实,天津一变而为海防重地。在洋务运动和甲午战争时期,天津成为清王朝重点经营国防的沿海城市。与此同时,租界和外国领事馆的建立,三口岸通商大臣衙门的设立,无形中提高了天津的政治地位。

然而天津开埠后最重要的转变,还是它沟通了华北传统商品市场与国际商品市场的联系,即开始了华北传统农业生产的商品价值体系与代表西方大机器生产的商品价值体系的对话。由于天津港是蒙古地区、直隶和山西两省,以及河南、山东北部的天然出入口,开埠后,具有各种使用价值的外国货越来越多地经过天津输往华北各地,其中工业品逐年增多。除少部分销售于直隶外,山西的太原、太谷、平阳、蒲州、潞安、汾州、大同、朔平,陕西的西安、同州、兴安,河南的彰德、怀庆、卫辉,山东的济南、临清、东昌等府县的中级或初级市场,都有从天津转运去的进口商品。与此同时,中国北方特有的农副土特产品,也因为出口贸易的需求而不断得到开发。

当然,这种转变是逐步实现的。开埠初期,天津还不能摆脱传统经济的影响,其主要原因是农业劳动生产率低下造成的农民购买力低下;同时,也没有足够多样的商品提供出口,土产出口额少于洋货进口额,进口洋货也由于市场限制难于扩大。在进出口贸易形式上,开埠初期主要是从上海转口,直接的国外贸易量很小。这就是说,天津还没有脱离国内贸易的躯壳。

开埠后,上海等地各大商号纷纷在天津开办代理分行,但是这种埠际贸易原来是

---

① 本节内容引见罗澍伟:《近代天津城市史》,中国社会科学出版社1993年版,第165—180页;第195—217页。

天津商人的业务范围;不久,天津商人便发现,与其在中间加上一层代理商,不如直接从上海进货便宜。几乎同时,上海的商号也发现,以这种方式供应天津市场,比在天津维持昂贵的分号更能获利,于是他们逐步撤出了在天津的代理人。当时,一些英国商人为着他们在上海的利益,反对开展从英国到天津的直接贸易。然而,转口贸易总比直接贸易有更多的花费(如装卸、储存等),因此直接贸易的趋势是不可避免的。转口贸易额大于直接贸易额的情况持续到 1905 年前。这一年天津从国外(当时的海关把香港包括在内)的直接进口值为 31463208 海关两,同年从上海等地转口外国货值为28966465 海关两,直接进口额第一次超过转口额。随着对外贸易的发展,天津的经济地位逐渐上升。到 1900 年以前,天津进口贸易总额比开埠初期差不多增加 5 倍,出口贸易总额增加 9 倍。

从某种意义上说,天津进出口贸易的发展反映了华北地区卷入国际市场的程度和速度。在这一过程中,天津逐渐脱离对北京的依附地位,并取代了北京的经济地位,一变而为华北地区的商业经济中心。①

二 鸦片输入的合法化

天津的开埠,是西方资产阶级梦寐以求的事情。天津的贸易之门一经敞开,大批外国商人欣喜若狂,他们急切地"希望这个港口能在重要性上压倒上海或其他敌手,或者至少把那些地区的商业吸引过来"②。

就在天津开埠的当年,进出港口的船只达 222 艘,总吨位为 54322 吨。其中,挂英国旗的最多,进出口共 78 艘,总吨位为 321342 吨,约占全年进出口天津港总吨位的39.2%。其次为德国船,进出口共 54 艘,总吨位为 6676 吨。到 1871 年(同治十年),天津港进出口船只达 622 艘,总吨位共 249034 吨;其中,英国船仍占第一位,226 艘,总吨位共 105172 吨,占 42.2%。③ 此后逐年递增,到 1899 年(光绪二十五年)天津港进出口船只共达 1692 艘,总吨位为 1583758 吨,④比开埠初期增长了近 3 倍。这也是20 世纪以前,天津港进出口船只和吨位最高的一年。

当时虽因海河的淤塞、船只不能驶到租界码头,但天津港贸易额还是不断增长。海关税务司帮办派伦(Palen)在《天津 1892—1901 年海关十年报告书》中分析这种情况时说:"这十年间历史的确定的主调是本商埠的潜在力量,这种力量,不顾一切阻碍,持续地向前突进,这种力量的表现没有比 1898 年再为强烈的了。这一年间,虽然没有一艘轮船开到租界河坝,然而贸易还是增加了百分之十二。"⑤

天津开埠初期,鸦片已成为合法输入商品;外国商人深切地知道,当时的中国尚没有可能大量消化外国的其他商品,而天津在开埠前又是北方鸦片最大的集散口岸,因此在开埠以后大量鸦片立即涌向天津。

在 19 世纪 70 年代之前,鸦片一直占天津进口洋货的极大比重。例如,1861 年

---

① 参见陈克:《近代天津城市经济功能的变化与城市发展》,《天津历史博物馆馆刊》1988 年第 2 期。
② 雷穆森:《天津——插图本史纲》(中译本)第 25 页。《天津历史资料》二,天津社科院历史所 1964 年版。
③ 王怀远:《旧中国时期天津的对外贸易》,《北国春秋》1960 年第 1 期,第 76 页。
④ 雷穆森:《天津——插图本史纲》(中译本),第 181 页。《天津历史资料》二,天津社科院历史所 1964 年版。
⑤ 《天津历史资料》第 4 期,天津社科院历史所 1965 年版,第 47 页。

（咸丰十一年）进口鸦片 1482 担；1863 年（同治二年）进口鸦片 3749 担，价值 2285651 海关两，占当年口岸洋货进口总值的 36.42%；1865 年（同治四年）全国进口鸦片总数为 76523 担，而天津一口即达 5654 担，占全国的 7.4%；到 1866 年（同治五年）天津进口鸦片高达 9162 担，价值 5768169 海关两，占当年口岸洋货进口总值的 33.4%，但是由于这一年棉布进口的大量增加，鸦片进口总值已退居第二位；到 19 世纪 80 年代以后，天津鸦片输入开始减少，1893 年（光绪十九年）鸦片进口量已减少到 10 担，仅占口岸洋货进口总值的 0.26%。①

　　鸦片进口明显下降的，主要原因是国内的大量种植以及印度鸦片的价格剧涨，这种情况造成的价格悬殊，使进口鸦片无法同本地鸦片进行竞争；部分原因则是因另一种更为剧烈的毒品吗啡开始输入。

　　鸦片进口的减少，直接影响了天津的税收。在 1900 年（光绪二十六年）之前，每担鸦片除了交纳 110 两的关税与厘金之外，还要交纳 0.9 两的河捐与 0.6 两的码头捐，以及 8 两的额外附加税，这项附加税主要用于天津城市的某些慈善事业。但是 1900 年（光绪二十六年）之后，由于鸦片贸易的大幅度下降，使天津的鸦片批发商店由 5 个减少为 2 个，鸦片公所（即鸦片烟商的同业公会）也自行取消，鸦片商人开始拒绝交纳附加的捐税，理由是这项贸易已没有足够的利润来承担这些捐税了。

　　土产鸦片（烟土）主要来自山东、河南、陕西、甘肃及直隶永平府。当时，各地鸦片的种植面积虽然不大，但是由于贩运者可以买通沿途的贩运关卡，再加上那些走私的鸦片，使大量土产鸦片来到天津市场。例如，甘肃烟土就是用买通关卡的办法，由甘肃经蒙古到归化（今呼和浩特市）和张家门来到天津的。但是，山东与河南两省的烟土，由于各该省厘金的征收，结果在天津市场上被甘肃烟土所排挤。②

三　洋布进口的最大口岸

　　在天津开埠后的对外贸易中，考察一下天津的洋布与洋纱进口贸易是十分必要的，因为洋布、洋纱的进口贸易能够比较典型地反映出近代天津商业贸易的发展轨迹，以及天津与腹地联系日益加强的状况。

　　关于 19 世纪末天津的洋纱洋布贸易研究，近年来已取得了一定的进展。③

　　开埠之前，天津并非传统的纱布贸易集散地；但在开埠之后，天津的洋布输入却成为仅次于鸦片的大宗进口商品。当时，天津的洋布进口量已超过上海和其他的通商口岸位居全国之首，成为全国重要的洋布输入和集散中心。在 19 世纪下半叶的天津历年进口洋货总值中，洋布竟占了 50% 以上④，天津的洋布进口量，始终占全国洋布进口总数的 1/4 强。据计算，19 世纪 90 年代后期，天津每年进口的洋布，可供当时直隶、山西两省每人做 3 件成人衣服。这一事实足以说明，天津进口的洋布已基本上占领了

① 参见王怀远：《旧中国时期天津的对外贸易》，《北国春秋》1960 年第 1 期，第 70 页。
② 《天津 1892—1901 年海关十年报告书》。《天津历史资料》第 4 期，天津社科院历史所 1965 年版，第 59 页。
③ 参见张思：《十九世纪末天津的洋纱洋布贸易》，《天津史志》1987 年第 4 期。本节多参考此文。
④ 例如，1863 年（同治二年）天津进口洋布 202316 匹，价值 1018822 海关两，占当年洋货进口总额的 16.24%。到 1883 年，棉布进口已达 2958549 匹，价值 6322653 海关两，占当年洋货进口总额的 61.44%。参见王怀远：《旧中国时期天津的对外贸易》，《北国春秋》1960 年第 1 期，第 70 页。

邻近省份的市场。①

　　天津的洋纱进口较晚，1867年（同治六年）始有洋线进口的记载。到1872年（同治十一年）棉纱一项才在海关的洋货进口表中首次出现。19世纪六七十年代，天津洋纱进口数字经常与洋线混在一起，平均每年进口量仅数百担，在天津洋货进口总值中所占尚不足1％。但从80年代开始，天津的洋纱进口量成倍增长。到90年代末，洋纱年平均进口量已达20万担，比70年代末增长了250多倍。这一时期天津的棉纱年平均进口值已占洋货进口总值的10％以上，年平均进口量已占全国洋纱进口总数的10％。

　　值得注意的是，这一时期天津的洋布、洋纱进口的绝大部分系从上海转口而来，而且这种转口贸易完全为中国商人所控制，他们在上海派有代理人，并掌握着相当数量的白银。有时上海的洋棉布商为了获得白银购买生丝和茶叶出口，不得不以赔钱的价格出手洋布，经营洋布转口贸易的商人因此获利甚巨。在天津，中国商人还使用种种商业手段，牢牢地掌握着洋布的进口贸易。每当市场价格上涨外国商人试图出售他们的货物时，中国商人就用低价抛售库存的一小部分，以压低市价；而当他们把市场价格压低后，又进行大量收购。后来，外国商人为避免从上海转口的麻烦和费用，直接从欧洲把棉布运到天津，但仍然无利可图，外国棉布商因此大受打击。有人在评论这一时期的贸易状况时说："在商业上相当机灵的中国人，不久就发现由他们自己直接订合同租用轮船，比从大洋行的经纪人手中购买要合算得多了。后来，由于贸易的范围限于进口，因而欧洲人可干的事就越来越少了。"②

　　天津在当时所以能够大量消化进口的洋布、洋纱，除了西方工业品在价值上的优势以外，主要是因为天津有着自己的广阔腹地。当时的天津海关税务司休士于1868年（同治七年）对天津进口的洋布、洋货去向做了一次调查。他在这份调查报告中写道：

　　天津除了向直隶省供给外国进口货之外，还是下面这些城市的中转站——我尽量根据它们从天津获取供应量的大小排列如下：

山西省		河南省		山东省	
太谷县	潞安府	彰德府	卫辉府	临清州	东昌府
太原府	汾州府	怀庆府		济南府	
平阳府	大同府				
蒲州府	朔平府				

有少量货物去往陕西省的西安府、同州府、兴安府。余者去往蒙古的西南部。
当时天津进口的洋布由如下几条运输线运到各腹地：
由大清河向西到琉璃河镇，然后沿琉璃河到北京附近的地区。
由大清河一直向西到达保定、定兴、高碑店地区。
由子牙河往南，行到与滹沱河汇合处小范镇（今武强县），洋布运到此处又分成几路分散。其中，一部分沿滹沱河、滏阳河进入直隶中部、南部各府县（冀州、顺德府等），

---

① 参见王怀远：《旧中国时期天津的对外贸易》，《北国春秋》1960年第1期，第71页。
② 《天津——插图本史纲》，《天津历史资料》1964年第2期，第25页。

而更大的部分在小范镇由河船改装上大车去往山西方向。这些大车每辆载洋布 20 包（经重新包装，每包 20 匹布），向西到直晋二省接壤的获鹿县。在此处须再次更换运输工具，由骡子、骆驼驮运洋布，沿两马不能并行的井陉山路行 40 多英里到山西太谷县。这是山西省消费洋布、洋货的第一大去处。在太谷县，洋布又装上小骡车，每辆载洋布 5 包，运往山西各府县。天津到太谷县约有 450 英里的路程，需时 13 天。由于沿途多次变换运输工具，道路崎岖，运费较贵，每匹洋布约需 0.4 两银子。太谷县的洋市价格要比天津高 17％。

由大运河南下，到山东西部、直隶南部各州府，在临清溯卫河直到河南北部地区。由于全程都由水路运输，运费大为节省。

此外，有一部分洋货由骆驼驮运经通州去往张家口；一小部分或船载或畜驮运往京东各府县。在这些路线上尚未发现洋布的行踪。

另一个重要原因，则是洋布、洋纱运入天津腹地征税极少。据前引 1868 年休士的那份调查说，洋布等洋货离开天津深入到他所能打听到的极深远的内地，沿途仅有一个关卡，征税为每匹洋布 5 文钱。这些征税仅占当年天津洋布平均价格的 0.008％—0.01％。

由于没有关卡的阻碍，在天津的腹地中，即使路途最远、交通最不便的山西，也一直是天津进口洋布的最大主顾，每年有 300 多名山西商人来天津购买洋布回本省。从天津到太原虽然要走 500 多英里的艰难路程，而太原本色市布（内地销量最大的一种洋布）的平均价格，仅比距上海不到 80 英里远的苏州普遍流行的价格贵极小一点。

由于上述种种原因，天津开埠后很快发展成全国进口洋布、洋纱的最大口岸。在近代天津城市成长的过程中，联系中心城市与腹地商业的对外贸易，确实起了不可低估的作用。

四　进口贸易额的不断增加及其原因

除了鸦片与洋布、洋纱之外，天津开埠之初，毛呢及毛制品输入也不少，其进口额居于第三位。毛呢和毛制品的原产地虽为英国，但多从上海转口输入，消费对象主要是大城市的社会上层及蒙古等少数民族地区。例如，1861 年（咸丰十一年）天津进口的各种毛呢达 17903 匹，1866 年（同治五年）增加为 101627 匹，价值 8761324 两，5 年增加近 5.7 倍，其中少量系经由恰克图进口的俄国毛呢；1866 年（同治五年）由陆路进口之俄国毛呢，经天津转口到上海和福州的，价值 34320 两。

糖的进口居第 4 位，1863 年（同治二年）糖的进口量为 41732 担，价值 274645 两，占当年进口总额的 4.38％。此后 20 年间，变化不大。但自甲午战争后，日本侵占台湾，糖的进口量明显增加，如 1898 年（光绪二十四年）竟达 846817 担，价值 1771315 两，占当年口岸进口总值的 19.44％。

此外，则为五金进口，1866 年（同治五年）进口量为 14089 担，价值 185346 两。到 1888 年（光绪十四年）上升到 121874 担，价值 285995 两，占当年进口总值的 2.3％。后来随着联系天津与其他城市的铁路的修建，铁路材料进口逐年增加，1893 年（光绪十九年）进口值为 590763 两，到 1898 年（光绪二十四年）则增加到 2345756 两，占当年口岸进口总值的 21.74％。

其他进口商品为：

火柴。1863年(同治二年)共进口131263罗,价值105010两。后来虽有华商天津自来火公司的设立,但不敌进口火柴。到1893年(光绪十九年),进口达409218罗,价值218945两。到1898年(光绪二十四年),又增加到2449743罗,价值456424两,占当年口岸进口总值的5.01％。

针的进口也不少,但开埠之初,进口并不多,从1863年(同治二年)起达到"一个使人吃惊的规模"①。1864年(同治三年)进口141563千个；1865年(同治四年)进口309575千个；1866年(同治五年)进口289369千个,价值67450两；到1873年(同治十二年)增加到886586千个,价值177544两。这主要是因为中国针用手工制造,极为粗糙且不宜使用。而进口针在朝鲜销路极大,可以用针换取朝鲜人参和其他特产。②

玻璃。1863年(同治二年)进口仅5412箱,价值22730两；20年后即1883年(光绪九年),增加到20144箱,价值41982两。

海产品。1863年(同治二年)进口15324担,价值92006两；1873年(同治十二年)增加到62506担,价值241433两。

这一时期,天津虽为中国洋务建设的北方中心和海防重地,但机器、军火和火药大量进口,主要经由上海和香港而来。由于这些东西属于政府自行进口,在海关的贸易统计年表中没有记载,仅在1893年(光绪十九年)的统计中列有政府军需品9315273两,占当年口岸进口总值的29.66％。③

纵观天津开埠后40年的口岸输入贸易,呈日益增长的趋势。究其原因,一方面是因为资本主义各国的生产力不断发展,各种商品在本国供大于求,因而急需设法向国外市场倾销；另一方面则是因为欧风外入,西方物质文明渐被容于中国的传统社会,天津及其腹地对国外产品的需求量渐趋增加。

值得注意的是,这种增加并未因国际间金银比价的变动而受到影响。

在历史上,中国一直是银本位的国家。银是商业贸易的通货,商品的价值均以银或钱计之；而西方各国,则以金作为货币本位及价格标准。鸦片战争以后,中国进入世界市场,凡洋货之输入、土货之输出,无不受到西方金价变动的影响。当时西方各国需要用黄金来稳定市场,因此天津、上海等通商口岸一时成为金的输出基地。

天津、上海黄金的出口,主要是因为国外金价上涨,国际市场对金的需求增加,结果造成金对银的比价上升,银价相对下落。例如,1892年(光绪十八年)时每两黄金折银25.3两,到1898年(光绪二十四年)时折银38.7—39.5两；中外汇兑时价亦随之变更,1892年时银每两折合4先令4又1/4便士,1898年时仅折合2先令10又5/8便士。西方的工业品在原产地以金价计算成本及利润,而运到中国以后又以银计价售出,结果造成了口岸输入商品的价格上涨。按常理而论,输入品价格上涨,输入量应随之下降,但天津等口岸年输入额仍有增无减。这充分反映了天津城市的迅速成长和人口增加对输入商品的吸收量日益增大,以及由于出口贸易的发展使城市与腹地的经济

① 《1865年天津海关贸易报告》,天津社会科学院历史研究所译稿本。

② 《1865年天津海关贸易报告》,天津社会科学院历史研究所译稿本。

③ 所列数字均依前引《旧中国时期天津的对外贸易》,《北国春秋》1960年第1期,第71页。

联系大大加强。特别是大批初级农副土特产品的出口使腹地增加了购买进口商品能力,而且由于金价的上涨天津口岸出口商品价格亦随之上升,因此 1865 年(同治五年)天津海关税务司威廉·巴克(Baker)在他所写的这一年度海关《贸易报告》中说,由于天津水陆交通便利,"只要货物价格低廉,较贫穷的阶层能买得起,天津就很可能成为中国最大的外国货消费城市"①。

五 开埠后的洋行与洋商

天津开埠以后,开始了自身功能的调适、转换过程,也就是说,由一个以传统的国内贸易为主的城市,逐渐发展成一个以进出口贸易为主要经济支柱的城市。

在这个调适、转换的过程中,洋行、洋商与中国商人、买办都发挥了至关重要的中介作用。

所谓洋行,是中国人对外国在本地经营进出口贸易的公司之总称。西方资本主义国家强迫天津开埠的原因固然是多方面的,但扩大对中国的商业贸易施行经济侵略无疑是最主要的原因之一。所以在天津开埠的当年,除了英法占领军之外,还来了 13 名外侨,其中有 4 人是英国洋行的老板,他们是广隆洋行的韩德森,密妥士洋行的密妥士,菲力普·摩尔洋行的瓦勒以及怡和洋行的麦克利恩。② 他们一到天津,便立即开展业务活动。例如,怡和洋行便于这一年派伙计赴湖州买丝,船载洋银 6 万余元及制钱、货物等,被清军疑为太平军,将船上银物抢劫一空,结果由此引起了一番中外交涉。③

据传,在 1860 年天津开埠之前,已有洋商在县城和天后宫南、宫北一带经营鸦片贸易,但没有建立正式的商业机构。④

迨至天津开埠后的 10 年间,租界尚未繁荣,天津城市的经济中心仍保持在县城东北的沿河一带,洋行也因此多在宫北一带开业;甚至那些已经在租界里建起房屋的洋商,也在市区中心附近保持着经理人和货栈,并为此修建了本地式的或外国式的房屋。到 1866 年(同治五年)时,天津已有 9 家英国洋行(其中有 3 家是上海洋行的代理处),4 家俄国洋行(其中 2 家为设于恰克图商号的分号,2 家兼作恰克图和设于汉口分号的联系点),1 家美国洋行,1 家德国(汉堡)洋行,1 名受法国保护的意大利商人,1 名受普鲁士保护的巴伐利亚商人。⑤

当时,天津的对外贸易以进口各种洋货为主,而且多半通过上海而不是从生产国购入。于是,天津的洋行便抓住这个机会,通过上海的洋行购入洋货,然后再出售给经营洋货的中国商人。传统的商业网络,为洋货的流通准备了条件。尤其是在开埠的头一两年里,这种交易的数额颇大,洋行老板从中攫取了高额利润。据载,一名洋商从 1861 年(咸丰十一年)起,数年之间便积聚起大笔财产,不久便带走了每年可以得到

---

① 《1865 年天津海关贸易报告》,天津社会科学院历史研究所译稿本。
② 《天津——插图本史纲》,《天津历史资料》1964 年第 2 期,第 22 页。
③ 齐思和等:《第二次鸦片战争》,上海人民出版社 1978 年版,第 591 页。
④ 参见天津市政协文史资料研究委员会:《天津的洋行和买办》,天津人民出版社 1987 年版,第 2 页。
⑤ 《1866 年天津海关贸易报告》,《天津历史资料》1965 年第 4 期。

5000元利息的财产离开天津。①

然而，天津的传统商业结构仍具有很大的稳固性。不久，那些被洋商视为头脑"相当机灵"的中国商人，特别是棉布商人便发现，由他们自己直接订合同租用船只由上海购进洋货，比从洋行的经纪人手中购买要合算得多，因而委托本地洋行代订者一天天少起来。"在天津，除去鸦片交易以外，其他的通过外国人的手才能与上海成交的交易项目日益减少。"西方人在分析这种状况出现的原因时认为："在这种竞争中，中国人总占上风，因为他们具有一切便利条件，经营方式简单，生活简朴，手续费用不多。估计目前(上海)至少有30家商号与北方进行交易；有的拥有5万—10万两银子的资本，他们在进行贸易活动时只雇用轮船。由于运输迅速，他们能够很快地和委托人结账——这就为进行贸易提供了极为便利的条件。"②

对于这种情况，天津海关税务司也观察得十分清楚。1866年(同治五年)的《天津港贸易报告》说："经营棉布的天津商人近年来通过派驻上海的代理人购买大宗货物，这些代理人不会讲英语，但他们从掮客那里购货，掮客往往是能从外国进口商那里赊货的宁波人。据说天津在上海的代理人至多有10人或12人。每个代理人向其所属的商行领取薪金，他还可以为别的商行采购，年终时从那里得到一小部分利润。把上海的货物运往天津，很可能是由掮客与外国进口商订好合同，并把提单交给天津的代理人，再由他把提单寄给本埠的店主。""中国商人向上海派代理人，其目的不是物色各种商品，而是在必付的轮船费之外，避免雇用较贵的代理行，即在天津的代理洋行。"到19世纪80年代中期，天津的洋货贸易几乎全部由中国人垄断了。

外国商人也是不甘寂寞的。不久，洋行便发现用低价从中国内地购买农畜产品，然后高价卖到国外有巨额利润可图。根据中英《天津条约》第28款："英商已在内地买货，欲运赴口下载……在路上首经之子口输交……给票为他子口毫不另征之据。……每百两征银二两五钱。"③洋商从内地购得大宗农畜产品，仅在首经之子口交纳2.5%的税银便可运抵口岸出口。1870年(同治九年)，海关又开始推行内地子口税三联单制度，即出口货在运经该口岸之前，可先向海关领取三联单，持单赴内地运货，沿途即可放行。天津的洋行正是凭借这些特权获得了巨额的利润，他们因此将这项贸易牢牢地控制在自己手中。

子口税和三联单制度虽然对天津腹地各省造成了不小的经济损失，但对于洋商来说，因为有各自国家的帮助，取得三联单以后可以不受清王朝税收的约束，他们"很愉快地感到有了保证"④。从1870年(同治九年)开始，天津的两名德国商人曾持三联单采购驼毛，第二年他们又获得7份三联单，3份用于采购驼毛，4份用于采购羊毛。此后，这种掠夺中国农畜产品资源的三联单迅速推广，到1874年(同治十三年)海关为洋商签发的、用于采购皮张、马鬃、羊毛、皮毛与牦牛尾等物资的三联单已达63份。一些不法洋商甚至把三联单出卖给中国商人，非法牟利。三联单制度的推行，极大地促进

① 《天津——插图本史纲》，《天津历史资料》1964年第2期，第68页。
② 转引自聂宝璋：《中国近代航运史资料》(第1辑，1840—1895，上册)，上海人民出版社1983年版，第539—540页。
③ 王铁崖：《中外旧约章汇编》第1册，三联书店1982年版，第100页。
④ 《天津——插图本史纲》，《天津历史资料》1964年第2期，第170页。

了天津港农畜产品的出口。在实行这种制度的前一年即 1869 年(同治八年),只出口了 300 担驼毛,但在 1874 年(同治十三年)出口量就超过了 3100 担;1875 年(光绪元年)出口量为 5500 担,因为冰冻,装船量才减少为 4100 担。

在巨额利润的刺激下,洋行数目也开始增多。到 1879 年(光绪五年),天津的洋行总数为 26 家;其中,英国洋行 9 家,俄国洋行 8 家,德国洋行 4 家,丹麦洋行 2 家,美国、法国、荷兰洋行各 1 家。

此后,天津的洋行继续发展,到 1890 年(光绪十六年)底,在各领事馆注册的洋行共有 47 家。关于这一时期的洋行状况,现只能据刊于 1884(光绪十年)的《津门杂记》一书的记载,罗列如下:

英商:怡和洋行、仁记洋行、宝顺洋行、广隆洋行、新泰兴洋行、新载生洋行、汇昌洋行、马记洋行、汇丰银行、大英药房、高林洋行、飞龙洋行(以上两行,兼售洋货、零物)、老德记药房、新沙逊洋行、屈臣氏药房。

俄商:阜通洋行、阜昌洋行、益利洋行、顺丰(即萨宝实)洋行、恒顺洋行、贵平洋行、裕顺和洋行。

法商:启昌洋行、享达利洋行(兼卖钟表、显微镜等各色洋货)。

美商:丰昌洋行。

德商:信远洋行、世昌洋行、世昌机器行、德昌洋行、森裕洋行(兼卖钟表、玩物)、利顺德洋行、增茂洋行(兼卖零物)、信利洋行。[1]

值得注意的是,从 19 世纪 70 年代开始,洋行虽然无法和经营大宗进口洋货(如布匹)的中国商人竞争,但他们却开始专营那些中国商人不易经营的贸易。例如,各洋行借天津进行洋务建设的机会,进口各种机器设备,乃至枪、炮、弹药。清王朝决定兴建津沽铁路以后,洋商竞相把天津变成铁路宣传的中心。广隆洋行的韩德森则把火轮车有限公司安置在该行内。[2] 为此,好些国家的商业组织在租界里建立起相当大的办公地点,他们的职员竟使天津的旅馆拥挤不堪。

另一方面,洋商们又特地选择了沿海以及由海岸向内地河流航行的近代航运业。天津开埠以前,所有进口货,包括外国的和国内的,都由中国帆船运到天津;所有出口土产,也由中国帆船包揽。

1867 年(同治六年)怡和洋行开始在天津开办航运业务,主要经营印度与中国沿海间的广州至天津和上海至天津两条航线。冬季天津封港,则在秦皇岛起卸。此外,还代理世界各大轮船公司的客货揽载。太古洋行 1881 年(光绪七年)在天津设立分行,开辟了天津至上海和天津至香港两条航线。由于轮船承运货物时手续简便、节省时间,比中国木船所冒的风险又小,无论对中国商人还是对外国商人都有利。外国轮船不但切断了中国帆船与外国产品的联系,而且抢夺了沿海的土产贸易,结果是中国帆船的买卖全部被抢光,面临着毁灭的危机。

洋行商人来到天津就是为了发一笔大财,而后回国享受。他们最终还是找到了凭

---

[1] 《津门杂记》标点本,天津古籍出版社 1986 年版,第 123 页。总计共 33 家,其中英商 15 家,俄商 7 家,法商 2 家,美商 1 家,德商 8 家。

[2] 佚名撰、罗澎伟点校:《天津事迹纪实闻见录》,天津古籍出版社 1986 年版,第 18 页。

借特权在所经营的掠夺中国农畜产品的出口贸易中大发其财的门径。例如,高林(Collins)原先是一个小商船的船主,后来成为大沽领港员,他把自己的节余投资建立了一家普通的高林货栈。后来,他看到源源而来的青海羊毛以及各种皮货有利可图,于是由货栈中的比利时人格拉梭(Grassel)和斯波林格德(Splingaard)深入中国内地采购羊毛和皮货,并于1881年(光绪七年)设立了天津第一家羊毛打包厂,经营出口羊毛业务。当时,几乎所有外国出口商都在这家工厂包装羊毛,生意日渐兴隆,终于建立起高林洋行(Collins & Co.),后来发展成天津最大的洋行之一,高林本人也成了驰名的洋商。1890年(光绪十六年),美国根据《歇尔曼法案》(Sherman Act)大量收购白银,刺激了天津的白银价格不断上涨,最高时每两可兑换5先令6便士,高林的财产也因此而不断地增加。高林在发了一笔可观的大财之后,移居到新西兰,最后死在那里。

也有一些洋行,除经营商业贸易外,还从事土地买卖。例如,在19世纪60年代后期来天津的俄商司塔赛夫(Startseff)创办司塔赛夫洋行(Startseff & Co.),在美租界以西购买了大片土地,称斯塔赛夫村(Startseff Village)。

六　作为华洋贸易中介人的买办

研究天津开埠后的洋商与洋行,而不提天津早期的买办,显然是不全面的。在很多情况下,洋行与买办就像一对孪生兄弟,也处在互为依存的状态。

所谓买办,实际上就是洋行的商务代理人。天津开埠以后,外国商人陆续到来,但由于中外情形的隔阂以及语言的障碍,很多商务工作的进行不得不依靠熟习商情的中国中介人;即便对于那些懂中国话的商人来说,也不易应付在他周围的事情,洋商们感到:"要是突然不要自己的买办,他就会发现自己像一个试图不要代理人而去做议会候选人一样,自己不能不处在进退维谷的境地。"①

仅次于语言障碍的,就是对中国通用的银两知识的掌握。中国虽然施行传统的银本位,但没有铸币通货,各地区、各单位使用的砝平有很多差别。以天津而论,虽然市场上通用行平,但公砝平竟多达86种。对于银的成色鉴定,也是一项专门的技术,使用时必需平色兼计,再加上制钱、钱贴、银票等,换算极为复杂。一些外国商人在适当的范围内可以掌握,但要超越那些熟悉钱币业务的中国人,就非常困难。

还有一些次要的原因,也影响到洋行非用买办不可。比如,要打通与中国官府的关系,要联系洋行雇用的中国员工,要减少在内地收购农畜产品时因路途坎坷、运费高昂、耗时过多以及质量太差给洋行所造成的损失等等,这些都必须尽量利用中国的中介人才能做到。尽管外国商人是不情愿的,因为每做成一笔买卖,就要付给买办2%—3%的佣金,但在中外商人做生意的情况下,脱离买办,很多事情就无法处理。当然,天津早期的买办和后来的买办不尽相同。开埠之初各洋行的买办——除了一些老牌洋行的原有的广东买办之外——不过是买货手或卖货手,与后来与洋行订有契约关系的那种买办是有区别的。

中国的买办制度,起源于最早和西方建立了贸易关系的广东;鸦片战争后,渐行于上海。当时上海洋行林立,在有着商业传统的浙江商人中,不少人也开始操起买办生

---

① 《1866年天津海关贸易报告》,《天津历史资料》1965年第4期。

涯。天津开埠后，洋商蜂拥而至，一些广东籍和宁波籍的买办随之而来。这些买办因籍贯、语言和生活习惯的关系，陈陈相因，因而在天津的买办行列中向有广东帮与宁波帮之分。开埠之初，本地人基于民族感情，肯为洋商和洋行服务的传统商人绝少，洋商只得从为他们做工役、厨师、管库、看门的华人中提拔，因而后来在天津的买办行列中又出现了北帮。

天津的买办阶层，约形成于19世纪80年代以后。以著名的"四大买办"为例，怡和洋行买办梁炎卿，1874年(同治十三年)由上海调来天津，1890年(光绪十六年)出任该行买办；太古洋行买办郑翼之，1881年(光绪七年)由上海总行调来天津任职员，1886年(光绪十二年)出任太古洋行买办；汇丰银行买办吴调卿，1880年(光绪六年)由上海来天津筹备成立分行，1882年(光绪八年)出任该行首任买办；道胜银行买办王铭槐，也是1880年由上海来津，初为老顺记五金行经理，后任德商泰来洋行和华俄道胜银行买办。梁、郑二人是广东籍，王铭槐为宁波籍，而吴调卿为安徽籍。但因汇丰银行是天津财力最雄厚的外国银行，吴调卿与掌握重权、坐镇天津的直隶总督北洋大臣李鸿章又是同乡，吴本人还兼有官僚身份，因而成为天津老资格的著名买办。只有英商仁记洋行和新泰兴洋行，是由低职务的本地人中提拔的北帮买办。

每个为洋行服务的买办，都有着自己独立的工作系统。洋行则通过这个买办系统，发挥自己的业务职能。

买办之所以成为一个阶层，并为社会所重视，主要在于他们能够通过这种商务代理人的作用，迅速积累起大量的财富，其致富门径大致有如下几条。

(1)佣金。根据洋行的惯例，每月需付给买办的公事房——华账房一笔贴费(包费)，由买办自行分配，并由此确立了洋行与买办的雇佣关系。每做成一笔交易，再付给买办若干佣金，这种佣金具有相当的伸缩性，并于任用买办时商定。一般进口货物的佣金为1%—3%，化学药品及西药等为4%—8%；小五金类商品初到天津促销时，佣金高达20%—30%；鸦片每销一箱，可从洋行得到佣金5两，军火生意则由洋行与买办临时商定。一些洋行的买办因此把包括鸦片在内的一切买卖，统统揽在自己手里。出口货物的佣金一般为2%。对于出口货的卖主，不允许买办在议定货价之外加收佣金，但可以实付97%或98%的货价。天津本地的洋行与洋行间买卖货物需要买办奔走，则需付1%—2%的手续费，实际上也是一种佣金。①

(2)投机。佣金毕竟是有限的钱财，只凭佣金，买办也不会积累起那样多的财富。买办位于洋行与客户之间，只要抓住机会，处处有机可投。例如，遇有行市相宜的进口货，买办可以先扣在自己手中，向洋账房付款，再给原购客户重订一份，然后以航运迟误等理由搪塞，待市价上涨，再行抛出。有时买办从洋商方面获知某种货物行情将有较大变化，而自己又不愿冒这种风险、便将此项情报卖与客家，然后从中分享利益。怡和洋行买办梁炎卿即多用这种办法敛财。

(3)垄断。买办为方便收购农畜产品，在内地集散市场设有外庄。为了垄断市场，外庄在收购初期先出高价，使同行虑及成本无法收购，待其他收货人纷纷离去之后，再将货价压低，大量购进，然后实行标期付款，一般是买货四个月后再付钱。以外庄为核

---

① 天津市政协文史资料研究委员会：《天津的洋行与买办》，天津人民出版社1986年版，第45页。

心的特殊收购网络，垄断了以天津为港口的广大地域的农畜产品市场。仁记洋行买办李辅臣多用这种办法，使他经营出口货在北帮中首屈一指。李还在天津设立了仁记东栈和仁记西栈，为自己收购和储存货物，待价而沽。

（4）巧取。天津开埠不久，有三家洋行的买办，从三口通商大臣崇厚那里得到了经营海关税款的权力。[①] 后来，洋行为便于到内地收集农畜等土产，每年要向海关领用三联单，而买办在为洋行收购土货的同时，也将自己要收的货物列入，借以逃税。利用三联单为自己做生意，在天津洋行的买办中是非常普遍的。

（5）剥削。买办的剥削对象，主要是加工和搬运工人。例如，怡和洋行的搬运费，先由买办扣去 20%，再由外柜扣去 16%，剩下的 64% 还要扣除一半，即只有 32% 才真正落到工人手里。这种盘剥办法，行话叫作"八扣打八扣，还要拦腰斩"。太古的搬运费是每件白银 1/100 两，而买办付给外柜是每件铜元 1 枚，最后到工人手中，每件只给铜元 0.5 枚。当时，每两银可兑铜元182枚，因此工人实际收入仅为洋行支付买办搬运费的 27.5%，另外的27.5% 为外柜所得，另 45% 为买办所得。[②]

早期的天津买办，通过种种手段都积累起巨额财产。例如，梁炎卿全盛之时，有2000 万元；郑翼之的家财约 1000 万元；吴调卿年收入约银 20 万两，最多时达 40 万两，死后所遗财产为 400 万—500 万两；王铭槐财产最高时总值约银 250 万两；仁记李辅臣死时，财产总值为 600 万—700 万元。[③] 天津最大的一家洋行——老沙逊洋行买办胡枚平所做的黄金生意，规模要比他的老板大 10 倍。胡在天津有鸦片烟行 3 家、糖行 1 家，以及堆存货物的货栈；还在天津最大一家银楼——恒利号投有股份。他的事务所里有 5 名银师，以及文书、会计多人。他服务的洋行虽然设在租界，但他自己的公事房却在县城里。胡从 19 世纪 70 年代初即任该行买办，前后达 10 余年。[④]

七 传统金融业的新发展

城市商业的发展，是与货币流通的调节及信用活动分不开的。两者作为一个整体，代表了城市经济活动中生产、分配、交换和消费的价值运动形式。没有金融活动的城市，几乎是不存在的；而城市金融的发达程度，又是城市经济尤其是商业贸易发达程度的指标。

明清以降，天津作为中国北方的盐漕基地和商货集散中心，商品交易比较发达。货币是商品交易的媒介。在以银两和制钱为市场通货的条件下，货币兑换是必不可免的。但在清代中叶以前，天津的这项兑换业务均系个人于商业区设摊经营，后来一些商铺也兼营起货币兑换业务。伴随着城市经济的活跃，兑钱摊业丰利聚，于是先后开设钱铺（也称钱号或账局），除兑换货币外还经营存放款，以调剂商贸供需，是为天津最早的金融业。

其次便是票号。天津是票号的发祥地。由于城市商业的经营范围不断扩大，各地

---

① 汪敬虞：《唐廷枢研究》，中国社会科学出版社 1983 年版，第 128 页。

② 天津市政协文史资料研究委员会：《天津的洋行与买办》，天津人民出版社 1986 年版，第 44 页；第 65 页。

③ 天津市政协文史资料研究委员会：《天津的洋行与买办》，天津人民出版社 1986 年版，第 41 页；第 68 页；第 70 页；第 208 页；第 92 页。

④ 汪敬虞：《唐廷枢研究》，中国社会科学出版社 1983 年版，第 119—121 页。

之间出现了较频繁的款项偿付与调拨。原来异地收付只能运现，即把现银委托镖局护送，时久费繁。乾隆末年，山西平遥人雷履泰领同县李正华为股东，在天津开设日升昌颜料庄，并在北京设有分庄。

雷氏经常赴四川采办颜料。为解决运送现银的困难，他商诸四川官府，将四川应解往北京的地赋与税款由京、津日升昌代付；到户部换取收据后，再向四川藩库兑取现银。由于雷氏善于交际，不久他又联络来华北采办货物的四川客商，将现银交与日升昌在四川的分店，取得收据后，持据在京、津日升昌兑取现银。京津一带赴川采办货物的客商，也可将现银交与京、津的日升昌，然后持据向四川分庄兑现。在办理这种汇兑业务时，日升昌虽然收取一定的汇水（手续费），但比起委托镖局护送现银安全、方便、及时，费用也少得多，因此备受欢迎。几年间，日升昌因经营汇兑而获利数十万两。于是，自1797年（嘉庆二年）起改为专营，于平遥设立日升昌票号总号，京、津设立分号，成为山西帮票号的首创者。①

继之而起者为蔚泰厚绸缎庄，1814年（嘉庆十九年）亦改为专营票号。到19世纪20年代，山西票号陆续发展为平遥、祁县、太谷三帮，共有17家，在天津设有分号者达16家。② 天津开埠后，票号因业务上维系着天津与各地的传统联系，"握商肆之巨权"③，有助于进出口贸易的发展。到19世纪末，天津票号又发展到25家。

迫至票号兴起，天津的钱庄也开始吸收票号同业存款，业务逐渐扩充，并开始发行以制钱为本位的钱帖在市面流通，借以扩大资金周转。天津开埠后，随着天津进出口贸易的不断增长，天津与各地联系也日渐扩大。凡经营洋货进口和土货出口的中国商人均需要融通资金，埠际间的贸易往来也需进行频繁的资金调度，尤其是腹地的商业借贷主要依靠钱庄，钱庄业务遂得以逐渐展开。据1867年（同治六年）10月15日的《字林西报》载，天津钱庄约共100家，资本额共60万两，其中资本1万两和4000两的各40家、资本2000两的共20家，这些钱庄均签发票据、提供信用。④

由于钱庄和票号能够有效地维持天津与各地的金融交往，加速进出口商品的流转速度，有的洋行便直接起用钱庄经理人做买办。据1884年（光绪十年）11月17日《字林西报》称，天津最老的一家洋行买办，就是一个兼营鸦片生意的钱庄主。1885年（光绪十一年）4月15日《字林西报》载，老沙逊洋行买办胡枚平在张家口收购皮毛，在上海除了经营铺号外，还是上海天源钱庄（Tien-Yuen Bank）的股东。⑤ 这样，无论是洋行还是他本人，都会利用这家钱庄资金周转的便利条件进行种种商业活动。

就是这个胡枚平，在19世纪80年代初，还利用天津恒益裕行票号与张家口的金融联系，打开了在该地大量收购皮货的局面。早在19世纪60年代，天津的洋行多次派代理人到内蒙古收购皮货，但不能顺利开展，而胡枚平则利用恒益裕的期票付款；卖货人可凭该期票向当地与恒益裕有金融关系的商店去兑付，而胡枚平与恒益裕有债务

① 中国人民政治协商会议天津市委员会文史资料研究委员会：《天津文史资料选辑》第20辑，天津人民出版社1982年版，第93页。
② 刘民山：《鸦片战争前后天津票号的兴起与发展》，《天津史志》1988年第3期。
③ 王守恂：《天津政俗沿革记》卷七，"货值"，1938年金氏刻本。
④ 张国辉：《晚清钱庄与票号研究》，中华书局1989年版，第32—33页。
⑤ 张国辉：《晚清钱庄和票号研究》，中华书局1989年版，第56页。

关系,完全在天津结算。① 由于有了票号的信用支持,洋行及买办在内地收购皮货的业务才能得到真正的扩展。

就总体而言,当时票号主要经营各地的往来汇兑,所有款项,以大宗官款为主,放款只对钱庄或政府部门,一般不办理现金出纳,所以钱庄的相当一部分资金是靠票号供给来维持的。当时中外贸易以行平化宝银为交易的本位币,也是各业的记账单位,钱庄又借机发行的行平化宝银为本位的钞票——银帖,票面分 5 两、10 两、50 两、100 两 4 种。② 到 19 世纪末,天津的钱庄已达 300 余家。③ 从事存款放款的钱庄,多在估衣街、针市街和竹竿巷一带,称西街钱局;从事银钱互换的钱庄多在宫南、宫北一带,称东街钱局。不过,就当时天津金融业的实力来讲,票号仍占主要地位。钱庄经营范围仍以兑换白银、制钱为主要业务。存款和放款则居于次要地位。这种状况,直到 20 世纪初以后才逐渐发生变化。

八 早期的银行

天津最早出现的近代银行是 1882 年(光绪八年)设立的汇丰银行分行。当时,天津的进出口贸易特别是对英国的进出口贸易,经过开埠后 20 年的发展,已具有相当的规模。但是对洋商来说,这种贸易的资金提供,主要由那些资金雄厚的洋行如怡和、宝顺和旗昌等洋行附设的银行业务都来维持。然而,这些洋行和某些进出口商在业务上是有竞争的,因而不能做到较全面的资金融通。当时,香港是英国对中国各口进行进出口贸易的基地,但香港与各口之间并没有直接的金融联系。因此,建立一家总行在香港、分行设在各通商口岸的银行就显得十分必要。

1865 年(同治四年),汇丰银行香港总行和上海分行同时成立,但资金并不雄厚,仅 500 万港元,有人说它不过"是旧式代理店的银行业务部门合并成的专业企业"④。但由于汇丰银行适应了英国资产阶级对亚洲实行经济侵略的需要,开业不久,往来账户便超过了行方的预计。因此,汇丰很快便在中国的英商汇兑银行中处于无可争议的领导地位。

政治目的也是有的。1880 年(光绪六年),汇丰银行开始筹设天津分行,同时选派安徽人吴调卿做该行的买办,以便用"同乡"的身份接近手握重权的北洋大臣李鸿章,进而影响清朝中央政府,其主要手段便是贷款。汇丰天津分行成立前,已与清王朝建立了贷款关系,但数额不大(前后四笔,共 1200 万两);但自 19 世纪 80 年代后,由于汇丰在京津设立分行,向清王朝提供的贷款则大幅度增加,这显然与汇丰银行所处的"近水楼台"地位有关。汇丰天津分行成立不久,清王朝决定兴办铁路,其中津通、津榆和京芦铁路的修筑多由汇丰提供借款,吴调卿也被任命为京榆铁路总办。正是由于这一

---

① 1885 年(光绪十一年)4 月 15 日《字林西报》,转引自张国辉:《晚清钱庄和票号研究》。
② 据《津门杂记》载,当时的钱帖也有许多信誉极差的。"除殷实钱铺外,俱谓之外行帖,诸多滞碍难行。更有名换钱局者,资本无多,全靠出帖以资周转,既无以偿,便以闭门囊谢客,谓之荒钱铺。……市道常有戒心,不敢久藏钱票。如取现钱,又搀和小钱无算,每串有数十元多,民间吃亏甚重。"天津古籍出版社 1986 年版,第107 页。
③ 中国人民政治协商会议天津市委员会文史资料研究委员会:《天津文史资料选辑》第 20 辑,天津人民出版社1982 年版,第 98 页。
④ 〔英〕毛里斯、柯立斯:《汇丰—香港上海银行》,李周英等译,中华书局 1979 年版,第 6 页。

笔笔借款,汇丰"使自己成为满清政府不可一日或缺"①的帮手,这显然符合英国的政策。

除了借款之外,设法吸收中国存款也是汇丰天津分行的主要任务。汇丰银行因为经常接触中国官僚、贵族,吸收这些人的资金数量也很大。据说,李鸿章在汇丰天津分行有 150 万两白银的存款,庆亲王奕劻有 120 万两白银存款。把中国人的货币转为资本,再用于对中国人的掠夺,这是天津外商银行的经营特色之一。为适应环境、吸收资金,汇丰还是中国境内第一家不以金磅为单位而以中国各口岸通用的银元为计算单位的外国银行。

近代以前,中国的进出口贸易均以现银交易,无所谓国际汇兑。鸦片战争以后,一些通商口岸对外贸易迅速发展,国际汇兑业务亟待开展。为了垄断中国的国际汇兑,汇丰银行从建立开始,便在与中国有贸易关系的东方各口岸,"先设立经理处,如果证明有利可图,再升格为分行"②。后来,汇丰又把分行扩展到欧美。由于这个原因,汇丰天津分行自建立之日起,便一手操纵了天津的外汇牌价,所有的外汇经纪人均视汇丰的牌价为准,汇丰天津分行由此获得了莫大的好处。在西方资本主义的侵略下,天津的金融市场开始和国际金融市场联结起来。

最后,也是最根本的,就是汇丰天津分行的建立,为天津各洋行贩卖外国商品,掠夺中国原料提供了方便的资金融通。天津海关税务司在 1881 年(光绪七年)的"贸易报告"中以欣喜的心情指出:"6 月 18 日汇丰银行分行在天津开业,无疑它将证明对外商业务非常重要。货物外运比以前有了大幅度的发展,而且很可能还要发展。"果然,两年后,即 1883 年(光绪九年)英国驻天津领事达文波(Davenport)在一份报告中指出:"汇丰银行在这个港口有了一个营业鼎盛的分行,使得天津的洋行在金融周转方面得以享受和上海洋行同样的便利,能够直接进口,节省了上海转运的费用,从而得以较低的价格把货物运到天津。"③在天津的所有洋行中,怡和洋行从汇丰的受益最大。只要需要,怡和洋行随时都可以迅速得到汇丰天津、北京分行库存充裕的白银。19 世纪末,当怡和洋行获得为清王朝修筑铁路供应材料和承包工程的合同时,汇丰银行立即借垫款项。这种状况,不一而足。

由于汇丰的储备雄厚,因此得以在中国公开发行纸币。到 19 世纪末,天津共三家外商银行,但发行纸币的唯有汇丰一家。汇丰天津分行的这种特殊地位,决定了该行在天津的最高负责人不是分行经理(Manager),而是总行代表(Agent)。

继汇丰天津分行之后,华俄道胜银行也于 1896 年(光绪二十二年)在天津设立分行。同汇丰一样,道胜也积极包揽对清朝的借款,收罗王公贵族的存款,并起用德商泰来洋行买办王铭槐为该行买办。王铭槐利用银行买办的身份和便利条件,从天津沿京榆铁路向关外延伸,在沈阳、铁岭、牛庄等地开设胜字号银号 20 余家,专门经营汇兑。另一个买办严筱舫,也在道胜银行支持下,从汉口至北京开设源丰润汇兑庄多处,这样便形成了一个道胜银行控制下的汇兑网。这是道胜的经营特点。此后,日本的横滨正

---

① 〔英〕毛里斯、柯立斯:《汇丰—香港上海银行》,李周英等译,中华书局 1979 年版,第 32 页。

② 〔英〕毛里斯、柯立斯:《汇丰—香港上海银行》,李周英等译,中华书局 1979 年版,第 23 页。

③ 中国人民政治协商会议天津市委员会文史资料研究委员会:《天津文史资料选辑》第 9 辑,天津人民出版社 1980 年版。

金银行天津支行亦于 1898 年(光绪二十四年)开业,横滨正金除在天津经营国际汇兑,吸收官僚、军阀存款外,主要目的是扶植在天津的日本洋行和企业。

除了外国设立的银行之外,19 世纪末,中国人自己设立的银行也在天津出现了。这就是 1898 年(光绪二十四年)设立的中国通商银行天津分行。由于银行是近代化的金融组织,中国通商银行于 1897 年(光绪二十三年)在上海建立后,一切组织机构全拟汇丰银行模式,而分行又拟总行模式,在行内分设洋账房和华账房,聘用洋大班与华大班,分行的最高负责人为分董;天津分行的首任分董为曾任天津礼和洋行买办的冯商盘。华、洋大班的并用与由买办出任分董,足以说明通商银行的先天软弱。

由于银行的管理制度先进、资金雄厚,而且都有熟习本地商情与金融状况的买办主持相当部分的工作,以致很多钱庄、票号为开展信贷业务也不得不与外国银行建立联系;一些银行买办自然也因此成了票号或钱庄的股东或经理。但是,因受天津市场条件的限制,这种关系一般只维持在钱庄利用外国银行华账房作为收解差额的冲算场所,且当天必须归清;偶有头寸不够,可向关系较深的华账房折借,但需按折息行市付利,很少有大宗的现银往来。这一点,与上海钱庄与外国银行那种频繁的现银往来关系,是不同的。①

九 对外贸易与近代天津城市的成长

传统的天津城市,虽然是中国封建社会的产物,但开埠以后,在无法阻挡的资本主义经济潮流中,很快与西方价值体系发生联系,并成为世界资本主义商品市场的一个部分。旧城市蕴藏的经济火花被点燃了,新城市发展之火开始燃烧,从此天津进入了城市发展的"转型"阶段。

在传统期,天津以其优越的区位,使它可以同周围宽广的腹地建立起经常的联系,使它可以作为全国最大的消费中心——北京的经济辅助城市。西方资本主义商品经济的大潮虽然迫使天津结束了旧有的发展轨迹,但城市自身具有的发展活力却因此迅速增长。

城市的成长,首先带来了经济辐射能力的成长。开埠前,天津仅是华北地区的区域性市场,商贸流通机制被限制在特定的地域范围内。开埠以后,由于进出口贸易的不断发展,天津的市场范围日益扩大。到 20 世纪初,天津的经济腹地,包括那些与相邻港口互相重叠的"混合腹地",几乎囊括了黄河以北的半个中国。在旧有的商贸流通体制基础上,形成了新的商贸流通机制,天津城市的经济辐射能力得到极大的加强。西方资本主义的机器商品,通过天津可以进入冀、晋、鲁、豫、奉、吉、黑、陕、甘、蒙、新等省区;而各经济腹地经由天津出口到西方的农副土特产品,除了那些传统产品之外,还包括那些使用价值极小,甚至是废弃之物。比如羊毛,天津开埠前,西北和蒙古地区所产的羊毛多供给毡房等手工业作坊制作毛毡,其余的只不过用来沤粪,至于驼毛则全被抛掉,任凭随风飘扬,兽骨也是如此。山东与河南制作草帽辫的麦秆,只用于烧火。但天津开埠之后,这些农牧产品均被吸收为大宗出口商品,由于资本主义国家对工业

---

① 中国人民政治协商会议天津市委员会文史资料研究委员会:《天津文史资料选辑》第 20 辑,天津人民出版社 1982 年版,第 102 页。

原料的强烈需求,竟使天津成为全国最大的皮毛和草帽辫出口口岸。

皮毛是天津特有的出口商品,早在 1873 年(同治十二年)时,"一家总部设在张家口的德国商号最近开业了,它专心致志地发展蒙古的贸易"。"为了利用在蒙古能得到的较低廉的劳动力,避免不必要的运费开支,本埠一个有事业心的商人最近已向张家口寄去一台合适的水压机,将来骆驼毛和绵羊毛便能就地精选、分类、压紧和打包,以便装船运往美国和英国。"①

这些固然标志着开埠以后在天津城市的影响下,广大腹地加速了农牧业的商品化过程;但同时也说明,由于腹地农牧产品的商品化程度不断提高,同样加速了作为港口城市的天津的成长进程。当然,从那时天津口岸的进出口商品结构来看,进口以生活消费资料为主,出口则以工业原料和农畜产品为主,这种进出口贸易无疑是一种典型的"殖民贸易"。这就是说,当时的天津,城市成长速度无论怎样加快,也不可能摆脱资本主义侵略下的半殖民地性质。

城市在经济上的发展又必然要刺激城市的发展。这种发展首先表现为资金的集中。根据天津钱业行家估计,在 1900 年(光绪二十六年)以前,可以用现款或信用取得的本地市场资金为 6000 万两左右。资金的占有者分别为:山西票号 2000 万两,外国银行与政府官员在征收与交库期间留备流通的政府款项 1000 万两,富商及社会上层的周转金 1000 万两,钱票(据保守的估计)1000 万两,本地商人赖以从上海赊购货物的资金 1000 万两。② 这 6000 万两是怎样一个数目呢? 有人研究,清代岁计出入,顺治时为 2000 万两,道光以前银 3000 万—4000 万两。迨至 1894(光绪二十年)时也不过 8200 万两左右③,而天津一地的市场资金,竟达当时全国岁出入的 3/4。这不能不与天津城市开埠后迅速发展的内外贸易有关。

其次便是城市人口的激增。1895 年(光绪二十一年)天津人口达 587666 人④,比开埠前差不多翻了两番。据测算,近代北方人口的自然增长率为 7.70%,如果以 1846 年(道光二十六年)《津门保甲图说》统计之县城内 32761 户和每户 5 口人为基数,当时城区人口约为 164300 人,经过 40 余年的繁衍,自然人口也不过为 23.7 万余人。然而,实际人口要远远高于城市自然增长的人口,可见相当一部分为来自各地的移民。⑤例如,大城市的舒适和发财机会把头脑开化的地主吸收到城市中来,而贸易的发展也吸收了大批商人往来于天津与内地之间。1896 年(光绪二十二年)的《直报》第 457 号刊载一则消息说:"本邑商贾及各州县外客均住河北大街各店者居多,以至各局行店同事及跑街之人赴各店贸易者竟如梭织。"一些小有本钱的人可当小贩,有熟人同乡的可荐入店铺当伙计,有手艺者可以做工匠。随着商业贸易的发展,需要大批出卖劳动力的人去码头当搬运工、拉板车,那些没有劳动力的则以乞讨为业。

商贸业的发展,还吸引了不少外国人。据《1896 年天津海关贸易报告》说:"贸易已有发展的迹象,吸引了许多日本商人前来本埠定居。据称今年他们的人数将有所增

① 《1873 年天津海关贸易报告》,《天津历史资料》1965 年第 4 期。

② 《天津 1892—1901 年海关十年报告书》,《天津历史资料》1965 年第 4 期,第 61 页。

③ 邓之诚:《中华二千年史》卷五(下册),中华书局 1956 年版,第 280 页。

④ (重修)《天津府志》卷二八,"户口",江苏广陵古籍刻印社 1989 年版。

⑤ 参见陈克:《近代天津城市经济功能的变化与城市发展》,《天津历史博物馆馆刊》第 2 期。

加,他们甚至谈到要自己开设银行。"

城居人口的增加,反过来又促进了城市商业与服务业的发达,如拍卖行、旅店、澡堂、饭馆、茶园、妓院开始大量出现。据《津门杂记》载,拍卖行时称"卖叫货","先期粘贴告白,定于何日几点钟,是日先悬旗于门,届时拍卖者为洋人,高立台上,以手指物,令看客出价,彼此增价争买,直至无人再加,拍卖者以小木棰拍案一声为定,即以价高者得货。""天津为水陆通衢,旧有客店在西关外及河北一带,约有数十家。自通商后,紫竹林则添设轮船客栈十余家,粤人开者居多,房室宽大整洁,两餐俱备。字号则有大昌、同昌、中和、永和、春元、佛照楼等。每有轮船到埠,各栈友纷纷登舟接客,照应行李,引领到栈,并包揽马车、写船票及货物报税等事。此外又有山东客栈,如人和、协和、信合、四合等字号,专接登莱、青、东三府商旅。"饭庄则有本地馆、京饭馆、山东馆、宁波馆、广东馆、洋菜馆、羊肉馆等,亦多在紫竹林一带。"津城浴堂计有数十家,皆称盆池两便……惟紫竹林之新园,盆汤可推巨擘,房间雅洁,陈设华丽……盆是西洋式,汤如兰蕙香,烟茶胰皂无不精良。……主人通洋语,并能操吴音"①。提供性服务的传统娼寮区原在地近水旱码头的侯家后一带,"近日多迁往西开。……又有俗名'转子房'者,犹上海之台基也。……粤东老妓皆寓紫竹林,衣饰簪珥,迥异北地胭脂。又有所谓咸水妹者,虽曰专接洋人,而华人亦偶有染指者。"②

城市成长的另一个标志是城市空间的扩展。天津开埠之初,洋行多集中于当时的城市经济中心——县城东北的沿河一带。租界开辟之后,特别是随着租界码头功能的完善,英法租界实际上已成为天津城市的外贸功能区,洋行、货栈、仓库纷纷迁入租界,从此改变了传统天津城市以县城东北"环城开衢"为经济中心的城市格局。在外国人看来,租界的开辟与发展正是他们"使天津成为华北第一大商业城市的努力"③的结果。

随着城市人口和空间的扩展,城市的公共设施和交通条件也开始得到了改善。以前,天津"城内外街道逼窄,行旅居民均苦不便"。1883年(光绪九年)天津设立工程总局,仿照上海筹防捐办法,在新关抽收华洋码头捐,用于修筑道路。"自紫竹林租界,以及天津四城内外直街横巷,一律修治。或筑土、或砌石,逐渐而北,至入京大道。此天津城厢修筑道路之原始。"④

旧有的城市交通工具如车、马、轿等这时已不能满足社会需要。埠际之间,水路则有轮船,陆路则有火车。据海关统计,1866年(同治五年)搭乘轮船来津的人数为4000人,1890年(光绪十六年)为2.84万人,1892年(光绪十八年)为3.1万人。同年,由古冶搭乘火车来津的旅客,上等客车为8505人,次等客车为479816人。

开埠前天津市区的半径不超过2千米,除了社会上层之外,一般人步行于市区之间便可以满足需要。开埠后,由于市区空间的扩展,急需一种代步的交通工具。1882年(光绪八年)法国人米拉(Merard)由日本引入上海的人力车传到天津。⑤ 由于人力

① 《津门杂记》标点本,天津古籍出版社1986年版,第139—141页。
② 羊城旧客:《津门纪略》,天津古籍出版社1988年版,第95—96页。
③ 《天津——插图本史纲》,《天津历史资料》1964年第2期,第52页。
④ 王守恂:《天津政俗沿革记》卷一,"道路",1938年金氏刻本。
⑤ 王德春:《天津的人力车》,《天津史志》1989年第2期。

车轻便快捷，可以通行大街小巷，乘者无须购车置轿之资，只需付很少的车价，便可安车代步，极受一般人欢迎。

到 20 世纪初，天津的人力车已达 6700 余辆。市郊间的代步工具则为脚驴。"赶脚者，执鞭飞跑，追随驴后。""自官道工竣，人庆康庄，赶脚驴者及拉东洋车者……有加无已。"[1]为方便市区与海口间的频繁往来，19 世纪 70 年代初，又开始制造一艘新式客轮，以行驶于大沽与租界之间；同时，在大沽开设了一家旅馆，专供不能去烟台的外国人作海滨休养用。[2]

城市空间扩展的另一个表现是郊区的城市化，旧日的乡村已变成市区的一部分。"城厢狭隘，历年开辟。有旧时村庄今与城市相连者。相沿日久，直以为街市之名，如锦衣卫桥、海光寺、三官庙、永丰屯、金家窑、望海寺、马家口、卢家庄等皆是。"[3]

总之，这一时期天津城市的成长是与不断增长的对外贸易相联系的，并为日后天津成长为北方最大的港口城市奠定了基础。

第四十六章

近代中国沿海城市的发展

---

① 《津门杂记》，标点本，天津古籍出版社 1986 年版，第 120 页。
② 1871—1872 天津海关贸易报告，《天津历史资料》1965 年第 4 期。
③ 《天津政俗沿革记》卷一，"乡镇"上，1938 年金氏刻本。

第四十七章

近代中国的造船与航海业

　　自操办洋务运动起到中华人民共和国成立的 1949 年,中国的近代造船业走过了坎坷曲折的道路。在 80 多年的时间里,全国总共建造了钢质轮船 50 多万吨。洋务运动虽然以"自强""御侮"为标榜,但是在外国帝国主义压迫下,加上封建统治者的反动腐朽性、洋务派官僚的买办性,最终也没能达到"御侮"的目的,更没能自强。中国近代造船业的发展,既缺少近代科学技术为先导,又缺少近代工业作基础,更无稳定的社会环境,因而无法达到先进的水平。但是,从科学技术的发展进程看,发端于洋务运动的近代造船技术,是中国人最早引进的一种先进的生产力,它对于发展我国的造船业不仅是必要的,而且是不可逾越的。事实上,它已经超出造船业自身的范围,不仅是中国近代工业的先导,而且在传播西方自然科学技术和发展中国近代教育事业方面也产生了积极作用。

　　近代海洋航运业发展的主要特点有三:一是开始使用轮船,二是航线的增加,三是航运主权丧失。随着航运业的发展,清政府先后兴办了一批水师学堂,这就是专门培养驾驶、轮机和造船的各级海军官兵的中国第一批海军学校。其中,1866 年创办的福建船政学堂,是中国最早的以现代科学技术培养和造就航海、轮机人才的专门学校。这个学校,在中国海军建设史以及中国航海教育史上占有重要的地位。

第一节　清末洋务运动与中国近代造船业[①]

　　在 1840—1842 年的鸦片战争中,英国侵略军派出军舰 32 艘、运输舰 25 艘,其中还有 3 艘是轮船用作通讯。英舰大者长 32 丈余,宽 6 丈余,火炮多达 70 多门,射程可达 20 里。而清水师兵船最大者,"仅宽 2 丈余,长 11 丈 2 尺,安炮不过 10 门"[②]。战争以我国失败而告终,中国开始沦为半殖民地半封建社会。以林则徐为代表的中国有识之士,看到西方的飞剪式帆船和蒸汽机轮船胜过中国的老式帆船,早在鸦片战争期间就曾产生了"造船铸炮……师敌之长技以制敌",向西方学习先进技术以"御侮""自强"的思想。在这一思想的影响下,到了 19 世纪 60 年代,就出现了由封疆大吏曾国藩、李

---

① 　本节内容引见席龙飞:《中国造船史》,湖北教育出版社 2000 年版,第 312—346 页。
② 　张希海:《鸦片战争时期的中国兵船》,《船史研究》1987 年第 3 期,第 27 页。

鸿章、左宗棠等人操办的洋务运动。中国近代造船业得以发端,并出现了中国第一艘轮船"黄鹄"号。

咸丰十一年(1861年)12月,曾国藩设立安庆内军械所,制造枪炮。翌年,委任中国近代科学家徐寿(1818—1884)、华衡芳(1844—1902)等人,设计和制造轮船。同治三年(1864年),曾国藩的湘军攻占南京,徐寿等人的轮船试制工作也迁南京进行。1865年4月,终于建成中国自行设计的第一艘轮船。该船排水量约45吨,船长55尺,航速6.9节,命名为"黄鹄"号。[1] "黄鹄"号的成就,虽与前此五年在英国建成的巨型远洋客货船、排水量达27384吨的"大东方"(Great Eastern)号相差悬殊,但在我国这却是一项伟大的科学实践,是我国近代造船业的起步。此后遂有一系列造船工厂的陆续创办,包括大连、青岛在外国侵略者占领期间所建的部分船厂,设计建造了一批批兵商轮船,培养了不少造船技术人才,奠定了我国现代造船业的基础。

一 江南制造总局及其所造舰船

(一)江南机器制造总局的创办

同治四年(1865年),曾国藩、李鸿章在上海创办江南制造总局,主要是制造枪炮借充军用。1868年,总局制成中国第一艘木壳明轮兵船"恬吉"(后改为"惠吉")号,船长185尺,功率392马力,排水量600吨,其主机为购自外国的旧机器。1869年,江南制造局又制成暗轮(即螺旋桨)木壳兵船"操江"号。

江南制造局于1885年建成钢质兵船"保民"号,这是江南所造第8艘兵船。在1865—1885年的20年间,还建造小型船艇7艘,共自建船达15艘,排水量共计10490吨,此外还修船11艘。

由于江南制造局成立时本无造船的打算,局内洋员又缺少造船技术,造船业务不占主要地位。1870年,李鸿章调任直隶总督兼北洋大臣后,局务一任洋员主办。1885年以后,清政府即下令该局停止造船。直到1905年局坞分立,竟长期荒芜达二三十年之久,实堪称近代造船史上的悲剧。[2]

(二)江南船坞及江南造船所

1905年4月,船坞从制造局独立出来,称江南船坞。由于经营上采取了商业化的运作,为江南船坞带来了生机。自局坞分立到1911年辛亥革命止的6年间,江南船坞累计造船136艘,排水量总计21040吨,修船542艘,还提前还清了局坞分立时所借开办费白银20万两。

1912年,江南船坞建成船长约百米的长江客货轮"江华"号。该船后来曾被改建,前后营运了60多年,充分显示了它卓越的技术性能。

1912年后,江南船坞改称江南造船所。该所于1918年建成载重330吨、载客200余人的川江客货船"隆茂"号,试航速度达13.79节。川江滩多流急,对船舶的操纵性

① 李惠贤:《黄鹄号——中国自造第一艘轮船》,《船史研究》1966年第2期,第87—91页。
② 辛元欧:《晚清造船活动中值得反思的几个问题》,《船史研究》1987年第3期,第18—19页。

要求严苛。"隆茂"号不仅航速快,能自行上滩,而且操纵灵活,受到川江航业界欢迎。在 1919—1922 年三年间,还建造了同型船 10 艘。"隆茂"型川江客货轮的成功,被认为是中国造船工作者的"杰出创造"。[①]

1921 年,江南造船所还为美国承造了"官府"号等 4 艘万吨级远洋货船。

1918 年夏,第一次世界大战在持续进行中,美国急需一批远洋运输船,便与我国签订了该项造船合同。尽管大战已于 1918 年末结束,但 4 艘船仍如期交货。这 4 艘船是全遮蔽甲板型蒸汽机货船,总长为 135 米,型宽为 16.71 米,型深为 11.57 米,指示功率为 3670 马力,安装了江南造船所制造的三缸蒸汽机。

为美国承造的第一艘"官府"号于 1920 年 6 月 3 日下水,1921 年 2 月 17 日交船开赴美国。《东方杂志》第 16 卷第 2 期报道说:"江南造船所承造的一万吨汽船除日本不计外,为远东从来所造最大之船……从前中国所需军舰及商船,多在美、英、日三国订造,今则情形一变,向之需求于人者,今能供人之需求,中国产业史上乃开一新纪元。"由之可见当时舆论界是何等欢欣!这批船的建造质量也被认为是很好的。据美舰监造员报告:"经美国运输部次第验收,工程既称坚固,配制又极精良,美政府大为满意。"诚然,当时造船所的总工程师是英国人毛根(Mauchan),有关器材也多是由国外购置的。

自承造美国万吨级货船工程之后,该所营业日见畅旺,来所定造、定修的客户络绎不绝。为适应日益发展的修、造船需要,江南造船所不断扩充生产设施,几度扩大厂区;1925 年建成长 153 米的 2 号船坞;1932 年又建成 3 号船坞,1936 年扩建 3 号船坞,使其坞长 197 米、宽 30.48 米、深 8 米,成为当时全国各船厂中最大的干船渠。

江南造船所于 1936 年建成"平海"号巡洋舰。该舰总长 109.8 米、型宽 11.9 米,型深 6.7 米,吃水 4 米,排水量 2400 吨。主机功率 7427 马力,航速 25 节;舰上装有 140 毫米双联舰炮 3 座,80 毫米高射炮 3 门,60 毫米炮 4 门,533 毫米双联装鱼雷发射管 2 座。1937 年 9 月为抗击日军进攻,该舰曾作为海军第一舰队司令的旗舰,指挥舰队防守江阴水道,阻止日本舰队进犯长江。

据统计,1905—1937 年,江南造船所共建造各种舰船 716 艘,总排水量 21.9 万吨;其中,外国舰船 376 艘,排水量共计 14.28 万吨,占总排水量的 65.2%。在这 22 年中,该所建设规模逐渐扩大,修造舰船不仅数量大,技术水平也较高,从而成为中国近代船舶工业的主要基地;然而,在 1937 年日军侵占上海之后,竟委三菱重工株式会社经营管理,后来还改称三菱重工江南造船所。

二 福州船政局及其造船技术成就

(一)建造木壳舰船时期

1866 年,闽浙总督左宗棠在福建马尾创办福州船政局,专事造船。1867 年在福州船政开办求是堂艺局,后来改称船政学堂,分前学堂和后学堂。前学堂学习船体和轮

[①] 杨槱:《中国造船发展简史》,中国造船工程学会 1962 年年会论文集(第 2 分册),国防工业出版社 1964 年版,第 20 页。

机的设计制造,学习法语。后学堂培训驾驶、轮管人才,学习英语。同年,左宗棠调任陕甘总督,乃推荐前江西巡抚沈葆桢任第一任船政大臣。沈忠实地执行左宗棠办船政的方针,左则从各方面给沈以有力支持。

左宗棠生平一贯力主制造轮船、建立海军抵抗外国侵略,为中国近代造船工业的奠基人。他设计了引进国外技术和进口成套设备的建厂蓝图,并主要通过雇用技术监督日意格(Prasper Marie Giguel)、德克碑(Paul Alexandre Neveue d'Aiguebelle)等法国洋匠加以实施。左并不"唯洋是赖",他与洋员签订合同,写明洋员的权限、职务和纪律,还明确规定洋员监督在船政大臣的领导下工作,要求洋员在5年期限内,保证教会中国员工能够自制、监造和驾驶、管理轮船。左宗棠制定了"不重在造而重在学"的策略,沈葆桢则指出,"船政的根本在于学堂"[1]。

1866年12月23日,船政基础工程全面动工。求是堂艺局(船政学堂)招生105名。1867年10月中旬兴建第一座造船台,12月30日竣工;其余三座预定次年秋冬陆续完工。

1868年1月18日,开工制造第一艘船舶,次年6月10日下水。该木壳轮船被命名为"万年清"。该船船长为23丈8尺,宽为2丈7尺8寸,吃水为14尺2寸,排水量为1370吨,指示功率为580马力,航速为10节。同年9月,"万年清"北上试航,操驾及轮管人员全用中国人。1870年1月更有第2艘船"湄云"号建成试航。1870年5月,第3号船下水;1870年12月,第4号船下水。这两艘船分别被命名为"福星"和"伏波"。

1872年4月23日,木壳巡洋舰"扬武"号比原计划提前半年下水。该船排水量为1560吨,功率为1130马力,航速为12节;吨位和功率都有很大提高,显示了一定的技术水平。到1875年的近10年间,船政局兴建兵、商船轮船15艘,排水量合计1.7万余吨。这批船虽属仿制的木壳轮船,质量上只达到西方二三流的水平,但却显示了中国近代造船业的前进步伐。

1874年,依照合同雇用的外国技匠期满,大部分辞退回国。船政学堂自己培养的学生则逐步走上生产岗位,促进了船政局向自造阶段顺利过渡。1875年,船政学堂制造专业学生吴德章、罗臻禄、游学诗、汪乔年等,献其自绘船身及机器图样,禀请自造;经过一年制成,于1876年3月28日下水。学堂自己独立设计制造的蒸汽机船命名为"艺新"号,排水量为245吨,功率为200马力,航速为9节。汪乔年、吴德章于1876年7月10日驾驶"艺新"号出洋试航,"船身坚固,轮机灵捷"。担任副监督的法国人德克碑认为:"中华多好手,制作驾驶均可放手自为。"[2]沈葆桢对"艺新"号的成功给予很高评价,称之"实为中华发创之始"。自"艺新"号起,船政局进入了自主造船时期。

(二)建造铁肋及钢质舰船时期

船政局在造船技术上,紧跟当时西方的技术进展。例如,西方在1850年开始盛行铁木混合结构船,也称铁肋船,船政局在1876年就着手制造铁肋船。西方在1860年

① 林庆元:《福建船政局史稿》,福建人民出版社1986年版,第59页。
② 陈道章:《马尾船政大事记》,福建省航海学会1986年版,第25页。

开始盛行钢质船,船政局第一艘钢质船则始于1886年。在蒸汽机的选用和试制上也是这样。1876年,船政局就曾向国外购买较新式的省煤的康邦轮机(Compound engine)。康邦轮机,即复合式的多汽缸、蒸汽可多次膨胀的两缸或三缸蒸汽机,机器效率较高,功率也较大。

1877年5月,船政的第20号船"威远"号下水。这是第一艘铁肋船,排水量为1268吨,功率为750马力,航速为12节,安装的正是购自英国的卧式康邦蒸汽机。1878年6月,船政的第21号船"超武"号下水。这是第二艘铁肋船,其排水量、功率和航速均与第20号船相同,所有铁肋、铁梁、铁龙骨、斗鲸(首柱)及所配轮机,均系华工按图仿造,而且与购自外洋者如出一辙。

1882年,由船政学堂派遣去欧洲学习的留学生魏瀚、杨廉臣、李寿田等学成归国。由他们监造的我国历史上吨位最大、航速最高的铁肋巡海快船(即巡洋舰)"开济"号,于1883年1月下水。该船船长为85米,宽为11.5米,深为8.1米,吃水为5.85米,排水量为2200吨,卧式康邦机2400马力,航速为15节。[1]"开济"号的建成,表明中国在造船技术上与西方的差距在缩短。

第一艘巡洋舰"开济"号拨归南洋水师后,得到两江总督左宗棠的重视,决定再定造两艘,是为2号快船与3号快船。第2号快船"镜清"号,于1886年8月建成;第3号快船"寰泰"号,则于1887年8月建成。"镜清"号与"寰泰"号装设具有减摇作用的舭龙骨,"日后航行愈稳而不簸"。

1886年12月7日,在当时任福建军务大臣的左宗棠等人的促使下,我国第一艘钢质、钢甲巡洋舰"龙威"号开始安放龙骨,由魏瀚备料监造,1888年1月29日下水,1889年5月15日建成。该舰长为60.0米,宽为12.2米,深为6.8米,吃水为3.99米,排水量为2100吨,双蒸汽机共2400马力,航速为14节,配有260毫米主炮1门、120毫米炮3门、鱼雷发射管4具。军舰前段装甲厚与5英寸[2],后段装甲6英寸,机舱、炮台装甲厚8英寸;[3]在编入北洋海军序列后改名为"平远",是后来参加中日甲午战争的主力战舰之一。"龙威"号的建成,标志我国科技人员的造船技术水平达到了一个更高的阶段。

船政局为了修理舰船的需要,1888年奏请在罗星塔下青洲地方建新船坞,历时5年建成;坞身长约为126.67米、宽为10丈、深为2.8丈,当时国内的大型舰船皆可进坞修理。

19世纪80年代的后期,应两广总督张之洞的要求为两广有偿建造军舰若干艘。在这批新造舰中采用了"穹甲"新技术。所谓"穹甲"者,内用铁肋,外加穹甲一层,可保护轮机、锅炉、弹药等舱,也可冲击敌舰。1889年下水的"广乙"号即为第一艘"穹甲"舰。此类快船是魏瀚参照国外新式轮船图式,在设计与建造中又作了多方面的改进而建成。试航证明其稳定性良好、灵敏度也高,充分显示了中国技术人员与工人的智能和才能。

---

[1] 石健:《中国近代舰艇工业史料集》,上海人民出版社1994年版,第932页。

[2] 1英寸≈2.54厘米。下同,后面出现不再标注。

[3] 姜鸣:《中国近代海军史事日记(1860—1911)》,三联书店1994年版,第154页;第304页。

19 世纪 80 年代是船政局兴旺发达的时期。魏瀚、郑清廉、吴德章、陈兆翱、李寿田、杨廉臣等留学归来的学生成为船政局的中坚。当时的船政大臣裴荫森称赞说:"该学生等于制造之学研虑殚精,不特创中华未有之奇能,抑且骎骎乎驾泰西而上之。"①

光绪二十四年(1898 年),光绪帝诏定国是、变法图强。7 月 29 日,清廷以筹造兵轮为自强之计,着各省如数解拨福建船厂经费总计 170 余万两银。然而,不久慈禧发动政变,戊戌变法失败,废除一切新政,拨给船政的款项大部分被挪作荣禄的拱卫京畿部队的军费,给船政造成极大困难。1907 年,陆军部奏准福建船政局暂行停办。

进入"民国"时期,由于资金不足,造船业务受到极大限制。1926 年,福州船政改为海军马尾造船所,与江南造船所恰成鲜明的对照,其最根本的原因在于马尾造船所未能向企业化方向转变。

1918 年,北洋军政府利用这里的技术条件,设立飞机工程处;到 1931 年,共试造了 16 架水上飞机。1931 年初,该处迁至江南造船所。福州船政历史地成为中国航空工业的摇篮,当为人们所始料未及。

三 天津机器局及北洋水师大沽船坞

(一)天津机器局的创办及其所造特种船舶

天津机器局是清政府饬令三口通商大臣崇厚创办的一所大型军事工厂,于 1867 年正式成立,1870 年李鸿章任直隶总督接办该局。

天津机器局分东西两部分。西局在城南海光寺,制造枪炮并修理轮船;东局在城东贾家沽,制造火药子弹。北洋水师学堂、水雷学堂、电报学堂都与东局毗邻。天津局修造船虽不多,但却以制造特种船舶而著称。最令人瞩目的是该局在 1880 年曾制造过潜水艇,时称"水底机船",形似橄榄,入水半浮水面,"若涉大洋,能令水面一无所见,而布雷无不如志,洵摧敌之利器也"。② 在当时能制造这类特种船舶,实属难能可贵。此外,于光绪初年还制成挖泥船。在 1880 年和 1881 年还制成 2 艘 20 多米长的布雷艇和由 130 只小舟组成的舟桥 1 套。

(二)北洋水师大沽船坞的创办及其成绩

1880 年 1 月,李鸿章奏请光绪皇帝批准,兴建大沽船坞,以解决北洋水师的修船问题。1886 年,又建造了土坞两道,以供收泊蚊艇(即炮艇)避冻及修船使用。1900 年,遭八国联军洗劫,仍建有各种船舶 8 艘。1909 年,完成了将购自英国的驱逐舰"飞霆"号改装为炮舰的工程,试航成功,时速达 19 海里。清政府派海军大臣载洵、副大臣萨镇冰专程来坞视察。大沽船坞作为我国北方最早、最大的造船中心,在修理大型海军舰只、造船方面发挥过历史作用,还为我国北方培养了一批技术人才和技术工人。

辛亥革命后的 1913 年,改名为海军大沽造船所。在 1915—1925 年,曾建造"安澜""静澜""河利""海达"等多艘船舶,还造有"靖海""镇海""海鹤""海燕"等军用炮舰;

---

① 姜鸣:《龙旗飘扬下的舰队——中国近代海军兴衰史》,上海交通大学出版社 1991 年版,第 220 页。

② 石健:《中国近代舰艇工业史料集》,上海人民出版社 1994 年版,第 478 页。

1919年时,职工达1600人。

北洋政府期间,政局动荡,海军大沽造船所10余年间所长易人达15次之多,每次更迭,物资均遭劫夺。1929年2月,因经费困难而停工。1930年,张学良东北易帜,奉军进驻平津,工厂复工。1935年,宋哲元主政华北,工厂以修造枪炮为主业,时职工又达1400人。

1945年8月日本投降后,国民党南京政府海军部派人接管该所,接管者们竟将器材盗卖一空。1946年5月,海军部又改派丘某接管,到1946年10月始复工,时职工约350人。1948年新中国成立前夕,经丘所长督促技工,由军舰将各重要机床、工具、材料等1000吨运往长山岛,另行建筑海军修船厂,还掳去各厂技工数十名。大沽造船所,至此损失殆尽。

四 广东军装机器局及所属黄埔船坞

(一)从黄埔船坞到黄埔船局的变化

1873年,两广总督瑞麟创办广东军装机器局。1876年,两广总督刘坤一购买了香港黄埔船坞公司在广州黄埔的柯拜、录顺、于仁等3座船坞及附属设备,在1874—1879年先后制成内河小轮船16只。柯拜船坞,是英商柯拜(John Couper)早在1845年无视中国主权擅自在广州黄埔所建;1851年动工,1854年建成;坞长为300英尺,坞口宽为75英尺;第2次鸦片战争时被愤怒的民众所捣毁。在1860年签订《北京条约》后,小柯拜继承父业,用所获赔"恤金"于1861年修复并扩充为柯拜船坞公司。[①]

黄埔船坞(即原柯拜船坞)坞底全长为514英尺,分作内、外两截,同时能容两只船,但如有大船,亦可当作一个坞使用。[②]

录顺船坞长为383英尺,后编为二号船坞,在1893年曾加以修理并增置设备,以后曾划归水雷局管辖,故也称为水雷坞。该坞留用至今。

1884年5月,张之洞调任两广总督。他到任不久,即积极扩充机器局,筹办粤洋海军。1885年初,在机器局的黄埔船坞开设黄埔船局。1885年冬即完成浅水炮艇"广元""广亨""广利""广贞"4艘。炮艇长为33.55米,宽为5.5米,深为2.6米,吃水为2.3米,装两台康邦卧机,65马力者航速为7.6节,78马力者航速为8.7节。各艇铁肋木壳,配炮5门。1887年,从德国购进设备、材料,在船局装配水雷艇9艘。1887年和1888年,又先后完成浅水炮舰"广戊""广己"2艘,长为45.72米,宽为6.1米,吃水为2.13米,装康邦卧机,功率为400马力,航速为10—12节,取铁肋木壳,安炮6门。1890年和1891年,又先后完成铁甲炮舰"广金""广玉"2艘,长为45.72米,宽为7.3米,吃水为2.9米,双机500马力,航速为10.8节,配炮5门。

黄埔船局在"民国"期间的1915—1916年,曾为广东海军建造"东江""北江"号浅水炮舰2艘。1916年由广东实业厅接管,改称黄埔船厂。1921年以后,两座石坞长期失修,漏水严重,先后停用,泥坞也崩塌废弃。1925年,厂务工作停辍。1931年,黄埔

---

① 王志毅:《中国近代造船史》,海洋出版社1986年版,第20—21页。
② 孙毓棠:《中国近代工业史资料(第1辑)》,科学出版社1957年版,第458页。

船厂部分设备拆迁到海军广南造船所。广南造船所是船商谭毓秀创于 1914 的广南船坞。1934 年有将黄埔船厂扩建为可以建造万吨级船舶的广东造船厂的计划并进行筹备,1936 年初工程停止,筹备处裁撤。广州沦陷期间,该厂为日本侵略军占据。[①]

(二)温子绍的贡献

广东军装机器局创办时,由温子绍(1834—1907)任总办。他亲赴香港购置机器设备,仿照外洋造法试制枪炮火药和修造轮船。1881 年 9 月,仿造成功的浅水炮艇"海东雄"号,可操纵自如,且可洞穿敌人的铁甲兵船,俗称蚊子船;所需工料费只有外购费用的 1/4。[②]《清史稿·兵志》记有:"(光绪)六年(1880 年),江督刘坤一疏言:蚊炮船购自外洋费巨,而炮位过重。请由粤自造木壳船,丈尺与包铁者同……先造二艘,以备守口之用。"

广东机器局及其后的黄埔船局,论规模虽不及江南船坞和福州船政局,但仍能创造出使外国人难以置信的成绩,这不能不归功于总办温子绍。温子绍不仅在造械、造船方面做出了不可磨灭的功绩,还为培养近代技术工人做出了重要贡献。

五 旅顺船坞和大连修造船工场

(一)北洋水师旅顺船坞

北洋水师在订购"定远""镇远"这两艘长达 90.95 米、排水量为 7335 吨的大型铁甲舰后,为满足进坞检修的需要,修筑大型船坞随即提到议事日程。李鸿章于 1880 年选定旅顺要塞港建坞。次年,设旅顺工程局,统筹筑港,动工兴建坞厂、炮台、局库等工程设施。后因工程浩大,屡建屡停。直到 1886 年,旅顺港坞厂库未完工程交由上海法兰西银行介绍的法商德威尼承包,议定造价 125 万两白银,工期为 30 个月,保固 10 年。后因增加一些工程,延期半年,到 1890 年 11 月 9 日竣工,实付白银 139.35 万两。"所筑大石坞,长四十一丈三尺(137.6 米),宽十二丈四尺(41.3 米),深三丈七尺(12.6 米),石阶、铁梯、滑道俱全。坞口以铁船横栏为门,全坞石工俱用山东大方石,垩以西洋塞门德土(水泥),凝结坚实。实堪为油修铁甲战舰之用。"[③]该坞当时曾号称东洋第一坞,为世人瞩目。北洋水师的"镇远""济远"等舰均曾入坞检修。

1894 年,中日甲午战争爆发,船坞被日军占领 1 年。"三国干涉还辽"后由中国赎回。1897 年,沙俄侵占旅顺、大连,船坞沦归俄国。1905 年,日俄战争中俄国败北,船坞被日本侵占并受日本海军管辖,易名为日本旅顺海军修理厂。

旅顺船坞在历史上进行过 3 次大的改造:第 1 次是在竣工后,为消除漏水现象的维修工程;第 2 次是在俄国占领时期,为修大型装甲舰和巡洋舰,将船坞加长 40 米;第 3 次是在日本占领时期的 1910—1914 年,开阔了大坞口,改建了抽水机房。

1922 年 12 月,旅顺海军修理厂由日本海军租赁给南满洲铁道株式会社(满铁),

① 黄胜兰、李春潮、潘惟忠等:《广东省志·船舶工业志》,广东省船舶工业联合公司(送审稿),1996 年,第 40—42 页。

② 李春潮:《广东机器局及其总办温子绍》,《船史研究》1987 年第 3 期,第 69 页。

③ 赵尔巽:《清史稿·兵志》,上海古籍出版社 1986 年版,第 9326 页。

成为满洲船渠株式会社的旅顺工场,并开始大量修造商船,为日本掠夺中国资源提供运输条件,同时还承修了日本海军和中国北洋军阀的一些军用舰船。1936年末,旅顺工场又归日本海军要港司令部管辖。1937年抗日战争开始后,改名为日本海军工作部。日本投降前,该海军工作部占地14.6万平方米,有大、小船坞各1座,3000吨级船台1座,设机械、装配、锻造、焊接、铜工、铸造、木工、铁船、制罐、剪刨、模型、电气、小型蒸汽船等13个车间,共有机器设备122台。

1945年8月22日,根据当时中苏两国政府的有关条约,由苏军接管旅顺船坞。1946年1月,旅顺船坞改名为海军102工厂,隶属苏联太平洋舰队,主要任务是修理当时的苏联商船和太平洋舰队的舰艇。直到1950年签订新的中苏友好同盟条约之后,海军102工厂才由中国完全收回。

(二)中东铁路公司所属的大连修造船工场

1898年3月27日,沙俄政府强迫清政府签订不平等的《旅大租地条约》,接着沙俄政府即着手筹建大连商港以及为其配套的修造船工场。自5月22日起,中东铁路公司在大连湾地区进行实地勘测,选定在大连湾西南角的青泥洼海滨为址;6月10日起,拓建修造船工场。到1902年底第一期工程结束时,轮船修理工场已初具规模,3000吨级的船坞已建成,其长为116米、底宽为13米、深为7.6米,两开式扉门,并配备有电动排水泵。凡吃水深度不超过5.5米、3000吨级以下的船舶,均可入坞修理。

修船工场的第二期工程主要有建设长度为183米的船坞及一些配套工程;虽已开始挖土方工程,后因爆发日俄战争而未建成。1904年5月28日,日本侵略军进占大连,并接管了被沙俄遗弃和破坏的大连修造船工场。1906年,日军成立旅顺海军工作部,大连修造船工场转属该部。1906年11月,日本仿照沙俄的模式成立南满洲铁道株式会社,1907年4月,满铁从海军手上接管大连修造船工场,一年之后满铁将大连修造船工场出租给日本神户川崎造船所,名为川崎造船所大连出张所,生产业务主要是修船。

1912年,该所建成创建以来第一艘大型钢质船,即排水量为419吨的"台出丸"挖泥船。1913年3月,开始扩建3000吨级船坞为5000吨级,次年3月竣工,坞长为132米。随着生产的发展,还逐次扩建了机械、锻造车间及其他陆上设备。扩建后的川崎大连出张所占地面积为30679平方米,拥有电动设备370千瓦、气动设备22千瓦,常年职工人数为400人左右;到1922年,年坞修船舶80艘,造小型船舶10艘。

满铁于1922年末到1923年初,先后承租了日本海军的旅顺工场并收回了川崎大连出张所,于3月31日创建了满洲船渠株式会社(简称满船),下设大连和旅顺两工场。1931年9月18日,日本帝国主义悍然发动"九一八事变",大连汽船株式会社(简称大汽)急于吞并不景气的满船,并以承揽伪满洲国的军需品订货为契机,以摆脱不景气境状。

1937年8月,大连工场分离出来,成立了由日本控制的大连船渠铁工株式会社。为了侵华战争和太平洋战争的需要,1938—1944年,该会社先后经过3次扩建,已拥有3座4000吨级以下船台以及6000吨级和8000吨级船坞各1座,工人约5000人。按该船渠的设计纲领,是年建造3000吨级D型战时标准船9艘、修船10万吨。在

1942—1945 年,建造了 3000 吨、3850 吨、4500 吨和 8100 吨 4 种型号的战时标准船共11 艘。5 艘 4000 吨级的货船,从开工到交船,基本上都只用了 6 个月时间,这充分反映大连船渠铁工株式会社纳入了日本战时经济发展的轨道,也表现了该造船企业的生产能力。

在日本统治下的大连船渠铁工株式会社,在抗日战争胜利后,按苏、美、英等国签订的《雅尔塔协议》和 1945 年 8 月 14 日苏联政府与中国国民政府的有关协议,由苏联接管,易名为大连船渠修船造船机械工厂,隶属于苏联海运部,直到 1951 年才由中国接收。

大连船渠在当时苏联厂方的领导和船渠党委、职工会的组织下,其修船能力迅速达到并超过了战前的水平。1946 年的修船总数额即达到 17 万排水吨,1947 年达 21 万排水吨。最多的年份为 31 万排水吨。所修理的最大船舶是 17350 排水吨的柴油机油轮"石油"号,还有技术要求较高的"列宁格勒"号火车渡轮和"克里翁"号客货船等。8000 排水吨级的北坞纵长 165 米,一次进坞合计总长为 176 米的两艘船舶竟同时修理,已翻身得解放的工人群众,劳动热情和创造精神得到充分的发挥。

大连船渠在 1947 年开始恢复造船生产,到 1950 年计建造 100 吨、500 吨驳船、110 千瓦(150 马力)海上拖船等 4 型船舶 475 艘,总吨位达 54770 吨。其中,有一型100 吨驳船和海上拖船是由当时的苏联提供设计图纸建造的全焊接结构的船舶,以焊接代替了铆接,以平行流水分段建造法取代了传统的"以铁骨架装船皮"的"扎灯笼"式旧造船法。用焊接、分段建造并大批量造船,这在中国造船历史上还是第一次。

大连船渠在 20 世纪 40 年代的一项重大技术成就,就是研制成功并批量生产铸钢锚链,填补了中国的一项技术空白。此项技术的难点有砂型制作、优质钢冶炼和热处理。在当时苏联专家的指导下,单就为消灭浇铸时出现气孔一项,在砂芯式造型法、浇口、冒口和激冷铁安放位置等项,就进行过砂型制作的长时间的多次试验并最终获得成功。

六　青岛的近代造船业

(一)青岛水师工厂——青岛造船厂

1897 年 11 月,德国远东巡洋舰队占领胶澳。次年 3 月,强迫清政府签订《胶澳租界条约》,强行租借胶州湾为军港,租期 99 年。同年,德人在青岛市之西北建设港区码头、船厂、船坞。1900 年始,该船厂称青岛水师工厂,同时也称总督府工厂。

1907 年,新建的位于青岛大港第四码头(现第五码头)的大型修造船厂正式命名为青岛造船厂,规模宏大,有 1.6 万吨浮船坞 1 座。浮坞长为 125 米,外宽为 39 米,内宽为 30 米,深为 13 米,浮力为 1.6 万吨,可容纳长 145 米、万吨级船舶入坞修理。该坞当时被称为亚洲第一大浮船坞。与之相配套的 150 吨大型起重机也同时交付使用。[①] 船厂还拥有各种机械设备 80 余台,均为电力驱动。厂房和码头设施也很完善。1.6 万吨的浮船坞,其建设费用为 5000 万马克。

---

① 石健:《中国近代舰艇工业史料集》,上海人民出版社 1994 年版,第 877—880 页。

1898—1914 年,青岛造船厂共建造舰船近 40 艘,修理大小舰船约 500 艘次。1910 年,曾为清政府海军建造"舞风"号炮舰 1 艘,长为 38 米,排水量为 220 吨,功率为 600 马力。

第一次世界大战爆发后,日本对德宣战。1914 年 11 月,日军进占青岛。青岛造船厂在战争中遭到惨重破坏。该厂的大型浮船坞,被日军打捞出水后劫往日本佐世保军港,旋即转日本福田造船所使用。

1915 年,日本将青岛造船厂残余设备迁移到船渠港口工地,并增建 800 吨级船台 1 座,可承担中小型船舶的修造工程。

1922 年,日本把青岛主权交还中国,船厂后来改称港工事务所船机工厂,生产获得一些恢复。然而在 1938 年,日军第二次侵占青岛,船厂遭受的破坏更为严重。抗日战争胜利后的 1946 年,该厂回归青岛港务局。到 1948 年,工厂仅有 80 名职工,生产技术力量薄弱。

(二)青岛水雷枪械厂——海军青岛造船所

在德国于 1892 年侵占青岛后,1898 年在小港西侧建立水雷枪械修理厂,并建有丁字形栈桥式钢质码头、仓库、简易车间;1900 年兼营修船;1927 年改名为海军铁工厂。

1930 年东北易帜,东北海军副总司令沈鸿烈于 1931 年兼任青岛市长,倡议建立海军工厂和海军船坞。1932 年 12 月动工开挖船坞,坞长为 157 米,宽为 29 米,其深度在高潮时为 8 米、低潮时为 5 米。船坞工程于 1934 年 4 月竣工,坞底、坞壁全用崂山花岗石,石坞之底背捣注 0.3—2 米厚的混凝土,使外表石块与原有岩石结成整体,坚实无比。船坞建成后,解决了万吨级以下舰船进坞修理的难题。最先进坞修理的是"永翔"号军舰,政记公司的 7000 吨"花甲"号也曾进坞修理。1935 年,该厂又建 5000 吨级船台,水工设施也较为完善。

1937 年 12 月日本第二次侵占青岛后,日本浦贺船渠株式会社将青岛海军工厂在内的四所工厂兼并,改名为青岛工场,主要业务是修理商船和军舰,也建造过一些挖泥船、破冰船及小型近海货船。

1945 年日本宣布无条件投降后,海军当局接收该厂并改名为海军青岛造船所。1947 年曾接收美国赠送的钢骨水泥浮船坞,总长为 119 米,坞宽为 25.6 米,内宽为 19.5 米,坞深为 5.8 米,载重量为 2800 吨,排水量为 8500 吨,可容 4000 吨级船舶坞修。

该所自 1946 年到 1948 年 7 月,共修理舰艇 241 艘,约 24.1 万吨;修理商船 277 艘,约 22.1 万吨;还建成排水量为 340 吨的蒸汽机货船和功率为 265 千瓦的蒸汽机拖船等。1948 年秋,随着国民党军队节节败退,海军下令将青岛造船所南迁至台湾高雄,将石船坞的坞门沉于胶州湾主航道北侧。1949 年初,还将浮船坞先后拖至厦门、广州,最后拖到台湾。

七　近代造船业在中国近代史上的地位

自操办洋务运动起到中华人民共和国成立的 1949 年,中国的近代造船业走过了坎坷曲折的道路。在 80 多年的时间里,全国总共建造了钢质轮船 50 多万吨。[1] 洋务运动虽然以"自强""御侮"为标榜,但是在外国帝国主义压迫下,加上封建统治者的反动腐朽性,洋务派官僚的买办性,最终也没能达到"御侮"的目的,更没能自强。中国近代造船业的发展,既缺少近代科学技术为先导,又缺少近代工业做基础,更无稳定的社会环境,因而无法达到先进的水平。但是,从科学技术的发展进程看,发端于洋务运动的近代造船技术,是中国人最早引进的一种先进的生产力。它对于发展我国的造船业不仅是必要的,而且是不可逾越的。"这些新兴近代化事业,是洋务运动推行改革开放的主要成果,也是旧中国从封建社会走向近代化的初步基础。"[2]事实上,它已经超出造船业自身的范围,不仅是中国近代工业的先导,而且在传播西方自然科学和发展中国近代教育事业方面也产生了积极作用。

(一)近代造船业成为中国近代工业的先导[3]

从某种意义上说,造船业起了母行业的作用。例如,江南制造总局曾制造出中国的第一台机床。1867—1876 年的 10 年间,共制造出车、刨、钻、锯等各色机床共 168 台。再如,江南制造局于 1891 年炼出了中国的第一炉钢。还有,福州船政局下设的飞机工程处,1919 年制成我国的第一架双桨、双翼飞机"甲型一号"。1918—1931 年,福州船政局共制造飞机 16 架。以后将飞机工程处并入江南造船所,造船业历史地成为航空工业的摇篮。

(二)近代造船业成为传播西方自然科学的窗口[4]

江南制造总局成立后,制炮、造船、译书三业并举。对制造中国第一艘轮船做出贡献的徐寿、华蘅芳,被聘到江南制造局翻译馆,他们先后翻译出版科技书籍 23 类、160 种、1075 卷;其中,大多数是自然科学和工程技术方面的书籍。这些图书广为流传,在日本也产生了很大的影响,日本还派人来访求并购取译本。

(三)近代造船业导致近代科技教育事业的发端[5]

福州船政局开办求是堂艺局(后改称船政学堂)时曾明确提出"艺局为造就人才之地"。船政学堂一改我国历代官学以读《四书》《五经》为核心并走科举、登仕之路的传统,完全以自然科学和工程技术为教学内容,还安排一定的时间进行实习和操作,非常注意贯彻学以致用的原则。可以说,船政学堂开我国近代教育的先河。船政学堂作为一个典型,培养了魏瀚、吴德章、李涛田、汪乔年、邓世昌、刘步蟾、萨镇冰等优秀造船专家和海军舰长,更培养了像严复、詹天佑等杰出人才。詹天佑在我国建设京张铁路过程中的成就与贡献尽人皆知;严复于 1880 年出任北洋水师学堂总教习,1889 年为会办(副校长),1890—1900 年任总办(校长)。1912 年,严复一度出任北京大学校长。严

① 王荣生、陈芳启:《发展中的中国船舶工业》,机械工业出版社 1989 年版,第 1 页。
② 姜铎:《姜铎文存——近代中国洋务运动与资本主义论丛》,吉林人民出版社 1996 年版,第 97 页。
③ 霍汝素:《造船工业在中国近代史上的历史地位》,《船史研究》1987 年第 3 期,第 1—7 页。
④ 辛元欧:《近代江南精神颂》,《船史研究》1995 年第 8 期,第 30—31 页。
⑤ 席龙飞、刘妍:《福建船政在科教兴国方面的历史贡献》,《船史研究》1996 年第 10 期,第 155—160 页。

复的突出贡献和闻名于世,更在于他大量翻译介绍西方资产阶级学术著作,宣传民主和科学思想,批判封建思想。他翻译的《天演论》一书,被誉为"中国西学第一"。蔡元培将其概括为"其大旨在尊民叛君,尊今叛古",表现了作为一个先进的中国人非凡的见识和勇气。[①] 福州船政局在中国近代史上占有重要地位,而所办的船政学堂则更增加了它的光彩。

第二节　近代中国的海洋航运业[②]

自 1842 年五口通商条约签订时起至 1949 年新中国成立,共 108 年。这个时期中国海洋航运业的发展,主要有三方面的特点:一是开始使用轮船,二是航线的增加,三是航运主权丧失。

一　海洋航运工具的进步与航线的扩大

我国海域轮船航行始于道光十五年(1835 年),英国轮船"渣甸"号首先闯进我国海域。此后至鸦片战争时,共约 20 艘轮船航行于我国海域。鸦片战争以后,外国轮船不仅航行于中国所有沿海,而且进入长江各商埠。

1872 年,我国成立招商局,开始购置轮船。同年,招商局的轮船"福星"号航行于上海、烟台、天津、牛庄间,"永清"号航行于上海、香港、汕头、广州间,"利运"号航行于上海、厦门、汕头及天津、烟台间。这是我国自有轮船之始。到 1925 年,招商局共有轮船 30 艘,载重量为 40398 吨,共有客位 24887 个。另外,还陆续出现了其他官办、商办轮船公司,开始了轮船逐步代替木帆船的时代。

这个时期上海港发展很快,成为海洋航运的中心,改变了历史上以广州为航运中心的局面。上海成为沿海航运的总枢纽;上海以北为北洋航运区,上海以南为南洋航运区。

1.北洋航线

北洋航线以海州、青岛、威海卫、烟台、天津、大连、安东等港为主要口岸,其航线分为:上海—烟台—天津线;上海—福州线;海州—青岛线;上海—青岛线;上海—营口线;烟台—大连—天津线;大连—天津—上海线;秦皇岛—天津—上海线—营口线等。

2.南洋航线

南洋航线以宁波、温州、福州、厦门、汕头为主要口岸,其航线可分为:上海—厦门—汕头—香港—广州线;上海—宁波线;上海—温州线;上海—福州线;上海—泉州线;厦门—泉州—兴化线;福州—三都澳线;福州—兴化线;广州—澳门线;广州—赤坎线等。

---

① 张志建:《严复学术思想研究(序,附录:严复生平年表)》,商务印书馆国际有限公司 1995 年版,第 199—320 页。

② 本节内容第一、二部分引见黄公勉、杨金森:《中国历史海洋经济地理》,海洋出版社 1985 年第 1 版,第 162—167 页;第三部分引见徐晓望:《妈祖的子民》,学林出版社 1999 年版,第 195—202 页。

3. 远洋航线

远洋航运的主要港口有上海、大连、厦门、香港，主要航线有六条：欧洲航线、美洲航线、南洋航线、非洲航线、澳洲航线、西伯利亚航线。

二　海洋航运主权的丧失

鸦片战争之后，中国沦为半殖民地半封建社会，海洋航运主权也随之丧失。

一是海运船舶几乎完全为资本主义国家所有。

外国轮船闯入中国海域之后，我国的木帆船不能与之抗衡，逐渐破产淘汰，沿海航线被外国轮船占领。长江航线也难逃其害。鸦片战争之前长江中有 3000 多只木帆船，后来逐渐减少，只剩 400 余只。在远洋航线上，除了南洋航线有少量华侨经营的轮船之外，其他航线完全被欧、美、日本的轮船所代替。

外国在中国经营航运业的公司情况如下。

英国人经营的有：中国航运公司，总公司设在伦敦，共有轮船 85 艘，总吨位为 168500 吨，航路遍及中国沿海；印度中国航业公司，其船舶在中国近海的约 6 万吨；大英轮船公司，1844 年开辟中英航线，是欧亚大陆之间海上航线的最早开辟者，共有轮船 50 余艘，50 余万载重吨，总公司设在伦敦，上海隆茂洋行代理其在华的各项业务。

日本人经营的有：日本邮船会社，这是日本最大的轮船公司，有船舶百余艘，它经营的欧美航线，多从上海、香港经过，神户—上海、横滨—上海是其中日间专设航线；大阪商船会社，沿中国海岸航行的船舶有七八艘；日清汽船会社，共有 20 余艘轮船，专门航行于中国南海及长江沿岸各地。

另外，在我国海域经营航运业的还有美国人经营的大来洋行、中国邮船公司，德国人经营的亨宝公司、北德意志公司，法国人经营的法国邮船公司，意大利人经营的意国邮船公司等。

二是关税主权的丧失。

资本主义国家通过各种不平等条约，以低税率向我国倾销商品，破坏我国民族工业的发展，是半殖民地半封建社会性质在海上贸易关税方面的重要反映。1842 年，中英《南京条约》确定了协定关税的原则，1843 年制定了协定税则。这个税则规定的主要进口货物的税率，比以前广东海关实征税率低 58％—79％。1858 年，中、英《天津条约》又进一步减低了进口税率，主要进口货物税比 1843 年降低 13％—65％。1947 年，国民党政府与美国签订的《关税减税协定》规定，100 种主要美国进口商品减少税率 1/2—5/6，从此，美国独占我国市场，大量倾销剩余产品，使我国的民族工业无法维持。不仅如此，1911 年以后海关的税收又存在外国银行里，其使用受帝国主义的控制。

三是海上贸易商品结构不合理。

资本主义各国通过海上贸易向中国倾销剩余产品，主要是消费品，从中国窃取的主要是各种原料，商品结构极不合理。从各种贸易商品资料分析，资本主义国家向我国倾销的商品，消费资料大于生产资料，各种小工具、半制成品、洋油等占有较大比重，绝大部分不是用于生产，近代生产所需的机器设备及大型工具极少。我国出口的商品情形完全相反，几乎全是农矿产品，成为资本主义国家农产、矿产原料基地。例如，我国生产的钨、锑、锡，80％—90％是供出口的；东北的煤和大豆一半以上是供出口的；铁矿石生产主要供出口,而钢铁的进口数量很大。茶、丝是中国的传统出口商品,由于资本主义国家及其殖民地茶、丝生产的发展,我国的茶、丝出口数量越来越少。

三　从福建、台湾看近代中国航海业的变化

近代闽台航海业的特点是以蒸汽为动力的轮船进入福建、台湾沿海航线。首先是外国资本,其后,民族资本也开始经营轮船。轮船的出现,使船舶的行驶不再受季节风的限制,从而开始了全年度的航行,闽台与海外的联系大大加强了。

(一)近代福建的大帆船贸易

在清中叶以前,福建航运业的主力是传统的木帆船,五口通商以后,西方发明的轮船开始进入福建沿海,承担了很大一部分贸易。福州至上海、福州至天津、厦门至香港、厦门至广州等主要航道的贸易,都被外国轮船公司控制。但是,在主要航线之外,福州、厦门至福建各地小港的运输,仍然以大帆船运输为主。其次,在一些次要的航线上,如福建至山东烟台等港口,仍有福建传统的帆船在进行贸易。当地人认为,烟台重新开港后,"各地船帮来烟台经商最盛者,尤推福建船帮、厦门船帮及泉州船帮。大约阴历五月末、六月初,趁东南风从福建扬帆来烟,八月份去天津赴牛庄,再返烟台,阴历十月中下旬趁西北风扬帆返回福建,因此在六月至十月前后,福建船帮来烟台者甚稠"。[①] "再次,一些粗货、散货的运输,为轮船所拒载。例如,福建至上海的木材运输,一向是由大帆船承担的,所以,近代福建大帆船贸易,虽说一度受到鸦片战争与太平天国战争的影响,同时也受到轮船贸易的竞争,一度有衰退迹象,然而,它很快渡过危机时代,仍然保持相当的实力。据朱正元于清光绪年间编的《福建沿海图说》一书,清末福建沿海 14 县有大小木帆船 7014 艘,其中除了交通船与渔船外,从事海上运输的商船共有 1666 艘。1937 年,福建省建设厅统计了福建省的大小木帆船,共计 28670 艘,其中在沿海从事运输的船只有 6500 艘,它的载重量从 5 吨到 500 吨不等。[②] 总之,民国时期,福建沿海的木帆船总吨位应在数万吨至数十万吨之间。

在这里我们必须指出一点,以往有些学者认为,在鸦片战争之后,随着外国轮船公司进入中国,中国的木帆船贸易便走上了萧条之路,最后灭绝;其实,福建沿海的木帆船制造,即使在今天仍然很盛。现在,福建沿海北部的沙埕港仍是闽浙两地的木帆船制造中心。不论是民间的渔业还是运输业,都大量使用木帆船。不过,现代的木帆船大都配备了柴油发动机,在逆风时使用引擎,顺风时使用机蓬。有些船只觉得风力的作用不大,干脆全部使用引擎为推动力。总之,传统的木船制造与应用,至今在福建很盛,其原因在于中国传统的木船要比铁壳船更便宜些。历史的记载也表明:近代福建的大帆船运输业一直很盛,一些学者宣布近代大帆船贸易衰落,看来是过于轻率一些。

(二)外商资本的轮船进入闽台

大约在鸦片战争发生前不久,西方的发明家富尔顿发明了以蒸汽机为动力的轮

① 朱正光:光绪二十八年《福建沿海图说》,上海聚珍核印。引自福建省轮船总公司编纂:《福建航运史》,人民交通出版社 1994 年版,第 268 页。
② 福建省建设厅:《福建省统计年鉴》表 363,1937 年刊印,第 773 页。

船,早期的轮船在木船边上设置两只大轮,在蒸汽帆的推动下,巨轮绥绥运转划水,轮船向前开进,以故,这类船传入中国后,被称之为"轮船"。机动的轮船比之传统的木帆船有明显的优势。其一,传统的帆船依靠风为动力,风向不顺的季节,帆船无法行驶;所以,福建与南洋、与北洋的贸易,都只能一年一次,这是因为:福建沿海的季节风一年变换一次。而轮船使用蒸汽机为动力,不受风力的限制,随时可以出发航行,这是木帆船所不及的。其二,西方的航海技术比之中国传统的航海技术更为先进,各种仪器的使用使航海越来越安全,"行船乘车三分险"这句民谣反映了传统帆船航行具有一定的危险性。因此,尽管福建沿海木帆船航行有 2000 年历史,但这些木帆船一般是不载客的,闽人出省,能走陆路,尽量走陆路,没有陆路的地方,才选择海船。而近代的轮船运输既安全又便捷,这是木帆船所无法比拟的。因此,一旦轮船出现在中国沿海,它在主航道上很快将中国传统的帆船挤了出去。

由于轮船是西方人发明的技术,最早出现在中国沿海的轮船公司都是由西方人办的,有美国人的旗昌公司,有英国人的太古公司与德忌利士公司;其后,李鸿章在洋务运动中办了"轮船招商局",刘铭传任台湾巡抚期间为了发展航运曾经"购驾时、斯美两轮船,航行上海、香港,远至新加坡、西贡、吕宋,而飞捷、成利、万年青三艘,则往来沿海及东南各省,运载货物、无有积滞"①。1895 年以后,日本人割占台湾,他们以台湾为基地,参与福建沿海的运输竞争。

应当说,这些轮船公司的竞争,使福建沿海的运输出现了一个新局面。英国人为了将福建最新的茶叶运到英国出售,建立了福建直通英国的航线,一旦新茶叶上市,他们便将这些茶叶以最快的速度运到伦敦出售。据统计,1864 年进出福州口岸的英美船只达 58114 吨,1865 年为 51722 吨。福建与东南亚及香港、上海之间,也出现了定期的客货轮。1896 年,英国的太古公司在厦门设置了一家分公司。该公司的船只以厦门为中心,穿走于南北两条海运线,南路通往东南亚诸国与香港、汕头诸港,以客运为主,北路川走于上海、天津、牛庄、烟台等地,以货运为主。②

轮船进出福建港口,使福建传统的大帆船贸易受到打击。在厦门海关,轮船进出的吨位逐步上升,而木帆船所占比重逐步下降。1911 年的厦门海关统计中,轮船运输所占比例达到 99.97%,这表明轮船对福建主要港口的"占领"。不过,福建是一个拥有众多港口的省份,沿海港口众多,到处可以停船,除福州、厦门两大港口外,泉州、莆田、福宁各地都有众多港口,这些地方的商人资本较少,购取轮船不易,所以,他们大量使用木帆船,这是我们必须注意的。如果光看厦门海关木帆船的记载,会以为木帆船贸易在厦门已经断绝,但从泉州各地的次要港口的记载中我们知道,当地的大帆船贸易还占主要位置。所以,真实情况是传统的大帆船贸易在轮船竞争的影响下,退出了主航线,但在次要航线尚有相当大的力量。

(三)福建民营轮船运输的兴起

大约在 19 世纪后期,福建沿海也出现了民族资本所经营的轮船公司,其时,西方

---

① 连横:《台湾通史》卷二五《商务志》,(中国台北)大通书局 1995 年版,第 445 页。
② 转引自《福建航运史》,人民交通出版社 1994 年版,第 260—261 页。

的轮船制造技术在东方已不再陌生,上海、广州、香港等海口都有中小型的轮船制造厂。中国制造轮船的问世,为中国的轮船公司的发展提供了条件。其次,海外的大公司主要在重要航道上经营,如上海、香港与福州、厦门的航线,但在福建大港与小港之间的短途航线,一般没有外国轮船,这就给福建、台湾轮船公司的发展提供了条件。再次,当时沿海客运出现,闽人出门不再是走路,而是选择各种轮船,这给福建、台湾的轮船客运提供了大发展的机会。至"民国"时期,福建的小轮船运输网络基本形成,从福州、厦门两大港口出发,北至福鼎的沙埕港,南至漳浦县的东山岛,都有民营的小型轮船航行,它与主要航道上的大客轮航线构成一个运输网络。

综上所述,近代以来,福建的航运发生很大变化,轮船的进入使福建与外省及海外的联系日益密切。从总体而言,近代福建与外省的联系远胜于明清时期,近代福建航运业是发展的。但是,我们注意到,近代福建在中国海运业上的地位在下降。明清时期,闽人几乎独占中国的海运业,但这种独占建立在明清两朝对其他沿海省份的限制之上,并非正常;近代五口通商以后,清廷对海运的限制逐步瓦解,原来只能经营对内运输的上海港现在向海外商船开放,成为中国海上运输的中心。在其他次要港口,也都成长起当地人经营的船队,其中虽然有些原籍福建的船主,但他们与福建的联系愈来愈淡,其实成为当地人了。在这一背景下,我们必须承认:尽管近代福建海运业有很大发展,但它在全国所占地位是下降的,不变的只是福建经济对海洋的依赖性,使其经济的发展必须和海运业紧密地联系在一起。

第三节　近代中国航海人才的培养和航海教育的兴办[①]

中国沿海人民在长期的航海活动中,掌握了熟练的航海技术,积累了丰富的航海经验。早在北宋时期,中国航海家就已经将指南针运用于航海,"舟师识地理,夜则观星,昼则观日,阴晦则观指南针"。明代郑和七次下西洋,起程时间,总是在冬季和春初的东北风季节,回程则在夏末和秋初的西南风季节。这说明通过长期的实践,人们已摸清了海洋季风和潮流流向的规律。这些经验,除散见古籍记载外,大抵是在航海实践活动中,父传子,师授徒,世代相传。即使在新式航海学堂兴办以后,航海人才的培养,还必须重视实践经验的积累和传授。

1866年创办的福建船政学堂,是中国最早的以现代科学技术培养和造就航海、轮机人才的专门学校。这个学校,不仅在中国海军建设史上,在中国航海教育史上也占有重要的地位。船政大臣沈葆桢1873年上奏称"创办之意,不重在造,而重在学",规定所招聘的洋匠,在一定年限内负责将中国"匠徒"培养到具有独立操作能力的水平,然后将"洋匠"解雇离职,使中国的"匠徒"独立操作。以后,其中不少的优秀者被遣送到国外留学,成为中国海军中的骨干力量。

商船航海新式人才的培养直到辛亥革命后才开始,时办时辍,但也培养出不少航

---

① 本节内容引见彭德清:《中国航海史(近代航海史)》,人民交通出版社1989年版,第507—530页。

海和轮机人才。他们在航海实践中,带出一批能操纵机器、驾驶船舶的航海人员,为中国航海业的发展做出了贡献。

由于半殖民地半封建的旧中国,军阀割据,海军与商船航海教育都经历了一条艰难曲折的道路。

一 近代中国航海人才在实践中成长

19 世纪,中国帆船行驶沿海及远洋,不下万艘。中国员工驾驶的帆船航行迅速、安全,得到外国人的一致称赞。他们认为"中国人民是具有勤劳、专心、坚忍的品德,只需要一小点经验,他们便可以成为最好的海员",一致称赞中国帆船驾驶技术"轻松快捷"。

中国船工掌握航海技术,是由师傅传授技能,并在实际操作中积累经验而取得的。上船几年以后,就能熟练地使用罗盘(指南针),熟悉航线,逐步升任舵工、引水、老大,驾驶船只乘顺风时节出航。他们经验丰富,一看水色,就知道海底的深浅;二看山头岩角,就知船舶所在地位;三看风云,就能预知气候的变化。由于他们驾驶技术熟练,很少遇到危险。

在福建或广东到暹罗航线上的中国帆船,每船有船长或货物管理员一人,行船归"河长"(即引水,也称大副)负责。河长以下是舵工,专管掌舵和使帆,下辖"头目",负责掌管锚碇、帆缆和船具。"水手"亦称"伙计",专任粗重杂务。

19 世纪 50 年代起,中国沿海的外国轮船逐渐增加,外国人在上海、香港、广州、厦门等港口开设修船造船的机器厂、船坞。中国人开始被雇上船当水手、舵工、生火、铜匠等低级船员,有的进厂当学徒、机匠,从此接触了轮船和机器,并在长期的亲手操作中,通过刻苦学习,掌握了机器的性能和驾驶的技术。

轮船招商局创办之初,选聘一些外籍驾驶及轮机人员担任船上的船主(船长)、大伙(大副)、大铁(轮机长)等主要职务,这在当时中国航海人员尚无单独驾驶大型轮船经验的情况下是可以理解的。1873 年招商局颁布《轮船规条》,规定"船主、大伙、大铁诸职司均宜雇用精明可靠之洋人",只是"三伙、三铁议用华人,随时学习"。当时的社会舆论对此是赞成的。上海《新报》1878 年 5 月 9 日评论道:"雇用洋人助理大事,俟十年后局中司事华人均已谙练,始令自行办理,其生意有不蒸蒸日上者乎。"1886 年招商局有 144 名船长、轮机人员,全都是洋人。他们在管理上有擅权偾事的一面,但对华员学习驾驶新式轮船的技术起了一定的作用。当时还没有成立商船培训学校,不少在 20 世纪 20 年代接替洋人而任船长、轮机长的,就是原来担任外籍船长、轮机长的助手而升充的。

为了培养航海驾乘人员,招商局于 1880 年颁布了《航海箴规》,这是中国最早的一份行船避碰章程,指导船员在航行中如何悬挂灯火、如何鸣号,以及轮船相遇时如何避免碰撞;同时还编写行船歌诀交船员熟记。歌诀有四首:①来船旁船一双见,须扳舵至红灯现;绿对绿时红对红,决无危险当前面。②来船红灯你在右,必须路让来船走;见机而作慎临时,左右停退当免咎。③若使左边有船来,绿灯映射勿惊猜;不用慌张不改向,左边观绿正当该。④避险能安要认真,除疑全仗望头人;若逢险处惊无路,酌量停轮打倒轮。在没有正规航海教育之前,这些通俗歌诀,是培养低级船员的一种简便方式。

早期的航海人员几乎都是从经验出身的。他们到轮船、机器厂当学徒,依靠师傅的指点又向外籍技师学得一些技术,在实际操作中掌握了操纵机器、驾驶船舶的技能。基本上从光绪末期起,陆续有人被选拔担任驾驶、轮机职务,"由水手头目、舵工升充大、二、三副,由生火头目、加油升充大、二、三管轮,晋升甚缓,人数亦少","能升任船长和轮机长的,百不得一"。到20世纪初年,有的任长江船船长、大副(如大达公司走南通、海门、启东的船,都是一二百吨至几百吨的),有的在小火轮、拖船上当老大,有经验的生火、铜匠当上了轮机人员。1908年,一二千吨级的中国商船如隆裕、德裕、兴裕、玄裕等轮,首先雇用中国人当轮机长,后来轮船上的大、二、三副,大、二、三管轮就是从实际工作中培养出来的。

1914年欧战爆发,许多外国船员回国参战,留在远东的外国轮船和中国轮船都感到船员不足,开始任用中国籍轮机员和商船学校驾驶毕业生为大、二副等,中国籍船员在数十年艰苦奋斗中得来的经验和技能得以展现身手。欧战结束后,不少外国船员又来到中国,中国籍船员继续受到中外轮船公司及海关理船厅和外国保险公司联合一致的歧视和排斥。

中国航海人员在登上本国轮船担任高级船员的道路上,遭到外国人的重重阻挠。半殖民地时代的旧中国,外国人把持海关理船厅,百般刁难中国人充任船长、大副、轮机长,规定千吨以上船舶之高级船员如船长、大副、轮机长、大管轮等职务都由外国人充任。洋商轮船公司不但不雇用中国籍的高级船员,并且勾结外商保险公司,以退保威胁任用华籍船长的华商轮船公司。据统计,1908年招商局的船长,大、二副,轮机长,大、二、三管轮,全部为外籍船员,共175人,而买办、副手、三水、二车、三车、四车、领港、管事、火夫、煤匠等,均为中国人,共2254人。政记公司的二十几艘海轮,9/10也是日本人担任船长、大副。

据1922年华商轮船公司给交通部的报告:

(1)戊通公司轮船所用船员9/10是俄人;

(2)肇兴公司3艘千吨以上船舶驾驶员,原用欧洲籍船长,后因薪资过多,改用日人;

(3)宁绍公司"新宁绍""宁绍""甬兴"3艘轮船的船长仍不免借重西人。

这些外国船长阻碍船校学生上船实习,欺压中国船员,使后者无法工作。恶劣的境遇,激发了中国第一批航海人员和航校学生的爱国热情,他们立志掌握航海知识技术,精益求精,互相帮助,互相援引,不断扩大中国人的船员队伍。1919年,在"肇兴"轮(营口肇兴轮船公司的第一艘海轮)上任大副的陈干青援用黄慕宗、冯扉模等上船当实习生,在驾驶台上教他们学技术。黄慕宗很快当上"肇兴"轮的二副,成为一个优秀的航海驾驶员。1923年他"任平阳"轮的二副(1924年任大副)时,也带着杨鑫、沙惠新、张季丹(后来都做了船长或总船长)在船上实习;他又与吴淞水产学校联系,让他们派渔捞科学生分批去学驾驶,并且留心寻找有志学航海的高中毕业生上船实习。1926年,他任"同德"轮船长,又招收几个来自集美水产航海学校、吴淞水产学校的学生和高中毕业生上船,培养出一批驾驶员。像陈、黄这样积极带实习生培养航海人才的事例,在中国早年航海界形成一种可贵的传统。原是水产学校出身的船长施俊培,在担任大陆航业公司"大生"轮船长和其后升任该公司总船长时,帮助轮上的大、二、三副练习生逐步提升,直至升任船长,壮大了中国的航海技术力量。

随着中国民营轮船公司日渐增加,对本国船员的需要也日益增多而且迫切。这时在恒昌祥、鸿昌等机器厂(以修理轮船为主)学艺的青年铜匠也日渐增多,他们一批批上船,同时从吴淞船校毕业的驾驶人员也陆续上船,中国高级船员在本国船上的地位由此逐步确立。

抗战胜利后,商船队急剧增加,需要更多的轮机员,虽然从学校毕业和从厂、船实践出身的船员已能满足需要,但与驾驶人员比较,轮机人员尤其是轮机长仍是以实践经验出身的为主。这是中国轮驾人员不同的地方。例如,轮机师公会理事长陆良炳,当时任市轮渡公司总轮机长,后又任复兴航业公司总轮机长,就是一个从实践经验中出身的轮机人员。

1922年,上海港引水工作是由外国人操纵的铜沙引水公会所控制的。在中国船员和航业团体的联合斗争下,中国李高昌参加引水工作,这是上海港的第一个中国引水员。

在收回上海港引水权的斗争中,表现积极的金月石候补引水第一名,长期受到排挤。直到1947年,铜沙引水公会发生危机,他才从黄浦江引领1艘万吨轮顺利出口,为收回引水权迈出了决定性的一步。黄慕宗依靠自学,悉心掌握从大沽口到天津的引水业务,1933年通过天津海关引水员考试,被任为天津港9个引水员中唯一的中国引水员,也是天津港第一个中国引水员。

二 军事航海教育的兴办

19世纪60年代,清政府先后兴办一批水师学堂,这就是专门培养驾驶、轮机和造船的各级海军官兵的中国第一批海军学校。

(一)福州船政学堂

最先开办的是福州船政学堂。左宗棠1866年筹办福州船政局时,就把学堂规划在内。他主张设厂造船,加强国防,发展海运;还主张培养造船和驾驶人才,使中国不但能自己造船,而且"所造之船即可由中国人驾驶"。于是在1867年创办"求是堂艺局",同时拟定章程八条:

一,各子弟到局学习后,每逢端午、中秋,给假三日;度岁时于封印日回家,开印日到局。凡遇外国礼拜日,亦不给假。每日晨起后、夜眠前,听教习洋员训练,不准在外惰游,致荒学业。不准侮慢教师,欺凌同学。

二,各子弟到局后,饭食及患病医药之费,均由局中给发。患病较重者,监督验其病果沉重,送回本家调理;病瘥后即行销假。

三,各子弟饭食既由艺局供给,仍每名月给银四两,俾赡其家,以昭体恤。

四,开艺局之日起,每三个月考试一次,由教习洋员分别等第。其学有进境考列一等者,赏洋银十元;二等者无赏无罚;三等者记惰一次。两次连考三等者戒责;三次连考三等者斥出。其三次连考一等者,于照章奖赏外,另赏衣料,以示鼓舞。

五,子弟入局肄习,总以五年为限。于入局时,取具其父兄及本人甘结,限内不得告请长假,不得改习别业,以取专精。

六,艺局内宜简派明干正绅,常川住局稽察师徒勤惰,亦便勤学艺事以扩见闻。其委绅等,应由总理船政大臣遴选给委。

七,各子弟学成后,准以水师员弁擢用。惟学习监工(工程师)、船主等事,非资性颖敏人不能。其有由文职、文生入局者,亦未便概保武职,应准照军功人员例议奖。

八,各子弟之学成监工者、学成船主者,即令作监工,作船主,每月薪水照外国监工、船主薪工银数发给,仍特加优擢,以奖异能。①

1867年,左宗棠调任陕甘总督,江西巡抚沈葆桢继任总理船政大臣。沈葆桢也十分重视航海人才的培养,认为船政局的重点不仅在于造出多少船只,更在于中国工匠和学生是否能从洋员、洋匠那里学到独立的驾驶和造船技术。他多次强调"船厂根本在于学堂"。后来黎兆堂主持船政时,也希望这个学堂能"为海疆备干城之选,为国家储有用之才"。求是堂艺局因归福建船政局直接管理,所以又名船政学堂;又因船厂和校址在福州马尾,故又称为马尾船政学堂。开办时,曾借福州城内定光寺为校舍;1867年冬季,马尾新校舍落成,才分别迁入学堂。第一届学生是从1866年冬开始招收的。招生时除在本地考选14—16岁资性聪颖、粗通文字的子弟外,又从香港英国学校中挑选优秀者前来肄业。1867年1月6日开学,当时有学生60人。次年增至300余人。整个学校分前后学堂两部分。前学堂专习制造,聘请当时长于机器制造的法国人担任教导;学法文,包括制造、设计和艺徒三个分校,而以艺徒分校为其基础。后学堂专习管轮,驾驶,聘请当时精于航海的英国人担任教导;学英文,也有三个分校:理论航行、实际航行、工程学校,以后两校为基础,理论学习后5年进入实际学习,即登教练船实际操作。

课程设置,前学堂"聘请法人教授法文、算学、平面几何、球面几何、代数、画图和机器图说以及其他有关于制造方面的学问";后学堂"聘请英人教授英文、天文、地理、航行理论、平面三角、球面三角、船用机器的操纵规则及汽力指压器和水连针的用法"。课程全部用法语或英语教授。学生入学后,首先要集中主要精力学习法语或英语,在精通外语之后才能学习其他课程。

沈葆桢非常重视学生的实习,规定学生学完专业课后,凡学制造的须在工厂实习,学驾驶、管轮的须在船上实习,而对驾驶学生的实习尤为重视;认为学驾驶的学生能否成才,必须经历大风大浪的考验,并须由近洋而达远洋,把在课堂学到的知识与航海实际相印证,从而达到熟能生巧的程度。

1869年船政学堂从外国购买一艘帆船,取名"建成",专供学生练习之用;后来改将马尾船厂制造的"扬威"兵船作为练习船。当时学生登轮实习,先航行于中国沿海各港,还到过日本的横滨、长崎等地。

1873年,外国教师任职五年期满回国。沈葆桢向朝廷上奏,将毕业生中天资聪颖、学有根底的派往国外深造,完善已学知识,并掌握造船、航海的新技术。沈葆桢的

---

① 张侠:《清末海军史料》上册,海洋出版社1982年版,第377—378页。

奏本得到批准,但因经费没有着落,因而未能成行。直到 1875 年初趁船厂监督、法国人日意格去外国采购轮机之便,才派前学堂学生 5 人、后学堂学生 2 人前往英法考察。自 1877 年起至 1903 年止,26 年间共派出留学生 5 批计 73 人;加上北洋水师学堂选送的 10 人共 83 人,各年派出的学生人数如下:

1877 年	26 人	赴英、法	期限 3 年
1883 年	9 人	赴英、法	期限 3 年
1886 年	24 人	赴英、法	驾驶 3 年、制造 6 年
1886 年	10 人	(北洋水师学堂选送)	
1897 年	6 人	赴英、法	专习制造,期限 6 年
1903 年	8 人	赴英	驾驶、管轮各半,期限 6 年①

后学堂毕业生经过两次出洋远航,积累了航海经验。经过考察,选拔了已掌握驾驶、轮机技术的各十几人,分派他们上船担任驾驶、管轮工作。这是中国近代航海史上第一批海军航海人才。

1880 年起留学生陆续回国;其中,制造方面有魏瀚、陈兆翱、郑清廉、林怡游,开采、熔炉方面有罗臻禄、林庆升,驾驶方面有刘步蟾、林泰曾、蒋超英、方伯谦、萨镇冰。他们成绩优异,回国后"南北洋争先任用,得之唯恐或后"。他们一部分到海军舰队任管带(舰长),一部分担任各地水师学堂的教习。许多人后来成为历届政府海军部门主要成员。最有名的是严复(第一届)、萨镇冰(第二届)、魏瀚(第一届)、詹天佑(第八届)以及邓世昌、林永升、刘步蟾等。计自同治六年(1867 年)到宣统三年(1911 年)的 40 余年间,福州船政学堂总共毕业学生 600 余人,构成中国近代海军的骨干力量。

1913 年,福州船政局改归海军部管辖,前学堂更名为福州海军制造学校,后学堂更名为福州海军学校,由海军部直接领导。两校所设专业不变。1920 年另设飞潜学校。1925 年,在海军学校内附设军用化学班。1926 年,又将福州海军制造学校归并于福州海军学校。前学堂自 1867 年创办起至此结束,前后 59 年,一共办了 8 届,计毕业生 182 名。

1927 年,南京国民政府成立,改福州海军学校为海军学校,驾驶班改称为航海班,管轮班改称轮机班,规定学习 8 年毕业。航海班学生校课 5 年,航课 2 年,见习 1 年。轮机班学生,校课 6 年半,厂课半年,见习 1 年。两班的教材,除公民、国文、中国史地采用中文课本外,其余仍继承后学堂的传统,一律采用英文课本。专业课仍从英国聘请有理论水平和实践经验的老船长与轮机长担任教授;1937 年抗战开始后,才改由留学英国的教师讲授。

1938 年 5 月,学校内迁,同年 10 月迁到贵州桐梓,直到抗战胜利。

1946 年春,学校停办,在校学生并入青岛海军军官学校。

后学堂从 1866 年创办起,先后更改校名两次。原驾驶班共办 14 届,计毕业学生 205 名。驾驶班改航海班后,办了 14 届,到 1949 年止,毕业了 12 届,计毕业学生 254 名;还有两届未毕业的,随青岛海军军官学校迁往台湾。轮机班共办了 7 届,到 1949 年止,毕业了 6 届,计 111 名。自创办之日起,总共毕业学生 822 名。国民政府接办后

---

① 中国人民保卫海疆斗争史编写组:《中国人民保卫海疆斗争史》,北京出版社 1978 年版,第 191—194 页。

的 20 年间,仍陆续派出学生 100 多名出国深造。

福州船政学堂是中国海军人员的摇篮,对建设中国海军,开办航海教育都产生过重要的影响,在中国近代航海史上占有一定地位。

(二)天津水师学堂

继福州船政学堂之后而创设的,有天津水师学堂。1880 年(光绪六年),负责筹办海军的李鸿章,由于自造和购进的舰艇每年增多,而航海技术人员缺乏,于是奏请设立天津水师学堂,经费在海防经费内开支。次年 7 月,学堂在天津成立。第一期招驾驶班学生 30 名,1882 年 4 月又增设管轮班。课程设置"其习驾驶者,授以天文、地理、几何、代数、三角、重学、微积、御风、测量、演放鱼雷等项";"其习管轮者,则授以算学、几何、三角、代数、重学、物力、汽理、行船、汽机、机器画法、机器实艺、修定鱼雷等项"。至 1899 年,共毕业驾驶与管轮学生各 6 届计 200 多人。该校第一届学生毕业后先派到北洋舰队练习,然后分配在各舰服役。

1900 年,八国联军侵犯天津、北京,学堂被炮火所毁,因之停办。

(三)各地水师学堂

19 世纪八九十年代,各地先后开办多所水师学堂,现按开办年份依次记述于后。

1. 黄埔水雷局

1884 年广东黄埔水雷局成立,有德国造的水雷数百颗,另有"雷龙""雷虎""雷中"3 艘双管鱼雷艇,八卦单管鱼雷艇 8 艘,备作防守虎门炮台之用。该局设有仓库,储藏鱼雷,并有一所机器厂,内设压气机,以备鱼雷装气及校定之用;并设有车床、钻床等各种机器,以备修理鱼雷机件之用。该局招收鱼雷生数十名,原拟分为五届毕业,但及格者只 19 人,后经训练陆续升为鱼雷艇长。"民国"成立后,因经费支绌,遂宣告停办,所有鱼雷艇及有关设备经拨归水警部门使用。

2. 黄埔水师学堂

1887 年两广总督张之洞奏请创办水师学堂于广东黄埔长洲,分管轮、驾驶两科,"管轮学机轮、理法、制造、运用之源;驾驶学天文、海道、驾驶、攻战之法",学成之后即上船在沿海口岸航行实习,以"广甲"轮作为水师学生练习之用。带领学生的教练有英国教习 3 人,中国教习 11 人。1893 年,改校名为黄埔水师学堂。"民国"成立后,收归北京海军部管辖,改称为广东海军学校;1913 年因经费无着停办。

该校共毕业学生 14 届,计 208 人,其中管轮科毕业生只有 10 人,其余全是驾驶科毕业生。

3. 昆明湖水师学堂

1889 年,设于北京昆明湖(前身为北京水操内外学堂,创立于 1887 年)。此校专为培养满族海军将领而设,所招学生都是满族子弟。该学堂只办驾驶班一届,计 36 人,毕业后即停办。

4. 江南水师学堂

1890 年 9 月,南洋水师在南京设立江南水师学堂,分为驾驶、管轮两科。课程设置"除英国语文而外,凡勾股、算术、几何、代数、平弧、三角、重学、微积以及中西海道、星辰部位、驾驶御风、测量绘图诸法、帆缆、枪炮、轮机大要,皆当次第研究",备有"寰泰"练习舰供学生"周历海岛,谙习风涛"实习之用,共有外国教习 11 人。1904 年有学生 6 人赴驻沪英舰学习,为期两年。1909 年,改为南洋海军学堂。

1890—1911 年,共毕业驾驶班学生 7 届,计 107 名;管轮班学生 6 届,计 91 名;附设的鱼雷班学生 5 届,计 13 名。

自民国元年起,统归北京海军部管辖,改名为海军军官学校。1915 年,又改名为海军雷电学校,选舰队军官及烟台海军学校航海毕业生成立鱼雷班;招收高中生成立无线电班,聘挪威人萨文生为无线电班教授;派留德、奥学员林献炘任总教官兼鱼雷总操练官。

1917 年,烟台枪炮练习所归并于雷电学校,改称海军雷电枪炮学校。1915—1917 年的 3 年间,无线电班共毕业 3 个班,计 86 人;鱼雷班、枪炮班毕业 21 个班,计 400 余人。以后相继停办。

5. 北洋旅顺口鱼雷学校

1890 年成立于旅顺口,共毕业 3 届学生,计 23 名,都派往北洋舰队服役。1894 年甲午战起,旅顺口失守,学校停办。

6. 威海海军学校

1890 年设于刘公岛,专办驾驶班,以备补充北洋舰队的缺额。1894 年甲午战争中威海陷落,该校解散。该校开办 4 年,毕业学生 1 届,计 30 名。

7. 烟台海军学校

1903 年成立,专办航海科,共毕业学生 18 届,计 547 名。1928 年,该校被军阀张宗昌占为兵营,强迫解散,未毕业的学生和教职员全部并入马尾海军学校。

8. 湖北海军学校

1903 年,南洋水师创立湖北海军学校于武昌。至 1913 年,毕业驾驶班学生 10 名,轮机班学生 23 名。后因经费无着而停办。

9. 吴淞海军学校

1914 年吴淞商船学校停办后,北洋海军部接管该校炮台湾校舍,改办吴淞海军学校,1912 年停办。

10. 葫芦岛海军学校

1923 年,奉系军阀张作霖为组建自己的东北海防舰队,委派航警处长沈鸿烈筹办海军军官学校于辽宁的葫芦岛,以培养自己的海军人才,学校即命名为葫芦岛航警学校。1927 年,改名为葫芦岛海军学校。"九一八事变"前共办理了三期。一、三期习航海科;二期习轮机科,共毕业学生 101 人。1933 年,在校学生迁至刘公岛授课。是年冬,学校迁至青岛,易名为青岛海军军官学校。至 1934 年 8 月,全部课程完毕,毕业学生 22 人。

11. 青岛海军军官学校

葫芦岛海军学校在招考第四期学生时,学制有重大改革,参酌英、美、苏等国幼年海军军官学校的训练方法,招收初中毕业学生,学生年龄限为 16 岁,学制延长为 6 年,航海、轮机并习。学生录取后必到军舰见习 1 年,身体适应海上生活并复考及格者方能入学。第四期学生 37 人于 1936 年 10 月提前毕业。

抗战开始后,青岛海军学校招收高中毕业生,学制为 4 年,学校迁到宜昌上课,习航海科。1938 年 10 月,学校又迁至四川万县,电雷学校学生 260 余人并入该校。1939 年初,马尾海校及黄埔海校学生亦并入该校,分航海、轮机共 6 个班,学生 300 余人,是民国海军史上在校学生人数最多的一期。1941 年底学校结束。自 1923 年葫芦岛海军学校创办,至 1941 年青岛海军军官学校结束,毕业学生共 447 人。

上述各海军学校中培育人才最多的,为福建、天津、黄埔、江南和烟台、青岛等学校。从 19 世纪 70 年代到 20 世纪 30 年代的半个多世纪中,全国共培育海军人才 2000 多名。

(四)抗战胜利后的海军学校

1945 年冬,为适应舰艇增长的需要,国民党政府着手恢复海军的教育与训练,对教育训练制度做了改革,改变过去航海、轮机两科分授制度。

原来军官教育分航海、轮机两科。航海科教授舰船航行、枪炮仪器使用、作战指挥;轮机科教授轮机推进运转及修理和造船等。实行专科教育,减少科目,能节省时间,较快地造就专业人才。但因军官教育截然分开,遇有缺额不能互相调剂,学航海者不谙轮机知识,学轮机者不能指挥战斗,常常使舰船失去战斗力,于是改变过去的分习制度,军官教育并授两科,既学驾驶,又学轮机。

1945 年冬,在上海设立海军军官学校,招收高中毕业生入学。

1947 年初,该校由上海迁往青岛。新中国成立前迁往台湾。

1947 年秋,在上海设立海军机械学校,分机械、造船两科,招收高中毕业生入学,培养使用舰艇武器的机械人员。新中国成立前迁往台湾。

与上述两校设立的同时,在上海设立海军军士学校,设驾驶、轮机、通讯、枪炮、鱼雷等科,招收初中毕业生,并训练海军各级军士,进行军士教育。新中国成立前迁往台湾。

三　商船与水产教育的继起

(一)商船学校

1.吴淞商船专科学校

20 世纪初年,中国近代航业已有了一定的发展,但是轮船上从事驾驶、轮机的高级船员都是外国人,这对维护航权和经营航业非常不利,因而大力培养本国的航运人才,便成为有关方面的共同愿望。当时任清政府邮传部尚书的盛宣怀,采纳中国留美学士容闳的建议,于 1909 年将上海南洋公学改名为高等实业学堂,设路电、土木、航政三个专科。1911 年,该校监督唐文治将航政科分出,单独成立邮传部高等商船学堂,借上海徐家汇南洋公学对面的屋宇为校舍,招生开学,学制两年。不久,张謇等热心航海教育人士,在上海吴淞炮台湾江边兴建校舍。1912 年校舍建成,将高等商船学堂自徐家汇迁至吴淞,改名为交通部吴淞商船学校,聘请萨镇冰为校长,设驾驶一科,内分正科和普通科(即预科)两种。正科招收中学毕业生,专习驾驶及与航海有关的学科;普通科则学中学的基础科目以及与航海有关的学科,学制都是三年。在校学习两年,上船实习一年,并向海军部借得"保民"号轮船作为实习船,聘请外国人欧克音任实习船长,教职员实行聘任制。

1914年,第一届学生毕业,共30多人;其后连续毕业3届,共60多人。但因中国航权被资本主义国家侵占,海关和招商局的外籍船长又百般阻挠,因此毕业生不但出路困难,甚至连上船实习也无法实现。后因经费不足,该校于1915年停办。

进入20世纪20年代,沿海资本主义工商业进一步发展,商船吨位不断增加,急需合格的航海人才。在这一形势下,上海航业界人士发起恢复吴淞商船学校,航业公会自愿负担学校经费。1928年,南京国民党政府交通部批准复校,定名为吴淞商船专科学校,并由交通部颁布"征收船校附捐章程",按船钞附加三成作为船校专款,如有不足,由交通部补助。学校设专款保管委员会,校长为当然委员,航业公会代表3人,交通部指定3人,共7人组成。1929年秋复校,仅设驾驶科,招收高中毕业生入学。1930年秋,增设轮机科,建造实习工厂,厂内设翻砂间、制图间、模型间、锅炉间、机器间、马达间、车床间等供学生实习之用。当时在校学生共100多人。

1932年,"一·二八"淞沪之战爆发,该校地处吴淞炮台湾,因而首当其冲,校舍工厂被日军炸毁,图书仪器也遭掠夺。学校被迫迁入上海租界亚尔培路(今上海陕西南路)临时租屋上课。1933年春,吴淞校舍修复,学校迁回原址,附设职业学校,培养低级船员和为准备报考商船专科学生提高学力。该校也设驾驶、轮机两科,招收17岁以下的初中毕业生,学制3年,两年在学校上课,一年随船实习;学习科目除一般高中课程外,还有一些必要的专业基础课。

商船专科学校仍设置驾驶、轮机两科,招收20岁以下的高中和商船职业学校的毕业生。驾驶科开设28门课程,每周63学时;轮机科开设21门课程,每周68学时。学习年限都是4年。规定上课2年,上船实习2年;轮机科船厂实习1年,上船实习1年;凡商船职业学校毕业的,可少实习1年。当时驾驶科有学生122名,轮机科有学生74名,全校教师18名。

1930—1937年的8年中,注册学生共计1400人,但8年中毕业的只有144人,其中驾驶科5个班97人、轮机科4个班47人,实际毕业人数仅占注册人数的1/10。究其原因,不外三点:①部分学生不尽了解航海专业性质,入学后方知航海学问的特殊与航海纪律之严格,有些学生经受不起艰苦的航海生活,因而中途退学;②部分学生由于体格不能适应,或者兴趣改变,因而中途辍学;③也有因航专与大学同样学习4年,因此宁可转学到本科大学学习。这些就是入学和毕业人数相差悬殊的主要原因。

1937年抗日战争爆发,上海"八·一三"一役,吴淞校舍再次遭到日军的毁坏,被夷为平地。由于战事的影响,各地航海教育全部停顿。航业界人士向国民党政府建议在广东九龙设战时商船专科学校,使航海教育得以继续,不致中断,以适应战时运输的需要,也可为战后储备人才。驾驶班学生可在轮船或有条件的帆船上接受海上训练。轮机科学生可联系外商船舶或船厂实习,并可以此吸收滞留战区不及撤退的航海专业人员,以免为敌所用。这一建议未被采纳。最后国民党政府于1939年决定在重庆恢复商船学校,命名为国立重庆商船专科学校,隶属于教育部。原在上海的大部分图书和部分仪器,经由滇越铁路和滇缅公路运到重庆,部分吴淞商船学校的学生也转入重庆继续学习。该校航海、轮机和造船三科招收高中毕业生。造船科在校学习3年,船厂实习1年;轮机科在校学习3年,船厂实习半年,上船实习半年;驾驶科在校学习两年,上船实习两年(包括船课半年),都是4年毕业。驾驶、轮机毕业生,由交通部发给甲种远洋二副和二管轮证书。

重庆商船学校起初借招商局的4000吨级的"江顺"轮作为校址。1940年春,租借江北人和场黄家祠堂办校。1941年,迁至江北溉澜溪新校舍。在校学生共202名。1943年5月,由于学生运动,当局命令停办,划归国立交通大学接办。重庆商船学校在渝4年,毕业学生仅52名。

抗战胜利后,1946年国民党政府筹办第三次复校。由于吴淞校舍全部被毁,借用上海原雷士德学院为临时校址,招收学生,同年10月开学,仍设轮机、航海两科。所有交通大学代办的航海、轮机两科,仍归吴淞商船学校办理。学制学习2年,实习2年。在校学生每年暑期分发各商船和工厂实习。第一年招生200多人;第二、第三年都在120人以上;第三年增设一年制的电讯班,共招生160多人。复校后第一届毕业生181人,其中航海110人、轮机71人。第三次复校后招生人数和毕业人数均显著增加。这是由于抗战期间培养航海专业人才不多,战后商船吨位增加,无论驾驶还是轮机甚至电讯人才都严重缺少,于是航海教育就勃然兴起了。

复校后的课程设置,有微积分、投影几何、机械制图、物理、国文等科目。课本大多用外文版。航海科有27个科目,轮机科有31个科目。校长、教务主任、训导主任、总务主任以及航海科主任、轮机科主任等,大都长期担任过商船船长,有的曾留学外国。教师中不少都是从事商船教育几十年的著名教授。

新中国成立后,1950年该校与交通大学航业管理系合并,改名为"国立上海航务学院"。从1911年邮传部高等商船学堂到1950年止,该校在39年中几经沧桑,在艰难的条件下坚持航海教育工作,为中国航运界输送了1000多名航海人才,其中的许多人后来成为远洋船舶、海运企业、航海教育的骨干,为建设祖国、发展航海事业、维护航权做出了卓越的贡献。

1911—1950年的40年间,吴淞商船专科学校共毕业1003人。

2.招商局航海专科学校和招商公学航海专修科

1923年,招商局首次创办航海学校,取名为航海专科学校。该校于1923年9月1日开学,教授的课程有天文、航海术、造船、装货方法、无线电收发、罗经差、操艇术和救急法等。该校以"华甲"舰作为练习舰,预定航行全球实习,培养船长人才。[①] 该舰于1924年1月12日从上海启碇,北上青岛、大连,然后转赴日本横滨,准备从那里开往美洲。后因该舰产权发生纠纷,1924年10月该舰被收编在北洋政府的海军渤海舰队,船上30多名学员不愿加入舰队的都离舰上岸。至此,招商局第一个航海专科学校宣告解散。

1928年,招商局创设招商公学航海专修科,以便尽快培养航海人才,满足商船的需要。这是在新任总办赵铁桥主持下创办的。赵铁桥认为:"中国各商轮的船主、大、二副,外人已占十分之八九。仅仅解决这个单纯问题,已觉得人才难得,迫不及待。因此,航务教育进行的步骤,就不能不分急性的、慢性的两种步骤,急性的就是养成所,慢

---

① 《申报》1923年8月24日;9月14日;9月30日,见上海书店1984年影印版。

性的就是公学航海专修科。"①

"养成所"全名为"招商局航务员养成所",当年7月16日成立,课程有船舶管理、栈房管理法、货物装卸法、中国航业现状及其趋势、各国海运政策、订立各种合同的手续、海关制度大概、海商法大意、中英公文程式、海事法令、中国各港口航务情形等。

招商公学航海专修科也于1929年秋季开学,第一届招收学生50人。第二、三届各招三四十人,第二届开始招收轮机科学生。修业期限3年半。上课2年半,上船实习1年。1931年2月,上课结束的第一届学生,派往常驻上海黄浦江的"公平轮"实习,充当练习船员。课程有水手工作、舵锚使用和管理、船位观察和计算、船舶启碇停泊和在港管理、气象测量和预防、遇难抢救、货物装配、万国信号和机舱工作等。

第二届毕业生实习时,已是1932年"一·二八"淞沪之战以后,吴淞商船专科学校已迁回上海吴淞炮台湾。招商局航海专修科肄业生转入吴淞商船专科学校。待实习结束、进行考试、完成毕业时已是1933年,从此招商局专修科停办。该校从创办到结束,总共4年半时间。

3. 东北商船学校

20世纪20年代中期,东北三省军务督办张作霖任命沈鸿烈于1927年在哈尔滨创办东北商船学校。该校设轮机科,一共办了3期。1931年"九一八事变"后,被迫内迁。先迁葫芦岛与航警学校合并。后来由于日军侵占辽宁全境,该校再迁青岛,并入海军学校。抗战胜利后,东北商船学校恢复,改名为葫芦岛商船专科学校,不久又改称辽宁商船专科学校。1947—1943年,共有9个班共200人,驾驶、轮机各100人。解放战争逼近葫芦岛,该校再迁北平。

4. 广东省立海事专科学校

1945年8月抗战胜利后,9月,在广东汕头原广东省立水产职业学校的基础上,成立广东省立海事专科学校,分商船、水产两部,商船部下设轮机系及驾驶系,水产部设渔捞系。1946年暑期,学校迁往广州西村襄勤工学校旧址,水产部增设制造系;1947年,经南京国民党政府教育部备案,改设四科:轮机、航海、渔捞、制造,学制定为5年,在校学生200多人。

5. 其他航海学校或航海系(科)

1943年,设在重庆九龙坡的国立交通大学接办重庆商船专科学校,设航海、轮机、造船三科。1946年迁回上海。1948年,设造船系、轮机系和航海管理系,共有学生100人。

1946年,在武昌下新河成立国立海事职业学校,设驾驶、轮机、造船工程、航业管理等科,招收学生200人。同年,在福建马尾设福建省立林森商船学校,除设驾驶、轮机、造船三科外,还加设航空机械一科,有学生150人。

此外,国民党政府财政部在上海创办的税务专门学校,设有驾驶、税务两科,招收高中毕业生入学。

另外,还有各轮船公司自办的船员训练班,分驾驶、事务和理货三种。

抗战胜利后的3年里,中国一半以上的航海学校设在上海,更加密切了学校和航

---

① 《申报》1928年8月15日,《招商局半月刊》,见上海书店1984年影印版。

运企业以及航业界人士的联系,为上船实习和工作分配以及就业创造了条件。但由于抗战八年期间航海教育基本上处于停顿状态,战后虽然恢复和新办了一批航海学校,但师资缺乏、图书仪器不足、实习机会难得等困难在各校不同程度都存在,使得在校学生所学偏于书本理论,缺乏实际操作能力的训练。虽然当时有人指出了存在的问题和改进的办法,但由于国民党政府忙于内战、财政支绌、无心顾及教育工作,因此航海教育中存在的问题在当时自然是无法解决的。

(二)水产学校

1912年,当时的教育总长黄炎培倡办教育,在天津和上海同时成立水产学校。

1. 江苏省立水产学校

1912年,在上海南市设立江苏省立水产学校。最初校名为农林渔业部吴淞水产学校,后改名为江苏省立水产学校;第二年迁往吴淞炮台湾,所以也称吴淞水产学校。第一届新生70人,开始学基础课,外语设英文、日文两门。师资力量比较充实。迁吴淞后,分设渔捞、制造两科,后又添设养殖和航海两个专业。学校附设渔具、编网、罐头、盐干、贝扣等实习工场,还在昆山设养殖场。另有"淞航"实习船作为航海实习之用。

由于中国新式渔业进展缓慢,难以容纳渔业人才,1916年该校第一届毕业生就业就遇到困难,仅有一部分留校,另一部分介绍至其他水产学校从事教育工作。航海科毕业的学生大都转向航运界工作,以后各届毕业生也大致如此。1937年校址被日军炸毁,学校被迫停办。1912—1936年的24年间,该校共毕业452人。

1948年复校,校址设在复兴岛水产公司内,分渔捞、制造两科,都是三年制,师资多数为兼课教师。

2. 四川水产职业学校

1941年,在四川成立四川水产职业学校。1946年8月迁到上海,以江苏省立水产职业学校名义在崇明办学,分渔捞、制造、养殖3科。将接收的汪伪敌产中华罐头厂租给梅林罐头厂,派学生参加生产实习。师资大都是前江浙两省水产学校的毕业生,也有在日本北海道水产大学毕业的。

1948年,因办学困难,该校迁至上海闵行镇。新中国成立后,吴淞水产学校和江苏水产学校合并,后又和浙江乍浦高级水产职业学校合并,成为上海水产学院的前身。

3. 集美水产学校

该校是爱国华侨陈嘉庚1920年创办的。最初称为集美学校实业部水产科,后改称集美学校水产部及集美学校高级水产航海部,1927年3月改称私立集美高级水产航海学校。当时有实习渔轮两艘,名为"集美一"号和"集美二"号;后者长期驻在上海以供学生实习之用。1937年抗战爆发后,学校内迁福建安溪大田县。1945年抗战胜利后,迁回集美,设渔捞、制造两科。1946年,有学生70人。该校在新中国成立前的29年中,共毕业学生447名。

抗战前,水产学校毕业的学生由于就业困难,渔捞科毕业生几乎全部转入商船;其他科毕业生除少数担任水产学校教师外,大部分进入工厂或转往其他行业。这是旧中国渔业不发达的结果。反过来,由于缺乏渔业人才,又进一步使得渔业更加落后。如此往复循环,遂使中国渔业发展极其缓慢。

抗战结束,从 1946 年起,联合国善后救济总署为协助中国恢复渔业,运来大批渔业物资和器材,同时提供了 300 多艘渔轮。渔轮激增,急需渔捞航海人才,于是水产学校得以恢复和发展。

除上述江苏省立水产学校、集美水产学校外,还有设在浙江乍浦的国立浙江乍浦水产学校,下设渔捞和制造两科;设于台湾高雄的台湾省立水产学校,设渔捞、制造、养殖三科;设于安徽芜湖的安徽省立水产学校,以及设于广东汕头的广东省立水产专科学校。

以上大都是正规学校,一般须二三年以上毕业,不能满足当时的急需,于是各机关都办起短期训练班,这一时期计有:

上海复兴岛渔业管理处主办的"行总"(国民党行政院善后救济总署)渔业技术人员训练班(主管机关为国民党政府农林部),招收高中或水产学校毕业生,分渔捞和保管两科,毕业后有的派往渔轮,有的转入商船。

上海复兴岛渔业管理处负责的水产班(主办单位为国民党国防部),招收转业军官,分渔捞、冷藏、管理 3 科,毕业后分配去工厂、渔轮和商船。

上海复旦大学 1947 年夏季受国民党农林部渔业管理处委托,合办一期高级渔业人员训练班,对象为转业军官,即上述水产班管理科部分。

第四十八章
近代中国西方文化的海路传入与影响

　　鸦片战争之后，中国被迫开放了一批通商口岸。这些通商城市在中外贸易的带动下，伴随着商业的发展，刺激了城市的繁荣，获得了程度不同的发展。它们的发展繁荣，又为中国近代工商经济的发展奠定了基础，同时也成为西方物质文化和精神文化引进与传播的桥头堡、近代社会文化因素滋生和成长的温床。中国涉海的社会生活和文化生活由传统向近代的转变，首先就是从这些通商口岸城市开始的。

　　由于西方近代科学技术和其他社会事物的逐步传入，在通商口岸、沿海地区，社会风气也开始发生了变化，"西学"在士大夫的心目中，已不再是"夷狄"之物；保守派视为"奇技淫巧"的声光化电，不但开始用于军事和军事工业，也开始用于民用工业和城市社会生活，从而在城市生活的衣、食、住、行等方面，传统的风俗习惯也随之发生了较大的变化。

　　随着上海城市建设的发展，各类外国侨民出于各自不同的目的和需要移居到上海这个开放的现代化都市。20世纪以后，上海的外侨中，除了以前的商业、宗教、政治等领域的人物外，新添了不少文化人士，他们在这座城市里，以文化作为其职业和主要谋生手段。20世纪初，就有了专门从事文化职业的外侨。"民国"时期，由于上海城市的现代化功能逐渐完善，来沪专门从事文化事业的外国侨民人数也越来越多。同时，上海城市日趋国际性，也使得外侨的文化与城市生活更紧密地融合起来，无论是对于华人社会，还是对于整个上海生活，都起到相当重要的作用。

　　新文化在现代中国的发展，在很大程度上是伴随着国外文化思潮和观念的传播而进行的。这种文化的交流和传播，在五四运动以后，随着中外交往的日益频繁，其所采取的形式和途径比以前更加直接了。络绎不绝的留学生，成为文化传播的活跃因子。如果说，在19世纪末的中西文化交流中，上海的传教士起到了很大的桥梁作用的话，那么，到20世纪以后，这种角色就由留学生替代了。

　　在思想文化之外，19世纪20年代的留学生对于上海吸收西方的艺术文化也起了巨大的推动作用。作为一个中西文化交融的都市，上海被认为有着很强的接受和消化外来文化的能力，西方的音乐、绘画、戏剧等艺术在上海社会被普遍认同和接受。这种社会影响同一些在国外学习西方艺术的留学生回沪以后孜孜不倦的倡导和宣传是分不开的。西方艺术在上海的传播从晚清的教会开始，上海的外国侨民更直观地把西方艺术同他们的生活形态结合在一起，使上海社会对西方艺术的理解更加深入。但是，西方艺术真正被引入上海市民的生活，成为上海都市生活的一个和谐组成部分，则同留学生的努力是分不开的。

在近代中西文化交流中,随着作家生活天地、艺术视野的开阔,他们的审美情趣和审美理想逐渐发生了变化,因而审美范围和审美视野也有了新的扩展。斑驳陆离的新事物、五彩缤纷的社会生活,熔铸了作家新的审美意识,使他们的审美情趣和审美感受由祖国河山之美扩展到了对海外世界异国风光、异域生活的鉴赏,由中华民族的历史文化延伸到了资产阶级自由、平等、人权、博爱乃至政治上的民主、共和。这些新的观念、新的视野、新的审美情趣,带来了中国新文学的产生和繁荣。由于留学日本、留学欧美的知识分子多、归国的也多,由于欧美文学的大量翻译与介绍、传播,中国的作家诗人无论在国外还是在国内,都创作了大量的涉海作品;受他们的影响,或受整个社会的机制转变和整个社会思潮的感染,更受中国涉外涉内海事渐多的生活现实的影响,很多作家诗人把视野投向了海洋,投向了涉及海洋的生活题材和生活内容,从而使得中国的海洋文学出现了崭新的面貌。

随着清代海外交通的频繁和广泛,中外文化交流的相互影响与相互促进的趋势进一步加强。一方面,以贸易渠道和华侨为主要文化载体,中国文化在海外的传播更为广泛和深入;另一方面,在欧风美雨的影响下,西方文明也从中国沿海港口逐渐扩散到内地。

第一节　鸦片战争前后西方文化的海路传入①

清代,尽管中国的海外交通事业已经衰落,但由于西方国家对华海上交通的扩张,引起了中国社会内部一些有识之士的重视,他们将耳闻目睹的一些海外国家的风土、习俗、政治、经济、历史、地理等情况记录下来,从而加深了当时的中国人民对海外国家的了解。《海国闻见录》和《海录》是鸦片战争前清人撰写的两部海外交通著作。《海国闻见录》成书于雍正八年(1730年)。作者陈伦炯自幼随其父出入东西洋,后又任清朝水师将领,"尤留心外国夷情土俗及洋面针更港道"②。该书共分上下两卷,上卷收《天下沿海形势录》《东洋记》《东南洋记》《南洋记》《小西洋记》《大西洋记》《昆仑》《南澳气》8篇,下卷收地图6幅。在《南洋记》中,他对中西航海技术做了一些比较:"中国洋艘,不比西洋呷板用浑天仪、量天尺较日所出,刻量时辰,离水分度,即知为某处。中国用罗经,刻漏沙……各各配合,方为确准。"③《海录》是清人杨炳南根据水手谢清高口述而笔录,成书于嘉庆年间。全书未分卷,分别记述东南亚、印度洋沿岸、大西洋东岸和欧美地区等国家的情况,其中对于西欧诸国记述尤详。

鸦片战争失败后不久,魏源根据一些中外文献资料,迅速编著成《海国图志》,叙述世界各国的地理分布和历史政情,尤其对西方资本主义国家的经济和政治情况做了肯定性的介绍,并提出了"师夷长技以制夷"的抵御外侮之道。该书出版后,不但对国内

---

① 本节引见陈尚胜、陈高华:《中国海外交通史》,(中国台北)文津出版社1997年版,第325—338页。

② 引自李长傅《〈海国闻见录〉校注》,中州古籍出版社1985年版,第2页。

③ 引自李长傅《〈海国闻见录〉校注》,中州古籍出版社1985年版,第49页。

士人产生了积极的影响，而且迅速传入日本，并为日本知识界所特别重视。仅在1854—1856年，日本就刊印有《海国图志》的各种选本21种①，促进了日本开国思想的成长。

通过海外交通，清代又有菜豆、菠萝、花菜、西洋苹果、陆地棉等海外农作物传入中国。菜豆，又称季豆，原产于美洲中南部，18世纪传入我国沿海；菠萝，又名露兜子，原产于南美，清代传入广东；花菜又称菜花，原产于地中海东部，光绪时期（1875—1908）从欧洲传入上海；西洋苹果大约于1870年前后由美国传教士从美国引植到烟台。棉花虽早已引进到我国，但当时的品种纤维短，不便于纺织。19世纪中叶，有人又从美国引种陆地棉于上海，它是一种长绒棉。② 这些海外农作物的引进，对于我国近代的饮食和服装文化起了积极的作用。

鸦片战争以前，西方的科学技术对于我国社会也有一定的影响，尤其在作为当时中西海上交通的两个口岸的澳门和广州，一些西方科技由于海外交通而传入该地。例如，当时广州的一些工匠已能根据机械原理对从英国进口的自鸣钟进行维修，甚至独自制造。不久，苏州的工匠亦能仿制出自鸣钟。从此，自鸣钟有"广钟"和"苏钟"之别。1805年，英国医官皮尔逊（Alexander Pearson）在广州行医，并招收学徒，教授种牛痘法；广州洋行商人郑崇谦翻译并刻印《种痘奇书》，予以配合。时有梁辉、丘熹、张尧、谭国等4人学习种痘技术。1810年，洋行商人伍敦元、潘有度、卢观恒等人集资请谭国、丘熹为人传种牛痘，以预防天花。③ 1820年，英国新教传教士马礼逊（Morrison）在澳门创办一所医院；1827年，英国东印度公司的郭雷枢（Colledge）又在澳门建立起眼科医院；1835年，美国传教士伯驾（Parker）也在广州建立起眼科医院。至1838年，郭雷枢、伯驾以及另一名美国传教士裨治文（Bridgman）等人在广州联合发起成立教士医学会，对于西方医学在中国的传播起了一定作用。

1824年创办于广州的学海堂书院，也在西方文化影响下突破了传统教育内容的旧框架，开设有数学、天文、地理、历法等新的自然科学的科目。一些西方新教传教士亦在鸦片战争前夕来到澳门和广州办学，直接传播西方文化。例如，美国人布朗（Samuel Robbins Brown）于1839年在澳门办起马礼逊学堂，招收儿童进行西式教育。中国近代改良派人物容闳（1828—1912）就是由该学堂学习英语后而于1847年赴美国留学，成为中国最早的留美学生。另外，继明末以后，进入到中国内地的天主教传教士，在介绍和传播西方文化方面，包括基督教教义和科学技术以及文学艺术诸方面，都有一定的作用。但康熙时期清朝政府与罗马教廷之间发生的"礼仪之争"，尤其是雍正时期驱逐西方传教士政策的确立，将留华的西方传教士严格限定于宫中服务，从而又阻断了西方文化在中国社会的进一步传播。

鸦片战争后，西方文明再次通过通商口岸扩散到中国内地。例如，电灯照明技术于1879年传入中国，首先是从英国商人创办的上海电光公司架设路灯照明开始的。后在1893年，公共租界工部局收回自办，并推广电灯用户，住在外滩一带的中国绅商、

① 王晓秋：《近代中日文化交流史》，中华书局1992年版，第34页。
② 据闵宗殿：《海上丝绸之路与海外农作物的传入》，载《中国与海上丝绸之路》，福建人民出版社1991年版，第24页。
③ 陈柏坚：《广州外贸史》，广州出版社1995年版，第238页。

买办争相使用电灯照明。另外,广州(1888 年)、北京(1890 年)、天津(1902 年)等城市亦相继使用电灯照明。自来水也首先创办于上海。1881 年,上海成立自来水公司。此后,天津、广州等城亦相继建立自来水厂。电报技术首先是由福建巡抚丁日昌于 1877 年引进到台湾。1879 年,李鸿章在大沽与天津之间架设电报获得成功,便又开始在津沪间架设电报线。此后 10 余年间,上海至广州、长江沿岸城市、东北、西南、西北各地的电报线相继架设,一时官商称便。电话业首先由轮船招商局于 1875 年创办于上海。1879 年,天津亦开始架设电话线路。1905 年,京津之间电话开通。此后,电话业在各地迅速发展。无线电业是由法国人于 1904 年在秦皇岛首先设立。其后,广东地方政府聘用丹麦人承办无线电事业,作为督署与海防要塞以及军舰进行联络的工具。1905 年,袁世凯在天津正式开办无线电报学堂,为无线电业培训专门人才。[①] 即使是近代教育本身,亦是从条约口岸开始的。先由西方传教士在此办学,设置西学课程;继而中国官民效尤,使各类新式学堂如雨后春笋般地建立起来。显然,沿海地区通商口岸所具有的海外交通的便利条件,已使它们成为近代中国引进西方文明的窗口、传播西方文化的摇篮。

　　总而言之,清代中外海上交通的频繁,已为中外文化交流开拓了更加广阔的渠道。遗憾的是,鸦片战争前,清朝政府并未能很好利用海外交通所形成的中西文化联系的纽带充分吸收西方的文明成果,从而丧失了有利的历史机遇,失去了在经济、军事和文化上抗衡西方资本主义列强的实力,导致了清后期海外交通性质的根本性变化。历史表明,一个民族、一个国家能否在对外交通中充分吸取外界营养来充实自己、发展自己,是影响这个民族兴衰和国家强弱的重要因素。

第二节　外侨文化对上海社会的影响[②]

　　上海的外国侨民,最初的成分比较简单,主要是商人、外交官、传教士等。随着上海城市建设的发展,各类外国侨民出于各自不同的目的和需要移居到上海这个开放的现代化都市。20 世纪以后,上海的外侨中,除了以前的商业、宗教、政治等领域的人物外,新添了不少文化人士,他们在这座城市里,以文化作为其职业和主要谋生手段。

　　1910 年工部局的人口统计中,就开始有了专门从事文化职业的外侨。"民国"时期,由于上海城市的现代化功能逐渐完善,来沪专门从事文化事业的外国侨民人数也越来越多;同时,上海城市日趋国际性,也使得外侨的文化与城市生活更紧密地融合起来,无论是对于华人社会还是对于整个上海生活,都起到相当重要的作用。

一　上海的异国文化:外侨俱乐部和社区

　　上海的外侨人数随着城市的开发而逐渐增多。最初,由于外侨人数少,而且分散,他们的文化生活主要是通过俱乐部实现的。上海的各国侨民都有经营得非常出色的

---

① 据陈振江:《通商口岸与近代文明的传播》,载《近代史研究》1991 年第 1 期。
② 本节内容引见熊月之:《上海通史》第 10 卷,《民国文化》,上海人民出版社 1999 年版,第 332—356 页。

俱乐部,他们在俱乐部里享受和展示自己的文化和生活方式。创建最早的俱乐部是英国总会,成立于 1861 年,当时上海不过 500 来名外国侨民。英国总会得到上海外侨建立的娱乐基金(The Recreation Fund)的财政支持。1909 年,上海英国总会拆除 1864年建造的三层砖木结构大楼,在原址上建造了一幢五层楼的钢筋混凝土结构的新建筑。这是上海最早的钢筋混凝土建筑。"底层入口处有两对塔司干式柱,二、三层中部五间有贯通两层的仿爱奥尼式列柱。总体属新古典主义式,但窗上的楣饰、墙面上的纹饰和塔楼的式样等具有巴洛克特征,外墙除柱、勒脚为石材外,均为水刷石墙面。进厅内有大理石阶梯直达第二层大厅。"①底层南侧酒吧间内有当时据称是世界上最长的酒吧柜台,有 110 英尺长。外侨在俱乐部内享用英式的菜肴、洋酒和娱乐生活。英国总会的布局为:地下室为滚球场,一楼为酒吧间和阅览室;二层为大菜间和宴会厅;三、四层为单人旅馆;五层为厨房和宿舍。上海英国总会以其规模宏大、经营完善著称。总会实行会员制,在其兴盛时期,会员资格的申请要等很长时间才能批准。上海的海外旅游者,如有会员引荐,可以在总会逗留和游玩 14 天,但一年内不得超过 3 次。如果是孟加拉、新加坡、香港英国总会的会员,自然享有每年 3 次、每次 2 周的会员资格。

1907 年建成的德国总会,花费 33.88 万金马克。这座三层楼的德国文艺复兴式建筑,在 20 世纪 20 年代以前一直是外滩最豪华、最宏伟的大楼。其高达 48 米的青铜冠顶尖塔,宽宽的山墙,构成优美的轮廓。总会的内装修耗费 22.41 万金马克。一楼大堂通向楼上的大理石梯阶,酒吧墙上描绘柏林、不来梅风光的壁画;二楼餐厅的彩绘玻璃,都是当时中外舆论叹为观止的远东室内装潢经典。主持内装修设计的是德国建筑师卡尔·培迪克,他后来还负责设计了早期的上海德国技术工程学院。这些建筑,一部分现在仍保留在陕西南路复兴中路的上海机械专科学校内。德国总会奠基时,普鲁士王子亲临培土;大楼建成揭幕那天,德国人在外滩当街抛撒钱币,轰动一时。②

这些重要的俱乐部,是侨民显示自己文化经济实力的标志,所以在建筑及活动内容上竭尽奢华。法国总会和美国总会以及在虹口的日本人俱乐部、在爱文义路上的犹太总会、在福煦路上的俄国总会等,都被布置得美轮美奂、非常舒适,外侨在那里就像回到故乡一样。

但是,许多外侨俱乐部的活动形式很封闭,只向一个相对固定的小圈子成员开放,他们的文化娱乐方式实际上在上海呈"孤岛"状,对于上海整个社会文化的影响甚小。

19 世纪末到 20 世纪初年,随着来沪外侨人数的增加,一些侨民相对集中地聚居在一起,形成了一些外侨社区。在这些社区内,异国文化色彩十分强烈。因为它们处于整个上海华人社会中间,所以,他们的生活方式和文化不仅构成了上海纷繁的文化色彩,而且与整个华人社会也存在一定的交流和融合。

20 世纪初,在德国侨民的惨淡经营下,德国色彩成为外滩最耀眼夺目的景象。公园前的伊尔底司纪念碑和仁记路旁的德国总会大厦,是德侨兴盛时期的象征。外滩的东北面,曾经是上海德侨的生活社区,社区中心就是领事馆和教堂,其位置就在今黄浦

① 罗小未:《上海建筑指南》,上海人民美术出版社 1996 年版,第 55 页。
② 席涤尘:《德国总会小史》,上海通社:《上海研究资料》,上海书店 1984 年版,第 492—493 页。

路海鸥饭店一带。当初德侨的子弟学校——威廉学校设在教堂旁边的房子里,附近还有德国人开的肉铺和德国式的酒吧。[①] 1911 年以后,威廉学校因为扩大而搬迁,原校舍就改作德国海员俱乐部。第一次世界大战结束,作为战败国,上海的德国侨民大多被遣送回国。1918 年 12 月 2 日,竖于外滩公园旁的伊尔底司纪念碑被推倒;1919 年,富丽堂皇的德国总会被中国银行作为行址。从此,外滩的德国色彩消失殆尽。

20 世纪 20 年代以后,才有不少德国商人陆续返回上海。这时,他们不仅失去了市中心的位置,也失去了殖民者的特权,如领事裁判权等,上海的德侨于是只能向边缘发展。20 年代末 30 年代初,在海格路大西路(今华山路延安西路)西南角一带,逐渐形成上海德国侨民的新社区。1929 年 5 月,被称为"德意志之角"的上海德侨活动中心在此落成,中心为在沪德侨提供文化娱乐,还辟出两层楼面作为在沪德侨的子弟学校,学校依然叫威廉学校。同年 6 月,被推倒的伊尔底司纪念碑也被重新建立在此地。1932 年 10 月,一座新的教堂也在旁边建成,这是个漂亮的教堂,由邬达克设计。

日本侨民是 19 世纪 60 年代开始来到上海的。到 19 世纪末,日本在上海的居留民(指已经在上海获得一定职业,并已向日本政府申报的人)已经达到 1000 人以上,20 世纪初年迅速发展到 8000 多人。虹口是日本侨民在上海相对集中的居住区域,主要围绕在日本领事馆和东本愿寺周围。百老汇路(今大名路)、天津路、南浔路、文路(今塘沽路)、乍浦路一带,成为上海的日侨生活区,日侨在这里开设许多商店,同时也出现了许多适合日本人生活和文化娱乐的场所。19 世纪末,这一带就出现了不少有名的日本料理店,如丰阳亭、六三亭,以及月乃家和三好馆等。1908 年以后,日本侨民的祭祀场所上海神社以及日本人俱乐部,也在这一区域成立。六三亭的创始人叫白石六三郎,原来是香港—上海航线轮船上的洗碗工,常在上海逗留,于是喜欢上了这里。1898 年,他在文路开了一家日式小饮食店,初名六三庵;之后,又扩大为名为六三亭的日本料理店,并在店里招聘艺妓,生意日益兴旺。1908 年,他在江湾一角购得 6000 坪[②]土地,兴建了一个日式庭园六三公园,作为六三亭的分店。六三公园是一座典型的和式庭院,里面种植从日本引进的植物和盆栽,并辟有小动物园。该处成为日本侨民最喜爱的聚会休闲场所。上海的日本侨民主要来自长崎。有研究者指出:上海的日侨主要沿袭九州一带的风俗,"男的着西装或和服,女的全部着和服,饮食以和食为主,配有西洋和中华料理。日本鱼和日本野菜大部分从九州一带运来,因而形成虹口市场"[③]。虹口实际上是长崎的一个缩影。20 世纪 20 年代,上海和长崎开辟了定期航路,来沪的日本人因此迅速增加。据 20 年代日本在沪侨民估计,当时"我居留民号称 2 万,其九成居住在虹口,中国人为生活在他们中间的日本人提供几乎全部生活所需的两替店、杂货店、米炭店、食料品商、吴服商及鱼菜商等,甚至有用日本语叫卖的挑担商人的光景"[④]。1915 年以后,上海的日本侨民在数量上已经超过英国侨民,占了外侨的首

---

① 参见道生·沃勒:《德国建筑在中国》,厄恩斯特与斯恩公司 1994 年版,第 85—89 页。

② 1 坪≈3.3 平方米。下同,后面出现不再标注。

③ 陈祖恩:《明治时代的上海日本居留民》,张仲礼:《中国近代城市企业·社会·空间》,上海社会科学院出版社 1998 年版,第 442—444 页。

④ 高冈博文:《上海的日本居留民社会》,张仲礼:《中国近代城市企业·社会·空间》,上海社会科学院出版社 1998 年版,第 449 页。

位。

在沪的日本侨民所从事的职业,对于上海文化影响较大的除了日本料理以外,还有其他几项,如印刷业。在19世纪来沪的日本人中有不少是从事印刷业的,修文书馆和乐善堂书局是上海比较有名的印刷所。① 商务印书馆后来接受修文书馆的机器设备,并聘请日本的印刷技师指导印刷工作。另外,日本人在上海经营药店、旅馆、照相馆,都起到首开风气的作用。19世纪50年代,法国人就在上海开设照相馆;70年代以后,华人的照相馆也陆续出现了不少②,但规模和影响都不很大。1882年5月,日本人铃木忠视在福州路河南路开设"日本照相馆",这是日本人在上海最早的照相馆。由于他苦心经营多年,为日本照相馆在上海建立了声誉。其后,原在铃木店里工作的佐藤传吉,自己独立开设了一家佐藤写真馆,为顾客提供室内外人物摄影、风景摄影,并发行珂罗版的上海风景集。由于该照相馆对于技术比较求精,赢得了顾客的好评,被认为是当时上海第一流的照相馆,职工有30多人。至于日侨内山完造开设的内山书店,在上海文化事业上的影响更为许多人所共知。内山完造出生于日本冈山县,成年以后在京都从事纺织品推销等工作。1912年3月,他受日本一家大药店参天堂的派遣来到上海。1915年,他回国同井上美喜结婚,次年携妻重回上海。内山仍旧在参天堂工作,妻子美喜则在北四川路开设了一家书店。当时虹口已有三家日本人开设的书店:文路的日本堂、申江堂、闵行路的至诚堂。新开张的内山书店,刚开始时规模不大,主要以经销基督教方面的书为主,以后逐渐扩大进书范围。③ 美喜是京都的一个商家之女,很有商业头脑,而内山完造主要是从事销售广告的。在他们夫妇的精心经营下,书店的业务蒸蒸日上。内山完造注意同上海文化人士保持密切的关系。自19世纪20年代起,这里顾客中有许多是中日文化人士。内山完造还策划了一系列文化讲座,邀请日本著名的经济学、社会学、文学方面的学者来这里讲课,提高了书店的声誉。1926年1月,日本文学家谷崎润一郎来沪,内山完造邀请郭沫若、田汉、欧阳予倩等人,在书店与他进行交流。此后,其他一些日本文化人士如佐藤春夫等访问上海时,内山书店同样成为中日文化人士进行文化交流的沙龙。这些活动的展开,使得内山书店在中日文化界的名气日增,人们把这里看作"中日两国知识分子结合起来的二个文化窗口"④。1927年,鲁迅定居上海之后就开始造访内山书店,并同内山完造建立了深厚友谊,内山书店也成为鲁迅会客和经常活动的场所。1929年,由于书店业务扩大,内山书店由原来魏盛里的小巷子迁移到正街的四川北路,营业面积大了许多。19世纪30年代初,国民政府通缉鲁迅,内山完造为鲁迅一家提供了避难的场所,并将书店作为鲁迅对外联络的地方。同时,内山完造与宋庆龄、蔡元培等重要政治、文化人士也保持了密切的关系。在20世纪二三十年代的上海文化史上,内山书店有很重要的地位。

二 外侨建筑设计师与上海的外来建筑文化

从城市的布局和建筑外观来看,上海是中国近代城市中西方化程度最高的。上海

---

① 范慕韩:《中国印刷近代史》,印刷工业出版社1995年版,第161页。
② 上海摄影家协会等:《上海摄影史》,上海人民美术出版社1992年版,第185页;第3—6页。
③ 〔日〕吉田旷二:《鲁迅挚友内山完造的肖像》,新华出版社1996年版,第65页。
④ 〔日〕吉田旷二:《鲁迅挚友内山完造的肖像》,新华出版社1996年版,第74页。

城市的主要建筑都是近100年来建造的,而且主要是以欧美近代建筑类型为主的。这种状况,同上海大量外侨居民的存在有极大关系。外侨的生活不仅成了整个城市生活的一部分,并且影响着上海的社会生活色调。居住的形式,其实是同生活方式联系在一起的;当然,建筑设计家的个人风格也会在建筑物上留下鲜明的个性。在20世纪以前的上海城市建筑,由于相对比较简陋,加之上海市区地价昂贵,建筑更新速度也很快,所以,保存下来的并不多。现在人们可以看到的遗留下来的建筑主要是20世纪以后的,尤其是二三十年代。这一时期,上海社会的繁荣推动了城市建设的飞速发展,同时,世界的建筑发展也正处于从古典型向近代型的转变。新的建筑材料的采用引起建筑结构的改变(如钢筋混凝土框架和钢框架结构的出现),这一改变也使得新的建筑设计风格随之出现,高层建筑成为新的潮流。在此基础上,古典式建筑的一些倾向和美学要求也起了变化,而正在兴建中的上海城市,就成了世界近代建筑风格的一种实现和典型。

开埠初年,英国人在租界内陆陆续续建造起一些房子,模仿他们在孟买、加尔各答等殖民地的建筑样式。但那些亚热带风格的、带有很大开放性的、被上海人称作“大班风格”的建筑,因为不适应上海冬天的湿冷天气,无法抵御江南的寒冬,不久就被淘汰了。

后来被认为是上海居住特征的里弄式住宅,从一开始就是为躲避战乱而进入租界居住的华人居民设计的,实际上带有很强的西式建筑特点。租界内的土地开发,很早就采用商业机制,这一机制对于以后上海城市的开发也起了推动作用。开发商在营造一般居民的住宅时,总体布局采取欧洲联排式这一集居式住宅的形式,以期提高土地的利用效率。① 其单体结构——最早的老式石库门,借鉴了中国传统建筑的形式。而到20世纪以后,所谓新式里弄房子以及30年代出现的花园式里弄房子,其单体建筑已逐渐采用西式建筑的形式和布局。

由于上海的地产开发主要是借鉴欧美国家的经验,许多外国设计师和设计机构因而参与了上海城市建筑的设计和规划。从19世纪末到20世纪初年,上海建筑设计基本上都是由外侨主宰的。最早较有规模的,是英国人玛尔逊(Morrison)开办的事务所——玛尔逊洋行,也被称为“打样间”。他们设计了外滩7号的老通商银行以及外滩9号的老轮船招商局等。玛尔逊实际上是上海建筑设计行业的教父式人物;后来,他的许多助手都纷纷独立开设各自的设计事务所。这些设计事务所的设计,给近代上海的建筑留下了深刻的痕迹。在玛尔逊之后,最重要的外侨建筑设计公司是公和洋行(Palmer & Turner Architects and Surveyors)。它原是香港一家老牌建筑设计机构,“民国”以后来上海开设分公司,主持人为威尔逊(Wilson)与洛根(Logan)。② 他们主持设计了上海的许多重要建筑,包括20世纪二三十年代外滩的一些标志性建筑物,如东方汇理银行大厦、有利银行大厦、麦加利银行大厦、汇丰银行大厦、江海关新大楼、沙逊大厦、百老汇大厦、汉弥尔登大厦、都城饭店、河滨大楼、峻岭公寓、横滨正金银行、中央大厦、真光和房子、西园公寓、中国银行等。1910年,斯金生(Steuardson)设立了斯

---

① 上海市房地产管理局:《上海里弄民居》,中国建筑工业出版社1993年版,第34页;第49页。
② 伍江:《上海百年建筑史》,同济大学出版社1997年版,第131页。

金生洋行,后他又与马海洋行合并为新马海洋行(Spence,Robinson And Partners)。新马海洋行的典型作品有1934年建造的公寓式里弄新康花园和1938年建造的花园式里弄上方花园。玛尔逊的另一个助手强生(Johnson)开设德和洋行,设计的建筑有先施公司、雷士德工学院、仁济医院、大东大北电报局、上海大舞台、字林大楼、化工学院和工部局市政厅等。[①]

除了英国侨民以外,德国建筑师海因里希·贝克(Heinrich Becker)也在上海建立了他的事务所——培高洋行。贝克出生于什末林,在慕尼黑学习建筑,以后在开罗工作了5年。1898年,他作为第一个德国建筑设计师来到上海。上海的德国各机构的重要建筑,很多是由他设计的,如德国总会、华俄道胜银行、德华银行等。1911年4月,"贝克结束了他在中国的工作,取道澳大利亚返回德国"[②]。贝克的同学卡尔·培迪克(Carl Baedcker)1905年来上海协助贝克工作。贝克回国以后,他继续在上海从事设计活动,设计了上海的德国工学院。

另外,美国设计师哈沙德(Elliott Hazard)和菲利普斯(Philips)组建的哈沙德洋行,在20世纪20年代末30年代初的上海建筑设计业中也有一定影响。其主要作品是金门饭店、西侨青年会大厦、永安公司新大楼以及枕流公寓等。

法国设计师赉安(Leonard)和另一个法国建筑师Veysseyre合伙开设的赉安工程师事务所,给上海带来了别致的设计风格。他们设计了法国总会、培文公寓、万国储蓄会大楼、道斐南公寓等。法国建筑工程师Rene Minutti毕业于苏黎世工学院,1920年来上海,一开始主要设计桥梁、仓库等公共设施,30年代起也从事其他建筑设计,毕卡第公寓、回力球场和外滩法邮大楼都是他的作品。[③]

日本建筑设计师海莱诺(Hirano),在上海也为一些重要的日本驻沪机关如日本领事馆、日本总会的建筑进行设计,同时还设计了一些日资工厂的厂房等。

对于近代上海建筑设计产生很大影响的建筑设计师,还有邬达克(Hudec)。邬达克1893年出生于斯洛伐克的一个建筑世家,1914年毕业于布达佩斯皇家学院,1916年当选为匈牙利皇家建筑学会会员,1918年从沙俄战俘营流亡到上海。他先是在美商克利洋行工作,1925年以后自己开业,独立承接建筑设计业务。他的设计业务除了上海,还扩展到美国和德国。他在上海经营业务的时间较长,所设计的建筑形式也很多样,从住宅到旅馆、教堂、电影院、工厂都有。他参与设计的不少建筑,后来都成为上海的标志性建筑物,如怡和啤酒厂、四行储蓄会、慕恩堂礼拜堂、宏恩医院、美国总会、大光明电影院、国际饭店、吴同文住宅(今北京西路铜仁路转角处)、宝隆医院、德国新福音教堂(位于大西路1号)、哈密路的天主教堂、辣斐影戏院等。20世纪二三十年代活跃在上海的还有一个匈牙利建筑设计师鸿达(Gond),他设计了新新公司、东亚银行大楼、光陆大楼和国泰电影院等。

三 外侨与上海的西方艺术氛围

上海社会有很强的兼容性,各种文化都能共存于上海这个文化的熔炉里,互相交

① 陈从周、章明:《上海近代建筑史稿》,三联书店1988年版,第222—224页。
② 道生·沃勒:《德国建筑在中国》,厄思特与斯恩公司1994年版,第93页。
③ 伍江:《上海百年建筑史》,同济大学出版社1997年版,第148页。

流和借鉴。外国文化被上海社会的接受程度以及在社会上的普及程度,要远远高于中国其他城市。这一结果的产生与大量外侨文化工作者移居上海是分不开的。例如,上海的西方美术和音乐人才以及上海人的素养,在"民国"时期一直高于中国其他地区,这就同外侨的影响直接相关。在最早来沪的一批从事文化事业的外国侨民中,就有专业画家。1910年的工部局人口统计中,有13个人的职业是画家。20世纪20年代以前,学习西方美术的留学生还没有大量地回到上海,上海的西画主要靠外侨中的一些画家在推动,许多上海的画家也是从师从这些画家入手,学习西洋绘画技法。1913年,杭樨英在商务印书馆图画部,即师从德籍设计师习画。张聿光1919年跟随法籍画家路铎夫学习绘画。毕业于莫斯科绘画雕塑建筑学校的俄籍画家朴特古斯基,1920年来上海定居,在上海开设自己的画室,进行绘画创作和建筑设计。他曾参与设计沙逊大厦和法国总会。上海早期的西画美术团体晨光美术会,得到了他的帮助。1922年起,他在自己的画室里教授绘画,张聿光等也曾入室学习。1925年1月,上海美术专科学校建立以后,朴特古斯基被聘请为西洋画系教授,同时被聘的还有另一位俄籍画家史托宾和西班牙画家冠司。1930年9月,侨居上海的捷克美术家高祺,设立了私人的美术学校,教授雕塑和绘画。[①] 其他一些有名的画家,也选择上海作为其创作的基地。1927年,俄国画家基奇金移居上海,在上海从事绘画工作,并成为当时上海最有影响的肖像画家。实际上,上海的绘画活动和水平,是由中外画家共同造就的。19世纪20年代以后,上海外侨中一些美术家和美术爱好者,还组织各种文化团体,如"上海西人美术会""中西美术合作社""外侨画家俱乐部"和"犹太画家美术爱好者协会",进行美术活动和组织展览。1932年11月,上海西人美术会收集上海的西侨美术家的作品1000余件,举行展览会。1942年6月,上海外侨画家俱乐部在法国总会举行画展,展品包括来自英、法、俄、德、奥、瑞等国在沪侨民画家的作品。1943年5月,在沪犹太侨民的团体犹太画家美术爱好者协会,组织了一次画展,展出14位犹太画家主要描绘上海犹太人生活和上海都市生活景观的作品。这些侨民的艺术活动,把上海的西画推进到一个较高的水平。同时,外侨画家的技法和活动方式,对于上海一些学习绘画的人是重要的示范。另外,不少俄侨美术家对于上海的实用美术的发展也起了重要作用,如舞台美术、广告设计、橱窗布置、高级建筑的艺术装饰等。上海的歌剧、芭蕾舞剧、话剧的演出,其舞台美术主要是由俄侨美术家设计的。其中,古斯特、萨夫罗诺夫在上海的舞美设计中具有很高的声望。俄侨美术家还创办了不少广告美术设计机构,如捷普利亚科夫的广告美术社(Advertising Art Studio)、阿斯塔菲耶夫的画室(Astafieffs Art Display)、亚历山大的上海美术公司(Shanghai Art Company)、上海商业广告社(Shanghai Commercial Art Studio)等都是上海一流的广告设计公司。[②] 这些高手的加入,使得上海实用美术水平在整体上有了很大的提高。

实际上,从来沪侨民的文化素质来看,俄国侨民和在上海做短暂逗留的犹太侨民,是到达上海的外侨中文化修养最高的。尤其是俄国侨民,20世纪二三十年代时,他们的人数占了在沪外侨的半数,同时,由于他们基本上散居于上海市民中,因此他们的文

---

① 李超:《上海油画史》,上海人民美术出版社1995年版,第81页。

② 汪之成:《上海俄侨史》,三联书店1993年版,第665页。

化在上海社会中产生的影响也比较大。他们为上海社会普及了西方的文学、诗歌、绘画、戏剧、歌剧、芭蕾、音乐和通俗歌舞等西方文化艺术样式。在俄侨以前的外侨,他们的文化主要是在外侨中间或对于一部分华人发生影响,而人数集中的俄侨与华人社会接触广泛,对于上海中西文化融合起到了很积极的作用。

俄国来的艺术家,为上海社会带来了西洋音乐、芭蕾、话剧、轻歌剧等西方艺术,改变了上海的文化面貌。上海工部局管弦乐团(Shanghai Municipal Public Band)成立于1879年,初为管乐队,1907年起扩大为管弦乐队。首任指挥为德国人柏克(Prof Budolf Buck),1919年起意大利著名指挥家梅百器(Mario Paci)出任指挥,直至1946年。在梅百器的调理下,该乐团成为远东最优秀的交响乐团。该团每周在兰心大戏院举办音乐会,在上海社会享有盛誉。该团的队员都是一流的乐师,梅百器担任指挥后,聘请刚从米兰音乐学院毕业的小提琴手富华出任乐团首席。富华是一个极有才华的音乐家。工部局乐队的演奏员都具有很高的水准。在45名弦乐演奏员中俄国侨民占了60%,其余分别为意大利、捷克斯洛伐克、美国、菲律宾等国侨民。30名管乐演奏员中,俄侨占了19名。第二次世界大战后,该团改组为上海市政府交响乐团,梅百器离开上海,先后接替的3名指挥,都是俄侨。当时,在70名左右的乐师中,除了8名华人乐师外,其余都是外侨,以俄侨和意侨为最多。在国立上海音乐专科学校,俄侨音乐家成为最重要的骨干师资。钢琴系主任和大提琴系主任分别由俄侨音乐家扎哈罗夫和舍夫佐夫担任,另外不少教师分别担任声乐、钢琴、小提琴的教师,有10多名俄侨音乐家先后担任该校教师。他们的加入,也使得国立上海音乐专科学校的教学水准有了很高的起点,许多外籍学生投考该校。

1932年,校务委员会决定外籍学生只能占全体学生人数的10%。担任钢琴系主任的扎哈罗夫,早年毕业于圣彼得堡音乐学院,师从俄国音乐家约西波娃;后去维也纳,在著名钢琴家利奥波德·托多夫斯基指导下进修钢琴艺术。1915—1921年,他在彼得格勒音乐学院任教授,并在欧美巡回演出。1929年起,他侨居上海。上海国立音专的声乐教学非常著名,曾经培养出很多优秀的学生。在这过程中,不少外籍教师起了很大作用。其中,俄侨声乐家舒什林(苏石林)教授,是贡献尤多的一位。舒氏8岁即以儿童歌者驰名圣彼得堡,有"空中云雀"之称。15岁毕业于圣彼得堡皇家音乐学院,以小提琴为主修,副修钢琴。19岁再入圣彼得堡皇家音乐专科学校,专攻声乐,兼学歌剧,师从意大利著名声乐教授埃弗拉迪,研究意大利声乐教学和演唱技法;毕业后与世界著名低音歌唱家沙利亚平合演歌剧,1924年侨居哈尔滨。1929年,应上海国立音专校长肖友梅之聘来沪,在国立音专担任声乐教授达15年,培养了诸如胡然、斯义桂、郎毓秀、周小燕、高芝兰、茅爱立等著名歌唱家和声乐教育家,为上海的声乐艺术教学奠定了良好的基础。除了在国立音专授课,舒什林还在上海私人教授学生,学生来自中、英、法、美、俄、德、意等十几个国家。[1]

1926年,法租界公董局成立一支管乐队,全队共有25名团员,全部由俄侨音乐家组成。另外,上海很有水准的乐队伊迦斯俱乐部(EJAS CLUB),其指挥为俄侨音乐家马尔戈林斯基,团员中也有许多俄侨,该乐团主要在犹太总会演奏。由于云集上海的

---

① 汪之成:《上海俄侨史》,三联书店1993年版,第643页。

俄侨音乐家众多,所以上海的私人西洋音乐教授,主要是由他们开创的。特别是在 20世纪 20—30 年代,俄侨音乐家在上海开设私人音乐学校的很多。1924 年时,上海已有 3 所俄侨声乐学校。以后,一些著名俄侨音乐家像歌唱家托姆斯卡娅、马申,钢琴家切尔涅茨卡娅、西姆齐斯—布里安,小提琴家费奥多罗夫、波杜什卡,大提琴家舍夫佐夫等,都在上海教授学生。1936 年 1 月,上海一些俄侨音乐家成立上海第一俄国音乐学校,学校设有歌剧导演、声乐、歌剧、钢琴、小提琴、大提琴、作曲法、音乐史等课程,学生分为预科、低、中、高 4 个年级,每门课程每周听讲 2 次。1940 年 11 月,著名钢琴家马克列佐夫在上海霞飞路 915 号设立一所音乐学校,按照伦敦钢琴学校大纲向学生教授,毕业后可取得伦敦皇家学院(Royal College, London)的文凭。

20 世纪 20 年代后期,爵士乐在上海流行,上海的一些豪华酒店如大华、礼查、汇中、华懋等,都有驻店的爵士乐队为餐厅和酒吧伴奏表演,这些较有水准的爵士乐队,几乎都由俄侨组成。在有声电影普及以前,上海的电影院在放映无声片时都有乐队伴奏,电影院乐队的成员 90% 也是俄侨。所以可以说,是俄侨音乐家为上海带来了西方音乐。

在上海的俄侨音乐家中,有不少是彼得堡歌剧院的指挥、乐手、歌唱家、芭蕾舞演员、舞美人员甚至合唱演员。当时,外侨中有许多人爱好歌剧艺术。基于此,1932 年,由上海俄国音乐教育协会出面,组织俄国歌剧团,在上海排演歌剧。首先排演的是歌剧《鲍里斯·戈杜诺夫》,由瓦尔拉莫夫任总导演、克拉林等任主演。同年,又应夏令配克电影院邀请,演出《渔美人》和《叶夫根尼·奥涅金》。俄国歌剧团为上海社会开创了歌剧的演出事业。1934—1940 年,俄国歌剧团在 6 个演出季中演出了 235 场,演出剧目 71 种,其中有 2 部歌剧、1 部喜剧,其余均为轻歌剧,观众总人数达 12 万人次。[①]

另外,俄侨还为上海带来古典芭蕾舞剧的演出。在 20 世纪 30 年代以前,上海几乎没有芭蕾演出。1935 年 2 月 22 日,上海俄侨芭蕾舞演员在兰心大戏院揭开上海芭蕾演出的序幕。以后,俄国歌舞团在上海西人爱美剧社的支持下,以兰心为基地,开始演出芭蕾舞剧,使得上海有了水准很高的芭蕾演出;其中,《第四交响曲》《天鹅湖》《舍赫拉扎达》和《神马》是歌舞团主要排演的大型芭蕾舞剧。[②]

上海开埠以后,有不少犹太商人来到上海,开始主要是一些商人,还有一些医生。犹太人大批来到上海,主要是在 20 世纪 30 年代末 40 年代初。这批犹太人是为了逃避德国纳粹的迫害,由欧洲逃亡至上海。从 1933 年起,就陆续有一些德国犹太人到来;到 1938 年以后,欧洲犹太人逃亡来沪的人数不断增加,除了德国还有奥地利的犹太人。1939 年以后,波兰、匈牙利、捷克、罗马尼亚等中欧国家的犹太人,也因这些国家先后卷入战争而逃亡。到 1941 年,大约有 3 万犹太难民来到上海,其中有 5000 人左右经上海转道别的国家,另外有 2.5 万人左右则在上海生活下来,直到第二次世界大战结束。[③] 犹太人是欧洲文化水准普遍较高的民族,因此这些犹太人的到来,是上海除俄侨以外又一批文化艺术人才聚集的高峰。在这批犹太难民中,医师有 200 多

---

① 汪之成:《上海俄侨史》,三联书店 1993 年版,第 652 页。

② 汪之成:《上海俄侨史》,三联书店 1993 年版,第 657 页。

③ 唐培吉等:《上海犹太人》,三联书店 1992 年版,第 136 页。

名,音乐人才也有近百名。这些犹太人大多居住在虹口唐山路、公平路、东熙华德路、汇山路一带。他们的到来,改变了这里的面貌,使之成为一个充满欧洲风格的社区,有人以"小维也纳"来称呼这个地区。在避难的艰苦岁月里,犹太人依然热衷于文化事业。他们在上海兴办报刊,甚至出版专门的医学刊物《医学月刊》和《中欧医师公会学报》,还在兰心大戏院上演弗兰克·沃尔夫马尔的《大利拉》。同时,建立了一个犹太人的剧团,演出的剧目包括萧伯纳、斯特林堡、莫尔纳、霍夫曼斯塔尔等著名剧作家的剧作。有10名犹太音乐家在工部局乐队谋得一席之地,另外一些音乐家,则分别在国立音专、沪江大学、圣约翰大学等找到教职。① 在上海从事音乐教学的犹太音乐家中,对于上海产生很大影响的有卫登堡(Afferd Wittenberg)。卫登堡是19世纪驰誉全球的匈牙利小提琴家约瑟夫·约阿希姆(Joseph Joachim)的得意门生,毕业于柏林皇家音乐院,1900—1903年在德国皇家歌剧院担任小提琴首席。他与奥地利钢琴家阿图尔·施纳贝尔(Altur Schnabel)和荷兰大提琴家安东·赫金(Anon Hekking)组成当时世界上最有声誉的三重奏小组。希特勒上台后,卫登堡离开德国。美国音乐界以优厚的待遇邀请他去美国担任音乐教授,但卫登堡不满于美国当时的演奏风气,婉言谢绝。1939年2月,他流亡到上海,居住在虹口提篮桥的陋室里,以教授私人学生为业,后担任工部局乐队小提琴首席的俄罗斯犹太人米沙·里斯金,就是他的学生,上海的许多小提琴家如谭抒真、陈宗晖、毛秉苏、司徒海城、马思宏、章国灵都接受过他的指导。

许多著名音乐家侨居上海,并在上海从事演出、教学活动,迅速提高了上海的音乐水准。20世纪20—30年代,上海享有在远东地区最高的音乐地位,众多蜚声世界的音乐家前来上海举行音乐演奏会。20世纪20年代,来沪举行过演奏会的世界顶级演奏家,有俄罗斯女小提琴家汉森(Cecilia Hanson)、俄罗斯小提琴家海菲斯(Jascha Heifetz)、波兰小提琴家戈德伯格(Szymon Goldberg)、匈牙利女钢琴家克劳斯(Lili Kraus)、法国小提琴家蒂博(Jacques Thibaud)、俄罗斯小提琴家艾尔曼(Mischa El-man)和津巴利斯特(Efrem Zimba)、奥地利大提琴家福伊尔曼(Emanuel Feuer-mann)、俄罗斯大提琴家皮亚季尔斯基(Gregor Piatigorsky)、波兰钢琴家鲁宾斯坦(Artur Rubinstein)和弗里德曼(Ignaz Friedman)、俄国钢琴家莫伊谢耶维奇(Benno Moiseivitch)和齐尔品(Alexander Tcherepnine)等。② 当时,主要演出音乐会的场地,有大光明、夏令配克、新光以及兰心。这些音乐家的演奏会,开创了上海乐坛灿烂辉煌的新局面。

外侨艺术家为上海社会艺术氛围和水准的提高起了重要的作用,在他们的推动下,20世纪二三十年代以后,西方音乐、芭蕾、绘画等,不仅很快为上海华人社会所接受,而且许多华人通过向外侨艺术家学习,提高了西方艺术的修养和水准。从此,上海一直成为全国这方面艺术人才最多、水平较高的地区。

---

① 〔美〕戴维·克兰茨勒:《上海犹太难民社区》,许步曾译,三联书店1991年版,第233—243页。
② 唐培吉等:《上海犹太人》,三联书店1991年版,第207页。

第三节　传教士与西方文化在福州的传播与影响[①]

近代到福州传教的,有罗马天主教、基督教各宗和东正教。东正教影响甚微。罗马天主教传教士到来得很早,可推溯至明朝,但他们为福州近代化做的事极有限。在文化、教育、卫生诸方面给福州带来社会进步的主要是漂洋过海而来的基督教。为信仰而献身的英美基督教传教士来榕布道的动机,理所当然地在意识形态方面,这是毋庸置疑的,但在客观上也起了传播西方文化、促进中西文化交流(包含碰撞、冲突)的作用。

一　传教士与基督教文化的传入

最早到福州来的基督教传教士是普鲁士的查理·腓特烈·奥古斯都——古斯塔夫。他是奉荷兰基督教会之命于1832年抵榕的,受到当地人民的友好接待。鸦片战争一结束,英、美基督教会就迫不及待地准备派传教士来福州,然而慑于此时福州人民强烈的反英情绪,迟迟未能成行。直到1845年与1846年之交,才有英国圣公会传教士乔治·史密斯从香港来到福州。他经过考察,向教会报告说,由于港口开放而产生的对外国人的敌意已经减退,要求教会派遣传教士到福州传教。[②]

此后,美国基督教各宗陆续派传教士来福州。1847年,先后来福州的美国牧师有美部会的弼夫妇和扬顺、美以美会的怀德夫妇和柯林。他们无法进城,便在南台中洲(位于江心的疍民区)租屋居住,通过办学塾、开义诊来宣传基督教教义。英国圣公会则于1850年派传教士雅克逊和韦登来福州传教。他俩住在城内,以劝诫鸦片和行医来传播教义。[③]

基督教是作为与传统的儒家观念格格不入的邪说传入中国的,士、绅强烈抵制,商、民心怀讥讽,使得早期基督教传教士的步履异常艰难。直至1856年,才有一个华民受洗入教皈依上帝。此后,他们的工作逐渐展开。到19世纪60年代,基督教传教士在城里、台江、仓山先后建立了教堂,并以福州为传教中心,派遣传教士深入周围的长乐、古田、福清、连江、永泰、罗源、宁德、屏南、延平、建瓯、兴化(莆田)、仙游等地进行宗教活动。1866年,对福州影响最大的美以美会在仓山天安堂召开第一届布道年会,将该会福州宣教区划分为真神堂、天安堂、福音堂、山岭堂4个教区,他们还从福州派出传教士到江西九江和北京开辟新的教区。[④]

此后,英国传教士依恃其国世界海洋霸主的强权地位,蛮横地制造事端,跟当地人民作对,在福州引发了两次教案。(相对来讲,美国传教士表现得较为克制。)

1869年,英国圣公会在未办妥官方认可的合法租地手续的情况下,即派传教士胡约翰带工匠到闽江口川石岛营建房屋,被当地人民群起阻拦。英国领事星察理闻讯

[①]　本节内容引见张仲礼:《东南沿海城市与中国近代化》,上海人民出版社1996年版,第164—171页。

[②]　〔美〕卡尔逊:《福州传教士》,哈佛大学1974年版,第4页。

[③]　〔美〕卡尔逊:《福州传教士》,哈佛大学1974年版,第4—6页。

[④]　《福州文史资料》第7辑,福州政协1987年版,第191页;第195页。

后,在对疆吏施加压力的同时,竟然请泊于海口的英国军舰派兵登陆示威,打死乡民王光天。迫于英领事的压力,闽浙总督英桂饬令通商局,加价买下川石山地,作为公地租给圣公会,以息事宁人。但岛上人民已被激怒,同仇敌忾,在知府衔乡绅王有树领导下,一面据理力争,一面武装自卫,就是不让英人上来。在人民坚持斗争下,英国领事被迫于1879年交还租地契约。①

1876年,英国圣公会擅自将设在福州城里乌石山道山观的学塾扩建加高(租地时曾有约在先,不得加高房屋),引起纠纷。一波未了,一波又起。1878年,发生传教士在乌石山麓"调戏"一挑水少妇的事件,遂成引发教案的导火线。愤怒的群众在举人林应霖带领下,冲入洋学塾,将3座新建洋楼拆毁。事后,经中英双方谈判,议定:惩办肇事者;赔偿教会3000元;英教会退还道山观租地,由中国官府将南台下渡电线局洋楼租与教会办学,20年为限。闽浙总督何璟介绍林应霖到台湾主讲明志书院,然后通知英方,已"惩办祸首,流于海外"。乌石山教案至此结束。②

经过两次教案后,教会体会到众怒难犯,行迹有所收敛,主要致力于文教卫生和传教活动。随着基督教会立足日久,福州人民的反教会情绪有所缓和,入教人数渐多。为扩大影响,美以美会、美普会、圣公会等3个西差会,于1916年共同筹划、建立了福州市基督教青年会。作为教会机关,该青年会主要在文化、体育、服务等方面开展活动,开办商业学校、电影院,举行体育活动和比赛,使福州社会风气有所改变。③

当地信徒人数的增加,使华人在教会中的地位日益加强,从20世纪初起,教会内华牧要求摆脱外国差会控制、建立独立自主教会或教派的呼声日高。圣公会于1903年创设自立会,并于1906年在福州正式成立福建教区,管理全省教务。1922年,中华圣公会教徒倪柝声、王载在福州脱离原教会,自创基督教聚会处,号召教徒们脱离英美各教会,建立独立、自立、划一的地方教会。不久,全国都出现了类似的宗教团体;倪、王等人也分别到全国各地传教,成为全国基督教聚会处的领袖人物,基督教聚会处则发展成为中国基督教的一个重要宗派。随后,福州的美部会改组为中华基督教会闽中协会。1941年,福州的美以美会与监理会、美普会联合组成中华基督教卫理公会福州年议会。④

基督教教会还在福州设立了一些专门机构,如福建基督教教育协会、福建基督教协进会等,作为发展文化、教育、卫生等各项事业的指导机关。

二 兴办教会学校

基督教传入福州后,为传播教义、培养教会所需人才,先后办了许多学校,进行普通教育、神学教育、职业教育和慈幼教育。北洋时期,福州教育几乎尽为基督教会把持。教会在福州设立的最早的普通学校,系传教士柯林1848年办的学塾。该学塾最初只授初小课程,后增设高小课程。1880年起,教会开办了相当于中学的书院;1914

① 陈遵统:《福建编年史》(未刊稿),同治七年(1868年)。该教案发生前,于1868年开始办租地事宜——引者按。
② 陈遵统:《福建编年史》(未刊稿),光绪四年(1878年)。
③ 《福州文史资料选辑》第2辑(内部资料),1983年版,第78—79页。
④ 福州市仓山区地方史志办公室:《仓山区志·基督教志》"沿革"。

年,又创设高等教育,使教会学校从幼儿园到大学形成了完整的教育体系。

教会在福州办的中学很多,其中在当地最著名的是美国美以美会办的"福州鹤龄英华中学"。该校由传教士麦铿利于1880年发起创设,因得张鹤龄捐赠1万元购买校舍,故定名"鹤龄英华书院",1916年改称中学。至1949年止,英华历届毕业生累计2000余人,其中包括化学家侯德榜、数学家陈景润等人。此外,美国美部会办的"福州格致中学",英国圣公会办的"福州私立陶淑女子中学"和"福州三一中学",在当地也有一定知名度。教会重视女子教育。早在1861年,英国圣公会教士史密斯即创办女塾。1904年,美国美以美会女布道会派人来福州筹设女子大学,并于1907年成立董事会,设立"华英女学堂",先设中学及师范班,作为大学预科。1914年,该校设立大专班,开始了福州最早的西式高等教育。1916年,在协和大学成立之际,华英女学堂改名"华南女子大学",并于次年增设大学三、四年级课程。1933年6月,南京国民政府准予立案,定名"华南女子文理学院",设2科7系。

教会办学,在闽省规模最大的当属"福建协和大学"。该校是福建省基督教六公会共同创办的,1916年2月借仓山观音井旧屋开学,学生从教会中学毕业生中考选。协大先后设立文、理、农3学院,20世纪40年代后半叶,出版有8种刊物、24种书籍。福建协和大学和华南女子文理学院的毕业生,美国纽约州准予按美国规定授予学士学位,赴美求学者与美国大学毕业生享有同等待遇。[①]

20世纪20年代中期,中国人民要求收回教育权的运动风起云涌,福州是教会学校集中的地区,斗争十分尖锐。1924年,福州学生联合会提出收回教育权的口号。此后两年间,部分师生退出原教会中学,另设三山、闽江、育华3所中学。1925年,协大教师陈锡襄,联络教会学校部分师生,组成"教会学校立案委员会",要求收回教育主权。1927年,成立了"福州教会学校教职员学生反文化侵略收回教育权运动筹备委员会",并于3月24日在仓山麦园顶召开大会,当天成立"福州各界反文化侵略收回教育权大同盟",会后还向福建省政务委员会请愿。教会人士极为恐慌,认定这是一场反基督教运动,要求政府制止。由于办学需要牌子亮(特别是学历得到国际承认)、师资力量强(特别是名流、权威坐镇)才能保证良好的生员(出自信任),教学经费必须有充分保障,教会为此已有一定势力,官方又敌视学潮,所以,收回教育权运动不久后转入低潮。许多参加"大同盟"的师生被教会学校开除,陈锡襄也被迫离开协大。但是,经过收回教育权运动的冲击,迫使英美传教士做出让步,退居台后并把学校行政权交给华人,还遵照政府法令申请立案。

基督教会除了办普通教育外,还办神学教育。从19世纪60年代起,基督教会就开始办宗教训练班,培养中国籍传教助手。到20世纪初,在福州的各宗派都有了自己的神学校。1912年,美以美会的福音书院、圣公会的真学书院、美部会的圣学书院合并,在仓山原福音书院原址成立福州协和道学院,进行高等神学教育。1935年,中华基督教会加入道学院,该院遂改名"福建协和道学院"。1945年,正式成立福建协和神学院。该神学院与金陵神学院合作,学生头两年在福州攻读,后两年在南京续读,直至

---

① 以上参见赵山、郭少榕:《福建省教育史志资料集》第8辑(内部资料),第166—172页;第176—177页;第180—187页。

毕业。①

基督教会还办了中等师范学校、幼稚师范学校、商业学校和护士学校等职业学校。孤儿院和幼儿园是教会中女教士最爱办的慈幼事业,已为众所周知,不再逐一赘述。

三 兴办医院诊所

传教士进入福州后,为扩大教会影响、取得民众信任、吸收信徒入教,便积极从事医疗卫生活动,客观上把西医知识传入福州,对福州医疗卫生事业的改革影响很大。1847年,美以美会传教士怀德在福州仓山以行医的方式向求医者宣讲基督教教义。随后,圣公会和美部会也大多派遣具有医学知识的教士来福州传教。1850年,圣公会传教士韦登在城内寓所开诊所,在行医看病的同时,劝人戒食鸦片,逐渐为人们所接受,得以在城内扎下根,从1854年起购地盖房……初期的传教士只是开办个人诊所,随着西医渐为公众接受,教会不断扩大诊所的规模,终致出现西医医院。②

教会在福州办得较早的医院是塔亭医院。1866年创办,选址中洲,仅有英籍医师和华籍护士各1名、病床6张,后病床很快增至30张。1887年,迁至仓山塔亭,正式定名"福建省塔亭医馆",并开始接收英国圣公会女差会的津贴,由该会师姑直接监督。以后,该院陆续添设女病房、手术室、放射科等。

圣公会办的另一所颇有名气的医院是"福州柴井基督医院"。1898年创办时仅是诊所,数年后扩充成医院。1914年起,该院附设有护士学校。柴井医院是一所以治疗肺结核病见长的综合性医院。

榕城最大的教会医院是"福州协和医院",系由美以美会的马高爱医院(创办于1900年)和美部会的圣教妇孺医院(创办于1860年)于1936年合并而成。新院址选在城内圣庙路,有一座刚建成的4层高、平面呈H型的红砖楼。该院医疗设备比较齐全,并附设高级护士学校1所。这家医院在榕城颇有盛名,过去曾在福州待过的台湾同胞、海外华侨至今仍对其记忆犹新。③

此外,教会还办有协和医学院,在福建协和大学附设医学先修科,在华南女子文理学院附设医学预科。

基督教会在传教布道的同时,还通过翻译、印刷、出版、宣讲等方式传播宗教知识和西方近代科学、文化,这在客观上有利于福州同西方之间的文化交流。

第四节　传教士与西方文化在宁波的传播与影响④

物质层面的近代化必将带来精神及上层建筑层面的近代化。宁波开埠以后,随着工商业的发展,医卫文教事业也获得相应的发展,渐趋与世界潮流接交。医卫文教的

① 赵山、郭少榕:《福建省教育史志资料集》第8辑(内部资料),第173—175页;仓山区地方志编纂委员会编《仓山区志·基督教》"教育",福建教育出版社1994年版,第372页。
② 〔美〕卡尔逊:《福州传教士》,哈佛大学1974年版,第62—64页。
③ 以上参见福建省卫生志办公室:《福建卫生志》,中华书局1995年版,第256—257页。
④ 本节内容引见张仲礼:《东南沿海城市与中国近代化》,上海人民出版社1996年版,第109—125页。

近代化既是宁波工商业近代化的继续与发展，又贯穿在整个近代化事业的始终。以下拟就医卫文教事业变迁的基本态势略作叙论。

一 传教士与西式医药事业

宁波医卫文教事业的变迁与西方传教士的东来密切相关，故有必要先叙述一下传教士东来的情况。

基督教差会在宁波的楔入并不始于鸦片战争。早在鸦片战争前的1832年，一个名叫郭士立的普籍荷兰信义会传教士（后转入英国伦敦会），就乘"阿美士德"号间谍船进入宁波甬江航行。他以向导和船医的身份，一边散发基督教的宣传品，一边进行港湾的测量和军事防务与地理风情的窥视。1842年10月宁波沦陷后，郭又一次以征服者的身份登临宁波。他一边出任宁波伪知府之职，一边实行搜刮等活动。有关的资料是这样写的："该夷自踞宁郡，设有伪官郭姓，出有伪示，名曰安民，实仍抢掳城米石仓谷，定价每担洋一元，无知贫民竞相争买，多被夷人掳去涂面灌药。"[1]

鸦片战争后第一个到宁波传教的就是美国浸礼会传教士玛高温。有一篇资料是这样说的："当英国侵略军占领宁波、定海等地后，美国传教士玛高温即于1844年开入，到1848年已有4个基督教差会在宁波等地建立了教堂、诊所、小学校和印刷所。"[2]玛高温起了开路先锋的作用。玛高温后来长期在上海活动，是江南制造局翻译馆的译员之一，也是上海早期著名的传教医师。倪维思、戴德生虽然进入宁波的时间稍晚些，但他们同样卓富影响。倪维思，一个出生于美国纽约州大农场主家庭的北长老会传教士，当1854年一踏入宁波土地，便潜入乡下与民众辩论，认为鸦片战争是"按照上帝的旨意被用来开辟我们同这个巨大的帝国关系的新纪元的"[3]。当然，他此时仍在进行办学活动；而戴德生则以一段"精妙绝伦"的讲演留在宁波的传教史上："假使我有千镑英金，中国可以全数支取；假使我有千条生命，决不留下一条不给中国。不，不是中国，乃是基督。"[4]当然，他同样在宁波的医院里进行着办医治病活动。

同上述人员相比，丁韪良的影响似乎还更大些，并且突出在教育和翻译方面。1850年当他进入宁波不久，便在宁波南门外设了一所走读男塾；接着又在南门内设了一所走读男塾，把办学当作传教的阵地。丁韪良后来在1860年离开了宁波，但他始终没有忘记在宁波的活动，以至在上海、北京工作时还喋喋于他在宁波将《圣经》译成当地土话的事。至于他后来被一版再版的《天道溯源》，更是在宁波期间撰写和定稿的。

正是由于这些传教士的大力推动，使宁波的教会势力不断发展，至20世纪三四十年代，先后有十几个教派在宁波立足。

由于西方传教士在传教的同时，还传播了西学，以使宁波的精神及物质文化生活发生变迁，而医药的演进便是其中重要一页。

宁波最早的西式诊所，有人以为是玛高温的"北门诊所"，其实不然。早在玛氏之

---

① 《道光二十一年八月望后四明失守、黎庶流离实在情形节略》，《道光鸦片战争档案汇存》（抄本），中国社科院近代史研究室藏

② 顾长声：《传教士与近代中国》，上海人民出版社1981年版，第116页。

③ Foster, American Diplomacy in the Orient, Houghton, Mifflin and Company 1903年版，第73页。

④ 戴存义暨夫人：《戴德生传》（上卷），胡宣明译，内地会1950年版，第134页。

前,雒魏林就在定海设立了"舟山诊所"。雒魏林,英国传教士,1811年生于利物浦。早在来华之前,他就长期从事医药传教事业。1840年6月鸦片战争爆发;7月,舟山沦陷,随英军进入舟山的雒便乘机上岸设立了"舟山诊所","居然走街串巷,施医给药,企图取得他们的信任和好感"①,从此揭开了西人在宁波办医的序章。当然,雒的办医并不理想,一是人们当时对西医西药还不了解,加上雒又是外国人,难免对他抱疑忌的态度;二是因为不久舟山重新回归,雒被迫撤出。而《南京条约》签订后,雒虽仍回舟山操了一段旧业,但在"上海的战略地位比舟山更重要"的思想指导下不久又去了上海,所以舟山的办医影响有限。

传教士不仅在舟山办医,还在宁波市内办医,其中第一家医院便是玛高温的"北门诊所"。玛氏1843年到宁波后,看到要取得中国人的好感,除了"说教"以外,还必须有一些"实际"的行动;而在此时,他又结识了有关的教徒,得到了租房的承诺,于是便于翌年在北门佑圣观厢房内设立了一家诊所,这就是"北门诊所"。该诊所因业务不畅,曾一度关闭,但不久又恢复起来,并迁址北门江边。大约在1848年,为了发展诊所的业务,玛氏又邀请白保罗医生来所主持,自此该诊所逐步走上了发展的道路;后来在1883年演变为浸美医院,成为宁波一家具有较高医疗水平的医院。此后,在宁波办医的外国人接踵而至。19世纪末英国循道公会燕乐拔医生在江北岸石版行跟设立体生医院,添置X线诊察机等,在1923年又演进为天生医院;不久,英国圣公会也派遣外号为"素火腿"的英籍医生,在孝闻街建立仁泽医院,成为后来宁波中医院的前身。

进入20世纪后,国人办医之风也开始兴发。宁波最早的自办医院就是吴莲艇的保黎医院。吴莲艇,名欣璜,鄞县栎社人,1907年毕业于嘉兴福音医院附设医药学校,获医学士学位;1909年因家乡友人邀请,筹议创设了保黎医院。吴任院长后,一边精心施医,一边苦心经营,使医院的业务蒸蒸日上。有一篇资料是这样写的:"清宣统二年二月,院成立,开诊匝月,声誉大起,求治者踵错于庭,日必百十人。……邑人感其勤劳,纷起为援。于是建院舍,购器械,年有布展,不遗余力,十年之间,成就卓著,为吾浙私立医院冠冕。"②

鄞县县立中心医院也是一家颇具影响的自办医院。1913年,为振兴医药事业,当地政府、士绅集资兴办了该医院。该医院设立后,除精心施医、引进水平较高的医生以外,还倡导为人解忧的医风,在霍乱肆虐的时候还专门"借隔邻孔庙为附设临时时疫医院",③成为当时门诊人数最多的医院之一。

由于积极倡导医药事业,至20世纪40年代,宁波至少已有二三十所各类教会医院、公立医院、私立医院及诊所问世。

二　传教士与新式教育的兴起

宁波新式教育的崛起约略可以分为三个阶段。

第一阶段:创办教会小学。

---

① 顾长声:《从马礼逊到司徒雷登》,上海人民出版社1985年版,第104页。

② 陈谦夫:《吴君行述》,《宁波文史资料》第4辑,1986年刊,第98页。

③ 吴元章:《宁波医院史话》,《宁波文史资料》第1辑,1985年刊,第112—113页。

宁波最早的教会小学就是宁波女子学塾。它的创办者就是奥特赛(Aldersey)。奥特赛,英国循道公会传教士,东方妇女教育促进会成员。

1844年,奥特赛随大批传教士进入宁波。为了推行培养中国基督教徒的宗旨,她就在城内祝都桥竹丝情门内开设了一所女子学校,招收教徒的女孩免费入学,这就是著名的"宁波女学塾"。1857年,该校由美北长老会派接办,改名为崇德女校。接着北长老会帏理哲·麦嘉缔和礼查牧师也于1845年在江北岸槐树路创办了一所男子学塾,这就是"崇信义塾"。该校由萨墨马丁牧师任校长,夸得曼和丁韪良牧师分任教员。学校除开设圣经、四书五经等课程外,还有作文、书法、算学等课程。凡教徒子弟均可免费供给膳宿、衣服、医疗。后该校于1867年迁往杭州,改名为育英义塾,成为后来之江大学的前身。

丁韪良创办的南门外走读男塾与南门内走读男塾,也颇富影响;特别是丁试行的"汉字罗马拼音法"以及将《圣经》译成宁波土话,曾在当时流传一时。

此后,罗文梯、卫克斯、阚斐迪、戈柏、禄赐等亦相继来甬办学。至1920年宁波已有各类教会小学20余所。

第二阶段:创办教会中学。其时间约在19世纪60年代以后。

宁波早期的教会中学大都是在教会小学的基础上形成的。宁波最早的教会中学当数浸会女校。该校初设于1860年,创办者就是美国浸礼会女教士罗文梯。大约在19世纪60年代后期,该校经过几年的发展,形成了小学部与中学部,学生分部上课,其中中学部可视作宁波中等教育之始。接着,斐迪书院也于70年代中期开始分设高级部与低级部,并逐渐将高级部独立出来,形成以中学程度为主体的学校,学校也改名为英华斐迪书院。宁波创办中学的高潮是在1912年。这是因为这一年民国政府颁行了《普通教育暂行办法》,准令将学堂改设为学校。仅这一年,先后由"书院"改名为中学的就有崇信中学(原为崇信书院)、三一中学(原为三一书院)、浸会中学(原为养正书院)、斐迪中学(原为斐迪书院)等数所。

第三阶段就是国人办学。

其最早最出名的学校就是"储才学堂"。甲午战争后民族危机加剧,维新思潮涌进,举国上下要求举办新式学校的呼声日益强烈。为适应新形势,宁波知府程云俶、绅商严信厚、汤远鉴、陈汉章等乃集议于1897年在湖西崇教寺创立该校。该校设立后发展顺利。1907年已有地皮40亩,房屋110间,师生数百人。1911年改名为浙江省第四中学,成为浙东最高学府。另外,还有慈湖中学。早在明清时期慈湖地区就出现了书院,作为文人墨客讲学习艺之所。1902年,士绅钱吟苇等为适应新的时代潮流,乃改书院为中学堂。后来在其他士绅的资助下,成为浙东一所颇有声誉的学校。

创立于1911年的效实中学同样发展迅速,1914年已有学生近百人,1917年还取得了毕业生可免试升入复旦大学、圣约翰大学的资格。

国人自办小学最有影响的是育德工农学堂。在清代,宁波有大批"堕民"①生活在

---

① 堕民,旧时"贱民"之一。相传元灭南宋后,其所获俘虏及罪人集中于绍兴等地,由之而成。又相传宋将焦光瓒降金后,宋人引以为耻,乃贬其部卒之籍,称为"堕民"。数百年来,堕民备受歧视,不许与一般平民通婚,亦不许应科举,多任婚丧喜庆杂役等事。其与其他居民的界限,至新中国成立后始完全消灭。

城乡各地,由于受传统势力的影响,他们的子弟大都失去了求学的机会。为此,富商卢洪昶乃捐资于 1904 年在江东设立育德工农学堂,专收"堕民"子弟入学,并准他们出籍,为"堕民"获得平等的社会权利开了风气。

星荫小学也是富有影响的学校。早在咸丰、同治年间,著名富商蔡鸿仪之父蔡筠就在蔡家巷创办星荫义塾,专收蔡氏子弟读书。为让更多普通人家子弟有求学机会,1906 年,蔡氏将义塾改为初等小学堂,招收附近孩子入学。至 1930 年,学校已有 8 个学级,学生 400 余人。

由于各方人士热心办学,至 1908 年,宁波已有各类学校 290 所(含所属各县),学生 11126 人,居全省之冠。

宁波的新式教育事业不仅具有发展快的特点,而且还有其他一些特色。

一是在课程设置上敢于趋新,积极同世界潮流接轨。

宁波课程革新始于鸦片战争时期。翻开宁波的教会学校史册,几乎都设置了英语课程的教学。1844 年创立的宁波女子学塾,除了开设国文、圣经等传统课程以外,由英籍牧师亲授英文,以突出其培养东方基督教徒的办学宗旨。随后建立的崇信义塾、养正书院、斐迪书院等也以英语作为主要课程,并规定英语不及格不能毕业。有的自然学科,如天文、地理等亦往往以英语作为教学语言。进入 20 世纪以后,在新办的国人学校中,外语也受到了普遍的重视。例如,1897 年建立的储才学堂一开始就以上海广方言馆和南京储才学堂作为样板,把外语列入必修课,以推进其"革新图强,储备人才"的办学宗旨。而 1911 年创立的效实中学除开英语外,还"增修第二外国语德、法、日文",并"曾与英国伊顿公学挂钩"。[①] 各校除开设外语课外,还普遍加强了自然科学学科的设置。早在 1845 年设立的崇信义塾的材料中,我们已见有"算术""天文""地理"的记录,后来该校在迁入杭州后又专门设置了"化学专科",以同"英文专科"相并列。1868 年设立的贯桥头义塾,当 19 世纪 70 年代中期演变为"三一书院"时,课程设置也增加了算学、地理等科,并"增聘谢苇林为教习"。甲午战争以后,在国人办的学校里大都开设了舆地、算学、博物等自然科学学科。例如,1903 年设立的龙津学堂理化课程每周达 6—8 节,其中算学就分算术、代数、几何、三角、解析几何、微积分等;而宁波府学堂的高中部则在数、理、化等必修课外,还增设了科学概论、矿物学、无线电等选修课。

二是勇于积极创办女子教学与职业教学,改善女子地位,广泛适应社会需要。

在封建社会里,妇女受着封建礼教的束缚,被剥夺了受教育的权利。随着教学近代化的深入,这一点也开始受到冲击。宁波自设女子学校最早的是西门口长庚庵女子学校。光绪末年,"兴新学"之风渐开,为了改善妇女的地位,甬人乃于长庚庵旧址创办了该校。虽然该校存在时间不长(据说 1912 年结束),我们也无更多的资料了解它,但它毕竟为国人自办女子教育吹进了一股新鲜空气。

随之而起的是宁属县立女子师范学校。它的创办者就是镇海富商李霞城。辛亥革命后民主思潮广泛传播,一般绅商对女子教育也有了新的认识,再加上李氏于此时通过创办近代工业积累了资金,于是于 1912 年创设了该校,并任校董。该校最多时曾

---

① 宁波市教育委员会:《宁波市校史集》1989 年 9 月刊,第 87 页。

有学生 200 余人。由杨菊廷任校长的宁波女子中学也是发展迅速。它采取一边建设、一边办学的方针,至 1932 年已有学生 300 余人,建起了三幢教学大楼。

宁波的职业教育富于特色。早在 1905 年,甬人就开始了创办职业教育的行程。最早的职业学校就是 1907 年的法政学堂。1905 年后清政府试行"预备立宪"。为培养立宪人才,宁波地方当局乃于原同知署旧址创立该校,招收府属举人、贡生、生员、监生及师范、普通中学毕业生免费入学,学制 3 年。学生除学习一般人文课程以外,还要学习人伦道德、民法、刑法、宪法、国际公法等课程。民国元年以后,乃演变为四明专门学校,以培养商业人才作为主要目标。

由宁波临时军政分府创办的宁波公立中等工业学校虽然创办于稍后的辛亥革命时期,但发展也很快。初创时仅机械科一种,翌年便又增设土木科,以后又增设汽车道路科。学生除进行理论学习外,还每周抽 4 个下午时间去附属工场劳动,巩固书本知识。至 20 世纪 30 年代,全市已有 10 余所职业学校问世。其中主要有宁波冶金工业学校(1914 年)、宁波女子职业学校(1922 年)、宁波幼稚师范学校(1922 年)、宁波私立华美高级护士职业学校(1925 年)、四明女子工读学校(1927 年)、省立宁波高级水产职业学校(1935 年)、宁波国医专门学校(1937 年)等。

三是倡行仁慈博爱,注重体力、知识俱健全。

随着西学东渐,宁波的各学校在办学指导思想与方法上也有变化与改进,有些育才方法也体现了民主与进步的精神。例如,当时教会学校除学习文化知识外,还普遍开设缝纫、刺绣及美工、唱歌等课程;国人办的中学大都有簿记、园艺、家政、手工、柔式体操与兵式体操等课程,培养学生适应社会的能力,健全体魄。此外,在办学方法上也经常采用中小学合办、中等教育与师范教育合办的形式,以提高办学效益。

三 传教士与新闻、出版及图书事业的近代化

宁波的近代新闻事业是由西方传教士首倡的。宁波最早的报纸就是玛高温 1854 年创立的《中外新报》。有关玛氏的简况已如前述。他于 1843 年 11 月从香港转福州进入宁波以后,开头几年致力于传教与医药事业;当他初步站稳脚跟以后,有了开展舆论宣传、进一步扩大教会影响的念头。另一个条件是美国长老会出于印刷传教品的需要已在 1845 年创立了华花圣经书房。有鉴于此,《中外新报》乃应运而生。该报从创刊之日起就奉行"以圣经之要旨为宗旨","广见闻,寓劝戒",并自称"序事必求实际,持论务期公平"。然而,尽管如此,为当时形势所需,仍不免以新闻为主要内容。例如,太平军转战长江流域,捻军活跃于北方地区,以及英法联军入侵北京等都在当时的报纸上有相当的反映。有的报道还夹叙夹议,洋洋洒洒,颇有分量。另外,还对西方的先进科技文化作了一定介绍。那些"新学""西学""西方文化之奇"等文字曾给人们留下深刻的印象。[①] 该报后来于 1861 年停刊。

随后所办的是以传教士福特莱尔为发行人的《宁波日报》。据说其创刊于 1870 年,但不久即停刊,详情已不可考。在早期教会报纸中,《甬报》和《德商甬报》也是两份重要的报纸。《甬报》由英国牧师阚斐迪创办,其创刊时间为 1881 年 2 月。报纸除同

---

① 宁波市政协文史资料委员会:《宁波新闻出版谈往录》(内部发行),1993 年,第 14—17 页。

样为"大英帝国"的侵略罪行开脱以外,还以大量的篇幅记述了中国"洋务运动""边疆危机""洋货倾销",以及声光电气、雷船新法,特别是连续发表的"劝戒鸦片说"曾留下相当影响。《德商甬报》由德丰洋行主办,白鼐斯为发行人或社长。该报除设有"上谕""奏折""辕门抄"这老一套以外,还开辟"论说"专栏,其中关于《宁波宜讲求蚕桑以开利源论》《宁波风俗利弊论》《蛟门形势考》《禁种罂粟议》《整顿丝茶议》《论商为四民之一当与士农工并重》以及《西国铁路始末考》《意国说略》等专论对于发展宁波经济、提高商民地位、冲击闭关自守的传统观念起了一定作用;此外,每天必登的"商业广告""市价行情"等专栏也具有开拓意义。如果说《中外新报》还带有不少布道色彩的话,那么上述两报则更多一些商业与新闻传媒的气息。

20世纪后,宁波人自己也开始了办报的活动。宁波人最早的自办报纸当推《甬报》,[①]创刊的确实时间已不可知,估计在1900—1904年,系油光纸印刷,日出一张,但不久即因销量不大而停刊。继之而起的由袁荷龄为创办人的《宁波新报》,虽说已由油光纸改为白报纸、内容亦有变化,但同样因销路问题不到一年即停刊。

在宁波人早期的自办报纸中,《四明日报》是重要的一种。1905年后,随着资本主义的发展和抵制美货等运动的展开,民主思潮趋向高涨;同时,清政府为"缓和"民心,也开始推行所谓"立宪"。在此形势下,著名盐商李霞城及蔡琴荪、董翔遂等乃集资于1910年6月创办了该报,并由王东园、张申之等任经理。该报创刊后,鉴于当时的封建统治,一度显得死气沉沉,但在两种势力交锋的关键时刻仍不免有某些惊人之举。曾任该报主笔的庄禹梅在回忆录中曾说过这样一些话:"继任当经理的是冯友笙(良翰),他四十六七年纪,思想陈旧……那时正是宁波闹独立失败之后,袁世凯帝制迹象已十分明显,国内舆论鼎沸,反袁声浪响彻云霄。当时我写了一篇题为《民主耶?帝制耶?》的社论,冯友笙看了怒气冲冲……他一面说,一面把稿子撕得粉碎,向字纸箩一扔。这一气,几乎使我要骂他无耻。……1916年夏,帝制崩溃,袁世凯忧惧而死,由黎元洪继任总统时,冯友笙已辞去《四明日报》经理职,王东园回到了报社。这时该报曾经放过一线的光明:孙中山先生来宁波演讲,该报用一大版登载开会盛况,刊登其全篇讲词及孙中山与到会听讲人士合拍的照片——这一日报纸销数增加了五百份之多。不久,似乎又发表了一篇评论,大意是说'帝制虽已消灭,帝制余孽依旧占据政治舞台,是为当前之隐患'云云。后果有张勋复辟之事。人皆服其有先见。"[②]该报后来在1927年改组为《民国日报》。

《四明日报》以后,宁波的办报之风更是逐日高涨。至1937年,可见诸记载的报纸至少不下60种。

宁波的书坊业虽然没有像新闻事业那样的规模,但也稍有成绩。宁波最早的书坊就是汲绠斋书局。早在清道光初年,它就出现在甬城日新街口。它用石印、木刻技术刻字、出版诸如《百家姓》《千字文》《三字经》《大学》《中庸》《论语》《孟子》《左传》《幼学琼林》《康熙字典》《古文观止》《唐诗三百首》以及《伤寒全书本义》等书。1897年上海商务印书馆开业,它即派有关员工前去学习先进技术。后因铅印兴起,木刻、石印已难

---

① 宁波新闻史上称《甬报》的有过3次,这是其中一次。另两次分别在1881年和1908年。

② 宁波市政协文史资料委员会:《宁波新闻出版谈往录》(内部发行),1993年,第4—5页。

成气候,它便放弃了出版业务,专做图书经销业务。凡商务、中华、开明、世界等有名书局出版的各类图书,在此均有出售,成为当地闻名的书店。新民学会也是一家有名的书局。它是由奉化籍留日学生孙铿、江起鲲等搞起来的。1898年戊戌维新后,革新思潮涌进,为适应社会的需要,孙等乃集资创办了是社。他们以先进的铅印、彩印作为技术手段,相继出版发行了严复的《赫胥黎天演论》,林纾翻译的《黑奴吁天录》《巴黎茶花女遗事》,以及《数学教科书》《格致教科书》等书籍,以后又向出版农艺、桑园、畜牧、地理等方面的科技书籍转移。辛亥革命时期,他们出版彩印的《20世纪大地图》更成为风靡一时的佳话。后来,由于设在上海的分社业务超过宁波,营业重心才向上海转移,但是兼售、经销新版图书(包括教科书)和文具用品的业务一直没有放弃。

宁波的公共图书事业的发展也比较早。早在1884年,出任宁绍台道的著名维新派人士薛福成,便在官署西侧即今中山公园西部辟建"后乐园",并用洋药税的多余款项选购图书,以供士人学习,是为宁波公共图书事业之滥觞。接着在1913年,新成立的六邑公会除在"后乐园"侧再建西式楼房三楹(即薛楼),除扩大藏书、阅览场所外,又拨入薛、吴(即吴引荪,后任宁绍台道)两氏的私人图书,使"后乐园"的藏书大量增加。以后又陆续收赎名绅张美翊及墨海楼藏书,并在中山公园东南隅再建新馆。至1936年,宁波已有各类公共图书8530种,计3.3万余册;另有期刊53种、日报15种,年阅览人数在2100人次以上。

总之,随着社会经济的前进,宁波的新闻出版事业也开始了进步、发展的行程。

第五节　近代留学生归沪与中外文化交融①

进入20世纪,中国的发展历程已经同整个世界联系在一起,中国思想文化界的动态也与世界思想文化的发展密不可分。世界文化思潮不断地通过各种形式影响到中国。上海作为中国的窗口,在与世界文化的交融中首当其冲。如果说,在19世纪末的中西文化交流中,上海的传教士起到了很大的桥梁作用的话,那么,20世纪后,这种角色就由留学生替代了。留学生源源不断地出去和归来,这种川流不息、忙忙碌碌的情景,本身就构成了中国和世界文化交融的一道风景线。

一　晚清留学生的出国"留洋"

上海是亚洲最重要的航运中心,从19世纪60年代起,上海就已经联结了世界上任何一个通航地点。上海逐步建立了一个以上海为中心,西面有长江航线,北面有北洋航线和朝鲜、海参崴航线,东面有日本航线,西南面有菲律宾航线,南面有宁波、福州、台湾、汕头、香港以及南洋和澳洲连接欧美航线的航运网络。② 这样,上海也就是中国通往世界的码头,从晚清开始出洋的留学生,大多数人都是由上海出发、走向世界的。

---

① 本节内容引见熊月之:《上海通史》第10卷,《民国文化》,上海人民出版社1999年版,第15—29页。

② 丁日初:《上海近代经济史》第1卷,上海人民出版社1994年版,第214页。

　　1874年9月19日(同治十三年八月初九日),中国最早官方派遣的第三批留美幼童34人,从上海登船,前往美国。护送幼童出洋的清江北海关官员祁兆熙,在日记中记载了他们由上海出发的情景:

　　　　是日也,己卯,晴,礼六。午刻有细雨,即止。九点钟,同容阶到万昌轮船公司写定舱位,计三十四人。船名"矮而寡南"。值舱面六间,每间住三人;中舱大菜房后面四间,每间住四人。

　　　　余与诸生坐中舱,即西人所谓大菜间,室洁灯明,光彩交映。船尾洋泾浜一带,自来火灯蓁蓁匀排,荡漾波心,诸生俱乐。

　　　　初十日庚辰　礼拜日。卯初船行,诸生咸起观,余亦起,嘱着暖衣服,勿受寒。辰正出吴淞口。①

　　蒋梦麟在其自传《西潮》中,为人们记下了20世纪初年留学生从上海出发赴美的情景:

　　　　我拿到医生证明书和护照之后,到上海的美国总领事馆请求签证,按照移民条例第六节规定,申请以学生身份赴美。签证后买好船票,搭乘美国邮船公司的轮船往旧金山。那时是1908年8月底。同船有十来位中国同学。邮船启碇,慢慢驶离祖国海岸,我的早年生活也就此告一段落。在上船前,我曾经练了好几个星期的秋千,所以在二十四天的航程中,一直没有晕船。②

　　此后,一批又一批的留学生就这样从上海登船"出吴淞口",去美国,赴日本。1919年3月17日,中国首批留法勤工俭学学生一行89人,由沪启程,前往欧洲。以后,一批又一批的留学生又乘船"入吴淞口",回到上海,或经上海到中国其他地方。

　　上海是中国通向世界的码头,也是世界进入中国的港口。20世纪20年代,由上海开往欧、美、日各主要港口的定期客轮,可以直接到达伦敦、马赛、汉堡、新加坡、旧金山、西雅图、温哥华、檀香山、神户等,而且每条航线都有好几家轮船公司经营,十分便捷。③

　　由于留学事业对于推进中国社会的现代化产生了积极的作用,所以上海社会对于留学事业也非常支持。在20世纪20年代的留学潮流中,上海的一些实业家也出资资助青年出国留学。南洋兄弟烟草公司从1920年8月起,连续3年,每年资助10多名学生赴欧美留学。首批出洋的有留美和留英的各3名,于1920年8月间成行。次年8月,第二届留美学生10人也顺利出发。第三届留美学生中,上海入选者有6人。上海实业家穆藕初也在1920年9月出资2.5万美金,资助1名北大学生留美。虹口恒昌机器厂老板张延钟,也资助3名学生赴英国留学。

　　20世纪20年代初,在美国留学近10年的赵元任,应清华大学的邀请回国教数学,他记录了当时由美国启程回国的情景:"我在旧金山搭乘中国邮船公司(China Mail S. S. Co.)一万四千吨的'尼罗号'(S. S. Nile),于1920年7月25日下午一点十二分在手帕挥舞、彩带飘扬、汽笛长鸣声中缓缓驶离我停留十年的美国。""自旧金山到

①　祁兆熙:《游美洲日记》,钟叔河:《走向世界丛书》,岳麓书社1987年版,第211—212页。
②　蒋梦麟:《西潮》,辽宁教育出版社1997年版,第60页。
③　林震:《增订上海指南》,商务印书馆1930年版,第39页。

上海这段海程,于 7 月 24 日上船,8 月 17 日到达,一共二十五天。""经过日本时候,轮船停泊横滨,我甚至有时间到东京参观东京大学。然后我致电上海青年会'请于星期三为赵元任保留一房间'。"①

由于上海的国际性和在国内的中心地位,许多留学生在归国以后往往逗留在上海,在这里寻找自己的事业基点。留学生回到上海,使得上海各个领域的人才结构发生变化,这种变化也促进了社会结构的变化,推动了整个城市更适应现代化的发展。1922 年 7 月,香港联华银行上海分行开幕,"行中重要人员俱系留学巨子"成为该行广为宣传的焦点。② 中国工程学会原是留美学生成立的组织,过去历年的年会都是在国外举行的。1923 年 7 月,该会首次将年会搬到国内的上海来举行,因为当时即有 100 多名会员回国在上海工作。

1923 年 8 月,留美学生汪仲长、王敦常等在上海组织了上海翻译社,专译中、英、法三国文字。这些专业翻译机构的陆续出现,对于整个社会知识结构的变化有很重要的意义。

二　留学生的归来与 20 世纪 20 年代的思想文化

在 20 世纪 20 年代的思想文化发展中,留学生成了十分活跃的因素。

创造社是 1921 年夏天由一批留日学生组织的,其创始者有郭沫若、郁达夫、田汉、成仿吾、郑伯奇、张资平。创造社孕育于这些人在日本留学期间,但他们的目光始终注视着国内。1921 年以后,参加创造社的这些留日学生先后回到上海,从此创造社的活动就全部移到了上海。

茅盾在评价 20 世纪 20 年代的文学时认为,"从民国十一年起(1922 年),一个普遍的全国的文学活动开始到来",而其标志就是"青年的文学团体和小型的文艺定期期刊蓬勃滋生"③。20 年代最早建立的文学团体是文学研究会,1920 年 11 月成立于北京。文学研究会发表了一个由周作人起草,周作人、朱希祖、耿济之、郑振铎、瞿世英、王统照、沈雁冰、蒋百里、叶绍钧、郭绍虞、孙伏园、许地山签署的宣言,宣言阐明了文学研究会的宗旨是"联络感情""增进智识""建立著作工会的基础"。茅盾强调,文学研究会"这一个团体发起的宗旨也和外国各时代文学上新运动初期的文学团体的创立很不相同。文学研究会的成立不是因为有了一定的文学理论要宣传鼓吹"④。实际上,文学研究会中的许多人,大多是亲身参加和经历过五四新文化运动的知识分子,他们在 20 世纪 20 年代初以这样的方式聚集起来,从事推动新文学、新文化的工作,这是新文化运动发展的必然趋势。

新文学是新文化运动所取得的最令人瞩目的成果。在新文化运动中,新文学走过了从提倡到尝试的历程,以其旺盛的生命力和强大的发展势头,确立了在文坛的地位。

① 赵元任:《从家乡到美国》,学林出版社 1997 年版,第 153—155 页。
② 任建树:《现代上海大事记》,上海辞书出版社 1996 年版,第 134 页。
③ 茅盾:《现代小说导论(一)》,转引自蔡元培等:《中国新文学大系·导论集》,上海良友复兴图书公司 1940 年版,第 87 页。
④ 茅盾:《现代小说导论(一)》,蔡元培等:《中国新文学大系·导论集》,上海良友复兴图书公司 1940 年版,第 85 页。

20 世纪 20 年代始,新文学进入了又一个发展时期。"五四"以前,北京在新文学的倡导和实践上最为活跃,这种优势在"五四"之后仍然延续,但上海从 20 年代起逐渐成为新文学创作的又一个中心。文学研究会的成立及其发展,象征性地显示了新文学中心的变化。文学研究会将上海商务印书馆的《小说月报》改造为自己的会刊,从 1921 年 1 月 10 日的第 12 卷第 1 期至 1931 年 12 月第 22 卷第 12 号止,不计号外,共出了 132 期。1921 年 5 月,沈雁冰、郑振铎、叶绍钧等在上海成立了分会,并在《时事新报》上附刊《文学旬刊》(后改为《文学周报》,单独发行),由郑振铎主编。《小说月报》和《文学旬刊》是文学研究会的主要阵地。由于该会的会刊在上海,加之后来成员的南迁,上海实际上成为该会的活动中心。

新文化在现代中国的发展,在很大程度上是伴随着国外文化思潮和观念的传播而进行的。这种文化的交流和传播,在五四运动以后,随着中外交往的日益频繁,其所采取的形式和途径比以前更加直接了。络绎不绝的留学生,成为文化传播的活跃因子,上海社会中日渐丰富和成熟的媒介系统,使得上海在中西文化的传播中处于中国的中心和枢纽的地位,也就是说,在中国新文化的发展中处于关键的地位。留学生在留学的过程中,一方面受到所留学地区的文化潮流的影响,另一方面留学生个人的境遇对于他们选择接受某种文化思潮也起了很重要的作用。

自 20 世纪 20 年代起,留法学生系统地向国内介绍了法国文学的状况,并且在国内文化界掀起了一股法国文学的热潮。周太玄在 1921 年 7 月出版的《少年中国》上,向读者介绍法国诗人保罗·凡尔勒仑(Paul Verlaine)和他的作品。1925 年,商务印书馆出版了《法朗士集》,这是由多人合译的法朗士作品集,收入一个剧本和两个短篇小说。1926 年,商务印书馆出版了李青崖翻译的《莫泊桑短篇小说集》。李劼人在 20 世纪 20 年代翻译了许多法国文学作品,其中有莫泊桑的《人心》(中华书局 1922 年 4 月版)、都德的《小对象》(上海书局 1923 年版),以及普鲁斯特、福楼拜、爱德孟·龚古尔、罗曼·罗兰等法国著名作家的作品。[1] 20 世纪 20 年代,上海几家出版社在短短两三年里就出版了四本法国文化史著作:李璜的《法国文学史》(中华书局 1922 年版)、黄仲苏的《近代法兰西文学大纲》(中华书局 1922 年 9 月版)、袁昌英的《法兰西文学》(商务印书馆 1923 年版)和王维克译的《法国文学史》(泰东书局 1924 年版)。[2] 1923 年 12 月,商务印书馆出版了《近代法国小说集》,收入了缶友、都德、高贝、法朗士、皮尔鲁第、莫泊桑、巴比塞等人的作品。开明书店于 1926 年 11 月出版了《法国名家小说集》,收入小仲马、高贝、莫泊桑、法朗士等人的作品。北新书局于 1927 年出版了《法国名家小说杰作集》,收入了大仲马、缪塞、乔治桑、梅立美、左拉、都德、莫泊桑、尤斯孟、法朗士等人的作品。现代书局于 1928 年和 1929 年出版了两册《法兰西短篇杰作集》。通过 20 世纪 20 年代的系统介绍,法国文学在中国文化界的影响迅速扩大,不少法国作家的作品也被中国的读者所熟悉和喜爱。研究者们都注意到了留学法国的李金发在 20 世纪 20 年代对于法国象征主义诗人所作的介绍,以及他自己在诗歌创作过程中受

---

① 王锦厚:《五四新文学与外国文学》,四川大学出版社 1989 年版,第 545—546 页。
② 这是法国作家 Pauthier 撰写的一部关于法国 19 世纪以前的文学史。

到魏尔兰、波德莱尔、萨曼、雷尼耶等法国诗人的影响。①

此外，20 世纪 20 年代另一个被留学生大量介绍进中国的是美国文学及文学理论。从胡适开始，中国的留美学生就非常关注美国的诗歌。胡适对于白话诗的认识和尝试，就是因受到了美国诗歌的影响。闻一多于 20 世纪 20 年代初在美国留学，与许多美国诗人建立了深厚的友谊。与美国诗人的交流，对于闻一多的诗歌创作风格的形成有着很关键的作用。

20 世纪 20 年代，在中国被介绍进来并且引起国内注意的美国诗人是惠蒂尔(John Greenleaf Whittier 1807—1892)。1922 年 6 月，署名 C.F 的上海女士在 6 月 14 日的《晨报·副刊》上翻译了惠蒂尔的重要诗篇《玛德密露》。美国学者白璧德的思想和理论在中国学者中也产生过很大的影响。白璧德(Irving Babbitt，1865—1933)，出生于美国俄亥俄州的德顿市。其父生长于中国的宁波，是个迁徙无定的江湖医生，受到中国文化的影响，所以白璧德对于中国文化也有着一种亲近感。白璧德在巴黎师从著名的东方学家莱维学习巴利文和梵文，后成为哈佛大学的文学教授。也许，正是因为白璧德的东方文化背景，所以很容易博得中国留学生的倾慕，胡先骕、梅光迪、吴宓都是他的学生，都对其推崇备至。1924—1925 年，梁实秋在哈佛选修了白璧德的《16 世纪以后的文学批评》后，深受其影响。"哈佛大学的白璧德教授，使我从青春的浪漫转到严肃的古典，一部分由于他的学识精湛，一部分由于他精通梵典与儒家经籍，融会中西思潮而成为新人文主义，使我衷心赞仰。"②20 世纪 20 年代初，胡先骕、梅光迪、吴宓等在《学衡》杂志上较为系统地翻译和介绍了白璧德的一些主要理论和思想，梁实秋回国后更致力于把这种推介引向更广泛的领域。1928 年，梁实秋把他们的这些译文汇集成册，交由新月书店出版，名为《白璧德与人文主义》。经过吴宓和梁实秋等人的努力，白璧德的人文主义批评思想在中国文化界受到了人们的重视。

相对而言，留日学生接受的外来文化更加庞杂，他们对中国文化界产生的直接影响也更大。许多留日学生在日本接受了经过日本吸收、消化的欧美文化。穆木天在日本迷上了法国的象征主义诗歌，王独清也是在日本接受了法国象征主义诗歌，"但王独清氏所作，还是拜伦式的雨果式的为多"③。冯乃超在日本读了福楼拜的《包法利夫人》，其后即爱上了"高蹈的东西"，"梅德林—象征主义—三木露风—加梭力—北海道德修道院"都是其兴趣所在。有研究者指出，冯乃超 1928 年由上海创造社出版的诗集《红纱灯》受到的是日本象征主义诗歌的影响。④ 另有研究者指出，创造社写小说的几位作者，几乎没有一个不受日本"私小说"或"心境小说"的影响⑤；尤其是郁达夫、张资平的小说，从中可以很明显地发现日本小说写作风格的痕迹。

尤其值得注意的是，1928 年以后，在上海文坛上引起很大波澜的"革命文学"的口号以及普罗文学的主张，首先是由创造社等一批留日学生倡导的，这个思潮其实也是

---

① 范伯群、朱栋霖：《中外文学比较史》(上卷)，江苏教育出版社 1993 年版，第 457 页。
② 梁实秋：《梁实秋文学回忆录》，岳麓书社 1989 年版，第 74 页。
③ 朱自清：《现代诗歌导论》，蔡元培等：《中国新文学大系·导论集》，上海良友复兴图书公司 1940 年版，第 357 页。
④ 范伯群、朱栋霖：《中外文学比较史》(上卷)，江苏教育出版社 1993 年版，第 463 页。
⑤ 王锦厚：《五四新文学与外国文学》，四川大学出版社 1989 年版，第 118 页。

受到了日本文化界当时流行的思潮的影响。胡秋原当时就认为:"中国近年汹涌澎湃的革命文学潮流,那源流并不是从北方俄罗斯来的,而是从同文的日本来的。""在中国突然勃兴的革命文艺,那模特儿完全是日本,所以实际说起来,可以看作日本无产文学的一个支流。这固然是因为中国的革命文学大将全是日本留学生(这恰和日本士官学校创造了中国革命的军事领袖是一样),就是从普罗利特利亚意德沃罗基的口号和理论,以及创作的形式和内容上,也可以看出的。"日本学者辛岛妖骁也认为:

> 到了1928年(民国十七年)以后革命文学时代,泛滥在日本文坛的苏俄的文艺理论,差不多次月上海已有翻译,接近到那样。日本左翼评论家的议论,强烈地影响着中国的左翼文学运动。特别是平林初之辅、片上伸、冈泽秀虎、青野秀吉、藏原惟人、川口浩等的文章,曾经和普列汉诺夫、卢那察尔斯基的文章并列着,在中国评论家的论说中,像金科玉律地引用过。①

三 留学生的归来对上海艺术氛围的改变

在思想文化之外,20世纪20年代的留学生对于上海吸收西方的艺术文化也起了巨大的推动作用。作为一个中西文化交融的都市,上海被认为有着很强的接受和消化外来文化的能力,西方的音乐、绘画、戏剧等艺术,在上海社会被普遍认同和接受。这种社会影响同一些在国外学习西方艺术的留学生回沪以后孜孜不倦的倡导和宣传是分不开的。西方艺术在上海的传播从晚清的教会开始,上海的外国侨民更直观地把西方艺术同他们的生活形态结合在一起使上海社会对西方艺术的理解更加深入,但真正把西方艺术引入上海市民的生活,使之成为上海都市生活的一个和谐组成部分,则同留学生的努力分不开。

有研究者指出:"自20年代后期为始,上海已成为专攻西画留学生归国的重要聚集之地,形成了人才高度密集优势,而其中的重点皆来自法国和日本学院体系教育的油画专业。"②研究者生动准确地描绘了留学生将西方艺术带入上海社会的过程:"自1927年开始,上海的'洋画运动'进入了鼎盛之期。其重要的标志,便是留学生大部分学成陆续归国,形成了中国油画人才的中心。这批'留学生族'与上海都有着不解之缘,数年前他们大都在此'发迹',研习西画,获得资助,从上海的码头出发,沿着欧洲航线和日本航线,开始了彼岸的求学生活,而今他们正逐渐将油画作为一种新知新学带回祖国,上海成了他们留学的大本营。移植西画几乎成了他们事业的中心和主题。因而,专业的美术院校和西画团体,构成了上海洋画运动的两种重要支点。"③在这一时期学成归国的画家中,我们可以看到留法的林风眠(1918年出国,1922年归国)、方君璧(1912年出国,1925年归国)、孙福熙(1920年出国,1925年归国)、陈宏(1922年出国,1925年归国)、蔡威廉(1916年出国,1927年归国)、徐悲鸿(1919年出国,1927年归国)、吴大羽(1923年出国,1927年归国)、潘玉良(1921年出国,1929年归国)、周碧初(1924年出国,1930年归国)、庞熏琴(1925年出国,1930年归国)、王远勃(1926年

---

① 转引自梁若容:《日本文学对中国文学的影响》,《中日文化交流史论》,商务印书馆1985年版,第30页。
② 李超:《上海油画史》,上海人民美术出版社1995年版,第56页。
③ 李超:《上海油画史》,上海人民美术出版社1995年版,第54页。

出国,1928 年归国)等;留日的汪亚尘(1913 年出国,1921 年归国)、陈抱一(1913 年出国,1921 年归国)、关良(1917 年出国,1922 年归国)、陈之佛(1918 年出国,1923 年归国)、丁衍庸(1920 年出国,1925 年归国)、许幸之(1924 年出国,1929 年归国)等,加上 1920 年前就已归国的朱屺瞻(留日)和 30 年代初回国的颜文梁(留法)、刘海粟(留法),几乎集中了中国西画领域的全部精英人物。正是经过他们在上海的艰苦工作,当时中国油画的中心才位移到了上海。

上海的现代话剧运动,也是在留美学生洪深的推动下展开的。1922 年,度过 6 年留学生涯的洪深,从美国回到上海。洪深是中国留美学生中专攻戏剧的第一人,他在哈佛大学师从美国著名戏剧教育家培克教授(Baker)。同时,洪深还在波士顿表演学校以及波士顿柯普莱广场剧院附设的戏剧学校学习剧场管理和表演,并且随着一些职业戏剧团巡回演出,积累了一整套现代戏剧的经验。① 回上海后,洪深将现代戏剧的观念和艺术在上海付诸实施,推动了中国现代话剧运动的开展。

第六节　中西文化交流与近代文学观念的转变②

一　中西文化交流与近代文学审美范围的扩大

在中国近代文学中,审美范围的扩大是中西文化交流影响下的一个重要侧面,也是近代文学新变的一个重要方面,它导致中国近代文学在题材、人物形象和思想意蕴上一系列的变化。中西文化交流给近代文学增添了新内容、新思想和新意境,它使近代文学在审美理想、审美情趣和审美对象的层面上发生了一系列变化,与古代文学相比,呈现出崭新的面貌。

在近代中西文化交流中,随着作家生活天地、艺术视野的开阔,他们的审美情趣逐渐发生变化,因而审美范围也有了新的扩大。在近代文学家视野中,除了中华之外还有欧美、东洋;除了黄河、长江、泰山、长城之外,还有地中海、大西洋、苏伊士运河和埃及的金字塔;除了兰舟、油壁车、秋千、琵琶之外,还有火车、轮船、电报、照相,以及声光电化和资产阶级的物质文明。斑驳陆离的新事物,五彩缤纷的社会生活,熔铸了作家新的审美意识,使他们的审美情趣和审美感受由祖国河山之美扩展到异国风光的鉴赏,由中华民族历史文化延伸到资产阶级自由、平等、人权、博爱乃至政治上的民主、共和。这些新的观念逐渐进入了文学家的审美视野,使作家的审美理想发生了新的变化。

这种变化在近代文学中是一种历史性的变化。诚然,在中国古代文学中,作家的审美对象也有涉及国外的,但多系传闻和幻想,缺乏作家亲身的审美感受。小说《镜花缘》中写海外诸国,如君子国、女儿国、黑齿国,但这是作家通过幻想(或称艺术想象)创

---

① 陈美英:《拓荒者——记洪深的一生》,《中国话剧艺术家传》第 1 辑,文化艺术出版社 1984 年版,第 181—183 页。

② 本节第一至第四部分引见郭延礼:《中西文化碰撞与近代文学》,山东教育出版社 1999 年版,第 3—25 页。

造的一个理想世界,只是一个乌托邦。《西游记》也是如此。再如,明清两代诗人中咏日本的也不乏其人,明代宋濂有《日本曲》10 首,清代的沙起云有《日本杂咏》16 首,尤侗的《外国竹枝词》也有两首写到日本的。但这些诗歌的作者均未到过日本,多系传闻性质,并无亲身生活体验和真实的审美感受。而近代作家,如王韬、黄遵宪、康有为、梁启超、严复、薛福成、黎庶昌、郭嵩焘、潘飞声、马君武、单士厘、吕碧城等都到过西欧诸国;至于去过日本的,更是数不胜数,著名的就有章太炎、陈天华、苏曼殊、秋瑾、刘鹗、吴趼人、陈去病、高旭、宁调元、张光厚等。生活天地的扩大和对异域生活的亲身感受,是近代作家较之古代作家的一种幸运。以康有为来说,戊戌政变发生后开始流亡,由中国香港而日本,由日本而东南亚,再到欧美诸国,足迹所至遍及亚、欧、非、美四大洲。他有诗云:"大地环三周,四洲足曾履。那戈日不落,北极看暧气。游三十一国,行六十万里。"①

康有为还渡过三大洋(太平洋、大西洋、印度洋)、四大海(黑海、地中海、红海、波罗的海),这便给他的文学创作带来了新的审美内容和审美意象,使他的海外诗歌和散文较之他戊戌前的创作内容更加丰富多彩。古人云:"读万卷书,行万里路。"行万里路,这对生活在与海外隔绝、交通不便的古代的文士来说已很不容易;但若和康有为相比,未免小巫见大巫了。这一点,是时代和先进的交通工具给近代作家提供了古人无法相比的条件。

这些在海外生活过的作家,一般地说,视野比较开阔,思想比较先进,不少人还具有一定的资产阶级民主精神和自由意识,对资产阶级的物质文明和精神文明,由习惯、赞美,发展到精神上的向往。当然,由于近代作家受传统文化的影响较深,他们对东西方资产阶级文化,特别是文学艺术也有一个认识过程:由轻视、惊奇到赞赏,直到最后萌生学习西方的意识。

"向西方学习",这个响亮的口号,不仅表现在学习他们的船坚炮利、声光电化、政治法律制度等层面上,而且还要进入更深的层次,即学习西方的文学艺术。梁启超提倡文学革新,自觉地以西方和日本文学为榜样,就是这方面的一个例证。梁启超倡导"诗界革命",要求诗歌要具有"欧洲之意境、语句""欧洲之真精神、真思想"②;他发动"文界革命",要求散文要学习日本的德富苏峰和福泽谕吉,要具有"欧西文思"③;他倡导"小说界革命",提出要大量的译印西欧和日本的政治小说④;在戏剧方面,又极力称赞法国启蒙主义作家伏尔泰和英国莎士比亚等带有鲜明政治倾向性的作家。梁启超所倡导的文学革新正体现了学习西方的精神。所以我们说,近代文学审美范围的扩大是受到西方文化的影响,较之古代,这是一个历史性的变化。

二 文学领域最先发生变化的是诗歌

鸦片战争后不久,诗人何绍基就写了《乘火轮船游澳门与香港……》(1849 年)⑤,

---

① 《开岁忽六十篇》,《万木草堂诗集》,上海人民出版社 1996 年版,第 347 页。
② 《夏威夷游记》,《饮冰室合集》第 7 册,"专集之二十二",中华书局 1989 年影印本,中华书局 1989 年版,第 190 页。
③ 《夏威夷游记》,《饮冰室合集》第 7 册,"专集之二十二",第 191 页。
④ 见《译印政治小说序》,《清议报》第 1 册(1898)。
⑤ 郭延礼:《近代六十家诗选》,山东文艺出版社 1986 年版,第 132 页。

诗中描写了火轮船的神速:"火急水沸水转轮,舟得轮运疑有神。"之后,壮族诗人郑献甫的《火轮船行》写得更加生动传神,诗云:"……舟非舟兮车非车,公然别有造化炉。火焰云起飞龙嘘,水声鼎沸长鲸哗。横行到处如坦途,何人为制海大鱼?……"他还写有《辛酉六月二十六日于花舫观番人以镜取影歌》(1864年),描写西洋照相艺术的逼真传神:"唤之欲下对之笑,珠海买得珍珠娘。"[1]此外,这时期有些出国的外交人员,他们有感于西方事物的新奇和科学的进步,情不自禁地写了一些赞颂西方资产阶级文明的诗篇,如"东土西来第一人"的斌椿就是其中一位有代表性的人物。斌椿(1804—?),汉军正白旗人,1866年,当总理衙门准备派人赴欧游历时,在全体官员"总苦眩晕,无敢应者"的情况下,斌椿以63岁高龄"慨然愿往",遂率领同文馆学生赴欧洲游历。

在国外期间,刘椿写了许多海外题材的诗,如《芬兰登岸一游》《显微镜》《俄罗斯炮台》《进地中海峡口》《红海吟》《黑人谣》等。在《与太西人谈地球自转理有可信》诗中云:"地球系自转,一日一周天。闻兹初甚惑,管见费钻研。若云地广厚,旋转焉能便?一转九万里,人民苦倒悬。岂无倾覆患,宫室多危颠。不知真力满,大气包八埏。我行球过半,高卑判天渊。中华日正午,英国鸡鸣前。欹侧人未觉,可证形团圆。天体亿万倍,宗动何能然。地转良可信,破的在一言。"[2]地球是椭圆形并自转,这是今天三四年级小学生的常识;但在百余年前传统"地方说"观念束缚了无数代知识分子头脑的情况下,斌椿能抛弃陈腐旧见,接受科学真理,确实是值得称道的。

"诗界革命"时期,以黄遵宪、梁启超、康有为为首的新派诗人,进一步明确提出了诗歌要表现新思想、新事物、新意境,要求扩大审美范围。康有为说的"新世瑰奇异境生,更搜欧亚造新声"[3],丘逢甲说的"直开前古不到境,笔力纵横东西球"[4],黄遵宪说的"吟到中华以外天"[5],都反映了近代诗歌在西方文化影响下这种新的审美需求。

这时期的诗歌创作,更有了新的内容,从黄遵宪的《今别离》《伦敦大雾行》《登巴黎铁塔》《苏彝士河》《以莲菊桃杂供一瓶作歌》,梁启超的《二十世纪太平洋歌》《澳亚归舟杂兴》,到康有为的《游爪哇杂咏》《游花嫩冈谒华盛顿墓宅》《开罗外访金字陵》《伦敦观剧……》《耶路萨冷观犹太人哭所罗门城墙》,都是一些具有不同于古典诗歌传统内容的诗篇,或记述世界各国的名胜古迹,如巴黎的铁塔、埃及的金字陵;或描绘异国风光的奇丽多姿,如秀丽明媚的瑞典风光、银装素裹的北冰洋;或描述世界的风俗民情,如犹太人"哭墙"的宗教仪式、开罗妇女带鼻环的妆饰;或赞美西方科学和艺术,如称赞瓦特的科学发明和莎士比亚的戏剧、拉斐尔的绘画。这些充满着异国风情和西方资产阶级科学和民主内容的诗篇是在古典诗歌中所看不到的。康有为有首《泛那威寻北冰海纵观山水维舟七日极海山之大观》[6],尤具特色,诗云:

那威好山水,欧洲最有名,逶俪五千里,岛屿亿兆京。岛颠皆带雪,岛脚

---

① 欧阳若修等:《壮族文学史》,广西人民出版社1986年版,第998—999页。

② 以上所引诗均见钟叔河编:《走向世界丛书》中的《海国胜游草》和《天外归帆草》,岳麓书社1985年版,第178页。

③ 《与菽园论诗兼寄任公、孺博、曼宣》,《康有为诗文选》,人民文学出版社1990年重印本,第264页。

④ 《说剑堂集题词为独立山人作》,《岭云海日楼诗抄》,上海古籍出版社1982年版,第84页。

⑤ 《奉命为美国三富兰西土果总须事留别日本诸君子》,《人境庐诗草笺注》(上册),上海古籍出版社1981年版,第340页。

⑥ 《万木草堂诗集》卷九,上海人民出版社1996年版,第250页。

皆插冰。或簇如楼阁,或飐如幢旌;或拥如人马,或列如队征;或卓如笔竿,或掉如龙鲸。终年长白头,万古浸水晶。苍苍百万岛,海中立亭亭。北极那岌岛,南边丹墨城。汽舟左右望,绵亘七日程。盛夏冰海开,汽舟乃纵行。衣影吸其绿,万碧浸波澄。舟穿众岛中,奇怪争逢迎。辟道如江湖,志在海中经。宵宵岩堑秀,茫茫云烟溟。海山只苍苍,天风但泠泠。白日出无没,梦魂光且轻。

……

这首诗全用白描的手法,形象而洗练地描绘了挪威独特的风光;尤其有趣者,诗中记载了那岌岛日不落的景象:"白日出无没,梦魂光且轻。"在这里,太阳升起后几个月不落,有时人们看到它逐渐下降到地平线,似乎快要落下去了;转瞬又立刻上升,一会又升到天空。所以在北极附近,太阳整天在天空转来转去,就是落不到地平线以下,这就是所谓的极昼现象。诗人在《携同璧游那威北冰海那岌岛颠,夜半观日将下没而忽升》题下自注云:"时五月二十四日,夜半十一时,泊舟登山,十二时至顶如日正午。顶有亭,饮三边酒,视日稍低如暮,旋即上升,实不夜也。"诗云:"是夜夜半神鬼通,乾端坤倪飘吁吁。霭气忽开晶光铺,杲杲旭磴红轮扶。飘登云端披绛襦,光芒万种照寰区。羲和无功后羿诛,额手抑天且大呼。"这种极昼现象,是别处很难看到的。有关记载那岌岛日不落景象的,除康有为的诗外,我们似乎还很少看到。

三 诗文中的近代西方资产阶级思想渗透

众所周知,西方文化对近代思想界影响最大的是赫胥黎的《天演论》和卢梭的《民约论》。《天演论》主要是宣传达尔文的"进化论","物竞天择,适者生存"是其主体精神。把达尔文的自然进化论,用于人类历史社会,这是帝国主义时代社会达尔文主义的理论基础,是错误的;但在,当时中国遭受外国侵略、民族危亡日益加剧的情况下,《天演论》的出版,确如一声春雷,极大地震动了当时的思想界。它使人们认识到,中国如不奋发图强,亡国灭种之祸就在眼前,所谓"被发左衽,更无待论"①。《天演论》的传入,不仅推动了中国变法维新思想的传播,而且在文学上也有反响。王国维说:自"侯官严氏所译之赫胥黎《天演论》出……嗣是以后,达尔文、斯宾塞之名腾于众人之口,'物竞天择'之语见于通俗之文"②。作家写文赋诗,宣传"物竞天择"的理论,借以唤醒民众,救亡图存。请看马君武的《华族祖国歌》:

地球之寿不能详,生物竞存始洪荒。万旅次第归灭亡,最宜之族惟最强。优胜劣败理彰彰,天择无情彷徨何所望! 华族! 华族! 肩枪腰剑奋勇赴战场!③

诗人在这里就是以"天择无情""优胜劣败"来激励人们奋勇战斗、保卫祖国的。此外,如丘逢甲的《题无惧居士独立图》:

"黄人尚昧合群理,诗界差争自主权",丘炜萲的《寄怀梁任公先生》:"以

---

① 《兴算学议·上欧阳中鹄书》,《谭嗣同全集》(上册),中华书局1981年版,第155页。
② 《近年来之学术界》,刘刚强:《王国维美论文选》,湖南人民出版社1987年版,第73页。
③ 莫世祥:《马君武集》,华中师范大学出版社1991年版,第413页。

太同胞关痛痒,自由万物竞生存",自由斋主人的《伤时事》:"压力峥嵘众志颓,合群保种勿徘徊。野蛮例应文明换,进化原从冒险来。……"

这类诗篇均渗透着进化论、竞争、冒险、合群、保种的思想。

卢梭的《民约论》①,是对中国近代思想界影响很大的另一部名著,其中心思想是"天赋人权论"。从资产阶级维新派作家到革命派作家,他们作品中的民主、平等、自由乃至共和、革命,大多是从《民约论》中吸取的营养。蒋智由的诗《卢骚》,不仅对这位法国资产阶级思想家给予热情的礼赞,而且对其思想的革命影响也作了很高的评价。诗云:

> 世人皆欲杀,法国一卢骚。民约倡新义,君威扫旧骄。
>
> 力填平等路,血透自由苗。文字收功日,全球革命潮。

此类诗篇甚多。如梁启超的《壮别》云:"孕育今世纪,论功谁萧何? 华、拿总余子,卢、孟实先河。赤手铸新脑,雷音殄古魔。吾侪不努力,负此国民多。"从中可以看出卢梭、孟德斯鸠等资产阶级启蒙思想家对近代思想和文化的影响。

南社诗人柳亚子、高旭、徐自华、苏曼殊、王德钟,在他们的诗文中,宣传"天演论",歌颂资产阶级启蒙思想家,以及礼赞民主、自由、平等和男女平权的更多。柳亚子的《放歌》是有代表性的一首:

> 上言专制酷,罗网重重强。人权既蹂躏,天演终沦亡。……我思欧人种,贤哲用斗量。私心窃景仰,二圣难颉颃。卢梭第一人,铜像巍天阊。民约创鸿著,大义君民昌。……继者斯宾塞,女界赖一匡。平权富想象,公理方翔翔。

突飞之少年的《励志歌十首》之十云:"兴德建意勋业奇,俾士麦克玛志尼。英雄去人正不远,国民国民休谦辞。"歌颂卢梭、斯宾塞、华盛顿、玛志尼等西方资产阶级思想家、政治家、革命家,正是近代诗歌进步思想倾向的表现之一。

生存竞争、天赋人权,作为对近代知识界影响最大的两种思想学说已渗透到近代文学的各个领域,如小说、戏剧、散文。

在近代作家的散文集中,就有许多域外题材的作品,著名的有王韬的《漫游随录》和《扶桑游记》、郭嵩焘的《使西纪程》和《伦敦与巴黎日记》、薛福成的《出使英法意比四国日记》、黎庶昌的《西洋杂志》、康有为的《欧洲十一国游记》、梁启超的《新大陆游记》、单士厘的《癸卯旅游记》和《归潜记》等。在这些域外游记中,不仅记录了当时西欧诸国的政治、经济、文化和风俗民情,为我们考察和了解西方资本主义社会提供了珍贵的资料,而且其中还有很多优秀的散文作品。例如,王韬《漫游随录》中的《舞蹈盛集》,写西洋交际舞场面,确实令当时的人耳目一新:

> 西国男女有相聚舞蹈者,西语名曰"单纯"。……每年于六七月间有盛

---

① 《民约论》(今译《社会契约论》)一书正式传入中国,是 1898 年上海同文书局出版的《民约通义》,此书是据日本人中江兆民(笃介)的汉文译本《民约译解》重印的(后者 1882 年在日本译出),1900 年,留日学生杨廷栋又在《译书汇编》上发表了《民约论》译文,并于 1902 年由上海文明书局出版了单行本,书名是《路索民约论》,这是中国人自己译的第一个《民约论》译本。从此,《民约论》在国内广泛流传,影响极大。据李华川在《晚清知识界的卢梭幻象》(北京大学硕士研究生学位论文·1997)中云:"从 1898 年至 1911 年,4 部卢梭著作汉译本在国内出版(或在日本出版传到国内),即《社会契约论》《爱弥儿》《忏悔录》和《论科学与艺术》。"

集，殊为巨观。选幼男稚女一百余人，或多至二三百人，皆系婴年韶齿，殊色妙容者，少约十二三岁，长约十五六岁，各以年相若者为偶。……诸女子无不盛妆炫服而至，诸男子亦无不饰貌修容，衣裳楚楚，彼此争妍竞媚，斗胜夸奇。其始也，乍合乍离，忽前忽后，将近旋退，欲即复止。若近若远，时散时整，或男招女，或女招男。或男就女，而女若避之；或女近男，而男若离之。其合也，抱纤腰，扶香肩，成对分行，布列四方，盘旋宛转，行止疾徐，无不各奏其能。诸女子手中皆携一花球，红白相间，芬芳远闻。其衣亦尽以香纱华绢，悉袒上肩，舞时霓裳羽衣，飘飘欲仙，几疑散花妙女自天上而来人间也。其舞法变幻不测，恍惚莫定，或如鱼贯，或如蝉联，或参差如雁行，或分歧如燕翦，或错落如行星之经天，或疏密如围棋之布局。①

作者以轻灵优美的笔墨，描写西洋舞蹈的阵容、跳法：或对舞，或合舞，或独舞，舞姿轻盈优美，男女盛装艳抹，霓裳羽衣，飘飘欲仙，如散花天女降落人间。舞厅内音乐悠扬，令人疑入仙境。这样的场景，对于遵守"男女授受不亲"礼法的中国读者来说，真是难以置信。王韬的《扶桑游记》，描写日本风光和中日友谊，亦颇多可诵之文。

在描写域外题材的作家中，有几位属于桐城派或湘乡派的散文家，如薛福成、黎庶昌和郭嵩焘。他们虽然"远祖桐城，近宗湘乡"，但写文并不囿于桐城家法；加之他们又都在国外受到过西方文化的熏陶，故三人的散文，特别是海外纪游之作，已在很大程度上冲破了桐城派的桎梏，写出了很多既具新内容而又声情并茂的纪事抒情散文。薛福成的《观巴黎油画记》《白雷登海口避暑记》是脍炙人口的名作，不必多述。其他如黎庶昌《西洋杂记》中的《斗牛之戏》《溜冰之戏》《耶稣复生日》《加尔德陇大会》《巴黎大赛会纪略》《开色遇刺》等文，记述欧西诸国风土民俗，可谓一束西洋风俗画卷。尤其值得注意的，黎庶昌的国外纪游更具特色，如《奉使伦敦记》《卜来敦记》《游日光山记》《游盐原记》。这些散文作品，或描述国外海上奇景，或记载巴黎、伦敦见闻，或描摹日本自然风光，充满着异国情韵，给人以奇幻、浪漫、耳目一新之感。他的《卜来敦记》，就是一篇很优美的散文。文中描写英国卜来敦这座滨海城市旖旎多姿的自然风光和人工修饰的奇丽秀美，很有特色：

卜来敦者，英国之海滨，欧洲胜境也。距伦敦南一百六十余里，轮车可两点钟而至，为国人游息之所。后带冈岭，前则石岸斩然。好事者凿岸为巨厦，养鱼其间，注以源泉，涵以玻璃。四洲之物，奇奇怪怪，无不毕致。又架木为长桥，斗入海中数百丈，使游者得以攀援凭眺。桥尽处有作乐亭。余则浅草平沙，绿窗华屋，与水光掩映，逦俪一碧而已。人民十万，栉比而居；衢市纵横，日辟益广。其地固无波涛汹涌之观，估客帆樯之集，无机匠厂师之兴作，杂然而尘鄙也。盖独以静洁胜。每岁会堂散后，游人率休憩于此。方其风日晴和，天水相际，邦人士女，联袂嬉游，衣裙缡裻，都丽如云。时或一二小艇，棹漾于空碧之中。而豪华巨家，则又鲜车怒马，并辔争驰，以相邀放。迨夫暮色苍然，灯火粲列，音乐作于水上，与风潮相吞吐。夷犹要眇，飘飘乎有遗世之意矣。

---

① 《漫游随录》，钟叔河：《走向世界丛书》合订本，岳麓书社1985年版，第142—143页。

予至伦敦之次月，富绅阿什伯里导往游焉，即叹为绝特殊胜，自是屡游不厌。再逾年而之他邦，多涉名迹，而卜来敦未尝一日去诸怀，其移人若此。

英之为国，号为强盛杰大。议者徒知其船坚炮巨，逐利若驰，故尝得志海内。而不如其国中之优游暇豫，乃有如是之一境也。昔荀卿氏论立国惟坚凝之难，而晋栾针之对楚子重，则曰"好以众整"，又曰"好以暇"。夫惟坚凝，斯能整暇。若卜来敦者，可以觇人国已。[1]

这篇游记散文，不仅具有桐城派传统笔法的"雅洁"，而且在写法上颇类似现代游记。作者选用了风和日丽的白昼和灯火辉煌的夜晚两个时景，以及士女"联袂嬉游"、小艇荡漾和"鲜车怒马，并辔争驰"三组画画，多层面地描绘了游人的热烈气氛、闲适幽雅的心境和情趣，其笔法的细腻、时空的转换近于现代游记，所以颇为读者喜爱，不少教科书和选本选作范文。在这篇游记中，作者又以观风俗以觇政教国情的目光，透视出"船坚炮巨，逐利若驰"的大英帝国，也有其"优游暇豫"的一面，说明一张一弛、有劳有逸的治国之道。文末作者又借用"夫惟坚凝，斯能整暇"的历史故事，进一步揭示只有国人的团结一致、国强民富，国民生活才能达到既严整紧张而又悠闲轻松的境界。在外侮日重的近代，强调"坚凝"是具有深意的，这又使这篇游记带有了某种哲理的意味。

郭嵩焘也是一位散文能手，他在国外任职期间写了 200 万字的日记，其中不乏优美的散文片断。因为他写的那部《使西纪程》曾引起清廷全朝上下的一场风波，闹得"奉旨毁版"，才算完事，使这 200 万字的国外日记再也不敢公之于世。直到近年，钟叔河编辑《走向世界丛书》，才将其中一部分以《伦敦和巴黎日记》为题公开出版。这实在是有功于中西文化交流研究的事情。这部日记，不仅向 19 世纪的中国读者介绍了西方资产阶级国家的政治制度、科学技术、文学艺术以及娱乐活动、世俗民风，而且有些文字颇为生动传神、雅洁优美、富有神韵，是很好的散文作品。比如，他记述光绪三年（1877 年）初夏在英国观焰火（即今天的礼花）的情景，描写放礼花的声状、景象、礼花的品种、形态、色彩、图像，即使在今天读来，仍非常诱人。薛福成、黎庶昌、郭嵩焘这三位原属桐城派、湘乡派的作家，面对海外光怪陆离、五彩缤纷的现代生活，不仅扩大了他们散文创作的审美范围，而且也改变了他们的审美理想。为了真实地、艺术地反映国外的新生活、新事物、新气象，就不能不冲破传统古文的模式，从摄取题材、艺术构思到语言表达都必须来一个变革。这也说明西方文化具有很强的穿透力和诱惑力，使一些本来属于传统和保守流派的作家，在它的面前也不得不改变自己的审美理想和审美情趣，从而去描写异域的文化和生活。

在描写异域题材的散文中，我们还要提一下近代写有国外纪游的第一位女作家单士厘。单士厘（1856—1943），浙江萧山人，出身于书香门第，后来嫁给钱恂。钱恂也是一位思想开明的人物，曾随薛福成出使过欧洲，后又到过日本，并于 1907—1908 年先后出使西欧，做过驻荷兰和意大利的公使。单士厘因为丈夫的关系，曾先后到过日本和西欧，并写了《癸卯旅行记》和《归潜记》。前者是她在光绪二十九年（1903 年）自日本、朝鲜到达俄国的旅游记，历时 80 日，行程 2 万余里。后者是她随丈夫去欧洲的记

① 梁启超：《五十年中国进化概论》，《饮冰室合集》第 5 册，"文集之三十九"，第 43 页。

录,共12篇,记述了西欧诸国礼俗典章、宗教沿革、文学艺术。其中,《彼得寺》《新释宫·景寺之属》,记述了罗马圣彼得大教堂和罗马的历史、宗教、文化;《马可博罗事》《摩西教流行中国记》,是研究中西文化交流史的重要资料;《章华庭四室》和《育斯》两篇,是中国学者介绍希腊神话最早的文字,都具有较高的文化史料价值。《癸卯旅行记》中有对俄国大文学家托尔斯泰的介绍:

> 托为俄国大名小说家,名震欧美。一度病气,欧美电询起居者日以百数,其见重世界可知。所著小说,多曲肖各种社会情状,最足开启民智,故俄政府禁之甚严。其行于俄境者,乃寻常笔墨,而精撰则行于外国,禁入俄境。俄廷待托极酷,剥其公权,摈于教外(摈教为人生莫大辱事,而托淡然)。徒以各国钦重,且但有笔墨而无实事,故虽恨之入骨,不敢杀之。曾受芬兰人之苦诉:欲逃无资。托悯之,穷日夜力,撰一小说,售其版权,得十万卢布,尽畀芬兰人之欲逃者,藉资入美洲,其豪如此。①

这段记述比较简略,而且主要介绍其人和影响,于文学成就涉及无多。尽管如此,恐怕这要算中国知识分子介绍托尔斯泰较早的文字了。在这两部记游散文中,有些颇具文学色彩。像《癸卯旅行记》中记述作者过色楞格河桥的感受和描写贝加尔湖的景色,文字雅洁洗练,清新流畅:

> 黎明,知将过色楞格河桥,特起观之。四山环抱,残月镜波。予幼时喜读二百数十年前塞北战争诸记载,其夸耀武功,虽未足尽信,然犹想见色楞格河上铁骑胡笳之声,与水澌冰触之声相应答。今则易为汽笛轮轴之声,自不免兴今昔之感。然人烟较昔为聚,地方较昔为任,则又睹今而叹昔。凡政教不及之地,每为国力膨胀者施其势力,亦优胜劣败之定理然也。天明,渐渐从山罅树隙望见水光,知为世界著名之第一大淡水湖,所谓贝加尔湖者矣……自过上鸟的斯克,浓树连山,风景秀丽,殆迈蜀道,而此夷彼险,但有怡悦,无有恐怖。……②

由以上简述,我们可以看出在中西文化交流影响下近代散文审美范围的扩大。黄人在《清文汇·序》中说:"中兴垂五十年,中外一家,梯航四达,欧、和文化,灌输脑界,异质化合,乃孳新种。"③这些域外题材的作品,正是"异质化合,乃革新种",是中西文化融合的一种新产品。

四　小说品种的增多和新的舞台形象的出现

在中国古典小说中,除了具有幻想和神魔色彩的《镜花缘》《西游记》等少数作品外,所描写的范围很少有超越国界的;而近代的小说《孽海花》(曾朴著)、《苦社会》(无名氏著)、《黄金世界》(碧荷馆主人著)、《东欧女豪杰》(羽衣女士著)、《留东外史》、(向恺然著)都已超越国界,或写西欧、东欧诸国,或写日本。作家的审美视野已从本国本土转向世界各地,较之古代,这显然是一个变化。

---

① 钟叔河:《走向世界丛书》合订本,岳麓书社1985年版,第753页。
② 钟叔河:《走向世界丛书》合订本,岳麓书社1985年版,第734—735页。
③ 《中国近代文论选》(下册),人民文学出版社1959年版,第488—489页。

标志着近代小说审美范围扩大的是小说类型的增多。

中国传统小说题材比较集中,主要是言情、侠义、公案、讲史、神怪诸大类;近代小说,随着社会生活的繁富,题材愈来愈广泛,内容愈来愈丰富,因此人们对小说种类的划分也越来越多。梁启超主编的《新小说》将其刊登的作品分为13类,《小说月报》分为40类。其主要品种有历史小说、政治小说、哲理小说、冒险小说、写情小说、传奇小说、科学小说、侦探小说、游记小说、家庭小说、艳情小说、哀情小说、社会小说、道德小说、伦理小说、探奇小说、武侠小说等。这种分类,有的按内容划分,也有的按艺术形式划分,标准颇不一致,自然很难说一定科学,但由此可以看出近代小说题材的广泛和审美范围的扩大。究其原因,除上面谈到的社会生活的繁富和读者文化需求的多样性之外,还与翻译小说的影响有关;其中有些小说类型,则可以说是纯粹受西方文学的影响,如政治小说、侦探小说、冒险小说、教育小说、科学小说等。

"政治小说"这个术语是梁启超从日本引进的。一方面,梁启超从理论上大力倡导多译政治小说。他说:"在昔欧洲各国变革之始,其魁儒硕学,仁人志士,往往以其身之所经历,及胸中所怀,政治之议论,一寄之于小说。于是彼中缀学之子,黉塾之暇,手之口之,下而兵丁、而市侩、而农氓、而工匠、而车夫马卒、而妇女、而童孺,靡不手之口之。往往每一书出,而全国之议论为之一变。彼美、英、德、法、奥、意、日本各国政界之日进,则政治小说为功最高焉!"[1]另一方面,他又亲自动手翻译政治小说,《佳人奇遇》就是梁启超在逃亡日本的兵舰上边读边译的。此外,他又与别人合作或鼓励他人翻译了《经国美谈》《雪中梅》等日本著名的政治小说。梁启超创作的政治小说《新中国未来记》和陈天华的政治小说《猛回头》,在艺术形式(叙事时间)上就直接受到日本政治小说的影响。

侦探小说纯系受翻译文学的影响。中国古典小说中有公案、侠义小说,但未有侦探小说。以翻译侦探小说著名的周桂笙说:"侦探小说,为吾国所绝乏,不能不让彼独步。盖吾国刑律讼狱,大异泰西各国,侦探之说,实未尝梦见。"[2]侠人也说:"唯侦探一门,为西洋小说家专长。中国叙此等事,往往凿空不近人情,且亦无此层出不穷境界,真瞠乎其后矣。"[3]

看来侦探小说确为外国小说独擅胜场。外国侦探小说,在中国翻译小说中占的比重最大,像《福尔摩斯侦探案》《聂克卡脱侦探案》(美国尼科拉司·卡持著,吴子才等译)、《多那文包探案》(英国狄克多那文著)、《马丁休脱侦探案》(英国马利孙著,奚若译)、《纳里雅侦探案》(法国哈伦斯著)等,其中影响最大的是英国柯南道尔的《福尔摩斯侦探案》。中国的侦探小说就是在外国侦探小说的影响下产生的。

近代较早出现的侦探小说大约是1906年李涵秋创作的《雌蝶影》[4],写法国巴黎的一个外国故事,有明显的模仿外国侦探小说的痕迹。之后有吕侠的《中国女侦探》[5]

---

① 梁启超:《译印政治小说叙》,《清议报》第1册(1898)。

② 《歇洛克复生侦探案·弁言》,《新民丛报》第3年第7号(总第55号)。

③ 《小说丛话》,《晚清文学丛钞·小说戏曲研究卷》,中华书局1962年版,第329页。

④ 小说共19章,1906年载上海《时报》,1908年有正书局出版。署名包柚斧,即李涵秋。

⑤ 光绪三十三年(1907)七月,商务印书馆出版。

(1907)、傲骨的《砒石案》①（1908）和《鸦片案》②（1908）、马江剑客述、天民记的《失珠》③（1908），成绩比较突出的是程小青的《霍桑探案》。

《霍桑探案》共有小说 80 余篇，计 300 万言，是我国近现代文坛上影响最大、质量最高的侦探小说集，程小青也因之有"东方柯南道尔"之称。小说中的主人公——私家侦探霍桑是一个为广大读者所喜爱的人物，小说也是以包朗笔述，用第一人称的写法，如同《福尔摩斯侦探案》中的华生。

20 世纪 20 年代之后，侦探小说出现了高潮，仅系列探案就有若干种，除《霍桑探案》外，尚有《中国新侦探案》（俞天愤著）、《李飞探案》（陆澹庵著）、《侠盗鲁平奇案》（孙了红著），使侦探小说这一小说类型在中国得到了一定的发展。

科学幻想小说也是伴随着翻译而产生的小说品种。古代小说中虽具有幻想成分，如《西游记》《镜花缘》，但并不是科学幻想小说。科学幻想小说也是由外国引进的，著名的译作有薛绍徽译的《八十日环游记》（1890）、鲁迅译的《月界旅行》（1903）和《地底旅行》（1903—1904）、奚若译的《秘密海岛》（1905）、周桂笙译的《地心旅行》（1906）、谢沂译的《飞行记》（1907）等。在外国科学小说的启示下，荒江钓叟写了科学小说《月球殖民地小说》，全书 35 回（未完），发表在《绣像小说》第 21—62 期（1904—1905）④。这是目前所知的我国最早的一部长篇科学小说。1905 年，徐念慈阅读了包天笑译的《法螺先生谭》后，写了《新法螺先生谭》，这是受西方科学小说影响最显著的一部小说。同年，支明又写了《生生袋》（1905）⑤，小说虚构了一个蕞尔岛，以精通生理学的主人公"客"在岛上富有传奇色彩的经历为主线，描写了"客"宣传科学知识的 14 个故事，带有早期科学小说的特点。

在西方文化的影响下，近代戏剧也发生了变化。

首先是作品的取材，由中国古代历史故事（如三国戏、杨家将戏、岳家军戏）转移到西方历史特别是西方资产阶级革命史。在这方面，理论家的倡导不可忽视。箸夫在《论开智普及之法首以改良戏本为先》中就主张淘汰"中国旧日喜阅之寇盗、神怪、男女数端"，而"复取西国近今可惊、可愕、可歌、可泣之事，如彼兰分裂之惨状、犹太遗民之流离、美国独立之慷慨、法国改革之剧烈，以及大彼得之微行、梅持涅之压制、意大利之三杰、毕士麦之联邦，一一详其历史，摹其神情，务使须眉活现，千载如生。使观者激刺日久，有不鼓舞奋迅，而起尚武合群之观念，抱爱国保种之思想者乎"⑥。在这种理论的影响下，取材于西方历史的剧作一时如雨后春笋。例如，感惺的《断头台》传奇、玉瑟斋主人的《血海花》传奇⑦是写法国资产阶级革命的，雪的《唤国魂》传奇是写希腊革命故事的，春梦生的《学海潮》传奇⑧是写古巴学生反抗西班牙殖民主义者斗争的，刘钰

---

① 一名《中国侦探第一案》，清光绪三十四年[1908]二月上海小说林社出版。
② 一名《中国侦探第二案》，清光绪三十四年[1908]二月上海小说林社出版。
③ 刊《月月小说》第 2 年第 3—5 期（1908）。
④ 此小说收入台湾广雅出版有限公司 1984 年 3 月出版的《晚清小说大系》，又收入江西人民出版社 1989 年 12 月出版的《中国近代小说大系》（与《痴人说梦记》《新纪元》合册）。
⑤ 刊《绣像小说》第 49 至 52 期（1905）。
⑥ 陈多、叶长海选注：《中国历代剧论选注》，湖南文艺出版社 1987 年版，第 467 页。
⑦ 以上两种今收入阿英编：《晚清文学丛钞·传奇卷》，中华书局 1962 年出版。玉瑟斋主人即麦仲华。
⑧ 《学海潮》，刊《新民丛报》。

的《海天啸》杂剧①是写日本维新志士斗争故事的,梁启超的《新罗马》传奇、《侠情记》②传奇是写意大利民族统一运动的。这种崭新的题材,在中国古典戏曲中是前所未见的。

在舞台形象方面,古典戏剧主要以才子佳人、义夫贞女、忠臣孝子为主人公,在近代戏剧舞台上又增添了碧眼红发的英雄、女杰。柳亚子在《二十世纪大舞台发刊词》中说:"吾侪崇拜共和,欢迎改革,往往倾心于卢梭、孟德斯鸠、华盛顿、玛志尼之徒,欲使我同胞效之……今当捉碧眼紫髯儿,被以优孟衣冠,而谱其历史……尽印于国民之脑膜,必有欢然兴者。"③这些作品把外国历史故事编成戏剧,使其英雄豪杰活动于中国舞台之上,以教育中国人民,使之奋然兴起,投身革命。像马志尼、加里波的、加但农、法国山岳党人、意大利烧炭党人、俄国虚无党人,以及英雄女杰罗兰夫人、苏菲亚,也都出现在中国戏剧舞台上成为革命青年崇拜的偶像。近代戏剧从题材到艺术形象上的这种变化,是直接受到西方文化(包括翻译文学)的影响,这既反映了剧作家审美范围的扩大,也是古代戏剧所未有的新特点。

话剧受西方文化的影响更加突出。话剧的产生本与西方文化有很大的关系。早在1899年,上海教会学校圣约翰书院的学生就用英语或法语表演过西方戏剧④。在其影响下,1900年冬上海南洋公学又以戊戌政变和义和团运动为题材编演过时事新剧《六君子》和《义和拳》,1902年徐汇公学又用法语演出了据法国大革命历史编的五幕话剧《脱难记》,1903年南洋公学和民立中学在孔子诞辰又演出过《张汶祥刺马》《英兵掳去叶名琛》《张廷标被难》《监生一班》等新剧。1905年,民立中学学生汪优游联合上海几个学校的戏剧爱好者,组织了业余剧团文友会,演剧从学校走向社会,是年元宵节公演了《捉拿安德海》《江西教案》等时事新剧。上海学生的演剧活动虽然观众不多、影响不大,但这种全新的戏剧无疑对中国话剧的产生有一定的启示意义。1906年,日本留学生李叔同、曾孝谷等人在东京成立了春柳社,并于1907年春演出了法国小仲马的著名话剧《茶花女》第三幕;同年6月,又演出了据美国斯托夫人小说《汤姆叔叔的小屋》改编的《黑奴吁天录》五幕话剧。欧阳予倩认为,这个剧本"可以看作中国话剧第一个创作的剧本。因为在这以前我国还没有过自己写的这样整整齐齐几幕的话剧本"⑤。话剧这个新的艺术品种,不仅其形式受到西方戏剧和日本新派剧的影响,而且在内容上也有很多是外国的题材,一些话剧团上演的翻译戏剧更是完全的西方内容,如当时上演的法国戏剧《茶花女》《鸣不平》《热泪》(原名《杜司克》),英国戏剧《女律师》(即莎士比亚的《威尼斯商人》)等,由此不难看出西方文化对近代戏剧的影响。

在近代文学中,审美范围的扩大,不仅表现在题材的广泛、内容的新颖上,更主要的是指域外题材的引进。作家的审美视野已由本国本土面向世界,因此在近代文学中就增添了新思想、新事物、新意境,以及新的艺术品种(如话剧的出现和小说品种的增多)和新的舞台形象,使中国近代文学出现了新风貌。

五 "五四"之后新文学中的海洋文学①

以五四运动为标志的中国现代文学,由于近代以来的欧风美雨,整个社会思潮与整个世界的国际交流化走向相向,留学日本、留学欧美的知识分子日多,返回的也多,于是中国的作家诗人无论在国外还是在国内,都创作了大量的涉海作品;受他们的影响,或受整个社会的机制转变和整个社会思潮的感染,更受我国涉外涉内海事渐多的生活现实的影响,很多作家诗人也把视野投向了海洋,投向了涉及海洋的生活题材和要展示的内容,从而使得中国的海洋文学出现了崭新的面貌。其中,郁达夫、郭沫若、巴金、谢冰心、钱钟书等的作品,或写海上生活,或把海置放为展示形象的舞台,或所表现的是涉海生活,都在文学史上占有着重要地位。尤其冰心与海所结下的不解情缘,往往为人称道;巴金的《海的梦》,令人流连魂牵……

现代作家们的涉海散文,以及滨海游记,构成了现代海洋文学的灿烂篇章。比如,冰心的《往事》中的篇什、《说几句爱海的孩气的话》,郑振铎的《海燕》,鲁彦的《听潮》,巴金的《海上的日出》等,还有众多作家海滨城市、海岛、渔村等的写生、游记作品,都写得充满着激情与浪漫、温馨与新奇,让人不忍掩卷。

第七节　中国的近代海洋科学成就②

中国的近代海洋科学,也是西方科学思想和方法传入之后的产物。

19 世纪 70 年代上海江南制造总局翻译馆出版了由中国学者与外国专家合译的《海道图说》《航海通书》《航海简法》《行海要求》《御风要术》等书,从不同的侧面,传播了西方近代海洋科学的有关知识。20 世纪初叶,中国成立的一些科技学术团体,在研究本学科的同时也涉及对海洋科学的研究。

1909 年(宣统二年)成立的中国地学会,通过《地学杂志》发表了有关海洋地理、海洋地质、海洋气象、海产生物、海洋科学等文章。1914 年成立的中国科学社、1931 年成立的中华海产生物学会、1935 年成立的太平洋科学协会海洋学组中国分会,也从各自的角度和层次,对海洋科学进行了不同程度的研究。

1866 年(同治五年),福州船政学堂后学堂的驾驶专业,开设了有关航海的课程,开创了海洋科学教育的先端。之后,天津水师学堂、广东水师学堂、江南水师学堂等各水师学堂,也设立了有关的课程,进行海洋科学教育。20 世纪初,这类教育继续在一些学校中进行。1921 年厦门大学在建校之初,就开设了海洋生物学课程。1944 年,化学实业家范旭东创办了海洋研究室,设在天津久大精盐公司内,主要研究海洋资源的开发。

抗日战争胜利后,童第周、马廷英、唐世凤等人,分别在山东大学、台湾大学、厦门

---

① 本部分引见曲金良:《海洋文化概论》,青岛海洋大学出版社 2000 年版,第 198—199 页。
② 本节引见苑书义:《中国近代化大辞典》,河北教育出版社 1995 年版,第 918—919 页;曲金良:《海洋文化概论》,青岛海洋大学出版社 1999 年版,第 247—249 页。

大学创设了小型海洋研究所,把海洋研究和海洋科学教育结合起来。1946年,唐世凤教授在厦门大学建立了海洋系,后整体划转入山东大学,高等学校中系统的海洋专业教育开始出现。

中国近代海洋科学研究始于20世纪,研究的基础性工作是海洋观测与调查。稍具规模的一些调查活动,大多以海洋生物学为主,调查海洋生物、水产;在相关的海洋水文气象、地质环境的观测与调查方面,也取得了不少成就。观测与调查的重点,主要是山东半岛沿岸、渤海湾和胶州湾。

成立于19世纪末的青岛观象台,1911年即把海洋潮汐观测列入主要业务之一。1928年,该台设海洋科,开始编纂青岛港潮汐表。这是中国近代潮汐观测与潮汐表编纂的开始。

在海洋调查方面,1922年中国海军成立海道测量局,开始进行近海水道的海洋调查;至1935年,该局共绘图30余幅,编有《水道图志》一册。此期以海洋生物为主的海洋考察活动主要有以下几项。1927年,费鸿年、陈兼善组织中山大学生物系师生共7人进行海南岛沿海生物考察。1934年,中华海产生物学会组织海南生物科学采集团,由唐世凤率领沿海南岛各港采集生物,历时一年。从20世纪30年代开始,国立北平研究院动物研究所组织了我国第一次渤海和山东半岛沿海(北黄海)海洋学与海洋生物学调查,内容包括海洋物理、海洋生物和水产,调查报告于1937年2月出版。与此同时,1935年5月至1936年10月,海洋动物学家张玺组织胶州湾海产动物采集团,对胶州湾及其附近海域进行了海洋物理、海洋化学和海洋生物调查;调查分四期进行,设调查站460个,获取标本4000余号,报告论文20余篇,出版报告3卷4期。

抗日战争期间,中国海洋科学研究几乎处于停顿状态。其唯一一次海洋考察,是1941年4—10月由马廷英、唐世凤等组织的福建东山海洋考察。除在东山岛考察外,唐世凤急盐民之所急,为纳取高盐度海水提高盐产,指导盐民生产,还在东山建立了验潮站。

青岛观象台自1928年设海洋科后,即开始对青岛沿岸海洋化学进行测定,主要是海水盐度;1935年还分析了胶州湾和山东北部沿海的海水盐度、pH值和硅酸盐。

在海洋气象方面,竺可桢做出了重要贡献。他于1916年发表《中国之雨量及风暴说》,论述海洋气候对大陆气候的影响,以及台风在中国登陆的途径;1925年发表《台风源地与转向》;于1934年发表《东南季风与中国之雨量》,指出夏季风带来的水汽是中国大陆雨泽的主要来源,并论述了沿海天气现象与海洋环境因素变化的关系。

在海洋水文方面,蒋丙然编著的《中国海及日本海海水温度分配图》,给出了年平均等温线图、周年变差等温线图和各月等温线图12幅,并对海水温度变动的原因做了说明。

在海洋地质、地理方面:1911年,白月恒发表《渤海的过去与未来》,这是中国学者首次对该海域的海洋地质开展研究;同年,俞肇康发表《渤海地域之研究》,这是国内最早运用地壳变动观点的论文。此外,还有1930年叶良辅的《山东海岸变化之初步观察及青岛火成岩之研究》、1935年李庆远的《中国岸线升降问题》等。

在海洋地质学方面,马廷英做出了重要贡献。这一时期,他主要研究珊瑚化石的生长节律和古气候,于1936年发表了《造珊瑚礁与中国沿海珊瑚礁的成长率》,于

1937 年发表了《造珊瑚礁的成长率与海水温度的关系》，在抗日战争期间发表了《亚洲最近时期气候的变迁与第四纪后期冰川的原因及海底地形问题》等一系列文章。

山东半岛近海海洋生物学研究，在多次海洋调查（主要在 1935—1936 年间进行）的基础上，主要在海洋生物分类、分布与形态研究方面取得了一些成就。在研究的内容上，以海洋鱼类、海洋甲壳动物和软体动物为主。这些调查报告，对于研究我国海域的海洋生物区系、水产资源以及海洋环保方面，都是重要的历史文献。

在促进中国近代海洋科学的发展中，中国的生物学家包括海洋生物学家们的贡献相当重要，著名学者有秉志、伍献文、童第周、卫家楫、朱元鼎、陈兼善、陈子英、张玺、曾呈奎、郑重、朱树屏等。

在开创、推动近代海洋科学研究的学术团体中，主要有中国地学会、中国科学社、中华海产生物学会和太平洋科学协会海洋学组中国分会；此外，还有中国动物学会和中国地理学会。这些科学社团除通过学者从各自的学科角度从事海洋地理、海洋地质、海洋生物和海洋气象研究外，另一个重要贡献是推动海洋科学知识的普及、发表科普文章、举办讲习班培育人才。例如，中华海产生物学会于 1931 年在厦门大学成立后，每年暑期都在厦门举办海产生物讲习班或学术活动，取得了较好的效果。

值得一提的是，在不少学者的热心支持下，中国第一个海洋水族馆——具有相当规模的青岛水族馆于 20 世纪 30 年代建成，归青岛观象台海洋科管理，对海洋科学的发展特别是对促进海洋生物研究和科学普及，发挥了重要的作用。

第四十九章
近代海外移民与中国文化的海外传播

随着近代中国的对外开放和海外交通的频繁与广泛,中外文化交流相互影响与相互促进的趋势进一步加强。在欧风美雨影响下,西方文明从中国沿海港口逐渐扩散到内地的同时,以海外贸易和海外移民为主要载体,中国文化在海外的传播更为广泛和深入。

近代中国的海外移民,分布在亚洲、非洲、欧洲、南北美洲、澳洲,形成了长期侨居海外的华侨社会。他们不但为侨居国的经济、社会发展做出了贡献,而且在中国文化的海外传播与交流方面,发挥了重要的作用。

以东南沿海移民海外而构成的海外华人社会最为集中的地区——东南亚和美国为例,可以看出中国文化如何在外国传播。

由于东南亚各国的文明程度一向低于中国,对中国文化的吸收是这些国家社会发展的一种动力。近代这些国家相继沦为西方殖民地后,西方的奴化政策并没有使这些国家获得多少西方文化的好处,而经由华侨从中国继续吸取中国文化的养料,仍然是社会进步之源,况且从中国也可以转介西方先进文化。所以,近代中国海外移民与东南亚的文化交流结出了硕果。一是清政府派出的领事左秉隆、黄遵宪等大力在华侨中提倡中国文化,以加强清政府对东南亚地区华人的影响;二是康有为、丘逢甲等在东南亚华侨中推动了孔教复兴运动,促使中国传统文化与西方文化在东南亚有机结合,创造了独特的文化模式,这种模式对东南亚后来的经济、政治发展发挥了积极的作用;三是孙中山等革命派输入西方民主、自由思想,对东南亚的民族独立产生了直接的影响。

在美国,中国文化的传入,很大程度上是通过粤籍华侨进行的。以华工为主体的华侨,多为文盲,他们所从事的亦不是文化方面的工作,况且,他们在侨居国顽强地保持着自己的文化和风俗,不肯归化异邦。种种原因,使得岭南文化主要不是通过文学艺术和学术的形式传入美国,而是以充满岭南风情的生活方式展示在美国人面前。19世纪,美国出现了唐人街,这是北美文化中的一个新事物。唐人街成为中国社会文化的缩影,使外国人一睹美妙的中国情调和色彩。后来,唐人街也不断地汲取美国社会的文化优点而成为中西文化融合的地方。同时,岭南人在美国的价值不但体现在开发蛮荒之地的贡献,而且在劳动中展现了东方文化的精神价值。另外,岭南人还带去了中国医药、针灸、民间宗教和其他民俗文化,丰富了以世界各种族文化交融而成的美国文化的内容。

第一节　鸦片战争前后中国文化的海路输出①

　　鸦片战争之前,清代的海外交通与贸易就已经十分频繁和广泛,以海外贸易和海外移民为主要文化载体,中国文化的海路输出和在海外的传播更为广泛和深入。

　　中国商品的大量外销,曾对欧美社会的饮食以及服装文化产生了一定的影响。欧美国家在华茶输入后,从17世纪下半叶开始,饮茶的风气逐渐流行起来,使得茶叶成为清代大宗出口商品。中国茶叶作为一种温和而无害的兴奋饮料,不但成为欧美人的普遍消费品,而且还曾给人们的生活、劳动起到了很大帮助。英国诗人达提曾在一首诗中热情地赞美这种饮食时尚:"茶,消散了我的愁苦;它,使欢乐调剂了严肃;这饮料给我们带来了多少幸福;它增加了我们的智能和愉快的欢呼。"②中国陶瓷在大量贩运到欧洲后,曾普遍取代了传统的金属餐具,法王路易十五甚至下令将宫廷中所有金银食器融化了以充作他用。英国著名文人爱特生在谈到中国瓷器对欧洲社会的作用时曾说:"如果没有海外贸易输入各种物品、食品,英国将会成为一个多么干枯乏味的社会!我国的船载满了舶来的酒与油,房间里摆满了金字塔式的中国瓷器,怪不得人们称中国是我们的瓷器制造者了。"③色泽艳丽、光滑柔软的中国丝绸,也是欧美社会人们的热门衣料;甚至中国生产的棉布,还是19世纪初的英国绅士们时髦服装和法国市民流行长裤的不可缺少的用料。

　　在鸦片战争之前的一二百年中,中国文献典籍在海外传播的规模、范围和影响前所未有。日本自8世纪以来就是中国文献典籍输出的主要国家,并且构成中日两国之间文化交流的重要内容。与以前以贵族知识分子和禅宗僧侣为主体的传播形式不同,清代中国文献典籍东传日本列岛,主要是通过前往长崎的中国海商来承担的。根据日本德川幕府的长崎书物改役(书物检查官)向井富氏编汇的1693—1804年间的《商舶载来书目》所载,在这111年间,中国海商共运去中国文献典籍4781种,而书籍种类约占中国出版图书的"十之七八"④。日本学术界在德川幕府锁国政策下,正是通过中国海商输入的大量汉籍,源源不断地获取清朝的文化信息。一些学者认为,江户时期的一些学派,如荻生徂徕及其"古文辞学派"、伊藤仁斋及其"古义学派",都是与清朝考据学风和古文运动相关的。日本考证学派著名人物太田锦成(1765—1825),其学术深受顾炎武《日知录》、朱彝尊《经义考》、毛奇龄《西河集》、赵翼《廿二史札记》等著作的影响。他曾说:"得明人之书百卷,不如清人之书一卷。"⑤日本社会对于中国的科学技术著作也十分重视。明朝朱橚的《救荒本草》在清初传入日本后,日本知识界先后于

---

①　本节内容引见陈尚胜、陈高华:《中国海外交通史》,(中国台北)文津出版社1997年版,第325—338页。

②　转引自王国秀:《十八世纪中国的茶叶和工艺美术品在英国的流传状况》,载《华东师大学报》(人文科学)1957年第1期。

③　转引自王国秀:《十八世纪中国的茶叶和工艺美术品在英国的流传状况》,载《华东师大学报》(人文科学)1957年第1期。

④　转引自严绍璗:《汉籍在日本的流布研究》,江苏古籍出版社1992年版,第61页。

⑤　转引自中村久四郎:《近世中国对日本文化的影响力》,载《史学杂志》第25编2号。

1716年、1788年、1842年多次刊印,而且还出现了一些类似著作,如佐佐木朴庵的《救荒植物数十种》、杉川勤的《备荒草木图》、馆饥的《荒年食粮志》、混沌舍的《备荒图谱》等。宋应星《天工开物》在17世纪末由中国商船输入长崎后,曾引起人们的竞相传抄。1771年,和刻本《天工开物》在浪华(大阪)问世;1830年,又有重印本发行。该书成为江户时期风行一时的技术教科书,甚至在学术界还形成"开物学"。日本经济思想家佐藤信渊(1769—1850)解释说:"夫开物者乃经营国土、开发物产、富饶宇内、养育人民之业者也。"①与此同时,李时珍《本草纲目》在传入日本后,日本学术界从本草学研究发展成日本的博物学。另外,元人朱世杰《算学启蒙》于1663年传入日本后,松村茂清即在研究后写成《算俎》一书;明人程大位《算法统宗》于1675年传入日本后,铃木重次即据此于1694年写成《算法重宝记》。保井算哲曾根据传入日本的中国《授时历》,结合日本实际情况,编造成《贞享历》,于1684年被德川幕府所采用。

清前期,传入日本的中国方志和通俗文学作品的书籍最为丰富。据调查,仅德川幕府所采购的中国方志书籍就达600种。② 中国文学作品在传入日本后,日本知识界即对此进行训点、翻印、改编或模仿。例如,日本元禄年间(1688—1703),本于中国《梁武帝演义》的《通俗南北朝军谈》、本于《皇明英烈传》的《通俗元明军谈》、本于《开辟演义》的《通俗十二朝军谈》,本于《精忠说岳》的《通俗两国志》等书相继问世。尤其是《三国演义》《水浒传》《金瓶梅》《西游记》《红楼梦》《古今小说》等中国小说输入后,在日本社会更是风靡一时、影响巨大,一些人专门进行改编和模仿。例如,模仿《水浒传》的作品就有《本朝水浒传》《日本水浒传》《依波吕水浒传》《女水浒传》《倾城水浒传》《俊杰水浒传》《水浒太平记》等。③

中国通俗文学在东南亚地区也有普遍的魅力。清代传到东南亚地区的中国文学作品,主要有《三国演义》《聊斋志异》《水浒传》《西游记》《梁山伯与祝英台》《今古奇观》等。最初这些作品只在东南亚华人中传播。通过当地华人的翻译介绍,以及一些中国戏班随同商船前往东南亚演出根据上述文学作品改编的戏剧,诱发了当地人民对于中国文学的兴趣。在泰国,就有根据《三国演义》改编的《献帝出游》《吕布除董卓》《周瑜决策取荆州》《周瑜吐血》《孙夫人》《貂蝉诱董卓》等剧目;曼谷王朝还专门组织华人将中国文学作品翻译成泰文,由此在泰国出现了社会上层喜欢看"三国"书、平民百姓喜欢看"三国"戏的现象。在印尼诸岛、柬埔寨、马来半岛等地,都有上演中国戏的剧院。在爪哇,为了迎合观众的爱好,有人还曾根据中国故事编成皮影戏。因此,伍子胥、蔺相如、关云长、曹孟德、宋江、李逵、张生、红娘、孙悟空、猪八戒都是当时东南亚人民所熟悉的艺术形象。马来西亚学者穆罕默德·萨勒·宾·柏朗(1841—1915)在1894年曾写信给一位华侨说:"我非常喜欢读中国故事书,尤其喜欢《三国演义》。因为它包含着许多有价值的东西,书中的暗示和寓言,连为王室效忠的那些官员也应该洗耳恭听。"④

---

① 转引自潘吉星:《天工开物校注及研究》,巴蜀书社1989年版,第120页。
② 据严绍璗:《汉籍在日本的流布研究》,江苏古籍出版社1992年版,第229页。
③ 梁容若:《中日文化交流史论》,商务印书馆1985年版,第18页。
④ 转引自沙梦:《中国传统文学在亚洲》,载《中外关系史译丛》第3辑,上海译文出版社1986年版,第130—131页。

清前期,中国文献典籍流入欧洲主要是耶稣会传教士努力的结果。1697 年,白晋返回法国时,向路易十四转交了清圣祖赠送的 41 部中国书籍。此后,返回欧洲的耶稣会士带去了更多的中国文献。仅 1722 年,耶稣会士运达法国的中国书籍就达 4000种,它构成了今日法国国家图书馆东方手稿部的最早特藏。耶稣会士还翻译介绍了许多中国经典。他们的目的,是要从中国典籍中发掘上帝与上天的资料和从中找到中国古代圣贤的尊天重道言论,以对抗其他天主教教派对他们采取通融中国礼仪传教政策所进行的攻击,但在客观上却促进了中国文化在欧洲的传播。据戈尔逊《中国学书目》所列,在 1645—1742 年的百年间,欧洲传教士所翻译并出版的中国著作就有 262种,[①]其中包括对"四书五经"的翻译。相比之下,耶稣会士对于中国通俗文学作品却不甚关注;直到 1761 年英国伦敦出版《好逑传》,才在欧洲刊印出第一部中国小说。这部英译本是从一位留在广东侨居多年的英国商人威尔金森(James Willkinson)的私人文件中发现的。此后,《今古奇观》《红楼梦》等中国小说作品又陆续传入欧洲。

鸦片战争后,中国文献典籍流入海外,尤其流入欧洲国家的更多。例如,1876 年 5月 1日,清朝驻英国副使刘锡鸿在参观大英博物馆时看到该馆所收藏的中国书籍,"其书之最要者,则有《十三经注疏》《七经》《钦定皇清经解》《二十四史》《通鉴纲目》《康雍上谕》《大清会典》《大清律例》《中枢政考》《六部则例》《康熙字典》《朱子全书》《性理大全》、杜佑《通典》《续通典》《通志》《通考》《佩文韵府》《渊鉴类函》、殿版《四书五经》《西清古鉴》等类。其余如群儒诸子、道释杂教、各省府州县之志、地舆疆域之纪、兵法律例之编、示谕册帖尺牍之式、古今诗赋文艺之刻、经策之学、琴棋图画之谱、方技百家、词曲小说,无不各备一种。"[②]欧洲学术界在 18 世纪还曾根据耶稣会士们所介绍的中国文化,展开了对封建专制和神学的批判。德国的莱布尼兹(Gottfried Wilhem Leibniz,1646—1728)在阅读中国方面材料后认为:"在我看来,我们目前的情况,道德腐败,漫无止境,我几乎认为有必要请中国派遣人员来教导我们关于自然神学的目的及实践。"[③]为此,他在德国倡议将中国列为科学院研究科目。他本人还曾根据中国《易经》中的阴阳二元论提出二进制数。法国的伏尔泰(Voltaire,1694—1778)和他的百科全书派学者,则公开声称中国的伦理道德是一切具有理性的人的唯一宗教。法国的魁奈(Francois Ouesnay,1694—1774)则从中国历代君主重视农业的文献记载中受到启示,在欧洲社会提倡以农为本,并形成"重农学派"。耶鲜会士亦曾应重农学派学者对中国农业和农艺学研究的要求,专门搜集中国的农业资料、种子和工具,并送往欧洲。

在欧洲,由于中国瓷器、漆器和丝织品的大量输入,引起了欧洲厂商的仿造热潮。在瓷器制造方面,德国人波特格(Bottger)于 1708 年在德累斯顿率先成功烧造出第一炉欧洲白瓷,并在白瓷上饰有模仿中国风格的人物、花卉、鸟兽浮雕。而法国厂商则通过该国在华传教士昂特雷科莱(Enrtecolies,汉名殷宏绪)获取了中国景德镇瓷器制造的配方及其工艺流程资料。昂特雷科莱曾在景德镇侨居 7 年,倾力收集制瓷情报。1712 年 9 月,他在寄回国内的一封信中对瓷器制作的整套工艺流程作了具体而细致

---

① 朱谦之:《中国哲学对于欧洲的影响》,福建人民出版社 1985 年版,第 192 页。

② 刘锡鸿:《英轺私记》,岳麓书社 1986 年版,第 147—148 页。

③ 利奇温:《十八世纪中国与欧洲文化的接触》,商务印书馆 1962 年版,第 71 页。

的描述;1722 年 1 月,他又在寄回法国的信中对景德镇制瓷流程做了更具体的补充,并首次介绍了制瓷的重要原料——高岭土的知识。

1771 年,法国里摩日附近发现高岭土矿后,从此便开始了硬质瓷的烧造。[①] 英国政府亦不甘落后,于 1744 年授予厂商以仿造中国瓷器的特许权。普利茅斯瓷厂也在 1768 年制造出硬质瓷器,并极力模仿中国瓷器的饰纹、浮雕和彩绘图案。在漆器仿造方面,法国则领欧洲各国之先。1730 年,法国漆师马丁(Robert Martin)的仿华漆器在欧洲市场上就已能与中国漆器相竞争。此后,德国、英国、荷兰、意大利等国的漆师们纷纷仿效,并加绘上中国山水画和人像。在仿中国丝织品和织物染色技术方而,法国同样领先。18 世纪的里昂已是欧洲丝织业仿华产品的中心,甚至还完全按中国模板刺绣图案花式。英国则利用其棉织业的优势,仿造出中国的“印花布”以及壁纸。[②] 欧洲厂家这股模仿热与当时社会上层的消费时尚是密切联系的。这股时尚就是 17 世纪末发端于法国,并在 18 世纪盛行于欧洲的“罗可可”(Rococo)风尚。罗可可本意为“堆砌假山的石作”,它无疑是受了中国文化的影响。一时间,欧洲庭园盛行模仿中国式园林,修筑中国式钟楼、石桥、假山、亭榭,室内则布置有中国式漆器家具,装饰有中国图案壁画,摆设中国陶瓷;人们热衷于穿着中国丝绸衣料制作的衣服,甚至贵妇人亦以中国式轿舆为交通工具。这种中国癖风尚还曾跨越大洋波及美洲上层社会。

清代迁居到海外的中国移民,在向海外国家人民介绍和传播中国科学技术文化方面做出了突出的贡献。在日本,清初的中国移民对其医学影响最为显著。曾于日本庆安年间(1648—1651)迁居日本的陈明德、王宁宇等人,在国内皆擅长医术。陈明德以儿科见长,移居长崎后改名颍川入德,在当地行医,并著有《心医录》。王宁宇到日本后行医于江户,并且收徒授业。此后,他的门生中还有人专门担任幕府医官。1653 年移居到日本的杭州人戴笠,也精于医术,尤以痘科见长。他曾将医术传授给池田正直、高天漪、北山道长等人。后来,池田氏即以痘科在日本大行于世,子孙相承,其曾孙池田瑞仙并因此而被擢为幕府医官。高天漪和北山道长本为华裔。高天漪曾著有《养生编》,亦得到幕府聘问。北山道长著有《北山医案》《北山医话》《医方大成论抄》《首书医方口译集》《名医方考绳愆》等医著,医誉远播。由于华医一时大显于日本,德川幕府极为重视,还经常托中国海商回国代聘中国良医赴日本。1719—1727 年间,就有吴载南、陈振先、朱来章、朱子章、周岐来、赵淞阳、刘经光等人先后东渡。直到 1803 年,仍有中国医师胡兆新应德川幕府之聘前往长崎。[③] 另外,一些移居到日本的佛教僧侣和南明遗臣,对日本的佛教革新和学术思想研究亦有积极影响。例如,1654 年东渡日本的隐元隆琦,原是福建福清黄檗山万福寺住持,到日本长崎各寺开法时曾使日本诸学僧纷来参谒求教。1661 年,他在幕府赐予的宇治地方再建万福寺,创立日本黄檗宗,使已经在日本衰弱了的禅宗又恢复了生机。万福寺还以其新颖建筑样式和佛像造型艺术,一改原来日本佛教寺院的那种朴素的南宋风格,引起了日本建筑匠和雕匠的仿效。1659 年定居于日本的朱舜水,曾应水户侯聘请,前往水户讲学,积极宣扬大义名

---

① 熊寥:《中国陶瓷与中国文化》,浙江美术学院出版社 1990 年版,第 447—448 页。

② 利奇温:《十八世纪中国与欧洲文化的接触》,商务印书馆 1962 年版,第 20—39 页。

③ 木宫泰彦:《日中文化交流史》,商务印书馆 1980 年版,第 706—708 页。

分和尊王贱霸的中国传统思想,促进了"水户学派"的形成。

在东南亚地区,随着大批中国移民的进入,使得中国工农业技术在这一地区迅速传播。在农业技术方面,一些中国式的农业生产工具,如水车、水磨、铁犁、镰刀的制造及使用方法,因华侨的带入而推广,从而提高了东南亚人民的农业劳动效率。一些水果、蔬菜以及经济作物品种如莲、梨、西瓜、菠菜、茶等,也从中国传入东南亚的一些地区,华人还教会了苏禄人接枝和改良水果品种的技术。华侨对于东南亚的土地开发和商品农业做出了举世公认的贡献。他们利用先进的协作技术和勤劳,曾开垦出越南南方、泰国、马来西亚、印度尼西亚等国的大片荒芜土地,不但带去牲畜为当地牲畜业打下了基础,而且还引种了许多作物品种。例如,在马来西亚和泰国的一些地方,中国移民大面积种植甘蔗、胡椒、橡胶等经济作物,使该地商品农业迅速发展起来;在爪哇,当地一些人曾在福建移民帮助下,"学种闽茶,味颇不恶"[1]。在制茶、制糖技术方面,菲律宾、泰国、印度尼西亚等地的一些糖坊,先后采用了华侨所介绍的中国蔗糖制造法,并利用水力转磨,使糖产量迅速增加。例如在雅加达,在使用中国制糖法后,该地1652年的产量即从过去的196担猛增至1.1万担。[2]爪哇的一些茶场从19世纪30年代开始,也直接从广东、福建等地聘请中国制茶技术人员前往制茶。另外,华侨还将甘蔗酿酒法、榨花生油法传入该地。

在造船及航海技术方面,清代中国人在东南亚造船的现象十分普遍。这不仅因为清朝政府对于国内海船制造业政策的苛刻严厉,还由于东南亚地区富有造船木材,造船费用低廉。这种造船现象对于中国造船技术在东南亚地区的传播亦有促进作用。18世纪和19世纪的东南亚船只亦开始使用中国式的尾舵,并采用中国式风帆的设计。泰国曼谷王朝还专门从中国雇请船匠为王室制造大船,甚至将自己的船队也交给中国水手驾驶。在中国水手的影响下,泰国以及其他东南亚国家的航海业亦采用中国制造指南针和牵星过洋法。

在采矿业和金属器皿制造技术方面,清代曾有大批中国人前往东南亚地区开采金、锡等矿。例如18世纪60年代,在西加里曼丹地区,就有18个承租开采当地金矿的华侨公司组织。华侨不但通过采矿业促进了当地经济的繁荣,而且还传入了中国的金、银、锡、铜等金属器皿的制造工艺,包括制造宗教活动的各种神器和各种实用器具。[3]

在建筑技术方面,这一时期菲律宾、印度尼西亚等地的民用建筑,在华侨的影响下,很多亦采用了中国式的砖瓦石砌房屋技术,并出现有一些中国式的牌楼。东南亚国家的很多宫廷建筑,亦聘请中国工匠设计监造。例如,出自中国工匠之手的泰国曼谷王朝皇宫及其城墙与缅甸曼德勒皇城及其宫廷花园,都典型地反映了中国式建筑风格。此外,清代中国与东南亚地区的海上交通和华人移入,还使中国丝纺织技术、棉纺织技术、制瓷制陶技术、冶炼铸造技术等手工业技术继续正常地深入传播,甚至东南亚人民的语言、饮食、服装等日常生活以及风俗习惯亦深受中国文化影响。[4]

---

① 徐继畬:《瀛环志略》卷二,上海书店出版社2001年版,第39页。
② 据周一良:《中外文化交流史》,河南人民出版社1987年版,第221页。
③ 据周一良:《中外文化交流史》,河南人民出版社1987年版,第221页。
④ 据周一良:《中外文化交流史》,河南人民出版社1987年版,第487—521页。

第二节　海外华人:传播中华文化的生命之桥①

中国人是中华文化的载体,在中国人身上集中地体现着中华文化传统的精神蕴涵。在漫长的历史岁月中,不断有中国人走出国门,移居世界各地。他们把中华文化的优良传统和民族精神带到那里,以自己的智慧和勤劳艰苦创业,为当地的社会经济文化发展做出了重要贡献,树立起华人的崭新形象,引起世人的瞩目和尊敬。他们携带着中华文化的种子,抛撒到他们所到的地方,为人类文明进步做出了独特的贡献。海外华人,是一座传播中华文化的生命之桥。

一　从海外飘零到落地生根

(一)海水到处,就有华人

"华侨"和"海外华人"两个概念原初本无区别,都是指移居海外的中国人。历史上曾将移居海外的中国人统称为"唐人"或"华人"。大约在 19 世纪末,出现了"华侨"这个名称,专指旅寓、客居国外,远托异国的中国人,西方人则称为"The Overseas Chinese"或"The Chinese Abroad",即"海外华人"之意。20 世纪 50 年代,许多华侨放弃了中国国籍,加入了所在国的国籍。在当代文献中,"华侨"则专指侨居海外而仍然保留中国国籍的公民,"海外华人"则指那些加入外国国籍的华人。不过,华侨、加入外国国籍的华人和他们的子女孙辈,也统称为"海外华人"或"华裔",以表示他们所属中华民族的血统。

中国人大概很早就开始了向海外移民的历史。历朝历代,陆陆续续总有中国人移居海外,如涓涓细流,把中华文化的丰厚果实带到他们的侨居地,更带去了中华民族勤劳勇敢、开拓进取和自强不息的民族精神。他们以自己的辛勤劳动为自己争取到在海外生存和发展的权利,也为侨居地的社会经济文化发展做出了重大贡献,在当地的社会经济生活中起到了举足轻重的作用,成为不可忽视的力量。

但是,从总体上来说,19 世纪中期以前中国人移居海外的数量和规模还是不大的。远自汉唐以来的历代政府从来没有过鼓励移民的政策,对出海的侨民,出前加以禁止,出后认为是"化外之民"。特别是明清两朝,都曾实行过"禁海"政策,致使中国人移居海外有相当的困难。直到 19 世纪中期以后,中国人向海外移植的涓涓细流在多种因素的刺激下,演变为以"苦力贸易"为主流的出国潮。

19 世纪中期以后,以"苦力贸易"为主流的出国潮是在国内、国外多种因素的刺激下出现的。1840 年鸦片战争以后,中国逐步沦为半殖民地半封建社会。西方资本主义的经济侵略和日益加重的封建剥削,严重地摧残了社会生产力,严重地破坏了传统手工业,并引起农村自然经济的逐步解体。大批破产的农民和手工业者处于极端的贫困之中。特别是江南一带,人口增多,耕地日少,百姓生计极为艰难。由于南方诸省对

---

① 本节内容引见武斌:《中华文化海外传播史》第 3 卷,陕西人民出版社 1998 年版,第 2277—2348 页。

外接触和联系较多,风气早开,造成了人们移居海外的一种趋势,纷纷背井离乡,向海外谋生。据著名侨乡、珠江三角洲的开平县县志记载:"至光绪初年,侨外浸盛。""光绪中叶以来","男多出洋,女司耕作"。其原因为:"天然物产者既不足以赡其身家,而制造物品又未有工业学校及大工厂为之拓张开导焉。"总之,因"国内实业未兴,贫民生计日蹙,以致远涉重洋者日众"。恩平县县志亦载:"光绪而后,闻邻邑经商海外者,群载而归,心焉向往。乃抛弃父母妻子……远至欧美,或洗衣裳,或种瓜菜,得以汗血所蓄,汇归故乡,邑中得此灌输,困难稍减。"①

就国际因素来说,欧洲列强为了掠夺殖民地资源,急需大批劳工。但是,一直为殖民主义提供劳力资源的奴隶贸易在 19 世纪初已被废止。1814 年 12 月签订的《根特条约》,使英国和美国废除了残酷的非洲黑奴贸易。根据 1842 年《韦伯斯特——阿什伯顿条约》的规定,英、美两国同意维持一支非洲西海岸联合舰队,以实行禁奴措施。之后,前几个世纪中新大陆的欧洲殖民者获取廉价劳动力的主要来源——黑奴贸易不复存在。要补救这一局面,就必须找到一种能保证其经济发展的廉价劳动力的另一个来源。为了寻找这种可供选择的另一个来源,他们很快便着眼于中国人身上。② 因为在他们看来,中国人不仅是廉价的劳动力,而且是"不持武器而又勤劳的民族",有较高的劳动技能,这是在矿山开采、园丘种植、公共设施修筑等劳动中不可或缺的条件。

大批华工出国出现在鸦片战争之后。在西方殖民主义者的文献中,把拐贩华工称作"Coolie trade",我国译为"苦力贸易"。19 世纪 40—70 年代,是"苦力贸易"的高潮时期。第一批契约华工于 1845 年由法国船从厦门运往留尼汪岛;1847 年,一家西班牙洋行招募了 800 名华工前往古巴。据英国《华工文件》记载,从 1845 年到 1852 年 8 月,从厦门被非法运出的华工共有 6255 人;另据曾任美国驻厦门领事的布拉得雷(Bradley)的报告,从 1847 年到 1853 年 3 月从厦门运往南北美洲、澳洲和檀香山的华工共有 12151 人。据有关资料统计,1856—1873 年,西方殖民者从澳门掠走了 20 万华工;1847—1874 年,被掠往古巴和秘鲁的华工分别为 14.3 万人和 12 万人。1852—1854 年这 3 年内,先后进入美国的中国移民是 2.5 万人、4000 人和 1.6 万人。1880年以后,各国从中国招工的活动中掳掠拐骗的事稍形敛迹,但许多国家利用契约制度压榨华工的情况依然存在,"苦力贸易"一直延续到 20 世纪初。"中华民国"成立后,孙中山曾为此发布两个禁令《大总统令外交部妥筹禁绝贩卖猪仔及保护华侨办法文》《大总统令广东都督严行禁止贩卖猪仔文》,说明当时还存在"苦力贸易"。但是,在第一次世界大战期间,英、法两国再度来中国招雇契约工,英国招了 10 万人,契约年限 3 年;法国招了 5 万人,契约年限 5 年。这些华工大部分被送到欧洲战场做后勤劳动,也有一批被送到工厂里;法国所招华工中有一部分被送去摩洛哥和阿尔及利亚从事农业劳动。这是外国政府最后一次在华招契约工。③

华工移居海外的历史是一部充满着血和泪的极为悲惨的历史。散布到东南亚、澳洲、南北美洲各地的华工过着暗无天日的奴隶生活,耗尽了他们的健康和生命。但是,

---

① 引自李春辉、杨生茂:《美洲华侨华人史》,东方出版社 1990 年版,第 28 页。

② 颜清湟:《出国华工与清朝官员》,中国友谊出版公司 1990 年版,第 13—14 页。

③ 陈泽宪:《19 世纪盛行的契约华工制》,吴泽:《华侨史研究论集》(一),华东师范大学出版社 1984 年版,第82—83 页。

这些华工却对他们劳动所在的各地做出了巨大的贡献。他们与这些地方的人民一起，以辛勤的劳动促进了当地的经济建设和社会发展。

与大批华工漂洋过海几乎同时，还有另一部分中国人走出国门，这就是"留学生"。从19世纪70年代开始，陆续有成批的莘莘学子负笈海外，遍及美国、日本和西欧诸国，形成中国历史上空前的留学运动。这些留学生有的学成回国效力，也有的因种种原因而留居异邦，成为海外华人的一部分。在中外文化交流的坐标上，他们承担的主要任务是学习、吸收和引进西方先进的近代科学文化，成为西学东传的一座桥梁。他们在传播西方文化、推动近代中国社会和文化的变革与发展、促进中国的现代化运动方面，起到了相当大的作用。另一方面，由于他们在国外生活多年，其中有些人定居异邦，也在一定程度上起到了向海外介绍、宣传、传播中华文化的作用。特别是这些留学生在海外积极参加爱国运动，宣传和支持国内的革命斗争，他们所体现的中华民族不屈不挠的奋斗精神，他们所具有的深厚的爱国情怀，以及他们所表现出来的中华民族的传统美德和优秀品格，都给他们留学国家的人民留下了深刻的印象。

总之，随着中外交通的不断延伸、中外经济文化交流的不断开展，陆续有中国人的踪迹出现在海外。经过千百年的繁衍、开拓和发展，到现在，全世界的华人（包括仍保留中国国籍的华侨和已取得所在国国籍的华人以及在海外出生的华裔）已经有将近3000万人。海外侨胞常说："海水到处，就有华人"。这句话说明了海外华人的人数之众，也说明了他们的踪迹之遥。可以这么说，世界五大洲，几乎没有华人没到过的角落，因而，有"日不落的民族"之称。中华民族的伟大文化创造，也由他们携带、传播到世界的各个地方，促进着中华文化与当地文化传统的交流、渗透和融合，共同创造着人类的文明。

漂泊世界各地的华人举步维艰，备受磨难。但是，他们为了谋求生存和发展，以中华民族的智慧和勤劳，顽强奋斗，艰苦创业，逐渐适应和接受了居住国的文化传统，并把中华文化的因素传播开来，与当地人民友好相融，或与之通婚混血、落地生根，争得了立足和发展之地。另一方面，许多国家也逐渐放弃了歧视、排斥华人的态度，走上平等相待华人的道路。近几十年来，华人在当地的社会地位和政治经济地位都发生了很大变化，从而使华人有机会发扬中华民族优良传统和"四海为家"的进取、旷达和英勇精神，在社会经济文化等各个领域充分发挥其聪明才智和创造力量。

海外华人创业和开拓发展的历史，也就是他们为居住国的繁荣和发展而创业、开拓的历史。居住在世界各国的华人都为当地的社会经济文化发展做出了不可磨灭的重大贡献。

（二）土生华人：一个特殊的文化群落

中国人移居海外，与当地人民杂居共处，也开始了与他们互相同化融合的过程。由于自古至近代向海外移民的多为男人，妇女极少出国，所以这些海外华人多与当地女子成婚。据《真腊风土记》记载："唐人到彼，必先纳一妇女。"《海语》中记载："华人流寓者，始从本性，一再传亦忘矣。"《明史·满剌加传》也说："……身体黝黑，间有白者，华人种也。"可见，当时已有海外华人与当地居民通婚的现象。19世纪后半期出国的华工，几乎都是男人。他们在居住国安定下来以后，也有一部分人娶当地女子为妻，安家立业,落地生根。这种现象在东南亚地区尤为普遍。华人与当地女子通婚所生的子女,一般被称为"土生华人"。在东南亚地区,这些土生华人成为一种特殊的文化群落:他们既有华人的血统,也有当地民族的血统;他们既受到当地民族文化的熏陶和塑造,又接受了中华民族文化基因的遗传;他们既有当地民族的精神面貌和心理气质,又具有中华民族的某些性格特征;他们既具有"当地人"的意识,又具有"中国人"的意识……土生华人表现出许多特殊的文化特征,这些文化特征正是中华文化与当地民族文化相互接触、吸收和融合的产物。而从文化传播的角度看,土生华人的文化特征,既是中华文化向海外传播的一种特殊形式,又是这个传播过程中产生的一种特殊结果。

华人与当地民族通婚的现象在泰国比较突出。泰国是海外华人比较集中的国家之一,历代都有许多华人流寓泰国,那里的中国移民数量不断增加。据1856年的估计,全暹罗人口有600万,其中华人有150万。《瀛环志略》说:"暹罗流寓,粤人为多,约居土人六之一。"19世纪30年代有人估计,曼谷40万居民中有20万中国人,而在曼谷以外的其他城市,中国居民也常常在数量上超过暹罗人。当地的暹罗女子多愿意与华人结婚,因为两族的生活习惯相近,并且华人刻苦耐劳,善于谋生,社会地位也比较高。《海国图志》中说:"华人驻此,娶番女,唐人之数多于土番。"《外国史略》中也记载:"每年有潮州福建人赴暹罗居住,多娶其土女,现所居者二万余家,弃汉俗,衣食一如暹罗。国王亦择其聪明者官之,使理征赋贸易之事。"约翰·克劳福特(John Craw-furd)在《出使暹罗及交趾王室日记》中也说:"华侨寄居于暹罗和它国,从不携带家眷,不久就和暹人通婚,毫不踌躇。甚至不论原来的宗教信仰如何,或是否有宗教信仰,都采取佛教的拜神方式。"①据美国华侨史专家斯金纳(Skinner)综合有关资料所作的估计,至1917年,泰国人口为923万,其中有近35万中国移民和55万土生华人,土生华人占全泰人口的6%。

华人男子与泰族女子结合而生的混血儿叫Lukjin。他们既跟父亲讲中国话,又学母亲讲泰语。第一代混血男子一般受父亲影响而自认为是中国人,而女子的生活方式、为人处世的礼仪、风度等多模仿母亲。到了第二代,无论他们的母亲是泰人还是Lukjin,通常都以泰人自居。布赛尔(Victor Purceil)指出:"由于和暹罗女结婚的关系,他们很快地被同化了,他们的子女长大成人,也变成暹罗人。所生子女叫作Lukchin,以具有中国血统为荣。华人提供了暹罗人所欠缺的毅力和创造力,因而颇受政府的欢迎,也获得了优厚的待遇,尤其在发生强烈的排欧事时为然。由于中暹两族比其他东南亚各族较为接近,故同化较为容易,两三代之后,中国移民便整个地被吸收过去,并自认为暹罗人。"②这些泰国的土生华人,绝大多数已经和泰国民族融合而为一体。他们以自己的聪明才智和不懈奋斗精神,为泰国社会的进步与繁荣做出贡献。同时,正如泰国文学家銮威集(Luang Vichit Wathakarn)所说的那样,他们在血统上和文化上使"中国和泰国如同兄弟不能分开"。

在菲律宾,华人与当地民族通婚的现象也比较普遍。唐宋以降,移居菲岛的华人便已有与当地土著通婚者。西班牙殖民者侵占菲律宾后,对华人实行同化政策,鼓励

---

① 陈碧笙:《南洋华侨史》,江西人民出版社1989年版,第155—156页;第157页。
② 布赛尔:《东南亚的华侨》,引自陈碧笙:《南洋华侨史》,江西人民出版社,第157页。

华菲通婚。殖民政府对与菲岛妇女结婚的华人,予以同土著人一样的待遇,缴交同样的贡赋,可以到菲律宾任何地方居住、经营,其他华人则不能享受这些权利。因此,许多华人与土著妇女通婚,出现了不少华菲结合的家庭,形成了人数众多的华菲混血儿(Chinese Mestizos,或 Mestizos de Sangley),被称为"美斯提索"。18 世纪中叶,华菲混血儿已占菲律宾总人口的5%,分布在马尼拉及紧接该城东、南、北的几个省份,如顿多、布拉干、庞邦加和卡维特等。1738 年,圣安东尼奥神父(San Antonio)写道:

> 现在,整个群岛,特别是泰加洛人各岛屿,充满另一个混血种族。在发现时期,这个种族是不存在的。这些人被称做华人混血儿,其人数是数不胜数的。[1]

华菲通婚及其所产生的"美斯提索",形成了独特的华菲混合文化。华菲通婚使中菲关系除了传统的历史、政治、经济和文化关系之外,增添了更加丰富的血缘内容。今天许多菲律宾家庭的姓名起源于华人姓名,包括许寰哥、杨戈、林观多、王彬、唐戈、林戈、黄、林、陈等等,表明他们的祖先是华人。据有人估计,现在具有中国血统的菲律宾人约占总人口的10%。美国国会曾经做过调查,证实菲律宾议会的议员含华人血统的达75%。[2] 菲律宾前外交部长卡洛斯·罗慕洛(Carlos Romulo)曾经说:"菲律宾显要贵人,很多人公开宣布,本人身上有中国人的血统关系。并且证实每个菲律宾人,大都以有中国人的血统关系为崇高荣誉。"[3]华菲通婚改善了菲律宾民族的特质。"美斯提索"除具有菲律宾人的热情、好客、乐观的特性之外,又具有中国人的勤劳、节俭、坚忍和勇敢精神。"菲律宾人和中国人的通婚,通常产生了精力充沛的、漂亮的、聪明伶俐的和野心勃勃的男女。"[4]菲律宾民族是世界上最优秀的民族之一,而华人则在千百年的历史进程中不断地为菲律宾民族注入了新鲜的血液。阿利普指出:

> 华人血液改善了菲律宾人的种族。根据大约 19 世纪中叶访问菲律宾的德国旅游者费奥·多尔·贾科尔博士的说法,华菲通婚是菲律宾最好的种族混血,形成了"土著居民中最富裕的和最有进取心的部分"。……菲律宾历史上许多著名的人物是华菲祖先的后裔。其中包括民族英雄何塞·黎萨尔(Jose Rizal);菲律宾第一共和国总统艾米里奥·阿奎那多(Emilio Aguinal-do)将军;著名的慈善家和人道主义者提奥多罗·杨戈;大外科专家和医学权威格利戈里奥·新建;菲律宾首届国会议长、前参议员、菲律宾自治领副总统和第二任总统塞尔基奥·奥斯敏亚(Sergio Osmena)。[5]

(华人)与菲律宾人的通婚,对形成更加强健的菲律宾民族,以及对这个国家物质及其人民文化的发展,做出极大的贡献。这种通婚,在物质上已为这个国家带来财富,而在社会上,则已产生了其在公众中的领导作用已变得

① 引自黄滋生、何思兵:《菲律宾华侨史》,广东高等教育出版社 1987 年版,第 183 页。

② 刘芝田:《中菲关系史》,正中书局 1962 年版,第 61 页。

③ 陈子彬:《菲名人谈华人》,引自周南京:《中国和菲律宾文化交流的历史》,周一良:《中外文化交流史》,河南人民出版社 1987 年版,第 446 页。

④ 维森特·维利亚敏:《菲华妥协》,引自周南京:《中国和菲律宾文化交流的历史》,周一良:《中外文化交流史》,河南人民出版社 1987 年版,第 446 页。

⑤ 欧·马·阿利普:《华人在马尼拉》,《中外关系史译丛》第 1 辑,上海译文出版社 1984 年版,第 147 页。

显而易见的优秀人物。①

在现代菲律宾社会中,华菲混血的"美斯提索"是一支不可忽视的力量。19 世纪末以来,他们构成了菲律宾民族资产阶级的核心,对菲律宾的文化和社会经济发展做出了重要的贡献。另一方面,中华文化也通过"美斯提索"更加广泛而深入地在菲律宾传播开来。

印度尼西亚华人与土著妇女通婚也比较普遍。华人与印尼土著妇女通婚所生的混血儿,形成了人数日益增多的土生华人(Pranakan Chineezen)社会,造就了许多优秀的记者、作家、医生、律师、社会活动家、运动员和世界冠军,他们对印尼社会的发展做出了不可磨灭的贡献。

印尼土生华人社会的特点是:他们一般不懂华语,而操当地方言;在生活和风俗习惯方面近似原住民,但仍保留了一些独特的中国文化特色;世代与印尼人通婚,或土生华人之间通婚。19 世纪末,曾游历巴达维亚的王大海写道:"华人有数世不回中华者,遂隔绝声教,语番语,衣番衣,读番书,不屑为爪哇而自号曰息览,奉回教,不食猪犬,其制度与爪哇无异。"②印度尼西亚史学家哈迪苏奇普托(Hadisutjipto)认为,息览人(Orang Selam)亦称巴达维亚人(Orang Betawi),他们是巴达维亚(雅加达)的原住民。他写道:

> 较为奇怪的是,自称为息览人的人们,他们风俗习惯近似中国人的风俗习惯。甚至自我介绍的方式也像中国人。有时甚至比土生华人更加彬彬有礼。在爪哇人看来,他们已经完全丧失了爪哇人的一切礼仪和社交习惯。他们坐和交谈的方式与大多数中国人相同。他们都坐在椅子上,吃饭时使用桌子。没有人席地盘腿而坐。甚至长久居住在巴达维亚的爪哇人本身,也遵循巴达维亚的风俗习惯。爪哇人之间相互交谈时,也不再采用爪哇的礼仪。久而久之,住在巴达维亚的爪哇人(由于同化等原因),也被称为息览人。他们大部分来自三宝垅、葛都、直葛、巴格伦、波诺罗戈、谏义里、梭罗和日惹。……1870 年左右巴达维亚的居民的成分已更加复杂。在巴达维亚聚集了来自各个岛屿的几乎所有印度尼西亚部族。来自外国的移民也更加众多,以致外国移民多于原住民。看来人数最多的是中国人。……他们不仅居住在华人区。其中许多人同息览人杂居,边做买卖。居住在息览人区的中国人同息览人之间的关系极为密切。许多人在商业或手工业方面进行合作。他们是那样亲密无间,以致息览人不论老幼多少都会讲中国话,那是不足为奇的。至少他们会用中国话数数,练习中国武术和采用中国人的礼仪。……但是不管他们怎样热衷于中国文化,巴达维亚息览人社会属于虔诚的穆斯林人社会。③

无论息览人是印度尼西亚化的中国人后裔(土生华人),还是已经中国化了的爪哇

---

① 欧·马·阿利普:《菲中关系一千年》,引自黄滋生、何思兵:《菲律宾华侨史》,广东高等教育出版社 1987 年版,第 4 页。

② 王大海:《海岛逸志》,引自周一良:《中外文化交流史》,河南人民出版社 1987 年版,第 193 页。

③ 哈迪苏奇普托:《雅加达二百年史(1750—1945)》,引自周一良:《中外文化交流史》,河南人民出版社 1987 年版,第 193 页。

人，使我们特别感兴趣的是，中国文化的因素已经渗透到当地人们的日常生活中，成为他们生活方式的组成部分。而正是中国移民及其后裔土生华人，成为中华文化向印尼群岛传播的一座桥梁。据有关资料表明，在爪哇岛北部沿海地区的茂物、干冬坼、加拉横、文登、南旺、拉森、查帕拉、杜板和锦石，在苏门答腊岛的巨港、南榜和巴眼亚比，在巴厘岛，在龙目岛，在苏拉威西的哈尔马赫拉和望加锡（乌戎潘当）等地，都存在类似巴达维亚息览人的同化现象，也都产生了土生华人社会。[①]

19 世纪中期在巴达维亚逐渐形成了一种主要是土生华人使用的语言，即"中华-马来语"（Metavu Tionghoa）。中华-马来语的基本语法属于马来语（印度尼西亚语），但它吸收了大量汉语（闽南方言）借词。印尼语言学家和作家阿里夏巴纳（Takdir Alisyahbana）和巴尼（Armijn Pane）等人认为，中华-马来语是低级马来语（Melayu Rendah）或巴达维亚马来语（Melayu Betawi），是马来语的一个分支，它对统一的印度尼西亚语的形成起了重要的作用。[②] 除土生华人使用这种语言外，印尼的其他种族集团也懂得和使用它。实际上，它成为当地所有居民的交际混合通用语（Lingua franca）。

印度尼西亚土生华人还出版中华-马来语报刊，并把中国的典籍和文学作品等译成中华-马来语和爪哇语、望加锡语等方言，介绍给印度尼西亚各地的土生华人读者，扩大了中国典籍和文学在印度尼西亚的流传和影响。据法国学者克洛丁娜·苏尔梦（Claudine Salmon）的统计，19 世纪 70 年代至 20 世纪 60 年代，印度尼西亚华人作家、翻译家共 806 人，他们创作和翻译的作品共 2757 部，另有无名氏作品 248 部，总数达 3005 部，其中翻译中国作品 759 部。[③] 这些翻译著作主要包括以下几类：

中国文献典籍：《玉历宝钞劝世文》《文昌帝君》《大圣末劫真经》《百孝图》《朱子家训》《三字经》《昔时贤文》《易经》《道德经》《二十四孝》《孟子》《孝经》《大学》《中庸》《论语》《大清律例》等。

历史小说：《西周列国志》《东周列国志》《锋剑春秋》《东西汉演义》《三国演义》《东西晋演义》《薛仁贵征东全传》《薛仁贵征西》《罗通扫北》《反唐演义》《飞龙全传》《精忠岳传》《杨家将》《洪武演义》《三宝太监下西洋》《洪秀全演义》等。

古典小说：《水浒传》《西游记》《镜花缘》《白蛇精记》《后西游记》《今古奇观》《梁山伯与祝英台》等。

武侠小说：《大明奇侠传》《飞剑游侠》《风流女侠》《好逑传》《黑孩儿》《红衣女侠》《虎穴英雄》《火烧红莲寺》《火烧少林寺》《剑侠奇案》《江湖大侠》《江南大侠》《昆仑大侠》《南方九奇侠》《七侠五义》《少林女侠》《施公案》《桃花剑》《乾隆皇帝游江南》等。

爱情小说：《八美图》《陈三五娘歌》《粉妆楼全传》《龙凤金钗传》《龙凤缘》《梦中缘》《琵琶记》《西厢记》等。

---

① 周南京：《历史上中国和印度尼西亚的文化交流》，周一良：《中外文化交流史》，河南人民出版社 1987 年版，第 194 页。

② 阿里夏巴纳：《中华-马来语的地位》，引自周南京：《历史上中国和印度尼西亚的文化交流》，周一良：《中外文化交流史》，河南人民出版社 1987 年版，第 198—199 页。

③ 克洛丁娜·苏尔梦：《印度尼西亚华人的马来语文学》；参见周一良：《中外文化交流史》，河南人民出版社 1987 年版，第 204—205 页。

神怪小说:《华光天王南游记》《李世民游地府》《聊斋志异》《封神演义》等。①

19世纪80年代至20世纪30年代,以巴达维亚为中心的印尼土生华人文学活动处于鼎盛时期,创办了许多报纸、杂志、出版社,涌现出如李金福、施显龄、郭德怀、刘玉兰、郭克明等一批优秀的新闻记者、翻译家和作家。中国文学作品的翻译在土生华人文学中占有举足轻重的地位。这些中国文学作品的中华-马来语译本,不仅很受土生华人的欢迎,许多印尼人也喜欢阅读。土生华人通过翻译介绍中国文学作品,促进了印尼人民对中国历史、社会和文化的了解,为中华文化在印尼的传播发挥了不可替代的作用。

马来西亚华人也多有与当地人通婚的情况。起初他们多与巴塔克和巴厘女奴通婚,后来渐与当地马来女人通婚,并逐渐形成了土生华人社会。马来西亚的土生华人多分布在马六甲、槟榔屿和新加坡,称为"海峡华人"(Strait-born Chinese)或"巴巴"(Baba)。关于马来西亚土生华人的文化特征,1914年新加坡《海峡时报》发表了一篇题为"海峡华人的特性与发展趋势"的文章,该文章认为:从血统上看,他们的始祖是马来人,同时也具有中国种族的特点。他们保留了中国人的肤色和相貌,保留了机敏和执著的民族性格。但和出生于国内的同胞相比,他们缺乏吃苦耐劳和坚忍不拔的精神。"在风俗习惯、心理特性及宗教信仰方面,他们与在中国出生的华人并没有显著差异",但他们的住所比较干净,衣着比较整洁。他们喜欢寻乐,酷爱户外活动,并按照英国的运动竞技精神培养了自己的兴趣。他们喜欢无拘无束直抒己见,甚至举止粗野,但他们热爱慈善事业和公众事务,彼此之间具有亲如手足的民主精神,同时保留中国人的忠孝节义、仁慈为怀和尊老敬贤的道德观念以及循规蹈矩、克制拘谨、以诚待人的民族气质。在宗教信仰方面,他们持随意性态度,并不受礼仪和教条的束缚,既到中国寺庙、祖祠焚香点烛、祭祀祖先和菩萨,也到圣母玛丽亚的宝座前顶礼膜拜。②

马来西亚的土生华人也和印尼的土生华人一样,创造了一种自己使用的语言,即"巴巴马来语"(Bahasa Melayu Baba)或"华裔马来语"(Bahasa China Jawi Peranakan)。这种"巴巴马来语"和印尼的"中华-马来语"一样,基本语法和词汇属于马来语,同时包含大量的汉语(闽南方言)借词,主要是社会、日常生活和商业用语。19世纪80年代以后,马来西亚土生华人的文化事业兴盛起来。他们创办了自己的出版社和报刊,涌现出一批著名的土生华人作家和翻译家,如石瑞隆、陈明德、曾锦文、陈谦福、林福济、蓝天笔等。他们翻译了许多中国历史、神怪、武侠、言情等各类小说,如《东周列国志》《封神演义》《西汉演义》《三国演义》《今古奇观》《聊斋志异》《包公案》《施公案》《水浒传》《二度梅》《说唐》《精忠说岳》《罗通扫北》《反唐演义》《薛仁贵征东》《西游记》《五美缘》《七侠五义》等。此外,土生华人作家还创作了不少文学作品,特别是在马来民歌(pantun)和歌曲(lagu)方面,尤为见长。马来民歌深受中国《诗经》和民歌传统的影响,土生华人在创作马来民歌过程中又加进了许多有关中国的人和事及风俗习惯的内容。英国学者温斯泰德(Winstedt)曾经指出马来西亚土生华人在推广和普及马来

---

① 周南京:《历史上中国和印度尼西亚的文化交流》,周一良:《中外文化交流史》,河南人民出版社1987年版,第205—206页。
② 陈碧笙:《南洋华侨史》,江西人民出版社1989年版,第488—489页。

民歌方面做出的贡献。他说：

> 居住在马六甲这个国际性港口城市的中国人可能对马来民歌（班顿）演变成现在这个形式施加过影响。因为，马来半岛出生的中国人几十年甚至几个世纪以来都是这种四行诗的热心的即席创作者。

> 马来民歌（pantun）现在无论从比喻手法和语言来说都纯粹是马来民族的，它具有朴实、给人以美的享受和充满激情的优美性质，丝毫看不出有任何翻译的痕迹。……但是，很难相信这种脍炙人口的四行诗的精致的结构，悦耳的押韵没有异国的渊源，比如说波斯；特别是因为17世纪的马来文学中的一些作品还是粗糙的和不成熟的。马来民歌像中国《诗经》一样，在头两行中"以独特的自然景色，众所周知的事情或偶发事件作引子。这无异就像奇妙的阿拉伯乐曲那样，先塑造一种形象和意境，然后才把衷情吐露出来"。而马六甲出生的中国侨生又十分喜爱马来民歌，他们……完全有能力使马来民歌变得更加完美。[①]

"巴巴文化"不仅表现在语言和文学方面，也表现在日常生活、服饰和饮食等方面。"巴巴文化"是历史上中华文化和马来西亚文化交流和融合的一种特殊表现形式。

二 唐人街：展示中华文化的世界之窗

（一）华人的海外故乡

散布在世界各地的海外华人，为谋求生存和发展，往往聚地而居，在世界各地形成星星点点的华人社会，建立起各式各样的集生产生活为一体的华人聚居区。这种聚居区自成一体，一般都保持着鲜明的中华传统文化的面貌、风格和特色，是海外华人在外邦异质文化的包围中寻找文化和民族认同的一块净土，也是中华文化向世界展示的一个窗口。遥远而陌生的许许多多的外国人最初往往是从这些华人聚居区上接触和领略中华文化的风采和气度。

这样的华人聚居区被称为"华埠"（Chinatown）或"中国城"，而更普遍的称谓是"唐人街"。

海外华人被称或自称为"唐人"，由来已久。中古时代的阿拉伯人将中国称为"Tamghai"，即是"唐家"的音译。北宋朱彧的《萍洲可谈》中说："汉威令行于西北，故西北呼中国为汉；唐威令行于东南，故蛮夷呼中国为唐。"又说："北人过海外，是岁不还者，谓之住番，诸国人住广州，是岁不归者，谓之住唐。"另据《明史》"真腊国"条称："唐人者，诸番呼华人之称也，凡海外诸国尽然。"可见，宋时已有"唐人"一词，到明清之际已普遍使用了。

聚居是海外华人的传统之一。这一传统可以追溯到最早移居海外的华人。例如，南北朝时期曾有一些中国人移居日本，他们开辟了自己的聚居地，称为"吴原"。在19世纪下半期的"华工潮"中，许多漂泊异乡的贫苦华工也往往聚地而居，形成一些最初的华人村落。一位印度尼西亚学者曾经评论华人的聚居传统说：

---

① 周一良：《中外文化交流史》，河南人民出版社1987年版，第406—407页。

华人对祖国的文化传统抱有狂热的态度。华人不论生活在何处,他们的社会文化生活的准绳和根据总是离不开中国思想家(孔子、老子等)的说教,离不开佛教、儒教和道教。因此,海外华人总是倾向于形成自己的圈子,过着排他的生活方式,并坚持来自祖国的风俗习惯、文化和传统。[1]

唐人街是逐渐形成的社区。早期移居海外的华人大多数不懂当地语言,不习惯当地的生活方式,语言隔阂、文化相异、举目陌生,生存十分艰难。所以,他们往往是以亲缘和地缘为纽带,以崇尚"义统"为核心的"隆帮"精神,聚集一处,互相照顾,互相帮助,逐渐形成了比较集中的聚居之地;特别是在受歧视、受排挤的情况下,更需住在一起,以便互相保护。居住在唐人街中的华人,生活在自己的同胞中间,生活在一个比较熟悉的文化环境中,彼此之间易于交流和沟通,获得了心理上的亲切感和安全感,获得了精神上的慰藉和心灵上的共鸣。唐人街是华人在异国他乡谋求生存和发展的一块"文化飞地"和"精神家园"。

遍布世界各地的唐人街都具有鲜明的中国传统特色,是散发着浓郁中华风情的文化街。各地唐人街的建筑一般都是中国风格,有的还在街口竖立中国式牌楼和石狮,商店、餐馆等店铺都用中国字的招牌,经营有中国特色的商品和风味。在中国国内所能买到的生活用品及土特产,在唐人街内大部分都能买到。唐人街内甚至还有中国的寺庙,有各类中文报纸、杂志、书店、印刷所,以及华人办的学校和中医药铺。唐人街一般都保留着中国传统的风俗习惯,每逢中国传统节日,唐人街都举行热闹的庆祝活动。特别是春节期间,各唐人街的商店、公共场所都张灯结彩,装饰一新,按照传统习俗,祭灶神,祭祖先,贴春联,放鞭炮,锣鼓喧天。全家老少欢聚一堂,大摆筵席,吃团圆饭,相互拜年。置身于这样的风俗民情和文化氛围之中,仿佛和在祖国一样。法国历史学家费郎索瓦·德勒雷在《海外华人》一书中曾这样评论唐人街的文化现象:

……正是这种对大陆的共同依恋,使他们在任何时候都觉得自己是中国人,说中国话,教孩子学中国字,保留在大陆已经消失的风俗,极为谨慎地甚至暗中延续一种中国社会的结构,一种生活方式,一种有等级的组织,一种内部法律,一种道德以及在漫长的流亡中获得的商业传统。正是这种对一个国家、一种语言的共同依恋,使分散在各大陆的华人联系在一起。[2]

我国台湾学者刘伯骥也谈到过唐人街文化对海外华人的精神纽带作用:

我看见华侨社会不但没有毁灭,而且比过去更为繁荣。为什么呢? 因为华侨社会是靠中华文化来维系,并不是用西方文化来维系。假如唐人街走西方文化这条路,它老早就不能存在了。华侨在唐人街,端午节吃粽子,中秋节吃月饼,春节则过年。唐人街虽然在西方文化的包围下,仍然毫不动容,你跳你的大腿舞,我舞我的狮子头;你吃你的大牛排,我吃我的炒牛肉;你谈西方文化,我谈中国文化。有矛盾而不起冲突,有距离而能互存……[3]

因此,唐人街被称为"华人的海外故乡"。工作和生活在唐人街以外的华人,也时

---

① 西斯沃诺:《新公民》,引自林其锬:《"五缘"文化与亚洲的未来》,《上海社会科学院学术季刊》1990年第2期。

② 德勒雷:《海外华人》,引自李春辉、杨生茂:《美洲华侨华人史》,东方出版社1990年版,第154页。

③ 刘伯骥:《美国华侨史续编》,中国台湾黎明文化事业有限公司1981年版,第725页。

常来唐人街,领略这里的乡情①,获得异乎寻常的亲切感和满足感。

唐人街是华人的海外故乡,也是向世界展示中华文化的窗口,是中华文化面向海外的传播站。大大小小的唐人街在中华文化与世界各国文化的交流中发挥了重要作用。

(二)遍布世界的唐人街

海外华人的踪迹穷至天涯海角,他们创建的唐人街也遍布全世界。在亚洲、欧洲、美洲和大洋洲的主要城市,都有挟华夏遗风的唐人街存在。当然,唐人街是历史上早期移民的产物,它的形成、存在和发展与海外华人的历史一道变化。随着各国移民政策的变化,市政建设的发展以及华人经济的盛衰,华人社区也不可避免地分化组合、兴衰交替。因此,有的唐人街曾经一度兴盛繁荣,后来则逐渐衰落甚至消失,有的则不断发展,更加生机勃勃、兴旺发达。

下面着重介绍目前在世界上规模比较大、影响也比较大的几个唐人街。

美国的唐人街是在 19 世纪中期以后华工大量移入后出现的。现在全美国共有唐人街约 80 个,其中较大的有 10 多个。②

旧金山唐人街是美国最大的唐人街之一,也是美国历史最久、最有名的唐人街。华人移民旧金山是在 1848 年,此后华工源源不断地来到旧金山,大部分在金矿采金,也有的从事渔业、农业等职业。当时在矿区、工地、山村等布满了大大小小的华人聚居区,被称为"中国里"(China Alley)或"中国营"(China Camp)。这些华人聚居区曾兴盛一时,后随采金业的衰落而逐渐衰落甚至消失,遗迹难寻。在旧金山市湾桥南面,曾发现一座 19 世纪的华人渔村废墟。这个渔村建于 1850—1851 年,有一排红木小屋建在沙滩或水面上,由木桩支撑,估计约有 150 名渔民,拥有 22 艘自制的舢板。考古学者认为,这是旧金山市最早的华人渔村之一。正是这些华人渔民,开创了加州的渔业。

旧金山唐人街始建于 1849 年。当时来到这里的华人在萨克拉门托街(Sacramento)用帐篷搭起简易房舍,后来又从广州运来木材,制成房梁和木架子搭成的房舍,形成唐人街的雏形。1852 年,旧金山华人人口已增至 3000 人,萨克拉门托街已容纳不下,于是逐渐扩充到都板街(Grand St.,后改名为格兰特大街 Grant Avenue)和朴次茅斯广场北面的几个街区,形成了一个略具规模的华人经商和居住地区,时人称为"小广州"(Little Canton)或"小中国"(Little China)。而到 1853 年时,当地报纸则以"唐人街"来称谓了。经过 20 多年的艰苦创业和惨淡经营,到 19 世纪 70 年代时已是人烟稠密,百业兴旺,人口增加,范围进一步扩大。到 1877 年,其长度占 7 个街区,宽度占 3 个街区,旧金山华埠的区域基本定型。1885 年在市政局监制下,正式印发了旧金山华埠地图。1878 年,清政府在这里设立了领事馆。1887 年,开设电话局,并且有"用中文印刷的电话簿和中文电话员,英语几乎是多余的"③。当时华人主要经营洗衣店、餐馆、杂货店、理发店等。此外,唐人街上还有中药铺、旅馆、裁缝店等。1852 年时,建立

---

① 吴景超:《唐人街:共生与同化》,天津人民出版社 1991 年版,第 152—153 页。

② 李春辉、杨生茂:《美洲华侨华人史》,东方出版社 1990 年版,第 153 页。

③ 宗李瑞芳:《美国华人的历史和现状》,商务印书馆 1984 年版,第 128 页。

了一家粤剧院；1854 年出现了第一家华人报社。1906 年的大地震及其引起的大火,使旧金山华埠遭到空前的浩劫,被夷为一片焦土。劫难之后,华人即在焦土和废墟上重建家园,面貌焕然一新。第一次世界大战以后,旧金山唐人街又有新的发展,华人团体纷纷筹建新的会所,富有民族形式的楼房相继出现。目前居住在旧金山唐人街及其周围的华人有 4 万多人,另有 15 万多人居住在有"新华埠"之称的列治文区、田德隆区和日落区等处。旧金山唐人街位于旧金山市的东北一隅,北临旧金山湾,南到海底隧道的市内部分,东南紧挨着著名的旧金山金融区,约有 1.5 平方千米。

唐人街核心区包括各宗族组织、同乡会和"堂",以及各政治、社会团体的会议室；许多店铺、商号、餐馆和成衣工场；高层住宅、旅馆和公寓。

旧金山唐人街集中了华人大量商业、服务业、娱乐业和其他有关设施,是一个十分中国化的地区,处处显露着中华文化的风格。在唐人街上,有摆满中国货品的各种商店,有专售中国工艺品和珠宝金饰的古玩店,有供应多种风味菜肴包括北京菜、上海菜、广东菜和四川菜等的上等中餐馆,有出售各种中药的中药店,有用中医的传统方法给人治病的诊所。马路上的路牌、店招、广告都是中英文对照的。街上还坐落着用中国民族风格装饰的会馆和其他华人组织的办公楼,雕梁画栋,飞檐起脊,古色古香。其中,著名的旧金山中华会馆题有一副楹联"客地谈心,风月多情堪赏览；异乡聚首,琴樽可乐且追寻",让人备感亲切。1970 年,在格兰特大街南端入口处矗立起一座翠绿色琉璃瓦和朱红大柱的中国式大牌楼。这座牌楼高约 15 米、宽约 20 米,正中悬挂着孙中山手书"天下为公"四个大字。在门楼顶端的中央还有一颗光彩夺目的大明珠,两侧各有一条金龙。这一完全按中国传统民族风格建造的牌楼,使那里的中华风情更加浓郁,成为旧金山唐人街的象征。[①] 在唐人街广场上有一座孙中山的纪念铜像,另外还有关帝庙、天后庙、孔庙等中国式的寺庙,常有华人前来凭吊。此外,在旧金山唐人街还可以买到当地发行的十几种中文或中英文合璧的报纸和杂志,有几十家专售中文书籍报刊的书店。1976 年,旧金山 KTSF 电视台开办华语节目,用普通话和广东话等方言播音。旧金山唐人街是美国仅次于曼哈顿而居第二位的人口最稠密地区,是 20 多万旧金山华人的经济、社会和文化活动的中心,也是旧金山市的旅游业都会。

美国另一个最大的唐人街是纽约唐人街。据说,第一个在纽约定居的华人叫昆普·阿波(Quimp Appo)。他是一个茶商,于 19 世纪 40 年代末或 50 年代初来到这里。1858 年,一名叫亚勒的广东人住在纽约市的勿街(Mott Street),并在柏路(Park Row)开了一个小型雪茄烟店。10 年后,他在披露街(Pell Street)经营华记杂货店。19 世纪60 年代末 70 年代初,联合太平洋——中央太平洋铁路建成通车后,上万名华工失业,流寓美国各地,其中有一小部分人移往纽约。他们开设货铺,创建纽约中华总会馆,形成了唐人街的雏形。到 1880 年,纽约唐人街已有 800 多居民,集中在勿街、披露街和摆也街(Bayard St.)附近；1940 年居民增至 4 万人,成为美国最大的唐人街之一,主要经营中餐业、洗衣业、杂货商业等华人传统行业。1965 年美国放宽移民限制以后,使纽约华人数量大幅度增加,同时也使古老的唐人街发生了重大变化。目前,纽约市约有 30 万华人,其中有近一半聚居在唐人街,从而使它不断向周围其他少数民族裔聚居

---

① 沈立新:《世界各国唐人街纪实》,四川人民出版社 1992 年版,第 372—373 页。

区扩展,后来又产生了第二个、第三个"唐人街"。随着人口的增加、华人素质的提高以及各国华人资本的注入,唐人街的银行业、珠宝业、房地产业迅速发展起来,传统的中餐业、成衣业也向多层次和现代化发展。据有关资料介绍,1960年,纽约市华人所办的企业中,计有洗衣店2646家、中餐馆505家以及144家其他企业。至1980年,纽约唐人街已有14家银行(其中华人开办的3家),华人开办的商店有700多家、餐馆150家、杂货店80家、珠宝店25家、成衣厂600多家,还有同乡会、宗族公所、中华会馆、商会等139所,还有2所中学、2所小学、2家医院、10家大型诊所以及其他许多企业。①美国《中报》记者曾这样描写纽约唐人街的繁荣景象:

> 不管是过年或是平常的周末,到纽约华埠的游人都会为这个社区的生机勃勃而感到印象深刻,杂货店铺中摆满诱人的新鲜食物与蔬菜,顾客接踵不断,这里没有一栋荒废的旧屋或店铺,到处充满活力,和纽约市另外一些少数民族社区的破旧成了强烈的对比。②

在美国,除旧金山和纽约的唐人街外,费城、波士顿、芝加哥、休斯敦、檀香山、西雅图等地的唐人街都有一定的规模和鲜明的中国传统民族特色,在当地都有很大的影响。

在加拿大,几乎凡有华人100人以上的城市就形成唐人街。维多利亚市是加拿大华人最早落脚的城市,这里首先出现唐人街。然后是淘金和修筑太平洋铁路的转运站新威斯敏斯特,这里在全盛时有华人几千人,后来他们中的大多数迁往温哥华或其他地方。当华人向加拿大中部和东部移居之后,先后在蒙特利尔、多伦多、温伯尼、萨斯卡通、卡尔加里、艾德蒙顿、哈密尔顿、金斯顿、魁北克等市形成了唐人街。到20世纪中期,加拿大的维多利亚、温哥华、多伦多、蒙特利尔、卡尔加里、艾德蒙顿和温伯尼等城市的唐人街规模都比较大。

温哥华唐人街是加拿大规模最大的唐人街之一。早在1886年温哥华建城之前,这个地方就有100多华人居住。1887年发生排华暴乱时,温哥华的华人约有2000人。经过这次排华暴乱之后,华人不敢分散居住,更加集中居住在都盘街及其附近的喜士定街、哥伦比亚街、卡路街、上海街和广东街,从而形成了初具规模的唐人街。都盘街后来改名为片打东街,并沿用至今。1890年,在都盘街有华人洗衣店3家、综合商店7家、理发店3家、食品杂货店5家、茶叶店4家、鸦片烟馆1家、咖啡面包店1家、华人寄宿处6所。到1931年,温哥华的华人增至1.3万多人。在1946年以前,全市华人绝大部分居住在唐人街及其附近。当时温哥华唐人街是全加拿大华人最多的地方,各种会馆和洪门民治党的总部都设在这里。20世纪60年代以后,温哥华唐人街有了进一步的发展;特别是80年代以后,温哥华的华人人口不断增加,到1986年时已增至14万人。华人的居住分散到市内的各个住宅区,唐人街不再是华人的居住中心,而成为没有住宅的商业区,是华人的商业和服务中心。

在日本,最著名的华人聚居区是坐落在横滨市山下町的横滨中华街。横滨中华街号称日本的"国中国",与旧金山唐人街齐名,是世界上名闻遐迩的华人社区之一。横

① 李春辉、杨生茂:《美洲华侨华人史》,东方出版社1990年版,第164页。

② 引自乘加:《唐人街的巨变》,《海外文摘》1990年第4期。

滨中华街已有 100 多年的历史。最初在这里落户的是 19 世纪 80 年代来的一批有手艺的华侨,他们主要是厨师、裁缝和剃头匠,于是这里逐渐形成了以"三把刀"(厨刀、剪刀和剃刀)为特征的手艺人街道。经过百年沧桑,如今的中华街已经发展成为世界上最气派的华人社区。它坐落在横滨市中区松影町、山下町,离著名的山下公园不远,街道全长约有 1000 米。在中华街的东西南北端以及中华大街前面各有一座牌楼,被称为东门、南门、西门、北门和善邻门。这五座牌楼雕龙画凤、色彩鲜艳,上面书有"中华街"匾额,具有鲜明的中国建筑风格。在每条街的街口,都悬挂着一盏盏黄色的店牌和灯笼,与国内的商业街相比,更富有唐宋遗风。街道两边的商店、餐馆鳞次栉比,大都为典型的中国式建筑,红墙琉璃瓦的房屋和牌楼相映成趣。商店的门面装饰得富丽堂皇、色彩鲜艳,室内的摆设古雅,而且门类齐全,如百货店、食品店、中药铺、绸缎庄、杂货店、工艺品商店、家具店和土特产商店等。与世界上许多地方的唐人街一样,横滨中华街的餐饮业也十分发达,集中了 180 多家中国餐馆,经营各种中国风味的美食,可以满足品尝中国菜的顾客的任何要求,堪称世界上无与伦比的"饮食之城"。这里还设有中华学校、华商银行、中文书店、华侨总会、华商总会等机构;还有一座始建于 1874 年的关帝庙,终年香火不断。即使在这异邦的国土上,华人仍以自己的特殊形式保留着民族的文化传统;而中华街的浓厚中华文化风情,又吸引着日本国内外的大批观光者。据说,当时横滨中华街的年人口流动量已达 1500 万—2000 万人次,是日本最重要的旅游中心之一。

(三)唐人街:文化传播基地与文化的楔入

唐人街,这是中国人的独特的创造,也是中国文化的独有产物。历史形成的这一称谓,深刻而独特地反映了这一个独特社区和社区文化的特征,比之直译"中国城"更有中华民族的文化韵味。

从以上的关于唐人街形成的历史记叙中,可以看到,唐人街,实质上不仅是一个独特的街区、社区和行政区域,而且是一个包含了实体部分(物化部分)和意识形态部分(文化部分)的文化实体,而且,这个实体是相当实在、具体、多样、丰富、系统和具有独特性的,它是一个"文化岛",差不多所有形态的中国文化,从衣食住行到诗书礼乐,从民间习俗到政教体制,从大众文化到高雅艺术,等等,悉数呈现在、融会在这个"岛"的居民生活之中。因此,它也就成为一个文化的传播基地,同时,也像一个"楔子"一样,将中华文化楔入了各所在国的文化之中,成为一个实体,一个传播源,一个活生生的、每日每时每个人的、具体的运动着的展览。是否形成了和有没有这样一个"岛"是大不一样的:一方面侨民的生活不一样,一方面是侨民自身的文化和他们的文化传播、文化影响大不一样。华侨之有"唐人街",是中华文化得以全面、系统、深入地影响其所在国的重要原因和重要依据。

这种楔入一个国家的民族文化传播基地,首要的意义是生存价值(侨民的生存基地),但同时,它自然地成为一个文化传播基地,这对于文化传播学来说,是一个实际的创造和规律的补充,证明一种文化向另一种文化传播,这种实地性的文化楔入和文化基地的存在,是具有重要意义和关键作用的。

唐人街的产生、存在和发展,这本身也反映了中国文化的特点和中国人的特性:优点方面的独特性、成熟性、凝聚力、吸纳力、渗透力和缺点方面的保守性、封闭性、排他性都表现出来了。

三　传播中华文化的生命之桥

（一）自觉担当起文化传播的使者

文化与人是不可分的。文化是人创造的，是人的生命活动的产物，没有人的创造性活动，就无所谓文化；另一方面，文化哺育着人，文化是人的存在形式和生活方式，没有文化，人就不成其为人。因此，文化传播和人的活动范围是一致的。中国人是中华文化的载体，中华文化是中国人的精神生命。中国人走到哪里，也就把中华文化带到哪里；中国人的活动伸展到什么地方，也就把中华文化传播到什么地方。

如前所述，中国人移民海外已经有了很长的历史。中国人的海外移殖，是中华文化向海外传播的一条重要渠道。实际上，中华文化的许多文化因素，包括造纸术、印刷术、火药和火器技术，以及其他许多伟大的发明，包括养蚕制丝、制瓷技术、茶和水稻栽培技术以及其他许多中华物产，包括中国的典籍、艺术和观念文化，在很多时候都是由移民海外的华人带出国门传播到世界各地的。他们以自己的生命活动，架起一座中华文化走向世界的桥梁。19 世纪中期以来，随着大规模的海外移民浪潮，在世界许多地方形成了华人社会。通过移民形式的中华文化海外传播，出现了新的态势、新的规模。大批华人背井离乡，在海外异质文化的包围中谋求生存和发展，在逐渐适应当地文化环境的同时，也顽强地保存着、承续着中华民族的文化传统。因为中华文化是他们基本的生存形式和生活方式，是他们的精神寄托、精神滋养和精神命脉，是他们与祖国、与民族联结的心灵纽带。所以，生活在世界各地的华人，都把中华民族的民间文化自觉地保存下来。无论走到哪里，都会很快地展现出自己的民族风情和文化特色。陈依范在讲到美国华工时说：

> 华人带来了在艰难困苦之中赖以生存的民间文化。刘易斯·克拉普描述了她在矿工居住区见到的弹唱艺人和伶人、辗转流传破旧不堪的书籍、民间工艺、烹饪和雕刻。而这一切使人们有可能在长期困于风雪和暴雨、道路无法通行、与世隔绝和忍饥挨饿的情况下文明地生活。……支撑着华人生活的还有那些吹拉弹唱的民间艺人和说书人，他们讲述广东乡间的传说或者《西游记》《三国》《水浒》等伟大的民族史诗。从旧金山来的青年男演员（当时尚无女演员）经常来往于巴特和玛丽斯维尔等矿区，演出传统的舞蹈和折子戏。中国货、雕刻品、丝绸、锦缎给旧金山带来了对中国美的体验。至今，当地的老住户还把中国的工艺品当作传家宝来陈列。[①]

不仅如此，华人还带去了中华民族的民俗文化和传统宗教，使自己在异质文化的环境中依然保留灵魂归属的精神的家园：

> 宗教活动（不管有无组织）是华人社区生活的一部分。在我们看来，使用"宗教的慰藉"这种说法更为贴切。儒教渗透到全体华人移民生活的各个领

---

① 陈依范：《美国华人史》，韩有毅等译，世界知识出版社 1987 年版，第 150 页。

域,它具有半宗教色彩,笃信生者应该敬奉先人。除极少数人加入了卫理公会、长老会或天主教等基督教的不同教派外,大部分华人移民要么信奉佛教,要么信奉道教。从当地的实际情况看,佛、道两教的信条很难区分,这两种宗教所信奉的神明也是如此。……

"财神"——财富之神,"关公"——保护神和战神,是神祠、庙宇和寺院里最常见的神像。每一个自尊的华人社团,只要觉得自己有可能在一个地方定居下来,便会马上想法建起神庙。这些东西把华人维系在一起。联结华人的还有隆重庆祝传统节日的习俗:六月初一的龙舟节,祭祀祖先的清明节、中秋节,还有最热闹的旧历新年——春节。每逢此时,家家户户打扫庭院,贴神像,还清债务,送灶王爷上天,向玉皇大帝汇报在过去一年里每个家庭的善行和劣迹。至今,在旧金山和马瑟卢德邻近地区,神庙星罗棋布。有些神庙结构精巧,建筑优美,有些是简朴的木建筑;还有的内部装饰着令人眼花缭乱的朱红色和金色的木雕,供奉着服饰雍容华贵的神祇,悬挂着绣旗、帷帘和还愿的幛子,供桌上摆着肉和水果,陈设着青铜祭器和香炉;还有一些是小小的神龛。

……

但那时候,加利福尼亚的公众无暇、无缘或无意去研究儒教、佛教或道教的优越之处。给他们留下深刻印象的,是华人的举止,人所共知的华人的生活。在现实生活中,他们看到的是一些服饰"古怪"的人(就是说,穿着跟一般人不同),这些人性喜洁净(矿工和铁路工人干完活每天晚上都要按时洗澡——那时候,人们尚无按时沐浴的习惯),生活俭朴,干活时老实听话,按时上班,不酗酒,周末从不狂饮欢宴。这些人在很大程度上体现了真正基督教徒的特点——忍耐。

早期华人移民的这种有口皆碑的品格,已为当时无数作者的话所证实。1867年,露西亚·诺尔曼描述道,华人"谦逊、诚实、勤劳,甘愿从事白人宁肯饿死也不愿干的工作,他们一开始就受到人们的热烈欢迎。"①

近现代大批海外华人为传播中华文化发挥了相当大的、不可替代的作用。如前所述,生活在世界各地的华人聚族而居,形成当地的华人社会,建设起大大小小的唐人街,成为展示中华文化特色和民族风情的世界性窗口;各地华人积极参与当地的开发和建设,充分体现出中华民族自强不息、勤劳勇敢的民族精神和品格,特别是在社会经济文化政治的各个领域,都涌现出一批相当杰出的人物,引起世人的敬佩和尊重。他们为居住国的社会经济文化发展做出了重大贡献,同时也使世界各国人民加深了对中华文化精神的了解和理解。正如美国学者周策纵所说的:"他们对世界文明的吸收、贡献和影响,对中国文化的改革和向外传播,已经逐渐有了显著的成绩。未来的发展更不可限量。"②另一位美国学者瓦特·斯图尔特(Watt Stewat)在谈到华人对秘鲁的文化贡献时指出:

---

① 陈依范:《美国华人史》,韩有毅等译,世界知识出版社1987年版,第151—153页。
② 引自沈已尧:《海外排华百年史》,中国社会科学出版社1985年版,第1页。

我们甚至可以争辩说:秘鲁由于华人的到来而在文化上受益匪浅。路易斯·阿尔伯托·桑切斯认为:"由于苦力贫困,他们只能与秘鲁混血阶层的贫困者结合,故其对一般文化的影响在相当长的时期内,并不为人们所察觉。"这位才华横溢的秘鲁人继续写道:"然而随着时间的推移,这种'嫁接种'开始获得社会上和文化上的声望。今天在我们大学和专业工作圈子里,毫无疑问他们已具有了这种声望。"桑切斯宣称:"混血的华人在学习上的勤奋,对事豁达以及沉思默想——这是本人大惑不解的——等方面都是突出的。此外,还因为有一种精细的分析能力,使他们能脱颖而出。"桑切斯还认为:"中国人对秘鲁语言所带来的影响甚至比意大利人犹有过之。"[1]

陈依范在谈到华人对于美国文化的贡献时指出:

华人的精神准则……是华人对美国做出的贡献之中极其宝贵的一部分。

……华人移民带着精神财富来到美国,当然也带有糟粕。虽然从整体上来讲他们的传统文化与西方先进思想相比已经过时……但它却保留了一些积极的社会准则,即使在一个多世纪之后的今天,这些社会准则也远远没有过时。

华人移民带来的文化价值观是多方面的。规规矩矩地干活,对劳动的根深蒂固的尊重,认为劳动是高尚的以及值得干的事就一定要做好的观念,都是他们与美国人中的佼佼者共同具有的。……

……不知道这一点,就不可能理解华人在建造第一条横贯美国大铁路、唐纳峰石堤、纳帕山谷深红色田野上的西尔弗拉多小道石墙的过程中所表现出来的慷慨献身精神。[2]

经海外华人带到世界各地的中华文化,逐渐为当地人民所接受和吸收,与当地文化相融合,对当地文化的发展和繁荣起到了不同程度的刺激和推动作用。在有的情况下,这种影响是相当大的,以致引起当地政府的警觉和担心,担心中华文化的浸染而引起当地民族文化的变异或"华化"。

19世纪中期以后,曾有许多华人移居夏威夷。1866年时夏威夷已有2万华人,占当地总人口的1/4。他们在夏威夷群岛上垦殖开拓,为当地经济文化的发展做出了很大贡献,同时也使中华文化在群岛上得以较大范围的传播。1889年,夏威夷一个种植园主委员会呈请内务部长召集一次议会特别会议,考虑修改宪法,以继续招致中国移民。但是,这一呈请被驳回。内务部发表的政策声明说:

首先,本王国华人的比例过高,他们迅速地侵夺本国的各种买卖和职业,需要采取适当步骤以防止本群岛的西方文化为东方文化所排斥,和以华人代替夏威夷和其他外籍人口。第二,在本世纪初期夏威夷人民采纳了被引进本群岛的盎克鲁撒克逊文化,已经深入人心。这对本王国的自由政体和政治独立是非常重要的,而这种文化只有保留在王国内受过教育懂得人民代议制政府的作用和好处的人,才能长此继续下去。第三,我们相信,一个民族和个人

---

[1] 瓦特·斯图尔特:《秘鲁华工史(1849—1874)》,张铠、沈桓译,海洋出版社1985年版,第197页。

[2] 陈依范:《美国华人史》,韩有毅等译,世界知识出版社1987年版,第147—148页。

一样，要自保，这是公认的原则。①

此后，夏威夷政府颁布禁律，对华人入境采取了很多限制。这种主要由于文化上的原因而限制华人移民的做法，恰恰说明当地华人在传播中华文化方面的影响之大。这种情况在其他国家也出现过。例如，英国人巴夏礼就曾对澳大利亚提出过警告，反对华人大量移民澳大利亚。他说：

> 他们（中国人）是优秀的人民。我们都知道他们的很多美丽的手工艺品。我们知道他们有多么奇妙的想象力、持久性和耐心的劳动。正是由于这些优点，我们不要他们到这里（澳大利亚）来。几百万中国人涌到这里来将使年轻的澳大利亚联邦完全改观，就是因为我们相信中国人是一个强有力的民族，能够抓住这个地方的命脉，因为我希望在这些美好的地方保持我们自己民族的模式，所以过去和现在我都反对中国人入境。②

海外华人自觉地担当起传播中华文化的使者，把中华文化的种子携带和抛撒到他们的所到之处，并在当地产生程度不同的影响，为中外文化的沟通和交流做出重要的贡献，首先在于他们自觉地意识到中华文化是他们的精神命脉，是他们的文化之根，自觉地把自己作为中华文化在海外的传人，所以他们特别珍视自己的民族文化，特别注意爱护、保存自己的民族文化，并使这种文化的精神时时体现在自己的生命活动和存在方式中。不仅如此，各地的华人社会都特别重视教育事业，通过创办华人学校、出版华文报刊和书籍等多种形式和渠道，对后代进行民族传统文化的灌输，进行饮水思源、觅祖寻根的教育，使他们虽身居海外而不忘自己的民族和文化之根。马来西亚的土生华人领袖、前马华公会的创始人陈祯禄特别强调爱护、保存和发扬中华文化对于华人社会的重要性。他指出：

> 华人若不爱护华人文化，英人不会承认他是英人，巫人也不会承认他是巫人，结果，他将成为无祖籍的人。世界上只有猪牛鸡鸭这些畜生禽兽是无祖籍的，所以华人不爱护华人文化，便是畜生禽兽。③

（二）经海外华人传播的中国生产技术和科学技术

近代以来，随着大批华人移民海外，又形成了中国先进的生产技术和科学技术向海外的一次大规模传播。

中国有着悠久的从事农业生产的历史，中国的农业生产技术曾长期居于世界领先地位。近代以来的华人移民，把中国先进的农业生产技术带到居住国，极大地促进了当地经济的开发。例如，华人在夏威夷早期农业开发中发挥了重要作用。夏威夷的蔗糖业是由华人创建的，他们的血汗浇灌了那里的甘蔗园，使甘蔗种植和制糖业成为夏威夷经济发展的支柱。华人在发展当地水稻种植方面也做出过很大贡献，他们挖水渠，开垦沼泽地，围造成水稻田，将大批原先只能种植芋头的小块土地，整治成大片可耕良地，夏威夷的稻米生产迅速发展。有的学者曾对此评论说："1867 年，中国人早在

---

① 引自陈翰笙：《华工出国史料》第 4 辑，中华书局 1981 年版，第 58—59 页。
② 引自陈翰笙：《华工出国史料》第 4 辑，中华书局 1981 年版，第 82 页。
③ 引自马来西亚：《董教会讯》1984 年 6 月 30 日。

此块土地上种下了米的文化。"①

中国先进的农业生产技术还随漂洋过海的华工传播到美洲大陆。在早期赴美的华工中,有一部分从事农业生产,他们对于美国西部特别是加利福尼亚的农业开发以及林、牧、渔业的开发,往往起到先驱者的作用。"加利福尼亚的农场主利用华工创立了一个兴旺发达的新兴的经济作物产业。这些经济作物包括梨、苹果、李子、核桃、杏、蛇麻草和其他水果、蔬菜。""人们普遍认为,如果不是华工在1860年代到1890年代把自己的传统经验带到西部并传授给那里的农民的话,加州今日数百万美元产值的水果业就不会有这么大的发展。没有华人,加利福尼亚的发展就会推迟很久。"②美国历史学家休伯特·班克罗夫特指出:

> 他们(华工)作为农业劳工的价值得到了普遍的承认,如果没有这些召之即来的廉价劳工,农场主常常不知道怎样开垦田地,收割庄稼。他们在多沙和低产的土地上种植庄稼,在炎热、沼泽地般的圣华金峡谷里干活,比白人效率高。……(他们在种植蔬菜方面)几乎无人可以匹比。③

另一位美国人凯里·麦克威廉斯更明确地说:"实际上是华人教会了他们的主人怎样耕作,收获果园和花园里的果实。"④

除美国外,华工对拉丁美洲农业技术的发展也起过重要作用。张荫桓在《三洲日记》中记载19世纪80年代秘鲁种植水稻的情况时说,秘鲁"近以蔗园生意日减,遂亦种稻,赖华工为之,岁仅一获,米却不恶"。可见,秘鲁水稻种植业的开拓主要是靠了华工的技术和劳力。从那以后,秘鲁的水稻种植一直不断发展,直到现在秘鲁的水稻单产量仍然居拉丁美洲之冠。苏里南等地区的水稻种植技术也是由华工传去的。与此同时,华工还把祖国人民修治水道和填筑沼泽的经验带到拉丁美洲,把中国的芝麻引进古巴,把茶叶引进巴西。英属圭亚那的华工还对人工培育橡胶和炼制蔗糖的技术,进行了重要的创造和革新。⑤

海外华人不仅在传播和推广中国先进的农业生产技术方面做出了重大贡献,促进了居住地农业经济的开发和发展,而且还将祖国许多先进的工艺、手工业技术和科技发明成果传播到世界各地,使中华文化伟大的智慧创造融合到世界各国文明发展的长河中,渗透到各国人民生产和日常生活的各个领域,使之成为全人类的共同财富。这里着重介绍一下海外华人在传播中医和中药方面所做出的贡献。

由于东南亚地区是华人移民历史较长、人口数量最多的地区,中医科学和中药在东南亚各国传播得十分广泛。几乎各国都有中医和中药长期使用的历史,并且中医中药的传播也对当地民族医学的发展发生过一定的影响。中医中药也随着近代华工移民潮传到美洲。在当时移民美洲的华工中,有些人原本行医,是国内医术高明的中医大夫。他们到了美洲之后,对于传播中华医术,发展当地医药事业,起到了积极作用。

① 引自沈立新:《世界各国唐人街纪实》,四川人民出版社1992年版,第462页。
② 陈依范:《美国华人史》,韩有毅等译,世界知识出版社1987年版,第113页。
③ 陈依范:《美国华人史》,韩有毅等译,世界知识出版社1987年版,第101页。
④ 陈依范:《美国华人史》,韩有毅等译,世界知识出版社1987年版,第101页。
⑤ 李春辉、杨生茂:《美洲华侨华人史》,东方出版社1990年版,第596页。

清末傅云龙在《游历秘鲁图经》中说："秘鲁有医院,然华医之术颇行于彼。"①据秘鲁《商报》1873 年 10 月 21 日的一篇报道,当地有一位中医,"医术高超,仅凭看病给药所得到的收入已不下 8 万索尔。"瓦特·斯图尔特在《秘鲁华工史》一书中指出:

> 少数中国人开业行医……他们遭到秘鲁从医人员的攻击。菲利佩·圣地亚多·德卡卡雷拉撰写并发表了一篇相当长的文章。在文中,他为一个中国医生辩护,他说这位中国人的草药治好了许多秘鲁大夫未能治愈的病人。使人难免有些惊异的是,这种治疗方法竟会有吸引力,直至今日利马大街上还在出售着这类中草药。当本书作者在为这一研究搜集资料期间,经常看到卖草药的中国人,在老国家图书馆对面狭窄的人行路上,每天都摆着摊子。这类草药无论在过去还是在现在,一直被当作各种家庭常备的药物使用着……②

在古巴,早在 1847 年来到哈瓦那的华工中,就有一位中医大夫(可惜姓氏不详)。他到哈瓦那不久,即以其渊博的学识和精湛的医术而深受欢迎,慕名求医者络绎不绝。古巴人 H·D·孔斯塔先生还根据他的口述,详记其医疗方法,编辑成书,共 64 页,书名《中国医生:天朝医学概论》,由哈瓦那《海事日报》社出版发行。广告在《海事日报》登出后,各报转载,轰动一时。19 世纪 70 年代,中医大夫詹伯弼(Cham Bom-bia)在马坦萨斯和哈瓦那一带享有盛名。詹伯弼不但对祖国的本草有很深的研究,而且对古巴的花草植物也很熟悉。古巴人每谈到他的医术,就钦佩不已,认为再没有比他更高明的大夫了,以致在古巴形成了一句有名的谚语,当人们遇到不治之症时,总是说:"即使华医驾临,也无能为力了。"詹伯弼不但医术高明,而且医德高尚,深受古巴人民的爱戴。他同情穷人,一心救死扶伤,从不利用自己高超的医术渔利。他常亲切地对前来求医的病人说:"如果你有钱,就给我;没有钱,就不要给,我这药是给穷人治病的啊!"由于他经常免费给古巴人治病,所以尽管他一生行医,逝世时仍一贫如洗。许多古巴人被他的精神所感动,在他弥留之际都怀着无限感激和悲痛的心情跑来守护他,逝世后给他治丧。在古巴,除詹伯弼外,华工陈鼎贤和参加古巴起义军的王森上尉,也都是有名的中医大夫。古巴华人中的中医大夫不但在当地传播中医医术,而且还利用当地的药物资源发展中医医术。据 1874 年的一份材料说,古巴华工中的一些"花草匠人"(即中医)常"用广东的草药和当地的草药配制新的药剂,给病人治病"。有一位中医还用鸦片和当地草药配制新药,治疗霍乱成功,赢得很高的声望。还有一位中医专治发烧、静脉曲张、感冒、皮肤病、跌打损伤和脓疮,很有名气,许多种植园主都请他看病。到 1910 年,古巴华人又在哈瓦那开设了一家中药店,为行医治病提供了方便。③

在美国早期的华工中,也有一些颇有名气的中医大夫。陈依范这样写道:

> 在从中国传入的比较珍贵的中华文化中,还有中草药和针灸。在旧金山出现较现代化的西医西药之前的几年间,用中草药治病非常普遍。有一位叫李坡泰(音译)的医生,是加州最受欢迎的中医之一,靠着从大批白人求医者

---

① 傅云龙:《游历秘鲁图经》,陈翰笙:《华工出国史料汇编》第 6 辑,中华书局 1984 年版,第 218 页。

② 瓦特·斯图尔特:《秘鲁华工史(1849—1874)》,张铠、沈桓译,海洋出版社 1985 年版,第 110—111 页。

③ 李春辉、杨生茂:《美洲华侨华人史》,东方出版社 1990 年版,第 597—598 页。

那里收取的诊费，最后成了富翁。经营中药铺是一项很赚钱的买卖，至今华盛顿大街上的中药铺依然存在。①

实际上，在世界各地的唐人街上都有中医中药店铺。传统中华医术经海外华人的传播和发扬光大，继续为各国人民造福。1985 年，美籍华人中医师黄志伟在纽约创办了美国第一所中医学院——中国医学院。这所中医学院以发扬、推广中国传统医学，培养中医、中药人才，研究中医传统治疗为主要宗旨，并开设了一整套中医传统科目。这所中医学院的创立，为中国传统医术在世界上的传播和推广提供了一个海外的阵地。

四 海外华人在海外的文化风貌

回顾中华文化在海外传播的历史时，我们会不断地看见绵延数千年的所谓"海外华人"的身影，这身影巨大硕壮，显示出一种技艺在身、学问在胸、勤劳勇敢、艰苦卓绝的气质和文化风貌。他们是中华文化在海外传播的生命之桥。在这一点上，似乎以中华民族为最突出，立于世界各民族迁徙移民的首位。因此，他们在对本民族的贡献和对居住国的贡献，都是很大的，是史不罄书、永垂不朽的。它所反映的民族性格和民族文化的特征，表现在以下几个方面。

首先，这表现了中华民族的民族性格的特长。他们对本民族的文化有一种特别操守，坚持不变，不轻易接受居住国当地文化的影响，或者应该说，是根本上、整体上不被异域文化所融会、消化和吞食，而是坚持着自己民族固有的文化，并且，他们具有一种深沉的民族文化凝聚力，生活于异邦他乡，便聚族而居，衣食住行保持民族传统，既能刻苦耐劳、适于生存，又能落地生根，保持种性，并且这样地一代一代生活下来、传播下来，形成共时性的文化聚落，又形成历时性的文化历史。中华文化一枝花，始终冰清玉洁、秀丽特异地在非中土文化的土壤之中，开花结果。

第二，与此相联系的是，他们又不是那么故步自封、孤立主义、持陋拒精地结成一个自我封闭体，不与外界来往而逐渐衰退。他们同时又一面艰苦卓绝创家立业，一面又热情奉献、建设异邦。他们身怀技术，而能播撒居住国，使之嫁接，涉及农业、牧业、渔业、手工业、工艺、产业等各个部门。他们开辟草原、发展新区的各种开荒事业，修铁路，开金矿，挖煤沟，献出自己的汗水和生命。他们还在医药、技艺、文学、艺术、语言、文字等等众多的方面传授个人的本领和民族的传统，从而在经济上做出贡献，在文化上"传经送宝"，在发明创造上勇做表率。这一切，就使他们的居住、传宗成为中华文化的经常的、系统的传播。

第三，这也与中国文化自身的特性分不开。这就是它绵延几千年来未曾断裂，保持着一种高度的成熟性、高度的独特性、高度的凝聚力。它装备了它的载体，即所有的海外华人。在他们身上，中华文化在异国他邦，既能保持自身的特性和本质不变，又能吸收异域文化而不被融会消失。在这里，我们不仅看到它的特质，而且看到它的特长，它的文化的力量。这是一种高度发达的文化才有的力量。这种文化力量，既装备了中国人，又凭中国人的特性而得以发扬。

———————

① 陈依范：《美国华人史》，韩有毅等译，世界知识出版社 1987 年版，第 150 页。

第四,中国人、中国文化的这种特性,还同其所居住国的生产、生活紧密结合起来发挥作用,推动了这些国家、民族的生产的发展、经济的发展和文化的发展。这里既有中国文化的生产、技能、技艺的高含量和强大生命力,具有先进性,又有中国人性格的坚毅、勤劳、"落地生根"的特性的作用。这两者的力量、作用,为居住国的发展做出了历史性的贡献,因而也为居住国的民族所接受。

这种海外华人在海外的文化贡献,理应视为伟大中华民族对世界文化和人类利益做出的伟大贡献的一个有机的组成部分。

第三节　闽粤海外移民与中国文化的海外传播[①]

在 15—16 世纪时,由于中国对海外贸易的开辟,便有小规模的闽、粤人移居东南亚。明朝七下西洋的三宝太监郑和的随员马欢所著《瀛涯胜览》记载:爪哇的杜板"多有中国广东及漳州人流居此地,鸡羊鱼菜甚贱";旧港"国人多是广东、漳、泉州人逃居此地,人甚富饶,地土甚肥。……昔洪武年间,广东人陈祖义等,全家逃于此地,充为头目"。马六甲和暹罗亦有华侨,明代黄衷的《海语》记载:"有奶街,为华人流寓者之居。"移居这两地的也以广东潮汕人和福建漳泉人为多。

清朝厉行海禁,阻碍了岭南与海外关系的发展。一般来说,在鸦片战争前,中国向东南亚移民侨居的人数是不多的。

1840 年后,清政府在资本主义列强压力下被迫开放海禁,并同意各国可以自由雇用中国工人。西方资本主义国家便兴起了掠夺中国劳工的"苦力贸易",在中国南方各省,假借招工之名,引诱大批破产农民和一些城市失业贫民出洋,供其劳役。另一方面,国内人口过剩、粮食不足,人民的生计困难,加以政治动荡,小农经济在资本主义势力入侵之下逐渐趋于瓦解,也迫使人们不得不出洋谋生。这样,在 19 世纪中叶到 20 世纪中叶 100 多年的时间里,出现了一个华人移民国外的高潮。出洋的华人大多数是闽、粤两省的农民,他们大部分的目的地是东南亚,但由于香港和澳门都是国际港口,这也便利了珠江三角洲的农民可以迁徙到更远的澳大利亚、檀香山和美洲。对出国人数,缺乏精确的统计数字。据陈泽宪统计,在 19 世纪有 235 万人出洋到世界各处;其中,有 154.5 万人移入东南亚各国,58.6 万人移到美洲,7.8 万人到了澳大利亚及新西兰,3 万人到达夏威夷。[②]

下面主要就闽粤海外移民最集中的两个地区——东南亚和美国,介绍中国文化在外国的传播。

一　东南亚的闽粤移民与中国文化传播

东南亚地区主要包括越南、老挝、柬埔寨、泰国、缅甸、马来西亚、新加坡、印度尼西

---

① 本节一至三内容引见刘圣宜、宋德华:《岭南近代对外文化交流史》,广东人民出版社 1996 年版,第 540—577 页。

② 陈泽宪:《19 世纪盛行的契约华工制》,《历史研究》1963 年第 1 期。

亚、菲律宾等国家。

19世纪在东南亚的闽粤移民既有出卖力气的,也有经商的,唯独文化人不多。不过,既然中国人在东南亚地区勤奋地从事工业、农业、商业活动,那么同时也就把中国的文化带到了侨居国。

我们根据近代社会发展的特点,把华人移民海外及中国文化的南传分为三个阶段。

第一阶段是1840—1877年。这一阶段,是中国在东南亚设置领事以前。由于中国清朝政府对海外华侨缺乏关心和保护,任其自生自灭,所以中国文化在东南亚的传播也是零碎的、分散的、浅层次的,主要是商品文化、工艺技术、宗教信仰、风俗习惯等。

第二阶段是1877—1900年。这一阶段从中国政府在东南亚的新加坡设立第一任领事开始,到丘逢甲、王晓沧奉派出访南洋止。这是中国政府与东南亚华侨建立联系和施加影响最为得力的时期。由于有左秉隆、黄遵宪、康有为、丘逢甲等文化人的推动,中国传统文化得以在东南亚流传以至扎根。1900年新加坡、马来亚的"孔教复兴运动"是这一阶段的顶点。

第三阶段是1900—1919年。这一阶段是孙中山等革命派在东南亚进行革命活动时期。为了宣传革命,他们办起了近代的文化事业,传播西方的自由平等思想和中国的政治思潮,启发华侨的民族意识,从而使中国近代文化中的革命精神也传入了东南亚。

下面分别从这三个阶段来进行叙述。

(一)近代海外移民与中国文化南传的早期阶段

1. 泰国

泰国与中国的国家关系一向融洽,泰国对华朝贡称藩,到19世纪后期才废止。咸丰年间,泰国贡使途经广州,诗人张维屏有《贡使来》一诗记其事,诗中提到的贡品有9尺高的宝鼎,还有其他的贸易性质的土特产品。[①]

19世纪30年代,泰国从外国进口的货物,89％来自中国。原因是在泰国经商的人主要是华人。泰国不排斥华人,且对华人有好感。华人也尊重所在国的文化,入国问俗,入乡随俗,与泰国人民建立了友好关系。华人,主要是岭南人的足迹遍布泰国,也把他们的生活习惯带到了泰国。比如,广州河上的特殊景观——水上人家,在泰国也可以看到。据一位外国旅行家的描述,许多华商的小商店是设在泰国河流的船上的。估计只曼谷一地,便约有7万户的水上商店,这些店船沿着昭披耶河排列,长达6英里。还有数以千计的华人流动小贩,有的划着小艇出售各种商品,有的挑着担子挨家挨户推销,有的货郎担还深入农村。

泰国以出产稻米为主,华侨则更多地从商业观点出发,经营经济作物的生产和加工。他们把中国的经济作物的种植技术和加工方法传入了泰国。比如,海南岛人把棉花的种植技术带到泰国,潮州人把甘蔗的种植技术传入泰国,还有烟草、胡椒也主要是华人在从事种植。由于甘蔗的引进,制糖技术也随之传入了泰国。

---

① 张维屏:《听松庐诗略》卷下,湖南图书馆1988年版(缩微制器),第2页。

中国的建筑技术很早就传入了泰国,原来泰国土著居民是用木料、草料来建房的,华侨把砖瓦从中国运来建房子,后来便在泰国烧制砖瓦,再后来泰国人在华人的帮助下也开始建造砖屋。泰国学者曼丽加·拉拔说:"在建造学方面,自大城王朝以来,泰国人是一直喜欢利用木材建筑,唯至拉马二世、三世时代所建造的砖屋,建筑形式亦成为中泰合璧,特别是拉马三世时代所建造的砖屋,便完全扬弃了既往泰式建筑的那种柔和风格,而完全变成中国式,特别是拉马三世时代兴建的叻差阿洛佛寺,其全部佛殿、僧舍的建造完全是中国式的,而亦有数座著名佛寺的建筑物是中泰合璧的,如披猜耶滴加南佛寺和通诺帕军佛寺等。"①

泰国的装饰艺术,也大受中国影响。18—19 世纪,泰国皇室和民间的瓷器装饰很普遍,所用瓷器多由中国输入。建筑物的装饰,镶入由中国运进的各式各样的瓷砖瓷片,大寺院门口则安放着中国制造的石像和石狮子。一些达官贵人家里,还喜欢用中国式的神台,陈列着来自中国的碗碟、花瓶、宫灯、屏风等作为装饰。一直到 20 世纪初期,泰国还是中国外销陶瓷最大的顾客之一。

岭南的粤剧也流行于泰国民间。泰国虽然是个尊崇佛教的国度,但对中国传统文化的吸收也是积极的。中国人提倡的仁义道德、自强不息、热爱生活的入世思想,给泰国人以良好的影响。

据薛福成出使日记记载:"1875 年左右,在泰国的华侨约有 30 万人,商务枢纽大半归之,曼谷为通商巨埠。其地每值夏令,有黄水自海中来,及时播种,水退苗熟,不事耕耘。谷米之丰,甲于南海。自康熙以来,闽、粤等省皆赖暹米接济。"②而据朱杰勤《东南亚华侨史》估计,中泰友好的历史已有 1000 多年,两国人民来往密切、相互通婚,所以泰国华侨最多,到 19 世纪估计已有 150 万人。

2. 越南和缅甸

越南和缅甸与中国边境相连,江河共贯。越南民族在公元 10 世纪以前曾是中华民族的一部分,与广东、广西的关系十分密切。由于交通便利,越南是广东人移居最早和贸易最频繁的国家。缅甸早在秦时就与中国边境人民来往,后来又向中国纳贡称藩,中缅两国向有友好关系,中国人移居缅甸的也不少。

据史料记载,1866 年时,在西贡居住贸易的广东人、福建人便有 5 万—6 万,并建起了"中国城":"华人居之,各货聚集如中土市廛,土人名为中国城云。"③市镇街上货铺多是广东人、宁波人所开,他们把广东的饮食、风俗、民间信仰等带到了越南。1866年,清政府派斌椿、张德彝等随同海关总税务司英国人赫德前往欧洲,路经越南时看到了中国文化在那里的流传。张德彝写道:

> 所有中外货铺多是广东、宁波人开者。又步行六七里过二木桥至一铺名"宏泰昌"号者,东主系广东广州府香山县谷字都监生张霈霖,字沃生,年近四旬,好客,解英、法、安南语。彝等告以出差之意,此人大喜,乃治茶、酒、点心相待,所食皆广东食物。

① 朱杰勤:《东南亚华侨史》,高等教育出版社 1990 年版,第 219 页。
② 薛福成:《出使英法意比四国日记》,《走向世界丛书》合订本,岳麓书社 1985 年版,第 223 页。
③ 斌椿:《乘槎笔记》,《走向世界丛书》第 1 辑,湖南人民出版社 1985 年版,第 7—8 页。

后又行数里至一处名穗城会馆,乃广东人建者。入内过穿堂,后殿内供天后娘娘神像,乃倒拜默祝神佑一路平安。见殿内钟盘五,供一切仪物皆类中土物。旁有财神殿,前厅列檀椅二行,遂就座吃茶,盅小乃连饮七碗。院内两壁皆玻璃烧成戏文,一切门窗无不精细,甚异其地不应有如此制造。询之张沃生,乃知一切器造皆来自广东。每半年自中国来船两只,往来运货。张公按年往粤省贩卖越南米粮,又自广省运货在此售卖,如此往来,得利甚重。又见前后匾额四十余块,对联十余副,厅前两廊下有中国尚书罗淳衍碑文。

后出此转东,有关帝庙一座。再东一段街市,铺户多是粤人开设,虽不华丽,亦甚闹热。……入一茶楼,名曰“胜芳楼”。在彼吃茶数杯,乃下楼登车。

又至法国轮船公司,楼高四层,地皆瓷墁,顶上有二龙戏珠,系照中华殿宇造者。回船后,张沃生订于晚间在其铺中赏中秋。申初造其铺,见有月饼,软皮脂油馅不甚甜。……两岸华人,哗拳饮酒,打鼓吹笛,土人高歌,鸡人击柝,宛若故乡。①

1888年,广东南海人张荫桓出为美国、西班牙、秘鲁大臣时,所记越南华侨事时说:“据查西贡、堤岸两埠毗连,属安南国嘉定省,法人在此开埠28年,又西贡附连六省之地,平阳千里,岁产米稻,运粤销售约8、9百万石。西贡立埠在内河,距海口130里,两埠生意大半属华商,统计华民6万余;出口以米为大宗,鱼干、豆蔻、燕窝次之;入口以中国食物杂货为大宗,绸匹、药材次之。……西商行店除法国轮船公司、银行外,殊寥寥,其余洋货店及华人杂货行、木作店合有数百家。堤岸铺屋二千余纯是华式,皆华人产业。……堤岸皆华商,有曰‘广东街’者,粤人尤多。”②

蔡钧《出洋琐记》(1884年)记载:“(西贡)其地甚形热闹,有粤人戏园,日夕开演。……晚餐既毕,同往堤岸观剧,适演三国时事,甲胄冠裳,扮演略同,惟徒跣登场,为可异耳。”③

至于缅甸,据王芝《海客日谭》(1871年)记载:“新街有汉人街,屋制略如中国,瓦屋亦间有之。滇人居此者约千余。”“新街有诸葛祠,壮丽,小亚关汉寿行台,象露冕仗剑指南而立。”光绪末年,清政府外务部估计,“缅之华商十余万,滇属多数,闽粤次之”。薛福成《出使英法意比四国日记》说:“(1890年)二十三日记,仰光粤商以新宁人为最多,建有‘宁阳会馆’。”

3. 马来亚、新加坡

马来亚介乎印度洋与南中国海之间,扼中西交通之要冲,19世纪逐步成为英国的殖民地。英国在马来亚试行自由贸易的政策,把新加坡开放成为自由港,由于大力发展对外贸易,新加坡很快就成为繁盛的大都市。

早在南宋时代,中国船只就可以借冬夏季风远航到巨港、马六甲、新加坡等地。近代以来,随着新加坡的开发,中国岭南人到此地经商和做工的逐年增多。苦力贸易也使大量的岭南人到了马来亚,他们主要分布在马来亚半岛各地区的矿场和种植园,负

① 张德彝:《航海述奇》,《走向世界丛书》,湖南人民出版社1981年版,第18—19页。
② 张荫桓:《三洲日记》,《张荫桓日记》,上海书店出版社2004年版,第438页。
③ 蔡钧:《出洋琐记》,上海著易堂光绪十七年刻本,第30页。

责种植胡椒、丁香、肉豆蔻等经济作物以及菠萝、蔬菜、甘蜜之类的农副产品。

华侨把他们的宗教习俗带到了居住地,祀奉祖先灵位和供奉观音菩萨、天后圣母、关帝、鲁班等神明的习惯仍存在于他们的生活中。婚葬礼俗也一仍其旧,保留着中华民族的惯例。说媒、相亲、对八字、文定、分饼、送聘等一连串的古老婚姻例俗还盛行在大部分华侨中间。所以,结婚前夕的"上头礼",及婚后坐轿招摇过市的旧俗,常会令当地人一睹中华文化。葬礼亦然。大凡人命归天,必烧香焚银纸相送,出殡仪式,有三牲献祭,沿途分发银宝,道士念经开道,孝男孝女披麻戴孝,扶灵号哭等等。一些富有人家的出殡行列,更是中西鼓乐喧天,大小吊联遮日,精制的丧轿琳琅满目,还有化装的唐三藏、孙行者、沙和尚、猪八戒等点缀其间,在哭哭啼啼的场面里,自有一种热闹的文化气氛。

1866年,斌椿、张德彝出国游历时记有关于新加坡华侨的情况,说是已有七八万中国人在此地谋生,"咸中华闽、广人也"。他们在街市中见到十余人,"穿孝服,头戴无缨凉帽,系华人打扮。又六人各持乐器,小鼓、小锣、喇叭等,二人扛一横细条,红色,上有'永远行'三大金字,却是送殡者"。这是有关华侨把中国风俗带到那里的历史见证。

刘锡鸿1876年出国途中所记新加坡有华侨商人胡璇泽:"年六十,携眷经商于此三十余年,番禺黄埔乡人。洋人呼之曰黄埔,以其秉性忠直,咸崇信之。俄罗斯封以男爵,英亦赐以四等宝星。"可见,岭南人在当地颇有威望,已成为华侨领袖。

1876年,郭嵩焘出使英国路经马来亚时,提到当时华侨人口已经增加到10多万:"新加坡约二十万人,西洋人二千,番人(马来人)及印度人盈万,余皆闽、广人也,而粤人较多。据胡璇泽云,广属人已至七万之多。"①

由于新加坡岭南人占了多数,风俗习尚,仿佛如粤东。据清出使大臣蔡钧《出洋琐记》(1884年)载:"司马邀往观剧,优人皆粤产。""陈氏之别墅也,外则洋式,而其中屋宇皆华制。""出园游览各处,所见贸易于市廛,负贩于道路者,皆中土人。……乡间种植者,亦皆中土人也。""途中所见,夏屋渠渠,书'大夫第'、'朝议第'者,则陈、黄两家之居宅也。虽远隔数万里之外,旅居百十年之远,而仍复奉正朔、遵服制,不忘官阀之荣,皇灵之震迭,不既远矣哉!"

华侨还把中国的传统服装在礼仪中保留了下来。在依循旧例的婚礼中,男性穿着中国传统服装——长袍、马褂、瓜子帽和布鞋。平时,劳动阶层的男性穿的是单薄的唐装:对开襟的长袖上衣和扎裤头的宽长裤。女性穿的是长袖高领上衣和长裤或长裙,而且习惯整套用黑色的布料缝制;如果是在烈日下操作,劳动女性都套上鲜红的头巾,这成为华人妇女的一种独特的标志。

柬埔寨、老挝、印度尼西亚、菲律宾等国华侨情况大略相同。

(二)近代海外移民与中国文化南传的中期阶段

1877年,鉴于中国在东南亚的华侨越来越多,中国仿照西方资本主义国家之例,在东南亚设置领事,保护和管理本国海外侨民,并促使有才能的华侨为国效力。由于领事的设置,中国加强了对华侨的联系,扩大和加深了中国文化在东南亚的影响。

---

① 郭嵩焘:《使西纪程》,辽宁人民出版社1994年版,第10页。

经郭嵩焘奏保,新加坡华人领袖胡璇泽为第一任中国驻新加坡领事,也是中国第一位驻东南亚的领事。

胡璇泽(号琼轩)本名亚基,1816年在广东黄埔出生,15岁时移居马来亚,先是帮助父亲经商,致富后热心公益,名声卓著;因能急公好义,凡华侨事务,当地政府多倚重他出面解决。1867年被选为太平局绅,1869年又被委为立法议会委员,同时也被俄国、日本委任为驻新加坡领事。1877年胡璇泽任中国领事后,经历了创办的艰辛;三年后去世,归葬于广州。

1881年,中国派左秉隆任新加坡领事。左秉隆字子兴,驻防广州正黄旗汉军忠山佐领下人,为广州同文馆高材生,1872年因成绩优异被选送京师同文馆,不久即充京师同文馆英文、数学副教习。1878年,随曾纪泽出使英国,任英文三等翻译官;1881年,任清政府驻英属新加坡领事。左秉隆初到新加坡后,感到华侨商人虽然富裕却粗鄙不堪,对中国文化渐失认同。他上任后,便着手燃起华侨对中国文化的热情,以使他们不要忘记祖宗、忘记祖国。所以,他不但维持大局、敦睦邦交、关心民瘼,而且提倡华文教育、设立学校、成立学会、奖励学术,培养对中国文化熟悉的人才。当时著名的学校有"毓兰书室""培兰书室""乐英书室""进修义学""华英义塾""养正书院"等。此外,他鼓励富人自设家塾;塾师多来自中国,教授中国的经书,间或也有教授尺牍及珠算的,一时书塾林立,弦诵之声,相闻于途。

当时,中国的科举制度对海外华人有吸引力,也有华侨子弟回国求学的。左秉隆为鼓舞他们的进取心,又致力于文社的组织,在新加坡成立了"会贤社"。这是在东南亚的华人社会中首次出现的文学社团。它不但经常举行诗文比赛,为华人的中国文学活动提供了一个聚会交流的场所,而且仿照中国的经馆,出月课以课士,鼓励学生回国参加科举考试。左秉隆为了帮助华侨学生提高华文水平,常常亲自批改学生习作。对此,他自己曾赋诗纪其事,诗曰:"欲为诸生换骨丹,夜深常对一灯寒。笑余九载新洲往,不似他官似教官。"左秉隆对中国文化传入新加坡的贡献是具开创性的,因此他被称颂为"海表文宗"①。

左秉隆由于能通英国语言文字律例规条,又系驻防广东汉军,对于流寓海外的闽粤人民言语性情较为通晓,是十分难得的人选,所以连续三任新加坡领事,至1891年才退了下来。

1891—1894年,黄遵宪出任新加坡总领事。时南洋各岛华民不下百万人。黄与他的前任领事左秉隆一样,提倡教育,发扬中国文化。他把"会贤社"加以改组,改名为"图南社",按月课题,联系学者,鼓励诗文比赛,为优胜者提供更多的奖励。他比左秉隆更加注重中国传统价值观念的宣传。他在当地华人报刊的帮助下,宣传和表扬孝子和贞妇,提倡中国儒家的伦理道德观,收到显著效果。

1895年,康有为在中国京师组织了"公车上书",开展了维新救亡运动。1898年,中国维新运动失败。1900年,康有为逃到新加坡,得到富商丘菽园和侨领林文庆的支持,居留半年,成立保皇会分会,宣传改良政治,学习西方和日本,振兴中华。这一系列事件激发了华侨的爱国热情和民族精神。从1899年开始,新加坡、马来亚的华侨掀起

① 《中马中星文化论集》,(台湾)"国防研究院"、中华大典编印会合作,1968年版。

了一个长达 10 多年的传播中国文化和文学的"孔教复兴运动"。这个运动以广东的维新派及其维新思想作为推动力,成为岭南与海外文化交流的一曲凯歌。

新马的"孔教复兴运动"是在岭南维新派的直接影响下产生的。1897 年 6 月 4 日,新加坡的一家华人报纸《星报》刊登了康有为在桂林起草的《圣学会章程》。1898 年 10 月 28 日,又刊登了康有为弟子徐勤写的一篇号召日本横滨华人尊孔的公开短评。该报的编辑和社论作家经常撰文支持中国的改良,他们对康有为的改革主张表示了极大的崇敬,对康有为的尊孔言论表示了极大的兴趣。

1899 年 3 月到 8 月,新加坡的华文日报《天南新报》的社论专栏上,连篇累牍地发表文章,号召当地华人纪念孔子诞辰以表示尊孔。另外,一些报道缅甸仰光、加拿大维多里亚、东印度西里伯斯的华人尊孔的文章也登载在这家报纸上。

1899 年 9 月,在广东人占优势的吉隆坡,一个华商集团组织了一次公开集会,发起了这次运动。会议决定将纪念孔子诞辰的这一天(阴历的八月廿七日)作为全体华人的节日。这一天,商店应停止营业,在家里举行庆祝,人们应该向临时安置在同山医院的孔子偶像顶礼膜拜。据说,这个运动不是在东南亚华人的经济文化中心新加坡发起的,而是在广东人占优势的吉隆坡发起的,其原因与广东人对他们的同乡——康有为和梁启超发起的中国孔教复兴运动充满了自豪的感情有关。[①]

华人领袖林文庆博士和丘菽园的热心推动,是运动迅速发展的重要原因。他们创办的《日新报》和《天南新报》强烈地支持孔教复兴运动,为这个运动作了大量的宣传,制造舆论;又不时地召开演讲会,以开导海峡殖民地受过英国和中国教育的知识分子。林文庆尤其活跃。他用中英两种文字撰文阐述孔子学说,主办孔学课,周游马来半岛和荷属东印度的许多中心城市,宣传孔教。这种活动,使新加坡的华人爱国保皇运动和尊孔运动得到兴起与发展。女子学校和华文报纸也出现在这时,如林文庆在 1899 年倡办"新加坡华人女学",以及新加坡有《叻报》《天南新报》,吉隆坡有《南洋时务报》,槟城有《槟城报》等华文报纸。

1900 年,广东大儒康有为、丘逢甲和王晓沧的出游东南亚,更把运动进一步推向高潮。

康有为在 1900 年 2 月应丘菽园的邀请到达新加坡,他主要与丘菽园和林文庆这两个孔教复兴运动的领袖住在一起。为避免清政府的迫害,他没有公开活动,但他的到来,对新马的"孔教复兴运动"极大的鼓舞和推动作用是不言而喻的。

另外两个来自广东的孔教分子是丘逢甲和王晓沧。王晓沧是广东嘉应州人,曾任儋州书院的副学正。丘逢甲是相当著名的一位政治家、教育家和诗人,祖籍广东梅州镇平县员山(今广东蕉岭县文福乡),在台湾出生,25 岁中进士后辞官归里,从事桑梓教育。1895 年中日战争中国失败后,台湾割让给日本,丘逢甲投笔从戎,创办义军,奋勇抗击日本占领台湾,成了当时著名的爱国志士。失败后,丘逢甲逃回广东原籍家中,继续从事教育,创办了一所现代学堂和一所专科学校。他一方面引进西方知识,一方面提倡把孔教作为中国振兴的精神力量,他认为创办西方式的学校并不违反孔教原理。丘逢甲的这种把孔教与近代教育相结合的模式,对新马地区的华人社会的发展有

---

① 颜清湟:《1899—1911 年新加坡和马来亚的孔教复兴运动》,《国外中国近代史研究》第 8 辑。

很大的影响。

1900年,广东省当局委派丘逢甲和王晓沧到南洋察访侨情,联络闽粤两省在南洋的商民,促进中国与南洋商业贸易的发展,为祖国的富强出力。3月初,丘逢甲从汕头乘海轮出发,经香港,过七洋洲(今南海),3月15日到越南西贡;又经高棉,于3月下旬到达新加坡。

到新加坡后,丘逢甲受到当地侨团领袖、著名学者丘菽园及各界侨胞的热烈欢迎。丘逢甲在台湾的抗日义举和他的诗名,早已在南洋各埠广为传扬,各地侨胞得知他的到来,纷纷邀请他前往观光访问、发表演说。丘逢甲也不辞辛劳,有邀必至,先后到过印尼的坤甸、马来亚的吉隆坡、马六甲、槟榔屿、芙蓉等地。每到一地,必出席集会,衍教讲学,传播中华文化。丘逢甲博学多才,思路敏捷,执教多年,擅长演说,言语生动,声如洪钟。他通晓潮、嘉、穗及闽南各地方言,侨胞们听起来津津有味,备感亲切。前来听讲的人盛况空前,影响很大。

丘逢甲写了一首《自题南洋行教图》记述了当时的情景,诗曰:"莽莽群山海气青,华风远被到南溟。万人围坐齐倾耳,椰子林中说圣经。"

丘逢甲等周游新、马,既为发展商业,也为建立孔庙而奔走,他们发表文章,召开集会,为建孔庙和图书馆筹集资金。

丘逢甲在《日新报》发表了《劝星州闽粤乡人合建孔子庙暨大学堂启》一文,指出许多人错误地认为西方强大的根源在于军队、商业、工业和农业,而事实上正相反,他们的强大赖于宗教和教育。他认为,宗教为国家强盛赖以建立的民族团结提供了基点,而教育则提供了物质文明赖以建立的大众文化和技能。丘逢甲与康有为一样,在探索如何使中国强大的过程中,从洋务派的"自强运动"里吸取了教训,发现西方列强之所以强大,不仅在于军事技术,而且在于它们的社会政治和经济制度。在诸多的西政中,他们注意到了基督教会的作用,基督教会不但有一种把不同的集团联结在一起的凝聚力,而且能有效地在人民中进行开发智力的教育活动。他们认为,中国正是缺乏这样一种精神道德力量。康有为把孔教解释成为一个富有生气的、进步的力量,把孔子描绘成一个贤明的政治家和体制的改革者,试图把孔教定为国教,使它在中国社会中起到与西方基督教相同的作用。

显然,新、马华人接受了他们的观点。康有为对孔教的重新解释,使孔教不仅作为中华民族的骄傲应当继承和发扬,而且恢复生气的孔教可以作为一个有效的现代化力量而加以利用。这种思想对东南亚华人社会的发展有着不可估量的影响。他们强调宗教是国家强盛的基础,凡国家有国教者则强、无国教者则弱,因此他们认为中国国力之所以衰弱是缺乏一个国教所致。他们认为孔教伦理制度是最完美的,中国只有以孔教作为国教才能恢复元气。所以,他们在接受西方的物质文明的同时,并不打算全部接受西方制度和价值观,他们要发展一个儒教的现代化社会。

丘逢甲南洋之行,对中华文化在南洋的传播起到了推动的作用。时至今日,在印尼坤甸还流传着有关"逢甲箸"的动人故事。原来丘逢甲来到印尼后,发现许多华侨模仿当地土著居民的陋习,用手抓饭吃,心里很不是滋味,于是,他便利用在坤甸"志华书院"三次演讲的机会,以这件事为例,号召华侨要前进而不要后退,不要丢了自己进步的东西,而应该把自己良好的习惯传给侨居地的群众。由于他的推动,不但华侨又重新使用筷子吃饭,还制作了大批筷子送给当地民众,教会他们使用。所以直到今天,坤甸还有人把筷子叫作"逢甲箸"①。

由于丘逢甲的官方地位和在本地华商中的影响,他在南洋各地的考察、讲学活动历时3个多月,获得很大成功。据说有一位富商王元树积极响应,捐献了价值7000新加坡元的一块土地作为孔庙的地址,并拨出部分房屋作为一个计划兴建的图书馆之用。②

当然,要在海峡殖民地把孔教定为国教是不可能的,所以,这个运动主要的内容是建立孔庙和现代学堂,纪念孔子诞辰,提倡孔教的研究,用儒家文化对人民大众进行熏陶,或直接使人民皈依。但新儒家思想对东南亚社会的精神文明确实发生了巨大的作用,东方的精神文明与西方物质文明的结合,对亚洲"四小龙"的崛起有着重要的意义。人们从孔学中找寻医治科技经济高度发达、生活节奏急速加快下所产生的社会危机的药方。

(三)近代海外移民与中国文化南传的晚期阶段

1900年以后,中国国内革命风潮渐兴。东南亚华侨处于中西文化交汇点,一方面受到西方民主思想的影响,另一方面也受到中国政治思潮的影响。继维新派把政治改革、发扬新儒家精神等中华文化传到东南亚后,孙中山等革命派也把排满革命、建立民主共和国等中国激进改革思想传入东南亚各国,致使华侨的民族意识迅速觉醒,从不关心政治转为关心政治,积极参加革命斗争,终使华侨成为"革命之母""海外为民国肇造之摇篮"。

1900年6月,日本志士宫崎、寅藏等两人到达新加坡,游说康有为与孙中山合作救亡,参加惠州起义。不料康有为怀疑他们是刺客,致使他们被捕入狱。孙中山连忙从西贡赶到新加坡营救,两日本人获释,被驱逐出境。这是革命党第一次涉足南洋。

1901年,兴中会骨干分子九列到新加坡宣传革命。1906年,孙中山在新加坡成立同盟会分会,九列与陈楚楠、张永福等创办《图南日报》,后革命派又相继创办《南洋总汇报》《中兴日报》《阳明报》《亚洲晨报》《南侨日报》等革命报刊,还设立"槟城阅书报社""开明出版社""公益书报社""同德书报社"等作为宣传机构,于图书陈览之余又开通俗讲座,以求开通民智,争取华侨的支持。此类书报社在中华民国建立前发展到100多处,读者因受到启发而参加革命的为数不少。

孙中山于1906—1910年,前后7次到新加坡,进行革命的组织发动工作,并在新加坡设立同盟会南洋支部,而以胡汉民主其事。1905—1909年,新加坡成为中国政治逃亡者的避难所和策划中国国内革命的中心。

革命派和立宪保皇派的论战,也在新加坡的报刊上展开了。由胡汉民、何德如、汪精卫、王斧等主持笔政的《中兴日报》和立宪保皇派的《天南新报》之间的论战,不但宣传了革命的思想,开通了华侨的智能,也使华文报业得到了前所未有的振兴。后来,孙中山被越南法国政府逼令离境,转往新加坡,原在东京民报的许多记者也相继跟随而

① 徐博东、黄志萍:《丘逢甲传》,时事出版社1987年版,第140页。
② 新加坡《日新报》1900年5月5日,第6版。

到,使新加坡华文报坛人才济济、盛极一时。①

革命党人除创办书报社和开办通俗讲座之外,还致力于华校的开设。例如,全马来亚最早最有名的华文中学——钟灵,是由槟城阅书报社所开设,张继、张群等革命志士还在华校执教过。

清政府在举办新政的时候,也责成驻外使领在所在地区劝学。1904 年,南洋学务大臣张弼士领命亲自到了槟城创办了第一所近代学堂——中华学堂。先利用平章会馆开学,广邀士绅,高悬"声教南暨"的御匾,并由学部赠送了一套《古今图书集成》,即席宣布了教育宗旨,筹募经费 10 多万元,用以建筑新校舍。该校于 1904 年 5 月开学,配备了 1 位总教习和 12 位教师,他们均来自中国。由于张弼士办校的功劳,他的塑像被供放于学校的中堂,他的事迹被载入史册。

中华学堂的创办,主要出于祖国的策励,也得到该地华人社会中最大的两个帮——闽帮和粤帮的赞助。于是,各地华人社团,竞相仿效,一时废私塾、办学堂的风气大起。这一段时期,受中国国内的影响,新加坡的华文教育,学制取自中国,教师来自中国,而课本、图书、仪器等也购自中国,与中国的文化交流十分密切。

张弼士通过中华学堂把海外华文学校与清政府的近代教育制度联系在一起。从那时起的数十年来,华文学校基本上是在中国教育部门的间接控制之下,中国为海外学校提供课程设置、课本以及受过培训的教师,而且海外学校也接受从国内派去的教育督察的定期巡视,直到 1949 年为止。② 中华学堂的创办,为该地区的其他现代学校的建立开了先河。

1905 年 5 月,新加坡开办了应新学堂,该学堂是由广东嘉应客家帮筹办的。1906 年 9 月,广府帮也在新加坡创办了养正学校,等等。不过,在辛亥革命以前,新式学堂全是小学,"民国"建立以后才有中学。华人社会还形成了捐资兴学的风尚。例如,华文最高学府南洋大学,便是由福建会馆献地,大商人献金,升斗小民义卖、义演、义映、义蹈、义剪……出钱出力所共建的。

缅甸方面,1904 年康有为从印度到达缅甸,成立保皇会,随即在仰光的华文报纸《仰光新报》上宣传保皇立宪。后来,革命党人秦力山到缅甸宣传革命,使《仰光新报》主办人庄银安改变初衷,赞成革命。秦力山著《革命箴言》,洋洋数万言,发表于《仰光新报》,传诵一时。1908 年,缅甸同盟会成立,相继创办《光华报》《进化报》《全缅公报》等革命报纸,由居正、杨秋帆、吕志伊等人为主笔,由于行销较广,有一定的影响。1903 年,在仰光还办了一所华侨学校——中华义校,教授华侨子女学习中国文化。1905 年,孙中山又派了秦力山等创建了一所由革命派指导的华侨学校——益商学校,宣传革命思想,培养革命人才。

菲律宾方面,1905 年同盟会香港南方支部派李萁到小吕宋建立同盟会分会,然后筹款创办了《公理报》,宣传革命,效果显著。

暹罗方面,1904 年,同情革命的爱国者萧佛成、陈景华等在曼谷创办了中文和暹罗文合刊的报纸《华暹日报》,出版一年后,渐渐倾向革命,与香港同盟会的《中国日报》

① 谢诗白:《国父孙中山先生在星马》,《中马中星文化论集》,国防研究院、中华大典编印会合作,1968 年版。
② 颜清湟:《新马华人社会史》,中国华侨出版公司 1991 年版,第 283 页。

互通信息,并聘请了同盟会员担任编辑,宣传革命。另外还有《觉民报》,也是宣传革命的有力工具。

越南方面,1905 年成立同盟分会。由于越南与广东、广西、云南三省接壤,孙中山、胡汉民、黄兴等人在经营三省军事时,常以越南作为海外的一个策应地,输送军械和粮食,华侨中参加革命军的人也不少。在粤剧界的同盟会员则利用演戏宣传革命,西贡、堤岸等地不时有《梁红玉》《戚继光》《十二金牌害岳飞》等中国传统爱国剧目上演。

印度尼西亚方面,1907 年由新加坡同盟会派骨干分子张煊、吴文波到印度尼西亚的巴达维亚组织了同盟会,对外称为"寄南社"。"寄南社"成立后,又派人到荷属各端口组织分会,都称为某某书报社。这些书报社陆续开办了 50 余处,多设在华侨自办的学堂中,通过书报社和学堂,传播知识,开发民智,动员华侨支持革命。

"文字收功日,全球革命潮",这是新加坡《图南日报》的豪言壮语。在辛亥革命前,革命派把制造革命舆论、说明革命道理、提高民众的爱国心和民族思想作为革命的前提,孙中山经常在国外游说演讲,集团结社,大办报刊。在东南亚一带所办的报纸有 10 多种,书报社不下 100 多处,孙中山的"三民主义"被介绍到东南亚各国,中国近代的小说、散文、政论文也被翻译为泰文、暹罗文等东南亚国家的文字,这些文化工作与革命工作互为因果,文化工作宣传了革命,革命运动也传播了中国近代文化与思潮,文化活动与革命斗争的结合,给中国文化在东南亚的传播增加了新的内容,开辟了一个新的领域。

二 美国的岭南移民与中国文化传播

岭南人大量移民美国,是从 19 世纪中期开始的,主要原因是:①太平洋航路当时已经开通,从岭南到美国西岸可以横渡太平洋,不必绕印度洋、马六甲海峡和大西洋了,交通方便多了,交通费也便宜多了;②其时南北美洲亟待开发,需要大批廉价劳动力,从中国输入劳工显然是有利的;③中国人口过剩,生产落后,求生日艰,加上社会动乱不已,出洋谋生和避难成了一条改变现状的路子,加上岭南人一向多靠海洋为生,不乏远徙外洋谋生的冒险精神。

1844 年,中、美签订了《望厦条约》,两国有了正式外交关系。当然,它不是一种平等的条约,而是在强力逼迫下签订的。1848 年,美国萨加门度河谷发现了金矿,掘金热因而兴起。当时,在洋船上当水手的中国人首先因掘金致富,便力劝亲友航海到美国。这样,在加利福尼亚容易致富的消息便决定了中国移民投奔的新去向。

1848 年 2 月 2 日,两男一女 3 个岭南人随着美国传教士查尔斯·吉来斯皮从香港到了加州。那女的给美国人当仆人,两个男的深入内地谋生,很快就在矿上找到了工作。据说,他们曾在三藩市华埠板街冈州古庙憩息。现此处砖墙上还留下了刻在那儿的"居美先锋"四个大字。

1849 年,掘金热迅速升温,人们从美国东部以及墨西哥、智利、秘鲁、英国、法国、德国、意大利、西班牙等地蜂拥而至,使加州的山林原野布满了欧洲和美洲的人烟。而代表亚洲的则有来自中国广东省的 323 名华人,1850 年又有 450 名。[1]

---

[1] 陈依范:《美国华人》,郁苓、郁怡民译,工人出版社 1985 年版,第 7 页。

旅美华人大多来自广东的四邑,即新会、新宁(今台山)、开平、恩平等四地。此四邑荒芜多山,旱灾、水灾、盐潮长年为患。以台山为例,每平方千米要养活 1500 人,全年收成,仅够糊口 4 个月。《广州府志》记载:"新宁人多浮海为生。"

1849 年以后的 5 年间,便有约 5 万华人移居美国加州。以后 12 年间,太平天国余众大批逃亡海外,加上广东本地人与客家人长期械斗,青壮年也纷纷渡洋往外邦谋生,到 1882 年最高潮时期在美华人已接近 30 万。

美国是一个由多民族组成的国家,华人也是其中的一分子。在美国的华人有自己的小社会。在美国的华人社会里,流行着中华民族独特的文化。由于在 19 世纪中期到 20 世纪初期,移居美国的绝大多数是岭南人,所以此时期中国文化在美国的传播亦可看作岭南文化在美国的传播。

分布在美国各地的"唐人街"便是岭南文化在异国的一个展览地,也是外国人认识中国文化的橱窗。

美国的"唐人街"(Chinatown,也称华埠、华人区、唐人埠)是在华人最初聚居的地方发展起来的。

旧金山(美国加利福尼亚州三藩市)的华人在城里的几个地点住下来了。在这些地方,他们盖起了中国式的房子,开办了他们具有家乡风味的饭馆、商店和洗衣房。早期旧金山的华埠商店,是中国广州一带商店的翻版。随着房子和店铺的增加,居住的范围逐渐向周围扩展。在 1850 年,一个被称为"小广州"的地区,它的地点在克莱街从斯托克顿到卡尼的一段,有 33 家零售铺、15 家药店、5 家中西餐厅。这便是最早的旧金山的"唐人街"。①

19 世纪 50 年代以后,在美国西部的金矿区的很多市镇都相继出现了华人聚居区。60—80 年代,随着美国西部铁路网的修建,不少华人在完成了铁路工程后,便在铁路沿线的农村和市镇居留下来,形成了当地华埠。同一时期,华人也开始移徙到美国中部、东部和纽约、波士顿、费城、芝加哥等大城市,在那些地方也都出现了华埠的雏形。

"唐人街"是中国岭南社会在美国的移植,宗族权力仍然主宰着这个华人区。

1849 年 12 月,在旧金山杰克逊路的"广州饭馆"组织了第一个华人会馆,当时已有约 800 名中国人抵达旧金山。19 世纪 50 年代,华人会馆分裂为几派,分别组织了以地区或语言为结合单位的会馆。据清朝海关工作人员李圭在出国期间所写的《东行日记》载:"(1876 年)计华人在美男女共约 16 万名口,居三藩城者约 4 万人,居卡省别城者约 10 万人,余皆散处腹地各属。三藩城立有粤人 6 大会馆,计'三邑会馆'——南海、番禺、顺德,附三水、清远、花县,约 11000 人;'阳和会馆'——香山、东莞、增城,附博罗,约 12000 人;'冈州会馆'——新会,附鹤山、四会,约 15000 人;'宁阳会馆'——新宁,凡余姓人不入,约 75000 人;'合和会馆'——新宁余姓、开平、恩平,约 35000 人;'人和会馆'——新安、归善、嘉应州,约 4000 人。其不入馆者,别省人及教徒、优伶共约 2000 人。妇女约 6000 人,良家眷属仅居十之一二,余皆娼妓。"后来,华人会馆又发展为八大会馆。

---

① 陈依范:《美国华人》,郁苓、郁怡民译,工人出版社 1985 年版,第 65 页。

　　会馆这种组织,是中国的传统。在国内,身居异乡城镇的同乡人常常建立一种互助团体,有一个办事的机构,叫作会馆。这种习惯又由岭南人把它带到了异国。会馆基本上是一个宗族性的组织,是同乡、同族或讲同样方言的人的结合体。与国内不同的是,在美国的中国会馆,其实际领导者不是绅士或学者而是商人,因为在美国的华人圈中,没有这样一个传统领导阶级的存在。

　　会馆从外表的装饰布置到内部的组织结构都完全是中国式的。1868 年,清朝总理衙门章京志刚随同蒲安臣出使欧、美时,曾在美国旧金山逗留。他记录了当时的广东会馆招待他们的情况说:"初四日,赴广东冈州会馆公司之约,肆筵设席,执礼甚恭。堂间悬挂对联,其词云:'圣天子修礼睦邻,化外蛮夷,浑若赤子;贤使臣宣威布德,天涯桑梓,视同一家。'又:'沐清化以食德天朝,作客多年,漫云戴月披星无关圣泽;捧丹书而停骖旅馆,相逢异国,怎不荐芹献酒共叙乡情。'"①这些对联显然是为了欢迎从祖国来的贵客而张罗的。清朝外交官王咏霓在 1887 年路过美国时也曾记录过旧金山的对联,他写道:"过阳和会馆,门首有陈兰甫(澧)书联云:'阳光满大宅,和气泛天池'。"对联是中国文字的一种极具表现力的形式,也是中国所特有的,悬挂在华会馆的对联是中国文化传入美国的例证。

　　中国的饮食文化是闻名世界的。最早把中国的这种文化传到北美的恐怕就是岭南人。在旧金山这个法国式、意大利式、西班牙式和英美式各种精美食品和烹调术济济一堂的城市里,中国食品和烹调术也早就独树一帜了。据记载,在粤人到达旧金山之后,粤菜餐馆业便兴盛起来,做菜的原料和烹制的方法都是地道的广东风味。前去就餐的人,除了粤籍华侨外,还有一些外国人。当时的采金者威廉·肖在 1851 年写的一本书里说:"旧金山最好的饭馆是中国人开的和按中国风味做菜的饭馆。菜肴主要是咖喱食品、杂烩和酱汁肉丁,都是盛在小碟子里。由于它们的味道好吃之极,我简直没有打听其配料的好奇心了。"②又据 1887 年中国人的游记记载,其时旧金山已有中国岭南的茶楼酒馆数座,生意不错,"旧金山华人酒馆以'会仙馆'为最,造费二万余元,陈设雕镂皆华式。'远芳楼'次之,'杏花楼'、'乐仙楼'、'万花楼'又其次也。华人居此者,器具食物,俱用华产,菜蔬赁地自种以售,惟麦粉、牛奶,市诸西人"③。

　　中国的建筑技术和风格也在唐人街随处可见。在加利福尼亚刚开发时,人口急剧增加,但木材和建筑工人却很缺乏,有的商人便从中国和其他各地进口现成的房屋。英国船"凯尔索"号在一次航行中就运来了许多座中国建造的房屋,还带来木匠进行安装。有些房屋是用榫接合而不用钉子的。除了木房子之外,石头房子也运来了。石头都是雕凿成形并编了号的,石匠也带来了。旧金山的第一座石头造的大楼——帕罗特大厦,就是这样进口安装的。

　　中国人不但带来了建筑技术和材料,还带来了其建筑环境学的理论——风水学。对帕罗特大厦的建筑地点,华工认为那块地的风水不好,建议在对面的拐角上建,但是没有被同意。而对面那个吉利的拐角另建了一座韦尔斯·法戈银行。1855 年发生了

①　志刚:《初使泰西记》,《走向世界丛书》,湖南人民出版社 1981 年版,第 17 页。
②　威廉·肖:《黄金梦和醒来的现实》,伦敦史密斯·艾德公司 1851 年版,第 182 页。
③　王咏霓:《归国日记》,转引自《晚清海外笔记选》,海洋出版社 1983 年版,第 158 页。

经济危机,在帕罗特大厦里的两家银行因挤兑存款破了产,而韦尔斯·法戈银行因为华人对它具有信心不去挤兑而度过了风险,而且后来还得到了很大的发展。不管风水学是否科学,但中国的建筑文化在美国确实产生了一定的影响。

由于中国侨民休息和娱乐的需要,广东的主要剧种——粤剧也被搬到了唐人街上演。1852年10月,在亚美利加戏院首次上演了一出粤剧,演出大受欢迎,于是这个剧团便把它的舞台长期固定在美国的唐人街了。这个剧团曾发展到123名演员,名叫鸿福堂剧团。中国著名的戏剧《薛平贵回窑》是在美国屡演不衰的保留节目之一,原因可能是它的女主人公不畏贫贱苦守空房,终于在20年后等回了她发迹回家的丈夫的喜剧结局,令孤身在海外奋斗的华工得到心灵上的安慰。据19世纪六七十年代的美国文章记载,演出粤剧的中国戏院是旧金山最叫座的戏院之一,每一个到旧金山的游客,都不可不看中国戏。清朝外交官王咏霓1887年过旧金山时记,旧金山有华人戏院二所,一名"丹山凤",一名"杏花春",皆粤腔。

19世纪出现在北美洲的唐人街,是北美文化中的一个新事物。它不但使新到美国的中国人高兴,也使美国人和每一个到达北美洲的旅游者吃惊。一个居美的中国学者是这样描绘的:"(唐人街)虽然建筑是西式的,但那熙熙攘攘的气氛却是中国的:色彩鲜艳的灯笼,作为饭馆标志的黄绸三角旗,招牌和镶边旗上的优雅字体,阳台和窗台上茂盛的花草,中国菜市场的气味和气氛,肥大的衣裳和发辫,尤其是人们所熟悉的广东方言。"这种中华民族文化的特色,也在一年一度祭祖的清明节和端午节中上演。春节是整个华人社会的最大的节日,它的庆祝活动使外国人一睹美妙的中国情调和色彩。唐人街是中国社会文化的缩影。后来,唐人街也不断汲取美国社会的文化优点而成为中西文化融合的地区。

三 中国医药、民间宗教信仰在美国的传播

由于中国劳工的习惯和他们的财力,在初到美国的时候,他们很喜欢使用中国草药治病,所以中国医生和中国药材便很快随着他们到达了大洋的彼岸。后来,有些白人也喜欢试用中药,这使得一些中国医生因此而发了点财。经营中药店也是一种有利可图的买卖,可见中医、中药在美国一些地方还是很流行的。

最著名的中国医馆由旧金山的黎普泰(Li Po Tai,顺德县人)所设,这个医生每年诊金的收入估计达7.5万美元,是华人社会里的殷富之一。他的外甥谭富园(Tom Foe Yuen,顺德县人),也是洛杉矶的著名中医。①

梁启超在1903年写的《新大陆游记》中说:"西人性质有大奇不可解者,如嗜杂碎其一端也。其尤奇者,莫如嗜用华医。华医在美洲起家至十余万以上者,前后殆百数十人。现诸大市,殆无不有著名之华医二三焉。余前在澳洲见有所谓安利医生者,本不识一字,以挑菜为生,贫不能自存。年30余,始以医诳西人,后竟致富300余万。及至美洲,其类此者数见不鲜,所用皆中国草药,以值百数十钱之药品,售价至一金或十金不等,而其门如市,应接不暇,咄咄怪事!"又说:"有所谓'王老吉凉茶'者,在广东每帖铜钱二文,售诸西人,或5元、10元美金不等云,他可类推。"中国草药在美国受到欢

---

① 麦礼谦:《从华侨到华人——二十世纪美国华人社会发展史》,三联书店香港有限公司1992年版,第16页。

迎,说明它的疗效不俗。并不难理解,梁启超以为怪事,是他自己对中西医学各有所长没有一个正确的认识而已。

19世纪到美国的华人文化层次较低,他们的文化生活主要是听听粤剧、广东民间故事和说书人讲的《西游记》《三国演义》《水浒》等中国名著说唱本,但这些精神食粮却能使他们在最艰苦的环境中生存下去。所以,外国作家路易斯·克拉普曾描写过她在矿区营地看到的琴师、歌舞演员、传阅的破旧书籍、民间艺术等等。《三国演义》等书所宣扬的仁义道德,是美国华人处理人际关系的准则。旧金山有个龙岗公所,就是仿《三国演义》中的刘备、关羽、张飞、赵云的做法,把在美国的刘、关、张、赵四姓的人联合起来组成的。他们不但起名为"忠义堂",而且在金山大端口建楼塑像,规模肃然,旁列诸葛武侯画像,反映了他们心目中的英雄形象和他们对其景仰。另有姓高的有100多人,自为一堂,供奉高柴;姓苏的一堂有100多人,则供奉苏轼;姓曹的100多人,供奉曹植。① 凡此种种,可见岭南的民间信仰在美国的流传。

宗教寄托也是华人文化生活中的重要内容。有组织和无组织的宗教活动在华人的生活中很普遍,如祖先崇拜、自然神崇拜、佛教、道教信仰等等。从19世纪50年代开始,旧金山和其他华人聚居区已出现神庙,在每一处有华人聚居过的地方,几乎都留下了中国庙宇的遗迹。寺庙和神殿中供奉的神像,最多见的是关帝,他是财神兼保护神;还有观音,她是妇女最喜爱的保护神;另外就是北帝、天后、金花夫人、城隍等。神殿的建筑和陈设完全是中国风格的,华丽的神殿里有朱漆镶金的雕梁画栋、绣花的幡幔、祭牲的供桌、铜铸的香炉等等,简单的庙宇里就只有些小小的神龛。寺庙里经常进行一些预卜命运和祈求神灵保佑的活动——求签、看手相、摸骨和占星术。

旧金山的华人还喜欢过盂兰盆会,而且不惜花费重金,这是一种广东的风俗,与佛教轮回之说直接有关。这些都是中国民间宗教和风俗的西移。

四 海外潮人对祖籍文化的传播②

潮汕文化历史悠久、内容丰富、风格独特,生活在潮汕大地的人民,深受它的熏陶。每个潮人的身上,不管是思想、语言,或者行动,无时无处不表现着本土文化的特征及其影响。所以,出国潮人随着自身的迁移,对本土文化的传播,也就是必然和显然的。而且,有些内容,如语言和风俗习惯,往往只要能够保持,就是自然的传播。当然这种保持,经常会受到各种客观因素的干扰和限制,甚至是专制性的梗阻,它的传播,就必须通过努力才能实现。

潮人出国,带出去的首先是语言文化。潮汕话的传播是广远的。凡"有海水的地方就有潮人",有潮人的地方无疑就有潮汕话的存在和流行。

许多国家尤其是泰国的唐人街、唐人区,不但潮人讲潮语,出于做生意的需要,客家人、广府人也会讲。不过,随着人口的繁衍、客观社会的同化和所在国对华侨学校的限制,潮语在华裔中的保持便一代难似一代了。这时的"保持"变成了"坚持"。家庭中

---

① 张荫桓:《三洲日记》,转引自《晚清海外笔记选》,海洋出版社1983年版,第151页。
② 本部分内容引见杜桂芳:《潮汕海外移民》,汕头大学出版社1997年版,第79—85页;庄群:《潮州歌册在海外》,《潮人杂志》2003年第2期。

用潮语会话,主要出自老一辈的教育和要求,有的成为"家规"。尽管如此,只要有海外潮人的存在,他们与祖籍息息相通,作为潮人特征之一的潮汕话就会传播下去,这是毫无疑义的。

潮汕文化的深层表现是潮人的文化心态,即潮人的思维方式、价值观念和行为准则。这突出地表现在以善于经营而知名于世的潮商精神上,如精明、刻苦、务实、不怕困难,勇于开拓洪荒,不惜冲锋陷阵去夺取既定目标等。潮人以经商打前锋、闯世界,布满于侨居国山山水水的潮商足迹等,就是最集中、最广泛的例证。

潮人文化心态的另一方面表现,即为许多外地人所瞩目的高度凝聚力。美国潮人学者翁绍裘在《潮汕文化对外交流的特征和影响》一文中云:"昔日的华侨社会和今天的华人社会,最重要的两大支柱,一是同乡组织,另一是宗亲团体。而以后创立的职业团体则是属于次要的组织。上述两大支柱对华侨社会或华人社会所发生的生存和发展的力量是难以言喻的。可以这样说,没有这两大巨柱,华侨社会或华人社会就不可能发展到今天,欧美各国的华侨社会或华人社会如是,东南亚国家华侨社会或华人社会更如是。"他把海外潮人社团的作用提到如此高的地位是不无道理的。而海外潮人社团的建立和发展,即是潮人高度凝聚力的集中表现。

中国移民需要精神柱石,否则很难拓展生存空间。祖先本来就来自中原的潮人,再度向海外迁移,更需要母体文化在意志上的支撑,借以战胜陌生荒芜的环境、忍受离乡别井的辛酸,在风俗殊异的土地上立命安身。如果不是靠渊源久远、根深蒂固的文化意识而凝合奋斗,便很容易为外部环境和内心的孤独所湮没和吞噬。正因为如此,每个漂泊海外的潮人,都必然地履践、固守和捍卫着民族精神、家乡观念,并以此认同、团结和相依于他们的同族同乡。海外群众组织,迎合潮人大众的这种需要,于是应运而生。所谓潮人"人情浓,社团多",也就是这一共同需要所使然。

海外潮人所创立的,以共同文化心态为精神核心,以亲缘、地缘、业缘、神缘、物缘为纽带组织建立的同乡会、宗亲会、会馆、公会等等社会团体组织,其功能主要是:调解纠纷,议决潮人公事,敦睦乡谊;管理所属庙宇、财产,主持祭祀;购置及管理墓地;创建学校吸收当地潮籍人士子女入学。初期还包括为新到南洋来的潮汕人介绍职业,安排生活种种事宜,组织谋生创业活动。它们确实解决了出国潮人都可能碰上的种种麻烦和难题,使出国潮人感到家乡、亲族般的温暖。社团既是他们求取生存的基地和合作组织,也是他们办各种事业的堡垒和消闲的去处。正因为具有如此的作用,据粗略估计,潮人所在国的这种海外社团至今已发展到近 500 个。每两年一次轮流举办的国际潮团联谊年会,是至今世界上唯一的以乡谊集结的联谊会,来自世界各侨居国的潮团首领云集一方,其所显示的凝聚力,可说是潮人传播祖籍文化的一面旗帜。

可视可闻的文化传播,首屈一指的是潮剧和潮州音乐的向外流传。潮剧于 100 多年以前就随着潮人的足迹传播东南亚国家。根据潮剧老艺人的回忆,其时当在清朝同治、光绪年间,全潮"潮音凡二百余班"的鼎盛时期。最初踏上曼谷埠的是老正和、老双喜和老万年等戏班。19 世纪末到 20 世纪二三十年代,前后被聘到南洋各埠演出的潮剧戏班共有四五十班。其时在南洋演出的潮剧,不仅受潮籍乡亲的欢迎,还因为它是较早出现在国外进行艺术交流的"东方神秘国度"的一种艺术,遂引起外国艺术家的重视和赞赏。卓别林在自传中记述他 1931 年路过新加坡,在"新世界游艺园"观看中国戏曲的印象:"那些孩子都是很有才能的。""戏的主角是一个十五岁的姑娘,她扮演一个王子,歌唱时真有遏云裂帛的气概。"卓别林一连看了三晚,第三晚看到全剧高潮,他说:"我从来不曾看到那最后一幕感动之深,也从来不曾听过那种很不调和的乐调:如泣如诉的丝弦,雷声震响般的铜锣,再有那充军发配的年轻王子,最后退场时用尖厉沙哑的声音唱出了一个凄凉绝望的人的无限悲哀"①。虽然卓别林没说看的剧种,但据戏剧研究专家林紫分析,"当年在新加坡流行的中国戏剧,还有粤剧、梨园戏。但别的剧种,演员主要是成年人,只有潮剧是童伶制,十四五岁的孩子正是当红之时"。因此确定卓别林所观是潮剧。潮剧流传南洋,不仅满足了海外潮人观赏家乡艺术娱乐身心、慰藉乡思的渴望,而且开了泰华文化交流之先河。由是,今日谈泰华文化生活,莫不从潮剧说起。

20世纪二三十年代的海外潮剧,注入大量新生血液,造就了大批新人。暹罗政府1937年废除了童伶制,让男女同台演出,革新舞台艺术;"青年觉悟社"成立之初,率先改编莎士比亚名剧《威尼斯商人》为《一磅肉》,成为潮剧舞台上的第一部外国戏。全盛时期,曼谷编剧人员达60余人。30年代,曼谷耀华力路那不足300米长的地段,就有五个大戏院日夜竞演,风气之盛,由此可见。当时的新剧目不下百种,其长连戏剧本之长,都是潮剧史上罕见的现象。此后,国内潮剧纷纷向海外学习,使潮剧舞台充满生机。

潮州音乐由海外潮人对外传播,也如潮剧之广泛,且因其拥有众多的乐器造成特殊的音色和旋律,演奏起来悠扬悦耳,节奏分明,尤以铜锣、革鼓等敲击乐器更为各方所喜爱。

富有特色的潮州菜和功夫茶,同样跟着潮人出国而流传于潮人所到达的各个地方,特别是南洋一带。潮菜丰富的菜谱和极为讲究的烹调方法,深受各地人民的欢迎。潮人在国外当厨师的,为数甚多。他们的烹调,极为可口,如"烧乳猪""炒螺片"等制作的技巧都极出名。潮州小吃如"蚝烙""春饼"等等,都极受欢迎,故东南亚各埠,以及欧、美等大城市都有潮州酒家的设立,潮州菜选料之精,制作之可口,早已风靡全球。功夫茶喝起来的优雅、传神,茶叶、茶壶、茶杯以及泡茶的工夫,与煮水的水锅、风炉、火炭等等的讲究,也一无遗漏的在海外传袭。乐此道者,几乎每日早、午、晚都饮几杯,大有不饮不过瘾之势,与国内的一些人无异。

潮州歌册,海外也流传,主要是出国潮人中的女性带出去的,也在国外的华侨女性中传唱,并影响、传播到当地人中。

过去,有人把潮州歌册在潮汕地区广大妇女群众中的普及称为"闺中文学",按现在的说法,则可以说它是"半边天文学"了。这种潮汕特有的"半边天文学",从东辐射到语言基本相同的周边福建省诏安、云霄、平和、东山等县;从西扩散到汕尾市海陆丰地区;向北则传到丰顺、大埔,尤其是丰顺这"半客半福佬"语区,向南就一直从港澳传播到东南亚各个潮侨侨居国,特别是有500万潮人人口、潮语被列为当地第二大语系的泰国。

自汕头开埠(1858年)以后,由于航线的畅通及潮人在海外商贸活动的拓展,不少

---

① 《卓别林自传》,叶冬心译,中国戏剧出版社1980年版,第449页。

侨胞已业有所成,潮汕向东南亚移民逐渐形成高潮,开始涌现妇女出国热。不少人随丈夫、儿子到泰国、马来西亚、新加坡、越南等国家定居,不断带去潮州歌册在"番邦"传唱。这弥补了她们远离故土家国的空虚,寄托了对家乡亲人的情思,并丰富了生活情趣。"特别是在泰国,还吸引了会懂潮语的泰族妇女前来听歌,加深了同当地人民的友谊。"(吴奎信《潮州歌册》,"潮汕历史文化小丛书",花城出版社)据潮籍乡亲、昔年侨居泰国后移居美国,现为美国旧金山中国和平统一促进会负责人的翁绍裘老先生介绍,他母亲把"歌册对潮汕文化传播入暹罗(泰国),也是多少发生了作用。"因为她从潮赴泰时,"把一叠叠、一束束的歌册带到曼谷去,每当闲暇或傍晚乘凉时,总会拿出来朗诵,随即引来了左邻右舍的阿婶、阿姆,还有会听'唐人话'的暹罗妇女呢。她们为什么如此兴致勃勃呢? 原来歌册的朗诵是比说故事更为吸引人的,因为既具有戏曲的内容,而声调的动人更能引人入胜。很多歌册还有历史(野史)的成分呢。"[1]翁老先生在该文中还由潮州歌册代表潮汕文化的一支传入泰国而进一步分析说:"中泰人民的文化交流是广面和多层次的……为什么东西方有'格格不入'的情况,连西方人士也经常慨叹'东方是东方,西方是西方'呢? 原因便在于历史文化和地理环境的隔膜。但中泰人民生活在亚洲,毗邻和睦;事实是中国境内的傣族,为构成多民族的少数民族之一,同汉族和其他民族和睦相处,便足以证明中泰文化能够融化交流。"

泰族原来竟是我国的少数民族,是南宋时从四川、云南等地南移的,1257 年成立素可泰王朝,至今已有 7 个半世纪。它在宋元时称暹国,明代以后与南边的罗国合并而称暹罗国。它历年都有向中原进贡,说明其与中国关系的亲密程度,由此可见包括潮汕文化在内的中华文化容易为泰国人民所接受的原因。潮州歌册能为泰国妇女所喜爱,或许也有这个原因。

这样一来,潮州歌册仅靠"过番"的妇女带到"番邦"是远不能满足需要的。于是,机灵的歌册印制商便大批量地把它运到泰国贩卖。"在抗战前,李万利曾一度在泰国曼谷与人合资开设出售潮州歌册的商店,前后十多年。向来泰国华侨,潮籍最多,其中妇女也像在家乡一样,喜爱听潮州歌册,此风尚一直流传下来。"(石遇瑞《潮州歌册及其刻印书铺概况》,载《潮州文史资料》第 17 辑)随着潮州戏编剧行家吴师吾(潮安县银湖村人)等于 20 世纪 20 年代到泰国等地,不但这些潮人侨居国的潮州戏班有了创作反映当地现实生活的潮剧剧本,而且还把其改编成潮州歌册,除供当地妇女传唱外,更反馈返销到潮汕来。例如,有一出剧名为《官硕案》的"文明戏"(时装剧)写道:侨居实叻(新加坡)的揭阳县官硕乡籍侨商李天赐死了,遗下一子 6 岁。其妻柳氏另入赘陈阿隆,仍在实叻经商。适逢同乡人李阿歪回国,柳氏便托其带儿及 800 元回官硕交天赐之母。阿歪竟把人钱俱吞,天赐之母上门索讨而被打。柳氏闻讯特回乡当面交涉,也被阿歪毒打。她告官也输了官司,只好重返实叻,求实叻政府出面请中国政府秉公调理此案,案情才得昭雪。这出"文明戏"在新加坡、泰国屡演不衰,深受观众喜爱,编剧便把它改编为潮州歌册,在当地传播并传播回潮汕。

此外,潮人所办的学校、报馆、书店、戏院,以及音乐、体育等等艺术团体,所造成的文化推广、交流更加广泛,其对所在国文化的影响则是潜移默化、不见踪影的。

---

[1]　翁绍裘:《潮汕文化对外交流的特征和影响》,《潮学研究》1997 年第 6 期。

海外潮人出于强烈的乡土观念,许多人有意识地保持着家乡的饮食习惯,要求子女在家讲潮州话;各宗亲会建宗祠供奉历代祖先灵位,有的家庭还供奉着神、佛、菩萨,逢年过节都要祭拜;每年农历正月初一,家家户户欢度春节,正月十五闹元宵,清明到自己祖先坟上去扫墓,端午节吃粽子,七月十五中元节施孤以超度孤魂,中秋节赏月,冬至节和十二月三十祭拜祖先,等等,都和故乡一样。这种对家乡习俗的保持,也就是一种身体力行的文化传播。

第四节　近代中国文化向日本的海路传播及影响①

一　近代初期清人著述和汉译西书在日本的流传

近代以降,中日两国文化交流的基本态势发生了逆转,即由主要是日本人向中国人学习,转变为主要是中国人向日本人学习。这是因为,在共同面对西方殖民主义冲击和挑战的情况下,日本成功地进行了明治维新,开始把学习西方、走向世界定为基本的国策,自上而下地全面推行现代化,并且很快地发展起来,成为"赶超型现代化"的典型例证。而中国走向现代化的道路却是千回百转,难关重重。因此,日本的成功经验,引起中国人的重视,很多激进人士把学习日本作为救亡图存、振兴中华的重要途径。近代中国人学习日本,对中国社会的发展进步产生了重大的影响。②

近代日本的成功发展,当然主要的原因在于日本内部社会文化历史的演变,是日本社会文化历史发展到近代的合乎逻辑的结果。但是,作为近邻的中国在近代所遭受的历史命运,给日本人以很大的启示和刺激,促使日本人下决心走向现代化之途。中国的这种影响,是日本在近代发展成功的一个不可忽视的外部原因。不仅如此,中国传统儒家思想特别是阳明学说在一定程度上为明治维新提供了理论上的支持,而日本人早期对西方文化的接触和了解,也是经由中国传播和介绍的。日本人之所以向中国人学习,恰恰是因为中国给了日本许多方面的影响。

在近代初期,中国也恰恰充当了向日本传播西方文化的媒介和桥梁。近代初期中国知识分子撰写的关于介绍世界各国形势的史地著作以及汉译西方科技文化著作,都曾大量传播到日本,并且广为流传,对于明治维新前日本人了解世界大势、接受西方文化以及维新思想的形成,都起到一定作用。日本历史学家井上清曾指出:

> 幕府末期的日本学者文化人等,经由中国输入的文献所学到的西学情形与一般近代文化,并不比经过荷兰所学到的有何逊色。

> 幕府末期人士又经由中国文献的媒介,最初获得关于国际法和立宪政治

---

① 本节内容引见武斌:《中华文化海外传播史》第 3 卷,陕西人民出版社 1998 年版,第 2247—2376 页。
② 对于近代中日文化交流史的研究,往往多侧重于中国学习日本的政治经济思想文化,以及通过日本学习吸收西方文化,而对中国文化在日本明治维新、走向现代化之路的影响作用则研究不够,估计不足;而深入挖掘和研究这方面的情况,对于理解中日文化交流的丰富性和复杂性,对于理解文化交流与传播的规律和机制、功能作用,会很有价值。

的知识。①

鸦片战争之际,最先面临西方挑战的中国知识官僚林则徐、魏源等人提出"师夷长技以制夷",呼吁加强对西方的了解和研究,使他们成为近代中国最早放眼世界的有识之士。林则徐主持翻译了介绍西方国家的书籍,请人将英人慕瑞的《世界地理大全》译编为《四洲志》,介绍了世界五大洲30多个国家的地理和历史,同时还通过多种途径了解西方各国的情况,主持编纂了《华事夷言》等书。接着,魏源受林则徐之托,在《四洲志》的基础上整理编成的50卷《海国图志》,以后经两次扩充成为百卷巨著,也成为中国人和东方人了解西方的划时代的史地和军事政治文献。

《海国图志》刊行后不久,便由中国商船带入日本。魏源第一次增补的《海国图志》60卷本于1847年刊行,1851年即传入日本;第二次增补的百卷本于1852年出版,1854年也已传到日本。《海国图志》传入日本后,很快就受到日本人的重视和欢迎,纷纷加以翻译、训解、评论、刊印,一时在日本出现了很多种翻刻本、训点本及和解本。据中国学者王晓秋统计,仅在1854—1856年,日本刊印的各种选本已经有20余种。嘉永七年(1854),日本出版了由幕末著名学者盐谷宕阴和箕作阮甫训点的《翻刊海国图志》2卷2册,主要内容是《筹海篇》。盐谷宕阴在序言中说:"此书为客岁清商始所舶载,左卫门尉川路君②获之,谓其有用之书也,命亟翻刊。原刻不甚精,颇多讹字,使予校之。"③由此可见,日本人把《海国图志》作为一部对日本了解世界形势和加强海防极其有用之书,急于加以翻刻训点。同年,还出版了一种《澳门报和解》,由正木笃翻译,内容是《海国图志》中收录林则徐组织翻译澳门的西文报刊所编的《夷情备采》部分,其中包括论汉土、论茶叶、论禁烟、论用兵、论各国夷情等篇。1855年,出版了服部静远的《海国图志训译》两册,主要包括原著中有关炮台、武器、火药、攻船水雷图说等部分。另外,《海国图志》中关于美国、英国、俄国、普鲁士和印度的历史地理也有翻刻、翻译本问世。一部书在出版后短短几年里,在另一个国家就有这么多种版本的译本出现,在世界各国文化交流史上也是少见的现象。

在编撰《海国图志》之前,魏源还著有另一名著《圣武记》,抨击保守派的近代西洋观及当朝军政,建议整饬军事以富国强兵,振兴朝政以革除陋习。《圣武记》成书于1842年,1844年由商船带到日本,立即受到朝野的广泛关注;同时,日本人也开始翻刻出版。1850年4月,尾张人鹫津监校订刊印了《圣武记采要》3册,翻刻其中的城守篇、水守篇、防苗篇、军政篇、军储篇。鹫津监在自序中说明翻刻此书的目的,是为了总结中国鸦片战争的经验教训。他说:"予倾借观《圣武记》于一贵权家,凡十四卷,系清人魏源撰述。""而议武一篇最为作者所注意,盖道光壬寅鸦片之变,魏源身遭遇其际,清国军政之得失,英夷侵入之情状,得之乎耳目之所及焉。是以能详其机宜,悉其形势,然而海防之策莫善于是篇也。予乃抄而付之乎梓,题曰圣武记采要以问乎世。任边疆之责者能熟读是篇以斟酌而用之,则其实用或倍乎!"同年,还有斋藤拙堂翻刻本《圣武记附录》4册,收录《圣武记》的全部《武事余记》,并载有魏源的《圣武记叙》,内容比鹫

---

① 井上清:《日本现代史》第1卷,吕明译,三联书店1956年版,第214页;第215页。

② 即当时幕府负责海防外交的官员川路圣谟。

③ 盐谷宕阴:《翻刊海国图志·序》,引自王晓秋:《近代中日文化交流史》,中华书局1992年版,第30页。

津监的翻刻本更丰富。大约也是在同时,添川宽平编印《他山之石》5 卷,其中卷一、卷二收录《圣武记》的 9 篇记事,卷三是杨炳南的《海录》,卷四包括汪文泰《英吉利考略》、焦循《荡寇记》、徐鲲《炮考》,卷五是蒋友仁译的《地球图说》。书名取"他山之石",意为他国历史经验可以用来作为本国的借鉴。

魏源的《圣武记》特别是《海国图志》传入日本后,极为当时的知识界所重视和欢迎,辗转传抄,争相传阅。其重要意义首先在于,作为中国近代第一部系统介绍世界史地的名著,《海国图志》打开了日本人的眼界,帮助他们加深了对广大世界的了解。当西方殖民主义东来叩关的时候,日本人也和当时的中国人一样,对世界大势若明若暗,不甚了了。面对西方的冲击和挑战,中国的鸦片战争给日本的警示,使日本朝野上下痛感世界知识之贫乏与了解外国情况之重要。而《海国图志》传到日本,对于幕末不太了解世界形势的日本人来说,实在是非常及时、非常需要的。《海国图志》对西方各国的历史、地"采实传信","精华所萃,乃在筹海、筹夷、战舰、火攻诸篇","夫地理即详,夷情既悉,器备既足,可以守则守焉,可以战则战焉,可以款则款焉,左之右之,惟其所资。名为地志,其实武经大典,岂琐琐柳书之比"。南洋梯谦曾这样叙述自己阅读《海国图志》的感受。开始他以为魏源所讲御夷之术,"自谓出韬略之右",可能是自我吹嘘,"余以其言为过情难信"。后来,他仔细读了《海国图志》,特别是其中的《筹海篇》说:"谓水陆异战法,器械亦随变,惟巨舰大炮之尚。洋夷虽有英、佛、俄罗、弥坚(美国)之别,而至器械则同,大舰与炮矣。于是有水手操麾弓马之将,就卒伍之势。"遂相信"魏氏之言不诬也"。南洋梯谦推崇《海国图志》是一部"天下武夫必读之书也。当博施以为国家之用"[1]。被人称为"日本的李白"的著名诗人梁川星岩作有"读默深《海国图志》"诗,表达他读到该书时激动兴奋的心情:

> 百事抛来只懒眠,
> 衰躬迫及铺麋年。
> 忽然摩眼起快读,
> 落手邵阳筹海篇。[2]

《海国图志》在日本的流传,给要求抵御外敌、革新内政的维新人士以重要启迪,从而为推动日本的开国与维新发挥了作用。日本学者北山康夫曾经指出:"魏氏之革新与批判精神给予日本维新分子以极大鼓舞,诸如佐久间象山及吉田松阳等均受其影响。"[3]梁启超在 1902 年写的一篇文章中也评价《海国图志》"奖励国民对外之观念","日本之平象山(即佐久间象山)、西乡隆盛辈,皆为此书所刺激,间接以演尊攘维新之活剧"[4]。

当时日本知识界极为看重清朝知识分子的著述。除魏源的《海国图志》和《圣武记》之外,其他如陈逢衡的《英吉利纪略》、徐继畬的《瀛环志略》等都传到日本。《英吉利纪略》1853 年在日本翻刻,《瀛环志略》1861 年在日本翻刻,都受到日本知识界的重

① 南洋梯谦:《〈海国图志筹海篇译解〉序》,引自王晓秋:《近代中日文化交流史》,中华书局 1992 年版,第 38 页。
② 张声振:《中日关系史》,吉林文史出版社 1986 年版,第 343 页。
③ 北山康夫:《海国图志及其时代》,引自肖致治:《魏源的〈海国图志〉及其对日本的影响》,东北地区中日关系史研究会:《中日关系史论丛》第 1 辑,辽宁人民出版社 1982 年版,第 96 页。
④ 梁启超:《论中国学术思想变迁之大势》,《饮冰室文集》卷六,第 33 页。

视和欢迎。

19 世纪中叶,通过中日文化交流的渠道向日本传播西方文化和新知识,除了中国学者撰写的《海国图志》《瀛环志略》等著作以外,还有一批外国传教士在中国用汉文编译出版的书籍、报刊。从已经翻译成汉文的书刊上吸收西方文化,对当时的日本知识分子来说是一条方便的捷径。所以,日本朝野人士以很大的热情、通过多种途径收集求购汉译西书。20 世纪初的日本著名思想家吉野作造在追述当时的情景说:"不仅中国新出版的书籍被立即带回日本,即使尚未出版的,也时常传述消息,使日本学者急切盼待。"[1]据日本学者增田涉介绍,当时通过中日文化交流的渠道传入日本的汉译西方书刊有:

历算方面:《谈天》《数学启蒙》《代数学》《几何原本》等;

科学方面:《博物新编》《重学浅说》《格物穷理问答》《智环启蒙》《格物入门》《格物探源》等;

医学方面:《全体新论》《内科新说》《西医略论》《妇婴新说》等;

地理历史方面:《瀛环志略》《地理全志》《地球说略》《万国纲鉴录》《大英国史》《联邦志略》等;

报纸杂志方面:《遐迩贯珍》《六合丛谈》《中外新报》《上海新闻》等。[2]

这些汉译西方书刊传入日本后,迅速被翻印或翻译出版,广泛流传开,为日本人了解和学习西方文化创造了很大的方便条件。正如日本学者尾佐竹猛所说,"幕末时期,海外知识多由译自横行文之汉字书传入日本,其于新文化之介绍,贡献殊大"[3]。

二 近代中国事变之于日本的"天赐前鉴"

日本的现代化启动于明治维新。魏源的《海国图志》等清朝知识分子撰写的介绍世界大势的著作以及汉译西书陆续传入日本,使日本人开阔了对世界的眼界,增加了对西方文化和新知识的了解,在一定程度上为维新变革做了思想上的准备。而对日本社会有更大刺激和震动的,则是鸦片战争以及西方殖民者对中国的陆续入侵和掠夺。鸦片战争的消息通过各种途径很快就传到日本,而日本的作家、学者又利用这些资料和素材,写出许多文学、史学作品,使日本朝野官民都能迅速了解中国的变化,引起了强烈的反应。"这种中日文化交流,对当时幕末日本政治、思想的发展也产生了重大的影响。它使日本社会各阶层,尤其是要求抵御外敌、改革内政的有识之士,受到极大的刺激、震动,引起深思。他们把中国的事变看成是对日本的'天赐前鉴',努力从中吸取经验教训,并结合日本的现实,得出了必须加紧实行维新改革的结论。"[4]

鸦片战争的炮声向日本敲响了警钟。

在日本人的心目中,中国一直是繁荣、富饶的强大帝国,是一直奉为"上国"的礼仪

---

① 吉野作造:《日本近代史上政治意识的产生》,引自王晓秋:《近代中日文化交流史》,中华书局 1992 年版,第 48—49 页。

② 增田涉:《西学东渐和中国事情》,引自张声振:《中日关系史》,吉林文史出版社 1986 年版,第 342 页。

③ 尾佐竹猛:《日本的国际观念之发达》,引自肖致治:《魏源的〈海国图志〉及其对日本的影响》,东北地区中日关系史研究会:《中日关系史论丛》第 1 辑,辽宁人民出版社 1982 年版,第 94 页。

④ 王晓秋:《近代中日文化交流史》,中华书局 1992 年版,第 82 页。

之邦。但是,一场鸦片战争,却被一个以前视为"夷狄小国"的英国所打败。这个巨大事变,对于日本人来说,不仅仅是引起对"中国图景"的改变,更重要的是对自身安危的担忧。所以,鸦片战争的消息传到日本后,许多日本人士都立即认识到这也是与日本的命运密切相关的大事。当时幕府总理政务的老中水野忠邦就说,鸦片战争"虽为外国之事,但足为我国之戒"①。水户藩主德川齐昭原来还以为"清国无论如何乃一重要之大国,夷狄不敢轻易问津"。当他听到鸦片战争的消息后十分震惊。他说:"最近谣传清国战争,人心浮动。如果确有其事,则任何事情,均可置诸不问,唯有全心全意致力武备耳。鉴于清国战争情况,急应公布天下,推延日光参拜,以日光参拜经费为武备之用。"②幕末当过陆军总裁,明治初年出任海军大臣的胜海舟特别着重指出中国发生的事情与日本的关系:"邻国之事也是我国之鉴。欧洲的势焰渐入东洋,有剥林以肤之诫。识者寒心,岂其梗概。况且外人来我邦和交,常以此事为口实,以资劝诱。因此关系实大……"③长州藩倒幕派领袖高杉晋作,在1861年前来中国看到上海的情况后,感触很深。他指出:"上海虽属中国,实际上可说是英法的属地。我们必须小心在意,以免陷入中国的境地。"如果长此因循,"我国也会陷其覆辙,深盼全力防止"④。

因此,日本朝野人士纷纷提出要以鸦片战争等中国事变作为日本的"前车之鉴"。他们常常引用《易经》中"履霜坚冰至"这句话来表示看到中国发生鸦片战争,就该考虑日本有遭受侵略的危险。盐谷宕阴就曾指出:"今观满清鸦片之祸,其由不戒于履霜矣!""西海之烟氛,又庸知不其为东海之霜也哉。"⑤狩野深藏写了一本关于鸦片战争的著作,书名便题为《履霜录》,并说:"易曰履霜坚冰至,今则已履霜矣!"

不仅如此,日本学者还特别注意认真总结中国战败的原因。他们认为,清政府政治腐败、武备不修是失败的主要原因。狩野深藏在《三策》中写道:"宋钦宗、清宣宗请和纳贿,优柔不断","是以怠惰委靡,终以不振矣"⑥。盐谷宕阴尖锐地指出,中国并不是没有勇智之士和筹束之臣,只是由于清政府的腐败,"虽有良策,断之不明,行之不速";即使"知西洋器艺之精",然而"或惜财而弗造,或惮劳而弗习"。官吏不负责任,"边吏诿过于宰辅,宰辅诿咎于边吏,上下相蒙,唯利之视",而且将领克扣军饷,"有司吝出纳,省粮饷,以致士卒不振"。鸦片战争前夕的中国,"非无策可以购舶建船,而东南数千里,未尝备战舰一只",由此可见清廷之"满朝聩聩"。在这样腐败的统治下,"则虽人有韩岳,书有韬略,亦莫如之何!"⑦他们还普遍认为,中国的统治者妄自尊大、闭目塞听,既不学习外国的先进技术,又不了解世界情势,也是遭此惨败的原因之一。斋藤正谦指出:"清国自称中夏,把外国视为禽兽。然而这些国家,机智敏捷,机器出色。清国却没有任何防备。外国乘船海上纵横,清国反受他们凌辱。"横井小楠也批评清朝统治者,"开国以来百数十年,至道光咸丰,升平已久,骄傲文弱。不知海外各国已开

① 信夫清三郎:《日本政治史》第1卷,上海译文出版社1982年版,第166页。
② 《水府公献策》卷下,引自王晓秋:《近代中日文化交流史》,中华书局1992年版,第83页。
③ 胜海舟:《开国起源》,引自王晓秋:《近代中日文化交流史》,中华书局1992年版,第82页。
④ 引自伊文成、马家俊:《明治维新史》,辽宁教育出版社1987年版,第164页。
⑤ 盐谷宕阴:《阿芙蓉汇闻序》,引自王晓秋:《近代中日文化交流史》,中华书局1992年版,第84—85页。
⑥ 引自王晓秋:《近代中日文化交流史》,中华书局1992年版,第86页。
⑦ 盐谷宕阴:《翻刊海国图志·序》,引自王晓秋:《近代中日文化交流史》,中华书局1992年版,第86页。

智、施仁、崇义、国富、兵强。仍把各国当作昔日的夷狄,如禽兽般蔑视。以至道光末年鸦片之乱为英国所挫。"[1]

总之,近代中国遭受西方殖民主义的入侵和掠夺,使邻国日本朝野震动。一些头脑比较清醒敏锐的日本人通过认真总结中国鸦片战争失败的教训,认识到日本要避免遭受中国同样的命运,必须学习"西洋之法",进行维新改革。正如幕府老中堀田正睦所说,"中国拘泥于古法,日本应在未败前学到西洋之法"。正是在鸦片战争等中国事变的启示下,日本的有识之士极力倡言尽快实行自上而下的改革,革除幕府之弊,文明开国,使国家走上富强之路,以适应发展的世界大势,从而推动了日本倒幕维新思想的形成和明治维新运动的发动。

三 中国传统思想与明治维新

明治维新是日本社会历史发展的一个重大转折点。明治维新既是日本社会走向现代化的起点,也是一场深刻的新文化运动。这场新文化运动的实质,就是全面引进和吸收西方文化,摆脱幕藩体制时代的传统意识形态,追随世界现代化的潮流。这种文化上的重大变化,集中体现在明治初年提出的三大口号之一的"文明开化",即以西方文化的价值观来改造日本的传统文化。因此,在明治维新前夕和维新初年,和在中国现代化初期发生的情况一样,中国传统思想特别是以朱子学为核心的"儒学主义",成为新文化运动的主要攻击目标。许多激进的思想家都对传统的文化价值观,对作为幕府时代的官方哲学的朱子学说以及整个儒家思想,进行了尖锐的抨击和批判。

但是,这并不是说,早年传入日本的中国的传统思想文化完全在明治维新中被彻底抛弃,成为一堆历史的遗物。思想史和文化史都是十分复杂的,在实际上,作为反传统的新文化运动的明治维新,却是在传统思想所提供的观念意识的旗帜下发动的。因为在当时,传统的汉学思想在日本民众中还有相当的影响力。为了进行广泛的社会动员,推进社会改造运动,维新派人士往往从幕府时代的传统思想中找到适合他们目标的观念和口号。因此,传统的儒学思想文化,在明治维新中扮演着双重的角色。它既是这场运动所针对的对象,又是发动这场运动的思想源泉之一。

在这方面,水户学派的作用表现得比较突出。水户学派是在朱舜水的直接影响下形成的学术派别。水户学以朱子学的"大义名分"论为基础,倡导"尊王忠孝""君臣大义"。后期水户学则提出"尊王攘夷"论,为改革国内政治造成了声势。不过,水户学主张的"尊王"并不是要以天皇取代幕府,而是站在加强幕藩体制的立场上加强改革,维护"幕府尊皇室""诸侯崇幕府""卿大夫敬诸侯"的封建秩序,以求"上下相保,万邦皆和"。但是,水户学所表现的理论特色,却有利于天皇从幕府及诸大名手中夺取权力。因此,有的研究者认为:"朱舜水学问德业,影响于日本政治文物者至巨。1868 年之明治维新,其思想骨骼,实受之于舜水。"[2]

阳明学主张的"知行合一"思想在明治维新中也起过一定的作用。有的日本学者

---

[1] 引自王晓秋:《近代中日文化交流史》,中华书局 1992 年版,第 87 页。

[2] 宋越伦:《中日民族文化交流史》,引自严绍璗:《日本中国学史》第 1 卷,江西人民出版社 1991 年版,第 140 页。

认为,江户时代的阳明学,直接涵濡了日本人的实践精神,陶育了日本人的朝气蓬勃,成为明治维新的原则。日本学者高濑武次郎指出:"我邦阳明学之特色,在其有活动力之事业家。藤树之大孝,藩山之经纶,执斋之薰化,中斋之献身事业,乃至维新诸豪杰震天动地之伟业,殆无一不由王学所赐与。"①中国著名思想家章太炎也曾指出:"日本维新,亦由王学为其先导。"梁启超也有相似的看法,他说:"日本维新之治,心学之为用也。"

明治维新的新文化运动,是以"文明开化"为旗帜,即大规模地吸收、移植西方近代文化,同时表现出对传统文化,包括由中国移植的儒家思想的批判与清算。在日本近代文化发展中,出现了以极端的形式提出的"脱亚入欧"论,表明了当时社会文化思潮的主流和主导的文化价值取向。在这种"西化"潮流的冲击下,日本传统儒学受到了严重的打击,失去了在社会意识形态中的主导地位。但是,这也并不意味着日本儒学的全面崩溃。维新派势力为发动倒幕维新,引进近代西方思想文化观念,对抗幕府以儒学为中心的本位文化。但是,当明治政府和天皇体制得到巩固以后,又采取了一系列的"反拨"性措施,以控制和修正近代思想文化潮流的发展。明治十二年(1879),以天皇名义颁发了由著名儒学家元田永孚执笔的《教学大旨》,重新提出以"仁义忠孝""为国民道德才艺的核心";"基于祖宗之训典,专以明仁义忠孝。道德之学,以孔子为主"。明治二十三年(1890),明治天皇再次颁布《教育敕语》,以儒学的道德观为基础,从精神方面加强皇权主义。而随着明治时代中后期皇权力量的加强,日本儒学也开始重新活动起来,出现了一定程度的复苏景象。

早在明治六年(1873),幕末儒学大家安井息轩出版了《弁妄》一书,站在儒家思想上对基督教乃至西洋文明展开文化的论战。1876 年,原先积极主张导入西方文化的"明六社"②成员西村茂树以"恢复道德"为旗帜,率先创立"修身学舍",后又取《论语》中"人能弘道,非道弘人"之旨,改名为"日本弘道会"。创立此会的目的,"在于提高国人之道德,以巩固国家之基础"。西村认为,大量导入西方近代文化,则将世风日下、道德沦丧,而"道德"的沦丧,将危及国家的生存;树立"国民道德",既可抗拒近代文化,又可巩固国家。

西村站在传统儒学伦理思想的立场上,极力提倡日本国民道德的养成。为了推动日本儒学的复兴,一些汉学家与国粹主义者纷纷创办传授儒学的学校,结成弘扬儒学的社团。1877 年,著名汉文学家三岛毅"以维持与扩张东洋固有的道德文学"为目的,在东京创设"二松学舍",成为培养传统汉学家的主要基地。1880 年,从欧美考察返国不久的右大臣岩仓具视"深虑国家之前途,欲以儒学而养成坚实之思想,以巩固国家之基础",遂于汉学家重野安绎、谷干城、股野琢等人结成"斯文学会"。当时确认的"斯文学会"的任务包括创办学校、举办讲座和出版著述等。第一次讲座于 1881 年 3 月 22 日举行,讲题为《周易》《书经》《讲经》《孟子》《论语》《八家文》等。

明治十年(1877),东京大学创立,设置"和汉文学科",目的在于继承并维系逐渐式

---

① 高濑武次郎:《日本之阳明学》,引自严绍璗:《日本中国学史》第 1 卷,江西人民出版社 1991 年版,第 140 页。

② 明六社是日本近代史上第一个合法的研究和传播西方民主主义思想的学术团体,成立于明治六年(1873),故名"明六社",主要成员有森有礼、西村茂树、津田真道、西周、中村正直、加藤弘之、箕作麟祥、箕作秋坪、杉亨二、福泽谕吉等人。明六社在传播西方文化、推进文明开化方面做了大量工作。1875 年该社解散。

微的日本传统学问；后来又设"古典讲习科"，期望能培养出具有研究历史或政治学所必备的和汉的古典、历史、文物等基础知识的人才，以便继承老成凋谢之后的汉学传统。"古典讲习科"的讲授课目，主要是经、史、子、集四部及法制书，用中国最新的注疏并注入以实证为主的学问思想而教育学生，是"古典讲习科"的教学宗旨与划时代的特色。1886 年，天皇视察东大，发表讲话说："理科、化学科、植物科、医科、法科等，虽可见其进步甚快，然却未曾见有修身学科，此学问之主本所在也。"东大校长垂问"修身科"之设置方法，天皇指令其侍从长回答："国学汉学固陋，然系历来教育之宜，其忠孝道德之主本，和汉固有。今由西洋教育之方法，设其课程，则于其中须置一修身科，以求在东洋哲学中，探穷道德之精微，使学生近忠孝廉耻，进而知经国安民，此乃堪称我真日本帝国之大学也。"①

从 1881 年起，日本还恢复了荒废许久的"孔子祭"。这年，关东足利学校仿当地古俗，举行了自明治维新以来日本第一次孔子祭典活动。其后，从 1907 年起，东京汤岛圣堂便每年举行一次"孔子祭典"；至 1944 年，一共举行了 38 届。

四　中国使团及文人东渡与中日文化交流

日本明治维新政府成立不久，便试图与中国外交接触，至 1871 年签订《中日修好条规》，中日两国建立了正式外交关系。此后互开口岸，加强通商贸易，不久又互派外交官，互设公使馆与领事馆。这就为中日文化交流的发展创造了有利的条件。19 世纪 70—90 年代，中日人员交流频繁，两国的官员、文人来往不绝，文化交流的领域十分广泛。

1877 年(清光绪三年，日明治十年)，以何如璋为首的第一届中国驻日使团来到日本。这是有史以来中国第一次派出的常驻日本外交使团，是中日关系史上的一件大事。在中国驻日使团中包括不少文人学者，如参赞官黄遵宪，副使张斯桂，随员沈文荧、廖锡恩、王治本等人，他们游历日本各地，结交各方面人士，与日本文人诗文唱和，为向日本传播中华文化、促进两国的文化交流做出了贡献。此外，还有许多中国民间文人到日本游历，与日本人广泛交游，他们也为中日文化交流做了大量工作。

中国使团初到日本时，其成员会说日语的很少，与日本人士的交流主要依靠笔谈的方式进行。日本贵族源桂阁(源辉声)整理的《大河内文书》，保存着许多当时笔谈的原本。源桂阁精通汉诗、汉字，嗜爱翰墨，广交文士，尤喜与旅居日本的中国人、朝鲜人特别是中国公使馆里的官员用汉文笔谈，并以此为一乐。全部《大河内文书清韩笔话》，共计有 96 卷数百次笔谈。这些中日文人的笔谈，内容涉及中日两国的政治、学术、文化、风俗以及日常生活等各方面，几乎是无所不谈。他们在笔谈中畅谈两国文化渊源，评论古今各种作品，互相介绍彼此国内文学艺术及学术状况，发表对中日文化交流的见解。

例如，有一段评论《红楼梦》《源氏物语》等两国文学名著的笔谈：

鸿斋：民间小说传敝邦者甚鲜，《水浒传》《三国志》《金瓶梅》《西游记》《肉蒲团》数种而已。

---

① 引自严绍璗：《日本中国学史》第 1 卷，江西人民出版社 1991 年版，第 180 页。

公度（黄遵宪）：《红楼梦》乃开天辟地从古到今第一部好小说，当与日月争光，万古不磨者。恨贵邦人不通中语，不能尽得其妙也。

桼园（王治本）：《红楼梦》写尽闺阁女儿性情，而才人之能事尽矣。读之可以悟道，可以参禅，至世情之变幻，人事之盛衰，皆形容至于其极。欲谈经济者，于此可领略于其中。

公度：论其文章，直与《左》《国》《史》《汉》并妙。

桂阁：敝邦呼《源氏物语》者，其作意能相似。他说荣国府、宁国府闺闱，我写九重禁庭之情。其作者亦系才女子紫式部者，于此一事而使曹氏惊悸。

鸿斋：此文古语，虽国人解之者亦少。

公度：《源氏物语》亦恨不通日本语，未能读之。今坊间流行小说，女儿手执一本者，仆谓亦必有妙处。

鸿斋：近世有曲亭马琴者，仿《水浒》作《八犬传》，颇行世，凡百有余卷。今现为演戏，行之岛原新富座。

公度：贵国演戏，尽态极妍，无微不至，仆巫喜欢之，恨未知音耳。

桂阁：此书非为戏而作，故方演其戏。近来俗辈换其脚色，却失马琴本意矣。敝邦戏之妙者，以《忠臣藏》为第一，盖因为戏而作也。然其学问浅薄，非见《还魂记》《西厢记》之类，皆可笑也。①

中日文人还在一起讨论汉诗、汉文的创作问题，比较两国诗文的特色，交流各自的看法。在笔谈中还常常可以看到日本人士向黄遵宪、何如璋等请教写诗、作文及书法、读书。同时，黄遵宪等也经常向日本文人了解日本的历史、制度、典籍以至风俗人情。

上引文中的笔谈者之一王治本（桼园）原是浙江的秀才，1877 年他 43 岁时应日本友人广部精的邀请来到日本。广部精是一位汉学家，他在 1875 年创办了一个叫作"日清社"的汉语学校，并编辑《日清新志》《环海新报》等汉文报刊。王治本来日本后，先在设在芝山广度院的日清社教授汉文并为汉文报刊撰文；不久，又转到中村敬宇创办的同人社教汉文，并参加一个叫闻香社的诗社，经常与日本的汉学家、汉诗人交游唱和。1877 年 7 月 7 日，源桂阁在芝山广度院第一次见到王治本，通过笔谈和交往，十分钦佩王治本的学问，决定拜其为师，教自己汉文、汉诗。源桂阁的诗稿大多经王治本评点、修改，甚至有时索性由他捉刀代笔。他们在笔谈中常常探讨中日两国的文化艺术，交流心得，唱和诗文。1877 年底，以何如璋为首的中国第一届驻日使团赴日后，因王治本较熟悉日本人士，便聘请他为使团临时随员帮助工作。

从 1882 年起，王治本开始对日本各地的漫游。他周游本州、四国、九州、北海道四大岛，足迹、墨迹几乎遍及日本全国。他广泛结交日本各界人士，与日本文人诗文唱和、题字赋诗，为传播中华文化做出了贡献。例如，他在仙台旅行的活动情况，仙台文士今泉篁洲编的《仙台人名辞书》介绍说：

王治本，清国儒者，号桼园与梦觉道人，清国浙东学士，以博学能文闻名国中。明治十年倾东游，遂住东京，当时的文人儒士，仰之如泰斗。明治二十六年来仙台，逗留阅年。当时的知事船越松窗，文士佐伯羽北、北条鸥所等大

① 引自王晓秋：《近代中日文化交流史》，中华书局 1992 年版，第 158—160 页。

加款待,诗酒征逐,迨无虚日。友部铁轩、片野栗轩、今泉篁洲、毛利竹甫等文士,均受其诗文添削,仙台文坛大得裨益。……①

1879 年,清末著名学者王韬东渡日本,在当时学者文人中引起轰动。在此之前,王韬曾编撰有《普法战纪》14 卷,详细叙述了 1871 年在欧洲发生的普法战争的原因和经过,还分析了双方胜败原因,并预测战后国际形势的变化。王韬自称"是书虽仅载二国之事,而他国之合纵缔交,情伪变幻,无不毕具","于是谈泰西掌故者,可以此为鉴"。由于《普法战纪》提供了认识世界与学习西方的最新知识,故该书尚未付印,已经"抄本流传南北殆遍"。书籍出版后,人们更是争相购读,王韬也因此声名大震。《普法战纪》也很快传到日本,被翻刻流行,在日本引起很大反响。日本学者冈千仞说:"《普法战纪》传于我邦,读之者始知有紫诠王先生。之以卓识伟论,鼓舞一世风痹,实为当世伟人矣。"②日本文人学者通过《普法战纪》等书获知王韬之名,纷纷与其函牍往来。日本学者星野恒编成《明清八大家文集》,因仰慕王韬之故,特地托人"持以请定于王韬"。王韬认真披阅评说,并亲撰序文。日本著名诗人兼学者小野湖山编辑自己的诗集《湖山诗集》,也曾请王韬为之作序。在王韬的文集《搜园文录外编》中,就收有他为日本友人所题写的序跋 17 篇之多。

另一方面,日本文学者积极谋划邀请王韬访日之事。在《普法战纪》传入日本之时,天皇的宫内侍读、著名文学家重野安绎便对中村正直说:"闻此人(王韬)有东游之意,果然,则吾侪之幸也。"以后,《报知新闻》主笔栗木锄云与佐田白芋、龟谷行等人共同发起邀请王韬访日。栗木锄云说:"吾闻有搜园王先生者,今寓粤东,学博而材伟,足迹殆遍海外。曾读其《普法战纪》,行文雄奇,其人可想。若得飘然来游,愿为东道主。"③冈千仞等学者也表示大力支持。他们通过曾去过中国认识王韬的寺田宏正式发信邀请,"以为千日之醉,百年之享"。在日本朋友的热情邀请下,王韬于 1879 年 4 月 23 日踏上了东游之旅。他在日本前后游历了 4 个月,受到日本朋友的热烈欢迎和盛情款待。日本学者中村正直称颂王韬来日本后,"都下名士,争与先生交。文酒谈宴,殆无虚日,山游水嬉,追从如云,极一时之盛"。他还说:"夫清国之人游吾邦者,自古多矣,然率皆估客,而又限于长崎一方。近来韦布文士来东京,间有之。然其身未至而大名先闻,既至倾动都邑如先生之盛者,未之有也。"④

王韬旅日期间,与日本人士广泛开展文化交流,"壶觞之会,文字之饮,殆无虚日"。与王韬交往的日本各界人士,既有政府官员、社会名士,也有诗人墨客和普通百姓;既有学问精深的"东国耆儒",也有"叩门求见"的少年童子。他们对王韬的渊博学识十分钦佩和敬重,"皆愿纳交恐后"。他常与日本友人畅论天下大势,比较东西文化。他还曾为很多日本友人赠诗、题字、作序、改文,在他的访日日记中记录了大量唱和诗篇,并记载了他如何为本多正纳的《清史逸话》作序,为宫岛诚一郎的《栗香诗抄》改诗。王韬还把带到日本的一批自己的著作和其他书籍送给东京府书籍馆,其中有《普法战纪》2 部 4 本,《瀛壖杂志》2 部 2 本,《瓮牖余谈》2 部 4 本,《逐窟谰言》2 部 4 本,《搜园尺牍》

① 引自王晓秋:《近代中日文化交流史》,中华书局 1992 年版,第 234 页。
② 冈千仞:《扶桑游记跋》,引自王晓秋:《近代中日文化交流史》,中华书局 1992 年版,第 216 页。
③ 龟谷行:《扶桑游记跋》,引自王晓秋:《近代中日文化交流史》,中华书局 1992 年版,第 217 页。
④ 中村正直:《扶桑游记序》,引自王晓秋:《近代中日文化交流史》,中华书局 1992 年版,第 217 页。

2部4本等书,共16部78本。①

王韬旅日期间,与许多日本朋友唱和赠答诗文。在当时,唱和汉诗是中日文化交流的一种特殊方式。由于中国派驻日本的外交官员大多是文人学者,一般均能文善诗工书法,因而中国公使馆成为对明治时代日本汉学者、汉诗人最有吸引力的地方。中国使团也经常举行酒会,招待日本学者名流。此外,中日两国官员、文人、民间人士之间也不断聚会,或互相宴请,或偕同赏樱、登高;席间双方应酬、笔谈,对答唱和诗词,留下了大量的诗篇。在何如璋任公使时,中日文人的诗文交往,一般是在私人交游或小型集会宴席上相赠诗篇;到第二任公使黎庶昌在任时期,进一步发展为中日两国诗人定期的大规模诗歌唱和活动,并编辑出版了多种唱和诗集。据有的研究者统计,黎庶昌驻日期间,中日文人饮酒和诗的盛会,编辑出版了诗集或是有记载的,就有十几次之多。这些文人诗会,不但促进了中日文化交流、发扬了东方传统文化,而且加强了中日人士之间的互相了解和友谊。

中日书法文化的交流在明治时代也有新的发展,曾作为驻日使团成员的杨守敬在这方面做出重大贡献。他在驻日使馆工作4年期间,先后带去汉魏六朝隋唐碑帖1.3万余册,并致力于六朝北碑书法的传授。日本明治时代的著名书法家日下部鸣鹤、严谷一六、松田雪柯等人都经常向杨守敬请教,切磋书艺。在松田雪柯的日记里,曾记录明治十三年(1880)七月十七日,他和日下部鸣鹤、严谷一六、岛田蕃根等人一起到中国驻日使馆拜访杨守敬。杨守敬拿出从中国带来的汉碑拓本让他们观赏。同年,日下部鸣鹤在写给京都的神田香岩的一封信中,谈到了他们与杨守敬的交往,以及对他的推扬褒崇的心情:

> 关于舶来的碑帖真迹问题,我请教了杨守敬,他也回答了我。以前我们认为是好的作品,他也觉得好。我们认为不好的他也认为不好。可是,他自藏的碑帖中多有精拓品,而在我国的多是粗拓粗纸,加之,被称为乾隆以后的"新拓"很多,这是令人遗憾的。……由于杨氏既非大吏,又非商人,是个很有钱的大收藏家,还精通经史地理,深于金石考证,对古钱古器古印铜鼎等极为渊博,所以他现在开始撰写很多经史著作……所藏之中,携带的汉印达六十方,古钱刀等稀珍之品达六七百枚之多,碑帖如山,皆是私人所集,实是可惊。其中宋以上的拓本是从前未曾看到过的绝迹,数量很多。我想,只有书法的本家中国才会保存有这样的东西。②

在杨守敬的启发影响下,这些日本书法家开辟蹊径,认真研究古文字、篆隶楷书与魏碑,形成了以北碑为正宗的新流派,为发展近代日本书法艺术做出了贡献。日下部鸣鹤还于1891年来中国访问,与中国书法家吴大征、杨岘、俞樾等人交游甚密。他回国后培育了不少门徒,在日本书坛异军突起,所谓"鸣鹤流"的书法风靡一时。日本书法家中村梧竹也曾来华,直接师事中国北派名家潘存,学习汉魏六朝书法,归国后致力于古碑帖的研究和介绍,促进了日本六朝书风之盛行。

杨守敬回国以后,有些日本书法家还慕名特地到中国来向他拜师学艺。1911年,

---

① 王晓秋:《近代中日文化交流史》,中华书局1992年版,第222页。
② 引自榊莫山:《日本书法史》,上海书画出版社1985年版,第96页。

杨守敬已 73 岁高龄,还有日本福冈县人士水野元直专程到中国来拜他为师学习书法。杨守敬应水野的要求,写了一份评论书法碑帖的手稿,名叫"学书迩言",内容包括评碑数十种,评帖近百种,提到的中国书法家,包括晋王羲之,唐颜之卿、柳公权,到清翁松祥,以及日本书法家空海等百余人。稿中对于各种碑帖的特点、历史情况和现状,以及各位书法家之所长,都有简明的介绍和中肯的评价。手稿中还谈到字体的演变和学习书法的要领。水野元直把这部手稿抄录了一份带回日本,后来在日本刊布流行。1926年,日本西东书房还出版了《学书迩言疏释》。[①]

　　明治时代访问游历日本的中国文人学者,都曾应日本友人之请,挥毫题诗写字,留下大量珍贵的墨迹,当时许多日本人以得到中国文人的字为荣。由于日本人特别喜爱中国书法艺术,有些中国书法家竟到日本以卖字为业。例如,王韬在《扶桑游记》中记述他在神户见到的卫铸生,"琴川人,工书法,挟其一艺之长而掉首作东游者。闻迄字者颇多,自八、九月至今,已得千金,陆贾囊中,殊不寂寞"[②]。李筱圃的《日本纪游》中也提到卫铸生,"工书法,客游于此者",并谈到在京都有"浙江慈溪人冯沄,号雪卿,以工书客此",同寓还有"江宁人王治梅,邻寓有嘉兴陈曼寿,皆以工书善画客游于此"[③]。

---

① 王晓秋:《近代中日文化交流史》,中华书局 1992 年版,第 251—252 页。
② 王韬:《扶桑游记》,引自王晓秋:《近代中日文化交流史》,中华书局 1992 年版,第 254 页。
③ 李筱圃:《日本纪游》,引自王晓秋:《近代中日文化交流史》,中华书局 1992 年版,第 254 页。

第五十章
近代中国的海洋信仰与社会习俗

　　海洋信仰是沿海地区民俗文化的重要组成部分。中国海洋信仰有着悠久的历史。海洋信仰这一文化现象之所以能长期流传至今,有其内在的合理积极因素。

　　海洋信仰在其发生与流传演变过程中,虽明显具有原始宗教、道教、佛教以及民间迷信的浓厚色彩,但却折射着渔民舟子们渴望开发、征服和利用大海的殷殷期盼。人们造出诸多海洋神灵,并不是为了远离大海,而是企图借助自己所崇敬信奉的海神的超自然力来征服、驾驭大海。

　　与海洋信仰相关,生活在中国沿海各地的渔民,还有形形色色的渔俗和其他风俗习惯。我们这里选择我国传统的海洋民俗生活中的"海洋生产习俗"(以"渔船""渔具"和"捕捞作业"为重点)、"渔村生活习俗"("以衣饰习俗""饮食习俗""居住习俗"和"行旅习俗"为重点)加以简要的举述和分析,以见其基本面貌。这些海洋社会民俗经过了世世代代的积累和传承,大多已难以确切考证出发生的年代,但它们大多至今保存着以近代为主的内容和形态,所以我们将有关学者、人士搜集整理的各地海洋民俗在本章中加以选择叙述。

　　值得注意的是,其中有许多内容,尤其是其精神生活层面的许多内容,用今天的科学眼光来看,显然是唯心的或迷信的,对此,我们应有足够的清醒的认识,并在实际工作中加以科学的解释和正确的引导。这是我们为移风易俗、建设新的海洋文明所应取的基本态度。

第一节　中国各地的海神信仰及其特征①

　　海神信仰是沿海地区民俗文化的重要组成部分。中国海神信仰,是在中国东南沿海地区的民众中产生的,有着悠久的历史。海神信仰这一文化现象之所以能长期流传至今,必有其内在的合理积极因素。古往今来,享用我国某一方渔民舟子祭祀香火牺牲的海神有很多。下面择要探讨其一二。

　　《台湾县志·外编》说:"水仙庙祀大禹王,配祀以伍员(伍子胥)、屈平(屈原)、王

---

① 本节内容引见郭洋溪:《中国各地的海神信仰及其特征》,见上海民间文艺家协会、上海民俗学会:《中国民间文化——民间仪俗文化研究》,学林出版社1993年版,第102—113页。

勃、李白。旧志云:四夷之治,汨罗之沉,忠魂千古。王勃亲省交趾,溺于南海,没,为神。表李白墓于谢山,虽经前人订采石之讹,第第骑鲸仙去,其说习传久矣。"水仙信仰在福建也有不小的影响。《厦门志·水仙宫》说:"闽俗称水神。"《台湾县志·外编》就其信仰形式之一"划水仙法"介绍说:"今海船或危于狂飚遭不保之时,有划水仙之法,其灵感不可思议。其法为在船上诸人,各披发蹲于舷间,执食箸(即筷子),作拨棹之势,口假者若鼓之声,如午日竞渡之状,虽樯倾舵折,亦必破浪穿风,疾飞倚岸,屡屡应验。"据《稗海纪游》载:"康熙三十六年四月,某按边船遭难之际,舟人告之,唯划水仙,方以登岸免死。划水仙者,众口齐作钲鼓之声,人各挟一匕箸,假作棹船状,如午日竞渡之状。凡洋中危急若得近岸,则为之。"我们从水仙庙所供奉的五位水仙以及如端午节竞渡之状的划水仙法可知,此类型的海神信仰之内涵是很丰富的。我们从中既可看到古老的龙蛇崇拜的影子和历史杰出人物崇拜的影子,又不乏道教、民间迷信的痕迹以及神秘的巫术色彩。

　　大王神即金龙大王、黄大王之类的河神,皆是因治河有功,身亡后由人鬼封为河神的。赵翼在《陔余丛考》中说:"江淮一带至潞河,无处不有金龙大王之庙。永乐(明代年号)中,凿开通渠,舟楫过河,祷无不应。"可能是由于河海之水相通的缘故吧,许多沿海地区的渔民舟子亦奉之为海神。据《澎湖厅志》所载:"祀大王神,各有其姓,《纪略》以为金龙大王之类,亦为土神(指当地的海神),今各沃多有大王庙,西屿外堑之大王神灵异尤著。凡商舶出入必备牲礼,投海中遥祀之。"《台湾县志·外编》还记载了受当地渔民舟子敬祀的海神倪姓圣公:"圣公庙,神姓倪,轶其名,生长于海滨,熟识港道,为海舶总管,殒为神,舟人咸敬祀之。"

　　羊山神也属地方海神之类,据清代《伪郑纪事》载:郑成功起兵北伐,于"顺治十三年至江南之羊山。山有神,独嗜畜羊,海船过者必置一生羊(即活羊)去,久之番息遍山至不可计数。郑氏战舰泊之山下,因将士竞相取羊为食,神怒,大风骤至,巨舰自相撞击立碎,人船损十之七八,大失其利而返"。文中关于郑成功伐清,因羊山神怒而失利之事,显然不可信,但是从中可见渔民舟子对此神秘莫测的海神奉献活羊以求海事平安之俗。

　　老赵即鲸鱼,山东沿海又称之为"老人家""赶鱼郎"等,是以海中动物为海神的例子。"老赵"极可能是"赵公元帅"的简称。"老人家"则是"老赵"的较亲近的称呼。至于"赶鱼郎",则是由于鲸鱼在海中追食鱼群,有助渔民捕鱼而得的名字。渔民对老赵的信仰形式表现在许多方面。例如,渔民在岸上见鲸鱼游行海中,称之为"过龙兵",视为吉兆,要烧香焚纸遥望祭拜。再如,在海中遇鲸鱼,要先往水中撒米,再由船老大率全体船员烧香焚纸,口称"老人家",并向之跪拜祷祝。

　　平日在人们眼中似乎与海事无缘的狐仙之类,在有的沿海渔村也竟被奉为海神。彭文新在《屺姆岛村民俗文化调查》①一文中介绍说:"(山东龙口屺姆岛村)渔民普遍信仰狐仙太爷……视狐仙太爷为海上保护神。海上遇风浪,向狐仙太爷祈祷许愿,蒙保佑,安全回航后要到庙里还愿,放鞭炮。庙中狐仙太爷塑像为一白胡子老头,红光满面。据岛上渔民称,每年附近的桑岛、长山岛出海都死不少人,屺姆岛却很少,他们认为这全仗狐仙太爷的保佑。"值得注意的是,"据《黄县志》载,屺姆岛早先信仰龙神……后来

近代中国的海洋信仰与社会习俗

---

① 彭文新:《屺姆岛村民俗文化调查》,《民间文学论坛》1989 年第 5 期。

狐仙太爷信仰进一步加强,取龙王而代之。"狐仙取代海龙王而成为这一带渔民心目中的海神,此现象看似奇怪,但细加探讨,自有其文化积淀的原因。奉狐仙为海神的原因与胶东地区民间的狐仙信仰有着密切的内在联系。考狐仙的前身应为神话传说的九尾狐。《山海经·南山经》说:"青丘之山……有兽焉,其状如狐而九尾,其音如婴儿,能食人。"在我国神话传说中,九尾狐又是大禹的妻子。[1] 大禹之父鲧是能化为黄龙的河神,身为治水英雄大禹妻子的九尾狐,在后世演化为一方海域之海神,看起来也似乎顺理成章。

民间传说中,也不乏掌管一方水域的海神。例如,希稼搜集整理的《烧海香》[2]民间传说:浙江海盐东海原先有一座救海庙,庙里供奉的海神是个男孩。传说当东海龙王发水淹该县望海镇时,这个男孩经神仙点化后预先知道了这消息,便奔走全镇催人们逃离,而他自己却因走得晚而被海水卷走了。于是,这个男孩就成了当地人心目中掌管海盐一带海域的海神,人们用烧海香的方式供奉他。

另外,在中国海神信仰中,也有道教佛教的明显影响。宋代道书《云笈七签》中的海神,是由修道成仙的南溟夫人担任。她能命令"千虬万龙互相缴结而为桥",以送元彻、柳实二人退回岸上;她能下令斩杀为水害的巨兽等等,其神力是靠她那乘彩云白鹿来相会的道兄持"尊师以丹篆一卷相投"而获得的。

应该说,海神信仰是一种复杂的文化现象,是唯心的。不同时代不同神形角色的海神在其发生与流传演变过程中,虽明显具有其原始宗教、道教、佛教以及民间迷信的浓厚色彩,但也折射着不同时代的渔民舟子们渴望开发、征服和利用大海的殷殷期盼。人们造出诸海神,并不是为了远离大海,而是企图借助自己所崇敬信奉的海神的超自然力,来征服和驾驭大海。

海神信仰是一种历史文化现象,它有其发生、流传和衰亡的发展过程。在中国沿海地区人们不断与大海进行不屈不挠斗争的过程中,作为意识形态领域的海神信仰也处在不断变化之中。一方面,早期的海神信仰极力留下其影响痕迹;另一方面,新的宗教信仰兴起或由域外传入后,也不断地冲击和改造着不同时期不同地域的海神信仰。尽管如此,我们仍可找出中国海神信仰较明显的特征。

第一,民众性。首先海神信仰是在沿海地区民众中自发产生的。俗话说"行船讨海三分性命"。由于泛舟海上远比在陆地上生产生活危险很多,人们为了寻求帮助与保护,便企图借助超自然的力量来与大海抗争,于是乎诸多海神形象以及与之相连的海神信仰便得以产生。此外,一般来说,中国海神信仰不同于严格意义的宗教(如佛教、天主教等),它没有严格的宗教教义、教规,也没有专职的传教人员及其有关的组织形式等。海神信仰的传承传播是靠民众无组织而又自愿地口口相传得以实现的。我们从妈祖信仰的发生以及其传播的过程中,可以清楚地看到这一特征。

第二,功利性。所谓功利性是指任何形式的海神信仰都是在实用、功利目的这一基础上发生和发展的。例如,海船过羊山对要给羊山神献活羊之举的实用功利目的,

---

[1] 《吴越春秋·越王无余外传》:"禹三十未娶,恐时之暮,失其制度,乃辞云:'吾娶也,必有应矣。'乃有九尾白狐,造于禹。禹曰:'白者吾之服也,其九尾者,王者之证也。'涂山之歌曰:'绥绥白狐,九尾庞庞。我家嘉夷,来宾为王。成家成室,我造彼昌……'禹因娶涂山,谓之女娇。"

[2] 王洁、周华斌:《中国海洋民间故事》,海洋出版社1987年版,第136页。

就是为了直接换取航海的安全。屺嵝岛人视狐仙太爷为海上保护神,信奉它的目的也是为了保佑出海的安全。海龙王和妈祖信仰也是如此。据调查得知,福建惠安大岞村"在外捕鱼用的钓槽、灯捕船上,都供有妈祖神像及其牌位。[①] 在外海捕鱼时,每天都由'总铺'(炊事员)负责烧香供奉。每位出海的渔民身上也都戴着从天妃宫妈祖面前求来的护身符,以保证妈祖时时均在身边保佑他们。当渔船丰收归航后,到天妃宫向妈祖还愿是获得好收成的渔船必需的仪式。而那些在这一海季中所获不丰的渔船,则认为他们对妈祖的膜拜不够虔诚,因而收成不佳,所以就更加虔诚地敬奉妈祖,并请妈祖上船供奉,举办仪式以消去他们船上的灾星,以便在下一个海季中能有好收成"。该渔村天妃官神龛上有一对联:"力奠洪波慈航普济,礼隆特祀俎豆长馨。"这明白无误地道出了信奉妈姐的功利目的。总之,海神信仰的实用与功利目的是直接的,即一是为航海安全、二是为渔业丰收。

第三,散杂性。"散"与"杂"是中国海神信仰的明显特征。一是海神角色杂,只要能达到功利目的,就信仰供奉。这种现象正是民间信仰的主要特征之一。在我国东南沿海的许多妈祖庙、天后宫里,除了主要供奉妈祖外,往往还配祀大王神、观世音、善财童子、龙女、千里眼高明、顺风耳高觉、二郎真君、哪吒、雷震子等等。反正只要认为对出海有利,多供奉几位是无所谓的。二是同一时代同一地域的人们,所信仰的海神往往不一,呈现"散"的状态。例如,胶东沿海,同一时代的渔民舟子既有信仰妈祖(当地称海神娘娘)、海龙王的,又有独自信仰其他地方海神的(如屺嵝岛的狐仙太爷)。

第四,神秘性。神秘性在海神信仰中普遍存在。中国海神信仰的神秘性特征,既表现在它形成期积淀于其中的原始巫术行为,又反映在它传播、实施过程中不断添加进的神秘的心理因素。中国海神信仰常伴随着不可捉摸的神秘气氛以及光怪陆离的巫术行为。例如,划水仙就是一种顺势巫艺行为,其神秘气氛极浓。难怪《台湾县志·外编》说:"其灵感不可思议。"再如,黄海、渤海一带渔民中流传的"海船上不可载七男一女"之说,虽与八仙过海与海龙王争斗的传说有关,但此禁忌是如何形成的以及其实效如何就神秘莫测了。人们只是口口相传,并不深究。其实,就是深究也无法搞清楚。还有,黄海渔民每年春汛首次出海前的祭海神仪式也极其神秘:船老大向海龙王、关老爷(关羽)焚香参拜后,便用"法刀"朝自己左臂上砍去,若是刀口处的血是一点一点起泡,意味渔业丰收;若血流痕迹不长,意味着鱼货不多;如果血痕岔开,则是出海不吉利的预兆。[②] 可见,这不可思议的巫术行为充满了神秘性。神秘性正是导致中国海神信仰中充满迷信色彩的原因之所在。

第二节　象山港北岸沿海渔区的信仰[③]

在浙江象山港北岸沿海的奉化桐照、莼湖、洪溪和宁海县西店镇的樟渔、双山、尤

---

① 石奕龙:《福建惠安大岞村的妈祖信仰调查》,《东南文化》1990年第3期,第45页。

② 陈有清:《黄海渔民习俗成因初讨》,《民俗研究》1988年第2期,第32页。

③ 本节内容引见胡简明:《浙江象山港北岸沿海渔区的信仰》,见姜彬:《中国民间文化(第七集)》,上海学林出版社1992年版,第240—249页。

家、团堧一带的半岛渔村,居住着近万名渔民。他们无田无地,以捕鱼为业。这里的渔民是靠远洋捕捞与近海抓"小鲜"(小木帆船用游丝网捕捞鲅鱼、马鲛鱼、银鱼、梭子蟹、白虾等统称为"小鲜")近海养殖牡蛎、蚶子、青蟹、对虾、紫菜、海带等为主要生活来源。

渔民,一年三百六十五天,有百分之六七十的时间在茫无边际的海洋上度过。渔民在海洋上捕鱼经常会遇到大风恶浪的袭击,鲸鱼、鲨鱼的捣乱以及触暗礁、搁险滩的危险。渔民弃儿丢女,离家出海。渔民的家属天天点香插烛,求神拜佛,保佑平安无事。在海洋上渔民也天天祈祷佛祖显灵,保佑他们顺风顺水,金砖银砖装满舱,平平安安早回港。象山港北岸沿海渔区的信仰习俗大致有以下几个方面。

其一,请虚空。

渔民在出海前都要"请虚空"(即请菩萨),"讨令箭",祈求吉利。每个渔村都建有寺庙,奉化桐照、洪溪一带建有海神庙,团堧有鹿奇庙,樟渔有将军庙,西店有白鹤庙,双山有羊祜庙。庙内供奉"马祖娘娘""当境虚空"、天地虚空、羊祜大帝、真君大帝等。旧时这些庙里的菩萨就是渔民唯一的依托。他们杀猪宰羊,在庙内摆上全猪全羊等祭品,渔船老大跪在中间,全体船员在左右两边分前后两排跪着,每人一支清香,叩头跪拜。老大手捧三支清香,一边拜,一边祈祷:"虚空啊!我啦渔船就要出海抓鱼,侬管顾伢人人脚手轻健,牛劲马力,顺风顺水,金砖银砖装满舱(金砖指黄鱼,银砖系带鱼)。"祈祷毕,老大将酒洒在地上,在虚空的令箭筒内抽出一支令箭请回去,插在自己的船头上供奉起来。

在出海前的当天夜里还要做"沙头饭"(即在海边的沙滩上祭祀)。祭品有鱼肉、豆腐、竹笋、木耳之类,做成十二碗,用竹箪摊在海边沙滩上,摆好祭品,点起香烛,全体船员叩头跪拜,老大还不时地去敬酒。祷词大致与请虚空相同。但这次既不是请菩萨,也不是请神道,而是祭鬼。祭毕,烧上纸钱。全体船员在船上聚餐。不管猪肉、豆腐、蔬菜一锅煮,大家举杯畅饮,欢聚晚餐,这叫"落船饭"。还将祭祀的鲜鱼切成条条块块,鱼头鱼尾给老大,鱼块分给"头舱",鱼条给船员,让大家带回家去尝鲜,祝愿此次出海满载而归。

其二,断邪气。

每次渔汛前,渔民要修船补网,整理渔具,并将一片一片的渔网修整好,背上渔船,连接起来,串上网纲,这叫"绞网"。背渔网时,全体船员都一齐出动。黄鱼船又称"对船",12名船员,肩扛12把道叉,将渔网挂在道叉上的前后两端,从村里背往船里。每人手上握着一枝桃吊(即桃树枝),意指神荼郁垒(系东海仙山上专管恶鬼的鬼王)。背网具的人手捧清香,前后一个接着一个连成一线,一路行进。渔船老大肩扛一把扎着红洋布的道叉,一手提着一只火囱,火囱内盛满炭火,走在背网队伍的后面压阵。背渔网的队伍边走边喊"网来啦!网来啦!"以防妇女当面撞见;万一迎面碰到,就是晦气。这是捕鱼人最不吉利的事。如果妇女放肆,不遵守这一习俗,不管你靠山多硬,背景多大,都要受到全村渔民的斥责,还要罚其用"七星茶"(从七家不同姓氏家中讨来的茶叶)和糖汤涤渔网,请念伴七七敲、八八念,以解晦气。因此,渔村的妇女,在渔网出村时,一般没有紧要的事情不出家门,以免惹是生非。若走出家门,一听到渔民喊"网来喽!"就赶忙将拦腰的左角掀起来躲避在一边,这叫"隐身"(当地俗信认为拦腰是经康王赵构赐封过的)。渔网从村里背到船上的途中,事先还要在渔网必经之路的中间烧上一堆火,经过时每人必须从熊熊大火中跳过去。在后面压阵的老大从火囵中捞起一把红火往后一撒,纵身跳过火海,这就叫"断邪气",意思是妖魔鬼怪见火害怕,过不了火海,就此终止。船上没有邪气,到大海大洋捕鱼就会顺利,平安无事。

其三,通香唤。

渔船离开海岸,开往远洋。船上除了从虚空那里请来的令箭外,还要在船头供奉"船倌虚空",每天早、晚各朝拜一次。拜时,要用三杯净茶,一盏纯米饭,在点香跪拜时要讲上几句话:"船倌虚空啊!管顾伢打(即撒网)东东有鱼,打西西有鱼,鱼来网揍(鱼群触网),顺顺利利。"这叫"通香唤"。上述这些事一般都是小伙计做的,所以要到船上去做伙计(学徒)首先就得要学会这一套。

到了大洋,捕上第一网鱼,"头网"(船员的职称,相当于副老大)伸手先从渔网中摘下一尾鱼,投进船舱。在投鱼进舱时,还要大声地连喊带唱"哎!进舱十万唻!"以预祝丰收。第一网鱼在进舱时,还要挑选几尾既大又肥的鱼放在船头小舱里。待捕完第一网鱼后,用这几尾鱼来请太公太婆,表示对祖宗的尊敬,祈求祖宗保佑。然后大家共进美餐,但不能吃得碗底朝天,鱼只吃一面,在贴碗底的另一面剩着,不能翻过来吃掉,这意味着有吃有余(鱼)。

其四,船上禁忌。

渔船上的老大有很高的威望。船上的一切都得听从老大的指挥,不可乱来。特别是到了大海大洋,船上十几条性命就交给了老大,这叫"同船合条命"。正因为如此,所以船上清规戒律也特别多。例如,到船上去做客,应懂得他们的规矩和习俗,还要遵循他们的习俗,否则,会遭来白眼,成为不受欢迎的人,带来不必要的麻烦。再比如烧鱼,把鲜鱼放下锅去,直到烧熟为止,中途不能翻面,翻面就意味着翻船;锅盖不能口子朝上;洗好的碗碗口不能向下,碗口向下是翻船的不祥之兆;筷子饭后不能搁在碗口上,筷子搁在碗口上就意味着撑篙浮在海洋上,必有灾祸临头。平时船上人在言谈中有许许多多的忌讳,他们的自白、对话都不用四、死、反、翻、倒、蚀等言辞。

渔村的妇女,不论是未结婚的姑娘或是已结婚的嫂子,一律不准上船。他们认为女人是灾星,让女人上船是一件极不吉利的事情。

捕鱼也有禁忌,他们一不捕死鱼,二不捕"海和尚",三不捕海龟。在海洋上经常打死鱼或半死不活的涨胶黄鱼;如涨胶黄鱼和其他死鱼浮在水面上,渔民都不捕。

"海和尚",灰黑色,头部椭圆形,光秃秃,像和尚;身体扁圆形,肥大,又像鱼,大的有百来斤。渔民视它为吉祥之物,见了不捕;即使上了网,也要赶紧捞起来丢掉。丢的时候还要说一声"百劫胜消,远天大方",意思是这种不吉利的事下次再也不要碰上。在拔渔网时,如捕上了海龟,就要扎上红布立即放回去。一边撒下茶谷米和盐,以镇邪气,一边求饶说:"小人不知,冒犯将军,请龙王恕罪。"人们认为海龟是海龙王派遣的将军,不好得罪;如触怒了龙王,捕鱼人就不要想过好日子。

其五,捕鱼人绰话。

上面已经谈到,捕鱼人在平时言谈中,忌用四、死、反、翻等词,那么他们在谈话中用什么词来替代呢?这就得要用绰话,而这种绰话也只有渔民之间才通行,如:米饭——糙喽,饭碗——田螺,筷子——撑蒿,吃饭——拢市,篷帆——船篷,帆布——篷布,四——双双,死——夭寿,丰收——掏横,鱼满船——打窝财,反面——转向,倒船(倒退)——畅船,席子——滑子,石浦——赚浦等。

其六,招魂。

在海上捕鱼,有时遇上大风恶浪不幸翻船,也有淹死在大海里的,找不到尸体。但死者的家属照例举行丧礼。没有死者的尸体就做一具纸人放在棺材里,抬去埋葬。他们视为死者死在大海大洋,灵魂未归,家属怀念亲人,请了道士,在海滩或船埠头排起桌子,写上红绿对联,红的写上"忍别亲人去矣",绿的写上"还期化鹤归来"。桌子的正上方放上一尊纸人,纸人前面摆着死者生前最喜欢吃的东西,海滩上放着一只纸船。

道士施过焰口以后,待潮水上涨时,将纸船放到海里,点燃船内的香烛,经风一吹,随风飘荡,燃着纸船。这是特地放去迎接死者的航船。这时,道士掌上托一只白碗,碗里盛满清水,碗口上覆盖一张比碗口稍大的白纸。家属抬着纸人,道士边走边喊:"×××来! ×××来!"死者的家属随即接应:"来喽! 来喽!"这样一直叫到坟前,把纸人放在坟墓前。这时,道士往碗里洒几滴水,于是白纸下出现一颗水珠,说是灵魂已归。道士念几句符咒以后,将碗内的清水泼向纸人,并将纸人焚烧在坟前,这叫招魂。

如在海洋上作业,遇上雷电交加,被霹雳击死的人,不招魂。这种人一定是做过谋财害命或是伤天害理的坏事而致灾祸,被认为罪有应得。有的死者家属为了表达对死者的情意,在夜间偷偷摸摸地在海滩边招魂。这种事一旦被村人发觉,就会遭到全村人的指责,认为这是将恶鬼、讨债鬼招回村来,村上就不得安宁了。

其七,配阴婚。

未结婚的男女死了,亲人悲痛、惋惜,特别是做父母的心里有一桩心事未了,儿女就匆匆地走了,总觉过意不去。儿子在大海捕鱼作业中死了(这一般是指20岁以上的未成婚配的人),父母往往多方打听,为儿子寻找阴婚配偶。等打听到有未婚而夭折的姑娘后,便由经人说媒,得到女方父母的同意,男方付出聘金,择一个良辰吉日,派人去女方迎娶结婚。把新娘的姓名、年龄、出生年月时辰八字写在牌位上,放在纸花轿里抬去。随后还有纸做的三门大橱、梳妆台、箱子、棉被等嫁妆,一起抬到男方的墓地,由村上的年老者宣读证婚词后,将上述纸花轿、纸嫁妆等一概焚烧在男尸的墓穴里,表示他们俩已结婚,并在墓前立上一尊墓碑,写上"×××偕姒×××夫人之墓"。

其八,过关。

青年渔民一到23岁,当父母的就担心起来,一般都不让上船下海。因为,23岁是个"罗成关",是最不吉利的年龄,也就是人生的命运难关。渔民对此有一个补救的办法,就叫"过关"。

主人先从庵堂里请来一只三年以上的白雄鸡,因为雄鸡知天时,能报晓。庵堂是佛祖圣地,生存在佛祖圣地的三年以上的白雄鸡,有"白仙翁"之称,它能驱邪、破关。

然后请来道士,摆起净茶、净饭、五色果子、鱼肉等祭品。在祭桌前,横放一只无底圆形的杉木"饭蒸",23岁的男性渔民(23岁的女性不在此例,大概没有"罗成关")点起香烛,跟随道士一起叩头跪拜。道士手抓白雄鸡,先在23岁渔民的头上旋三圈,再在袅袅香烟中顺旋三圈,从饭蒸的右口塞进去、左口拿出来,并在清香烟雾上倒绕三圈,从饭蒸的左口塞进去、右口拿出来,然后在白雄鸡的左翅膀上缚上红布,放回庵堂。

在菩萨面前还要许愿,保佑闯过"罗成关",大年三十夜一定用厚礼谢恩(这厚礼是指丰盛的祭品),并从菩萨处请回一支令箭,插在那位 23 岁青年渔民的床上。这样,就算"过关"了。青年人到了 23 岁这个年龄是不说亲、不结婚的,也就是忌讳这个"罗成关。"

其九,遇风浪。

过去,渔民在大海大洋里抓鱼,最怕大风大浪。因为他们的渔船全是木帆船,顺风靠篷帆,无风靠摇橹,一碰上大风大浪就会有危险。所以,遇上风浪就认为是海里的妖魔鬼怪在作祟,就将预先准备的"黄铜码"(烧纸)烧下去,来不及时就将烧纸一刀一刀地撒往海里,以镇住风浪。同时,船老大在旁祈祷:"伲是蹩脚人(穷人),祖宗三代清白良民,家里有老有少,靠捕鱼度日,赚几个苦力钱,侬没东西好奉献,请侬到洋洲地界去。这点小意思(指烧纸)给侬做盘缠,快去! 快去! 早去早得福!"

在没有风浪的日子里,每天黄昏也要将烧纸烧下去。一个渔汛期仅烧纸就得要用去一至二件(每件一千张)。

其十,庆丰年。

每到农历十二月十三至十五,渔船都回港,渔民辛苦一年,该在家里歇歇,与家人团聚,共享天伦之乐。虽然有的渔船获丰收,有的渔船遭歉收,但一年一度的庆丰年活动照例举行。这里的渔民庆丰年活动既是庙会又是行会,内容丰富多彩,形式多种多样,别有一番情趣。

渔民各自出资,由村里有威望的船老大当权筹办庆丰活动,活动的内容有舞狮、舞龙、打船灯、高跳、鼓亭等。祠堂里的戏文连续三天三夜通宵达旦地演出。到了十二月十四夜,一些善男信女带着一捆稻草、一条棉被,到庙里睡在菩萨殿周围"陪夜"。那天夜里所做的梦就是决定明年的祸福。第二天圆梦时,有的说,见到了一只落山大老虎,"梦见虎,三年苦";有的说,梦见了一只上山虎,说是"上山虎不伤人,你的灾祸已过";有的说,梦见了一口大红棺材,这是吉祥的征兆,有官又有财,大吉大利,明年定有好运道等等。

到了十二月十五,庆丰活动进入高潮。庙里的菩萨也被抬出来游行,游行的队伍十分庞大,一位大头娃娃摇着一把大蕉扇,走在游行队伍前面引路,后面是三台船形鼓亭,每台由两人抬着,六人组成的乐队跟随鼓亭边行进边吹打,乐曲大致有《十番锣鼓》《将军令》《纱窗会》《梅花三弄》等民间吹打乐和管弦乐;乐队后面是九莲灯、蜈蚣旗和各种长幡、彩旗,随后紧跟着全副銮驾和"肃静回避"四个方块大字牌,中间是由八人抬着的羊祜大帝(据史书记载:羊祜,221—278,今山东费县人。西晋大臣,魏末任相国,从事中郎,参与司马昭机密,晋武帝司马炎代魏后,与他筹划灭吴。随武帝南下,驻军浙东。他遍施抚慰,仁政爱民,深得百姓爱戴)。大帝轿顶撑着一顶黄罗伞。大帝轿后由武士押着一批"犯人"。这"犯人"大都是五、六岁至十来岁的男孩,也有中年丧夫失妻的孤男寡女:有的双手戴上镣铐,有的肩上肩着"桎梏",也有的插着"见斩牌"的"重犯"。渔民为使自己家的单丁独子平安无事、长大成人,愿做这样的"犯人"以解晦气,祈求菩萨保佑,早日"成龙"。那些孤男寡女充当"犯人"后,可以赎罪,求菩萨保佑、天赐良缘。村上的小伙子、大姑娘也在这个时候寻找心上人,谈情说爱,互表心情。

这样的盛会持续三天三夜。对外来的客人,家家户户设宴招待,不收分文。

象山港北岸沿海的渔民信仰习俗颇具地方特色,有浓郁的渔乡味。这是值得研究的渔民文化,它为我们提供了许多宝贵的资料和民族文化遗产。

第三节　奉化渔村造船的祭祀活动及习俗①

　　浙江省奉化位于浙江省东部,濒象山港;地势西南、西北高峻,向东北逐渐倾斜,属沿海半山区,与象山、鄞县、宁海等县相邻相连。早在汉代,奉化就有"海上蓬莱"之誉,是个山水秀丽、海产丰富的沿海陆洲。据考,汉时的莼湖区、西坞区、江口区大部分地域还是东海海面,那时的人们已在海上行舟捕捞。

　　奉化民间的造船历史极为悠久,在河姆渡新石器遗址中,发现船桨六支,其中一支鉴定为公元前4860年所制。桨的柄和翼分界明显,近乎近代的船桨,桨上有花纹;还有陶制的船模一具,形状如梭,头尖,船底平衡稳定,颇似独木船。在木构建筑中,也发现一条比例、特征很像陶船的东西,是条独木船,后来改作木构件。把这些遗存和一些海生物如鲨、鲸等的遗骸联系起来考虑,可以认为当时的捕捞范围已经超出近海。

　　奉化的渔船有外海(能去舟山渔场和公海上捕捞)和近海(象山港内捕捞)船之分。外海船大,近海船小。大的有三道桅、二道桅,小的有单道桅和舢板船。外海船能装载2万—4万斤鱼货,有十多个船舱,一般船都有六个鲜鱼仓、1—3个咸鱼仓、1—2个网仓、2个水仓、1个住宿仓(在中仓)等。小的渔船船舱相应减少。

　　奉化民间现在造的船仍是木制,其造船规矩也沿袭古俗,现在虽比以前有所简化,但至今的造船习俗仍繁琐得比造新房还复杂。

　　(1)相面。造渔船前,主人要请一位相面人给他看一个面相,推测自己宜不宜造船吃水饭。相面者以人面13部位给造船者相面。"麻衣十三部位总图歌"有这样的说法:"地库、陂池及鹅鸭,大海舟车无忧疑。"(地库,陂池,鹅鸭都是人面部位,在左嘴角下)相面者先视造船者下库边、舟车上如有重纹,认为是一生利于水上,能生财,宜造船;如相面者见到造船者库边、舟车有白色,相面者会摇头,认为造船者今生有水灾,不宜造船吃水饭。这样,造船者怕日后身死水域,便打消造船念头。若造船者库边、舟车虽有白色,但井灶(鼻梁两侧)也显白,且白中露黄、黄中有光,则认为黄能盖白,一生不会遭水厄,也宜造船,即如井灶明赤,下库、舟车明亮,最宜造船下海。

　　除了船主,还有将被雇佣来船上捕鱼的人也要请相面者看一看面相。看船夫、渔手的面相,与船主不同。船主看下库、井灶,而对雇佣的渔手则看他们的"承浆"(承浆在下唇下五分处)。据说,承浆起黑色、白色、黄色,或生赤筋或青如靛,都不宜入船下海;如承浆有白光、明亮,可以招聘作船夫、渔手。相书上说,"承浆纹深投浪里,青筋若现不入海"。

　　(2)合生肖、拣日子。造船者确信相面者的话,认为自己宜造船生财,便请算命瞎子或拣日先生把自己的生辰八字和生肖与请来造船的师傅的生辰八字和生肖合起来,再与拣出的造船日子去合。拣日子并不容易。据说,如果造船匠与主人的生肖与出生

---

①　本节内容引见应长裕:《奉化渔村造船的祭祀活动及习俗》,见姜彬:《中国民间文化(第七集)》,学林出版社1992年版,第225—239页。

时辰是子午、丑未、寅申、卯酉、辰戌、巳亥便是相冲,这位造船匠不宜造该家的船;如果是申子辰、寅午戌、巳酉丑、亥卯未才是相合,造船者便可在择定的那一天,请这位造船的大木师傅(渔村人称造船木匠为"大木",造房子做家具木匠为"小木")给他削木取材,开始造船,并认为这样做出来的船,生人无相冲,无相忌,日后一定会顺风顺水,渔船会行水运。

(3)祭祖。祭祖是决定造船后的第一祭,时间在动工前一天。传说是把造船事先告诉祖宗,或曰谢祖灵。

谢祖灵必须备三桌丰盛的酒菜在宗氏祠堂祭供。新中国成立前,开祠堂门是宗族的大事,没有大喜、大庆,祠堂门是不开的。奉化渔村,造新船开祠堂门祭祖,在别处较少见。在开祠堂门时,族长亲手点着三只炮仗。待三只炮仗放过后,族长才允许造船者进祠堂祭供。据说其意是祖宗有德,下代子孙某某某有志造船,给祖宗争气,要显耀祖宗氏族了。

三桌供礼摆在神主堂内成"品"字形,中间一桌垫高凸。据说,中间桌坐最上代祖宗。每桌六只酒杯,六双筷,三条双人坐凳、两支蜡烛三炷香,桌上菜需荤素兼备。下位无凳,作祭拜位,摆二只寿字烛台和一只香炉。造船者明烛点香后,先跪拜中上桌,后拜下位的左右两桌。边拜边口中说着"子孙×××,要造船出海捕鱼了。海上风大浪大,希望祖上看在子孙我为祖争业的份上,暗中助我海势好(鱼捕的多),有好运。顺风顺水,平平安安"等等的祈祷词。酒过三巡,待蜡烛和香烧去2/3后,造船者便在每桌的祭拜位旁烧念有《弥陀经》或《心经》的锡铂和纸钱。待锡铂、纸钱冷却后,造船者再次向供桌跪拜,又虔诚地向祖灵祈祷,然后先从中上桌拔起未烧完的香,朝供桌三揖躬,吹熄一支烛,把香插在神主台。据说这是送祖宗归位。送罢中上桌祖宗,再送下位两桌。送毕,造船者在祠堂内天井中放三只炮仗。

祭祖毕,三桌酒菜不拿回家,在祠堂内请族长、房长等村里长辈吃。祭祖后,俗信认为大大小小祖宗都领情了,日后祖宗一定会保佑顺风顺水、海势好。如此,造船者如吃了定心丸,第二天便要动工造船了。

(4)祭龙王。在造船动工这一天,造船匠第一斧头劈木取船料的时间,必须合着"龙"(辰)时辰——上午7—9时内。其他时辰,都不能作造船动工的时间。

船,沿海群众过去一直敬称其为木龙。造船的地点也讲究:在临水的海滩上搭船栅;村庙庙门外(小渔船可在庙内)。据说,海滩造船,有潮神菩萨保护木龙,村庙内外有庙神菩萨护着木龙新生,任何妖魔鬼怪近不得船木。这两处造出来的船据说干净、圣洁,日后入海最平安。

在辰时造船动工时,船主已做好了祭龙王的素三牲、六盘素菜、六盘糕(内糕、香糕、年糕、松印糕、黄岩糕、八达糕)、两盘馒头(油包馒头、米馒头),朝东南海港摆起八仙桌,两支红烛高烧、三炷香插在香炉上,12只酒杯(闰年13只)整齐地排列在前沿桌上(不用筷)。船主亲手放三只顿地炮仗,欢迎龙王菩萨驾临,随后跪在桌前祈祷龙王保佑他日后船业兴旺,海势好。

(5)祭船神。船神,奉化民间称船公船婆,也有称孟公孟婆的。

祭船神时间在船匠把船样定下后,上斗筋时(即船头部、船眼前凸在最前的一根斗水破浪的一根船木)进行。

船匠削斗筋的时间，须请阴阳先生择日，不能与船主本人的生肖、"八字"相冲。斗筋木上要写"圆木大吉"四字，而这四字必须请村内年高德重、子孙满堂——至少已有孙子、三代见面的老木匠写。老木匠写好后，主人要送给他一条长毛巾、两条香烟、三双（六只）馒头相谢，并要留他喝酒。造船匠在安装斗筋木时，主人要先放百子炮再放六只炮仗，其意是船传百子，代代高发，在船上能发财致富。

当"斗筋"树起时，要用红布、红彩遮盖。据说，"红"预示生意走红，"彩"预示出海有好彩头。"斗筋"遮上红彩以后，主人便在船头旁放八仙桌，摆上三牲：一只猪头、一只大雄鸡、一条生鲜的大鲤鱼，五只油包和一盆豆腐，一把割肉小刀放在猪头一侧，排12只酒杯。点燃香烛，在香炉下压上"船神码"，其意是告诉众神，今天祭的是船神，并告诉船神可骑马驾临了。

船主三番几次敬酒，反复跪拜祈祷船神，保佑他家渔船平安走好运。待香烛燃去2/3，在桌旁下烧念有《金刚经》的纸钱。据说念过《金刚经》的纸钱值钱。祭将毕，主人把压在香炉下的"船神码"焚烧，以示祭毕，同时放三只炮仗，以作送行。

（6）祭海神。奉化渔村的海神是海龟、蟹、鲨、鱼。他们说，海神即是龙王手下的将士。祭海神的时间是在钉上了"龙骨"和船底板后。祭供地点、供物与祭船神相同，只是香炉下压的神码改为海神。祭毕放炮仗也与祭船神同。

（7）祭潮神。祭祀时间是做好了船舵后。奉化渔村的潮神称为潮神娘娘。各村海山咀建的潮神庙供的也是女菩萨。关于潮神娘娘的来历，有的说是马祖婆，有的说是《白蛇传》中的白娘娘，各渔村说法不一。为什么会信仰马祖婆？这与奉化渔村先祖的来历有关。据《忠义乡志》记载：莼湖的翁岙村翁姓，迁移自翁山县岱山；下埠头和吴家埠村，迁移自福建省莆田；桐照村的林姓，迁移自福建福鼎，还有的来自温州等地。这一带渔村来自福建沿海岛屿和村镇的不在少数，信仰马祖婆就不足为奇了。吴家埠村降诸庙内的潮神娘娘，殿匾上还写着"镇海风波"，世代传称为马娘娘。杨村乡下山娘娘殿，塑的是《白蛇传》中的白娘娘，殿匾上写着黑漆金书：平浪白娘娘。

祭潮神的仪式与祭船神、海神相同。

（8）祭龙潭。龙潭本是农民遇上天旱向龙王祈雨之处。本来与渔民造船捕鱼无关。不过，奉化渔村大都也有耕田，也与农民一样信仰本村的龙王。

祭龙潭的时间在新船造好了水舱后。一般大捕鱼船有两只水舱：一只活水舱，有一个小孔，浪花能涌入舱内，另一只盛吃的淡水。这两只水舱，盛入的第一担水都应是最纯洁的龙潭水。据说，渔船是水龙，木龙有了龙潭水就有了龙的灵魂，木龙有了灵魂，便成了活龙，就能在大海中不怕狂风恶浪；要取龙潭水，所以得祭龙潭。

祭龙潭的祭礼：素三牲、糕饼、豆芽、香干、水果等7—9盘，香烛一副，炮仗六只（开始时放三只，祭毕时放三只）。船主在龙潭旁明烛点香，跪下祈求龙王恩赐"龙水"给水龙作灵魂，同时在龙潭旁烧念有《华严经》的纸钱给龙王。据说，龙王最爱《华严经》。龙王有了《华严经》后既可当钱使，又可步云级品。祭礼毕，船主用水桶等盛水工具汲龙潭水肩挑回家。

（9）祭床公床婆。渔村习俗，一直把渔船水舱视作船的灵魂处。船的灵魂并不是有了龙潭水就可以了，还要放入银元或铜钿。现在渔民投有银元和铜钿的，放入些伍分硬币。据说，这是受"皇封"的标记。这样做后，表示木龙已受过"皇封"了。除此之外,还要从妻子头上剪下一束头发放入水舱进水孔内。传说女人属阴属水,下船出海去的都是男人,男性属阳,阴阳相合,才能生"人子"(人:奉化地方言念银音,人子即银子)。要剪妻子头发,须祭祀床公床婆。

祭床公床婆与祭祖祭神不一样,其时间在晚饭后的戌时(即19时至21时)。祭供时不用桌子,在横倒的竹椅上放一把米筛,以米筛作桌面。据说米筛是免死之意。船主夫妇在米筛上摆上莲子、花生、红枣(这三碗缺一不可,都是取其谐音:莲子——连子,花生——化孙,红枣——红得早),然后再端上一碗劈开了的煮鸡蛋,一碗鱼、一碗肉、一碗糕、一盘水果。一般在米筛上要摆8—9碗,也有再加一碗糯米芝麻团。然后明烛点香,供在踏床上;也有揭去席子供在床上的。

在祭床公床婆时,夫妻要双双跪在踏床板上,朝床上拜。开始只说些床公床婆保佑我夫妻白头到老之类的话,后来男的说"娶妻为发族",妻子说"嫁夫生百子",做丈夫的接上说"子不离娘",妻子又说"嫁夫随夫,心随丈夫天涯海角",丈夫说"好娘子说到做到,随夫而去",妻子拿起准备着的一把剪刀,跪着又朝床说"床公床婆作证,请剪下奴家头发随夫而去",说罢,举起剪刀,剪下一束头发,用红绢帕包好,双手交给丈夫。做丈夫的朝妻子行一个躬礼,双手接住红绢帕,说声"贤妻随我来",把红绢帕放入怀内,夫妻俩再次向床公床婆叩头三个,然后起来。

祭毕床公床婆,男的使挑着龙潭水到造船处,把妻子头发塞在已安放有银元的水孔中,把一担龙潭水分别倒入前后两只水舱。据说,这样做后这条船便有灵魂了。

日后父辈故后,做儿子的接替这条船时,与儿媳妇一起也要祭一次床公床婆,儿媳也要剪一束头发重新放入水舱。据说这样做后这条船今后会代代兴发,永走水上好运。

(10)祭财神。造新船祭财神的时间,在鱼舱网舱完工的一天。

奉化民间传有文财神、武财神之说。文财神是商代忠臣比干,武财神为三国时的关羽,民间称为武财神关圣帝。也有个别渔村把玄坛作武财神的,不过以关公作武财神的为多。

渔民们不但把关圣帝作财神,平日为人也仿照关公的重义气。渔民们不但造新船要祭财神,渔船每次出海回来或出海前都要祭一次。现在渔民在祭财神时,香炉下压的神码统称"财神码",而在过去,大部分船主都有所指,如"武财神关圣帝赤兔码"或"武财神玄坛码"等。

祭财神的祭礼与祭船神、潮神相同。

(11)拜观音。造船拜观音的时间,在做船眼钉船眼这一天。做船眼又要拣日子,这一天必须与船主的生肖、"八字"相合;钉船眼的时辰必须在辰时(上午7—9点)。做船眼的树木,必须是乌龙树。民间传说认为乌龙树曾是东海龙王手下的龟将。由于私爱龙公主而被东海龙王逐出水宫,逼其自缢。龟将无奈,一头撞死在礁石上,尸浮海面。渔民发现龟尸,把它掩土埋了。过了许多年,在乌龟埋葬处长出了一棵铁黑色的树木。这种树木正是渔民造船作眼珠最难找的木料。据说,这是龟将为报答渔民替它埋尸之恩,给渔船下海作眼,引航觅鱼群。同时,它还梦想着与龙公主会面。后来有人给龟将死魂变成的那树起名为乌龙树。据传,乌龙树做的船眼能走沿海18国,永不迷航。

船眼要钉到船头去时,还得用某一朝代刻有帝王年号的银元、铜钿垫在船眼内。据说,这样做后龟将之灵已受某一帝王封敕起用作"木龙"眼,东海龙王见龟将之灵已有皇印护身,便无法为难它了。

船眼钉上以后,据说"乌龙"之灵还不能有神,见不到海中一切。要有某一庙尊神的"开光牒"作船眼的开光护牒,贴在船眼上5—7天,说是开光菩萨在给木龙育眼神。"牒"外再钉上一尺多长的五色彩线,说是菩萨的五色祥光在给木龙引开目光。

当船眼钉上彩线的时候,船主便朝船头摆起八仙桌,请上观世音神像,点香烛,端上水果、糕、饼。船主跪在桌下拜观音。据说,海上多野鬼和恶神,他们会把刚诞生的船眼弄瞎。船家怕开光菩萨的法牒敌不住野鬼恶神,请观世音来保护,使一切妖魔鬼怪近不得船身。

拜毕观世音,船主便把观音神像移入新船中舱神龛内,每天香火不绝,船主早晚都要拜一次。边拜边念着"菩萨保佑,让船眼早生神光,永有神灵,能觅踪海中四汛鱼群,能避浪下三尺暗礁浅滩……"的祈求语。直到船眼开光落水以后,才把观音神像从中舱请出,换上财神菩萨或洋夫菩萨。

(12)祭风神。祭风神的时间是在竖(立)桅的一天。出外海的渔船(大捕船)至少是二道桅,一般都有前、中、后三道桅。中桅是主桅,比前后二桅高。

风的自然力给渔船带来好处,能作行船的动力,也带来危害,海上行船最怕的是充满神秘的飓风和强台风。在科学不发达的旧时代,渔民弄不清狂风恶浪的来由,而人力又无法左右它。这是渔民崇拜风神的主要原因。

风神,有的地区、民族把鸟类神化为神的,也有把某个星体与月亮作为风神的,也有把怪兽形的飞廉作为风神的。奉化民间对风神只是浑称,谁也说不上风神的神名。他们幻想中的风神是位超自然的天神,称为风神菩萨,也有称"太平风菩萨"的。祭风神,就是要求风神保佑渔船和人命的安全。

祭风神除择日外,还要择时辰。桅竖起后,祭风神的时辰一定要取戌时,即19—21时之间。用四张八仙桌合拼,朝西北而祀。据说,风神驻西北宫。桌上三牲齐全,要摆36盆荤素莱食,18只酒杯(不用筷)。据说,风神有18兄弟,个个都要到席。两支红烛,一炉香,香炉下压一张写有"众风神码"的黄纸码。船主三番五次在供桌下跪拜,虔诚地一次次叩头祈祷,说"我家船小,经不得大风大浪,望风神菩萨另眼相待,多加保护"等等的祈求语。待香烧去2/3,船主便取下香炉下的一张"众风神码",向供桌一揖说:"今日小菜不丰,待船出海捕得大黄鱼、大墨鱼和大带鱼等再请众位风神菩萨到席,现时便送众风神……"说罢,举起"众风神码"往烛火而焚,以示送风神。船主吹熄一支蜡烛,拔起未烧完的香,朝西北走18步,找一墙壁缝和大树裂缝(能插入香棒处)把香插在那里,算是送风神回去了。

祭风神的场面,要比以上单独祭任何一位神都大(仅次于祭"众神"场面),供品也丰盛,不难看出奉化渔民对风神的崇拜程度。

(13)祭众神菩萨。众神菩萨指的是以上祭的龙王、船神、海神、潮神、财神、观世音、风神和某庙庙牒封贴在船眼上的那位尊神,号称八大神。观世音不沾荤,神龛在船舱,便在船舱供3—5盘素食糕饼、水果之类,焚香点烛,在船舱祭供。其余七神一起祭供。也有船主在焚香向四方祝告时,除了以上诸神外,把洋夫菩萨也请来。

祭众神菩萨的时间:在揭去船眼上"牒"和五色彩线的一天。这一天也要请人拣日子,要与船主生肖、生辰八字相合,又要忌"火日";同时,要请龙灯来盘舞新船。

　　祭桌用六张八仙桌在造船场船头前拼合成氏方形的大桌面,上摆 12 只酒杯(闰月13 只),供礼有全猪、全羊、全鸡(不用筷,在猪、羊上插一把肉刀)、三盘糕(内糕、松印糕、水发糕)、两盘馒头(油包馒头、米馒头)、三盘素菜(豆腐、香干、芋芳头)、一盘时新水果、三盘鲜鱼(大黄鱼、大勒鱼、大鲤鱼)、一盘凤蛋(即鸡蛋 12 只),共计 16 大盘荤素大菜;还有两支红烛、三炷香,香炉下压一张写有"众神码"的黄纸。

　　明烛点香后,船主手拈三炷香,向东南西北作揖,叫出所要祭供的神名:龙王、船神、潮神……一个个顺次名号而喊。喊毕神号便说请众神菩萨临界就席(食)。据说,神在人头上一丈处,点上香后不管声音大小它都能听到。

　　这一天,在造船场的所有人员,一个个都要在家沐浴过,穿上最新的衣服。船工更不要说,从造船开始一直是夫妻分床的。今天他五更沐浴,换上崭新衣服,请神后先进船舱祭拜观音菩萨,然后下船再祭拜"众神菩萨",并叫儿子、女儿(女儿必须是 15 岁以下;16 岁以上便不能近船旁和供桌旁)和他的爹、伯伯、叔叔、哥哥、弟弟等房族内人,以辈分大小顺序,先上船舱拜观音(少女不准上船,不拜观音,只拜众神),然后下船再拜"众神菩萨"。

　　这一天,除了船主房族内的人要祭拜观音、祭拜"众神菩萨"外,还有船主的亲戚朋友(男性)在家沐浴后挑着酒和馒头来恭贺船主。因奉化民间习俗祭"众神菩萨"之日,即船眼揭封开光日,经过两个月左右的造船(大捕船一般要两个月时间才能造成),今天船眼开光,可落水出洋(海)了,所以一个个闻讯都要赶来道贺,也想来造船场拜一番观音,拜一番"众神菩萨"。据说,新船开光日拜神,人能增福加寿,目能明亮、到老不花。

　　船主这天身穿一新,在高兴中应酬忙碌,每往供桌敬一次酒,便在供桌下跪拜、祈祷一次,说"众神能通天,保奏玉帝让我家渔船顺利开眼,保佑平安,保佑日后捕鱼行运"。据说,众神受了船主之食,真的上天庭玉帝处为船主举保,让木龙今日见天。

　　酒过三巡,船主为渔船开眼已祈祷了几次。船匠看时辰一到,便点响三只炮仗,接着持百子炮的人员便在船眼两侧开始放鞭炮(放六六三十六串),一串接着一串放。这是揭开封牒的信号,造船匠便对船主说:"恭喜你,船老板,众神菩萨上天庭已奏请玉帝,今日今时已准许你渔船揭牒开光。"船主马上回答:"谢天谢地,谢众神菩萨,船师傅你揭牒卸彩线吧!"造船匠便朝船头毕恭毕敬行三鞠躬,低声地说:"众神菩萨在上,小人受船主之托,现在就要取下彩线,揭下船眼封牒,请恕小人无礼。"说毕,便动手把船眼上的彩线取下,并揭下封眼牒,船头两侧便露出两只又圆又大的船眼睛。这时,两旁锣鼓齐鸣,炮仗声不绝(要连放六六三十六只),说是"六六"顺风,也有说"六六"顺利,取"顺"字意。

　　彩线庙牒刚揭下,预先安排的龙灯,在长号声和六番锣鼓的伴奏下,以"大游龙"之势,便在新船前后翻滚盘舞,以示吉祥。龙舞毕,船主便把预先念有《金刚经》的锡铂在供桌旁焚烧。

　　待香燃去 2/3,船主再一次跪拜恩谢众神给船开光之功,并又祈祷要"众神"保佑他日后海上平安、海势好,然后便从香炉下拿起"众神码"纸,对着烛火焚烧(以示祭供毕,送众神骑马回去了)。接着,船主吹熄一支蜡烛,手拈香,从地上拿起盛有锡箔灰的瓦器,说声"送众菩萨回",便朝船头方向(东北)走10—20步,把香棒插在树木和墙壁上,并把盛有锡箔灰的瓦器放在地上。船头旁这一桌"众神菩萨"就算祭毕了。船主把祭礼物品和桌子收拾完后,进船舱再祭拜观音,说几句菩萨保佑的话,走近小神龛前又说"菩萨在船上孤寂多时,今请菩萨到家去享受人间烟火",便把观音神像连同小神龛双手捧至船主家中供祀在神像堂内,整个"祭众神菩萨"仪式程序才算结束。

(14)祭洋夫菩萨。洋夫菩萨是奉化渔民所信仰的渔神。据说,洋夫菩萨是渔民的始祖。奉化渔村都建有"洋夫庙"。庙内塑的神像,是一位披斗篷穿龙裤的渔民形象。奉化民间有句俗语:"沿海十八衖,菩萨穿龙裤。"

祭洋夫菩萨的时间在船眼开光后,即将推船下海之时,所以也有人称"祭出洋(海)菩萨"。

祭洋夫菩萨的地点在船上。祭礼有三牲,加上三盘糕(内糕、松糕、水发糕)取"高和发"之意,三盘馒头(米馒头、油包馒头)取"彩头"之意。

祭洋夫菩萨的同时,船主还要在本村村庙内祭供村庙菩萨。祭礼也需三牲齐全,仪式顺序也与祭其他神同。船家的妻子与母亲在家中还要祭"内财神",也有祭"太平菩萨"的。"内财神"是谁,"太平菩萨"又是哪一位,无法查考。这是奉化渔村妇女们幻想出来的神,寄托了她们的心愿,希望丈夫出海太太平平地回来。

船上一面祭洋夫菩萨,一面便把渔网抬上网仓。渔网上要插几枝桃梢。据说,海上多海鬼,桃枝插过的网,水中邪物便近不得了。

船主雇佣的渔手、伙计、老大等人,这一天也都来到船上,朝洋夫菩萨跪拜叩头。因祭毕洋夫菩萨后,他们便准备出海捕鱼了。在科学落后的旧中国,渔民出海如出战,活着出去,说不定连尸体也回不到家乡。在祈祷洋夫菩萨时,更显得虔诚,特别是老大在拜洋夫菩萨时,往往会回忆起往年出海的苦处,有时会祭拜得眼圈发红,落下泪水。

祭"洋夫菩萨"毕,船主便在船上连放六只炮仗。这时,村里的男男女女、老老小小,一闻炮仗声,便知是某家祭洋夫菩萨完了,都会走出家门(女人不能近船,只能在离新船几丈处望着),奔向新船边。因奉化渔村有这样的习俗,祭"洋夫菩萨"毕便要抛出洋馒头。船主站在船上把一只只馒头抛向人群,人们争先恐后去抢。船主的馒头越多,抛得越远越高,抢馒头的人越多,据说这条新船日后鱼也会捕得多,船主的财运也会好。

在船主抛馒头时,有人会唱出一大篇抛馒头的歌谣:

渔船造来新呀新,燕子飞过开金口。

船桅竖得高又高,寅时开船卯时发。

一双馒头抛过东,东边二条活青龙。

青龙伴船保太平,黄龙伴船满渔舱。

一双馒头抛过南,南边有两只大渔船。

一只抛南海,一只抛北海,空船出去满船来。

一双馒头抛过西,西边两只活金鸡,又会飞来又会啼,

日里金鸡生一双,夜里金鸡生两双。

一双馒头抛过北,船主正在造新屋。

今年造三间,明年盖六间,后年造九间,三九廿七间。

前造牌坊,后造客堂,中造暂房,两厢造鱼房,

海滩头又造新船一双。

四方馒头都抛到,一年四季保太平。

捕鱼落洋多顺风,大发洋财归家门。

(15)办落河酒。落河酒即渔船下水后宴请村里邻居、房族和平日相处的朋友、亲戚及帮助共同推船入港的人们的一餐酒席。

办落河酒在船上。主要是船主答谢曾为他出力的人们。其实是一餐答谢酒宴。人数不限,酒席丰盛。席间可以喝酒猜拳,但禁喊"全福有",因福与覆同音;筷子只能平放,不能搁,因船怕搁;羹匙只准仰放,不能覆盖放,因渔民怕船覆;吃鱼不能翻,因船怕翻。

吃完酒席,船主分给船上宴餐人员一双馒头带回家。到这时,造新船全过程习俗才告结束。

造一条本帆船(大捕船)不过60多天,从祭祖到办完落河酒,中间祭的诸神达十二三次,几乎每四五天要祭一次,花费之大、习俗之烦琐、祭神之多是惊人的。这种造船习俗,在奉化渔村历代相传。

第四节　舟山渔民的特殊葬礼:潮魂[1]

舟山渔民的特殊葬礼——潮魂习俗,不仅在吴越地区、在国内十分典型,而且在世界上也极为罕见,引起了国内外民俗学者的很大兴趣。潮魂习俗是怎样进行的,它反映了舟山渔民的怎样一种心态?

潮魂不仅与叫魂有密切联系,而且综合了众多的巫术活动,集渔民巫术信仰之大成。

一　潮魂习俗的文化和社会背景

舟山的潮魂习俗发源于嵊泗列岛的嵊山岛。嵊山为什么会产生这种习俗?这是由其深刻的社会和文化背景所决定的。

第一,以渔为生,以渔业为唯一生产方式是潮魂习俗形成的经济、社会原因。嵊山是个悬水海岛。陆地面积不大,仅有4.1平方千米,但海域面积达4200多平方千米,是陆地面积的1000多倍。嵊山四汛有鱼。大、小黄鱼,墨鱼,带鱼,这中国的四大经济鱼类,是嵊山的"四大家鱼"。为此,嵊山成了华东沿海江、浙、闽、沪、鲁等六省一市10万渔民集中捕捞的著名渔场,在中国渔业经济中居于举足轻重的地位。在渔船和捕捞设备都比较落后的情况下,与大海搏斗,常常要发生船翻人死、葬身鱼腹的悲剧,死者

---

[1]　本节内容引见金涛:《舟山渔民的特殊葬礼:潮魂》,见《中国民间文化(第二集)——民俗文化研究》,上海民间文艺家协会编,学林出版社1991年版,第93—104页。

家属要安慰、纪念死去的亲人,尸骨已无法找到,唯一的办法是把死者的魂魄招回,隆重安葬,久而久之,就形成了潮魂习俗。

第二,环境险恶,是潮魂习俗产生的地理因素。嵊山岛的地理位置十分特殊,海域环境也很险恶。嵊山是中国东部岛屿之尽头,古称"尽山"。《定海县志》记载:"嵊山其位居中国海山之尽处,而曰'尽山',又言'神前'。"嵊山外围岛屿浪岗岛,就是有名的"无风三尺浪,有风浪过岗"的风浪圈。舟山渔谚"船到嵊山沿,性命不值老鸭钿",是对此海域环境险恶程度的最好写照。从阴历正月初八至十二月二十三,嵊山有30个风暴期;其中,二月十九观音暴、三月二十三娘娘暴、八月二十乌龟暴、十二月三十犁星落地暴都是危害极大的风暴。此外,还有突发性的"野暴"。据《嵊泗县志·大事记》中记载:"民国三十一年(1942)十二月二十八日,嵊山遭七级西北风袭击,毁船87只,死40人。"又载:"民国三十六年(1947)十二月二十八日,暴风雨袭击嵊山,150余只渔船沉没,90余人丧生。"此类记载在《嵊泗县志》中相当频繁,令人触目惊心。

第三,文化落后,巫风盛行,是潮魂习俗形成的历史文化因素。嵊山岛的岛民分为固定的和流动的两种。固定、常住的岛民其先民大多来自宁波、定海、岱山一带,有少数是上海、江苏籍的。其中,有历代的朝廷钦犯囚犯,有先来嵊山进行季节性生产后定居的、也有贩鱼商人的后裔。流动岛民天南地北均有,江苏、浙江、福建为最。有在岛上定居半年的,也有两三个月的。就其文化程度而言,新中国成立前渔民中95%是文盲。基于此因,嵊山的民俗文化带有浓厚的原始宗教色彩和多种因素的民间信仰,尤其是巫术。过去嵊山岛有一庵二宫,崇拜的海神是观音、天后和羊祜。观音受舟山普陀山影响;天后即妈祖,是从福建传过来的;羊祜是个医官,嵊泗菜园镇的羊祜宫是总宫。龙王、船菩萨也是嵊山岛民信仰之神灵。出海请龙王,丰收谢船菩萨,生病求羊祜,遇灾叩观音,成了嵊山岛民的四大精神台柱和民间信仰习俗。与之相适应的庙会文化及耍龙灯、跳蚤会、庙戏等游艺习俗活动在嵊山岛相当活跃。至于渔民中的巫术信仰,不论是卜兆、符咒,或是法术,均很盛行。出海卜卦求吉利、鲸鱼突现有灾星、油船失踪问巫婆、婴儿怯弱鸡渡关、小孩发高烧催魂灵、渔船出海前插神旗等等,巫术行为时时处处可见。所有这些,都是潮魂习俗产生的思想基础和行为准备。

就嵊山渔民心态来说,出海保平安,死在海里的阴魂要招回陆地安葬,是人生的起码祈求和心愿。它与嵊山岛独特的社会背景和文化背景相吻合。因此,嵊山岛作为舟山渔民的特殊葬礼——潮魂习俗的发源地也就是自然成章的事了。

二 潮魂习俗的类型与程序

潮魂是从叫魂发展而来的。叫魂是模拟巫术和接触巫术的综合,并使用符咒和法术。

潮魂和叫魂之区别:叫魂与潮水涨落无关,潮魂则必须在潮水上涨时进行。退潮时,海上的阴魂离家很远,无法招回。只有潮水上涨时,海上的游魂随潮而来,直至海滩,才能把魂用法术就近招入稻草人中,这就是潮魂的俗名和习俗之由来。招魂一般在初一、十五大潮汛时进行。

潮魂分两种:一为追魂,二为招魂。

追魂与招魂之区别:渔民淹死在海里,但已找到尸体者,不必用稻草人代替死者引魂,其潮魂形式为追魂。据当地渔民说法,人有七魂六魄,其中三魂四魄残留在尸体中,溯魂时只要追回失落在海上的四魂两魄就行了。招魂则不同,死在海里的渔民连尸体也没捞上岸来,七魂六魄全丢失了,而且死者没有尸体,必须以稻草人作为替身物。因而,追魂与招魂虽然同为潮魂,但其程序和规模有所不同。

追魂有两个场地:一是死者家中,二是海滩。在死者家中,灵床上躺着从海中捞回来的渔民尸体,在灵床前放一张供桌。供桌上竖放灵牌和供品。灵牌上写死者的名讳。追魂从清晨涨潮时开始,由四个道士在家敲打法器,施法术,念咒语。为首的道士还要念一篇祭文。祭文的内容是死者的姓名、住址和在海上遇难的地点、时间等等。例如:"×××,某年某月在某处被海水淹死。他的家在某岛某村某户,恳请东海龙王、过路尊神把×××活灵送来啰!"此时,屋内有一个死者的亲人应声答:"来啰!"这样,一呼一应,连续进行。同时,道士在灵床前燃纸马、烧锡箔,酬谢押送灵魂的龙王差役和过路尊神。

在海滩上,追魂的程序在同步进行。首先,在海滩靠近潮水线的地方摊开两张簸箕,摆满鱼、肉、水果等各种祭品。这些祭品主要是给送魂上岸的海鬼吃的。送魂的海鬼长途跋涉一定很辛苦了,如不给它们吃好吃饱,它们就要虐待死者灵魂。所以,这份祭品十分丰厚,不能马虎和吝惜。待潮水涨到一半时,海鬼和阴魂已临近海滩,海滩上就得燃起几堆大火,以指点方向并温暖阴魂之心。此时,在家施法术的四个道士中,抽一个道士到海滩来引魂,其余两位继续在家超度、祈祷。引魂的道士在海滩一边摇死者招魂铃,一边叫死者家属点燃预先放在供品簟上的香烛、纸马、佛经之类,以引诱海鬼和阴魂上岸。潮快涨平时,追魂的程序进入高潮,引魂的道士手执写着死者姓名、生辰八字和家庭地址的招魂幡,急速地摇铃,急速地沿着潮水线行走,口中念念有词:"×××,海里冷冷,屋里来呵!"此时,紧跟在道士后边的亲人,穿孝服,提灯笼,连连应答:"来啰!""来啰!"两人一前一后,不停地频频呼喊,往返于海滩涨潮线数次,直至潮水完全涨平。突然一阵急促的招魂铃响后,引魂的道士手舞足蹈,似乎在空中抓住了什么,用手一掷,掷于招魂幡中,然后绕着放置供品的簸箕走三圈,就急步向死者的家中走去。道士说,死者的四魂二魄已引入招魂幡中了。到了家里,引魂的道士把招魂幡在死者头上来回晃动几次,其意为把中的阴魂安全送入死者躯体中。从此,死者七魂六魄已全,来世就可全身投胎,今世也不用在阴冷的海水里惨遭苦难。追魂程序也到此全部结束。其尾声是把海滩上的供品各取一部分抛入大海,以酬谢海鬼和龙王,把追魂幡供在家中的灵堂上,让可能附在幡上的野魂徐徐散去,以保证死者阴魂的纯洁、安宁和完整。第二天,把死者放进棺材中,抬到山上安葬,其葬礼与死在陆地上的常人相同。整个追魂过程大致花一天时间。

招魂因死者不仅没有灵魂,而且没有尸体,非用极大的法术、魔力和施行多种巫术才能奏效。因此,潮魂的规模、场面和程度要比追魂大,而且复杂得多。舟山的潮魂习俗实质上是指这种形式。

招魂的程序也是在死者家里和海滩两处进行。在死者家里,用两条长凳搁起一张八仙桌,搭起一座招魂和祈祷的祈台。祈台上插香燃烛,供奉苹果、橘子、山梨以及香干、油豆腐、千层等素菜供品。祈台上不能供奉鱼、肉等荤食供品,否则就犯大忌。很明显,这与追魂的供品程式不同。

在祈台下施法术的是七个道士和一个和尚,一共八人。道士披道服,和尚穿袈裟或八卦衣、戴僧帽。和尚和道士从清晨开始,敲钟打鼓,念咒施法。道士以敲打为主,和尚以念经、念咒为主,僧道各有分工,又有合作。俗语"七七敲,八八念",就是这个典故,意思为七个道士敲打法器,一个和尚加七个道士八人念经。这可以说是潮魂的前奏曲,为的是向失落在遥远的天渊海角中的阴魂打招呼,引起龙子、海鬼以及死者魂灵的注意。至于招魂为什么不许供奉荤食,又为何僧道一起施行法术,至今是个谜。

上午在死者家中进行的僧道施法引魂活动,只是一个开端。一旦潮水上涨,七道一僧施法场所从家中移向海滩,招魂的习俗活动才进入正场。

招魂过程中有几样特别装置。一是帐,二是台,三是竹竿,四是鸡,五是稻草人,六是招魂幡和有字灯笼,七是米,八是篝火。这八样东西均要齐全,不能遗缺。帐,即在海滩上搭建一个为招魂施行法术的幔天大帐。这帐篷一般用渔船上的篷帆制成,四周用毛竹做撑梁,设在靠近潮水线的海滩口。台,帐篷内设置一个大蘸台,蘸台上有三张供桌,分为东、西、中三桌,两低一高,施法念经的道士与和尚围坐在中间的高桌两旁。东、西两张低桌上供着祭品。祭品也是水果、素食,与上午在家中引魂的供品相同。那张高桌上还竖放着一块死者的灵牌,牌上写死者的姓名和生辰八字。在高桌后面,放一把大椅子。大椅子上端坐一位穿戴整齐、有鼻有眼、有脚有手的稻草人。稻草人即死者的替身,穿戴着死者穿戴过的旧衣、旧帽、旧裤,俨然像个活人。在帐篷外竖一根长竹竿。竿的顶端悬吊一只竹篮,篮内罩着一只度关用的大雄鸡。为防鸡在篮内挣扎、在放鸡入篮前,用五六十支香对折折断,放在香灰盆里燃烧熏鸡,致使雄鸡昏昏沉沉,呈昏迷状态,再用黑布包鸡头,然后放入篮中。篮端开口处用死者的旧衣罩住亮光,使鸡造成错觉,以为在黑夜之中。这样,再用绳索把竹篮吊上竹竿顶。至于招魂幡、灯笼和米均是在招魂进行中必备的法器和用具。海滩上的四堆熊熊篝火则是为了让海上游魂明确方向和温暖惨淡寒冷的心灵而设置的。总之,这些装置均有一定的目的和功能。

随着潮水上涨,海滩上篷帐内和蘸台上的施法活动也在抓紧进行。蘸台上香烟缭绕,钟钹齐鸣,和尚和道士的念经声也越来越响、越传越远。和尚念的佛都是佛名,如有一段是这样念的:"佛阿佛,三万六千亿亿佛,三万九千无数佛,海河两岸流沙佛,无不常恒何须佛,百万聪明智慧佛,廿四当头弥陀佛,星宿天空一切佛,财地圣地积素佛⋯⋯"为何要念这么多的佛呢?无非是招魂难度很大,距离远,又是海路,路上有妖魔鬼怪阻挡,不靠众佛帮助,难以招来游魂上岸。念佛时,一般以放焰口的和尚领唱,七个道士敲鼓、击钹、摇铃、叩木鱼。据说,和尚念的经是施给引魂前来的巡海夜叉或海鬼,致使它们不再刁难鬼魂上岸入壳。

潮水越涨越高,夜也深沉了。海上的游魂快要登岸。施法术的和尚、道士和死者的家属的神经随着潮水上涨显得紧张起来。因为耗资巨大的潮魂仪式,成败得失在此一举。此时,一位道士一手拿写着死者生辰八字和姓名的招魂幡,一手摇动着摇魂铃,步出帐篷至海口开始招魂。招魂时道士后边跟着3—5位死者亲属或帮工,手执火把,其中一位亲属手提一盏大灯笼,灯笼上写着死者的姓。道士边走边摇铃,边大声呼喊:"×××,海里冷冷,屋里来呵!"后边跟着的死者亲属或帮工,大声应道:"来啰!来啰!"道士呼魂时都沿着潮水线走,越临近海水越好,因为这样越便于海上游魂登岸。

沿着海湾内狭长的沙滩，道士和死者的亲属或帮工来回要走三五次。当他们走过海滩上燃烧的篝火时都要跨越而过。道士念着咒语摇着铃，急速地奔走，速度由慢至快，铃声也由轻至重、至急。直至来回三五次后，直到潮水涨平，篝火渐熄，招魂的道士才把招魂幡连续地舞动，说是已把阴魂招进幡中，然后回到帐篷内的供桌前，把一天来和尚、道士所念的五百佛、七百佛以及香烛、锡箔与招魂幡等放在一起，在稻草人前焚烧。其目的是用佛经等酬谢巡海夜叉，作回去的路费和零用。焚烧招魂幡是让幡中阴魂飞腾，尽快进入稻草人中。

此时，在喧闹的法器声中，七个道士中有一位领头的道士步出帐篷，去牵动帐篷前的那根竹竿上吊着鸡篮的绳索。道士牵动绳索、惊动了篮中的大雄鸡，发出"索索索"的挣扎声。道士说，招魂篮中鸡的抖动，说明死者灵魂的一部分进入了鸡魂；如果鸡不抖动，说明死者阴魂全部进入稻草人中。鸡抖动时，死者的亲属要向度关鸡祈祷叩拜，尤其是死者的晚辈。帐篷内的和尚见法术生效，一边拍打"僧术"，一边焚烧符箓，同时撒米于稻草人周围。和尚撒米的动作很特殊，左手捏米，右手弹指，其实米不是撒，而是用手指弹。和尚说，弹米是为了把野魂弹走，让死者的真魂进入稻草人。

在和尚手中的米弹完后，把竹竿上的鸡篮放下来。仍旧是这个和尚，双手捧出篮里的大雄鸡，放在供桌上，让鸡随意吃供桌上的供品，因为此时的大雄鸡，有死者的部分阴魂附身。让鸡吃供品，也就是让远道而来的死者阴魂吃供品，让他吃个饱，可以精神饱满地进入稻草人中。和尚看鸡吃得差不多了，然后抱着鸡，举起来，在稻草人头上顺旋三圈，倒旋三圈，这才把鸡放掉。和尚和道士作最后一次法术，大声念经、念咒语，并用力敲打法器，祝贺死者的阴魂，也就是说，死者的七魂六魄全部进入稻草人。一天紧张而烦琐的潮魂程序到此结束。第二天，同陆地上死去的常人一样，把稻草人放入棺木，抬到山上埋葬，其葬礼与普通人的葬礼相同。嵊山岛的渔谣"十口棺材九口草"源出于此。

以上记叙的是潮魂习俗的全过程。那么为什么说潮魂习俗集渔民巫术信仰之大成呢？因为远在潮魂习俗出现之前，海岛上已有种种巫术信仰和行为。例如，渔民家婴儿怯弱多病，或成年人到了 66 岁等所谓不吉利年头、渔民都要抱着白毛公鸡到神庙里去度关。度关时也要道士或和尚念咒施法，用度关者的衣服裹住公鸡的头在蒸笼中穿来穿去，以消灾避邪。这方法与潮魂时们死者衣服包住鸡头的方法完全一致。再如，小岛上有一种奇异的婚俗，结婚时因新郎在外海捕鱼未归，由妹妹代兄拜堂成亲，晚上与新嫂嫂入洞房时，小姑手中要抱一只大雄鸡，俗呼"小姑代拜堂，抱鸡入洞房"。虽然一死一生、一喜一悲，两者区别很大，但用鸡拟人的巫术原理是一脉相承的。

潮魂时为什么要大声呼喊死者的名讳？又为什么要用稻草人做替身物？这也同潮魂的原生态叫魂习俗有关。叫魂，嵊山岛渔民叫"喊活灵"，往往用于小孩突然惊吓生病或成年人发高烧而查不出病因。其方法：一是喊灶间活灵。即巫师在灶间用灶神的净水喷洒病者耳朵，一边呼喊："×××，活灵叫来了啰！"病者的亲属应答："来啰！来啰！"连叫数次。然后，巫师在病者耳边念一阵咒语，把病者丢失的魂灵招回来。二是扫帚魂灵。其特点是用扫帚做病者的替身物，也用病者的衣服覆盖在扫帚上。这同潮魂时用稻草人作替身物，并穿着死者衣服的方法相类似。三是锅盖活灵。巫师叫魂时用热饭锅的锅盖在病者头上顺旋三圈、倒旋三圈,边旋边喊。其方法同潮魂时和尚抱着度关鸡在稻草人头上旋圈的程序相同。四是米筒活灵,巫师摇晃着米筒替病者叫魂,在潮魂中则演变为和尚弹米赶野魂。五是纸活灵,巫师用纸上的水珠代替灵魂。六是腊活灵,根据腊汤的凝固物来探究病者惊吓的原因。这六种叫魂方法均在潮魂中得到具体运用。至于符咒和法术,嵊山渔民用符咒压在枕下驱病,在船舱贴符咒防灾,在船尾画八卦图镇风浪等均很普遍。七月半请和尚道士作法驱海鬼、焚鬼身,也早已有之。总之,东海渔民的潮魂习俗不是凭空而来,它由潮魂习俗的种种原生态发展衍化而成,是海岛复杂多变的社会背景和文化背景的反映和产物。

如果把潮魂习俗的具体民俗事象上升到巫术理论,那么其中种种奇异的行为都可找到答案。英国著名学者詹·乔·弗雷泽在《金枝》一书中把巫术分为模拟和接触巫术两种。所谓模拟巫术就是根据同类相生,果必同因的原则,通过模仿来实现他想做的事。[①] 那么,潮魂习俗中的度关鸡、稻草人,就是用来模拟死者的替身物,是模拟巫术的具体运用。所谓接触巫术,就是两者的事物一旦互相接触,它们之间将一直保持着某种联系,即使他们互相远离,联系仍旧存在。用这种观点去观照潮魂习俗中用死者的衣服包度关鸡的头,稻草人要穿死者的衣服、帽、裤等等,均可得到合理的解释。因为死者的衣服与死者有过接触,虽然死者和衣服已经离远,但它们的联系仍然存在。当然,嵊山岛潮魂习俗的出现,还同渔民的传统观念和心态有关,同渔民的家教信仰和鬼崇拜有联系。渔民在大海里捕捞鱼,风急浪高,处境十分危险,再加上古代的渔船十分简陋、抗风力极差,一遇风暴,十有九死,自然地产生对大海的一种恐惧心理。再者,渔民的鬼神信仰中,认为死在海里的人,魂灵无所依靠,长年累月在海中游荡,风吹浪打,十分凄苦。如果被龙王捉去当推潮鬼,那就一年四季在海底推潮磨海,更是苦不堪言,永无出头之日,更无来世投胎之时。为此,死者的家属一定要设法把死者的阴魂招回家来,葬在岸上,哪怕倾家荡产也在所不惜。这是渔民惧鬼心理的一种表现,也是古代渔民悲惨命运的反映和观照。

由于潮魂习俗中既有模拟巫术,又有接触巫术,并有两者综合运用,更有和尚、道士的法术与符咒,因此说,丹山渔民的潮魂习俗集渔民巫术信仰之大成。

三 对潮魂习俗的认识

潮魂习俗,嵊泗列岛的嵊山岛是它的发源地,后又传播到整个舟山群岛,成为舟山渔民独特的葬礼,有它鲜亮的地方性特色和区域性的特征。然而,随着时间的推移和风俗的渗透,潮魂习俗圈逐渐向周围扩散。其辐射的流程是,以嵊泗列岛为辐射中心点,向东西两侧海岸线辐射:一支从嵊泗—沈家门—大陈—洞头—玉环—温岭—闽南;另一支从嵊泗—崇明—吕泗—如皋—启东—南通—连占港—山东半岛,形成一个独特的潮魂习俗的民俗圈。在这民俗圈内,潮魂习俗的基本程序相同,但其具体细节根据各渔区的特点有所补充、增删。例如,宁波象山一带渔民在海上遇难后,他们的潮魂的程式是丧家请僧、道念经超度时,在一株毛竹梢头处斩一刀,然后把它移插在沙滩上,让孝眷扶竹,边摇边哭边喊,直至毛竹梢头摇断下垂为止。其潮魂过程中不用稻草人,

---

① 〔英〕詹·乔·弗雷泽:《金枝》,徐育新等译,中国民间文艺出版社 1987 年版,第 58 页。

也无度关鸡。再如,台州渔民的潮魂程式,有稻草人,也穿戴死者生前的衣服冠鞋,这一点与舟山相同,但其在僧、道诵经招魂后,往往把稻草人火化成草灰,放入鬃中埋葬,俗呼"鬃葬"。显然,这种习俗程式不同于舟山。因此,就浙东沿海来说,同是潮魂习俗,其具体程式并非完全一模一样。这说明了风俗的开放性,即风俗并非是封闭的,而是向外开放、传播的。

如果把潮魂这一民俗事象放在更大的文化背景下进行观照,则可以看到潮魂与我国古代的葬礼和某些地区的海葬、水上习俗及至世界性的海岛渔俗,均有着千丝万缕的联系。首先,舟山潮魂习俗用死者的衣服和稻草人埋葬,实为我国古代"衣冠葬"的模式。《中国风俗辞典》中记载:"'衣冠葬',仅埋死者衣冠的一种葬式,其坟墓称'衣冠冢'。"这种葬式全国各个民族都有,十分普遍;尤其是营生于江河湖海的水上渔家更盛。其次,潮魂又名招魂,或叫魂,而招魂在中国古代早已有之,并有仪式和专司人员。按古俗"招魂者手持寿衣呼叫,死者为男,呼名吁字,共呼三长声,以示取魂魄返归于衣,然后将衣敷死者身上",以上记叙的虽是古代的葬俗,但近代舟山的潮魂习俗与此有某些内在联系,如呼名呼字、魂魄返衣、衣冠招魂而葬等等。

就世界性海岛渔俗来看,潮魂为什么要在涨潮时进行,原因不仅仅是阴魂随潮而来便于招摄,还具有更深刻的内涵。据《金枝》一书中所载,世界性的海岛渔民对于大海的潮汐具有一种共同的神秘信念,认为涨潮是生活与财富兴旺的征兆,退潮是失败、衰弱、死亡的标志,甚至说人生于来潮、死于退潮。因此,在法国海岛,在西班牙北部坎退布连海岸,在葡萄牙以及整个威尔士沿海,在英格兰东部沿海地区,在北美洲太平洋沿岸,在新南威尔士的斯蒂芬斯湾,都在涨潮时埋葬他们的亲属,以防退去的海水将死者的灵魂带往远方。《金枝》第18章中对世界各地的招魂习俗作了详尽的描述。他们把灵魂看作随时可以飞去的小鸟。婆罗洲的招魂习俗是撒米谷,并呼喊着:"×××,回来啊!魂啊!"缅甸南部招魂时的供品是公鸡、母鸡、米饭和香蕉。他们也呼喊着失魂者:"回来吧,灵魂!"苏门答腊、洛亚尔提群岛、摩鹿加、西里伯斯岛、西非、马来半岛以及美国印第安人均有招魂仪式。[1] 具体细节各地有所不同,但喊魂、撒米、供鸡三大要素大部一致,而这三要素恰恰是舟山潮魂程式中的基本因子。因此,某些地区的一些奇风异俗,只有把它放在民族大文化背景下观照,才能悟出其深刻的内涵和深远的意义及其价值。

第五节　天津沿海渔民的民俗活动[2]

天津东临渤海口,在渤海湾边生活着世代以捕捞为业的渔民。他们勤劳、朴实,以船为家,靠海生存。大海给渔民带来欢乐,大海也给渔民造成灾难。渔民虔诚地信奉着大海,民俗活动是围绕着大海展开的。

(1)跑火把。跑火把的民俗活动突出跑。旧历大年三十夜除旧迎新时刻,点燃用

---

① 〔英〕詹·乔·弗雷泽:《金枝》,徐育新等译,中国民间文艺出版社1987年版,第274页。

② 本节内容引见李绪鉴:《海河津门的民俗与旅游》,北京旅游教育出版社1996年版,第94—99页。

绳捆好的芦苇把子,两人扛着跑,俗称跑火把。谁跑得最快、谁跑的路程最远,谁就最吉祥。火把的数字是根据自家船只的多少来确定的。一艘船点燃两支火把,依次类推,火把数是船只数的1倍。跑火把时,前有铜锣开道,神旗和纱灯引路。各庙门大敞四开,红灯高悬。船主人一一到各庙拜香,后来到自家船停泊的地方,绕着船高声呐喊"大将军(大桅)八面威风""二将军(二桅)开路先锋","船头压浪","船后生风"等等吉祥话,然后,火把在敲打着的锣声中燃尽。围观的孩子们抢着跑到船主家去"起驳"。"起驳"的意思是说,经过这番忙碌,船主家已经鱼虾满舱,装不下了,需要别人取点走,以显示出船家的富有。船主家对前来"起驳"的孩子们笑脸相迎,高兴地将点心、花生、栗子、柿饼分给孩子们。孩子们兜着果品,喊着"一网打两船,一网金,二网银,两网打个聚宝盆"之类吉利话,喜气洋洋地离开。

渔民们对除夕夜跑火把的民俗活动兴致很高。一是取"火爆"("火把"的谐音)的吉利,企求来日的兴旺发达;二是渔民群体的自娱活动。千万只火把在夜幕里穿街越巷,此没彼出,如龙腾蛇舞;渔民聚集在一起尽情地敲打着铜锣,齐声欢呼,场面是非常热闹、十分壮观的。在跑火把的热闹场面中,时常出现这样的情形,面对熊熊燃烧的迎面而来的火把,有的人并不躲闪,或故意去冲撞火把,引火烧身。这些人以为自己正交倒霉运,想借火把烧掉身上的晦气,以求转运,脸上、身上多处被烧伤也心甘情愿。

(2)"渔家乐"。"渔家乐",这是众多花会中的一种,是以大地为舞台的民间歌舞剧。它有人物,有情节,唱词以歌颂春、夏、秋、冬四景为内容。人物有老渔翁一人,王子一人,童女四人,童男四人,边走边舞,边舞边唱。其中,春景唱道:"渔家诗,春最好,桃红柳绿闻啼鸟。落花水中流,乌栖水竹梢。劈竹节,修竹箫,唱一曲'金曲灯',渔家乐陶陶"。婉转的歌声配以婀娜的舞姿,为节日增添了欢快和谐的气氛。正月初一早饭后,"渔家乐"率先出动,与高跷、龙灯、跑旱船、莲花落等汇聚一起,拉开了正月出花会的序幕。初一的晚上,"渔家乐"的演员由边走边舞边唱改踩在便装演员的肩上唱。寓意人们的生活,从此一天比一天好起来。这时的"渔家乐"便叫"节节高"了。正月初四,渔乡的花会出现高潮。大街小巷锣鼓喧天,各路花会以自己独有的舞姿吸引着渔民前去观赏,从红日当头,直要到夕阳西下。掌灯时分,各花会在无数火把的照耀下,又相继出动,兴致比白天还高。如此昼夜出会,直到正月初七才暂告一段落。

(3)"灯官会"。农历正月十五,渔家闹元宵热闹非凡,在数十种民间花会中,数"灯官会"最早最盛。据说,"灯官会"原流行于湖北一带。清光绪年间,随着北上换防鄂军的传播在北塘盛行起来。

"灯官会"由地方有威望的人士组成,服装道具向县衙暂借。出会时,八抬大轿抬着灯官,又称"灯政司",身着知县官服,带着真正知县的大印和惊堂木,代行使知县的权力。轿前三班衙役,高举"肃静""回避"大牌齐声唱喝。再前,有小差打着印有金字"灯政司"字样的大红纱灯,头前引路。轿后有班头、捕快,推着囚车,手持镣铐、木枷、木杖、军棍等刑具跟随。如此场面如同戏台上八府巡按,既威严又滑稽。大街上所有店铺、字号门前,必摆桌案,备有茶水点心,干鲜果品,表示对灯政司热情接待。灯政司路经各店前,店主一定要衣冠整齐地跪拜在轿前,并诚恳地征求意见。而灯政司专门在店前的花灯上故意挑剔寻找茬口,店主还必须低头认罪表示悔改,然后交出罚银,一般在百两以内。罚银越多,店主越觉体面,越受人尊重,看会人越发热烈鼓掌以助会兴。元宵盛会一般不会出现"抗拒者";如有,灯政司便可发号施令,当众给以各种处治,乃至"动大刑"。"灯官会"虽是群体性的娱乐活动,但也有照戏真做的时候。灯政司借机处治一些行为不端之徒,衙役也不免动点"真格的",让其当众出丑,大快人心。以农历正月十四至十六出会三天结束,道具送还县衙。会头将所罚银两如数上账,除少量奖励演员外,还称些粮米周济贫困户,其余大部分用于修路、修桥、修建寺庙等公益活动。因此,灯官会深得民心,备受平民百姓的欢迎,久演不衰。

(4)二月二领龙。时至农历二月,气候渐暖,传说是蛇虫万物结束冬眠,重新复苏,回临大自然的日子。天津的风俗是"二月二,龙抬头",吃素食,妇女不动针线,免伤龙眼。而渔乡的二月二领龙,更符合渔民生产生活的实际情况,体现了勤劳朴实的渔民本色。二月二这天,渔民们争先早起,把缸里的陈水淘净,灌进水壶。让壶里的水从壶底部慢慢流出,连绵不断地流到河边,这叫领走了懒龙。然后再从河里挑一担新水,一路摇摇晃晃,故意让水洒在地上,形成一道水迹,直到缸边,这象征着领进了"勤龙"。渔民们把贫富看成是勤劳与懒惰的结果,要想富就要在劳动季节到来之前除尽身上的惰性。这就是二月二渔民争先早起领龙的目的。

(5)四月庙会敬诸神。农历四月是渔乡丰收的季节,各种水产品应节上市,用渔民的话说:四月满江红。庙会随着买卖的交际红火也热闹起来。身着夏令盛装成群结队到各庙进香的善男信女格外引人注目。他们中间,有的是为父母求眼光奶奶去除眼疾的,有的是求"送生娘娘"送子的,有的是为自己向药王讨药治病的,有的是许愿还愿的。于是,小神庙、三官庙、观音寺、真武庙、关帝庙、财神庙、城隍庙、娘娘宫里,香客如流、香烟袅袅,钟声绕梁。众庙中要数小神庙的香火最旺。据说,小神是渔民从海上请来的。很久以前,渔乡的一只小船在海上遇难,眼看着海水涌进船舱就要沉没。惊慌的渔民跪在船板上叩头,乞求神灵保佑。突然间,狂风大起,船顺风势被刮进一个孤岛。待风平浪静后,船上脱险的渔民发现海滩上躺着一个人。近前一看,人变成一尊铜像,旁边还有一个铁座。渔民们马上明白是铜像的保护才化险为夷,于是怀着感恩的心情把铜像和铁座请回家乡,盖了庙宇,朝夕供奉,香火不断。小神庙吸引着四面八方的渔民前来叩头进香,有的是从千里之外特意赶来的;其中,一些人是专来听潮声的。据说,把耳朵贴在小神像脚下的青石板上,对准青石板上的小孔,就可以听到大海的波涛声。是心理作用,还是不敢得罪小神像编造出来的,现在小神庙已不存在,这个谜团也就无法解开了。

(6)渔船上最忌"翻"。渔民驾船捕鱼于惊涛骇浪之中,安危难以预测。因而他们不仅从物质上细心预防,而且从精神上自设禁忌,约束自己,谨言慎行,趋吉避凶。

天津塘沽、汉沽的近海渔村,如北塘、蔡家堡,渔家中和船上都有一些禁忌。在语言上最忌说"翻"。过去帆船叫篷船或风船,避免"帆"与"翻"谐音犯忌。船上烙饼不许说"翻",要说"划一槽"。人在海上死了,不许说"死",只能说"飘了"。船上出现翻、倒、沉现象时,忌直言,只能说"出事了"。船漏水不准说"漏",要说"开口子了"。在饮食上,不准吃"水饺",只许吃呼为"元宝"的"蒸饺",认为"水饺"(水搅)不吉利,怕在海上不平静。水饺易破,这又容易联想到"船破"的危险事。而吃"元宝"则预想到发财,当然就从心理上趋吉避凶了。

渔民对人们行为的禁忌,也是从避免翻船祸事出发的。渔家或船上的东西忌倒放着。过年时在船头对联之间贴"福"字忌倒贴,因为倒对渔船来说则暗示灾难。这与一般市民在春节倒贴"福"字以寓"福到了"就不相同。船头被渔民视为龙头,是神圣之地,不许亵渎,因此忌在船头大小便。在歧视妇女、男尊女卑旧观念的驱使下,妇女被视为不洁的人,渔村对女人的禁忌更多,如不许妇女上船,说妇女上船船准翻。在用动物血染制渔网时,不许女人靠近,否则渔网入海即破。除夕不许女人入庙进香,怕女人冲犯神灵。渔村盖房时,不许女人特别不许孕妇从房地基旁经过,说怕邪气临门,房会倒塌。这种对女人的禁忌是毫无道理的。渔民的诸多禁忌事项本身虽然没有科学依据而纯系人们在主观心理上自设禁区,但在无力抗拒自然的情况下,渔民在平时就培养自己的警惕性,对于主动预防灾难的发生是具有一定积极意义的。

(7)船上贴吉祥语或对联。渔民在作心理防卫的同时,也采取一些方式表达对吉祥的企盼。特别在春节期间更为重视,有所谓"二十九,贴到有"的习俗。渔民不仅在家门上贴对联,更要在船上各部位贴上吉祥语或对联。在船头贴着"船头压浪"或"龙头生金角",虎口喷银牙""九曲三江水,一网两船鱼""渔船兴隆通四海,财源茂盛达三江",并正着贴"福"字。在船桅杆上贴着"大将军八面威风""二将军开路先锋""三将军开锋挂角""四将军大有威风""五将军更有威风"。在船尾舵前贴"顺风相送",舵后贴"舵后生风"。这些吉祥语充分表达了渔民们的美好愿望。

第六节　广西京族与汉族的不同渔俗①

渔俗,是独具风貌、风姿和风韵的一种风俗,而渔岛风俗由于其处于大海的拥抱之中,则更是别具一格。在我国56个民族中,京族是一个典型的渔岛民族。

京族,聚居在广西壮族自治区防城各族自治县江平镇所属的巫头、山心、万尾三个小岛上,俗称"京族三岛"。这里位于南海北部湾,在大海的包围之中,四季如春,终年常绿。自15世纪始,京族的祖先陆续从越南的涂山等地迁到"京族三岛"后,历经400多年的历史沧桑,以"京族三岛"为家,靠海吃海,以渔为生,形成了独具特色的渔岛渔俗。

一　京族信仰的保护神

渔民都有自己的保护神。

汉族渔岛渔民过去多求龙王保佑,但后来盛名海峡两岸的妈祖取代了龙王的地位,成了汉族渔民的保护神。

京族渔民的保护神众多,以万尾岛为例主要有以下寺庙。

(1)六位灵官庙。此庙朝南濒临海边,庙内除立有正坛外,还有左右两坛,坛内各设神位。正坛贴有一张红纸墨写的神位,坛上放有七八只木船和纸码等。正坛的左侧悬挂着一个中型的铜钟,俗称"神钟"。按俗规村内发生瘟疫时敲打,被称为"生童"②

---

① 本节内容引见徐杰舜:《京族与汉族的渔俗比较》,见姜彬:《中国民间文化(第七集)》,上海学林出版社1992年版,第215—224页。
② 京族的巫师也称"降生童"。过去京族每村都有三、四位,乃至十几位,全为男性,非专业者。

的人闻声后,立即到庙内降神问鬼;若瘟疫消除,全村再以三牲香纸到庙内祭祀。这个庙的建立有一个传说。据说有一天,一只香炉从海外漂流到海岸边停下,使得村中人畜不安,渔业失收,全村人无法可想,只得请一个姓杜的生童去降神。结果生童代神说:"我是海龙王的太子,共有六个兄弟,见这里风景美丽,我们便停下来了;若你们给我建一座庙,你们的事我可以帮助解决。"生童代全村人答应建庙,不久村中流行的瘟疫马上灭绝,渔业也得到丰收。此后,便兴建了这座六位灵官庙。

(2)三位灵婆庙。三位灵婆庙的地位仅次于六位灵官庙,庙内置有五六只小木船,船上插有 10 多面纸旗,庙梁上写有"龙飞岁次癸亥年仲冬拾壹月竖柱升梁大吉大利",祭期和祭品与六位灵官庙相同。此庙的兴建也有一个传奇故事。相传有一天晚上,人们外出做海,看见海上燃起一片红色的鬼火,人们十分害怕地问:"你们是什么神? 有显灵的话,我们给你盖庙。"鬼火立即熄灭,过了几天,渔业得丰收,做一次海,打得鱼6000 多斤。于是,百姓便给它建了一座庙,名为三位灵婆庙。

(3)四位婆婆庙。四位婆婆庙又称"水口庙"。此庙的祭期和祭品与上面两座庙一样。其来由也有一传说。据传有一天,有四只香炉自海外漂来,于是有一个姓吴的生童去问神:"你从何处来?"生童回答道:"我是北海涠州婆,有三姐妹,名曰维光、海恩、海龙,都是朝廷龙王派来的,我们见贵处山明水秀就停下了。"后来,人们给他们立庙安好了香炉,当年墨鱼、虾类都获大丰收。

两者相比,汉族渔民的保护神比较统一且历史悠久,既有历史的根据,又有神话的色彩。人们对妈祖的崇拜可以说是历史与神话的结合。而京族渔民的保护神则比较繁多,只是巫术与神话的结合,缺乏历史的根据且历史也较短,从某种意义来说巫术占着主导地位。

二 船俗与网俗

汉族渔岛渔民传统的捕鱼方式主要是深海捕捞,因此渔船是主要的捕捞工具,渔民对渔船特别宠爱而形成了许多船俗。以东海舟山渔俗为例,渔民们每逢新船造好下海时,如同新屋建好一样,要向造船师傅和群众"抛馒头"。据说,这个风俗的来由与鲁班有关。相传有一年,鲁班来到舟山,看到"桃花开,鱼汛到",可渔民们因海风大、海浪高,独木舟划不出去捕鱼。鲁班见状,便决心帮渔民造一条大渔船。这事惊动了东海龙王,他变成孩童也来观看鲁班造船。恰巧,这天鲁班造的第一条船要下海了,海边锣鼓喧天,鞭炮连声,挤满了人。龙王挤到鲁班身边问:"老师傅,这是造的啥呀?""这是大捕鱼船,可以到大海里去捕大鱼!""大海里风急浪高,这东西经不起风吹浪打,能捕什么鱼? 还是收场吧!"鲁班见他小小年纪竟说此大话,便问:"你是何人? 敢狂言惑众?"龙王露出真相告诫说:"不准造船闯海!"鲁班见他是龙王,哈哈大笑说:"我这条大船就是要下海,还要到你的龙宫去捕你的龙子龙孙哩!"龙王听了大怒,悄悄跑到船舱里撒了一泡尿,然后躲在人群中喊:"船漏水了! 这种船还能下海捕鱼?"鲁班一看,便知是龙王作鬼,便派了一群船工钻到船底抹船灰,把船缝嵌实了。龙王夹着尾巴逃回了大海。渔民们高兴得把原来准备祭龙王的馒头抛给了船工。于是,新船下海抛馒头的风俗便流传了下来。更有趣的是,新渔船造好后,造船师傅还要用上好木材精制一对"船眼睛"钉在船头两侧,俗称"定彩"。定彩仪式隆重,届时要请阴阳先生择吉日良辰,按金、木、水、火、土五行,用五色丝线扎在作船眼睛的银钉上,由船老大将它嵌钉在船头,然后用红布或红袋把它蒙住,俗谓之"封眼"。当新船下水时,在锣鼓鞭炮声中再由船老大亲自揭开,俗称"开眼"。人们俗信"船眼睛"在海上既可避礁过险,又可找到鱼群。

汉族渔民爱船如命。京族渔民由于传统的捕鱼方式是浅海捕捞,其渔具主要不是船,而是渔箔、拉网、塞网等,故京族渔民视箔、网为贵。下面简要介绍京族的主要渔具。

(1)渔箔。是一种定置型渔具。选择海水急流的滩为箔地,然后用木条和细竹围插而成,约有半里长。一所箔地需大小木条 1 万—2 万根、竹子数百支、藤二三千条。其结构分头、身、尾三部分,状如龙虾,头大,身细长,尾圆小。头部的空间俗称"篱构";尾部有三个用竹篾编成连接成螺卷状的节,间隔很密,一分左右,俗称"箔漏",入水七八尺,露出水面一二尺。第一个"箔漏"大,第二个"箔漏"次之,第三个"箔漏"最小。"篱构"与"箔漏"的连接处称为"疏篱"。木条的间隔有二三寸。当潮水涨时,鱼随水游入箔内,退潮时,鱼不可复出,人便乘船入箔用网缯捕捞,这种渔箔年产量达二三万斤。相传在 200 多年前已开始使用,最初有五漏,后改为四漏,现均为三漏。这是京族民间最主要的渔具,也是其最具特色的渔俗之一。

(2)拉网。大的长约 120 丈,高约 9 尺,网身由六张缯网织成,网眼小而密;小的长约 100 丈,高约 7 尺,网身由四张缯网织成,网眼大而疏。拉网是在沿海进行曳地网的捕鱼方式。捕鱼时,先由若干渔民驾竹排在海边作半圆形放网,然后由岸上的两组人同时收网慢慢拉起。拉网捕鱼因不受季节限制,操作简便,无论男女均可参加,只有人多少之分(大拉网需 20 多人,小拉网则需 10 多人),是京族民间主要的捕鱼方法。

(3)塞网。是一种浅海捕鱼的定置型渔具。塞网亦称"闸网"或"雍网",有疏、密两种,是京族使用的较大的一种渔网。这种渔网用青麻线织成,以网眼疏、密而区分疏网和密网。这种网一般长 1500 米,高约 3 米,通常在退潮时在海滩上设置。操作时把人分为三组,各组又分为"号桩""插桩""拉网""挂网"和"挑沙土"等。等海潮涨到相对稳定时,把网放下围成半圆形,待海潮退时便可开始捕鱼。塞网捕鱼,产量不稳定,时有时无,时多时少,一般每塞网一次可捕 100 斤左右的鱼,多则可捕几千斤,甚至上万斤鱼。

(4)鲨网。这是专门捕鲨①用的网,网长 2000 米,高 1 米,可围将近 500 米,是一种定置网。

当然,京族渔民也有渔船,但船只少,而且船也小,最大的载重量仅 7000 斤,小的只能载重 2000—2500 斤,一般的船可载重 4000 斤。这种渔船主要用来捞箔。竹筏是京族渔民出海捕鱼的主要工具,筏长 14 尺,宽 5 尺,用 14 条大竹贯扎而成。

汉族渔民视船为命,京族渔民视箔、网为贵,并不是说渔网对汉族渔民不重要。汉族渔民也有与京族类似的大网、挂网、团网、坛子网、袖子网等近海捕捞渔网,所不同的是汉族渔民因以深海捕捞为主,故用于深海捕捞渔网的种类较京族多。

京族传统用于深海捕捞的渔网主要是鲨渔网。这种网亦称"放网",有大小两种,

---

① 一种生活在海里的节肢动物,形状如宝剑,肉可食用。

由网线、网浮、竹筒、网坠、网纲等部分组成,是捕捉鲨鱼的主要渔具,需四人乘竹筏出海操作。网由32张缯网合成,全长120丈,高4尺余,网眼约2寸见方。

汉族渔民深海捕捞的渔网较多,以山东渔俗为例,主要有以下三种渔网。

(1)拖网。张口如旧式裤子的裤裆,故俗称"裤裆网"。其两边各设网绠,分别栓两条船上,两船并头向前拖拉,按时起网。此网一般用于拉对虾、桃花虾。

(2)围网。是汉族渔民深海捕捞最主要的渔具。作业时用一个大渔船载网,并拖带一舢板出海。船行中一人爬上桅杆瞭望,发现鱼群后,全力追赶,迎头拦住,火速解缆,放出舢板。接着人们拼命拉网,成一包围圈,绕过去,放住舢板,形成合围。合围后用"推磨"绞车提网上船。

(3)流网。又称"扎网",由网片、"芒子"等组成。芒子为一细竹竿,上梢系红绿小布旗等标识,下部装一大浮标。出海时,用海船载许多网片和芒子到渔场后先下一芒子,上面连着网片,拦海流撒开,每下一片或数片网,即加一芒子。网上有浮子,网下有坠,行网完毕,最后的网便系在船上。这个操作过程俗称"放流网"或"放流"。这样,许多芒子和船排成一长阵,网片连成围墙,横于海流之中,流转"墙"亦转,鱼游流中,扎在网上,进退不得,即挂在网上。有趣的是,放流网的渔民都是傍晚赶到渔场,放流后即进船舱睡觉,东方欲白之时起身收网,必获丰收。

三 渔业禁忌

因为京族边民视箔、网为贵,因此他们的渔业禁忌基本上都与箔、网有关。其禁忌主要有:忌胶新网①时有人走近观看和讲话,俗信若此会捕不到鱼;忌人跨过放在海滩上的网;忌抬网出海,下第一网时碰见女人;忌拿渔篮出门到渔箔去捕鱼时见到女人;忌女人跨过在家里准备拿去围箔的新竹木;忌请人装箔时煮生鱼或焦饭,俗信若此当年捕不到鱼;忌在渔箔里大小便;忌做海的人(指经营渔箔或拉网的人)入坐月屋(家里有未出月的产妇)。

与船有关的禁忌则很少,主要有:忌坐船时双脚盘在船外或舱里;忌坐船头烧香的地方;忌在船上把饭碗覆盖。

与京族不同,汉族渔民的禁忌则多与海船有关。

例如,东海渔岛渔民出海前,船上之物只准进,不准出;晚上渔民若误将自己的铺盖或食品递错了船,则不能归还,食物折价给钱,铺盖则返航后再归还;渔民上船后,不穿鞋,不洗脸;无论冬天或夏天都穿单裤,春汛时船老大穿长裤,伙计穿短裤,据此一眼就可看出谁是船老大;船上吃饭有固定的座位,不得随便乱坐,菜碗放在正中,各人只能吃自己一边的菜,不能吃对面或两边的菜;船上不可搁腿坐;坐船板不可以把腿垂下;不可在船头小便,两侧小便以船桅为界;不准用大土箕等不干净的东西装鱼;不准用脚踢黄鱼;船与船之间在海上一般不借东西,若非借不可,则先以柴送给对方,俗称"拨红头";凡驶船出海,船上不能坐七男一女。

黄海渔民出海也有自己的一套渔忌。他们对船老大的尊重特别讲究,平时与之见面或相别,都要客气地说声"顺风"或"满载"。坐席时,端菜上桌,要将鱼头对着船老

<hr>

① 胶新网即用鸡蛋白、薯莨、油甘子叶汁染网。

大，寓意船老大能拉住鱼群之头。在渔船上，船老大坐首席；倒酒，要先倒给船老大；发烟，要先从船老大发起；喝酒、吃菜都要等船老大先开始；睡觉，船老大也要睡"上翘"；见了面要主动敬呼"老大"。凡上船出海的渔民，不可赤脚，最起码也要穿一双蒲鞋；腰间要系用浪麻搓成的罗腰绳或束短围裙；不准敞头，必须戴帽，就是下水把衣服脱光，也要戴帽下水，俗谓不戴帽子的头在水里发亮，很远的怪鱼可以看到，会来吃人。其实，渔民的帽子起着"安全帽"的作用。在船上，坐不准两手抱住膝盖，也不准"挂舱"；不可把手别在背后，否则生产会不景气。看到怪鱼、怪兽，不能问"这东西吃人不吃人"，也不能问"会不会掀大浪"之类不吉利的话。在船上干活，动手必打号子，各有各的节奏和韵律，既协调了动作，又丰富了海上生活，当然遇到风暴丢太平篮子时就不用打号子了。起网抓鱼，俗规不准伸手抓鱼尾巴，而要抓住鱼头，寓意"拉头兜住鱼群"。

四　祭祀活动

渔民捕鱼要下海，旧俗有种种祭祀活动。

东海海岛渔民出渔日逢双不逢单。旧俗每次出海前先上香拜菩萨，再以酒菜请菩萨。船老大给娘娘菩萨参拜许愿，祈求"给我打第一对"，即获得高产量，并许以做戏之愿。有的地方出海前先在龙王堂演戏敬龙王，然后请菩萨下船，渔民沐浴更衣，手捧黄佛袋，上书"天上圣母娘娘"，内装香料，边走边敲13下锣，请到船上后就把佛袋钉在船舱内；有的是供木雕娘娘菩萨或关公爷，再邀亲戚朋友上船吃酒。有的地方每逢转汛后的第一次出海，要烧一锅开水，并放入银元，俗称烧"银汤"；先用来淋浇船眼睛，俗称"开船眼"；次淋船头；再次淋船左右舷、帆、舵、槽等，寓意"去邪取正，大吉大利"。出海时燃放鞭炮。下网前，烧金箔，用黄糖水洒遍全船，同时向渔民身上洒，以示干净，再用盐掺米酒洒在网上和海面上。若捕鱼不顺利，再向海上撒盐米，点燃稻草把，待冒出青烟时在船四周挥舞，以驱邪赶鬼。若遇狂风恶浪发生危机时，则向大海抛木柴，求神保平安，并许以大愿。若捕上第一条大黄鱼，要先供船上的娘娘菩萨；供毕，船老大吃黄鱼头，其余人分吃鱼身。若捕到鲻鱼，立即将其头斩掉，俗谓鲻鱼是不祥之物。黄鱼丰收要做"鱼戏"。在整个渔汛期捕鱼量最多者，称为"红老大"，受到人们尊敬，并以他的名义出钱请戏班做戏。

舟山渔场的渔船，每条船后舱都设有一间专供船关菩萨的圣堂舱。若是新船第一天下海，先要用全猪全鸭和馒头长面隆重祭祀船关老爷，然后以福礼酬谢来帮忙推船的人，俗谓"散福"。大对、背对船多供男菩萨，金塘溜网船和构枸小对舱多供女菩萨。相传男的是关公爷，渔民称之为"船关老爷"；女的是宋朝寇承女，称"圣姑娘娘"。还有的传说男菩萨是鲁班师傅，女菩萨是顺风娘娘，意为鲁班是造船的祖师爷，顺风娘娘可保海上平安。在船关老爷旁还有两个小木头神像，一为顺风耳，一为千里眼，以佑出海顺风，汛汛丰收。出海捕鱼，俗称"开洋"。每次开洋都要敬祭船关老爷，谓之"祝福"；同时烧化疏牒，谓之"行文书"。供祭以后，把一杯酒和少许碎肉抛入海中，谓之"酬游魂"，以祈祷渔船出海顺风顺水、一路平安。

汉族渔民出海祭礼如此隆重、复杂，京族渔民的祭礼却比较简单。一般在新渔网织好胶好、未下水捕鱼之前，在春、夏、秋三季捕鱼季节的始末，在平日渔业丰收之时，举行祭祀，但很少请巫师作法，多以各家祀神拜鬼的方式进行，即备三牲祭品到海边祭祀,祈求神恩保佑、做海平安、渔业丰收。但是,若认为家里有邪魔作怪,或野鬼作祟,致使人牲不宁、家门不旺、渔业失收,则要请道士来作法,作法的道士称为"师傅"。届时,道士手持一根扇红的火把,口含一口浓烈的生油作法喷洒,以灭绝邪魔,俗称"过油镬"。

从上述京族与汉族渔俗的比较中,我们可以作如下小结:

(1)京族与汉族渔俗最大之区别在于京族以箔、网为中心,汉族以海船为中心。因此,在两者的渔俗中,形成京族渔民以箔、网为贵,汉族渔民以渔船为命的不同风貌、风姿和风韵。

(2)在京族渔民中,渔船的地位极为次要,甚至竹筏比渔船更重要,所以没有形成比较完整意义的船俗。而汉族渔俗中由于渔船所处的中心地位,所以船俗的内容比较完整而丰富,在渔俗中占极重要的地位。

(3)在传统的渔俗中,民间信仰是其一个重要的表现形式。与汉族相比,京族渔俗中的崇拜和祭祀简单而带有原始性,汉族渔俗中的崇拜和祭祀复杂而带有封建性。

(4)京族渔俗的原始性还表现在"寄赖"上。所谓寄赖就是无论是谁,遇到海上塞网捕鱼,便可带上鱼罩、鱼叉到渔箔内捕捉,主人不得干涉或阻拦;即使渔船从深海回来,人们也可到船上"寄赖"三五斤鲜鱼。这种"寄赖"风俗实际上是原始社会分配制度的一种残余。

(5)形成京族传统渔俗特点的根本原因是他们长期以浅海捕捞为主。这种作业方式决定了箔、网在渔业中的中心地位,此其一;其二,京族400多年前从越南迁居中国后,由于历史惰性的作用,以及所居"京族三岛"地理环境的封闭性,使得其社会原来还保留的原始社会末期农村公社的残余以种种形式在渔俗中残存了下来。

第七节　海南岛的海洋民俗文化①

海南岛有着丰富的海洋文化资源,它既有中国海洋文化共有的气质,也有着特定区域的文化气象。

当然,不同时期的海南海洋文化也有着自己的动态特征。侧重于渔民民俗层面的海南海洋民俗文化,是海南海洋文化的重要组成部分,主要包括海南渔民的生活习俗、生产习俗和信仰习俗等方面的内容。

一　海洋生活习俗

海洋生活习俗主要指人们涉海生活中与自身生存需要最密切的风俗习惯,主要包括衣饰、饮食、居住和交通习俗,它是最基本的文化现象,最能展现渔民的生活情态。

(1)衣饰习俗。由于受海洋环境的影响,海南渔民的衣饰无不具有海的特征。海南各地渔民的生活习俗相差不大,故他们的服饰也具有一些相同的特点。例如,衣服的扣子不是在前面,而是在边侧(腋下);衣服大多围领,颜色多为灰色或棕色;裤子没

---

① 本节内容引见林贤东:《海南岛的海洋民俗文化》,见《浙江海洋学院学报(人文科学版)》2005年3月第22卷第1期。

有皮带,裤口用布条左右交叉紧裹腰部。海南渔家女的服饰同福建惠安女的大致相同,衣身、袖管、胸围紧束,衣长仅及脐位,肚脐外露,袖长不到小臂的一半;裤子多为黑色,裤筒甚为宽大。由于与外界联系的增多和生活水平的提高,其服饰在20世纪八九十年代发生了很大的变化。今天男人出海所穿的与以前的有很大不同,以前是用帆布做的,因为帆布耐磨又比较便宜,而且不用布票,所以渔民就因地制宜,用帆布做起衣服来了,而现在他们的穿着有运动衫、T恤衫、夹克衫等。

(2)饮食习俗。民谚道:"靠山吃山,靠海吃海。"海南沿海饮食习俗正是"吃海"的例证。海南临高县渔民,每年春季鲜鱼上市,家家都要"腥腥锅",除吃熬鱼之外,多喜欢大如拳头的鱼包子、鱼丸子和鲜鱼面。

海南三亚、东方一带的渔民在船上吃鱼的规矩,更具有典型的渔民饮食风俗特征。上船后第一次吃鱼,必须把生鱼头拿到船头祭龙王海神;做鱼不准去鳞,不准破肚,要整鱼下锅。最大的鱼头必须给"船老大(船长)"吃。吃饭时从锅里盛出一盘鱼放下之后,再也不许挪动这一盘,挪动就意味着"鱼跑了",对海上生产不是好兆头。吃饭时,只准吃靠近自己的一边,不准伸筷子夹别人眼前的鱼菜,否则即被称为"过河";发生这种情况,"老大"要夺下他的筷子扔进大海,因为习俗以为随便过河为险兆,扔下他的筷子算替他躲过一次危险。吃过饭后要把筷子扔在船板上,最好使之向前滑一段,取意"顺风顺溜"。在海上几乎顿顿吃鱼,每顿吃鱼都不许吃光,必须留下一碗鱼或鱼汤,下一次煮鱼时投入锅内,这意味着"鱼来不断"。①

(3)居住习俗。按照传统习俗,渔民出远海捕鱼,女人是不能去的,船上只许男子住。但在三亚渔场云集的渔船上,却有一些女人,她们带着孩子住在船上,跟随丈夫出海捕鱼,渔船开到哪里,日子就过到哪里。这就是海南有名的"水上人家"。"水上人家"的渔船大小不同,但都具有基本功能类似的船舱,即"生活舱""储藏舱"和"轮机舱"。有的人家拥有两条渔船。赶赴渔场时,两船并航;到了预定地点,载有女人和孩子的船驶进附近的海港守候,只留一条船出海作业。就这样,留守的船渐渐地转化成了水上住宅。

随着渔业生产的发展和渔民生活水平的提高,长期住在渔船上的渔民越来越少,大部分的渔民已经在岸上定居。海南临高沿海一带的渔村建筑颇具特色,即无论是居民房屋、街道建设,还是庙宇设计都有鱼作为装饰,与鱼结合得十分完美。例如,临高调楼镇调楼居委会右临大海,大门口右侧临海处有两根水泥杆,上有对联"调曲弦歌神人共乐天下忠奸斯夕看(上联),楼台凤舞山海同欢古今善恶此宵演(下联)",上下联的第一个字相结合刚好与该镇之名相符,而大门口的门上有两鱼交叉型的钢丝拱顶,调楼村所有楼顶排水口均为陶制鱼形。不仅这里,临高全县几乎都是这样。调楼村另有一条小巷,巷口过门的拱顶也是用很精致的材料做成二鱼对口的形状。而在该村的庙门口墙壁上,左、右墙上各有泥塑的烧香浮雕,其形状为两鱼相对,香火可以插在鱼的口中。

(4)交通习俗。海南渔民祖先的交通,先是用独木舟,后随着造船业的发展,船舶逐渐扩大,航海技术也不断改进,但总是渔航合一,长期没有专门用于交通的客航船。

---

① 参见曲金良:《海洋文化概论》,青岛海洋大学出版社1999年版,第54页。

渔民要进出海南岛，要么用自己的渔船载送，要么搭乘他人之船。至清代以后，出现了渔行船，由于它往来于海南岛与大陆之间，可为渔民对外交通提供便利，渔民便俗称"乘便船"或"随船"。到了近代，才出现专门的客航渡轮，往返于海南岛和大陆之间。

二　海洋生产习俗

（1）船具。船具是海上渔民最主要的生产工具，渔民对之重视有加。在海南许多地方，过年时，所有贴对联、放鞭炮、送灯、祭神等节事活动，凡是在家里做的，都要在船上重做一次。这充分显示出渔民对船只的依赖心理。

造船被认为是一件大事，海南各地渔民造船都有庄重的仪式。造船之前要请先生择日，与造房子差不多。造船时，先把船底"龙骨"竖立起来，像盖房子升梁一样，将红布系在"龙骨"上，名为"拴红标"。

造船用的木板为当地的苦楝树与内陆的尖鸡木。以前的船尾较矮，到20世纪50年代，船尾便是高高的，这是为了防止大浪涌到船上。现在的船很高大，船尾就不用再做得那么高了。在20世纪70年代，船上有大帆小帆，用小帆是为了增大风力，现在则主要依靠机械动力。在造船过程中，闲人、孕妇和月经期女人等不得登船，以图吉利之意。此外，船头还要挂上镜子（取驱除妖魔鬼怪之意）、筛子（取渔业丰收之意）、剪刀（取剪除妖魔鬼怪之意）、红布（取避邪和吉庆之意）等，无不寄托着渔民对渔业生产丰收和出海打鱼顺利的美好愿望。①

渔船造好之后，渔民要在家里养一两只猪。养猪不是为了吃肉，不是为了卖钱，而是求神用。渔船下水之时，也要请先生择日。下水时，还要通过一定的仪式，把神请到船上。海南渔船与其他沿海地区的渔船相比，有一个很大的特点，就是渔船上挂满了旗帜，旗帜的特点是一杆两旗，上面为一三角形小旗，下面为一长方形小旗，上写有"华光大帝""都统真君""御史真君""神山明王""辛帝判官""祖师功曹""玄天土帝""英烈天妃""五佛大帝""护法大将军"或"班帅侯王"等四五个字，旗帜镶边，颜色各异，远远望去，赫然醒目。一般来说，大旗周围有十余面小红旗，据说以上都是传说中的海上保护神。②

（2）渔具。海南渔民用的渔具大部分是网具。渔网的种类主要有三指网、四指网、小渔网和灯光围网等。网的原料以前是麻，现在是胶丝；网纲上有浮子，而怎么固定浮子，则应从技术上考虑。③

现在的网每张大约长50米，一艘大船上一般有600张网，使得一艘船的作业范围长达30千米。

（3）捕捞作业。海南各地的渔民在出海作业之前，都有一定的仪式，其中最普遍的便是到附近的天妃庙做祈祷，期盼天妃娘娘保佑自己出海一帆风顺，渔业生产取得大丰收。在撒网之前，先由船老大观察鱼情。他像一名渔船指挥官，能掌握住季节、风向、潮流的变化，准确地判断出"鱼红"，即鱼群集结游动的迹象。快撒网之时，船老大

---

① 2004年7月3日访临高调楼镇居委会老渔民黄智丹所记。
② 2004年7月3日访临高调楼镇渔民桂军所记。
③ 2004年7月3日访临高新盈镇一渔船水手王林所记。

站在船头上,上半身探出船舷,凭耳朵听水面的声音进行判断,判断哪种响动是航船激起的浪花声、哪种响动是鱼儿跃出水面的声音。然后,他再仔细观察船灯下海面涌起的波浪形状,就能定下是否命令撒网的决心。撒网时两人一起进行,2—3小时后拉网,边取鱼,边拉网,这都是机械作业。待鱼捕上来之后,把它们装进随船带来的冰箱里面,以起保鲜作用。

三 海洋信仰习俗

海南渔民的信仰习俗与其他沿海地区的信仰习俗有其相似之处,但也有一些自己的特点。渔民传统的妈祖信仰在海南也显得非常突出。在古代,天后庙就遍布海南岛城乡,尤其以城镇商业区为多。早期的海口市,在今天的中山路、水巷口和白沙门一带都建有天后庙,香火很盛。据明代《琼州府志》记载:"海口市区和白沙门的天后庙,元代既已落成,其殿堂在明洪武年间经过数度修葺,商人谭海清等又增建了后寝三间和观音堂,还制作了各种神像。"此外,现在海口琼山区的整峰会馆,琼海市嘉积的福建、南顺、潮嘉、五邑、东新等会馆内,都供奉天后圣娘;在儋州的王五、临高、乐东县和西沙群岛等地,也都建有颇具规模的天后庙。这些天后庙香火不绝。据说,海南人崇拜天后圣娘与他们的源流有关。海南沿海一带汉人很多是早在宋元时代就从福建移居来的。他们背井离乡,渡海而来,带来了祖宗牌位和崇拜的神,自然也就带来了他们航海的保护神天后圣娘。后来,漂洋过海的海南人又把天后圣娘带到了他们所流落的东南亚各地。但妈祖信仰只是海南渔民信仰的一部分,此外还有岸上信仰、船上信仰等等。岸上信仰主要指渔村中有多所庙宇而不仅仅是天后庙,还有广德庙、神山明王庙、关帝庙、观世音庙等,体现了海南渔民信仰的广泛性、功利性(即对自己有用的神都信仰)和实用性,这蕴涵着海南渔民文化的兼容性特征。船上信仰在海南渔民的信仰中占有很大的分量,几乎每一条船都有信仰的牌位,其内容是各信仰神的名字和船主家的姓氏,如:

神恩普照(横批):下面正文为竖排

船主敕赐鲁班师傅至巧大神

敕赐浮汉忠显灵应大侯王

南无大慈大悲救苦救难灵感观世音菩萨

九天开化文昌司禄梓潼帝君

敕封三界伏魔忠义仁勇护国保民关圣帝君

港主会中一切圣众

宣封掌教都统御天显应法师

太祖玉昭天门北府座道灵公天英上帅

黄家香火有位福神一切圣众

又如:神位

港主敕赐神山峻灵广德明王

港主敕赐超佳嘴广德明德大王

港主宣封辅门萌著英烈天妃

桂家雷灵副帅青帝铁笔辛天君

船主敕赐鲁班师傅至巧大神

神山峻灵广德明王

敕赐三十三天都天教主五灵五显火光大帝

庙主韩家香火观赵马将军

船头船尾二大将军

港主港口庙神一切圣众

桂家香火有位福神

这是两艘大渔船上的牌位内容,这两艘船的船主分别为黄家和桂家,牌位上众神的名字之多,同样显示了海南渔民信仰的广泛性。

此外,港口称谓中的宗教色彩同样反映了海南渔民的信仰特点。例如,海口港旧称白沙津、白沙渡、神应港。宋、元两朝在此设水军棚寨、蕃营、水军镇。《琼山县志》记载:"环琼皆海也,北枕海安,南近交趾。东连七州,西通合浦,为舟楫通达之区。而琼以海口尤为全琼之冲要。"另据《舆地纪胜》记载:"琼州白沙番船所聚之地,又海岸弯曲,不能通行大舟,琼帅王光祖欲开以通商旅,但旋开旋被沙埋,不易成功。至南宋淳祐戊申(1248 年),忽飓风大作冲成港,可泊船避风,人以为神,因名'神应港',神应港旧名'白沙津'。"他们把"神应港"的形成归于神的力量所为,故有此称。

总之,海南海洋民俗文化是海南文化的重要组成部分,是海南海洋文化中不可或缺的一环,它反映着海南人民对南海的认识历程,折射着海南沿海人民的生产、生活、信仰、心态等。海南人民开发、利用南海的历史,也就是创造海南海洋文化的历史。在这个历史过程中形成的海南海洋民俗文化,包含了丰富的历史信息。正确地解读它,有助于我们更好地了解历史的经验,为海南的改革开放和现代化建设提供有益的借鉴。

第八节　闽南地区的海洋民俗[①]

地处中国东南部的福建闽南,尤其是闽南的璀璨之珠泉州,自 3 世纪开始,经过600 多年的历史发展,海外贸易以及海上生产活动非常活跃;到了宋元时期,泉州港已经发展成为可以与古埃及亚历山大港相媲美的大港埠,马可·波罗在游记里也高度评价了刺桐港。明朝时期泉州成为"海上丝绸之路"的起点。从此以后,大批闽南人漂洋过海,发展海外贸易和海上生产活动,加强了中国与世界的联系,特别是对我国台湾以及南方群岛的开发,做出了不可磨灭的历史贡献。闽南的风俗里弥漫着海洋的气息,具有鲜明的海洋性。下面,本书拟从民间信仰、生产习俗以及饮食习俗等闽南民俗深入探讨闽南的海洋文化特征。

一　闽南的海洋渊源

福建闽南地区东临大海,有着 3324 千米蜿蜒曲折(其曲折程度堪称全国第一)的漫长海岸线,拥有诸多得天独厚的天然深水良港,又有台湾岛作为西太平洋的屏障,受到热带风暴的影响相对较小。闽南人长期与海洋打交道,在海洋渔猎、煮海为盐和以

---

① 　本节内容引见林溢婧、林金良:《浅谈闽南地区的海洋民俗》,见《泉州师范学院学报》2010 年第 28 卷第 3 期。

海为田的劳动中形成了具有浓厚地域色彩的海洋文化。在宋元时期,闽南地区长期处于中央王朝统治的边缘地带,在这独特罕见的自然条件和政治环境下,闽南人承继了"以船为舟,以楫为马,往若飘风,去责难从"的闽越人传统,在发展农业的同时,积极向海洋发展,踊跃参与东西洋航路的商贸活动。随着海上商贸活动的发展,大批闽南人移居沿海岛屿与海外地区。与此同时,也有大批的外国商人来到闽南,增强了闽南与海外的联系。闽南的代表地区泉州更是以东方第一大港享誉世界,是中国向海洋发展的主力地区,海洋社会文化和经济获得了极大的发展,成为世界宗教的聚居地。① 时至今日,闽南泉州仍然保存着不同宗教融合的痕迹,既包括清真寺、草庵、开元寺等不同宗教的遗址,又包括体现着宗教融合的特色雕塑,如结合了西方天使与东方飞天特色的有翼飞天等,充分体现了闽南民俗文化勇于冒险、向外开拓、易于接受新事物、包容性强的海洋性特征。②

从 3 世纪到 1949 年,闽南地区经历了 1600 多年的历史演变。以泉州为代表的闽南历史,可以划分为四个阶段:①3—10 世纪北方移民的南迁、泉州区域经济网络的形成与泉州港市的形成;②10—14 世纪初期,在国家政权相对疏远的条件下,泉州地区海外贸易的高度发达以及政治经济中心地位的形成;③从 14 世纪中期到 19 世纪初期,泉州市的式微与官方正统意识形态的扩张;④19 世纪到 20 世纪上半叶,泉州经历了海外帝国主义势力的渗透和国内现代性意识形态蔓延的历史阶段。可以说,历史上泉州的命运和刺桐港的命运紧紧联系在一起,一荣俱荣,一损俱损。宋元时期刺桐港的水深浪小,使其成为世界第一大港,刺激了泉州的经济文化发展,而明末年间的淤积和海禁使得刺桐港辉煌不再,泉州也由此没落。③

二 闽南民俗的海洋特征

(一)民俗的定义

民俗,即民间风俗,指一个国家或民族广大民众所创造、享用和传承的生活文化。民俗起源于人类社会群众生活的需要,在特定的民族、时代和地域中不断形成、扩布和演变为民众的日常行为服务。民俗一旦形成,就成为规范人们的行为、语言和心理的一种基本力量,同时也是民众习俗、传承和积累文化所创造成果的一种重要方式。简而言之,民俗即指人民群众在社会生活中世代传承、相沿成习的生活模式,是一个社会群体在语言、行为和心理上的集体习惯。④

闽南人靠海吃海的传统使得闽南的民俗烙上了深深的海洋的印记,具有鲜明的海洋性特征。闽南民俗的海洋性特征,可以从闽南的民间信仰、生产习俗、饮食习俗等方面得到充分的体现。以下试从民间信仰、生产习俗、饮食习俗等方面分析闽南民俗的海洋特征。

---

① 福建省地方志编纂委员会:《福建省志·民俗志》,方志出版社 1997 年版。
② 何绵山:《闽文化概论》,北京大学出版社 1996 年版。
③ 林华东:《泉州学研究》,厦门大学出版社 2006 年版。
④ 李明春、徐志良:《海洋龙脉——中国海洋文化纵览》,海洋出版社 2007 年版。

（二）民间信仰

闽南人在长期面对海洋的优厚地理条件下，通过频繁的海洋活动，兴起了对水神与海神的信仰。不论是早期的蛇崇拜、瘟神崇拜，还是体现东方文化精神的妈祖信仰，都与海洋息息相关。

1. 蛇崇拜

闽人古称蛇神，在福建有许多摆设蛇神的庙宇存在，而且这些庙宇大都建于水边，反映了它与福建古代疍家人的关系。汉代许慎的《说文解字》里说，"闽，东南越，蛇种"。古代越地潮湿、闷热，是蛇类动物的天堂，因而人们对蛇产生一种恐惧乃至无限崇拜的心理。《史记》中即有记载："常在水中，故断其发，纹其身，以像龙子，故不见其伤害也。"闽人断发文身，正是出于对蛇的崇拜。相传福建闽族的图腾即为蛇。产生于史前的华安许多岩画，均与蛇有关。华安的先民正是因为水患和蛟螭之害，才刻画蛇以祈求神灵的保护。

与闽西见到蛇觉得是大贵之兆不同，闽南人将蛇入宅看成是一种不祥之兆，但也不能对其打杀，而需要在家门口烧纸钱、点香，将其请出。恰是这种虽恐惧不安却不能加以打杀的态度，更反映了闽南人对蛇的崇拜。

蛇王宫也是闽人对蛇崇拜的一种表现。每年七月初七为"蛇王菩萨"作诞辰，每个人都身缠一条蛇游行；游行结束之后，当地人选出一条最大的蛇送至山中，其余的蛇则放生于闽江中。

2. 祖师崇拜

福建背山面海，有着上千里的海岸线。在历史上，福建素以造船与航海技术高超而享誉四方。因此，造船工的祖师崇拜在福建也颇有影响力。福建造船业世传祖师爷是鲁班。

造船的过程很讲究祭典礼仪。在动工前先宴请星相师择定良辰吉日。开工的当日在造船作坊旁边设案点香，摆上若干果品和茶酒祭拜，然后敬拜天神和龙王，以祈求开工顺利。在建造船只期间，每月的初二、十六两天都需要略备酒菜祭祀"天公""龙王"等神明。在造船中，船工认为船底的龙骨是整只船的灵魂所在，装钉龙骨的时候需要选定良辰吉日，闽南人习惯在船上的"龙骨"缝中塞进古钱数枚，象征着以钱开道能逢凶化吉。装钉龙骨的活动也被称为"安龙骨"。泉州的晋江、南安两市在装钉船头、船尾的时候，也要用红布包扎，因为这里的船工认为船头船尾也是一条船的重要部分，需讨个吉利。

除了龙骨、船头船尾之外，龙目也是一艘船的灵魂所在。因为只要有了一双眼睛，才能避开暗礁，避免迷航或者触礁搁浅，故而安装龙目也成为造船工作的一个重要工序。在泉州晋江市，船工讲究安装"龙目"的圣洁，一般会选在凌晨四点左右悄悄地安装龙目，以避免闲人的围观；而在漳州市，安装龙目则需要给师傅送红包，并煮蛋酒酬谢。龙目的设计有时也因船而异。在泉州惠安县，若是出海打鱼的船，其龙目是朝下的，寓意"靠海吃饭"。而若是贩运的船，龙目则是朝上的，寓意"靠天吃饭"。在造船的时候，也有许多讲究。例如，在场的人不能说不吉利的话，特别是翻船这类的字眼尤为忌讳；同时，造好船之后，不允许女性登船，因为这会是晦气降临的象征。

3. 瘟神崇拜

闽南民间有一个传说,古代有 360 名举人在赶科举考试的时候渡江淹死,上帝悯其不幸横死,命血食四方,百姓称之为"王爷"。闽南人将送瘟神的习俗称为"出海"。每年祭祀"王爷"之后,都要将"王爷"的神位放置于模型船上,将其漂出海外。早年出海的模型船只多是纸做的,以后就改为木做的真船,并且为了让"王爷"愉快的离开,真船越做越大,船上设备越来越精巧,瘟神在海上往往可以漂泊到很远的地方,这也从一个方面解释了台湾瘟神庙的由来。

4. 海神崇拜

蛇崇拜与瘟神崇拜都与水神信仰有关,是海洋文化的一个典型,但又不能等同于对水神或海神的信仰,因为他们都不是直接的航运保护神。闽南地区作为海上交通极其发达的地区,自然而然推崇航运保护神,为此,海神崇拜非常盛行。

(1)妈祖崇拜。妈祖是影响最大的海神。关于妈祖的起源,传统的说法如下。五代闽王都巡检林愿生有一女,名林默,她自幼好道,又得观音菩萨超度,成为女神,保佑航海的人们。还有另一种说法是,历史上林默这个人确实存在,她心肠好,经常在海上奋不顾身地救助遇险的渔民,她的事迹在海边地区广泛流传,久而久之被长期航海的人们神化为航运保护神——妈祖,并把每年农历三月廿三定为妈祖诞辰,隆重开展民间祭祀。在民间祭祀中颇具特色的贡品就是"鳌山"(俗称米龟),分为大龟、二龟、三龟。卜得"鳌山"者,被视为最有福气的人,翌年妈祖诞辰时须敬还。妈祖信仰之所以会在闽南地区盛行,正是依托了闽南的海洋文化。一方面,常年以打鱼、航运为生的闽南人,为了谋生多数需要经常迁徙于附近岛屿和海外地区,出海便成为他们最经常的活动之一。而古代的航运安全设施非常简陋,海难发生的频率很高,渔民们在强大的自然力面前束手无策,只能把航运安全寄希望于妈祖的保佑,选择祭祀这一形式祈祷妈祖保佑自己和亲人出海顺利。另一方面,从元代开始政府越来越重视海上贸易以及南粮北调的漕运航道,为了保证海上贸易以及漕运的安全,多番褒封妈祖,寄托海上保护神——妈祖保佑海上活动安全,从而推动了妈祖信仰的传播和盛行。

(2)通远王信仰。通远王是流行于泉州的海神信仰。通远王的原型相传是唐时位于永春与南安交界处乐山中的一位老隐士,名曰李元溥(四川人,进士),俗谓白须翁,官拜云南团练副使,为逃避战乱弃官隐居,唐高宗时云游到南安、永春交界的乐山,便结庐于此,修行 20 余载羽化而去,乡人奉为山神,建庙祀之,称之乐山王。唐咸通年间,九日山下延福寺圮废后重建大殿,寺僧四处寻找巨木,来到乐山,幸遇白须翁,经指点找到建寺的巨木材。但是,乐山和九日山相距甚远,交通不便,寺僧面对巨木无可奈何。此时白须翁显灵,托梦寺僧要其先回九日山,许诺不日将木材运到九日山脚。不久,确因山洪暴涨,木材顺流而下,流到数百里外的出海口九日山处,延福寺得以顺利重建。延福寺重新建成后,为感谢白须翁的恩德,就在延福寺东隅建造"神运殿"(又称"灵乐祠",后又称"灵岳祠")以祀。宋嘉祐三年春,郡守蔡襄以旱甚,祷于祠应。熙宁八年闻于朝,敕封崇应公,乐山王便由山神兼成雨神。雨者水也,乐山王本来就有水运的神通,自然而然成为水上运输之神。

北宋时期,泉州一带海上交通条件非常落后,一般出海只能乘坐木船或帆船,人力难以控制海风对航行的巨大影响,人们只能求助于乐山王保佑,确实有求必应。后来,人们甚至"水旱病疫,海舶祈风,辄见应"。北宋徽宗政和四年,敕封乐山王为通远王,赐庙额"昭惠",其海神地位得以确立。通远王信仰随着泉州"海上丝绸之路"的深入发展,广泛流行于泉州城乡,祈风习俗日益兴盛。以"山中无石不刻字"而饮誉宇内的九日山,保存了海交祈风及市舶司事石刻13方,记载了从南宋淳熙元年至咸淳二年海舶冬季遣舶祈风和夏季回舶的祈风情况:由太守亲临主持,仪式隆重,市舶提举及其他官员参加,向海神通远王祈祝"蕃舶"一帆风顺,来往平安。当时海湖涨满金溪,百舸云集沿岸,旌旗蔽空,鼓乐喧天,人马车轿,连绵数里。昔日祈风场面,十分壮观。建造在洛阳桥头供奉着通远王(作为镇海利远的精神支柱)的昭惠庙,现在还完好地保存着。

(三)生产习俗

闽南地区农耕业与渔业最为发达,闽南的渔船航工在生产作业时有如下习俗。

(1)贴春联。每逢过年,都要在船上贴上春联,头桅写"一件大吉",主桅写"八面威风""万军主帅",舵房写"满载盈归",船眼写"龙目光彩"。对联常写"顺风顺水顺人意,得财得利得天时;五湖四海任舟行,三江九曲随舵转",或"生意兴隆通四海,财源茂盛达三江"等,处处体现了海洋文化的特征。

(2)船舶择吉日起航。每年正月逢七首航,二月逢八不开航。起航出海须选择吉日,祭妈祖或天公,然后取若干贡品倒入海中祭祀在海难中过世的"好兄弟"。

(3)忌讳。在船上忌讳"沉""翻覆""破""慢走"等不吉利的话,不允许吹口哨、大喊大叫,或者把碗翻覆、把东西倒放等。

(4)吉兆。船行途中如果遇到孕妇在船上分娩,则视为吉兆,共同庆贺。这是因为在航海中可能遇到意外的海难事故,船员只会减少而不会增加。因而船上孕妇分娩相当于"添丁",被视为好事吉兆。

(5)施救。船在航行中若遇漂尸,不论了解还是不了解死者的身份,都一定要打捞收埋,称他们为"好兄弟""人客公"或者"头目公"。此举堪称美德。船载尸体,应在桅杆挂件雨衣,并遮"龙目",别船看到也应该遮龙目,到港放鞭炮去衰气。

(6)其他。海上生产,渔民忌第一艘开航(开海门),最后一艘归航(关海门)。解决的办法是:借妈祖上船助威或神前卜杯。个别地区,亦有习俗认为落水者是水鬼在找替死鬼,因而不能立马去救,至少要等到他们三沉三浮后才能去救。当然,这个陋习随着时间的推移慢慢消失了。[1]

(四)饮食及饮食习俗

(1)体现海洋文化特征的闽南特色小吃。闽菜是我国八大菜系之一,以清鲜、淡爽而闻名。闽南菜系作为闽菜的中坚力量,更是不可忽略。闽南的美食中,海鲜占了相当一大部分。最著名的有海蛎煎和土笋冻。海蛎煎俗称"蚵仔煎",这道菜可谓是在外闽南人最无法忘怀的美味小吃之一了。闽南的海蛎不同于北方沿海地带的海蛎,以小、鲜出名。海蛎煎选用新鲜海蛎肉,把鸡蛋、地瓜粉和切丁青蒜调匀,一起置入油锅内煎至两面酥黄,味美鲜透。鱼羹则是闽南饮食中一大风味食品,在渔家更被视为不

---

[1] 泉州市地方志编纂委员会:《泉州市志:第5册》,中国社会科学出版社2000年版,第3600页。

可或缺的家常菜肴。从古至今,渔姑渔嫂都将做鱼羹作为必备的手艺之一。渔家新媳妇初到夫家要做的第一件事情往往就是为公婆奉上一碗鱼羹。还有一道非常具有闽南特色的小吃是土笋冻,其由土蚯蚓和高汤冷冻而成,味道鲜滑可口。这些具有强烈地方特色的小吃,鲜明地反映了闽南人以海为生的特征。

(2)体现海洋文化特征的饮食习俗。以海为家的闽南人有许多饮食习惯体现着鲜明的海洋文化。一是吃鱼的忌讳,在烹饪鱼食的时候,除了一些鱼体较长的鱼之外,都保留"全鱼"上桌;闽南煎鱼也往往只能煎一边。吃鱼的时候不能翻鱼身,当上面部分被吃完后,先将露在上面的鱼脊骨夹掉,然后再吃下面的鱼肉。这是由于风里来浪里去的渔民非常忌讳"翻"这个动词。渔民视船为木龙,而龙是鱼所变,故而鱼是绝对不能翻的。一些渔民吃完鱼,不能把筷子靠放在碗沿,而是要用筷子在碗上绕几周,而后才能放下。这样做,主要是出于怕船搁浅的心态。筷子绕碗几周,表示渔船绕过暗礁和浅滩,可以安稳停泊。二是羹匙不能底朝上地搁置。这个习俗归根结底也是因为忌讳"翻"这一动作。羹匙的样子像船,故而不允许其出现底朝上的状态,因为这象征着翻船,是不祥之兆。三是不允许把碗、筷丢下海。这个习俗主要盛行于厦门。因为如果随便让碗筷掉入海中的话,则意味着看不起渔家及其从事的职业。这些饮食习惯都是闽南民俗的海洋性特征的体现。

闽南人的生活与海息息相关,闽南人的风俗也透着浓浓的海洋气息。闽南海洋民俗丛是一个庞大的整体,它不仅包括本书所讲的民间信仰和生产、饮食文化,还有语言、价值观念、婚姻家庭、建筑风格等。要了解闽南民俗海洋性的特质,就必须将一连串的闽南民俗现象放在一起做整体和综合的研究,才能全面地了解闽南民俗所展现的海洋性特征,把握闽南海洋民俗的全貌。

第九节　山东沿海渔民的海神信仰与祭祀仪式调查[①]

山东省是中国古代文明的发祥地之一,历来有"齐鲁之邦,礼仪之乡"的美誉。境内既有绵延起伏的群山丘陵,又有坦荡辽阔的平原大川,中华民族的摇篮黄河从山东入海,五岳之首的泰山雄踞鲁中南,西南部大运河沿湖区穿过山东,悠久灿烂的历史文化,复杂多样的地理环境,形成了山东民俗古朴淳厚、丰富多彩的特点。山东半岛三面环海,海岸线长达 3121 千米,大陆海岸线占全国海岸线的 1/6,居全国沿海各省的第三位。山东省自北向南依次濒临渤海和黄海,沿海岸线有天然港湾 20 余处,有近陆岛屿 296 个,其中庙岛群岛(又称长岛)由 18 个岛屿组成,面积 52.5 平方千米,为山东沿海最大的岛屿群;沿海滩涂面积约 3000 平方千米,15 米等深线以内水域面积约 1.3万余平方千米。这些优越的地理条件,使山东在海上运输和海洋资源开发利用方面都大有可为,也使山东具有了十分丰富的海洋民俗文化资源。

山东省的渔业生产具有悠久历史。早在春秋战国时代,齐国的开国君主姜尚(姜

---

① 本节内容引见叶涛:《海神、海神信仰与祭祀仪式——山东沿海渔民的海神信仰与祭祀仪式调查》,《民俗研究》2002 年第 3 期。

太公)在立国之初就把发展渔业生产当作基本国策,后来的齐相管仲也在其治国方略中强调"鱼盐之利"的重要性,渔业生产成为齐国重要的经济支柱。到战国时期,齐国能够称霸诸侯也与渔业生产密不可分。此后,山东半岛的渔业和航海历代都有不同程度的发展。进入 20 世纪之后,尤其是 50 年代以来,山东的渔业生产得到了很大发展,渔业经济在山东省的经济中起到了重要作用。

一　海神与海神信仰

山东沿海渔民所信仰的神灵系统比较芜杂,像内陆农民所信奉的土地、灶王、财神(关公、赵公明、比干)、天地、火神、山神、狐仙(胡三太爷)等在渔民中也受到普遍崇信。在渔民的神灵信仰中,作为海神信奉的主要有龙王、天后(海神娘娘)、民间仙姑以及海生动物鲸鱼、海鳖等。

1. 龙王

龙王是中国北方渔民普遍崇信的海神。龙虽然是中国古代很早就已经产生的神灵之物,而且在其最初的神性中就有司水降雨的功能,但民间关于龙王的信仰还是与中古以后佛教的传入,尤其是与后来道教的龙王观念有关。汉代以后佛教传入中国,佛经中关于龙王"勤力兴云致雨"的说法逐渐兴盛。唐宋以来,道教在其神谱中也说东西南北皆有龙王,四海龙王的观念更为民间广泛接受,龙王的信仰也逐渐遍及各地。在内陆地区,民间多有向龙王祈雨的风俗。在沿海地区,因龙王司水的功能,渔民便把龙王当作海神崇拜,并且成为渔民信仰中最重要的神灵。山东沿海各地供奉的龙王一般都是东海龙王敖广(道教的四海龙王分别是:东海龙王沧宁德王敖广,南海龙王赤安洪圣济王敖闰,西海龙王素清润王敖钦,北海龙王院旬泽王敖顺)。

龙王是中国渔民最早崇信的海神。至少在唐代,山东沿海就建有龙王庙。在蓬莱市北丹崖山上的一处龙王庙始建于唐代初期,最初建于山顶,北宋嘉祐六年(1061年),登州郡守朱处约,为了修建蓬莱阁,将龙王庙西移。庙中所奉祀的海神广德王,就是民间的"龙王"。北宋元丰八年(1085 年),大诗人苏东坡到登州任职期间,时值冬日,想看海市①非其季节,曾"祷于海神广德王之庙",希望海神保佑"明日见焉",并留下了著名的诗篇《登州海市》。威海刘公岛上有建于明代末年的龙王庙,庙内有前后殿和东西厢房,庙前有戏楼,用来举行庆典和祭神仪式,正殿中间有龙王塑像,左右站列龟丞相和巡海夜叉。过去,烟台市烟台山上面也有一座明代修建的颇为壮观的龙王庙,清代同治年间曾经重修,至 20 世纪初倾圮。在山东沿海的一些偏僻岛屿和渔村,龙王庙更是当地渔民必不可少的信仰场所。这些龙王庙与上述龙王庙相比规模要小得多,历史也不可考,一般都是用石头搭成,和村里的土地庙相似,但比土地庙要高、要大,石头都是经过加工的料石,比土地庙堂皇得多。龙王庙内大多坐有龙王石像或泥塑像。例如笔者曾经调查过的即墨市田横镇,在所辖 30 个村庄中有 18 个村庄是渔村,每个渔村都有龙王庙,其中周戈庄的龙王庙规模最大,有一间庙堂,内有龙王、赶鱼郎和女童子的画像;山南村的龙王庙规模最小,是一座一米见方的石庙,庙内无塑像。对龙王的祭祀仪式主要有第一次出海前的祭海,以及龙王生日、春节等特殊日期。

---

① 海市又称"海市蜃楼",是由于光的折射和反射而在海面上出现的一种虚幻的奇景。

2.天后(海神娘娘)

天后,即南方所称的"妈祖",山东沿海渔民普遍称其为"海神娘娘"或"娘娘"。山东最东端的部分渔民把渔船归航称为"归山",因此把天后也称作"归山娘娘"。天后信仰,起源于南方;明清以来,随着南北海上航运的开展逐步传到北方,并成为沿海渔民普遍崇信的海神之一。

天后在历史上确有其人。据专家考证,天后姓林名默,祖籍福建省莆田县湄洲屿,生于北宋建隆元年(960年)三月二十三日,逝于宋雍熙四年(987年)九月九日。林默自幼聪明,勤奋好学,后来从巫,为民占卜吉凶,驱灾治病,勇于助人为乐,成为当地的名巫。林默谢世后,被群众奉为地方保护神,后来历代统治者封其为"夫人""天妃""天后"等,并且创造了许多相应的神话,在民间受到广泛的崇信。在民间信仰中,民众不仅向天后祈求保护航海安全,而且把天后视为主宰风调雨顺、生儿育女、战争胜负、去病求吉的万能之神。[①]

山东沿海凡主要航海码头、重要渔港,甚至较大的渔村都建有天后宫。像长岛就有天后宫六座;没有天后宫的岛上,就在村子路边,用三块石板搭个小庙,俗称"三块庙",以代替天后宫。小庙搭成后人们奉若神明,没人敢去毁坏它。现在仍然保存比较完好的天后宫有长岛县庙岛的天后宫(宋徽宗宣和四年,1122年始建)、蓬莱市蓬莱阁西侧的天后宫(建于明代)、荣成市石岛天后宫(清乾隆十六年,1676年始建)、即墨市金口天后宫(清乾隆三十三年,1768年始建)、青岛市天后宫(明成化三年,1467年始建)等。烟台市北大街过去有一处天后宫,曾十分兴盛,当地人俗称"大庙";庙前有小广场,曾是旧烟台的中心,今仅残存戏楼一座。烟台市区内另有一座福建会馆(清光绪十年,1884年始建),又称作"天后行宫",也奉祀天后。各地天后宫的建筑虽然受到条件的限制繁简不同,但基本格局都是一致的。庙内建筑均为前殿后寝,前面是供奉神像的大殿,大殿之后是布置成女性起居室样式的寝室;庙门之外有小广场,对面是酬神唱戏的戏楼。

上述几座天后宫,都与所在城市的开埠、港口经济的发展密切相关。像青岛天后宫,就有"先有天后宫,后有青岛城"的说法;烟台的大庙,也有"先有大庙,后有烟台"的说法。即墨金口天后宫所在的金口港,在烟台开埠以前曾经是南北贸易的枢纽,有"金胶州,银潍县,铁打的金家口"和"日进斗金"之称。天后宫也是由南北巨商大贾和善男信女捐资修建的。金口天后宫当时规模之大,建筑之精美、庙产之雄厚均胜于青岛、烟台、蓬莱、庙岛的天后宫。后来,随着港湾逐渐被泥沙淤积,稍大的船就无法进港;尤其是随着烟台、青岛等港口的兴起,金口港逐渐衰败,金口天后宫也随着金口港的衰落而衰败了。

山东沿海渔民对天后的信仰十分虔诚。在渔民中,流传着许多有关天后显灵救遇险渔民于危难之中的传说,其中以娘娘送灯的传说最为典型。这些传说的传播者,或说是其亲身经历,或者确指其时间、地点、船只、人员,言之凿凿,传达出他们对于天后神异能力的崇信心理。从有的学者所采录的关于天后显灵的口述中,也可窥见山东渔民天后信仰之一斑。

---

① 参见李露露:《妈祖信仰》,学苑出版社1994年出版,第1—2页。

长岛县北煌城村北村渔民宋延文讲述：

> 我二十岁时，有一回和我大舅、表哥三人使小船钓刀鱼，在小钦岛西边。头晌(上午)，起了大风。后来，我们摇不动了，就抛了锚。那时家什(船上用具)不行，锚绳是两根麻绳，都断了。我们就放捞子，随风流。开始吃生刀鱼，后来吃棉花，也不知跑到哪里去了。一直到第二天晚上，我们眼都不行了(视力差)。忽然看见前头有个小红灯，枣儿那么大，一直在前头。我们知道这是娘娘送灯了，就随风飘，灯老在前头。第三天头晌，我们到了烟台北边，人家有钓刀鱼的大船，装两万来斤，船上有十多个人，离我们的船百十米远。我们就把舵下上，把桅安上，小桅不大点，有一人来高，把缆篷挪到前面头隔三十来米，就大声喊救人。大船上的人听见喊声都出来了。我那个表哥俏啊，一下子跳到大船上，船上人顺手扔下绳子，把我们的船揽住了。船上有老人，叫大师傅下半碗米，多添水煮米汤，过半来个钟头才叫吃一点，逐步加，傍晚就给馒头吃了。在大船上住到第三天，人家给些馒头，正好改了东南风，我们撑上小篷，跑了一天一宿，才来家了。家里早报庙了(认为人已经遇难死了)。到了年初一，给娘娘送了四个灯，有玻璃灯，也有绸子灯，里面点上蜡，还送了一些蜡烛。①

还有一些传说是与天后宫有关。在即墨金口自建了天后宫以后，就有不少神话传说。例如，天后圣母受封下界后，选择在金口这片海域上掌管大海，搭救灾船，普救众生；金口丁字湾每遇雾海，天后圣母就在天后宫前的旗杆顶上挂一盏红灯为船只导航；天后宫山门前的石狮自南方运来时，途中遇风不沉，化险为夷；日本人从宫中盗铜镜欲运回国，突然起狂风相阻，迫使将铜镜复还于宫；1947年，国民党的炸弹投在天后宫的墙角不响。近几年，还流传着治病救人、保虾农丰收等传说。②

正因为有这些传说在民间广为流传，更加深了民众对天后的崇信程度，并且在民间形成了许多围绕着天后进行的祭祀活动；另外，还形成了一些反映民众信仰的民俗事象，如送愿船、送灯、送衣物等。

3. 民间仙姑

山东沿海的渔民中，至今还有着一些与海洋航行、渔业生产密切相关的仙姑的传说。这些关于仙姑的传说中，有部分情节与天后的事迹相仿。当地渔民把这些仙姑当作海神来信奉，有的地方还立庙定期举行祭祀活动。

威海市环翠区望岛村的西面，有一座被当地群众称为"仙姑顶"的山峰，山顶有一座仙姑庙，里面供奉着一位民间仙姑。仙姑庙始建于宋代，清代重修，1992年又重建，形成了现在的规模。关于庙内奉祀的仙姑，在残存的宋碑中称其为郭仙姑，有人还认为仙姑就是麻姑。

关于仙姑顶的仙姑，当地有两则传说，其中一则传说讲的是仙姑知恩图报，点明了在仙姑顶立庙的原因；另一则传说是这样的：

---

① 马咏梅、山曼：《山东沿海的海神崇拜》，载《中国渔岛民俗》(内部资料)，温州市民俗文化研究所1993年编印，第88—90页。

② 徐伦成：《金口古今》(内部资料)，第28页。

传说,辽国人在海中迷失了方向。在迷茫之中,突然,有一灵光在仙姑顶显现,指引他们找到了生路。他们回国以后,将这一奇迹大为宣传,被国王所知晓,又派他们来仙姑顶祭祀仙姑,同时为国王和王后祈福,并立碑纪念。

这个传说中,灵光显现仙姑顶、使辽国人走出险境的细节,非常类似于天后娘娘传说中送灯的情节。仙姑顶附近的村庄多近海,有许多以捕鱼为生的渔民,天后信仰理应存在。只是仙姑庙记载的仙姑姓郭,其姓氏与天后相差很大;另外,如果仙姑庙供奉天后,应该有明确记载,不至于像现在这样语焉不详。因此,该仙姑应该是来自民间的地方神,与天后无关。①

同类的民间传说在即墨市田横镇也有流传。田横镇流传的是关于孙仙姑的传说。下面记述的,是笔者在田横镇山南村采集到的关于孙仙姑的传说(讲述人为山南村村民、山南小学教师刘永寿的母亲,时年 78 岁):

> 孙仙姑是本县王村人,自小订婚后,没过门男人就死了。她收拾收拾衣服就到婆家去了,她的婆家在王村马家,后来不知何故她上吊死了。后来在栲栲湾(田横镇周戈庄外的海湾)救了南方的船,她给人家说她是孙仙姑,她家在王村,她爹叫什么,家住在村的哪里。南船获救以后,就来王村打听,真有这个人,就修了个庙。前两年,又听说孙仙姑救了海阳的船,人家就在皇山的庙里给仙姑塑了个像。

孙仙姑是田横镇周戈庄祭海时祭祀的五个神灵之一,以下是周戈庄的孙仙姑传说:

> 仙姑姓孙,20 世纪 20 年代出生于距周戈庄不远的王村,1941 年去世,生前是一未婚的姑娘。传说孙姑娘生前聪慧善良,乐于助人。她死去的那年,一大渔船将遇海难的前夜,船老大梦见孙姑娘指点迷津。梦醒后,按孙姑娘所说避开了海难。于是一传十,十传百,当地渔民便将孙姑娘奉为保护渔民舟子安全的仙姑。②

威海市刘公岛刘公、刘母的传说也属于这类仙姑传说:

> 相传,在数百年前,有一南方商船在狂风恶浪中遇险。船上的人奋力挣扎,精疲力尽,无奈,只能听天由命了。突然有人发现前方有火光,全船人欣喜若狂,拼命划船,火光越来越亮,人们终于看清在一座海岛的峭壁上有个人影,手里摇动着灯火。船终于靠岸了,船民们扑向岸边,栽倒在沙滩上。一位银发老人急忙将他们救起,并安排他们休息,一位面孔和善的老妇人给他们做了饭食。在两位老人的照料下,船民们很快恢复了体力。风暴过后,商船准备起航,老人又送来了米面。船民们过意不去,当他们带着礼品去答谢时,两位老人却不见了。后来,凡是过往船民海上遇险,都得到两位老人的救助、救济和指航。人们尊称两位慈善的老人为刘公、刘母。若干年后,船民和岛上百姓为纪念善心的老人,在岛中部阳坡上建造了一座祠庙(即现在的"刘公祠"),依照人们的回忆,在庙内塑了刘公、刘母像。此后来往的船民和岛上的

---

① 叶涛:《威海望岛仙姑庙与仙姑顶庙会考察记》,载《民俗研究》1994 年第 1 期,第 66—73 页。
② 郭泮溪、安玉华:《即墨周戈庄祭海习俗调查》,《民间文学论坛》1998 年第 4 期,第 72 页。

百姓纷纷到祠庙祈祷祭拜。[1]

民间仙姑传说中的主角——郭仙姑、孙仙姑或刘公、刘母,虽然是传说人物,或者虽然有真人作为依据,但其主要事迹却是后人附会上的。这些仙姑,在渔民心目中的作用是和龙王、天后一样的作用:救助危难,保佑平安。在这些仙姑传说中,很可能保留着山东沿海渔民比较早的海神信仰的成分,这种信仰有的可能要早于天后信仰,有的在当地渔民信仰中所占的比重要大大高于天后。如果我们继续搜集同类传说并做进一步深入的研究的话,可能对山东沿海渔民的信仰会有新的认识。这些仙姑与天后之间的关系,也是值得我们深入探讨的问题。

4. 鲸鱼与海鳖

山东沿海渔民还把鲸鱼和海鳖当作海神来祭祀,这是把海生动物作为海神崇拜的信仰现象。

山东沿海渔民称鲸鱼为"赶鱼郎",有的地区还称其为"老赵""老人家"。称鲸鱼为"老赵",是因为鲸鱼能给渔民带来收获,类似于遇到了财神。山东民间信仰的财神中有一位是赵公明,"老赵"的称呼便是从赵公明而来。称鲸鱼为"老人家"则是一种比较亲近的称呼。把鲸鱼叫作"赶鱼郎",这种称呼非常形象。因为鲸鱼在海中追食鱼群,渔民随其后撒网,一定会获得丰收。长岛渔民中流行着这样的歌谣:"赶鱼郎,黑又光,帮助我们找渔场。""赶鱼郎,四面窜,当央撒网鱼满船。"

山东沿海渔民把见到鲸鱼称为"龙兵过"或"过龙兵"。按照荣成渔民的说法,过龙兵时,走在最前面的是押解粮草的先锋官——对虾,它所押解的是成群的黄花鱼和统鱼;先锋官后面充当仪仗的对子鱼,仪仗队后面是夜叉,龙王坐着由十匹海马拉着的珊瑚车,鳖丞相在车左边,车两边就是各四条大鲸鱼,俗称炮手,由它鸣炮前进。渔民在海里捕捞作业时,遇到龙兵过,都要停止作业,举行祭祀仪式。[2]

荣成的渔民在海里作业时最崇敬海鳖。据说,海鳖善于变化,能够给人以祸福。所以,渔民作业时允许捕捞海龟,但万万不能得罪海鳖。渔民说它有时爬到网上,看似只有碗口大,可是下水后眨眼就变得比碾盘还大。只要见到海鳖,不仅要烧香烧纸,还要磕头祷告。海上作业的人都忌讳说鳖,而叫它"老人家""老帅""老爷子"。有些习惯也由它而来,如渔船下锚时,首先要高叫一声"给——锚——了!"喊过之后,稍停片刻再将锚掀进海里,据说就是怕伤着海鳖,叫它避一避。[3]

除上述海神之外,在山东沿海,还把一些与海洋有关的历史英雄人物,如秦始皇(他曾三次东巡,三次都来到山东东部沿海,荣成建有始皇庙,烟台芝罘岛阳主祠民间也称为"秦始皇庙")、藤将军(清代率水军剿灭海贼的将军)、邓将军(甲午中日海战中殉国的邓世昌)等,当作实际上的海神来供奉。

二 海神与祭祀仪式

对于海神的信仰与崇拜,贯穿于山东沿海渔民生产、生活的整个过程中,因此,山

---

① 苗丰麟:《威海旅游》,兰州大学出版社 1992 年版,第 43—44 页。
② 荣成市民俗协会、荣成市报社:《荣成民俗》,山东画报出版社 1997 年版,第 251—252 页。
③ 荣成市民俗协会、荣成市报社:《荣成民俗》,山东画报出版社 1997 年版,第 251—252 页。

东沿海渔民十分重视有关海神的祭祀活动,并且形成了固定的祭祀仪式。

山东沿海渔民有关海神的祭祀活动主要包括三个方面:一是春季祭海,二是各种庙会和节日中的祭祀,三是渔业生产中的祭祀。

1. 春季祭海

渔业生产的季节性很强。每当春季来临的时候,新的一个生产年度就要开始了,这时所举行的祭祀仪式是各种祭祀活动中最隆重的一次。对于沿海渔民来讲,他们对于春季祭海的重视程度已经远远超过了春节。山东沿海渔民有"谷雨百鱼上岸"的说法,因此,春季祭海的时间一般都在谷雨前后。不过,由于地理位置的差异,鱼汛时间的早晚各地也不一样,山东东部沿海渔民的春季祭海,自南向北,有一个祭海时间逐步推延的过程。像山东南部的日照一带,春季祭海的"上杠"仪式(也称"敬龙王")每年的正月初五就举行;即墨沿海的春季祭海,一般在春分到清明之间;偏北部的荣成一带,恰恰是在谷雨前后举行。即使是在同一地区,甚至同一村庄里,由于捕捞作业方式的不同,春季祭海的时间也有差异。例如,即墨田横镇周戈庄,凡是挂网的渔户,由于主要是在近海作业,有的在春节前腊月里就下海捕捞,所以祭海的时间就比较早;凡是放流网的渔户,由于是到深海作业,出海的时间较晚,所以祭海的时间也晚,一般要到春分、清明前后才祭海。同是田横镇,山南村的渔户全部是近海作业,村子里祭海的时间就定在腊月十五。像山南村这样全村把祭海的日期定在同一天的情况,过去并不多见。过去的祭海主要还是以一家一户为主来举行,或者是以渔行为单位来举行,祭海日期的选择要请人查皇历,确定黄道吉日。

下面是山东沿海不同地区的祭海仪式。

(1)日照的"上杠"仪式。上杠,也称"敬龙王",每年正月初五举行。地点是海边的渔船上。船头上摆的供品中要有整猪(有的人家为了节俭和省力,只供猪头、猪尾巴代替全猪),猪脸要用刀划一个"十"字,并抹进豆瓣酱,放上两棵大葱,还要摆上糕点、面馍、水果等。有的渔民还把大红公鸡在船头上杀出血,经船眼流下,名曰"挂红"。待上香发纸之后,船员在船主的带领下,面对大海磕头,求龙王保佑,赐给一个平安丰收的好年景。祭拜仪式结束后,船主设宴款待船员,席间共商当年生产计划,如捕捞去向、捕捞品种以及分红等事宜。

(2)即墨周戈庄的祭海仪式。周戈庄是即墨市田横镇最大的一个渔村,村东栲栲湾是一个自然港湾,可停泊中小型渔船数百只。全村近 900 户,2800 余人,主要从事渔业捕捞和近海养殖业。该村的春季祭海活动已经有数百年的历史,至今盛行不衰。

周戈庄春季祭海原来没有固定日期,一般是在春节后谷雨到清明期间,选择一个黄道吉日(当地称"成日")举行。由于此时各家新的一年渔业生产的准备工作(修补添置渔具、检修船只等)基本就绪,祭海这一天要把网具抬到船上,祭海的第二天就要出海,因此,祭海又被称作"上网",祭海日也称作"上网日"。周戈庄祭海时祭祀的神灵共有 5 位:主神是海龙王,其余 4 位分别是天老爷、观音老母(观世音菩萨)、四财主(狐仙)和仙姑(前文曾介绍过的孙姓仙姑)。

祭海前的准备工作,主要包括以下三个方面:

选三牲:三牲为猪、鸡、鱼。猪以黑毛公猪为佳,越大越好,宰杀后,只留猪脖子上的一撮黑毛(代表是带毛的全猪),并用红绸布打结而成的红花带披挂在猪头和猪脖子上,把杀后的猪充气,然后绑在一只四短腿红漆长方矮桌上,使猪呈昂首站立的姿势；也有的渔民用一只猪头代替整猪。鸡要选个头大的红毛公鸡,鱼要用大的鲈鱼。

蒸面馍：面馍是山东东部地区逢年过节时蒸制的面塑工艺品。祭海用的面馍一般每个在三四市斤左右,其造型有仙桃馍、盘龙馍、圆花馍等多种。仙桃馍和圆花馍都饰有面花,盘龙馍的头、眼、身、尾皆造型生动,有的盘龙馍的尾部做成鱼尾状,含"鱼龙变化"的用意。这些面馍经用食用色彩点染后便成为颇具特色的面塑艺术品。

写太平文疏：祭祀前,要用黄表纸写"太平文疏",格式如下：

具疏人×××,系周戈庄人。今逢上网吉日,特备信香一炷,纸马一份,三牲、馍馍等祭品,敬献于×××(受祭祀的神灵名号)位下。

公历　　年　　月　　日
（或古历　　年　　月　　日）

太平文疏多由德高望重的人来写,写时为表示虔诚,要点上一炷香。写好后仔细叠好,以备祭祀时使用。太平文疏要写5份,给所祭祀的5位神灵各写一份,格式相同,只是神灵名号不同。

写对联：中国民间一般在过春节时才贴对联。周戈庄渔民在祭海时也写对联、贴对联,由此可见渔民对祭海的重视程度。即墨民间称对联为"对子"。对子多由村里毛笔字写得好又善于编对子的人来写,对子的内容一般是"金玉满堂,富贵吉祥""多福多财多光彩,好年好景好收成""风调雨顺,满载而归""力合鱼满舱,心齐风浪平""海不扬波,水上太平""江河湖海清波浪,通达远近逍遥游"等。还有一种是贴在船上特定部位的对子,如贴在主桅杆上的是"大将军八面威风",贴在二桅杆上的是"二将军威风凛凛",贴在后桅杆上的是"三将军顺风相送",贴在船头上的是"船头无浪行千里",贴在船尾的是"船后生风万里行"。

装饰龙王庙：每年春季祭海前,周戈庄的村民都要重新把位于村东海边的龙王庙打扫装饰一番,在龙王庙悬挂新制作的大红灯笼。装饰龙王庙所需的费用由各船户均摊。

扎松柏门：为了渲染节日气氛,每年祭海前,都要在龙王庙前的海滩上扎松柏门。松柏门为重檐式,宽十余米,高约八米。先用木杆扎好框架,然后用新砍来的松柏枝装饰起来。松柏门上层悬挂有匾额,两边是二龙戏珠和鱼跃龙门等图案的横额。整个松柏门满布灯彩。

搭戏台：祭海时演戏用的木制简易露天戏台,搭在与松柏门相对的海滩西头,祭海过后便拆除。

过去周戈庄的祭海是一家一户单独或按渔行举行,近十几年则由村里统一组织,时间也固定在每年的公历3月18日(农历春分前后)。祭海的仪式集中举办,规模也比以前大得多。现将近几年祭海的仪式介绍如下：

列船：祭海日的清晨,各船船主将船只开到村前栲栲湾,按船与船十余米的距离一字排列,各船船尾朝岸,船头面向大海,然后下锚定位。各船彩旗飘扬,渔具、网具整齐地摆在船上,一派整装待发的气势。

摆供：清晨7点左右,渔民以船为单位开始摆供。摆供的地点在龙王庙前的海滩上。每只渔船摆一组供品,每组摆三桌,桌面上多铺垫红布以示吉庆。桌上分别摆三牲、面馍、蛋糕、水果、烟、酒、糖果、点心、茶叶、花束等。在每组供桌前要架立一束用竹竿绑扎成的有几米高的"站缨",站缨是渔船下海的标志,一只渔船竖一束站缨。同时将准备焚烧的黄表纸划好,香炉摆好,鞭炮绑在杆子上,供桌摆好后,还要把各自的对子贴到龙王庙门口和庙前的照壁上。

接下来便是祭海活动了。

祭奠:祭海的时辰过去是越早越好,现在一般是上午 8 点多钟。时辰一到,鞭炮齐鸣,人们开始焚烧香纸,并把写好的 5 份"太平文疏"点燃,边烧边念祈祷词吉祥语,以求海事平安,渔业丰收。此时,龙王庙前挤满了烧香磕头的渔民。随着鞭炮声,各船家开始往空中大把抛撒糖果(前几年还有抛撒硬币的现象),海滩上的妇女儿童便争着抢捡糖果,认为谁捡到的糖果多谁就福多。祭奠时,鞭炮声特别大。持续时间也特别长,按当地的说法,谁家的鞭炮声大、时间长,谁家当年的渔业就兴旺。所以,祭海时放的鞭炮多是上千头一挂的大鞭,有的船家把几挂鞭炮绑在大木杆上同时燃放。仅此一项,许多船家的开支就达上千元之多。

唱戏:祭海时的唱戏一般要唱三天,当地人喜欢听京剧,有时也请歌舞班子。戏班子多从烟台、青岛或莱阳请来,请戏班子的钱由各船家均摊。过去请戏班子,主要是管吃管住,另外送一些钱物;现在则是事先讲好演一场多少钱,演出结束后一并结算付款。看戏时,前来串亲访友的是贵宾,安排在靠近戏台的前面坐在矮凳上观看;一般观众多站着观看,称为"站客"。

聚餐:祭海仪式结束后,过去是以船为单位,在各自的船上举行聚餐,祭祀时用的三牲、酒、面馍等成为聚餐食品。现在,一般都在家里设宴款待前来参加祭海仪式的亲朋好友。祭海后的第二天,大多数渔船便出海捕捞,开始一年的渔业生产。

(3)荣成谷雨祭海。荣成市地处山东半岛的最东端,北、东、南三面濒临黄海,海岸线长达 500 多千米,全市直接或间接从事渔业生产的人约占总人口的 2/3,被称作是全国渔业第一市(县级市)。

荣成渔民在谷雨节这天举行祭海仪式。谷雨节一般在每年公历的 4 月 19、20 或 21 日,此时桃花盛开,春汛水暖,百鱼上岸,休息了一冬的渔民开始整网打鱼。在荣成,同大多数沿海地区一样,祭海以龙王、海神娘娘为主神,但是在龙须岛、成山头一带,还有信仰秦始皇把秦始皇当作祭祀的主神。祭海仪式的地点有的在海神庙内,还有的在大海边,或者街头巷尾。

荣成石岛的天后宫历来是祭海的主要场所。过去,每逢谷雨,天后宫的道士就把天后殿内的"铜瓜斧朝天镫"等锡制仪仗搬出来擦拭一新,再把殿内的布幔、匾额摆布整齐。祭祀时,渔民手捧肩挑猪羊香烛等供品来到宫内,道士点燃当地商家或渔行捐献的烟花鞭炮,殿上钟磬齐鸣,道士诵念经文,人们顶礼膜拜。来宫里进香的既有本地渔民,也有许多外地行舟过路的海客。这些人可以分为两类:许愿的和还愿的。还愿的上过香后,要把过去许下的供品奉上。据说,曾有一位南方渔民一次许下 6 对旗杆的大愿,第二年谷雨,他用一条大船专门从南方拉来,6 对约 10 丈高的旗杆左右排列,12 面杏黄大旗迎风招展,斗大的"天后圣母"字样高耸入云,那场面令当地人久久不能忘怀。

谷雨这天,也有很多离大庙较远的渔民在海边的沙滩上、渔船旁烧纸焚香,面朝大海膜拜海龙王。在龙须岛、成山头一带,祭祀的是秦始皇,由于秦始皇是由千古一帝演变成的海神,所以祭拜活动更为隆重。

过去,谷雨这天是由渔行组织举行祭船、祭海、祭海神的活动。节前,渔行提供带毛蜕皮的肥猪一口,用腔血抹红,馎馎10个,营口高粱烧酒一缸,香烟鞭炮一宗。祭祀时,以渔行为单位,摆好供品,焚香鸣放鞭炮,面朝大海跪祭神灵。祭祀仪式结束后,在沙滩上铺上门板,渔行老板和渔民一起席地而坐,大碗喝酒,大口吃肉,直至酩酊大醉。

荣成渔民祭海的高潮是在当天的晚上,举行类似于佛教盂兰盆会的"放海灯"仪式。过去,放海灯由当地商家和渔行出面组织,向各行各业筹资。放海灯前,于海边宽敞处设置巨型香案,摆放祭品,焚香烧纸,并请僧道两众筑台诵经作法,同时向海里抛施舍——预先蒸好的小馒头。深夜,在锣鼓声中,人们聚集在海边放焰火,抛施舍。施舍是米饭、馒头;焰火是自制的礼花,由铁屑、木炭和火花药制成,俗称"泥墩子"。放焰火的同时,人们将自制的各式灯笼点燃,下面托一木板,放进海里。

荣成渔民祭海这天,还有一个特殊的风俗:渔民的母亲、妻子希望自己的儿子或丈夫能平安无事,多多保重。在他们祭海临走的时候,母亲或妻子会将一个白面捏就并已蒸熟的小白兔揣进儿子或丈夫的怀里,然后送他们出门。这只小白兔的意思是:出海打不着鱼没有关系,不用生气,咱怀里不揣着小兔吗?海里不给吃的,咱山上去找,只盼着你平安归来。

祭海后的几天,各村都要组织唱戏,剧种是京剧,或自编自演,或请外面的戏班子,演戏一般是白天、晚上连演,最多的连续演四五天。

2.庙会和节日中的祭祀活动

山东沿海地区的庙会,有1/3左右是与海神信仰有关,这些庙会的会期一般都是从神灵的生日或忌日而来。但由于各地民间对于神灵的解释不同,出现了同一个神灵不同生日或忌日的现象,致使各地庙会的会期也出现了不同。

龙王庙的庙会大都在农历六月十三,据说,这天是龙王爷的生日。荣成渔民在这天,家家户户到龙王庙烧香焚纸,摆供祭祀,祭毕,还要扯块馎馎皮贴在龙王脸上、身上。海阳县麻姑岛过去有龙王庙。据当地老渔民回忆,每逢六月十三龙王生日这天,就在龙王庙前唱戏酬神,请和尚念"皇经"。

天后宫的庙会各地会期不一。蓬莱市蓬莱阁的天后宫庙会有好几个,正月十六的庙会据说是为了纪念天后的生日,这天有许愿、还愿、烧香敬神、唱戏酬神等活动;四月十八的庙会,内容和正月十六相仿;过去每年七月初一至初七是当地妇女祭祀海神的日子,上庙烧香者络绎不绝。烟台市旧城区天后宫庙会是正月十五举行,又称"元宵灯会",主要有船帮和商号向宫内送灯和向海上放灯的活动。莱州市虎头崖村,过去是莱州湾中重要的港口,村北有天后宫(当地称"海神娘娘庙"),庙会会期在三月二十三日,方圆百里都来赶会,会期往往拖得很长,开台唱戏有连续二十几天的纪录。荣成石岛天后宫庙会,多从谷雨开始。每到这一天,善男信女从四面八方拥向天后宫,妇女献上精心绣制的花鞋、幔帐,男人则烧香焚纸,顶礼膜拜,船家或渔行也以此还所许之愿,唱戏酬神。会期从谷雨起一直要持续到三月二十五日。长岛庙岛天后宫庙会与别处差异最大。当地认为海神娘娘的生日是农历三月二十三日,忌日是九月九日,但庙会的会期既不在娘娘生日,也不在娘娘忌日,而在农历的七月七日。这主要是因为,过去庙岛作为登州的外港,数百年间都是南北漕运船只夏季集结休整的地点,借此时间演戏敬神,使得当年的大庙会少则七八日、多则20余天。各船轮流出资,大戏连台,看戏的人一半在岸上,一半在水中船上,各船又纷纷杀猪敬神,进庙燃放鞭炮,水上庙会奇观,堪称北方庙会之最。后来,随着烟台港的兴起,船舶多停烟台,庙岛及其庙会便渐渐衰落了。

民间节日期间对于海神的祭拜主要集中在春节。每年的大年三十,白天要上船将各处打扫干净,舱门上张贴起大红对联;大年夜,鸣锣上船请"海神娘娘"回家过年。元旦初一的五更起来,第一件事就是鸣锣登船祭拜,然后才回家为亲人拜年。海边渔村凡有龙王庙的村庄,每年春节初一的清晨,首先要到海边的龙王庙上香,然后才进行其他节日活动(民间仙姑庙会、仙姑顶庙会、刘公岛庙会等)。

3.渔业生产中的祭祀活动

春季祭海仪式实际上就是一年渔业生产的开工仪式,除此以外,在其他的渔业生产活动中,也有一些有关海神祭祀的内容。

过去,稍大一点的船上都专设神龛,供奉海神娘娘,有的海上运输的帆船还有专管上香的香童。日照一带渔民,每当渔船遇到风浪,放椗抛锚后,船老大要率领全船人员祭拜海神娘娘。祭时,船老大站在船面上,口含清水朝东南漱一次,再进舱为海神娘娘上香敬酒,口中念念有词,祈求风平浪静。平安返航时,有的人家在龙王庙唱大戏,以酬谢神灵。据老渔民讲,在渔船遇到风浪时,海神娘娘送来的灯,以挂在不同椗杆的不同方位昭示此行的安危凶险,给人们以鼓舞和启示。

在捕捞或航运过程中,如果遇到鲸鱼群即"龙兵过"时,所有船只必须避让,焚香烧纸,敲锣打鼓(专营海运的大帆船都带有响器),并向海里倾倒大米、馒头,为龙兵添粮草。等到鲸鱼过后,渔货船才能够恢复作业或航行。

每当渔业丰收以后,山东各地渔民都有庆祝活动。渔民称渔业丰收为"发财",发财后敬天名为"杀发财猪"。长岛渔民旧俗为渔船丰收,返航临近家门时,在大椗顶上挂"吊子"(特制的一种旗帜)。如果是特大丰收,则大椗、小椗一齐挂,称为"挂双吊"。岸上见挂"吊子",船主便率人相迎。登岸后,船主用黄表纸蘸猪血焚烧,意为敬给海神一头猪。祭神后,猪头归船老大(船长)。猪蹄归"二把头"(大副),猪尾巴连带猪脸分给大师傅(炊事员),下货(猪内脏)留作算账(收入分配)时的酒菜,剩下的猪肉做成饭菜,不仅全体船员及其家属来吃,村人、路人都欢迎入席。当地民俗认为,来客多即预示着下次出海又会"发财"。

山东沿海地区的渔民,在近几十年的社会政治、经济、文化的变化过程中,渔业生产方式和生活水平都发生了非常巨大的变化。但是,由于渔业生产作业本身所具有的风险性仍然存在,致使产生渔民海神信仰和祭祀仪式的基本风俗没有发生变化,因此,在山东沿海渔民的精神生活中,海神信仰和相关的祭祀仪式至今还有它的生命力。

参考文献

1. 安京. 中国古代海疆史纲. 哈尔滨:黑龙江教育出版社,1999.

2. 陈尚胜,陈高华. 中国海外交通史. 中国台北:文津出版社,1997.

3. 陈诗启. 中国近代海关史. 北京:人民出版社,2001.

4. 陈霞飞,蔡渭州. 海关史话. 北京:社会科学文献出版社,2000.

5. 杜桂芳. 潮汕海外移民. 汕头:汕头大学出版社,1997.

6. 郭延礼. 中西文化碰撞与近代文学. 济南:山东教育出版社,1999.

7. 黄公勉,杨金森. 中国历史海洋经济地理. 北京:海洋出版社,1985.

8. 黄顺力. 海洋迷思——中国海洋观的传统与变迁. 南昌:江西高校出版社,1999.

9. 李金明. 中国南海疆域研究. 福州:福建人民出版社,1999.

10. 李绪鉴. 海河津门的民俗与旅游. 北京:北京旅游教育出版社,1996.

11. 刘圣宜,宋德华. 岭南近代对外文化交流史. 广州:广东人民出版社,1996.

12. 罗澍伟. 近代天津城市史. 北京:中国社会科学出版社,1993.

13. 欧阳宗书. 海上人家——海洋渔业经济与渔民社会. 南昌:江西高校出版社,1998.

14. 彭德清. 中国航海史(近代航海史). 北京:人民交通出版社,1989.

15. 曲金良. 海洋文化概论. 青岛:中国海洋大学出版社,2000.

16. 上海民间文艺家协会. 中国民间文化. 第 3 集. 上海:学林出版社,1991.

17. 苏全有. 论晚清海洋经济思想的嬗变. 河南师范大学学报(哲学社会版),2001(3).

18. 武斌. 中华文化海外传播史. 第 3 卷. 西安:陕西人民出版社,1998.

19. 席龙飞. 中国造船史. 武汉:湖北教育出版社,2000.

20. 熊月之. 上海通史. 第 10 卷. 民国文化. 上海:上海人民出版社,1999.

21. 徐晓望. 妈祖的子民——闽台海洋文化研究. 上海:学林出版社,1999.

22. 余绳武,刘存宽. 十九世纪的香港. 北京:中华书局,1994.

23. 苑书义. 中国近代化大辞典. 石家庄:河北教育出版社,1995.

24. 张彩霞. 以海洋为纽带:近代山东经济重心的转移. 中国社会经济史研究,2004(1).

25. 张炜,方堃. 中国海疆通史. 郑州:中州古籍出版社,2002.

26. 张仲礼. 东南沿海城市与中国近代化. 上海:上海人民出版社,1996.

27. 庄群. 潮州歌册在海外. 潮人杂志,2003(2).

28. 上海民间文艺家协会. 中国民间文化. 第 7 集. 上海:学林出版社,1992.

29. 林贤东. 海南岛的海洋民俗文化. 浙江海洋学院学报(人文科学版),2005(1).

30. 林溢婧,林金良. 浅谈闽南地区的海洋民俗. 泉州师范学院学报,2010(3).

31. 叶涛. 海神、海神信仰与祭祀仪式——山东沿海渔民的海神信仰与祭祀仪式调查. 民俗研究,2002(3).

再版后记

　　自 2002 年起,我和海洋文化所同仁开始策划编纂《中国海洋文化史长编》(以下简称《长编》),得到了学校领导和相关部门、海大出版社的支持和立项资助,得益于国内相关学界上百位著名学者专家的鼎力支持及其著述成果的慷慨奉献,经过编纂同仁们的共同努力,包括广泛查阅资料、购置文献、阅读梳理、构架体例、选择辑引、综合论述,反复推敲、几经调整、不断修订、渐趋完善,前后历十余年,渐次完成,获批为"十一五"国家重点图书,于 2008~2013 年先后在中国海洋大学出版社出版。

　　《长编》共分五卷:先秦秦汉卷、魏晋南北朝隋唐卷、宋元卷、明清卷、近代卷,由我忝为全书主编,敦请研究所同仁和校外学者为各卷主编(以断代卷次先后为序:陈智勇,朱建君、修斌,赵成国,马树华,闵锐武),较为系统地构建了中国海洋文化发展历史的基本框架和各个历史时期的基本内容,梳理汇总辑纳了相关学界学者的相关重要研究成果,旨在复原和展示我国悠久辉煌的海洋文化历史和丰富灿烂的海洋文化成就,填补我国海洋文化研究亟需史学"说话"的空白,为我国海洋文化研究的史证提供基本文献和学术成果参考。

　　《长编》出版后,受到国内学界广泛重视,2014 年、2015 年先后获山东省高校人文社科优秀成果奖一等奖、教育部高校人文社科优秀成果奖二等奖。

　　考虑到这套书的影响力,出版社提议,将此书合订为大开本再版发行,分上、中、下三卷分装,名之为"典藏版"。我认为很好。考虑到合订本三卷分装篇幅体量的大致相当,经斟酌,将原先秦秦汉卷、魏晋南北朝隋唐卷合并为上卷,宋元卷、明清卷的前六章为中卷,明清卷的后五章和近代卷为下卷。出版社作了重新排版,我们也修订了个别文字错误。至于书中内容上存在的阙如和不足,鉴于这十几年来相关学界的海洋文化史论研究成果不断涌现,已经远远超越了本书当时的立意和确定的"基本参考文献"范畴,故这次再版,不作修改补充。相信本书自有保持其内容原貌的"存史"价值。在此"长编"基础上的新的"中国海洋文化史"大著,自当有待于方家来者。

　　致谢的话在原版"弁言"中已有交代,这里再次对学校、对相关学者方家、对学校出版社表示感谢,并特别谢谢出版社杨立敏社长、纪丽真编审等的辛劳和美意。

　　是为记。

曲金良

2016 年 12 月 19 日,青岛,准准望海斋

2189

再版后记